BUSINESS STRATEGY OF CHINA

이론과 현장정보 및 사례를 중심으로 한

중국경영전략

연세대학교 교수 소 영 일

지구문화사
JIGU PUBLISHING Co.

머리말 PREFACE

오늘날 중국은 덩시아오핑 이후 지속적으로 추진한 개혁개방과 현대화 정책이 성공하면서 괄목할만한 성장을 보이고 있다. "거대한 경제력은 그 자체가 정치적 영향력이다"고 말한 드골 프랑스 대통령의 예견대로 막강한 경제적 잠재력을 바탕으로 경제 분야는 물론, 에너지 안보, 국제정치 영역 등에서 과거에 비해 활발한 움직임과 독자적 목소리를 내면서 국제적 영향력을 확대하고 있다. 이는 그동안 사회주의권의 몰락 이후 유일한 세계 최강국으로 군림해온 미국에 대항할 만한 국가로 멀지 않은 시기에 등극할 것이라는 전망으로도 이어진다.

이러한 중국은 우리에게도 역사적으로나 지정학적 위치에서부터 근래에는 경제적으로 동반자적 관계라고 말할 수 있을 정도로 밀접한 상호의존 관계에 있다. 경제적 교류는 무역과 직접투자를 중심으로 발전해오고 있다.

그러나 직접투자의 경우, 급속한 양적 확장과정에서 많은 한국 기업들이 실패하였거나 심각한 어려움을 겪는 등 만족할만한 성과를 내지 못하고 있는 형편이다. 이는 상당수 한국 기업들이 중국의 기업환경이 여러모로 한국이나 일반 서구 등 익숙한 자본주의 환경과 다르다는 점을 간과하고 충분한 사전준비 없이 진출한 무모한 점에 상당 부분 기인하고 있는 것 같다.

해외시장의 환경이 각각 독특하듯이 중국의 경우도 1978년 덩시아오핑에 의한 개혁개방 정책 이후 '사회주의적 시장경제'라는 독특한 체제하에 경제 시스템이 운영되고 있다는 점에서 외국 투자가로서는 이에 대한 충분한 이해가 필수적인 것이다. 이에 더해 오늘날에 중국은 13억 대인구와 세계적으로 높은 성장 잠재력의 매력으로 전 세계 모든 기업들이 몰려들어 각축을 벌이면서 경쟁이 격화되고 있으며, 이에 더해 중국의 현지 업체들도 선진 외국기업들로부터 전수받은 기술, 경험 등을 바탕으로 이미 상당 수준의 국제적 경쟁력을 갖춘 대기업들도 여러 부문들에서 나타나고 있는 실정이다.

이러한 환경 변화에 따라 중국에 진출하려는 투자자나 기업으로서는 이제 경쟁우위의 확보가 중국 진출의 성패를 결정하는 관건이 되었다는 점을 직시하여야 할 것이다. 경쟁우위의 확보는 체계적인 전략적 경영을 전제로 하는 개념이다. 그러므로 이제는 중국에 진출하는 투자자나 기업은 사전적으로 중국에 대한 기업 환경을 체계적으로 이해하고 전략적 경영을 토대로 중국 시장을 공략하는 합리성을 추구하는 것이 바람직할 것이다. 이는 본서의 목적이자 구성체계이기도 하다.

본서의 구성은 기본적으로는 경영전략서의 일반적 체계를 따라 환경분석 부분과 전략 부분이라는 두 부분으로 된다. 환경분석 부분에서는 중국에 진출하는 기업에 영향을 미칠 수 있는 주요 환경 측면들을 다양하게 살펴보았으며, 전략 부분에서는 전략이론의 각론별로 중국에 진출한 투자자나 기업들이 실제로 겪은 사례들을 삽입하여 전략이론을 중국 시장에 실제로 적용하는 데 도움이 되도록 저술하였다.

구체적으로는 먼저, 중국진출 기업의 거시적 환경을 여러 면에서 살펴보고 기업의 소속 산업 환경에 대한 구조적 이해를 설명한다. 그리고 기업의 내부 환경을 살펴본다. 이상의 환경 분석을 토대로 기업은 중국시장을 대상으로 먼저, 기업 전체의 방향을 설정하는 전사적 전략을 설정하여야 할 것이다.

여기에서 사업 방향과 내용이 정해지면 주어진 사업에 대해 경쟁환경에서 경쟁우위를 확보하기 위한 사업 전략을 설정하는 단계로 간다. 그 다음에는 사업 전략을 구체화하기 위하여 마케팅, 인사 등 기업의 각 직능별로 전략을 설정함으로써 전략적 경영을 완성한다.

참고로 본서는 기존의 주요 경영전략 교과서를 참조하였으며, 특히 전략부분 체계는 Coulter 교수 저 *Strategic Management in Action*을 참조하였다. 이밖에도 국내 · 국외의 많은 학술지, 논문, 연구소의 연구 보고서, 정부기관의 보고서, 일간 신문, 주간지, 월간지, 국내 및 외국기업들의 사례 등을 참조하였다. 이 과정에서 인용 부분들은 철저히 출처를 밝히고자 하는 당연한 원칙을 따랐다. 그렇지만 저자의 노력에도 불구하고 일부 내용 중에 출처를 찾지 못한 인용 부분들과 또는 저자의 본의 아닌 실수 등으로 인용이 누락된 부분들에 대해서는 저작권자의 해량을 구하며, 추후 졸저의 개정시 우선적으로 반영할 것을 약속드린다.

중국에 대한 경영전략적 이해의 중요성과 그 시급성이란 시대적 인식에 충실하기 위하여 이 책을 내놓으면서도 아쉬움과 두려움을 금할 수 없다. 내용상의 여러 부족함과 오류에 대한 독자 여러분들의 충고와 질책을 기다리며 완성이 아닌 지속적인 개선을 약속한다.

본서의 집필과정에 직 · 간접적으로 도움과 배려 그리고 격려를 해주신 여러 분들께 이 자리를 빌어 진심어린 고마움을 전한다. 특별히 본서는 1999학년도 연세대학교 학술연구비의 재정적 지원에 의하여 이루어졌음을 밝히며 감사드린다. 그리고 무한한 인내와 후의로 본서의 출간을 맡아주신 지구문화사의 주병오 사장님과 강지연 편집주임 이하 편집부 직원들께 특별한 감사를 표한다.

2006 년 3 월

소 영 일

차례 contents

제4장 법률 환경

제5장 경제환경

차례 contents

제10장 내부환경 분석

제4편 전사적 전략과 사업부 전략

제11장 전사적 전략

제12장 사업부 전략

제 5 편 직능별 전략

제13장 생산 전략대시

제14장 마케팅 전략

차례 contents

제16장 조직 전략

제17장 인사 전략

차례 contents

제6편 결 론

제21장 중국이 안고 있는 제반문제

차례 contents

제1편 서 론

- 제 1 장 경영전략의 의미
- 제 2 장 중국시장의 의미와 진입전략

제 1 장 경영전략의 의미

이 장에서는 먼저, 경영전략의 개념과 주요 경영전략 모형들을 살펴본 다음, 본서의 경영전략 모형을 소개하기로 한다.

1-1 경영전략의 개념

전략(strategy)의 개념에 대해서는 많은 전략가들과 학자들에 의해 다양한 정의가 제시된 가운데, 객관적 정의는 아직 내려지지 않은 상태이다. 이런 상태는 한편으로는 전략에 대한 연구가 아직 일천한 점, 다른 편으로는 전략의 개념이 다면적이고 상황주의적 속성을 내포함에 기인한다고 할 수 있다.

표 1-1은 전략에 대해 그동안 제시된 주요 개념정의의 다양성을 보여주고 있다.[1)]

여기서는 편의상, 전략을 개인이든 기업 같은 조직이든, 능동적 주체가 주어진 목적을 이루기 위하여 만든 필요한 의사결정과 계획이라고 정의하기로 한다.

경영전략이란 경영적 관점에서의 전략을 말하며 '전략적 관리(strategic management)'는 전략을 관리적으로 접근하여, 주어진 목적을 효과적이고 효율적으로 달성하도록 전략을 일련의 체계적 과정을 통하여 진행시키는 것이라고 정의할 수 있다. 이 체계적 과정은 크게 그림 1-1과 같이 네 단계로 구성된다.[2)]

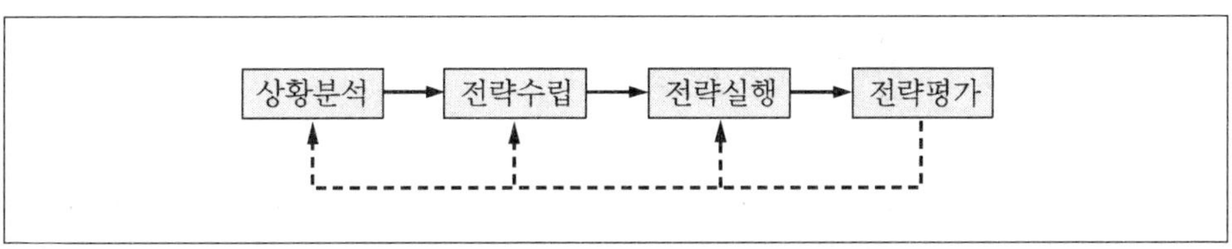

그림 1-1 전략적 관리[3)]

표 1-1 전략과 전략경영에 대한 정의[4)]

전략	정 의
전 략	• 기본적인 조직의 사명과 장 · 단기적인 목적을 설정하는 것, 이를 달성하기 위한 정책과 프로그램 전략, 조직의 목표를 달성하기 위한 전략의 실행에 요구되는 방법(Steiner & Miner, 1977, p.7) • 경쟁계획을 수립하고 개인의 작전행동을 고안하는 한편, 이들 틀 안에서 개인들의 책무를 결정하는 것(Von Clausewitz, 1976, p.177) • 일련의 행위나 의사결정의 패턴(Mintzberg & Mchugh, 1985, p.161) • 완전한 계획 : 모든 가능한 상황에서 어떠한 선택을 하여야 할 것인가를 구체화 해 놓은 계획(Von Neumann & Morgenstem, 1944, p.79) • 기업의 기본적인 목적달성을 위한 통일되고, 포괄적이며, 통합된 계획(Glueck, 1980, p.9) • 조직의 주요 목표, 정책, 그리고 행동절차가 전체적으로 응집력을 갖도록 통합하는 패턴이나 계획. 잘 수립된 전략은 조직의 내부역량과 단점, 예상되는 환경 변화, 그리고 경쟁사의 다양한 행동 가능성을 고려하여 조직의 자원을 독특하고 생존가능한 방식으로 결집하고 할당하는데 도움을 준다 (Quinn, 1980) • 조직의 목표달성을 위한 방법(Hatten & Hatten, 1988, p.1)
경영 전략	• 조직의 목표에 따라 조직과 환경과의 관계를 결정하고, 조직과 하위부서가 효과적이고 효율적인 행동을 할 수 있도록 자원을 할당하여 이들간에 바람직한 관계가 달성되도록 노력하는 과정(Schendel & Hatten, 1972, p.5) • 경영자들이 조직의 장기적인 방향을 설정하고, 구체적인 성과목표를 수립하며, 내 · 외부의 환경과의 관계를 관리함과 동시에 조직의 사명추구를 관리하는 과정(Higgins, 1983, p.3) • 현재와 미래의 환경분석과 조직목표의 설정뿐만 아니라 현재 및 미래의 환경에서 이러한 목표를 달성하기 위해 의사결정을 하고 이를 실행하며 통제하는 과정(Smith, Amold & Bizzell, 1988, p.5) • 조직이 목표를 설정하고 이러한 목표를 달성하기 위해 조직을 관리하는 과정(Hatten & Hatten, 1988, p.1)

1-2 주요 경영전략 모형

경영전략과 전략경영의 체계에 대해서는 다양한 모형들이 제시되어 왔다. 여기서는 편의상 유력한 모형 세 가지 즉, 계층적 모형, 적합적 모형, 그리고 절충적 모형을 소개하고, 이를 토대로 본서가 채택하는 체계를 소개하기로 한다.

1. 계층적 모형

계층적 모형은 경영전략을 기업의 사명과 목표와 전술·정책과 계층적으로 연계된 차원에서 파악한다.[5)]

(1) 모형의 구성

계층적 모형에서 전략경영은 크게 사명(使命, mission) 설정, 목표 설정, 전략 수립, 전술정책의 실행이라는 네 단계의 계층적 구조로 구성되며 그림 1-2에 나타나 있다.

이 네 단계를 간단히 보자.[6)]

1) **사명 설정** : 기업의 사명은 기업이 장기적 차원에서 지향하거나 추구할 것에 대한 사업주나 최고경영진의 견해를 말한다. 사명은 사시(社是, mission statement) 같은 형태로 요약되어 표현되기도 한다.

2) **목표 설정** : 기업의 목표는 기업이 설정한 사명을 토대로 기업이 도달하려는 구체적인 지향점의 표현이다.

3) **전략 수립** : 경영전략은 기업이 설정한 사명과 목표를 달성하도록 하는 수단이 된다.

4) **전술정책 실행** : 경영전술정책은 수립된 경영전략을 실현시키기 위한 구체적 행동으로 실행된다.

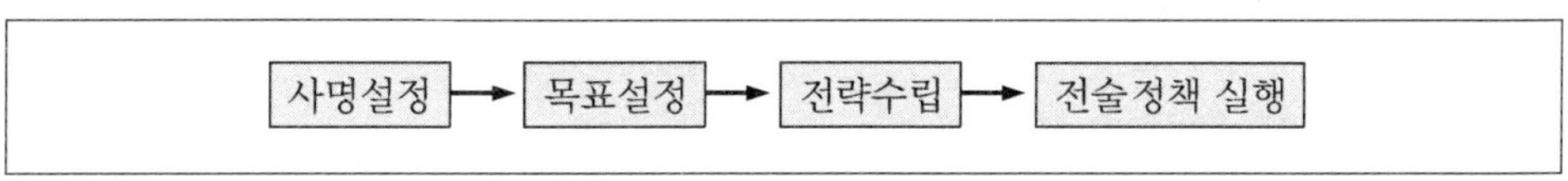

그림 1-2 계층적 전략경영 모형[7)]

(2) 모형의 특성

계층적 전략경영 모형에 대해 대표적으로 다음 몇 가지 특성을 지적할 수 있다.[8)]

첫째, 성과에 대한 전략의 기여도를 중시한다. 즉, 전략의 가치는 전략이 목표와 사명의 달성에 얼마나 기여하는 가로 결정된다. 이는 전략의 평가기준을 명확하게 해주는 장점으로 작용한다.

둘째, 조직의 관리계층 별로 다른 수준의 전략을 대응시킬 수 있다. 조직구조를 관리수준 별로 최고관리층, 중간관리층, 일선관리층으로 나눈다면 계층적 전략은 각 관리계층에 맞는 수준의 전략을 배정할 수 있게 해준다. 즉, 상위층일수록 사명과 목표 지향에 치중하는 전략을 배정하고 일선층일수록 실행 지향에 치중하는 전술·정책 등을 배정한다.

셋째, 환경분석에서 내부환경에 비해 상대적으로 외부환경에 대한 명시적이고 충분한 고려가 부족하다는 단점을 내포한다.

2. 적합적 모형

이 모형은 기업이 환경과 상호작용하는 존재라는 차원에 초점을 두고, 경영전략과 전략경영은 이러한 상호작용의 최적화를 통해 기업의 사명과 목표를 달성하려는 것으로 파악한다. 이 모형은 현재 가장 보편적 모형으로 인정되고 채택되는 접근법이다.[9] 대표적으로 데이비드(David)의 전략경영 모형을 소개하기로 한다.

(1) 모형의 구성

David의 전략경영 모형은 크게 전략의 수립(formulation), 실행(implementation), 평가(evaluation)의 세 단계로 구성되며 그림 1-3에 요약되어 있다.

이 세 단계를 설명하면 아래와 같다.[10]

1) 전략 수립

경영전략의 첫 단계는 전략을 수립하는 단계로서, 세부적으로는 다시 다음의 몇 가지 하위단계로 이루어진다.

① 사명(mission) 설정
② 외부환경(기회와 위협) 파악
③ 내부환경(강점과 약점) 파악
④ 장기목표 설정
⑤ 전략 대안의 개발, 평가, 선정

2) 전략 실행

경영전략의 다음 단계는 앞에서 수립된 전략을 실행하는 단계이며, 세부적으로는 다시 다음의 몇 가지 하위단계로 이루어진다.

① 연간목표 설정
② 정책 설정
③ 자원 배분

3) 전략 평가

전략적 경영의 마지막 단계는 실행된 전략을 평가 및 개선하는 단계이며, 세부적으로는 다시 다음의 몇 가지 하위단계로 이루어진다.

① 환경요인의 재검토
② 경영성과 측정과 평가
③ 시정조치 시행

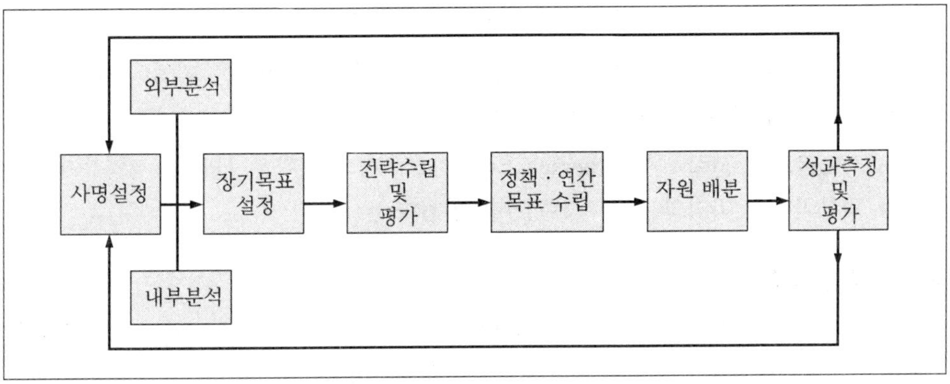

그림 1-3 David의 전략경영 모형[11)]

(2) 모형의 특성

적합적 전략경영 모형에 대해 대표적으로 다음 몇 가지 특성을 지적할 수 있다.[12)]

첫째, 전략에서 외부환경을 포함하여 환경 영향의 중요성을 강조한다. 그러나 환경분석에서 기회와 위협, 강점과 약점을 판단하는 구체적 방법에서는 명료하지 않은 측면이 적지 않다.

둘째, 계층적 모형의 경우와 같이 성과에 대한 전략의 기여도를 중시함으로써 전략의 평가기준을 명확하게 해준다.

3. 절충적 모형

이 모형은 전략을 일관성 있는 단선적 체계의 개념으로 파악하기보다는, 여러 측면의 다양한 개념을 포괄하는 복합적 개념으로 파악한다. 대표적으로 민츠버그(Mintzberg)의 모형을 소개하기로 한다.[13)]

(1) 모형의 구성

민츠버그는 전략의 다양한 측면을 다음과 같이 계획, 책략, 패턴, 시장내 지위, 시각 등으로 표현하였다.[14)]

1) **계획으로서의 전략** : 계획(plan)으로서의 전략은 상황에 대처하기 위해 의도한 행동지침 및 행동경로를 뜻한다.
2) **책략으로서의 전략** : 책략(ploy)으로서의 전략은 적(경쟁자 등)을 속이려는 계략으로 정의할 수 있다.
3) **패턴으로서의 전략** : 패턴(pattern)으로서의 전략은 장기적으로 형성되어 일관적으

로 또는 습관처럼 나타나는 행태나 양식을 말한다.

4) **시장내 지위로서의 전략** : 시장내 지위(position)로서의 전략은 기업이 경쟁시장에서 자신을 위치시킨 상태를 가리킨다.

5) **시각으로서의 전략** : 시각(perspectivelan)으로서의 전략은 사업가·경영자가 자사와 외부환경을 파악하는 시각(視覺)을 말한다.

(2) 모형의 특성

절충적 전략경영 모형에 대해 대표적으로 다음 몇 가지 특성을 지적할 수 있다.[15)]

첫째, 기업의 성과 결정은 다양한 요인들의 영향을 받는다는 점에서 앞의 모형들에 비해 전략의 개념을 훨씬 다양하고 유연하게 정의함으로써 전략적 접근범위를 크게 넓혀주는 장점이 있다. 그러나 이 점은 동시에 관심이 다방면에 분산됨으로써 초점이 사라지는 문제점도 내포한다.

둘째, 전략의 내용 및 실행 면에서 주관적 차원과 질적 차원이 강조될 수 있다.

1-3 본서의 경영전략 모형

앞에서 살펴 본 여러 유형의 경영전략과 전략경영 체계 중, 본서에서는 그중 현재 가장 보편적인 적합적 모형을 기본 모형으로 채택하기로 한다. 구체적으로는 그중에서도 Coulter의 전략경영 모형을 택하여 본서의 취지에 맞게 수정 보완하여 전개하기로 한다.[16)]

1. 모형의 구성

본 모형은 적합성 모형의 하나로서 환경과 적합성을 추구하는 가운데, 기업의 사명 및 목적을 추구하도록 보좌하는 기능으로 경영전략을 파악한다. 구체적 전략경영 체계는 그림 1-4와 같이 상황 분석, 전략 수립, 전략 실행, 전략 평가의 네 단계로 구성한다.[17)]

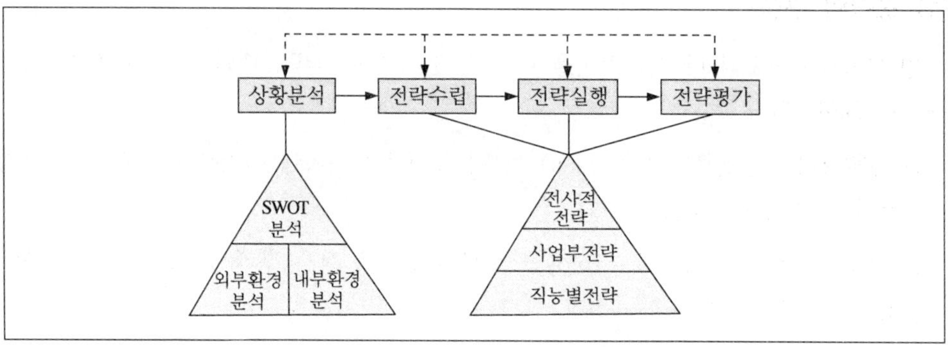

그림 1-4 본서의 전략경영 모형[18)]

2. 상황 분석

전략적 의사결정이나 기획을 하기 위해서는 사전에 상황을 분석할 필요가 있다. 상황분석은 전략의 주체(기업)에게 주어져 있는 환경을 파악하고 평가하는 것이라고 할 수 있다.[19] 환경에는 크게 외부환경과 내부환경이 있으므로, 상황분석은 외부환경 분석(외적 분석)과 내부환경 분석(내적 분석)의 두 가지 분석을 한 후에, 이를 종합하는 분석인 SWOT 분석을 한다.[20]

(1) 외부환경 분석

외부환경 분석이란 외부환경의 여러 요소의 상태나 추세나 변화 중 전략 주체가 이루려는 목적달성 성과에 긍정적이든 부정적이든 영향을 줄만한 것을 정확하게 파악하고 평가하는 것이다. 이때 긍정적 영향을 줄만한 상태나 추세나 변화를 기회요인(oppor-tunity)이라 하고, 반대로 부정적 영향을 줄만한 상태나 추세나 변화를 위협요인(threat)이라 한다.[21]

외적 분석의 목표는, 기회요인은 활용대상으로 삼고 위협요인은 회피나 예방, 중화나 제거 대상으로 삼을 수 있도록 이들 요인을 제시하는 것이다.[22]

그런데 기회요인들과 위협요인들은 각각 그 중요성에 따라 몇 가지로 분류할 수 있다. 먼저, 기회요인들의 경우 그 매력도와 성공확률의 두 기준에 따라 다음과 같이 크게 네 가지 범주로 나눌 수 있다. 이들을 기회요인 행렬(opportunity matrix)이라고 부른다. 이들 중에서 그림 1-5에서의 1번 요인이 최선의 기회요인으로서 전략적 중시(重視) 대상이 된다. 반면에 4번 요인은 실익이 미미할 기회요인으로서 경시(輕視)되게 마련이다. 2번과 3번 요인은 잠재적 기회요인으로서 장차 그 매력도나 성공확률이 향상되어 최선의 기회요인이 될 가능성을 주시하도록 해주는 요인이다.[23]

위협요인들의 경우, 그 심각성과 발생확률이라는 두 기준에 따라 역시 다음 네 범주로 나눌 수 있으며, 위협요인 행렬(threat matrix)이라고 부를 수 있다. 이들 중에서 1번 요인이 최악의 위협요인으로서 전략적 중시 대상이 된다. 반면에 4번 요인은 피해가 미미할 위협요인으로서 경시된다. 2번과 3번 요인은 잠재적 위협요인으로서, 장차 그 심각성과 발생확률이 높아져 최악의 위협요인이 될 가능성을 주시하도록 한다.

		성공확률 고	성공확률 저
매력도	고	1	2
	저	3	4

		발생확률 고	발생확률 저
심각성	고	1	2
	저	3	4

그림 1-5 기회요인 행렬과 위협요인 행렬

사 례

■ 위협요인 분석－Intel 社[24)]

반도체 선두업체인 미국의 인텔(Intel)은 중국시장에 1980년 중반에 진입하여 튼튼한 기반을 잡았지만, 근래에 현지업체들의 성장세로 말미암아, 멀지 않은 장래에 이들은 중국시장에서 인텔과 거의 대등한 수준에 이를 것으로 전망된다.

반도체 칩 제조에서 중국은 이미 2002년에 현지화된 리눅스(Linux) 시스템의 도움을 받아 'Dragon Chip'으로 불리는 자체 중앙처리장치(CPU)를 개발하여 혁신능력을 과시하였다. 이 칩은 펜티엄(Pentium) 2급의 처리장치(processor)에 버금가는 능력과 신뢰성을 갖추었으며 그 결과, 이들은 국가 안보와 국방 관련 프로젝트에도 쓰일 예정이다. 또한 상해 근처에 중국판 실리콘 벨리(Silicon Valley)가 조성되고 있다.

중국 정부도 반도체 산업 육성을 정책적으로 지원하면서, 한 예로 칩 구매시 소비자에게 부과되는 세율을 자국산(3%)과 외국산(17%) 간에 차별조치까지 취하고 있다.

한편 외부환경 분석에서 기회와 위협요인을 찾아내려면 먼저 외부환경의 중요한 속성인 불확실성(uncertainty)에 대해 사전분석을 할 필요가 있다. 이 불확실성의 정도는 여러 요인에 의해 결정되는데, 대표적으로 환경요건의 역동성(dynamism)과 복잡성(complexity) 정도를 들 수 있다.[25)]

먼저, 역동성은 변화의 양과 속도로 측정할 수 있으며, 이러한 측면에서 환경은 상대적으로 동태적(dynamic) 환경과 정태적(static) 환경으로 대별할 수 있다. 동태적 환경은 변화의 폭이 넓고 속도가 빠르며, 정태적 환경은 그 반대이다.

한편, 환경의 복잡성은 환경에 영향을 미치는 요인들의 수나 다양성, 이를 다루는 데 필요한 지식의 양, 이들간의 상호연계성 여부 등으로 측정할 수 있으며, 이러한 측면에서 환경은 상대적으로 단순(simple) 환경과 복잡(complex) 환경으로 대별할 수 있다.[26)]

외부환경이 동태적이거나 복잡할수록 외부환경의 불확실성은 커지며, 정태적이고 단순할수록 그 불확실성은 적어진다. 외부환경의 불확실성이 적을 경우, 외부환경이 과거에 주었던 영향에 대한 체계적 분석이 외부환경의 현황과 추세 분석에 큰 도움이 된다.

반면에, 외부환경이 동태적일 경우, 외부환경의 동향 분석에 있어서 과거에 대한 분석은 별 도움이 되지 못하며, 다각적 추정방법을 통한 분석이 필요하다. 또한 외부환경이 복잡할 경우, 조직의 각 부서별로 다양한 환경요인의 개별적 또는 각 측면을 담당하게 하거나, 전문지식과 자원을 확보하여 대처하면서 분석에 임하도록 하는 것이 바람직할 것이다.[27)]

(2) 내부환경 분석

내부환경 분석이란 전략 주체가 목적 달성을 위해 자체적으로 동원할 수 있도록 보유하는 자원이나 능력, 역량 등을 파악하고 평가하는 것이다. 이때 목적 달성에 활용될 수 있는 자원이나 능력, 역량 등은 강점(strength)이라 하고, 반대로 목적 달성하기에 부족하거나 불량하여 장애가 되는 자원이나 능력, 역량 등을 약점(weakness)이라 한다.[28)]

그런데 강점들과 약점들을 평가하면서, 각각 그 중요성에 따라 주요 강점과 부차적 강점, 주요 약점과 부차적 약점으로 대별할 수 있다. 이렇게 하면 전략적으로 주요 강점과 약점이 중시 대상이 되며, 부차적 강점과 약점은 상대적으로 경시 대상이 된다.

(3) SWOT 분석

기업의 외부분석에서 기회요인들과 위협요인들을 확인하여 분석하고, 내부분석에서 강점들과 약점들을 확인하여 분석하였으면, 이들을 연결하여 종합적 분석, 즉 표 2-1과 같은 SWOT(Strength, Weakness, Opportunity, Threat) 분석을 한다. 이 분석은 기업의 효과적 전략 수립에 필요한 토대를 구축하는 것을 목표로 한다. 다음은 SWOT 분석의 과정이다.[29)]

① 전략목표 수립
② 기회요인들과 위협요인들, 강점들과 약점들의 분류 · 정리
③ SWOT 행렬(Matrix) 작성

표 1-2 SWOT 행렬

구 분	기 회	위 협
강 점	강점－기회(SO) 전략	강점－위협(ST) 전략
약 점	약점－기회(WO) 전략	약점－위협(WT) 전략

• 강점－기회(SO) 전략 : 강점을 사용하여 기회를 활용
• 강점－위협(ST) 전략 : 강점을 사용하여 위협을 회피 또는 제거
• 약점－기회(WO) 전략 : 약점을 보완 또는 극복하여 기회를 활용
• 약점－위협(WT) 전략 : 위협을 회피 또는 제거하고 약점을 보완 또는 극복

3. 전략 수립

상황분석이 되면, 여기에 전략주체가 추구하는 목적을 이루기 위하여 적절한 전략을 설계, 개발하고 선택한다. 이 과정에서 첫째, 전략주체가 가진 가치와 비전(vision) 등도 고

려하며 둘째, 전략의 실행을 염두에 두고 실행방안까지 포함한 전략수립을 하여야 할 것이다.

그런데 경영전략 수립에서의 일반적 접근법은, 기업이 목표, 조직구조, 의사결정 등의 수준에서 크게 세 단계의 계층구조로 이루어진 것으로 파악하여, 경영전략도 세 계층별로 세분화하는 것이다. 이들 계층별 세 전략수준은 전사적(全社的) 전략, 사업부 전략, 그리고 직능별 전략이다. 이들은 비록 수준은 다르지만 종합적으로는 기업전략으로 수렴되어야 하므로, 상호 긴밀히 영향을 주고받으며 연계되어 진행되어야 할 것이다.[31)]

① 전사적(全社的) 전략(corporate strategy)이란 기업이 사명(mission)적 차원에서 장기적으로 지향하는 포괄적 사업 방향에 대한 전략을 뜻한다.

② 사업부 전략(business unit strategy)이란 기업이 선정한 특정 사업이나 시장의 경쟁환경에서 경쟁우위를 확보하기 위한 전략을 말하며, 경쟁전략(competitive strategy)이라고도 부른다.

③ 직능별 전략(functional strategy)이란 기업활동을 영위하는 주요 직능부문별로 전문화된 전략으로서, 단기적이고 구체적 성격을 띤 전략을 가리킨다.

4. 전략 실행

수립된 전략은 실효를 거두도록 실행하여야 한다. 이를 위해서는 사전에 전략수립 시점에서 전략의 실행상황을 염두에 두고, 효과적이고 효율적 실행이 가능한 전략을 수립하여야 할 것이다. 이 단계에서도 계층별 전략들이 차별적으로 실행된다.[32)]

5. 전략 평가

실행된 전략에 대해 그 실행 과정, 방법, 결과 등에 대하여 감시(monitoring)하고 평가하는 것이 필요하다. 평가내용이 전략에 대해 기대한 내용에 미치지 못하거나 어긋날 경우, 전략의 실행부분 또는 전략 자체에 대해 수정, 개선 또는 재수립을 하도록 한다.

여기에서도 계층별 전략들의 평가는 구별되어 진행된다.[33)]

제 2 장 중국시장의 의미와 진입전략

이 장에서는 중국 시장이 우리에게 주는 의미를 살펴보고, 이에 대한 진입전략을 개괄적으로 살펴보고자 한다.

2-1 중국 시장의 의미

떠오르는 중국은 21세기에 새롭게, 기존의 초강대국 미국에 정치, 경제, 군사 면에서 대등하게 맞설 유력한 대국의 잠재력을 보이고 있다. 이러한 중국은 경제적 차원에서는 개혁개방 이후, 특히 WTO 체제에 들어온 이후, 앞으로는 세계경제의 주요 구성원이 될 것이다. 그러므로 중국 시장이 갖는 의미는 한편으로는 우리가 활용할 대상으로서의 긍정적 측면, 다른 편으로는 중국의 잠재력이 장차 우리에게 위협으로 작용할 부정적 측면 양면을 동시에 바라보는 것이 현명할 것이다.

1. 중국 시장의 중요성

중국이 시장으로서 갖는 중요성을 신흥 거대시장 측면, 저비용 생산기지 측면, 최대 직접투자처 측면의 세 측면에서 살펴보기로 한다.

(1) 신흥 거대시장

오늘날에 중국은 신흥 거대시장들인 이른바 '브릭스(BRICS)'의 선두주자로서 전 세계로부터 자본, 기술, 자원을 흡인하고 있다. 신흥 거대시장의 특징 중 두 가지 대표적 강점은 높은 경제성장률과 거대한 인구이다.

먼저, 성장률 면에서 중국은 과거에서뿐만 아니라 근래에도 연평균 10% 대의 고도 성장세를 이룩하여 왔으며, 이러한 추세는 앞으로도 상당기간 지속될 전망이다. 더불어 개인소득도 거시경제의 성장에 따라 고도성장 추세에 들어와 있고, 이에 기초한 소비도 표 2-1과 같이 높은 증가세를 보이고 있다.[1)]

표 2-1 내수시장 증가추이[2)]

연 도	2001	2002	2003	2004
소비재 판매총액 증가율	10. 1	11. 8	9. 1	13. 3

인구 면에서도 중국은 세계 인구의 2할인 13억 명을 가지고 있는데, 물론 이들 모두를 소비자로 보기에는 무리가 있다. 그 중에서 의미 있는 소비력을 갖춘 인구는 3억 명 정도로 추정된다. 그렇다고 해도 이 정도 규모 역시 거대시장을 형성할 수 있으므로, 결국 중국시장은 엄청난 잠재수요의 내수시장을 구성하고 있는 것이다.

이러한 규모는 추후에 국제경제의 경기후퇴 등 외부충격에 대한 완충장치로 작용하여, 내수경기 유지만으로도 국민경제의 피해를 최소화하면서 성장 동력 유지를 도모할 수 있을 것이다. 이는 1997년의 아시아 금융위기 발생 시에도 중국이 건실한 성장을 견지할 수 있었던 데에서 증명된다.[3)]

(2) 저비용 생산기지

중국은 기본적으로 저렴한 인건비를 포함하여 비교적 풍부한 자연자원을 보유하고 있으므로, 외국 기업들에게는 생산비용을 상당히 절감하게 해 준다. 이는 제품의 원가 경쟁력에 치중하는 기업들에게는 결정적 이점을 제공한다. 특히, 생산에서 조립이나 가공처럼 노동집약적 작업이 주요한 공정을 차지하는 중소기업들의 경우에는, 더욱 핵심적 고려 요인이 된다.

그러나 근래에는 경제개발의 가속화로 인하여 중국의 인건비도 급상승하고 있으므로, 원래의 저비용 매력은 사라져가는 추세를 보인다는 사실에도 주목하여야 할 것이다.

현장 정보

■ 중국 인건비 고속 상승[4)]

'인터내셔널 헤럴드 트리뷴(IHT)' 지(紙)는 기업들의 구인난 때문에 중국의 노동력 부족현상이 심화되면서 인건비가 갈수록 상승하고 있다고 발표하였다. IHT는 중국남부 지역 공장 노동자들의 임금이 이미 베트남보다는 30%, 인도네시아보다는 15%가량 높은 수준으로 올랐다고 보도하였다.

중국의 인구는 13억명에 달하지만, 정작 기업들이 필요로 하는 젊고 활동적이며, 가족과 떨어져 장시간 일할 수 있는 노동자들은 점점 줄어들고 있다. 노동자들은 인력난을 바탕으로 두 자리 수의 임금인상을 요구하고 있다. 또한 이를 반영해 지방정부들은 노동력 유출을 막기 위해 앞다투어 최저임금을 인상하고 있다. 예컨대, 션쩐시는 최저임금을 월 74달러에서 83달러로 올렸다.

또 일부지역의 경우는 최저임금이 34%나 인상되었는데, 이는 10여년만의 최대인상 폭이다. 이에 따라 중국남부 지역의 최저임금 수준은 방글라데시보다 30~50달러, 베트남과 캄보디아보다는 45달러가량 높은 수준을 보이고 있다. 이러한 인건비 상승과 부담을 견디지 못한 일부 대기업들은 인건비가 저렴한 중국내륙 지방이나 베트남 등으로 생산공정을 이전하고 있는 실정이다.

---

(3) 최대 직접투자처

중국이 경제 개방정책을 펴면서 중국은 외국인 직접투자(FDI)의 세계 최대 유치국이 되었다. 이는 앞에서 살펴 본 중국의 큰 매력인 거대한 신흥 내수시장 및 월등한 성장잠재력을 추구하기 위한 동기와, 저비용을 이용한 생산기지화를 위한 동기에 크게 기인하는 것으로 파악된다.

현장 정보

■ 홍콩, 중국진출 거점 급부상[5)]

홍콩이 중국 진출의 새로운 거점으로 각광받고 있다. 각종 사회간접 서비스, 국제수준의 금융지원, 공정한 기회를 보장 받을 수 있으면서도, 중국 본토업체들에 비해 동등한 혜택이 주어지고 있기 때문이다. 이에 따라 홍콩을 거점으로 삼아 중국에 진출하려는 한국 기업들이 크게 늘고 있다. 홍콩에 대한 직접투자 규모는 2004년에 340억 달러, 2005년 상반기에만 200억 달러를 넘어섰다.

홍콩특별행정구 한국 사무소의 컨설턴트는 "지난해만 해도 문의 건수가 한 달에 한두 건에 불과했으나 요즈음에는 하루 평균 한 건 정도씩 상담이 들어 온다"고 말했다. 또 홍콩투자청 부청장은 "홍콩은 지리적으로 중국진출의 최적 위치이다. 또 국제수준의 상관행을 가지고 있어 편리하다. 한 예로 한진해운의 경우, 홍콩과 중국이 일종의 자유무역협정을 체결하면서 홍콩 물류수요가 늘자, 현지 물류에 대한 투자를 확대하고 있다"고 설명했다.

2003년에 중국은 전세계 FDI 유치금액의 8%(536억 달러) 이상을 차지하여 미국을 추월하였으며, 2004년 말 중국의 FDI는 606억 달러로 GDP의 3.8%에 이르렀다.[6)] 2005년 상반기까지 누적 통계를 보면 외국인 투자기업은 546,590개, 계약금액 및 실제투자금액은 각각 1조2,476.91억불, 6,129.63억불에 달하였으며, 이는 중국경제의 발전에 견인차가 되었다.[7)]

근래의 추세를 보면, 중국 상무부는 2005년 상반기에 외국투자자들이 중국에 투자하기로 한 금액(계약금액)이 861,91억 달러로 전년 동기 대비 18.99% 증가했다고 발표했다.

그러나 외자 실이용액(실제투자금액)은 285.6억 달러로 전년 동기에 비해 3.18% 감소하였으며, 외국인 투자가들이 신규 설립한 기업수도 전년 동기에 비해 1.79% 감소한 총 21,212개로 나타났다.[8)]

이러한 위축은 근래 중국정부의 경기과열 억제정책의 영향으로 보이며, 실질 FDI는 2005년 하반기와 2006년까지 계속 하락할 것으로 보인다. 하지만 이 정도 위축이 중국의 경제성장에 의미 있는 부정적 영향을 끼치지는 않을 것으로 예상된다.[9)]

현장 정보

■ 다국적 기업들이 가장 선호하는 직접투자 희망국 : '중국'

'유엔무역개발회의(UNCTAD)'가 발표한 〈외국인 직접투자 전망과 다국적 기업 전략, 2004~2007 보고서〉에 따르면, 향후 4년간 다국적 기업의 해외 직접투자 가운데 60%가 아시아 태평양 지역에서 이루어질 전망이며, 이 지역 내에서 국가별 선호도는 중국, 인도, 태국, 한국 및 베트남 순이었다.

다국적 기업들은 향후 2년 안에 생산기지(68%), 유통 및 판매조직(62%), 관리 및 서비스조직(59%)을 해외로 이전할 계획이라고 응답하였다. 그러나 연구개발(R & D) 기능과 지역본부 기능을 해외로 이전할 계획이라는 기업은 각각 22%에 그쳐, 이들 핵심적인 기능의 해외이전은 꺼리고 있는 것으로 나타났다.[10)]

한편, 미국 이민국과 '비즈니스위크' 지가 발표한 자료에 의하면, 외국인들이 지난 4년간 중국에 직접 투자한 금액은 2000년 407억 달러, 2001년 468억 달러, 2002년 527억 달러, 2003년 535억 달러 등으로 꾸준히 증가하고 있다.[11)]

2. 잠재적 위협

위와 같이 중국은 그동안 거대 신흥시장이자 저비용 생산기지 등의 매력으로, 해외의 막대한 자본과 우월한 기술을 보유한 유수의 다국적 기업들을 중심으로 한 외국투자자들의 유망한 직접투자처였다. 이러한 환경은 앞으로도 상당기간 지속될 것으로 외국자본은 기대하고 있다.

그러나 그러한 기대는 오늘날 새롭게 전개되는 양상 앞에서 달라져야 할 것으로 보인다. 이 새로운 양상이란 중국이 그동안 꾸준히 견지하여 온 개혁 · 개방 정책의 열매를 맺기 시작하면서 자체 경쟁력을 갖추기 시작했다는 사실이다. 이를 보여주는 다채로운 그러나 위협적인 변화들이 부각되면서 점차 그 속도가 가속되는 모습을 보이고 있다. 그러므로 한국 기업들은 중국 기업들의 이러한 위협을 크게 인식하고, 더욱 치밀한 경영전략을 수립하여 경쟁우위를 확보해야 할 것이다. 이렇게 한국 기업에 미치는 위협적인 요소들을 몇 가지 정리해 보면 다음과 같다.

(1) 중국의 기술경쟁력 제고

중국은 국가적 차원에서 세계 일류상품을 양성하고 있으며, 그 결과 중국산 제품의 세계시장 점유율, 세계시장 점유율 1위 품목수, 세계 500대기업 수 등에서 이미 중국 기업은 한국 기업을 압도하기 시작하였다.

현장 정보

■ 세계시장 점유율 : 한국 대비 중국[12)]

'한국무역협회'에 따르면 세계시장에서 한국 제품의 점유율은 답보 상태인 반면, 중국 제품의 점유율은 급상승하고 있다. 세계시장 점유율은 한국이 1995년 2.7%에서 2004년 2.8%로 0.1% 포인트 늘어나는 데 그친 반면, 중국은 2.8%에서 6.4%로 급상승하였다. 이를 1995년과 2004년을 기준으로 분야 별로 보면 다음과 같다.

① 의류 및 기타 섬유 점유율은 한국이 3.1%에서 1.6%로 감소한 반면, 중국은 15.3%에서 21.3%로 높아졌다.
② 피혁모피의 경우는 한국이 4.4%에서 2.1%로 낮아진 반면, 중국은 9.5%에서 20.6로 크게 상승하였다.
③ 전기·전자 등 첨단 분야의 경우는 한국이 6%에서 5.3%로 감소하였으나, 중국은 2.4%에서 9.3%로 한국을 역전하였다.
④ 통신기기의 경우는 한국이 8.2%에서 7.3%로 다소 줄어들었으나, 중국은 1.3%에서 6.6%로 높아지면서 한국과 경합을 벌이고 있다.
⑤ 한국은 자동차, 반도체 등 일부 품목에서만 여전히 우위를 지키고 있는 것으로 나타났다.

■ 세계시장 점유율 1위 품목 : 한국 71개 대 중국 867개

'한국무역협회 무역연구소'는 「UN 무역통계」를 분석한 결과, "2003년 현재 세계 수출상품 5,108개 중에서 한국이 수출시장 점유율 1위인 상품은 경공업 제품 29개, 중화학 제품 40개 등 모두 71개로 나타났다. 중국은 수출시장 1위 품목이 1년 만에 65개가 늘어난 867개를 기록했다"고 밝혔다.[13)]

한편, '대한상공회의소'가 발표한 "세계일류상품 변화 추이와 경쟁력 제고방안" 보고서와 한국무역협회 무역연구소가 각각 발표한 자료를 종합해 추세를 보면, 한국의 세계 수출시장 점유율 1위 품목은 1994년 82개에서 1996년 71개, 1998년 64개, 2000년 78개, 2001년 66개, 2002년 72개, 2003년 71개를 기록하고 있다. 반면, 중국의 경우는 1994년 384개에서 2003년에는 867개로 급속한 상승세를 기록하고 있고, 미국도 1994년 776개에서 2003년에는 954개로 증가하고 있는 추세이다.[14)]

■ 세계 500대 기업 : 중국 대비 한국[15)]

대한상공회의소는 2005년 '포춘(Fortune)' 지가 발표한 '글로벌 500대 기업' 자료를 분석한 결과, 세계 500대 기업 중 한국 기업은 2000년에 비해 1개사가 줄어 11개사인데 반해, 중국은 6개사가 늘어 16개사에 달한다고 발표했다.

이번 조사에서 500대 기업의 매출액 중 한국 기업이 차지하는 비중도 2000년 1.9%에서 1.86%로 소폭 하락했고, 국가별 순위도 6위에서 9위로 낮아졌다.

---

(2) 과학 선진국 진입을 꿈꾸는 중국

중국 국가 당국은 2020년까지 과학 선진국에 진입하는 것을 목표로 장·단기적 계획을 수립하여 실행에 옮기고 있다. 그 예로서 자국 내에서는 연구·개발인력을 양성하고, 해외에서는 세계 유명 기업의 R & D 센터를 적극 유치하고 있다.

현장 정보

■ 중국, "2020년 과학 선진국 진입 선언" [16)]

중국 정부는 국가경쟁력을 높이기 위한 과학기술력 청사진을 마련하고 오는 2020년까지 과학 선진국에 진입할 것이라고 발표했다.

중국 정부가 작성한 청사진에 의하면, 중국 정부는 연구개발 인력으로 매년 200만 명 선을 꾸준히 유지해 나아가기로 했다. 지난 10년 동안 미국 논문 한 편당 인용횟수가 12.23인데 반해, 중국은 2.78회에 그치고 있는 현실을 극복하겠다는 것이다.

중국 정부는 또 기술 자급률을 증진시키는 일도 적극 추진하기로 했다. 현재 50%에 달하는 대외 기술의존율을 2020년경에는 30%로 낮추고, 매년 6만 건의 국제 특허를 얻을 계획이다.

중국 정부는 이 같은 계획이 순조롭게 진행되면, 전체 과학 기술력이 세계 15위권에 진입하고, 논문 인용건수도 5위 이내에 들어갈 것으로 예상하고 있다. 중국 과학기술부가 파악한 현재 중국의 과학기술력 순위는 49개 주요 국가 가운데서 28위를 차지하고 있다.

■ 다국적 기업들의 연구개발(R & D) 센터, 중국으로 몰려들다 [17)]

중국 상무부 통계에 따르면, 2004년 말 기준으로 다국적 기업들이 중국에 설립한 연구·개발센터는 690개에 달하며, 특히 2001년 중국의 '세계무역기구(WTO)' 가입을 계기로 크게 증가하고 있다.

다국적기업 R&D센터의 중국 내 설립 숫자를 연도별로 보면, 1997년 109개, 1998년 180여개, 1999년 190여개, 2000년 200여개, 2001년 240여개, 2002년 250여개, 2003년 400여개, 2004년 690여개이다.

'산업연구원' 이문형 연구위원은 "다국적 기업들은 세계 최대의 단일 국가 시장인 중국에서 연구·개발과 생산, 판매, 금융의 일체화를 통해 중국 시장을 개척하고자 한다. 또 이들 다국적 기업의 R & D센터를 적극적으로 유치하려는 중국 정부의 정책이 글로벌 R & D 센터를 중국으로 끌어들이고 있다"고 말했다.

중국 상무부 관계자는 "최근 중국에 투자한 세계 1,000개 대기업 중 61%가 향후 3년 이내에 중국에 연구·개발투자를 확대할 계획이라고 답했다. 특히 글로벌 기업들의 중국내 연구기관 설립과 최첨단 기술 도입이 더욱 가속화 될 것으로 예상된다"고 말했다.

---

(3) 정보기술과 소프트웨어 발전 계획

이에 더하여, 중국 정부는 고부가가치의 정보기술(IT)과 소프트웨어(SW) 산업을 전략적으로 육성하기 위해 대폭 지원하기로 결정하고 실행에 들어갔다. 예를 들면 이를 효율적으로 집행하기 위해 '소프트웨어 파크(software park)'를 중국 내외에 설립한다든지, 인터넷게임 대학을 설립하여 국가 차원에서 인력을 양성하고 제품을 개발하고 있다.

이러한 계획이 시행 초기임에도 불구하고, 인터넷 사이트 수는 이미 한국을 앞서기 시작했고, IT제품 수출액은 최근 사상 최초로 미국을 추월하였다.

현장 정보

■ 중국 소프트웨어 산업 발전 계획 수립[18]

중국 정부는 '리눅스' 등 부가가치가 높은 소프트웨어(SW) 산업을 차세대 성장 동력으로 지정하고 지원을 강화하기로 하였다. '세계의 공장'으로 등장하며 하드웨어(HW)에서는 이미 경쟁력을 확보했다고 보고, 앞으로는 SW 산업 육성에 힘을 쏟는다는 전략이다.

이와 관련해 샹하이 · 따리엔 · 션쩐 · 티엔진 · 시안에 국가급 SW기지를 건설하고, SW 교역에 대한 각종 규제를 철폐하고, 외국 기업의 SW 산업에 대한 투자를 적극 장려하며, 연구개발 인력 양성 및 고급 인력의 외부 충원에 나서고, 대기업이 앞장서 경쟁력 있는 SW 기업에 대한 대대적인 지원에 나설 방침이다.

중국은 특히 '마이크로소프트'의 견제로 기존의 다국적 기업들이 시장을 강력하게 장악하지 못하게 하고 있는 '리눅스' 분야에 관심을 집중하고 있다. 이를 위해 신식산업부(信息産業部, 정보통신부)내에 '리눅스 발전지원팀'을 설립한 데 이어, 민관 공동연구를 모색하기 위한 산학연구팀을 편성하고, 국제 협력에도 적극 나서 세계적인 기업들과의 리눅스 제품 공동개발을 모색하기로 했다.

중국 정부는 이러한 SW 산업을 지원하기 위해 '소프트웨어 파크(SW Park)'를 중국 내외에 만들어 미국, 유럽연합(EU) 지역에 대한 시장의 동향을 파악하는 동시에, 다국적 컨설팅 업체와 제휴해 중국 기업의 해외 진출과 SW 수출을 적극 지원하기로 했다. 중국 정부의 이와 같은 방침은 기업의 자체적인 SW개발 능력제고, 국제 시장의 동향 파악, 국제 비즈니스 역량 향상 등을 강화하여 SW 산업의 국제 경쟁력을 증진시키려는 전략의 하나이다.

현재 중국에서 SW 산업에 종사하는 인원은 약 80만 명이며, 이를 전공하는 대학생은 58만 명에 달한다. 전문가들은 2007년부터 2010년 사이에 중국이 세계 1위의 SW 하청 생산국이 될 것으로 예상하고 있다.

■ 중국 SW개발과 인터넷 게임 기술인력 양성을 위해 게임대학 설립[19]

중국 신식산업부는 최초의 게임대학을 베이징에 설립하여 인터넷 게임 전문인력 양성과 더불어 관련 소프트웨어 개발을 위한 기반 기술을 확보하는 데 국가 차원에서 정책과 자금을 적극 지원하기로 하였다.

중국 신식산업부에 따르면, 중국내 온라인 게임 기술자는 '아트 에디터(art editor)'를 포함해 3,000 명 정도에 불과해, 이 분야에서의 부족 인원이 60만 명에 이르는 것으로 추산된다.

중국 신식산업부 전자 교육센터의 '쉬위빈' 주임은 "온라인 업계의 심각한 인재 부족이 이

업계의 발전을 저해하고 있다. 이와 같은 문제점을 해결하기 위해 신식산업부와 과학기술부가 앞장 서 온라인 게임을 정보통신(IT)산업 발전의 주력 산업으로 격상시켜 강력히 지원할 예정이다"라고 강조했다.

중국 게임산업 협회는 "중국의 온라인 게임 시장이 급속히 확대되어, 2009년에는 100억 위엔(약 12조원)으로 2004년(24억 위엔)보다 4배 이상 커질 것"이라고 예상했다.

한편 미국 시장조사기관인 '니코 파트너스'가 발표한 〈중국 게임시장 보고서〉에 따르면, 2004년 기준으로 중국 온라인 게이머는 그 숫자가 무려 2,880만 명에 이른다. 매년 증가 추이를 토대로 예측하면, 2009년경에는 5,000만 명에 이를 것으로 보인다. 현재 영업 중인 PC방 수는 35만 여개이다.

■ 인터넷 사이트 수 : 한국이 중국에 밀리다[20)]

그동안 '인터넷 강국'이라고 불리웠던 한국의 위상이 중국에 밀려나고 있다는 분석이 나왔다. 계명대 김영문 교수는 미국의 '알렉사 닷컴(www.alexa.com)'이 발표한 500대 인터넷 사이트를 분석한 결과, 미국에 이어 2위를 차지해 오던 한국이 이번에 중국에 밀려 3위로 떨어졌다고 밝혔다.

이 조사에서 500대 사이트 중 한국 사이트의 수는 67개로 13.4%를 차지했지만, 지난 해 4월 134개에 비해 1년 만에 절반이 감소한 것으로 나타났다. 이에 반해 중국 사이트들은 106개로 전체의 21.2%를 차지하며 2위로 올라섰다.

특히, 30대 사이트에 포함된 한국 사이트의 수는 2004년 4월 14개로 가장 많았으나, 9월에 10개로 감소한 뒤, 2004년에는 6개로 줄어들며 미국(13개), 중국(9개)에 뒤떨어졌다.

이 같은 현상은 한국 사이트들이 대부분 외국어 서비스를 하지 않아 국제 경쟁력이 떨어지고 있기 때문이라고 김영문 교수는 분석했다.

500대 사이트에 포함된 한국 사이트 67개 가운데 한국어 및 영어 서비스는 3개, 한국어 및 일본어 서비스는 2개에 불과하고, 나머지 62개 사이트는 한국어 서비스만 하고 있다.

김영문 교수는 "인터넷 사업에서도 중국이 강력한 경쟁상대로 부상했다. 인터넷의 특징은 국제적인 네트워크인데 정작 한국의 사이트들은 아직도 우물 안에 머물고 있다"고 지적했다.

■ 중국 온라인 게임 순위[30)]

시장조사 회사 IDC에 따르면 2004년 중국 온라인 게임 순위는 다음과 같다.

순 위	게 임	개발사	배급사
1	미르의 전설	위메이드(한국)	셩따(盛大)
2	미르의 전설 3	위메이드(한국)	옵티스프(光通)
3	월드 오브 리젠드	셩따	셩따
4	YQ	넷이즈(網易)	넷이즈
5	뮤	웹젠(한국)	The 9(第九)
6	JX 온라인	킹소프트	킹소프트
7	크로스 게이트	조이파크(網星遊戲樂天)	조이파크
8	XYZ	넷이즈	넷이즈
9	리니지 2	엔씨소프트(한국)	시나(新郎)
10	라그나로크	그라비티(한국)	소프트월드

■ 중국의 IT시장 초고속 성장 : IT수출액 미국 추월[22)]

정보통신 컨설팅 업체인 CCID는 "중국의 정보기술(IT)시장이 초고속 성장을 지속할 것으로 예상된다"고 보고서를 통해 밝혔다(중국 관영 신화통신 보도).

CCID는 베이징에서 열린 '2005년도 중국 IT 시장 컨퍼런스'에서 중국 IT시장의 규모가 매년 연평균 15.8%씩 증가해 8,498억 6,000만 위엔(약 110조 5,000억원)에 달할 것이라고 전망했다.

2004년도 중국의 IT시장은 7,080억 위엔으로 전년보다 17% 증가했으며, 이 중에서 소프트웨어 매출은 479억 1,000만 위엔으로 전년 대비 19.9% 늘어났다. IT서비스 매출은 26% 증가한 685억 2,000만 위엔을 기록했다.

CCID의 자오수평 대표는 "도시뿐 아니라 농촌지역의 IT 수요가 급증하고 있는 것이 중국 IT 시장의 희망이 되고 있다. 이미 '레노보 그룹' 등은 저가형 컴퓨터를 앞세워 농촌으로 사업범위를 넓혀가고 있다"고 말했다.

중국 공학학회의 니광난 대표는 "레노보의 핵심기술 개발 등을 바탕으로 2010년이면 중국이 세계 최대 소프트웨어 시장이 될 것"으로 예상했다.

한편 뉴욕타임즈(NYT)는 "2004년 정보기술(IT) 관련 수출액이 2003년보다 46% 늘어나 1,800억 달러를 기록함으로써, 같은 기간 미국의 수출액 1,490억 달러를 앞질렀다"고 보도했다. 미국의 IT 수출은 1년 사이 12% 증가하는 데 그쳤다.

중국은 최근 10여 년간 노트북 컴퓨터 · 개인용 컴퓨터 · 휴대전화기 · 디지털카메라 · 모니터 · 집적회로(IC) 등의 수출액이 폭발적으로 늘었다. 과거와는 달리 품질도 개선되고 있다. NYT는 "제조업의 품질을 높이는 데 주력해 온 중국의 중장기 전략이 성과를 내기 시작했다"고 평가했다.

중국 신식사업부(정보통신부)의 관계자는 "IT 제품 판매규모는 전체 산업 판매실적의 12%에 달한다. 전자 산업과 정보 산업은 이제 중국 최대의 기간산업으로 자리 잡았다"고 설명했다.

---

(4) 우주탐사 계획 수립

중국은 우주탐사 계획이야말로 군사, 정치, 외교, 경제 등을 포괄하는 최첨단 과학기술의 집약체로 인식하고, 기존에 보유하고 있던 우주선 개발 계획을 더욱 강화하여 실행에 착수했다. 예를 들어 달 탐사계획과 인공위성 발사계획 등이 그것이다.

현장 정보

■ 중국, 2017년 달 탐사완료 계획[23)]

중국은 3단계로 구성된 무인 우주선 달 탐사 프로젝트를 2017년까지 완료할 계획이다. 달 탐사 프로젝트의 수석 과학자인 중국 과학원 어우양 쯔위엔(歐陽自遠) 원장은 무인 우주선을 달에 착륙시켜 환경과 지질, 지형 등에 대한 조사를 마친 뒤, 암석 등을 지구로 가져오는 계획을 세우고, 이미 1단계 프로젝트에 들어갔다고 밝혔다.

중국 전설 중에서 달의 여신에 나오는 '창으어(嫦娥)' 프로젝트는 2007년경 달 궤도를 선회하는 위성을 발사하는 1단계, 2012년경 탐사기를 실은 우주선을 달에 착륙시키는 2단계, 2017년경에 달 표면의 토양과 암석 등 물질을 실은 무인 우주선을 지구로 귀환시키는 3단계로 구성되어 있다.

■ 중국 우주선 개발 과정[24)]

중국의 우주 개발 약사(略史)를 연도별로 정리하면 다음과 같다.

- 1957년 10월 마오쩌동 주석의 지시로 우주개발 착수
  (세계 최초의 인공위성 스푸트니크 1호가 1957년 발사된 직후임)
- 1960년 2월 러시아 R-2를 개량한 최초의 로켓 발사
- 1965년 9월 중국 과학원 위성 설계원을 구성하여 인공위성 설계 계획 착수
- 1970년 4월 중국 최초의 인공위성 '동팡홍(東方紅)' 1호를 발사함으로써, 세계 5번째 인공위성 보유국으로 등장
- 1975년 11월 중국 최초의 회수식(回收式) 인공위성 발사
- 1987년 8월 지우취엔(酒泉) 위성 발사기지에서, 프랑스 '머틀러'사에 발사서비스 제공
- 1990년 4월 시창(西昌) 위성 발사기지에서 미국 위성 발사 대행
- 1996년 2월 상업용 위성을 실은 로켓이 발사 직후 폭발
- 1997년 12월 타이위엔(太原) 위성 발사기지에서 미 '모토로라'의 이리듐 위성 발사 대행
- 1999년 11월 첫 번째 무인 우주선 션조우 1호 발사
- 2001년 1월 원숭이를 태운 션조우 2호 발사
- 2002년 3월 실물 크기 사람의 인형을 실은 션조우 3호 발사
- 2002년 12월 션조우 4호 발사
- 2003년 10월 우주비행사 양리웨이(楊利偉)를 태운 첫 유인 우주선 션조우 5호 발사
- 2005년 10월 우주비행사 2명을 태운 션조우 6호 발사

■ 중국에서 달(Moon) 토지 분양 중[25)]

'베이징 청년보'는 달 우주과학기술 유한공사가 '달 대사관'이라는 명칭으로 사무실을 열고 달 토지를 분양하고 있다고 (2005년 10월 9일) 보도했다. 달 토지 분양가는 1에이커(약 1,224평)에 298위엔(약 37,250원)이며, 분양료를 낸 사람에게는 달 토지 소유권 증서도 준다. '달 대사관'은 달 토지를 분양하기 위해 베이징 시 공상국과 세무국에 회사 등록까지 한 상태이다.

신청서에서 밝힌 회사의 업무영역은 '우주 여행과 달 토지 분양판매'이다. 이 업체 '리제' 사장은 "미국의 루나 엠버시(Lunar Embassy, 달 대사관)로부터 중국 대사관 업무 전권을 위임받아 달 토지를 분양하고 있다"고 밝혔다. '달 대사관'은 달 토지 분양의 근거로 UN규정을 들고 있다. 리제 사장은 "UN의 우주 관련 규정은 특정 국가의 달 소유를 금지하지만, 개인 소유와 관련한 언급이 없다. 미국의 루나 엠버시 사장은 이 점에 착안해 1980년대 미국 샌프란시스코 토지관리국에 달 토지 소유권 등기 신청을 했다"고 말했다.

■ 중국 2020년까지 100개 위성 발사, 지구 관측망 구축[26)]

'쉬 관하(서 관화)' 중국 과학기술부장은 "향후 100여개의 위성을 발사해 탐측 기술과 관련 정보를 이용해 지구촌 구석구석의 환경 변화를 추적할 계획이다. 국토 자원과 측량, 수리, 삼림, 농업, 도시건설 등 사회발전에 관련된 다양한 영역에서 이 관측망을 활용하게 될 것이다" 라고 발표했다(신화통신 보도).

한편 중국의 22번째 과학기술 위성이 성공적으로 발사되었다. 이 위성은 2005년 8월 29일 샨시성의 주취안 위성발사 센터에서 창청 2호 로켓에 탑재되어 발사되었고 우주궤도 진입에 성공했다.

신화통신은 창청 계열의 로켓을 이용한 이번 발사의 성공으로 1996년 10월 이래 45차례 연속 발사 성공이 이어졌다고 전했다.

---

(5) 중국 기업의 해외 직접투자

이상과 같은 중국 정부의 거시적·국가적 경영전략의 후원 아래 중국 기업들은 그동안 축적된 자본과 기술력을 바탕으로 이제는 자국 내에만 머무르지 않고 오히려 세계시장을 대상으로 인수·합병(M & A), 기술적 제휴 등의 전략적 방법으로 원자력 분야, 첨단 전기·전자 분야, 기타 각종 산업 영역에 활발히 진출하고 있다. 과정을 거쳐 중국 기업들은 많은 부(富)를 축적해가고 있으며, 중국 국민들 역시 점점 부자가 되어가고 있다.

이러한 내용을 상징적으로 보여주는 사례로서 중국의 백만장자 숫자가 이미 한국을 훨씬 넘어섰다.

현장 정보

■ 중국 기업 해외 직접투자 가속화[27)]

중국 상무부 통계에 따르면, 2004년 중국의 금융투자를 제외한 대외 직접투자액은 36억 2천만 달러로 전년에 비해 27.0% 증가했다. 특히, 신규 투자가 25억 6백만 달러로 전체의 69.0%를 차지했다. 또 해외진출 기업 수나 평균 투자액은 전년보다 각각 62.5%, 9.5%로 증가했으며, 해외투자 방식이 대규모화 하면서 지분매입 형식의 투자가 늘어난 것으로 조사되었다.

중국 당국은 넘쳐나는 외환보유고를 적절하게 분산하고 인민폐 평가절상 압력을 완화하는 동시에 신시장 개척과 신기술을 도입하겠다는 '조우추취(走出去)'로 불리는 적극적인 해외투자 전략을 구사하고 있다.

2004년 중국 기업들의 해외투자를 업종별로 구분해 보면, 1위가 광석 채굴업으로서 전체 투자액의 절반을 넘는 19억 1천만 달러(52.7%)였고, 무역 및 서비스업이 9억 6천만 달러(26.5%), 제조업이 4억 9천만 달러(13.5%), 도소매업이 1억 1천만 달러(3.0%), 기타 1억 5천만 달러(4.2%)의 분포를 보였다.

지역별로는 중남미가 16억 7천만 달러(46.2%)로 1위였고, 아시아 13억 9천만 달러(38.6%), 유럽 3억 8백만 달러(8.5%), 아프리카 1억 3,500만 달러(3.7%), 북미 6,200만 달러로 주로 중남미와 아시아 지역에 집중적으로 투자되었다.

■ 중국의 백만장자 23만 명, 한국보다 4배 많다[28)]

'메릴린치'사가 컨설팅 업체 '캡 제미니'와의 공동조사 결과를 기초로 작성한 〈세계 부유층 보고서(The World Wealth Report)〉에 따르면, 백만장자 클럽에 가입한 중국인은 23만 6천명으로 전년에 비해 12% 증가했다. 이 숫자는 한국의 백만장자 6만 5천명에 비해 4배가량 많은 것이다.

메릴린치에서는 백만장자를 "개인 주택을 제외한 금융자산이 100만 달러를 넘는 사람"으로 정의하고 있다. 또 이들 백만장자 중국인들의 1인당 자산보유액은 평균 410만 달러(약 3,400만 위엔)로 전체 규모는 9,690억 달러에 이른다.

2-2 시장 진입전략

시장진입을 위해서는 크게 진입방식과 진입시기를 결정하여야 한다.

1. 진입방식 결정

해외시장으로의 진입방식에는 여러 가지가 있는데 신중한 선택이 필요하다. 이들은 서로 특징과 장단점이 다르고, 한번 선택하면 변경하는 경우에 적지 않은 시간과 기회비용이 소모되기 때문이다. 그러므로 해외시장에 대한 진출목적, 기업의 규모와 경영능력, 축적된 기술이나 해외시장 진출경험 등에 대한 체계적 분석을 하고, 제품 및 진입대상국의 특성에 따라 가장 효과적인 방식을 선택해야 한다.[29)] 다음은 해외시장 진입의 주요 방식들이다.

(1) 진입방식 종류

해외시장의 주요 진입방식으로는 수출, 국제계약, 해외투자 등이 있다. 아래에서는 이들을 살펴보기로 한다.

1) 수 출

이것은 국내에서 제품을 생산하여 해외에 판매하는 방식으로서, 가장 기본적이고 단순한 방식이다. 수출방식도 다시 제3자인 종합무역상사나 중개상(무역대리인, 해외바이어)을 통한 간접수출과 직접수출 등으로 구별된다.[30)]

현장 정보

■ 중국과 아세안 FTA로 한국 피해[31)]

2005년 7월, 중국과 아세안(ASEAN)간 자유무역협정(FTA)이 체결된 후 한국산 제품이 중국과 아세안시장에서 받는 피해가 현실로 나타나고 있다.

중국시장에서는 관세 차이로 인해 한국 제품이 아세안산보다 2.5% 비싸게 수입되고 있다. 아세안시장에서도 중국산에 비해 가격경쟁력이 크게 떨어져 석유화학, 철강 등을 중심으로 동남아 바이어들이 중국산으로 이탈할 조짐까지 나타나는 정도다.

산업자원부는 8월 25일 "중-아세안 FTA가 우리에게 미친 영향"이란 자료를 통해 FTA 체결 후 한 달 동안 수출시장 동향을 분석했다. 가장 염려되는 부분은 우리의 최대시장인 중국에서 아세안 제품에 비해 가격경쟁력이 떨어지는 것이다. FTA 발효로 중국의 대(對)아세안 제품 관세는 평균 10.3%로 떨어졌지만, 한국산은 13.1%의 관세를 그대로 지불하고 있기 때문이다.

---

2) 국제 계약

유형의 상품을 파는 수출 외에 무형 재산(intangible property)에 대한 장기계약을 통하여 국제적으로 진출할 수 있다. 여기에는 대표적으로 라이센스 계약(licensing)과 프랜차이즈 계약(franchising)이 있다.[32)]

① 라이센스 계약

라이센스(license) 계약은 무형재산을 보유한 사업자가 일정기간 동안 그 사용권을 다른 사업자에게 사용료(royalty)를 받는 조건으로 대여하는 계약을 말한다. 대상이 되는 대표적 무형재산으로는 특허, 생산공정, 상표(권), 상호, 노하우(know-how)지식, 시스템 등이 있다. 이 계약에서 대여자를 라인센서(licensor), 도입자를 라이센시(licensee) 라 한다. 이 계약은 반드시 독점계약일 필요는 없다.[33)]

해외시장에 진출할 때 라이센스 계약이 다른 방식들에 비해 유리한 주요 조건이나 장점은 다음과 같다.[34)]

- 자본투자가 필요 없어서 소요자본, 자본비용과 투자위험이 최소화된다.
- 수출이나 직접투자 등에 심한 규제나 장벽이 있는 경우, 우회적 대안이 될 수 있다.
- 수출 시(時) 물류비용 부담이 큰 경우, 대안이 될 수 있다.
- 진출대상국의 정치적 위험이 큰 경우, 직접투자에 비해 위험이 낮다.
- 기업의 상품이나 무형재산 중 주력사업에 속하지 않은 것들에 대해 추가적 이익을 기대할 수 있다.
- 해외시장에서 자사 소유 무형재산을 무단복제나 도용 등의 침해에서 보호 받기 위하

여 현지 사업자에 라이센스를 제공함으로써, 현지 사업자로 하여금 침해를 감시하게 하거나 현지 정부로부터 보호 조처를 유도할 수 있다.

- 해외시장에 대한 신속한 진출과 신속한 이익을 기대할 수 있다.
- 해외시장을 간접적으로 경험하고 시험할 수 있는 기회로 삼을 수 있다.
- 무형재산 제공과 관련하여 관련 자원 등을 신규 공급할 수 있다.

현장 정보

■ 라이센스 계약 : 브랜드 수출－(주) 이에프이社[35)]

유아복 브랜드 '해피랜드'를 보유한 '(주)이에프이'는 업계 최초로 국내 아동복 브랜드를 수출한다고 발표했다.

(주)이에프이는 중국의 북경영장유동용품 유한공사와 고급 유아복 '프리미에 쥬르'에 대한 라이센스 계약을 체결했다.

라이센스 계약기간은 2007년 11월까지이며, 북경영장유동용품은 (주)이에프이에 중국내 총 판매 금액의 5%를 로열티로 지급한다. 또 중국 내 판매제품은 프리미에 쥬르 한국 본사로부터의 직수입과 자체 생산제품을 병행해서 유통시킬 계획이다.

회사측 경영자는 "국내 유아복 브랜드로 외국 기업에 라이센스 계약을 체결한 것은 이번이 처음이며, 외국 브랜드 수입의존도가 높은 현 시장 상황에서 국내 토종 브랜드로 수출 길을 열었다는 점에서 의미 있다"고 설명했다.

반면에 라이센스 계약의 단점중 주요한 것들은 다음과 같다.[36)]

- 자본투자 라이센스 도입자가 추후에 잠재적 경쟁자로 변할 위험이 있다.
- 소비자는 라이센스 계약으로 생산된 제품에 대해 원 제품에 비해 질이 낮을 것으로 인식할 위험이 있다.
- 라이센스 제공자가 라이센스 재산에 대하여 라이센스 도입자의 보호·관리 활동을 통제하기가 쉽지 않다.
- 현지에서 직접 생산 또는 판매할 때 얻을 수 있는 이익에 비해 수익률이 낮다.

② 프랜차이즈 계약

프랜차이즈(franchise) 계약은 라이센스 계약의 특별한 형태로서 일반적 라이센스 계약이 특정 무형자산만 대여하는 데 비해, 프랜차이즈 계약에서는 무형재산을 포함하여 영업방법 등 사업 전반에 대한 운영시스템을 일괄적으로 대여하고 상시적으로 지원하는 형태가 취해진다. 이 계약에서 대여자를 프랜차이저(franchisor), 도입자(가맹점)를 프랜차이지(franchisee)라 한다.[37)]

해외 진출 시 프랜차이즈 계약이 유리한 주요 조건이나 장・단점은 대부분 일반적 라이센스 계약에서와 대동소이하다. 따라서 여기에서는 일반적 라이센스 계약과의 주요한 차이점 몇 가지만 지적하고자 한다.[38)]

- 프랜차이즈로 대여되는 사업운영 시스템의 내용 및 이용료는 모든 가맹점들에게 원칙적으로 표준화되어 있다. 따라서 프랜차이즈에서의 광고 등 촉진활동은 일회만으로도 모든 가맹점들을 대상으로 하는 셈이어서 규모의 경제 효과를 낳는다.
- 프랜차이즈 계약에서는 가맹점이 사업을 처음 시작하는 형태인 데 비해, 일반적 라이센스 계약에서는 기존 사업자가 도입하는 경우가 보통이다.
- 일반적 라이센스 계약에서는 기존 무형재산만이 계약 대상이 되는 반면에, 프랜차이즈 계약에서는 기존 사업시스템 외에 미래에 추가되는 신상품이나 신규 사업시스템도 지속적으로 대여되는 편이다.

3) 해외 직접투자

이것은 외국에 제조시설이나 판매점을 설립하여 제품을 직접 제조 또는 판매하거나 유통활동을 영위하는 방식이다. 한 나라에 외국투자자나 기업이 직접투자(direct investment)한다는 것은 전사적(全社的) 전략 차원 중 성장전략의 국제적 측면의 하나로 볼 수 있다. 직접투자 방식으로는 기본적으로 성장전략의 실천방식을 따라 기업설립, 기업취득, 전략적 동업 방식이 있다.[39)]

2. 진입시기 결정

진입시기는 크게 선발진입과 후발진입 중 택일한다. 이들 두 시기 간에는 서로 특징과 장・단점이 다르기 때문에 사전에 체계적인 분석을 할 필요가 있다.

(1) 선발진입 분석

선발진입은 목표로 삼은 새로운 표적시장에 경쟁기업들보다 먼저 진입하여 시장을 선점하려는 전략이다. 선발진입자(first mover)가 얻을 수 있는 대표적 효과는 후발진입자들에 대한 '진입장벽' 구축이다.[40)] 세부적으로는 그 효과가 여러 가지 측면에서 나타날 수 있으며, 아래에서는 크게 네 범주로 분류하였다. 그리고 선발진입의 최종 효과를 살펴본 후, 끝으로 선발진입의 단점을 파악하여 보자.

1) 선발진입의 경제적 효과[41)]

① 규모의 경제(economies of scale) 효과를 얻을 수 있다.

② 종업원들의 숙련에 따른 경험곡선 효과를 얻을 수 있다.

③ 마케팅비용 비대칭(asymmetry) 효과를 얻을 수 있다. 즉, 동일한 마케팅비용의 한계효과(marginal effect) 면에서 선발 진입자는 후발 진입자에 비해 유리하다.

2) 선발진입의 선점 효과

선발진입이 가져다주는 선점효과는 주로 비용적 측면과 공간적 측면으로 나타난다.[42)]

① 경쟁이 없거나 적기 때문에 원하는 표적시장을 선점하기 쉽다. 즉, 표적시장에 적응하면서 제품과 기업 인지도와 이미지를 높여 차별화를 형성하면서 포지셔닝을 이룸으로써, 상당 수준의 대(對)고객관계와 고객충성도를 구축할 수 있다.

② 제품의 개념정의를 선점할 수 있다.

③ 제한된 투입자원(인적 · 물적 자원)을 우선적으로 유리한 조건으로 확보할 수 있다.

④ 유리한 입지조건을 선점할 수 있다.

⑤ 유통경로를 선점할 수 있다.

⑥ 공급업자나 구매업자와 장기적 거래관계를 형성할 수 있다.

사 례

■ 시장 선점 – Volkswagen 社[43)]

'딱정벌레'란 애칭이 붙은 소형차로 유명한 독일의 자동차 제조업체 Volkswagen(폴크스바겐)은 중국시장에 처음 진출한 최초의 외국 자동차 제조회사였다. 1984년, Volkswagen과 중국 현지의 '상하이 자동차산업'회사는 양사 간에 동등한 지분으로 합작투자계약을 체결하였고, 그 결과 'SVW(Shanghai Volkswagen Automotive)' 회사가 설립되었다.

1985년 SVW는 상하이 인근 공장에서 'Santana' 승용차를 생산하기 시작했다. 그 때부터 이 차는 거의 10년 동안 중국의 도로를 지배했다. SVW는 중국시장에 최초로 진입한 대가로 매우 많은 이점을 얻었다. 설립 이후로 SVW는 1985년 7천대에서 2002년에는 30만대가 넘는 판매량을 기록함으로써, 중국에서 시장선도자(market leader)가 되었다. Volkswagen은 선진기술 합작에 따른 대가로 특별한 감세 혜택을 받은 것을 포함하여, 중국 정부가 쳐 준 진입장벽과 수입 자동차에 부과되는 높은 관세 등으로 인하여, SVW는 1990년대 중반까지 성장하는 중국 자동차 시장을 지배할 수 있었다. 그 결과, 이 회사는 이미 성숙단계에 있고 경쟁이 치열한 서양 국가들에 있는 기업보다 훨씬 높은 수익을 거둘 수 있었다.

그러나 그러한 수익성은 낮은 원가구조에 의한 것이 아니었다. 당시 중국의 자동차 부품 공급업체들은 기술과 인력, 품질 등이 낮은 상태에서 이들에게 기술을 제공하고, 기술교육을 시키고, 품질을 향상시키는 데 많은 비용이 투자되었기 때문에, 고비용 구조를 가질 수밖에 없었다. 그 대신 수입자동차에 대해 차 가격의 2~4배까지 부과되는 높은 관세를 SVW는 지불하지 않아서 고비용 구조가 그렇게 큰 문제가 되지는 않았다.

이렇게 중국 정부의 지속된 보호 하에서 SVW는 설립 이후 17년간 줄곧 판매 네트워크를 확장시켜 나갔다. 2002년에 SVW는 24개 지역 판매센터를 통하여 자동차를 유통시켰고, 중국 전체에 걸쳐 750개가 넘는 자동차 딜러(car dealer)와 서비스 센터들과 협력할 수 있었다. 이 네트워크는 나중에 중국 자동차 시장에 진입하는 경쟁업체들에 대해서 경쟁상의 이점을 제공해 주었다. 또 중국 정부는 SVW에게 수년 동안 택시 사업을 독점하게 해 주었다. SVW는 8년 동안 '중국에 투자한 500대 외국기업' 목록에 선정되었으며, '중국의 10대 합작투자회사'로서 상도 받았다.

이처럼 1984년 중국이 완전 개방되지 않아 외국의 다른 자동차 제조업체들이 진출을 꺼려하던 시절, Volkswagen은 위험을 무릅쓰고 홀로 진출하여 시장을 선점한 대가를 얻었다. 다른 자동차 회사들이 '기술이전과 부품의 현지조달'이라는 중국 측의 조건을 꺼려 망설이는 사이에 Volkswagen은 '샹하이 자동차'와 합작해서 진출에 성공한 것이었다.

---

3) 선발진입의 대(對)고객 행태적 효과[44)]

① 고객에게 전환비용(switching cost)의 부담을 줄 수 있다. 하나는 구매자와 공급자간 장기계약관계에 따른 부담(계약적 전환비용)이다. 또 하나는 선발진입자에 대한 소비자들의 인식이 높아지면서 소비자들은 제품의 시험적 사용 후 편익을 경험하면서 지속적 구매를 하게 되는데, 이것은 이후 후속진입자에 대해서 새로운 시도에 따른 위험, 정보탐색, 시간, 노력 등의 비용이 부담으로 작용한다(비계약적 전환비용).

② 소비자들이 제품 속성의 중요성이나 이상적 배합에 대해 잘 모르는 상태에서, 선발진입자는 이 속성들의 가치형성에 영향을 주고, 이상적 배합을 정의하고, 최종적으로는 그 편익에 대한 선호 형성에 영향을 미칠 수 있다. 즉, 마케팅 활동을 통해 시장구조를 자사에 유리하게 구축할 수 있으며, 제품범주 전반에 대해 규정하여 자사 제품을 일종의 제품 표준으로 삼게 함으로써 후발진입 제품들을 이 기준으로 평가되게 만들 수 있다.

③ 잠재적 고객들로부터 받는 저항이 후발진입자의 경우보다 작은 편이다. 그 이유는 선발진입자는 조기이용자(early adopter)와 혁신적 이용자(innovator)들을 포함한 잠재적 고객들중 신제품이나 신상표에 대한 저항이 비교적 작은 고객들을 실제 고객화한 상태이므로, 후발진입자는 상대적으로 저항이 큰 잠재고객들을 주로 상대하여야 하기 때문이다.

4) 기타 효과[45)]

① 조직운영정보 획득, 노하우 습득 등에서 유리하다.

② 지적재산권 등의 보호장치를 마련할 수 있으며 이로 인해 시장에서 기술주도권을 행사할 수 있다.

③ 정부정책상 보호를 받을 수 있다. 중국 정부와 관계 당국은 개발도상 경제에서 산

업 육성을 위해 외국기업들에게 낮은 세율과 조세감면 등의 혜택을 주는 동시에, 자국 기업과 시장을 보호하기 위해 사업별로 진입 외국기업의 수와 규모 등을 규제하는데, 이는 선발진입자에게는 보호장치가 된다.

5) 선발진입의 최종 효과

선발진입이 갖는 이러한 진입장벽으로 인해 후발진입자들이 진입하기까지는 상당한 시간적 간격이 생기는데, 이로 인해 선발진입자가 얻는 중요한 혜택으로 두 가지를 들 수 있다.[46)]

① 경쟁이 없거나 미미한 상태이므로 독점적 이윤을 누릴 수 있다.

② 시장지배력과 경험곡선 효과를 구축하여 후발진입자들이 들어와도 상대적으로 높은 시장점유율과 수익률을 누릴 수 있다.

6) 선발진입의 단점

선발진입으로 겪을 수 있는 대표적 단점은 다음과 같다.[47)]

① 상당한 시장개척 비용과 제품개발 비용을 부담해야 한다. 주요한 시장개척 비용으로는 투자 인허가, 공급업자 확보, 중개업자와 기관고객용 서비스와 훈련 시설 확보, 구세대 제품 사용고객에 대한 전환비용 극복 등에 소요되는 비용이 있다.

② 불확실한 환경에 따른 위험이 크다는 점이다. 시장개척기의 투자환경은 여러 면에서 정비되어 있지 않은 상태일 것이며 특히, 중국과 같은 전환기 사회주의 시장경제의 경우에 자본주의 시장경제 환경에 비해 더욱 그러할 것이다.[48)]

사 례

■ 선발진입－노키아社[49)]

휴대폰 및 네트워크 업체인 '노키아'가 중국의 '차이나 푸샨'과 9억 위안(1억 1,100만 달러) 규모의 'TD-SCDMA' 휴대폰 합작사를 설립, 중국 3세대 무선통신 시장 선점에 나섰다.

보도에 따르면, 노키아와 차이나 푸샨은 TD-SCDMA 표준 방식을 도입한 휴대폰 생산 합작사를 설립하기로 하고, 각각 지분 49%, 51%를 보유할 예정이다. 합작사에서 생산된 제품은 차이나 푸샨의 '포테비오' 브랜드로 판매될 예정이다.

업계에서는 노키아가 이번 합작사 설립을 통해 차이나 푸샨이 개발한 TD-SCDMA 기술을 사용할 수 있게 될 것이며, 차이나 푸샨에는 WCDMA 기술 노하우를 전수할 수 있을 것으로 내다보고 있다.

현재 노키아를 비롯, 유럽 제조업체들은 중국의 3세대 이동통신 표준으로 WCDMA 기술이 채택되기를 바라고 있지만, 중국 국내 표준인 TD-SCDMA가 채택될 가능성이 높다는 점을 잘 인지하고 있다. 이에 따라 중국 기업들과의 합작을 통해 TD-SCDMA 시장 선점 필요성이 높아지고 있는 상황이다.

사이먼 베레스포드 와일리 노키아 부사장은 제품군안에 TD-SCDMA 표준을 포함하는 것이 필수적이라고 말했다. 그는 "사람들은 노키아가 TD-SCDMA 표준에도 투자하기를 기다려왔다"면서 "TD-SCDMA 표준이 중국 3세대 이동통신의 일부가 될 것으로 예상되며 우리 제품이 이같은 방식의 서비스를 제공하지 못할 경우 경쟁력을 잃게 될 것"이라고 말했다.

현재 중국 정부는 무선통신 기술 투자 가운데 최소 30%를 중국에서 개발된 TD-SCDMA 기술을 제공하는 국내 제조업체에 제공할 계획이다. 하지만 이동통신 사업자들은 TD-SCDMA 기술이 성숙도나 상호운용성 측면에서 미흡하여, 이윤이 높은 '로밍' 서비스가 어려워질 것이라며 이 기술 도입을 꺼리고 있다. 중국 정부는 내년 상반기 3세대 이동통신 사업자 라이센스를 발급할 예정이며, 서비스는 내년 말쯤 첫 선을 보일 전망이다.

한편 업계 관계자들은 에릭슨, 지멘스 등 경쟁사들도 중국내 합작사 설립을 통해 TD-SCDMA 시장 선점에 박차를 가할 것으로 내다보고 있다. 더구나 중국 통신업계 구조조정이 가속화되면서, 생존을 위해서는 중국 기업과 손을 잡는 것이 유리하다는 인식이 확산되고 있다고 이들은 전하고 있다.

---

(2) 후발진입 분석

후발진입은 선발진입자가 들어간 후에 그를 따라서 시장에 진입하는 전략이다. 후발진입자(follower, later entrant)가 얻을 수 있는 주된 효과는 '무임승차 효과(free-rider effect)'이다. 무임승차 효과를 계량화한 어느 연구에 의하면, 후발진입자의 진입비용은 선발진입자 비용의 약 65%에 이르렀다.[50)]

후발진입의 효과는 다음 두 가지를 들 수 있다.

① 선발진입자의 성공전략을 저비용으로 모방할 수 있다.

② 선발진입자가 치른 상당한 시행착오 및 비용, 즉 이른바 '학습비용'울 최소화할 수 있다.

반면에 후발진입의 주요 단점은 선발진입자의 장점과 대조를 이룬다고 보면 될 것이다.

제2편 거시환경

- 제3장 정치 환경
- 제4장 법률 환경
- 제5장 경제 환경
- 제6장 인구 환경
- 제7장 사회·문화·기술 환경
- 제8장 자연 환경

제 3 장 정치 환경

이 장에서는 중국의 정치적 환경으로서 정치환경의 중요성, 정치체제, 행정체제, 정치사, 그리고 정치적 위험 등을 고찰하기로 한다.

3-1 정치환경의 중요성

한 나라의 정치적 환경은 그 사회와 경제가 추구하는 기본이념과 운영규칙 등을 규정한다는 점에서 사업에 중요한 영향을 미치는 환경의 하나이다.[1] 더욱이 중국은 그동안 개혁·개방 정책과 근래의 WTO 가입 등으로 경제환경 면에서는 일정부분 합리적 서방경제 수준에 접근하고 있지만, 아직도 질적 측면이라든가 사회의 여러 부문에서 각 서방국가들과 상당한 차이를 보이고 있다. 그 중에서도 정치환경 부문은 더욱 그러하다.

중국은 국가가 경제에 정책, 규제 등의 수단을 통해 비교적 강력히 개입하는 유형의 나라이다. 특히, 외국기업에 대해서는 아직 여러모로 국내기업과 구별하여 더욱 정치적 고려를 하여 대하고 있다. 그러므로 외국 사업자에게 중국의 정치환경에 대한 이해는 중요하다. 물론, 분석방법은 다른 환경요인에 대해서와 마찬가지로 정치환경의 특성, 동향, 추세가 사업에 미치는 기회요인 또는 위협요인을 찾아내어 이용하거나 대처하는 것이다.[2]

사 례

■ 정치환경의 활용 – 유니레버사 社[3]

생활용품과 식품 부문의 다국적 기업인 유니레버(Unilever)는 중국에 진출하면서 초기에 현지업체와의 합작 위주로 여러 시장을 의욕적으로 공략하였다. 그러나 합작사업간 혼선과 갈등 심화 등으로 어려움에 처하게 되어 전반적 구조조정을 추진하기로 결정하였다. 그 목적은 방만한 여러 합작사업을 단일 지주회사 체제로 통폐합하여 상승(synergy)효과를 높이는 것이었다.

그러나 그 추진과정에서 현지 동업자 7명이 기존의 업체별 대주주 지분을 단일 지주회사의 소액 지분으로 바꾸는 제안을 거부하는 문제가 발생하였다. 이에 대처하여 유니레버는 정치적 배경을 활용하기로 하고, 한편으로 유니레버의 본국의 하나인 화란의 정부관리들을 동원하여 유니레버의 중국내 근거지인 상해의 시정부 관리들에게 로비를 벌여 통폐합 계획에 대한 지원을 부탁하였다.

다른 한편으로, 1999년 초에 당시 총리인 주룽지가 과거에 상해시장을 역임하였다는 사실에 착안하여 '상해 카드(card)'를 구사하였다. 즉, 유니레버는 당시 주 총리에게 중국에서 외국계 개인용품 업체로는 상해시의 유니레버와 광주시의 P & G 중 한 업체만이 주도권을 가질 수밖에 없을 것이라고 호소하였고, 이에 주 총리는 결국 유니레버의 손을 들어주었다. 주 총리는 상해 시정부와 관계가 깊은 네 동업자의 지원을 모으는 데 협조하여, 1999년 11월에 유니레버는 상해시와 관계있는 동업자들만을 참여시킨 단일 지주회사 구성을 발표하였다.

현장 정보

■ 중국의 국기(國旗) : 오성홍기[4]

오성홍기(五星紅旗, 우싱홍치)는 붉은 색 바탕에 다섯 개의 오각형 황색별이 좌측 상단에 자리 잡고 있다. 다섯 개 중 제일 큰 별은 중국 공산당을 상징하고, 나머지 네 개의 작은 별은 각각 노동자, 농민, 인민해방군, 혁명적 지식인을 상징한다. 즉, 당시 공산당을 중심으로 한 통일전선에서의 각 계급을 나타내며, 큰 별이 나머지 네 개의 작은 별을 이끌고 있음을 의미한다.

또한 이들 별이 배치되어 있는 모습은 중국의 강토(江土)가 해안선을 따라 타원형을 이루고 있는 중국의 지도 모습과 일치한다. 별의 색깔이 황색인 것은 중국인이 황인종이라는 민족적 특징을 나타내고, 바탕이 붉은 색인 것은 혁명을 상징한다.

[국기사진]

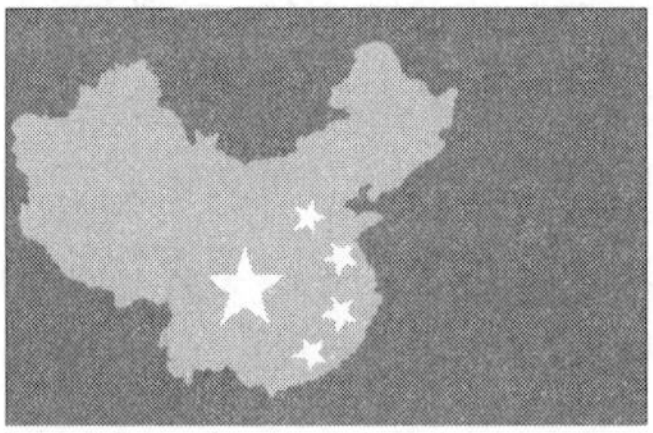

[지도사진]

■ 중국의 국장(國章)[5]

[국장]

이 국장에는 다섯 개의 별과 천안문(天安門)이 그려져 있고, 둥근 황금색 톱니바퀴와 주위의 곡식은 각각 '노동자계급'과 '농민'을 상징한다.

1949년 마오쩌동(毛澤東)을 정점으로 한 제1세대 혁명지도부가 '오성홍기'와 '국장'을 제정해 신중국을 건립했을 당시에는, 노동자와 농민이 중국 사회에서 가장 중요시되고 우대 받는 계급집단이었음을 상징적으로 보여준다.

그러나 개혁 · 개방 이후, 오늘날 노동자와 농민의 현실은 말할 수 없이 비참해지고 있다. 노동자들은 가장 가난한 사회계층으로 전락했고, 농민들은 경작할 농지를 빼앗긴 채 도시로 내몰리면서 도시빈민이나 다름없는 생활을 하고 있다.[6]

■ 중국의 국가(國歌) : 의용군 진행곡[7]

중국의 국가는 '의용군 진행곡(義勇軍 進行曲)'인데, 1935년에 티엔한(田漢, 전한) 작사, 니에얼(聶耳, 섭이) 작곡으로 만들어졌다. 이 곡은 처음부터 국가로 하려고 작사·작곡한 것이 아니고, 1930년대 일본의 침략 하에 있는 중화민족으로 하여금 단결하여 투쟁하기 위해 제작된 영화 '풍운아녀(風雲兒女, 펑윈얼뉘 : 복잡하고 급변하는 세상의 아들과 딸)'의 삽입곡이었다.

이 노래를 1949년 9월 27일 중국인민 정치협상회의에서 중화인민공화국의 국가로 결정하였고, 1982년 12월 4일 전국인민대표회의에서 중화인민공화국의 정식 국가로 결정되었다. 가사와 내용은 전체적으로 힘 있고 우렁차며, 일본 제국주의의 침략에 반대하면서 용감히 싸울 것을 고무하던 중국인의 민족성이 잘 나타나 있다.

中华人民共和國 國歌(중화인민공화국 국가)

(義勇軍行進曲, 의용군행진곡)

3-2 정치 체제

정치체제(political system)는 사회의 구성부분들을 하나의 유지 가능한 상태로 작동하는 단체 안에 통합시키는 기능을 하며, 그 사회에서 사업이 국내외적으로 영위되는 방식에 영향을 미친다.[8)]

한 사회의 정치체제를 간단히 보면, 정치이념을 바탕으로 이를 구체화하는 정책(policy)과 이를 운영하는 정치지도체제로 이루어진다고 할 수 있다.

중국의 정치적 이념은 이른바 사회주의 시장경제이다. 정치지도체제는 형식적으로는 크게 당(黨), 정(政), 군(軍)으로 나누는 편이며, 당은 중국공산당이, 정은 행정으로서 국무원이, 군은 인민해방군이 대표하고 있다. 그러나 실질적으로는 공산당이 정치를 선도하며, 정부와 군은 그에 따른 집행을 담당한다.[9)]

현재 정치적으로는 공산당이 독재체제의 사회주의 체제를 유지하면서, 경제적으로는 실용주의적으로 자본주의 체제를 도입하여 운영하는 정경분리주의 체제를 기본적 체제로 가지고 있으며, 이러한 기본적 틀은 앞으로도 상당기간 유지될 것으로 예상된다. 그럼에도 추세적으로 개혁・개방의 정책적 성과로 인하여 과거 전체주의적 정치체제에서 권위주의적 정치체제로 전환 중에 있다.[10)]

현장 정보

■ "중국, 정치 발전보다 사회 안정" [11)]

중국 '4세대' 지도부는 정치적 발전보다는 안정 위주의 통치이념을 선택했다. 신화(新華)를 비롯한 중국 언론들은 (2005년 2월 20일) 중국 지도부가 새로 선택한 통치이념 '사회주의적인 조화사회(社會主義和諧社會)론'을 대대적으로 보도했다. 언론들은 31개 성(省)과 시(市), 자치구 최고 책임자를 비롯한 중국 당·정·군 지도부 200여명이 베이징(北京) 중앙당학교(黨校)에 모여 새 이념을 익히고 있다고 보도했다.

후진타오(胡錦濤) 당 총서기 겸 국가주석은 19일 당교에서 열린 연구・토론반 개회식에 참석, 조화로운 사회 건설의 중요성을 역설했다. '조화사회론'은 합리적인 사고를 중시하는 '과학적 발전관'과 인민의 이익을 우선시한다는 '이인위본(以人爲本, 사람이 근본)' 등 4세대 지도부가 내건 통치이념의 완결판으로 간주되고 있다. 이론의 핵심은 고속 경제성장 속에서 점차 심화하고 있는 빈부 간 격차와 도시 및 농촌의 개발 격차, 관료 부패 등 문제점을 집중적으로 해결해 사회 안정과 공산당의 지속적 집권을 이룬다는 것이다.

1. 정치적 이념

정치적 이념(political ideology)이란 한 사회의 지향 방향과 행동들을 설정하는 것을 도와주는 믿음, 사고, 주의(doctrine), 목표 등의 통합된 집합체라고 할 수 있다. 중국의 정치적 이념은 사회주의 국가로서의 정체성을 형성하는 기본적 이념과, 실질적으로 국가를 운영하기 위한 운영 차원에서의 이념을 구분할 수 있다.

(1) 기본이념

현대 중국의 기본적 이념은 사회주의 국가로서 중국을 이룩한 모태가 되는 중국공산당의 창당 이후 현재에 이르기까지 순차적으로 형성된, 마오쩌둥 사상과 덩시아오핑 사상을 들 수 있다. 이들 양대 이념은 후속 이념이 전자를 대체하기보다는 보완하는 성격으로 받아들여지고 있다.

1) 마오쩌둥 사상

현대 중국을 공산화시킨 주도 세력은 중국공산당이었다. 사회주의 국가 건설을 목표로 한 중국공산당의 창당 이념은 당연히 마르크스・레닌주의였다. 이 이념을 근거로, 당시에 노동자계급의 정치적 부상(浮上), 농민운동, 반제(反帝)운동, 신문화(新文化) 운동 등이 이루어졌다. 그러나 이 이념은 일반적 이론에 기초하여 당시 전근대적이었던 중국사회의 현실에 적용되기에는 여러 가지 실천적 문제점을 노출하여, 당시 중국공산당의 기본목표인 사회주의 국가 건국을 위한 혁명의 완성을 이루는 데 실패하였다.

결국, 여러 차례의 시행착오를 겪은 후, 다음 마오쩌둥 사상이 개선방안으로 제시되었다.[13)]

마오쩌둥 사상은 중국에서 공산주의 혁명의 성공을 위한 과학적인 실천적 이념으로 적용되어 혁명을 성공시킴으로써 중화인민공화국의 건국이념이 되었다. 그러나 마오쩌둥 사상은 건국 후에도 '무산계급 독재하의 계속혁명론'이란 급진적 방향을 견지함으로써, 문화대혁명이란 재난까지 초래함에 이르러 그 한계에 다다랐다.[14)] 국가의 양대 축으로 정치와 경제를 들자면, 사회주의 신생국이었던 중국 건국 초에는 상대적으로 정치의 중요성이 더 컸다고 볼 수 있다.

그러나 이 초기가 지나 어느 정도 국가의 기틀이 잡힌 후에는 국력 신장을 통한 국가발전이 필요한 데, 여기에는 경제 차원이 상대적으로 중요하게 된다. 그래서 경제발전을 통한 국력 신장을 지향하는 실용적 노선이 덩시아오핑(등소평)을 주축으로 하여 제시되었다.[15)]

현장 정보

■ 중국, 창샤 시에 세계에서 가장 높은 183m 짜리 마오쩌동 조각상 건립 추진[16)]

중국 후난(湖南)성 창샤(長沙)시는 마오쩌동이 오래 전에 혁명활동을 했던 창샤시 쥐쯔조우에 그의 키 높이 183cm에 근거해, 높이 183m의 마오쩌동 조각상을 건설하기로 했다. 마오쩌동의 젊은 시절 모습으로 조각된 그의 동상이 완성되면 세계에서 가장 높은 유명 인물의 조각상이 된다(챵사완바오(長沙晩報)보도).

마오쩌둥 조각상은 기단까지 합쳐 183m로, 기단을 포함한 미국 뉴욕의 '자유의 여신상' 높이 100m보다 83m가 높고, 중국에서 가장 높은 불상(佛像)인 지앙쑤(江蘇)성 우시(無錫)시 링샨따포(靈山大佛) 101.5m보다 81.5m가 더 높다.

---

2) 덩시아오핑 사상

덩시아오핑의 사상의 핵심은 '중국특유의 사회주의 건설이론'이다. 이 이론은 마오쩌동 사상이 국가의 기간인 정치와 경제 중 과도하게 정치 지향을 함으로써 도리어 정치적 위기와 경제적 퇴보를 초래하여 국가의 존립 자체까지 위기에 몰아넣었다고 평가하고, 이를 극복하기 위한 새로운 이념으로 제시되었다. 이 이론의 핵심 내용은 다음과 같이 이념의 무게중심의 이동이라는 발상의 전환으로 볼 수 있다. 즉, 혁명에서 생산으로, 정치에서 경제로, 자력갱생에서 대외개방으로, 평균분배에서 노동에 따른 분배로의 의식전환이었다.[17)]

덩시아오핑 이론은 국가발전을 위하여 정치보다는 경제를 중시하되, 경제적 혁명이 사회불안을 야기하지 않도록 정경분리 노선을 택하여 '정치적 독재'를 토대로 '경제적 자유'를 허용하였다. 구체적으로 보면, 정책적으로 경제 차원에서는 개혁·개방 정책, 정치 차원에서는 4대 기본원칙 고수로 요약할 수 있다. 개혁·개방 정책은 중국이 국력증진을 위하여 당면한 농업, 공업, 과학기술, 국방부문의 4대 현대화를 개혁·개방으로 실현하겠다는 정책이다. 그리고 4대 기본원칙이란 ① 사회주의노선 ② 인민민주독재 ③ 공산당 영도 ④ 마르크스 레닌주의와 마오쩌동 사상이며, 이러한 기본원칙을 고수함으로써 경제적 혁신이 사회불안을 야기하지 않도록 정치적 체제는 기존체제의 기본 틀을 유지하여 사회를 안정시키겠다는 의지의 표시이다.[18)]

현장 정보

■ 원바오, 시아오캉, 따통[19)]

중국의 국가 경영의 백년대계는 이미 오래 전에 세상을 떠난 덩사시아오핑(등소평)이 생전에 '원바오(溫飽, 온포)', '시아오캉(小康, 소강)', '따통(大同, 대동)'으로 구분되는 이른바 '3단계 발전론'에 근거를 두고 있다.

'원바오'는 개혁·개방이 된 1979년부터 1999년까지 20년 동안 춥고 배고픈 문제를 해결하자는 단계로서, 구체적으로는 1인당 국내 총생산(GDP) 800~1,000달러 달성을 목표로 세웠다.

'시아오캉'은 2000년부터 2020년까지의 20년 동안 좀 더 여유 있는 생활, 즉 의식주를 한층 더 풍부하게 하는 수준으로서, 여기에는 물질생활 개선·정신생활 충만·소비생활 향상·사회복지와 노동환경 개선 등과 같은 4개 분야가 포함된다. 구체적으로는 GDP 총량을 4조 달러까지 키우고 1인당 GDP 3,000달러 시대를 여는 것이 목표이다.

'따통'은 2020년 이후에는 세계 선두에 올라선 현대화된 복지국가 건설을 이룩하자는 단계이다.

이러한 경영전략에 기초를 두고 중국 정부가 치밀하게 추진한 노력의 결과, 중국의 1인당 GDP는 놀랍게도 1999년에 800달러를 넘어섰고, 2003년에는 1,090달러를 기록해 발전론의 첫 단계인 원바오를 보란 듯이 통과했다.

덩시아오핑은 1979년 12월 일본수상과 대담할 때, '시아오캉'이라는 말을 다음과 같이 해설했다. "…우리의 4개 현대화 개념은 일본의 현대화 개념과는 다른 '시아오캉 즈지아(小康之家 · 소강지가)'를 의미한다. 예를 들면, 1인당 국민 총생산은 약 1,000달러 수준…그러한 수준에 도달하더라도 서방국가들과 비교하면 여전히 낙후된 수준이다. 그래서 우리는 그 시기에 도달해도 여전히 하나의 '시아오캉' 수준이라고 말하는 것이다.…"[20]

---

(2) 운영이념(사회주의 시장경제)

현대 중국사회를 운영하는 정치적 이념은 공식적으로 '사회주의 시장경제'라고 불리우는 독특한 것이다. 이 개념은 명칭이 시사하듯이 일견 상충되는 두 개념인 사회주의와 시장경제의 절충식 개념이다. 즉, 사회주의 시장경제는 거시적으로는 국민통합을 위하여 공산당 주도로 중앙집권적으로 통제하고, 미시적으로는 시장주체들에 의한 자율적 자원배분이 운영되는 체제를 가리킨다고 요약할 수 있다.[21]

이는 중국이 1949년 공산화한 후, 광대한 지역과 국민의 통합에는 성공하였으나 계획경제의 비효율성에 따른 경제의 낙후라는 문제에 직면하여, 여러 차례의 시행착오 과정을 거쳐, 사회주의 체제의 기본 틀은 유지하면서 자본주의의 장점인 자원배분 효율성을 활용하기 위한 고민의 산물이다. 이는 또한 역사적으로 중국이 명분과 실리가 충돌하는 갈등상황이 생기는 경우, 택일보다는 양자를 절충하는 방식을 선택해온 태도를 반영한다고 볼 수도 있다.

2. 정치제도

중국의 정치제도는 실질적 제도와 형식적 제도로 구분하여 살펴 볼 수 있다.

(1) 실질적 제도(공산당 1당 독재 체제)

중국에서 공산당은 모든 정치권력의 근원이며, 피라미드 구조의 중앙집권적 위계질서를 통해 다른 정치조직을 통제하는 절대적 권한을 지닌다. 그러므로 공산당은 국가의 중요한 정치, 경제, 사회, 문화 기구를 장악하고 중국사회 전반을 지배한다. 헌법에도 "중국은 공산당이 지도한다" 라고 규정되어 있듯이, 중국은 중국공산당의 영도가 이념적, 법률적, 제도적으로 보장되어 있다.[22]

구체적으로 공산당은 중국 사회의 모든 분야에 개입하고, 위로 중앙정부와 군대로부터 아래로는 지방정부 및 자치조직, 기업, 학교, 연구소 등에 이르기까지 모든 조직에 걸쳐 공산당의 세력이나 영향력이 미친다. 중국인들은 모두 일정한 단위(單位; 공장, 학교, 부대 등)에 소속되어 있는데, 단위마다 공산당 지부가 있으며 당서기라는 부서장이 있다.[23)] 즉, 공산당 조직의 개입과 지배는 정치와 행정 분야에 그치지 않고, 사회 그리고 기업을 포함한 경제 부문까지 거의 모든 영역에 미친다.[24)]

중국의 공산당은 1921년 결성되어 긴 역사를 지니며, 당원이 2003년 기준으로 약 6,700만 명에 이르는 것으로 추산되고, 중국 권력의 기반이 된다.[25)]

1) 공산당의 조직구조

중국 공산당의 조직은 대의제도(代議制度)를 구현하기 위하여 그림 3-1과 같은 피라미드형으로 되어 있다. 이때 상위조직 구성원은 하위조직 구성원 중에서 선출된다. 체계상으로는 중앙조직, 지방조직, 기층조직(基層組織)으로 삼분할 수 있다. 이들 중에서 지방조직은 지방 행정기구인 성(省), 자치구(自治區), 현(縣), 시(市) 등에 설치되며, 그 아래에는 기층조직이 공장, 상점, 학교, 향(鄉), 진(鎭), 공장 등 말단에 이르기까지 구축된다. 그 밖에 청년 대중조직으로서 공산주의청년단이 결성되어 있다.[26)]

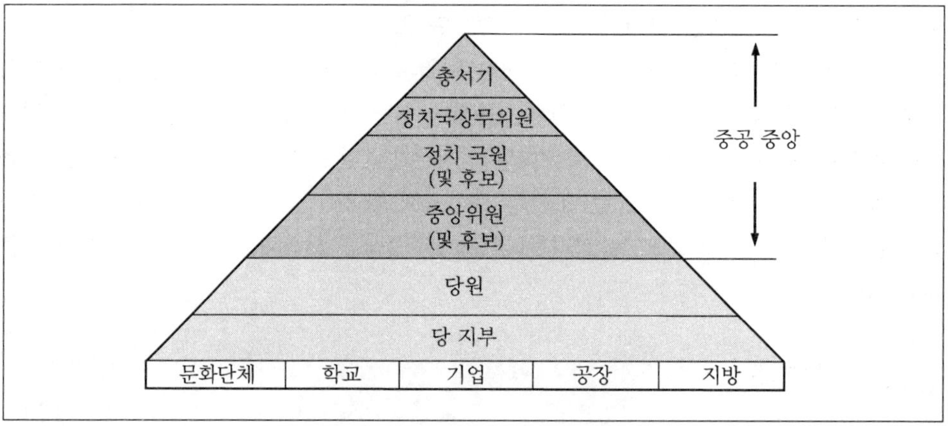

그림 3-1 공산당의 조직구조[27)]

현재, 당의 중앙조직을 보면, 그림 3-2에서와 같이 전국인민대표대회(全國人民代表大會), 중앙위원회, 중앙정치국(政治局), 중앙정치국 상무(常務)위원회, 중앙군사(軍事)위원회, 중앙기율검사위원회, 중앙서기처(書記處) 등의 기구로 구성되어 있다. 최고지위는 총서기(總書記)이다.[28)]

아래에서는 정치적 시각에서 이들 기구들을 살펴보기로 한다. 헌법상 구성요소로서의 이들 기구에 대해서는 법률 환경에서 다시 다루기로 한다.

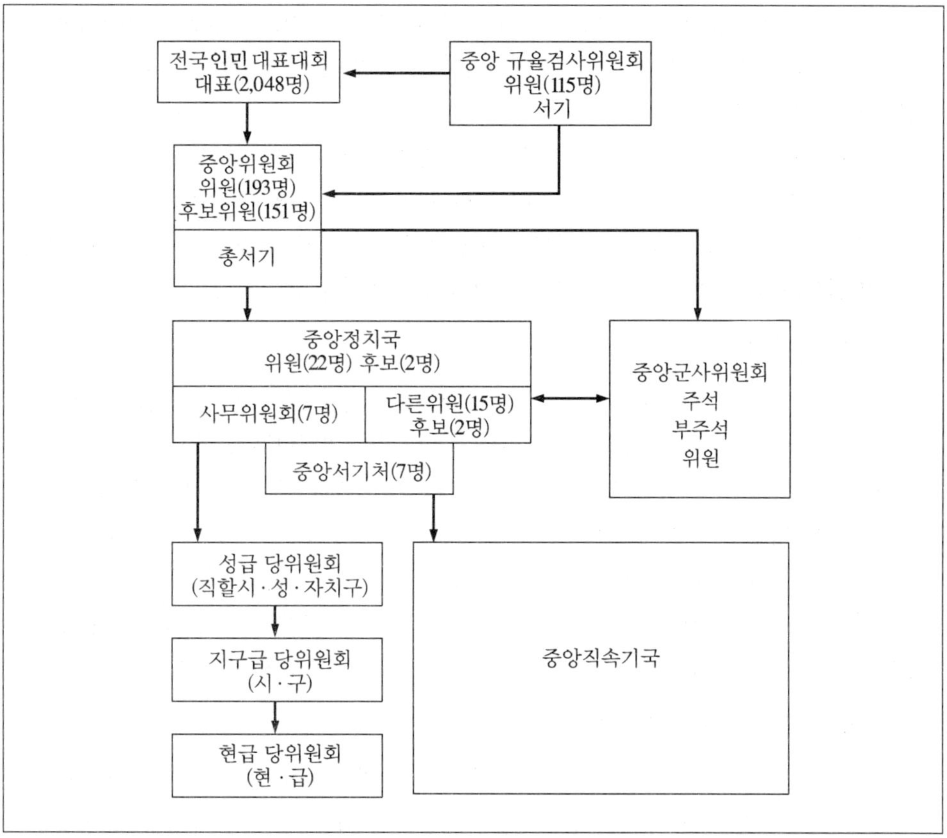

그림 3-2 공산당의 조직도[29)]

① 전국인민대표대회

중국 공산당은 1977년 이후 원칙적으로 5년마다 정기적으로 당원(黨員)중 당(黨)의 단위 조직별로 대의원에 해당하는 '대표'들로 전국인민대표회의(약칭 : 전인대, 全人大)를 개최한다. 소집권한은 중앙위원회(동 상무위원회)가 가진다. 참가대표는 중앙의 각 기관과 지방의 각급 대표회의에서 간선을 통해 선발하며, 대표 정원은 일정하지 않은데, 2002년 11월 8일 열린 제16회 전인대의 예를 들면 총 2,154명이었다.

이 기구는 중국 최고 입법기구이면서 동시에 헌법상 공식적인 국가최고 의결기관이라는 점이 특징이다. 이는 서방국가 의회가 권력분립의 원칙에 따른 기구인 데 비해, 중국에서는 사회주의 조직 원칙중의 하나인 '민주집중제'의 원칙에 따라 입법, 사법, 행정, 군사 기능을 모두 통제하는 기관이라는 점이다.

전인대의 직무로는 당의 주요 안건을 심의 및 결정하며, 당장(黨章, 당헌) 개정, 중앙위원회의 보고의 청취 및 심사, 국가 권력기관(당 · 정 · 군)의 주요 구성원의 선출 등의 일을 하며, 모든 국가기관은 전인대에 대해 책임을 진다.[30)] 그리고 전인대는 명목상, 의전상 최고권위 기구이며 상설기구가 아니므로, 차기 대회까지 당 운영을 위임할 중앙위원회를 구성할 중앙위원과 후보위원을 선출한 후 해산한다. 전인대의 정책결정은 향후 5년 간 중국을 영도하는 주요지침이 된다는 점에서 중요하다.[31)]

그런데 과거에 전인대는 형식상 지위와 달리 현실에 있어서는, 당 지도층 또는 그 위임을 받은 국무원의 지시나 제안을 거의 그대로 채택하여 '고무도장 회의'라는 불명예스런 이름으로 불리기도 하였다. 그러나 근래에는 그동안 중국이 국가권력의 합리화를 추구해 온 결과의 일환으로 전인대의 실질적 권한도 강화되는 추세를 보이고 있다.[32)]

② 중앙위원회

이 기구의 직무는 전인대의 폐회기간 중 전인대의 의결사항들을 집행하는 것이며, 당의 모든 활동을 지도하고 대외적으로 당을 대표한다. 중앙위원회는 실질적으로 당의 최고 정책 심의기구이다. 구성원은 당경력 5년 이상의 중앙위원과 후보위원이며, 임기는 5년이다.

그런데 '중앙위원회 전체회의(약칭 : 중전회)'는 상설이 아니며, 중앙정치국에 의하여 매년 1회 이상 소집된다. 그래서 다시 주요 사안에 대한 신속하면서도 깊이 있는 의결 및 집행을 위해서, 중앙정치국 및 상무위원회를 구성할 정치국원 및 상무위원, 중앙군사위원회의 군사위원, 중앙기율검사위원회의 기율위원, 서기, 총서기 등을 선출한다.[33)]

③ 중앙정치국 및 상무위원회

중앙정치국의 직무는 중앙위원회 폐회기간 중 중앙위원회 권한을 수임 행사하는 것이며, 그중 국가와 당에 관계되는 중요 정책은 상무위원회에서 집단적으로 토의하여 최종 결정한다.[34)] 또한 국가의 3대 권력부문인 당, 정부, 군의 고위간부 인사권을 가진다. 중앙정치국의 정원은 24명이며, 상무위원회의 정원은 과거 7명이었다가 2002년 제16기 1중전회에서 9명으로 늘어났다.

④ 총서기

총서기는 중앙정치국 상무위원중에서 선출하며, 중국 공산당의 최고위직이고, 공식명칭은 '중국공산당 중앙위원회 총서기'이다. 중국에서 공식적으로는 국가주석이 국가원수이나, 실질적 최고 권력자는 당 총서기이다. 주요 직무는 중앙정치국과 상무위원회 회의를 소집하고, 중앙서기처의 업무를 관장하는 등 당(黨)운영의 최고책임자이다.[35)]

⑤ 중앙군사위원회

중앙군사위원회는 당의 최고군사지도기관으로서, 중앙정치국 및 동(同) 상무위원회의 지도아래 당의 군사업무에 대한 노선과 방침 및 정책을 제정 및 집행하고 지도를 담당한다.[36)] 또한 인민해방군의 조직과 활동을 통제하며, 인민해방군 총정치부를 통해 군(軍)에서의 당(黨) 정치활동을 관리한다.[37)]

⑥ 중앙기율검사위원회

중국기율검사위원회는 당의 최고기율검사기관으로서 중앙위원회의 지도아래 직무를 수행한다. 주요 직무는 당의 당헌, 규정, 제도를 수호하고 당풍을 정돈하며, 당의 노선·방침·정책 및 결의사항의 집행상황을 검사하는 일이다. 구체적으로는 당원에 대한 기율준수 교육을 추진하고, 당기(黨紀)의 보호에 관한 결정을 하며, 당의 조직과 당원이 당헌·당기를 위반한 상황을 검사·처리하고, 이 당원에 대한 처분을 결정하거나 취소하며, 당원의 소청사항을 수리한다. 현재 인원은 115명에 달한다.[38]

⑦ 중앙서기처

중앙서기처는 당 중앙조직의 일상적 업무를 담당한다. 중앙정치국 상무위원회의 추천을 받아 중전회에서 임명하며 상무위원회의 지도를 받는다. 현재 정원은 7명이다.[39]

현장 정보

■ 중국 공산당, 당·정·군 완전 장악[40]

① 중국의 최고 권력기관

중국 현행 헌법 제2조는 "중화인민공화국의 모든 권력은 인민에게 속한다"고 규정하고 있다. 그러나 중국은 단일 정당인 공산당이 지배하는 나라이기 때문에 실질적인 권력은 공산당에게 있으며, 최고 권력자 한 사람을 고르자면 공산당 총서기(현재는 후진타오)이다.

② 중국은 공산당 지배체제

중국에는 국회 역할을 하는 '전국인민대표대회(전인대)'와 행정부 기능을 하는 '국무원'이 있다. 그러나 전인대는 공산당의 최고 엘리트 집단인 '중앙위원회'가 심의를 끝낸 정책을 형식적으로 의결하는 역할을 하고, 국무원은 그것을 집행하는 역할을 할 뿐이다.

1921년 상하이에서 결성된 중국 공산당은 내전을 거쳐 국민당을 대만으로 축출하고 1949년 10월 1일 중화 인민공화국을 선포한 후 현재까지 중국의 명실상부한 최고 권력기관의 자리를 차지하고 있다.

공산당은 6,700만 명의 당원을 두고 중국 사회 전체를 장악하고 있다. 조직이 매우 위계적이고 중앙집권적이며, 중앙조직·지방조직·기층조직으로 나뉘고, 기층조직으로 내려가면서 각 마을, 공기업, 학교까지 퍼져 있다.

공산당은 전국 조직을 각 성(省)과 자치구, 직할시, 홍콩과 마카오, 중국인민해방군 등 35개 단위로 묶고, 해당지역 인민을 대표하는 '전국인민대표대회'라고 하는 정책의결 기구를 만들었다. 일종의 국회인 셈이다. 2005년 8월 기준으로 전인대 위원은 2,986명이다. 이들은 1년에 한 번(보통 3월) 모여서 공산당 '중앙위원회'가 심의해 넘긴 각종 정책을 의결한다. 1954년 베이징에서 1기 전인대가 출범했으며, 2003년에는 10기 전인대가 출범하였다.

③ 중앙위원회 : 중국 공산당의 최고 정책 결정기구

2002년 11월 출범한 16기 공산당 중앙위원회는 198명의 중앙위원과 158명의 후보 위원으로 구성되어 있다.

이들의 임기는 5년이고 매년 적어도 한 번씩 전체회의를 연다. 중국 공산당 중앙위원은 당의 업무를 관장하고 정책과 노선을 결정한다. 이 조직에는 장차 당 총서기 자리를 놓고 경쟁을 벌일 공산당 최고 엘리트들이 모여 있다.

④ 중앙정치국 : 중앙위원회 실권 장악

중앙위원회는 전체 인원이 수백 명에 달하고 1년에 한두 차례만 모여 회의를 하기 때문에 구체적인 정책을 수립하기란 불가능하다.

이 문제를 해결하기 위해서 중국 공산당에는 중앙정치국이라는 최고 권력기관이 별도로 있다. 중앙정치국은 중앙위원회 폐회 기간 중 중앙위원회의 직권을 행사하기 때문에 사실상 당과 국가의 중요한 정책을 결정하고 당(공산당)·정(국무원)·군(인민해방군)의 주요 인사를 장악하고 있다.

⑤ 중앙정치국의 최고 실세는 상무위원들

중앙정치국은 현재 9명의 상무위원과 24명의 위원으로 구성되어 있다. 특히 상무위원 9명은 차기 당 총서기를 추천하는 권한을 갖고 있다는 점에서 중국의 최고 실세들이다.

---

2) 공산당의 변혁

1921년에 창당한 중국 공산당은 역사적으로 여러 번 체제나 조직에 대한 위기를 겪었다. 그러나 그때마다 혁신적 전환을 시도하여 생존에 성공하여 오늘에 이르렀다. 현재의 체제는 크게는 1978년 덩시아오핑이 선도한 개혁·개방 정책의 토대 위에 구축되어 있다.

그 이전의 중국 공산당은 마오쩌둥을 중심으로 하는 혁명정당으로서, 사회주의 계획경제의 이념적 틀 내에서 국가발전을 추구하였다. 혁명이 농민세력에 기반을 두고 있었기 때문에 체제발전의 추진기반도 농민세력과 군부세력이었다. 그러나 이러한 시스템은 이미 역사적으로 사회주의 몰락사례가 보여주듯 국가발전에 부적합한 것으로 한계를 드러내었다.

결과적으로 덩시아오핑의 개혁·개방 정책은 구체제의 모순이 동유럽 공산권의 몰락처럼 체제위기로까지 이어지는 고리를 끊는 노선전환인 셈이며, 이후 오늘날까지 세계적으로 놀라운 비약적 국가발전을 이룩하는 데 원동력이 되었다.[41)]

① 1982년 당헌 : 개혁·개방 정책에 의한 중국 공산당의 변혁의 이념적 지침은 공산당 당헌(黨憲)의 변화에서 찾아볼 수 있다. 대표적인 것이 1982년 제12차 전인대에서 승인된 당헌(黨章, 당장) 내용이다. 이는 이전 문화혁명 시대의 좌파적인 요소를 제거하고, 당의 역할과 기능의 체계화와 당 영도에 대한 규범화, 그리고 당내 민주주의와 간부제도의 개선 등을 강조하였다. 그 주요 특징은 다음과 같다.[42)]

- 계급투쟁 시대의 종결 : 과거에 마오쩌동의 '계속혁명론'과 '계급투쟁'을 삭제하였다.
- 전(全)인민의 정당 : 중국공산당의 성격을 과거에 계급정당으로 규정하던 것을 계급의 이익과 함께 전체 인민의 이익을 대표한다는 '전민성(全民性)'으로 규정하였다.
- 중국 공산당의 개방 : 공산당에서 과거에 제한되던 당원자격을 개방하기 시작하였다.
- 중국 공산당의 영도 : 과거와 달리 당의 영도권에 제한을 두었다. 즉, 당의 영도는 모든 업무에서 포괄적으로 행사되는 것이 아니라, 주로 '정치, 사상, 그리고 조직의 영도'에 국한되어야 하며, 또한 당은 '반드시 헌법과 법률의 범위 안에서 활동해야 한다'는 제한규정을 두었다.
- 당의 영도와 사회주의적 민주주의 : 당은 국가의 입법·사법·행정기관과 경제 및 문화조직과 인민단체들의 주체적, 독립적 활동을 보장해 주며, 당외(黨外) 대중조직과의 친밀합작(親密合作)을 증진할 것을 강조하였다. 다시 말해서 당이 국가기관의 기능까지 대체하는 당정불분(黨政不分)이나 이당대정(以黨代政)화되는 현상을 방지하고, 노력하고, 다양한 계층과 단체와 협력 체제를 구축해야 한다는 것이다. 즉, 당의 기능을 좀 더 명확히 하고, 당과 국가 및 사회단체와의 관계를 '사회주의 민주'라는 원칙에서 재조정하려는 의도라고 하겠다.
- 당내 민주주의와 집단지도체제 : 1956년의 8대 당장(黨章)과 마찬가지로 당내 민주주의를 강조하고, 개인숭배와 개인독재를 배격하였다.
- 임기제와 은퇴제 도입 : 각급 간부들의 종신제를 부정하여 세대교체의 길을 여는 개혁파의 방침을 명문화하였다.

② 2002년 당헌 : 위 1982년 당헌은 개혁개방시대의 중국공산당의 기능과 역할 및 조직에 대한 기본방향을 제시하며, 오늘날까지도 그 골격은 그대로 유지되고 있다고 볼 수 있다. 다만, 그동안 개혁·개방의 심화에 따라 부분적으로 개정이 여러 차례 이루어졌다. 2002년 제16차 전인대에서 이루어진 개정의 주요 특징을 보면 다음과 같다.[43]

- '공산당 선언' 관련 구절이 삭제되었다. 이는 중국 공산당이 정통 마르크스·레닌주의 이념을 보다 완화한 것으로 해석된다.
- 당의 계급적 기초를 노동자 계급에 국한시키지 않고 시장경제의 주역인 사영 기업인(자본가)으로까지 확대하였다. 얼마 전까지만 하더라도 형식적으로나마 인민의 적(敵)으로 매도해왔던 자본가 세력들을 공산당에 영입시키면서 본격적으로 시장경제 질서의 강화에 박차를 가하겠다는 의지를 보여준 셈이다.
- 장쩌민의 '3개 대표론'을[44] 당의 지도 이념으로 공식 명기하여, 기존 '마르크스-레닌주의, 마오쩌동 사상, 덩시아오핑 이론'에 추가하였다.

현장 정보

■ 공산당과 기업인 : 중국 자본가들의 3분의 1이 공산당에 가입[45)]

중국 중앙 통일전선부와 전국 공상(工商)연합회, 중국 민영기업 연구회가 공동으로 실시한 조사 결과, 중국 전체 사영(민영, 민간) 기업가들의 33.9%가 공산당에 가입하였으며, 특히 대기업이나 초대 기업주의 당원 비율이 높았다(홍콩의 성도일보 보도).

"민영 기업인의 당원 비율은 1993년 13.1%였으나, 1995년 17.1%, 1999년 18.8%, 2002년 29.9%, 2003년 33.9%로 지속적으로 증가해 왔다.[46)]

참고로, 중국 상무부와 산업부의 통계자료에 의하면, 2003년 말 중국에 등록된 민간(민영) 기업은 300만 5,500개, 자본금은 총 3조 5,305억 위엔, 고용자 수는 4억 4,990만 명으로 집계되었다.[47)] 민간 기업 수는 전년보다 12.7%, 자본금은 42.6%가 증가한 것이다. 그동안 국영기업에 비해 상대적으로 낙후되었던 중국의 민간 기업은 국내총생산(GDP)의 55.6%, 수출의 62%, 고용의 75%를 차지할 정도로 그 숫자, 규모, 역할에서 급성장하고 있다.[48)]

■ 공산당과 기업인 : 중국 기업인의 치솟는 위상[49)]

사회주의 국가인 중국에서 자본가도 정부의 모범 노동자 표창을 받는 시대가 되었다. 중국 국무원이 2005년 5월 1일 노동절을 기념해서 3천여 명에게 수여한 전국 노동 모범 선진 표창대회 수상자 범위에 노동자·농민·교사에 이어 '민영기업인'이 처음으로 추가되었기 때문이다.

이번 조치는 중국에서 자본가로 상징되는 민영기업인의 비약적인 위상 강화를 보여준다. 중국 공산당은 2002년 중국 공산당 제16차 전국대표대회에서 자본가의 입당근거를 마련한 3개 대표 이론을 당 규약에 삽입함으로써 자본가를 타도의 대상에서 끌어안아야 할 존재로 규정했다.

심지어 "육체노동이나 두뇌노동, 단순노동이나 복잡한 노동 등 중국 사회주의 현대화 건설사업에 공헌한 노동은 모두 존중되어야 한다"고 강조했다. 이에 힘입어 중국의 민영기업은 344만 개로 늘었고, 이를 경영하는 기업인 중 33.9%는 공산당원이라는 조사결과까지 나왔다.

이런 흐름을 반영하면서 2004년 말 국영 CCTV는 10대 경제인물 프로그램을 반영했다. IBM의 PC사업을 인수한 리엔시앙의 양위엔칭 총재, 쌍용차를 사들인 상하이 자동차의 후마오위엔 회장 등이 연단에 섰고, TV는 이들의 성공을 드라마처럼 보여 주며 기업인을 영웅 대접했다.

(2) 형식적 제도

중국정치의 형식적 제도로 인민민주독재라는 이념과 다당합작제도 및 정치협상제도를 들 수 있다.

1) 인민민주독재

앞에서 설명한 바와 같이, 중국의 정치적 지배구조를 보면, 실질적으로는 공산당이 지도층을 이루지만, 형식적으로는 인민대중이 지도한다는 이른바 '인민민주독재' 구조이다.

여기서 인민이란 노동자계급이 주축을 이룬다. 그리고 인민에 의한 민주독재라는 개념은 사회주의 체제에서 민주주의라는 개념이 서방에서와 달리 사회주의를 옹호하는 무산계급 내부에서만 적용되며, 반사회주의 세력에 대해서는 오히려 사회주의체제 수호를 위하여 무산계급에 의한 독재가 정당하다는 논리(즉, 계급투쟁 논리)이다.[50] 이러한 논리는 중국에서 인권이 국가주권에는 종속한다는 입장에서도 드러난다.[51]

2) 다당합작제도

중국의 정당제도는 형식적으로는 서방과 마찬가지로 공산당을 포함하여 다당제(多黨制)이다. 그러나 정확히는 '공산당이 영도하는 다당합작제도'이다. 즉, 형식적으로도 공산당 1당이 우월적 지위에 서는 것이 전제가 된다.

이러한 제도의 배경으로는, 중국이 건국 초기에 공산당이 사회전반을 장악하지 못한 상태에서 각계의 비(非)사회주의 세력의 협력을 얻으려는 유화책(이른바 통일전선전술)의 일환으로 시작된 것으로 볼 수 있다. 당시 주요 협력대상 집단으로는 민족자산계층, 도시소(小)자산계층, 지식인계층 등이었다. 이들이 구성한 정당세력을 민주당파라 부른다.[52]

이렇게 당시에는 실질적 필요로 등장한 다당합작제도가 중국사회 전반의 실질적 사회주의화가 이루어지면서 공산당 입장에서는 필요성이 없어졌다. 이로 인해 민주당파들은 1957년 공산당에 의한 반우파 투쟁과정과 문화대혁명 과정에서 우파나 반동조직으로 분류되어 박해를 받기에 이르렀다.[53] 그러나 이후 중국공산당은 태도를 바꾸어, 다당합작제도의 실질적 필요성은 사라졌지만 이제는 공산당의 계급적 포용성, 민주성 등의 이미지 순화 차원에서 상징적 제도로 활용하기로 하고, 제도를 유지하여 현재에 이르고 있는 듯하다.

이 제도의 공식적 토대는 정치협상회의라는 제도이고, 이 제도의 기본 원칙은 공산당과 민주당파의 장기공존과 상호감독이다.[54]

3) 정치협상제도

이 제도는 중국공산당의 지도로 각 민주당파, 소수민족, 사회각계 대표 등이 정치협상회의(약어로 정협)라는 조직형식을 통해 국가의 주요 국정사항에 대해 협상을 하는 제도이다.

공산당은 중요한 정치적 사항에 대해서 정협(政協)에 의견을 요청한다. 이 제도는 전인대와 또다른 차원에서 형식적이지만, 사회주의적 민주주의를 상징적으로 과시하는 중요한 제도이다. 그러나 정협은 전인대와 달리 국가권력기관은 아니며, 도출된 협상결과도 법적 구속력은 없이 단지 권고 또는 참고자료의 기능을 한다.[55]

정협의 또 다른 중요한 기능은 국정 감시기능이다. 즉, 법규의 방침 및 시행, 정책의 집행, 국가기관 및 담당자의 업무 현황 등에 대해 건의 또는 비판의 내용을 제안 형식을 통해 국정을 감시한다. 이 기능은 다양한 비공산당 세력의 의견을 국정에 고루 반영한다는 취지에 바탕을 둔 것이다. 그러나 이 기능 역시 전인대의 의결과 달리 법적 효력은 없다는 한계를 지닌다.[56]

정치협상회의(정협) 조직의 형식 및 성격에 대해서는 1949년 9월에 동 회의 제1기에서 통과된 공동강령에서 다음과 같이 규정하고 있다. "정협의 조직성격은 인민민주통일전선이며, 조직구성원은 노동자계급, 농민계급, 혁명군인, 지식분자, 소자산계급, 민족자산계급, 소수민족, 해외화교 등의 대표를 포괄한다."[57]

3-3 행정 체제

여기에서는 중국행정체제의 기초와 행정구역에 대해 고찰하기로 한다.

1. 행정체제 기초

중국의 행정체제는 중앙정부와 각급 지방정부로 구성되며, 이들은 헌법 및 관련법규상 각각 동급(同級) 인민대표회의의 집행기관의 지위를 지닌다. 그리고 중국의 행정체제는 연방제는 아니고 단일제 체제로서, 중앙정부가 각급 지방정부를 통솔하는 수직적 관계에 있다.[58]

(1) 행정기구의 종류

행정기구는 그 기능과 성질 등 여러 기준에 따라 대표적으로 다음과 같이 분류할 수 있다.[59]

① **상설기구와 비상설기구 :** 상설기구는 상시적 필요에 따라 운영되며 대다수 행정기구가 이에 해당하는 데 비해, 비상설기구는 특별한 업무관리를 위해 임시로 운영되는 기구이다.

② **기능기구와 사업기구 :** 기능기구는 실제 행정관리와 일상사무를 담당하는 기구로서 대다수의 행정기구가 해당한다. 이에 비해 사업기구는 전문적 업무를 담당하며, 주요 기능은 정부의 기타 기능 부서를 보좌하는 것이기 때문에 행정관리권이 없고 권력부서에 해당하지도 않는다.

③ **직속기구와 대리기구 :** 직속기구는 정부 부서에 직접 예속된 기구로서 대다수의 행정기구가 해당한다. 반면에 대리기구는 상급 주관부서로부터 일부 행정업무를 위임받아 행정을 대리하는 기구를 말한다.

(2) 행정기구의 등급

중국의 행정기구는 다음과 같이 5등급으로 구분할 수 있다.[60)]

① 1등급 : 중앙정부의 부, 위(위원회),판공청, 국, 실
② 2등급 : 중앙정부의 기타 부서, 성급 정부의 판공청, 국, 청, 사, 실
③ 3등급 : 성급 정부의 기타 부서, 지급 정부의 판공청, 국, 실, 처
④ 4등급 : 지급 정부의 기타 부서, 현급 정부의 위, 판공청, 국, 실, 과
⑤ 5등급 : 향진 정부의 판공청, 과

2. 행정구역

중국은 공식적으로는 사회주의 국가로서 공산당 지배하의 중앙집권적 통치체제를 표방하고 있다. 그럼에도 지리적, 역사적 요인 등으로 실질적으로는 중앙정부의 통일적 관리 하에서도 지방 조직에 상당한 수준의 자율성을 허용하고 있다.[61)] 중국의 행정구역은 기본적으로 성(省)급, 지(地)급, 현(縣)급, 향진(鄕鎭)급의 네 등급으로 나누어진다.[62)]

(1) 성급(省級) 행정구역

성급 행정구역은 중앙정부의 직접적 통제를 받는 행정구역이며 1급 행정구역이라고도 한다. 종류로는 성(省), 직할시(直轄市), 자치구(自治區), 특별행정구(特別行政區)라는 네 가지가 있다. 현재 성은 22개, 직할시는 4개, 자치구는 5개, 특별행정구는 2개가 있어 모두 33개이다. 성(省) 목록은 표 3-1에 제시되어 있다.[63)]

이들 중 자치구는 소수민족을 보호함과 동시에 제한된 자치성(自治性)을 보장하기 위한 수단으로 특정 소수민족이 집중 거주하는 지역을 구획한 행정구역이다. 특별행정구는 역사적으로 외국으로부터 회수한 홍콩과 마카오 지역에 대하여, 기존 중국의 제도와는 달리 자리잡은 자본주의 체제를 인정하여, 법률상 국방과 외교 외에는 자치적으로 관리하도록 설정된 행정구역이다. 이는 이른바 '일국양제(一國兩制)', 즉 1개 국가에 사회주의와 자본주의가 병존하는 제도라는 현실적 논리에 바탕을 둔다.[64)]

참고로 공식적 행정구역은 아니지만 지리적으로 인접한 여러 성급 행정구역을 묶어서 일종의 광역 지방들이 관행적으로 인정되고 있으며, 대표적으로 다음과 같이 6개 지구가 구분된다.[65)]

① **동북(東北, 동베이)지구 :** 흑룡강(黑龍江), 길림(吉林), 요령(遼寧)의 3개 성
② **화북(華北, 후아베이)지구 :** 하북(河北), 산서(山西)의 2개 성, 북경, 천진의 2개 직할시, 내몽고자치구까지 도합 5개 성급 행정구역
③ **서북(西北, 시베이)지구 :** 섬서(陝西), 감숙(甘肅), 청해(靑海)의 3개 성, 영하회족(寧夏回族), 신강위그루(新疆維吾爾)의 2개 자치구까지 도합 5개 성급 행정구역

표 3-1 성(省)급 행정구역[66)]

구 분	해당 구역	약 칭	성 도(省都)	면적(만 km^2)
성(省)	흑룡강(黑龍江, 헤이룽지앙)	흑(黑)	하얼빈(哈爾濱)	46.00
	길림(吉林, 지린)	길(吉)	장춘(長春)	18.00
	요령(遼寧, 랴오닝)	요(遼)	심양(沈陽)	15.00
	하북(河北, 흐어베이)	기(冀)	석가장(石家庄)	19.00
	산서(山西, 싼시)	진(晋)	태원(太原)	15.00
	섬서(陜西, 산시)	섬(陜)	서안(西安)	19.00
	감숙(甘肅, 깐수)	감(甘)	난주(蘭州)	39.00
	청해(青海, 칭하이)	청(青)	서령(西寧)	72.00
	강소(江蘇, 지앙쑤)	소(蘇)	남경(南京)	10.00
	절강(浙江, 저지앙)	절(浙)	항주(杭州)	10.00
	안휘(安徽 ,안후이)	환(晥)	합비(合肥)	13.00
	강서(江西, 지앙시)	감(赣)	남창(南昌)	16.00
	복건(福健, 푸지엔)	민(閩)	복주(福州)	12.00
	산동(山東, 샨동)	로(魯)	제남(濟南)	15.00
	하남(河南, 흐어난)	예(豫)	정주(鄭州)	16.00
	호북(湖北, 후베이)	악(鄂)	무한(武漢)	18.00
	호남(湖南, 후난)	상(湘)	장사(長沙)	21.00
	광동(廣東, 구앙동)	월(粤)	광주(廣州)	22.00
	해남(海南, 하이난)	경(璟)	해구(海口)	3.22
	사천(四川, 쓰추안)	천(川)	성도(成都)	47.80
	운남(雲南, 윈난)	운(雲)	곤명(昆明)	38.00
	귀주(貴州, 꾸이조우)	귀(貴)	귀양(貴陽)	17.00
직할시(直轄市)	북경(北京, 베이징)	경(京)	북경(北京)	1.68
	상해(上海, 샹하이)	호(滬)	상해(上海)	0.58
	천진(天津, 티엔)	진(津)	천진(天津)	1.10
	중경(重慶, 충칭)	유(渝)	중경(重慶)	8.20
자치구(自治區)	내몽고(內蒙古, 네이멍구)	내몽고(內蒙古)	호화호특(呼和浩特)	110.00
	영하회족(寧夏回族, 닝샤후이주)	영(寧)	은천(銀川)	6.60
	신강위그루(新疆維吾爾, 신쟝웨이우얼)	신(新)	우르무치(烏魯木齊)	190.00
	티벳(西藏, 시장)	장(藏)	라사(拉薩)	120.00
	광서장족(廣西壯族, 광시장주)	계(桂)	남령(南寧)	23.00
특별행정구(特別行政區)	홍콩(香港, 시앙깡)	항(港)	홍콩(香港)	0.10
	마카오(澳門, 아오먼)	오(澳)	마카오(澳門)	0.016

④ **화동**(華東, 후아동)**지구 :** 강소(江蘇), 절강(浙江), 안휘(安徽), 강서(江西), 복건(福健), 산동(山東)의 6개 성, 상해직할시까지 도합 7개 성급 행정구역

⑤ **중남**(中南, 쫑난)**지구 :** 하남(河南), 호북(湖北), 호남(湖南), 광동(廣東), 해남(海南)의 5개 성과 광서장족(廣西壯族)자치구까지 도합 6개 성급 행정구역

⑥ **서남**(西南, 시난)**지구 :** 사천(四川), 운남(雲南), 귀주(貴州)의 3개 성과 중경직할시까지 도합 4개 성급 행정구역

(2) 지급(地級) 행정구역

이것은 성급 행정구역의 관할 행정구역으로서 2급 행정구역이라고도 한다. 특기할 것은 성급 행정구역 중 직할시 산하에는 지급 행정구역이 없다는 점이다.

지급 행정구역의 종류로는 지구(地區), 지급시(地級市), 자치주(自治州), 맹(盟)이 있다. 지구는 한국의 광역시와 비슷하게 현급(縣級) 소도시와 주변의 몇 개의 현을 묶어 구성한 행정구역이다. 지급시는 현급시에 비해 대도시로서, 내부적으로 현급의 구(시할구, 市轄區)를 설치하여 관할한다. 자치주는 자치구와 마찬가지 성격의 지급 행정구역이다. 맹은 자치주 중에서 몽고족을 대상으로 하는 경우에 해당한다.[67] 2004년 말에 지급 행정구역 수는 총 333개에 달하였고 이들 중 지급 시는 283개였다.[68]

(3) 현급(縣級) 행정구역

이것은 3급 행정구역이라고도 하는데, 2급 행정구역의 관할 행정구역이되 직할시에 대해서는 직속 관할구역이 된다. 종류로는 현, 자치현, 현급시(縣級市), 시할구(市轄區), 기(旗), 특구(特區), 농공구(農工區), 임구(林區) 등이 있다. 이들 중에서 현급시는 지급시에 비해 소도시에 해당하며, 구(市轄區)가 설치되지 않은 시이다. 자치현은 자치구와 마찬가지 성격의 현급 행정구역이며, 기(旗)는 자치현 중에서 몽고족을 대상으로 하는 경우에 해당한다.[69] 2004년 말에 현급 행정구역 수는 모두 2,862개이며, 이들 중 현급 시가 374개, 시할구가 852개에 달하였다.[70]

(4) 향진(鄕鎭) 행정구역

이것은 말단 행정구역이며 4급 행정구역이라고도 한다. 한국의 읍·면·동에 해당한다고 할 수 있다. 여기에는 향, 민족향과 진이 있으며, 향은 농촌의 말단 단위이고, 진은 도시의 말단 단위가 된다. 민족향은 소수민족 집단의 말단 단위이다.[71] 2004년 말에 향진급 행정구역 수는 모두 38,548개였다(향 17,451개, 민족향 1,214개, 진 19,883개).[72]

사 례

■ 중국 : 농촌 행정조직 공무원 줄여 농촌 살린다[73]

중국 당국이 농민 부담을 줄이기 위해 강도 높은 구조조정을 벌이면서, 농촌의 말단 행정기관인 향·진(鄕·鎭)이 사라지고 있다. 중국 농업부는 지난 5년 동안 농촌 행정조직 구조 조정의 결과로 4만 6,400여개이던 향진이 현재 3만 9,000여 개로 줄었다고(2004년 3월 2일) 밝혔다. 이는 7,400여개의 향진이 사라진 것으로, 하루 평균 4개 정도씩 없어진 셈이다.

향진은 인구 12만명 정도의 현(縣)아래에 있는 하부 행정조직이다. 현재 9억명에 달하는 중국 농민들은 1천 316만 2천명의 향진 소속 공무원들을 먹여 살리고 있다. 평균 68명의 농민들이 공무원 1명의 생활을 책임지고 있는 셈이다. 더욱이 중국은 세계에서 드물게 농민세를 거두는 나라로 세율이 전체 소득의 8.4%에 이른다.

서부 벽촌의 닝시아(寧夏)회족 자치구의 경우, 그동안 126개 향진을 통폐합하고, 5천여명의 공무원을 공직에서 내보내고, 재정부담도 6천만 위엔을 줄였다. 동부 해안 지방의 지앙쑤성(江蘇省)은 향진에 소속된 기구 7,500개를 없앴고, 8만 2천명의 공무원을 내보냈다. 남부 구앙동성(廣東省)은 향진의 15%를 없애 3억 4천 6백만 위엔의 재정 지출을 줄였다.

3-4 정치사

여기에서는 중국의 정치사를 먼저, 근대사와 현대사를 구분한 후, 중국의 공산화 과정에서 일어난 주요사건을 살펴보기로 한다.

1. 중국 근현대사의 구분

역사의 이해에서 시대구분은 중요하다. 그러나 여기에는 다양한 기준이 있다는 어려움이 있다. 중국의 근대사는 1840년의 아편전쟁 이후부터 시작한다고 보는 것이 일반적이다. 아편전쟁 이후 중국은 서양의 제국주의적 진출에 의해 크게 침식되어가며 전제국가의 몰락으로 이어졌기 때문이다. 물론, 당시에 중국 내부적으로도 반작용으로 근대화를 시도하였으나 실질적 성과는 이루지 못하였다.

반면에 근대사와 현대사를 구분하는 데는 이론(異論)이 있다. 양 시대를 구분할 수 있는 대표적인 움직임 두 가지는 청조의 멸망과 중국공산당의 공산주의 운동이다. 이와 관련된 사건 두 가지는 1911년의 신해혁명과 1919년의 5·4운동이다. 이들 두 움직임 중 어느 쪽에 초점을 맞추느냐에 따라 다음의 두 가지 견해가 유력하다.[74]

(1) 자유주의적 접근

이 견해는 청조의 멸망과 공화정의 수립을 중시하여, 신해혁명에 따른 중화민국 수립

이전까지를 근대로 보는 견해이다. 주된 근거는 신해혁명에 의하여 청조가 타도됨으로써 2천여 년 간 지속된 중국의 전제정치가 종식되었다는 점이다.

(2) 사회주의적 접근

이 견해는 공산주의 운동을 중시하여 5・4운동 이전까지를 근대로 보는 견해이다. 주된 근거는 5・4운동을 계기로 촉발된 정치・사회 운동이 중국공산당이 성립된 강력한 배경이었던 점이다. 이 견해에 따르면 신해혁명은 유산계급(부르조아) 혁명 또는 구(舊)민주주의 혁명이라 불리고, 공산당 혁명은 무산계급(프롤레타리아) 혁명 또는 신(新)민주주의 혁명으로 구별한다.

2. 중국의 공산화 과정에서의 주요사건

여기에서는 중국이 근대에 현재의 사회주의 국가에 이르게 된 과정을 역사적 주요 사건들 위주로 간략히 살펴보기로 한다.[75]

(1) 신해혁명

청조를 타도하기 위한 혁명세력이 1911년 10월 10일 무창에서 무장봉기를 일으켰다. 봉기가 성공하고 여러 지역으로 확대되면서 궁지에 처하게된 청조가 원세개에 의존하자, 원세개는 혁명파와 타협하여 보황파에서 공화파로 변신하였다. 혁명군은 남경을 점령하고 각 성(省) 대표로 중화민국 임시정부 조직강령을 선포하였으며, 원세개는 그 대가로 대통령의 지위를 차지하였다.[76]

이 혁명은 청조를 멸망시켜 2천여 년 간 지속된 전제정치를 종식시켰으며, 중화민국을 탄생시켜 공화정의 토대를 이루었다. 그러나 원세개의 득세로 미완(未完)의 혁명이 되어 제1차 혁명이라 부르기도 한다.[77]

(2) 5・4 운동

이 운동은 중국사에서 현대적 의미의 반제국주의・반봉건주의 혁명이었으며, 중국 신민주주의 혁명의 기원으로 받아들여진다.[78] 사건의 발단은 일본의 부당한 요구에 항의하는 북경대학에서 학생들의 시위로 시작되었다. 이 운동에서 과학과 민주주의도 제창하여 문화운동의 색채도 띠었다.[79]

(3) 공산주의의 수용

5・4운동을 거치면서 중국의 위기를 극복하려는 혁신세력들이 '사회개조'를 이상으로 제시하였다. 그러나 그 추상성에 대처하여 점차 뚜렷한 의식을 지닌 공산주의 세력이 나타났다. 이들은 1917년의 러시아 공산혁명으로 크게 고무되었다.[80]

(4) 공산당 창당

위와 같은 상황에서 1920년 4월, 당시 국제공산주의 운동 지도기구였던 코민테른(Komintern, 제3 인터내셔널)은 인사들을 파견하여 중국공산당 결성을 촉구하였다. 그 결과, 1921년 7월 상해에서, 57명의 당원을 대표하여 13명의 대표가 모여 공산당을 창당하였다. 여기에서 진독수가 당 총서기로 선출되었고, 노동자의 조직화를 주(主) 임무로 하는 당 강령과 결의가 이루어졌다.[81]

(5) 제2차 국내혁명전쟁

중국공산당은 1927년부터 항일전쟁 이전까지 10년간 공산주의 권력을 수립하기 위한 혁명운동에 돌입하였다. 그 구체적 정책 가운데 하나는 당의 기본적 무장세력을 구축하기 위해 공농홍군(工農紅軍)을 조직하는 것이었다. 공농홍군의 뿌리는 1927년 8월1일에 일어난 남창봉기 세력이었다.[82]

(6) 남창 봉기

1927년 4월에 무창에서 중국공산당은 제5차 전국대표회의를 개최하였으며, 그해 7월에 '무한'의 국민당은 공산당과 결별하였다. 이에 '코민테른'은 중국 공산당에게 근거지 확보를 위해 무장봉기를 할 것을 지시하였다. 이를 따라 동년 8월 1일에 남창에서 중국공산당은 무장봉기를 하였다. 그러나 봉기군은 국민당 군대에 패하여 '정강산(井崗山)'으로 근거지를 옮겼다. 이것이 홍군(紅軍)의 시작이었다. 현대 중국에서 건군기념일이 8월 1일인 것은 이에 기인한다. 홍군은 항일전쟁 시기에 팔로군(八路軍)과 신사군(新四軍)으로 개칭되었다가, 1947년 이후 인민해방군으로 개칭하였다.[83]

(7) 중화소비에트공화국

1931년 11월 강서성 서금에서 제1차 전국소비에트대표자회의를 개최하여 임시혁명정부의 성격을 띤 중화소비에트 공화국을 수립하였다. 여기에서 정강, 토지법, 노동법, 홍군 등에 관한 논의가 되었다. 또 주요 선임이 이루어져 주석에 모택동, 부주석에 항영과 장국도, 중앙집행위원에 모택동, 장국도, 주은래, 주덕, 구추백, 왕명, 하룡, 임표, 유소기 등을 선출하였다.[84]

(8) 대장정

해방구의 확대를 최우선 목표로 삼았던 중화소비에트 공화국은 1930년 겨울부터 시작된 장개석의 국민당 군대의 여러 차례의 포위공격에도 잘 버티었으나 1933년 10월, 100만 대군과 비행기를 동원한 국민당 군대에 밀려 1934년 10월, 공산당 홍군은 서금(瑞金, 루이진)을 탈출하여 서북방으로 이동하면서 2만 5천리 대장정(大長征)을 떠나게 된다. 대장정은 1년에 걸쳐 무려 12,500km를 행군(行軍)한 힘든 피난길이었다.[85]

이 대장정은 정치 권력상으로는 마오쩌둥이 중국 공산당에서 주도적 인물로 등장하게 만드는 토대를 마련해주었다.[86)]

현장 정보

■ 이옌안(延安) : 항일전쟁과 마오쩌둥의 활약[87)]

중국 산시(陝西)성 이옌안(延安)시는 1936년 마오쩌둥이 이끈 홍군(紅軍)이 살기 위해 1만 2,500 km의 대장정을 한 끝에 자리 잡은 중원의 오지로서, 공산당의 성지(聖地) 중 한 곳이다.

[사진 설명]
이옌안의 농민과 친근하게 이야기를 나누는 마오쩌둥.

이옌안을 근거지로 삼은 공산당은 마오쩌둥의 지도 아래, 농민과 밀착하여 게릴라전(戰)을 전개하여 일본군을 괴롭혔다.[88)]

[사진 설명]
이옌안의 동굴(洞窟) 속에서 「지구전론(持久戰論)」을 저술하고 있는 마오쩌둥(1938).

이 논문 속에서 마오쩌둥은 "힘든 지구전의 최후에는 중국이 승리할 것이다"라고 예언하였다.[89)]

[사진 설명]
1934년 10월, 홍군(紅軍)은 루이진(瑞金)을 점령한 후, 국민당군(國民黨軍)의 포위선을 뚫고 장정(長征)을 개시하였다.[90)]

(9) 국공 내전(國共內戰)과 중화인민공화국 건국

항일전쟁으로 연합하였던 공산당과 국민당은 중일전쟁 이후 서로의 세력 확장을 위해 대립하면서, 양측은 중경에서 회담을 시작하여 쌍십협정(雙十協定)에 이르렀다. 그리하여 1946년 1월 10일 정전협정이 체결되고 정치협상회의가 개최되어 새로운 통일정부를 위한 '5항 결의'가 채택되어 평화와 통일의 낙관적 분위기가 절정에 다다랐다. 그러나 이후 3월에 열린 국민당 중앙위원회에서는 정치협상회의가 결정한 헌법원칙을 부인하는 결의안을 통과시켰다.

1946년 5월 4일 중국공산당은 지주의 토지몰수와 농민에 대한 분배를 지시하여 혁명에 대한 농민의 의욕을 불타오르게 함과 동시에, 반봉건 자주세력을 기반으로 국민당과의 대립을 결정적으로 고취시켰다. 이에 6월 25일 장개석은 중원(中原) 해방구로의 진격을 명하고 7월부터 전면적 내전이 시작되었다. 내전 초기에는 우월한 병력과 장비를 가진 국민당군의 일방적인 우세였다. 이에 공산군은 지국전을 중심으로 한 일반대중의 지지확보에 주력하였다.

이러한 정책의 일환으로 1947년 10월 '토지법 강령'을 발표하여 철저한 토지균등분배를 추진하였다. 이에 따라 공산당에 대한 농민의 지지가 급증하였고, 많은 농민이 공산군에 가담함으로써 전세는 역전되어 갔다. 마침내 1949년 1월 1일 장개석은 총통직을 사임하고 이종인을 총통대리로 임명하고 평화교섭을 벌이게 하였다. 그러나 공산당은 '모든 반동파를 일소한다'는 빙침으로 국민당에게 무조건 항복을 요구하고, 4월 20일 군대에 총진격을 명령했다. 이미 민심의 지지를 얻은 공산군은 급격히 사기가 떨어진 국민당군을 궤멸시켜 갔다. 그 결과, 4년에 걸친 국공내전은 공산당의 승리로 막을 내렸고, 국민당군은 1949년 12월 대만으로 이동하였다. 공산당은 1949년 10월 1일 중국본토에서 사회주의 국가인 '중화인민공화국(신중국)'을 건국하기에 이르렀다.[91)]

(10) 대약진 운동

1956년부터 중국은 대외적으로 소련과 이념논쟁에 들어가 중국에 대한 소련의 지원이 단절되었다. 이 상황의 타개책으로 마오쩌둥은 자력갱생 정책을 시도하여 이른바 '3면홍기(三面紅旗 : 대약진, 인민공사, 사회주의 건설 총노선)' 정책을 시행하였다.[92)] 구체적으로는 산업의 중공업정책이 적극 추진되었고, 증가하는 노동자들이 식량문제를 해결하기 위하여 인민공사가 설립되었다. 그러나 이 정책은 지나친 급진적 성격으로 인하여 실패에 이르렀다. 농업중심 국가에서 과도한 중공업 성장우위 정책, 과격한 농촌집체화 등이 문제가 되었기 때문이다.[93)]

(11) 문화 대혁명

대약진 운동이 실패한 후, 류시아오치와 덩시아오핑은 피폐한 국민경제를 회복시키고자 경제조정 정책을 실시하였다. 이들은 자본주의적 방식을 활용하여 대체적으로 성공하며 경제의 상당한 회복을 이룩하였다. 이에 대해 마오쩌둥은 권력상 위협을 느껴 반작용으로 1966년에 문화대혁명을 일으켰다. 여기에서 그는 대중을 선동하여 계급투쟁을 강조하였고, 그 힘을 빌어 공산당 내의 반대파들을 '주자파(走資派),' 즉 자본주의적 세력으로 몰아서 실각시켰다.[94]

이 때 마오쩌둥은 선봉대로서 청소년들을 부추겼고, 그 결과 전국적으로 우후죽순식으로 이른바 '홍위병(紅衛兵)'들이 일어났다. 결국, 마오쩌둥은 대중적 광기를 이용하여 의도했던 목적은 달성하였다. 그러나 그 부작용으로 인해 사회전체가 경직된 계급투쟁 분위기에 빠지게 되었다. 문화대혁명의 계급투쟁은 이른바 '4인방(왕홍문, 장훈교, 요문원, 강청)'에 의하여 지속되다가 1976년에 마오쩌둥이 사망하자 쇠퇴하였다.[95]

(12) 개혁개방 정책

1978년 제11기 3중전회를 통해 집권한 덩시아오핑은 문화대혁명의 혼란을 극복하고 국력 강화를 지향하였다. 덩시아오핑은 실패한 대약진운동, 인민공사 등의 사회주의 정책을 대체하기 위하여, 기존 계획경제에 자본주의 요소를 접합시키는 실용적 정책을 추진하였다. 이때 언급된 표현이 그 유명한 '흑묘백묘론'이었다.

그는 중국의 상황에 적용시킨 이른바 '중국 특색을 지닌 사회주의의 건설'을 내세웠으며 그 일환으로 대외개방 정책을 과감히 실천하였다.

덩시아오핑의 집권 이래, 중국의 개혁개방 정책은 일관되게 유지되어 왔다. 물론, 도중에 우여곡절이 있었고, 특히 1989년 천안문 사태는 최대의 위기상황이었다. 그럼에도 개혁·개방 정책은 지금까지 성공적이었다는 평가를 받으며 중국을 신흥 경제대국으로 부상시키고 있다.[96]

표 3-2 중국 근현대사 주요 연표[97]

연 도	내 용	연 도	내 용
1905	중국동맹회의 성립	1949	중화인민공화국 수립, 국민당 정부 대만 이동
1911	신해혁명		
1912	중화민국 수립, 청조(淸朝) 멸망	1950	한국전쟁, 중국인민해당군 참전
1919	5·4운동	1954	제1기 전국인민대표회의 소집
1921	중국공산당 창당	1964	원폭실험 성공
1924	제1차 국·공합작	1966~76	문화 대혁명
1926~28	국민정부 북벌	1976	마오쩌동 사망
1931	중화소비에트공화국 수립	1980	경제특구 개방정책
1934~35	대장정	1992	한국과 외교관계 수립
1937	제2차 중일전쟁 시작, 제2차 국·공합작	1997	덩이아오핑 사망
1946	중국정치협상회의		

3. 정치권력사

중국은 공산당이 영도하는 국가 지배구조를 가진다는 점에서, 결국 공산당원들이 중국사회의 지도층이며, 핵심적으로는 당 중앙조직의 지도부가 중국사회의 권력층이 되는 셈이다.

이 권력층은 1차적으로는 중국 공산당의 실질적 지배기구인 중앙위원회의 중앙위원들이며, 2차적으로는 이중 24명의 중앙정치국원들, 3차적으로는 동(同) 상무위원들이다.

중국의 정치권력을 역사적으로 보면, 현 집권세력을 제 4세대로 하여 크게 네 세대로 분류하는 방식이 일반적이다.[98)]

(1) 제 1세대

제 1세대는 마오쩌동(毛澤東 · 모택동, 1893～1976), 류시아오치(劉少奇 · 류소기, 1898～1969), 저우언라이(周恩來 · 주은래, 1899～1976), 주더(朱德 · 주덕, 1886～1976) 등 중국에 사회주의 혁명을 일으켜 중국을 공산화한 지도계층을 가리킨다.

이들의 통치스타일은 이들이 사회주의 국가를 건국해 낸 지도자들이었으므로, 그 자체로 권위를 얻은 전형적인 카리스마적 통치스타일에 해당한다.

(2) 제 2세대

제 2세대는 1976년 저우언라이와 마오쩌동의 사망 후, 재기한 덩시아오핑(鄧小平 · 등소평, 1904～1996) 및 그가 후계자로 고려했던 후야오방(胡耀邦 · 호유방, 1915～1989), 자오쯔양(趙紫陽 · 조자양, 1919～2005) 등의 세력을 가리킨다. 이들 역시 1세대와 같이 중국의 공산화에 직접 몸담은 세대였다.

그러나 이들은 사회주의 계획경제의 중국에 대한 실용성에 부정적이어서, 문화대혁명 때는 '주자파(走資派, 자본주의의 길을 걷는 권력자)'라는 비판을 받는 등 1세대의 탄압을 받았다. 그리고 후야오방과 자오쯔양은 개혁개방 정책의 두 추진축 노릇을 하였지만, 1980년대 중후반에 학생운동(學潮, 쉬에차오) 중심으로 일어난 민주화 요구에 강경하게 대처하지 않았다는 이유로 1987년과 1989년 각각 정권에서 밀려났다.

이 세대는 경제발전과 현대화를 적극 추진하기 위하여, 마오쩌동 시대의 문화대혁명을 쇄국주의적 반동으로 비판하고, 1978년 개혁 · 개방 정책이라는 역사적 노선전환을 선언함으로써 현재의 부흥하고 있는 중국의 기초를 제공하였다.

이들은 한편으로는 정풍운동을 전개하면서 당과 국가기관 내부에서 문화혁명 좌파의 영향력을 제거하고, 문화대혁명시기에 숙청당했던 구 관료 등을 복권시키려고 했고, 다른 편으로는 당과 국가의 기구를 재편하고, 새로운 인재를 대폭 받아들여 중국공산당과 권력엘리트의 성격과 구성의 변화를 모색하였다. 이러한 점에서 1982년의 전인대는 개혁 개방을 지도해 나갈 당 조직과 새로운 간부제도를 정비하기 위한 것이었다. 이들의 통치스타일을 보면, 덩시아오핑은 마오쩌동 스타일과 대조적 스타일을 추구하였지만, 그의 통치 역시 기본적으로는 개인적 카리스마에 의존하는 통치였다.

그는 1980년대 중반에 당 총서기 직을 후야오방과 자오쯔양에게 이양하고, 1990년에는 중앙군사위원회 주석 직위지 장쩌민에게 내주었다. 그럼에도 그가 1996년 사망할 때까지 실질적 중국 최고지도자는 여전히 그였다. 즉, 제1세대와 제2세대는 혁명의 추진축에 대한 생각은 대조적이었지만, 사회주의를 중국 상황에 적용하려는 토착화 방식과 인간적 카리스마에 기초한 통치 스타일은 공유하였다.

(3) 제3세대

제3세대는 장쩌민(江澤民; 강택민, 1926～), 리펑(李鵬; 이붕 1928～), 주룽지(朱鎔基; 주용기 1928～) 등 주로 덩시아오핑이 지도부로 부상시킨 인물들로 구성된다. 이들은 공산화 혁명에 직접 참가했거나 청년시절에 이를 직접 체험한 세대에 속한다.

자연스럽게 이들의 통치스타일에서는 앞선 두 세대와 달리 개인적 카리스마 의존도가 크게 약화될 수밖에 없었다. 더욱이 인간적 매력으로서도 장쩌민과 리펑은 인기를 얻지 못하였다. 다만, 주룽지는 서민적 풍모를 주면서 비교적 좋은 인상을 주었고, 인기를 끌었지만 이를 카리스마의 구축으로 연결하지는 못하였다.

(4) 제4세대

이 세대는 후진타오(胡錦濤; 호금도, 1942～), 원자바오(溫家寶; 온가보, 1942～) 등 2002년 개최된 제16차 전국대표대회에서 중앙정치국 상무위원으로 선출된 이들을 말한다. 이들 중 후진타오가 장쩌민을 승계하여 동년 11월 당 총서기로 공식 선출되었고, 2003년에는 국가 주석으로, 2004년에는 중국 중앙군사위원회 주석으로 취임하면서 공식적으로는 완전히 제4세대를 구축하였다.

이들은 공산주의 혁명세대의 인간적 카리스마가 완전히 사라진 상황에서 등장함으로써, 더 이상 카리스마에 의존한 통치는 불가능한 시대에 들어섰다고 할 수 있다. 그리하여 이들은 제도를 통한 권위에 의존하는 통치스타일을 지향하고 있다.[99]

현장 정보

■ 중국의 역대 최고 권력자들 : 요약[100]

중국 사학자들은 역대의 실질적인 최고 권력자를 마오쩌동(毛澤東), 덩시아오핑(登小平), 장쩌민, 후진타오(胡錦濤)등 4세대로 구분한다.

마오쩌동(1893～1976)은 제1대 중앙위원장이었으며, 중화인민공화국과 중국 인민해방군을 창건하고 강력한 국방을 건설함으로써 강대국의 식민지로 유린당하던 중국을 독립시켰다.

덩시아오핑(1904～1997)은 무한한 인내와 명석한 두뇌로 적대세력과 타협하며 최고 권력을 쟁취한 현실주의자이다. 그는 개혁·개방정책(1978년)을 통해 선쩐 등 5개 경제특구를 지정하고 외국 자본을 유치함으로써 중국 경제의 성장 기반을 닦았다. 그는 정통 마르크스주의자들을 설득하기 위해 "검은 고양이든 흰 고양이든 쥐만 잡으면 된다"는 흑묘백묘론(黑猫白猫論)을 주창했다.

장쩌민(1926～)은 상하이 푸동 지구를 포함한 중남부 연안을 집중 개발함으로써 중국을 세계적인 경제대국으로 발돋움시켰다.

후진타오는 기술관료이자 풀뿌리 세대로서 카리스마에 의존하지 않고 민주적인 의사결정을 따르고 있으며, 특히 러시아, 인도, 아프리카, 중남미 등과의 외교 협력과 자원 확보에 노력하고 있다.

3-5 정치적 위험

정치적 위험(political risk)의 개념은 정치적 환경의 변화가 해당 나라의 기업부문 환경에 변화를 주어 그 나라에 투자하거나 거래하는 기업의 경영 및 성과에 부정적 영향을 미칠 가능성이라고 정의할 수 있다.[101] 이때 정치적 위험은 정치적 불안정(political instability)이란 개념과 구별할 필요가 있는데, 정치적 불안정이 반드시 기업부문 환경의 변화로 이어지지는 않기 때문이다. 정치적 위험은 크게 거시적 위험과 미시적 위험으로 구분할 수 있다.

(1) 거시적 정치위험

거시적 정치위험(macro political risk)은 한 경제권의 모든 산업, 기업 또는 사업들에 무차별적으로 같은 방식으로 나타나는 위험을 가리킨다. 거시적 정치위험의 주요 특성들은 다음과 같다.[102]

① 상당히 강력하며 직접적이고 전면적이다.
② 일회적이고, 빈번하게 발생하지는 않는 편이다.
③ 돌발적이어서 외국 기업으로서는 거의 통제하기가 어렵다.

현장 정보

■ 정치적 위험 : '한류 열풍' 통상 마찰로 비화 조짐[103]

중국과 동남아 일대를 휩쓸고 있는 '한류 열풍'이 '반(反)한류 정서'를 일으키면서 통상 마찰로 비화될 조짐을 보이고 있다. 방송위원회와 외교통상부 등에 따르면, 최근 중국과 홍콩에서는 '한류 열풍'으로 직접적 타격을 받은 현지 연예계와 청룽(成龍), 장궈리(張國立) 등 일부 스타를 중심으로 한류를 몰아내는 대신 중국 연예산업을 키워야 한다는 주장이 제기되고 있다.

근래에 중국과 베트남 당국도 최근 한국 드라마가 중국 TV를 휩쓸고 있는 데 대해 문제를 제기하면서, 방송 교류의 불균형 현상을 시정해줄 것을 강력히 요구하고 있는 것으로 확인됐다.

정부는 드라마 등 일부 프로그램의 공동제작과 한국 내 방영 등 해당 요구를 수용하지 않을 경우, 단순히 한국 프로그램의 방송 중단 조치뿐 아니라 공산품 등 다른 한국 상품에 대한 무역제재 조치로 이어지는 등 통상 마찰로 비화될 가능성도 배제할 수 없는 상황이라고 설명했다.

정부 관계자는 "최근 한류 열풍이 중국과 동남아 등지를 휩쓸면서 고개를 들고 있는 '한류정서'가 통상 마찰로까지 번질 조짐을 보이고 있다"면서 "문제가 더 심각해지기 전에 적절한 대응책을 마련해야 할 것으로 보인다"고 말했다.

---

(2) 미시적 정치위험

미시적 정치위험(micro political risk)은 거시적 위험과 달리 경제의 특정 부문이나 산업 또는 기업이나 사업별로 다르게 나타나는 위험을 가리킨다.[104] 미시적 정치위험의 주요 특성들은 다음과 같다.

① 거시적 위험보다는 빈도가 높으며 보다 광범위하게 발생한다.

② 해당 기업의 성격이나 전략에 따라 어느 정도는 통제나 조절이 가능하다.

사 례

■ 정치적 위험 : 한·중 마늘 분쟁에 대한 중국의 무역보복[105]

2000년 6월 1일, 한국 정부는 중국산 냉동마늘 등에 대하여 314%의 긴급관세를 부과하였다. 이는 값싼 중국산 마늘이 한국으로 유입되면서 국산 마늘 값이 폭락했기 때문이다. '살을 받고 뼈를 주는' 결과가 되지 않을까라는 우려가 높았다. 정부의 대응에도 허술한 점이 많다는 비판이 있었다.

중국이 한국산 휴대전화와 폴리에틸렌에 대해 수입중단 조치를 취한다는 소식이 알려진 현대석유화학 수출팀에는 비상이 걸렸다. 이 회사 주력품목인 폴리에틸렌의 최대 수출시장이 바로 중국이기 때문이다. 연간 1억 달러씩 내보내고 있다. 수출팀 직원들은 중국 수출 물량의 취소를 우려하였다. 유화업계에 따르면 폴리에틸렌 제품에 대해서는 이미 선적에 들어가 운송중인 물량은 물론 통관대기 중인 물량도 수입 중단조치가 내려진 상태이다. 한국은 1999년에 4억 7,000만 달러어치의 폴리에틸렌을 중국에 수출했다.

삼성전자, 팬택 등 유럽방식(GSM) 단말기 및 주문자상표부착생산(OEM) 방식으로 중국에 수출하는 휴대전화 업체들도 진상 파악에 나서며 긴급대책 마련에 들어가는 등 바쁜 움직임을 보였다. 1999년에 대중국 휴대전화 수출액은 4,100만 달러이지만 급증하는 추세였다. 휴대전화에 대한 수입금지 조치는 특히 수출전선에 미칠 악영향 외에도 무역마찰이 장기화할 경우 중국이 도입하려고 하는 부호분할다중접속방식(CDMA) 시장 진출에 영향을 줄 수도 있어 업계는 더욱 우려했다.

중국이 왜 유독 한국의 조치에 대해 강하게 반발하면서 마늘을 '분쟁의 씨앗'으로 삼았을까? 전문가들은 우선, 중국이 1999년에 농산물 분야에서 6억 8,900만 달러의 흑자를 기록해 공산품 쪽의 적자를 만회했다는 사실을 지적한다. 중국 입장에서는 대표적 농산물인 마늘 수출이 막힐 경우, 무역수지 개선을 기대하기 어렵다는 것이다.

1992년 이후 매년 한국에 대해 큰 폭의 적자를 기록 중인 중국 입장에서는 마늘을 무기로 한번 싸움을 걸어볼 만하다는 판단을 했을 것이라는 분석이다. 즉, 한국과의 교역이 급증하는 상황에서 향후 무역마찰에 대비해 확고한 전례를 세워 두겠다는 의도가 있다는 분석이다. 여기에는 당시 가을로 예상되는 WTO 가입을 앞두고 미리 한국에 대해 '길들이기'를 할 필요가 있다는 측면도 감안된 것으로 분석되었다.

이상에서 살펴본 거시적 정치위험과 미시적 정치위험을 보다 구체적으로 구분해 보면 표 3-3과 같다.

표 3-3 정치적 위험의 종류[106)]

구 분		국내(현지국 내부) 발생	해외(현지국 외부) 발생
거시적 정치 위험	정부관련 위험	국유화, 몰수, 외국인 투자제한, 송금제한, 정부효율성, 인프라 효율성	국가 간 통상협약, 국제조약
	경제적 위험	금융·외환위기, 재정적자, 국제수지 적자, 인플레이션, 국가부채, 단기채무 문제	전쟁, 국경분쟁, 국가 간 게릴라전, 국제테러, 국가몰락
	사회적 위험	전국적 파업, 반정부시위, 특정국 상품 불매운동, 빈부격차, 범죄율	특정국 상품 국제적 불매운동, 반세계화 추세
	정변·전쟁 테러 위험	혁명, 쿠데타, 내전, 인종·종교갈등, 게릴라전, 테러	전쟁, 국경분쟁, 국가간 게릴라전, 국제테러, 국가몰락
미시적 정치 위험	정부관련 위험	제한적 국유화, 투자조건 재협상 요구, 차별적 정책(조세, 정부구매, 가격, 정부규제 및 산업무역정책 등)	현지국과 다른 국가와의 외교적 갈등, 제한적 통상마찰 및 무역협정
	경제적 위험	해당 또는 관련 산업의 시장 침체	해당 또는 관련 산업의 해외시장 침체
	사회적 위험	제한적 파업, 자사상품 불매운동, 국내 NGO의 활동	국제적 자사상품 불매운동, 국제 NGO의 활동
	정변·전쟁 테러 위험	제한적 테러	제한적 국제테러

제 4 장 법률 환경

이 장에서는 중국의 법률적 환경으로서 국가의 가장 근본법인 헌법을 비롯하여, 기업 경영자나 투자자가 경영활동에서 뿐만 아니라 일상생활에서도 반드시 이해하고 있어야 할 민법, 형법, 기업 활동 및 투자 관련 주요 법률, 경제활동 관련 기타 법률, 토지 관리에 관한 법률, 환경보호에 관한 법률, 그리고 투자 분쟁 해결에 관한 법률 등을 고찰하기로 한다.

4-1 중화인민공화국 헌법(憲法)

헌법은 모든 국가의 법률체계에서 가장 상위(上位)에 있는 근본법을 말한다. 여기에서 중국에 투자하려는 경영자가 이해하고 있어야 하는 기본적인 내용들을 중심으로 살펴보기로 한다.

1. 중국의 국체(國體)와 정체(政體)

'국체'는 국가와 사회를 조직하고 관리하는 기본적인 조직형식이 무엇인가에 따라 분류한 국가 형태를 말한다. 이를 구체적으로 표현하면 국체는 국가의 주권이 누구에게 있느냐, 즉 국가의 정권을 어떤 계급이 장악하고 있는가를 나타낸 것이다.[1)]

중국 헌법 제1조는 "중화인민공화국은 노동자 계급이 영도하고 노동자 농민 연맹을 기초로 하는 인민민주독재(人民民主專政) 사회주의 국가이다"라고 중국의 국체를 규정하고 있다.

한편 '정체'는 주권의 행사방법에 따라 분류한 국가 형태를 말한다.[2)]

중국 헌법 제2조는 "중화인민공화국의 모든 권력은 인민(人民)에게 속한다. 인민이 국가권력을 행사하는 기관은 전국인민대표대회와 지방 각급 인민대표대회이다"라고 규정하고 있다.

2. 중국 헌법상의 경제제도

중국의 기본경제제도를 국유경제와 분배제도, 사유재산의 보호, 그리고 외국투자기업의 보호 측면에서 정리하면 다음과 같다.

(1) 국유(國有)경제와 분배제도

국유경제와 분배제도는 헌법 제6조에서 규정하고 있다. 헌법 제 6조는 "중화인민공화국의 사회주의 경제제도의 기초는 생산자원(生産資料)의 사회주의 공유제(共有制), 즉 전민소유제(全民所有制)와 노동군중집체소유제(勞動群衆集體所有制)이다. 사회주의 공유제는 사람이 사람을 착취하는 제도를 소멸시키고 각자가 능력을 다하도록 하고 노동에 따른 분배의 원칙을 실행한다"라고 선언하고 있다.

이 조항에서 말하는 '전민소유제'란 국유경제(國有經濟)로서 국가경제의 주도력과 소유권을 국가가 갖는다는 의미이다. 즉 전민 소유제는 사회주의 국가가 전체 인민의 생산자원을 점유하고 노동에 따라 분배하는 소유형태를 뜻한다.[3)]

(2) 사유재산의 보호

사유재산의 보호는 2004년 3월 14일, 제10기 전인대 제2차 회의에서 통과된 1982년 헌법에 대한 4차 수정안에서 사유재산의 불가침을 선언하였다. 즉, 헌법 13조에서는 분명하게 사유재산을 인정하고 사유재산의 보호조항을 추가하였다. 이를 구체적으로 보면, 헌법 13조 1항에서는 "공민의 합법적 사유재산은 침해받지 않는다"라고 선언하였고, 13조 2항에서는 "국가는 법률에 의하여 공민의 사유재산권과 계승권을 보호한다"고 규정하였다. 그리고 13조 3항에서 "국가는 공공이익을 위해 필요할 때는 법률 규정에 의해 사유재산에 대한 징수 또는 징발을 할 수 있으며, 또 배상한다"는 규정을 신설, 첨가하고 있다.[4)]

(3) 외국 투자기업의 보호

외국인 투자자에 대한 헌법상의 보호는 제18조와 제32조에 규정되어 있다.

헌법 제18조는 "중화인민공화국은 외국의 기업과 기타 경제조직 또는 개인이 중화인민공화국 법률의 규정에 따라 중국에 투자하고 중국의 기업 혹은 기타 경제력과 각종 형식의 경제협력(經濟合作)을 맺는 것을 허용한다. 중국 내의 외국기업과 기타 외국 경제조직 및 중외합작(中外合作) 경영기업은 모두 반드시 중화인민공화국의 법률을 준수하여야 한다. 그들의 합법적 권리와 이익은 중화인민공화국 법률의 보호를 받는다"라고 명시하고 있다.

헌법 제32조는 "중화인민공화국은 중국 내에 있는 외국인의 합법적 권리와 이익을 보호하고, 중국 내에 있는 외국인은 중화인민공화국의 법률을 반드시 준수하여야 한다"고 명시하고 있다.

이들 두 헌법규정, 즉 제18조와 제32조는 중국의 외국인 투자관련 법률체계의 최고 근본규범으로서 법률, 행정법규, 지방 법규 등 외자(外資) 관련 제반 법령 및 중국이 체결하거나 참여한 쌍무(雙務) 투자조약 혹은 다자간(多者間) 투자조약에 최고지도규범으로 적용된다.[5)]

3. 공민(公民)의 기본권리와 의무[6)]

(1) 공민의 기본개념과 헌법규정

'공민'이란 한 국가의 국적이 있으며 헌법과 법률의 규정에 의하여 권리를 향유하고 의무를 부담하는 자연인을 말한다.[7)]

공민과 인민(人民)은 다른 개념이다. '공민'은 법적 개념으로서 법에 의하여 중국국적을 가진 사람은 모두 중국 공민으로서 인정된다. '인민'은 정치적 개념으로서 주로 정치상의 피아(彼我)를 구분하는 의미로 사용되며, 현재 중국의 인민은 주로 전체 사회주의 노동자를 의미한다. 공민의 범위는 인민보다 광범위하여 공민은 인민뿐만 아니라 인민의 적(敵)도 포함하는 것이며, 인민은 공민을 구성하는 주요 부분에 불과하다.[8)]

헌법 제33조 제1항은 "중화인민공화국 국적을 가진 자는 모두 중화인민공화국 공민이다"라고 규정하였다.

헌법 제51조는 "중화인민공화국 공민은 자유와 권리를 행사할 때에는 국가적 · 사회적 · 집체적(集体的) 이익과 기타 공민의 합법적인 자유와 권리를 침해할 수 없다"라고 규정하고 있다.

헌법 제33조 제3항은 "모든 공민은 헌법과 법률이 규정한 권리를 향유하는 동시에 반드시 헌법과 법률이 규정한 의무를 이행하여야 한다"라고 규정하고 있다.

(2) 중국 공민의 기본권

공민의 기본권리와 의무는 헌법 제2장에 규정되어 있다.

1) **평등권**(平等權) : 제33조 1항 중화인민공화국 공민은 법률 앞에 모두 평등하다.

2) **정치권**(政治權)

① **선거권과 피선거권제** : 제34조 만 18세 이상의 중화인민공화국 공민은 민족, 종족, 성별, 직업, 가정출신, 종교신앙, 교육활동, 재산상황, 거주기한 등을 가리지 않고 선거권과 피선거권을 갖는다.

② **언론 · 집회 · 출판 · 결사**(結社) **· 행진 · 시위권** : 제35조 중화인민공화국 공민은 언론 · 집회 · 출판 · 결사(結社) · 행진(行進) · 시위(示威)의 자유를 갖는다.

③ **감독권** : 제41조 중화인민공화국 공민은 여하한 국가기관과 국가공무원(國家工作人)에 대하여 비평과 건의를 제출할 권리가 있으며 국가기관과 국가공무원의 위법 · 직무상의 과실행위에 대하여 관련 국가기관에 제소하거나, 고소 · 검거할 권리가 있다. 단, 사실을 날조하거나 왜곡, 무고, 모함할 수 없다. 국가기관과 국가공무원이 공민의 합법적인 권리를 침해하여 손실을 입혔을 때에는, 공민은 법률의 규정에 따라 배상을 받을 권리를 취득한다.

3) 종교와 신앙의 자유

제36조 중화인민공화국 공민은 종교신앙의 자유가 있다. 여하한 국가기관, 사회단체와 개인도 공민에게 종교신앙을 강제하거나 혹은 종교신앙을 하지 말도록 강요할 수 없으며, 종교신앙을 가진 공민과 종교신앙을 가지지 않은 공민을 차별할 수 없다. 국가는 정상적인 종교활동을 보호한다. 누구든지 종교를 이용하여 사회질서를 파괴하고 공민의 신체건강을 해치거나 국가교육활동을 방해하는 활동을 할 수 없다.

4) 신체의 자유

① **신체적 자유권 :** 제37조 중화인민공화국 공민의 신체적 자유는 침해되지 않는다. 여하한 공민이라도 인민 검찰원의 비준 또는 결정, 혹은 인민법원의 결정 및 공안기관의 집행을 거치지 않고는 체포되지 않는다. 불법 구금과 기타 방법에 의한 불법 박탈 또는 공민의 신체적 자유에 대한 제한을 금지하며 공민의 신체에 대한 불법수사를 금지한다.

② **인격존엄권 :** 제38조 중화인민공화국 공민의 인격은 존엄하며 침해받지 않는다. 어떠한 방법으로든 공민을 모독하고 비방·무고·모함하는 것을 금지한다.

③ **주거불가침권 :** 제39조 중화인민공화국 공민의 주택은 침해받지 아니한다. 공민의 주택을 어떠한 방법으로도 불법수사하거나 불법 침입하는 것을 금지한다.

④ **통신의 자유와 통신비밀권 :** 제40조 중화인민공화국 공민의 통신의 자유와 통신의 비밀은 법률의 보호를 받는다. 국가 안전 또는 형사범죄를 추적할 필요가 있거나 공안기관 또는 검찰기관이 법률규정의 절차에 의거하는 외에는, 어떠한 조직 혹은 개인이 어떠한 이유에 의하든지 공민의 통신의 자유와 통신의 비밀을 침해할 수 없다.

5) 사회·경제적 권리

① **노동권(의무를 겸함) :** 제42조 중화인민공화국 공민은 노동의 권리와 의무가 있다.

② **휴식권 :** 제43조 중화인민공화국의 노동자는 휴식의 권리를 가지고 있으며 국가는 노동자 휴식과 휴양의 시설을 발전시키고 노동자의 작업시간과 휴가제도를 규정하여야 한다.

③ **정년퇴직자의 생활보장권 :** 제44조 국가는 법률규정에 의하여 기업 사업 조직의 직원과 국가기관 업무인원의 정년퇴직제도(退体制度)를 실시한다. 정년퇴직자의 생활은 국가와 사회의 보장을 받는다.

④ **물질적 원조권 :** 제45조 중화인민공화국 공민은 연로, 질병 또는 노동력의 상실로 인한 상황에서는 국가와 사회로부터 물질적 도움을 받을 권리가 있다. 국가는 공민이 향유할 사회보험, 사회구제 및 의료위생사업을 발전시켜야 한다.

6) 교육과 문화활동의 권리

① **교육받을 권리**(의무를 겸함) : 제46조 중화인민공화국 공민은 교육을 받을 권리와 의무가 있다. 국가는 청년, 소년, 아동의 품덕, 지력(智力)과 체질(体質) 등을 배양하고 발전시켜야 한다.

② **문화활동의 권리** : 제47조 중화인민공화국 공민은 과학연구 및 문예 예술 창작과 기타 문화활동의 자유가 있다.

(3) 중국 공민의 기본의무

1) **국가통일과 민족단결의 수호의무** : 제52조 중화인민공화국 공민은 국가 통일과 전국 각 민족의 단결을 유지하고 보호해야 할 의무를 지닌다.

2) **헌법과 법 질서 준수의무** : 제53조 중화인민공화국 공민은 헌법과 법률을 준수하고 국가 기밀을 지키며 공공재산을 보호하고 노동규율을 준수하고 공공질서를 준수하고 사회 공중도덕을 존중해야 한다.

3) **조국의 안전 · 명예 · 이익의 수호의무** : 제54조 중화인민공화국 공민은 조국의 안전, 명예와 이익을 수호할 의무가 있고 조국의 안전, 명예와 이익을 침해하는 행위를 할 수 없다.

4) **국방의 의무** : 제55조 조국을 보위(保衛)하고 침략에 저항하는 것은 중화인민공화국의 각 공민의 신성한 직책이다. 법률에 의하여 병역에 임하고 민병조직에 참가하는 것은 중화인민공화국 공민의 영광스러운 의무이다.

5) **납세의 의무** : 제56조 중화인민공화국 공민은 법률에 의하여 납세의 의무를 진다.

6) 기타의 의무

① **산아제한의무** : 제25조 국가는 인구의 증가와 경제 및 사회발전계획이 서로 적응하도록 한다.

제49조 2항 부부쌍방은 가족계획을 실행할 의무가 있다.

② **자녀부양의무와 부모부양의무** : 제49조 3항 부모는 미성년 자녀의 부양과 교육의 의무가 있고, 성인자녀는 부모를 부양할 의무를 진다.

4. 중국의 국가기구 조직

제3장에서는 정치적 시각에서 국가기구의 각종 조직을 고찰하였는 바, 여기에서는 이들 조직을 헌법상 시각에 맞추어 살펴보기로 한다.[9)]

(1) 전국인민대표대회 및 상무위원회

1) 전국인민대표대회(全國人民代表大會)

앞에서 설명한 바와 같이, 중국 헌법 제2조는 "중화인민공화국의 일체 권력은 인민에게 속하며 인민이 국가권력을 행사하는 기관은 전국인민대표대회와 지방 각급 인민대표대회이다"라고 규정하여 전국인민대표대회(약칭 : 全人大)가 중국 국가기관 중에서 최고 권력기관임을 명시하고 있다. 이러한 '전인대'는 국가권력을 효율적이고 통일적으로 시행하기 위하여 의회와 행정부를 하나로 통합한 제도라고 할 수 있다.

① 국가 입법기관으로서의 가치

국가 입법기관으로서의 지위를 보면, 전인대는 국가 입법권을 행사한다. 즉, 전인대는 헌법을 개정하고 헌법의 실행을 감독하며 기본법률, 즉 형사 · 민사 · 국가기구 등과 같이 헌법과 직접적으로 연관이 있는 주요한 법률(예를 들면 선거법, 형법, 형사 소송법, 국가기구 조직법)을 제정한다.[10)]

② 행정부로서의 지위

행정부로서의 지위를 보면, 전인대는 인사권, 결정권 및 최고감독권을 갖는다.

첫째, 인사권(人事權)으로서 전인대는 국가기관과 영도자를 선출 · 결정 · 파면할 수 있는 직권을 가지고 있다. 예를 들면 중화인민공화국의 주석 · 부주석, 중앙군사위원회 주석, 최고 인민법원장, 최고 인민검찰원장, 전국인민대표대회 상무위원회 위원을 선거하며, 중화인민공화국 주석의 제청에 따라 국무원 총리의 임명을 결정하고, 국무원 총리의 제청에 따라 국무원 부총리, 국무위원, 각 부(部)의 부장, 각 위원회 주임 등을 결정한다.[11)]

둘째, 결정권(決定權)으로서 전인대는 국가의 중대한 문제를 결정할 권한을 가지고 있다. 예를 들면 국민경제와 사회발전계획 및 계획 집행상황에 대한 보고를 심사 · 비준하며, 국가의 예산과 예산 집행상황에 대한 보고의 심사 · 비준, 특별행정구의 설립 및 제도, 전쟁과 평화 문제 등의 결정권을 가지고 있다.[12)]

셋째, 최고 감독기관으로서 전인대는 상무위원회, 국무원, 최고 법원, 최고 인민검찰원 등 최고 국가기관에 대한 최고감독권을 가지고 있다.[13)]

③ **구성** : 전인대는 성(省)과 자치구(自治區), 직할시, 특별행정구 및 군대가 선출한 대표로 구성되며, 임기는 5년이다.

2) 전국인민대표 상무위원회

전국인민대표자대회 상무위원회는 전인대의 상설기관으로서 위원장 1명, 부위원장 약간 명, 비서장(사무총장) 1명과 위원 약간 명으로 구성된다.[14)]

(2) 국가주석(主席)

헌법 제81조는 "중화인민공화국 주석은 중화인민공화국을 대표하며, 외국 사절을 수락한다"고 규정하고 있다. 중화인민공화국 주석은 전국인민대표대회에서 선출하며 임기는 전국인민대표대회의 임기와 같은 5년이다. 국가주석은 명목상의 국가원수로서 군(軍)에 대한 통수권이 없으며 전인대의 감독을 받는다.[15] 국가주석의 주요 권한으로는 법률·명령의 공포권, 국무원 총리·부총리·국무위원·각 부(部) 부장·각 위원회 주임·심계장·비서장에 대한 임명권, 중화인민공화국을 대표하고 외교 사절을 수락하는 외교권, 전인대 상무위원회의 결정에 따라 국가 훈장과 영예 칭호를 수여하는 영전권(榮典權), 그리고 특별사면권과 계엄령과 전쟁상태를 선포하고 동원령을 발포하는 권한 등을 들 수 있다.[16]

(3) 국무원

국무원은 전국인민대표회의의 집행기관으로서 전국인민대표대회에 의해 선출되고 전국인민대표회의에 업무를 보고하고 책임을 진다(헌법 제85조).

국무원은 총리 1명, 부총리 약간 명(2004년 3월, 제10기 전인대에서 선출된 인원은 4명), 국무위원 약간 명(위에서 선출된 인원은 5명) 및 각 부(部)(외교부, 국방부, 교육부, 과학부, 과학기술부, 공안부, 국가안전부, 감찰부, 민정부, 사법부, 재정부, 인사부, 노동·사회보장부, 국토자원부, 건설부, 철도부, 신식(정보)산업부, 수리부(水利部), 농업부, 상무부, 문화부, 위생부 등)의 부장(部長), 각 위원회(국가발전 개혁위원회, 국방과학기술공업위원회, 국가민족 사무위원회, 국가인구·계획생육(계획출산, 산아제한)위원회 등)의 주임(主任), 심계서(審計署)의 장(審計長), 비서장 등으로 구성된다.[17]

(4) 국가중앙 군사위원회

국가중앙 군사위원회는 중국의 최고 군사 영도 정책결정기구이며 전국의 무장역량을 통솔한다.[18] 중앙군사위원회의 주석은 전국인민대표회의에서 선출되며 전인대와 그 상무위원회에 대하여 책임을 지고 임기는 5년이다.[19]

(5) 재판제도와 검찰제도

인민법원과 인민검찰원은 각각 중국의 재판기관이고 검찰이며, 그 구성과 권한은 헌법·인민법원 조직법·인민 검찰조직법에 규정되어 있다.[20]

1) 인민법원

인민법원은 형사사건, 민사사건, 경제사건 및 형사사건을 심판하고, 사건의 재판을 통해 범죄자를 처벌하고 분쟁을 해결하며, 공민의 신체 권리 · 민주 권리 및 사유재산과 기타 합법적인 재산의 보호를 주요 임무로 한다.[21)]

중국 법원의 조직체계는 그림 4-1과 같다.

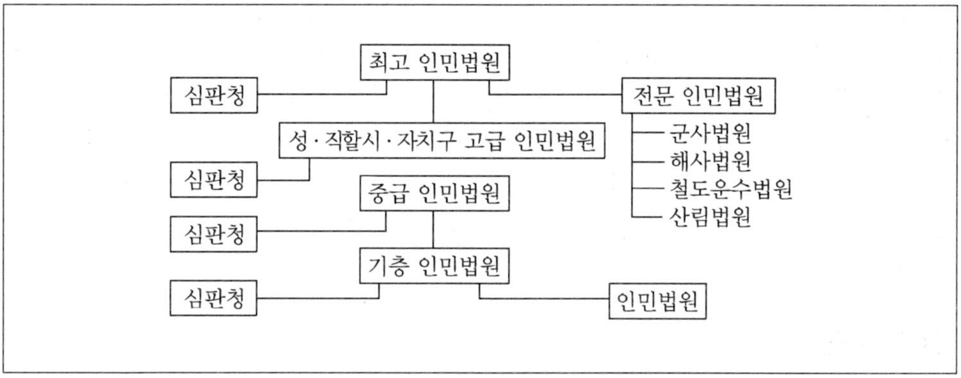

그림 4-1 중국 법원의 조직체계[22)]

2) 인민검찰원

인민검찰원은 국가법률 감독기관으로서 검찰권을 행사하는 기관이며, 인민검찰원장은 전국인민대표대회에 의해 선출되고 전국인민대표대회의 감독을 받는다.

중국 인민검찰원의 조직체계는 그림 4-2와 같다.

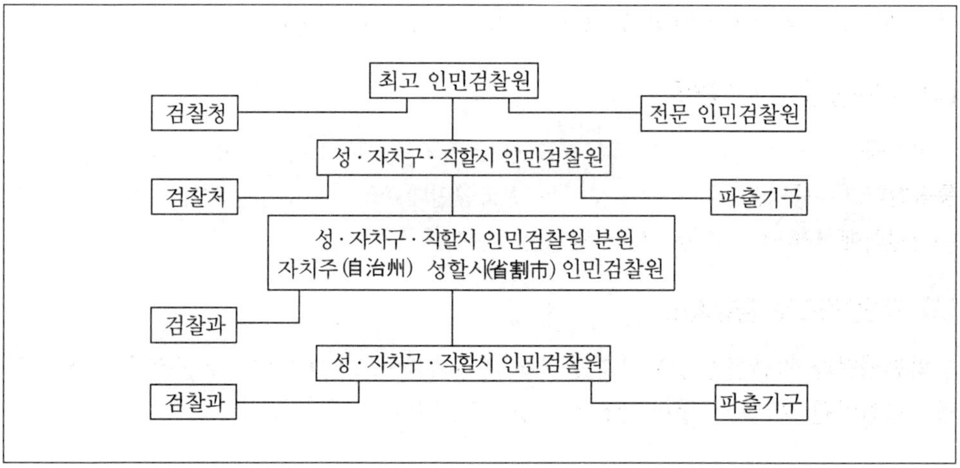

그림 4-2 중국 인민검찰원의 조직체계[23)]

(6) 국가조직 체계 총괄

이상에서 살펴본 중국의 주요 국가기구를 정리하면 그림 4-3과 같다.

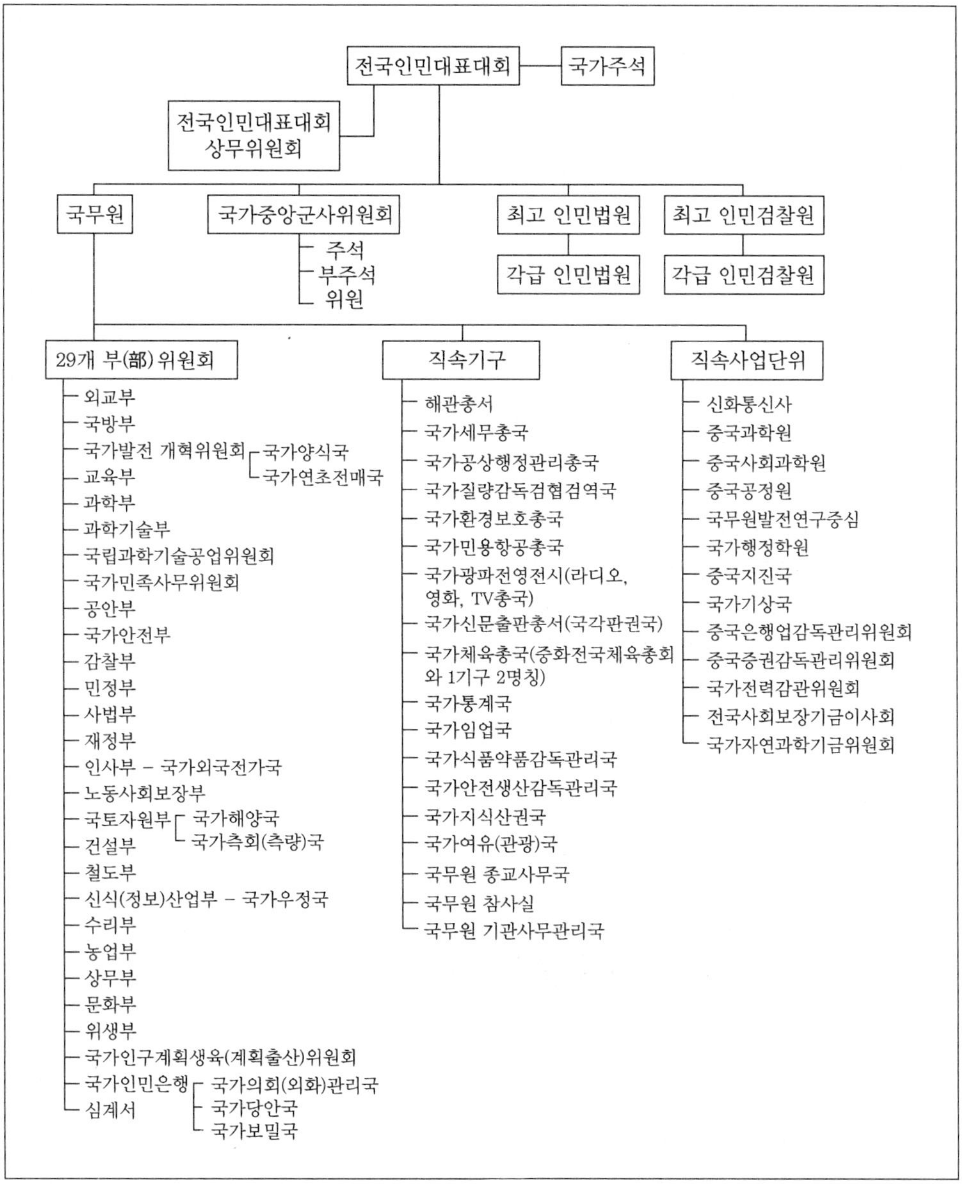

그림 4-3 중국의 주요 국가기구 체계 요약[24)]

현장 정보

■ 중국 사유재산권 · 인권 보호 등을 규정한 헌법 개정안 통과[25)]

중국최고의 입법 의결기관인 제10기 전국인민대표대회 제2차 회의는 사유재산권과 인권 보호 등을 주요 내용으로 한 13개 항목의 헌법 개정안을 2004년 3월 14일 통과시켰다. "이번 헌법 개정으로 시장경제의 안정적 발전을 위한 기초가 마련되었으며, 특히 개인들은 부동산과 주식, 채권 등 재산거래를 할 수 있는 법적 토대가 마련되었고, 기업들은 일한 만큼 자신의 재산을 축적할 수 있는 합법적인 재산 취득의 길이 열리게 되었다"[26)]

수정헌법의 주요 규정을 요약하면 다음과 같다.

① **3개 대표(三個代表) 사상을 국가 지도이념으로 헌법에 명시** : 공산당이 중국의 '선진 생산력'과 '선진 문화', '인민의 근본이익'을 대표한다는 3개 대표 사상에 노동자 · 농민뿐만 아니라 자본가의 입당을 정당화시킴으로서 공산당의 계급적 기초를 확대했다.

② **3개 문명(三個文明)을 추가** : 기존의 '공업 · 농업 · 국방 · 과학기술' 4개 현대화 노선에 '물질문명 · 정치문명 · 정신문명'의 협력 발전 노선을 추가했다.

③ **사유재산권 보호규정** : 수정헌법에서는 "공민의 합법적 사유재산은 침해받지 아니한다"(제13조 1항)고 규정하였다. 또 "국가는 법률에 의하여 공민의 사유재산권과 계승권을 보호한다"(제 13조 2항)고 규정하여 '상속권'을 재강조하였다.

④ **토지보상 규정** : 수정헌법에서는 "국가는 공공이익을 위해 필요할 때는 법률규정에 의해 사유재산에 대한 징수 징발을 할 수 있으며, 또 보상한다"(제13조 3항)고 규정함으로써, 개발구 설립 등을 위한 지방정부의 농민토지 침탈행위를 제한했다.

⑤ **인권보장 규정** : 수정헌법은 또 "중화인민공화국 공민의 인격은 존엄하며 침해받지 않는다"(제38조)고 규정하여 기본권 보장범위를 확대하였다.

⑥ **사영(私營)경제와 개체공상호(개인사업체) 관련 규정** : 수정헌법은 또 "국가는 사영경제와 개체공상호(個体工商戶) 등의 발전을 고무하고 지지한다"는 내용을 추가해 비국유 부문의 위치를 강화했다.

⑦ **기타** : 이밖에 수정헌법은 국가 비상사태시 국가 주석이 선포할 수 있는 '계엄령'을 '긴급상태'로 명칭을 바꿔 전쟁이나 내란 이외의 각종 재해에 강력히 대응할 수 있는 기초를 마련했다.

■ 언론통제 : 중국의 인터넷 통제 및 웹사이트 통제

중국 헌법 35조에는 언론의 자유가 보장되어 있다. 그러나 실제로는 중국에서는 정부의 인터넷 통제 정책으로 인터넷에서 검색이 불가능한 단어나 문구가 무려 1,000개를 넘는다고 아시아 월스트리트 저널이 보도했다.

미국 버클리 대학 연구팀의 조사결과, 중국에서 검색이 차단되는 주요'금기(禁忌)'단어는 민주주의, 기독교, 파룬공(法輪功), 후진타오, 인권, 다당제, 반부패, 정부전복, 매춘, 폭동, 섹스, 대만독립, 티엔안먼(天安門)사태, 배신자 등이다. 이들 핵심 금지단어를 분류하면 섹스와 관련된 단어가 15%였고, 나머지 대부분은 정치와 관련된 단어로 나타났다.[27)]

또 하버드, 캠브리지, 토론토 대학의 공동 연구 프로젝트인 「오픈넷 이니셔티브」의 조사결과에 따르면, 중국 경찰은 인터넷 망을 연결하는 라우터에 접근이 금지된 웹사이트의 주소를 기억시켜 놓고 있어서 중국 내에서 이들 사이트에 접속하는 것이 근원적으로 차단되어 있다. 예를 들면 중국의 인터넷 사용자들은 BBC의 중국관련 뉴스를 볼 수 없다.[28)]

■ 중국정부, 인터넷 감시 목적으로 '온라인 뉴스 관리규정' 공표

중국의 인터넷 이용인구가 급증하면서 중국 당국이 인터넷을 더욱 감시하기 시작했다. 인터넷 상의 자유로운 정보유통을 그대로 둘 경우 체제유지가 힘들어질 것이라고 판단하기 때문이다.

중국 국무원 신문판공실과 신식사업부는 공동발표한 '온라인 뉴스 관리규정'을 통해 국가안보에 위험이 되거나 기밀 누설, 정권 전복, 통일 파괴, 국가 명예 · 이익 손상, 비합법적 집회 선동, 도박, 음란 등 11개 분야의 뉴스와 정보 유포 행위를 금지한다고 밝혔다. 이를 위반할 경우 5,000위엔(약 65만원)에서 최고 3만 위엔(약 390만원)의 벌금이 부과되며, 인터넷 사이트 폐쇄조치까지 취해질 수 있다('차이나 데일리' 보도).

신문판공실 대변인은 "시민들을 오도하는 불건전한 뉴스가 인터넷 상에 범람하고 있어서 단속을 강화하기로 했다고 결정했다"고 말했다. 새 법령은 웹사이트들이 '자기검열'을 하라는 것이나 다름없다. 온라인 포럼과 블로그, 무선 인터넷 업체들이 자신의 사이트에 올라오는 여러 정보에 대해 직접 책임을 지라는 얘기다. 야후나 마이크로소프트같은 글로벌 기업도 예외가 아니다. 주요 인터넷 서비스업체(ISP)와 컨텐츠 업체들은 자신의 웹사이트 내용을 감독하고 민감한 컨텐츠가 발견되면 즉시 삭제하는 임무를 지닌 사람들을 고용해야 한다. 또 필터링 소프트웨어를 통해 '파룬궁, 인권, 민주주의, 대만독립'등 민감한 주제의 게시물을 온라인에서 차단해야 한다.

중국 정부는 이에 앞서 인터넷 카페·포털 사이트 등 사이버 공간통제를 강화하기 위해 '인터넷 청소부(網絡靑道夫)'로 불리는 사이버 경찰 4,000명을 신규채용했다. 현재 중국에는 3만명이 넘는 사이버 경찰들이 e-메일과 메신저 · 토론방 · 카페 등 각종 인터넷 매체를 24시간 감시하고 있다. 또 2005년 3월부터는 정부 사이트는 물론 수십만 개의 개인과 상업용 사이트들에 대해 웹사이트 등록을 의무화했다. 2003년에는 반(反)정부 또는 음란성 내용을 다룬 1만 2,000개의 인터넷 카페를 폐쇄한 바 있다.[29)]

'샤오치앙' 차이나 디지털 타임스 수석에디터는 월스트리트 저널에 기고한 기사 'China Internet Censors Fight a Losing Battle'에서 "2000년 이후 중국 공안은 700개 시 지역에서 인터넷 전담부서를 세웠다. e-메일을 거꾸로 추적해 보낸 사람을 밝혀내기도 한다. 중국 언론인 시 타오가 해외 웹사이트에 중국의 새로운 인터넷 검열 소식을 전하자 중국 당국이 10년형에 처한 일도 있다"고 밝혔다.[30)]

■ 언론의 자유 : 국경 없는 기자회, 중국에 '인권침해 종목' 금메달 수여[31)]

프랑스 파리에 본부를 둔 국제 언론자유 감시단체 '국경 없는 기자회(RSF)'가 '인권침해 종목'에서 중국에 금메달을 수여했다.

RSF는 "중국은 언론인에게는 세계에서 가장 큰 감옥이다. 현재 기자 27명과 인터넷 이용자 60 여명이 '중국 정부와 견해를 달리한다'는 죄로 수감되어 있다"고 밝혔다.

이들 가운데 청이중이라는 기자는 사스(SARS : 중증급성호흡기 증후군) 의심사례와 경찰의 학생 고문사실을 보도했다는 이유로 재판도 없이 5개월 동안 수감되어 있으며, 동료 기자 2명은 같은 이유로 각각 6년, 8년형을 선고받았다고 RSF는 전했다.

RSF는 중국 정부가 최근 반정부적인 메시지 전송자를 색출하기 위해 휴대전화 문자 메시

지를 감시하기 시작한 점도 거론했다.

한편 중국정부는 2003년도에 사스 은폐사실을 폭로하고 2004년도에는 티엔안언(天安門) 사태 재평가를 요구한 장옌용(蔣彦永 · 72세)에게 여권 발급을 거부해 막사이사이 상을 수상하기 위해 필리핀으로 가는 것을 막았다고 막사이사이 상 재단이 밝혔다.

■ 중국, 미디어 시장 일부 개방[32)]

굳게 닫혀 있던 중국 미디어 시장의 빗장이 조금씩 열리고 있다. 최근 중국 당국은 외국계 신문의 중국 내 인쇄 출판을 허용하는 조치를 내렸다. 앞으로 '월스트리트 저널', '파이낸셜 타임즈', '르 몽드' 같은 세계 유수의 신문들이 중국 도시의 인쇄시설에서 인쇄될 수 있게 된 것이다. 그러나 중국 내에서 인쇄된 물량은 중국 내에서 자유롭게 유통될 수 없고 전량 중국 바깥으로 수출되어야 한다는 단서가 붙어 있기 때문에, 이번 조치는 여전히 한계를 지니고 있다.

중국이 세계 무역기구(WTO)에 가입할 때 자유무역을 제한하는 각종 규제 장벽을 철폐해야 한다는 의무를 지니게 되었지만, 미디어 시장만큼은 2006년 말까지 굳건히 장벽이 쳐져 있다.

2003년부터 중국 내 현지파트너와 제휴관계를 맺은 해외 미디어 기업들이 부분적으로 중국 시장에 진출해 잡지와 책 등을 중국 내에서 인쇄해 유통시키고 있지만, 해외 일간신문의 경우에는 자유로운 인쇄 및 유통 모두 엄격히 통제되고 있다. 중국 정부가 중국 사회질서 유지에 해악이 되는 각종 이데올로기가 무분별하게 유입되는 것을 막으려는 조치이다.

현재 해외 일간신문은 국영 출판물 수출입 공사(CNPIEC)가 독점적으로 수입해 호텔, 공항, 대학 시설 및 정부기관 등에만 선별적으로 유통시키고 있고, 개인들의 자유로운 구독신청은 원칙적으로 봉쇄되어 있다. 해외언론들이 중국의 일간신문 시장에 크게 관심을 갖고 있는 것은 중국 시장의 잠재력이 크다고 보기 때문이다. 발행부수를 기준으로 할 때 중국 신문시장은 현재 세계에서 가장 큰 규모를 갖고 있다.

2004년에 개최된 제57회 세계신문협회 연차총회에서 제출된 '2004년 세계 신문산업 추세' 보고서에 따르면, 하루에 발행되는 일간신문의 국가별 총 부수는 중국이 8,547만 부로 1위를 기록하고 있으며, 일본(7,034만부), 미국(5,519만부), 인도(3,141만부), 독일(2,257만부) 등을 크게 앞서고 있다. 발행되는 신문의 종류에서는 중국은 모두 1천여 종으로 미국의 1,500여종에 이어 세계 2위를 차지하고 있다.

신문시장의 성장률 면에서 본다면 1999년에서 2003년 사이에 미국, 일본, EU 등 주요 국가들의 신문시장이 정체되거나 다소 줄어든 것과는 반대로, 중국은 무려 35.7%가 증가했다. 또 해외 언론들이 중국의 인쇄시장의 개방만으로도 기대를 걸고 있는 것은 중국 내 인쇄 단가가 다른 지역에 비해 크게는 10분의 1수준밖에 안될 정도로 저렴하기 때문이다.

4-2 중화인민공화국 민법[33)]

중화인민공화국 민법은 민법통칙, 담보법, 계약법, 혼인법, 입양법, 상속법 등으로 구성되어 있다.

1. 민법통칙(民法通則)

민법통칙은 "공민, 법인(法人)의 합법적 민사 권익을 보장하고 민사 관계를 정확하게 조정하며 사회주의 현대화 건설사업 발전의 수요에 적응하기 위하여 헌법과 중국의 실제 상황에 근거하고 민사활동의 실천적 경험을 총괄하여 제정"(제1조)되었다.

민법통칙은 다음과 같은 총 156개 조문으로 구성되어 있다.

① 제1장 기본원칙
② 제2장 공민(자연인)
- 제1절 민사권리능력과 민사행위능력
- 제2절 감호(監護)
- 제3절 실종선고와 사망선고
- 제4절 개체(個体)상공업자와 농촌도급경영자
- 제5절 개인동업(同業)

③ 제3장 법인
- 제1절 일반규정
- 제2절 기업법인
- 제3절 기관, 사업조직과 사회단체법인
- 제4절 공동경영

④ 제4장 민사법률행위와 대리
- 제1절 민사법률행위
- 제2절 대리

⑤ 제5장 민사권리
- 제1절 재산소유권과 재산소유관련 재산권
- 제2절 채권
- 제3절 지식재산권
- 제4절 인신권(人身權)

⑥ 제6장 민사책임
- 제1절 일반규정
- 제2절 계약위반의 민사책임
- 제3절 권리책임의 민사책임
- 제4절 민사책임 보증의 방식

⑦ 제7장 소송시효
⑧ 제8장 섭외사법 관계의 법률 적용
⑨ 제9장 부칙

이들 중 중국에서의 기업경영자 혹은 사업자에게 필요한 중요 규정을 제시하면 다음과 같다.[34)]

(1) 공 민

1) 개체상공업자, 농촌도급경영자

제26조 공민이 법률이 허가하는 범위 내에서 법에 의하여 심사비준을 거쳐 등기하고 상공업 경영에 종사하는 경우에는 개체상공업자(個人商工業者)라 한다. 개체상공업자는 상호를 사용할 수 있다

제27조 농촌 집단경제 조직의 구성원이 법률이 허가하는 범위 내에서 도급계약(都給契約) 규정에 의거하여 상품경영에 종사하는 경우에는 농촌도급경영업자라 한다.

2) 개인동업(個人同業)

제30조 개인동업은 두 사람 이상의 공민이 협의에 따라 각자 자금, 실물, 기술 등을 제공하여 공동제공하고 공동으로 노동하는 것을 말한다.

제31조 동업자는 출자액수, 잉여분배, 채무분배, 동업가입(同業加入), 동업탈퇴, 동업종료 등의 사항에 대하여 서면 협의를 체결하여야 한다.

제32조 동업자가 투입한 재산은 동업자가 통일적으로 관리하고 사용한다. 동업경영에서 누적된 재산은 동업자가 공유한다.

제33조 개인동업자는 상호(商號)를 사용할 수 있으며, 법에 의거하여 심사비준을 거쳐 등기하고, 심사비준, 등기한 범위 내에서 경영활동을 할 수 있다.

제34조 개인동업의 경영활동은 동업자가 공동으로 결정하며 동업자는 집행과 감독의 권리가 있다.

제35조 동업으로 발생한 채무는 동업자가 출자에 비례하거나 협의한 약정에 따라 각자의 재산으로 청산 책임을 부담한다. 동업자는 동업으로 인한 채무에 대하여 연대 책임을 진다. 동업에 의한 채무에 대하여 자기가 부담해야 할 액수(額數)를 초과하여 상환한 동업자는 다른 동업자에게 구상(求償)할 권리가 있다.

(2) 법 인(法人)

1) 기업법인

제41조 중화인민공화국 영역 내에 설립된 중국과 외국의 합자경영기업(合資經營企業), 중국과 외국의 합작경영기업(合作經營企業)과 외자기업(外資企業)은 법인 조건을 구비하고 법에 의거하여 상공행정관리기관의 심사비준을 거쳐 등기하면 중국 법인 자격을 취득한다.

제44조 기업법인은 분리, 합병 또는 기타 중요한 변경이 있을 때에는 등기기관에 등기하고 공고하여야 한다.

제45조 기업법인은 아래에 열거하는 원인 중의 하나로 종료한다.

① 법에 의한 취소 ② 해산
③ 법에 의한 파산선고 ④ 기타원인

2) 기관, 사업조직과 사회단체법인

제50조 독립적 경비(經費)를 갖고 있는 기관은 설립일로부터 법인 자격을 가진다. 법인 조건을 구비한 사업조직, 사회단체는 법에 의하여 법인 등기를 할 필요가 없고 설립일로부터 법인 자격을 가진다. 법에 의하여 법인 등기를 할 필요가 있는 경우에는 심사비준을 거쳐 등기하여야 법인 자격을 취득한다.

3) 공동경영

제51조 기업 간 또는 기업과 사업조직 간의 공동경영이 새로운 경제실체를 조성(組成)하여 독립적으로 민사책임을 지는 경우에는 법인 조건을 구비하여 주관기관의 심사비준을 거쳐 등기하면 법인자격을 취득한다.

(3) 민사법률행위와 대리

제54조 민사법률행위는 공민 또는 법인이 민사권리와 민사의무를 설정, 변경, 종료하는 합법적 행위이다.

제63조 공민, 법인은 대리인을 통하여 민사 법률행위를 할 수 있다.

제64조 대리는 위탁대리, 법정(法定) 대리와 지정(指定) 대리를 포함한다.

(4) 민사권리

1) 재산소유권과 재산소유권 관련 재산권

제71조 재산소유권은 소유자가 법에 따라 자기 재산의 점유(占有), 사용, 수익 그리고 처분할 수 있는 권리를 가리킨다.

제75조 공민의 개인재산은 공민의 합법적 수입, 가옥, 저축, 생활용품, 문물, 도서자료, 목재, 가축 그리고 법률이 허가한 공민 소유의 생산원료 및 기타 합법적 재산을 포함한다.

공민의 합법적 재산은 법률의 보호를 받으며 어떠한 조직이나 개인도 침해, 점유, 사취, 파괴, 또는 불법 압류, 동결, 몰수함을 금지한다.

제76조 공민은 법에 의거하여 재산상속권을 갖는다.

제78조 재산은 2인 이상의 공민, 법인이 공유할 수 있다.

공유는 지분공유(持分共有)와 공동공유(共同共有)로 구분한다. 지분공유인은 각자의 지분에 따라 공유재산에 대한 권리를 가지며 의무를 분담한다. 공동공유인은 공유재산에 대해 권리를 갖고 의무를 부담한다. 지분공유재산의 주 공유인은 자기의 지분을 분할하여 주거나 양도할 것을 요구할 권리가 있다. 단, 매각할 때는 다른 공유인이 동등한 조건 하에서 우선 구매할 권리가 있다.

2) 채 권

제84조 채권채무는 계약의 약정 또는 법률의 규정에 의하여 당사자 사이에 발생하는 권리와 의무관계이다.

제85조 계약은 당사자 사이에 민사관계를 설정, 변경, 종료하는 협의이다. 법에 의거하여 성립된 계약은 법률의 보호를 받는다.

제88조 계약의 당사자는 계약의 약정에 따라 자기의 의무를 전부 이행하여야 한다.

제90조 합법적인 대차(貸借) 관계는 법률의 보호를 받는다.

3) 지식재산권

제94조 공민, 법인은 저작권을 가지며 법에 의거하여 서명(署名), 발표, 출판, 보수 취득 등의 권리를 갖는다.

제95조 공민, 법인이 법에 의거하여 취득한 특허권은 법률의 보호를 받는다.

제96조 법인, 개체상공인, 개인동업자가 법에 의거하여 취득한 상표전용권(商標專用權)은 법률의 보호를 받는다.

제97조 공민은 자기의 발견에 대하여 발견권(發見權)을 갖는다. 발견자는 발견 증서, 장려금 기타 장려를 신청하여 취득할 권리가 있다. 공민은 자기의 발명 또는 기타 과학적 성과에 대하여 명예 증서, 장려금 또는 기타 장려를 신청하여 취득할 권리가 있다.

4) 인신권(人身權)

제98조 공민은 생명건강권을 갖는다.

제99조 공민은 성명권(姓名權)을 갖는다.

법인, 개체 상공인, 개인동업자는 명칭권(名稱權)을 갖는다. 기업법인, 개체상공인, 개인동업자는 자기의 명칭을 사용하고 법에 의거하여 양도할 권리를 갖는다.

제100조 공민은 초상권(肖像權)을 갖는다. 본인의 동의를 거치지 않고 영리를 목적으로 하여 공민의 초상을 사용해서는 안 된다.

제101조 공민, 법인은 명예권(名譽權)을 갖는다. 공민의 인격적 존엄은 법률의 보호를 받으며, 모욕, 비방 등의 방식으로 공민, 법인의 명예에 손해를 끼치는 것을 금지한다.

제102조 공민, 법인은 영예권(榮譽權)을 갖는다. 불법적으로 공민, 법인의 영예 칭호를 박탈하는 것을 금지한다.

(5) 민사책임

1) 일반규정

제106조 공민, 법인이 계약을 위반하거나 기타 의무를 이행하지 않으면 민사책임을

부담하여야 한다. 공민, 법인이 과실(過失)로 국가·집단의 재산을 침해하거나, 타인의 재산·신체를 침해하면 민사책임을 부담하여야 한다.

제108조 채무는 반드시 청산하여야 한다.

2) 계약 위반의 민사책임

제111조 당사자 일방(一方)이 계약의무를 이행하지 않거나 계약의무의 이행이 약정조건에 부합하지 않으면 다른 일방은 이행이나 보완 조치를 취할 것을 요구할 권리가 있으며, 또 손실의 배상을 요구할 권리가 있다.

제112조 계약을 위반한 당사자 일방의 배상책임은 이로 인하여 다른 일방이 받은 손실에 상당하여야 한다. 당사자는 계약에서, 일방이 계약을 위반할 때 다른 일방에게서 일정금액의 위약금을 지불할 것을 약정할 수 있고, 또한 계약에서 계약위반으로 발생하는 손실배상액의 계산방법을 약정할 수도 있다.

3) 권리 침해의 민사책임

제117조 국가·집단의 재산 또는 타인의 재산을 침점(侵占)하면 반드시 재산을 반환하여야 하고 재산을 반환할 수 없으면 금전으로 환산하여 배상하여야 한다.

국가·집단의 재산 또는 타인의 재산을 손괴(損壞)하면 반드시 원상회복시키거나 금전으로 환산하여 배상하여야 한다.

제118조 공민, 법인의 저작권, 특허권, 상표전용권, 발견권, 발명권과 기타 과학기술성과권(成果權)이 표절, 왜곡, 위조 등의 침해를 받으면 침해 정지, 영향 제거, 손실 배상을 요구할 권리가 있다.

제120조 공민의 성명권, 초상권, 명예권, 영예권이 침해를 받으면 침해 정지, 명예 회복, 영향 제거, 사과 사죄를 요구하고 아울러 손실의 배상을 요구할 권리가 있다.

법인의 명칭권·명예권·영예권이 침해를 받는 경우에는 앞의 규정을 적용한다.

제122조 상품 품질(品質)의 불합격으로 타인의 재산·신체에 손해를 입히면 상품의 제조자, 판매자는 법에 의거하여 민사책임을 져야 한다.

운반자·보관자가 이에 대하여 부담해야 할 책임이 있으면 상품제조자, 판매자는 손실배상을 요구할 권리가 있다.

4) 민사책임 부담의 방식

제134조 민사책임을 부담하는 주요방식은 다음과 같다.

① 침해 정지
② 방해 제거
③ 위험 제거
④ 재산 반환
⑤ 원상회복
⑥ 수리, 개조, 교체
⑦ 손실 배상
⑧ 위약금 지불
⑨ 영향 제거, 명예 회복
⑩ 사과사죄

2. 담보법(擔保法)[35)]

담보법은 “자금융통과 상품유통을 촉진하고 채권의 실현을 보장하며 사회주의 시장경제를 발전시키기 위하여 제정”(제1조)되었다. 담보법은 다음과 같은 총 96개 조문으로 구성되어 있다.

① 제1장 총칙
② 제2장 보증
- 제1절 보증과 보증인
- 제2절 보증계약과 보증방식
- 제3절 보증책임

③ 제 3장 저당
- 제1절 저당과 저당물
- 제2절 저당계약과 저당물 등기
- 제3절 저당의 효력
- 제4절 저당권의 실현
- 제5절 저당최고액

④ 제4장 질권
- 제1절 동산질권
- 제2절 권리질권

⑤ 제5장 유치(留置)
⑥ 제6장 계약금
⑦ 제7장 부칙

이들 중 중국에서 기업경영자 혹은 투자자에게 필요한 몇 가지 중요규정을 제시하면 다음과 같다.

(1) 총 칙

제2조 임대, 매매, 화물운수, 도급가공(都給加工) 등의 경제활동에서 채권자가 담보방식으로 그의 채권실현을 보장할 필요가 있을 경우 이 법의 규정에 의하여 담보를 설정할 수 있다. 본 법 규정의 담보방식으로는 보증, 저당, 질권, 유치와 계약금으로 한다.

(2) 보 증

1) 보증과 보증인

제6조 본 법에서 말하는 보증은 보증인과 채권자의 약정으로 채무자가 채무를 이행하

지 않을 때 보증인이 약정에 따라 채무를 이행하거나 책임을 부담하는 행위를 가리킨다.

2) 보증계약과 보증방식

제13조 보증인과 채권자는 반드시 서면형식으로 보증계약을 체결해야 한다.

제16조 보증의 방식은 다음과 같다.

① 일반보증 ② 연대책임보증

3) 보증책임

제21조 보증이 담보하는 범위는 주채권(主債權) 및 이자, 위약금, 손해배상금과 채권실현비용을 포함한다.

제31조 보증인이 보증책임을 부담한 후에는 채무자에게 구상(求償)할 권리를 갖는다.

(3) 저 당(抵押)

1) 저당과 저당물

제33조 본 법에서 말하는 저당은 채무자 또는 제 3자가 저당으로 된 재산에 대하여 점유를 이전하지 아니하고 그 재산을 채권의 담보로 하는 것을 가리킨다.

채무자가 채무를 이행하지 아니할 때 채권자는 본 법 규정에 의거하여 그 재산을 돈으로 환산하거나 그 재산을 경매, 환금(換金)한 금액으로 우선보상을 받을 권리가 있다.

앞에서 규정한 채무자 또는 제 3자는 저당권설정자(抵押人)이고, 채권자는 저당권자(抵押權人)이며, 담보로 제공한 재산은 저당물(抵押物)이라 한다.

2) 저당계약과 저당물 등기

제38조 저당권설정자와 저당권자는 반드시 서면형식(書面形式)으로 저당계약을 체결해야 한다.

제41조 당사자가 (저당물을) 저당한 경우에는 반드시 저당물 등기를 하여야 하고 저당계약은 등기한 날로부터 효력을 발생한다.

3) 저당의 효력

제46조 저당담보의 범위(피담보채권의 범위)는 주채권(主債權) 및 이자·위약금·손해배상금과 저당권실행비용을 포함한다. 저당계약에 별도의 약정이 있으면 약정에 따른다.

4) 저당권의 실현

제53조 채무이행 기간이 만료되어도 저당권자가 청산받지 못하면 저당권설정자와 협의하여 저당물을 돈으로 환산하거나 그 저당물을 경매환금하여 얻은 금액으로 청산받을 수 있다. 협의가 이루어지지 아니하면 저당권자는 인민법원에 소송을 제기할 수 있다.

(4) 질 권(質權, 質押)

1) 동산질권

제63조 본 법에서 말하는 동산질권은 채무자 또는 제 3자가 그 동산(動産)을 채권자에게 점유를 이전하고 그 동산을 채권의 담보로 하는 것을 가리킨다. 채무자가 채무를 이행하지 아니할 때, 채권자는 본 법 규정에 의거하여 그 동산을 금액으로 환산하거나 그 동산을 경매, 환금한 금액으로 우선상환받을 권리가 있다. 앞에서 규정한 채무자 또는 제 3자는 질권설정자(出質人)라 하고, 채권자는 질권자(質權人)라 하며 이전된 물건을 질물(質物)이라고 한다.

제 64조 질권설정자와 질권자는 반드시 서면형식으로 질권계약을 체결하여야 한다.

2) 권리질권(權利質押)

제75조 아래에 열거한 권리는 질권설정할 수 있다.

① 환어음 · 수표 · 은행어음 · 채권(債券) · 예금증서 · 창고증권 · 선하증권

② 법에 의거하여 양도할 수 있는 주식(服份) · 증권(服票)

③ 법에 의거하여 양도할 수 있는 상표전용권, 특허권, 저작권 등의 재산권

④ 법에 의거하여 질권설정할 수 있는 기타권리

(5) 유 치(留置)

제82조 본 법에서 말하는 유치는 본 법 제 84조의 규정에 의거하여 채권자가 계약약정에 따라 채무자의 동산을 점유하고 채무자가 계약약정의 기한에 따른 채무를 이행하지 아니하면 채권자는 본 법 규정에 의거하여 해당재산을 유치하고 해당재산을 돈으로 환산하거나 해당재산을 경매 · 환금한 대금으로 우선상환받을 권리가 있음을 가리킨다.

제83조 유치담보의 범위는 주채권과 이자 · 위약금 · 손해배상금 · 유치물 보관비용과 유치권의 실현 비용을 포함한다.

제84조 보관계약 · 운수계약 · 가공도급계약으로 인하여 발생하는 채권의 경우 채무자가 채무를 이행하지 아니하면 채권자는 유치권을 갖는다.

(6) 계약금(定金)

제89조 당사자는 일방이 상대방에게 지불한 계약금을 채권의 담보로 할 것을 약정할 수 있다. 채무자가 채무를 이행한 후에는 계약금은 일단 대금(代金)으로 충당되거나 회수되어야 한다. 계약금을 지불한 일방이 약정한 채무를 이행하지 아니하면 계약금의 반환을 요구할 권리가 없다. 계약금을 받은 일방이 약정한 채무를 이행하지 아니하면 응당 계약금의 2배를 반환하여야 한다.

제90조 계약금은 반드시 서면형식으로 약정하여야 한다.

계약은 계약금을 실제 교부한 날로부터 효력을 발생한다.

제91조 계약금의 액수는 당사자가 약정한다. 다만 주계약목적 금액의 20%를 초과 할 수 없다.

현장 정보

■ 중국 '사유재산 보호법' 만들기 시작 : 물권법 심의 착수[36)]

2004년 3월 제10기 전국인민대표 2차 전체회의에서 사유재산 불가침을 명문화한 헌법수정안을 채택한 데 따른 후속조치로 중국이 사유재산 보호를 법률적으로 전면시행하기 위한 물권법(物權法)심의에 들어갔다.

제10기 전인대는 상무위원회 12차 전체회의를 열어 물권법, 기업파산법, 선거법 등 주요 법안을 심의했다. 물권법은 전인대 심사를 거친 후 제10기 전인대 제3차 회의에 상정될 예정이다.

물권법 초안은 자연인과 법인이 합법적으로 취득한 부동산과 동산에 대해 소유권을 가지며 국가는 개인의 저축 및 투자와 그에 따른 수익을 보호해야 한다고 규정하고 있다. 또 국가는 개인 재산의 상속권 및 기타 합법적인 권익을 보호해야 하며 국가 또는 개인소유의 부동산을 기업에 투자할 경우 출자자는 출자액에 따라 자산수익을 향유할 권리를 갖게 된다. 이와 함께 토지소유권과 학교, 병원 등 저당잡을 수 없는 6종의 공익 목적 사업시설을 규정하고 있다. 특히 건물을 지을 때는 이웃의 일조권을 침해해서는 안 된다고 규정했다. 또 잃어버린 물건을 받을 때 보관비를 지불해야 한다는 규정도 포함되어 있다.

중국경제일보는 "물권법은 사유재산을 전면적으로 보호하기 위한 것이다. 사회의 부(富)를 창조하는 모든 원천을 잘 흐르게 할 것이다"라고 평가했다. 한편 물권법이 시행되면 농민들이 부동산 개발업자나 공무원들과의 토지분쟁에서 더욱 강력한 발언권을 갖게 될 것으로 중국 언론들은 분석했다.

---

3. 계약법(合同法)[37)]

계약법은 "계약 당사자의 합법적 권익을 보호하고 사회경제 질서를 유지하며 사회주의 현대화 실현을 촉진하기 위하여 제정"(제1조)되었다. 계약법은 다음과 같은 총 428개 조문으로 구성되어 있다.

[제1편 총 칙]

① 제1장 일반규정	② 제2장 계약의 체결
③ 제3장 계약의 효력	④ 제4장 계약의 이행
⑤ 제5장 계약의 변경과 양도	⑥ 제6장 계약상 권리의무의 종료
⑦ 제7장 위약책임	⑧ 제8장 기타규정

[제2편 각 칙]

⑨ 제9장 매매계약　　⑩ 제10장 전기·물·가스·열에너지 공급사용계약
⑪ 제11장 증여계약　　⑫ 제12장 대출계약
⑬ 제13장 임대차계약　　⑭ 제14장 융자임대차계약
⑮ 제15장 도급계약　　⑯ 제16장 건설공사계약
⑰ 제17장 운송계약
- 제1절 일반규정　　• 제2절 여객운송계약
- 제3절 화물운송계약　　• 제4절 다(多)방식 연계 운송계약

⑱ 제18장 기술계약
- 제1절 일반규정　　• 제2절 기술개발계약
- 제3절 기술양도계약　　• 제4절 기술자문계약과 기술서비스계약

⑲ 제19장 보관계약　　⑳ 제20장 창고저장계약
㉑ 제21장 위탁계약　　㉒ 제22장 중간상계약
㉓ 제23장 중개계약

[제3편 부 칙]

이들 중 중국에서의 기업경영자 혹은 사업자에게 필요한 중요규정을 제시하면 다음과 같다.[38]

(1) 총 칙

1) 일반규정

제2조 본 법에서 말하는「계 약」이란 평등한 주체인 자연인·법인·기타 조직 사이에 설정·변경·종결되는 민사권리의무관계에 관한 협의를 말한다.

2) 계약의 체결

제9조 당사자가 계약을 체결하려면 반드시 상응하는 민사권리능력과 민사행위능력을 갖추고 있어야 한다. 당사자는 법에 의거하여 대리인에게 위탁하여 계약을 설정할 수 있다.

제10조 당사자의 계약체결에는 서면(書面)형식·구두(口頭)형식과 기타형식이 있다.

제12조 계약의 내용은 당사자들이 약정하되 일반적으로 아래의 조항을 포함한다.

① 당사자의 명칭 또는 성명과 주소　　② 목적
③ 수량　　④ 품질
⑤ 대금 또는 보수(報酬)　　⑥ 이행기간, 장소와 방식
⑦ 위약책임　　⑧ 분쟁 해결 방식

3) 계약의 효력

제44조 법에 의거하여 성립된 계약은 성립된 때로부터 효력을 발생한다.

법률 · 행정법규의 규정에서 비준 · 등기 등의 수속을 하여야 효력을 발생하도록 규정한 경우에는 그 규정에 의한다.

제45조 당사자는 계약의 효력에 대하여 조건을 붙여 약정할 수 있다. 효력발생조건이 붙은 계약은 그 조건이 성취된 때로부터 효력을 발생한다. 해제조건이 붙은 계약은 그 조건이 성취된 때로부터 효력을 상실한다. 당사자가 자신의 이익을 위하여 정당하지 않게 조건의 성취를 저지하면 조건이 이미 성취된 것으로 보고, 정당하지 않게 조건의 성취를 촉진시키면 조건이 성취되지 않은 것으로 본다.

제46조 당사자는 계약의 효력에 대하여 기한(期限)을 붙여 약정할 수 있다. 효력발생에 기한이 붙은 계약은 그 기한이 도래한 때부터 효력이 발생한다. 종지(終止, 종결, 종료)기한이 붙은 계약은 그 기한이 만료한 때부터 효력을 상실한다.

4) 계약의 이행

제60조 당사자는 약정에 따라 반드시 자기의 의무를 전부 이행해야 한다. 당사자는 반드시 성실 신용의 원칙을 준수하고 계약의 성질 · 목적과 거래 관습에 근거하여 통지 · 협조 · 비밀보장 등의 의무를 이행하여야 한다.

제61조 계약이 효력을 발생한 후 당사자는 품질 · 가격 또는 보수(報酬) · 이행장소 등의 내용에 관하여 약정이 없거나 혹은 약정이 명확하지 않으면 협의하여 보충할 수 있다. 보충협의에 이를 수 없는 경우에는 계약관련 조항 또는 거래관습에 의거하여 확정한다.

5) 계약의 변경과 양도

제77조 당사자의 협상이 일치하면 계약을 변경할 수 있다.

법률 · 행정법규에서 계약을 변경할 경우 비준 · 등기 등의 수속을 하도록 규정하였으며 그 규정에 의거하여야 한다.

제78조 채권자는 계약상 권리의 전부 혹은 부분을 제 3자에게 양도할 수 있다. 단 아래에 열거한 상황 중의 하나가 있으면 제외한다.

① 계약의 성질에 근거하여 양도할 수 없는 경우
② 당사자의 약정에 따라 양도할 수 없는 경우
③ 법률규정에 의거하여 양도할 수 없는 경우

6) 계약상 권리의무 종결

제91조 아래에 열거한 상황 중의 하나가 있으면, 계약상의 권리와 의무는 종료된다.

① 채무가 이미 약정에 따라 이행된 경우
② 계약해제
③ 채무의 상계(相計, 상호상쇄)
④ 채무자가 법에 의거하여 목적물을 공탁(供託, 提存)한 경우
⑤ 채권자의 채무 면제
⑥ 채권·채무가 1인(人)에게 귀속된 경우
⑦ 법률규정 혹은 당사자의 약정으로 종료되는 기타 상황

제 94조 아래에 열거한 상황 중의 하나가 있으면, 당사자는 계약을 해제할 수 있다.
① 불가항력으로 인하여 계약 목적의 실현이 불가능하게 된 경우
② 이행기간이 만료되기 전에 당사자 일방(一方)이 주요 채무의 불이행을 명확하게 표시하거나 자신의 행위로 주요 채무의 불이행을 표명한 경우
③ 당사자 일방이 주요 채무의 이행을 지연하고 최고(催告)를 거친 후에도 합리적 기한 내에 이행하지 아니한 경우
④ 당사자 일방이 채무 이행을 지연시키거나 혹은 기타 위약행위로 인하여 계약목적의 실현이 불가능하게 된 경우
⑤ 법률이 규정한 기타 상황

7) 위약책임

제107조 당사자 일방이 계약의무를 이행하지 않거나 혹은 계약의무 이행이 약정에 부합되지 않으면 반드시 책임을 지고 계속 이행하거나 보상구제 조치를 취하거나 혹은 손실배상을 하는 등 위약책임을 부담하여야 한다.

제108조 당사자 일방이 계약의무 불이행을 명확하게 표시하거나 혹은 자신의 행위로 계약의무 불이행을 표명하면, 상대방은 이행기간 만료 전에 위약책임을 부담할 것을 요구할 수 있다.

제109조 당사자 일방이 대금이나 보수를 지불하지 않으면, 상대방은 대금 또는 보수의 지불을 요구할 수 있다.

제112조 당사자 일방이 계약의무를 이행하지 아니하거나 혹은 계약의무 이행이 약정에 부합되지 아니한 경우, 의무를 이행한 후 혹은 보상구제 조치 실행 후에도 상대방에게 기타 손실이 있으면 반드시 손실을 배상해야 한다.

제113조 당사자 일방이 계약의무를 이행하지 아니하거나 혹은 계약의무 이행이 약정에 부합하지 아니하여 상대방에게 손실을 끼친 경우에는, 손실배상액은 반드시 위약으로 인하여 발생된 손실에 상당하여야 하고 계약 이행 후 획득할 수 있는 이익을 포함하여야

한다. 다만 손실배상액은 계약을 위반한 일방이 계약 체결시에 예상하였거나 혹은 당연히 예견하였어야 할 '계약위반으로 인하여 발생될 수 있는 손실'을 초과할 수 없다. 경영자가 소비자에게 제공한 상품 혹은 서비스에 사기행위가 있으면 〈중화인민공화국 소비자권익보호법〉의 규정에 의거하여 손해배상책임을 부담한다.

第114조 당사자는 일방이 위약했을 때 위약상황에 근거하여 상대방에게 일정 금액의 위약금을 반드시 지불할 것을 약정할 수 있고 또 위약으로 인하여 발생되는 손실배상액의 계산방법을 약정할 수도 있다. 약정한 위약금이 발생한 손실보다 적으면, 당사자는 인민법원 혹은 중재기구에 적당한 금액을 청구할 수 있다. 당사자가 약정 위약금의 이행을 지연하면, 위약한 측이 위약금을 지불한 후에도 또한 채무는 반드시 이행하여야 한다.[39]

(2) 각 칙(各則, 分則)

1) 매매계약(賣買合同)

第130조 매매계약은 매도인이 목적물의 소유권을 매수인에게 이전하고, 매수인은 대금을 지불하는 계약이다.

2) 전기 · 물 · 가스 · 열에너지 공급사용계약(供用·電·水·氣·熱力合同)

第177조 전기(電氣)의 공급사용계약은 전기 공급자가 전기사용자에게 전기를 공급하고 전기사용자는 전기 요금을 지불하는 계약이다.

第184조 물 · 가스 · 열에너지의 공급사용계약은 앞의 전기 공급사용계약의 관련 규정을 참조한다.

3) 증여계약(贈與合同)

第185조 증여계약은 증여자가 자신의 재산을 무상으로 수증인(受贈人)에게 주고 수증인은 증여를 받은 것을 표시하는 계약이다.

4) 대출계약(借款合同)

第196조 대출계약은 차입자가 대출자에게 돈을 빌리고, 기한이 되면 빌린 돈을 반환하고 이자를 지불하는 계약이다.

5) 임대차계약(租賃合同)

第212조 임대차계약은 임대인이 임대물을 임차인에게 교부하여 사용 · 수익하도록 하고, 임차인은 임차금을 지불하는 계약이다.

第213조 임대차계약의 내용은 임대물의 명칭 · 수량 · 용도 · 임대기한 · 임차금 및 그 지불기한과 방식 · 임대물의 유지 보수 등의 조항을 포함한다.

제214조 임대차 기한은 20년을 초과할 수 없다. 20년을 초과할 경우에는 초과 부분은 무효이다.

제215조 임대차 기한이 6개월 이상이면 반드시 서면형식으로 하여야 한다. 당사자가 서면형식으로 하지 아니하면 임대차 기한을 정하지 아니한 것으로 본다.

6) 융자 임대차계약(融資租賃合同)

제237조 융자 임대차계약은 임차인(承租人)이 선택한 매도인(出賣人)·임대물(租賃物)에 근거하여 임대인(出租人)이 매도인으로부터 임대물을 구매하여 임차인에게 사용하도록 제공하고, 임차인은 임차금(租金, 임차료)을 지불하는 계약이다.

제238조 융자 임대차계약의 내용은 임대물의 명칭·수량·규격·기술 성능·점검 방법·임대기한·임차금 구성 및 그 지불기한과 방식·화폐종류·임대기한 만료 시 임대물의 귀속 등의 조항을 포함한다.

융자 임대차계약은 반드시 서면형식으로 해야 한다.

제239조 임대인은 임차인이 선택한 매도인·임대물에 근거하여 매매계약을 체결하고, 매도인은 약정에 의거하여 임차인에게 목적물을 교부하여야 하며, 임차인은 수령한 목적물과 관련된 매수인(買受人)의 권리를 향유한다.

제250조 임대인과 임차인은 임대기간 만료시 임대물의 귀속을 약정할 수 있다.

임대물의 귀속에 대하여 약정이 없거나 약정이 명확하지 아니하고, 본 법의 제 61조에 의하여도 확정할 수 없으면, 임대물의 소유권은 임대인에게 귀속한다.

7) 도급계약(承攬合同, 승람합동)

제251조 도급(都給)계약은 도급자(承攬者, 승람자)가 주문자의 요구에 의거하여 작업(일)을 완성해서 작업의 성과를 교부하고, 주문자는 보수(報酬)를 급부하는 계약이다

도급은 가공·주문·수리·복제·측정·점검 등의 작업을 포함한다.

제212조 도급계약의 내용은 도급의 목적·수량·품질·보수·도급방식·재료의 제공·이행기한·검수(檢收)표준과 방법 등의 조항을 포함한다.

8) 건설공사계약(建設工事合同)

제269조 건설공사계약은 수급인(受給人, 承包人)[40] 이 건설공사를 하고, 도급인(都給人, 發包人)[41]은 대금을 지불하는 계약이다. 건설공사계약은 공정감찰, 설계, 시공(施工)계약을 포함한다.

제270조 건설공사계약은 반드시 서면형식으로 해야 한다.

9) 운송계약(運輸合同)

제288조 운송계약은 운송자가 여객 또는 화물을 운송지점으로부터 약정지점까지 운송하고, 여객·탁송인 또는 수화인(收貨人)이 요금 또는 운송비용을 지불하는 계약이다.

10) 기술계약(技術合同)

① 일반규정

제322조 기술계약은 당사자가 기술개발, 양도, 자문 또는 서비스에 대하여 체결한 상호 간의 권리와 의무를 확립하는 계약이다.

제324조 기술계약의 내용은 당사자가 약정하고 일반적으로 아래 조항을 포함한다.

- 항목, 명칭
- 목적의 내용·범위와 요구
- 이행의 계획, 진도, 기한, 지점, 지역과 방식
- 기술정보와 자료의 비밀보장
- 위험 책임의 부담
- 기술성과의 귀속과 수익의 배분방법
- 검수 표준과 방법
- 대금, 보수 또는 사용비용 및 그 지불방법
- 위약금 또는 손실배상의 계산방법
- 분쟁 해결의 방법
- 명사와 술어의 해석

② 기술개발계약

제330조 기술개발계약은 당사자 사이에 신기술, 신상품, 신공예 혹은 신제조 및 그것의 체계적인 연구 개발에 대하여 체결하는 계약을 가리킨다.

기술개발계약은 위탁개발계약과 합작개발계약을 포함한다. 기술개발계약은 반드시 서면형식으로 하여야 한다.

제331조 위탁개발계약의 위탁인은 약정에 따라 연구개발 경비와 보수를 지불하고 기술자료, 기본 자료를 제공하며 협의한 사항을 완성하고 연구개발성과를 받아들여야 한다.

제332조 위탁개발계약의 연구개발자는 반드시 약정에 의거하여 연구개발계획을 수립하고 실행하며, 연구개발 경비를 합리적으로 사용하고, 기한에 맞춰 연구개발 업무를 완성하여 연구개발 성과를 교부하고, 관련 기술 자료와 필요한 기술 지도를 제공하고, 위탁인이 연구개발 성과를 파악하는 것을 도와주어야 한다.

제335조 합작개발계약의 당사자는 약정에 의거하여 투자를 진행시켜야 하는데 이러한 투자에는 기술로서 투자하는 것을 포함하여, 연구개발 업무에 분담하여 참여하고 연구개발업무에 협력하는 것이 포함된다.

③ 기술양도계약

제342조 기술양도계약은 특허권 양도, 특허 신청권 양도, 기술비밀 양도, 특허 사용허가 계획을 포함한다. 기술양도계약은 반드시 서면형식으로 하여야 한다.

④ 기술자문계약과 기술서비스계약

제356조 기술자문계약은 특정 기술 항목에 대해 실행가능성의 논증(論證), 기술예측, 전문적인 주제에 대한 기술조사, 분석평가보고 등을 제공하고 계약을 포함한다.

기술서비스계약은 당사자 일방이 기술지식으로 다른 일방의 특정 기술 문제를 해결하기 위해 체결하는 계약을 가리키며, 건설공사계약과 도급계약을 포함하지 아니한다.

11) 보관계약(保管合同)

제365조 보관계약은 보관인이 보관위탁인이 교부한 보관물을 보관하고 또 그 물품을 반환하는 계약이다.

12) 창고저장계약

제381조 창고저장계약은 보관인이 화물기탁자가 교부한 창고저장물을 저장보관하고 화물기탁자는 창고저장비를 지불하는 계약이다.

13) 위탁계약(委託合同)

제396조 위탁계약은 위탁인과 수탁인의 약정으로 수탁인(受託人)이 위탁인(委託人)의 사무를 처리하는 계약이다.

14) 중간상 계약(行紀合同)

제414조 중간상(中間商) 계약은 중간 상인이 자신의 명의(名義)로 위탁인을 위하여 무역활동에 종사하고 위탁인은 보수를 지불하는 계약이다.

15) 중개계약(居間合同)

제424조 중개계약은 중개인이 위탁자에게 계약체결의 기회를 보고하거나 계약체결의 매개서비스를 제공하고, 위탁인은 보수를 지불하는 계약이다.

4. 혼인법(婚姻法)[42)]

혼인법은 "혼인 가정관계의 기본준칙을 정하기 위하여 제정"(제1조)되었다. 혼인법은 다음과 같은 총 51개 조문으로 구성되어 있다.

- 제1장 총칙
- 제2장 결혼
- 제3장 가정관계
- 제4장 이혼
- 제5장 구조와 법률책임
- 제6장 부칙

현장 정보

■ 결혼증명서

중국에서는 2004년 정부가 새로운 결혼증명서(結婚證, 지에 훈 쩡)를 발급하였다. '결혼증'은 부부에게 있어서 매우 중요하며 여러 가지 용도로 사용된다. 예를 들면 여행지에서 호텔에 투숙하려 할 때 결혼증을 제시해야만 묵을 수 있다. 만약 부부가 이혼하려고 할 때에도 반드시 결혼증이 있어야 이혼 수속을 밟을 수 있다.

■ 중국 1년에 1천만 쌍 결혼, 161만 쌍 이혼

중국 정부는 중국에서 2004년 중 1천만 쌍이 결혼했으며 결혼비용만 2,500억 위엔(약 32조원)에 달했다고 밝혔다.

정부는 또 이들 신혼부부들이 대부분 부모로부터 재정적인 도움을 받아 비용을 충당했으며, 결혼 비용 중 가장 큰 비중을 차지한 것은 결혼반지와 목걸이 등 각종 패물과 기념 촬영 등으로 조사됐다. 일부 부유층은 결혼 비용으로 100만 위엔(약 1억 3천만원) 이상을 쓰기도 했다.

한편 2004년 중 이혼한 부부도 161만 쌍에 달했다.[43] 중국사회과학원은 중국 전체의 이혼율이 한국과 일본은 제치고 싱가포르와 함께 아시아 최상위권에 속해 있다는 보고서를 발표했다. 또 베이징에서는 하루 평균 200쌍이 결혼하고 100쌍이 이혼하고 있다고 현지 언론들이 전했다. 이 보고서는 2002년의 경우 베이징에서 7만 6,130쌍이 결혼하고 3만 8,750쌍이 이혼해 전국 최고인 50.9%의 이혼율을 기록했다고 밝혔다. 탕친 연구원은 보고서에서 이혼율은 대졸 이상 고학력자와 저학력자가 높고 도시가 농촌보다 58%나 높은 것으로 분석했다.[44]

■ 국제결혼 : 한국 남자 · 중국 여자, 한국 여자 · 일본 남자 결혼 많아[45]

국회 보건 복지위의 국감 질의 자료에 따르면 한국 남성은 조선족을 포함한 중국 여성과, 한국 여성은 일본 남성과의 국제결혼이 가장 빈번한 것으로 나타났다.

이를 구체적으로 보면, 한국 남성의 경우는 중국 여성과의 결혼이 가장 많아 2003년도의 경우 1만 3,373건으로 압도적이었고, 베트남(1,403건), 일본(1,242건), 필리핀(944건), 태국(346건), 미국(323건), 몽골(318건), 러시아(297건) 등이 그 뒤를 이었다. 한국 여성의 경우는 일본 남성과의 결혼이 2,613건으로 가장 많았고 그 뒤를 이어 미국(1,237건), 중국(1,119건), 캐나다(223건), 파키스탄(130건), 호주(108건), 독일(93건), 프랑스(78건) 순이었다.

한국 남성들의 국제결혼 상대는 주로 동남아 여성들인 반면, 한국 여성은 서양 남성과의 결혼이 상대적으로 많이 성사된 것이다. 국제결혼은 2000년 1만 2,319건, 2001년 1만 5,234건, 2002년 1만 5,913건, 2003년 2만 5,658건으로 최근 3년 간 연평균 22.8% 증가했다.

■ 중국 부부들 "결혼은 지옥"[46]

홍콩의 사우스차이나 모닝포스트는 중국 부부들은 결혼을 지옥처럼 생각하고 있으며, 결혼 생활이 지속될 것으로 자신하는 부부는 절반에도 못 미쳤다고 전했다.

왕싱(王星) 사회조사 연구원은 "이번 조사에서 전체 대상자의 34%는 결혼 생활이 지속될 것으로 자신하기 어렵다고 대답했으며, 아예 자신할 수 없다고 대답한 사람도 10%에 달했다. 또 전체 대상자들의 10분의 1은 결혼 생활이 '소름 끼친다'고 대답했으며 이들의 대부분은 남자들이다. 또 전체의 10분의 2는 배우자의 정절을 의심하고 있었는데, 특히 남성 위주의 사회상을 반영해 여자들이 남편의 정절을 의심했다"고 설명했다.

한편 "일반적으로 여자가 남자에 비해 결혼에 대한 만족도가 높았지만, 30～45세 여성들은 남편보다 아이들 때문에 산다고 대답해 불안한 결혼 생활을 반영했다"고 말했다.

그는 이와 함께 "결혼 생활을 자신하지 못하는 사람들의 64%는 대졸 출신인 것으로 드러나 교육 수준이 높을수록 결혼 생활을 확신하지 않고 있었으며, 특히 최근 친자확인 혈액검사가 급증하는 가운데 남자 10명 중 1명은 자식이 자기 자식인지 여부를 확신하지 못하고 있었다"고 지적했다.

■ 중국, 이혼 급증 : '이혼회사' 등장

중국에서 이혼이 급증하고 있으며, 샹하이에는 이른바 '이혼회사'까지 등장하여 이혼 관련 법률 자문을 해 주고 있다. 「신민만보(新民晩報)」는 2005년 9월 9일, "샹하이에서는 2004년도에 매일 75건씩 모두 2만 7,000여 부부가 합의이혼을 했는데, 이는 전년도에 비해 39% 증가한 것으로 이렇게 이혼율이 증가함에 따라 이혼회사가 생겨나 성업 중"이라고 보도했다.

이혼회사인 '샹하이 웨이칭 자문 회사'는 회사 크기가 불과 30평방미터(약 10평) 규모이지만 매일 30～40건의 이혼 문의 전화와 자문 요청 등이 들어오고 있다고 신민만보는 전했다. 이 회사는 문 입구에 이혼과 관련된 각종 가격표를 제시하고 있는데, '결혼 품질 분석'과 '이혼법 자문'은 시간당 200～300위엔(한화 : 약 25,000～37,000원), '재산 분할 자문'은 시간당 최고가격이 800위엔, 또'혼외정사 조사와 증거 확보'는 하루 3,000위엔을 받는다고 적고 있다.

■ 중국의 독신자 [47)]

인구 통계에 따르면, 결혼 적령기를 넘기고도 혼자 사는 중국의 '독신자'는 1982년 174만 가구에서 1990년 800여만 가구로 급증했으며, 베이징의 독신남녀는 1990년 20여만 명에서 2004년에는 100만 명을 넘어섰다. 샹하이의 한 인구정보 연구소의 통계를 보면, 혼인신고 건수가 1980년 18만 쌍에서 1990년 12만 쌍으로 줄었고, 1997년에는 10만 쌍에 불과했다.

해가 갈수록 결혼 적령기에 도달한 남녀 수가 늘어나고 있지만 가정을 이루는 사람은 점차 줄어들고 있고, 특히 이들 중 독신 여성의 비율이 현저히 늘어나고 있다고 연구소는 전했다.

사회학자들은 이런 현상이 도시의 화이트 컬러 여성들의 인식변화에 따른 것이라면서, 결혼해서 자녀를 낳고 성공을 뒷바라지하는 전통적인 인생관에 얽매이지 않은 여성들이 점차 많아지고 있는데다, 여성들의 독립의지가 강해져 더 이상 남성에 의지하지 있고도 살 수 있게 된 것도 또다른 이유라고 설명했다.

한편 자신보다 학력이 높고 벌이가 좋은 여성을 배우자로 맞기를 꺼리는 남성들의 심리도 도시 여성들의 '독신족화(化)'를 부채질하고 있다는 것이다.

5. 입양법(入養法)[48)]

입양법은 "합법적 입양 관계를 보호하고 입양 관계 당사자의 권리를 유지하고 보호하기 위하여 제정"(제1조)되었다.

입양법은 다음과 같은 총 32개 조문으로 구성되어 있다.

① 제1장 총칙　② 제2장 입양 관계의 성립
③ 제3장 입양의 효력　④ 제4장 입양 관계의 해제
⑤ 제5장 법률 책임　⑥ 제6장 부칙

6. 상속법(相續法)[49)]

상속법은 "공민의 사유재산의 상속권을 보호하기 위하여 제정"(제1조)되었다. 상속법은 다음과 같은 총 37개 조문으로 구성되어 있다.

① 제1장 총칙　② 제2장 법정(法定) 상속
③ 제3장 유언 상속과 유증　④ 제4장 유산의 처리
⑤ 제5장 부칙

4-3 중화인민공화국 형법(刑法)[50)]

형법은 범죄와 형벌을 규정한 법률 규범, 즉 어떠한 행위가 범죄에 해당하며 또 그 행위에 대한 법률적 효과로서 어떠한 형벌이 가해지는가를 규정한 법률이다.[51)]

형법은 제1편 총칙(제1조～제101조), 제2편 각칙(제102조～제451조) 및 제3편 부칙(제452조)으로 구성되어 있다.

1. 총 칙

총칙의 구성은 다음과 같다.

① 제1장 형법의 임무, 기본원칙과 적용범위

② 제2장 범죄

- 제1절 범죄와 형사책임　• 제2절 범죄의 예비, 미수와 중지
- 제3절 공동범죄　• 제4절 단위범죄(單位犯罪)

③ 제3장 형벌

- 제1절 형벌의 종류
- 제2절 관제
- 제3절 구역
- 제4절 유기 징역과 무기 징역
- 제5절 사형
- 제6절 벌금
- 제7절 정치권리 박탈
- 제8절 재산몰수

④ 제4장 형벌의 구체적인 적용

- 제1절 양형(量刑)
- 제2절 누범
- 제3절 자수와 입공(入功)
- 제4절 범죄의 경합
- 제5절 집행유예
- 제6절 감형
- 제7절 가석방
- 제8절 시효

⑤ 제5장 기타 규정

이들 중 기업경영자, 투자자, 그리고 일반인들이 알고 있어야 할 중요한 기본적 조문을 살펴보면 다음과 같다.

(1) 제1장 형법의 임무, 기본원칙 및 적용범위

① **제1조(형법의 목적)** : 범죄를 징벌하고 인민을 보호하기 위하여, 헌법에 근거하고 중국과 함께 투쟁한 구체적 경험과 실제 정황을 결합하여 본 법을 제정한다.

② **제6조(형법의 지역적 효력, 즉 속지(屬地) 관할권)**

- 중화인민공화국 영역 내에서의 모든 범죄에 대해서는 법률에 특별한 규정이 있는 경우를 제외하고는 본 법을 적용한다.
- 중화인민공화국의 선박 혹은 항공기 내에서의 모든 범죄에 대해서는 본 법을 적용한다.

③ **제7조(중화인민공화국 공민에 대한 효력)** : 중화인민공화국 공민이 중화인민공화국 영역 밖에서 죄를 범한 경우는 본 법을 적용한다. 단, 본 법 규정에 따른 최고형이 3년 이하의 유기징역(有期徵役)일 경우에는 형사처벌을 추궁하지 아니한다. 그러나 중화인민공화국의 국가 공무원과 군인이 중화인민공화국 영역 밖에서 본 법에 규정된 죄를 범하였을 때에는 본 법을 적용한다.

④ **제8조(외국인에 대한 효력)** : 외국인이 중화인민공화국 영역에서 중국 혹은 중국 공민에 대하여 범한 범죄로서 본 법이 규정한 최저형이 3년 이상의 범죄인 경우에는 본 법을 적용할 수 있다. 단, 범죄행위지(犯罪地)의 법률에 의하여 처벌받지 않는 것은 제외한다.

⑤ **제9조(국제 범죄에 대한 형사 공조)** : 중화인민공화국이 체결하거나 참가한 국제

조약이 규정한 범죄는 중화인민공화국이 책임지는 의무의 범위 내에서 형사관할권을 행사하고 본 법을 적용한다.

(2) 제2장 범죄

제2장에서는 범죄와 형사책임, 범죄의 예비, 미수와 중지, 공동범죄 및 단위(조직, 기관, 회사 따위)범죄를 규정하고 있다.

1) 제1절 범죄와 형사책임

① 第13조(범죄의 개념) : 국가의 주권과 영토의 보전과 안전을 침해하고, 국가를 분열시키고, 인민민주전제(專制)의 정권을 전복시키고, 사회질서와 경제질서를 파괴하고, 국유재산 또는 노동군중집체소유의 재산을 침범하고, 공민 개인의 소유재산을 침범하고, 공민의 인신권리, 민주권리 및 기타의 권리를 침범하고, 기타 사회에 위해(危害, 위험)되는 행위로서, 법률에 의하여 당연히 형벌의 처벌을 받는 것은 모두 범죄이다. 단 그 정황이 현저히 경미해서 그 위해(위험성)가 크지 않은 것은 범죄로 인정하지 않는다.

② 第14조(고의범죄) : 행위자가 자신의 행위가 위험한 사회적 결과를 발생시킨다는 것을 명확히 인식하고 또한 이러한 결과 발생을 희망하거나 방임하는 것은 범죄를 구성하며, 이것을 고의범죄라 한다. 고의범죄는 당연히 형사책임을 부담한다.

③ 第15조(과실범죄) : 자신의 행위가 위험한 사회적 결과를 발생시킬 수 있다는 것을 당연히 예견해야 함에도 불구하고 이를 소홀히 하고 부주의함으로써 예견하지 못하였거나, 혹은 이러한 결과의 발생을 예견하였으나 이를 피할 수 있다고 경솔히 판단함으로써 이러한 결과가 발생하기에 이른 것을 과실(過失)범죄라고 한다. 과실범죄는 법률에 규정이 있을 때에만 형사책임을 부담한다.

④ 第17조(형사책임 능력)

- 만 16세 이상의 사람이 죄를 범하였을 때는 당연히 형사책임을 진다.
- 만 14세 이상 만 16세에 달하지 않은 사람으로서 고의로 살인한 경우, 고의로 사람을 다치게 하여 중상(重傷)을 입히거나 사망하게 한 경우, 또는 강간, 마약 밀매, 방화, 폭파, 독약을 투여하는 경우는 당연히 형사책임을 진다.

⑤ 第20조(정당방위)

- 국가, 공공이익, 본인 또는 타인의 인신(人身), 재산 및 기타 권리에 대한 현재 진행되고 있는 불법적인 침해 행위를 제지하기 위하여 불법 침해자에 대하여 손해를 발생시키는 행위를 정당방위라 하며 형사책임을 지지 않는다.

- 정당방위가 필요한 한도를 초과하여 중대한 손해를 발생시킨 경우에는, 당연히 형사책임을 져야 하지만 감경(減輕) 혹은 처벌을 면제한다.
- 현재 진행 중에 있는 흉포한 행위, 살인, 강도, 강간, 납치, 기타 인신(人身) 안전에 대한 중대한 폭력 행위에 대하여 취한 방위행위자가 불법 침해자에게 사상(死傷)의 결과를 발생시키더라도 과잉방위(防衛過當)에 속하지 않으며 형사책임을 지지 않는다.

⑥ 제21조(긴급피난)

- 국가, 공공이익, 본인 또는 타인의 인신, 재산 및 기타 권리에 대한 현재 진행되고 있는 위험을 피하기 위하여 부득이 취하는 행위를 긴급피난(緊急避難)이라고 하며 발생한 손해에 대하여 형사책임을 지지 않는다.
- 긴급피난이 필요한 한도를 초과하여 손해를 발생시킨 경우에는 당연히 형사책임을 져야 하지만 감경 혹은 처벌을 면제한다.

2) 제2절 범죄의 예비, 미수(未遂)와 중지(中止)

① 제22조(범죄의 예비)

- 행위자가 범죄를 행하기 위하여 도구를 준비하고 조건을 조성하는 것을 범죄예비(犯罪豫備)라 한다.
- 예비범에 대해서는 기수범(旣遂犯)에 비해 가볍게 처벌하거나, 감경처벌 혹은 처벌을 면제한다.

② 제23조(범죄의 미수)

- 행위자가 범죄의 실행에 이미 착수하였으나, 행위자(犯罪分子)가 자신의 의지(意志) 이외의 원인으로 범죄가 완성되지 못하는 것은 범죄미수자라고 한다.
- 미수범에 대해서는 기수범에 비해 가볍게 처벌하거나 감경처벌할 수 있다.

③ 제24조(범죄의 중지)

- 범죄의 과정 중에 있는 자가 스스로 범죄를 포기하거나 스스로 유효하게 범죄 결과의 발생을 방지하는 것을 범죄중지라 한다.
- 중지범(中止犯)에 대해서는 손해(피해)를 발생시키지 않았다면 당연히 처벌을 면제하고, 발생시킨 손해에 대해서는 당연히 감경처벌한다.

3) 제3절 공동범죄(공범)

① 제25조(공범의 개념)

- 공동범죄란 2인 이상이 공동으로 실행한 고의범죄를 말한다.
- 2인 이상이 공동으로 실행한 과실범죄는 공동범죄로 처리하지 않으며, 그 형사책

임을 져야 할 자는 각자가 범한 죄에 따라 각기 처벌한다.

② 제26조(주범, 범죄집단)

- 범죄집단을 조직하고 영도하여 범죄활동을 진행하거나 혹은 공동범죄에 있어서 주요한 역할을 하는 자를 주범(主犯)이라 한다.
- 3인 이상이 범죄를 공동으로 실행하기 위하여 조성한 비교적 고정적인 범죄조직을 범죄집단이라 한다.
- 범죄집단을 조직하고 영도한 수괴(首要分子)는 집단이 범한 모든 범죄에 대하여 처벌을 받는다. 여기에서 규정한 이외의 주범은 각기 참여 혹은 조직하고 지휘한 모든 범죄에 대하여 처벌을 받는다.

④ 제27조(종범(從犯))

- 공동범죄에서 부차적인 또는 보조적인 역할을 한 자를 종범이라고 한다.
- 종범에 대해서는 반드시 (주범에 비하여) 가볍게 처벌하거나 처벌을 감경 혹은 처벌을 면제한다.

⑤ 제28조(협종범(脅從範))

협박에 의하여 범죄에 참가한 자를 협종범이라 한다. 협종범에 대하여는 그의 범죄 상황을 고려하여 반드시 처벌을 감경하거나 처벌을 면제하여야 한다.

⑥ 제29조(교사범(敎唆犯))

- 타인을 교사하여 범죄를 실행하도록 한 자를 교사범이라 한다. 교사범에 대하여서는 공동범죄 과정에서 행한 역할에 따라 처벌한다.
- 만일 피교사자가 교사 받은 죄를 범하지 않았다면 교사범에 대하여는 가볍게 처벌하거나 처벌을 감경한다.

(3) 제3장 형벌

1) 제1절 형벌의 종류

① 제32조(주형과 부가형) : 형벌은 주형(主刑)과 부가형(附加刑)으로 나누어진다.

② 제33조(주형의 종류) : 주형의 종류는 아래와 같다

- 관제(管制)
- 구역(拘役)
- 유기징역(有期徒刑)
- 무기징역(無期徒刑)
- 사형(死刑)

③ 제34조(부가형의 종류) : 부가형의 종류는 아래와 같다.

- 벌금
- 정치권리 박탈
- 재산몰수

④ 제35조(외국인의 해외 추방) : 죄를 범한 외국인에 대하여는 해외 추방을 독립적으로 적용하거나 혹은 부가 적용한다.

2) 제2절 관제(管制)

관제는 인민법원에서 판결한 후 범죄자를 구금하지는 않지만 일정한 자유를 제한하고, 공안기관에 넘겨 단속하고, 군중의 감독 하에 범죄자를 개조하는 형벌 방법이다.[52)]

① 제38조(관제범의 형기) : 관제의 형기(刑期)는 3개월 이상 2년 이하로 하며 공안기관이 집행한다.

② 제39조(관제범의 의무와 보수) : 관제범(관제 판결을 받은 자)은 집행기간(관제기간) 중에는 반드시 법률과 행정법규를 준수하고, 감독에 복종하고, 집행기관의 규정에 따라 자기의 활동 상황을 보고해야 한다. 관제범이 자신이 거주하는 시(市)나 현(懸)을 떠나거나 이사를 할 때에는 반드시 집행기관의 비준을 거쳐야 한다. 관제범이 관제 기간 중 참가한 노동에 대해서는 마땅히 노동에 따른 보수를 받는다.

3) 제3절 구역(拘役)

구역은 범죄자의 인신자유(신체자유)를 단기간 박탈하고 강제 노동을 통하여 개조하는 형벌이며, 공안기관이 가까운 곳에서 집행하는 형벌 방법이다. 구역은 주로 죄행(罪行)이 가볍고 짧은 기간 구금하여야 할 범죄자에게 적용한다.[53)]

① 제42조(구역의 형기) : 구역의 형기는 1개월 이상 6개월 이하로 한다.

② 제43조(구역의 집행) : 구역 판결을 받은 범죄자는 공안기관이 가까운 곳에서 집행한다. 구역 판결을 받은 범죄자는 매월 1일 내지 2일간 집으로 돌아갈 수 있으며, 노동에 참가하였을 경우에는 적당한 보수를 받는다.

4) 제4절 유기징역(有期徒刑)과 무기징역(無期徒刑)

유기징역은 일정한 기한 내에 범죄자의 신체의 자유를 박탈하고 감옥 또는 기타 노동개조장소에서 강제 노동을 실시하는 형벌로서, 중국 형벌이 규정한 각종 형벌 중에 가장 광범위하게 적용되는 형벌의 종류이다.[54)]

무기징역은 범죄자의 자유를 종신(終身)토록 박탈하고 감옥 또는 기타 노동개조 장소에서 교육 개조와 강제노동을 집행하는 형벌로서 사형 다음으로 무거운 형벌의 종류이다.[55)]

① 제45조(유기징역의 형기) : 유기징역의 형기는 6개월 이상 15년 이하이다.

② 제46조(집행장소와 노동) : 재판에서 유기징역 혹은 무기징역의 처분을 받은 자는 감옥 혹은 기타 집행장소에서 집행한다. 노동능력이 있는 자는 마땅히 노동에 참가해야 하고, 교육과 개조를 받는다.

5) 제5절 사형(死刑)

사형은 범죄자의 생명을 박탈하는 생명형(生命形)으로서, 가장 무거운 형벌의 종류이다.[56)]

① **제48조(사형의 대상 및 집행유예 사형)** : 사형은 범죄행위가 추악한 범죄자에 대하여만 적용한다. 재판에서 사형판결을 받은 범죄자에 대해서도 만일 사형을 즉시 집행할 필요가 없는 범죄자의 경우에는, 재판에서 사형에 처함과 동시에 2년간의 집행유예를 선고할 수 있다.

② **제49조(사형의 부적용 대상)** : 범죄 실행 당시 범죄자가 18세 미만의 미성년자일 경우 또는 재판 당시 범죄자가 이미 임신한 부녀에게는 사형을 적용하지 아니한다.

③ **제50조(집행유예 사형)** : 집행유예 사형 판결을 받은 범죄자가 집행유예 사형 기간 내에 고의범죄를 범하지 않았을 경우에는 2년의 집행유예 기간을 만료한 이후 무기징역으로 감형된다.

만일 그 범죄가 중대한 공적을 세운 것이 확실한 경우에는 15년 이상 20년 이하의 유기징역으로 감형된다. 그러나 집행유예 범죄자가 고의범죄를 범하고 조사 결과 사실로 증명된 경우에는 최고 인민법원의 비준을 얻어 사형을 집행한다.

6) 제6절 벌금

① **제52조(벌금 액수의 결정)** : 벌금의 판결을 할 때에는 반드시 범죄 정황에 근거하여 벌금 액수를 결정해야 한다.

② **제53조(벌금의 납부방법)** : 벌금은 판결이 지정한 기간 내에 한번(一次) 혹은 분기(分期)로 납부하여야 한다. 기간 내에 납부하지 않은 때에는 강제 납부하도록 한다. 벌금을 전부 납부할 수 없는 경우에는 인민법원은 피집행인의 재산을 발견할 때마다 수시로 추징해야 한다. 만일 불가항력으로 인하여 벌금의 납부가 확실히 곤란할 경우에는 정상을 참작하여 벌금을 감소하거나 면제할 수 있다.

7) 제7절 정치권리 박탈

정치적 권리를 박탈하는 것은 범죄자가 국가 관리와 정치 활동에 참가하는 것을 배제하는 형벌이다.[57)]

① **제54조(정치권리의 박탈 내용)** : 정치권리 박탈은 아래에 열거한 권리를 박탈하는 것이다.

- 선거권과 피선거권
- 언론, 출판, 집회, 결사, 행진, 시위 자유의 권리
- 국가기관의 직무를 담당할 권리
- 국유회사, 기업, 사업 단위와 인민단체의 지도적 직무를 담당할 권리

8) 제8절 재산 몰수

- 제59조(재산 몰수의 개념) : 재산몰수는 범죄자 개인이 소유하는 재산의 일부 혹은 전부를 몰수하는 형벌 방법이다. 재산 전부를 몰수하는 경우에는 범죄자 개인 소유의 재산에 한하며, 범죄자의 가족을 부양하는 필요한 필수적인 생활비용은 제외한다.

(4) 형벌의 구체적인 적용

1) 제1절 양형(量刑)

양형은 인민법원이 범죄자에 대하여 구체적인 형벌을 어떻게 적용할 것인가를 법에 의하여 재량(裁量)하고 형벌을 결정하는 활동을 말한다.[58] 즉 범죄자를 실제로 형벌에 처할 필요가 있는가의 여부, 범죄자에게 적용할 형벌의 종류와 양식, 형벌의 정도를 확인하는 활동이다.[59]

- 제61조(양형할 때의 고려 요소) : 범죄자에 대하여 형벌을 결정할 때는 범죄사실, 범죄성질, 정황 및 사회적 위해(危害, 위험) 정도에 근거하고, 본 법의 관련 규정에 따라 판결해야 한다.

2) 제2절 누범(累犯)

누범이란 과거에 죄를 범하여 일정한 형사처벌을 받은 적이 있거나, 그 형사처벌의 집행을 끝냈거나 사면을 받은 후 법정 기간 내에 다시 일정한 범죄를 저지른 범죄자를 뜻한다.[60] 누범에는 일반적 누범과 국가안전위해누범(國家安全危害累犯)이 있다.

① 제65조(일반적 누범) : 재판에서 유기징역 이상의 형벌을 받은 범죄자가 형벌의 집행을 끝냈거나 사면을 받은 후 5년 이내에 다시 유기징역 이상의 형벌에 해당하는 죄를 범한 경우를 누범이라 하며, 마땅히 무겁게 처벌한다. 단 과실범죄(過失犯罪)는 제외한다.

② 제66조(국가안전위해누범) : 국가안전을 위해한 범죄자가 형벌 집행을 끝냈거나 사면을 받은 후 여하한 때라도 다시 국가안전을 위해하는 범죄를 범한 경우에는 모두 누범으로 판정하여 처벌한다.

3) 제3절 자수(自首)와 입공(入功)

① 제67조(자수의 개념) : 범죄자가 죄를 범한 후 스스로 자기의 범죄사실을 사실대로 진술하는 것을 자수라 한다. 자수범(自首犯)에 대해서는 가볍게 처벌하거나 처벌을 감경할 수 있다. 특히 범죄가 경미한 경우에는 처벌을 면제할 수 있다. 강제조치에 취해진 피의자, 피고인 및 형의 집행을 받고 있는 죄수가 사법기관이 파악하지 못하고 있는 그 밖의 죄행(罪行)을 사실대로 진술하는 행위 역시 자수라 한다.

② 제68조 입공(공헌) : 범죄자가 타인의 범죄행위를 폭로하거나, 사실이나 중요한

단서를 제공함으로써 기타 사건을 수사하여 해결하도록 하여 공헌한 경우에는 가볍게 처벌하거나 처벌을 감경할 수 있다. 중대한 공헌을 한 자에게는 형을 감경하거나 처벌을 면제할 수 있다. 범죄를 행한 후 자수한 자가 또한 중대한 공헌을 한 경우에는 마땅히 형을 감경하거나 처벌을 면제할 수 있다.

4) 제 4 절 범죄의 경합

범죄의 경합이란, 한 범죄자가 범한 여러 가지 죄에 대하여 병합(倂合, 합병)하여 처벌하는 제도이다.[61]

① **제 69조(판결 선고 이전의 경합범의 형기)** : 판결 선고 이전에 한 사람이 여러 건의 죄를 범했을 때는, 사형이나 무기징역에 처하는 경우를 제외하고는, 합산(合算)한 형기 이하, 수 개의 형 중에서 최고 형기 이상에서, 정상을 참작하여 집행할 형기를 결정한다. 단, 관제(管制)는 최고(最高) 3년을 초과할 수 없고, 구역(拘役)은 최고로 1년을 초과할 수 없으며, 유기징역은 최고로 20년을 초과할 수 없다. 만일 여러 지 범죄에서 부가형에 처할 것이 있을 경우에는 부가형은 여전히 집행해야 한다.

② **제 70조(판결 선고 이후 발견된 경합범과 그 형기)** : 판결 선고 이후 그 형벌의 집행이 끝나기 전에 이미 판결받은 범죄자에게 그 판결 선고 이전에 범한 아직 판결하지 않은 기타의 죄가 있음을 발견하였을 경우에는 새로 발견된 죄에 대하여 판결해야 하고, 전후(前後) 두 판결이 과하는 형벌에 대해서는 본 법 제 69조가 정한 규정에 따라 집행할 형벌을 결정한다. 이미 집행한 형기는 새로운 판결에서 결정한 형기 이내에 계산한다.

④ **제 71조(판결 선고 이후 집행완료 전에 범한 경합범과 그 형기)** : 판결선고 이후 그 형벌의 집행이 끝나기 전에, 판결을 받은 범죄자가 또 죄를 범하였을 경우에는 새로 범한 죄에 대하여 판결하고, 전죄(前罪)의 집행이 끝나지 않은 형벌과 후죄(後罪)에 과하는 형벌에 대하여는 본 법 제 69조가 정하는 규정에 따라 집행할 형벌을 결정해야 한다.

5) 제 5 절 집행유예(緩刑, 완형)

① **제 72조(집행유예의 개념)** : 구역(拘役) 또는 3년 이하의 유기징역의 판결을 받은 범죄자에 대하여 범죄자의 범죄 정황과 죄를 뉘우치는 태도를 고려해 볼 때 다시는 사회에 위해를 가하지 않을 것임이 확실한 때는 집행유예를 선고할 수 있다. 집행유예 판결을 받은 자에게 만일 부가형에 처한 것이 있으면 부가형은 여전히 집행해야 한다.

② **제 73조(집행유예의 검증기간)** : 구역(拘役)에 관한 집행유예의 검증기간은 원 판결의 형기 이상으로 하되, 1년 이하로 한다. 단 2개월보다 짧게 할 수는 없다. 유기징역에 관한 집행유예의 검증기간은 원 판결의 형기 이상으로 하되, 5년 이하로 한다. 단 1년보다 짧게 할 수는 없다.

③ 제75조(집행유예를 선고받은 범죄인의 준수 의무) : 집행유예를 선고받은 범죄인은 반드시 아래에 열거한 규정을 준수해야 한다.

- 법률, 행정법규를 준수하고 감독에 복종해야 한다.
- 자기의 활동 상황을 감독 관찰기관의 규정에 따라 보고해야 한다.
- 감독 관찰기관의 규정을 준수해야 한다.
- 자기가 거주하는 시(市)나 현(懸)을 떠나거나 이사를 할 때에는 반드시 감독 관찰기관의 비준을 얻어야 한다.

6) 제6절 감형(減刑)

- 제78조(감형의 근거 및 기간) : 관제, 구역, 유기징역, 또는 무기징역에 처해진 범죄자가 형벌의 집행기간 중 만일 감독 규정을 준수하고, 교육개조(改造)를 받으며 반성의 태도가 확실하거나 입공(立功)하였을 경우에는 감형할 수 있다. 감형의 기간은 범죄자가 관제, 구역, 유기징역에 처해진 경우에는 원래 판결에서 정한 형기의 2분의 1 이하로는 감형할 수 없으며, 무기징역에 처해진 경우에는 10년 이하로는 할 수 없다.

7) 제7절 가석방(假釋放)

- 제81조(가석방의 기간과 조건) : 유기징역의 판결을 받은 범죄자가 원래 판결에서 정한 형기의 2분의 1 이상을 경과하였거나 무기징역의 판결을 받은 범죄자가 실제로 10년 이상을 경과하였을 때, 만일 그 범죄자가 성실히 감독규정을 준수하고, 교육개조를 받고, 반성의 태도가 확실하고, 가석방 후에도 사회에 다시 위해를 끼치지 않을 것이 확실한 경우에는 가석방할 수 있다. 단 살인, 폭파, 강도, 강간, 납치 등의 폭력성 범죄를 범하여 10년 이상의 유기징역 또는 무기징역에 처해진 범죄자는 가석방하지 않는다.

8) 제8절 시효(時效)

① 제87조(시효의 기한) : 아래에 열거한 기한이 경과한 범죄는 다시 소추(訴追)할 수 없다.

- 법정 최고형이 5년 미만인 유기징역의 경우는, 5년 경과
- 법정 최고형이 5년 이상 10년 미만인 유기징역의 경우는, 10년 경과
- 법정 최고형이 10년 이상인 유기징역의 경우는, 15년 경과
- 법정 최고형이 무기징역 또는 사형인 경우는, 20년 경과이다.

② 제29조(소추기한의 기산일(起算日) : 소추 기한은 범죄를 행한 날로부터 계산하며, 범죄행위가 연속 상태인 경우에는 범죄행위가 종료한 날로부터 계산한다.

2. 각칙

각칙은 개별 범죄에 관한 규정으로서 모두 10개 장으로 구성되어 있으며, 이를 요약하면 다음과 같다.

① 제1장 국가안전위해죄(國家安全危害罪)
② 제2장 공공안전위해죄(公共安全危害罪)
③ 제3장 사회주의 시장경제 질서 파괴죄(市場經濟姪墒破壞罪)
- 제1절 불량상품 생산판매죄
- 제2절 밀수죄(走私罪)
- 제3절 회사, 기업관리 질서에 대한 방해죄
- 제4절 금융관리질서파괴죄
- 제5절 금융사기죄(金融詐欺罪)
- 제6절 세금징수 위해죄
- 제7절 지적재산권 침범죄(侵犯知的財産罪)
- 제8절 시장질서 교란죄(擾亂市場秩序罪, 요란시장질서죄)

④ 제4장 공민의 인신권리, 민주권리 침범죄(侵犯公民人身權利,民主權利罪)
⑤ 제5장 재산침범죄(侵犯財産罪)
⑥ 제6장 사회관리 질서 방해죄(妨害社會觀利厔序罪)
- 제1절 공공질서 교란죄(擾亂公共秩序罪, 요란공공질서죄)
- 제2절 사법방해죄(妨害事犯罪)
- 제3절 국경관리 방해죄(妨害國境管理罪)
- 제4절 문화재관리 방해죄(妨害文物管理罪)
- 제5절 공공위생 위해죄(危害公共衛生罪)
- 제6절 환경자원 보호 파괴죄(破壞環境資源保護罪)
- 제7절 독물 밀수, 판매, 운수, 제조죄(密穗, 販賣, 運輸, 製造毒品罪)
- 제8절 매음조직, 강박, 유인, 수용, 소개죄(組織, 强迫, 引誘, 容留, 介紹, 賣淫罪)
- 제9절 음란물 제작, 판매, 유포죄(制作, 販賣, 傳播淫穢物品罪)

⑦ 제7장 국방이익 위해죄(危害國防利益罪)
⑧ 제8장 뇌물죄(貪好賄賂罪, 탐호회뢰죄)
⑨ 제9장 독직죄(瀆職罪)
⑩ 제10장 군인위반 직책죄(軍人違反職責罪)

현장 정보

■ 중국, 공안사범 80만 명 체포[62)]

자춘왕 최고 인민검찰원장은 전인대(全人大)에 제출한 연례업무 보고서에서 "2004년 1년 동안 민족 분리주의나 종교적 극단주의, 테러 활동을 혐의로 체포된 사람은 81만 1,102명으로 2003년보다 8.3% 증가했고, 또 안보침해 혐의로 기소된 사람은 87만 7,186명으로 전년보다 9.3% 늘었다"고 밝혔다.

그는 "중국의 안보 상황이 심각한 수준이며 앞으로도 국가 안보를 위협하는 세력들에 대한 단속을 강화하겠다"고 말했다.

중국에서는 매년 많은 수의 민주 활동가들과 티베트와 신장 지역의 독립운동가와 주민들이 체포되고 있다.

■ 중국 법원, 이력 위조 간부에 사형 선고[63)]

중국 베이징시 고급인민법원은 전(前) 전국특산경제 사무소 주임 차오중우(曹忠武) 피고인에 대해 사형을 확정했다. 그가 착복한 공금은 한국 돈으로 약 10억 원에 이르며, 세 번에 걸쳐 6만 위엔의 뇌물을 쓰기도 한 것으로 드러났다.

그는 랴오닝 성 톄링시 출신이며 초등학교 학력이 전부였는데, 일개 직공인 자신의 신분을 위해 서류를 위조하기 시작했다. 가짜 전공 증서, 가짜 입당 증서, 가짜 간부 이력이라고 하는 3가(三假)를 이용해 중국 국가기관의 국장급 간부 자리에까지 올랐던 47세의 가짜 인생이 형장의 이슬로 사라지게 됐다.

그가 조작한 서류는 입당 서류, 베이징 재무 대학 학위, 허위 경력 증명, 고급 경제사 자격증서 등 헤아릴 수 없이 많다.

■ 중국, 마약 사범 10명에게 사형선고[64)]

취안쪼우시 인민법원은 마약을 제조해 판매한 '왕칭황' 피고인을 비롯한 10명에게 무더기로 사형을 선고했다. 또 판매책 3명은 사형집행유예가 선고되고, 마약 대금을 세탁해 준 2명은 징역형이 선고되었다.[65)]

아편전쟁 때 수모를 겪었던 중국은 마약류인 헤로인 50g, 아편 1kg 이상을 소지하거나, 제조, 판매하면 사형에 처할 수 있도록 하고 있어, 마약 사범에 대하여 매우 엄하게 대처하고 있다.[66)]

중국공안부에 따르면 2003년 9만 여건의 마약사범을 적발하고, 헤로인 9천여 kg과 아편 900여 kg을 압수했다. 중국의 마약 중독자는 100만 명을 넘어섰으며, 이 가운데 22만 명이 마약치료강제수용소에 수용되어 있는 것으로 집계되었다.

중국에 거주하는 한국인 마약사범의 경우, 이미 한 명이 2003년 사형을 당했고, 사형 관련 판결을 받은 한국인이 3명, 마약제조와 운송 등의 혐의로 체포되어 재판이 진행 중인 한국인 4명이다.[67)]

■ 중국, 1년 간 3,400명 사형집행[68)]

중국은 2004년 약 3,400명에 대해 사형을 집행해 전세계 사형집행 건수인 3,800명의 90%를 차지한 것으로 추정되었다.

타이완 일간지인 빈과일보와 영국의 'BBC' 인터넷판은 국제 앰네스티의 통계를 인용해, 중국의 사형집행 건수가 사형을 집행하는 나머지 25개국을 모두 합한 수치의 10배에 이른다고 보도했다.

국제 앰네스티는 중국은 사형집행 건수를 공개하지 않기 때문에 인터넷 보도 등을 통해 수치를 집계했다고 밝혔다.

■ 중국 법원, 호랑이 죽인 남성 2명에게 징역형 선고[69)]

중국 법원이 중국 북동부 지방에 서식하고 있는 멸종 위기의 시베리아 호랑이를 죽인 남성 2명에게 징역형을 선고했다. (「상하이데일리」 보도)

이 신문에 따르면, 중국 법원은 2003년 초 헤이롱지앙성(黑龍江省)에 있는 마을 근처 산에 덫을 놓아 호랑이 한 마리를 잡은 뒤 이 호랑이가 죽을 때까지 6일을 기다려 그 고기를 먹은 혐의로 '장리천'에게 징역 9년을, '궁웨이성'에게는 징역 5년을 선고했다.

'세계야생생물보호기금(WWF)'은 중국의 시베리아 호랑이는 세계적으로 500마리에 불과하며, 중국 북동부 지역과 러시아 동부 지역의 숲에 남아 있는 것으로 보고 있다. 중국의 시베리아 호랑이는 정부가 멸종 위기 동물로 보호하고 있음에도 불구하고 약에 쓰일 부위와 가죽을 노리는 밀렵꾼들로 인해 생존을 위협받고 있다.

■ 중국, 16세 조폭 두목, 징역 6년 형 선고

중국 후난(湖南) 성에서 16세의 나이로 7명으로 구성된 범죄조직(조직원들도 모두 10대)을 이끌며 6개월 동안 무려 40여건의 강도, 절도, 폭력 사건을 일으키고, 수만 위엔(수백 만원)의 금품을 빼앗은 이 모군은 챵샤(長沙)시 티엔신(天心)구 인민법원에서 징역 6년 형을 선고받았다. 그는 창샤의 중·고등학교와 대학교 근처에서 주로 학생들을 상대로 범죄를 저질러 왔다.[70)]

중국 반 관영통신 '중국신문사'는 난징 대학교의 범죄전문가의 말을 인용해 중국 내 조직폭력배가 100만 명에 이를 것으로 추산된다고 전했다. 이들 중국 조폭들은 밀수, 마약거래, 인신매매, 밀입국 같은 형태의 범죄뿐만 아니라 정치, 경제 문제 등에까지 파고들고 있다. 심지어는 조폭 두목이 공무원인 경우도 있었다.[71)]

한편 한국의 중견작가 '홍순도(洪淳道)'씨가 1990년대 중반 중국의 타이완(대만) 조직폭력사회의 실체를 파헤친 무협소설 형식의 소설, '따끄어(大哥 : '큰형님 또는 깡패의 두목'이라는 뜻)' 중국어판이 출판되어 중국 청소년층에서 인기를 모으고 있다.[72)]

■ 중국 내에서 10년 이상 중형선고 받은 한국인 22명[73)]

외교통상부는 중국에서 10년 이상의 중형선고가 확정돼 수감 중인 한국인은 22명이라고 밝혔다. 외교부 당국자는 이 날 "28일 사형이 집행될 예정인 S씨(64세) 외에 사형집행유예 중인 자가 7명, 무기징역 6명, 징역 10~20년 형을 선고받은 8명 등 모두 22명이 중국 감옥에 수감되어 있다. 이들 중 S씨만 살인죄이고, 나머지는 전부 마약사범이다"라고 덧붙였다.

사형집행유예는 사형선고를 하되 그 집행을 유예하는 것으로 이 기간 모범적인 수형 생활을 하면 무기징역으로 감형된다. 정부는 S씨에 대해서 나이가 많고, 죄를 뉘우치고 있는 점 들어 '사형집행유예'가 되도록 외교적 노력을 벌였으나, 2명을 토막 살인하고 그 시체를 유기한 죄질이 너무 나빠 사형집행이 확정된 것으로 밝혀졌다.

4-4 중화인민공화국의 기업활동 및 투자관련 주요 법률

1. 서 론

중국의 기업활동 및 투자에 관련된 주요 법률은 규율하려는 기업의 형태에 따라 다음과 같이 나누어 볼 수 있다.

① 기업의 유형을 소유구조에 따라 크게 내자(內資)기업과 외상(外商)투자기업으로 구분하고 이들을 규율하는 각종 '기업법'과

② 기업의 유형을 출자의무와 책임에 따라 유한회사와 주식회사로 구분하고, 이들을 규율하는 '회사법(公司法)'이다.[74] 이를 그림으로 나타내면 그림 4-4와 같다.

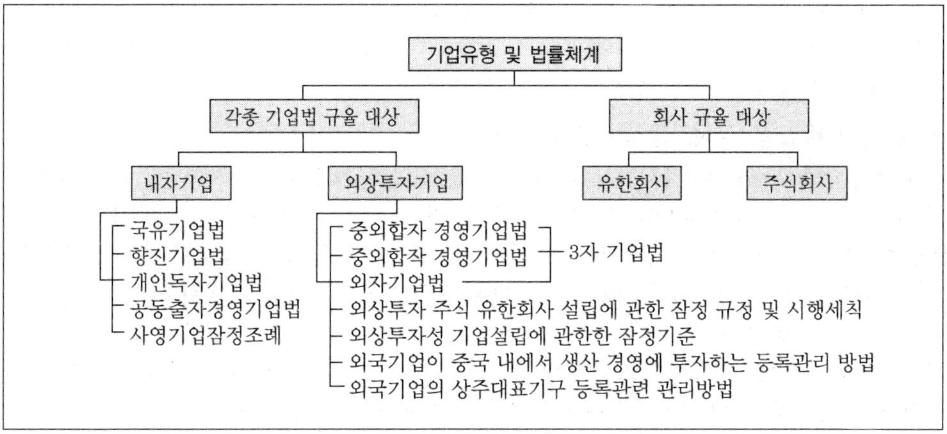

그림 4-4 중국의 기업유형 및 관련 법률

2. 각종 기업법

(1) 기업의 유형

중국의 기업은 우선 소유구조를 기준으로 구분하면, 100% 내국자본 소유기업인 내자기업(內資企業)과, 외국자본 투자기업인 외상투자기업(外商投資企業)으로 크게 나누어 볼 수 있다.

'내자기업'은 다시 국가, 즉 전체 인민이 소유한 국유기업(國有企業)과 국가 이외의 단체 혹은 개인이 소유한 비국유기업(非國有企業)으로 나뉜다.

비국유기업은 다시 공유기업(公有企業)과 사영기업(私營企業)으로 나누어지는데, 공유기업은 향(鄕)·진(鎭)·정부(과거 인민공사) 등 일부 집단이 소유한 집체기업(集体企業)

을 뜻하며, 지역단위별로 소유하고 있는 향진기업이 그 대표적 유형이다.[75] 사영기업은 다시 개인 독자 기업, 공동출자 경영기업(合伙企業, 합화기업), 유한회사로 나누어진다.[76]

'외상투자기업'은 외국인이 출자하여 설립한 기업을 말한다. 즉 외상투자기업은 중국에 투자하려는 외국인이 중국의 법률의 규정에 따라 설립하여 생산 및 경영하는 기업이다.[77]

외상투자기업은 다시 '3자(三資)기업' 유형과 '기타 유형'으로 구분된다.

3자 기업에는 다음과 같은 3개의 기업유형이 있다.[78]

① 중·외 합자 경영기업(中·外合資經營企業) (통상적으로'합자기업'이라고 약칭함)
② 중·외 합작 경영기업(中·外合作經營企業) (통상적으로'합작기업'이라고 약칭함)
③ 외자기업(外資企業)(통상적으로 '외상독자기업'이라고 지칭함)

기타 유형에는 다음과 같은 것이 있다.[79]

① 외상투자주식유한회사(통상적으로 '외상주식회사'라 약칭함)
② 외상투자성 회사(지주회사)
③ 외국기업이 중국 내에서 설립한 지사(支社)
④ 상주대표기구(常駐代表機構)

(2) 의미 및 관련 법규 – 내자기업

1) 국유기업 관련 법규

국유기업은 전민소유제공업기업(全民所有制工業企業), 즉 생산수단의 전인민소유를 기초로 하여 생산 경영 활동에 종사하는 기업을 말하며, '중화인민공화국 전민소유제 공업기업법'이 그 주요 법규이다

'중화인민공화국 전민소유제 공업기업법'은 헌법에 근거하여 사회주의 현대화 건설을 촉진하기 위한 목적으로 1988년 4월 13일에 개최된 제7기 전국인민대표대회 제1차 회의에서 의결·통과되었으며, 교통 운송·우편·지질 탐사·건축 양식·상업·대리무역·물자·농림수산 등에 적용된다.[80]

2) 향진기업 관련 법규

향진기업은 농촌기업집단 또는 농민투자를 위주로 하여 향·진에서 설립한 농업지원을 목적으로 설립한 각종기업을 말하며, '향진기업법'이 그 주요 법규이다.

향진기업법은 1996년 10월 29일, 전국인민대표대회 상무위원회에서 통과되고 1977년 1월 1일부터 시행되고 있다.[81]

3) 개인독자기업 관련 법규

개인독자기업은 1인의 자연인이 출자하여 영업을 하는 기업을 의미하며 개인독자기업

의 투자자는 기업채무에 대하여 무한책임을 진다.[82] '개인독자기업법'이 그 주요 법규이다. 개인독자기업법은 개인독자기업의 행위를 규범화하여 개인독자기업 투자자와 채권자의 합법적 권리를 보호하고 사회주의 시장경제의 발전을 촉진하기 위하여 1999년 8월 30일에 개최된 제9기 전국인민대회 상무위원회 제11차 회의에서 제정되어 2000년 1월 1일부터 시행되고 있다. 단 외상(外商) 독자기업에는 이 법이 적용되지 않는다.[83]

4) 공동출자경영기업(合伙企業)[84]

공동출자경영기업이란 2인 이상의 개인(사원)이 공동출자 경영계약을 체결하고, 공동으로 출자·운영하고, 이익과 손실을 공유하고, 경영위험을 공동부담하며, 기업의 채무에 대하여 무한연대책임을 지는 중국 내에 설립한 영리단체(공동출자 경영기업법 제2조)를 말한다.

'중화인민공화국 공동출자 경영기업법'이 그 주요 법규이다. 이 법은 공동출자경영기업의 행위를 규범화하고 이 기업 및 사원의 합법적 권익을 보호하고 사회주의 시장경제 발전을 촉진시키기 위하여 1997년 2월 23일 제8기 전국인민대표대회 상무위원회 제24차 회의에서 제정되었다.[85]

5) 유한회사

유한회사(有限會社)는 2인 이상 30인 이하의 사원으로 구성되는 법인으로서, 사원은 자신의 출자금액을 한도로 책임을 지고, 회사는 모든 자산으로 회사의 채무에 대하여 책임을 지는 법인을 말한다.[86]

유한회사는 '사영(私營)기업 잠정조례'의 규제를 받는다.

(3) 의미 및 관련 법규-외상투자기업

1) 외상투자기업의 개념

국제투자는 크게 간접투자와 직접투자로 나누어 볼 수 있다. 간접투자는 투자자가 투자한 기업의 경영권을 소유하지 않는 형태, 즉 경영활동에 참여하지 않고 주식, 채권, 대출 등의 수단으로 투자하는 것인데 반하여, 직접투자는 투자한 기업의 경영관리권과 통제권을 소유하는 형태의 투자이다. 외상투자기업은 외국인의 직접투자에 의하여 설립된 회사이다.[87]

2) 외상투자기업의 종류와 관련 법규

외상투자기업에는 다음과 같은 종류가 있으며 각각 규율하는 법규가 다르다.

① 중·외 합자 경영기업

중·외합자 경영기업(이하 '합자기업')은 외국의 기업, 기타 경제 조직 또는 개인이

호혜 평동의 원칙에 입각하여 중국 정부의 인허가를 받아서 중국 내에서 중국 회사 또는 기타 경제 조직과 공동으로 설립한 기업을 말한다.[88] 즉, 중·외합자 경영기업법은 외국인 투자자가 현금을 출자하고 중국인 파트너가 현금이나 현물을 출자하여 공동으로 설립한 회사로서, 출자비율에 의거하여 이윤을 분배하는 기업형태이다.[89]

합자기업의 가장 중요한 근거법은 '중화인민공화국 중·외합자 경영기업법'[90] 및 '중화인민공화국 중·외합자 경영기업법 실시조례'[91]이다.

② 중·외 합작 경영기업

중·외 합작 경영기업(이하 '합작기업')은 외국의 기업, 경제조직, 또는 개인이 중국의 기업 또는 경제조직과 중국법이 정하는 범위에서 설립조건, 권리와 의무 및 이익분배 방식 등에 관하여 상호 간에 체결한 합작계약에 따라 중국 내에 공동한 기업을 말한다.[92]

합작기업의 가장 주요한 근거법은 '중화인민공화국 중·외 합작 경영기업법'[93] 및 '중화인민공화국 중·외 합작 경영기업법 실시세칙'[94]이다.

일반적으로 외국인 투자자는 자금, 기술 또는 주요 설비 등을 제공하고, 중국인 파트너는 토지, 건물, 노동력 등의 현물을 제공한다(합작기업법 제8조).

③ 외자기업

외자기업은 외국의 기업, 경제조직 또는 개인이 단독으로 자본의 전부를 투자하여 중국 내에 설립한 기업으로서, 경영상 모든 책임을 단독으로 부담하며, 중국 정부에 각종 세금과 토지 사용료를 지불한다.[95]

외자기업의 가장 주요한 근거법은 '중화인민공화국 외자기업법'[96] 및 '중화인민공화국 외자기업법 실시세칙'[97]이다.

④ 외상투자 주식 유한회사

외상투자 주식 유한회사(이하 '외상주식회사')는 중국이 1990년 증권시장 개설과 함께 주식제도를 도입한 후, 외국 기업, 기타 경제조직 또는 개인과 중국 기업 또는 기타 경제조직이 함께 평등한 상호이윤의 원칙에 따라 일정 비율의 주식을 구입하여 중국 내에 공동으로 설립한 회사이다.[98]

외상주식회사의 가장 주요한 근거법은 '외상투자 주식 유한회사 설립에 관한 잠정 규정'[99]과 '외상투자 주식 유한회사 설립에 관한 잠정 규정 실시 세칙'[100]이다.

즉, 외상주식회사는 모든 자본이 동등가액의 주식으로 구성되어 있으며, 주주는 자기가 인수한 주식에 한하여 회사에 대해 책임을 지고, 회사는 모든 자산으로 회사의 채무에 대해 책임을 지며, 중국 측 주주와 외국 측 주주가 공동으로 회사의 주식을 보유하며, 외국 측 주주가 인수 및 보유한 주식이 등록 자본금의 25% 이상인 기업법인을 말한다(외상투자 주식 잠정규정 제2조 참조).[101]

⑤ **투자성 회사**(지주회사, 持株會社)

투자성 회사(投資性會社, 즉 지주회사, holding company)란 외국 투자자가 중국내에서 독자적으로 또는 중국 투자자와 합자하는 방식으로 설립한, 직접 투자 활동에 종사하는 회사를 말한다.[102)]

이 투자성 회사의 설립 형식은 반드시 유한회사로만 할 수 있고, 등록자본금은 3천만 달러 이상으로 의무화하고 있다.[103)]

투자성 회사의 주요한 근거법은 '외상 투자성 기업 설립에 관한 잠정 규정'이다.

⑥ **외국기업의 지사**(支社, 分枝機構)

외국기업이 중국 내에서 설립한 지사란 외국기업이 중국법에 따라 중국 내에 설립한 지사를 말한다.[104)] 여기서 말하는 외국기업은 외국인이 중국 내에서 설립한 외상투자기업과는 다르다. 즉 외상투자기업은 중국법에 따라 설립한 중국 내의 법인 또는 비(非)법인기관이지만, 외국기업은 자기 나라의 법에 따라 중국 국외에 설립한 회사이다.[105)]

외국기업이 중국 내에서 지사를 설립하고자 할 때는 반드시 중국의 해당 주관 부서에 회사의 정관, 소속 국가의 사업자 등록증 등 필요한 서류를 제출해야 하고, 이 신청서류가 해당 주관 부서의 비준을 얻으면 회사 등록 기관에 등록을 필하여 영업허가증(營業執照, 영업집조)을 받아야 한다.[106)]

외국기업이 중국 내에서 설립하는 지사의 가장 중요한 근거법으로는 '회사법' 제9장과 '외국기업이 중국 내에서 생산경영에 투자하는 등록관리 방법'[107)]이 있다.

⑦ **상주대표기구**(常駐代表機構, **지점, 연락사무소**)

'상주대표기구'란 외국기업 및 기타 경제조직이 본사를 대표하여 업무 연락, 제품 소개, 시장 조사, 기술 교류 등의 활동을 하기 위해(생산을 비롯한 경영활동은 원칙적으로 할 수 없음) 중국 내에 설립한 대표 기구를 말한다.[108)]

상주대표기구에 관한 근거법으로는 '외국기업의 상주대표기구 등록관련 관리방법'이다.

외국기업 및 기타 경제조직이 중국 내에 상주대표지구를 설치하려면, 해당기관에 설치 신청을 하여 허가를 받은 후 30일 이내에 등기를 하여야 한다.[109)]

이상에서 고찰한 중국의 기업유형 및 기업법률의 체계를 나타내면 그림 4-5와 같다.

한편, 이 장에서는 법률적 측면에서 각종 기업의 유형을 고찰하였지만, 제 11장(전사적 전략)에서는 이들을 경영전략적 측면에서 많은 사례를 들어 설명하게 된다.

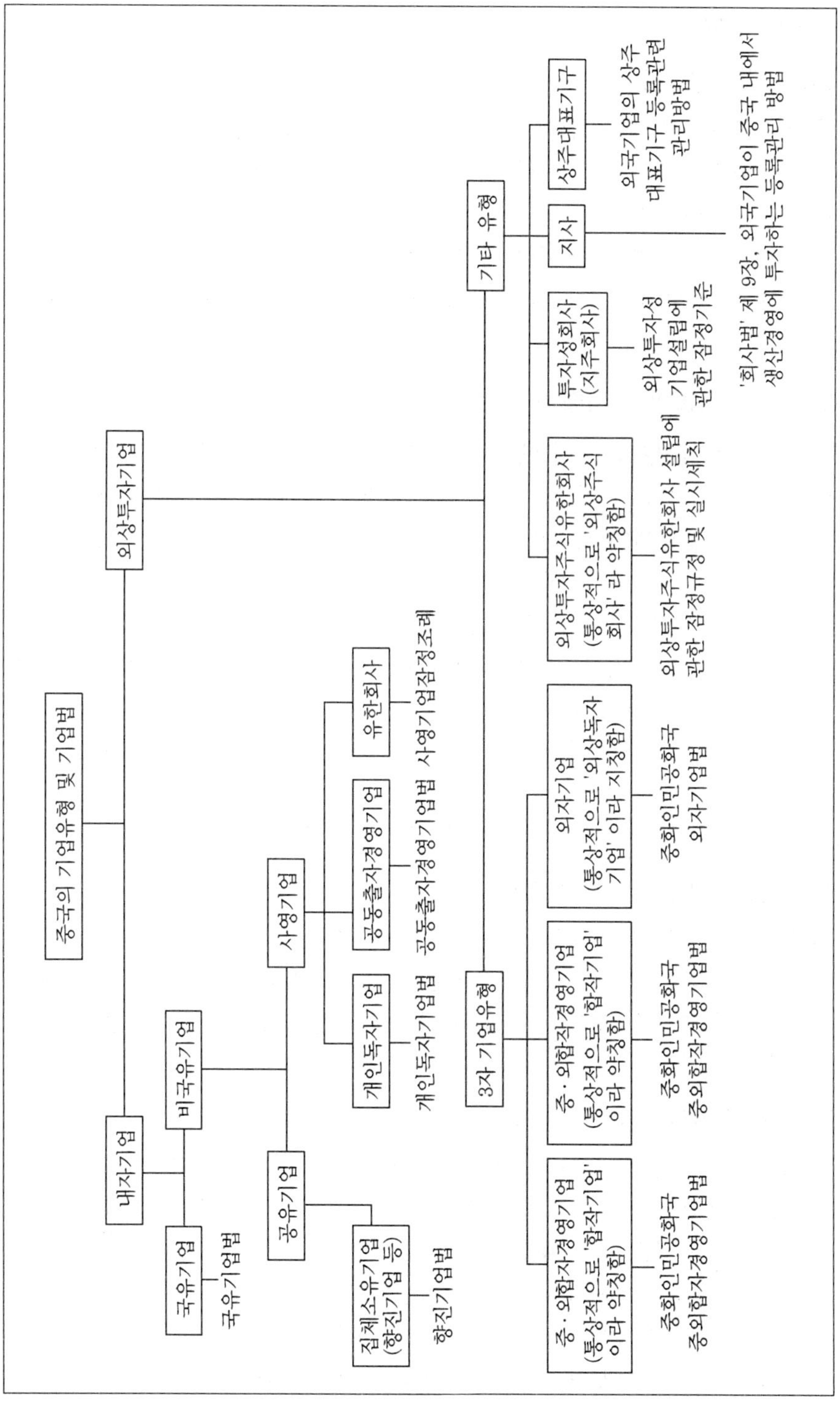

그림 4-5 중국의 기업유형 및 각종 기업법률 체계[110)]

(4) 회사법(公司法)

1) 중국의 회사법 개관

투자와 관련된 중국의 최고 법률은 전국인민대표대회 상무위원회가 1993년 12월 29일에 제정하고 1999년 12월에 개정한 〈중화인민공화국 회사법(公司法)〉 (이하, '회사법'이라 칭하기로 함)이다.[111)]

회사법에서 가리키는 '회사'란 중국 내에 영리를 목적으로 하여 설립한 상사조직(商事組織)으로서 여기에는 「유한회사」와 「주식회사」의 두 가지 종류가 있으며, '회사법'에 따라 중국에 설립된 외상투자기업은 중국의 유한회사가 된다.[112)]

2) 외상투자기업법과 회사법의 관계

'회사법'은 중국의 내자기업에 적용될 뿐만 아니라 외상투자기업에도 적용된다. 따라서 외상투자기업의 근거법 및 근거법들 간의 충돌 문제를 해결하려면 '외상투자기업법' 및 '회사법' 간의 관계를 명료하게 정립하지 않으면 안 된다.[113)]

회사법 제18조는 "외상투자유한책임회사는 '회사법'을 적용하고, 중 · 외합자 경영기업, 중 · 외합작 경영기업과 외자기업의 법률에 관해서는 별도의 규정이 있을 경우 그 규정을 적용한다"[114)] 라고 규정하고 있다. 따라서 외상투자기업에 '회사법'이 적용되려면 다음과 같은 2가지 조건이 필요하다.

첫째, 중 · 외합자 경영기업, 중 · 외합작 경영기업과 외자기업에 관한 법률 중 별도의 규정이 없어야 한다.

둘째, 외상투자기업의 조직유형이 유한책임회사여야 한다.[115)]

① 중 · 외합자 경영기업 ('합자기업')

'중 · 외합자 경영기업법' 제4조와 그 '실시조례' 제16조에 따르면, 모든 합자기업의 형태는 모두 유한책임회사이다. 즉 합자기업은 모두 유한책임회사이다. 따라서 '중외합자 경영기업법' 및 그 '실시조례'에 별도의 규정이 없을 경우에는 합자기업은 '회사법'을 적용할 수 있다.[116)]

② 중 · 외합작 경영기업 ('합작기업')

'중 · 외합작 경영기업법 실시세칙' 제4조에 의하면, 합작기업은 합자기업과 달리 중국법인 자격을 취득할 수 있고 취득하지 않을 수도 있으며 '중 · 외합작 경영기업법' 제2조에 의하면, 합작기업은 중국 법률 중 해당 법인 조건에 부합된 경우 중국 법인 자격을 취득할 수 있다. 또한 '중 · 외합작 경영기업법 실시세칙' 제14조는 법에 따라 중국 법인 자격을 취득한 합작기업을 유한책임회사로 규정하고 있다.[117)]

이러한 규정을 종합해 보면, 법에 따라 중국 법인 자격을 취득한 합작기업은 유한책임회사이며, '중 · 외합착 경영기업법' 및 그 '실시조례'에 별도의 규정이 없을 경우에는 합작기업은 '회사법'을 적용할 수 있다.

③ 외자기업

'외자기업실시세칙' 제18조에 의하면, 외자기업은 유한책임회사일 수도 있고 비준을 받아 다른 형식을 취할 수도 있다고 규정하고 있다. 따라서 외자기업이 유한책임회사의 형식을 취하고 있고, '외자기업법' 및 그 '실시세칙'에 별도의 규정이 없는 경우에는 외자기업은 '회사법'을 적용할 수 있다.[118]

이상을 요약하면 모두 유한책임회사인 합자기업과, 유한책임회사의 형식을 취하고 있는 합작기업 및 외자기업에만 (관련 법률에 다른 규정이 없는 경우에) '회사법'을 적용할 수 있다. 반면에 비(非)유한책임회사의 형식을 취하고 있는 합작기업 및 외자기업은 '회사법'에서 규정한 유한책임회사와 주식유한회사가 아니기 때문에 '회사법'을 적용할 수 없다. 그러나 외상투자기업의 한 유형인 외상투자주식유한회사는 그 형태가 지분유한책임회사이므로 (관련 법률에 별도의 규정이 없으면) '회사법'을 적용할 수 있다.[119]

3) 유한회사의 개념과 특징

유한회사는 다수의 균등액 출자로서 이루어진 자본을 가지고, 사원은 회사에 대하여 출자의무를 부담할 뿐 회사 채권자에 대해서는 아무런 책임을 지지 않는 회사를 말한다.[120] '회사법' 제10조는 "외국기업이 투자한 유한회사에 대해서는 본 법을 적용하되, 다만 중·외합자기업, 중·외합작기업, 및 외자기업법률에 특별한 규정이 있는 경우에는 그 규정을 적용한다"고 규정하고 있다.

유한회사의 특징을 요약하면 다음과 같다.[121]

① 유한회사의 설립은 법정 조건에 부합하면 회사등기기관에 직접 등기신청할 수 있는 엄격준칙주의를 채택하고 있다.

② 발기인(發起人)의 수가 2인 이상 50인 이하이다.

③ 유한회사의 발기인에 대하여는 국적상의 제한을 두지 않는다.

④ 사원은 균등한 유한책임을 진다.

⑤ 사원의 출자(出資)에는 법정 최저 자본 한도액과 최고 한도액 제한이 있다. 유한회사의 최저 자본액은 생산경영 위주와 상품도매 위주의 회사는 50만 위엔, 상품판매 회사(소매업)는 30만 위엔, 과학기술 개발, 자문, 서비스 회사의 경우에는 100위엔이다.

⑥ 유한회사의 투자자는 화폐, 공업재산권, 비(非)특허기술(노하우), 토지사용권 등으로 출자를 할 수 있다. 다만 노무나 신용에 의한 출자는 불허한다.

⑦ 유한회사의 조직기구는 사원총회, 이사회, 경리, 감사회로 구성된다.

- 사원총회는 유한회사 전체 사원으로 구성된 최고의사결정기관으로서, 회사의 중대한 사항에 대하여 정책결정권을 갖는다.

• 이사회는 사원총회에서 선임된 업무집행기관으로서 회사의 경영관리를 책임지는 유한회사의 대표기관이다.
• 감사회는 이사와 기타 임원이 업무를 충실히 이행하였는가의 여부를 감사하기 위해 설립된 감독기관이다.

4) 주식회사의 개념과 특징

주식회사는 사원인 주주의 출자로 이루어지며, 권리 · 의무의 단위로서의 주식으로 나누어진 일정한 자본을 가지고, 모든 주주는 그 주식의 인수가액을 한도로 하는 출자의무를 부담할 뿐 회사채무에 대하여 아무런 책임도 지지 않는다.[122)]

주식회사의 특징을 요약하면 다음과 같다.[123)]

① 주식회사의 설립은 반드시 국무원이 권한을 부여한 부서 혹은 성급(城級) 인민정부의 비준을 통과하여야 하는 허가주의에 의한다.
② 주식회사를 설립하려면 5인 이상의 발기인이 회사가 발행하는 주식 전부를 인수하는 '발기설립'에 의하거나, 또는 발기인이 발행주식의 일부분만 인수하고 남은 부분은 사회적으로 공개모집하여 회사를 설립하는 '모집설립' 방식을 택하여야 한다.
③ 주식회사의 발기인은 그 과반수 이상이 중국 내에 주소를 가질 것이 요구된다.
④ 주식회사의 등록자본은 회사 등기상의 실제 주식총액에 비례한다. 주식회사의 최저자본액은 상장회사인 경우에는 5천만 위엔, 비(非)상장회사의 경우에는 1천만 위엔이다.
⑤ 주식회사의 주주는 유한회사와는 달리 원칙적으로 주식을 자유롭게 양도할 수 있다.
⑥ 주식회사의 조직기구는 주주총회, 이사회, 경리, 감사회 등으로 구성된다.
  • 주주총회는 전체 주주들로서 구성되는 최고의사결정기관이다.
  • 이사회는 주식회사의 업무집행기관이다.
  • 감사회는 감독기관으로서 주주대표로 구성된다.

현장 정보

■ **중국, 회사법 개정안 제출**[124)]

중국은 회사법을 개정하여 시장경제제도를 정비하기로 했다. 국무원이 검토하고 있는 회사법 개정안은 정부규제를 완화하고 기업등록을 위한 최소자본금을 내려줘 민간기업의 시장진입장벽을 낮추는데 초점을 맞추고 있다.

이 초안에 따르면 기업을 공개하려는 모든 기업의 자본금 요건을 현행 5,000만 위엔(약 75억 원)에서 3,000만 위엔(45억 원)으로 내렸다. 기업공개(IP)를 쉽게 할 수 있게 해 자본시장을 활성화시키겠다는 의지로 풀이된다.

(5) 기 타

기업활동 및 투자에 관련된 그 밖의 주요 법률에는 다음과 같은 것이 있다.

- 외상투자기업 수출입 화물에 대한 감독관리와 징 · 면세 방법
- 외상투자기업 재정 등기 관리 방법
- 외상투자기업 외환 등기 관리 잠정 규정
- 외상투자기업 수권(授權) 등기 관리 방법
- 외상투자기업 계약, 정관 관련 심사비준원칙과 심사요령
- 외상투자기업의 심사비준과 등기관리를 한층 강화함에 따라 관련한 문제에 대한 통지
- 외상투자기업의 투자총액과 등록 자본조정 관련규정 및 절차에 관한 통지
- 외상투자기업의 심사비준과 지도 의견
- 외상투자기업 투자자의 지분 변경에 관한 약간의 의견
- 외상투자기업의 합병과 분할에 관한 규정
- 외상투자기업 청산방법
- 외상투자기업의 경내 투자에 대한 잠정규정
- 외상투자기업 수출입 경영진의 확대 관련 문제에 대한 통지
- 외상투자기업 대출 방법
- 외상투자 전자통신기업 관련 규정
- 외상투자 창업투자기업을 설립하는 데 관한 잠정규정
- 외상투자 도로운송에 관한 규정
- 외상투자 임대회사 심사비준관계에 대한 잠정방법
- 외상투자 광고기업 설립관련 약간의 문제에 대한 규정
- 외상투자 광고기업 지분 기구 설립 관련 유관 문제에 대한 통지
- 외상투자 건축업 기업 설립관련 약간의 규정에 대한 실시 의견
- 외상투자 산업지도(指導)목록
- 지도(指導) 외상투자 잠정 규정
- 상장 회사의 외상투자에 관련된 문제에 대한 약간의 의견
- 중 · 외합자 경영기업법 실시조례
- 중 · 외합자 경영기업 투자자의 출자관련 일부규정
- 중 · 외합자 경영기업 투자자의 출자관련 일부 규정의 보충 규정
- 중 · 외합자 경영기업의 등록자본과 투자 총액 비율 관련 잠정 규정
- 중 · 외합자 대외 무역회사 시험설립 관련 잠정규정
- 중 · 외합자 경영기업 도급경영 관련 규정
- 중 · 외합자 경영기업 위탁경영에 관한 규정
- 중 · 외합자, 중 · 외합작 직업소개소의 설립관리에 대한 잠정 규정

- 중 · 외합작 경영기업법 실시세칙
- 중 · 외합작 회계사무소 잠정규정
- 외자기업법 실시세칙
- 외자기업법 실시세칙 약간의 조항에 관한 해석
- 외자 보험회사 관리 조례
- 외상투자 주식 유한회사 설립 관련 일부 문제점에 대한 잠정 규정
- 외상투자 주식 유한회사 관련 문제 관련 통지
- 외상이 투자성 회사를 투자설립하는 데 관한 잠정 규정
- 외상이 투자성 회사를 투자설립하는 데 관한 보충 규정
- 외상이 투자성 회사를 투자설립하는 데 관한 보충 규정－(1)
- 외상이 투자성 회사를 투자설립하는 데 관한 보충 규정－(2)
- 외국기업 상주대표기구 관리에 관한 잠정 규정
- 중화인민공화국의 국무원의 외국기업 상주대표기구 관리에 관한 잠정규정 중 일부 문제에 대한 설명
- 지사 등록관리 방법
- 기업 연도검사 방법
- 회사 등기관리 조례
- 기업 명칭등기 관리 실시 방법
- 외국(지역)기업이 중국 내에서 생산 경영 활동에 종사하는 등기 관리 방법
- 세무 등기관리 방법
- 국가 행정기관과 기업 · 업체 인장(印章) 관리 규정
- 경내 외환관리 규정
- 경내 기구 담보관리 방법
- 기업 및 사회단체의 통일 대마(代碼 : bar－code) 표지 제도 건립관련 통지
- 중화인민공화국 등록 회계사법
- 중화인민공화국 외국인 입국 출국 관리법
- 외국인의 중국 내 취업관리 규정
- 저가 수출행위 처벌에 관한 대외 무역 경제 합작부의 잠정규정
- 파산법

현장 정보

■ 중국, 새로운 '기업파산법' 제정하기로[125)]

중국은 경제개혁을 가속화하기 위해, 1986년 만들어진 파산법을 완전히 대체할 새로운 기업파산법을 제정하기로 하고 초안 심의에 들어갔다. 초안에 따르면 새 파산법의 적용범위를 국유

기업과 민간기업 등 모든 기업으로 확대하고, 파산 신청은 기업이 기한 내에 채무를 청산하지 못하거나 채무액이 자산 총액보다 부족한 경우 법원을 통해 소정의 절차를 밟도록 하고 있다. 특히 법원에서 파산 안건을 심의할 때는, 채권자 · 채무자 · 근로자 등 각 당사자의 이익을 공평하게 보호하되, 기업 파산 시 근로자가 가장 큰 피해를 입는 점을 감안해 근로자 대표 또는 노동조합을 당사자로 참여시키고, 채무 정리시 근로자들에게 가장 우선적으로 변제하도록 했다.

또 '관리인 제도'를 도입해 기업의 이사나 책임자가 불성실한 직무 수행으로 파산을 초래했을 경우에는 개인에게 민사 책임을 묻도록 하는 한편, 고의나 중대한 과실 행위가 발견되면 형사 책임도 추궁할 수 있도록 하고 있다.

'기업회생제도'도 신설해 기업이 신청한 워크 아웃이 타당한 이유가 있을 경우에는 정해진 법적 절차에 따라 기업에 대한 보호 조치도 마련할 수 있게 했다.

이러한 새로 제정될 파산법에 대해 전문가들은 다음과 같이 평가하고 있다.[126)]

'왕웨이궈' 중국 정법대학 교수는 "새 파산법이 채권자들에게 자신의 이해관계가 손상되는 모든 파산절차에 개입할 수 있도록 허용함으로써 파산과정에서 채권자들의 권익을 강화한 것이 특징이다"라고 설명했다

법률자문 회사인 '월머커틀러 피커링' 베이징 사무소의 '레스터 로스'는 "새로운 파산법은 기업들에게 지불불능(파산)과 구조조정은 물론 부실자산에 대한 매각과 매입을 쉽게 할 수 있도록 허용함으로써 파산과정에 보다 많은 확실성을 부여했다"고 소개했다.

4-5 경제활동관련 기타 법률

이상에서 살펴본 법률 이외에 기업경영자나 투자자가 중국에서 경영 및 투자할 때 고려해야 할 기타 중요한 법률로서는 기업경영분야, 조세분야, 금융 · 외환분야, 노동분야, 지적재산권분야, 무역 분야 등에 있어서 다음과 같은 것을 들 수 있다.[127)]

1. 기업경영 분야

(1) 상품 품질법[128)]

상품 품질법은 "상품 품질에 대한 감독 관리를 강화하고 상품 품질 수준을 향상하며 상품 품질 책임을 명확히 하여 소비자의 권리를 보호하고 사회경제질서를 수호하기 위하여 제정"되었다 (제1조).

제2조에서는 "중화인민공화국 내에서 상품 생산, 판매 활동을 하는 경우에는 반드시 동 법을 준수해야 한다. 동 법에서의 상품은 가공, 제작하여 판매되는 상품이다"라고 규정하고 있다.

상품 품질법은 다음과 같은 총 74개 조문(條文)으로 구성되어 있다.

① 제1장 총칙

② 제2장 상품 품질의 감독

③ 제3장 생산자, 판매자의 상품 품질 책임과 의무

④ 제4장 손해배상

⑤ 제5장 벌칙

⑥ 제6장 부칙

(2) 소비자 보호법[129)]

소비자 보호법은 "소비자의 권리를 보호하고 사회경제질서를 수호하고, 사회주의 시장경제의 건전한 발전을 촉진하기 위하여 제정" 되었다 (제1조).

소비자 보호법은 다음과 같은 총 55개 조문으로 구성되어 있다.

① 제1장 총칙

② 제2장 소비자의 권리

③ 제3장 사업자의 의무

④ 제4장 소비자 권리에 대한 국가의 보호

⑤ 제5장 소비자 단체

⑥ 제6장 분쟁해결

⑦ 제7장 법률책임

⑧ 제8장 부칙

(3) 부정경쟁 방지법[130)]

부정경쟁 방지법은 "사회주의 시장경제의 건전한 발전을 보장하고, 공정한 경쟁을 촉진 및 보호하고, 부정경쟁 행위를 방지하고, 사업자와 소비자의 권리를 보호하기 위하여 제정"되었다 (제1조).

부정경쟁 방지법은 다음과 같은 총 33개 조문으로 구성되어 있다.

① 제1장 총칙

② 제2장 부정경쟁 행위

③ 제3장 감독 검사

④ 제4장 법률책임

⑤ 제5장 부칙

(4) 회계법[131)]

회계법은 "회계를 규범화하고 회계자료의 진실, 안전을 보장하고, 경제관리와 재무관리를 강화하고, 경제효율을 향상하여 사회주의 시장경제질서를 수호하기 위해 제정"되었으며(제1조), 국가기관, 사회단체, 회사, 기업, 사업단위와 기타 조직은 반드시 동 법에 근거하여 회계사무를 처리해야 한다(제2조)"고 규정하고 있다.

회계법은 다음과 같은 총 52개의 조문으로 구성되어 있다.

① 제1장 총칙
② 제2장 회계 대조 계산
③ 제3장 회사, 기업회계 대조 계산의 특별규정
④ 제4장 회계감독
⑤ 제5장 회계기구와 회계인원
⑥ 제6장 법률책임
⑦ 제7장 부칙

(5) 기 타

기업경영 분야에 관한 그 밖의 주요 규정으로는 다음과 같은 것이 있다.

① 가격법
② 중화인민공화국 제품 품질법
③ 통계법
④ 심계법
⑤ 회사 등기관리 조례
⑥ 기업법인 등기관리 조례
⑦ 기업 명칭 등기관리 규정 및 시행방법
⑧ 상장 회사 주주총회 규범의견
⑨ 주식 유한회사 규범 의견
⑩ 유한책임회사 규범 의견
⑪ 상장회사의 중대한 자산 매수 또는 매도를 규율하는 것에 관한 통지
⑫ 기업연도 검사방법

2. 조세분야

(1) 외상투자기업 및 외국기업 소득세법[132)]

외상투자기업 및 외국기업 소득세법은 "중화인민공화국 영토 내의 외국 투자기업은 그들의 제조, 사업활동 및 기타의 원천으로부터 발생하는 소득에 대하여 이 법의 규정에 따라 소득세를 납부해야 한다. 외국기업은 중화인민공화국 영토 내에서 제조, 사업활동

및 기타의 원천으로부터 발생하는 소득에 대하여 이 법의 규정에 따라 소득세를 납부해야 한다(제1조)"고 규정하고 있다.

제2조에서는 "이 법에서 외국 투자기업이란 중국에서 설립된 중국과 외국자본의 합자기업(중·외합자 경영기업), 중국인과 외국인의 합작경영기업(중·외합작 경영기업), 외국자본기업(외자기업)을 의미한다. 이 법에서 말하는 외국기업이란 외국의 회사, 기업 및 기타의 경제조직으로 중국 내에 시설이나 장소를 보유하고 제조나 사업활동에 종사하거나, 비록 중국 내에 시설이나 장소를 보유하지 않더라도 중국내 원천으로부터 소득을 얻는 외국의 회사, 기업 및 기타의 경제조직을 의미한다"고 규정하고 있다.

제3조에서는 "본사가 중국에서 설립되고 외국인 투자액이 있는 기업은 중국 내외의 원천으로부터 발생한 소득세를 납부해야 한다. 외국기업은 중국내 원천에서 발생한 소득에 대하여 소득세를 납부해야 한다"고 규정하고 있다.

외상투자기업 및 외국기업 소득세법은 총 30개 조문으로 구성되어 있으며, 과세소득의 계산기준, 세율, 경제 특구 내에 설립된 외국투자기업 등에 대하여는 소득세의 세율을 낮추어 부과한다는 것, 소득세 면제와 감면, 손실과 과세 소득의 상계, 연결세무신고, 기업소득세와 지방소득세의 계산 기준 및 납부 방식, 원천 징수, 조세 포탈, 거액납부에 관하여 세무 당국과 분쟁이 있을 경우의 임시 청구 등에 대하여 규정하고 있다.

(2) 개인소득세법[133)]

개인소득세법은 "중국내에 주소를 두거나, 주소를 두지 않고 1년 이상 국내에서 거주한 개인은 본 법 규정에 따라 국내외 원천소득에 대해 개인소득세를 납부한다. 중국내의 주소 및 거소가 없거나, 국내에서 1년 미만으로 거주한 개인은 본 법 규정에 따라 국내원천 소득에 대해서만 개인소득세를 납부한다(제1조)"규정하고 있다.

개인소득세법은 총 15개 조문으로 구성되어 있으며, 개인소득세 납부 대상 소득, 세율, 비과세되는 개인소득, 개인소득세의 감면, 과세소득의 계산기준, 외국에서의 납부세액 공제, 원천징수 의무자 등에 대하여 규정하고 있다.

(3) 기 타

조세 분야에 관한 그 밖의 주요 규정으로는 다음과 같은 것이 있다.

① 부가가치세 잠정조례 및 시행세칙
② 인지세 잠정조례 및 시행세칙
③ 소비세 잠정조례 및 시행세칙
④ 자원세 잠정조례 및 시행세칙
⑤ 토지부가가치세에 잠정조례 및 시행세칙

⑥ 영업세 잠정조례
⑦ 차량취득세 잠정조례
⑧ 도시토지사용세 잠정조례
⑨ 도시 유지보호 건설세 잠정조례

3. 금융외환 분야

(1) 증권법[134)]

증권법은 "증권 발행과 거래를 규제하고, 투자자의 합법적인 권리를 보호하고, 사회경제질서와 공익을 유지하고, 사회주의 시장경제의 발전을 촉진하기 위하여 제정"(제1조) 되었다. 제2조에서는 "중화인민공화국 내에서 주식, 회사채와 국무원이 법에 근거하여 인정한 기타 유가증권의 발행과 거래는 동 법을 따른다. 동 법에서 규정되지 않은 것들은 회사법과 기타 법률 및 행정 법규를 따른다"고 규정하고 있다.

증권법은 다음과 같은 총 214개 조문으로 구성되어 있다.

① 제1장 총칙
② 제2장 주식의 발행
③ 제3장 증권거래
  • 제1절 일반규정
  • 제2절 증권상장
  • 제3절 정보공개 유지
  • 제4절 거래금지 행위
④ 제4장 상장회사의 인수
⑤ 제5장 증권거래소
⑥ 제6장 증권회사
⑦ 제7장 증권등기 결산기구
⑧ 제8장 증권거래 서비스기구
⑨ 제9장 증권업 협회
⑩ 제10장 증권감독관리기구
⑪ 제11장 법률책임
⑫ 제12장 부칙

(2) 보험법[135)]

보험법은 "보험활동을 규범화하고, 보험 활동 당사자의 합법적인 권익을 보호하고 보험업에 대한 감독관리를 강화하고, 보험사업의 건전한 발전을 촉진하기 위하여 제정"(제1조) 되었다.

제2조에서는 "동 법에서는 말하는 보험은 보험계약자가 보험약정에 따라 보험자에게 보험료를 지불하고, 보험자는 계약에서 약정한 발생 가능한 사고가 발생하여 초래된 재산 손실에 대하여 보험금을 지불할 책임을 지며, 피보험자가 사망·산재·질병 등의 피해를 입거나 혹은 계약에서 약정된 연령·기한에 달했을 때 보험금을 지불할 책임을 지는 상업적 보험행위를 말한다"고 규정하고 있다.

제3조에서는 "중화인민공화국 국내에서 이루어지는 모든 보험활동에 동 법이 적용된다"고 규정하고 있다.

보험법은 다음과 같은 총 152개의 조문으로 구성되어 있다.

① 제1장 총칙
② 제2장 보험계약
  • 제1절 일반규정
  • 제2절 재산보험계약
  • 제3절 생명보험계약
③ 제3장 보험회사
④ 제4장 보험 업무 규칙
⑤ 제5장 보험업의 감독관리
⑥ 제6장 보험 대리상과 보험 중개인
⑦ 제7장 법적 책임
⑧ 제8장 부칙

현장 정보

■ 중국, 보험시장 전면 개방[136)]

중국의 세계무역기구(WTO) 가입 양허안에 따라 2004년 12월 11일부터 보험시장이 전면 개방되었다. 이에 따라 외자보험회사에 대한 지역제한이 없어지고 업무범위에 대한 제한도 풀렸다.

중국보험감독위원회에 따르면 2004년 9월 말 현재 생명보험 22개사, 손해보험 14개사, 재보험 3개사 등 총 39개 외국계 보험회사가 중국 시장에 진출해서 15개 도시에서 영업을 하고 있다.

중국 보험시장은 지난 3년 간 매년 33% 가량씩 성장했고, 2004년 9월까지의 보험료 수입은 전년 동기보다 31.8% 증가한 358억 달러에 달했다.

■ 국내 보험사 중국 진출[137)]

'삼성화재'는 중국에 단독 현지법인인 '삼성화재해상보험 유한공사'를 설립했다. 자본금 2억 위엔(약 250억 원) 규모의 삼성화재 현지법인은 초기에는 중국에 진출한 한국기업과 외국기업을 대상으로 화재, 도난 등을 보장해 주는 재산보험, 배로 운송하는 화물이 손해를 보았을 경우 보상해 주는 적하보험, 단체상해보험 등의 분야에 주력할 예정인데 "점차 자동차보험이나 상해보험 등 개인보험시장에도 진출할 계획"이라고 최종무 삼성화재 중국법인장이 말했다.

'현대해상'도 최근 중국 당국에 현지법인 설립인가 신청을 했다. 현대해상 관계자는 "우선 현지 진출 국내기업에 주력한 뒤 점차 현지 중국인을 대상으로 온라인 자동차보험 사업을 할 계획"이라고 말했다.

---

(3) 어음법[138)]

어음법은 "어음 행위를 규제하고 어음 활동에서 당사자의 합법적인 권익을 보장하고, 사회경제질서를 보호하고, 사회주의 시장경제의 발전을 위하여 제정(제1조)" 되었다.

제2조에서는 "중화인민공화국 국내에서의 어음활동에 동 법을 적용한다. 동 법에서 지칭하는 어음이란 환어음·약속어음 및 수표를 말한다" 라고 규정하고 있다.

어음법은 다음과 같은 총 111개의 조문으로 구성되어 있다.

① 제1장 총칙

② 제2장 환어음

- 제1절 어음의 발행
- 제2절 어음의 배서
- 제3절 어음의 인수
- 제4절 보증
- 제5절 지급
- 제6절 소구권

③ 제3장 약속어음

④ 제4장 수표

⑤ 제5장 국제 어음의 법률적용

⑥ 제6장 법적 책임

⑦ 제7장 부칙

(4) 경매법[139)]

경매법은 "경매 행위를 규범화하고, 경매 질서를 유지하고, 경매에서의 각 당사자의 합법적 권익을 보호하기 위하여 제정"(제1조)되었다.

제3조에서는 "경매란 공개적인 가격 경쟁 형태로 특정 물건 혹은 재산권을 최고가격 신고인에게 양도하는 매매 방식을 가리킨다"고 규정하고 있다.

경매법은 다음과 같은 총 69개의 조문으로 구성되어 있다.

① 제1장 총칙

② 제2장 경매물

③ 제3장 경매 당사자
- 제1절 경매인
- 제2절 위탁인
- 제3절 입찰인
- 제4절 경락인(競落人)

④ 제4장 경매절차
- 제1절 경매위탁
- 제2절 경매 공고와 경매물 전시
- 제3절 경매의 실시
- 제4절 수수료

⑤ 제5장 법적 책임

⑥ 제6장 부칙

(5) 기 타

금융·외환 분야에 관한 그 밖의 주요 규정으로는 다음과 같은 것이 있다.

① 주식 발행 및 거래 관리 잠정조례
② 선물 거래 관리 잠정조례
③ 금융 자산관리 회사 조례
④ 외자 금융기구 관리 조례 및 시행세칙
⑤ 외자보험회사 관리 조례
⑥ 외환관리 조례
⑦ 외환 결제, 외환 매도, 외환 지불 관리 규정
⑧ 국내 주민 외환예금 해외송금 규정
⑨ 외상투자기업 외환 등록 관리 잠정방법
⑩ 보세구 외환 관리 방법
⑪ 국내 주민 개인외환 환전 방법

4. 노동분야

(1) 노동법[140)]

노동법은 "근로자의 합법적인 권리를 보호하고, 노사 관계를 조정하고, 사회주의 시장경제에 적합한 근로제도를 수립·유지하고, 경제발전과 사회진보를 촉진하기 위하여 제정(제1조)"되었다.

제2조는 "동 법은 중화인민공화국 국경 내의 기업, 사영 경제조직(사용자)과 노사 관계를 이루고 있는 근로자에게 적용한다. 국가기관, 사업조직, 사회단체 및 이들과 근로계약관계를 맺고 있는 근로자는 동 법을 준수해야 한다"고 규정하고 있다.

노동법은 다음과 같은 총 107개 조문으로 규정되어 있다.

① 제1장 총칙
② 제2장 취업촉진
③ 제3장 근로계약과 단체협약
④ 제4장 근로시간과 휴식, 휴가
⑤ 제5장 임금
⑥ 제6장 근로 안전 및 보건
⑦ 제7장 여성근로자와 미성년 근로자에 대한 특별보호
⑧ 제8장 직업훈련
⑨ 제9장 사회보험 및 복지
⑩ 제10장 노동분쟁
⑪ 제11장 감독 및 검사
⑫ 제12장 법적 책임
⑬ 제13장 부칙

노동법은 경영자가 기업 활동을 함에 있어서 반드시 이해하고 있어야 하는 중요한 법률이므로, 이들 규정 중 몇 가지를 위의 체계를 종합하여 주제별로 살펴보면 다음과 같다.

1) 근로자의 권리와 의무

① 근로자의 권리

- 제3조 : 근로자는 평등한 조건에서 취업할 수 있는 권리, 직업선택권, 노동의 보수를 취득할 권리, 휴식 및 휴가의 권리, 근로에 있어서 안전 및 위생 보건 면에서 보호를 받을 권리, 직업기능 교육을 받을 권리, 사회보험 및 복지의 혜택을 향유할 권리, 노동분쟁의 처리를 청구할 권리 및 법률이 규정하고 있는 기타 근로의 권리를 가진다.
- 제7조 : 근로자는 법에 따라 노동조합에 가입하거나 조직할 권리를 가진다. 노동조합은 근로자의 합법적 권익을 대표하고 수호하며, 법에 따라 독립자주적으로 활동한다.
- 제8조 : 근로자는 법정 규정에 따라 근로자 대회, 근로자 대표총회(대의원 총회) 또는 그 밖의 형식을 통하여 기업의 민주적 관리에 참여하거나 근로자의 합법적 권익을 보호하기 위하여 사용자와 평등하게 협상을 진행한다.
- 제12조 : 근로자는 취업을 함에 있어서 민족, 종족, 성별, 종교의 차이로 인해 차별을 받지 않는다.
- 제13조 : 여성은 남성과 동등한 취업의 권리를 갖는다.
- 제33조 : 기업의 근로자 측은 근로보수, 근로시간, 휴식휴가, 근로안전보건, 보험복지 등과 관련하여 기업측과 단체협약을 체결할 수 있다.

- 제56조 : 근로자는 사용자측 관리자의 규정에 위반하는 지휘, 위험 작업 강요 명령에 대해 작업을 거절할 수 있으며, 생명의 안전과 신체 건강을 해하는 행위에 대하여 비판, 고발, 고소할 권리를 갖는다.

② 근로자의 의무

- 제3조 : 근로자는 근로 임무를 완수하고 근무 능력을 향상시키며 근로안전, 위생보건에 관한 규정을 준수하고, 노동규율과 직업도덕을 준수해야 한다.
- 제56조 : 근로자는 근무 중 안전조작규칙을 엄격히 준수해야 한다.

2) 사용자의 의무

- 제4조 : 사용자는 법에 따라 규칙 및 제도를 수립하고 근로자가 근로의 권리를 향유하고 근로의무를 이행하도록 보장해야 한다.

3) 국가와 지방 인민정부의 의무

- 제5조 : 국가는 취업을 촉진하고 직업교육을 발전시키며, 근로기준을 정하고, 사회소득을 조절하고, 사회보험을 완성하고, 원만한 노사관계가 유지되도록 하며, 근로자의 생활 수준을 점진적으로 향상시키기 위한 각종 조치를 시행한다.
- 제9조 : 국무원 노동행정부문은 전국의 노동업무를 주관한다. 현(縣)급 이상 지방인민정부의 노동행정부문은 해당 행정구역 내에 있는 노동업무를 주관한다.
- 제10조 : 국가는 경제와 사회의 발전을 촉진하기 위하여 취업 조건을 마련하고 취업기회를 확대한다. 국가는 기업, 사업조직, 사회단체가 법률 및 행정법규의 범위 내에서 산업을 발전시키고 경영을 확대하여 취업을 증가시키는 것을 권장한다. 국가는 근로자가 자율적으로 취업 문제를 해결하거나 사영기업에 종사함으로써 취업하는 것을 권장한다.
- 제11조 : 각 지방인민정부는 여러 유형의 직업소개기구를 활성화시키고 취업서비스를 제공하도록 해야 한다.

4) 근로계약

① 근로계약의 개념

제16조 노사관계를 맺으려면 근로계약을 체결하여야 하는 바, 근로계약은 근로자와 사용자가 근로관계를 형성하고 쌍방의 권리와 의무를 명확히 하는 합의이다.

② 근로계약의 형식과 내용

근로계약은 서면형식(書面形式)으로 체결하여야 한다. 근로계약은 필수적 조항과 기타조항으로 구분할 수 있다.

필수적 조항에는 다음과 같은 사항을 포함해야 한다.

- 근로계약 기한
- 작업내용
- 근로보호와 근로조건
- 근로보수
- 근로규율
- 근로계약의 종료 조건
- 근로계약의 위반책임

기타 조항은 위에서 규정한 필수적 조항 이외에 당사자들이 그 밖의 내용에 관하여 협상하여 약정하는 것이다.

기타 조항의 예로는 시용기간과 영업비밀 엄수에 관한 사항을 들 수 있다.

- **사용기간**(試用期間, 수습기간) **:** 근로계약은 시용기간을 약정할 수 있다(노동법 제21조).
- **영업비밀 엄수 :** 근로계약 당사자는 시용자의 영업비밀 엄수에 관한 사항을 계약서에 약정할 수 있다(노동법 제22조).

③ 근로계약의 기한

제20조 근로계약의 기한에는 고정 기한이 있는 경우, 고정 기한이 없는 경우 및 일정한 업무의 완성을 위한 기한 등 세 가지가 있다.

근로자가 동일한 직장에서 만 10년 이상 연속 근무하고, 당사자 쌍방이 근로계약 연장에 동의한 경우, 근로자가 고정 기한이 없는 근로계약 체결을 요구하면 그에 따라 고정 기한이 없는 근로 계약을 체결해야 한다.

④ 근로계약의 종료

제23조 근로계약이 만기되었거나 당사자가 약정한 근로계약 종료 조건이 발생하는 경우에는 근로계약은 즉시 종료된다.

⑤ 근로계약의 해제(解除)

근로계약의 해제란 시용자와 근로자가 근로계약을 체결한 후, 그 이행을 완료하기 이전에 일정한 사유가 있어 근로계약의 일방 또는 쌍방 당사자가 사전(事前)에 근로관계를 소멸시키는 법률행위를 말한다.[141)]

- **약정**(約定) **해제 :** 제24조 근로계약은 계약 당사자의 협상에 의해 해제될 수 있다. 이 경우 사용자는 정부 관련 규정에 따라 경제적 보상(퇴직금)을 해야 한다.
- **사용자에 의한 근로계약의 해제**(해고) **:** 사용자가 근로계약을 해제할 수 있는 경우는, 근로자에게 과실이 있어서 사용자가 일방적으로 근로계약을 해제하는 과실(過失) 해고와, 근로자에게 과실이 없지만 사용자가 일방적으로 근로계약을 해제하는 비(非) 과실해고의 두 가지로 나뉜다.

• **과실해고 :** 제25조 과실해고는 다음 각 호의 하나에 해당하는 경우이다.
- 사용기간 중 고용조건에 적합하지 않음이 증명된 자
- 노동 규율 또는 사용자의 규칙제도를 심각하게 위반한 자
- 직무상의 과실, 부정행위로 사용자의 이익에 중대한 손실을 초래한 자
- 법에 따라 형사처벌을 받은 자

• **비과실해고**

제26조 근로자가 다음 각 호의 하나에 해당하는 경우이다.
- 질병 또는 업무 외적(外的)인 부상으로 치료를 받은 후 원래의 업무에 종사할 수 없거나, 사용자가 별도로 지정한 기타 업무에도 종사할 수 없는 경우
- 업무수행능력이 없고 훈련 또는 직무 변경 후에도 여전히 업무수행능력이 없는 경우
- 계약 체결 시의 객관적 상황에 중요한 변화가 발생하여, 원래의 근로계약을 이행할 수 없게 되었고, 근로계약 변경을 위한 당사자 간의 협상이 합의를 보지 못한 경우

위의 경우에는 사용자는 30일 전에 근로자 본인에게 서면형식으로 통지해야 한다.

제28조 위의 경우에는 사용자는 정부 관련 규정에 따라 경제적 보상을 해야 한다.

제29조 단, 다음 각 호의 하나에 해당하는 근로자에 대하여 사용자는 과실해고 규정(제26조)에 따라 근로계약을 해지할 수 없다.
- 직업병 또는 업무로 인해 입은 부상으로 노동능력을 상실했거나 부분적으로 상실했다는 것이 확인된 경우
- 질병 또는 부상으로 인하여 규정된 치료기간 내에 있는 경우
- 여성근로자가 임신기, 출산기, 수유기에 있는 경우
- 법률, 행정법규에 규정하고 있는 기타 사항
- 근로자에 의한 근로계약 해지

제31조 근로자가 근로계약을 해지할 경우에는 30일 전에 서면형식으로 사용자에게 이를 통지해야 한다.

• **근로자에 의한 근로계약 해지 :** 제32조 다음 상황 중 하나에 해당하는 사유가 있는 경우에는 근로자는 언제든지 사용자에게 근로계약해지를 통지할 수 있다.
- 시용기(試用期), 즉 근로자가 수습기간 중에 있는 경우
- 사용자가 폭력, 위협 또는 불법으로 인신자유를 제한하는 등 방법으로 근로를 강요하는 경우
- 사용자가 근로계약에 약정한 대로 근로 보수를 지급하지 않거나 근로조건을 제시하지 않는 경우

⑥ 감원(減員)

- 제27조 사용자의 파산에 의한 법정 정리기간이거나, 생산 경영에 심각한 문제가 발생하여 감원이 불가피한 경우, 사용자는 30일 전에 노동조합이나 전체 근로자에게 상황을 설명하고, 노동조합 또는 근로자의 의견을 청취해야 하며, 노동행정부서에 보고한 후 감원할 수 있다. 사용자가 이 조항의 규정에 따라 감원을 실시한 후 6개월 내에 근로자를 채용할 경우에는 감원된 인원을 우선적으로 채용해야 한다.
- 제28조 위와 같은 사유에 의해 근로계약을 해제할 경우에는 사용자는 정부관련 규정에 따라 경제적 보상을 해야 한다.
- 제29조 앞에서 설명한 노동법 제29조의 각 호에 해당하는 경우에는 제27조의 규정에 따라 근로계약을 해지할 수 없다.

5) 근로기준

① 근로시간

- 제36조 국가는 근로자의 1일 근로시간이 8시간을 초과하지 않으며, 주당 평균 44시간을 초과하지 않는 근로시간제를 실시한다(단 이러한 규정은 1994년 2월 8일 공포되고 1995년 5월부터 시행되고 있는 「노동자의 노동시간에 관한 국무원 규정의 시행방법」 제3조에 의해 노동자는 매일 8시간 근무하고 매주 40시간 근무하도록 단축되었다).

② 휴식과 휴가

- 제38조 사용자는 근로자가 주당 최소 1일간 휴식하도록 보장해야 한다.
- 제40조 또한 사용자는 양력설, 음력설, 국제노동절, 국경절 및 법률, 법규에서 규정하는 기타 휴일 기간에 법에 따라 근로자에게 휴가를 주어야 한다.

③ 초과노동시간

[초과노동시간의 한도]

- 제41조 사용자는 생산, 경영상 필요로 인해 노동조합 및 근로자와 협상하여 근로시간을 연장할 수 있으나 일반적으로 1일 1시간을 초과하지 못한다. 특수한 사정으로 인하여 근로시간을 연장해야 할 경우에는, 근로자의 건강을 보장한다는 전제하에서 1일 3시간 이상을 연장할 수 없고, 매월 36시간을 초과할 수 없다.
- 제42조 예외적인 경우(자연재해 발생 등과 같은 비상사태 시)에는 위의 41조의 제한을 받지 않고 근로시간을 연장할 수 있다.

[초과 노동시간에 대한 임금 기준]

- 제40조 다음 상황 중 하나에 해당하는 경우에는 사용자는 다음의 기준에 따라

근로자의 정상 근로시간의 임금보다 높은 보수를 지급해야 한다.

- 근로자의 근무시간을 연장할 경우, 통상 임금의 150% 이상을 지급해야 한다.
- 휴일에 근로자를 근무시키고 보충 휴가를 주지 못하는 경우, 통상 임금의 200% 이상을 지급해야 한다.
- 법정휴가일에 근로자를 근무시키는 경우, 적어도 통상임금의 300% 이상을 지급해야 한다.

④ 연차 유급 휴가제도

- 제45조 국가는 연차 유급 휴가제도를 실시한다. 근로자가 1년 이상 연속근무 했을 경우 연차 유급 휴가를 향유한다. 구체적인 방법은 국무원에서 정한다.

(2) 임 금

1) 임금분배의 일반원칙

제46조 임금분배에 있어서는 노동에 따라 분배하는 원칙을 따라야 하며, 동일한 노동에 대해서 동일한 보수를 지급해야 한다. 또한 경제발전에 따라 임금 수준을 점진적으로 향상시키며, 국가는 임금 총액에 대해 거시적인 조절 및 통제를 실시한다.

제47조 사용자는 자체생산, 경영의 특성과 경제효익에 근거하여 법에 따라 자주적으로 임금분배 방식과 임금수준을 정한다.

제48조 국가는 최저임금보장제도를 실시한다.

2) 임금의 형태

제50조 임금은 화폐 형태로 매월 근로자 본인에게 지불해야 한다. 근로자의 임금을 공제하거나 이유 없이 연체지불해서는 안 된다.

3) 휴가 기간에 대한 임금 지불

제51조 근로자의 법정휴가일, 경로휴가기간 및 법에 따라 참가하는 사회활동 기간에 대해 사용자는 법에 따라 임금을 지불해야 한다.

(3) 근로 안전 및 보건

1) 근로 안전 보건제도의 확립

제52조 사용자는 근로안전보건제도를 확립하고 국가근로안전보건 규정과 기준을 엄격히 준수하며 근로자에게 근로안전, 보건교육을 실시하고 근무 중의 사고를 방지하고 직업위험을 감소시켜야 한다.

2) 작업보호용품 제공과 건강진단

제54조 사용자는 근로자에게 국가규정에 부합되는 근로안전보건조건과 필수적인 작업보호용품을 제공하며, 직업상 위험이 있는 직종에 종사하는 근로자에 대해 정기적으로 건강진단을 실시해야 한다.

3) 여성근로자와 미성년 근로자에 대한 특별 보호

제58조 국가는 여성근로자와 미성년 근로자에 대해 특별 근무보호를 실시한다. 미성년 근로자란 만 16세 이상 만 18세 미만의 근로자를 지칭한다.

제65조 사용자는 미성년 근로자에 대하여 정기적으로 건강진단을 실시해야 한다.

(4) 직업훈련

제68조 사용자는 직업훈련제도를 확립하고, 국가규정에 따라 직업훈련 경비를 사용해야 하며, 상황에 근거하여 계획적으로 근로자에게 직업훈련을 실시해야 한다.

(5) 사회보험 및 복지

제73조 다음 사항 중 하나에 해당하는 근로자는 법에 따라 사회보험혜택을 향유한다.

① 정년퇴직
② 질병 및 부상
③ 작업 중의 부상 또는 직업병
④ 실업
⑤ 출산

근로자가 사망한 후 유족은 법에 따라 유족 수당을 향유한다.

(6) 노동분쟁

제77조 사용자와 근로자 사이에 노동분쟁이 발생하는 경우 당사자는 법에 따라 조정, 중재, 제소를 할 수 있으며, 또한 협상으로 해결할 수도 있다.

현장 정보

■ 강화되는 노무관리 감독[142)]

중국은 최근 노동보장 감찰조례를 제정하고 노동법 위반 업체에 대한 감독을 강화하고 있다. 노동보장감찰조례에 의하면, 이유 없이 근로자 임금을 체불했을 경우 해당 정부기관이 개입하여 강제적으로 임금을 집행할 수 있도록 했고, 경우에 따라서는 임금의 50~100%에 달하는 보상금을 지불하도록 규정하고 있다. 또 임신 중인 여직원들은 7개월 동안 야간근무가 금지되며, 이를 위반한 경우에는 최고 5,000위엔(약 70만원)의 벌금이 부과된다.

또 납부해야할 보험료를 줄여서 신고하거나 허위 보고를 했을 경우에는, 근로자 급여의 최고 3배까지 벌금을 부과하고 있다. 또 노동사회보장부는 규정위반사례를 신고하는 사람에게는 보상금을 지급함으로써 감독의 실효성을 높이기로 했다. 조사에 따르면 중국 근로자들은 3,600억 위엔의 임금이 체불되어 있고, 체불기간이 10년이 넘는 곳도 많은 것으로 나타났으며, 12만 4,000 곳의 공사현장에서 체불행위가 적발됐다.

샹하이 시는 2004년 중 노동보장법을 위반한 3,177개 업체를 적발하고, 이들 중 2,858개 업체에 대해서는 시정 조치를 내리고 474개 업체에 대해서는 벌금을 부과했다,

또 지앙쑤(江蘇) 성 타이창(太倉)에 있는 B 한국기업은 직원보험료 허위신고 사실이 단속반에 적발돼, 정부당국으로부터 무려 200만 위엔(약 3억 원)의 벌금을 부과받았다.

---

(7) 노동조합법(공회법, 工會法) [143)]

노동조합법은 "국가의 정치, 경제와 사회생활 중에서의 노동조합의 지위를 보장하고, 노동조합의 권리와 의무를 확정하고, 사회주의 현대화 건설사업에서 노조의 역할을 발휘하기 위해, 헌법에 근거하여 제정(제1조)"되었다.

제2조는 "노동조합은 근로자들이 자발적으로 결성한 노동자 계급의 대중조직이다"라고 규정하고 있다.

제3조는 "중국 내의 기업, 사업단위, 기관에서 임금수입을 주요 생활원천으로 하는 육체노동자와 정신노동자는 민족, 종족, 성별, 직업, 종교신앙, 교육수준에 관계없이 모두 법에 따라 노동조합에 참가하고 노동조합을 조직할 권리를 갖는다. 어떠한 조직이나 개인도 방해하거나 제한할 수 없다"고 규정하고 있다.

노동조합법은 다음과 같은 총 57개의 조문으로 구성되어 있다.

① 제1장 총칙
② 제2장 노동조합의 조직
③ 제3장 노동조합의 권리와 의무
④ 제4장 기층(基層) 노동조합의 조직
⑤ 제5장 노동조합의 경비와 재산
⑥ 제6장 법적책임
⑦ 제7장 부칙

(8) 기 타

노동분야에 관한 그 밖의 주요 규정으로는 다음과 같은 것이 있다.

- '중화인민공화국 노동법' 집행에 관한 노동부의 의견

- 근로계약제도 실시 관련 일부문제에 대한 노동부의 통지
- 외상투자기업 노동관리 규정
- 중·외합자 경영기업 노동관리 규정
- 외상투자기업 고용 자주권 및 임금, 복지비용에 관한 규정
- 노동자의 노동시간에 관한 국무원 규정 및 시행방법
- 임금총액 구성 관련 규정
- 실업보험 조례
- 기업 노동자의 양로보험 기금 관리에 대한 노동부의 규정
- 기업 노동자 산업재해 보험 시행방법
- 기업 노동자의 업무외 부상 의료기간 규정
- 여성 근로자 노동보호 규정
- 직업병 예방 퇴치법
- 재(在)중국 외국인 취업관리 규정
- 기업 경제 불황 감원 규정
- 단체협약 규정
- 임금 단체 협상 시행방법
- 기업 노동분쟁 처리 조례
- 노동계약 위반 및 해지에 따른 경제보상 방법
- 노동법 위반 행정처벌 방법
- 노동법의 근로계약 규정의 위반에 대한 배상 방법
- 기업직원 산재보험 시행방법
- 산재보험 실시조례

현장 정보

■ 공회 설립 요건 완화[144)]

한국 국제노동재단(이사장 박인상)이 개최한 '최근 중국 및 베트남의 경제, 투자환경 및 노무관리 전략'설명회에서, '구성진' 대한상공회의소 이사는 "최근 중국에서는 단체 협상 제도를 도입하는 기업이 급증하고 있고 공회(工會 : 노동조합) 설립요건 완화와 동시에 기능과 권한을 대폭 확대하는 방향으로 법 개정이 이루어졌다. 또 중국 총공회는 외국인투자기업, 사영기업 등 신설기업을 주요 표적으로 '모든 기업에 공회조직 설립'을 목표로 활동을 강화하고 있으므로 중국진출 기업의 적극적인 대응이 필요하다"고 강조했다.

■ 중국의 공회(노동조합)[145)]

중국 전국 총공회가 중국에 진출한 다국적 기업에 대해 공회 설립의 압력을 강화하고 있는

것으로 나타났다.

중국 관영 신화통신에 따르면 중국 공회(工會, 꽁후이)는 삼성을 비롯해 월마트, 코닥, 델 컴퓨터, KFC, 맥도날드 등 대표적인 다국적 기업이 공회설립을 방해하고 있다며 이런 상황이 계속될 경우 제소하겠다고 밝혔다. 월마트는 중국 18개 도시에 37개 점포를 운영하면서 1만 9천여 명의 종업원을 고용하고 있으나, 공회 조직 설립을 일절 허용하지 않고 있다(그러나 2005년도에는 결국 허용하게 되는데, 이는 다음 사례를 참조).

코닥 역시 공회의 활동공간을 제공하지 않고 코닥이라는 이름을 쓰지 못하게 하는 등 공회 설립을 저지하는 한편, 직원들의 공회 참석을 금지하고 있다. 전국 총공회 기층 조직부 관계자는 "법에 따라 공회 설립의 역량을 강화하고 모두 사회적 압력을 통해 다국적 기업의 공회 설립 장애 요인을 제거해야 한다"고 강조했다.

총공회에 따르면 중국에 진출한 40여 만 개의 외국기업 중 20%, 중국 내 200만 개의 민영기업 중 40%에 공회가 구성되어 있다.

중국 공회법은 모든 노동자에게 공회 가입의 자유를 보장하고 있으며, 직원의 3분의 2가 요구하는 기업은 공회 설립을 허용해야 한다.

사 례

■ 월마트, 중국에서 노조 허용[146)]

세계 최대의 할인점인 미국 '월마트'가 그 동안 철저하게 지켜온 '무노조 경영원칙'을 포기하기로 했다.

중국 월마트는 2004년 11월 23일, "근로자들이 노조 설립을 요구할 경우, 회사는 근로자들의 요구를 존중해 중국 노조 관련 법규에 따른 의무를 다할 것"이라고 밝혀 사실상 중국내 노조설립을 허용하기로 했다고 발표했다.

중국 월마트는 2003년 중국에서 150억 달러 규모의 상품을 구매했으며, 42개의 지점에서 2만 명의 근로자가 근무하지만 노조설립을 허용하지 않았다.

이에 중국 정부의 지원을 받은 중국의 노총에 해당하는 중화 전국 총공회(中華全國總工會)는 월마트의 무노조 원칙을 강력히 비판해 왔고, 노조설립을 끝내 허용하지 않을 경우에는 법적으로 대응하겠다고 경고하기도 했다.

월스트리트 저널은 지난 2004년 3월 중국 정부의 노무실태조사에서 '삼성전자'와 '이스트만 코닥', 미국의 '델' 등 '월마트'와 함께 노조설립을 방해하는 것으로 지목됐던 기업들이 월마트의 방침 변경으로 무노조 원칙을 더 이상 지켜 나가기 어려울 것을 예상했다.

월마트는 과거 미국의 텍사스에서 정육부 직원들이 노조결성을 추진하자 관련 부서를 폐쇄하는 등 노조설립을 철저하게 막아왔지만, 2004년 8월 캐나다 퀘백에 처음으로 노조설립을 허용하는 등 무노조 원칙이 점점 무너지고 있다.

---

5. 지적재산권 분야

(1) 저작권법[147)]

저작권법은 "문학, 예술 및 과학 작품 저자의 저작권 보호 및 저작권 관련 이익을 보호하고, 사회주의 정신, 물질 문명 건설에 유익한 작품의 창조와 보급을 장려하고, 사회주의 문화와 과학 사업의 발전과 번영을 촉진하기 위하여 헌법에 근거하여 제정(제1조)"되었다.

제3조에서는 "동 법에서의 작품은 아래의 형식으로 창작된 문학, 미술, 자연과학, 사회과학, 산업기술 등 작품을 가리킨다"고 규정하고 있다.

① 문학작품
② 구술자품
③ 음악, 희곡, 곡예, 무용, 기예 등 예술 작품
④ 미술, 건축 작품
⑤ 촬영 작품
⑥ 영화 작품 및 유사한 영화 촬영 방법으로 창작된 작품
⑦ 공사 설계도, 제품 설계도, 지도, 설명서 등 도형 및 모형작품
⑧ 컴퓨터 소프트웨어
⑨ 법률, 행정법규에서 규정한 기타 작품

저작권법은 아래와 같은 총 60개의 조문으로 구성되어 있다.

① 제1장 총칙
② 제2장 저작권
  • 제1절 저작권 및 관리
  • 제2절 저작권의 귀속
  • 제3절 권리의 보호기간
  • 제4절 권리의 제한
③ 제3장 저작권의 사용허가 및 양도계약
④ 제4장 출판, 실연, 녹음, 녹화, 방송
  • 제1절 출판
  • 제2절 실연(實演)
  • 제3절 녹음 · 녹화
  • 제4절 텔레비전 · 라디오 방송국의 방송
⑤ 제5장 법률 책임 및 집행조치
⑥ 제6장 부칙

(2) 특허법[148)]

특허법은 "발명 창조의 특허권을 보호하고, 발명 창조를 장려해 발명 창조의 보급과 응용에 이바지하고, 과학기술의 진보와 혁신을 추진하여 사회주의 현대화 건설의 요구에 부응하기 위해 제정(제1조)"되었다.

제2조는 "동 법에서 발명 창조란 발명, 실용신안, 의장을 말한다"고 규정하고 있다. 특허법은 다음과 같은 총 69개의 조문으로 구성되어 있다.

① 제1장 총칙
② 제2장 특허권 부여
③ 제3장 특허 출원
④ 제4장 특허 출원 심사 및 인가
⑤ 제5장 특허권의 존속기간, 소멸, 무효
⑥ 제6장 특허 강제 실시의 허가
⑦ 제7장 특허권 보호
⑧ 제8장 부칙

사 례

■ 중국의 특허권 : 신약(新藥) 분야[149)]

선진 신약 특허를 가지고 있는 외국의 제약회사들의 시장 규모가 현재 100억 달러 수준이고 매년 두 자릿수로 급속히 성장하고 있는 중국 시장에 진출하려는 것은 당연하다. 그러나 중국 시장 진입에 수반하는 위험요소가 너무나 크기 때문에 제약업체 CEO들은 고민에 빠져 있다. 그 중에서 가장 큰 위험은 '복제'이다. 신약을 들여오기가 무섭게 중국 업체들이 워낙 빠르게 거의 똑같은 복제 약을 만들어내기 때문에 외국업체가 중국에서 신약을 판매하기란 거의 불가능하다고 한다.

그 대표적인 피해 사례는 영국 제약업체인 '글락스 스미스 클라인(GSK)사(社)'이다. GSK는 자사에서 개발한 당뇨병 치료제 아반디아(Avandia)의 특허싸움에서 패배하고 말았다. 중국 정부가 핵심 성분이 다르다는 이유로 중국 토종업체의 승소 판결을 내려 주었기 때문이다.

2004년 7월 중국 정부는 유명한 발기부전치료제인 비아그라의 중국 내 특허권도 취소했다. '화이자(Pfizar)'사가 비아그라의 주요 성분을 정확하게 설명하지 않았기 때문에 중국 지적 재산권을 위반했기 때문이라는 이유에서였다. 화이자도 법적 대응에 나섰지만, 특허권을 잃는 쪽으로 최종 판결이 난다면, 중국 내 비아그라 제조 판매 회사들은 화이자에게 제조방법 사용 로열티를 지불하지 않아도 된다.

이처럼 중국 정부가 계속 자국업체들의 편을 들고 있으므로 다국적 제약업체들은 고민에 빠져 있는 것이다.

---

(3) 상표법[150)]

상표법은 "상표관리를 강화해 상품 전용권을 보호하고, 생산자 및 경영자에게 상품과 서비스를 보증하게 함으로써 상표의 신용을 유지하고, 소비자와 생산자 및 경영자의 이익을 보장하고, 사회주의 시장경제 발전을 촉진하기 위하여 제정(제1조)"되었다.

제3조는 "상표국(局)의 허가를 받아 등록된 상표를 등록상표라고 하며, 여기에는 상품상표, 서비스상표, 단체상표, 증명상표가 포함된다, 상표등록인은 상표전용권을 향유할 수 있으며 동 법의 보호를 받는다"고 규정하고 있다.

상표법은 다음과 같은 총 64개 조문으로 구성되어 있다.

① 제1장 총칙
② 제2장 상표 등록의 출원
③ 제3장 상표 등록의 심사 및 인가
④ 제4장 등록 상표의 갱신, 양도 및 사용허가
⑤ 제5장 등록 상표 분쟁의 재정
⑥ 제6장 상표 사용의 관리
⑦ 제7장 등록상표 전용권의 보호
⑧ 제8장 부칙

(4) 기 타

지적재산권 분야에 관한 그 밖의 주요 규정으로는 다음과 같은 것이 있다.

① 저작권법 실시 조례
② 컴퓨터 소프트웨어 보호 조례
③ 컴퓨터 소프트웨어 저작권 등록방법
④ 소프트웨어 산업, 집적회로 산업 발전 장려 정책
⑤ 국제 저작권 조약 실시에 관한 규정
⑥ 특허법 시행 세칙
⑦ 상표법 실시 조례
⑧ 인터넷 도메인 이름 등록 관리 방법 및 시행세칙
⑨ 인터넷 정보서비스 관리 방법
⑩ 소프트웨어 기업 인증 기준 및 관리방법
⑪ 소프트웨어 상품 관리 방법
⑫ 지적 재산권 세관 보호 조례
⑬ 불공정 경쟁 방지법

현장 정보

■ 한국이 중국에 출원한 지적재산권 수[151)]

한국 기업들이 2004년 2월 말 현재 중국에 출원·등록한 특허, 실용신안, 의장 등의 지적재산권 관련 총 건수는 모두 2만 3,469건으로 일본, 미국, 독일에 이어 4위를 기록하고 있으며 해가 갈수록 급격히 증가하고 있다고 특허청 정덕배 사무관이 밝혔다.

■ 지적재산권 침해 : EU, 중국을 최대의 불법 복제품(짝퉁) 제조국으로 지목[152)]

유럽연합(EU)은 중국을 각종 불법 복제품, 이른바 '짝퉁'이 판치는 가장 우려되는 '짝퉁'제조국으로 지목했다.

'파스칼 라미' EU 통상 담당 집행위원은 2004년 11월 10일 기자회견에서 "중국의 해적판과 가짜가 갈수록 늘어나고, 범죄단체들이 조직적으로 이 일에 뛰어들고 있다. 가짜는 라이터와 의류, 음반에서부터 자동차 부품과 모델, 농산물 씨앗에 이르기까지 전 품목에 걸쳐 있으며, 심지어 주유소까지 유럽 유명 상표를 도용하는 경우도 있다"고 열거하며, 유럽 기업과 상품을 지키기 위해 가짜와의 전쟁에 나설 것임을 강조했다고 경제전문지 '한델스 브라트'가 전했다. 라미 위원은 특히 가짜 식품이나 약품의 경우 혁신 및 신제품 개발에 투자하는 유럽 기업에 경제적 손실을 줄 뿐만 아니라 소비자들의 건강을 크게 위협한다고 지적했다. 라미 위원은 기자 회견장에서 독일산 수도꼭지와 이 상표를 위조해 만든 중국산 가짜를 들어 보인 뒤 "가짜를 제조하는 행위는 사기 행위"라고 비판했다.

EU가 이에 앞서 발행한 불법 복제품 위험국 명단에는 중국과 러시아, 우크라이나 등이 핵심국으로 지목되어 있다. 또 한국도 대만과 필리핀, 인도네시아, 브라질 등과 함께 위험국 명단에 등재되어 있다.

EU는 불법복제 시장규모를 전세계 무역액의 5%, 연간 약 2,000억 유로에 달하는 것으로 추산하고 있다.

사 례

■ 지적재산권 침해 : GM대우 '치루이' 제소[153)]

'GM대우'가 자사의 경차'마티즈'를 모방해 'QQ'라는 이름의 소형차를 생산, 판매하고 있는 중국 국영기업 '치루이(奇瑞, 영문명 '체리')'를 상대로 지적재산권 소송을 제기했다. (중국 언론 보도)

베이징 시 제1중급 인민법원에 제출된 소장(訴狀)에 따르면, "치루이 QQ의 외관과 내장, 사이즈 등이 마티즈와 유사하며 핵심 부품은 마티즈와 호환이 될 정도이다"라면서 치루이가 부당경쟁 방지법을 위반했다고 주장했다.

GM대우는 치루이에 대해 지적재산권 침해 행위를 즉시 중단하고 공개사과할 것과 해당 차량의 부당 판매 수익금 전액을 몰수할 것을 법원에 청구했다. GM대우 측은 "치루이가 원고의 기업비밀을 모방, 표절, 침범하는 수법으로 시장질서를 교란하고 신의성실 원칙을 위배했으며, 원고 기업의 이미지와 경제에 타격을 주는 등 기업 활동에 심각한 영향을 미쳤다"고 밝혔다.

GM대우는 2003년 상하이 소재 '상치우링'과 기술협정을 맺고 마티즈의 중국 내 제조 및 판매를 시작했고, 중국에서는 '시보레 스파크'라는 이름으로 판매되고 있다. 치루이는 1997년 설립된 국영기업으로 안후이(安徽)성에 본사를 두고 있다.

현장 정보

■ 중국, SW 저작권 침해 이례적으로 제재[154)]

중국 국가 판권국은 베이징 '중신리엔'과 티엔진 '민쭈원화' 등 2개 회사에 대해 미국 '마이크로소프트'사의 저작권을 침해한 책임을 물어 벌금을 부과했다고 밝혔다. 중신리엔에게는 8만 위엔(1천만원), 민쭈원화에게는 1만 위엔(약 140만원) 정도의 벌금이 각각 부과되었다.

중국 국가 판권국은 두 회사가 '윈도우 XP 홈 에디션'을 불법복제한 혐의를 잡고 조사를 벌여 각각 5만 5천장과 4천장의 디스켓을 불법제작한 사실을 확인했다고 밝혔다. 중국 당국이 컴퓨터 소프트웨어의 저작권침해 기업에 제재조치를 취한 것은 극히 이례적인 일이다.

■ 중국 법원, 외국 지적 재산권 보호 판결[155)]

중국이 '불법복제의 천국'이라는 오명에서 벗어나기 위해 지적재산권 침해 소송에서 외국기업의 손을 잇달아 들어주고 있다. 스위스 농화학업체인 '신젠타'는 2004년 5월, 자사에서 개발한 살충제 생산기술 관련 특허를 중국업체인 얀쳉 류예 화학 등 2개 업체가 도용했다며 소송을 제기했다. 이에 대해 중국 난징의 인민중재법원은 신젠타의 주장이 일리 있다고 보고, 특허를 침해한 중국업체들에게 손해를 배상하고 공식 사과하도록 판결했다.

이밖에도, 중국법원이 지적재산권 침해 소송을 제기한 외국 회사에게 승소 판결을 내리는 예는 그 후에도 몇 건이 더 보도되고 있다.[156)]

2004년 12월 23일에는 세계적인 코믹 캐릭터 '가필드'의 저작권을 침해한 샨시성의 한 출판사에 대해서도 21만 3,800위엔(약 2,700만원)을 배상하라는 판결이 내려졌다.

또 베이징 제 2중급 인민법원은 2004년 12월 24일 일본의 '혼다(HONDA)'가 '리판' 그룹을 상대로 제기한 지적재산권 침해 소송에서 '혼다'에 승소 판결을 내려주었다. 리판 그룹은 중국 충칭(重慶) 지역에 소재한 오토바이 제조회사인데, '혼다' 라는 브랜드를 사용해 오다가 상표권 침해로 2002년 7월 제소되었다. 법원은 리판 그룹에 대해 혼다 상표 사용을 중지하는 동시에 147만 위엔(약 1억 8,500만원)을 혼다 측에 손해배상하라고 판결했다.

■ 중국 최고 인민법원, 지적재산권 침해에 대한 처벌 강화[157)]

중국기업들은 그 동안 지적재산권을 침해하는 불법복제행위가 적발되더라도 소액의 벌금형을 선고받는 경우가 많아 불법복제품 제작에 따른 위험부담을 가볍게 생각해왔다. 이런 상황에서 중국의 느슨한 지적재산권 관련 법규로 인하여 큰 피해를 당하고 있다고 주장하는 미국과 유럽의 요청을 받아 들여, 최고인민법원은 지적재산권(지재권) 침해 행위에 대한 해석과 처벌 수위를 강화하는 새 규정을 마련하고 2004년 12월 23일부터 적용하고 있다. 새 규정에 따르면, 6,000달러 이상의 불법복제행위가 적발될 경우 최소 3년 형에서 최고 7년 형에 처하도록 했다. 지금까지는 12,000달러~24,000달러 이상의 불법복제에 대해서만 처벌해 왔다. 그리고 "음악, 영화, 소프트웨어 등을 5,000장 이상 불법적으로 복제한 경우에도 같은 처벌을 하도록 했다"[158)]

또 법원은 저작권을 취득하지 않은 내용물을 인터넷을 통해 불법적으로 유통하는 행위에 대해서도 범법행위로 규정하였다.

사 례

■ **한국 국내법원 국제재판권 관할권 인정 : 중국 등 불법복제에 대응 길 열리다**[159)]

그동안 상당 수 국내기업들, 특히 중소기업들은 중국 등 해외에서 불법복제 등 자사의 지적재산권이 침해되는 피해를 겪고도 해외의 외국법원에 소송을 해야 한다는 부담때문에 저작권 침해를 눈뜨고 당해왔다.

그러나 국내에 연고가 없는 외국업체가 해외에서 저작권을 침해했다 하더라도 이에 대한 재판관할권은 대한민국 법원에 있다는 판결이 나왔다. 통상 해외에서 발생하는 외국회사의 국내업체 지적재산권 침해 사건은 '침해 사건이 발생한 지역'의 법원에 국제재판 관할권이 부여되는 게 국제적 기준이었다.

서울 중앙지방법원 민사 합의 11부(재판장 정영진 부장판사)는 국내 시나리오 작가 김 모씨가 "자신의 허락도 없이 시나리오 내용을 도용해 영화를 제작했다"며 미국의 유명한 영화 제작회사인 '드림웍스'를 상대로 제기한 저작권 침해 금지 소송에서 "이 사건 저작권 침해 대한 판단은 대한민국과 '실질적 관계'가 있는 만큼 대한민국 법원에 국제재판 관할권이 인정된다"고 2005년 9월 11일 밝혔다.

재판부는 판결문에서 "피고 드림웍스사는 대한민국에 사무소 등의 주소가 없고 저작권 침해의 발생지도 미국임을 들어 대한민국에 국제재판 관할권이 없다고 주장하지만, 문제의 영화가 실제 대한민국에서 배포, 상영된 만큼 대한민국과 '실질적 관련'이 있다"고 밝혔다.

재판부는 특히 "대한민국의 영화시장 규모는 이 사건 영화를 개봉한 일본, 캐나다에 비해 작지 않아 손해 규모가 미미한 수준은 아닐 것으로 예상된다. 더구나 대한민국은 세계 무역기구(WTO)의 지적재산권 협정 및 베른 협약의 적용을 받고 있어 드림웍스가 국내 법원의 소송에 응하는게 특별히 부당하다고 볼 수 없다"고 판시했다.

재판부는 그러나 "드림웍스사의 저작권 침해 여부에 대해서는, 원고가 만든 시나리오와 특별한 유사성이 없다"며 원고의 청구를 기각했다.

이번 판결은 원고가 고등법원에 항소하지 않아 해외 저작권 침해 사건의 대한민국 재판 관할권을 인정한 첫 판례로 확정됐다.

6. 무역분야

(1) 대외무역법[160)]

대외무역법은 "대외무역의 발전과 대외무역질서의 수호, 그리고 사회주의 시장경제의 건전한 발전을 촉진하기 위하여 제정(제1조)"되었다.

제2조는 "동 법에서 대외무역이 함은 상품, 기술의 수출입과 국제서비스 무역을 지칭한다"고 규정하고 있다.

대외무역법은 다음과 같은 총 44개의 조문으로 구성되어 있다.

① 제1장 총칙
② 제2장 대외무역 경쟁자
③ 제3장 상품의 수출입과 기술의 수출입
④ 제4장 국제 서비스 무역
⑤ 제5장 대외무역질서
⑥ 제6장 대외무역촉진
⑦ 제7장 법률 책임
⑧ 제8장 부칙

(2) 세관법[161)]

세관법은 "국가의 주권과 이익을 수호하고 세관의 관리감독을 강화하고, 대외경제 무역과 과학기술 문화교류를 촉진하고, 사회주의 현대화 건설을 보장하기 위하여 제정(제1조)"되었다.

세관법은 다음과 같은 총 102개 조문으로 구성되어 있다.

① 제1장 총칙
② 제2장 출입국 운수도구
③ 제3장 출입국 상품
④ 제4장 출입국 물품
⑤ 제5장 관세
⑥ 제6장 세관사무담보
⑦ 제7장 법 집행 감독
⑧ 제8장 법적 책임
⑨ 제9장 부칙

(3) 기 타

무역 분야에 관한 그 밖의 주요 규정으로는 다음과 같은 것이 있다.

① 수출입 상품 검사법
② 기술 수출입 관리 조례
③ 기술 수출입 계약 등기관리방법
④ 수출입 상품 추출검사 관리방법
⑤ 수출입 상품 인증관리방법
⑥ 반덤핑 조례
⑦ 세이프 가드 조례
⑧ 외상투자기업 수입관리 시행세칙
⑨ 세관검사 조례

7. 토지관리분야

(1) 토지관리법[162)]

토지관리법은 "토지관리를 강화하고, 토지의 사회주의 공유제를 수호하며, 토지자원을 개발하고 보호하며, 토지의 합리적인 이용과 농경지의 적절한 보호 및 사회주의 현대화 건설의 지속가능한 발전을 위해 헌법에 따라 제정(제1조)"되었다.

제2조에서는 "중화인민공화국은 토지의 사회주의 공유제를 시행한다. 토지의 사회주의 공유제라 함은 토지의 전국민소유제와 근로자들의 집단소유제를 말한다.

전국민소유라 함은 국가가 소유하고 있는 토지의 소유권을 국무원에서 국가를 대표하여 행사하는 것을 말한다.

어떠한 기관이나 개인도 토지를 점유하거나 매매 또는 기타 불법적인 형식으로 양도할 수 없다. 토지소유권은 법에 의해 양도할 수 있다.

국가는 공공이익을 위하여 법에 의해 집단 소유의 토지를 수용할 수 있다.

국가는 법에 의하여 국유토지의 유상(有償) 사용제도를 시행한다" 고 규정하고 있다.

제8조에서는 "도시 시구(市區)지역의 토지는 국가 소유로 한다. 농촌과 도시 외곽의 토지는 법률 규정에 의하여 국가소유에 속하는 것을 제외하고 농민들의 집단 소유이다" 라고 규정하고 있다.

제85조에서는 "중·외합자 경영기업, 중·외합작 경영기업, 외자기업의 토지사용은 동 법을 적용하고, 법률에 따로 규정이 있는 것은 그 규정에 따른다"고 규정하고 있다.

토지관리법은 다음과 같은 총 86개 조문으로 구성되어 있다.

① 제1장 총칙
② 제2장 토지의 소유권과 사용권
③ 제3장 토지이용 총체계획
④ 제4장 농경지 보호
⑤ 제5장 건설용지
⑥ 제6장 감독검사
⑦ 제7장 법적 책임
⑧ 제8장 부칙

(2) 도시부동산 관리법[163)]

도시부동산 관리법은 "도시부동산의 관리를 강화하고, 부동산 시장의 질서를 유지하고, 부동산 재산 권리인의 합법적 권익을 보장하고, 부동산 산업의 건전한 발전을 촉진하기 위하여 제정(제 1조)"되었다.

제2조는 "중화인민공화국의 도시계획 구역 국유토지 범위 내에서 부동산 개발 용지의 토지사용권을 취득하여 부동산 개발과 부동산 교역에 종사하는 경우와 부동산 관리에 종사하는 경우는 동 법을 준수해야 한다.

동 법에서 건물이라 함은 토지상의 건물, 건축물 및 구조물을 말한다.

동 법에서 부동산 개발이라 함은 동 법에 의하여 국유토지 사용권을 취득한 토지에 기초시설과 건물을 건설하는 행위를 말한다.

동 법에서 부동산 교역이라 함은 부동산의 이전, 부동산의 저당 및 건물 임대를 말한다"고 규정하고 있다.

제3조는 "국가는 법에 의거하여 국가 소유의 토지에 대하여 꾸준한 개발과 일정기한이 있는 사용제도를 실행해야 한다. 단 국가가 동 법이 규정한 범위 내에서 국가 소유의 토지를 할당하는 경우는 예외이다"라고 규정하고 있다.

도시부동산 관리법은 다음과 같은 총 72개 조문으로 구성되어 있다.

① 제1장 총칙
② 제2장 부동산 개발용지
③ 제3장 부동산 개발
④ 제4장 부동산 교역
- 제1절 일반규정
- 제2절 부동산의 이전
- 제3절 부동산의 저당
- 제4절 건물의 임차
- 제5절 부동산 중개 기구

⑤ 제5장 부동산 권리 귀속 등기관리
⑥ 제6장 법적 책임
⑦ 제7장 부칙

(3) 기 타

토지관리에 관한 그 밖의 주요 규정으로는 다음과 같은 것이 있다.

① 토지관리법 시행조례
② 성진(城鎭) 국유토지 사용권 출양(出讓)과 양도 잠정조례(1990년 5월 19일 중화인민공화국 국무원령 공표 및 실시)
③ 국유토지 사용권 입찰, 경매, 공시 출양 규정(2002년 5월 9일 국토자원부 공표)
④ 국유토지 사용권 협상 출양 규정(2003년 6월 11일 국토자원부 공표, 2003년 8월 1일 실시)
⑤ 국유토지 임대차 규범화 관련 일부의견(1999년 8월 1일 국토자원부 공표)
⑥ 외상(外商)투자 대규모 단지 개발 및 경영 잠정관리 방법(1990년 5월 19일 국무원 공표)

⑦ 외상투자 산업지도 목록
⑧ 토지 등기규칙(1995년 12월 28일 국가토지관리국 공표)
⑨ 외상투자 토지사용세 면제 관련 문제에 관한 국가세무총국의 답장(1997년 3월 27일 국가세무총국 공표)
⑩ 현재 외상투자 진일보 권장 관련 대외무역부 등 부서의 의견을 이전 발송하는 데 관한 국무원 판공청(辦公廳)의 통지(1999년 8월 20일 국무원 판공청 공표)
⑪ 외상투자기업 장소 사용비 납부 관련 문제에 관한 재정부의 답장(1997년 11월 4일 재정부 공표)
⑫ 토지시장질서의 정리 정돈 및 규범에 관한 통지(2001년 6월 21일 국토자원부 공표)
⑬ 도시국유토지 사용권 가격관리 잠정방법(1995년 12월 1일 국가발전개혁 위원회 공표)

기타 지방규정의 예로서는 다음과 같은 것이 있다.

① 절강성 외상투자기업 토지 사용비 징수방법
② 북경시 외상투자기업 토지 사용비 징수방법

8. 환경보호분야

(1) 환경보호법[164)]

환경보호법은 "생활환경과 생태환경을 보호·개선하고, 오염과 기타 공해를 예방퇴치하여 인체의 건강을 보호하고, 사회주의 현대화 건설, 발전을 촉진하기 위하여 제정(제1조)" 되었다.

제2조는 "동 법에서 환경이란 대기·물·해양·토지·지하자원·삼림·초원·야생생물·자연유적·인문유적·자연보호구·명승지·도시와 농촌 등을 망라한 인류의 생존과 발전에 영향을 주는 각종 천연적인 혹은 인공적으로 개조된 자연요소의 총체를 가리킨다"고 규정하고 있다.

환경보호법은 다음과 같은 총 47개 조문으로 구성되어 있다.

① 제1장 총칙
② 제2장 환경에 대한 감독과 관리
③ 제3장 환경의 보호와 개선
④ 제4장 환경오염과 기타 공해의 예방 및 퇴치
⑤ 제5장 법적 책임
⑥ 제6장 부칙

현장 정보

■ 중국의 환경오염[165)]

중국에서 전력공급의 80%는 화력발전소가 공급한다. 화력발전소는 아황산가스를 배출하기 때문에 전기소비가 늘면 늘수록 중국의 공기는 오염된다는 뜻이다. 중국의 주요 340개 가운데 60%가 이미 심각한 대기오염에 시달리고 있다. 여기에 자동차가 폭발적으로 증가하다 보니 그 오염은 더욱 가속화되고 있다.

'IEA(International Energy Agency)'에 따르면 중국의 이산화탄소 배출량은 1990년보다 45%가 증가했는데, 이는 독일과 영국이 각각 13.3%, 5.5% 증가한 것과 비교해 보면 그 심각성을 짐직할 수 있다.

물도 오염되어 더러워졌다. 주요 하천의 수질이 마시기에 부적합한 4~5급수로 떨어졌다는 사실은 중국 정부도 인정하고 있다.

한편 국토의 3분의 1인 산성비로 오염되어 있다. 산성비로 인한 피해는 연간 1,100억 위엔(약 16조원)인데, 이는 국내총생산(GDP)의 3%에 달한다.

국가환경보호국의 '판웨' 부국장은 중국 관영'신화통신'과의 인터뷰에서 "중국이 세계 4대 무역 강국으로 부상했지만 그 뒤에는 재앙이 숨어 있다"고 말했다.

---

(2) 수질오염 방지법[166)]

수질오염 방지법은 "수질오염을 방지하고, 환경을 보호하고 개선하여 인체의 건강을 보호하고, 수자원의 효과적인 이용을 확보하고, 사회주의 현대화 건설을 촉진하기 위하여 제정(제1조)"되었다.

제2조는 "동 법은 중화인민공화국내의 하천, 호수, 운하, 수로, 저수지 등의 지표수(地表水) 및 지하수의 오염방지에 적용한다. 해양오염방지법은 별도로 제정하고 동 법을 적용하지 않는다"고 규정하고 있다.

수질오염 방지법은 다음과 같은 총 62개 조문으로 구성되어 있다.

① 제1장 총칙
② 제2장 수질환경 품질기준과 오염물 배출기준의 제정
③ 제3장 수질오염 예방 및 퇴치에 대한 감독관리
④ 제4장 지표수 오염방지
⑤ 제5장 지하수 오염방지
⑥ 제6장 법적 책임
⑦ 제7장 부칙

현장 정보

■ 중국의 수질오염[167)]

미국 '내셔널 지오그래픽'은 현재 중국 도시 중 3분의 2가 깨끗한 담수가 부족해 위기를 겪고 있다고 보도했다. 배설물로 오염된 물을 마시는 사람도 7억 명이나 된다. 매년 도시에서 배출되는 생활오수는 약 11%만 하수 처리되고, 나머지는 강과 호수로 직접 흘러 들어가고, 다시 그대로 바다로 들어간다. 또 주요 7대 하천의 측정소 중 폐수가 흐르는 것으로 확인된 부분은 30.3%에 이른다.

최근 중국 국가환경보호총국이 발간한 자료에 따르면, 중국의 주요 하천에서 2003년 바다로 흘러 들어간 해양오염 물질이 619만 t에 달하는 것으로 나타났다. 그러나 중국 당국의 수질오염 위반에 대한 처벌은 극히 약해서, 2003년 단속으로 적발된 기업과 개인은 2억 3,000만 건이었지만, 영업정지 등 사법 처리를 받은 것은 6,000건에 불과한 실정이다.

---

(3) 대기오염 방지법[168)]

대기오염 방지법은 "대기오염을 방지하고, 생활환경과 생태환경을 보호 · 개선하고, 인체건강을 보장하고, 사회주의 현대화 건설의 발전을 촉진하기 위하여 제정(제 1조)"되었다.

대기오염 방지법은 다음과 같은 총 41개 조문으로 구성되어 있다.

① 제1장 총칙
② 제2장 대기오염 방지의 감독 및 관리
③ 제3장 매연의 예방 및 퇴치
④ 제4장 폐기물, 분진 및 악취 오염의 예방 및 퇴치
⑤ 제5장 법적 책임
⑥ 제6장 부칙

현장 정보

■ 중국의 대기오염[169)]

'세계보건기구(WHO)'가 제시한 생활 대기 중 이산화황의 최저기준은 m^3당 50g(1μg은 100만 분의 1g) 이하이다. '세계은행'에 따르면 1995년 기준 중국의 충칭(重慶)은 이 수치가 450μg으로 무려 기준치의 9배에 달했고, 타이위엔(太原)은 300μg 지난(濟南)은 100μg이었다.

10년이 경과한 현재도 이 수치는 크게 변화하지 않았다. '신화넷'은 2004년 현재 베이징과 상하이의 대기 중 이산화황 양이 각각 90μg 153μg 이었다고(2004년 4월) 보도했다.

또 중국 당국의 발표에 따르면, 2003년 전체 주요 도시의 58.2%의 대기 상태가 거주지 기준인 2급에 미달하고 있다.

대기오염 물질 때문에 사실상 중국 전역에 산성비가 내리고 있다. 중국 국가환경보호총국이 발표한 2003년 환경오염 상황공보에 따르면, 전구 487개 시(市), 현(縣)의 54.4%에서 산성비가 내리고 있고, 대도시는 90%가 산성비에 노출되어 있다.

대기오염은 건강에도 치명적으로 작용한다.

세계은행 자료에 따르면, 1995년 기준으로 중국 내에서 대기오염으로 인한 조기사망자는 17만 8,000명, 호흡기 질환으로 입원한 사람은 34만 6,000명, 응급실을 찾은 사람은 677만 명이었다. 또 천식발작 환자는 751만 명이었고, 호흡기 질환 증세를 보인 사람은 527만 여명이었다. 결국 대기오염으로 피해를 입는 사람이 2,000만 명을 넘고 있는 것이다.

최근 영국 파이낸셜 타임즈(FT)는 "최근 매년 중국 11개 대도시에서 5만 명이 기관지 질환으로 조기 사망하고, 40만 명은 만성 기관지염에 시달리고 있다. 이산화황, 질소산화물 등 오염물질이 현재 추세로 증가한다면, 2010년에는 중국인 38만 명이, 2020년에는 55만 명이 대기오염으로 조기 사망할 것이다"라고 예측했다.

미국 내셔널 지오그래픽에 따르면, 중국 내 주요 340개 도시 가운데 당국이 정한 대기오염 기준을 충족시키는 곳은 3분의 1에 불과하다.

2003년을 기준으로 세계 주요도시의 대기오염도를 비교하면 다음과 같다(출처 : 중국 신화통신). (단위 : $1m^3$당 함유량, 즉 마이크로그램/m^2)

첫째, 이산화황(WHO 기준치는 50)		둘째, 이산화질소(WHO 기준치는 40)	
베이징	90	베이징	122
샹하이	53	뉴욕	79
뉴욕	26	로스앤절레스	74
방콕	11	샹하이	73
로스앤젤레스	9	방콕	23

(4) 해양환경보호법[170)]

해양오염 방지법은 "해양환경을 보호하고, 개선하며, 해양자원을 보호하고, 오염으로 인한 피해를 방지하고, 생태계 균형을 유지하고, 인체건강을 보장하고, 사회와 경제의 지속가능한 발전을 촉진하기 위하여 제정(제1조)"되었다.

제2조에서는 "동 법은 중화인민공화국의 내수 · 영해 · 인접구역 · 경제수역 · 대륙붕 및 중화인민공화국이 관할하는 기타 해역에 적용된다"고 규정하고 있다.

해양환경 보호법은 다음과 같은 총 98개 조문으로 구성되어 있다.

① 제1장 총칙

② 제2장 해양환경의 감독관리

③ 제3장 해양생태 보호

④ 제4장 육지오염의 해양환경에 대한 오염과 피해의 예방 퇴치
⑤ 제5장 해안공사의 해양환경에 대한 오염과 피해의 예방퇴치
⑥ 제6장 해양공사의 해양환경에 대한 오염과 피해의 예방퇴치
⑦ 제7장 폐기물 투기의 해양환경에 대한 오염과 피해의 예방퇴치
⑧ 제8장 선박 및 관련직업의 해양환경에 대한 오염과 피해의 예방퇴치
⑨ 제9장 법적 책임
⑩ 제10장 부칙

(5) 기 타

환경보호에 관한 그 밖의 주요규정으로는 다음과 같은 것이 있다.

① 고체폐기물 환경오염 예방 퇴치법
② 환경보호 행정 처벌방법
③ 수질오염방지법 시행세칙
④ 대기오염방지법 시행세칙
⑤ 육지오염물 해양환경 파괴 환경 관리 조례

9. 분쟁해결분야

(1) 중재법[171)]

중재법(仲裁法)은 "경제분쟁의 공정하고 적절한 중재를 보장하고, 당사자의 합법적인 권익을 보호하고, 사회주의 시장경제의 건전한 발전을 도모하기 위하여 제정(제1조)"되었다.

제2조에서는 "평등한 주체로서의 공민, 법인 및 기타 조직 간에 발생된 계약 분쟁과 기타 재산권익 분쟁을 중재할 수 있다"고 규정하고, 제 3조에서는 "① 혼인, 입양, 후견, 부양, 상속에 대한 분쟁과 ② 법에 의하여 행정기관이 처리해야할 행정분쟁은 중재할 수 없다"고 규정하고 있다.

제4조에서는 "당사자들이 중재 방식으로 분쟁을 해결함에 있어서는, 쌍방의 자원(自愿)에 의하여 중재합의를 달성해야 한다. 중재합의가 없이 일방이 중재를 신청한 경우에는 중재위원회는 이를 수리하지 않는다"고 규정하고 있다.

제5조에서는 "당사자들이 중재합의를 달성하고 일방이 인민법원에 소송을 제기할 경우 인민법원은 이를 수리하지 않는다. 그러나 중재합의가 무효인 경우에는 예외로 한다"고 규정하고 있다.

중재법은 다음과 같은 총 80개의 조문으로 구성되어 있다.

① 제1장 총칙
② 제2장 중재위원회와 중재협회
③ 제3장 중재합의
④ 제4장 중재절차
- 제1절 신청 및 수리(受理)
- 제2절 중재정(仲裁庭)의 구성
- 제3절 개정(改庭) 및 재결(裁決)

⑤ 제5장 재결취소신청
⑥ 제6장 집행
⑦ 제7장 섭외중재의 특별규정
⑧ 제8장 부칙

(2) 민사소송법[172] 중 분쟁해결에 관한 규정

1) 중 재

민사소송법 제8장(제85조～제91조)에서는 중재에 관하여 다음과 같은 규정을 두고 있다.

제85조 인민법원이 민사사건을 심리한 경우, 당사자의 자원(自愿)원칙에 근거하여 정확한 사실을 기초로 하고 시비(是非)를 정확히 판단하여 조정을 진행한다.

제87조 인민법원의 조정진행은 관계단체와 개인에 협조를 요청할 수 있고, 요청받은 단체와 개인은 인민법원의 조정진행에 협조해야 한다.

제88조 조정합의를 보는 경우는, 반드시 쌍방의 자원(自愿)이며 강제로 요구해서는 안 된다. 조정합의의 내용이 법률규정을 위반해서는 안 된다.

제89조 조정이 합의로 이루어진 경우는 인민법원이 합의서를 작성한다.

제91조 조정합의가 이루어지지 않거나 또는 합의서를 송달하기 전에 일방의 마음이 변한 경우에는 인민법원은 그 때에 맞게 판결해야 한다.

2) 섭외 민사소송법의 특별규정(제24장)

제237조 중화인민공화국의 영역 내에서 섭외 민사소송을 진행하는 경우는 〈중화인민공화국 민사소송법〉의 규정을 적용한다.

제238조 중화인민공화국이 체결하였거나 참가한 국제조약에 동 법과 다른 규정이 있는 경우에는 그 국제 조약의 규정을 적용한다. 단 중화인민공화국이 유보한다고 선언한 규정은 제외한다.

제239조 외교 특권과 면책 특권을 가지고 있는 외국인, 외국조직 또는 국제조직이 제기한 민사소송에 대해서는 중화인민공화국의 관련 법률과 중화인민공화국이 체결하였거나 참가한 국제 조약의 규정에 따라 처리해야 한다.

제246조 중화인민공화국 내에서 중·외합자 경영기업 계약, 중·외합작 경영기업 계약, 중·외합작 자연자원탐사 개발계약 이행 시에 분쟁이 발생하여 소송을 제기할 경우에는, 중화인민공화국 인민법원이 관할한다.

3) 섭외 민사소송의 소송시효

섭외 민사소송사건의 소송시효는 중국 내 민사소송의 소송시효에 따르는 바, 통상적으로 2년이다.[173] 단 국제화물 매매계약과 기술 수출입 계약으로 인하여 분쟁이 발생하여 소송을 제기하거나 중재를 신청하는 기한은 4년이며, 당사자가 권리침해를 받은 사실을 알았거나 응당 알았어야 할 날로부터 계산한다.[174]

그 밖에 아래에 열거한 사항의 소송시효기간은 1년이다.

① 신체상해를 입어서 배상을 요구하는 경우
② 품질이 불합격한 제품을 판매할 때 이를 공표하지 않은 경우
③ 임대료를 연체하거나 임대료 지불을 거부할 경우
④ 보관시킨 물품이 분실되거나 훼손된 경우[175]

(3) 행정소송법[176]

행정소송법은 "인민법원이 정확하고 적시(適時)에 행정사건을 심리하는 것을 보증하고, 공민·법인 및 기타 조직의 합법적 권익을 보호하고 행정기관이 법에 따라 행정직권을 행사라는 것을 보호·감독하기 위하여 헌법에 근거하여 제정"(제1조)되었다.

제2조에서는 "공민·법인 혹은 기타 조직은 행정기관 및 공무원의 처분이 그 합법적인 권익을 침해했다고 여기면, 법에 따라 인민법원에 소송을 제기할 권한이 있다"고 규정하고 있다.

행정소송법은 다음과 같은 총 75개 조문으로 구성되어 있다.

① 제1장 총칙
② 제2장 소송대상(소송범위)
③ 제3장 관할
④ 제4장 소송참가자
⑤ 제5장 증거
⑥ 제6장 소(訴)의 제기와 수리

⑦ 제7장 심리와 판결
⑧ 제8장 집행
⑨ 제9장 손해배상청구권
⑩ 제10장 섭외 행정소송
⑪ 제11장 부칙

(4) 기 타

분쟁해결에 관한 그 밖의 법률에는 다음과 같은 것이 있다.

① 행정재심의법
② 국가배상법
③ 해사(海事)소송 특별절차법
④ 중재합의 효력, 중재판정 취소사건 심리 관련 일부 문제에 관한 의견(북경시 고급인민법원이 공표)
⑤ 동시에 2개 중재기구를 선정한 중재조항 효력 문제에 관한 의견(1996년 최고인민법원 공표)
⑥ 중국 국제상회조정 규칙(2000년 중국 국제상회조정센터(中國國際商會調解中心)에서 공표)
⑦ 간이절차를 적용한 민사사건의 심리에 관한 일부 규정(2003년 7월 4일 최고인민법원 공표)
⑧ 민사소송법의 일부 문제 적용관련 의견(1992년 7월 14일, 최고인민법원 공표)

제 5 장 경제 환경

이 장에서는 먼저 경제성장, 물가, 금리, 환율, 무역, 재정수지, 노동력, 물류, 에너지 수급과 가격, 전력 수급 등과 같은 주요 거시경제 부문을 살펴본 후, 산업구조와 사회간접자본(운송, 통신) 등을 고찰하기로 한다.

5-1 주요 거시경제 부문

중국 경제는 개혁・개방 이후, 1990년대 중반까지는 호황과 불황이 반복되는 전형적인 경기순환을 겪었다. 그러나 이후 최근까지는 저물가의 기반 아래 지속적인 고도성장이라는 괄목할만한 체력을 보이고 있다. 이러한 장기적인 안정적 고성장 추세의 배경으로는 해외로부터의 대규모 자본과 선진기술의 유입으로 인한 투자와 수출의 지속적 확대, 산업구조의 고도화, 소득증가에 따른 소비 증대 등을 들 수 있다.[1)]

중국의 2004년도 '국내총생산(GDP)' 규모(15조9878억 위엔, 약 2조 달러, 약 2,078억원)는 미국, 일본, 독일, 영국, 프랑스에 이은 세계 6위권이고, 홍콩을 포함하면 세계 4위권으로 올라선다. 더욱이 '뉴욕타임즈지'는 중국경제의 지속적 고도성장 추세를 감안할 때, 중국 경제가 홍콩을 빼고도 2005년도에 이미 세계 4위 규모로 성장했을 것으로 추측하였다.[2)]

1. 경제성장

중국은 경제의 개방정책을 추진하면서 대체로 지속적인 고도성장을 이루어 왔으며 이는 앞으로도 상당기간 추세화할 것으로 전망된다. 참고로 지난 2000년대 들어와서도 고속성장이 지속되어, 전년대비 GDP 성장률(아래의 수치에서 괄호 안의 수치 1인당 GDP 성장률)이 2000년 8%(7.1%), 2001년 7.5%(6.7%), 2002년 8.3%(7.6%), 2003년 9.3%(8.7%), 2004년 9.5%(8.8%)를 기록하였으며,[3)] 2005년에도 GDP가 약 9.9% 증가하는 고성장 추세를 유지하였다.[4] 참고로 아시아개발은행은 앞으로 3년 동안 중국의 경제성장률이 각각 8.5%, 8.7%, 8.9%에 이를 것으로 전망하였다.[5]

장기적 전망에 있어서도 '골드만삭스'의 조사에 의하면, 중국은 고성장을 거듭하여 GDP 기준으로 2040년 무렵에는 미국을 추월하고, 2050년경에는 48조 5,710억 달러로 37조 6,660억 달러의 미국을 크게 능가할 것으로 예측되었다.

일각에서는 이보다 약 5년 빠른 2035년경에 중국 경제가 미국 경제를 추월하는 시기를 내다보는 견해도 제시되었다. 한편, 중국 정부는 현 추세가 지속된다면, 2008년에 독일을 넘어서고, 빠르면 2015~2020년 기간 중에 미국까지도 따라잡을 수 있다고 주장하였다.[6]

현장 정보

■ 1인당 국민소득(GNI)[7]

'세계은행(IBRD)'은 '세계발전지표(WDI, World Development Index)'를 발표했다. 이 지표에 따르면 2002년과 2004년도 주요 국가별 '1인당 총국민소득(GNI, Gross National Income)'은 다음과 같다.

(단위 : 달러)

순 위	2002년	2004년
	국 가	국 가
1위	버뮤다	룩셈부르크 (56,230)
2위	룻셈부르크 (39,470)	노르웨이 (52,030)
3위	노르위에 (38,730)	버뮤다
4위	스위스 (36,170)	스위스 (48,230)
5위		미국 (47,400)
6위	미국 (35,400)	
	일본 (34,010)	일본 (37,180)
	홍콩 (24,690)	홍콩 (26,810)
	싱가포르 (20,690)	싱가포르 (24,220)
	그리스 (11,660)	포르쿠갈 (14.350)
49위	한국 (11,400)	한국 (13,980)
132위		중국 (1,290)
136위	중국 (960)	

2. 물 가

중국은 경제개방 후 1995년까지는 물가상승률의 기복이 심했으며, 대체로 높은 물가상승을 경험하였다. 참고로 과거 주요 연도별 소비자 물가상승률을 보면, 1986년(6.5%), 1988년(18,8%), 1990년(3.1%), 1992년(6.4%), 1994년(24.1%)를 기록하였다.[8)]

그러나 그 이후 물가상승세는 전반적으로 크게 안정화 되었다. 이는 경제 개방에도 불구하고 가격정책 면에서 아직도 상당한 범위의 부문들에서 고정가격 내지 관리가격 체제가 고수되고 있기 때문이다. 참고로 근래의 연도별 소비자 물가 상승률을 보면, 2000년(0.4%), 2001년(0.7%), 2002년(−0.8%), 2003년(1.2%)에 그쳤다. 다만 2004년도에는 소비자물가지수가 3.9% 상승하면서 고도성장의 여파로 그 상승률이 다소 우려되었다.[9)]

3. 금 리

중국의 금융시장에서 금리 결정은 예금금리의 경우, 중앙은행인 중국인민은행이 담당하며, 대출금리의 경우, 중앙은행이 기준금리를 결정하면 각 상업은행이 고객별로 조정하는 방식이다.[10)]

① 중소기업 대출 : 기준금리대비 최대 30% 할증 가능
② 대기업 대출 : 기준금리대비 최대 10% 할증 가능
③ 금융기관간 대출 : 기준금리대비 최대 10% 할인 가능

금리의 추이를 보면, 1995년 5월부터 소비 진작과 기업의 금융부담 경감을 위해 여러 차례 금리을 인하하여 왔다. 참고로 1년 만기 대출금리와 예금금리의 추이를 보면 다음과 같다.

먼저, 대출금리의 경우, 1996년 5월(10.98%), 1997년 10월(8,64%), 1998년 7월(6.93%), 1999년 6월(5.85%), 2002년 2월(5.31%)을 기록하였다. 예금금리의 경우는, 1996년 5월(9.18%), 1997년 10월(5,67%), 1998년 7월(4.77%), 1999년 6월(2.25%), 2002년 2월(1.98%)의 추세를 보이고 있다.[11)]

그러나 2004년 10월, 경기과열을 우려하여 다음과 같이 금리를 인상하였다.[12)] 먼저, 대출금리의 경우, 연율로 5.22%(6개월 만기)와 5.58%(1년 만기)로 올랐다. 예금금리의 경우는, 연율로 보통예금은 0.72%, 정기예금은 만기 별로 1.71%(3개월), 2.07%(6개월), 2.25%(1년), 2.70%(2년), 3.24%(3년), 3.60%(5년)로 올랐다.

현장 정보

■ 중국의 화폐

중국의 화폐 명칭은 '인민폐(人民幣, 런민삐, RMB)'라고 한다.

화폐단위는 '원(元, 위엔, Yuan)'이며 하부단위로 '각(角, 지아오)'과 '분(分, 펀)'이 있다.

여기서 1元은 10角, 1角은 10分에 해당한다. 그런데 원(元)은 주로 문어체에서 사용하고, 구어체로는 괴(塊, 콰이)'라고 한다. 마찬가지로 각(角)도 실생활에서는 '모(毛, 마오)'라고 한다. 예를 들어 물건값을 물어보면 '1元(이 위엔)'이라 하지 않고 '1塊(이 콰이)라고 한다. 1角(이 지아오)도 1毛(이 마오)라고 한다.

지폐종류로 元은 1元, 2元, 5元, 10元, 50元, 100元 권의 6종류, 角은 1角, 2角, 5角 권의 3종류, 동전으로는 1分, 2分, 5分가 있다.

---

4. 환 율

중국은 환율 결정에서 최근까지 형식적으로는 일일(一日) 환율 변동폭을 상하 0.3%로 한 '관리변동 환율' 제도를 채택하면서도, 실질적으로는 미달러화 대비 위엔화의 환율을 고정시킨 '고정 환율제도(달러화 페그제)'를 유지하여 왔다. 그러나 지속적으로 막대한 무역흑자에 반발한 미국을 필두로 한 국제적 압력에 결국 순응하여, 2005년 7월21일에 위엔화 평가 절상과 환율결정 제도의 개혁을 발표하였다. 핵심 내용은 당시 달러당 8.28위엔이던 환율을 8.11위엔으로 낮추고 (2.1% 절상), 환율결정을 시장 상황을 반영하는 복수통화 바스켓 제도[13]로 하여 변동을 허용하되, 일일변동폭은 과거와 같이 상하 0.3%로 제한하는 것이었다.[14]

그러나 중국의 중앙은행은 자국 금융체계가 여전히 상대적으로 취약하고 화폐체계도 국제 표준에 이르지 못했기 때문에 자유 변동환율제 도입은 충격이 클 것이기 때문에 시기상조로 판단하고 있다.[15]

근래에 중국의 위엔화 가치는 점증하고 있다. 2005년 11월 25일자 위엔화 환율은 달러당 8.0815으로 나타났다. 중국 당국이 막후에서 환율을 정책적으로 안정세를 유지하도록 하고 있지만, 이제는 국제화의 흐름에 더욱 편입되고 있는 중국 입장에서 볼 때, 당국도 시장시스템에 의한 환율형성을 전향적으로 용인해나갈 것으로 전망된다. 공식적으로도 최근에 중국 당국은 위엔화 환율 개혁을 가속화하기로 공표하였다. 이러한 점에서 앞으로도 상당 기간 위엔화는 상승세를 유지할 것으로 예측된다.[16]

현장 정보

■ 위엔화 결정 바스켓 구성 통화[17]

위엔화 결정을 위한 바스켓 구성 통화 내용은 당국인 중국 '인민은행' 공표에 의하면 대외무역거래 비중을 고려하여 미 달러화, 일본 엔화, 유로화, 한국 원화를 4대 주요 통화로 하고, 그밖에 영국 파운드화, 말레이시아 링기트화, 러시아 루블화, 호주 달러화, 캐나다 달러화 등 중국과 무역비중이 큰 국가들의 화폐도 포함한다.

■ 위엔화 절상 전망[18)]

국제 금융시장에서는 중국이 향후 추가 절상을 단행할 수밖에 없을 것으로 예상한다. 2.1% 절상으로는 대외 불균형 시정에 별 효과가 없을 뿐 아니라 위엔화 절상을 줄곳 주장해 온 미국의 기대를 충족시킬 수 없을 것이란 이유에서이다. 향후 환율 수준에 대한 기대감을 반영하는 달러·위엔 NDF(차액결제 선물환) 1년물 환율이 현재 환율보다 훨씬 낮은 7.3~7.7위안 정도 범위 내에서 움직이고 있는 것도 이런 기대감 때문이란 지적이다. 그러나 중국 인민은행장은 지난 29일 "정부 주도의 환율 조정은 다시없을 것"이라며 추가 절상 기대감에 쐐기를 박았다. 하지만 위엔화 절상 조치 이후 미국 의회에서 "추가 절상 조치를 취하지 않을 경우 중국은 보복 관세에 직면하게 될 것"이란 강경론이 다시 제기되고 있어, 중국 당국이 언제까지 이런 입장을 고수할 수 있을지는 미지수다.

■ 위엔화 변동 자율화 난망[19)]

중국 중앙은행인 인민은행 화폐정책위원회 위원 겸 국가통계국 국장은 2005년 7월 24일 "앞으로 적어도 5년 동안은 위엔화 자유변동환율제를 허용하지 않을 것"이라고 말했다고 홍콩 '동방일보'가 25일 보도했다. 이런 발언은 지난 21일 중국이 위안화 평가절상과 환율제도 개혁을 발표한 뒤, 서방 국가들이 외환에 대한 관리통제를 좀 더 완화할 것을 촉구하고 있는 가운데 나온 것이다.

---

5. 무 역

중국의 무역액은 경제의 개혁·개방 이후 급증하여, 1978년 206억 달러에서 1990년 1,154억 달러(수출 621억 달러), 2000년 4,743억 달러(수출 2,492억 달러), 2002년 6,208억 달러(수출 3,256억 달러)를 거쳐 2004년에는 무려 1조 1,548억 달러(수출 5,934억 달러, 수입 5,614억 달러)에 이르렀다. 무역액은 최근 5년간 연평균 26.7%씩 증가하였다. 2004년의 경우, 전년 대비 수출은 35.4%, 수입은 36% 증가하였다.[20)] 그러나 이 수출의 주도적 주체는 여전히 외국계 기업들이다.[21)]

이 결과로 첫째, 중국 경제의 무역 '의존도(무역액/GNP)'가 기하급수적으로 높아져 왔다. 무역의존도는 1980년에 12.6%에 불과하였으나 1990년 29.9%, 2000년 44.5%, 2002년 49.4%를 거쳐 2004년에는 70%에 다다랐다.[22)]

둘째, 무역액 기준 등급에서 중국은 2004년에 미국과 독일 다음의 세계 3위에 올랐다. 이는 1980년 세계 30위에서, 1990년 세계 14위, 2000년 세계 7위, 2002년 세계 5위, 2003년 세계 4위를 거친 것이다.

셋째, 전세계 무역액에서의 중국의 비중이 1980년에 0.89%에 불과하였다가 1990년 1.8%, 2000년 3.88%, 2002년 5.07%, 2003년 5.86%를 거쳐 2004년에는 6.5%를 차지하게 되었다. 참고로 미국의 시장조사기관인 'Globalinsight사(社)'는 세계 교역에서 중국의 비중이 2020년에는 14%로 확대되어 세계 최대 교역국이 될 것으로 전망하였다.[23)]

또한 무역수지도 1994년부터는 지속적으로 상당한 규모의 흑자를 기록하여, 2004년에는 320억 달러에 달하였다. 참고로 무역수지 흑자가 1994년에는 54억 달러, 2000년 241억 달러, 2002년 304억 달러였다. 그런데 이 무역수지 흑자도 지역별로는 주로 미국과 유럽에서 거두고 있으며, 아시아에 대해서는 오히려 큰 적자를 내고 있다.[24)]

한편, 중국의 무역 대상 지역으로는 무역액 면에서 2004년에 아시아(홍콩 포함)가 60%를 차지하여 압도적이며, 그 다음으로는 유럽(18%)과 북미(16%)가 차지한다. 주요 무역대상국으로는 미국(14.7%)과 일본(14.5%)이 압도적이며, 그 뒤를 홍콩(9.8%), 한국(7.8%), 대만(6.8%), 독일(4.7%)이 뒤따르고 있다. 특히 한국의 경우, 중국 입장에서 볼 때, 수출 면에서는 4대 수출국(4.7%)이지만 수입 면에서는 3대 수입국(11.1%)에 해당하는 데다, 그 증가율이 급증하여 중국시장에서 한국 제품의 상대적 경쟁력이 제고되고 있는 것으로 보인다.[25)]

무역상품 구조를 살펴보면 먼저, 수출 면에서 개방 초기인 1970년대 말부터 80년대 중반까지는 총 수출액 중 1차 상품[26)]대비 공산품의 비중이 엇비슷하였으나, 갈수록 경제발전과 더불어 상대적으로 공산품 비중이 점증하여, 2004년에는 그 비중이 압도적인 93%에 이르렀다. 공업 완제품 내에서는 특히 경공업 제품의 증가율이 빠르게 성장하였다. 반면에 수입의 경우, 공산품의 비중이 점증하여 1985년 65%에서 2004년에는 79%에 달하였다.[27)] 소득의 향상에 따라 근래에는 고급화 품목의 비중이 늘어나는 특징을 보이고 있다.

참고로 수출시장에서 세계 1위 품목수를 보면, 중국은 867개로 1위를 유지하고, 뒤이어 독일(795개), 미국(729개), 일본(304개) 순이며, 한국은 71개(2003년 기준)로 크게 떨어져 있다.[28)]

현장 정보

■ 중국 100대 수출기업 중 10개는 한국계 기업[29)]

'한국 무역협회 무역연구소'가 중국 상무부 자료를 분석해 발표한 자료에 따르면, 2004년도 100위권 내 10개 기업이 한국계 기업이었으며, 한국계 기업 수출액은 중국 전체 수출의 1.3%를 차지했다. 수출 비중은 전년도(1%)보다 약간 상승했으나, 총 수출액은 2003년(45억 8천만 달러)보다 75% 정도 늘어난 79억 7천만 달러였다.

'LG전자(惠州, 후이조우) 유한공사'의 수출액은 13억 6천만 달러로 한국계 기업 중 1위를 차지했고, '삼성전자(蘇州, 쑤조우) 반도체 유한공사'(11억 7천만 달러)가 그 뒤를 이었다. 한국계 기업이 중국에서 수출하는 품목은 주로 반도체와 LCD 등 디스플레이 제품, 통신 설비 등 정보기술(IT) 제품이 주류를 이루었다.

한편, 중국 100대 수출기업 중 중국 기업은 48개, 외자 기업은 52개였다. 52개 외자기업을 국적별로 보면, 대만 기업이 18개로 가장 많았고, 그 다음은 미국(11개), 한국(10개), 일본(7개)순이었다.

---

6. 재정 수지

중국 정부는 지속적으로 재정수입에 비해 재정지출을 늘려와 적자재정을 유지하고 있는 상태이다. 재정 수입의 주된 원천은 조세로서, 2003년에 그 비중이 92%에 이르렀다. 그리고 세입의 GDP 대비 비중은 1995년 10.7%로 그때까지 점감하다가, 다시 꾸준히 증가하여 2004년 19.3%에 이르렀다. 참고로 근래에 세입, 세출, 수지를 보면 아래와 같다.[30)]

① 세입(단위 : 억위엔)
16,386(2001년), 18,904(2002년), 21,715(2003년), 26,356(2004년)

② 세출(단위 : 억위엔)
18,903(2001년), 22,053(2002년), 24,650(2003년), 28,361(2004년)

③ 수지(단위 : 억위엔)
−2,517(2001년), −3,150(2002년), −2,935(2003년), −2,001(2004년)

7. 노동력

중국의 사회 노동력은 몇 가지 기준으로 분류할 수 있다. 하나는 5-2 산업구조를 다룰 때 살펴 볼 산업별 노동력 구성 기준으로 하는 방법이고, 다른 하나는 도시와 농촌 간 거주지역에 따른 분류이다. 도농간(都農間) 노동력의 비율은 전통적으로 농촌 노동력의 비중이 압도적으로 높다. 다만, 추세 면에서 도시화 경향에 따라 도시 노동력의 비중은 지속적 증가를 보이는 반면에, 농촌 노동력의 비중은 감소추세에 있다는 점이 특기할 만하다. 참고로 주요 연도별 도시 노동자 수의 비중을 보면 1980년 23.7%에서 1990년 26.3%, 2000년 32.1%를 거쳐 2003년에 34.4%(총 노동자 7억 4,432만명 중 2억 5,639만명)를 기록하였다.[31)]

또 다른 분류는 조직에 취업한 형태의 취업 노동자와 그렇지 않은 개별 노동자로 분류하는 것이다. 양 부류 중 개별 노동자의 전체 비중은 경제 개혁·개방 이후 1998~9년에 8.7%까지 이를 동안 증가추세를 보였지만, 이후에는 감소 추세로 돌아섰다. 그런데 이를 도농간 분류와 결부시킬 경우, 도시 지역 개별 노동자의 비중이 더 높게 나타나며, 근래에도 미세하지만 높아지는 추세도 있다.[32)]

중국의 노동력 구조에서 또 하나 주목할 점은 도시지역의 실업인구이다. 농촌 지역에서의 생산방식 개혁에 따른 잉여 노동력 문제, 정부의 행정개혁과 국영기업의 고용제도 개혁에 따라 방출되는 잉여노동력 문제가 중국의 부담을 가중시켜 왔다. 이에 대처하여 정부는 경제개혁 정책을 추진하면서 기업 설립을 완화하고 경제 발전에 따른 고용기회를 대폭 확대하였다. 특히, 1990년대에 3차 산업의 적극 육성정책 등을 펴서 어느 정도는 효과를 내어, 등록된 실업률은 1978년에 5.3%에서 1988년에는 2.0%로 하락하였다. 그렇지만 이후 도시 실업률은 대체로 다시 점증 추세를 보여 2002년에 4%(770만명), 2004년에 4.2%(827만명)에 이르렀다.[33] 그러나 주의할 점은, 발표된 도시 실업률이 도시지역 호적 보유자인 16~50세의 남자와 16~45세의 여자 인구 중 미취업자로서 소속 지역에 구직(待業, 대업) 등기를 해 놓은 사람들만을 대상으로 산정한다는 점이다. 또한 농촌 인구의 경우, 취업과 실업간의 구분이 모호한 측면이 있으며, 공식적으로도 농촌 인구에 대한 실업률은 발표되지 않는다.[34]

8. 물 류

중국의 물류총액은 2000년부터 높은 성장률을 보이며, 2004년에는 38.4조 위엔(약 4조 6천억 달러)에 이르러 전년 대비 30% 정도나 증가하였다. 이러한 증가율은 국내총생산(GDP) 증가율보다 더 높은 것이며, 2001년 규모에 비해서는 거의 2배 증가한 규모이다. GDP 총량과 물류총액과의 상관관계도 증가함으로써 경제발전이 물류에 의존하는 정도가 심화되었음을 알려준다. 그러나 2005년 상반기에는 물류총액이 전년 동기 대비 25.4%의 증가율로 둔화세를 보이기 시작하였다.

한편, GDP 대비 물류비 비중은 2004년과 2005년까지도 21.3%로 선진국 수준에 비해 2배 이상 높다. 이는 중국의 물류시설이 열악하고 물류산업의 효율성이 상당히 낮은 데 주로 기인하는 것으로 보인다. 그렇지만 물류총액 증가율이 GDP 증가율보다 높은데도 GDP 대비 물류비 비중의 점감은 중국의 물류시스템이 개선되고 있음을 뜻한다.[35]

현장 정보

■ 중국, 아시아 물류 중심지로 급부상[36]

DHL · UPS · FedEx 등 세계 3대 운송 택배업체들이 모두 중국에 물류기지를 세우기로 해서 중국이 아시아의 '물류 허브(hub)'로 급격히 떠오르고 있다.

미국 2위의 화물운송 · 택배 업체인 '페덱스(FedEx)'는 한국의 유치 노력에도 불구하고 오는 2008년까지 아시아 · 태평양 지역의 물류 중심거점을 필리핀 수빅만에서 중국 구앙쪼우(廣州)로 이전한다고 2005년 7월 13일 밝혔다. 이를 위해 페덱스는 1억 5천만 달러를 투자해서 구앙쪼우 바이윈(白雲) 신국제공항에 새로운 물류기지를 설치하고 2008년 12월부터 본격적으로 가동할 계획이다. 신국제공항에 들어 설 물류기지는 63헥타르(ha) 부지에 연면적 8만 2천 평방미터 규모로 건설되며, 시간당 2만 4천개의 패키지 화물을 처리하게 된다. 페덱스는 앞으로 최대 화물처리 능력을 시간당 4만 8천개까지 올릴 계획이다.

이에 앞서 세계 1위의 패키지 하물업체인 UPS는 샹하이 푸동 국제공항에 2007년까지 5억 달러를 투자해 중국에 물류 허브를 세우기로 했다고 1주일 전에 발표한 바 있다.

또 세계 최대 항공화물 운송업체인 독일의 DHL은 2004년 8월, 1억 달러를 투자해 홍콩에 화물 터미널을 세웠다. DHL은 이미 중국 내에서 화물 택배서비스를 실시하고 있는데, 앞으로 중국내 판매 목표를 최소한 35~45%까지 늘릴 계획으로 시장 공략을 한층 강화하고 있다.

한편 'BNP파리바'는 중국 국제특송 시장에서 DHL이 30~40%의 시장을 점유하고, FedEx는 12~20%, UPS는 약 10%의 시장을 점유하고 있다고 분석했다.

---

9. 에너지 수급과 가격

(1) 에너지 수급[37)]

중국의 에너지자원 수급구조를 보면, 아래와 같이 자급률이 높은 석탄에 대한 의존도가 상당히 높으며(7할 내외), 천연가스와 원자력에 대한 의존도는 극히 낮은 편이다.[38)]

① 소비 비중(단위 : %) : 석탄 67.7 원유 22.7 수력 7.0 천연가스 2.6 (2004년)

② 생산 비중(단위 : %) : 석탄 75.6 원유 13.5 수력 7.9 천연가스 3.0 (2004년)

중국은 원래 석탄, 석유 등 에너지 자원이 비교적 풍부하였지만, 급속한 경제성장으로 에너지 수요의 절대량이 급증하였는데, 공급 면에서 석탄과 천연가스는 대체로 보조를 맞추어 생산이 증대되어 왔고 앞으로도 자급자족이 가능할 것으로 예상되는 데 비해, 석유의 경우는 공급이 정체를 보였다. 그 결과, 중국은 1993년부터 원유를 중심으로 에너지 수입국으로 돌아섰다.

현장 정보

■ 중국 석유소비량, 세계 2위[39)]

현재 중국의 확인된 석유매장량은 약 237억 배럴에 이르는데, 이는 전 세계의 2.1%에 해당한다. 이처럼 '석유대국'이기는 하지만, 문제는 2003년 미국에 이어 세계 2위의 석유 소비국으로 부상했다는 사실이다. 중국의 석유 소비는 1982년 166만 b/p에서 2003년에는 536만 b/p로, 지난 20년간 3배 이상 증가했다. 2003년 석유 순수입 물량이 230만 b/p를 기록했다.

미국 에너지부의 2003년 에너지 전망 보고서에 따르면, 중국의 석유 소비는 매년 3~5%씩 증가하여 2025년까지 1,220만 b/p에 달할 것이며, 석유 순수입 물량을 현재 미국의 석유 순수입 수준에 육박하는 900만 b/p에 이를 것으로 전망했다.

더욱이 근래에는 경기과열로 심각한 에너지자원 공급난이 조성되었다. 또한 중국의 에너지 소비실태를 보면, GDP 단위당 에너지 소비가 세계평균의 2.4배가 될 정도로 에너지 고투입 경제구조를 가지고 있다. 이는 첫째, 산업구조 면에서 에너지 다소비 산업인 중공업 비중이 64.5%로 높으며 둘째, 설비의 낙후 등으로 에너지사용 효율성이 세계평균보다 40% 이상 낮은 데 기인한다.

현장 정보

■ 에너지 과소비형 산업의 규제[40)]

중국의 '국가발전개혁위원회(이하 국개위)'는 국내기업이 에너지소모가 큰 가공무역에 종사하는 것을 장기적으로는 제한 내지 중지시킬 계획이며, 이 문제와 관련해 국개위 '경제무역사(司)'가 상무부, 재정부, 국가세무총국 등 타 국가부서의 협력을 통해 작성한 건의안이 '국무원'에 제출된 상태이다. 일부 기업들은 이에 대해 다른 견해를 보이고 있지만, 빠르면 2005년 내에 해당 정책이 출범될 것으로 보인다. 이는 양적 성장 중심의 경제성장 모형을 전환시키고 경제구조를 합리화하기 위한 장기적인 조치의 하나이다.

구체적 규제조치에는 일부 제품의 수출환급세율의 폐지 혹은 인하, 관세율 인상, 쿼터 삭감 및 부분적 가공무역 완전중지 등이 포함된다고 소개했다. 구체적 예는 다음과 같다.

- 황린, 카바이드, 전기알루미늄, 철합금, 텅스텐, 주석, 아연, 안티몬 등의 수출환급세 폐지
- 석탄수출환급세율을 기존의 11%에서 8%로 인하
- 전기알루미늄 수출관세율을 5% 인상
- 쿼터규제 대상제품의 쿼터총량 삭제
- 철강류, 희토류, 황린류 등 제품의 가공무역 완전 중지

이미 관련 부서들이 일부 제품의 수출환급세율 인하 혹은 폐지, 가공무역 중지, 수출 잠정관세율 인상 등의 조치를 잇달아 채택해, 에너지 소모와 오염이 큰 자원성 제품의 수출 증가를 억제하고 있다. 상무부와 세관총서는 2005년 5월 1일부터 철광석, 선철, 폐강, 빌렛, 잉곳, 희토원광, 인광석 등 제품을 가공무역 금지류 제품목록에 포함시킨다고 공식 발표했다.

결과적으로 2003년에 중국은 미국에 이어 세계 2위의 원유수입국이 되었다. 2004년 세계 원유 수요 증가분의 35%는 중국 몫이었다. 동년 중국은 1억 7,000만톤의 원유를 자체생산하고 1억 2,000만톤의 원유 · 석유를 수입하면서, 수입의존도가 48.2%에 이르렀다.[41)] 앞으로도 중국의 석유수요는 경제발전이 지속된다면 증가세를 유지할 것이나, 생산은 기존 유전들의 쇠퇴로 정체에 들어갈 것으로 전망된다.[42)] 이에 따라 석유의 수입의존도도 점증할 것인데, 이는 경우에 따라서 경제성장에 상당한 부담으로까지 작용할 수도 있다.

현장 정보

■ 석유수입 의존도 심화 전망[43)]

'왕지엔(王建)' 중국거시경제학회 상임부비서장은 '제11차 5개년 계획(2006~2010)' 기간 동안 중국의 연간 석유소비 증가율이 계속 6% 이상의 수준을 유지할 경우, 2010년 중국의 석유수입량은 4억 5,000만~4억 7,000만톤으로 급증하고, 석유의 수입의존도도 70%로 상승할 것이며, 이는 중국경제 성장률을 크게 하락시킬 것으로 전망하였다(新華社통신 보도).

한편, 국제원자력기구는 2010년에 중국의 석유수입 의존도가 상대적으로 다소 낮은 60% 정도에 이를 것으로 전망하였다.

장기적으로 중국의 에너지자원 상황이 낙관적이지 않기 때문에 원유・천연가스 등의 '에너지 확보'는 중국의 국가적 기간정책의 하나가 되었으며, 외교 전략의 새로운 초점의 하나가 되었다. 그래서 자체적으로는 국내 서부와 영해, 해외의 유전과 가스전 개발에 박차를 가하고,[44] 원유비축능력을 확대하며, 대외적으로는 원유수입선 다변화 노력을 경주하고 있다.

기존의 주요 원유수입지역은 중동(49%), 앙골라(8.3%), 베트남(5.1%), 러시아(4.3%)로서 중동에 7.8할을 의존하는 한국, 일본에 비해서는 이미 상당히 다변화되어 있는데, 이는 특정 국가에 견제당하지 않으려는 외교정책의 소산이다. 다른 편으로는 장기적으로 산업 중 에너지 소모가 큰 가공무역을 제한 내지 중단시키는 방향으로 규제를 강화하자는 정책적 움직임도 나타나고 있다.[45]

현장 정보

■ 중국 은행, 인도네시아 가스전 10억 달러 투자[46]

중국 은행이 인도네시아 동부 파무마주 인근의 탕구 액화 가스전에 10억 달러 이상을 투자하기로 했다고 인도네시아 석유・가스 경영자 협회의 '카르다야 와르니카' 부회장이 밝혔다.

탕구 액화가스전은 현재 영국계 석유 메이저인 'BP'가 운영하고 있으며, 14조 입방피트의 천연가스가 매장되어 있는 것으로 확인된 곳이다. 중국은 또 앞으로 25년 동안 탕구 가스전으로부터 매년 85억 달러를 지불하고 2,600만톤의 액화 천연가스를 수입하기로 합의했다.

■ 중국, 호주광산 90억 달러 계약[47]

중국의 철강 제조업체들이 세계 최대의 광산업체인 호주(Australia)의 'BHP빌리턴'과 앞으로 25년간 매년 1,200만톤씩의 철광석을 공급받기로 하는 계약을 체결하였다.

총 90억 달러 규모의 이번 계약은 '무한강철'을 비롯한 4개의 중국 철강업체들이 40%의 지분을 보유하는 합작회사를 설립해, 호주 서부 뉴먼 근처에 소재한 '짐블바' 광산을 개발하는 방식으로 진행된다.

BHP빌리턴은 짐블바 광산개발회사의 지분 중 중국 몫 40%를 제외한 51%를 갖게 되며, 나머지 9%는 일본 미쓰이를 비롯한 기존 협력업체들이 확보하고 있다. BHP빌리턴은 2002년에도 중국 측과 25년에 걸친 액화천연가스(LNG) 공급계약을 체결한 바 있다.

■ 중국, 카자흐스탄 석유업체 인수[48]

중국 국영 석유업체인 '중국석유천연가스 집단(CNPC)'은 2005년 8월 22일 카자흐스탄 3위 석유업체인 '페트로카자흐스탄'을 41억 8천만 달러(약 4조1,800억원)라는 중국기업 해외투자 사상 최고액을 투자하여 인수하였다. CNPC는 페트로카자흐스탄 주식의 최근 20일간 거래액 평균보다 24.4% 높은 주당 55달러를 지급하기로 했다고 밝혔다.

파이낸셜 타임즈(FT)는 "이번 투자가 카자흐스탄과의 협력을 통해 향후 중앙아시아 지역의 파이프라인과 석유 천연가스 개발권 확보를 위한 것"이라고 분석했다. 이는 중국이 반미 산유국들과의 우호적 관계를 통해 에너지를 확보한다는 세계전략에 기반을 두고 있는 것으로서, 전문가들은 중앙아시아 에너지 진출에 있어서 중요한 전략적 교두보가 될 것으로 분석하고 있다.

전세계 원유의 3.3%를 공급하는 카자흐스탄은 1990년대 독립한 이후에야 유전 개발이 본격화 되었기 때문에, 원유 매장량이 미국보다 35%나 많은 396억 배럴 가량으로 추산된다.

한편 CNPC는 카자흐스탄의 석유 탐사 및 생산 허가를 가지고 있으며, 특히 카자흐스탄 석유가스공사인 '카즈무나이 가스'와 합작으로 7억 달러 규모의 3천km에 달하는 송유관 파이프라인 건설에 참여 중이다. 페트로카자흐스탄이 2006년부터 진행하는 구간은 중앙아시아~중국간 파이프라인을 잇는 핵심 연결축이다.

파이프라인이 완공되면 중국은 2008년경부터 카스피해 유전 및 천연가스 지역으로부터 안정적으로 자원을 확보할 수 있는 석유 공급로를 확보할 수 있게 된다. 중국은 카자흐스탄을 통한 석유 수입을 2008년에는 80~100억 m^3에서 2020년에는 300억 m^3까지 증가시킬 예정이다.

■ 중국, 석유 확보위해 아프리카에 영향력 확대[49)]

'월스트리트 저널'은 "중국이 아프리카 대륙을 집어 삼키고 있다"고 보도했다. 미국이 에너지 자원 확보를 위해 중동지역에 관심을 쏟고 있는 사이에, 아프리카 지역에서 중국의 영향력은 갈수록 커지고 있다. 중국은 아프리카에서 천연자원 개발과 시장 확대 등 경제적 이익을 챙기는 것은 물론, 정치·군사적 측면에서도 미국을 능가하는 활발한 아프리카 외교를 벌이고 있다. 미국 정부가 아프리카 국가들이 독재와 탄압을 한다는 이유로 이 지역에 대한 경제적 제재카드를 동원하는 데 비해, 중국은 천연자원 확보와 국제기구에서의 영향력 확대를 위한 전략으로 아프리카에 진출하고 있다.

중국은 2004년 아프리카 유전개발에 100억 달러를 투자하여 이 지역의 석유 및 천연가스 사업에서 우월한 지위를 확보했다. 중국은 르완다 도로건설공사의 80%를 차지했으며, 풍부한 매장량을 가지고 있는 잠비아의 구리광산을 중국 기업들이 매입했고, 적도 기니의 가장 큰 목재공장 역시 중국 기업이 매입했다.

또한 에티오피아의 나일강에 중국은 '타카제(Takazee)댐'을 건설하였다. 에티오피아는 아프리카 북부의 이슬람 국가들과 남부의 기독교 국가들이 만나는 요충지로서, '아프리카 연합(AU)' 본부가 위치하고 있는 전략지역이다.

월스트리트 저널은 "아프리카 대륙의 석유를 놓고 미국과 중국이 또 한 차례 전쟁을 벌이게 되었다. 에너지자원이 매장된 곳이라면 미국과 중국은 치열한 경쟁을 벌일 것"이라고 전망했다.

---

(2) 에너지 가격[50)]

에너지 가격 중 중국의 경우, 주로 원유의 수입 비중이 크므로 이에 대한 분석이 필요하다. 국제유가의 경우, 최근 고유가 행진이 지속되면서 경제성장 및 물가에 부정적 영향을 미치고 있다. 일례로 국제원유가(WTI, 서부텍사스중질유)는 배럴당 2003년 31.1달러, 2004년 41.4달러하던 평균시세가 2005년 8월 2일 사우디국왕 서거 및 미국 정제시설 가동 중단 등으로 당시 최고치(61.92 $/B)를 기록하였다. 유가는 그 후에도 상승세를 지속하여 현재는 배럴당 70달러를 중심으로 움직이고 있다.

주원인으로는 세계 석유수요의 견조한 증가세, 이에 비해 산유국들의 한계에 이른 듯한 생산능력, 미국·유럽의 정제시설 부족, 중동, 나이지리아 등 주요 산유지역의 정세불안 등을 들 수 있다. 여기에 유전개발이나 정제시설 확충은 최소한 몇 년씩 걸리기 때문에 현재의 불안정한 석유수급은 상당 기간 지속될 구조적 현상으로 보는 전망이 강해지고 있어서, 국제유가도 상당 기간 고유가 수준이 지속될 전망이다.[51)]

국제유가 상승은 우선 기업의 제조원가 및 가계의 소비지출에 직접적인 부담으로 작용한다. 첫째로 산업부문의 경우, 중국은 석유의 총 소비 중 제조업부문 비중만 절반에 이르러 유가상승의 영향을 상당히 많이 받는 구조이며 특히, 유가 상승분을 제품가격에 전가시키기 어려운 화섬, 플라스틱 업종 등은 경영난이 가중되고 있다. 또한 석유제품의 소비자가격 상승은 가계의 소비지출에도 부정적 영향을 미친다. 즉, 원유가 상승으로 국내 석유소비가 감소하며 특히 민생용 석유소비가 큰 폭으로 감소하는 경향을 보이고 있다.

사 례

■ 유가 상승에 의한 수요와 소비 패턴 변경[52)]

2002년 이후 급성장하던 중국의 자동차 시장은 2004년 들어 수요가 감소되기 시작하였는데, 그 중요한 원인의 하나가 유가 상승이었다. 유가 상승으로 자동차 유지비용이 늘어난 것이 소비자들의 자동차 구매욕구를 위축시킨 것이다.

또한 유가 상승은 구매 자동차 유형에서도 경차와 소형차의 선호도를 높여 이들의 판매비중을 높였으며, 이는 2005년 들어와서도 지속되는 추세를 보였다.

10. 전력 수급

중국의 전력자원 수급은 근래에 경제발전에 따라 전력수요가 지속적으로 증가하는 데 비해, 전력공급은 이에 미처 충분히 대응할 정도로 전력설비 증대가 따르지 못하는 수요초과 상태에 있다. 2005년 상반기의 경우, 총발전량은 11,286.32억 kwh로 전년동기 대비 13.2% 증가하였으며 총사용량은 11,486.99억 kwh로 전년동기 대비 13.91% 증가하였다.

수요초과로 인해 수시로 전력공급 차단현상이 발생하여 경제에 상당한 불안정을 주고 있다. 2005년만 보아도 지역별로 제한송전한 사례가 총 36만여 건 일어났을 정도이다. 전력의 수급불균형을 지역별로 보면, 특히 화동지구가 수요초과 현상이 가장 심각한 편이다. 반면에 동북지구는 공급초과로 다른 지구에 여유전력을 송전해줄 정도이며 서북지구는 대체로 균형상태를 보인다.

전력자원의 주공급원은 80% 내외의 비중을 가진 화력발전이며, 원자력은 아직 미미하지만 근래에 점증하는 추세를 보이고 있다.[53)]

현장 정보

■ 중국의 전력난과 대책(화력발전소 건설)[54]

중국은 "(20004년 여름) 약 30만MW의 전력이 부족한 실정이며, 이는 1980년 이후 최악의 상황"이라고 AFP통신이 'ADB(아시아 개발은행)' 환경 및 에너지 전문가인 '댄 밀리슨'의 말을 인용해 보도했다. 작년에도 중국의 전력 사용량은 전년보다 15.4% 증가해 사상 최고치를 기록하며 공급용량을 크게 초과했다.

중국은 전력난을 국가적 비상사태로 규정하고 대책을 강구하고 있다. 우선, 석탄을 이용하는 화력발전소 건설을 가장 중요한 대책으로 세웠는데, 이는 천연가스나 수력발전소에 비해 값싸고 신속하게 건설할 수 있기 때문이다. 원자력 발전소 건설 계획은 세워 놓고 있지만, 이것은 10년 후에나 가능할 것으로 보인다.

현재 석탄을 사용하는 화력 발전소는 중국 전력 생산의 75%를 담당하고 있다. 「파이스턴 이코노믹 리뷰」는 "중국은 올해 말까지 42만MW를 생산할 수 있는 화력 발전소를 증설할 것으로 예상된다. 이는 2002년 말보다 19.5%나 많은 전기를 생산하는 것이고, 여기에는 700억 달러(약 71조원)가 투입된다"고 전했다.

중국은 그러나 전력생산으로 인한 대기오염도 함께 늘어나는 것을 막기 위해 2020년까지 석탄 화력발전소의 전력생산 비중을 60% 미만으로 줄이려고 계획하고 있다.

5-2 산업 구조

여기에서는 중국의 산업구조를 산업별 구조와 기업별 구조로 구분하여 살펴보기로 한다.

1. 산업별 구조

중국의 산업별 구조를 생산기준 구조와 고용기준 구조로 나누어 분석해 보자.

(1) 생산 기준 구조

중국 경제의 국내총생산을 1차, 2차, 3차 산업별로 분류하여 보면, 아래와 같이 현재에는 2차 산업의 생산액이 최대이며, 1차 산업의 생산액은 최소이다.[55]

① 1차 산업 생산액 비중
30.1%(1980년), 27.1%(1990년), 16.4%(2000년), 12.5%(2005년)

② 2차 산업 생산액 비중
48.5%(1980년), 41.6%(1990년), 50.2%(2000년), 47.3%(2005년)

③ 3차 산업 생산액 비중

21.4%(1980년), 31.3%(1990년), 33.4%(2000년), 40.3%(2005년)

그러나 시간적으로 살펴보면, 역시 다른 나라 경제구조와 비슷하게 1차 산업은 크게 축소되어온 반면에, 3차 산업은 확대되는 추세를 보이고 있다. 특기할 것은, 2차 산업이 과거에는 확대되어 오다가 근년에는 다시 축소되는 모습을 보인다는 점이다.[56]

(2) 고용 기준 구조

중국경제의 고용 구조를 1차, 2차, 3차 산업별로 분류하여 보면 아래와 같이 아직도 1차 산업의 고용량이 최대이며, 2차 산업의 고용량은 최소이다.[57]

① 1차 산업 노동력 비중

68.7%(1980년), 60.1%(1990년), 50.0%(2000년), 46.9%(2004년)

② 2차 산업 노동력 비중

18.2%(1980년), 21.4%(1990년), 22.5%(2000년), 22.5%(2004년)

③ 3차 산업 노동력 비중

13.1%(1980년), 18.5%(1990년), 27.5%(2000년), 30.6%(2004년)

그러나 시간적으로 살펴보면, 경제개혁 초기까지는 농업 위주의 1차 산업 국가였다가, 경제 구조의 일반적 발전 추이에 따라 1차 산업 비중은 크게 축소되어온 반면에, 2, 3차 산업은 확대되는 추세로 노동력 이동 추세를 보이고 있다. 특히, 3차 산업의 상대적 성장률이 가장 높았다. 그렇지만 다른 개발도상국들과 비교하면, 3차 산업의 비중이 아직은 그리 높지 않은 편이다.[58] 이러한 사실은 그동안 정부 주도의 경제개발 정책이 제조업 중심으로 시행되어온 결과이다. 그런데 이는 역설적으로, 앞으로 3차 산업의 성장잠재력은 훨씬 클 것으로 전망된다고 할 수도 있다.

2. 기업별 구조

중국 산업의 기업별 구조를 소유제 · 회사법 기준과 기업규모 기준, 그리고 중 · 경공업 기준으로 구분하여 고찰한다.

(1) 소유제 · 회사법 기준 구조

중국의 산업 구조를 앞에서 본 소유제별, 그리고 회사법에 따르고, 대표적으로 제조업 부문에서 연간매출액 5백만 위엔 이상 기업들을 대상으로 분류하면, 외자 기업들의 경우, 생산액 비중은 점증하여 2000년에 전체의 약 27%였다가 2004년에는 전체의 약 31% 정도를 차지하였는데 비해, 기업 수면에서 외자 기업 비중은 전체의 약 19%로 내자기업에 비해서 평균적으로 생산규모가 크다는 것을 알 수 있다.[59]

(2) 기업규모 별 구조

중국의 산업 구조를 기업 규모별로 분류하면, 소기업, 중기업, 대기업으로 나누어 진다. 기업수로 보면 소기업은 대기업에 비해 압도적으로 많지만, 생산액 기준으로 보면 도리어 대기업이 소기업 비중을 웃돈다.[60)]

현장 정보

■ 중국의 중소기업[61)]

베이징에서 열린 '중국 중소기업 경쟁력 포럼'에서 제시된 통계에 의하면, 중국의 등록 중소기업은 약 천만개로 전체기업 수의 99%를 차지하고 있다. 또 이들 기업들이 중국 전체 공업 총생산량과 수출액에서 차지하는 비중도 60%로 집계되었다.

특히 경쟁력 있는 전국 500대 중소기업으로 선정된 업체 가운데 90%가 민간기업으로 나타나, 사기업이 중국 경제의 주도 세력으로 자리잡고 있음을 입증했다.

중국 정부는 이들 중소기업에 대해 각별한 배려와 관심을 쏟고 있다. 이날 행사에서 중국 정부의 한 관계자는 "중소기업의 애로사항을 수렴하여 기업 발전에 총력을 기울이겠다"고 다짐했다. 중국 정부는 실제로 '중소기업 애로 전담반'을 만들어 겉으로 드러난 애로사항뿐만 아니라 보이지 않는 내면의 어려움도 해소할 수 있도록 체계적으로 지원하고 있다.

---

(3) 중공업 · 경공업 별 구조

중국의 산업 구조를 중공업과 경공업으로 분류하여 보면, 중공업의 경우, 생산액 비중은 점증하여 2000년에 전체의 60.2%에서 2004년에는 전체의 66.5% 정도를 차지하였다. 이에 비해 종사기업 수에서는 중공업체 수가 다소 많은 정도여서, 중공업체의 단위별 생산액 규모가 훨씬 크다는 것을 알 수 있다.[62)]

5-3 사회간접자본

중국의 사회간접자본에 대해서는 그 중 대표적으로 운송과 통신 부분을 살펴보기로 한다.

1. 운 송

중요한 사회 간접자본 중 하나인 자국내 운송수단이 중국에서는 아직 열악한 상태이고, 이에 대한 개선 속도가 경제발전 속도보다 늦어 경제발전에 상당한 장애의 하나가 되고 있는 형편이다. 특히, 교통편의 연착이나 연발도 빈번하다.[63)]

먼저, 도로는 총연장이 181만km에 달하지만, 전반적 상태는 포장된 구간 비중이 아직 낮으며, 더구나 포장이 부실하여 파손율이 높은 편이다. 그래서 중국에서 도로는 아직 주로 단거리 수송을 담당하고 있고, 주로 기차가 지나지 않는 지역간 연결에 치중하는 형편이다.[64] 차량 수는 2003년 기준으로 총 2,383만대이고, 그중 승용차는 1479만대, 화물차는 854만대이다.

그러나 철도는 총연장이 7만 3천km인데, 아직 철도망이 부족한 편이며 낙후된 수준이다. 전철화 비중이 30%, 운행 평균속도가 화차는 시속 33km, 객차는 시속 62km 정도이다. 또한 복선화되지 않은 단선 철도 비중이 높다. 객차의 정원 초과는 이미 보편화된 현상이고, 차량 부족으로 인한 연착 및 연발도 다반사이다. 그러나 개선을 위한 노력들도 이어지고 있다.[65] 특기할 점은 얼마 전까지만 하더라도 티베트지역에는 험준한 지형 때문에 그동안 철도가 놓여 지지 않았다는 점이다(아래의 현장 정보 참조).

현장 정보

■ 중국－인도 실크로드 다시 개통되다[66]

수천 년 동안 중국과 인도간 물물교류를 담당했던 '실크로드(silk road ,비단길)'가 다시 개통된다. AFP통신은 양국이 1962년 국경 분쟁 때문에 지난 40년간 폐쇄됐던 '나투라' 고개의 무역소를 다음 달 개통할 예정이라고(2005년 9월 11일) 보도했다.

인도의 '시킴' 주(州)와 중국 티베트 사이 국경지역의 해발 4,545m에 위치한 나투라는 두 나라의 교역로였을 뿐 아니라, 구도(求道)에 나선 불교 승려들이 왕래하던 곳이다. 신라의 혜초(慧超)도 이곳을 지나 인도와 아프가니스탄 등으로 여행한 것으로 전해지고 있다.

양국은 1962년 접경지역인 카슈미르 일대 4천km의 국경선을 놓고 영토 분쟁을 벌이면서 나투라 무역소를 폐쇄했다. 그후 2003년 인도가 중국의 티베트 소유를, 그리고 중국이 인도의 시킴 주 소유를 서로 인정하면서, 나투라 무역소 개통에 대한 원칙적 합의가 이루어졌다.

나투라를 통과하는 실크로드는 '티엔샨뻬이루(天山北路)'와 '티엔샨난루(天山南路)', '시위난따오(西域南道)' 등 역사적으로 3대 실크로드의 출발점이었던 시안(西安)으로 연결된다. 나투라 실크로드 무역로가 다시 열리면, 중국은 인도의 국경지대 작은 마을들을 대상으로 비단과 양모 등을, 인도는 중국에 농산물과 섬유, 시계 등을 수출할 예정이라고 AFP가 전했다.

한편 중국 정부는 내륙 아시아를 횡단하는 고대 동·서 통상로인 실크로드의 '세계 문화유산' 등록을 추진하고 있다.

최근 시안에서 열린 국제 고적지 이사회 제 15차 회의에 참석한 '단지샹(單霽翔)' 국가문물국 국장은 "중국이 주변 국가와 손잡고 실크로드를 세계 문화유적에 등록할 계획"이라고 밝혔다(신화통신 보도).

유네스코(UNESCO)측도 실크로드의 문화유산 등록을 긍정적으로 받아들이고 있다. 실크로드는 동쪽으로는 중국의 장안(長安, 지금의 시안)을 시작으로 해서 중앙아시아를 거쳐 유럽으로 이어진다. 총 1만km에 이르는 실크로드는 중국 국경 내 길이만 해도 4천여km에 달한다.

■ 중국, 해발 5,072m의 세계 최고도 티베트 '칭짱' 철도 완공[67]

중국 서부 칭하이(青海)성과 티베트(西藏)를 잇는, 세계에서 해발고도가 가장 높은 중국의 칭짱(青藏) 철도가 완공되었다. 중국 신화통신은 티베트 자치구 라싸(拉薩)에서 칭하이성 끄어얼무(格爾木)로 이어지는 칭짱선 마지막 철도 노선공사를 마무리 했다고 보도하였다.

라싸－끄어얼무 구간 칭짱철도는 총길이 1,142km, 평균 해발고도 4,500m이며, 가장 높은 지점은 5,072m에 달한다. 이는 페루가 지난 1세기간 보유하던 해발 4,817m의 페루철도보다 255m 높은 것이다.

전체 노선 중 해발 4,000m 이상 통과구간이 960km이고 동토(凍土)지대 통과구간이 500km일 정도로 험난한 지형이다. 이번에 완공된 라싸－끄어얼무 구간은 1984년 개통된 칭하이성의 시닝(西寧)－끄어얼무 구간 814km 1기 노선에 이은 것으로, 시닝－라싸까지의 총연장 길이는 1,956km에 이른다. 앞으로 전체 노선이 개통되면, 라싸에서 시닝을 거쳐 베이징까지 가는 데 48시간이 걸린다. 열차는 승객들의 고산병 증세를 방지하기 위해 밀폐된 채 운행되며, 디지털 시스템으로 관제된다.

중국 당국은 2001년부터 서부 대개발 공정의 일환으로 330억 위엔(약 4조2천억원)을 투입하여 이 공사를 벌여왔다. 그동안 티베트로 갈 수 있는 유일한 교통수단이었던 버스는 잦은 산사태와 폭설 등으로 자주 단절되곤 하였다. 따라서 칭짱철도의 개통으로 내륙물자의 수송과 티베트 관광이 크게 활기를 띨 것으로 보인다. 그러나 일각에서는 중국이 이번 티베트철도를 통해 한족(漢族)을 티베트로 대거 이주시켜 향후 티베트의 독립 움직임을 봉쇄하고 티베트에 대한 중국의 정치·경제적 지배를 강화할 것이라는 주장이 나오고 있다.

티베트의 정신적 지도자 '달라이 라마'는 "칭짱철도는 한족들을 티베트로 유인하여 티베트의 '문화적 대학살'을 가져올 수 있다"고 경고하였다.

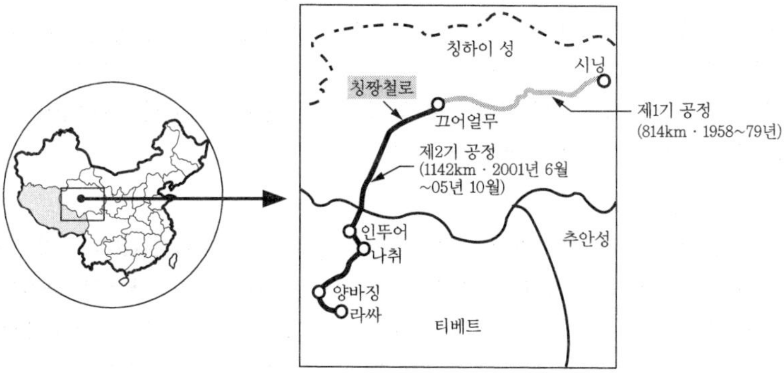

[칭짱철도]

주요 간선철도망은 남북노선과 동서노선으로 나뉘며 이른바 '4종 2횡'이 주축이다. 남북간선노선은 북경을 중심축(hub)으로 하며 경광선(京廣線, 북경－광주), 경호선(京滬線, 북경－상해), 경합선(京哈線, 북경－하얼빈), 경구선(京九線, 북경－구룡) 등이 있다. 이중 경구선은 홍콩을 연결하여 홍콩의 중국 통합에 기여한다. 동서 간선노선은 난주를 중심축으로 하며, 농해선(隴海線, 연운항－난주)과 난신선(蘭新線, 난주－우루무치) 등이 있다.

동서 간선노선은 중국정부가 추진 중인 제10차 5개년 경제개발계획(2001~2005년)의 핵심의 하나로서, 이는 서부대개발 정책에서 핵심물류망으로도 활용된다. 또한 남서부 산악지역에는 성도를 중심축으로 하여 성곤선(成昆線, 성도－곤명), 성도－중경, 남령－곤명 등의 노선이 있으며, 신장 위구르 자치구역에도 투르판-카쉬가르 노선이 신설되었다. 그밖에 경선선(京滬線, 북경－선양), 합대선(哈大線, 하얼빈－대련), 진호선(津滬線, 천진－상해), 호항선(滬杭線, 상해－항주) 등이 있다.[68)]

또한 중국의 철도운송은 접경국과의 인적·물적 교류에서 중요한 기능을 하여왔다. 특히, 동서 간선노선의 '중국횡단철도(TCR, Trans-China Railway)'는 중앙아시아, 러시아의 모스크바, 독일의 베를린을 거쳐 화란의 로텔담까지 이어져 중동지역과 유럽지역까지 연결되는 유라시아대륙의 물류망을 형성한다.[69)] 남서부 철도는 동남아와의 교류에 주축을 이룬다. 그리고 경합선은 도중에서 북한의 신의주를 통하여 한반도 철도와 연결되어, 장차 한국의 유라시아 대륙 진출의 주축이 될 것으로 기대된다.

현장 정보

■ 중국횡단 철도[70)]

중국횡단철도는 중국의 렌윈항(連雲港)에서 출발하여 카자흐스탄과의 접경지역인 아라산(阿拉善) 입구와 카자흐스탄의 드루즈바(Druzhba), 모스크바, 베를린, 로테르담까지 이어진 총연장거리 1만 2,971km의 철도이다. 이 철도는 1992년 12월부터 정식으로 개통 운항되었다. 중국내 총연장은 4,128km이고, 노선의 대부분은 복선 및 전철화가 되어 있으며, 표준궤(궤간 143.5㎝)를 사용하고, 신호체계는 전체노선에 전자동 폐쇄방식을 적용한다. 동 철도는 '시베리아횡단철도(TSR)'에 비해 운행거리가 단축되어 운행시간 단축이라는 장점이 있고, 중국·카자흐스탄·러시아 국경을 경유하여 유럽으로 연결되기 때문에 각 구간별 운임이 비싸고, 구간이 바뀔 때마다 바꿔 타야한다는 단점이 있다.

■ 중국, 철도에 15년간 2조 위엔 투자[71)]

중국은 '국가발전개혁위원회' 주최로 열린 철도건설세미나에서 2020년까지 2조 위엔(약 260조원)의 예산을 투입해 현재 7만 4천km인 철도 총 연장을 10만km로 늘리기로 했다고 신화통신이 전했다(참고로 남한의 철도는 3천여km이고, 북한의 철도는 5천여km이다).

철도 당국은 2004년 5천억 위엔의 예산으로 48개 신규철도 건설에 착수한 데 이어, 2005년에는 1천억 위엔을 투입해 58개 신규노선공사와 48개 노선 확장공사에 들어갔다.

수상운송의 경우, 중국은 해안선 길이가 세계 최장이고 하천이 발달하여 수운(水運) 조건이 우수하다. 하천은 대부분이 화중지방과 화난지방에 편중되어 있다.

내수면 항구는 하천에 2천여 개, 연해 항구는 연해에 60여 개가 있다. 주요 연해항구의

화물 운송량은 1993년 6억 7,646만톤에서 2003년 20억 1천여톤으로 늘어났다.[72)]

여러 운송수단간 비중을 보면 먼저, 화물운송의 경우, 수송량 기준으로 보면 육상운송이 2003년 기준으로 압도적 비중(74.3%)을 차지한다. 특기할 점은 수상운송도 무시 못할 역할(10.1%)을 한다는 점이다. 반면에 항공운송의 비중은 미미하다. 그러나 수송량과 거리를 병산한 '거리량(운송량톤×km)' 기준으로 보면, 놀랍게도 수운(水運)이 과반(53.3%)을 담당하며 철도도 상당 부분(32%)을 담당하는 데 비해 도로의 비중(13.2%)은 크게 떨어진다. 이는 수상과 철도가 장거리 운송을 주로 담당하는 편인 데 비해, 도로는 단거리 운송 위주이기 때문이다. 물론, 항공운송은 장거리 위주이다.[73)]

한편, 여객운송의 경우, 수송객 기준으로 보면 역시 도로 이용이 압도적이며(92.2%), 철도 이용은 크게 낮은 편(6.1%)이다. 화물운송에서와 달리 수운의 역할은 미미하다. 그렇지만 수송객과 거리를 병산한 거리인(여객수×km) 기준으로 보면, 역시 도로의 비중(55.7%)은 떨어지는 데 반해, 철도의 비중(34.7%)은 높아짐을 알 수 있다. 이 역시 도로는 단거리 여객 위주, 철도는 장거리 여객 위주라는 점 때문이다. 특기할 점은 항공운송의 비중(9.1%)이 적지 않다는 점과 수운이 단거리 고객 위주라는 점이다.[74)]

현장 정보

■ 중국 철도 여객열차의 종류와 열차번호[75)]

중국의 여객열차 종류는 운행속도 등에 따라 크게 '특별쾌속 열차(特快)', '쾌속 열차(快速)', '보통 열차(普通)'의 3종류가 있으며, 이중 보통 열차는 다시 '보통쾌속 열차(普快)'와 '보통만차(普慢)'로 나뉜다. 여객열차의 번호는 다음과 같다.

- 특쾌 : T1-T998
- 쾌속 : K1-K998
- 보쾌 : 1000-5000
- 보만 : 6000-8998

그밖에 임시열차로 Y1-998 (임시관광열차), L1-998(임시열차) 등이 있다.

2. 통 신

중국에서 전체적인 전화 보급률은 2005년 2월말까지 유선전화 24.9%(3억 2천만명), 이동전화 25.9%(3억 4,410만명)에 그쳐 아직 낮은 편이나, 도시 지역을 중심으로 이동전화와 인터넷 서비스 보급이 근래에 급성장하고 있다.[76)] 참고로 2000~2004년까지 이동전화 가입자 증가세를 보면 매년 6천만명 넘게 증가하였다.[77)]

또한 1998년에 67만명에 불과하였던 인터넷 사용자도 근래에 급증하면서, 2005년 6월에 공식적으로 1억명을 넘어서 세계적으로 미국 다음으로 큰 온라인 사용국이 되었다.[78)] 이에 따라 웹사이트 수가 늘어나고 온라인 쇼핑 등 전자상거래가 급성장을 하고 있는 추세이다. 참고로 2005년 1월 기준으로, 웹사이트 수는 668,900개이며 이중 압도적 다수인 476,682가 기업용(.com)이다.[79)]

현장 정보

■ 통신 : 중국의 인터넷 인구 1억명 돌파, 웹사이트 60만개 돌파

중국의 인터넷 인구가 1억명을 돌파했다고 중국 신식산업부(정보통신부)의 '시구어후아' 부부장이 밝혔다(2005년 6월 28일 중국 신화통신 보도). 그는 또 "인터넷 접속가구 수도 이미 3,010만 가구를 넘어섰으며, 중국의 인터넷 이용가구 수는 세계의 선두를 달리고 있다"고 말했다.

중국은 일반 주민들이 교육이나 상업적인 목적 이외에는 인터넷을 사용하는 것을 경계하고 있는데, 아무튼 미국의 1억 3,500만명에 이어 세계에서 두 번째로 인터넷 인구가 많다.[80)]

중국의 인터넷 이용자는 2003년에는 7,950만명, 2004년에는 9,400만명이었다.[81)] 한편 중국 국무원 판공실은 이에 앞서 보고서를 통해, 중국의 웹사이트 수가 2003년 말 현재 약 60만개로 한 해 사이에 60.3%가 증가했다고 밝힌 바 있다. 이 보고서에 따르면 이들 웹사이트의 90%가 동부와 북부, 남부의 주요 도시에 편중되어 있어 지역간 격차가 심하다. 특히 베이징과 상하이, 구앙동성, 저지앙성 등 4대 지역에 전체 웹사이트의 57%가 집중되어 있다.

■ 중국, 온라인 쇼핑 몰 : 10만개 넘다[82)]

중국에서 온라인 쇼핑이 급증하고 있다고 샹하이 인터넷 사이트인 '동팡'이 보도했다. 이 보도에 따르면, 독립적인 도메인 주소를 가지고 있는 온라인 쇼핑몰은 10만개를 넘어 섰으며, '전자 상거래'가 가장 발달한 지역은 구앙동성, 베이징, 샹하이, 저지앙성 등 연안지역이었다. 이 가운데 전체의 23%에 달하는 쇼핑몰 사이트가 구앙동성에 집중되어 있었다.

온라인 쇼핑몰에서 거래되는 상품으로는 도서, 전자제품, 화장품, 성인용품 등 2만여 종류에 달했다. 그러나 상품의 품질에 대해 소비자들의 불만이 고조되고 있고, 배송과정이 복잡해 여전히 개선해야 할 점이 많다고 동팡은 지적했다.

■ 전자 서명법 제정과 전자 상거래 : 온라인 전자 상거래, 휴대전화 전자 상거래[83)]

중국에서 전자 상거래가 새로운 판매수단으로 크게 증가하고 있다. 전자 상거래업계에 따르면 중국의 인터넷 인구 1억명 가운데 40.7%가 온라인을 통해 물건을 구입하거나 판매하고 있다. 전자상거래 시장 규모 역시 급증하고 있는데, 정보산업 분야 전문기관인 'CCID'에 따르면, 2003년도의 전자 상거래 규모는 2,756 위엔(약 41조 2,500억원)으로 전년 대비 52.3%가 늘었고, 조만간 4천억 위엔을 초과할 것으로 예상된다.

이러한 전자 상거래 시장을 선점하기 위해 기업들은 신속히 움직이고 있다. 세계적인 온라인 쇼핑몰 업체인 '아마존'은 2004년 8월 7,500만 달러를 투입하여 중국의 대형 온라인 도서판매 업체인 '쥐위에왕'의 경영권을 확보했다. 또 세계 최대의 C2C(개인 대 개인간) 거래 사이트인 '이베이'와 '야후,' 세계적인 온라인 여행업체인 'IAC' 등이 B2B (기업 대 기업간), B2C(기업 대 개인간)등의 분야에 각각 진출했다.

특히, 미국의 '인텔'사와 중국의 B2B 전자상거래 업체인 '알리바바'가 제휴하여 휴대전화(手機, 쇼우지)를 통한 무선 전자상거래 사이트를 만들기로 했다. 중국에서 휴대전화를 이용하여 전자상거래를 할 수 있는 사이트를 만든 것은 이번이 처음이다.

제 6 장 인구 환경

이 장에서는 인구환경에서 고려할 주요한 인구통계 변수로서 연령, 성별, 지역적 분포, 인종 또는 어족(語族), 소득 수준, 교육 수준, 가족 구성, 출생률, 평균 수명, 고용 상태, 주거 형태 등을 고찰하기로 한다. 이러한 인구통계 정보는 기업이 고객을 이해하는데, 기초적인 정보가 된다.

6-1 인구 개요

먼저, 중국의 인구에 대한 기본적 동향 자료에 토대를 두고 인구의 변동, 연령・지역・성・소득수준 별 분포를 살펴보자.[1]

1. 인구 기초

중국의 세계최대 인구는 2005년 1월 6일 기준, 공식적으로 13억을 돌파하였다.[2] 그러나 인구의 자연증가율은 1960년대 중반에 연간 3% 대에 육박할 정도로 높았으나, 70년대에 들어와서는 산아제한 정책이 시행되어 1974년에 연간 2% 밑으로 내려온 1.75%를 거쳐 1998년에는 연간 1% 미만으로 떨어졌다(0.91%). 이러한 감소추세는 계속되어 2004년의 인구 자연증가율은 0.59%로 크게 낮아졌다.

위와 같은 인구 증가율 감소는 주로 출생률의 감소에 기인한다. 출생률과 사망률은 1974년에 각각 2.482%와 0.734%였다가, 1998년에 각각 1.564%와 0.65%를 거쳐 2004년에는 각각 1.229%와 0.642%가 되었다. 이민은 무시해도 좋을 정도로 적다. 즉, 중국인구는 과거의 '고출산・저사망・고증가' 형태에서 벗어나 자연증가율, 출생률, 사망률이 모두 낮아진 이른바 '3저(三低)' 인구증가 단계에 이미 10여 년 전에 들어간 상태이다.[3] 그렇지만 아직도 절대 수로는 근년에도 연간 7~8백만 명의 인구가 순증(純增)하고 있다.

현장 정보

■ 중국 인구 13억 명 공식 돌파

중국 정부는 2005년 1월 6일 0시 2분 "베이징의 한 산부인과에서" 키 52cm에 몸무게 3.7kg의 비교적 건강한 아기가 태어남으로써 13억 명을 넘어섰다고 공식 선언했다. 국가가족

계획위원회 '장 웨이칭' 위원은 "중국 정부는 가족의 건강과 행복을 기원 한다"고 말했다.

1989년 11억 명을 돌파한 중국 인구는 6년 만인 1995년 12억 명을 넘어서고, 10년 만에 13억 명으로 늘어났다. 인민대학 인구 연구소의 인정동 교수는 "앞으로 2~30년 동안 인구가 늘다가 14억 명이 넘으면 증가율이 조금씩 떨어질 것"이라고 전망했다.[4)]

2004년 말 중국 국가통계국이 공식 집계한 중국 전체 인구는 12억 9,988만 명으로 13억에서 12만 명이 모자랐다. 중국 정부는 하루 평균 2만 8,000명의 인구가 늘어나는 것으로 계산, 1월 6일경이 13억 명을 돌파하는 날이 될 것으로 예상했었다. 전세계 인구(60억 명)의 21%를 차지하고 있는 중국은 2030년에는 14억 6,000만 명에 이를 것으로 전망된다.[5)]

한편, 유엔이 뉴욕에서 발표한 "세계인구 전망 보고서"를 따르면, 인도 인구가 2025년에 13억 9,500만 명, 2050년에는 15억 9,300만 명으로 계속 증가하는 반면, 중국 인구는 2025년 14억 4,100만 명으로 인도보다 약간 많다가 그 후 인도에 추월당하고, 2050년에는 13억 9,200만 명까지 줄어들 것으로 예상된다. 즉, 2030년경에는 인도가 중국을 제치고 세계 최대의 인구 대국으로 떠오를 전망이다.[6)]

■ 중국 정부, 전자신분증 발급 시작

중국은 2004년 3월부터 13억 중국 인구를 대상으로 2008년까지 점차적으로 기존의 주민 신분증을 지능 IC가 내장된 전자신분증으로 교체한다. 명암 크기의 이 신분증에는 사진과 이름, 성별, 나이, 민족, 생일과 출생지 등의 개인 정보가 담긴 칩이 내장되어 있다.

16세 이상인 9억 명은 의무적으로 신분증을 교환해야 하며, 16세 이하도 본인이 희망하면 신분증을 발급받을 수 있으므로, 중국 정부는 약 10억장의 전자신분증이 발급될 것으로 예상하고 있다.

전자 신분증의 발급 비용은 개인이 부담하며 생활보호 대상자 등은 정부가 부담하는데, 1장당 20위엔(약 3천원)이지만 전체 시장 규모는 200억 위엔(약 3조원)에 달한다. 이러한 3조원 회사에 진출하는 회사는 다탕 마이크로전자, 화다, 화광, 칭화, 동팡 마이크로전자 등 4개 사이다.[7)]

베이징시 공안국 부국장 '위 홍위엔'은 "새 신분증은 보다 많은 정보를 담고 있다. 육안으로 뿐만 아니라 기계로 읽을 수 있어 공안 당국의 주민 관리와 통제에 도움이 된다"고 말했다. 그동안 가짜 신분증을 이용한 범죄로 고심해온 공안 당국은 위조가 어려운 전자신분증의 도입으로 치안이 안정될 것으로 기대하고 있다. 중국에서 신분증은 사용이 의무화되어 있는 경우가 많아 매우 중요한 역할을 한다.[8)]

여성 1인당 출산율은 2005년에 1.8명으로 추정되었는데, 이는 1950년대 전반에 5.8명이었던 데 비해서 크게 줄어든 상태이다. 이러한 추세라면 인구의 노령화가 급속히 진행되어, 향후 30년 이내에 노동력 부족에 직면하여 경제가 위축될 가능성이 경고되었다. 또한 중국의 출산율은 앞으로 국제적으로 패권을 놓고 경쟁할 미국에 비해도 크게 낮아진 상태여서 '젊어질 미국'을 추격하는 데 곤란을 겪을 것이라는 분석도 나왔다. 참고로 2040년에는 60세 이상 고령인구 비중이 미국보다 더 높아질 전망이다.[9)]

위 현상은 중국 정부가 건국 후 1970년까지는 인구 출산을 장려하다가 이후 인구 억제 정책으로 전환하면서 강력한 산아제한 정책을 펴온 데다가 급속한 산업화에 따른 출산기피 풍조가 엇물린 데 크게 기인한다. 특히, 1979년부터 '한 자녀 낳기 운동'으로 해당 가정에 대해서는 우대정책을 실시하여 가족들에게 주택, 의료 및 사회복지시설에 대한 우선권을 주었다. 이 정책의 시행 효과로 인해 실제로 인구성장률이 둔화되었지만, 이 정책은 지극히 강압적 방법으로 시행되었다.

현장 정보

■ 중국의 인구정책 : 1가구 1자녀 갖기 운동[10)]

산아정책을 맡고 있는 '인구계획생육위원회'는 30여년에 걸친 산아제한 노력의 결과, 1970년대 초 5.8명이던 출산율이 현재는 1.8명으로 낮아졌고, 세계인구 60억 돌파(1999년 10월 12일)와 중국 인구 13억 도달을 4년 늦출 수 있었다고 밝혔다.

중국은 그동안 1950~1960년대 베이비붐으로 시작된 폭발적 인구 증가를 막기 위해 '한 가구 한 자녀 갖기 운동'으로 표현되는 엄격한 산아제한을 실시하고 있다. 첫 아이가 장애자인 경우를 제외하고는 둘째 아이 출산을 허용하지 않고, 이를 위반하여 출생한 아이부터는 그 아이가 16세가 될 때까지 수입의 10%를 깎는다.

그러나 이러한 인구정책은 많은 허점을 가지고 있다. 인구의 대부분을 차지하는 농촌의 경우, 호적에 올라 있지 않은 '헤이 하이즈(黑孩子, 흑해자, black child)' 수가 대단히 많다. 중국의 실제 인구가 15억 명도 넘을 것이라는 추정도 여기에서 나온다. 생산책임제(일정량을 상납하고 나머지는 자유롭게 처분하는 제도)가 실시되고 있어서 일손이 많을수록 수입이 높아지기 때문에, 산아정책 위반에 따른 불이익을 피하면서 노동력을 확보하기 위해 아이를 낳고도 출생신고를 하지 않아 헤이 하이즈가 양산된 것이다.

또 한 자녀 갖기 운동은 소수민족에는 적용되지 않는다. 민족 융화를 위해서 전체 인구의 94% 정도인 '한족(漢族)'에게만 산아제한 정책이 적용되고, 몽골족, 후이족, 조선족 등 나머지 6%에 해당하는 55개 민족에 대해서는 출산 자녀수에 제한을 두고 있지 않다.

중국이 계획생육(計劃生育)을 시작한 것은 1970년대 초부터이다. 1972년에는 3명, 1973년에는 2명으로 제한했다가 1982년부터는 한 가정에 한 명만 낳아 기르도록 했다.

아이를 한 명만 낳는 부모에게는 장려금을 주고, 둘 이상을 낳으면 벌금을 물리거나 직장에서 해고하는 불이익을 주었다. 만혼을 권장하고, 결혼 후에는 직장과 거주지 담당에게 일일이 허가를 받아 아기를 낳게 하는 통제정책을 했다.

그렇게 20여년이 지나면서 인구 증가율은 1%를 밑도는 수준으로 뚝 떨어졌다. 이렇게 인구증가 억제에는 성공했지만 가족계획이 파생시킨 문제도 상당히 크다. 전통적인 가부장제에 뿌리를 둔 남아선호 사상 때문에, 딸을 낳으면 버리거나 살해하기도 하며, 태아감별을 통한 임신중절과 낙태가 성행하고 있다.

중국의 일부 대도시들은 최근 들어 '한 아이' 출산정책을 다소 완화해 제한적으로 두 자녀 출산을 허용하기 시작했다. 그러나 산아정책의 큰 줄기는 그대로 유지시키겠다는 것이 중국 정부의 확고한 방침이다. 중국 생육당국은 산아제한 정책을 지속하면서 그로 인해 파생된 농촌 청소년의 도시 이동, 성비 불균형, 인구 노령화 등의 문제를 해결하는 데, 초점을 맞추겠다고 밝혔다.

■ **중국의 소황제 1세대, 툭하면 부부싸움**[11)]

어른이 된 중국의 '소황제(小皇帝)' 1세대들이 상당한 가정불화를 겪고 있다. 중국 티엔진(天津)의 한 가정연구소는 소황제 세대 중 32% 정도가 배우자나 배우자의 가족과 불화를 경험하고 있으며, 이 같은 현상은 도시의 부유층에서 자란 자녀일수록 더 높게 나타났다고 조사결과를 발표했다(신화통신, 2004년 4. 12. 일자 보도).

신화통신은 대부분의 문제가 누가 설거지, 빨래 등 집안일을 할 것인가, 싸운 뒤 먼저 사과하는가 하는 사소한 것에서 시작되지만, 아내와 남편 모두 지나치게 자아의식이 강하고 양보를 할 줄 몰라 사소한 갈등이 줄곧 말다툼이나 큰 부부싸움으로 발전한다고 전했다.

소황제란 중국정부가 1979년 산아제한을 위해 실시한 1가구 1자녀 정책 하에서 태어난 외동아이를 일컫는다. 이들은 부모의 맹목적인 사랑과 과보호 속에서 자라 나약하고 자기중심적인 경향이 있다.

■ **인구의 장기적 정체 전망**[12)]

장이(張翼) 중국 사회과학원 인구노동경제연구소 연구원의 '중국인구 5대 특징'에 의하면, 중국 인구는 지속적인 도시화, 도시 민공수 증가, 가족계획제도 실시 등으로 인구성장률이 갈수록 감소하면서 오는 2020년에 14억 5천만 명을 정점으로 더 이상 늘어나지 않을 것으로 예측되었다.

그밖에 기대수명은 2000년에 71.4세(남 69.6세, 여 73.3세)로 1990년의 68.5세(남 66.8세, 여 70.5세)에 비해 경제발전에 따른 생활수준 개선 등으로 개선되었다. 총가구수는 약 2억 5천만호로 주택문제가 심각하다.

2. 인구의 연령별 분포

총인구에서 경제활동이 가능한 15세 이상 인구(노동가능 인구)의 비중이 꾸준히 증가하여 왔다. 2000년대에 들어와 15～64세 인구(생산가능 인구)가 총인구의 약 7할을 차지하게 되었다(2004년, 72.1%).[13)] 이러한 증가는 중국경제 발전의 핵심요소의 하나인 저렴한 노동력을 풍부하게 제공하여 왔다. 노동가능 인구 중 비경제활동 인구를 제외한 경제활동 인구는 2000년 말에 7억 6천만 명에 달하였다.[14)]

동시에 고령 인구도 급증하여 고령화 사회로 진입하는 문제점도 나타나고 있다. 2003년에 65세 이상 인구가 총인구의 8.34%를 차지하는 동시에 14세 이하 인구는 과거 30% 대에서 점감하여 20.33%로 줄어들었다.[15)] 동시에 또한 청소년 인구도 절대 규모로는 상당하여 이들에 대한 교육 문제가 대두되고 있다.

3. 인구의 지역별 분포

인구 분포는 여러 면에서 심한 불균형을 보인다. 우선, 일반적으로 중국을 동부, 서부, 남부의 세 지역으로 나누면 상대적으로 동부로 갈수록 경제가 발달되어 있고 인구도 그만큼 편중되는 반면에, 서부로 갈수록 경제가 낙후되어 있고 인구밀도도 낮게 나타난다. 즉, 연안 지방인 동부에는 총국토의 14%인 토지면적에 총인구의 42%가 집중되어 있는 반면에, 중부는 30%의 면적에 총인구의 35%, 서부는 57%의 면적에 총인구의 23%를 차지하고 있다.

이에 더해 하위 행정구역 간 인구밀도 차이는 더욱 심하게 나타난다. 예를 들어 1990년의 제4차 인구조사에 의하면, 인구밀도 면에서 동남부 지역의 강소(江蘇)성은 654명/km^2, 산동(山東)성은 539명/km^2인 데 비해, 서북부의 신강위구르(新疆維吾爾)자치구는 9명/km^2, 청해(靑海)성은 6명/km^2, 서장(西藏)자치구는 2명/km^2으로서 그 격차가 상당히 크다. 이러한 불균형 현상은 자연 환경과 인문 환경의 복합적 영향으로 장기간에 걸쳐 형성된 결과이다.

한편, 인구의 도농 분포를 보면, 1984년부터 도시 인구가 급증하기 시작하여 1980년에 총인구의 19%(1억 9,100만 명)이던 도시 인구가 2000년 11월에는 공식적으로 총인구(12억 4,261만 명)의 36.9%(4억 5,877만 명)로 증가하였다.[16] 더욱이 2004년에는 도시인구 비중이 41.8%까지 증가한 것으로 추정되었다.[17] 다만, 이러한 증가의 일부는 원래 도시에 근교의 농촌지역까지 통합한 광역도시화(1984년부터 시행)에 기인하기도 한다는 점에 주의하자.

이 점을 고려하여 광역도시 인구 중 포함된 농촌지역 인구를 제외하면, 도시화 비율이 1984년의 14%에서 1999년에 21% 정도로 증가하였다. 반면에 위 도시 인구 수치에는 임시(6개월 이내) 거주인구와 불법유입인구(8천만~1억2천만 명 사이로 추정)는 포함되지 않았다.[18] 인구의 도시화는 장래에도 추세화할 것으로 보여, 총 인구 중 도시인구의 비중이 2010년 48%, 2020년 55% 수준으로 증가해갈 것으로 추정된다.[19]

4. 인구의 성별 분포

성별 구성으로는 2003년에 남녀 비율(성비)이 51.05 : 48.95 로서 약간의 남초 상태인데, 이는 중국 사회의 지속적인 현상이다. 이중 특히 20대 이하 남자의 비중이 높은 편이다.

그런데 심각한 것은 신생아 인구에서 과도한 성비 불균형 현상이 추세화하고 있다는 점이다. 즉, 신생아중 여아 100명당 남아 비율(출생성비)이 1995년에 115명, 2000년에 119.9명, 2002년에 123.6명으로 점증하고 있다.[20] 이는 정상적 출생성비인 103~107명을 크게 웃도는 수치이다.[21] 그 결과, 2020년경에는 배우자를 찾지 못할 중국 남자가 3~4천만 명에 이를 것으로 추계된다.

이러한 현상의 근본원인 중 하나로 중국 정부가 인구 증가 억제를 위하여 30년간 '1가구 1자녀' 정책을 실시하게 되면서, 중국인들이 전통적인 남아선호 사상 탓에 여자 태아를 무분별하게 낙태하거나 낳은 후에 여아는 버리거나 밀매단에 파는 일이 잦았던 것을 들 수 있다.[22)]

이는 급기야 국가적 문제로 대두되어 최근에는 전인대 상무위원회(제10기 19차 회의)에서 여아 태아 낙태 금지 내용을 담은 관련 법률 개정을 추진하고 있다. 이 개정안에서는 위 낙태를 돕는 사람(의료진 등)에 대해서 3년 이하의 징역이나 거액의 벌금을 물리는 조치를 넣었다.[23)]

5. 인구의 소득수준별 분포

중국은 그동안 빠른 경제성장으로 개인들의 소득수준도 괄목할만한 증가를 이루었다. 그렇지만 평균적으로는 아직 1인당 국민소득이 약 1만3천 위엔 정도로 절대수준이 낮은 편이며, 중산층 비중이 낮고 절대 다수가 서민층이다.

반면에, 고소득층의 소득수준은 크게 높아져 빈부격차가 심화되어 사회문제화 조짐도 일부 나타나고 있는 형편이다. 전체인구 상위 20%의 소득이 하위 20% 소득의 8배를 넘어서고 있을 정도이다. 이들 상위 인구 20%는 대략 미국인구와 맞먹는 2억5천만 명 정도이며, 이들이 주로 내수 소비를 이끌어 가는 계층이라 볼 수 있다.

그러나 이와 관련한 또 다른 문제점은 여러 가지 제도적 미비로 인해 고소득층의 소비가 충분하지 않게 나타나는 현상이다. 신화사(新華社)의 조사에 따르면 현재 고소득 상위 20% 계층들의 저축액이 국내 총 저축액의 80%를 차지하고 있으며 고소득 계층의 소비지수가 지역에 따라 오히려 중·저소득 계층의 소비지수보다 낮아지고 있다는 결과가 나왔다.[24)] 이는 경제성장에 빈부격차 외에 또 하나의 걸림돌로 작용할 수 있는 여지가 적지 않다.

현장 정보

■ 중국의 도시·농촌간 소득 격차

중국 사회과학원 사회과학연구소 '징 티엔 쿠이' 소장은 전국인민 정치협상회의(정협, 政協) 분임 토의에서 "도시와 농촌 간의 소득 격차가 1985년 이후 점점 심해져서 2004년에는 6대 1 수준으로 벌어졌다"고 밝혔다.

또 이 자리에서 '쑤어 리셩' 정협 회원도 "가구 소득 상위 10%와 하위 10% 소득 격차도 2004년에 8배 이상으로 벌어졌다. 그리고 소득 불균형도를 나타내는 지니 계수가 0.47로 국제적 경고 수위인 0.4를 훨씬 넘어섰다"고 발표했다.[25)]

중국의 농촌 지역에는 현재 전체 인구의 60%가 넘는 8억 명이 거주하고 있다. 이들이 생산하는 농업생산량은 국내 총생산(GDP)의 15%에 불과하다. 중국 공산당학교 기관지인 학습시보는 "중국 농민 중 노약자와 어린이를 제외한 인구는 5~6억 명이며, 이들 중 3~4억 명이 잉여 노동력이라고 전했다. 농촌에 너무 많은 인구가 거주하고 있기 때문에 가난은 대물림할 수밖에 없는 실정이라는 것이다.[26]

중국 국가통계국에 의한 설문조사에 의하면, 중산층의 비중은 현재 5%에서 2020년에는 45%까지 증가할 것으로 예상된다. 여기서 중산층 기준은 World Bank의 기준인 1인당 GDP 3,470~8,000달러를 기준으로 환율 및 구매력 등을 고려한 것이다.[27] 참고로 중국에서 중산층 이상의 신흥 부유층에 대한 명문화 된 규정은 없으나 통례상 그 범위는 연간 3만 위엔 이상의 수입자(2000년 7월 국가통계국의 도시 사회 · 경제 조사 본부 조사 결과), 또는 6만 위엔 이상의 수입자(국가 세무국)로 보고 있다. 다른 기준에 의하면 중산층은 가계 연소득 6만 위엔(7,250달러)~50만 위엔, 그 이상은 상류층으로 본다.

현장 정보

■ 중국 중산층 : 중국 대도시 85.5% "나는 중산층"[28]

중국 주요 도시인구의 85.5%가 자신을 중산층으로 생각하고 있으나, 전체 중국 사회에서 자신을 중산층으로 생각하는 비율은 11.9%에 불과한 것으로 나타났다.

최근 중국에서 출간된 서적 '중국 중산계층 조사'에 따르면 베이징, 상하이, 구앙쪼우(廣州), 난징(南京), 우한(武漢) 등 5개 도시의 주민 3,038명을 대상으로 조사한 결과, 이들의 85.5%가 자신을 중산층으로 여기고 있었다.

이들은 주로 대졸 학력 이상에 월수입이 5천 위엔(한화 약 63만원) 이상이고, 사업체 관리직종 · 전문직 종사자 · 당정 공무원 · 기업 엔지니어 · 대리점주 · 민영기업인 등으로 나타났다. 그러나 중국 전체로 볼 때에는 자신을 중산층으로 생각하는 비율이 11.9%에 불과했다.

과거의 중산층은 '티엔판 완(철밥그릇 : 평생 직장)', '티에 꽁즈(鐵工資, 균등 임금)', '티에 즈웨이(鐵職位, 직위 보장)'를 향유하던 '후안리앙족(皇糧族, 황량족)'이었으나, 이들은 개혁 · 개방 이후 대거 직장에서 쫓겨나며 하류층으로 전락하며 상대적 박탈감에 시달리고 있는 것으로 나타났다.

이와 반면, 1990년부터 점차 서방국가와 유사한 중산계층이 형성되기 시작해서, 과거의 향진기업가, 소규모 자영업주 등을 제치고 교사, 엔지니어, 변호사 등 전문직 종사자와 대리점 주인, 공무원 등이 신 중산층을 형성하게 된 것이다.

한편 2005년 1월 중국 국가통계국은 중국 사회의 중산층 표준을 연간 가정 수입이 6~50만 위엔(한화 760~6,340만원)사이인 집단으로 분류했으며, 중산 계층이 취업인구의 30%에 달하면 사회 안정의 기반이 잡힐 수 있는 것으로 예상했다.

중국 사회과학원 사회과학연구소 '장완리' 부연구원은 "중산층에 진입하려면 권력이라는 높은 문턱을 넘어야 한다. 권력 배경이 없는 사람은 재산을 모을 기회를 얻기 힘들고, 자수성가하기도 갈수록 어려워지고 있다. 특히 정치권과 재계의 엘리트들이 서로 연맹을 맺고 유착하면서 하층민이 중상류층으로 올라설 기회를 박탈, 기회균등의 원칙을 훼손하고 사회적 지위의 분배를 불공평하게 만들고 있다"고 지적했다.

또한 CSFB 연구소는 중국의 도시가계 중 연소득 5천 달러 이상의 비율이 현재 17.4%이며, 연간 24%씩 늘어 2014년에는 90%를 넘어설 것으로 예상하였다. 소득 5천 달러는 가족들이 생필품 구매 뿐 아니라 여유로운 소비를 할 수 있을 기준선으로 인정된다.

현장 정보

■ 中, 10년 동안 거대 소비붐 인다[29)]

도시 소득의 빠른 증가에 힘입어 향후 10년 동안 중국에서 거대한 소비 붐이 일어날 것으로 예상된다고 '크레디트 스위스 퍼스트 보스톤(CSFB)' 이코노미스트들이 발간한 책을 인용, 파이낸셜 타임스(FT)가 보도했다.

"중국 소비자의 출현(The Rise of the Chinese Consumer)"이라는 제목의 책에서는 연간 소득 5천 달러 이상의 도시 가계수가 연간 24%씩 늘어 결국 수 백만 명의 새로운 소비자가 탄생할 것으로 내다봤다. 이 책은 특히 젊은 층에 어필할 수 있는 브랜드나, 중국내 대부분의 상품들이 겪고 있는 저가 정책을 피할 수 있는 브랜드를 갖고 있는 기업들이 수혜를 볼 것으로 예상했다.

CSFB의 글로벌 전략가이자 이 책의 주요 저자인 '조나단 가너'는 "중국 소비 사회의 발달은 향후 10년간 이어질 것으로 예상된다"며 "그때가 되면 중국 소비 시장은 세계 2대 시장으로 성장하고 글로벌 성장의 주 원동력으로 부상하게 될 것"이라고 말했다.

소비 지출 관련 애널리스트들은 소득 5천 달러를 주요 기준선으로 보고 있다. 즉, 소득 5천 달러가 되면 가족들이 생필품 구매 뿐 아니라 여유로운 소비를 할 수 있을 것이란 분석이다.

CSFB 연구소는 도시 가계 중 소득 5천 달러 이상의 비중은 현재 17.4%에서 2014년에는 90%를 넘어설 것으로 예상했다.

---

6. 인구의 학력별 분포

중국은 한국, 일본 등과 비슷하게 교육열이 크게 높으며 입시경쟁도 마찬가지이다. 이에 따라 일부 이른바 명문대학(베이징 대학이나 칭화(青華) 대학 등)의 입학 경쟁은 매우 치열하다. 그러나 높은 교육열에 비해 중국은 아직 전반적으로 공교육에 대한 투자의 미흡 등으로 교육 환경이 열악하여 교육의 질은 전반적으로 낙후된 편이다.[30] 이는 고급인력 부족 현상의 주원인이 되고 있다.

2000년 기준으로 총인구 중 대학 졸업 이상의 고학력자는 아직 3.6%에 지나지 않으며 고졸이 11.1%, 중졸이 34%, 소학교 졸업에 그친 인구 비중이 35.7%이다. 더욱이 도농간 차이도 심각하여 2003년 기준으로 중등교육 이상의 학력자 비율이 도시에서는 33.55%인 데 비해 농촌에서는 5.86%에 그쳤다.[31]

그럼에도 중국사회의 급성장은 고학력자의 수요를 부추기며 대학 등 고등교육기관에 진학하는 사람들의 절대적 수가 급증하고 있다. 즉, 대학 입학생 수는 1998년의 108만 명에서 2002년에는 340만 명으로 3배가, 2003년에는 다시 382만 명으로 증가하며 대학 진학율이 17%를 기록하였다. 그 결과 2003년 기준으로 중국의 1552개 고등교육기관(대학원 720개)에 재학 중인 대학생 수는 1,108만 5천 600명(이는 2002년 대비 22.7% 증가한 수치), 대학원 재학생은 65만 1천 300명으로 집계되었다. 그런데 대학 진학률이 17% 전후라는 것은 대학재학 자체가 사회저변에서는 아직도 일종의 '특권'으로 통한다는 것을 의미한다.

문맹 및 반 문맹 수준은 과거에 비해서는 획기적으로 개선되었다. 문맹률이 1982년과 1990년의 인구 조사에서 각각 22.8%와 15.9%로 나타난 것에 비해, 2000년 조사에서는 6.7%로 크게 낮아졌기 때문이다.[32] 그러나 인구 조사의 방법론적 한계 때문에 위 개선 정도는 다소 과장된 부분이 있을 수 있다는 점에 유의하자.

규정상 9년의 의무교육이 규정되어 있지만 현실적으로 국민 1인당 교육기간은 아직 평균적으로 5년 이하에 그치고 있고, 15세 이상 인구 중 1억 8천만 명이 문맹이며, 초등교육 보급률도 68% 정도에 불과하여 매년 약 500만 명의 학령기 아동이 미진학하는 형편이다.[33] 공식적으로도 중학교까지는 진학률이 과거에 비해 근래에 크게 개선되었지만, 고등학교 진학률은 아직도 크게 낮은 수준에 그치고 있다.

더구나 15세 이상의 활동 인구 기준으로 하면, 2003년 조사에서 문맹률은 10.95%로 공식적으로도 아직 충분히 개선되었다고 보기 어려운 수준이다. 이 문맹률 수준도 지역간, 도농간, 남녀간에 상당한 불균형을 보이고 있다. 먼저, 지역 간에는 대체로 동북, 화북, 중남 지역 거주민들의 문맹률이 낮게 나타난 반면에, 서북과 서남 지역에서는 상대적으로 높게 나타났다.

도농 간에는 대도시인들이 상대적으로 낮은 문맹률을 보인 반면에, 지방인들은 높은 문맹률을 보였다. 끝으로 남녀 간에는 상대적으로 남자들의 문맹률이 여자들에 비해 상당한 격차로 낮게 나타났다.

6-2 인종과 어족

1. 개관

중국은 인종 면에서는 한족(漢族, 한주), 사용 언어 면에서는 중국어가 대표한다. 그러나 적은 비중에도 불구하고 그밖에 많은 인종과 어족이 공존하는 다민족 국가이다.

먼저, 인종 면에서 한족이 중국은 물론 세계에서도 단일 민족으로서는 최대 규모이지만(중국 인구의 약 92%), 이외에도 55개의 소수 민족이 있다.[34)]

소수민족 중 인구가 천만을 넘는 대형 민족은 장족(壯族, 좡주)과 만주족(滿族, 만주)이며, 백만 이상 민족으로는 회족(回族, 후이주), 조선족(朝鮮族, 차우센주) 등 16개가 있다. 그리고 인구가 10～100만 명에 달하는 민족은 써족(畲族) 등 17개이며, 인구가 1～10만 명에 달하는 민족으로는 블랑(布朗)족 등 13개가 있다. 끝으로 인구가 만 명 이하인 민족으로는 먼바주(門巴族) 등 7개 민족이 있다.

특히, 소수민족 중에서도 상대적으로 훨씬 인구가 적은 극소수민족들은 소수민족 중에서 특별히 가난한 편이다. 참고로 회족은 7세기에 중국에 이슬람교가 전해졌을 때 여기에 귀의한 중국인들의 후손이며, 만주족은 스스로를 17세기에 중국을 침입한 만주 8기(旗)의 자손으로 칭하고 있다.

언어별로 본 어족(語族)으로는 크게 시노티베트(漢藏)어족, 알타이(Altai)어족, 인도유럽(印歐)어족, 오스트로아시어(南亞)어족을 들 수 있다. 이중에서 시노티베트어족에 속하는 중국어(漢語)가 한족이 사용하기 때문에 가장 널리 쓰이고 있다.[35)] 중국어에도 여러 방언이 있기 때문에, 가장 중요한 북방방언 및 북경어에 토대를 두어 표준어로 삼고 있다. 이 표준어를 보통화(普通話, 푸 통 후아)라고 부른다.[36)]

한족 외에 회족과 만주족도 보통화를 사용하고 한자로 표기한다. 시노티베트어족 중 소수민족들(장족, 티베트족, 먀오야오어군에 속한 언어를 쓰는 종족들) 대다수는 한족의 영향을 받아 전통적 종족 특성들을 이미 상실하였기 때문에, 이들은 오직 언어를 통해서만 구분될 수 있다.

알타이어족 계열의 소수 민족으로는 투르크계(터키계) 민족들과 몽고족이 있다. 이들 중 위구르족은 투르크계 소수 민족 가운데서는 가장 규모가 크며 고유의 언어를 지금까지 간직한 채 인종적으로 뚜렷한 구별을 보인다. 투르크계 소수 민족 중 카자크족과 키르기스족은 중앙아시아에 살던 민족의 후예이다.

표 6-1 소수민족의 인구와 분포(2000년)[37]

민 족(民族)	주요 분포지역	인 구(명)
장(壯)족	廣西, 云南, 廣東	16,178,811
만주(滿)족	遼寧, 河北, 黑龍江, 吉林, 內蒙古, 北京	10,682,262
회(回, 후이)족	寧夏, 甘肅, 河南, 新疆, 青海, 云南, 河北, 山東, 安徽, 遼寧, 北京, 內蒙古, 天津, 黑龍江, 陝西, 貴州, 吉林, 江蘇, 四川	9,816,805
묘(苗, 먀오)족	貴州, 湖南, 云南, 廣西, 重慶, 湖北, 四川	8,940,116
투지아(土家)족	湖南, 湖北, 重慶, 貴州	8,028,133
위구르(維吾爾)족	新疆	8,399,393
이(彝)족	云南, 四川, 貴州	7,762,272
몽고(蒙古, 멍구)족	內蒙古, 遼寧, 吉林, 河北, 黑龍江, 新疆	5,813,947
티베트(藏, 장)족	西藏, 四川, 青海, 甘肅, 云南	5,416,021
부이(布依)족	貴州	2,971,460
동(侗)족	貴州, 湖南, 廣西	2,960,293
야오(瑤)족	廣西, 湖南, 云南, 廣東	2,637,421
조선(朝鮮, 차우시엔)족	吉林, 黑龍江, 遼寧	1,923,842
바이(白)족	云南, 貴州, 湖南	1,858,063
하니(哈尼)족	云南	1,439,673
카자크(哈薩克)족	新疆	1,250,458
리(黎)족	海南	1,247,814
다이(傣)족	云南	1,158,989
써(畲)족	福建, 浙江, 江西, 廣東	709,592
리수(傈僳)족	云南, 四川	634,912
껠라오(仡佬)족	貴州	579,357
동샹(東鄕)족	甘肅, 新疆	513,805
라후(拉祜)족	云南	453,705
쉬(水)족	貴州, 廣西	406,902
와(佤)족	云南	396,610
나시(納西)족	云南	308,839
치앙(羌)족	四川	306,072
토(土)족	青海, 甘肅	241,198
물람(仫佬)족	廣西	207,352
시베(錫伯)족	遼寧, 新疆	188,824
키르기즈(柯爾克孜)족	新疆	160,823
다우르(達斡爾)족	內蒙古, 黑龍江	132,394
징포(景頗)족	云南	132,143

민 족(民族)	주요 분포지역	인 구(명)
마오난(毛南)족	廣西	107,166
살라(撒拉)족	青海	104,503
블랑(布朗)족	云南	91,882
타지크(塔吉克)족	新疆	41,028
아창(阿昌)족	云南	33,936
푸미(普米)족	云南	33,600
오웬키(鄂溫克)족	內蒙古	30,505
누(怒)족	云南	28,759
징(京)족	廣西	22,517
지노(基諾)족	云南	20,899
더앙(德昂)족	云南	17,935
감숙(保安)족	甘肅	16,505
러시아(俄羅斯)족	新疆, 黑龍江	15,609
유구르(裕固)족	甘肅	13,719
우즈벡(烏孜別克)족	新疆	12,370
먼바(門巴)족	西藏	8,923
오로첸(鄂倫春)족	黑龍江, 內蒙古	8,196
드룽(獨龍)족	云南	7,426
타타르(塔塔爾)족	新疆	4,890
헤젠(赫哲)족	黑龍江	4,640
고산(高山)족	台灣, 福建	4,461
로바(珞巴)족	西藏	2,965

2. 소수민족 정책

중국내 소수민족들은 민족 간 이질성 등의 이유로 주도세력인 한족과 다소간에 잠재적 갈등관계에 있을 수밖에 없다. 이에 대해 중국은 통합을 기본 전제로 하여 강·온 정책을 병행하며 소수민족들을 관리하고 있다.

먼저, 상대적으로 소수민족 중 민족주의 정서가 커서 분리욕구를 표출하는 민족(대표적으로 티베트족, 위그루족, 몽고족)들에 대해서는 무력으로 가혹한 탄압정책을 시행한다. 동시에 회유정책을 수행하며 제한된 자치권 부여, 우대정책 등 소수민족의 중요성을 인정하는 정책도 펴고 있다.[38] 그래서 티베트를 제외하고 대체적으로 중국내 민족간 분쟁이 평화적으로 해결되는 편이다. 이 회유정책은 대표적으로 다음 네 가지로 나누어 볼 수 있다. 즉, 민족구역 자치제, 소수민족에 의한 간부 정책, 다수에 의한 동질화 정책, 문화 보호 정책이다.[39]

현장 정보

■ 중국의 소수민족 정책[40)]

중국에서 '민족'이라고 말할 때는 보통 일반적 의미의 'nation'이라기보다 '소수민족'을 가리키는 협의적 의미로 쓰인다. 중국에서 '소수민족'의 문제는 '인류학적 연구대상'의 문제라기보다는 '국가존립의 핵심정책'의 문제의 하나로 분류할 수 있는데, 이 때문에 소수민족 관련 연구와 사업이 다분히 '관변적' 성격을 띨 수밖에 없게 된다. 중국에서 벌어지는 각종 행사나 '전인대'같은 국가행정을 살펴보면, 언제나 헤드라인 사진은 어설픈 민족의상들을 입은 소수민족들이 정겹게 손을 잡고 함께 걷는 모습들로 채워진다. 문제는 중국정부의 공식적 입장인 '소수민족 우대정책'이 그 의도와는 상관없이 결과적으로 '동화를 통한 고사정책'에 이른다는 점이다

이러한 상황에도 불구하고 '민족'이 갖는 내연적 생명력, 특히 '민속'이라는 요소는 문화의 본질적 특징으로 인해 '전파'되고 '동화'되어 그 명맥을 유지해 나가고 있다.

■ 위구르족, 독립 위해 무장투쟁 선포[41)]

중국 신장(新疆) 자치구의 위구르족 독립세력이 중국 정부에 대해 무장투쟁을 선포해 중국 정부를 긴장시키고 있다. 독일 뮌헨에 본부를 둔 신장 독립・분리주의 단체인 '동(東) 투르키스탄 해방조직(ETLO)'은 10월 1일 신장 자치구 출범 50주년 기념행사를 앞두고 위구르족에게 이를 저지하는 무장투쟁을 벌이도록 호소하였다. 이에 따라 중국 당국은 베이징 천안문광장 등에 대한 경계태세에 들어갔다.

■ 중국, 위구르족 분리주의자 두 명 사형[42)]

중국이 국가안보를 위협한 혐의로 소수민족인 위구르족 분리주의자 두 명을 사형시키고, 16명에게는 징역 5년에서 무기징역에 이르는 형을 선고한 사실이 뒤늦게 밝혀졌다. 독일에 본부를 두고 있는 '세계 위구르 의회'는 '아크메드 타쉬'와 '로크만 마메트'라는 위구르 주민이 불법 폭발물 제조 혐의로 중국 북서부 신장 자치구에서 사형에 처해졌다고 발표하였다. 형이 집행된 이들은 모두 동 투르키스탄 인민당의 당원으로 알려졌다.

위구르족은 신장 자치구의 1,900만 인구 중 다수를 차지하고 있으며, 자치권을 확대하거나 더 나아가 동 투르키스탄이라는 독립국가 건설을 추진하여 왔다.

중국은 위구르 분리주의자들을 테러리스트라고 비난하여 왔다.

---

(1) 민족구역 자치제

민족구역 자치란 중앙정부의 통일적 영도를 전제로 하여, 한족 외의 소수민족이 집단 거주 지역에 자치지역을 설정하고 자치기관을 설립하여 일정한 자치권의 행사가 허용된 제도를 말한다.[43)]

이 제도는 중국이 소수민족에 대한 정치적 관리제도이다. 중국은 다민족 국가이지만, 각 민족들에게 민족자치권을 허용하는 연방제 국가가 아닌 구역자치권을 허용하는 중앙집권적 국가 체제를 택한 것이다. 이러한 선택은 중국이 역사적으로 진·한 시대부터 일관되게 견지해 온 원칙에 기초한 것이다.

이 자치제도는 헌법과 민족구역자치법에 기초한다. 중국 정부는 1954년 헌법에 중국은 통일된 한민족 국가라고 규정하여 소수민족의 분리와 독립을 인정하지 않고 자치권만 인정하고, 후속적으로 1984년 전담 특별법인 민족구역자치법을 제정하였다. 이는 소수민족이 가지는 전통상의 분리 욕망을 제한적으로나마 충족시키려는 제도라고 할 수 있다.

다음은 구역 자치권의 주요 내용이다.

① 자치지역의 자치기관은 내부사무를 자치적으로 관리한다.

② 지역 인민대표회의는 소속 지역에 적절한 자치조례와 단독조례를 제정할 수 있다.

③ 자치기관은 소수민족의 언어와 문자를 사용 및 발전시킨다.

④ 자치기관은 소수민족의 민족교육·문화 등을 발전시킨다.

⑤ 자치기관은 자주적으로 경제건설사업을 배치·관리·발전시킬 수 있다.

⑥ 자치기관은 자주적으로 재정관리를 할 수 있다.

민족자치지역의 현황을 보면, 행정구역상 성급 행정구역인 소수민족 자치구가 5개에 달하고, 다른 많은 성에도 적지 않는 수의 민족자치주와 자치현(기)이 설치되어 있다.[44] 2003년 말 기준으로 중국에서 민족구역자치를 실시하는 지역의 면적은 국토면적의 64%를 차지한다. 또한 55개 소수민족 중 44개 민족이 자치지역을 가지고 있으며, 자치지역 내에 있는 소수민족 인구비중은 전체 소수민족 인구의 71%에 달한다.[45]

(2) 소수민족에 의한 간부 정책

소수민족 지구에 행정 관료로 한족 간부를 파견하면, 비록 업무는 처리하겠지만 현지의 사정과 언어 및 문자, 풍습 등을 이해하지 못하여 인민들과의 관계 및 당의 정책 관철 등 방면에도 많은 곤란이 있을 수 있다. 이러한 문제의 해결을 위해 소수민족 간부들을 양성기관에서 교육시켜 해당 지역에 파견하여 민족구역 자치 정책을 수행하도록 하고 있다.

(3) 다수에 의한 동질화 정책

소수민족을 한족과 잘 어울리게 하기 위해서 한족을 이주시키는 동질화 정책을 펴고 있다. 이는 소수민족이 한족에 대하여 가지는 소외감과 이질감을 한족과의 공동생활로 어느 정도 해결하도록 하기 위해서이다.

현장 정보

■ 민족 분쟁 : 한족 대 회족[46)]

중국 중부 흐어난(河南)성에서 한족(漢族)과 이슬람교도인 회족(回族)간에 유혈 충돌이 일어나 다수의 사망자가 발생했다고 뉴욕타임즈가 보도했다. 이 신문은 "이번 사태로 진압경찰을 포함 모두 148명이 사망했으며, 계엄령이 선포된 뒤에야 사태가 수습됐다"고 전했다.

이날 유혈충돌은 회족 택시 기사가 한족 여아(6세)를 들이받아 치명상을 입히자, 여아의 가족과 친척, 마을 주민들이 택시 기사가 사는 마을로 항의를 하면서 시작 되었다.

중국을 구성하는 56개 민족 가운데 하나인 회족(860만 명으로 추정)은 그동안 독립을 요구하며 시위를 벌여 온 같은 이슬람계 '위구르족' 등과는 달리 중국 사회에 가장 잘 동화된 소수민족으로 알려져 있다.

이 신문은 그러나 회족은 1980년 이후 자신들의 거주지역이 초고속 경제성장에서 소외된 것에 대해 불만을 품어 왔다고 분석했다.

---

(4) 문화보호 정책

법률적으로 소수민족의 언어 및 문자의 사용과 발전의 자유를 보장하고 있다. 실제에 있어서도 중앙과 지방의 민족 학원에서 모두 소수민족의 언어과정을 두고 있다. 소수민족 지역의 학교에서도 공통된 언어인 중국어(漢語)와 소수민족 언어 및 문자를 모두 가리키고 있다.

소수민족이 지니는 고유한 풍습도 전체 소수민족 문제에서 분리할 수 없는 일부분이다. 중국정부는 소수민족의 풍습에 대하여 이중적 정책을 펴고 있다. 즉, 소수민족의 풍습이 사회주의 생산 건설과 소수민족의 발전에 도움을 주면 계속 보호하고, 그렇지 않을 때에는 적당한 개혁을 하는 것이다. 단, 개혁은 해당 소수민족의 희망이 있을 때에만 진행하게 된다.

3. 민족의 분포

중국내 민족들은 거주 분포 상 기본적으로 이른바 소집거(小集居)와 대잡거(大雜居)의 특징을 보인다. 즉, 여러 민족은 일정한 지역에 상대적인 집거 지역이 있는 동시에 전국의 거의 모든 지역에 산거해 있다.

먼저, 한족은 상대적으로 동부에 집거하면서도 전국 각지에 거의 모두 분포하여, 역사적으로 소수 민족들만 집거하던 지역에도 이제는 상당수의 한족이 함께 거주하고 있다. 그 결과 일부 자치구와 자치현을 제외한 대다수의 행정구역별로는 소수민족 인구가 한족 인구보다 적은 것이 일반화되었다.[47)]

소수 민족들은 첫째, 전체적으로는 총인구의 약 8%에 불과하지만 분포 지역 총 면적은 국토의 과반이나 되며, 자치 행정구역 면적은 국토의 약 64%에 이른다. 둘째, 집거 지역은 대부분 국경지역이나 경제와 문화가 낙후된 지역이다. 교통과 교육 수준 등도 열악하다.[48] 구체적으로는 주로 서남(西南, 시난), 서북(西北, 시베이)과 동북(東北, 동베이) 지역의 산간지대, 그리고 목축구 또는 국경 지역에 집거하는 편이다. 이중에서도 서남이 가장 밀집된 지역으로서, 3천만 명 이상의 소수 민족 인구가 거주한다.

회족은 중국 내 여러 곳에서 한족과 섞여 살고 있으며, 이들이 가장 많이 밀집해 있는 닝샤후이족 자치구에서만 회족으로 구분되고 있다. 만주족은 한족 문화에 완전히 동화되어 화북과 동북 지역에 주로 살고 있지만, 자치지역이 많지 않은 편이다.

중국내 한인(韓人)들은 조선족으로 불리며 총인구가 대략 2백만 정도이고, 주로 동북 지역 즉, 길림성(吉林省, 지린성), 요령성, 흑룡강성에 집중된 편이다. 이중에서도 길림성 내에서는 1개 자치주(연변조선족자치주) 및 1개 자치현(장백조선족자치현)을 구성하고 있다.[49]

현장 정보

■ 재외동포 거주 현황 : 총 663만 명 중 중국동포 243만 명[50]

외교통상부는 2005년 재외동포현황을 발표했다. 이에 따르면, 2005년 1월 현재 해외에 거주하는 외국 국적 동포와 재외 국민은 총 175개국에 66만 8,338명으로, 2년 전과 비교해 30만 1,387명(4.8%) 증가한 것으로 나타났다. 특히 중국에 거주하는 재외 동포가 243만 9,395여명으로, 사상 처음으로 미국 재외동포(208만 7,496명)수를 앞질렀다. 주요 국가 별로 2005년 재외동포 거주 현황을 정리하면 다음과 같다.

[단위 : 명]

국 가	2003년	2005년
중국	2,144,789	2,144,789
미국	2,157,498	2,098,496
일본	989,714	901,284
독립국가연합	557,732	532,697
캐나다	170,121	198,170
중남미	105,643	107,162
유럽	94,339	107,579
필리핀	37,100	46,000
중공	6,559	6,923
아프리카	5,095	7,900

시노티베트어족 중 소수민족들은 남부와 남서부에 집중되어 있다. 최대 소수민족인 장족은 대부분 광서장족(廣西壯族, 광시좡주) 자치구에 거주한다. 티베트족은 티베트 고원 전체에 흩어져 살고 있다. 먀오야오어군에 속한 언어를 쓰는 종족들은 귀주성에 모여 산다.

알타이어족 계열의 소수민족은 주로 북서부와 북부에 집거한다. 투르크계 민족중 위구르족은 신강위구르(新疆維吾爾, 신장웨이월) 자치구의 타림 분지와 준가얼 분지에 이어져 있는 오아시스 도시들 이곳저곳에 분포되어 있고, 카자크족과 키르기즈족 역시 동 자치구에 거주한다. 몽고족은 대체로 내몽고(內蒙古, 네이멍구) 자치구에 거주한다. 타지크족은 신강위구르 자치구 서쪽 끝에 집거한다.

4. 중국어 방언

중국은 땅이 넓은 만큼, 중국어만 하더라도 지역별 방언(사투리)이 많이 있다.[51] 이들 중에서 통역을 필요로 할 정도로 크게 다른 방언으로 대개 다음 일곱 가지의 범주를 나누는 편이다.[52]

(1) 북방(北方) 방언

북방방언은 역사적으로 중국의 지배계층이 북방으로부터 가져온 언어로서 중국 표준어의 모태가 되었다. 양자강 이북(이남에서는 南京市 주변, 貴州省, 雲南省 등)의 넓은 지역에 분포하며, 중국 국내의 한족 인구 중 최대인 대략 70%가 사용한다. 이 방언은 다시 다음 네 가지 방언으로 세분할 수 있다.

① **화북·동북(華北·東北)방언 :** 주요 분포지역은 동북 3성(요녕, 길림, 흑룡강), 북경, 천진, 하북, 하남, 산동 그리고 내몽고 일부지역이다.

② **서북(西北)방언 :** 주로 산서, 섬서, 감숙, 청해, 영하 그리고 내몽고 일부지역에 분포한다.

③ **서남(西南)방언 :** 주 분포지역은 사천, 운남, 귀주, 호북 대부분, 광서 서북부, 호남 서북쪽 지역이다.

④ **강회(江淮, 장화이)방언 :** 주로 안휘성, 강소성의 장강북부에 분포한다.

(2) 오(吳) 방언 : 주요 분포지역은 강소성의 양자강 이남지역, 상해시, 절강성이며 소주(蘇州)어, 상해어가 전형적이다.

(3) 월(粵) 방언 : 광동성, 광서자치구, 홍콩 등이 주된 분포지역이며, 광동어가 전형적이다. 해외화교는 대부분 월방언과 민방언을 일상어로 한다.

(4) 객가(客家) **방언 :** 이는 역사적으로 전란과 기근 때문에 피난온 북방 난민의 자손이라는 객가사람들의 방언이다. 주로 광동성 동북부, 복건성 서부, 강서성 남부, 광서성 동남부 등 경계지대를 중심으로 화남(華南) 각지에 분포한다.

(5) 민(閩) **방언 :** 주로 복건성, 광동성 동부, 해남성, 대만의 한인지역 등에 분포한다. 복건어가 대표적이다. 이 방언은 다시 민북방언, 민남방언 등으로 세분될 수 있다.

(6) 상(湘) **방언 :** 주 분포지역은 호남성이다.

(7) 감(贛) **방언 :** 강서성에 주로 분포되어 있다.

위 일곱 가지 방언 중 표준어의 토대가 된 북방방언 외에 표준어와 가장 가까운 방언은 오방언이고, 가장 차이가 큰 방언은 민방언이다. 그런데 문제는 방언간에 차이가 과도한 경우가 종종 있으며 이 경우, 같은 중국인끼리도 서로 의사소통이 어려운 경우가 흔하다는 점이다. 예를 들어, 동북 3성이나 베이징의 북방인들은 샹하이나 구앙동성, 푸젠성, 저지앙성 같은 남방인들이 지역 방언으로 대화하면 아예 알아듣지 못할 정도이다.

방언문제 해결을 위해 중화민국 성립시부터 전국적 국어통일운동이 추진되어 1919년에 표준어가 채택되었으며, 중화인민공화국 건국 후에도 정책적으로 더욱 박차를 가하여 보통화(普通話)로 언어를 통일시키는 일이 중시되었다. 지금은 이 보통화가 전국적으로 보급돼 있어서 어느 곳을 가든 의사소통에 기본적으로는 문제가 없다. 즉, 각 지역마다 사투리가 있어 자기들끼리는 사투리를 쓰다가도 타지역 사람이 보통화로 말하면 역시 보통화로 대답하는 방식이다. 그렇지만 아직도 많은 방언들이 지역별로 끈질기게 사용되고 있는 것도 사실이다.

현장 정보

■ 13억 중국인 중 53%만 표준어 구사

중국 국가 언어위원회와 교육부가 지난 5년간 전국 31개 지역에서 47만 여명의 주민을 대상으로 조사한 결과, 13억 명의 중국인 가운데 불과 53%만이 베이징 말을 기초로 한 중국의 공식 표준어인 만다린을 구사할 수 있다고 언론들이 보도했다.

국가 언어위원회는 표준어를 구사할 수 있는 53%에 속하는 중국인들도 자주 표준어를 사용하지는 않고 있는 실정이라고 밝혔다.[53]

한편, 샹하이의 경우, 직장에서 업무상 대화를 할 때 표준말을 쓰는 경우는 34.8%에 불과한 것으로 나타났다.[54]

제 7 장 사회·문화·기술 환경

이 장에서는 정신문화 환경, 종교적 특성, 물질문화 환경, 제도문화 환경, 지역색, 그리고 기술 환경 등에 대하여 고찰하기로 한다.

7-1 서 론

사회·문화 환경에서 고려할 주요한 변수로는 전통이나 관습, 가치, 믿음, 태도, 생활 및 행동양식, 도덕이나 윤리, 종교 등이 있다. 주요 추세로는 개혁개방의 정책적 성과로 여러 가지 구조적 변화 중에 있다는 점, 신중산계급 등 새로운 계급적 분화 중에 있다는 점, 사회적 다원화가 확산 중에 있다는 점이다.

기술환경에서 고려할 주요한 변수로는 기술의 개념·종류·발전·경쟁력 등이 있다.

7-2 정신문화 환경

여기에서는 중국의 정신문화를 통합주의, 중화사상, 개인주의, 체면중시, 현실주의, 만만디 정신, 감정표현, 모호한 태도, 시·공간 관념, 숫자 관념, 색채 관념, 준법정신 등의 주제로 나누어 고찰해 본다.

1. 통합주의

중국인들은 광대한 영토 및 그에 따른 자연환경, 민족, 풍습 등의 다양성에도 불구하고 집단, 민족, 국가적 차원에서는 통합주의를 지향하는 의식을 가지고 있다. 이러한 의식은 중국의 역사적 변천과정에서 형성되었다. 그 배경을 보면 거대한 영토를 가진 중국에서 역사적으로 지역 간 세력 간 다툼은 수많은 크고 작은 전쟁으로 이어졌고, 이로 인한 전란의 피해를 혹독히 겪으면서 중국인들은 통합의 필요성을 절실히 느꼈다.

실제 역사적으로 통합은 사회의 안정을 가져와 이를 토대로 경제와 문화의 번영을 구가하게 했던 시대를 가져다주곤 하였다.[1]

그 결과 중국은 2천여 년의 긴 역사에서 몇 번의 일시적 분열기가 있었지만 대부분 통일국가를 유지해왔으며, 이는 인류사에서도 유례가 없는 경우이다.

이 통합주의는 역사적으로 살펴보면 한족의 범위를 넘어선 영토적 확장을 지향한 제국주의적 통합주의였다. 즉, 주위의 상대적 소수민족이나 약소국가들을 쳐서 복속시킨 공격적 통합주의였다. 그 결과, 현재의 중국 내에도 한족이 아닌 많은 소수민족이 존재하고 있는 것이다. 또한 옛 고구려를 중국에 속하였던 고대 소수민족의 하나라고 강변하며 고구려사를 중국사로 편입하려 벌이는 이른바 '동북공정(東北工程)'이라는 역사왜곡도 이러한 배경에서 비롯한다.[2)]

현장 정보

■ 중국인들의 문명사적 침략성[3)]

중국정부의 동북공정(東北工程, 2002~2006년)은 단순히 고구려사를 빼앗아가려는 차원을 넘어서서, 아시아 동북지역 고대문명 전체를 자신들의 것으로 삼으려는 문명사적 침략의 일환인 것으로 드러나고 있다.

그런데 현실적으로 광대한 영토를 모두 중앙집권적으로 통제할 수는 없었기에 한번 굴복시킨 주변 민족들이나 국가들에게는 대개 자치권을 주는 방식으로 관리하여 왔다. 그 대표적 제도가 '조공(朝貢)'제도였다. 그리고 자치권을 부여한 지역에서 분리 독립을 추구하는 경우에는 강압적으로 진압하여 왔다. 근래에도 분리 독립운동이 일어났던 티베트에 대한 억압과 대만의 독립선언에 대해 보이는 민감한 반응과 위협 등은 그 대표적 표출 사례이다.[4)]

2. 중화 사상

중화(中華) 사상의 중화는 중앙을 뜻하는 중(中)과 문화를 나타내는 화(華)를 합한 단어로서, 중화사상은 중국이 세계의 중심이자 문화의 중심이라는 사상이며, 모든 것이 중국을 중심으로 하여 전세계에 널리 퍼져나간다고 믿는 중국의 우월주의적 민족사상이다.[5)] 과거의 한족은 집단적으로는 이러한 선민의식으로 자기 민족의 우월성을 자랑해왔다. 이는 그 배후에 이민족(異民族)을 천시하는 개념을 지닌다.[6)] 그런데 중국의 이러한 자기민족 중심주의의 독특한 특징은 민족의 구분이 혈연이나 피부색에 의한 것이 아니라 문화에 기반을 두었다는 점이다. 다른 민족이 지배했던 원(元)이나 청나라의 역사도 중국의 역사로 받아들이는 것이 대표적인 예이다.

오늘날의 중국인들은 근대에 서양 문명에 비해 낙후되고 서양 열강들에 의한 침략의 수모를 받으면서 이성적, 개인적으로는 서양문화에 뒤떨어짐을 분명히 인정하고 있다.

그렇지만 정서적, 민족적 의식 차원에서는 아직도 우월주의가 잠재하고 있다고 볼 수 있다. 근대 이후 중국의 가장 큰 목표와 열망은 바로 중화민족의 우월성 회복이라 해도 과언이 아닐 것이다.

20세기 말 공산주의 붕괴의 소용돌이 속에서도 체제를 유지하며 빠르게 성장하는 중국 경제를 보면, 중국이 진정한 강국으로 부상하는 것은 그리 불가능한 것도, 머나먼 이야기도 아닌 것 같다. 물론 아직 넘어야 할 산이 많이 있는 것으로 보인다. 2008년 북경 올림픽이 중국에게 있어서는 세계에 자신의 존재를 부각시키며, 강대국으로 발돋움하는 커다란 상징의 계기가 되리라 예상된다.[7]

3. 이기적 개인주의

중화 주의에서 보듯이 중국인이 정서적, 민족의식 면에서는 민족주의를 보이지만 이성적, 개인적 측면에서는 일본인의 집단주의 지향 성향과는 반대로 단결력이 약하고 개인적 실리와 이해관계를 중시하여 자신과 이해관계가 없는 경우에는 무관심한 이기주의에 가까운 개인주의적 성향을 지닌다.[8]

이러한 자기중심적 성향은 역사적으로 오랜 기간 동안 크고 작은 전란 등의 혼란, 천재지변, 식량난 등을 겪으면서 형성된 것으로 추정된다.[9]

현장 정보

■ 중국인의 이기주의

중국인들은 누군가 공격이나 피해를 받아도 별 도움을 주지 않는 무관심과 책임회피를 보이는 편이다. 실례로 2005년 10월 8일 23시경, 베이징 코리아타운인 왕징 부근에서 귀가하던 한 한국 여성이 도중 길에서 자동차에 납치될 뻔한 일을 겪었다. 비명을 지르며 몸부림쳐 간신히 벗어나 주위에 구조를 요청하였다. 토요일 밤이라 주변에 경비원들을 포함한 중국인들이 많이 있었지만 아무도 도움을 주지 않았다. 또 같은 지역에서 동 20일 20시 40분경, 한 조기유학생이 자신의 수학선생인 조선족 과외교사가 강도목적으로 휘두른 흉기에 찔렸다. 이를 목격한 김군의 동생이 급히 경비원에게 이를 신고했지만 경비원들이 경찰과 함께 현장에 도착했을 때 김군은 이미 숨진 상태였다. 이를 두고 교민들은 "그때 경비원들이 급히 올라가 조치를 취했다면 김군이 사망에 이르지 않았을 수도 있었는데 공안이 올 때까지 기다렸다가 현장에 가는 바람에 범인도 놓치고 김군도 사망한 것"이라며 분통을 터뜨렸다.[10]

중국에 대한 오해 중의 하나는 중국을 집단주의적 문화로 규정짓는 것이다. 비교문화를 연구하는 학자들은 중국을 집단주의적 성격이 강한 문화권으로 분류하는 경우가 많다. 그러나 중국을 집단주의적 나라로 판단할 수 있는 근거는 미약하다. 중국인들은 오히려 집단의 이익보다는 자신의 실리와 이해를 중시하며, 자신과 이해관계가 없는 경우에는 철저하게 냉담한 반응을 보이는 이기주의적 속성도 가지고 있다.[11]

■ 중국인의 분파주의[12)]

다음은 중국인들이 자신들의 분파주의를 자조적으로 표현하는 속담들이다. "스님 하나는 물 두통을 맬 수 있고 스님 둘은 물 한통을 나를 수 있으나 스님 셋은 한통의 물도 못 나른다."

"중국인 한 사람은 용이 될 수 있지만 중국인 셋이 함께 하면 벌레 한 마리보다도 못한 사람이 된다."

---

4. 체면·명분 중시

중국인은 체면인 '미엔즈(面子)'를 목숨만큼이나 중시한다. 그래서 중국인과 상대하면서 특히 조심해야 할 점은 절대로 중국인의 자존심을 상하게 하거나 약점을 들추어 중국인의 체면을 상하게 하는 언행을 삼가해야 한다는 것이다.[13)] 이러한 사고는 과거 중화사상에 젖어 있던 향수와 함께 사회주의 혁명에 의한 평균주의 사고에 의해 심화되었다.

물론, 한국인과 일본인들도 체면을 중히 여기지만, 대륙의 중국인과 비교하면 그 규모와 정도에 있어서 상당한 차이가 있다 할 수 있다.

예를 들면, 가난한 가정이라 해도 중요한 손님을 접대할 때에는 지나칠 정도로 외형을 중요시한다거나, 국가경제가 존망의 기로에 서 있었던 문화대혁명의 막바지까지도 '세계혁명의 지도자'로 자처하던 마오쩌동이 혁명동맹국 각국에 무상원조할 것을 명령하였던 사실, 적자에 허덕이는 국유기업 사장이 별다른 부담 없이 정부 관리나 거래처 관계자들을 호사한 연회로 접대하는 현상 등도 중국인들의 체면이나 명분을 중시하는 사고방식에서 비롯된 것이라 할 수 있다.[14)]

현장 정보

■ 중국인의 체면[15)]

중국인들은 체면을 매우 중시한다. 그래서 임어당(林語堂)은「내 나라 내 국민」에서 중국을 지배하는 세 여신(女神)으로 체면, 운명, 은전(恩典)을 들었고, 이들 중 가장 중요한 것은 '체면의 여신'이라고 했다.

체면을 중국어로 '미엔즈(面子, 면자)'라고 한다. 미엔즈는 '① 면목, 체면, 얼굴 ② 정의(情誼), 정분(情分), 의리 ③ 표면, 외관, 겉치레' 등의 뜻을 가지고 있으나, 가장 중요한 뜻은 '체면, 면목'이다.

워낙 체면을 중히 여겼던 민족이었던 만큼, 체면 때문에 죽음을 자청했던 역사적 사건도 많다. 주(周)나라가 세워지자 불사이군(不事二君)을 외치면서 수양산에 들어가 굶어 죽기를 자청했던 백이(伯夷)와 숙제(叔齊)도 사실은 체면 때문이었다.

체면을 중시하는 풍조는 지금까지도 이어져 내려오고 있으며, 체면과 관계되는 용어들이 무척 많다. 몇 가지 예를 들어 보자.

- 체면 차리다 : 주면자(做面子, 쭈어 미엔즈)
- 남의 체면을 세워주다 : 급면자(給面子, 게이 미엔즈)
- 제3자의 체면을 봐서 부탁을 들어주다 : 매면자(賣面子, 마이 미엔즈), 즉 체면을 팔았다는 뜻
- 체면이 서다 : 유면자(有面子, 요우 미엔즈)
- 체면이 깎이다 : 몰면자(沒面子, 메이 미엔즈)
- 자신의 체면을 세우기 위해 노력하다 : 쟁면자(爭面子, 쩡 미엔즈)

---

5. 현실주의

중국인들의 현실주의는 인본주의와 배금주의로 구분할 수 있다.

(1) 인본주의

중국인들은 세상 모든 일을 인간 중심으로 생각하는 경향이 있다. 추상적 개념까지도 인간과 관계가 있는 것으로서 이해하는 이러한 사고방식은 근대 서양에서 취하는 태도와는 달리 편의주의적이며 실용주의적이다.

그리고 인간을 넘어서는 초월적 존재나 그러한 세계에 대한 관심이 적고 현세에 치중하는 편이다. 그래서 종교가 중국에서는 별다른 발달을 하지 못하였다.[16)]

(2) 배금주의

돈을 좋아하지 않는 민족은 없다. 그러나 중국인들은 특히, 금전관계에 있어서는, 철저하게 계산하며 조금이라도 급여를 더 준다면 직장 이직도 거리낌 없이 쉽게 하는 편이다. 이 점에서 중국인들의 특징을 크게 두 가지 측면으로 보면, 돈을 좋아하는 정도가 일반적 기준으로 볼 때 집착에 가깝게 느껴질 정도로 강하다는 점과, 이러한 배금(拜金)주의적 성향을 감추거나 하는 수치심을 느끼지 않고 거리낌 없이 공개한다는 점이다.

다음은 주요 예이다.[17)]

① "돈이면 귀신이라도 부릴 수 있다(金錢能通神使鬼)" 라는 표현이 있을 정도이다.

② 집안 벽면에 '재물을 부르고 보물을 들여온다'는 의미의 '초재(招財, 자오 차이)'라고 써 붙이기도 한다.

③ 집안에 '돈의 신'이라 할 수 있는 재신(財神, 차이 션)을 제단에 모셔 놓고 매일 돈벌기를 기원하는 상점과 가정들이 많아지고 있다.

④ 새해 인사가 돈 많이 벌라는 기원의 뜻인 '공희발재(恭喜發財, 꽁시 파 차이)'이다.

현장 정보

■ 중국인들의 물신주의 : 중국인, "돈이 최고다"[18)]

개혁 · 개방으로 자본주의에 깊이 물든 중국인들은 인생의 최고 목표와 가치를 돈버는 데 두고 있는 것으로 조사됐다. 중국 최대 포털 사이트 신랑(sina.com.cn)이 구앙동성에서 발간되는 주간지 신주보와 공동으로 실시한 인생의 10대 희망을 묻는 여론조사에서 응답자의 70%가 '축재'를 꼽았다.

관영 신화통신은 20일 이를 보도하면서 구체적인 여론조사 대상자 수와 시기, 조사방법 등에 대해선 언급하지 않았다. 그러나 이 여론조사 결과에 대해 중국인들은 대체로 긍정하는 편이다. 실제로 중국에는 100억 원대가 넘는 호화 저택이 즐비할 정도로 신흥 부자들이 넘쳐나고 있고, 명문 칭화 대학생들도 돈 벌 궁리만 하는 암기 기계라는 혹평을 들을 정도이다. 고급 식당이나 집안에 '재신'을 모셔놓고 분향을 하며 치성을 드리는 광경은 이제 홍콩에나 대만이 아니고 베이징, 상하이 등 중국에서도 흔히 목격된다.

중국인이 추구하는 제 2의 목표는 해외여행으로 나타났다. 생활이 윤택해지고 해외여행 제한이 다소 완화되면서 국내여행과 외국 명승지 모형에만 만족할 수 없고 직접 해외여행을 떠나 자기 눈으로 넓은 세계를 확인하고 싶다는 희망이다.

그래도 조국의 부국강병이 3위를 차지한 것으로 나타나 애국심의 한 단면을 보여줬지만, 4~5위는 호화승용차, 호화저택이어서 역시 물신(物神) 사상이 팽배하고 있음을 드러냈다.

■ 파차이(發財)와 파차이(發菜)[19)]

'파차이(發財)'는 '돈을 벌다, 재산을 모으다, 부자가 되다'라는 뜻이다. 따라서 중국인들은 새해 인사를 하면서 '돈 많이 버세요'라는 뜻으로 '꽁시 파 차이(恭喜發財, 공희발재)'라고 말하며 읍한 자세에서 상대방이 잘 되기를 기원한다.

그런데 이러한 뜻을 갖은 '發財'와 발음이 거의 비슷한 야채의 일종인 '發菜(발채, 파차이)'의 가격이 최근 급격히 상승한 결과, 많은 사람들이 내몽고 초원에서 마구 '파차이'를 채집하게 되어 그렇지 않아도 취약한 서부지구 초원의 퇴화와 사막화를 초래하고 생태환경을 파괴하고 있다. 이 야채는 영양분은 많지 않지만 이름이 좋은 덕분에, 지위가 높거나 연세가 많은 분들께 드리는 선물용으로 사용되고 있다.

전문가들에 따르면 1kg의 파차이를 캐려면 5~10무(1무=6.667아르), 즉 0.33~0.66ha의 초원을 훼손시키는데, 이를 회복하는 데는 2~3년의 시간이 소요된다고 한다. 또한 관련기관의 통계에 따르면 1994년에서 1999년 사이 내몽고 자치구는 파차이를 채집하는 사람들 때문에 초원 면적이 1억 9,500만 무 (1,300만 ha)가 파괴되었고, 그 중에서 6천만 무(4백만 ha)는 사막으로 변했다.

결국 2000년 국무원에서는 파차이 채집과 판매에 대한 금지령을 내리고, 각 성과 자치구 정부에서도 즉각 같은 내용의 통지를 발표했으나, 암시장은 여전히 활동하고 있다.

6. 평등주의

중국이 전통적으로는 유교사상의 종주국이었지만, 근대에 사회주의체제를 받아들인 후 정책적으로 유교사상이 배격되고 제도적으로 평등주의가 도입되어, 최소한 외면적으로는 거의 확고히 자리잡은 모습이다. 다만, 내면적으로는 유교적 전통이나 인식이 아직도 상당히 남아 있는 것도 사실이다.

(1) 상하 관계 [20]

유교문화의 핵심 중 하나가 장유유서(長幼有序)에 토대를 둔 예(禮)라고 할 수 있는데, 유교의 출발지인 현대 중국사회에서는 장유유서가 사라진 것 같다.[21]

한국인이 보기에 중국인들은 나이에 관계없이 서로 맞먹고 예의와 버릇이 없는 것 같아 낯설게 느껴지기도 한다. 실제로 나이든 사람과 젊은 사람, 지위가 높은 사람과 낮은 사람 사이의 상하 관계는 한국에 비해서 상당히 평등한 편이다. 다음은 몇 가지 예이다.

① 상대가 장관이나 사장이라고 하더라도 업무상으로는 상급자로서 존중하지만, 일상생활에서는 격의없이 대한다. 함께 식사하고 술 마시는 것은 보통이고 담배도 나누어 피운다.

② 아버지 앞에서 아들이 스스럼없이 맞담배를 피우거나 다리를 쭉 뻗고 앉기도 한다.

③ 상하 관계에서도 허리를 굽혀 절을 하는 인사법인 국궁(鞠躬, 쥐꿍)은 하지 않는다. 그래서 윗사람과 악수할 때에도 두 손으로 잡고 고개까지 숙일 필요가 없다.

④ 버스 안에서 노인에게 자리 양보하는 관습이 없다.

⑤ 선후배 관계를 중시하지 않는다.

⑥ 회식 같은 비용을 당연히 상사나 선배가 혼자서 모두 부담하는 관습이 없다.

더욱이 중국어에는 한국어와 달리 경어(敬語)가 따로 없어서 언어생활에서 따로 경어를 쓰지 않는다. 그저 상대에 따라 호칭이 구분될 뿐이다. 그것도 성에다가 직위를 붙여 김 장관이니 이 국장이니 하고 부르거나, 윗사람 성 앞에 라오(老)를 붙여 라오 왕(老王)·라오 리(老李) 하는 정도이다. 한국처럼 장관님, 국장님 하는 존칭이 없다. 다만 상대가 아주 어려운 경우 영어의 너, 당신(you)에 해당하는 '니(你)' 대신에 존칭의 의미가 있는 '닌(您)'이라고 부르는 정도이다.[22]

(2) 남녀 관계

중국도 과거에는 남성우월주의(大男子主義), 즉 남존여비(男尊女卑)사상이 지배하고 있었다. 그러나 현대 중국사회에서 남성에 대한 여성의 상대적 지위는 동양권의 다른 나라에서와 달리 외면적으로는 종속적 관계가 아니라 대등한 관계에 있다는 특징을 보인다.[23]

그 원인으로는 1911년의 신해혁명, 근대교육의 도입, 여성 개개인의 자각을 포함하여 여러 가지가 있겠지만, 대표적으로는 1949년의 신중국의 성립을 들 수 있다. 사회주의 혁명의 성공을 위한 초점이 초기의 정치적인 목적인 일반민중의 호응 유도를 위한 계급 철폐를 거쳐 경제적 목적인 생산 증대로 확대되면서 여성 노동인구의 필요성이 증대되었고, 이를 위해 국가정책적으로 남녀평등 정책이 추진되었고 이를 위해 법률적으로는 물론, 정치적, 사회적, 경제적으로도 여성에 대한 평등과 보호를 강조하였다. 이는 여성의 높은 사회참여도로 나타나면서 실질적인 평등관계를 형성하게 된 것이다.

특히, 경제면에서 공동생산과 공동분배의 과정에서 자연스럽게 신분상 불이익이 없는 경제적 평등이 확립되기에 이르렀다. 이 결과, 일반 직장에서 여성 상사와 남성 부하직원의 상하체계를 쉽게 접할 수 있다. 이러한 업무상 남녀간 평등은 일반 중국인들의 관념 하에 이는 보편화된 상황이며 특이한 상황이 아니다. 그래서 남녀간 알력, 회사에서 받는 불평등이나 불공정 대우, 그리고 여성이기 때문에 받는 피해나 제약은 찾아보기 힘들다. 이는 현대의 일반 중국인들의 기본적 관념에 깔려 있는 평등사상의 범주에 들어간다고 볼 수 있다.

대중국 업무시 이러한 특징에 대한 주의가 필요하다. 예를 들어 어떤 교섭에서 한국측은 남성이고 중국측은 여성일 때 만약 여성측을 무시하거나 얕잡아보거나 할 경우, 중국측에서는 이를 받아들이지 않을 뿐만 아니라 상대측에 대해 상당한 반감을 가지게 된다.

여성의 높은 사회참여도는 가정에서도 부부간 자연스러운 가사분담을 이끌어내어 부부간 평등관계도 확고히 자리잡게 되었다. 다만, 아직 정치 부문에서는 여성의 진출이 상대적으로 크게 미흡한 편이다.

결론적으로 현재 중국사회에서 여성들은 다른 동양권 사회들에 비하여 높은 사회참여도를 보이며 경제적, 사회적 측면에서 남성과 대등한 지위를 갖추었다고 할 수 있으며, 이러한 현상은 작금의 중국사회의 개혁·개방 추세에 따라 여성들의 자아실현에 대한 욕구 증대와 동시에 이를 실현시킬 수 있는 기회의 확대로 인하여 더욱 강화될 전망이다.

다만, 한 가지 지적할 것은 현대 중국사회에서 여성의 지위가 상당히 강화되었지만 아직도 사회적 권력은 남성이 장악하고 있는 등 눈에 보이지 않는 차별이 적지 않은 것도 사실이어서, 진정한 남녀평등의 실현이라고 보기에는 아직 미흡하다는 것이다. 예를 들어 직장에서 직원을 뽑을 때 가급적 남자를 우대하는 경향이 있으며, 사회적으로 고위직에 올라간 여성이 많아지긴 했어도 상당한 고위직에는 역시 남자가 많다.[24)]

(3) 능력별 평등주의

중국인들은 평등한 인간관계와는 별도로, 경쟁을 통해 우수한 사람을 뽑아 육성하고 이들이 남보다 앞서가는 것에 대해서는 거부감 없이 자연스럽게 받아들이는 편이다. 예를 들어 공부 잘하는 학생이 베이징대학이나 칭화대학에 입학하여서 지도자로 출세하는 것은 당연하다는 것이다. 또 부자들이 집을 여러 채 사들여도, 한국에서처럼 주변의 부담스런 시선을 피하기 어려운 현상과 달리, 중국인들은 이것을 당연한 것으로 여긴다.

이런 면에서는 자본주의 체제하의 한국인보다도 더 자본주의적 심리가 발달했다고 볼 수 있다.[25)]

7. 만만디 정신

'천천히'라는 뜻을 가진 만만디(慢慢地)라는 말은 중국인의 기질을 대표하는 상징어의 하나로 널리 알려져 있다. 때로는 게으름과 체념을 나타내는 비판적 표현으로, 때로는 느긋한 대륙적 기질에 대한 찬탄적 표현으로 상황에 따라 조금씩 다른 의미로 인용된다.

만만디라는 표현은 원래에는 일을 느리게 한다는 부정적 뜻보다는 긍정적 의미로서, 어떤 급박한 상황에 놓여도 일을 서두르지 않고 침착하고 신중하게 처리하여야 한다는 뜻으로 받아들이는 것이다.[26)]

현장 정보

■ 중국인들의 돈벌이 포착기회, '만만디'가 아닌 '빨리 빨리' [27)]

중국 국가측량국이 2005년 10월 9일 오전 10시(현지시각) 에베레스트산 해발고도를 8,844.43m라고 발표한 뒤 불과 2시간 안에 '8844' '884443'과 관련된 인터넷 도메인이 남김없이 등록된 것으로 나타났다.

중국 인터넷정보센터(CNNIC)에 따르면, 국가측량국의 발표와 거의 동시인 오전 10시를 막 넘긴 순간, 'www.884443.com.cn'과 'www.884443.cn' 2개 도메인이 등록되었다.

2시간 뒤인 정오까지는 '884443'을 사용하는 인터넷 도메인만 7개가 등록되었다. 그 중에는 'www.884443.net.cn' '884443.org.cn'뿐만 아니라 베이징 지역 도메인인 'www.884443 bj.cn'과 구앙동(廣東)성 지역 도메인인 'www.884443.gd.cn'도 있었다.

8. 감정 표현

감정 표현 면에서 보수적 동북아인들 대다수와 마찬가지로 중국인들도 얼굴로는 감정 표현이나 생각을 감추려 든다. 그러나 자세히 보면 이는 남방인들의 모습이고 북방인들의 경우, 상대적으로 다혈질의 한국인에 가깝게 어느 정도, 얼굴에 감정 상태를 드러내는 편이다.

일반적으로 중국인들이 감정 표현에 인색한 원인으로, 중국인들이 역사적으로 수많은 전란 등을 경험하면서 본능적으로 생존을 위해 가능하면 외부에 자신의 반응을 나타내지 않으려는 태도를 가지게 되었다는 분석이 대표적이다.[28)]

9. 모호한 태도

중국인들은 태도 면에서 모호한 모습을 보이는 경향이 짙어 상대방에게 진정한 의중을 파악하기 힘들게 한다. 이는 특히, 언어생활에서 쉽게 드러난다. 예를 들어 중 국인들은 일상생활에서 '차 부 뚜오(差不多)'라는 말을 많이 한다. 이 말은 "크게 모자라지 않다, 대충 비슷하다"는 뜻의 표현인데, 긍정인지 부정인지 모호한 말로서 화자의 정확한 의중을 알기가 쉽지 않다. 이런 식으로 얼버무리는 경우가 많다. 이러한 태도는 긍정적으로 보면 신중한 자세로 받아들일 수도 있겠지만, 부정적으로 보면 보신(保身)주의나 책임 회피적 태도로 평가할 수도 있다.

이러한 태도 역시 앞서 본 감정 표현을 감추는 습관과 같이 역사적 배경에서 원인을 찾을 수 있을 것이다.[29)]

10. 시간 · 공간 관념

일상생활에서 시간과 거리에 대한 인식이 한국인과는 크게 다른 편이다. 예를 들어 중국에서 길을 물어볼 때, "가깝다"거나 "거의 다 왔다"는 대답이 실제로는 상당한 거리를 나타내는 경우가 흔하다.

이러한 과장된 인식의 원인으로는 중국 국토의 광대한 점을 들 수 있을 것이다. 중국에서는 이웃 지역간에도 거리차가 한국에 비해 훨씬 멀리 떨어져 있는 편이기 때문이다.[30)]

11. 숫자 관념

중국인은 어느 민족보다 숫자에 대한 호불호(好不好)와 금기가 많은 특징을 보인다. 우선, 짝수와 홀수 중에서 중국인은 기본적으로 짝수를 좋아한다. 이 원인은 짝수는 안전하다고 여기는 의식, 즉 하나는 불안하지만 둘은 평형을 이루니까 안정감이 있다는 의식에 기초한다고 볼 수 있다. 그래서 결혼식이나 이사 같은 경사로운 날의 택일, 선물, 축의금도 짝수로 하며, 식사초대 시에도 요리 수를 짝수로 하는 데 신경을 쓴다. 이는 좋은 일이 반복되기를 바란다는 뜻에서 생겨난 오랜 관습이다. 덧붙여 홀수를 피할 수 없을 때에는 홀수끼리 병렬이나 연속시켜 짝수로 만드는 방법을 쓴다. 즉, 짝수는 짝수끼리 홀수는 홀수끼리 묶어주며 짝수와 홀수의 병렬은 피하는 것이다. 반면에 조문 같이 슬픈 일에는 홀수를 택하여 부조금도 홀수 단위로 한다.

개별 숫자 중에서는 8(八)은 돈 번다는 뜻인 파차이(發財)의 '파'와 발음이 비슷해서 좋아하고, 6은 리우 리우 따 순(六六大順)이라는 말처럼 일이 아주 순조롭다는 의미로 쓰여 좋아한다. 9는 숫자 가운데 가장 크고, 발음이 '오래가다, 영원하다'는 뜻의 지우(久)와 같아서 좋아한다. 게다가 차면 기울어진다는 동양사상 때문에 10이나 100은 꺼리는 반면에 9는 영원히 계속될 수 있다고 좋게 해석한다. 예를 들어 의미있는 건축물의 계단은 대개 9의 배수이다. 또한 4(쓰)는 한국에서와 같이 '죽을 사'의 死(쓰)와 발음이 비슷해서 꺼린다. 예를 들어 4월에는 혼인을 피하고 축의금도 4 단위를 피한다. 그런데 숫자에 대한 이런 선호관념도 지역에 따라서는 또 다르다.[31)]

사 례

■ 숫자 마케팅－보잉사社, 대한 항공, 쓰추안 항공社[32)]

2005년 1월 29일 세계 최대 항공기 제작사인 '보잉'은 차세대 전략기종인 7E7 드림라이너(Dreamliner)기종을 '787'로 명명했다. 7x7 시리즈를 선보였던 보잉에서 전략기종에 8자를 도입한 것은 중국을 겨냥한 전략이다. 보잉은 새 기종에 8을 사용한 덕택으로 에어 차이나, 중국 난팡항공, 중국 동팡항공 등 6개 항공사에 787기종 60대를 팔아 72억 달러(7조 5천억원)를 벌었다.

'앨런 물랄리' 보잉 사장은 "중국 시장에 맞춰 787로 새 기종 명칭을 정한 것은 매우 뜻깊은 일이다. 중국 항공업계에 최상의 동반자가 될 것"이라고 말했다. 보잉은 787 1호기를 2008년 베이징 올림픽에 맞춰 인도할 예정이다. 우연의 일치인지 몰라도 이보다 열흘 전 기종명을 3xx로 정하는 에어버스사(社)가 중국 시장을 겨냥해 발표한 신기종명은 380이었다.

- 중국인들의 8(八), 즉 돈(發財)에 대한 열정은 상상을 초월한다.
- 베이징 올림픽 개막식은 2008년 8월 8일 8시 8분에 열린다.
- 올림픽뿐만 아니라 각종 개업식, 개소식은 관례적으로 8시 8분에 한다.
- 대한항공은 중국 콜센터 번호를 40065－88888로 정해 중국인들에게 호감을 주고 있다.
- 8가지 재료를 넣은 죽인 '팔보죽'은 이미 오래 전에 중국인들의 입맛을 사로잡았다.
- 2004년 8월 18일 쓰추안(四川)성 청두(成都)시 전신국이 실업자 지원기금을 마련하기 위해 전화번호를 경매에 붙였다.

여기서 중국인들이 가장 좋아하는 숫자 8이 연속 8번 들어가는 '88888888'이 233만 위엔(약 3억원)에 낙찰 되었는데, 이 번호는 쓰추안 항공(四川航空)이 차지했다. 쓰추안 항공은 이 번호를 항공권 예매 등을 위한 24시간 고객 서비스전화로 운영하려고 이렇게 비싼 값에 사들였다. 또 쓰추안 시는 경매에서 8과 6과 9로 조합된 전화번호 100개(위에서 설명한 88888888 번호 포함)를 경매에 붙여 총 713만 위엔(약 9억 2천만원)의 수익금을 벌어 들였다.

또 중국의 뉴스 전문 인터넷 사이트인 '치엔롱왕(千龍網)'은 "휴대전화 끝자리가 돈을 상징하는 '8'이 겹쳐져 있는 '8888'은 그 번호 값이 무려 38만 위엔(약 5,700만원)이고, 장수(長壽)를 상징하는 '9'가 겹쳐져 있는 '9999'는 그 번호 값이 28만 위엔(약 4,200만원)에 달한다"고 보도했다.

한편 션쩐에서 위장약으로 유명한 제약회사인 '싼 지우 의약(三九醫藥,www.999.com.cn)'이 9자 마케팅을 하고 있는 것은 9(九, 지우)가 '오래 산다'는 '久(오랠구, 지우)'와 발음이 같기 때문이다.

8과 9가 합쳐진 것도 인기를 끌고 있다. 중국 술집 가운데 98이 들어가는 업소가 많은 것은 9(九, 지우)는 酒(술 주, 지우)와 발음이 비슷하고 8(八, 빠)은 '재물'이라는 뜻과 '바(Bar)'를 음차(音借)한 이중의미를 담고 있기 때문이다.

KOTRA 상하이 무역관 관계자는 "중국에서는 8과 9를 적절히 이용하면 훌륭한 '심리가격'이 될 수 있다. 한국의 88담배를 8.8위엔에 팔면 대인기일 것"이라고 말했다.

■ 숫자 마케팅 – 중국인이 싫어하는 숫자 '4(四)'

중국인은 숫자 중에서 한국인이나 일본인처럼 4자를 가장 싫어한다. 4(四)는 발음이 '쓰'인데 이 발음은 '죽음'을 뜻하는 '死(죽을 사)'의 발음 '쓰'와 거의 비슷하기 때문이다.

4자가 들어간 숫자 중에서 514는 특히 싫어한다. 호텔 객실번호가 514호실인 경우는 방을 바꿔달라고까지 한다. 그 이유는 514(우 야오 쓰)는 '我要死(워 야오 쓰)'와 발음이 거의 비슷한데, 이는 '나는 죽을 것이다'라는 뜻을 갖기 때문이다.[33]

그러다보니 구앙쪼우와 션쩐에서 요즈음 새로 출고되는 자동차 번호판에는 끝자리수 '4'를 볼 수 없게 되었다. 번호판 끝자리 수에서 '4'자를 아예 없애 버렸기 때문이다.

2004년 3월 베이징시 차량관리소는 중국에서는 처음으로, 마지막 뒷자리에 '4'자를 사용하지 않도록 조치했다.

교포 3세로서 중국 판사 출신이면서 북경 동아대륙 투자자문사를 설립한 이용남 사장은 "중국에 진출할 때는 독특한 '길상(吉祥, 좋은 조짐) 문화'를 많이 알아야 한다. 중국에 진출한 어느 사업체가 한국식으로 '2424'라는 번호를 사용하는 것을 보고 깜짝 놀랐다. 현지어로 24를 발음하면 '얼 쓰(子死, 아들이 죽다)'라는 의미이다"라고 설명했다.[34]

---

12. 색채 관념

색채 면에서 중국인은 특별히 황색과 적색(홍색)을 좋아한다. 먼저, 황색은 공적(公的)인 차원에서는 지존(至尊)의 권위와 존엄을 상징한다. 예전에 황포(黃袍)는 임금의 옷을 가리켰으며 '황하,' '황건적' 등의 명칭에서도 그 흔적을 찾을 수 있다. 사적(私的)으로는, 황색이 금(金)과 같이 부(富)를 상징하여 사람들은 금 장신구나 장식품들을 선호한다.

중국인들이 황색을 선호하는 주된 배경으로는 황색은 '황토'로 표현되는 땅, 곧 대지(大地)의 색인데, 대지는 다산(多産)과 남성을 상징한다는 점을 들 수 있다.[35]

한편, 중국인이 또 달리 선호하는 빨간색(紅色, 홍색)은 공적(公的)으로는 조국, 권력, 충성, 용맹 등을 상징하고, 사적(私的)으로는 기쁨, 아름다움 등을 상징한다.[36] 구체적으로 보면 중국인들의 관념에서 '紅'에는 다음과 같은 좋은 뜻들이 있다.[37]

① 경사(慶事)에 쓰이는 붉은 천
② (사업따위가) 번창하다, 순조롭다, 성공적이다
③ 인기 있다, 명성이 있다, 잘 팔리다
④ 순익금, 이윤, 이익 배당금
⑤ 혁명적이다

중국 단어 속에서 빨강색이 쓰이는 예를 몇 가지 들어보자.

① **홍사**(紅事, 홍쓰) : 혼사, 길사, 경사 등의 뜻으로, 결혼이나 경사스러운 일을 의미한다.

② **홍포**(紅包, 홍빠오) : 경사를 치르는 집에서 요리사 · 고용인에게 주거나 연말에 가게 주인이 점원에게 주는 돈(붉은 천이나 종이에 싸서 주었기 때문에 이렇게 부름) 또는 명절 때 아이들에게 주는 돈을 뜻한다. 즉 '홍포'는 축하할 때 붉은 천이나 종이에 싸서 주는 돈을 의미한다.

③ **홍기**(紅旗, 홍치) : 붉은 깃발(프롤레타리아 혁명 · 공산주의의 상징) 또는 시합의 우승자에게 주는 붉은 기.

또 이러한 빨강색은 생활 속에서는 다음과 같이 응용되고 있다.

① **내복** : 중국인은 12년 만에 한 번씩 돌아오는 '本命年(본명년 · 번밍니엔, 출생한 해의 띠(간지))', 즉 자신이 출생한 해의 간지와 같은 해는 자신에게 좋지 않은 해로 인식하고 있다. 예컨대, 2005년은 닭띠인 사람의 本命年이다. 이 本命年에 빨강 내복을 입으면 액운을 막아 준다고 중국인들은 생각한다. 더운 여름에는 내복을 입을 수 없으므로, 바지 속에 빨강색 띠를 두르고 다니기도 한다.

② **결혼식 드레스** : 결혼식 날 신부는 빨강 드레스를 입는다.

③ **결혼축의금** : 결혼축의금은 빨강 종이에 싸서 주거나 빨강 봉투 속에 넣어준다. 결혼식에 참여할 때 절대로 흰 봉투에 축의금을 넣으면 안된다. 흰색은 죽음을 의미하기 때문이다. 중국인들은 결혼식을, 앞에서 설명한 것처럼 '紅事(홍사)'라고 하고, 장례식을 '白事(백사, 바이쓰)'라고 한다.

④ **빨간 스카프** : 중국 초등학교 어린이들은 등교할 때 꼭 빨간 스카프(紅領巾, 홍령건, 홍링진)을 목에 맨다. 학교 정문 앞에서 한국의 중 · 고등학교 규율부에서 이름표나 교복을 검사하듯 홍링진 착용을 검사하는 경우도 있다. 또 중 · 고교에서는 조회 때마다 홍링진을 맨다. 홍기(紅旗)를 상징하는 홍링진은 이전 세대 혁명가들의 붉은 피로 만들어진 것이기 때문에 홍링진을 맨 중국 학생들은 강한 자부심을 느낀다. 이것은 소년 선봉대의 일원이 되었다는 것을 의미하며, 홍링진을 맨 학생들은 모두 자신을 잘 관리하고 열심히 노력하여 우수한 학생이 되고자 힘쓴다.

그런데 한족이 아닌 소수민족들의 경우, 자신들 고유의 자연환경, 역사와 전통의 결과로 한족(漢族)과 다른 색채관을 보이기도 한다. 한 예로 티베트족은 설산(雪山)으로 대표되는 자연환경을 반영하여 흰색(白色)을 선호한다. 그들에게 흰색은 순결, 상서로움, 선량함 등을 상징한다.[38]

현장 정보

■ 컬러 마케팅[39)]

'중소기업청'이 '홍익대 미술연구소'와 '한국 컬러패션 트렌드센터'에 의뢰해 실시한 「중국 시장 선호 유행색상 조사」 보고서에 따르면, 중국인은 전체적으로 채도가 높은 강렬한 원색 계열의 빨간색, 흑색, 청색을 선호한다.

중국 사람들의 색상에 대한 전통적인 이미지를 보면,

- 빨간색은 행운과 존엄
- 노란색은 고귀함과 소중함
- 녹색은 건강과 안전
- 파란색은 깨끗함과 쾌활
- 흰색은 허무와 반동 등을 상징하는 것으로 조사되었다.

그러나 정치적인 관점에서는 '청색'이 좋지 않은 것으로 지적되었는데, 이는 '쑨원'의 '국민당'이 청색을 상징으로 사용했기 때문에 중국 공산당을 모독하는 색깔로 인식하고 있다는 것이다. 또 젊은 층이 급부상하면서, 전자제품의 경우 서구적인 흰색과 은색을 선호하기 시작한 것으로 조사되었다.

지역별로 색상 선호도를 보면, 베이징 지역 사람들은 화려한 빨간색과 흰색을 선호하고, 샹하이 사람들은 빨간색과 하늘색을 좋아하며, 구앙쪼우 지역 사람들에게는 오렌지 색이 인기가 높은 것으로 분석되었다. 이번 조사에서 가방류 제조업체인 G회사의 경우, 샹하이 시장의 선호 색상을 파악하지 못한 것이 중국 진출에서 실패한 원인중의 하나로 나타났다. 따라서 이 보고서는 컬러 마케팅에도 중점을 두어야 한다고 강조했다.

지름 6.2cm, 무게 30g의 작은 과자 '오리온 초코파이'가 중국시장에서 만리장성을 쌓고 있다. 2004년 중 '오리온'의 중국 매출은 6천만 달러인데 이 가운데 초코파이가 50% 넘게 차지한다. 오리온 초코파이가 이처럼 중국에서 성공한 데는 여러 가지 요소가 있지만 중국인들이 좋아하는 빨간색 옷(포장)으로 갈아입고 '컬러 마케팅'을 한 것도 주요한 작용을 했다.

---

13. 준법 정신, 공공질서 의식과 도덕의식의 희박

중국인들은 일처리 과정에서 각종 편법이 동원되어도 제3자는 모른척 한다. 집단 항의나 고발이 없다. 중국인들은 대체로 질서의식이 없는데, 자전거 전용 도로가 있는 곳에서도 좌우측 통행이 없다. 신호등도 잘 안 지켜지고, 기차역이나 영화관 매표소에서 순서를 어기고 끼어드는 일이 수시로 이루어진다. 하지만 만류하거나 나무라는 사람이 없다. 자기 일이 아니면 외면하는 철저한 개인주의 때문이다.[40)]

7-3 종교 환경

중국인들의 종교적 특성을 종교현황과 종교관으로 살펴보자.

1. 종교 현황

중국에서 형식적으로는 헌법에 의하여 신앙의 자유가 인정되고 있다. 1982년의 헌법 36조에서는 "어떠한 국가기관, 사회단체 또는 개인도 공민(公民)에게 종교의 신앙 또는 종교의 불신앙을 강제로 제압해서는 안 되며, 종교를 믿는 공민과 믿지 않는 공민을 차별해서도 안 된다"라고 규정하여 종교활동의 자유를 원칙적으로 인정하고 있지만 현실적으로는 민주국가에서의 신앙의 자유 상황과는 거리가 있는 형편이다.

중국에서 과거 문화혁명 중 규제 강화로 신앙의 자유가 사실상 박탈된 적이 있으며, 혁명이 끝난 1976년에 제도적으로 다시 신앙의 자유가 회복되었고, 이후 불교, 기독교, 회교, 도교의 각계 대표들은 조직을 재건하고 출판물을 발행하면서 종사자와 연구자를 양성하는 데 힘쓰고 있지만, 정권으로서는 사회주의 국가의 특성상 종교에 대해 비우호적이며 특히, 서방종교인 기독교에 대해 비공식적이지만 경계의 태도를 견지하며 적극적 포교 활동은 규제하고 있는 것이 현실이다. 특히, 외국인에 의한 선교는 공식적으로 불허된다.[41]

현장 정보

■ 중, 한국인 등 외국 교회지도자 10여명 추방[42]

한국인과 타이완, 미국인 등 적어도 10명의 외국인 교회 지도자들이 지난 2월 말 중국의 한 비밀교회에서 예배모임을 가진 사실이 적발돼 추방당했다고 기독교 인권단체가 밝혔다.

미국 기독교 인권단체 중국지원협회은 미국인 8명, 타이완인 1명과 일부 한국인 교회 지도자들이 지난주 중국 북동부 하얼빈에서 추방명령을 받았다. 중국 5개 정부기관 보안요원 100여명은 지난달 24일 하얼빈의 한 건물에서 이들 외국인 교회지도자가 7개 성에서 모인 중국 지하교회 지도자 140여명과 모임을 갖는 현장을 덮쳤다고 협회측은 말했다.

중국에 있는 종교를 대별하면, 토착적 원시종교, 종교성 여부에 대한 논란이 있지만 종교적 요소 및 색채가 뚜렷한 유교, 중국에서 발생한 유일한 종교인 도교, 외래종교인 불교, 회교, 티베트의 라마교, 그리고 후대에 전래된 기독교 등이 있다.

(1) 불 교

불교는 중국에 서기 1세기경에 인도로부터 전래된 오래된 종교이다. 현재 라마교를 포함한 중국 불교의 신자 수에 대해 공식적 자료는 없지만 대략 수천만 명에 이를 것으로 추정된다.

종교 조직으로 중국불교협회, 교육기관으로 상위급 중국불학원과 주요 지방(福建, 上海, 四川, 青海 등)에 지방급 불학원이 개설되어 있다.[43)]

(2) 이슬람교

중국에서의 이슬람교는 소수민족 가운데 회족(回族), 위그루족(維吾爾族), 카자흐족(哈薩克族) 등 10여 개 민족이 신도를 이루며, 신도수는 1,760만 명에 달한다. 그 중 회족은 약 860만으로 대부분 닝샤(寧夏)회족자치구에 거주하며, 나머지는 신강, 감숙, 청해, 관서, 운남, 하북, 산동, 북경 등을 포함하여 전국에 걸쳐 이슬람사원을 중심으로 밀집하여 거주한다. 종교 조직으로 국가 단위와 지방 단위로 이슬람교협회, 선양, 우루무치 등에 교육기관을 두고 있다.

일반 중국인들이 이들 무슬림 민족들을 표현할 때 '리하이'라는 말을 하는데, 상황에 따라서는 '억센 사람들이다'라는 부정적 어감을 갖고 있다. 반대로 이들도 '한족'들에 대해 정서적인 반감이 상당하다.[44)]

(3) 기독교

중국에서 기독교는, 구교인 가톨릭은 16세기부터, 개신교는 19세기부터 중국에 전파되었지만, 아직까지는 총 신도수 및 교세가 상대적으로 미약한 편이다. 최근에는 확장 추세를 보여 신도수가 공식적으로는 개신교가 8백만 명, 가톨릭이 5백만 명 정도로 추산되고 있다. 주요 종교 조직으로는 중국천주교애국회, 중국천주교교무위원회, 중국기독교협회, 중국기독교청년회(YMCA), 중국기독교여성청년회(YWCA) 등이 있다.[45)]

참고로 가톨릭에 대해 중국 정부는 교황청과 교황의 권위를 인정하지 않고 바티칸이 주교들을 공식적으로 임명하는 것은 내정 간섭이라며 거부한다. 그래서 중국의 가톨릭 조직은 정부가 지원하는 중국천주교애국회이며, 중국 가톨릭 교도들은 여기에 소속되어 국가가 공인하는 성당에 다녀야 한다.[46)]

(4) 도교(道教)

도교는 2세기경에 한족에서 발생한 종교이다. 그러나 청나라 이후 쇠락하여 현재 교세는 미약한 편이다.[47)]

2. 중국인의 종교관

중국인들의 종교관은 한마디로 인간 중심적이다. 중국인에게 천인합일(天人合一)은 최고의 이상이며, 인간이 그것과 조화를 이루는 것을 최고의 가치로 보았다. 그래서 종교에서도 중심은 사람이다. 즉, 중국에서의 종교란 인간과 인간과의 관계에 불과하다. 사람이 사람을 믿고 섬기는 것이다. 여기서 앞의 사람은 살아 있는 사람이고 뒤의 사람은 죽은 사람, 곧 조상인 셈이다. 중국인들은 조상과 늘 유기적 관계를 맺고 있어서, 예를 들어, 혹 병이라도 나면 먼저 조상의 위패부터 살피곤 하였다. 위치가 잘못되었는지, 불효를 했는지를 반성했던 것이다.

인간간의 조화는 더 나아가 자연과의 조화로 이어지게 되는데, 여기에는 천(天), 지(地), 신(神), 귀(鬼) 등 초자연이 모두 해당한다. 특이한 것은 중국인의 귀신 관념은 인본주의라는 점이다. 유가의 성현이든 도교의 신선이든, 불교의 보살이나 귀신 등은 모두가 인격화되어 있다. 그래서 사람과의 관계가 한층 밀접해지며 부탁도 가능하게 되는 것이다. 그러므로 중국인들이 귀신을 대하는 것은 기본적으로 인간관계의 연장에 불과하다. 이는 기독교에서 하나님을 창조주로, 예수를 구세주로 받들면서 초월적 존재로 보는 것과는 기본적으로 구별된다.

이처럼 중국에서의 종교란 조상, 즉 인간을 섬기는 종교가 일찍부터 뿌리를 내렸으므로 일반적 개념의 종교는 그다지 성행되지 못하고 있다. 가장 성행하였다는 불교도 그 내세관이나 윤회관이 조상 섬기는 것과 유사하였다는 점에서 수용이 가능하였을 뿐이다. 그래서 세계적 종교인 기독교가 중국에서는 뿌리를 내리지 못하고 있는 형편이다.[48)]

7-4 물질문화 환경

중국인들의 물질문화를 음식, 음주, 흡연, 의상, 오락, 소비자 행동 동의 측면에서 살펴보기로 한다.

1. 음식 문화

(1) 식생활 중시

의식주를 중국에서는 '식의주(食依住)'라고 하고, 또 중국의 종교는 '식교(食敎)'라는 표현이 있을 정도로 중국인들은 식생활을 우선적으로 중시하는 의식을 가지고 있다. 이러한 문화의 원인으로는 중국이 인구 대국인 데다가, 역사적으로 빈번한 자연재해나 전란을 겪어오면서 식생활 문제가 전통적으로 가장 중시되었다는 점을 들 수 있다. '백성은 먹는 것을 하늘처럼 섬긴다(民以食爲天)'라는 말이 있을 정도로 중국 역대 집권층의 핵심과제는 백성을 먹이는 것이었다.

지금은 조금 달라졌지만 과거에는 사람을 만나서 하는 일반적 인사는 '안녕하십니까'가 아니라 '식사했습니까'였다. 중국인이 의상, 집 등 외관을 차리는 데에는 그다지 신경을 쓰지 않는 풍습이 형성된 바탕에도 상대적으로 먹는 것을 중시한 식의주 의식이 작용했음을 짐작할 수 있다.[49)]

(2) 주식(主食)

중국인들의 전통적 주식은 크게는 쌀과 밀로서 전체 주식의 8, 9할을 차지하며, 지역적 생산에 따라 나뉘는 편이다. 화중, 화남지역은 쌀밥(米飯, 미반) 위주인 데 비해 화북, 동북지역은 국수(面條, 면조), 소 없는 찐빵인 만두(饅頭), 소 있는 만두인 포자(包子)밀, 물만두인 교자(餃子) 등 밀 위주에 옥수수, 조, 수수 등 잡곡을 곁들인다. 섭취하는 빈도수에서 보면 밀은 빵, 면, 과자류 등으로 가공되어 부식으로도 훨씬 자주 섭취하는 편이다. 결국, 이는 현대 한국인들의 경우와 크게 다르지 않은 편이다.[50]

(3) 식사법(식습관)

우선, 도시인들을 기준으로, 중국인들은 조반은 대개 집에서 먹기보다는 간단하게 외식을 하는 편이다. 점심은 대다수가 2시간 정도의 충분한 시간을 가지고 하며, 저녁은 대개 가정에서 가족적으로 한다. 물론, 요즈음 대도시의 외국 기업이나 성장하는 대기업 등의 사무직 직원인 경우, 서방국가들과 비슷하게 빠듯하고 야근도 불사하면서 치열한 경쟁 환경 속에 있지만, 아직 이들의 비중이 전체적으로는 소수인 형편이다.

중국의 식사법을 회식 때에 보면 한국과 차이를 보이는데, 요리 제공이 시차를 가지고 순차적으로 나오는 '시계열형' 서양식이라는 점이다. 반면에 공통점은 기본적으로 밥(주식)과 국(탕)은 개인별로 놓고 먹지만, 요리 등 부식은 큰 공용의 식기에 담아 하나의 식탁에 둘러 앉아 젓가락으로 직접 집어 오는 '합찬제'라는 점이다.

그런데 합찬제에는 위생 문제가 내재하였으며, 이는 공포의 전염병 사스의 대두 이후에 표면화되었고, 그 대안으로 분찬제(分餐制)가 제시되었다. 이를 실천하기 위한 목소리들과 방안들이 정부를 포함하여 여러 군데서 나오고 있지만 그 실효는 미미하다. 주된 이유는 중국인들의 전통적 식습관과 회식이 가지는 참가자들간의 정서적 유대 강화 목적에 비추어 볼 때, 분찬제는 상당한 장애로 작용하기 때문이다. 예를 들어, 그렇지만 중국인들은 식사할 때 가깝거나 호감 표시 방법으로 상대방에게 요리를 서로 집어 주곤 한다. 덧붙여 영업하는 식당 측에서도 분찬제는 식당의 수익성을 떨어뜨리기 때문에 가능하면 기피하려 한다.[51]

식사 초대나 접대시 중국인들은 지나치다 싶을 정도로 풍족하게 대접을 하는 관습을 가지고 있다.[52] 중국인들은 손님을 초대해 놓고 음식이 풍성하지 못하거나 부족하다고 느낄 때 굉장한 수치로 생각하는 것 같다. 한국인들도 마찬가지지만 상대적으로 그 정도가 훨씬 심한 편이다. 풍족한 수준의 일반적 의미는 식사 후 음식이 꽤나 남는 수준이다. 즉, 식탁에 공간이 부족할 정도로 즉, 상다리가 휘어질 지경으로 차리도록 한다. 그래서 중국인들과 함께 식사를 할 경우에는 그들의 체면을 존중할 필요가 있다. 즉, 식사 중에 음식을 다 먹지말고 조금은 남겨 두어야 한다. 그렇지 않으면 그들은 바로 다시 음식을 주문하기 때문이다.[53]

현장 정보

■ 중국인의 식사풍습[54)]

얼핏 생각하면 요리마다 공용 수저를 준비해서 덜어 먹는 방법이 쉽고 합리적 방법일 것 같지만, 특이한 사실은 많은 중국인들이 이런 식사방식에서 난감함을 느낀다는 것이다. 공용 수저가 준비되어 있어도, 결국 원래 습관대로 개인 젓가락을 사용하여 요리를 집게 되기 마련이고, 이런 경우에 다른 연회참가자가 불쾌한 표정을 지을 수는 없는 노릇이다. 이것은 한국에서도 찌개전골을 놓고 함께 떠먹는 상황정서로 본다면 이해할 수 있는 부분이다.

사실, 따로 덜어 먹는 식사법은 관계유지와 유쾌함이 기본 테마인 중국의 연회에서 그 흥을 깰 수도 있는 것이다. 실제 중국인들의 식사습관에서 내가 아끼고 좋아하는 사람에게 요리를 직접 집어 주면서 "식기 전에 드세요, 많이 드세요" 하는 게 정(情)으로 통하기 때문이다. 더군다나 중국에서 연회는 단순한 식사 이상의 의미를 갖고 있다. 바로 연회를 통한 각종 문제를 해결하는 수단으로 삼았던 전통, 관계를 돈독히 하는 자리로서의 의미가 그것이다. 아마도 당분간은 정부가 유도하는 '분찬제' 형식이 자리잡기는 힘들 것으로 보인다.

물론, 외국인이 끼어 있는 자리나, 공적인 사안을 처리하기 위한 연회에서는 공용젓가락 사용을 의도적으로 운용하는 경우도 늘고 있다. 또한 최근 들어 점점 많은 사람들이 공용젓가락 사용의 필요성을 느끼면서 식당에서 준비하지 않은 경우 따로 요구하는 경우도 늘고 있다.

■ 접대 풍습[55)]

중국 식당에서 접대를 받을 때 제일 끝에 나오는 요리는 생선이다. '생선이 있다'는 말이 중국 말로 '요우 위(有魚)'인데, 이것은 '여유가 있다'는 '요우 위(有余 ; 있을 유, 남을 여)'와 발음이 같기 때문이다. 즉, 생선 요리를 마지막으로 시키면서 '나는 여유가 있으니까 드시고 싶은 것이 있으면 더 시키세요' 라는 의미이다.

---

(4) 요 리[56)]

중국음식은 다양한 재료와 조리법 등으로 세계적인 명성을 자랑하고 있으며, 지역에 따라 차이도 나는데, 그 배경에는 중국의 다양하고 풍부한 생태환경적, 자연지리적 특성이 반영된 것으로 보인다.

중국의 음식을 지역 별로 크게 나누면 그 기본적 특징은 간단하다. 즉, 북방인들은 짠맛을 좋아하고 남방인들은 단맛을 좋아하는 편이다. 이에 더해 사천(四川, 쓰추안)성 사람들은 매운 것을 좋아한다는 점이다. 사천성에서 나는 고추는 아주 매운데 이 매운 고추를 많이 먹는다. 그 주변의 호남(湖南, 후난)성, 호북(湖北, 후베이)성, 운남(윈난)성 사람들도 맵게 먹는다. 단것을 좋아하는 대표적 지역이 광동(廣東, 구앙동)성이다. 이곳 사람들은 바다를 끼고 있어서 해산물요리를 즐겨 먹는데 달착지근한 맛이 특징이다. 이처럼 짠맛, 단맛, 매운맛을 기본으로 다양한 재료를 사용해 다양한 방법으로 만드는 것이 중국요리라고 이해하면 간단하다.

지역에 따라 요리의 재료도 크게 다르다. 북방에서는 주로 쇠고기, 돼지 양고기 등 육류에다가 콩, 고량, 옥수수, 밀가루를 주식으로 삼고 있다. 그래서 한국인도 잘 알고 있는 만두나 자장면, 국수 같은 것들이 모두 북방요리에 해당된다. 이에 반해 남방에서는 강이 많고 평야가 발달해 쌀과 생선이 풍부하다. 자연히 해산물 요리가 발달한 것이다.[57]

조리법은 남방이든 북방이든 볶거나 튀기거나 삶는 세 가지 방법으로 나눌 수 있으며 한국처럼 날것으로 먹는 것은 없다. 심지어 배추도 삶거나 튀겨서 먹을 정도이다.

다른 편으로 중국 음식을 크게 4대 요리로 나누어 볼 수 있다. 바로 사천요리, 광동요리, 회양(또는 강소)요리, 산동요리이다.[58] 이때 지역명은 지금의 행정구역상 개념보다 넓은 문화적 권역 개념으로서, 각각 양자강 상류지역, 주강 유역, 양자강 하류지역, 황하 유역의 요리로 볼 수 있다.

현장 정보

■ 중국의 4대 지방요리(四大菜係)[59]

① 사천 요리(川菜)

내륙 요리의 진수로 중국 서부지역의 요리를 대표하며, 양자강 상류의 산악지대인 쓰추안(四川) · 윈난(雲南) · 꾸이조우(貴州) 지방의 요리를 말한다.

사천지방은 산악지대이기 때문에 향신료 · 소금절이 · 건조식품이 발달하였다. 조리 방법은 살짝 볶거나 부치고, 깐사오(干燒, 단술로 맛을 내고 그 국물이 없어질 때까지 약한 불로 졸임)하는 것이 특징이다. 양념으로 고춧가루· 후춧가루 · 생강 등을 애용하기에 요리 맛은 얼얼하고, 맵고 강한 맛을 내 한국사람이 가장 선호한다.

두부와 돼지고기 요리가 일품이며 삼겹살야채볶음 · 마파두부 · 삼선누룽지탕 · 닭고기조림 · 위샹뤄쓰(魚香肉絲, 매운맛 고기채볶음) · 꽁빠오지띵(宮保鷄丁, 닭토막볶음) 등이 유명하다. 특히 후오꾸오(火鍋, 중국식 샤브샤브)는 사천요리의 대표이자 상징이다.

② 광동 요리

세계적으로 유명하며 구앙조우(廣州) · 차오조우(潮州) · 동지앙(東江) 지방의 요리를 말한다(넓게는 복건 · 대만 요리도 여기에 포함된다).

16세기 이래 외국 선교사와 상인들이 왕래가 빈번하였기 때문에 전통 요리에 서양 요리법이 결합, 독특한 특성을 지니고 있다. 광동 요리는 조미료를 중시하며 향기롭고, 개운하고, 부드럽고, 미끈거리는 것이 특징이다. 광동 요리는 기름을 많이 사용하며 맛이 진하고 소박한 향토색을 띄는 것이 특징이다. 전세계 차이나타운에서 먹을 수 있는 요리이고, 약간 달짝지근하면서 깔끔한 맛을 낸다.

탕수육 · 팔보채 등 친숙한 요리가 많다. 또한 광동지역은 중국에서 식문화가 가장 발달한 지역으로 모든 생물(모든 유기 · 무기질)을 요리의 원료로 사용한다. 혐오요리(고양이 · 파충류 등)의 고향이며, 상어지느러미 · 비둘기 · 광동집오리 요리 등이 대표적이다. 그밖에 레몬닭고기조림, 새우찐만두, 동강두부, 돼지갈비 케첩조림, 닭살모둠볶음 등이 있고, 차, 죽, 딤섬(點心, 만두의 일종) 등도 좋다.

③ 절강 요리(蘇菜)

중국 중부지방의 대표적인 요리로서, 난징(南京) · 샹하이(上海) · 양조우(揚州) · 쑤조우(蘇州) · 항조우(杭州) 등지의 요리를 총칭한다. 양조우지방의 회양(淮揚)요리가 유명하다.

양자강 유역에서 나오는 풍부한 해산물과 쌀, 따뜻한 기후를 바탕으로 이 지방의 특산물인 간장(醬油)를 사용하여 만드는 것이 특징이다. 조미료를 많이 쓰지 않아 맛이 비교적 담백하고, 기름기가 많으며 진하다.

새우 · 게 등의 해산물 요리와 쌀밥 · 샤오 싱 지우(紹興酒)가 유명하며, 유명한 요리로는 전주 완 쯔(珍珠丸子, 찹쌀쌈 고기완자) · 게볶음 · 생선찜 · 스 쯔 토우(獅子頭, 양고기완자) · 삼선볶음국수 등이 있다.

④ 산동 요리(魯菜)

황하유역과 베이징(北京) · 티엔진(天津) 및 흐어난(河南) 일대의 요리로, 해산물을 위주로 한 연해지방의 노동(魯東)요리와 탕류 위주의 내륙요리인 제남(濟南)요리로 나뉜다.

산동요리의 특징은 색깔이 선명하고, 맛이 짜고 담백하며 느끼하지 않다. 탕 종류가 많은 것이 특징이다. 대표적인 요리로는 황하의 잉어로 요리한 '탕수황하잉어(糖醋黃河魚)'가 있다. 한국인이 먹는 자장면의 조상도 '산동'이다.

■ 엽기적 중국 음식[60)]

이미 영화 등을 통하여 간혹 소개된 것처럼, 중국 음식 중에는 일반적 식성 기준으로 보면 '엽기적'이라고까지도 볼 수 있는 특이한 혐오 요리 종류가 적지 않다. 다음은 그 대표적인 것들이다.

① **오리나 닭 등 조류가 눈을 뜬 채 죽은 머리** : 중국인들은 조류의 주둥이를 손으로 잡고, 머리를 빨아 먹는 것을 최고의 맛으로 친다. 또한 미혼 여성이 요리된 닭 머리를 잘근잘근 씹으며 식사 중 태연스레 대화하는 모습도 볼 수 있다.

② **곤충 재료 음식들**(바퀴벌레 튀김, 잠자리 튀김, 매미 볶음, 지네, 애벌레 등) : 이런 요리를 부모 손을 잡고 나온 예쁘장한 여자아이가 맛있게 씹어 먹는 것도 쉽게 볼 수 있다.

③ 곰발바닥, 박쥐 요리 등.

■ 중국 이슬람교도의 음식문화[61)]

몸과 마음의 정결함을 강조하는 이슬람의 교리 특성상 음식에 관한 금기가 유독 많다. '꾸란(코란)'에는 음식금기 사항이 17가지나 나온다.

현대 중국의 이슬람교도들이 따르고 있는 음식금기 사항은 주로 자연스럽지 않게 죽은 동물(상처가 나거나 자살한 동물), 무슬림이 아닌 사람이 도살한 동물(이 때문에 질 좋은 양고기나 소고기를 구하고 싶다면 무슬림들이 운영하는 정육점에 가야 한다), 비늘 없는 어류, 날 것을 사냥해 먹는 야생동물(호랑이, 이리 등), 불결하다고 간주되는 동물(돼지, 개, 나귀, 노새 등), 동물의 생피 등을 먹지 않는 것이다. 육류로는 주로 소와 양을 먹고 있다. 특히 양을 이용한 요리법이 발달하였고, 양의 모든 부위를 이용한 연회코스요리 '전양석(全羊席)'이 탄생하게 되었다.

이처럼 음식금기에 민감한 종교이기 때문에, 중국에서는 보통 소수민족 학생들이 많은 학교의 경우 '이슬람식당'을 따로 만들어 주고 있으며, 회식자리에서도 무슬림이 있을 경우 따로 식사를 시켜주곤 하게 된다. 또한 지역에 따라 '이슬람식품 관리규정 조례'를 지정해 시행하고 있기도 하다.

그러나 적어도 '음식문화'측면에서는 서로 다른 종교, 민족적인 요소들은 시장성의 필요에 따라 동화되기도 하고 공존은 물론 도입되기도 하고 있는 게 사실이다. 예를 들어, '양꼬치구이'는 이슬람권 식품이지만, 이미 중국인들의 애호식품의 하나로 자리잡았다.

■ 만한전석(滿漢全席)

중국의 희귀한 식재료들을 이용한 최고급 요리들을 망라하여 화려함과 호사스러움의 극치를 이루는 최고급 연회상품이며 중국인들은 '천하제일연'이라 부른다. 그 명칭은 만주족(族)과 한족(漢族)의 최상급 요리들을 모아 놓은 청나라 황실요리에서 기원하며, 2~3일간 끊임없이 산해진미가 펼쳐지는 황제를 위한 요리였다고 한다.

실제 사례 중 하나로 2005년 중국 선양에서 개최된 '제4회 중국선양 국제 미식(美食)축제'에 '만한전석 요리들이 출품 전시되었는데, 그 주요내용을 보면 요리 종류로 196종의 '냉열훈소(찬 요리, 뜨거운 요리, 고기 요리, 야채 요리)' 요리가 등장했으며, 이중 '나비가 목단을 노닐다', '한 손으로 천곤을 지탱하다', '스님이 벽을 뛰어넘다' 등의 이름이 붙은 보기 드문 황실요리가 선보여 관람객들의 눈길을 사로잡았다. 특색 있는 재료로는 코끼리 코, 원숭이 골, 곰 발바닥, 제비 집, 상어지느러미, 사슴 아기집, 노루 꼬리 등이 쓰였다. 요리 가격은 3만여 위안(약 400만 원)에 달하는 '용의(왕이 앉는 의자)'와 '만수무강(식기 이름)' 등을 포함하지 않고도, 20만여 위엔(약 2,700만 원)에 달하였다. 이러한 만한전석 요리는 스물네 차례에 나누어 상에 오르며, 전체 요리가 상에 오르는 데만 2시간이 걸렸고, 고급요리사 30여 명이 동원되었다.[62)]

만주족이 세운 청나라(1644~1911)는 유목민족 특유의 개방성으로 한족 문화를 적극적으로 흡수하였다. 유목 민족과 농경민족의 식습관이 혼합되면서 만주족의 식단인 만석(滿席)과 한족의 식단인 한석(漢席)이 섞여 만한석(滿漢席)이라는 연회가 등장하고, 제국의 몰락을 앞둔 사회가 그렇듯이, 청나라 말기 상류층에서 황실의 연회를 모방한 사치스러운 만한석 연회가 유행하기 시작했다.

그러다 청나라 말기에는 상업적으로 번화한 도시에서 여러 주요 식당들 간에 경쟁적으로 손님을 유치하기 위한 마케팅 구호로 '전(全)'자를 붙여 만한전석(滿漢全席)이라는 연회 상품이 등장했고, 중화민국(中華民國 : 1911~1949)에 들어와서는 일반 식당에서 황실요리를 빙자한 만한전석 상품이 우후죽순으로 등장하기에 이르렀다. 식당마다 더욱 희귀한 재료를 이용한 요리를 추가해 방대해진 만한전석은 이미 역대 궁중요리의 형식과 내용과는 매우 다른 상품이 되었다.

만한전석이 크게 주목받게 된 시기는 1960년대 무렵 홍콩을 비롯한 대만, 마카오, 싱가포르 등지의 화교 문화권과 일본에서 만한전석 붐이 일면서부터였다. 1949년 대륙 중국에 사회주의 정권이 들어선 이후, 중국의 역사와 문화 가운데 전통적, 봉건적 요소들에 대한 연구와 정리는 철저하게 외부인들의 몫이 되었다. 이 때문에 주로 홍콩, 대만 등지의 학자들과 일본의 학자들이 대륙 중국의 음식 문화를 연구했고, 유명한 누구누구가 어떤 음식을 즐겨 먹었다는 등 요리에 얽힌 수많은 고사들이 시리즈로 엮어지는 '중국 요리'라는 상품을 기민한 상술이 가만히 놔둘 리 없었다. 그래서 더욱 변형되어 부가가치가 높은 상품으로 탄생한 것이 오늘날의 만한전석이다.[63)]

2. 음주 문화[64)]

중국에서는 전통적으로 인격에 대한 논의를 술에 대한 논의에 빗댈 정도로 술은 일상적 문화의 일부분을 차지한다. 중국은 넓은 영토만큼 각 지역별로 고유한 음주문화가 유지되고 있다. 그렇지만 그런 가운데에도 전체 중국사회에 공통하는 보편적 주도(酒道)가 존재하기도 한다.

현장 정보

■ 술과 인격[65)]

술의 품격을 평할 때 쓰는 '짙은 향, 온화함, 달콤함과 그 뒤의 여운(濃香, 醇和, 美甘, 回味長)' 등의 기준을 사람의 인격을 언급할 때도 그대로 쓴다. 또한 '술이 없으면 예를 다할 수 없다(無酒不成禮)'는 표현도 아직 널리 회자되고 있을 정도이다.

■ 주도(酒道)와 음주태도[66)]

술자리에 초청받았거나 혹은 술자리를 마련할 때는 자리배치에 신경을 써야 한다. 신분에 따라 앉을 자리가 관례화되어있기 때문이다. 예를 들어, 방 하나를 술자리로 준비할 경우, 주최측의 최고위자는 방의 출입구가 정면으로 바라보이는 곳에 착석하고, 그 오른 쪽으로는 초대받은 최고위자가, 그 왼 쪽으로는 초대받은 두 번째 고위자가 착석하도록 되어있다. 이후 주최측의 2인자는 문을 등지고, 즉 주최측 1인자와 정면으로 바라보고 앉으며 그 좌우로 그 다음 고위자가 마찬가지 순으로 번갈아 앉는 것이다. 중국인들은 우리가 일반적으로 생각하는 이상으로 체면을 소중히 한다. 즉, 이러한 사소한 부분에서도 그들은 체면손상을 느낄 수 있음을 간과해서는 안 된다.

다음에는 음주 태도에서 중국인은 한국인과 여러 면에서 다르다. 먼저, 술 마시는 주법에서 다르다. 첫째, 술을 권할 때나 건배를 요청받았을 때에는 상대방의 눈을 응시하며 상대방에 맞추어 잔에 입을 대고 떼는 것이 일반적 예의이다. 상대방을 바라보지 않고, 또 상대방보다 너무 빨리 마시거나 안 마시는 것 역시 상대방의 체면을 깎아 내리는 무례함으로 비쳐질 수 있기 때문이다. 둘째, 음주 시 한국에서는 자기 혼자 마시고 내려놓아도 크게 실례되는 일이 아니지만, 중국에서는 자기가 마시고 싶더라도 반드시 상대에게 술을 권하면서 마시는 것이 바람직하다. 자기 혼자 마시는 것 역시 상대방이 마음에 안 든다는 의미가 될 수 있기 때문이다.

셋째, 한국에서는 술잔을 돌리는데 중국에서는 그렇지 않다. 넷째, 한국에서는 잔에 술이 남아 있으면 잔을 완전히 비우기 전까지는 다시 채우지 않는 데 비해 중국에서는 상대방의 술잔에 술이 얼마나 남아 있건 관계없이 부단히 첨잔을 하는 것이 예의이다. 그래서 상대하는 상황에서 그만 마시고 싶은 경우에는 잔을 엎어 놓던지 또는 그만 마시고 싶다는 의사를 밝히는 것이 좋다.

■ 중국인들의 건배 문화[67)]

건배의 의미가 한국과 중국이 다르다. 중국어로 '깐 뻬이'라고 하는 건배(乾杯)는 한국에서는 별뜻 없이 하는 말이지만, 중국에서는 잔을 완전히 비우라는 뜻이어서 원칙적으로는 남기면 안 된다.

중국인들과의 주연에서는 좌석에서 자주 일어나게 된다. 그들은 일어서서 건배를 건의하거나, 어느 한 사람이 어느 특정 개인에게만 한 잔할 것을 요청하는 "찡 이뻬이(敬一杯)" 등을 자주 하기 때문이다. 전자의 경우, 모두 함께 일어나 주위 사람들과 가볍게 잔을 부딪치며 마시면 되지만(한국과 같은 방법), 후자의 경우, 요청받은 한 개인만이 응하면 된다. 즉, 요청받은 해당자만 자연스럽게 일어나 요청한 사람과 잔을 부딪치며 들이키면 되는 것이다. 그런데 이는 대부분의 경우 참석자가 모두 함께 건배하는 한국식과 달라 처음에는 다소 당황스럽게 느껴지기도 한다. 그렇지만 여럿이 함께 하는 자리에서 이러한 특정 양자간의 건배를 상대방의 각 개인들에 대한 개인적 덕담을 전하는 데 잘 활용하면, 전체와의 관계뿐 아니라 이들 개인과의 관계형성에도 상당한 효과를 볼 수 있다. 따라서 중국인과의 연회석상에서는 가능하다면 "랑 워 찡 이 뻬이(讓我敬一杯, 당신께 경의를 표하며 한 잔하고 싶습니다)"를 적절히 잘 활용하는 것이 좋다. 이 경우, 잔을 부딪칠 때는 상대방의 지위와 관계없이 상대에 대한 예의와 경의를 표하는 의미로 상대방 잔보다 약간 낮은 곳에 부딪히는 것이 좋으며, 반드시 다 마실 필요 없이 자신의 주량에 맞게 마시면 된다.

신체적 태도에서 보면, 독한 술을 마시면서도 취해서 몸을 가누지 못하거나 주정을 부리는 사람을 보기 힘들다.[68] 그 배경으로는 첫째, 중국에는 '술이 백약(百藥)의 으뜸이다'라는 속담이 있어서 적당히 술을 마시면 약을 먹는 것처럼 몸에 좋다고 생각하기 때문에, 무턱대고 술을 마셔 좋지 않은 태도를 보이는 것은 중국인에게 있어서는 품위의 실추로 인식되어 그러한 사람이 많지 않은 것 같다.

둘째, 도수가 높은 중국 술은 마시면 금방 취하지만 동시에 물리적으로 빨리 깨는 편이다. 참고로 한국에서는 술을 많이 마시는 사람을 주당(酒黨)이라고 하는 데 비해, 중국에서는 주귀(酒鬼), 즉 술귀신이라고 한다.[69]

현장 정보

■ 술의 종류[70]

중국 술의 종류가 많은 것 같지만 빚는 방식에 따라 크게 백주(白酒)와 황주(黃酒)로 구분된다. 백주는 말 그대로 백색투명한 술인데, 증류주이기 때문에 알코올 도수가 30도 이상인 독한 술이다. 수수로 만드는 각종 고량주(高粱酒)나 중국의 최고 명주로 알려진 마오타이주(茅台酒)가 백주에 속한다. 주로 북방인들이 즐겨 마신다. 반면에 황주는 한국의 탁주와 같은 발효주로 그다지 독하지 않다. 사오 싱 지우(邵興酒)가 대표적인데, 저장성 등 남방에서 많이 마신다. 이밖에 미주(米酒)는 술에다 각종 식물이나 약재를 넣고 함께 증류시켜 독특한 맛과 향기를 내게 한 술로서, 죽엽청주와 오가피주가 여기에 속한다.

중국의 술 종류 중 이른바 명주(名酒)로는 일반적으로 마오타이주가 최고의 술로 꼽히는 편이다. 요즈음 우 량 예(五糧液)나 지우 구이(酒鬼), 수정방 같은 비싼 술도 많이 나왔지만, 아직까지는 마오타이의 명성을 능가하지는 못하는 것 같다. 이 술은 국제적으로도 많이 알려져 있다. 이 술이 생산되는 꾸이조우(貴州)성의 마오타이 진(鎭)의 물이 다른 곳과는 비교할 수 없을 정도로 좋다.

3. 흡연 문화

담배는 중요한 사교수단의 하나로서 대화와 인사의 매개물로 간주되며, 만남에서 제일 먼저 담배를 권하고 담배를 돌려 피움으로서 공유감과 소속감을 느끼려 하는 경향이 있다. 그래서 초면에도 자연스레 담배를 권하면서 이야기를 나누며, 상대방이 담배를 받아들어 다 피우면 바로 또 한 대를 권하며 불을 지펴줄 정도이다.[71] 담배 권하기는 비흡연자에게도 예외가 아니다. 그러므로 비흡연자라도 상대방이 권하는 담배는 예의상 일단 받는 것이 좋다.[72]

사회 규범적으로도 담배에 대하여는 커다란 규제가 없어서 고등학생 정도가 되면 대개 담배를 피우고, 선생님들도 담배를 피우는 것에 대하여 규제를 안 하는 편이다.

현장 정보

■ 너그러운 흡연문화[73]

중국인의 너그러운 흡연문화는 결혼식이나 연회석 상에서도 마찬가지이다. 주최측은 탁자위에 여러 종류의 담배를 수북이 쌓아놓아 손님들이 마음에 드는 담배를 언제든지 필 수 있도록 배려하며, 예식 후 하례객들에게 인사하러 다니는 신부는 직접 담배를 권하며 불을 지펴주기도 한다.

■ 중국의 흡연자[74]

중국의 흡연인구는 모두 3억 5천만 명으로 전세계 흡연자의 3분의 1이상을 차지하고 있다. 중국에서 흡연 관련 질병으로 사망하는 사람은 연간 120만 명으로, 전세계 흡연 관련 사망자 490만 명의 4분의 1에 달한다.

---

4. 의상 문화

중국인들은 겉모습, 즉 외모나 옷차림 같은 것만 보고는 신분이나 부(富)를 짐작하기 어려운 경우가 많다. 중국인들은 귀천, 빈부와 무관하게 겉모습보다는 실용성을 중시하며, 한국인이나 서양사람들처럼 옷차림에 그다지 신경쓰지 않는 편이다. 그래서 공식적 자리 아니면 양복 정장을 잘 입지 않는다. 양복을 입으면 움직이기 불편하다는 게 중국인 대부분의 생각인 것 같다.

평소에는 점퍼에 청바지 같은 실용복들을 입고 활동하는 경우가 보통이다. 한 예로 옛날부터 중국에서는 특히 돈 많은 사람들이 비싼 옷으로 티를 내기는커녕 오히려 가난한 사람보다도 더 허름한 옷을 입기도 했다.[75]

5. 오락 문화

(1) 마작과 바둑

마작(麻雀, 마장)은 중국인의 대표적 오락거리 중의 하나이다. 한국인들이 화투를 즐겨하는 정도에 비유할 정도로 네 명이 만나 밤을 새우면서 하기도 하며 식당이나 여행 중에도 즐겨 한다. 마작으로 도박(賭博, 뚜뽀)도 즐겨 하는 편이다. 그리고 카드놀이도 즐겨하는 편이다.[76] 바둑(圍棋, 웨이치)의 경우, 마작에는 못 미치지만 역시 대중적이다. 바둑전문대학이 있을 정도이고, 정부에서도 두뇌운동(腦力運動, 나오 리 윈동)으로 정의하여 스포츠로도 권장한다.[77]

(2) 사교춤

중국에서 사교춤은 부정적 인식이 상존하는 한국과 달리 널리 보급되어 있다. 대학과 일반 직장 등에서는 정기적으로 무도회인 무회(舞會, 우 훼이)를 연다. 결혼잔치나 생일잔치에 분위기 조성 차원에서 무도회를 여는 경우도 흔하다.[78]

6. 소비자 행동

어느 사회나 소비자들의 일반적 소비 태도는 그 사회의 역사·문화적 환경에서 형성되기 마련이다. 그러므로 중국 소비자들의 태도 역시 중국의 역사·문화적 환경 틀 안에서 파악하는 것이 합리적일 것이다. 이에 따라 도출되는 중국 소비자의 소비 태도는 다음 몇 가지가 대표적이다.[79]

(1) 불신적 태도

중국인들은 일반적으로 구매결정을 쉽게 내리지 않는다. 충동구매는 피하는 편이며 충분한 시간을 갖고 구경하고 만지작거린다. 특히, 새로운 시도에 대해서는 상당한 망설임을 보인다. 이러한 보수적 태도는 바로 불신 때문이다. 즉, 제품의 외형적 정보, 판매자가 제공하는 정보와 설득 등 잘 모르는 외부로부터의 일방적 정보에 대해서는 신뢰를 주지 못하는 현상인 것이다. 이는 중국사회가 이른바 저신뢰(低信賴) 사회에 해당하기 때문이다.

이 결과, 중국시장에서 홈쇼핑이나 전자상거래는 발전이 쉽지 않다. 물건을 직접 보고 구매결정을 내리는 것이 아니기 때문이다. 또한 배달 서비스도 일반화되지 않았다. 모르는 외부인을 가정집에서 대면하기를 꺼리기 때문이다.

이러한 불신적 태도의 주 배경은 중국사회의 꾸안시 문화이다. 믿을 수 있는 내부인과 믿을 수 없는 외부세계를 명확히 구분하기 때문이다. 그래서 이러한 불신을 제거하는 방법으로써 꾸안시 의존, 즉 이웃이나 아는 사람 등 가까운 믿을 수 있는 사람들로부터 관련정보를 얻고 나서 구매결정을 하는 탐문 방식의 구매형태를 보이고 있다.

따라서 이러한 중국 소비자의 태도에 대처하는 기업 전략은 '신뢰구축'이 될 것이다. 즉, 믿고 살만한 제품과 서비스를 만들며, 믿을만한 상표(brand)와 기업 이미지를 구축하는 것이다. 바꿔 말하면 고객들과 꾸안시(關係)를 맺는 것이다.[80]

사 례

■ 남을 쉽게 믿지 않고, 신용카드 사용을 꺼리는 중국인 : 중국에서 온라인 판매부진 – Dell 社[81]

전화와 인터넷 직접 판매 방식으로 미국 PC시장을 평정한 Dell이 중국에서는 고전하고 있다. 리서치 업체인 'IDC'의 조사에 따르면 일본을 제외한 Dell의 3분기 아시아 시장 점유율은 전 분기보다 1.0% 포인트 줄어든 7.8%에 그쳤다. 급성장하고 있는 중국 지방시장을 레노보와 휴렛팩커드(HP)같은 경쟁사들에게 선점당한 것이 큰 영향을 끼쳤다.

이 기간 Dell은 중국에서 베이징, 샹하이 등 대도시 공무원과 대기업만 집중 공략했다. 물론 Dell 역시 중국 지방도시의 성장 가능성을 외면해 온 것은 아니었다. 전국적으로 사업을 확장하기 위해 현재 동남부 '샤먼'시에 두 번째 공장을 짓고 있고, 총 고용인원도 5천명이나 된다. 그러나 중국 지방소비자들은 물건을 직접 보고 고르는 것을 선호하기 때문에 전화나 인터넷으로 주문을 받는 Dell의 사업방식이 통하지 않는다고 '비즈니스 위크'가 지적했다.

또 지방 소비자들이 신용카드를 거의 사용하지 않는다는 것도 Dell이 당면한 어려움이다. '아메리칸 익스프레스 카드'사 자료에 따르면, 중국 소비지출액 중 카드결제가 차지하는 비중은 약 3%로, 30% 내외인 선진국에 비해 현저히 낮은 상태이다.

반면 Dell과 상반되는 전략을 채택하고 있는 1위 토종업체 '레노보'는 전국에 4,800개 매장을 개설했고, 3분기에 20.4%의 점유율을 기록해 대조를 보였다.

■ 중국의 신용카드 급격히 증가 – 중국 공상은행과 아메리칸 익스프레스 社[82]

2003년 중반, 중국은 인구 13억 명에 신용카드는 300만장에 불과했다. 2년이 지난 후 2005년 중반에는 1,200만장으로 증가했다. 그러나 아직 신용카드 보급률은 100명에 1명도 채 되지 않는다. 가장 큰 원인은 카드 발급자격을 엄격하게 적용하고 있기 때문이다.

얼마 전까지만 해도 연소득 3만~5만 위엔(약 385～640만원) 또는 예금이 5만 위엔 이상 되어야만 카드를 발급받을 수 있었다. 2004년 1인당 국민소득은 1만 위엔(약 128만원)이었다. 이런 이유로 신용카드 소지자의 35%가 4대 도시에 집중되어 있다. 그러나 최근 세계적인 카드 회사들이 중국에 적극 진출하면서 자격요건이 점차 완화되고 있다. 예를 들어, '중국 공상(工商)은행'과 제휴한 '아메리칸 익스프레스'는 카드 발급자격을 연소득 2만 위엔(약 256만원)으로 낮추었다.

그러나 중국인들은 현금 선호 취향을 갖고 있는 것이 카드 회사에게는 환영할 만한 현상이 아니다. 카드 사용자의 85% 이상이 현금 결제를 한다. 할부를 이용하는 사용자는 2% 미만이다. 할부 이자가 주수익원(主收益源)인 카드사로서는 달갑지 않은 일이다.

이들 두 회사는 이번 사이트 개설을 계기로 해서 B2C, C2C 등의 분야로 전자상거래 사업

영역을 확대해 나갈 계획이며, 현재 이들 두 회사는 C2C 경매 사이트인 '타오바오넷'과의 합작을 모색하고 있다. '알리바마'의 '마윈' 사장은 "중국의 휴대전화 가입자가 4억 명을 돌파하는 등 휴대전화를 이용한 무선 전자상거래 시장 전망이 매우 밝다. 이번 사이트 개설을 시작으로 사업 영역을 확대하는 등 대대적인 공격 경영을 통해 이 시장을 선점할 계획이다"라고 강조했다.

'인텔'의 중국 본부의 '양쉬' 사장도 "이동전화에는 이미 소비자의 인증이 내장되어 있어 사용자의 신분이 확실하기 때문에 인터넷상의 전자상거래보다 안정성이 더욱 높다. 이 같은 점을 반영할 때 앞으로 휴대전화를 이용한 전자상거래 규모가 온라인을 통한 거래보다 더욱 많아 질 것이다"라고 전망했다.

한편 중국 정부는 전자서명·데이터 메시지의 법적 효력을 부여하는 '전자 서명법'을 제정하여 2005년 4월 1일부터 시행하기로 했다. 이 법은 온라인상의 전자서명에 대해서 자필 사인이나 인감도장과 동등한 효력을 갖도록 하고 있어 전자상거래를 더욱 활성화 시킬 것으로 예상된다.

---

(2) 과시적 소비

중국인들은 남에게 보이거나 보여질 것에 대한 소비와, 그렇지 않고 비공개로 쓸 것에 대한 소비를 확연히 구별하는 행태를 보인다. 전자의 경우, 고급·고가 유명상표의 과시적 소비를 하며, 이는 소비자의 소득수준에 비추어 무리가 되더라도 마찬가지이다.[83] 반면에 후자의 경우, 상표보다는 실용성과 경제성을 주된 구매기준으로 삼아 중저가의 소비를 한다.

위와 같은 과시적 소비태도는 중국인들의 체면 중시문화에서 비롯된다. 이는 계층별 소비행태로는 구별되는 경향을 띤다. 중산층 이하에서는 사회주의의 절대적 평등이념을 곁들여 사회평균적 소비수준을 지향한다. 즉, 최소한 평균적으로 남들에게 뒤떨어지지 않는다는 자부심을 느낄 만큼의 소비를 하려고 하며, 이는 서민들에게는 자동차구매 등과 같은 분수에 넘치는 과소비로도 나타난다. 한편, 부유층에서는 중하층과 구별되는 상류층임을 과시할만한 명품급 소비행태를 보이곤 한다.[84]

현장 정보

■ 중국인들의 과시욕 – 브랜드 중시[85]

일본의 온라인 시장조사기관인 인포 플랜트(Info Plant)가 최근 동아시아 4개국의 20세 이상 휴대전화 사용자 1천 200명(국가별 300명)을 대상으로 실시한 휴대전화 사용실태에 관한 조사에서, 한국과 일본의 소비자들은 휴대전화 구입시 '가격'을 가장 중요하게 생각하는 반면, 중국 소비자들은 '브랜드'를, 대만 소비자들은 '사용 편의성'을 최우선으로 고려하는 것으로 나타났다. 국가별로 소비자들의 제품 구입 양태가 이처럼 다른 것으로 확인됨에 따라 제조업체나 이동통신사들이 시장에 따라 다양한 전략을 구사할 필요가 있는 것으로 분석되었다.

---

(3) 무차별성과 다양성

중국인들은 애국심 차원에서 외국 상표에 대해서 거부감을 보이고 자국 상표에 대해서는 애착심을 보이거나 하는 차별을 하지 않는다. 오히려 외국 상표는 고품질 제품으로 인식하여 거리낌 없이 선호도를 보이는 것이 일반적 모습이다.

또한 중국인들은 동종 제품 범주에서 상당한 다양성을 보인다. 예를 들어 식당 메뉴판을 보면 수백 가지의 요리명이 쓰여 있고, 할인점 라면 코너를 가면 수십 종류가 진열되어 있는 모습을 쉽게 볼 수 있다.

외국 상표에 대한 무차별성과 제품의 다양성은 앞서 본 중국의 통합주의가 중요한 기반의 하나라고 볼 수 있다. 중국은 역사적으로 외국과의 수많은 충돌을 겪으면서 외래문화를 배척하는 경직적 자세보다는 수용하는 유연한 자세를 보임으로써, 오히려 외국의 장점을 소화 흡수하여 중국의 문화 수준을 높이고 국력을 강화하는 데 활용하였다. 이는 민족적으로도 다양한 소수 민족을 통합하기 위하여 그들의 다양성을 포용하는 자세를 견지하는 현상에서도 볼 수 있다.[86)]

7-5 제도문화 환경

중국의 제도문화를 명절 풍속, 공적 기념일, 축귀 풍습, 교육 제도 등의 측면에서 살펴보기로 한다.

1. 명절 풍속

중국의 전통 명절은 한국의 많은 명절의 기원이 되기도 하기 때문에, 명칭과 음력으로 날짜도 같은 경우가 많다. 주요 명절로서 정월의 춘절(春節, 춘 지에), 원소절(元宵節, 위엔사오 지에), 2월의 청명절(清明節, 칭 밍 지에), 5월의 단오절(端午節, 뚜안 우 지에), 7월의 칠석(七夕, 치시), 8월의 중추절(中秋節, 쭝 추 지에), 9월의 중양절(重陽節, 충 양 지에), 동지달의 동지(冬至, 동 즈), 섣달의 납팔절(臘八節, 라빠지에), 소년야(小年夜, 시아오 니엔이에) 등이 있다. 이중 중요한 명절로는 춘절, 원소절, 단오절, 중추절을 꼽을 수 있다.

현장 정보

■ '가짜천국' 중국, '가짜명절 천국' 중국[87)]

중국의 명절(節日, 지에르)은 특정일을 기념하거나 경축하는 날이다. 춘절, 원소절, 단오절, 중추절 등이 전통적인 명절이다. 그러나 현대 중국인들은 딱딱한 전통 명절보다는 흥겹고 스트레스도 풀 수 있는 유행성 명절에 더 큰 관심을 가지고 있다.

기업과 지방 정부들은 이런 분위기를 이용하여 이른 바 '가짜 (인조 또는 외래) 명절'을 만들어서 막대한 돈을 들여 연예 행사를 하며 이를 유포시키는 데 혈안이 되고 있다.

요즈음 젊은 중국인들은 중국 전통명절인 청명절(淸明節)은 몰라도 정인절(情人節, 발렌타인데이)에는 열광을 한다. 얼마 전에는 광곤제(光棍節, 구앙꾼지에 : 홀아비데이)가 큰 화제가 되었다. 결혼중계소가 나서서 홍보를 하고 일부 방송 프로그램까지 가세했다. 의복 공장에서는 치마 신제품을 출시하면 군자절(裙子節, 췬즈지에 : 치마데이), 전자공장에서 신형 휴대전화를 출시하면 수기절(手機節, 쇼우지지에 : 휴대전화데이)라고 거대한 행사를 하며 고객을 끌어 모은다.

지방 정부도 별별 명분을 내세워 '가짜 명절'을 급조해 내느라 바쁘다. 어느 도시에서는 시인이었던 이백(李伯, 리바이)이 잠시 그 마을에 머문 적이 있다하여 이백절(李伯節, 리바이지에)을 만들어 연예인까지 동원하며 호화잔치를 했다. 또 과거 혁명 근거지였던 어느 도시는 홍색려유절(紅色旅遊節, 홍쓰어뤼요우지에 : 혁명순례기념일)을 제정하고 거의 음란에 가까울 정도의 연예 행사를 해서 비난을 받기도 했다.

---

(1) 춘 절

춘절은 음력 정월 초하루로 중국 최대의 전통 명절이며 한국의 설에 해당한다. 춘절을 쇠는 것을 과년(過年, 꾸오 니엔)이라 한다. 관련된 주요 사항들을 살펴보자.[88]

① **귀성** : 한국에서와 마찬가지로 수억명의 인구가 움직이는 '대륙의 대이동' 같은 인산인해의 귀성 현상이 벌어진다. 영토가 넓어서 귀성길이 긴 경우는 편도에 며칠씩 걸리기도 한다.

② **기간** : 연휴기간이 공식적으로는 3일이지만 귀성길 등을 고려하여 실질적으로는 짧게는 한 주, 길게는 정월대보름날인 원소절까지 두 주 정도 쉬는 경우가 흔하며, 춘절 이전부터 시작되는 명절 분위기까지 포함하면 거의 한 달 이상 이어진다고 볼 수 있다.[89] 당국에서는 40일간을 춘절 기간으로 정하여 교통, 공안에 특별한 주의를 기울인다.

③ **납팔(臘八)죽** : 음력 12월 8일의 납팔절이 설날 맞이의 첫 과정으로 여겨진다. 이 날은 석가모니의 성불의 날을 기원으로 하며 납팔죽이란 고유 음식을 먹는다. 이 음식은 찹쌀, 수수, 조 등 여덟 가지를 넣어 끓인 죽의 일종이다.

④ **대청소(掃年)** : 제야 이전에 (대개 12월 28일) 집안 대청소를 하는데, 온갖 불길한 것들을 다 털어버린다는 상징적 의미가 포함된다.

⑤ **부엌신 공양** : 부뚜막신에 해당하는 조왕신이 연말에 승천하여 천제에게 지난 1년간 일어난 집안일을 보고한다 하여 이 신에게 잘 봐달라고 공양물을 바치는 풍습이다. 공양물로는 교아당이라는 엿을 바쳐 달콤한 보고를 해주기를 기원한다.

⑥ **제석(除夕)** : 제석은 섣달 그믐날 저녁부터 자정까지를 가리킨다. 조상과 토속신들

에게 제사를 지내어 새해의 복을 기원한다. 이날 밤을 꼬박 세우는 풍습이 있는데, 이를 수세(守歲)라 한다.

⑦ **폭죽**(爆竹) : 섣달 그믐날 자정이 되면 중국인들은 집에서 악귀를 몰아낸다는 민간 신앙으로 폭죽을 전쟁을 방불케 하듯이 요란하게 터뜨리며 새해를 맞이한다.[90)]

현장 정보

■ 춘절과 폭죽 : 13년 만에 허용

춘절 기간 중 폭죽을 터뜨리는 양상을 보면, 밤이 되면 모든 집이 밤새도록 서로 경쟁적으로 터뜨린다. 폭죽을 밤에만 터뜨리는 것은 잡귀들의 활동시간이 밤이기 때문이다. 폭죽을 일주일 이상 계속적으로 터뜨리는 경우도 흔하다.[91)]

중국정부는 폭죽놀이로 인한 사고위험 때문에 지난 13년간 폭죽놀이를 금하다가 올림픽을 앞두고 전 국민의 관심과 분위기를 돋우기 위해 2006년 춘절부터 이 놀이를 다시 허용하였다.

폭죽은 종류도 다양하며, 가격은 한 개에 0.12위엔(약 16원)부터 10,952위엔(약 140만원)짜리까지 있다.

중국인들이 이렇게 폭죽놀이를 좋아하는 이유를 문화인류학자들은 잡귀를 물리치고 복(福)을 비는 것 이외에도, 사람의 기운을 하늘을 향해 내뿜기 위한 자기해소 행위로 해석하고 있다. 즉, 폭죽놀이를 통해 천지사물을 압도하며 인간의 기운을 분출시키고 싶은 욕망을 표현하려 한다는 것이다. 이에 관련하여 일찍이 마오쩌동(모택동)은 '인정승천(人定勝天, 사람은 반드시 하늘을 이긴다)'이라고 말한 바 있다.[92)]

---

⑨ **교자**(餃子, 지아오 즈)**와 연고**(年糕, 니엔 까오) : 폭죽 터뜨린 직후, 즉 새해 0시 부근에 먹는 송구영신 음식이다. 교자는 북방에서 유래한 물만두의 일종으로서 갱세교자(更歲交子), 즉 '나이를 먹으며 한해를 보냄'이라는 구절의 교자(交子)와 동음이의어라는 점에서 이를 먹는 것이다. 연고는 쌀떡의 일종으로서 연고(年高, 니엔 까오), 즉 '해마다 높아짐'이란 구절과 역시 동음이의어라는 점에서 이를 먹는 것이다. 결국, 한국에서 설날아침에 나이 한살 더 먹는다는 상징으로 먹는 음식인 떡만둣국에 해당하는 셈이다.

⑩ **춘련**(春聯)**과 연화**(年畵) : 춘련은 한국의 '입춘대길' 같이 기원하는 글귀를 붉은 종이에 써서 문이나 기둥에 붙이는 것이다. 연화는 평안을 기원하는 장식용 그림으로 실내에 붙인다.

⑪ **세뱃돈** : 한국과 같이 설날에 압세전(壓歲錢)이라는 세뱃돈을 주며, 경사를 상징하는 붉은 색 봉투인 홍포(紅包, 홍 빠오)에 넣어 준다.

⑫ **새해인사** : 설날에 축하 인사를 나누는 것을 배년(拜年, 바이 니엔)이라 하며 꽁시(恭喜, 공희)! 또는 꽁 시 파 차이(恭喜發財, 공희발재)! 라고 표현한다.

(2) 원소절

원소절은 음력 정월 15일 대보름날로 한국의 경우와 같다. 크게는 춘절 분위기의 연속선상에 있다고 여겨진다. 주요 행사로는 용춤, 사자춤이 있고 가장 특색 있는 것이 관등놀이이다. 거리의 상점들을 중심으로 가지각색의 초롱불등을 무수히 매달아 빛나게 하여 저녁에 사람들이 거리에 나와 이 등불들을 구경하는 행사이다. 그래서 원소절을 등절(燈節)이라고도 부른다. 또한 이날 고유 음식으로 원소(元宵)라고 하는 새알심 모양의 찰떡을 먹는다.[93)]

(3) 단오절

단오절은 음력 5월 5일이다. 더워진 날씨에 생길 병을 예방하기 위해 쑥이나 창포를 대문에 걸고 향초를 넣은 향주머니를 몸에 차며 소독 효과가 있다는 웅황(雄黃)주라는 약주를 마시고 부녀자들은 창포잎을 삶은 물에 머리를 감는 것이 전통적 풍습이다. 또한 고유 음식으로 찹쌀밥을 소와 함께 대나무잎이나 갈대잎에 싼 떡인 종자(粽子, 쫑즈)를 먹는다.[94)]

(4) 중추절

중추절은 음력 8월 15일이다. 추수를 달에 감사하는 절기로 지킨다. 햇곡을 먹으며 달맞이 행사가 중심이 된다. 또한 고유 음식으로 밀가루로 보름달처럼 둥글게 만든 과자인 월병(月餠, 위에 삥)을 준비하여 선물하거나 나누어 먹는다. 그런데 오늘날의 추세는 한국의 경우와 달리 공휴일도 아니고 그다지 떠들썩하게 쇠지는 않는 편이다.[95)]

현장 정보

■ **뇌물로 변한 추석 선물 : 전통과자 월병**

중국인들이 추석에 먹는 전통과자 월병(月餠, 보름달 모양의 밀가루 떡)이 뇌물 전달수단으로 변한지 오래이다. 고급시계, 귀금속 등 '뇌물용품'을 월병과 함께 포장한 '세트 상품'이 매년 날개 돋친 듯 팔린다.[96)]

보통 40~60위엔(약 6~9천원)하는 4~8개 들이 월병세트가 수십만 위엔(수천 만원)까지 하는 경우도 있다.

흐어난(河南)성 정조우(鄭州)의 한 선물가게에서 파는 월병은 1kg짜리 순은(純銀)에 56개의 작은 천연보석이 박혀 있다. 가격은 6,900위엔(약 103만원)이다.

티엔진(天津)의 한 백화점이 내놓은 월병은 9만 9,999위엔(약 1,500만원)이다. 8개의 월병 중 7개는 전복, 상어 지느러미, 제비집 등으로 만들어져 있고 겉에는 금박이 입혀져 있다. 나머지 1개는 500g짜리 순금(純金) 월병이다.

윈난(雲南)성 쿤밍(昆明)에서 거래되는 월병세트는 31만 위엔(약 4,650만원)이다. 외제 디지털 카메라, 캠코더, 고급술 1병, 황금 촉으로 만든 만년필 등이 담겨 있다. 그러나 진짜 선물은 상자 밑바닥에 있는 30평짜리 아파트 입주권이다.[97] 참다못한 중국 정부는 "월병에 다른 고가품을 끼워 팔다 적발되면 엄벌에 처하겠다"고 단속방침을 공표했다.[98]

한 식구나 친지, 뜻 맞는 사람끼리 서로 주고받으며 나누어 먹음으로써 일심동체 단란을 도모하기 위해 추석 때 만들어 먹는 이 월병은 지름이 3척이나 되는 큰 것도 있으며, 떡 표면에는 달 속에서 불사약을 찧는 옥토끼의 그림이 그려져 있어 불로장수를 기원하는 깊은 뜻이 깔려 있다.

그런데 지금 중국에서는 이 월병 속에 금품을 넣어 주고 받음으로써, '월병하면 뇌물'이라고 하는 대명사가 되어 판매금지령까지 내린 현실이다.[99]

---

2. 공공(公共) 기념일

중국에서 공적 기념일 중 춘절은 음력, 그밖에는 모두 양력으로 표시된다. 이 기념일 중 신정, 춘절, 노동절, 국경절은 전국적 공휴일이지만, 나머지 기념일들은 해당 범주의 사람들에게만 공휴가 적용되며, 그것도 하루 전체를 쉬는 경우 외에 반나절만 쉬는 경우도 있다는 점이 특이하다. 또한 기념일이 공휴일인 주말에 해당하는 경우에는, 추가적으로 주중에 휴일이 추가된다는 점도 특색이다.[100]

① 신정(1월 1일) : 원단(元旦)이라고도 부른다. 한국에서와 마찬가지로 전통적 설날로서는 음력 절기인 춘절을 쇠므로, 신정은 공휴일이지만 명절 분위기는 나지 않는다.

② 부녀절(3월 8일) : 국제적으로 정한 '국제 여성의 날'에 해당하며 국제적인 여성투쟁 기념일이다. 여성들이 반나절 쉬며, 여성 관련 회의나 행사 등이 개최된다.

③ 노동절(5월 1일) : 역시 국제적으로 정한 '국제 노동자의 날'에 해당하며 국제적인 노동자투쟁 기념일이다. 공식적으로는 3일간의 연휴이지만, 편의상 주말 등을 끼어 일주 정도의 연휴가 주어진다.

④ 청년절 (5월 4일) : 1919년 5월 4일 중국 북경에서 한국의 3·1운동에 자극을 받아 학생들을 중심으로 시작되어 도시들 전체로 확산된 반일·반제국주의의 대규모 시위를 5·4 운동이라 하며, 청년절은 이를 기념하는 날이다. 이 날에는 중학생 이상 청년들이 반나절 쉰다.

⑤ 아동절(6월 1일) : 국제적으로 정한 '국제 어린이날'에 해당하며 초등학생들이 하루 쉰다.

⑥ 건당절(7월 1일) : 1921년 창단한 중국의 집권당인 중국공산당의 창당 기념일이다.

⑦ **건군절**(8월 1일) : 1927년 창설된 중국의 국군인 인민해방군의 창군 기념일이며 한국의 국군의 날에 해당한다. 인민해방군 관계자들이 반나절 쉰다.

⑧ **국경절**(10월 1일) : 1949년 건국된 현재의 중국의 건국 기념일로서 춘절 다음으로 성대하게 맞이한다. 역시 법적으로는 3일간의 연휴이지만 편의상 주말 등을 끼어 일주 정도의 연휴가 주어진다.

3. 축귀 풍습

일반 중국인들 가운데는 인간의 성공을 막거나 재앙을 가져오는 중요한 원천을 영적인 차원에서 생각하여 인간의 주변에 맴도는 못된 귀신, 잡귀의 방해라고 믿는 사고가 강하다. 이에 대처하여 그들이 흔히 쓰는 축귀의 방법을 보면, 하나는 간접적 방법으로서 착하고 강한 귀신을 동원하여 악귀를 몰아내는 것이다. 중국인들에게 가장 인기 있는 착한 귀신은 삼국지에 나오는 관운장 귀신이다.

또 하나 많이 쓰는 축귀방법은 직접적 방법으로서, 폭죽을 무기로 하여 이를 터뜨려 악귀를 쫓아내는 것이다. 중국인들은 춘절, 결혼식, 개업식 등 경사스런 일이 있는 경우에 중요한 의식의 하나로서 폭죽을 터뜨리는 관습을 갖고 있다.[101)]

4. 교육제도 및 현황

중국의 기본 교육제도는 한국과 비슷하게 정규교육 과정은 초등학교(소학교) 6년, 중학교 3년, 고등학교 3년 즉 6 · 3 · 3 제이다. 이중 의무교육은 중학교까지 9년이다. 대학 과정도 기본적으로는 4년제이지만 의학부는 5년제(일부 6년제)이고 이공학부는 5년제가 많다. 대학은 전체 천여 개나 되며, 이들 중 종합대학은 베이징대학, 칭후아(清華, 청화)대학, 샹하이 푸단(復旦, 복단)대학 등 70여개이고, 다시 이들 중 30개가 전국 중점대학이다. 교육 주관 당국은 중앙정부에서는 국무원의 교육부, 성(省)급 지방정부에서는 교육위원회 또는 교육청이다.

중국에도 이른바 명문 학교라는 것이 존재한다. 또한 근래에는 상류층 자녀들에 의한 고급 교육 수요가 늘어나면서 고급 사립학교들도 늘어나고 있다. 그러나 이러한 과열되는 교육열은 한국에서와 마찬가지로 사회문제화 되고 있다. 반면에 농촌 등 낙후 지역에서는 의무교육에도 불구하고 '실업아동(失業兒童)'이라고 부르는 미취학 아동이 많은 형편이다.

학교 진학률을 보면, 초등학교 입학률이 98.5%, 중학교 진학률이 90.8%, 고등학교 진학률이 48.8%로 나타났다.[102)]

현장 정보

■ '칭후아 대학', 중국 최고 명문대학으로 선정[103)]

중국의 '21세기 경제보도(21世紀經濟報道)'는 중국 '관리과학연구원'이 작성한 '2005년 전국 대학순위 평가'를 인용해 "중국의 3대 명문대학으로 '칭후아(清華) 대학'과 '베이징(北京) 대학,' '저지앙(浙江) 대학'이 각각 1, 2, 3위로 선정되었다"고 보도했다. 또 4위는 '푸단(復旦) 대학,' 5위 '난징(南京)대학,' 6위 '후아중(華中) 과기대,' 7위 '샹하이(上海) 교통대,' 8위 '우한(武漢) 대학,' 9위 '지린(吉林) 대학,' 10위는 '중산(中山) 대학'이 10위권 안에 들어갔다.

분야별로는 '공학' 분야에서 칭후아 대학이 1위를 차지했고, '이학·철학·법학·문학' 분야는 베이징대학, '경제학' 분야는 '중 꾸어 런 민(中國人民) 대학'이 차지했다.

■ 중국, 대학 강국을 향해 총력[104)]

중국이 자국 대학을 세계 최고 수준으로 끌어올리기 위해 막대한 자원을 투자하고 있다. 현재 중국의 청년층 가운데 대학생의 비율은 1978년 1.4%에서 최근에는 20%로 늘어났다. 공학 분야에서는 매년 44만 2,000여명의 대학 졸업 이상 학력자들을 배출한다. 이들 중 공학 석사가 4만 8천명, 공학박사가 8천명에 달한다.

중국 당국이 대학교육에 지원하는 예산은 2003년 104억 달러(약 10조 8,500억원)로 1998년에 비해 2배로 늘어났다.

■ 중국 MBA과정 세계 100위권 내에 3개 대학 진입[105)]

중국이 경영학 교육에서도 선진국을 급속하게 따라잡고 있다. 영국 '파이낸셜 타임즈(FT)'가 발표한 세계 100대 경영대학원 경영학 석사(MBA) 과정에서 중국은 샹하이의 '중국 유럽국제경영대(Cebis)'가 22위에 오른 것을 비롯하여, '홍콩 과학기술대(HKUST)' 경영대학원 44위, '홍콩 중문대' 경영대학원이 69위로 모두 3개 대학의 MBA과정을 100위권 안에 진입시켰다.

■ 중국의 4년간 대학학비, 너무 비싸다[106)]

중국 대학생의 1년간 학비(기숙사 비용 등 포함)는 이공계의 경우, 평균 1만 5천위엔(약 195만원) 수준이며, 문과계는 1만 2천～1만 3천위엔(약 156만～169만원)에 달한다.

세계에서 가장 학비가 비싼 것으로 알려져 있는 일본 대학의 경우, 1년 평균 11만 위엔(약 1,430만원)이지만, 1인당 GDP가 중국의 31배에 달하기 때문에, 중국의 3분의 1수분에 불과하다.

포털 사이트인 '소후망(sohu.com)'이 최근 대학생 2만 5천명을 대상으로 중국 대학 학비 수준에 대한 여론 조사를 실시한 결과, 무려 96%가 "아주 높은 수준이다"라고 대답했으며, 3.17%만이 "수용할 수 있는 수준이다"라고 답했다.

■ 중국에서 공부중인 외국 유학생의 45.5%가 한국인[107)]

중국 교육부 산하 '국가 유학기금 관리위원회'에 따르면, 2003년 말 현재, 중국의 각종 학교에 등록해 있는 한국 유학생은 3만 5,353명으로, 17개국에서 온 전체 외국 유학생 7만 7,715명의 45.5%를 차지했다.

한국 유학생이 공부하고 있는 과정별로 보면, 학위 과정을 이수하는 본과생이 1만 2,898명으로 전체 2만 4,616명의 52.1%를 차지했고, 어학연수 등 비학위 과정은 2만 5,169명으로 전체 5만 3,099명의 47.7%이었다.

국가별로는 한국에 이어 일본이 1만 2,765명으로 2위, 미국이 3,693명으로 3위, 베트남이 3,487명으로 4위, 인도네시아가 2,563명으로 5위였다. 유학 도시별로는 베이징(北京)이 2만 9,332명으로 1위, 샹하이(上海)가 1만 3,858명으로 2위, 티엔진(天津)이 4,952명으로 3위였다. 이들 3대 도시에 외국 유학생 61.9%가 몰려 있다.

외국 유학생이 가장 많은 대학은 어학연수 전문대학인 '베이징위이엔대(語言大)' 7,109명이였고, 샹하이 '푸단대(復旦大)' 3,085명, '베이징대(北京大)' 2,682명, '칭후아대(淸華大)' 2,502명, 샹하이 '지아오통대(교통대)' 2,466명 순이었다.

7-6 지역특성 환경

중국인들의 지역적 특성을 지역간 체형과 기질의 차이, 지역감정, 지역별 주민들의 특성 면에서 알아보기로 한다.

1. 체형과 기질

중국은 사람들의 체형과 기질적 특성이 일반적으로 지역별로 여러 면에서 다채롭게 나타나는 편이다. 크게는 남방과 북방이 구별되고 내륙과 해안 지역이 구별된다. 이러한 차이가 중국인 자신들 간에는 확연하게 인식되는 편이다.[108)]

우선, 체형 면에서 상대적으로 남방인들이 북방인들에 비해 키가 작은 편이다. 북방인 중에서는 동북인들이 제일 큰 편이며, 남방인 중에는 서남인들이 제일 작은 편이다.

성격 면을 보면 북방은 추운 기후로 사람들이 활동적이 되지만, 남방은 더운 기후로 움직임이 적은 편이다. 이는 생활습관과 성격에 반영되어, 북방인들은 조급한 성격을 보이는 데 비해, 남방인들은 느긋한 성격을 보이는 편이다.[109)]

또한 북방인은 무예에 능하고 성격이 거칠고 소탈하며 의협심이 강한 편인 데 비해, 남방인은 영리하고 섬세하며 부드럽고 재치가 있는 편이다. 기본적으로 북방인은 정복자의 기질을 가지고 있고 남방인은 장사꾼 기질을 가지고 있다고 대조할 수 있다. 이는 역대 왕조를 세운 사람들 대다수가 북방인들이었다는 점에서도 인정된다고 할 수 있다.

황하 이북의 북방 지역은 중화문명의 발원지로서 유구한 역사와 문화를 자랑한다. 전통적 사상이 강해서 문화적 우월감이 있다. 그러나 토지와 기후는 상당히 불리하여 이곳 주민들의 생활형편은 상대적으로 어렵고, 전반적 발전수준도 남방에 비해 뒤떨어져 있다.

장강 유역을 중심으로 한 남방은 개발 시점이 북방보다 늦었지만 지리와 기후조건은 상대적으로 유리하다. 생산물이 풍부하고 수상 운송도 편리하여 상업의 발전수준이 비교적 높으며 문화수준도 앞서 있다.

연해 지방은 비교적 일찍 근대문명과 접하여서 해외 무역도 일찍 시작되었다. 그래서 이 지역인들은 내륙인들에 비하여 안목이 넓고 마음 씀씀이가 크며 상업적 재능과 모험정신도 특출하다.[110]

2. 지역감정

중국의 지역간에 사람들의 기질적 특성, 관습, 전통, 언어, 생활수준 등 면에서 천차만별한 환경은 인간 사회인 이상, 지역감정도 낳기 마련이다. 중국의 지역간 대립의식과 동향의식은 한국만큼 심각한 사회문제화 되지는 않았더라도 가볍게 볼 수준은 아니며 인간관계와 사회관계에서 무시 못할 참고 사항으로까지 작용하고 있는 것이 사실이다.[111]

현장 정보

■ 지연(地緣) [112]

동향인에 대한 애정은 중국도 어느 나라와 마찬가지이다. 특히, 해외의 화교들은 고향사람들에 대해 강한 유대의식을 갖고 있다. 화교가 전 세계적으로 9천만 명 정도 되는데, 각 출신 성(省)별로 단체가 조직돼 상부상조하고 있다.

예를 들어, 홍콩갑부 리자청(李嘉誠)을 배출한 구앙동성 차오조우(潮州)사람들은 타지에서 동향인을 만나면 그가 성공할 수 있도록 세 번까지 사업밑천을 대주는 것으로 유명하다.

한국 사회에서처럼 중국 사회에서도 꾸안시(關系)는 중요한 고려요소이다. 그러나 이를 위해 한국에서 혈연이나 지연 학연이 매우 중요한 수단이 되는 반면에, 중국의 경우에는 그렇지 않다. 예를 들어 중국에서는 동문의 의미가 한국에서와 같이 특별한 의미로 인식되지는 않는다. 중국어에는 한국어의 선배나 후배라는 표현이 없다. 물론, 동문이라는 점이 사적으로는 유대관계를 만들어줄 수 있겠지만 그 이상은 아니다.[113]

아래에서는 중국의 주요 지역별 주민들의 일반적 지역색을 간단히 살펴보기로 하자. 지역은 먼저, 크게 화북(華北)지구, 화동(華東)지구, 동북(東北)지구, 중남(中南)지구, 서남(西南)지구, 서북(西北)지구로 나눈 후, 각 성급 지역수준별로 나누기로 한다.

3. 화북(華北)지구인의 특성

화북(華北)지구는 성급별로 북경 · 천진 · 하북 · 산서 · 내몽고로 나누어 주민들의 성향을 살펴보자.[114]

(1) 북경(北京)인

북경인들에게는 북경이 중국의 정치적 수도라는 점이 크게 작용하여, 이들은 자긍심이 높고 문화(교양, 예절 포함) 수준도 높으며, 기본적인 정서적 특성으로는 정치나 권력에 대한 큰 관심이나 지향성을 들 수 있다.[115)]

첫째, 가문의 지위, 배경, 사회적 지위 등을 중시하는 편이다. 이 결과, 북경인 기업인들은 접촉 상대방의 지위가 특히, 대기업 사장이나 임원일 경우, 높게 평가한다. 북경의 시장(市場)에서도 대기업, 기업집단, 대중적 브랜드 등은 진입이 훨씬 쉬운 편이다. 둘째, 체면을 특히 중시하여 격식 등에 상당한 신경을 쓴다. 그러면서도 경직성을 완화시키기 위하여 유머 또한 즐기는 편이다. 셋째, 대화의 인기 있는 주제로는 실용적 주제보다는 정치 소식, 국제 뉴스 등 시사적 주제가 차지한다. 넷째, 시장의 변화에는 인식과 반응이 둔감한 편이다. 다섯째, 수도로서 문화수준이 비교적 높고 예절 바르다.[116)]

(2) 기 타

① **천진(天津)인 :** 천진은 한국의 인천처럼 수도인 북경의 관문 역할을 한다. 그러나 의외로 천진인들은 정치에 관심이 적고 인색하다는 평판을 듣는다. 천진인들은 가정에 대한 관념이 특별히 강하여 이곳과 교류할 경우, 가족에 대한 선물이 필수적이라고 할 정도이다. 또한 이들은 사람을 대함에 있어 비교적 수다스럽고 말소리의 억양이 높고 강하다.

② **하북(河北)인 :** 하북인은 성격이 쾌활하고 명랑하며 중국전역에서 유머가 가장 풍부한 사람들로 여겨지고 있다.

③ **산서(山西)인 :** 산서인은 영리하고 숫자 감각 등 상업적 재능이 탁월하며 기업가 정신(entrepreneurship)의 소유자들이며, 특히 금융업에 강하다.

④ **내몽고인 :** 내몽고인은 호방한 성격이 강하며 특히 손님을 잘 반긴다. 직선적이고 술을 즐기며, 일단 결정한 일은 결과와 상관없이 저돌적으로 실행한다는 이미지를 풍긴다.

4. 화동(華東)지구인의 특성

화동(華東)지구는 성급별로 상해 · 산동 · 강소 · 절강 · 강서 · 복건으로 나누어 주민들의 성향을 살펴보자.[117)]

(1) 상해(上海)인

상해인들에게는, 상해가 역사적으로 이민으로 형성된 도시이며, 연안에 위치하여 외국

(특히 서양) 영향을 강하게 받았다는 점이 크게 작용하여, 일반 중국인들에 비해 중국의 전통적 속성보다는 서양적 합리성을 중시하는 정서적 특성을 기본적으로 가지고 있다. 이로부터 파생되는 주요 속성은 다음과 같다.[118]

첫째, 외국인(특히, 서양인)들에 대한 호감도가 높으며, 서양의 사업방식을 국제적 표준으로 인정하고 따르는 편이다.

둘째, 중국사회의 전반적 분위기와 달리, 사회적으로 인치(人治)보다는 법치(法治)를 선호한다. 이 결과, 중국내 타 지역에서보다 상거래계약에 대한 준수도가 높은 편이다.

셋째, 상해는 유동인구가 많은 편이어서 인간관계가 단기적이고 표피적 수준에 머물기 쉽다. 이 결과, 사업관계에서도 인적 유대가 형성되기 어렵다. 상해인은 공사(公私)의 구분이 뚜렷한 편이고 신세지기를 싫어한다.

넷째, 실용주의적이며 개인주의가 특히 강하고 경제적 이해관계에 초점을 두고, 정치나 시사문제 등 일반적 주제에는 무관심하다.

(2) 기 타

① **산동(山東)인 :** 산동인은 선량하고 직선적이고 솔직하며, 또한 낙천적이고 환경 순응적이라는 평을 듣는다. 지리적으로 한국과 가장 근접한 지역이며, 기질적으로도 한국인과 통하는 편이다. 직업적으로는 전통적으로 상업보다는 농업과 공업, 그리고 연안 지역의 특성을 이용한 운송업을 주업으로 한다. 산동 사나이(山東好漢)라는 별칭도 가진다.

② **강소인 :** 강소인은 똑똑하고 사리에 밝으며 성격이 온화하고 정교함도 겸비하여 많은 인재들을 배출하였다.

③ **절강인 :** 절강인은 성격이 온순한 편이며 특히, 연해지역의 영파(寧波)인이 독특하다. 이들은 근면 성실과 진취성으로 기업가의 자질을 보이며 유태인에 비유되기도 한다. 참고로 2005년 중국 400대 부호의 지역분포에서 절강성 출신이 전국 최다인 84명을 배출하였고 10대 부호 중에도 무려 4명의 기업인이 저장성 출신이었다.[119]

④ **강서인 :** 강서성은 유리한 지리조건으로 교통이 발달하여 강서인은 소(小) 상업에 뛰어나 장강 중·하류 지역의 소규모 상권을 장악하였다. 그러나 인접한 호남인들과 대조적으로 이기적이고 인색하다는 부정적 평판이 우세한 편이다.

⑤ **복건인 :** 복건인들은 다양한 사람들로 구성되어 있다. 내지 산간지역의 경우, 사람들이 상당히 보수적이고 배타적인 데 비해, 연해지역 사람들의 경우, 개방적이고 진취적이며 모범심도 강하고 상업에 능하다.

5. 동북(東北)지구인의 특성

동북 지방은 과거 한국의 일제시대에 많은 한국민족이 이주하여 살았던 간도지방에 해당하며, 현재에도 조선족의 밀집지역이기도 하다. 그러한 영향 때문인지 동북인들의 기본적인 정서적 특성은 한국민족의 전통적 성향과 비슷하게 다정다감하며, 급하고 다혈질의 성향이라고 할 수 있다.[120] 이로부터 나타나는 주요 속성은 다음과 같다.[121]

첫째, 경제적 이해관계보다는 정서적 유대를 중시하며 이는 사업상에도 반영된다. 둘째, 계약협상 시 세세한 사항에 매달리기보다는 이른바 '통 큰' 자세를 보이며 크고 빠른 거래를 선호한다. 이들 지역 주민들의 일반적 특성은 다음과 같다.[122]

① **요령인 :** 요령에는 만주족과 한족이 많이 섞여 살기 때문에 만주족의 문화와 전통도 다분하다. 다재다능하며 성실하다는 평판이다.

② **흑룡강인 :** 흑룡강인은 성격이 호방하고 거칠며 직선적인 동시에 순박하기도 하다. 성실하지만 음주를 많이 하며 싸움도 잦은 편이다.

③ **길림인 :** 길림인은 성격이 흑룡강인과 비슷한 편이다.

6. 중남(中南)지구인의 특성

중남(中南)지구는 성급별로 광동 · 하남 · 호북 · 호남 · 광서로 나누어 주민들의 성향을 살펴보자.[123]

(1) 광동(四川)인

광동지방의 전통적 자연조건은 습지와 태풍피해로 악조건이어서 광동인들은 생존에 급급한 생활조건을 겪었다. 또한 산지로 격리되어 있어 중국의 주류 문화 · 사회체제와의 교류가 적었다. 이로부터 다음과 같은 속성이 주로 나타났다.[124]

① 실용성을 중시하며 정치나 관료주의에 대해서는 무관심한 편이다.

② 전통적 사상체계인 유교문화가 미약한 대신 미신, 관상, 풍수 등의 민속신앙이 만개하였다.

③ 외부문화에 대해서 개방적인 태도를 보인다.

④ 자유분방하며 모험이나 새로움을 좋아하는 진취적 태도를 보인다.

(2) 기 타

① **하남인 :** 하남은 중국의 고대 문화와 역사의 중심지로서 자긍심은 높으나 보수적, 봉건적이며 배타적이고 진취성이 약하다. 하남은 경제발전에서 소외되어 낙후되었고, 외부로부터 불신 등 부정적 평판 및 그에 따른 차별을 받고 있다.[125]

② **호북인 :** 호북인은 독하고 호언장담을 잘 하고 속임수를 잘 쓴다는 평을 듣는다.

③ **호남인 :** 호남인은 고대 초나라 전사의 후예라는 자긍심으로 용맹스럽고 충실하며 정직하고 불의를 보고는 참지 못하는 반골 기질이 있다.

④ **광서인 :** 광서인은 비교적 문화수준이 낮고 반골기질이 강하다. 소수민족의 언어와 풍습 등 문화를 잘 보존하고 있다.

7. 서남(西南)지구인의 특성

서남(西南)지구는 성급별로 사천 · 귀주 · 운남 · 서장으로 나누어 주민들의 성향을 살펴보자.[126]

(1) 사천(四川)인

사천지방은 천혜의 자연조건을 누리고 있으며, 역사적으로 농업 위주의 경제에서 비교적 풍족한 생활수준을 누려왔다. 지리적으로는 고립되어 자급자족하며 순박하고도 보수적인 인성이 형성되었다. 이로부터 나타나는 사천인들의 주요 속성은 다음과 같다.[127]

① 전통적으로 사업에 별 관심이 없으며 상대적으로 상업적 마인드가 부족한 편이다.
② 진실한 성격이어서 약속이나 계약을 준수하는 신뢰성을 중시한다.
③ 도교와 유교의 영향이 강하여 생활에서 조화, 중용, 질서, 예의를 중시한다.
④ 겉치레보다는 실용성을 강조한다. 이 지역 출신인 등소평의 유명한 '흑묘백묘론'도 이 지역의 속담에서 비롯한다.
⑤ 근면하며 끈기가 있는 성격이다.
⑥ 과학과 기술적 재능이 많은 편이다.

(2) 기 타

① **귀주인 :** 귀주는 기복이 심한 산지에 위치하여 지리적으로 고립되어 있기 때문에 문화가 폐쇄적이고 진취성이 낮으나, 현실에 만족하는 낙천성과 소박성을 가지고 있다. 또한 한족 외에 묘족, 포의족, 동족, 토가족 등 16개나 되는 많은 소수민족이 공존함으로써 다채로운 다민족 문화를 띠고 있다.[128]

② **운남인 :** 운남인은 주로 산간지역에 거주하기 때문에, 성격이 소박하고 낙천적이다. 많은 소수민족이 있으며 이들의 고유 문화가 잘 보존되고 있다.

③ **서장인 :** 서장에는 주로 티베트족이 거주한다. 성품이 순박하고 쾌활한 이들은 고원지대의 혹독한 환경에 대응하여 강인하고 근면한 기질을 갖추었다. 그리고 이들은 낙천적이어서 현실에 만족하며 느긋한 편이다. 또한 호방하고 열정적이어서 가무를 즐긴다.[129] 문화와 사상은 모두 티베트불교인 라마교와 밀접한 관련이 있다. 중국으로부터 분리독립하려는 움직임이 가장 강한 민족이다.

8. 서북(西北) 지구인의 특성

서북(西北)지구는 성급별로 섬서 · 감숙 · 영하 · 청해 · 신강으로 나누어 주민들의 성향을 살펴보자. 서북지구에는 특히 소수민족들이 많이 거주한다. 이들의 특성은 다음과 같다.[130)]

① **섬서인** : 섬서인은 산서인과 비슷하게 숫자감각 등 상업적 재능이 뛰어난데, 산서인에 비해서는 다소 뒤떨어진다는 평판을 듣는다. 무역과 상업에 치중한다.

② **감숙인** : 감숙인은 매운 것을 잘 먹고 소박하며 열악한 환경을 이겨내는 인내심이 강하다. 중국 고대문화의 출토품이 가장 많이 발견되는 지역의 하나로서, 중국 고대문명의 이동 연구에 중요한 지역이다.

③ **영하인** : 영하에는 회족이 많이 거주하며, 회교와 중국문화가 접합된 문화 속에 있다. 배타성이 강하며 소박하다. 인사성이 밝고 청결하게 산다.

④ **청해인** : 청해에는 소수민족이 많이 거주하며 특히 티베트족이 많기 때문에 라마교와 연관된 문화가 있다. 성격은 보수적이며 소박하면서도 강한 일면이 있다.

⑤ **신강인** : 신강은 다민족 지역인데, 위구르족이 주류를 이룬다. 혹독한 자연환경으로 '오아시스 문화'가 형성되어 성격이 거칠며 야만적 기질과 함께 강인함을 보인다. 오아시스 문화는 또한 고독감 때문에 위구르인들에게 속이 깊고 호탕한 성격을 주어 친교를 잘 맺게 하며 음주와 가무를 즐기게 한다. 한편, 신강은 세계 4대 문명의 합류점이기도 하여 복합적 문화를 띠고도 있다. 의식주 문화는 중앙아시아 계통에 속한다.[131)]

7-6 기술 환경

여기에서는 기업의 거시적 기술 환경을 구성하는 기술의 개념, 종류, 발전, 그리고 기술 경쟁력에 대해 살펴보기로 한다.

1. 기술의 개념

일반적으로 기술은 인간의 요구에 맞추어 주어진 대상을 변화시키는 모든 인간적 행위를 가리킨다.[132)] 그밖에도 기술(技術)의 개념에 대해서 다음과 같이 다양한 정의가 제시되었다.

① 사물을 가공 처리하는 방법[133)]

② 일을 하는 기본적 방법에 관한 지식[134)]

③ 인력에 의한 자연과정의 변혁[135)]

④ 인간에 의한 자연의 제어 지배과정[136)]

2. 기술의 종류

기술은 다음과 같이 여러 가지 기준에 의하여 다양하게 분류할 수 있다.[137)]

(1) 인적 기술과 물적 기술

인적(人的) 기술은 개인 또는 그의 노동력에 내재화 되어 있는 지적 능력 또는 이 능력이 대상에 대해 발휘되는 능동적 활동과정이며, 협의로는 흔히 기능(skill, art)이라 부르며 협의의 기술과 구별한다. 이를 쉽게 표현하면, 남보다 물건을 더 잘 만들거나 일을 잘하는 개인적 능력이다. 이 인적 기술은 보유자와 분리하여 객관하기 어렵다는 단점이 있다.

물적(物的) 기술은 오늘날 기술의 지배적 유형에 해당하며, 기술을 협의로 파악할 때의 기술 개념을 대표한다. 물적 기술은 객관화, 체계화 되어 전수, 학습, 습득, 계량 등이 인적 기술에 비해 상대적으로 용이하다. 물적 기술은 산업기술, 생산기술, 공학적 기술, 공정기술이라 부르기도 한다.

(2) 경식기술과 연식 기술

경식(硬式, hard) 기술은 기계 · 장치들과 관련되는 기술이며, 연식(軟式, soft) 기술은 경영기술, 또는 사회적 기능 등을 뜻한다.

(3) 기술의 발전 양식별 분류

기술은 발전양식에 따라 대체기술, 극한기술, 복합기술로 구분할 수 있다. 대체기술(alternative technology)은 원리 면에서 이질적, 비연속적, 즉 혁명적 진보의 방식으로 형성되는 기술 유형을 뜻한다.

극한기술(advanced technology)은 기존 기술과 연속적 차원에 있되 극한적으로 개량을 추구함으로써 얻어내는 기술유형을 말한다. 끝으로 복합기술(hybrid technology)은 기존 기술범위 안에서 기존 기술들을 조합하여 만들어내는 기술을 가리킨다.

(4) 조직 구조에 미치는 영향에 따른 분류

이것은 기술의 복잡성에 따른 분류로서 단위 소량생산 기술, 대량생산 기술, 연속공정생산 기술로 구분된다. 단위 소량생산 기술에서 연속공정생산 쪽으로 갈 경우, 기술의 복잡성은 커진다.[138)]

(5) 용도별 분류

기술은 용도별로 제품의 고품질화 · 고정화 기술, 양산화기술, 신제품개발기술, 공정관리기술, 설비 기계 등의 용도개발, 개량기술 등을 구분할 수 있다.

3. 기술의 발전(진보)

(1) 기술진보의 성격

연구개발(R & D) 활동에 의해 기술이 변화됨으로써 보다 개선된 기술이 생길 수 있는데, 이것이 기술진보 내지 발전(technological progress or development)이다.[139]

종래의 기술이 가졌던 기술적 한계를 넘어서서 기술진보가 급격하게 단시일 내에 이루어져 획기적 신기술이 생기는 것을 기술혁신(technological innovation)이라 하는데, 특히 과거와는 다른 원리에 의해 그것이 개발될 때 이를 기술돌파(technological breakthrough)라 한다.[140]

기술진보의 형식으로는 고도화(高度化, fine), 극한화(極限化, advance), 복합화(複合化, hybrid) 등이 있다.[141]

기술진보를 위한 연구개발의 용도별 흐름은 대표적으로 다음 세 가지를 들 수 있다.[142]

① 자유연구(free science)형 기술에 중점을 둔 연구개발

② 시장지향(market base)형 기술에 중점을 둔 연구개발

③ 자원 및 절약(resource and husbandry)형 기술에 중점을 둔 연구개발

(2) 기술 진보(기술발전)의 방법

기술을 발전시키는 방법에는 자사(自社)의 연구개발(R & D)에 의한 방법, 기술수준이 높은 다른 기업을 취득하는 방법, 그리고 자사에 제품을 납품하려는 여러 경쟁회사들을 서로 경쟁시켜, 자사에게 핵심적 기술을 건네주는 회사를 선택함으로써 단기간 내에 기술을 습득하는 방법 등이 있다. 아래의 '현장정보'는 중국이 이러한 세 번째 방법을 효과적으로 적용하고 있음을 보여준다.

현장 정보

■ **중국, "시장줄테니 기술 가져와라"**(市場 換 技術, 시장 환 기술 : 기술과 시장을 바꾼다)[143]

중국정부는 글로벌 기업들의 치열한 중국시장 쟁탈전을 이용해 기술과 공장을 중국으로 끌어들이는 '이이제이(以夷制夷, 오랑캐로 오랑캐를 제어한다. 즉, 갑 나라를 이용하여 을 나라를 친다) 전략'을 구사하고 있다. 이에 따라 글로벌 기업들은 '시장을 확보하기 위해 핵심기술을 미래의 경쟁국인 중국에 전수해 주어야 할지' 아니면 '핵심기술을 지키기 위해 경쟁회사에게 거대한 중국시장을 양보해야 할 지'를 선택해야만 하는 갈림길에 서 있는 상황이다.

최근 중국이 고속철도망 건설 차량 수주(受注)를 놓고, 독일과 프랑스, 일본 등을 '기술을 주면 시장을 내 주겠다'며 경쟁시킨 전략은 '이이제이' 전략이 성공한 대표적 사례이다.

중국은 2020년까지 약 1천 억 달러(약 100조원)를 투입해 2만 8,000km의 고속철도망 건설을

추진하면서 독일의 지멘스, 이체(ICE), 프랑스의 떼제베(TGV), 일본의 신칸센 등과 협상해 왔다.
결국 중국 철도부는 지멘스로부터 시속 300km급 고속열차 60량을 구매하기로 계약했다. 지멘스는 약 8억 달러(63억 위엔) 규모의 계약을 체결하는 조건으로, 중국측 합작 파트너인 '탕샨 열자체조공장'에 차체제작 등 9개 부분의 핵심기술 제공을 약정했다. 철도부는 이렇게 확보한 기술을 습득해 2008년 까지는 중국 내에서 자체기술로 열차를 제작해 투입할 계획이다.
그러나 나머지 회사들을 지멘스처럼 과감한 기술이전을 두려워하다가 계약을 따내지 못했다.

---

(3) 기술진보의 영향

기술진보는 기업환경인 사회에 큰 영향을 미친다. 그러한 영향 두 가지를 들면, 하나는 기술혁신의 소산인 신제품들의 개발로 생활수준이 높아졌고 생활양식 내지 소비생활 문화도 달라져가고 있다는 점이다. 다른 하나는 기업활동에 직접적인 영향을 미친다는 점이다. 이는 다시 다음 다섯 가지로 나누어 볼 수 있다.[144)]

① 능률적 생산방법을 발전시켜 신제품이나 서비스를 계발하여 기존 제품을 구식화시키고 제품을 다양화 시킨다.

② 기술혁신에 따른 기계화나 자동화는 감원을 유발하여 종업원의 근로의욕을 떨어뜨리는 반면에, 보다 안전하고 안락한 노동조건을 제공할 수도 있다.

③ 혁신적 기술을 도입하거나 개발하는 데에는 상당히 많은 비용이 들으므로 이것 때문에 문제가 생길수도 있다.

④ 제품의 판매나 유통에 영향을 미친다.

⑤ EDPS(electronic data processing system, 전자자료 처리장치)는 정보처리를 보다 능률적으로 수행할 수 있게 하였다.

4. 중국의 기술 경쟁력

과거에 중국의 기술 경쟁력이 한국이나 서구국가들에 비해 열악한 수준이었음은 두 말할 필요가 없을 것이다. 그러나 개혁 · 개방 이후, 중국지도부의 강력하고 일관성 있는 기술발전 계획의 실행에 따라, 이제는 각 분야에서 세계 어느 나라와도 경쟁할 수 있을 정도로 기술 경쟁력이 높아졌으며, 첨단 과학분야에서도 한국과 경쟁하거나 앞서는 분야가 점점 증가하고 있다.

특히, R&D 투자가 활발히 진행되고 있고, 선진 초일류기업들의 R&D센터를 적극적으로 유치하거나, 해외의 선진기업을 M&A하는 방식 등으로 중국의 기술 경쟁력은 더욱 높아질 것으로 예상되고 있다.

현장 정보

■ 중국의 기술경쟁력 제고 계획 : 세계 1등 품목 육성계획[145)]

중국은 산업 기술 분야에서 '최고'가 되겠다는 목표아래, 세계 1등 품목 육성을 위한 장기적인 계획을 수립하였다. 가격경쟁력이 아닌 기술경쟁력으로 세계를 제패하겠다는 야심이다.

중국과학기술부가 발간한 "중국의 기술예측 보고서 2003"에 의하면, 중국은 이미 광대역 접속 기술·중국어(中文) 정보처리 기술·게놈 서열분석 핵심 기술·IP기반 DVD 기술·동물 체세포 복제 기술·형상기억 재료 기술·나노 재료의 특성과 부품설계기술 등 19개 기술이 선진국과 동일한 수준이라고 밝혔다.

이 보고서에서 중국 정부는 앞으로 10년간 집중적으로 발전시킬 7개의 핵심기술로

① 집적회로(IC) 분야의 시스템온칩(SOC) 기술

② 우수·고품질 항바이러스 유전자 변형 농작물 품종개량 기술

③ 디지털 미디어 방송(DMB)용 발광소자(OLED) 기술 및, 디지털 압축·전·인코딩 기술

④ 생물의약 및 면역생물 기술

⑤ 생물촉매 및 생물전이 기술

⑥ 고성능 저비용 철강재료와 재료 가동개발 및 테스트 기술 등을 선정해 전폭적으로 지원한다고 밝혔다.

중국 정부는 이밖에 ① 국가 정보보안 시스템 기술 ② 64비트 CPU 및 고성능 컴퓨팅 기술 ③ 고성능 금속구조재료 기술 ④ 마이크로 전자·광전자 정보 기술 ⑤ 첨단복합재료 기술 ⑥ 나노재료 및 나노 기술 ⑦ 차세대 에너지재료 기술 등 21개 기술을 국가 핵심기술로 선정하고, 국가적인 차원에서 개발을 추진하고 있다. 중국과학기술부의 고위 관계자는 "중국의 기술개발 계획은 세계 1등 기술 확보가 궁극적인 목표이며, 늦어도 2020년에는 세계를 주름잡는 기술이 최소한 100개는 될 것"이라고 예측하였다.

■ 기술경쟁력 지수 : R&D 인력 경쟁력, "중국이 한국을 앞서다"[146)]

국회 예산정책처는 '스위스 국제경영개발원(IMD)'의 세계 경쟁력 연감을 바탕으로 한국·중국·일본 3국의 기술 경쟁력 실태를 조사·분석한 결과를 토대로 "한중일 지식기반 기술경쟁력 평가"보고서를 발간하였다.

이 보고서에 따르면 주요 기술 경쟁력 지수는 다음과 같다.

① 연구개발 인력 경쟁력지수는 일본이 98.6으로 1위, 중국이 98.5의 근소한 차이로 2위, 한국은 45.3으로 일본이나 중국에 크게 뒤졌다.

② 연구개발비 지출 경쟁력 지수는 일본이 100으로 가장 높았고, 이어 중국이 51.4, 한국이 50.7 순으로 조사되어, 국가 전체적인 연구개발비 투자가 중국보다도 저조하였다.

③ 지식기반 경쟁력 지수는 일본이 93.5로 1위, 한국이 60.3, 중국이 54.4로 한국이 중국보다 앞서는 것으로 나타났다.

④ 기술교육 기반 경쟁력 지수는 일본 94.5, 한국 92.6, 중국 30.9 순이었다.

⑤ 지식자산 형성 경쟁력 지수는 일본 99.9, 한국 69.3, 중국 40.6 순으로 나타났다.

제 8 장 자연 환경

이 장에서는 중국의 자연환경을 영토, 지형, 기후, 자연자원 차원에서 고찰하기로 한다.

8-1 영 토

중국은 광대한 나라로서, 육지면적이 약 960만 km^2에 달하는데, 이는 전세계 육지면적의 약 7%이고, 한반도의 약 44배, 남한 (99,268 km^2)의 약 96배나 된다. 이는 세계에서 러시아 (1,708만 km^2), 캐나다 (987만 km^2), 미국 (963만 km^2)에 이어 네 번째로 넓은 나라이며, 브라질 (851만 km^2)이나 호주 (774만 km^2)보다 넓은 면적이다.

영토의 동서거리는 약 5,200 km인데, 극동인 흑룡강 (黑龍江)과 우수리 (烏蘇里)강 합침목과 극서인 파미르고원 간 경도차가 동경 73～135도까지 약 61도에 달하며, 남북거리는 5,500 km로서, 극남인 남사군도 (南沙群島) 이남의 증모암사 (曾母暗沙)와 극북인 막하 (漠河) 이북 흑룡강 강심 간 위도차가 북위 3도에서 53도까지 약 50도에 달한다. 이러한 광대함은 다음과 같은 현상을 낳았다.[1)]

1. 동서간 시차

경도 15도마다 1시간의 시차가 생기므로 극동과 극서간에는 물리적으로 4시간 가량의 시차가 존재한다. 그렇지만 중국에서는 미국 등과 달리 편의상 전지역을 북경 표준시로 통일하고 있기 때문에, 공식적 시간은 전국에서 동일하다. 한국과는 중국이 시차 면에서 1시간 느리다. 즉, 한국이 10시일 때 중국은 9시인 것이다.

현장 정보

■ 중국에서의 시차(時差)와 표준시의 불편[2)]

미국이나 유럽은 시간을 지역별로 해뜨는 곳에 맞추어 계속 변하게 하여 시간을 정하는 방법을 택하고 있는 반면, 중국은 시간을 하나로 정해 놓고 태양의 움직임에 따라 달리 적용하여 시간을 정하는 방법을 채택하고 있다. 그 결과, 중국에서는 시간이 정해지면 자리를 옮겨도 같은 시간이다. 그래서 미국은 동서간에 네 시간의 시차가 있으나, 중국은 미국 정도의 동서

폭을 가진 나라임에도 불구하고, 중국 서북부 끝에 소재한 신장 자치구의 성도(省都)인 우루무치(烏魯木齊)를 제외하고는 '북경시(北京時)' 하나로 통일해서 사용하고 있다.

예를 들면, 연변 조선족 자치주의 주도(州都)인 연길시의 위치는 한국의 울릉도보다 동쪽에 자리잡고 있지만, 훨씬 서쪽에 있는 북경시를 쓴다. 그런 까닭에 연길시에서는 여름의 하지(夏至)에는 보통 새벽 2시 30분이면 해가 뜬다. 따라서 시간을 하나로 정해 놓고 출근시간을 해 뜨는 시각에 맞추어 조정한다. 반면에 서양에서는 시간을 해 뜨는 시각에 맞추어 다르게 정하여 모두 같은 시각에 출근시간을 정하고 있다. 이와 같이 중국에서는 시간을 똑 같이 정해놓고 태양의 움직임에 따라, 예컨대 태양의 남중 시간에 따라 출퇴근을 조정한다.

일상에서 표준시가 불편한 지역에서는 비공식적으로 지역별 시간제도를 두고 쓴다. 예를 들어 신강(新疆)자치구의 경우, 표준시로는 보통 밤 10시가 넘어야 해가 지므로 일상생활에서는 표준시 대신 그보다 2시간 늦은 '신강시간'을 쓴다.

---

2. 남북간 큰 기온차

극남과 극북간 높은 위도 차이는 남북간에 높은 기온차이를 낳았다. 상대적으로 여름에는 기온차가 크지 않지만, 겨울에는 기온차가 섭씨 50~60도에 이르기도 한다.

3. 많은 인접국

내륙으로 약 22,800 km에 달하는 국경선에서 15개 국가와 인접하며,[3] 해안으로는 약 18,000 km 가량 태평양과 마주하고 있다.[4] 이는 인접국들과 잦은 영토 분쟁이나 국경 충돌을 야기하여 왔고 아직도 진행 중인 지역들이 적지 않게 남아 있다.[5]

현장 정보

■ 영토분쟁의 지양[6]

후진타오 집권 이후에는 인접국들과의 분쟁을 지양하고 이른바 '동반자 전략'이란 선린 외교정책을 추진하기 시작하였다. 이것은 "이웃나라를 동반자로 삼아 선하게 대한다." "다툼을 접어두고 공동 개발한다"는 원칙하에 "분쟁을 해결할 수 있는 건 타협안을 찾아내어 해결하고, 당장 해결할 수 없는 건 훗날로 미뤄 당장의 충돌을 피한다"는 것이다.

이를 바탕으로 중국은 러시아와의 국경 분쟁 완전 해결, 인도와의 국경 분쟁 해결에 대한 원칙적 합의, 남중국해 남사군도 등 분쟁지역의 유전・가스전 공동개발 추진 등 적잖은 외교적 성과를 거두고 있다.

중국은 특히 러시아와 국경문제를 해결하면서 분쟁 지역인 헤이샤즈섬의 절반에 대한 영유권 주장을 영구히 포기하였는데, 이는 중국이 분쟁해결을 위해 얼마나 적극적인 노력을 기울이고 있는가를 보여주는 예이다.

8-2 지 형

중국의 지형은 서고 · 동저형의 계단식 지형, 그리고 넓은 산간지역이라는 특징을 가진다. 하천, 산지, 호수, 운하 등과 같은 주요 지형에 대해서도 알아보기로 한다.

1. 서고 · 동저형 계단식 지형

중국의 지형은 서고동저(西高東低)형이며, 서부에서 동부로 가면서 계단식으로 낮아지는 형태이고, 크게 세 계단이 구별된다. 가장 높은 첫째 계단은 서남부의 칭장(靑藏, 칭짱)고원(高原)[7]이 중심인데, 평균 해발고도가 4,000m 이상이어서 '세계의 지붕'이라 불린다. 칭짱고원의 서남부에는 히말라야 산맥(山脈)이, 북부에는 곤륜(昆侖, 쿤룬)산맥이 위치한다.

현장 정보

■ 해발 5,072 m의 티베트고원을 달리는 호화 관광열차 등장[8]

2007년경에는, 중국 베이징을 출발해서 샨시(山西)성 시안(西安)과 해발 5,072 m를 넘는 티베트고원을 거쳐 티베트 자치구 수도인 라싸(拉薩)까지 5일간 달리는 호화 관광열차가 등장한다 (월스트리트저널 보도). 이 열차는 사막 · 산악지대 · 고대유적지는 물론 세계에서 가장 높은 해발 5,072 m를 통과하는 철도여행 상품이다. 이 호화 관광열차는 겨울에는 티베트고원이 너무 춥기 때문에 시안에서 티베트 남부인 윈난성 '리장'으로 향하게 된다. 이 철도는 미국계 투자회사인 TZG의 자회사인 '탱귤러 레일 투어'가 중국 철도부 산하 두 개 철도회사와 공동 운영한다.

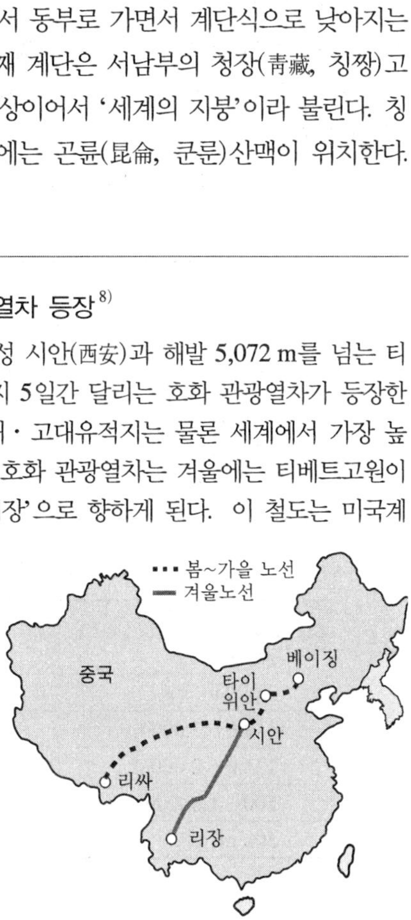

이 철도에는 고원지대에서도 아무 문제없게 산소를 충분히 공급하고, 침실에는 대형침대를 갖춘 특수차량 51대를 특별 제작할 예정이다. 하루 여행 비용은 약 1천 달러이며 한번에 96명까지 탈 수 있다. 중국 철도부가 외국기업에 철도사업권을 준 것은 티베트관광을 활성화하는 동시에, 티베트 자치구에 대한 중앙정부의 영향력을 강화하려는 목적으로 보인다.

둘째 계단은 첫 계단에 비해 급격히 낮아져 평균 해발고도가 1,000~2,000m 이하이며, 고원이나 분지 지대가 주를 이룬다. 여기에는 지세가 완만한 내몽고(內蒙古, 네이멍구)고원, 두터운 황토로 덮이고 계곡이 많은 황토(黃土, 후앙투)고원, 많은 협곡으로 지세가 험준한 운귀(雲貴, 윈꾸이)고원 등 3대 고원,[9] 넓은 초원이 있는 준거얼분지(準噶爾盆地), 풍광이 좋은 사천(四川, 쓰추안)분지, 사막지대인 타림(塔里木, 타리무)분지 등 3대

분지가 있고[10] 타이(阿爾太, 아이타이)산맥, 천산(天山, 티엔샨)산맥, 진령(秦嶺, 친링)산맥 등 높은 산맥들도 있다.

셋째 계단은 평균 해발고도가 1,000m 이하 지대로서 넓은 평원과 구릉이 주를 이룬다.[11] 광활하고 평탄한 지세를 형성하여 이 지대에는 교통이 편리하고 인구가 밀집되어 경제가 발달하였다.[12] 여기에는 북부에서 남부로 가면서 다소 기복을 보이는 동북(東北, 동베이) 평원(平原), 평탄한 화북(華北, 후아베이) 평원,[13] 그리고 평평한 장강 중하류(長江中下流, 지앙 쫑 시아리우)평원[14] 등 3대 평원이 있다. 이런 평원들의 주변에는 낮은 산과 구릉 등이 분포되어 있는데, 예를 들어 동북평원 동쪽 주변에 장백(長白, 창바이)산맥, 화북평원 동쪽에는 산동(山東, 샨동) 구릉(丘陵), 장강 중하류평원 남쪽에 강남(江南, 지앙난)구릉이 있다.

표 8-1은 토지의 형태별 분류를, 표 8-2는 토지의 고도별 분류를 보여주고 있다.

표 8-1 토지의 형태별 분류[15]

항 목	면적(만 km^2)	구성비 (%)
총 면적	960	100.00
산 지	320	33.33
고 원	250	26.04
분 지	180	18.75
평 원	115	11.98
구 릉	95	9.90

표 8-2 토지의 고도별 분류[16]

항 목	면적(만 km^2)	구성비 (%)
총 면적	960.0	100.00
3,000 m 이상	248.3	25.86
2,000 ~ 3,000 m	67.6	7.04
1,000 ~ 2,000 m	239.9	24.99
500 ~ 1,000 m	162.5	16.93
500 m 미만	241.7	25.18

2. 넓은 산간지역

중국은 한국과 비슷하게 산간지역이 차지하는 비중이 상당히 높은 편이다. 영토중 산지가 33%, 고원이 26%, 구릉이 10%, 평원이 12%, 분지가 19% 정도 차지하여 산간지역인 산지, 고원, 구릉의 총비중이 국토의 7할에 이른다. 이를 고도 면에서 보면, 해발고도가 평균 1,000 m 이상 지역이 국토의 58%, 해발고도가 평균 500 m 이상 지역은 국토의 75%를 차지한다.[17]

3. 주요 지형 [18)]

여기서는 중국의 주요 지형으로 하천, 산지, 호수, 운하 등을 살펴보도록 한다.

(1) 하 천

1999년 기준으로 중국의 하천 총연장은 11만 km이다.[19)] 그리고 유역면적 기준으로 1,000 km^{2}가 넘는 하천이 1,600개 정도나 되며, 하천의 총 유출량은 2조 7천억 m^{3}에 이를 정도로 풍부한 수자원을 제공한다. 하천의 표면 유출분포는 지역적으로 편중되어 있는데 동부와 서남부가 총 유출량의 95% 이상으로 대부분을 차지하며, 서북부는 5% 이하로 미미하다.[20)]

지리상으로, 중국의 강은 크게 외류하(外流河)와 내륙하(內陸河)로 나눌 수 있다. 외류하는 강물이 해양으로 유입되는 강, 내륙하는 강물이 내륙의 호수나 사막으로 유입되는 강을 말한다. 중국의 대다수의 강들은 외류하이며, 내륙하로는 신강의 타림하(塔里木河)가 대표적이다.

외류하들은 서고동저의 지형으로 인하여 동북과 서남 지역의 강들 외에는 대부분이 서쪽에서 동쪽으로 흐른다. 먼저, 양자(揚子, 양쯔)강은 길이 6,300 km로서 나일강과 아마존강에 이어 세계에서 세 번째로 긴 강이며, 장강(長江, 창 지앙)이라 불리기도 한다. 그 상류는 금사강(金沙江)으로 불리며, 하류는 바다 정도로 폭이 넓다. 양자강은 티베트고원의 북동부에서 발원하여 청해성, 서장성, 운남성, 사천성, 호북성, 호남성, 강서성, 안휘성, 강소성과 상해시를 가로질러 동해로 들어간다.

양자강 유역은 전국토 면적의 19%에 해당하는 180만 km^{2}나 되어 유역 내에서 생활하는 인구만도 2억 5천만명에 이르며, 이 유역에는 상해, 중경, 남경을 비롯하여 중국의 거대 도시들과 공업 중심지가 산재해 있다. 또한 양자강에는 대양을 오가는 선박들이 해안으로부터 1,000 km 이상 멀리 떨어진 지역까지 항해가 가능하며, 여러 개의 거대한 지류가 양자강에 합류되어 상공업상의 가치를 크게 증가시킨다.

중국 제2위의 강은 5,464 km 길이의 황하(黃河, 후앙 흐어)로서 황하문명의 탄생 배경지이기도 하다. 황하란 명칭은 황토고원을 침식하면서 통과하여 물 색깔이 누런 점에 연유한다. 황하는 청해성의 아니마향 산맥에서 시작하여 청해성, 사천성, 감숙성, 영하성, 내몽고, 협서성, 산서성, 하남성, 산동성을 가로질러 발해로 유입된다. 황하의 유역도 75만 km^{2}나 되지만, 황하는 양자강보다는 상업적인 가치가 적다. 황하는 지류가 많지 않은 건조지역 하천이고, 계절별로 유수량 변화가 커서 자주 범람하여 홍수를 일으키고, 강 유역의 토지가 자주 침식되고 수로가 변경되는 등 농경지는 물론 채소 재배도 어려운 점 등으로 인해 중국 경제에 이로움보다는 피해를 가져다주었던 편이다.

이에 중국 정부는 지난 30년 동안 황하에 댐을 건설하여 치수사업을 벌여왔으며, 특히 수력발전, 관개시설, 홍수조절, 퇴적토 방지 등에 막대한 투자를 하여 왔다. 그러나 아직까지 황하는 완전히 치수하기에는 매우 어려우며, 토지의 침식과 수량조절이 여전히 어려운 상태에 있다.

세 번째 긴 강은 중국 최북단 동북지역에 있는 길이 4,370 km의 흑룡강(黑龍江, 헤이룽 지앙)이다.[21] '룡'이란 명칭은 강물에 부식질 함량이 많아 흑색을 띄어 마치 흑색의 용과 같다는 점에 연유한다. 몽고 북부와 내몽고자치구의 대흥안령(大興安嶺)에서 발원하여, 그 지류인 우수리강과 더불어 중국과 러시아의 국경을 이루며 러시아 경내에서 오호츠크해로 들어간다.

발해만으로 흘러드는 요하(遼河)는 반건조지역을 흘러 유수량이 적다. 그밖에도 주(珠)강, 회하 등이 동쪽으로 흘러 태평양에 이르고, 난창(瀾滄)강이 남쪽으로 흘러 태평양에 이르며, 인도양으로 들어가는 노(怒)강, 아노장포(雅魯藏布, 야눌장보)강, 북쪽으로 흘러 북극해로 들어가는 카얼치스강이 있다.

중국의 강들은 연간 총 27,840억 m^3의 물을 운반하면서 수자원의 중요한 원천의 하나를 구성한다. 양자강 하나만도 연간 거의 1조 m^3의 담수를 바다로 보내며, 농업용 관개, 수로를 이용한 내륙교통로, 6억 kw로 추정되는 잠재적 수력발전능력 등으로 중국의 귀중한 자연자원이라 할 수 있다.

중국 하천의 유량은 지역적 분포가 상당히 불균등하다. 먼저, 외류하(外流河)는 하천 총면적의 64%에 그 유량은 전국 총량의 95.65%를 차지하는 반면에, 내륙하(內陸河)는 하천 총면적의 36%에 그 유량은 전국 총량의 4.3%에 불과하다.

그리고 외류하는 남방은 물이 풍부한 편인 데 비해 북방은 물이 부족한 편이다. 구체적으로 보면 장강과 그 이남의 주강, 동남연해와 서남지역 등의 유역면적이 전국의 36%를 차지하지만 유량은 전국의 79.7%에 이르러 대체로 물이 풍족한 데 비해, 북방의 회하(淮河), 황하, 해하(海河)와 동북지역 등의 유역면적은 28%를 차지하지만 유량은 전국의 15%에 불과하다. 특히, 황하, 회하, 해하 유역의 경작지는 전국 경작지의 39.7%인데 반해 유량은 전국의 8.1%에 불과하여 물 부족이 더욱 심각하다.

표 8-3은 주요 하천들의 현황을 보여준다.

(2) 산 지

산맥과 산지는 하천의 발원지나 분수령, 또는 지리적으로 중요한 경계선이 되며, 고원·분지·평원의 지형을 결정하는 주요한 요소가 된다. 중국은 산지 비중이 높아 대규모의 산맥 및 산이 많다. 기본적으로 난주(蘭州)－곤명(昆明) 선을 기준으로, 서쪽은 대부분 해발 3,500 m를 상회하는 고산지대에 속하는 반면에, 동쪽은 대부분 해발 500～2,000 m에 이르는 중·저산지대이다.[22]

표 8-4는 주요 산맥들의 현황을 보여준다. 산맥은 대체로 일정한 방향을 따라 순서대로 뻗어 있으며, 그중 동서 방향과 동북－서남 방향이 가장 많다. 동서 방향의 산맥은

천산(天山)－음산(陰山), 곤륜산－진령, 남령의 세 갈래로 나누어진다. 동북－서남 방향의 산맥은 대부분 동부에 분포되고, 이 역시 세 갈래, 즉 대흥안령(大興安嶺)－태행(太行)산－무산－무릉산－설봉(雪峰)산, 장백산－요동 저산구릉－산동, 저산구릉－동남연해 저산구릉, 대만산맥으로 나뉘어진다. 그 밖에 서북－동남 방향의 산맥으로는 히말라야 산맥, 기련(祁連)산맥, 알타이산맥 등이 있고, 남북 방향의 산맥으로는 하란(賀蘭)산맥, 육반(六盤)산맥, 횡단(橫斷)산맥 등이 있다. 세계에 해발 7,000 m가 넘는 산이 19개 있는데, 그중 7개가 중국에 있으며, 히말라야의 8,848 m의 세계 최고봉 에베레스트도 포함된다. 이밖에도 중국에는 여러 명산들이 있어 관광 자원이 되고 있다.

표 8-3 주요 하천 현황[23)]

하천 명	하천연장 (km)	유역면적(km^2)	하천유량(억m^3)	유입지
양자강(長江)	6,300	1,808,500	9,513	동해
황하(黃河)	5,464	752,443	661	발해
흑룡(黑龍)강	3,422(4,328)*	875,342		오호츠크해
송화(松花)강	2,308	557,180	762	
요하(遼河)	1,390	228,960	148	
주(珠)강	2,214	453,690	3,338	남해
난창(瀾滄)강	2,153			남해
아노장보(雅魯藏布)강	2,057			벵골만
노강(怒江)	2,013			벵골만
해하(海河)	1,090	263,631	228	
회하(淮河)	1,000	269,283	622	

*3,422 km는 중국 내에서의 길이

표 8-4 주요 산맥 현황[24)]

산맥 명	최고봉 고도 (m)	설선(雪線)고도 (m)
알타이(阿爾泰) 산맥	4,374	3,000～3,200
천산(天山) 산맥	7,432	3,600～4,400
기련(祁連) 산맥	5,826	4,300～5,240
파미르(帕米爾) 산맥	7,579	
곤륜(昆侖) 산맥	1,390	
카라코름(喀喇昆侖) 산맥	8,611	5,100～5,400
탕굴라(唐古拉) 산맥	6,137	
니앤칭탕굴라(念青塘古拉) 산맥	7,111	4,500～5,700
횡단(橫斷) 산맥	7,556	4,600～5,500
히말라야(喜瑪拉雅) 산맥	8,848	4,300～6,200
강디시(岡底斯) 산맥	7,095	5,800～6,000

현장 정보

■ 중국의 명산[25)]

① 오악(五岳) : 중국 역사의 주무대였던 중원에 자리잡은 5개의 큰 산으로서, 동악(東岳)인 태산(泰山), 서악(西岳)인 화산(華山), 남악(南岳)인 형산(衡山), 북악(北岳)인 항산(恒山), 중악(中岳)인 숭산(嵩山)을 말한다.

- 태산 : 높이 해발 1,542 m로 산동성에 있으며, 오악 중에서도 최고로 치며, 역대 황제들의 즉위식인 봉선(封禪)을 행하였다.
- 화산 : 해발 1,997 m로 섬서성에 있으며, 조양(朝陽), 연화(蓮花), 오운(五雲), 옥녀(玉女) 등 다섯 봉우리가 유명하며 경치가 뛰어나다.
- 형산 : 해발 1,290 m로 호남성에 있으며, 72개의 봉우리로 구성되며 명승고적이 많다.
- 항산 : 해발 2,017 m로 산서성에 있으며, 북방 민족에 대한 방어요지의 역할을 하였다.
- 숭산 : 해발 1,440 m로 하남성에 있으며, 중국 권법의 발상지인 소림사가 있다.

② 중국 불교의 4대 명산 : 문수보살의 성지인 관서성의 오태산(五台山, 일명 清凉山), 관음보살의 성지인 광동성의 보타산(普陀山), 지장보살의 성지인 안휘성의 구화산(九華山), 보현보살의 성지인 사천성의 아미산(峨眉山)을 말한다.

---

(3) 호 수

중국에는 호수도 많은데, 주로 양자강 중하류 평원과 청장고원에 많은 편이다.[26)] 그 중 자연호로는 면적이 1km^2 이상인 호수가 2,800여개, 1,000km^2 이상인 것도 13개나 되며, 호수의 총면적은 80,000 km^2 이상에 달한다. 그리고 자연호 외에 저수지도 상당히 많은 편이어서 85,000여개나 된다.

호수도 외류호(外流湖)와 내륙호(內陸湖)로 나누어진다. 대다수의 내륙호는 함수호(鹹水湖, 소금기가 있는 짠물 호수, 즉 염호)이며 청장고원, 내몽고, 신강 지역에 많이 분포한다. 소금기가 있는 이유는 수량(水量)이 부족하고 증발이 심한 편이기 때문이다. 소금 외에도 소다, 망초, 석고, 리튬, 붕소 등 화학물질이 많이 포함되어 있다. 함수호가 호수 총면적의 55%에 달한다.

외류호는 대부분 담수호(淡水湖, 소금기가 없는 민물 호수)이며 대개 양자강 중하류 평원에 분포한다. 외류호에는 수산물이 풍부하다. 외류호는 대개 하천과 연결되어 수량이 비교적 풍부한 편이며, 하천의 수량을 조절하고 홍수조절 기능을 하며 수운에도 활용된다.

다만, 문제점은 하천의 토사 퇴적과 인위적 파괴 등의 영향으로 인하여 호수 면적이 축소되는 추세를 나타낸다는 점이다. 중국 정부 통계에 따르면 지난 30여 년 간 중국의 호수 면적은 30%가 줄었다.

표 8-5는 4대 함수호와 4대 담수호의 현황을 나타낸다.[27)]

표 8-5 중국의 호수

구 분	면적 (km^2)	해발 (m)	수심 (m)	소재지	수질
청해(青海)호	4,583	3,193	32.8	청해	함수
흥개(興凱)호	4,500	69	10	흑룡강	함수
파양(鄱陽)호	3,583	21	16	강서(江西)	담수
동정(洞庭)호	2,820	34.5	30.8	호남(湖南)	담수
태(太)호	2,425	3		강소(江蘇)	담수
호륜(呼倫)호	2,315	545.5	8	내몽고	함수
홍택(洪澤)호	1,960	12.5		강소	담수
납목(納木)호	1,940	4,593		티베트	함수

현장 정보

■ 중국 최대 염호 '청해 호 (칭하이 호)' 곳곳에 바닥 드러내다[28)]

해발 3,193.69m의 고원에 위치하고 있는 중국 최대의 염호(鹽湖, 소금호수)인 칭하이(青海)호가 바닥을 드러내고 있다 (신화통신 보도).

중국 관영 신화통신은 "중국 서부 칭짱고원에 위치한 칭하이호의 수위가 매년 8～10cm씩 낮아지면서 곳곳에서 바닥을 드러내고 있다"고 전하였다.

칭하이성 기상과학연구소 리펑샤 (이봉하) 소장은 "1975년부터 2000년까지 25년 동안 육지화 현상이 진행되면서, 수면의 면적이 150 km^2나 감소하는 등 호수 형태가 완전히 달라졌다. 이 기간 서쪽과 북쪽 호안에서 각각 연평균 62.6 m와 130.6 m씩 호수쪽으로 육지화가 진행되면서 호수의 형태가 잃어가고 있다. 지구 온난화로 평균기온이 높아지면서 증발량이 늘어난 반면, 강수량이 줄어드는 바람에 이 같은 현상이 일어났다. 초원이 사막화하면서 담수 유입량이 줄어든 것도 한 원인이다"라고 지적하였다.

칭하이호는 면적 4,282.3km^2 (서울시의 7배), 동서너비 105km, 저수량 778억m^3 (소양호의 28배)이며, 164종 30여만 마리의 조류가 서식하고 있다.

(4) 운 하

중국에는 일명 대운하(大運河)라고 부르는 경항(京杭)운하가 있는데, 이는 많은 하천과 호소(湖沼, 호수와 늪)를 활용하여 구축한 것이며, 세계에서 가장 길고 오래된 운하이다. 경항운하는 북쪽의 북경시와 남쪽의 절강성 항주시(杭州市)를 이으며 총길이는 1,794 km에 달한다. 이 운하는 북경 · 천진 · 하북 · 산동 · 강소 · 절강 등 6개 지역을 통과하며 해하(海河) · 황하 · 장강 · 회하(淮河) · 전당강(錢塘江) 등 5개의 수역을 관통하여, 역사적으로 남북의 교통에서 중요한 기능을 발휘하여 왔다.

경항운하는 일반적으로 다음의 7개 구간으로 구분한다.

① 통혜하(通惠河) : 북경~통현(通縣) 구간
② 북운하(北運河) : 통현~천진(天津) 구간
③ 남운하(南運河) : 천진~임청(臨淸) 구간
④ 노운하(魯運河) : 임청~대아장(臺兒莊) 구간
⑤ 중운하(中運河) : 대아장~회음(淮陰) 구간
⑥ 이운하(里運河) : 회음~양주(揚州) 구간
⑦ 강남운하(江南運河) : 진강(鎭江)~항주 구간

근대 이후 다른 수송수단의 발달로 경항운하의 효용은 크게 낮아졌다. 그렇지만 아직도 강소성과 절강성 지역의 운하구간은 여전히 중요한 수상운송로로 이용되고 있다.[29)]

현장 정보

■ 중국 대운하, 확장 · 복구된다[30)]

1,400년 전 중국 수(隋)나라 시대에 건설되었던 베이징~항조우 간 대운하가 확장 복구된다. 베이징 시정부는 대운하 중 13.5 km의 첫 구간 공사에 착수하기 위하여 미국 · 일본 · 캐나다 · 독일 등 6개국 6개사와 중국 건설회사에 설계를 공모하였다고 신화통신이 보도하였다.

만리장성에 이어 중국 역사상 제2의 토목공사인 대운하는 베이징시 통조우(通州)구에서 시작되며, 수조폭은 200 m이다. 대운하 주변에는 역사적 기념물과 현대적 상징물들이 함께 들어설 계획이다.

4. 해안 지형

중국의 해안선은 총 연장 18,400 km에 달하며, 해안선을 따라 많은 도시가 발달하여 개방경제에서 경제개발의 전진기지 역할을 한다. 중국의 근해는 발해 · 황해 · 동해 · 남해의 네 개 해역으로 구분되고, 총 해역 면적은 473만 km^2이다.[31)]

중국의 해역에는 5,400개의 섬이 분포되어 있으며, 그 중 제일 큰 섬은 면적이 3.6만 km^2인 대만이고, 두 번째는 면적이 3.4만 km^2인 해남도(하이난도)이다. 북부 해안은 해안선이 비교적 완만하고 섬이 많지 않은 반면에, 중남부 해안은 해안선이 복잡한 편이며 많은 섬이 분포한다.[32)]

8-3 기 후[33]

여기서는 중국 기후의 특징, 온도별 기후, 그리고 습도별 기후를 알아보기로 한다.

1. 기후의 특징

중국 기후의 특징은 기후대가 다양하고 계절풍 기후라는 점이다.

(1) 기후대의 다양성

중국은 지역이 광활하고 지형이 복잡하여 기후분포가 다양하게 나타난다. 이 기후대의 다양성은 위도 차이뿐만 아니라 바다와의 거리, 지형의 고저, 산맥의 방향 등 다른 지리적 조건에도 기인하다. 구체적으로 몇 가지 예시하면 다음과 같다.

첫째, 동북지방은 겨울이 길고 여름이 짧은 반면, 남부지방의 경우 여름이 길고 겨울이 짧으며, 동부 연해지방은 사계절이 분명하고 온난다습하다.

둘째, 남부의 해남성(海南省)은 연평균 기온 24도의 아열대 기후인 반면, 북부의 흑룡강성(黑龍江省)은 연평균기온 4도의 냉대 기후권에 속하는 등 남북으로 큰 기후차를 보이고 있다.

셋째, 북서쪽의 청해(青海), 티베트, 신강(新疆) 지역과 내몽고 지역은 고산 기후 및 건조 기후를 나타내고 있다.

(2) 계절풍 기후

중국은 또한 뚜렷한 계절풍 기후를 보인다. 유라시아 대륙을 등지고 태평양과 마주보아 해륙차이의 영향을 크게 받기 때문이다. 주요한 기후적 특징들은 다음과 같다.

첫째, 겨울에는 대륙으로부터 차갑고 건조한 북서풍이 불어오고, 여름에는 해양으로부터 무더운 남동풍이 불어온다.

둘째, 기온의 연교차와 일교차가 큰 편이다.

셋째, 같은 위도에 위치한 다른 나라들의 지역들과 비교해서 하계 기온은 더 높고 동계 기온은 더 낮은 편이다.

넷째, 강수량의 분포가 고르지 않다.

2. 온도별 기후

일반적으로 남부는 기온이 비교적 높고 기온의 연교차와 일교차가 크지 않아 겨울철은 춥지 않고 여름철도 그다지 덥지 않은 편이다. 반면에 북부는 기온이 비교적 낮고 기온의 연교차와 일교차가 크며, 한서(寒暑)의 변화가 극심한 편이다.

남북간 기온 차는 하계보다는 동계에 더 큰 차이가 나는데, 하계에는 10℃ 내외이지만 동계에는 최대 50℃ 이상에 달한다. 동계의 예는 1월의 등온선으로 확인할 수 있다. 이 중 0℃ 등온선은 대체로 화이허(淮河), 친링(秦嶺)을 따라 칭짱(青藏)고원의 동남 변두리까지 연장된다.

0℃ 등온선을 기준으로 그 남부는 1월 평균기온이 0℃ 이상이고 하천이나 호수 수면이 얼지 않으며, 난링(南嶺, 남령) 산맥의 남부지역과 윈꾸이(雲貴)고원의 이남지역에서부터는 눈과 서리를 보기 어렵다.

이보다 더 남쪽에 위치한 레이저우(雷州)반도와 하이난(海南)도의 1월 평균기온은 16~20℃에 달한다. 0℃ 등온선의 북부는 1월 평균기온이 0℃ 이하이고, 하천이나 호수 수면이 얼어붙는 편이다. 이중 흑룡강성(黑龍江省) 북부의 씽안링(興安嶺) 일대는 1월 평균기온이 −30℃에 달할 정도이다. 한편, 하계에는 7월의 예를 들면 창지앙(長江, 장강) 중·하류지역과 동남구릉지대는 평균기온이 28~29℃, 후아베이(華北)지역은 26℃ 정도, 동베이(東北)지역은 대부분 20℃ 이상으로 나타난다.

중국의 기후를 농업 측면에서 구분하면, 적산(積算)온도를 기준으로 냉온대, 중온대, 난온대, 아열대, 열대, 적도대의 6개 기후구와, 특수 기후구인 칭짱고한구(青藏高寒區)로 나눌 수 있다.

이 구분에서 일평균기온이 10℃ 이상이 되는가의 여부는 식물의 성장에 중요하기 때문에 10℃ 이상을 유효온도라고 하며, 유효온도기간의 기온 합산을 유효 적산온도(積算溫度)라고 한다.

각 기후구가 총 영토에서 점유하는 비율을 보면 한온대 1.2%, 중온대 25.9%, 난온대 18.5%, 아열대 26.1%, 열대 1.6%, 칭짱고한구 26.7%이다. 이중에서 냉온대와 칭짱고한구 외의 기후구는 모두 열량이 풍부하여 세계의 대다수 작물을 재배할 수 있으며, 여름철에는 각종 고온성 작물의 재배도 가능하다. 그리고 난온대부터 열대까지의 기후대에서는 1년 다모작도 가능하다.

(1) 냉온대

냉온대의 위치는 흑룡강(黑龍江)성과 내몽고(內蒙古, 네이멍구)자치구의 최북단이다. 냉온대는 연중 1일 평균기온이 10℃ 이상에 달하는 일수, 즉 유효온도기간이 100일 이하이며, 적산온도는 1,600℃ 이하이다.

냉온대는 따뜻한 계절이 아주 짧은 반면에 추운 계절은 상당히 길며, 지하에는 녹지 않는 얼음층이 광범위하게 분포한다. 한온대는 중국에서 생장기가 가장 짧은 기후대로서 조생종의 봄밀, 보리, 감자를 주종으로 1년에 1모작을 한다.

(2) 중온대

중온대는 만리장성(萬里長城,완리창청) 이북 지역과 신강위그루(新疆維吾爾,신장웨이우얼)자치구의 준거얼(準噶爾)분지에 위치하는데, 유효온도기간이 100~160일, 적산온도는 1,600~3,400℃ 정도이다. 중온대는 동계 기온이 비교적 낮은데, 그 지속일수는 긴 편이라서 대부분 지역에서는 콩과 봄밀을 위주로 역시 1모작밖에 할 수 없다.

(3) 난온대

난온대에는 만리장성 이남부터 진령(秦嶺, 친링) 산맥과 회하(淮河, 화이허)강 선 이북까지의 지대에 있는 황하(黃河, 후앙흐어) 중하류지역과 신강위그루자치구의 타림(타리무)분지가 포함된다. 유효온도기간이 160~220일에 이르며, 적산온도는 3,400~4,500℃이다. 하계 기온은 아열대에 버금갈 정도로 비교적 높아 고온성 작물의 생장에 유리하며 쌀, 옥수수, 수수, 면화, 겨울밀을 주종으로 대부분의 농작물이 1년 2모작 또는 2년 3모작이 가능하다.

(4) 아열대

아열대는 진령산맥과 회하강 선 이남의 장강(長江, 창지앙)과 주강(珠江, 주지앙) 유역과 운귀(雲貴, 윈꾸이)고원의 대부분 지역을 포함하는 넓은 지역이다. 유효온도기간이 210~365일에 달하며 적산온도는 4,500~8,000℃이다. 아열대는 온대와 열대의 중간 기후대로서 북 아열대, 중 아열대와 남 아열대로 세분할 수 있다.

① **북 아열대** : 아열대의 북부를 말하며, 기후는 난온대와 비슷하여 대부분의 작물은 1년 2모작이 가능하다.

② **중 아열대** : 아열대의 중부지역을 가리키며, 일반적으로 1년 2모작을 하는데, 동계에 농사를 지으면 1년 3모작도 가능하다.

③ **남 아열대** : 아열대의 남부지역을 뜻하며 기후는 열대와 비슷하여 벼를 1년 2모작이나 1년 3모작을 할 수 있다. 그리고 이 지역의 서부에서는 일부 열대작물도 재배할 수 있다.

(5) 열 대

열대는 광동성의 뇌주(雷州, 레이저우)반도, 해남(海南, 하이난)성, 남해(南海, 난하이)제도 및 타이완의 남부와 운남(雲南, 윈난)성의 남부를 포함한다. 유효온도기간이 거의 1년인 350~365일에 달하며 적산온도는 8,000℃ 이상이다. 벼는 1년 3모작, 사탕수수는 1년 4모작이 가능하며 야자, 고무나무, 후추, 코코아 등 열대작물의 재배도 가능하다. 또한 열대우림으로 산림자원도 풍부하다.

(6) 적도대

적도대는 북위 10° 이남의 도서지역이 포함되는데, 연중 무더운 날씨가 계속되어 열량이 풍부하며 적산온도는 9,000℃ 이상에 달한다. 대부분의 지역에서 열대작물의 재배가 가능하다.

(7) 청장(青藏, 칭짱) 고한구(高寒區)

이 지역은 칭하이(青海)성과 시장(西藏)자치구 및 쓰추안(四川)성의 서북지역을 포함한다. 이 지역은 위치 면에서는 대부분이 아열대나 난온대와 같으나 해발고도가 높은 편이어서, 일부 지역 외에는 저온이고 적산온도가 대부분 2,000℃ 이하이다. 그러나 공기가 맑아 공기투과성이 높아서 태양복사가 강하고 일조량이 풍부하다.

표 8-6은 중국의 주요 기후지대를 구분하여 보여주고, 표 8-7은 중국 주요 도시의 평균기온을 보여준다.

표 8-6 중국의 기후지대 구분[34)]

기후지대	유효적산온도 (유효온도기간)	월평균 최저기온	연 최저 온도
냉온대	<1,600~1,700℃ (<100일)	<−30℃	<−48℃
중온대	1,600~1,700℃부터 3,100~3,400℃ (100~160 일)	−30~−10℃	−48~−30℃
난온대	3,100~3,400℃부터 4,500℃ (160~220일)	−10~0℃	−30~−20℃
북아열대	4,250~4,400℃부터 5,000~5,300℃ (220~240일)	0~10℃	−20~−10℃
중아열대	5,000~5,300℃부터 6,500℃ (240~300일)	4~10℃	−10~−5℃
	5,000~5,300℃부터 6,000℃ (240~300일)	4~10℃	−5~−1~−2℃
남아열대	6,500~8,000℃(300~365일), 6,000~7,500℃ (300~350일)	10~15℃	−5~2℃
북열대	8,000~9,000℃ (365일)	15~19℃	2~5~6℃
	>7,500℃ (350~365일)	15~19℃	2~5~6℃
중열대	9,000~10,000℃ (365일)	19~26℃	−1~−2−2℃
남열대	>10,000℃ (365일)	>26℃	5~6~20℃
청장고한구	<2,000℃ (100일)		>20℃

표 8-7 중국 주요 도시 평균기온(℃)

도시명	연평균	1월	2월	3월	4월	5월	6월	7월	8월	9월	10월	11월	12월
북경(北京)	12.8	−3.2	0.8	6.2	15.2	20.9	24.6	26.0	26.1	20.5	13.1	3.4	0.2
천진(天津)	12.7	−3.6	0.3	6.4	15.5	21.2	24.2	26.1	25.5	20.8	13.1	3.9	−0.7
석가장(石家庄)	13.6	−1.7	2.3	7.4	15.4	21.1	25.9	26.2	25.1	21.2	14.4	4.7	1.5
태원(太原)	10.1	−5.4	0.1	4.6	11.5	18.9	21.4	22.9	21.6	17.4	9.3	2.3	−3.3
호화호특(呼和浩特)	7.1	−12.9	−5.2	1.4	8.6	16.8	19.7	21.8	20.9	16.6	7.0	−1.3	−8.8
심양(沈陽)	9.0	−10.9	−4.1	1.8	11.9	18.7	21.9	23.7	23.5	18.5	10.2	0.7	−7.4
대련(大連)	11.2	−4.2	−0.5	3.9	11.4	17.0	20.5	22.5	23.5	20.7	14.0	5.5	0.4
장춘(長春)	7.0	−13.7	−6.5	0.1	10.6	17.2	20.7	22.8	21.2	16.9	7.6	−2.9	−10.6
하얼빈(哈爾濱)	5.9	−15.7	−9.1	0.1	9.9	16.6	21.2	22.1	20.8	15.9	7.3	−5.3	−13.1
상해(上海)	17.0	3.6	6.8	9.8	15.4	19.8	24.5	29.5	29.2	26.1	18.7	13.9	6.4
남경(南京)	16.0	2.3	5.6	9.6	15.3	20.5	25.1	28.2	27.6	24.7	16.9	11.5	4.6
항주(杭州)	17.4	4.2	7.5	10.6	16.3	21.0	24.9	30.9	29.3	26.0	18.4	12.9	6.3
합비(合肥)	16.3	3.0	6.0	10.2	15.7	21.7	26.4	28.4	27.5	24.4	16.6	10.8	4.4
복주(福州)	20.9	10.0	13.0	14.2	19.9	23.1	26.0	31.4	30.0	27.6	22.5	19.5	12.9
남창(南昌)	18.5	5.9	8.8	11.3	17.8	22.6	26.0	31.5	30.1	26.6	19.7	13.9	7.8
제남(濟南)	13.8	−1.4	3.0	7.7	15.2	21.3	15.7	25.8	24.8	21.3	14.7	6.7	1.2
청도(青島)	12.4	−0.9	2.1	5.2	11.5	16.2	20.4	22.0	24.0	21.5	15.9	8.6	2.6
정주(鄭州)	14.4	1.0	3.9	8.5	15.5	21.2	25.6	26.0	24.0	21.2	14.8	7.7	3.0
무한(武漢)	17.4	5.1	7.0	10.9	16.7	22.3	27.2	29.7	29.0	25.1	17.9	12.1	5.7
장사(長沙)	17.6	5.5	7.8	10.7	16.8	21.4	26.2	31.2	28.9	24.3	18.4	12.9	6.6
광주(廣州)	22.9	13.8	17.8	18.5	23.9	27.3	27.5	30.3	29.2	27.4	24.2	20.3	14.6
남령(南寧)	22.0	12.5	17.1	18.3	23.4	26.7	27.2	28.7	28.2	26.0	22.9	19.4	13.3
해구(海口)	25.2	17.8	21.3	22.6	27.3	28.6	29.3	29.6	28.8	27.5	26.1	23.5	19.5
계림(桂林)	19.5	9.0	11.6	13.3	19.6	23.1	26.0	30.0	28.9	25.8	20.5	15.8	10.3
중경(重慶)	18.8	8.3	12.5	14.4	19.5	22.7	24.5	28.1	29.5	24.3	17.6	14.5	9.3
성도(成都)	17.2	7.0	10.9	12.9	17.8	21.7	23.8	26.4	25.3	22.4	17.4	12.8	8.1
귀양(貴陽)	14.8	5.0	8.8	10.1	15.9	18.4	20.4	23.3	23.6	20.5	14.6	11.5	5.6
곤명(昆明)	16.4	9.1	11.5	14.7	19.6	20.4	19.8	21.2	21.4	18.8	17.1	13.0	10.2
라사(拉薩)	8.7	−0.5	1.4	5.2	9.3	11.5	14.2	15.7	16.9	14.0	10.8	5.0	0.5
서안(西安)	14.3	0.4	5.4	9.2	15.1	21.7	26.5	26.6	23.4	21.0	13.8	6.5	2.3
난주(蘭州)	10.8	−3.2	2.4	7.2	12.3	17.3	21.4	22.6	21.6	17.6	9.8	3.4	−2.4
서령(西寧)	6.0	−6.7	−2.5	2.3	8.4	11.9	14.8	16.6	16.5	12.4	5.7	−0.3	−6.7
은천(銀川)	9.7	−7.1	−1.3	4.3	12.1	17.9	22.2	23.4	22.1	18.3	9.6	0.6	−6.2
우르무치(烏魯木齊)	6.7	−10.6	−8.6	−2.2	6.9	15.3	22.7	21.0	21.9	17.1	10.0	−3.3	−10.3

3. 습도별 기후

습도별 기후는 수자원에 관한 것이기도 하다. 중국의 수자원은 절대 수준에서 보면 세계적으로 풍부한 편이다. 연간 강수량은 6억 m^3로서 세계의 5% 내외이며 연간 유량은 26,000억 m^3로서 세계의 5.8% 내외이다. 그리고 지하수 자원이 약 7천억 m^3에 달한다.

그러나 이 수자원은 변화가 크고 지역적 분포와 계절적 분포가 모두 고르지 않다는 단점을 보인다. 먼저, 강수량의 지역적 분포의 불균형성을 보면, 전체적으로는 동남에서 서북으로 가면서 강수량이 점차 감소한다. 구체적으로는 대흥안령(大興安嶺, 따싱안링) – 장가구(張家口, 장 지아 코우) – 유림(楡林, 위린) – 란루(蘭州, 란조우) – 라싸를 잇는 등강수량선(400 mm)을 기준으로 국토를 크게 양분할 수 있다. 즉, 동남부의 습윤(濕潤)지역(강수량이 증발량보다 많아 습기가 많은 지역 : 영토면적의 47.5%)과 서북부의 건조지역(영토면적의 52.5%)으로 나뉜다. 여기에서 동남부는 지표유량이 풍부하고 농업과 입업이 발달한 반면에, 서북부지역은 지표유량이 매우 적으며, 주로 목축업이 이루어진다.

다시 동남부 내에서는 남부가 북부보다 유량이 많으며, 북부에서는 동베이(東北)지역 외에는 후아베이(華北)지역을 포함하여 수자원이 부족한 편이다. 그런데 이 후아화베이 지역은 인구가 조밀하고 개척역사가 오래되어 농・공용수와 생활용수 수요량이 많아 경제발전과 주민생활에 상당한 지장을 가져왔다.

그런데 지대의 실제적 건조 또는 습윤 정도의 결정은 강수량 외에 수분의 증발량까지 고려하여야 한다. 이 경우, 지대의 건조・습윤성이 지역적 분포 외에 계절적으로도 변화하는 현상이 다양하게 나타난다. 주요 유형을 보면 북서부 지역은 연중 건조하지만 북부 지역은 여름에는 습윤, 그 외에는 건조하게 나타난다. 북동부 지역은 대개 습윤지대이지만 이 지역의 북부와 동부지방은 봄에는 건조해진다. 남부 지역은 늦가을에는 건조하지만 봄여름에는 습윤하다. 남서부 지역은 일반적으로 겨울・봄에는 건조하나 여름가을에는 습윤하게 나타난다.

강수량의 계절적 분포의 불균형성을 보면, 다수의 지역에서 강수량이 하계에 집중되는 편이어서 하계 강수량이 연간 강수량의 과반에 달하는 데 비해, 동계 강수량은 연간 강수량의 1할 이하에 그치는 경우가 흔하다. 주요 지역별로 보면 북동부와 북부에서는 7월~8월간, 남부는 4월~9월간, 남서부는 6월~10월간에 집중된다. 이는 하천유량의 계절적 분포도 하계, 추계, 춘계, 동계 순서이다.

이러한 계절적 불균형 분포 현상의 대표적 결과로는 첫째, 강수량이 많고 기온이 높은 시기가 같은 기간에 집중되어 농작물과 나무의 생장에 도움이 된다. 둘째, 강수가 하계에 집중되어 하계에는 수재가 쉽게 발생하는 편이며, 지역에 따라 홍수와 한발의 피해가 계속되기도 한다.

중국은 지하수자원도 매우 풍부하여 지하수 개발이 용이하다. 특히 중국 북부 대평원의 가장자리에 위치한 산악지방은 지하수 이용이 대단히 편리한 지역으로 알려져 있고 산동성의 성도인 제남시는 지하수의 도시로 알려져 있다.

한편, 파미르고원을 중심으로 천산산맥의 기슭에 위치하며 건조한 지방인 서장성, 감숙성 및 청해성은 빙하에 의하여 용수가 공급되지만, 풍부한 용수는 지하수로부터 공급되고 있다. 이러한 건조한 지방의 지하수는 농업에 있어서 핵심 요소의 하나라 할 수 있다.

다음은 유량이 많은 순서에 따라 중국 영토를 5개의 지역으로 나눈 것이다.

(1) 1급 지역

이 지역은 수자원이 상당히 풍부한 지역으로서 연간 강수량은 1,600 mm 이상이며 유량심도는 900 mm 이상이다. 여기에는 구앙동(廣東)성, 푸지엔(福建)성, 지앙시(江西)성과 대만 대부분 지역, 후난(湖南)성 산지, 구앙 시 장주(廣西壯族)자치구 남부, 윈난(雲南)성 서남부, 시짱(西藏)자치구 동남부가 포함된다.

(2) 2급 지역

이 지역에는 수자원이 비교적 많은 편이며 연간강수량은 800～1,600 mm, 유량심도는 200～900 mm 정도이다. 여기에는 구앙 시 장주(廣西壯族)자치구 대부분 지역, 윈난(雲南)성 대부분 지역, 꾸이조우(貴州)성, 쓰추안(四川)성, 친링(秦嶺)－화이 흐어(淮河)선 남쪽의 창지앙(長江) 중・하류지역이 포함된다.

(3) 3급 지역

이 지역은 연간강수량은 400～800 mm, 유량심도는 50～200 mm 정도이다. 여기에는 후앙 화이 하이(黃淮海)평원, 샨시(山西)성, 산시(陝西)성의 대부분 지역, 동베이(東北) 3성의 대부분 지역, 쓰추안(四川)성의 서북부와 시짱(西藏)자치구의 동부가 포함된다.

(4) 4급 지역

이 지역은 수자원이 다소 적은 편이며 연간강수량은 200～400 mm, 유량심도는 10～50 mm 정도이다. 여기에는 동베이(東北) 3성 서부, 네이멍구(內蒙古)자치구 동부와 중부, 깐수(甘肅)성 대부분 지역, 닝 시아 후이 주(寧夏回族)자치구, 씬 쟝 웨이 우얼(新疆維吾爾)자치구 서부가 포함된다.

(5) 5급 지역

이 지역은 수자원이 매우 적은 지역이며 연간강수량은 200 mm 이하, 유량심도는 10 mm 이하이다. 여기에는 내몽고(內蒙古, 네이멍구)자치구 서부, 준거얼(準噶爾)분지, 타린(塔林)분지, 차이다무분지, 감숙(甘肅, 깐수)성 북부 사막지역이 포함된다.

다음 표 8-8은 중국 주요 도시의 평균 강수량을 보여주고 있다.

표 8-8 중국 주요도시 평균 강수량(mm)

도시명	전년도	1월	2월	3월	4월	5월	6월	7월	8월	9월	10월	11월	12월
북경 (北京)	444.5	9.6	2.9	32.8	13.0	30.6	66.1	57.7	34.1	87.9	66.8	42.9	0.1
천진 (天津)	668.5	1.0	1.7	7.6	8.0	59.1	123.1	161.2	77.6	41.1	165.8	21.8	
석가장 (石家庄)	641.1	2.6	2.9	17.3	56.9	103.5	27.9	1131.5	115.9	37.4	94.7	50.4	0.1
태원 (太原)	525.4	3.7	9.6	20.0	17.7	7.6	72.4	126.9	62.1	116.3	50.3	38.8	
호화호특 (呼和浩特)	653.1	1.0	7.0	45.9	50.7	56.5	35.7	146.6	118.5	132.2	51.6	6.5	0.9
심양 (沈陽)	643.0	5.9	3.1	19.4	38.2	25.9	89.7	182.7	85.7	57.9	103.6	22.4	8.5
대련 (大連)	521.2	9.7	9.8	0.6	82.5	18.2	59.9	106.0	82.1	91.8	44.5	10.6	5.5
장춘 (長春)	517.2	3.9	0.4	5.0	2.4	41.8	105.6	129.9	114.7	17.3	80.6	13.4	2.2
하얼빈 (哈爾濱)	513.1	2.2	1.0	7.5	15.0	18.8	93.2	143.7	110.5	644.4	35.8	17.1	3.9
상해 (上海)	756.9	51.7	72.2	95.8	81.5	29.9	99.0	77.7	114.2	26.4	44.6	40.7	23.2
남경 (南京)	1623.5	39.2	69.8	120.6	176.5	32.4	205.1	195.9	128.7	184.2	92.1	57.0	22.0
항주 (杭州)	947.7	52.3	134.0	167.9	111.7	88.4	116.1	81.2	49.2	42.9	32.4	43.6	28.0
합비 (合肥)	1413.4	40.9	67.1	134.2	147.5	66.9	185.4	349.5	128.2	53.8	95.2	116.3	28.4
복주 (福州)	776.6	58.9	23.3	68.8	133.7	1289	134.3	17.1	110.8	59.4	23.5	16.5	1.4
남창 (南昌)	1742.9	82.0	140.4	136.2	364.4	365.6	521.9	84.2	23.4	13.9	21.5	72.1	17.1
제남 (濟南)	985.2	5.1	8.9	15.9	104.4	34.6	50.7	291.6	185.1	124.8	108.0	45.9	10.2
청도 (青島)	809.6	10.8	35.9	24.1	63.6	64.8	147.6	152.9	109.3	106.7	36.4	40.0	17.5
정주 (鄭州)	1010.6	7.5	24.9	32.7	17.7	36.7	149.9	119.2	313.2	125.9	132.4	34.5	16.0
무한 (武漢)	1385.3	36.3	98.0	188.5	163.7	97.7	195.7	301.7	93.7	47.9	61.2	79.9	21.0
장사 (長沙)	1065.1	80.1	99.4	132.8	190.0	280.3	116.1	5.3	39.4	39.6	13.9	34.7	33.5
광주 (廣州)	1338.2	33.1	7.6	65.1	59.7	189.4	329.8	61.0	189.0	367.7	3.2	30.9	1.7
남령 (南寧)	1296.7	64.8	26.1	45.1	154.7	193.7	175.1	245.0	146.5	236.2		2.6	6.9
해구 (海口)	1421.4	30.6	4.8	38.8	34.9	149.4	98.0	248.2	234.4	467.6	21.1	92.8	0.8
계림 (桂林)	1553.8	111.7	71.7	87.1	192.1	462.4	303.5	29.2	48.2	145.0	48.9	28.0	20.0
중경 (重慶)	1065.7	13.4	9.7	20.0	77.1	222.8	378.0	130.6	34.3	68.0	32.6	55.5	23.7
성도 (成都)	741.1	1.4	1.8	19.4	57.5	104.7	50.6	82.9	352.3	29.8	28.0	6.6	6.1
귀양 (貴陽)	924.8	18.4	5.0	39.8	169.7	236.3	163.6	107.8	17.3	40.6	58.7	19.9	47.7
곤명 (昆明)	832.4	51.1	8.8	9.3	2.5	89.6	162.1	155.2	158.0	99.4	57.1	5.8	33.5

8-4 자연 자원[35)]

여기서는 중국의 자연자원을 광물자원과 토지자원 차원에서 살펴보기로 한다.

1. 광물 자원

중국의 광물자원은 종류가 많고 절대적 매장량이 풍부하다. 그렇지만 부광(富鑛, 품질이 좋고 채굴하여 수지 맞는 광석)은 많지 않으며, 공생광석(共生鑛石, 어떤 광물이 다른 광물과 관련 형성되어 함께 산출되는 광석)이 많고, 지역간 분포가 불균형적인 특성을 보인다.[36)]

(1) 다양한 광물과 풍부한 절대 매장량

중국에는 지금까지 세계에 알려진 주요 광물 종류 대다수가 있으며, 매장량이 파악된 종류만 약 150종에 달한다. 대표적으로 석탄, 석유, 철광석 등이 있다. 표 3-9는 주요 광물자원의 매장량을 보여준다.

표 8-9 중국 주요 광물자원 매장량[37)]

광물 명	매장량	광물 명	매장량
석탄(煤炭)	3,342억 톤	금	1,981 톤
석유	24억 3,193.6만 톤	은	38,214 톤
천연가스(天然氣)	2조 2,288.7억 m^3	희토(稀土)	2,099.3만 톤
철광석	212.4억 톤	마그네사이트	15억 149.8만 톤
망간석	2억 709만 톤	형석(螢石)	3,052.9만 톤
크롬석	549.8만 톤	황철광석	19억 6,018.2만 톤
구리	3,003만 톤	인(燐)석	39억 177만 톤
납	1,248만 톤	칼륨	27,323.2만 톤
아연	3,762.5만 톤	석염(石鹽)	1,866.4억 톤
보크사이트	6억 9,453.7만 톤	망초(芒硝)	98.9억 톤
니켈	293.7만 톤	중정석(重晶石)	9,852.1만 톤
텅스텐	286.6만 톤	규소석	11억 7,003.3만 톤
주석	178.6만 톤	흑연석	5,235.4만 톤
몰리브덴	345.5만 톤	활석(滑石)	9,447.6만 톤
안티몬	87.5만 톤	고령토	5억 4,644.7만 톤

(2) 부족한 부광

다양하고 많은 광물 자원에도 불구하고 부광(富鑛)은 적고 빈광(貧鑛, 품위가 낮거나 채산성이 적은 광석)이 많은 편이다. 예를 들어 철광석은 매장량이 세계 3위이지만 품위가 25~30%로 낮은 빈광이 대부분이며, 품위가 40% 이상인 부광의 비중은 약 1% 정도에 그친다.

(3) 많은 공생광석

여러 광물이 한 광상(鑛床, 유용한 광물의 집합체)에서 혼합되어 형성된 공생광석이 중국에는 많다. 예를 들어 매장량 세계 1위인 바나듐은 90%가 다른 종류의 광물과 혼합되어 있다.

공생광석이 많으면 광산자원의 종합적 경제가치를 높여주는 장점이 있는 반면에 높은 선정·제련 기술이 요구되는데, 현재 중국의 기술수준이 충분하지 않기 때문에 공생광석에 대한 이용률이 낮은 편이며 자원낭비와 환경오염이 심각하다.

(4) 광물자원의 불균형적 지역분포

중국 광물자원은 지역적 분포에서 큰 광상은 집중되고 작은 광상은 분산되는 불균형을 보인다. 주요 경우를 보면, 석탄은 화북 지방의 산서성(山西省)과 내몽고(內蒙古)자치구에만 총매장량의 과반이 집중되어 있으며, 철은 요령성(遼寧省), 하북성(河北省), 사천성(四川省), 석유는 흑룡강성(黑龍江省), 신강(新疆)자치구, 산동성(山東省), 망간은 중남지방의 광서(廣西)자치구와 호남성(湖南省), 텅스텐은 강서성(江西省)에 각각 총매장량의 과반이 부존한다. 특기할 것은 동부 연해의 대륙붕에 석유와 천연가스가 각각 총매장량의 1할 정도 부존한다는 점이다.

표 8-10은 주요 자원의 지역별 매장량 분포를 보여주고 있다.

한편, 생산지 분포 측면에서 보면, 석탄은 주요 탄광이 '석탄의 고향(煤炭之鄕)'이라 불리는 산서성의 대동(大同), 안휘성(安徽省)의 회남(淮南), 하남성(河南省)의 평정산(平頂山), 요령성의 무순(撫順) 등이다. 석유는 주요 유전이 흑룡강성의 대경(大慶), 신강자치구의 크라마이(克拉瑪依), 산동성의 승리(勝利), 요령성의 요하(遼河) 등이다. 철의 주요 산지는 요령성의 안산(鞍山), 사천성의 반지화(攀枝花), 호북성(湖北省)의 대야(大冶) 등이다.

표 8-10 주요 광물자원별 주요 부존지역[38)]

광물명	석탄(톤)		석유(톤)		천연가스(m^3)	
총매장량	3,342억		24억 3,193.6만		2조 2,288.7억	
지역별매장량	산서성	1,045.3억	흑룡강성	5억9,881.9만	신강자치구	5,554.8억
	내몽고자치구	734.4	신강자치구	3억6,362.5	내몽고자치구	3,967.2
	섬서성	285.6	산동성	3억1,853.3	섬서성	3,611.7
	운남성	157.0	해역*	2억6,201.5	해역*	2,780.7
	귀주성	149.2	요령성	1억8,414.3	사천성	2,032.8
	안휘성	131.9	섬서성	1억5,104.4	청해성	1,260.2
	하남성	121.7	길림성	1억4,479.8	중경시	1,043.3
	신강자치구	100.0	하북성	1억2,762.8	흑룡강성	467.8
광물명	철광석(톤)		구리(톤)		망간석(톤)	
총매장량	212.4억		3,003만		2억 709만	
지역별매장량	요령성	61.0억	강서성	833.7만	광서성	6,776.7만
	하북성	40.3	안휘성	263.1	호남성	5237.8
	사천성	31.2	운남성	262.5	귀주성	2433.4
	내몽고자치구	12.1	호북성	234.6	중경성	1791.9
	안휘성	11.6	티베트자치구	220.5	운남성	1268.5
	산동성	8.7	감숙성	203.0	요령성	1110.0
	산서성	6.4	산서성	158.5	호북성	878.2
	호북성	5.2	흑룡강성	121.7	신강자치구	473.1

해역* : 해저에 매장된 자원을 의미

2. 토지 자원[39)]

토지 자원을 용도 별로 분류하면 경작지, 삼림, 초지, 내륙수역 등으로 나눌 수 있으며, 국토 면적 대비 비중은 표 8-11과 같다.

표 8-11 토지의 용도별 분류[40)]

항 목	면 적	구성비 (%)
총 면적	960만 km^2	100.00
경작지(耕作地)	1억 3,004만 ha	13.54
삼림(森林)	1억 5,894만 ha	16.56
초지(草地)	4억 ha	41.67
내륙수역	1,747만 ha	1.82
기 타	2억 5,355만 ha	26.41

* ha : 헥타르 (hectare)

(1) 경작지

중국의 경지 면적은 1억 3,004만 헥타르(ha)로 국토 면적의 13.54%를 차지한다. 이 경작지는 3대 평원과 주강 삼각지, 사천분지에 집중되어 있다. 먼저, 동북평원(東北平原)은 송화강과 요하의 충적으로 조성되어 송료평원(松遼平原)이라고도 하며, 토양은 부식토질의 비옥한 흑토 위주이다. 농작물로는 기온이 낮고 성장기간이 짧아 밀, 옥수수, 수수, 콩 등의 곡물과 아마, 사탕무우 등의 경제작물이 주로 재배된다. 화북 (華北)평원은 황하, 회하, 해하 등의 침적토로 지층이 두텁고 비옥한 갈색토 중심으로 조성되었다. 농작물로는 밀, 수수, 면화 등과 사과, 배, 포도, 감 등의 과일이 생산된다.

장강 중하류 (長江中下流)평원은 기후조건이 좋고 강과 호수 등 수자원도 풍부하여 식물 생장에 유리하다. 농작물로는 벼, 귤, 유채, 잠두(누에콩) 등이 재배되고 담수어 생산도 많아 먹을 것이 풍부하여 어미지향 (魚米之鄕)[41)]이라고도 불린다.

한편, 주강 삼각주는 아열대 해양성 기후대에 있으며 수자원이 풍부하여 벼의 2모작이 가능하고 여지(荔枝), 바나나, 목과 (木瓜), 양도 (楊挑) 등의 과일이 생산된다. 사천(四川)분지는 주된 토양이 비옥한 자색토이며, 역시 아열대의 고온다습한 기후대에 속하여 벼의 2, 3모작이 가능하다. 유채와 귤, 유자, 사탕수수 등이 재배되며 양잠도 활발하다.

(2) 삼 림

중국의 삼림은 면적이 1억 5,894만 헥타르로 국토 면적의 16.56%를 차지한다. 삼림 복개율은 16.55%, 삼림 축적량은 112.7억 m^3이다. 대표적으로 다음의 4대 삼림지구가 있다.

먼저, 동북 (東北) 삼림지구는 최대 삼림지구로서 대흥안령, 소흥안령, 장백산 (長白山, 백두산) 지구를 포함하며 '임해 (林海)'라 불리기도 한다. 서남삼림지구는 횡단산맥, 티베트 동남, 운남 남부의 삼림을 포함한다. 남방삼림지구는 진령 이남과 운귀고원 이동의 삼림을 포함한다. 방호(防護)삼림지구는 삼북(三北), 즉 화북(華北)·서북(西北)·동북(東北)과 동남 연해 방호림을 포함한다.

(3) 초 지

초지는 4억 헥타르로 국토 면적의 가장 넓은 41.67%를 차지한다. 초지는 주로 해발 1,000~5,000 m의 고원에 분포하며 목축업에 유리하다. 주요 초지로는 최대의 천연 목장인 내몽고 초원, 신강 북부의 천산과 알타이산 사이, 청장고원 동남부의 초원 등이 있다.

3. 자연자원에 대한 평가

중국은 확실히 땅이 넓고 자원이 풍부한 나라이다. 그러나 이는 총량적 차원에서 본 것이고, 경제적 측면에서 1인당 점유량 등과 같은 상대적 차원에서 보는 것도 필요하다. 이 경우, 예를 들면 중국의 국토 총면적은 세계 제3위이지만 1인당 면적은 약 1ha로서 세계 1인당 평균면적의 3할 정도밖에 안 된다. 하천 유량은 26,000억 m^3로서 세계 제5위이지만 1인당 점유량은 2,000 m^3로서 세계 평균의 1/4 정도에 그친다. 기타 자원들의 1인당 점유량을 살펴보아도 거의 비슷한 편이다. 그러므로 중국은 결코 자연자원이 풍부하다고 보기는 어렵다.

더욱이 경제발전과 산업배치 면에서 중요한 작용을 하는 자연자원은 양보다도 질이 더욱 중요하다는 점에서, 중국의 경우는 결코 질적으로 우수한 자연자원을 갖추고 있다고 하기도 어렵다. 예를 들면, 중국의 토지자원은 양적으로 보면 매우 풍부하지만 질적으로는 그렇지 못하다. 현재의 생산력 수준에서 개발, 이용하기 어려운 고비사막과 설산 등이 국토면적의 19%에 달하며 7%를 점하는 도시, 공장, 광산, 도로 등도 재이용할 수 없다. 그리고 국토면적의 절반 이상에 달하는 건조, 반건조지역과 25.9%를 점하는 해발고도 3,000 m 이상인 고한 산지는 삼림이 빈약하여 경제적 가치가 미미하다.

또한 생태환경에서의 문제는 더욱 심각하다. 자연적 파괴와 인위적 파괴로 인하여 퇴화와 오염 정도가 매우 심각하며 계속 악화되는 추세이다. 예를 들어 상당한 토양유실이 지속되면서 대량의 광물질이 함께 유실되어 제한된 경작지 자원이 점감하고 있다. 삼림자원도 감소하고 있다. 수자원의 경우도 상대적으로 부족하고 지역적 분포도 매우 불균형적이어서 이미 적지 않은 도시가 물 부족난에 직면하고 있는 동시에 수질오염도 심각한 편이고, 사회총생산액 증가에 비례하여 공업폐수 배출량도 늘어나고 있어서 도시의 상수도원(上水道源)이 심하게 오염되어 있다.

현장 정보

■ 중국의 물부족 현상 [42)]

'치우바오싱' 중국 건설부 부부장은 국무원에서 가진 기자회견에서 "중국은 2030년께 가면 유엔환경계획(UNEP)이 지정한 '물부족 위험국가' 대열에 합류하게 될 것"이라고 지적했다.

중국은 2004년 기준으로 1인당 수자원 보유량이 2,220 m^3로서 세계 평균치의 4분의 1 수준에 불과하다. 전세계 인구의 21%를 보유하고 있지만 수자원은 7%만 갖고 있을 뿐이다. 더욱 큰 문제는 수자원 분포의 지역적 편차가 커서 체감 정도가 훨신 심각하다는 것이다.

북부지방에서는 물부족 현상이 더욱 심각해서 후앙 흐어와 후아 흐어, 랴오 흐어 유역의 물이 마른 가운데, 이들 지역의 1인당 평균 수자원 보유량은 전국 평균치의 30% 수준이다. 특히, 티엔진과 흐어베이, 샨시, 신짱 등지에서는 식물이 자라지 못할 정도로 자연생태에까지 영향을 미치는 것으로 조사되었다.

종합적으로 볼 때, 화북지방의 경우, 중구 인구의 1/3이 밀집해 있으나 수자원은 6%에 불과하다. 반면, 서남지역은 중국인구의 1/5이 거주하지만 수자원은 46%가 몰려있다.

중국의 물부족 현상은 2030년 절정에 달해, 1인당 수자원 보유량은 1,700 m^3로 급감할 것이라고 중국 당국은 전망하고 있다. 치우바오싱 부부장은 "베이징은 마구잡이식 지하수 개발로 일부 지역의 지면이 매년 1m 가량 낮아지고 있다. 우리는 현재 이자(利子, 지표수자원)뿐만 아니라 원금(元金, 지하수)까지 까먹고 있다"고 경고했다.

■ 세계 최대의 수력발전용 중국의 싼샤(三峽)댐 [43)]

양쯔강 한가운데 200km 협곡을 막은 싼샤댐 공사는 1993년에 시작해서 2009년에 완공될 예정이다. 이 댐이 완공되면 폭 1.1 km, 길이 600 km, 수위 175 m의 '인공호수'가 만들어진다. 2004년 물막이 공사에 들어간 싼샤댐은 '남수북조(南水北調, 양쯔강 이남의 물을 북부로 공급하는 프로젝트)' 사업의 일환이다. 싼샤댐의 발전용량은 2009년 완공시 1,820만 kw에 달하는데, 이는 브라질의 '이타이푸' 댐의 발전용량 1,260만 kw를 능가하는 세계 최대 규모이다.

중국정부가 문화유적 수몰, 이주민 64만명(2002년 말 현재), 생태환경 파괴 등의 부작용에도 불구하고 싼샤댐 건설에 집착하는 이유는 홍수방지, 전력생산, 항운(航運) 등 긍정적 효과가 크기 때문이다.

싼샤댐이 완공되면 10년 주기로 찾아온 양쯔강의 홍수가 100년 주기로 낮추어진다. 또 싼샤댐에서 생산되는 전기는 중부, 후아동(華東), 후아난(華南) 지역으로 송전된다. 구체적으로, 싼샤댐에서 생산되는 1,820만 kw의 발전용량 중 300 kw는 후아난 지역인 구앙동성에, 720만 kw는 후아동 지역인 샹하이시 · 지앙쑤(江蘇) · 저지앙(浙江) · 안후이(安徽)성에, 800만 kw는 중부지역인 후베이(湖北) · 후난(湖南) · 흐어난(河南) · 지앙시(江西)성에서 각각 사용될 예정이다.

■ 중국의 무분별한 지하수 개발[44)]

중국의 천연 지하담수 규모는 중국 수자원의 1/3에 달하는데, 최근 20년간 지하수 개발 규모가 연평균 25억 m^3 속도로 증가하면서 개발가능한 지하수의 53% 이상이 사용된 상태이다.

지하수를 사용하고 있는 중국 전역의 400여개 도시에서 지하수는 도시용수의 30% 가량을 차지하고 있으며, 특히 후아베이(華北)와 시베이(西北) 지역 도시들의 지하수 이용도는 각각 77%와 66%에 달한다. 그런데 장기간에 걸쳐 과도하게 지하수를 사용하다 보니 지하수 수위가 저하되고 지표면이 함몰하게 되었다.

현재 흐어베이(하북)성, 베이징, 티엔진, 산동성 등에 걸쳐 지하수 수위저하로 인한 지표면 함몰 현상이 나타났으며, 약 7만 km^2에 이르는 지하수 수위가 해수면(海水面)보다 낮아졌다.

중국 전역의 지표면 함몰지역은 100여 곳, 면적은 15만 km^2에 이르는 것으로 집계되었다. 특히, 시안(서안)에서는 7곳의 지표면이 함몰되고, 11곳에서는 상당히 큰 지표면 균영 현상가지 관찰되고 있다. 또 따리엔(대련), 친후앙다오(진황도), 칭따오(청도) 등 해안지역에서는 지하수 수면 저하로 지하수에 바닷물이 스며들어 지하수가 오염되고 있다.

제3편 산업환경과 내부환경

BUSINESS STRATEGY OF CHINA

제 9 장 산업환경 분석

이 장에서는 산업환경 분석의 기본적 내용이라 할 수 있는 산업구조 분석과 시장 분석에 대하여 고찰하기로 한다.

9-1 서 론

산업환경은 기업의 외부환경 중 기업과 직접적으로 상호작용을 하는 환경에 해당하며 산업별로 특유하다. 산업환경에 대한 분석은 환경이 기업에 주는 기회요인과 위협요인들의 종류를 파악하고 그 정도를 추정하는 것이다.

아래에서는 경쟁기업, 잠재적 진입자, 고객, 공급자 및 대체품 등을 분석하는 '산업구조 분석'과, 시장규모와 성장률 및 수명주기 등을 분석하는 '시장 분석'에 대하여 살펴보자.

9-2 산업구조 분석

산업구조 분석은 대표적으로 포터(Porter)의 '5요인 모형(Five Forces Model)'을 이용하여 주어진 산업 내에서 위협과 기회 요인들을 분석하는 방법이다.

5요인 모형은 기업이 산업에서 기대할 수 있는 잠재적 수익성이 산업간에 다르며, 이 차이는 산업을 구성하는 구조적 요인들에 의하여 크게 영향을 받는다고 본다. 이들 중요한 구조적 요인들에는 경쟁자, 잠재적 진입자, 고객, 공급자, 대체품의 다섯 가지가 있다.[1] 그림 9-1에는 기업의 산업구조와 이를 구성하는 다섯 가지 요인들이 나타나 있다.

1. 경쟁기업 분석

경쟁기업(경쟁업체)에 대해서는 그 성격과 경쟁도를 분석하여 위협 · 기회 요인을 파악해야 한다.

(1) 경쟁자의 성격

경쟁자(competitor)의 개념으로 다음 두 가지를 대표적으로 들 수 있다.[2)]

① **산업적 정의** : 동일하거나 유사한 제품(서비스)을 공급하는 기업들이며, 이들은 원료의 수급이나 유통에서도 경쟁적 관계에 선다.

② **시장적 정의** : 고객 입장에서 동일한 욕구(need)를 만족시킬 수 있는 제품을 공급하는 기업들이다.

경쟁기업들은 동일한 시장을 대상으로 경쟁하기 때문에 경쟁이 격화될수록 산업이나 시장 및 기업의 수익성은 악화될 수밖에 없다. 그러므로 경쟁도(level of rivalry)의 유형과 강도(强度) 분석이 중요하다.

그런데, 경쟁도 분석 이전에 확인할 중요한 사항 중의 하나는 경쟁자의 실질적 범주이다. 동일 산업이나 시장 내에 경쟁기업들이 존재한다고 해서 그 기업이 이들 모든 타기업(他企業)과 직접적으로 경쟁하지는 않는다는 것이 현실적이기 때문이다. 이때 필요한 개념이 위에서 본 일반적 경쟁자 개념에 추가할 전략적 정의인 '전략적 집단(strategic group)'이다.[3)] 전략적 집단이란 산업 또는 시장내 기업들 중 전략, 자원, 고객 범주 등의 면에서 그 기업과 유사성을 보이는 타기업들의 범주를 뜻한다. 즉, 그 기업으로서는 산업이나 시장 내 기업들 중 전략적 집단을 파악한 후, 그 회사가 속한 집단에 소속되어 있는 타기업들을 자사(自社)의 직접적 경쟁자로 보고, 이들 기업에 대해서 집중적으로 분석하고 대처하는 것이 효과적일 것이다.

참고로 전략적 집단을 구별하는 주요 기준으로는 제품의 가격, 품질, 특색, 제품계열(product line)의 폭과 길이, 기업의 시장점유율, 이익, 연구·개발비, 지리적 범위, 다각화 수준, 수직적 통합 수준 등이 있다.[4)]

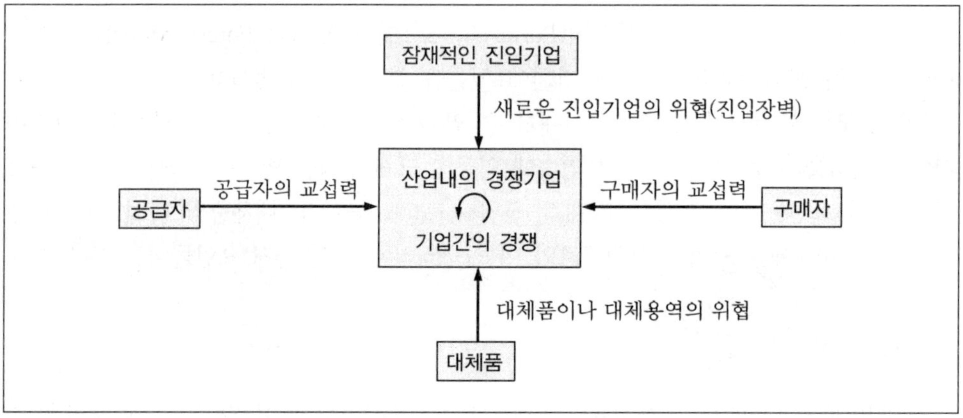

그림 9-1 기업의 산업구조[5)]

(2) 경쟁도의 결정요인

산업의 경쟁도를 결정하는 주요 요인들은 다음과 같다.[6)]

① 산업 내 경쟁의 정도는 경쟁기업 수에 비례한다. 기업 수가 많을수록 한 기업의 움직임이 다른 기업들에 의해 발견되지 않으리라 판단하기 쉬워, 경쟁 유발 전략을 채택할 이단자가 나오기 쉽다.

② 대등한 규모의 경쟁업체가 존재하는 경우이다. 규모나 자원 면에서 비슷한 경쟁기업들이 있을 경우에 서로 싸움을 벌이기 쉽고, 지속적이고 강력한 보복 조치를 취하기도 쉽다.

③ 산업의 성장률이 느린 경우이다. 산업 성장 속도가 낮으면 성장하려는 기업에서는 시장점유율을 높여야 하며, 이는 경쟁기업의 고객 쟁탈을 의미하기 때문에 경쟁이 심화된다.

④ 고정비나 저장비가 큰 경우이다. 고정비 부담이 큰 경우, 평균비용을 낮추기 위해서 대량생산을 하게 되며, 이를 소화시키기 위해 가격인하 등의 전략을 구사함으로 가격전쟁 유발 등 경쟁이 심화된다. 제품의 저장이 힘들거나 저장비 부담이 큰 경우, 재고의 최소화를 위하여 가격인하 등 역시 밀어내기 전략을 구사함으로 가격전쟁 유발 등 경쟁이 심화된다.

⑤ 제품차별화 수준이 낮은 경우이다. 산업 내 제품 간에 차별화 정도가 낮으면 고객들의 구매 기준은 가격과 서비스에 초점을 두게 된다. 이는 치열한 경쟁을 유발하게 마련이다.

⑥ 고객의 전환비용(switching cost)이 낮은 경우이다. 여기서 전환비용이란 고객이 기존 사용제품을 경쟁제품으로 대체하려 할 때 고객에게 추가되는 부담(금전적 비용, 시간 등)이다.

⑦ 생산능력을 대규모로 확충하는 경우이다. 기업이 생산능력을 한번 확장할 때마다 경제성을 위해 대규모 단위로 해야 한다면 이는 산업에의 공급과잉을 초래할 수 있다. 이는 경쟁심화를 낳게 된다.

⑧ 사업이 전략적으로 중요한 경우이다.

⑨ 높은 철수장벽(exit barriers)이 존재하는 경우이다. 산업의 철수장벽이란 투자수익률의 악화에도 불구하고 기업으로 하여금 사업을 포기하지 않고 경쟁을 지속하도록 강제하는 경제적, 전략적 또는 정서적 요인을 의미한다.[7)] 기업의 철수장벽이 높을수록 기업은 산업 내에서 배수진을 친 입장임으로 공세적 경쟁을 펼 가능성이 높다.

참고로 철수장벽의 주요 예를 들면, 다른 용도로는 사용할 수 없거나 처분가치가 아주 낮은 전문적 용도의 자산을 보유하고 있는 경우, 노사 협약을 준수하여야 하는 경우, 경영진이 자부심·공포심 등 심리적 이유로 기존 사업에 애착을 가지는 경우, 복수 사업부나

기업집단의 경우에 기업 이미지를 실추시킬 우려가 있거나 공유하는 설비 · 유통경로 · 판매조직 등이 있는 경우 등을 들 수 있다.[8)]

현장 정보

■ 경쟁도 심화 : 경쟁 심화되는 중국 자동차 시장[9)]

[자동차시장 성장률 10% 대로 둔화]

2002년 이후 급속한 성장세를 보였던 중국의 자동차 시장은 2004년 들어 성장이 둔화되기 시작하는 등 새로운 국면을 보이고 있다. 중국이 2001년 WTO에 가입한 이후 자동차 산업은 2002년 37.1%, 2003년 38.4%를 기록하는 등 폭발적 수요증가를 보였으나 2004년에는 판매가 13.3%의 증가에 그쳤다.

자동차 수요증가가 둔화되면서 자동차 업체들은 경쟁적으로 자동차 가격을 인하하는 등 판매경쟁이 치열해지고, 2002년 소비자는 추가 가격인하에 대한 기대로 자동차 구매를 미루었다.

또한 2004년에 자동차 판매량이 60만대 증가하였는데도 불구하고 이익은 전년대비 8% 감소하였다. 이러한 이익 감소는 6년 만에 처음인데, 이는 주요 원자재가격 상승으로 인해 생산원가가 10~15% 정도 증가했는데 비해 업체간 경쟁이 치열해짐에 따라 판매가격은 11%나 감소하였기 때문이다.

자동차 수요 및 판매이익 감소 추세는 2005년에도 계속되었다. 2005년 1~2월중 자동차 판매는 전년 동기 대비 6.9% 감소하였다. 이러한 판매 감소로 동 기간 자동차 산업의 총이익은 전년 동기 대비 61.5% 감소하였다. 동 기간 중 상위 34개의 자동차업체 중 10개는 이익이 감소하였고 13개 업체는 손실을 보았다. 자동차부품 산업의 이익도 10년 만에 처음으로 전년 동기 대비 20% 감소하였다.

[자동차 초과공급과 경쟁 심화]

2002~2003년의 급격한 자동차 수요증가에 부응하여 자동차 업체들은 생산능력 확대를 위해 130억 달러를 투자하였고 이미 대부분 투자가 완료되었거나 건설 중에 있다. 이러한 투자증가에 힘입어 2005년 말 중국의 자동차 생산량은 전년 대비 20% 증가한 6백만 대가 될 것으로 전망되어, 중국은 독일을 제치고 미국과 일본에 이은 세계 3위의 자동차 생산국이 될 것으로 예상된다.

그러나 2005년 중국의 자동차 수요 증가가 12%에 그치면서 자동차 업체들의 경쟁은 더욱 치열해지고, 시장점유율을 높이기 위한 추가적 자동차 판매가격 인하가 잇따를 것으로 전망된다.

더욱이 2005년에는 WTO 가입약정에 따라 자동차에 대한 수입할당(쿼터)제를 폐지하고 수입관세도 2004년의 37.6%에서 30%로 낮춤에 따라 자동차 수입이 30%나 증가할 것으로 전망되어 자동차 시장의 판매경쟁은 어느 때보다 치열해질 전망이다.

(3) 분석 내용

기업은 주요 경쟁자들의 기업 활동을 분석할 필요성이 있다. 즉, 경쟁기업들의 전략, 제품가격, 품질, 서비스, 기술, 임금 등의 제반 사항에 대하여 끊임없이 추적하여야 한다.

2. 잠재적 진입자 분석

잠재적 진입자에 대해서는 그 성격과 진입 장벽을 분석하여 위협 · 기회 요인을 파악한다.

(1) 잠재적 진입자의 성격

잠재적 진입자(potential entrants)는 현 시장에 경쟁기업으로 진입할 가능성이 상당한 정도인 기업을 가리킨다. 새로운 진입자는 새로운 능력, 고객을 확보하려는 의지, 그리고 종종 상당한 자원을 가지고 들어오면서 기존 경쟁기업들에 대해 공세적 경쟁을 시도하기 쉽다. 그러므로 이에 대한 적절한 분석이 필요하다.

잠재적 진입자의 위협 수준은 산업의 '진입장벽(entry barrier)'과 기존 기업들의 대응 수준에 달려 있다. 즉 진입장벽이 높거나 기존 기업들이 신규 기업에 대항하는 수준이 강력할 것으로 예상되는 경우에는 진입 가능성이나 그 위협 수준이 낮아진다. 여기서 진입장벽이란 산업에 새로운 기업이 진입하는 데 장애가 되는 요인들을 뜻한다.[10)]

(2) 진입장벽 결정요인

다음은 산업의 주요한 진입장벽들이다.[11)]

① 기존 기업들이 규모의 경제(economies of scale)를 누리는 경우이다. 규모의 경제는 기업이 활동 수준을 높이면서 제품의 고정비용이 분산되어 제품의 평균비용(단위당 비용)이 낮아지는 현상을 가리킨다.[12)] 신규 진입자 역시 규모의 경제 효과를 얻기 위하여 대규모로 진입한다면 기존 기업들의 격렬한 반격에 직면할 수 있다. 한편, 신규 진입자가 소규모로 진입한다면 이번에는 기존 기업들에 비해 비용상의 불리를 겪어야 한다.

② 기존 기업들이 규모의 경제 외 다른 주요 비용 면에서도 우위를 누리는 경우이다. 기존 기업들은 규모의 경제 외 다른 비용 항목들에서도 신규 진입자가 얻기 어려운 강점을 보이는 상황이 흔하다. 그러한 비용 항목들의 예로는 특허나 노하우 같은 독점적 제조기술, 원자재에 대한 유리한 접근, 유리한 입지, 숙련된 인적 자원, 정부의 지원금 등이 있다.

③ 기존 기업들의 제품차별화 수준이다. 기존 기업들의 제품들은 신규 기업의 제품들이 쉽게 얻기 힘든 상표 인지도, 소비자 충성도 등을 누리고 있다.

④ 소요자본 규모이다.

⑤ 전환비용이다.

⑥ 기존 판매망의 견고성이다.

⑦ 정부의 규제정책이다.

3. 고객 분석

고객에 대해서는 그 성격과 협상력을 분석하여 위협·기회 요인을 파악해야 한다.

(1) 고객의 성격

소비자 등 구매자 또는 고객은 기업의 제품이나 서비스를 구매하는 개인이나 조직이며, 현재의 고객뿐만 아니라 잠재적 고객까지 포함한다. 오늘날 기업의 경영전략은 고객 중심적이어야 한다. 고객의 중요성은 시장이 과거에 생산자 중심 시장이었던 상태에서 경쟁 심화에 따라 소비자 중심 시장으로 변천했기 때문이다.[13)]

산업구조 면에서 기업은 고객과 역학적 관계도 지니고 있다. 고객은 기업에 대해 구매에 관하여 협상력을 가질 수 있으며, 이는 산업의 수익성에 직접적 영향을 준다. 기업에 대한 구매자의 협상력을 결정하는 주요 요인들은 다음과 같다.

(2) 고객 협상력 결정요인

고객이 기업에 대해 상대적으로 강한 협상력을 가지는 경우들을 구체적으로 보자.[14)]

① 고객이 기업에서 구매하는 수량이 기업 입장에서 상당히 클 경우이다.

② 고객이 구매하는 제품이 고객 입장에서 원가 또는 구매 총량중 비중이 클 경우이다. 이 경우, 고객은 유리한 구매조건을 얻기 위해 기업과 경쟁업체들 간에 경쟁을 시키는 등 상당한 노력을 할 것이기 때문이다.

③ 구매 제품이 표준형 또는 비차별화 제품일 경우이다. 이 경우에도 고객은 경쟁업체들 간에 경쟁을 시킬 것이기 때문이다.

④ 고객이 구매처를 변경할 때 부담할 전환비용이 크지 않을 경우이다.

⑤ 고객의 기존 이익이나 수익성이 낮을 경우이다. 이 경우에 고객은 현상 타개를 위한 방안의 하나로서 구매 제품의 단가를 낮추려는 시도를 강하게 할 것이기 때문이다.

⑥ 고객이 구매 제품을 자체적으로 생산할 능력이나 자원을 보유하는 경우이다. 이 경우, 고객은 자체 생산 안을 무기로 단가 인하요구 등을 강하게 할 수 있기 때문이다.

⑦ 구매 제품이 고객의 사업에서 중요한 역할을 하지 않을 경우이다.

⑧ 고객이 구매 제품의 수요, 시장가격, 공급원가 등에 대해 상세한 정보를 확보한 경우이다. 이 마지막 경우는 특히 인터넷 발달에 힘입은 바 크다.

사 례

■ 제품 경쟁력을 이용한 대(對) 고객 협상력 우위 - 오리온 식품 社[15)]

1997년 하북성 랑방에 초코파이 제조공장을 세워 진출한 오리온식품은 제품경쟁력우위를 바탕으로 현금결제를 고수했으며, 외상거래를 요구하는 대리점에게는 제품가격을 할인해주는 한이 있더라도 현금결제를 요구하였다. 대리점 선정시에도 시장지배력은 좀 낮지만 현금결제 조건을 충족할 수 있는 대리점을 선택했다. 초코파이에 대한 소비자들의 반응이 좋기 때문에 나중에는 시장지배력이 있는 대리점들과도 거래가 가능해졌다.

■ **협상력 우위 고객 – 대형 외국 유통기업들**[16)]

현재 약 300개에 달하는 중국내 외국유통기업들은 다국적기업의 창고식 할인매장과 슈퍼마켓을 제외하면 대부분 적자경영을 면치 못하고 있는 형편이다. 그만큼 대형 할인매장 소매기업의 영향력은 커지고 있다.

중국 연쇄업 경영협회 곽과평(郭戈平) 회장도 중국내 유통시장에 대해 "최근 중국에 진출한 외국투자 소매기업은 일정한 적응시기를 지나 대규모 확장 단계에 이미 들어섰고, 외국 투자 소매 기업의 대형 종합 매장의 성공은 많은 중국기업으로 하여금 대형 종합 매장의 미래를 긍정적으로 보게 했다" 설명했다. 그러므로 한국기업들도 중국의 소매 유통시장에 진입하기 위해서는 이들 대형 소매업체들에 대한 제품 공급 방법을 마련하여, 중국 내수 시장 진출에 교두보를 마련할 필요가 있다.

특기할 것은 이들 대형 할인매장이 가격에 매우 민감하기 때문에 수입 제품보다는 중국에서 생산된 제품들을 선호하며, 납품 조건이 까다로운 점등을 감안하여 유통시장 전문 마케터 또는 회사를 통한 공급 방식을 모색해야 할 것이라는 지적이다.

---

(3) 분석 내용

고객에 대한 분석 항목으로는 고객의 구매동기, 소비성향, 특정 제품에 대한 고객의 만족도 등이 포함되며 이들의 현황뿐만 아니라 추세분석까지도 해야할 필요가 있다.

4. 공급자 분석

공급자에 대해서는 그 성격과 협상력을 분석하여 위협 · 기대요인을 파악한다.

(1) 공급자의 성격

공급자(suppliers, 공급업자, 공급업체)는 기업의 제품 생산과 운영에 필요한 원자재, 원료, 부품, 반제품 등을 제공하는 기업이다. 공급자의 자원 공급능력, 안정성, 가격 등은 기업이 생산원가와 가격 안정성에 직접적으로 영향을 미친다. 공급자가 기업이 필요로 하는 시점에 공급을 못하거나 중도에 사업을 그만두거나 하면 기업은 적지 않은 타격을 받기 때문이다.

산업구조 면에서 기업은 공급자와도 역학적 관계를 가진다. 공급자는 기업에 대해 공급 원자재 등의 제품에 대하여 협상력을 가질 수 있으며, 이 역시 산업의 수익성에 직접적 영향을 준다.[17)]

기업에 대한 공급자의 협상력을 결정하는 주요 요인들은 다음과 같다.

(2) 공급자 협상력 결정요인

공급자가 기업에 대해 상대적으로 강한 협상력을 가지는 경우들을 보자.[18)]

① 산업내 공급자는 소수로 집중되어 있는 반면에 구매 기업들은 다수로 분산되어 있는 경우이다.

② 공급 제품에 대한 대체품이 존재하지 않는 경우이다.

③ 공급자 입장에서 구매 기업이 중요한 고객이 아닌 경우이다.

④ 기업 입장에서 공급 받는 제품이 중요한 자원이 되는 경우이다.

⑤ 공급 제품이 차별화된 경우이다.

⑥ 공급 제품에 대한 기업의 전환비용이 큰 경우이다.

⑦ 공급자가 제품을 기존 기업에 공급하지 않고 직접 최종 소비자에게 공급할 수 있는 능력이나 여건을 보유한 경우이다.

(3) 분석 내용

공급자에 대한 분석 항목으로는 다음과 같은 것을 들 수 있다.

① 공급업체 간의 담합이 있을 경우 기업의 원가 부담을 가중시킬 수 있기 때문에 이 점에 대한 분석이 필요하다.

② 공급업자들과 좋은 관계를 유지하는 것이 중요하며 하청업자일 경우, 장기적으로는 금융적, 기술적 지원을 하여 하청업체의 존속 및 성장에 기여하도록 하는 것이 유리하다.

③ 공급업자의 수에 대한 전통적 견해는 공급업자에 대한 의존성을 줄이기 위하여 공급업체 수가 많을수록 좋다는 것이었다. 그러나 공급업자 수의 과다는 관련 협상비용 과다라는 부작용이 더 클 수도 있음이 증명되었다. 한 예로 1980년에 제록스(Xerox)사는 전세계 5천개의 부품업체와 거래하고 있었는데, 이 부품업체 수를 줄여가면서 오히려 조달비용은 줄어들며 품질은 높아지고, 공급업체들과의 협조관계는 향상되는 효과를 보았다.[19)]

5. 대체품 분석

대체품(substitutes)은 자사(自社)의 상품과 속성이나 소비방식 면에서 직접적 경쟁상품은 아니지만, 소비자 입장에서는 기존 욕구를 충족시킬 수 있는 대안적 상품을 가리키며, 자사의 판매이익에 영향을 미치는 상품을 가리킨다. 대체품은 가격 외에 품질 면에서도 경쟁력을 지닐 수 있기 때문에, 기존 대체품뿐 아니라 잠재적 대체품이나 대체품의 출현 가능성에 대해서도 분석할 필요가 있다.[20)] 만일 경쟁력 있는 양질의 대체품이 존재한다면 이는 자사에 상당한 위협이 된다.

표 9-1에는 이상에서 살펴본 산업구조 분석을 위한 다섯 가지 요인들을 위협 요인과 기회요인으로 나누어 정리되어 있다.

표 9-1 외부 경쟁요인 평가[21)]

구 분	위협 요인	기회 요인
경쟁자 분석	• 경쟁자 다수 • 강한 경쟁자는 동등한 수준 • 경쟁자들의 성격 다양 • 산업 매출의 둔화 • 높은 고정비용 또는 높은 재고유지 비용 • 차별화 부재 또는 전환비용 부재 • 생산확충 단위가 대규모 • 사업의 전략적 중요성이 큼. • 높은 철수장벽	• 경쟁자 소수 • 경쟁자들이 하나 또는 소수 • 경쟁자들의 성격 유사 • 산업 매출의 급성장 • 낮은 고정비용 또는 낮은 재고유지 비용 • 차별화 또는 상당한 전환비용 • 생산확충 단위가 소규모 • 사업의 전략적 중요성이 적음. • 낮은 철수장벽
잠재적 경쟁자 분석	• 규모의 경제가 작음. • 다른 비용들 면에서 불리하지 않은 신규 진입자 • 기존 제품들의 높은 차별화 • 소요자본 소규모 • 최소 전환비용 • 개방된 유통경로 • 정부 규제 최소화	• 규모의 경제가 큼. • 다른 비용들 면에서 불리한 신규 진입자 • 기존 제품들의 낮은 차별화 • 소요자본 대규모 • 상당한 전환비용 • 통제된 유통경로 • 상당한 정부 규제
고객 분석	• 구매수량 대규모 • 구매품이 고객의 원가나 구매 총량중 높은 비중 차지 • 표준형 또는 비차별화 구매품 • 고객의 낮은 전환비용 • 고객의 기존 이익이나 수익성 저조 • 구매품의 자체생산 능력이나 자원 보유 고객 • 구매품이 고객 사업에서 미미한 기능 담당 • 구매에 관련된 상세한 정보를 보유한 고객	• 구매수량 소규모 • 구매제품이 고객의 원가나 구매 총량 중 낮은 비중 차지 • 차별화 구매품 • 고객의 높은 전환비용 • 고객의 기존 이익이나 수익성 우량 • 구매품의 자체생산 능력이나 자원 미보유 고객 • 구매품이 고객 사업에서 중요한 역할 담당 • 구매에 관련된 제한된 정보만 보유한 고객
공급자 분석	• 소수의 집중된 공급자와 다수의 분산된 구매기업 • 공급제품에 대한 대체품 부재 • 공급자의 중요한 고객이 아닌 구매기업 • 구매기업의 중요한 자원인 공급품 • 공급품의 차별화 • 공급품에 대한 높은 전환비용 • 제품의 최종소비자에 대한 직접공급 능력을 보유한 공급자	• 다수의 분산된 공급자 • 공급 제품에 대한 대체품 존재 • 공급자의 중요한 고객인 구매기업 • 구매기업의 부차적 자원인 공급품 • 공급품의 비차별화 • 공급품에 대한 낮은 전환비용 • 제품의 최종소비자에 대한 직접공급 능력을 보유하지 않은 공급자
대체품 분석	• 경쟁력있는 양질의 대체품의 존재	• 경쟁력있는 양질의 대체품의 부재

9-3 시장 분석

시장분석은 시장 참가자들에 대한 시장의 매력도(attractiveness)를 파악하고 평가하기 위하여 대상(對象) 시장의 주요 특성을 확인하는 것이다. 다음은 그 특성들이 나타나는 주요 차원들이다.[22)]

① 시장 규모와 성장률 ② 시장 수익성
③ 원가구조 ④ 유통구조
⑤ 시장 추세 ⑥ 수명주기

위 특성들 중 시장규모와 성장률, 수명주기에 의한 시장분석에 대하여 간단히 알아보기로 하자.

1. 시장규모와 성장률 분석

시장의 규모는 일반적으로 매출로 측정하며, 이 안에서 기업의 매출규모가 정해지기 때문에 시장규모의 파악은 시장분석의 출발점이 된다.

필요 정보의 종류로는 ① 총규모 외에 세분시장별 규모도 알 필요가 있다. ② 현재 규모 외에 잠재적 규모도 추정할 필요가 있다. 잠재적 규모란 그 제품에 대한 신규 고객, 새로운 용도, 기존고객에 의한 보다 빈번한 이용 등으로 현 규모에 비해 추가될 수 있는 규모를 말한다.

시장규모를 파악한 이후에는, 시장성장률을 추정한다. 즉, 시장규모의 미래 변화를 추정하는 것이다. 이 때 중요한 사항으로는 ① 시장수요를 추정하는데 바탕이 되는 추정요인들을 파악하는 것이 필요하다. ② 시장수요의 변환점 파악이 중요하며 이에 도움을 줄 수 있는 자료로는 인구통계적 자료, 관련 제품의 판매 양태 등이 있다.[23)]

현장 정보

■ 시장성장률 예측 자료 : 반도체 시장, 필름 시장

[반도체 시장] [24)]

중국의 반도체 시장은 앞으로 5년에서 10년 정도 큰 폭의 성장을 이룰 것으로 예측되었으며, 구체적으로는 반도체에 대한 수요금액이 2005년에 3천억 위엔(360억 달러), 2010년에는 9,820억 위엔(1,180억 달러)에 달할 것으로 추정되었다.

한편, 중국의 WTO 가입으로 관세를 감축해 나간다면 반도체 등 수입제품의 가격이 하락할 것이며, 이는 수요의 가격탄력성이 높은 제품들의 경우에 시장규모가 성장할 것으로 전망할 수 있다.

[필름 시장][25)]

중국의 필름 시장은 1997년부터 1999년까지 80% 이상 성장을 이루었다. 그리고 중국 가정의 카메라 보유비율이 2004년 기준 아직 2할 정도에 그치고 있다. 그러므로 앞으로 중국 필름시장의 성장잠재력은 상당히 클 것으로 전망된다.

---

2. 수명주기 분석

일반적으로 제품 수명주기(product life cycle)라고 하는 개념은 제품판매로 대표되는 기업의 활동이 시간적으로 네 가지 수준에 따라 단계적 진화를 나타내는 현상을 가리킨다. 그 일반적 내용을 정리하면 다음과 같다.[26)]

① **도입기 :** 제품이 처음 시장에 소개되는 시기이다. 신제품에 대한 인지도가 높지 않고 유통이 제한되어 판매가 완만하게 증가하는 편이다. 촉진활동과 유통경로 확충 등 시장개척 활동에 고비용이 투입되어 수익성은 없거나 매우 낮게 나타난다. 시장개척 초기이기 때문에 경쟁자의 수는 적은 편이다. 시장의 세분화도 제한적이다.

② **성장기 :** 상품이 널리 알려지면서 매출성장이 가속되는 시기이다. 시장세분화가 가속된다. 경쟁자들이 다수 진입하여 시장점유율 확대경쟁이 본격화된다. 경쟁증가에 따라 비용이 증가하지만, 시장확대로 매출도 확대되어 수익성은 개선된다.

③ **성숙기 :** 제품에 대한 신규수요가 한계에 도달하고 판매의 대부분이 재구매로 이루어지면서 매출성장은 둔화되는 시기이다. 시장성장은 표적시장의 인구증가에 의존한다. 시장점유율을 유지하기 위한 경쟁이 심화되어 수익성은 안정화되거나 점감한다. 경쟁자간 차별화가 확립되며 이에 따라 수익성 차이도 상당해진다. 이 시기는 일반적으로 다른 시기에 비해 긴 편이며, 많은 제품군에서 장기적으로 지속되는 편이다.

④ **쇠퇴기 :** 제품에 대한 수요가 궁극적으로 하락하는 시기이다. 이는 소비자 욕구의 변화, 신제품이나 대체품의 등장 등에 기인한다. 일반적으로 수익성이 떨어지며 이에 따라 열위 기업은 시장에서 퇴출된다.

사 례

■ 경쟁도 : 맥주시장 동향[27)]

[맥주시장 개관]

중국에서 최초의 맥주 양조는 1900년에 하얼빈에서 시작되었지만 1949년에 공산화되면서 모든 양조장들은 국유화되었다. 이윽고 1960년대에 일어난 문화혁명은 맥주산업에 철퇴를 가하였다. 맥주 소비가 이른바 부르조아적 쾌락으로 매도되었기 때문이다. 그러다가 맥주가 복권된 것은 덩시아오핑의 경제개혁기인 1970년대 말에 이르러서였다.

이후 맥주시장은 성장하면서 1985~1995년 기간에는 매 5년마다 생산이 20% 넘게 증가하였고, 1997~2003년 기간에는 판매가 23% 이상 늘어났으며, 특히 2002년에는 시장규모가 1,639억 8천만 위엔으로 세계 최대에 이르렀다. 2003년에는 맥주 소비가 전년 대비 5% 이상 성장한 240억 리터에 달하였으며 이는 미국과 유럽 시장의 정체와 대조되었다.

그러나 중국의 맥주시장은 세계 최대 규모임에도 불구하고 1인당 소비량은 아직 상대적으로 크게 낮아 2003년도에 18.76리터였다. 이와 비교하면, 미국은 84리터, 서유럽은 75리터, 한국은 44.5리터, 일본은 41.9리터, 홍콩은 29리터였다. 중국의 맥주시장은 크게, 고급 · 중급 · 하급의 세 시장으로 세분할 수 있다. 이중 고급 시장은 전체의 5% 정도에 불과하지만 경쟁도는 매우 높다.

[외국 맥주 제조회사들의 진입]

현재 중국의 맥주산업에는 대형 다국적 기업들인 Anheuser-Busch(미국), SABMiller(영국), Interbrew(벨기에), Carlsberg(덴마크), Heineken(화란) 등이 각축을 벌이는 한편, 중국 현지의 중소형 지방 기업들이 전략적 제휴 등으로 대항하면서 격심한 경쟁이 벌어지고 있다.

많은 외국기업들이 1990년대 초부터 진입하면서 대규모 투자를 하였는데, 그중 상당수가 큰 손실을 보았고, 일부는 철수까지 하였다. 대표적 사례로 Carlsberg는 2년 만에 2천만 달러의 손실을 보았고 Foster(호주)는 1억2천5백만 달러가 넘는 손실을 입고 시장을 떠났다.

진입한 국제적 외국 업체들 대다수가 성공을 거두지 못한 원인으로 여러 가지가 지적되었다. 국제화와 문화적 문제, 가격 민감성, 상표(brand) 인식도, 낙후된 하부구조, 과도한 촉진비용, 사업전략상 오류, 소비자행동에 대한 오판 등이 그 주요한 것들이다.

[토속업체들의 동향]

중국 현지의 토속 맥주회사에는 칭따오(Tsingtao), 하얼빈, 이옌징(Yanjing), 차이나 리소시스(China Resources) 등이 있다.

현지 선도기업인 '칭따오'는 1903년에 독일 기술로 청도에 설립된 오랜 역사를 지니며, 동명 상표 맥주는 시장 점유율 13%로 시장선두 상표이다. 이 회사는 일찍이 수출에도 노력을 기울여 세계적으로도 알려졌으며, 중국산 맥주수출의 8할을 차지한다.

China Resources는 지역적으로 중부와 동부의 선두업체이며, 동북부 지역에는 '하얼빈'이란 토속업체가 선두업체이다. 토속업체들은 외국업체들의 전략적 동업전략에 대항하여 같은 전략으로 응수하였다.

[전망]

외국업체들과 토속업체들에게 똑같이 중국 맥주시장은 조세(租稅)장벽의 축소로 경쟁이 심화될 전망이다. 중국의 일반관세가 1992년의 43.2%에서 2002년에 12%로 대폭 감축되었으며 2005년에는 다시 10%대로 내려갔기 때문이다. 또한 '내국민 대우' 원칙에 따라 외국업체들에게도 동일한 조세를 적용하기로 중국정부가 약속하였다.

제10장 내부환경 분석

이 장에서는 기업의 내부환경을 분석하는데 필요한 내부분석 준비와 내부분석 방법 등에 대하여 고찰하기로 한다.

10-1 서 론

기업(조직)의 외부환경을 분석한 다음에는 내부환경에 대한 분석이 필요하다. 내부 분석은 기업이 목적(또는 사명)을 위해 보유한 특성들을 파악하고 평가하는 과정으로서, 경쟁 우위의 중요한 원천의 하나가 되는 기업 내부환경의 강점과 약점을 파악하는 것을 목적으로 한다. 이를 위해서는 기업이 보유한 자산과 기술 그리고 영위하는 과업활동을 분석해야 한다. 여기에는 기업이 가진 자원(resources), 능력(capabilities), 그리고 핵심역량(core competences) 등의 분석이 포함된다.[1]

아래에서는 먼저 기업의 내부분석을 위한 준비를 살펴본 후, 내부분석방법으로서 가치사슬 분석과 내부감사 등을 살펴보자.

10-2 내부분석 준비

내부분석을 위해서는 사전에 내부분석 자료를 파악하고 내부환경의 강 · 약점 개념을 이해해야 한다.

1. 내부분석 자료

(1) 기업 자원

기업 자원이란 기업이 제품 또는 서비스를 고객에게 개발, 제조, 전달하는 과정에서 투입하여 사용할 수 있는 모든 자산들을 가리킨다. 다음은 기업 자원의 종류이다.[2]

1) 기업 자원의 종류

① 물적 자원 : 유형 자산, 즉 건물, 설비, 기계 등 유형 고정자산, 원재료 등

② 인적 자원 : 조직원들의 특성, 경험, 지식, 정보, 기술, 판단력, 능력, 역량 등

③ 재무 자원 : 자본, 금융자산, 보유 현금, 부채조달 능력 등

④ 무형 자원 : 명성, 상표, 등록 디자인, 특허 등 산업재산권, 저작권 등 지적재산권, 데이터베이스 등

⑤ 조직 · 문화적 자원 : 기업의 역사, 문화, 작업 체계, 관계, 정책, 신뢰도, 보고 체계 등

2) 기업 자원의 경쟁우위 요건

기업이 보유한 자원을 산업 내에서 유지 가능한 경쟁우위 확보로 연결시키려면 경쟁기업들과는 다른 속성을 지녀야 할 것이다. 그렇게 요구되는 주요한 특성은 다음과 같다.[3]

① 가치 : 우량한 기업자원은 기업의 외부상황을 기업에 유리한 방향으로 전환시키거나 부정적 외부상황을 무력화시키는 데 효과적이어야 한다.

② 희소성 : 우량한 기업자원은 이를 보유한 경쟁기업들에게는 없거나 최소여야 할 것이다.

③ 비모방성 : 우량한 기업자원은 이를 경쟁기업이 쉽게 모방하기 어려워야 할 것이다.

④ 활용성 : 우량한 기업자원은 기업조직이 해당 자원을 효과적으로 활용할 체계를 갖추어야 할 것이다.

⑤ 비대체성 : 우량한 기업자원은 이에 대한 대체 자원이 나타나기가 어려워야 할 것이다.

(2) 기업 능력

기업 능력이란 조직원들에 의하여 규칙적, 반복적으로 자원을 투입하여 제품 · 서비스로 전환시키는 활동 양식의 체계를 뜻한다. 다음은 기업 능력의 두 가지 주요 특성이다.[4]

① 기업 능력의 측정이 성과에 대한 효과성과 효율성 측면에서 이루어진다.

② 기업 능력의 창출이 기업 활동 과정에서 조직원 간, 그리고 조직원과 여타 기업 자원 간의 복잡한 조정활동에 의하여 이루어진다.

(3) 핵심 역량

기업의 핵심 역량이란 기업능력 중 경쟁우위 확보에 핵심적 원천 요인이 되는 기업

특유의 능력을 말한다. 기업능력 중 핵심 역량이 되기 위해서는 대표적으로 다음 몇 가지 요건을 갖추어야 한다.[5)]

① 고객에게 우월하고 실질적 효용을 제공하는 데 기여하여야 한다.

② 한 부문(제품·서비스, 사업)에서의 특유 능력이 기업의 다른 부문들에도 공유되어야 한다.

③ 지속적 기업활동의 결과로 축적된 지식과 경험 등을 토대로 장기적으로 형성되며, 일단 형성된 핵심역량 역시 장기적으로 유지되는 관성을 띠어야 한다.

④ 경쟁자들이 모방하기 어려워야 한다.

2. 내부환경의 강·약점 개념

내부분석에서 기업이 보유한 내부환경 구성요소들인 자원, 능력, 핵심역량을 분석하는 것은 이들이 기업의 경쟁 우위를 확보하는 데 유리한 강점으로 작용할지, 아니면 결핍되거나 불량하여 장애가 되는 약점으로 작용하는 지를 파악하여 대처하려는 목적에서이다.

여기서 약점들은 원칙적으로는 모두 개선시켜야 하지만 소요 비용, 시간, 조직·문화적 문제 등 현실적 제한이 있을 경우에 우선순위를 정해 처리하도록 한다.

그런데 내부분석에서 강·약점이 되려면 다음 네 가지 요건이 필요하다는 점에 주목하자.[6)]

① 과거의 성과 추세

② 기업의 특정 목표

③ 경쟁자들과의 비교

④ 전략 결정자 또는 외부 전문가의 개인적 의견

10-3 내부분석 방법

기업이 보유한 내부자원을 분석하기 위한 방법이 여러 가지가 있을 수 있는데, 여기서는 그중 유력한 방법 두 가지인 가치사슬분석과 내부감사를 소개하기로 한다.

1. 가치사슬 분석

기업의 존재 근거의 하나는 고객 만족이다. 고객은 제품·서비스로부터 어떠한 효용이나 가치를 얻기를 원한다. 고객이 추구하는 이러한 가치를 고객 가치(customer value)라 하며, 기업의 기능은 이 가치를 창출하여 제공하는 것이다. 여기서 내부 분석은 기업이 고객가치를 창출하기 위하여 동원하는 내부 환경의 강·약점을 분석하는 것이며, 가치사슬(value chain) 분석이 그러한 방법 중의 하나로 활용될 수 있다.

포터(Porter)가 개발한 가치사슬 분석은 그림 10-1에 나타나 있는데, 기업 활동을 고객 가치를 제공하는 일련의 과업 활동들(functional activities)로 간주하고, 이 활동들을 분석하여 고객 가치를 증대시킬 방안들을 모색하는 것이다. 과업활동별로 고객 가치를 창출하는 동시에 비용을 소모한다는 점에서, 과업활동별 평가는 이윤(=고객 가치−비용) 극대화 기준에서 이루어진다. 이 결과, 과업활동 분야별로 강·약점이 파악되고 평가된다.[7)]

가치사슬 분석에서 기업 활동을 구성하는 과업 활동들은 크게 5개의 본원적 활동들(primary activities)과 4개의 지원 활동들(support activities)로 나뉜다. 전자는 실제로 고객 가치를 창출하는 기능들이며, 후자는 전자를 지원하는 기능들이다.

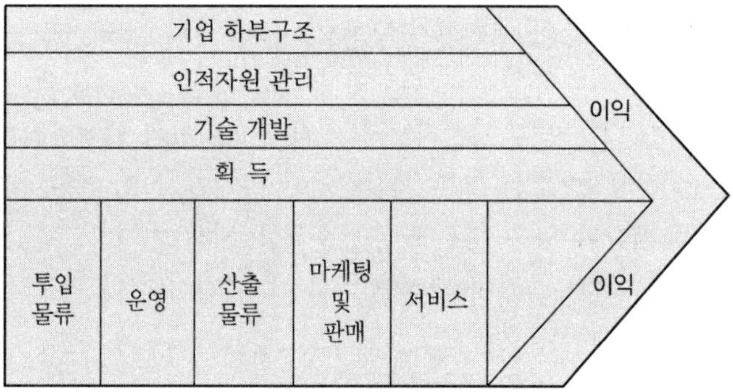

그림 10-1 가치사슬[8)]

(1) 본원적 활동

본원적 활동에는 다음과 같은 5가지 활동이 포함된다.[9)]

① 투입 물류(inbound logistics) : 자원을 사업에 투입하는 활동

② 운영(operations) : 투입된 자원을 제품으로 전환하는 활동

③ 산출 물류(outbound logistics) : 제품을 고객에게 배달하는 활동

④ 마케팅 및 판매 : 제품을 출시 및 판매하는 활동

⑤ 서비스 : 고객들에게 제품 관련 서비스를 제공하는 활동

(2) 지원 활동

지원 활동에는 다음과 같은 4가지 활동이 포함된다.[10)]

① 획득(procurement) : 본원적 활동에 투입될 다양한 자원을 확보하는 활동이며, 조직 내 여러 부문에서 발생

② 기술 개발 : 본원적 활동에 적절한 기술적 지원이 이루어지도록 하는 활동

③ 인적자원 관리 : 본원적 활동에 적절한 능력 및 동기를 갖춘 인력을 제공하는 활동

④ 기업 하부구조(firm infrastructure) : 본원적 활동들을 효과적이고 효율적으로 관리하는 데 필요한 일반관리(general management)를 토대로 재무, 회계, 정보처리, 품질관리, 사법관계, 대외관계 활동 등을 포함한다.

표 10-1과 표 10-2는 본원적 활동들과 지원 활동들을 분야별로 평가하는 주요 질문들이다.

표 10-1 본원적 활동 평가[11)]

활 동	평가 질문
투입 물류	• 물자관리 시스템의 존재 여부와 그 운영의 효율성 • 재고관리 시스템의 유형과 그 운영의 효율성 • 원재료의 처리방식과 그 저장 방식 • 원재료의 처리와 그 저장의 효율성
운영	• 설비의 경쟁자 대비 생산성 • 공장 배치의 유형과 효율성 • 품질관리와 원가절감용 생산관리 시스템의 존재여부 및 그 운영의 효율성과 적절성 • 생산공정의 자동화 수준의 적절성
산출 물류	• 완제품 배달의 적시성 • 완제품 배달의 효율성 • 완제품 저장의 효율성
마케팅 및 판매	• 고객세분시장과 욕구확인용 마케팅 조사의 효과성 • 판매촉진과 광고의 혁신성 • 유통경로의 대안 평가 여부 • 판매조직의 능력과 그 동기부여 수준 • 기업 이미지 수준 • 고객의 상표충성도 수준과 그 개선 필요성 여부 • 참여하고 있는 세분시장에서의 지위
서비스	• 제품개선용 고객의견 요청의 효율성 • 고객불만처리의 즉각성과 효율성 • 판매후 서비스와 그 정책의 적절성 • 고객교육과 서비스 관련 직원 교육의 적절성 • 소모품 부품과 수리 서비스 제공의 효율성

표 10-2 지원활동 평가[12)]

활동	평가 질문
획득	• 필요 자원 조달용 대안적 원천 개발 여부 • 자원 조달의 적시성 • 대자본 소유 자원 조달 절차의 효율성과 적절성 • 리스와 구매 간 선택 결정기준 존재 여부 • 신뢰성 있는 공급자와 원만한 장기적 관계구축 여부
기술 개발	• 제품과 공정 혁신에서 연구・개발 활동의 성공 수준 • 연구・개발 직원과 여타 부서 간 관계의 강도와 신뢰성 • 기술개발 활동의 만기엄수 수준 • 실험실과 여타 연구시설의 수준 • 실험실 기술자와 과학자들의 자격과 훈련 수준 • 조직 문화에서 창의성과 혁신성의 장려 수준
인적자원 관리	• 직원의 모집, 선발, 배치, 훈련 절차의 적절성 • 적절한 직원 승진정책 존재 여부와 그 운영의 적절성 • 직원의 동기부여용 보상제도의 적절성 • 노사관계 수준 • 직원의 동기부여와 직무만족 수준
기업하부구조	• 외부의 잠재적 기회와 위협의 파악 능력 • 기업목표 달성에 대한 전략기획의 기여도 • 가치사슬 활동의 전사적(全社的) 조정 및 통합 여부 • 자본적 지출과 운전자본용 저비용 자금조달 가능성 • 전략생산 결정에 대한 정보시스템의 지원 여부 • 정보시스템에 의해 거시환경 추세와 산업여건에 대해 제공되는 정보의 적시성과 정확성 • 공공정책 입안자와 이해관계자들과의 관계 • 사회적 책임 측면에서의 기업 이미지

2. 내부 감사

내부감사(internal audit)는 기업이 목적 달성을 위해 수행하는 여러 부문 직능들의 분석을 통하여, 직능별로 기업이 가진 중요한 내부자원의 존재 여부, 강점과 약점, 성과 수준 등을 파악하려는 것이다. 내부감사는 방법 면에서는 재무제표 분석과 비슷한 면이 있다. 분석 대상이 되는 직능은 일반적으로 생산, 마케팅, 재무, 인사, 정보시스템, 연구개발 등이다.[13)]

표 10-3은 주요 직능별로 핵심적 내부자원을 분석・평가하는 대표적 질문들이다.

표 10-3 내부감사 설문 평가[14)]

활동	평가 질문
생산	• 신뢰성 있고 적정단가로 공급하는 공급자 존재 여부 • 설비 · 사무실 · 기계 · 장비 등의 작동상태 • 설비입지의 자원과 시장 근접성 • 효율적 재고통제 정책 · 절차의 보유 여부 • 품질통제 절차의 사용 여부 및 동 효과 • 품질평가 방법 • 생산능력의 적정성 • 생산공정의 원활한 작동 여부 • 생산목표의 설정 여부
마케팅	• 시장세분화의 적절성 • 경쟁업체 대비 포지셔닝의 적절성 • 판매조직의 역량 • 제품의 품질 경쟁력 • 광고전략의 효율성 • 고객불만의 빈도 추세 • 기업의 시장 내 지위 • 시장조사 실시 여부 및 동 효과 • 제품 · 서비스 가격결정의 적절성 • 고객서비스의 경쟁력 • 고객불만의 효과적 · 효율적 처리 여부 • 마케팅기획 및 예산편성의 적절성
재무	• 재무비율분석 결과 • 장기자본 조달 능력 • 자본예산결정 절차의 적절성 • 채권자와 주주와의 관계 • 단기자본 조달 능력 • 운전자본 수준 및 동 적정성 • 배당정책의 합리성 • 자금원(資金原)과 용도 간 적합성
인사 · 조직	• 종업원의 전략적 마인드 수준 • 조직구조의 적합성 • 구직자들에 대한 기업의 인기도 • 직무설계의 적절성 • 종업원 보상제도의 적절성 • 기업목표의 명확성과 계량성 • 기업목표에 대한 기업문화의 기여도 • 채용절차의 적절성 • 종업원의 사기 수준
연구 · 개발	• 연구 · 개발 설비의 적절성 • 연구 · 개발 직원수준의 적절성 • 창의성과 혁신에 대한 기업문화의 기여도 • 연구 · 개발 부서와 여타 부서간 의사소통의 적절성 • 제품의 기술적 경쟁력 • 산업재산권 출원 추세 • 제품개발 기간의 적절성
정보시스템	• 정보 수집 · 확산의 적절성과 효율성 • 정보의 정기적 갱신 여부 • 정보시스템 이용자들에 대한 교육 • 의사결정 시 정보시스템 이용 여부 • 정보시스템의 보안성 • 정보시스템 직원수준의 적절성

제4편 전사적 전략과 사업부 전략

BUSINESS STRATEGY OF CHINA

제11장 전사적 전략

이 장에서는 먼저 성장전략, 안정전략, 갱신전략을 살펴본 후, 특히 성장전략에 초점을 맞추어 이를 중국에서 실행하기 위한 외자기업 구축에 대해 고찰하기로 한다.

11-1 서 론

기업의 전사적 전략(全社的戰略, corporate strategy)이란 기업이 기본적 목표와 비전(vision)을 토대로 이를 달성하기 위하여 여러 가지 사업 중에서 장차 하고 싶은 분야를 선정하여 그 실행방법을 찾고, 기존 사업은 점검하여 방향을 재정립할 지 여부를 결정하여 그 실행방법을 찾는 전략이다. 바꿔 말하면 기업이 총체적으로 나아갈 미래의 전반적 방향 정립을 위한 전략이라고 할 수 있다.

전사적 전략에서 정할 기업의 기본 방향으로는 다음 세 가지가 대표적이다.[1)]

① 기존 움직임에 박차를 가하여 전진시키는 방향 : 성장전략
② 기존 위치에서 숨을 고르며 머무르는 방향 : 안정전략
③ 퇴보하는 기존 움직임을 되돌리는 방향 : 갱신전략

아래에서는 성장전략, 안정전략, 갱신전략, 그리고 외자기업 구축전략 등에 대하여 살펴보자.

11-2 성장 전략

건강한 어린이가 성장을 기대하듯이, 잠재력과 포부가 큰 기업 역시 성장을 추구한다.

기업의 성장 전략은 특정한 차원의 성장목표를 설정하고, 이를 달성하기 위하여 기업의 활동이나 사업을 확장하는 것을 가리킨다.[2)]

1. 성장 전략의 종류

성장 전략은 여러 측면에서 추진할 수 있다. 대표적 성장 전략으로는 집중 전략, 수직적 통합 전략, 수평적 통합 전략, 다각화 전략, 국제화 전략 등을 들 수 있다.[3)]

(1) 집중 전략

집중(concentration) 전략은 기업이 기존의 한 핵심 업종의 사업에 집중하면서 그 활동이나 성과를 확장하는 형태를 통하여 성장을 추구하는 전략이다. 이 전략은 여러 가지 성장전략 중 가장 단순한 유형이지만, 일반적으로 대다수의 기업이 기본적으로 추구할만한 전략이다.[4)]

1) 집중 전략의 종류

특히, 매출과 이익을 증대하려 할 경우에 채택할 수 있는 세부 전략으로는, 그림 11-1이 보여주듯이, 제품과 고객(시장)의 조합에 따라 다음 세 가지 유형을 대표적으로 들 수 있다.[5)]

고 객 \ 제품(서비스)	기 존	신 규
기 존	침투 전략	제품개발 전략
신 규	고객개발 전략	※

※ 이 부분은 신규고객을 대상으로 한 신제품(서비스) 개발에 해당하므로 집중전략의 대상이 아님.

그림 11-1 집중전략의 종류[6)]

① **침투전략(기존 제품과 고객 심화 전략)** : 이것은 기존 고객집단을 대상으로 기존 제품에 대한 매출 및 이익을 증대시키려는 전략이다. 기본적 방법으로는 기능 전략(특히, 마케팅 전략)과 사업 전략을 동원한다. 구체적 방법의 예로는 기존 고객들에게 유인책을 쓰거나, 기존 제품에 대한 새로운 용도를 발굴하여 선전함으로써 매출량을 늘리게 하는 방법이 있다.

② **제품 개발 전략** : 이것은 기존 고객집단을 대상으로 신제품을 추가하여 매출 및 이익을 증대시키려는 전략이다. 여기서 신제품의 개념은 기존 제품과 완전히 다른 제

품뿐만 아니라, 기존 제품을 개량하거나 수정한 형태로서 기존 제품을 확장한 개념까지 포함한다.

③ 고객 개발 전략 : 이것은 기존 제품을 기존 고객집단에 추가하여 신규 고객집단에도 공급하는 전략이다. 여기서 신규 고객집단이란 기존 표적시장이 아닌 다른 세분시장을 가리킨다.

사 례

■ 신제품 개발을 통한 매출확대 전략－오리온 쵸코파이[7)]

1997년 하북성 랑방에 쵸코파이 제조공장을 세워 진출한 '오리온식품'은 쵸코파이가 대체로 성공적으로 팔리고 있지만, 물류비 부담이 과다하고 매출의 계절적 변동이 심한 단점이 있다는 점에서, 이를 보완하는 전략으로 물류비 부담과 매출의 계절적 변동이 적은 껌의 출시를 결정하였다.

---

2) 집중전략의 장·단점

집중전략의 대표적 장점은 전문화(專門化)이다. 즉, 자원(資源)부터 시작하여 기능전략과 사업전략을 포함하여 경영 에너지를 분산시키지 않고 단일 업종에 집중시킴으로써 효율성과 효과성을 높이며, 핵심역량의 구축을 통한 경쟁 우위의 확보가 상대적으로 훨씬 용이하다.[8)]

반면에 집중전략의 대표적 단점은 기업을 산업환경 등 외부환경의 변화에는 취약하게 만든다는 점이다. 기업이 집중전략에 몰두하면서 환경변화에 둔감할 경우, 그로 인한 위험은 기업의 성장성 둔화를 넘어 존폐의 위기까지 초래할 수 있다. 이에 대처하려면 경영진은 외부환경을 항시 주시하면서, 중대하거나 급속한 변화조짐이나 추세가 나타나거나 예상되는 경우, 능동적으로 기업활동을 조정하여야 할 것이다.[9)]

사 례

■ 다양한 집중전략－Intel 社[10)]

세계적 반도체업체인 미국의 Intel은 중국시장에서의 기반 확대를 위하여 여러 가지 전략을 구사하였다.

첫째, 상해 기지에 대해 제조와 기술 부문을 강화하기로 결정하였다. 인텔의 CEO는 경영전략의 초점을 플래시 메모리칩, 소프트웨어, 네트워크 솔루션의 제조와 제조능력의 확대, 중국의 주요 도시에서의 기반 확대에 둘 것이라고 하였다. 플래시 메모리칩은 휴대전화기의 핵심부품인데, 중국에서 휴대전화기 시장은 급성장을 보이고 있다.

둘째, 상해 기지의 시설에 대해 3억여 달러를 추가 투자하기로 결정하여 총 투자액이 5억 달러에 이르게 되었다. 이 투자에는 펜티엄4 프로세서에 쓰이는 칩셋의 조립 및 검사용 신규 생산설비 구축이 포함되었다. 2001년에 중국은 세계 3위의 PC 소비시장이었으며 조만간 일본을 추월할 것으로 전망되었다. Intel의 CEO는 중국은 장차 최고의 성장시장이 될 것이기 때문에 중국에의 투자는 미래를 위한 투자라고 말하였다.

셋째, 2002년에 휴대전화용 신규 칩을 개발하였다. 이 칩은 통화와 인터넷 접근과 자료 저장을 동시에 가능하게 하였다.

---

(2) 수직적 통합 전략

수직적 통합(vertical integration) 전략은 기업이 기존의 생산기능에서 통제권을 가지지 않았던 입력요소(input)인 생산자원 또는 출력요소(output)인 산출물(제품 · 서비스)에 대해서까지 통제권이나 공조를 추구하는 전략이다.[11]

1) 수직적 통합 전략의 종류

이 전략은 입력요소에 통제권이나 공조를 확대하는 후방(backward) 통합과, 출력요소에 통제권이나 공조를 확대하는 전방(forward) 통합으로 구분한다. 다시 말하면, 후방 통합은 기업이 원자재 등 자원의 공급업자 역할까지 겸하거나 공조하는 것이고, 전방 통합은 생산업체가 제품의 유통업자 역할까지 겸하거나 공조를 얻는 것이다. 특기할 것은 수직적 통합은 생산과정에서 동일한 연속선상의 확장이기 때문에, 단일 업종 사업자가 수직적 통합을 하더라도 그는 여전히 단일 업종 사업자로 간주된다는 것이다.[12]

2) 수직적 통합 전략의 장 · 단점

이 전략의 장점으로는 구매원가 또는 매출원가(후방통합 시)의 절감, 보유 기술의 보호, 진입장벽의 구축 등이 있다. 반면에 단점으로는 추가되는 기능의 통합의 어려움 및 그에 따른 성과의 하락 위험, 통합 관련 자본 소요로 인한 비용 및 위험 (파산위험 등) 등이 있다.[13]

사 례

■ 수직적 통합 : '부품 수직계열화' – 현대차그룹, 현대오토넷, 카스코社 [14]

현대차그룹이 '부품 수직계열화'에 가속도를 올리면서 원가경쟁력 제고에 박차를 가하고 있다. 현대차그룹은 국내 최대 오디오비디오(AV) · 제동장치 업체인 현대오토넷과 카스코 인수 후 중국과 독일시장에서 현지 매출 확대와 생산성 2배 향상 등에 주력하고 있다. 특히 현대오토넷의 경우, 중국에서 생산(티엔진) · 연구개발(후이조우) · 영업(베이징) 등 현지 수직계열 구조를 갖추면서 시너지효과를 높이고 있다.

① 부품 수직계열화로 시너지 창출

현대차그룹에 따르면, 자동차 핵심부품을 그룹내에서 조달하기 위한 '수직계열화 전략' 발표 후 계열사들의 매출과 생산성이 수직상승하고 있다. 현대차그룹은 현대모비스, 현대오토넷, 위아, 다이모스, 카스코 등 부품 계열사들의 올 매출이 예년보다 평균 15% 이상 증가할 것으로 전망했다.

특히, 인수합병을 통해 제2의 도약을 하고 있는 카스코는 기아차에 이어 현대차에 부품공급을 시작하면서, 올해에 이어 내년에는 매출액이 3,759억 원까지 상승할 것으로 예상됐다.

② 생산성 2배 높이기

현대차그룹은 AV부문 사업강화를 위해 현대오토넷 인수 후 세계 최대시장으로 떠오른 중국공략에 더욱 가속도를 올리고 있다. 이를 통해 중국시장에서 쏘나타 등 완성차의 제조원가를 낮추는 것은 물론 해외 부품사들과도 대등한 경쟁을 벌이겠다는 계획이다.

현대오토넷은 중국의 자동차 전장시장 공략을 위해 중국 티엔진공장 확장에 들어갔다. 이 공장에서는 카오디오와 AV · 네비게이션 · MP3 카오디오 등 첨단제품을 생산하게 된다. 또한 현대오토넷은 중국 항성전자와 공동설립한 합자법인 '티엔진 현대 항성전자'를 통해 중국의 영업력을 강화할 방침이다. 현대오토넷은 현대차그룹에 편입된 후 생산성을 2배 이상 높이기 위해 6시그마운동 등 품질관리 활동의 강화에 나섰다.

한편 현대오토넷은 차량용 AV를 비롯한 텔레매틱스 사업은 물론 "보디 & 섀시" 등 차체제어모듈(BCM) 부문까지 사업영역을 확대할 계획이다. 현대차그룹 관계자는 "향후 현대오토넷이 전장부품의 핵심인 BCM 부문으로 사업영역을 확대할 것으로 예상된다"며, "이처럼 사업다각화에 나서는 것은 기본적으로 그룹의 부품 수직계열화 전략에 발맞춰 종합적인 경쟁력을 갖추기 위한 것"이라고 말했다.

---

(3) 수평적 통합 전략

수평적 통합(horizontal integration)은 동일 산업내 경쟁기업을 통합하여 시장점유율과 경쟁력을 높여 성장을 추구하는 전략이다. 이 전략의 중요한 약점은 이 전략이 산업에 경쟁도를 약화시키는 결과를 초래함으로 공공의 이해에 피해를 줄 수 있다는 우려 때문에 법적(공정거래법, 반독점법 등) 또는 행정규제상 제한을 받을 수 있다는 점이다.[15]

(4) 다각화 전략

다각화(diversification)는 기존 산업 외에 다른 산업에까지 진출하여 성장을 추구하는 전략이다. 이는 기업이 자사의 기존 제품과 다른 제품을 가지고 자사의 기존 고객집단과 다른 고객집단을 공략함을 의미한다. 그리고 단일 업종 기업은 다각화를 하면 복수 업종 기업이 된다.

이 전략은 기업이 추가로 진출하는 사업이 자사의 기존 사업과 관련성이 있는 경우인 관련 다각화(related diversification)와, 관련성이 없는 경우인 비관련 다각화(unrelated or conglomerate diversification)로 나눌 수 있다.[16)]

1) 관련 다각화 전략

이 전략은 기존 사업과 추가 산업 간에 사업활동의 상호작용 및 상호관련성 또는 보유한 자원, 능력, 핵심역량 등의 공유를 통하여 전략적 상승효과(synergy)를 얻음으로써 경쟁우위를 확보하며 성장을 도모하는 것이다. 두 사업 간 상승효과를 낳을 수 있는 주요 항목으로는 생산기술 및 능력, 기타 기술, 유통망, 고객의 용도, 제품의 유사성 등이 있다.[17)]

사 례

■ 관련 다각화 – 한양화공社[18)]

1997년 강소성 소주시에 건설업의 바닥재 제조와 건설 시공업으로 진출한 기업 '한양화공'은 한국 본사의 경영 악화로 본사와 분리 독립하게 되었고, 당사의 경영진은 중국에서 번 돈을 중국내 사업 확장에 사용하기로 결정하였다. 사업영역 확장 분야는 화학제품에 관련된 무역이며, 가격 경쟁력이 있는 중국산 화학제품을 찾아내어 한국으로 수출하고, 품질이 우수한 한국산 화학제품을 중국으로 수입해 오는 업무를 개발하고 있다.

■ 관련 다각화 전략 – 중국의 맥주회사[19)]

2004년부터 중국이 미국을 제치고 세계 최대 맥주 생산국으로 떠올랐다. 미국은 처음으로 2위로 떨어졌으며, 독일, 브라질, 러시아, 일본이 그 뒤를 이었다.

중국이 개혁 · 개방 이후 급속한 경제성장에 힘입어 맥주 소비가 급증하고 지방마다 맥주공장이 많이 생겨나자 버드와이저, 산미구엘, 칼스버그, 하이네켄, 아사히(朝日) 등 세계적인 맥주회사 30여개가 이들과 합작투자 하는 등 잇달아 진출하면서 생산량이 늘었고 질도 좋아졌다.

현재 중국에서 생산되는 맥주 20병 중 1병은 외자기업이 생산한다. 중국은 2004년 800개가 넘는 맥주공장에서 총 2,358만㎘를 생산하며 세계 전체 맥주 생산량의 16.4%를 차지했다. 중국에서 맥주 값은 광천수 값보다 싸다. 중국 맥주 소비는 이미 성수기와 비수기의 구분이 없어졌으며, 숙성맥주, 생맥주, 순 생맥주, 과일맛 맥주 등 품목이 다양해지고 있다. 알코올 함량도 12도에 7도까지 다양해졌다.

또 고소득 계층을 겨냥하여 단백질과 비타민 유기산이 함유된 '옥수수 맥주', '곡물우유맥주', '다이어트맥주' 등 기능성 맥주 생산은 급속히 확산되었다.

2) 비관련 다각화 전략

이 전략에서는 기존 사업과 추가 사업 간에 활용할 전략적 상승효과가 나타나지 않는다. 이 전략은 기존 사업은 물론 관련 사업에서도 성장 잠재력이 충분하지 않을 경우, 또는 기존에 보유한 자원, 능력, 핵심역량 등이 전문성 등의 이유로 사업 간 활용이 힘들 경우에, 차선책으로 채택되는 것이 일반적이다. 즉, 비관련 다각화 전략은 다른 성장전략들의 적용이 힘든 경우에 적용하는 성장전략이라고 할 수 있다.[20)]

2. 성장전략의 실행

성장전략의 실행방법으로는 자체 개발, 기업 취득, 전략적 동업이라는 세 종류가 대표적이다.

(1) 자체 개발

이것은 사업자가 독자적으로 새로운 사업을 개척해 나가는 전략이다. 이 경우, 기업은 새로운 사업의 구축 및 경쟁 우위 확보에 필요한 자원, 능력, 핵심역량 등을 이미 보유하고 있거나 자체적으로 개발이나 습득할 수 있어야 한다.

사업을 전개하는 방식으로는, 이를 담당할 기업을 신설하는 방식과, 그렇지 않고 기존 조직이 있을 경우에 기존 조직내에 별도의 사업부를 신설하는 방식이 있다.[21)]

(2) 기업 취득

기업 취득은 사업자가 사업을 구축하려고 할 때 이미 그 사업을 시장에서 영위하고 있는 기존 기업을 사들이는 방식으로 실현시키는 전략이다. 실현 방법으로는 크게 인수(acquisition)와 합병(merger)이라는 두 가지가 있다.[22)]

먼저, 인수는 대상 기업의 주식이나 자산을 취득하여 그 기업의 경영통제권을 획득하는 것이다. 한편, 합병은 둘 이상의 기업이 법적으로 합하여 하나의 기업으로 커지는 것이다.[23)]

합병은 다시 흡수합병과 신설합병으로 구분하는 것이 일반적이다. 흡수합병은 통합되는 복수기업 중 한 기업이 남고 다른 기업들은 소멸되어 존속기업에 통합되는 방식을 뜻하고, 신설 합병은 통합되는 기업들 모두가 소멸되어 다른 하나의 신설기업으로 나타나는 방식을 말한다.[24)]

기업 취득은 이해관계자들 간에 협상에 의하여 우호적으로 이루어질 수도 있고(우호적 인수 · 합병), 적대적 상태에서 일방적으로 이루어질 수도 있다(적대적 인수).[25)]

다음은 인수와 합병 간 중요한 차이 두 가지이다. 하나는 법적인 것으로서, 인수의 경우에는 인수된 기업이 법적으로는 개별 기업으로 존속하는 반면에, 합병의 경우에는 합병된 기업이 법적으로 소멸된다는 점이다. 다른 하나는 이해관계자들 간의 관계에서, 인수는 우호적일 수도 있고 적대적일 수도 있으나, 합병은 우호적인 경우가 보통이라는 점이다.[26)]

기업 취득을 자체개발과 비교하여 보면 다음과 같은 장·단점을 제시할 수 있다.

먼저, 기업 취득의 상대적 장점을 살펴보면 다음과 같다.[27)]

① 사업에 필요한 자원, 능력, 핵심역량 등의 자체적 보유나 확보 불필요
② 단기간에 희망 시장에 쉽게 진입
③ 시장점유율의 획기적 확대
④ 법제도적·정책적 진입장벽의 우회 극복
⑤ 잠재적 진입자에게 새로운 진입장벽 구축
⑥ 취득 대상 기업의 기존 고객 확보
⑦ 상대적인 저비용
⑧ 유통망의 확대
⑨ 주요 경쟁기업의 제거

기업의 자체 개발전략과 취득 전략 간 합리적 선택은 여건에 따라 다르며, 대표적 여건들은 표 11-1에 나타나 있다.

표 11-1 기업의 자체개발과 취득전략 간 선호 여건 비교[28)]

자체개발 선호 여건	취득 선호 여건
산업의 생명주기상 성숙단계	산업의 생명주기상 초기 또는 성장단계
높은 진입장벽	낮은 진입장벽
신규 사업에 필요한 시간과 구축 비용의 부담 회피	신규 사업에 필요한 시간과 구축 비용의 부담 감수
신규 사업 시 부대위험 부담 회피	신규 사업 시 부대위험 부담 감수

사 례

■ 기업취득－Amazon 社[29)]

미국의 전자상거래업체인 '아마존(Amazon)'은 2004년에 중국내 B2C (business to consumer) 시장의 2위 기업인 Joy. Com을 100% 인수하였다. 인수금액은 7천5백만 달러였다. Joy. Com은 고객수가 8천만명, 연 수익이 2천만 달러에 달하였으며, 판매품목으로는 도서, 시청각물, 장난감, 화장품, 기타 소비재가 있었다.

그런데 원래 아마존은 Joy. Com 인수 이전에 중국 내 B2B 시장의 선두기업인 'Dangdang. Com'에 접근하여 1억 5천만 달러에 지분 70～90% 인수조건을 제시하였다. 그러나 Dangdang.

Com은 자기 화사가 수년 내 증권시장 상장을 할 것을 기대하고 이 때 매각하면 더 큰 금액을 기대할 수 있다고 판단하고 아마존의 제안을 거절하였다.

■ 기업취득 – 롯데칠성 음료社[30)]

최근 한국 음료시장 선두주자인 '(주)롯데칠성음료'가 중국의 '베이징 후아방 식품유한공사(北京華邦食品有限公司)'의 지분 전량을 300만 달러(약 31억원)에 인수하는 방식으로 연간 15조에 달하는 중국 음료시장에 직접 진출을 발표하였다. 롯데칠성은 회사명을 '롯데후아방음료유한공사'로 바꾸고, 향후 5년간 생산설비 현대화, 영업조직 정비 등에 90여억원을 투자할 예정이다. 롯데칠성은 내년부터 중국시장에 롯데칠성의 주력제품인 '칠성사이다', '2% 부족할 때', '망고', '밀키스' 등 신제품을 추가 생산, 종합음료회사로 변모시킬 계획이다.

그동안 중국, 동남아 등 해외지역에는 수출을 통한 단순교역에 치중해온 롯데칠성은 이번 중국 진출을 발판으로 글로벌 기업으로의 변화에 박차를 가한다는 방침이다. 이 회사 기업홍보실에서는 "최근 중국에서 불고 있는 한류열풍을 이용, 대대적인 광고 및 판촉활동을 펼쳐 중국내 한국 음료의 위상을 더욱 높여 나갈 것"이라고 말했다.

한편, 베이징 후아방식품유한공사는 지난 95년 베이징에 설립된 주스, 생수 등의 음료업체로, 1만 6,000평 규모의 공장에 연간 생산능력이 약 6만 t에 달하며, 베이징, 상하이, 톈진 등 중국 전역에 판매망을 갖추고 영업활동을 벌여왔다.

■ 외국 자본, 중국 기업에 대한 M & A 가속화되다 – 안호이저 부시, 데스코, HSBC 社[31)]

'블룸버그 통신'은 외국 기업들이 중국 기업을 M & A하는 사례가 2000년 이후 급증하고 있으며, 앞으로 더욱 활발해 질 것이라고 보도했다.

LA에 소재한 투자전문회사인 '스트라스하임 글로벌 어드바이저'의 도널드 스트라스 하임은 "앞으로 10년동안 중국은 세계 M & A역사에서 경험해 보지 못했던 시장을 형성할 것이다. 2010년까지 외국 기업들은 중국 기업을 인수하기 위해 1,270억 달러(약 127조원)를 쏟아 부을 것"이라고 전망했다. 그는 그동안 외국 기업들은 중국에서 대기업을 주로 인수했지만 앞으로는 견실한 중소기업들도 인수대상이 될 것이라고 덧붙였다.

이처럼 외국 기업들의 중국 기업 M & A가 확대될 것이라는 전망은 ① 빠르게 성장하는 중국의 소비시장 ② 세계무역기구(WTO) 가입 당시 규정에 따른 추가적인 시장 개방 ③ 그동안 외국 기업의 실패에 따른 경험취득으로 인한 위험감소 등에 근거하고 있다.

중국의 내수 시장은 2004년 소비지출이 전년에 비해 13% 늘어난 6,530억 달러를 기록하며 중국은 식료품과 에너지, 공산품 등 거의 모든 품목에서 미국을 제치고 세계 최대 소비국으로 떠올랐다.

WTO 가입 당시 맺은 규정에 따라 외국 기업들의 활동영역이 크게 불어나는 점도 중국 기업 M & A를 촉진시킬 전망이다. 특히, 2006년 12월에는 외국계 은행에 대한 영업규제가 전면 폐지되기 때문에 금융업종의 M & A가 본격화할 것으로 추정되고 있다.

또 그동안의 중국 내에서 외국 기업들의 실패사례에 대한 분석을 통해 중국 내 투자 위험을 줄일 수 있게 된 것도 M & A에 나서는 외국 기업들에게 자신감을 주고 있다.

한편 '블룸버그 통신'의 집계에 의하면, 2004년 외국 기업의 중국 기업 M & A는 2003년 341건에서 519건으로 178건 증가했다. 또 2004년 12월 14일 현재 중국 기업 가운데 외국인이 지분을 보유하고 있는 기업은 50만 4,568개에 달하고 있다.

다만, 다국적 기업들의 중국 기업 M & A 경쟁이 벌어지면서 지나치게 비싼 가격에 기업을 인수하는 사례가 늘고 있다고 '월스트리트 저널'이 보도했다. 예를 들면 '버드와이저'로 유명한 세계 최대의 맥주회사 '안호이저-부시'는 경쟁업체인 세계 2위의 맥주업체 'SAB 밀러'보다 30%나 비싼 7억 1,100만 달러를 제시한 끝에 중국 현지의 맥주업체인 '하얼빈(哈爾濱) 맥주'사를 인수했다.

영국의 유통업체 '테스코'는 중국의 한 유통업체 지분 50%를 인수하면서 이 업체의 2003년 매출액보다 25배나 많은 2억 6천만 달러를 지불했다. 보통 유통업종의 기업 인수가격은 순이익의 20배 수준이기 때문에 정상적인 가격보다 5천만 달러 정도 부풀려진 셈이다.

'홍콩 상하이 은행(HSBC)'도 '중국 교통은행'의 지분 19.9%를 인수하는 대가로 18억 달러를 지불했고, 일본의 '아사히 맥주'와 '이토추'는 음료업체 '팅이 홀딩스' 지분 50%를 매입하는데 4억 2천만 달러를 투자했다. 다국적 기업이 중국업체를 인수하면서 이처럼 지나치게 많은 돈을 지불하는 것은 인수대상 기업에 대한 공정한 가치평가가 어렵기 때문이다.

---

(3) 전략적 동업

전략적 동업(strategic partnering)은 하려는 사업을 다른 기업과 공조하여 영위하는 것이며, 이를 위한 구체적 공조 부문은 자원, 능력, 핵심역량 등이다. 전략적 동업의 유형으로는 합작(joint venture), 전략적 제휴(strategic alliance), 장기계약(long-term contract)이 대표적이다.[32)]

사 례

■ **전략적 동업 - 중국의 맥주산업**[33)]

2000~2003년 기간 중 중국의 맥주산업에 많은 전략적 동업 사례가 발생하였다. 외국업체와 중국 현지업체간 사례들의 주요 동기를 보면, 외국업체는 중국 현지업체가 기존 시장에서 보유하고 있는 다양한 네트워크와 설비 등을 활용하려 하였고, 현지업체는 낙후된 기술과 자본 부족 문제를 해결하고 싶어 하였다.

---

1) 합 작

합작은 기업이 다른 기업과 공동으로 출자하여 별도의 기업을 설립 운영하는 것이다.[34)] 합작은 투자자금과 재무적 위험을 합작 상대기업과 분담하는 장점이 있다. 특히, 국제적 합작의 경우, 이러한 기본적 장점 외에도 정치적, 법적 위험까지 분담되는 이점이 있을 뿐 아니라 합작 상대기업이 현지기업인 경우, 현지정보를 빨리 파악할 수 있고 현지의 네트워크 형성도 용이하게 해준다. 그러나 합작은 합작 상대기업과 의견일치가 어려울 수 있고, 이해관계가 다를 수 있다는 단점도 있다.[35)]

사 례

■ 합작 – Intel 社[36)]

반도체업체 '인텔(Intel)'은 중국시장에서의 성장전략의 구현방식의 하나로 2004년에 중국 최대의 온라인 게임 개발업체와 합작계약을 맺었다. 목적은 인텔 제품에 기반을 둔 제품들인 컴퓨터, 휴대전화, TV 셋톱박스용 게임 개발을 위해서였다. 2003년에 중국의 온라인 게임 시장규모는 1억5천9백만 달러에 달했으며, 2008년에는 온라인 게임 이용자가 5천4백만명, 인터넷 이용자는 1억8천7백만 명 정도 달할 것으로 전망되었다.

2) 전략적 제휴

전략적 제휴는 기업간 공조가 별도의 기업설립 없이 보유 자원, 능력, 핵심역량 등을 공유하는 형태로 이루어지는 것을 가리킨다.[37)]

사 례

■ 전략적 제휴 – Intel 社[38)]

인텔(Intel)은 중국시장에서의 성장전략을 위하여 2004년에 중국 2위의 컴퓨터 제조업체와 전략적 제휴계약을 맺었다. 주목적은 '디지털 홈 서비스' 사업에서 상호 지원과 협력을 위한 것이었다.

■ 전략적 제휴 – 중국 기업(BOE)과 일본 기업(마루베니)[39)]

중국은 일본기업과의 전략적 제휴를 통해 한국과 일본이 주도하는 LCD (액정표시장치) 시장에서 추격에 나섰다.

중국 최대 TFT–LCD(초박막 액정표시장치)업체인 '징동판커지(BOE)'그룹은 (2005년 5월 1일) 일본의 종합상사 '마루베니'와 LCD 사업에 대해 전략적 제휴관계를 맺었다고 관영 신화통신이 보도했다.

신화통신은 이번 중국–일본 간 LCD 동맹을 강화하기 위해 마루베니가 BOE의 모기업인 '징동팡 투자발전'의 지분 10%를 인수한다고 전했다. BOE는 이번 제휴에 앞서 한국 '하이닉스'의 TFT–LCD 사업 부분인 '하이디스'를 인수한 회사로서, 5세대 TFT–LCD 생산을 추진하여 선발업체를 뒤쫓아가는 데 적극 나서고 있다.

BOE와 제휴를 맺은 마루베니는 징동팡의 TFT–LCD 생산에 필요한 원자재 및 부품 정보를 제공하는 것은 물론 일본의 관련 제조업체들이 베이징에 투자하는 것을 적극 유도하기로 했다. 이와 동시에 BOE가 해외 시장을 개척하는 것도 돕게 된다.

또 이들 두 회사는 LCD 핵심부품 등의 공동연구와 생산도 추진하기로 했다. BOE와 마루베니는 브라운관 부품 사업을 통해 1990년대 초부터 제휴관계를 맺어왔다.

■ 전략적 제휴-지멘스社와 버드社[40)]

중국에서 이루어진 전략적 제휴의 예로는 휴대전화업계에서 독일의 '지멘스'와 중국의 '버드'가 국적을 초월하여 손을 잡은 사례를 들 수 있다.

지멘스의 중국시장 점유율은 약 5% 수준이며 대부분 대도시 위주로 영업하고 있었다. 그러나 대도시의 휴대전화 보급률이 90% 선을 넘어서면서 잠재성 있는 중소도시와 농촌지역이 유망 시장으로 떠오르고 있었다.

한편 버드는 2000년 판매실적이 67만대에 불과했으나, 2003년에는 1,175만대로 무려 17배 이상 초고속성장을 했다. 그러나 버드는 생산량의 절반 정도를 수출하고 있었는데, 2004년에 들어와서는 수출 부진으로 매출액이 20%나 감소하였다. 도시 시장으로 진출해야만 성장할 수 있을 것으로 보였지만, 이는 기업 관리와 기술 및 브랜드 인지도의 향상 없이는 어렵다고 판단하고 있던 중이었다. 이때 버드는 이 분야의 우위를 가진 지멘스와 손을 잡고 싶었다.

한편, 지멘스에게는 전국적으로 3만여 개에 달하는 버드의 판매망이 대단히 매력적인 요소였다. 버드의 물류 네트워크를 이용하여 농촌 시장을 공략할 수 있었기 때문이다.

그래서 두 회사는 서로의 부족한 점을 채우고 성장하기 위하여 전략적으로 제휴하게 되었다. 지멘스와 버드는 전략적 제휴의 1단계로 지멘스 휴대전화를 버드의 8천여 매장에서 우선 판매하고, 이어 공동으로 판매하는 매장 수를 1만 6천개까지 확대하기로 합의했다.

또 두 회사는 상하이에 교육훈련센터를 공동으로 설립하여 판매원을 대상으로 기술 및 마케팅 교육도 실시하고 있다.

■ 전략적 제휴-중국 은행과 외국 금융회사[41)]

중국의 중산층 인구는 조만간 1억 명이 넘을 전망이고, 이들 대부분은 현재 신용카드가 없으며, 주택담보대출을 받는 사람도 전체인구 중 소수에 불과하다. 한편, 중국의 총저축액은 계속 큰 폭으로 늘어가고 있다.

즉, 성장가능성은 무한히 커 보이지만, 외국 금융기관들이 이 시장에 진입하기란 매우 어렵다. 중국에는 은행이 공상은행, 농업은행, 중국은행, 건설은행 등 4개 국책은행만 합쳐도 전국 지점수가 10만개가 넘고, 지방 곳곳에서 영업하고 있는 군소 민영은행 수를 포함한 정확한 통계는 집계조차 되어 있지 않은 정도이기 때문이다.

그래서 외국 금융회사들이 이 시장에 진출하기 위해서는 중국 현지 은행들과 전략적 파트너십을 맺어 이들을 교두보로 삼을 수밖에 없는 실정이다.

중국 은행과 외국 금융회사들 간에 맺어진 주요 파트너십 사례로서는 다음과 같은 것들을 들 수 있다.

① 상하이 은행과 제휴한(영국계) HSBC : 투자액 5억 1,800만 위엔, 지분율 8%

② 상하이 푸동개발은행과 제휴한(미국계) 시티그룹 : 투자액 9억 3,100만 위엔, 지분율 4.6%

③ 선전개발은행과 제휴한 뉴브리지캐피탈 : 투자액 12억 위엔, 지분율 18%

④ 중국은행과 제휴한(영국계) 스코틀랜드 왕립은행 및(미국계) 메릴린치 : 투자액 31억 달러, 지분율 10%
⑤ 교통은행과 제휴한 HSBC : 투자액 17억 5,000만 달러, 지분율 19.9%
⑥ 건설은행과 제휴한(미국계) 뱅크 오브 아메리카 : 투자액 30억 달러, 지분율 9%
⑦ 건설은행과 제휴한 싱가포르계 테마섹 : 투자액 14억 달러, 지분율 5.1%
⑧ 베이징 은행과 제휴한(네덜란드계) ING : 투자액 1억 6,600만 유로, 지분율 19.9%

그러나 외국 은행의 중국 투자에는 지분 제한이 있는데다가, 경영 참여가 원천적으로 봉쇄되어 있다. HSBC는 교통은행에 투자하여 19.9%의 지분율을 가지고 있는 최대 민간 투자자이지만, 이사회 19자리 중 이 은행의 몫은 2자리뿐이다.

중국 은행과 제휴한 스코틀랜드 왕립은행의 조지 매슈슨 이사장은 "중국에 진출한 지 10년이 되었지만 그동안 사업규모는 미미한 수준이었다. 이번 제휴를 통해서 고객 정보와 현지 문화를 배워 중국 사업 확장의 토대로 삼겠다"고 말했다.

---

3) 장기 계약

장기 계약은 기업간 공조가 장기적 계약을 통하여 이루어지는 형태인데, 주로 제품이나 원자재의 수요기업과 공급기업간에 이루어진다.[42)]

장기계약은 수요기업 입장에서는 원가와 품질 면에서 적당한 공급원천을, 공급기업 입장에서는 단가가 적당한 수요처를 안정적으로 확보하게 만들어주는 장점을 가지고 있다.[43)]

사 례

■ 다양한 성장전략 – Kodak 社[44)]

필름 분야의 세계적 기업인 미국의 코닥(Kodak)은 중국 시장의 성장잠재력을 높이 평가하여 1980년대 중반에 중국에 진출하였다. 이 회사는 적극적 성장전략을 수립하고 대대적인 투자와 촉진활동을 폈으며 그 결과, 중국시장에서 확고부동한 지위와 풍부한 높은 성과를 거두었다. 다음은 그 주요 과정과 성과의 요약이다.

① 먼저, 1984년에 코닥은 칼라필름 제조공장 건설을 위해 중국 샤먼의 한 사진업체와 합작계약을 맺었다.
② 1993년까지 코닥은 북경, 광주, 상해에 지사를 두기에 이르렀으며 중국의 필름시장에서 3위 업체가 되었다. 당시 코닥의 새로운 최고경영자로 선임된 Fisher는 중국의 성장잠재력을 인식하고 중국시장에서 성장전략을 추진하였다. 우선, 중국과 홍콩과 대만을 묶는 'Greater China Region'이라는 사업지역을 설정하였다.
③ 1997년 중반에 코닥은 중국의 사진필름시장 점유율 41%를 달성하였다. 당시 중국 현지법인인 코닥 차이나의 최고경영자인 Siewert는 중국은 코닥에게 핵심 성장시장 중의 하나라고 하였다.

④ 1998년에 중국의 사진필름 제조업체로서 적자에 빠진 현지업체 세 개를 무려 12억 달러를 들여 인수하였다. 이는 코닥의 해외직접투자 중 최대규모였다. 인수된 업체들에 쇄신전략을 적용하여 이들을 두개 업체로 통폐합하였다. 인수를 통하여 코닥은 필름 제조 및 유통허가를 얻었다.

이상에서 성장전략에 대해 개괄적으로 살펴보았다. 그런데 실제로 중국에 진출 할 때 성장전략의 실행은 현지에서 기업의 구축을 중심으로 이루어질 것이므로, 이에 대한 구체적 접근은 11-5에서 자세히 다루기로 한다.

11-3 안정 전략

여기서는 안정전략의 성격과 실행에 대하여 살펴보기로 한다.

1. 안정 전략의 성격

대다수의 기업은 일반적으로 지속적 성장을 바라지만, 상황에 따라서는 성장을 잠시 멈추고 숨고르기를 할 필요가 있다. 이렇게 기업이 현재의 규모와 조업수준을 유지하며 안정화를 추구하는 전략을 안정(stability) 전략이라고 한다.[45]

안정 전략이 필요한 대표적 조건은 다음과 같다.[46]

① 기업의 거시환경 및 산업환경의 주요 요소가 급속도로 변화하면서 미래 전망이 상당히 불투명하게 된 경우

② 기업이 종사하는 산업의 성장 전망이 낮거나 없는 경우

③ 기업이 근래에 과열된 성장기를 거침으로써 소모된 자원, 능력 등을 보충하는 데 필요한 시간이 필요한 경우

2. 안정 전략의 실행

안정 전략의 실행은 소극적 측면과 적극적 측면에서 볼 수 있다. 소극적 측면은 신제품 출시, 생산설비 확장 등 기업의 규모나 조업수준을 확장하는 활동을 하지 않는 것이다. 적극적 측면은 상황변화 시 성장전략으로 전환할 것에 대비하여 기존 경쟁력을 유지하는 것이다. 이를 위해서는 기업의 기존 내부여건, 즉 보유한 자원, 능력, 핵심역량을 점검하고 생산 등 사업활동을 평가하여 미비점 등을 보완 및 강화하도록 한다.[47]

11-4 갱신 전략

여기에서는 갱신전략의 성격, 종류, 그리고 실행 등에 대하여 고찰한다.

1. 갱신 전략의 성격

어떤 기업이라도 사업 중에 일시적이든 장기적이든 사업성과가 떨어지거나 전략적 목표 달성을 하지 못하는 등 심각한 어려움에 빠질 수 있다. 이렇게 하락세에 빠진 기업을 건전한 상태로 되돌리기 위해 취하는 전략을 갱신(renewal) 전략이라고 한다.[48)]

기업이 하락세에 빠지게 되는 핵심적 원인은 부실경영 또는 경영악화라 할 수 있다. 이에 해당되는 여러 경우를 살펴보면 다음과 같다.[49)]

① 과도한 확장 또는 과속 성장
② 부적절한 재무관리
③ 통제불능 원가 또는 과도한 원가 부담
④ 신규 경쟁사의 대두
⑤ 고객수요의 예측 못한 변동
⑥ 기타 내 · 외부 환경의 심각한 변동에 대한 무대응이나 더딘 대응

사 례

■ **신규 경쟁사 대두에 따른 경영 악화 – 한양화공社**[50)]

앞(308쪽)에서 살펴 본 '한양화공' 사례에서, 화학제품의 일종인 에폭시 제품에 대해, 초기에는 경쟁업체가 없어 제품을 한국 본사에서 수입하여 가격을 제대로 받고 팔았지만, 에폭시 제조가 높은 기술이 아니어서 신규 경쟁사가 점차 대두하게 되었고, 이에 따라 점차 경쟁이 치열해졌다. 그 결과 이 회사는 경영상의 어려움을 겪게 되었다.

기업이 조만간 하락세에 진입하게 될 것을 예견하게 해주는 몇 가지 징후들이 있다. 그 주요한 것들을 몇 가지 제시하면 다음과 같다.[51)]

① 과도한 직원수(職員數)
② 불필요하고 복잡한 사무절차
③ 갈등이나 위험감수에 대한 회피
④ 작업 무능력에 대한 관용
⑤ 뚜렷한 비전, 사명, 목표 등의 부족
⑥ 부서 내와 부서 간 의사소통의 부족이나 비효율성

2. 갱신 전략의 종류

기업이 처한 부정적 상태의 경중(輕重) 및 그 대응에 대한 목표수준에 따라 대표적으로 두 가지 갱신전략, 즉 참호(retrenchment) 전략과 쇄신(turnaround) 전략이 있다.[52)]

(1) 참호 전략

이것은 기업이 처한 곤란상태의 성격이 상대적으로 가볍고 일시적인 경우에, 원래의 경쟁력 회복을 목표로 적용되는 전략이다. 여기서 가벼운 곤란상태의 한 예를 들면 재무성과가 감소하기는 하지만 아직 적자상태는 아닌 경우이다.[53)]

(2) 쇄신 전략

이것은 기업이 처한 곤란상태의 성격이 상대적으로 심각한 편이고 구조적이어서 기업의 생존이 위태로운 경우에, 생존력 회복을 목표로 적용되는 전략이다.[54)]

3. 갱신 전략의 실행

갱신전략의 실행방법으로는 대표적으로 두 가지, 즉 원가절감과 구조조정을 들 수 있다.

(1) 원가절감

갱신전략에서 의미하는 원가절감은 사업부전략에서 말하는 원가절감의 경우와는 다르다. 여기에서의 원가절감은 기업의 악화된 성과를 회복하거나(참호전략의 경우), 기업을 생존 위기에서 구하려는 취지이다(쇄신전략의 경우).[55)]

원가절감 대상분야는 기업활동관련 전체 분야일 수도 있고, 혹은 선택된 특정 분야일 수도 있다. 원가절감방법은 기업활동(사용자원 포함)에 대한 조사를 통하여 중복, 낭비, 비효율적 요소들을 파악하여 이들을 제거하도록 하는 것이다.[56)]

사 례

■ **경영악화 대처 원가절감 – 한양화공社**[57)]

앞(308, 317쪽)의 한양화공 사례에서는, 경쟁 심화로 인하여 이 회사의 경영이 악화되었음을 살펴보았다. 따라서 이 회사는 이러한 상황에 대처하기 위한 원가절감 전략으로서, 그때까지는 에폭시 제품을 한국 본사에서 수입해 판매하던 것을 중국에서의 현지 생산으로 전환하였다.

(2) 구조 조정

구조조정은 기업의 핵심사업에 초점을 보다 좁게 맞추어 여기서 벗어나는 부분들은 과감하게 제거하는 것이다.[58] 구조조정 방법으로는 직원감축, 매각, 분사(分社 · spin-off), 청산 등이 있다.

1) 구조조정의 방법

구조조정 방법으로는 기업의 기본 골격을 유지하면서 이를 행하는 직원감축 방식과, 사업으로부터 철수 하는 분사, 매각, 청산, 파산이 있다.[59]

① **직원감축 :** 직원감축은 정리해고 등을 통하여 기업의 직원규모를 줄여 긴축경영을 하는 방법이다. 이 방법은 구조조정방법 중 가장 손쉽고 빠르게 취할 수 있다는 장점이 있지만, 무조건적 감축보다는 전략적 분석을 통하여 합리적으로 이루어져야 부작용을 최소화하고 기대효과를 얻을 수 있을 것이다.[60] 이를 위해 고려해야 할 주요 사항은 다음과 같다.[61]

- 직원감축에 대해 솔직하게 직원들과 대화
- 직원감축의 목적 및 기대효과에 대하여 직원감축 전후 및 진행 중에 이를 직원들에게 명시
- 직원감축 대상 부서를 기업내 모든 부서로 하기보다는 선택된 특정 부서로 함
- 아웃소싱(outsourcing)
- 정리해고되는 직원들에게 필요한 지원 제공
- 잔류직원들과 대화, 조언, 제안 청취

② **분사 :** 분사는 처분대상 사업부서를 매각하지 않은 채로 별도의 기업으로 독립시키는 것이다.[62]

③ **매각 :** 매각은 기업의 처분대상 사업부서 또는 기업 전체를 매각하는 방법이다. 매각의 인수주체로는 투자자, 동업자, 타 기업, 매각대상 부서의 경영진 등이 있다. 또한 매각시 지분을 전부 양도하는 방식(전부 양도)과, 일부분을 양도하는 방식(부분 양도)으로 구분할 수 있다.[63]

④ **청산 :** 청산은 다른 방안들의 실행이 불가능할 경우에 처분대상 사업부서 또는 기업을 폐쇄하는 것이다. 이 때 잔무나 재산관계 등을 뒤처리하면서, 가능하면 사업부서 구성자산들을 분해하여 개별적으로 매각할 수 있도록 해야 한다.[64]

⑤ **파산 :** 기업을 청산하는 경우, 잔여재산 평가과정에서 채무가 재산보다 많은 것으로 드러나면, 법원(인민법원)에 파산선고를 신청하여야 한다.[65]

사 례

■ 구조조정－Unilever 社[66)]

다국적 기업인 유니레버(Unilever)는 중국의 잠재력을 전망하여 적극적으로 성장전략을 펴서 여러분야에 걸쳐 현지업자들과 합작으로 진출하였다. 그런데 유니레버의 중국사업 전반적 측면에서 볼 때 여러 합작기업간에 서로 손발이 안맞고 때로는 경쟁까지 벌어지는 등 내부적 혼선과 갈등이 심해져, 대표적 맞수인 미국계 P & G에 비해 떨어지는 것으로 나타났다. 이에 유니레버는 다양한 합작기업간 시너지를 높이기 위하여 구조조정을 시행하였다. 그 수단으로는 통폐합, 지주회사제 도입, 주식상장 등이 다양하게 동원되었다.

---

2) 철수방법 간 비교

외국인 투자기업의 경우라면 청산이나 파산보다는 매각방법을 선호하는 것이 보통이다. 그 몇 가지 이유는 다음과 같다.[67)]

① 동의(同意) 취득의 용이

중국측과의 동업 기업의 경우, 사업철수 시에는 중국측 동업자의 동의가 필요한데, 매각이 청산이나 파산보다는 동의를 얻기가 상대적으로 쉬운 편이다.

② 시간적 · 금전적 손실의 최소화

청산이나 파산에 의한 사업철수에 비해, 매각 방법은 동업 기업이라도 합작 상대기업의 동의만 얻어내면 되므로 비교적 신속히 이루어지며, 사업 철수비용이 철수과정에 걸리는 시간에 비례하므로, 매각방법이 훨씬 경제적이다.

③ 자산 처분의 용이

청산이나 파산에 의한 사업철수는 보유자산을 모두 처분해야 하는데, 이 경우, 사업철수의 기간을 단축하기 위해서는 헐값 처분이 불가피하므로 결국 이는 잔여재산 분배에 있어 손실을 의미한다. 매각방식은 이러한 손실을 줄여줄 수 있다.

④ 추가비용 발생

청산이나 파산에 의한 사업철수의 경우에는 그동안 외자 기업이 누려왔던 각종 우대조치가 철회되며 이로 인한 추가비용이 발생할 가능성이 있다. 예를 들어 청산이나 파산 시에는 직원들과 노동계약 해지가 불가피하여 이에 대한 금전적 보상이 필요한데 비해, 매각 시에는 양수인에 의하여 사업의 계속성이 보장되므로 직원들에 대한 금전적 보상이 불필요해진다. 또한 청산이나 파산 시에는 외자 기업이 설비자재를 수입하면서 면제받았던 관세와 부가가치세와 우대혜택을 받았던 기업소득세도 추징 받는다.

3) 철수 과정

① 매각 과정

지분양도 절차는 다음과 같다. 이사회 의결 → 양도인·양수인간 서면계약 → 정관 및 계약서 수정, 지분 변경 → 이사회 명부 등을 심사·인가기관에 제출.

동업 기업의 지분양도시 받는 중요한 제한은 동업자 중 어느 한 측이 지분을 매각하고자 하는 경우, 상대측에게 우선매입 여부에 대한 의사(先買權)를 확인해야 한다. 상대측의 매입의사가 없을 경우에 제3자에게 매각한다. 제3자 매각 시 동업자에게 처음에 제시했던 가격보다 낮을 수 없고 동업자의 동의가 필요하다.

지분 양도시 적정한 양도가격 산정이 중요한데, 객관적 규정이나 평가방법은 없다. 그래서 사업이나 기업의 경영상태, 발전성, 양도 비율, 양도 원인 등을 고려하면서 종합적으로 평가하면 될 것이다.

잔여재산 평가시 특별히 고려해야 할 두 가지 항목은 첫째, 토지와 건물에 대한 평가이고, 둘째, 양도 기업의 노하우가 필요한 기계·설비 등에서는 이에 대한 노하우마저 양수자가 취득하게 되므로 이러한 노하우에 대한 평가 역시 고려하여야 한다.

② 청산과 파산과정

우선, 보통의 청산절차는 다음과 같다. 청산위원회 구성 → 채권자 최고(催告) → 잔여재산 평가 및 분배 → 청산절차 종결.

잔여재산의 가치평가는 계약이나 정관에 관련 규정에 우선적으로 따르며, 만일 규정이 없으면 투자자 상호협의로 결정하고, 이를 심사·인가기관의 허가를 얻어 확정시킨다.

한편, 파산절차는 다음과 같다. 파산신청 → 법원의 파산심사 및 결정 → 파산관재반 구성 → 채권자회의 소집 → 파산재산 분배 → 파산 종결

현장 정보

■ 중국 진출 한국기업들의 투자 철수건수와 철수 비용[68)]

한국 수출입은행은 중국에 진출했다가 실패하고 철수한 한국 기업들의 투자 철수건수가 2004년 상반기 중에만 19건에 이른다고 발표했다. 이 기업들이 최초에 투자한 금액은 3,990만 달러(약 400억원)였으나, 회수한 금액은 2,100만 달러(약 210억원)로 회수율이 52.6% 정도밖에 되지 않는다고 분석했다.

위 은행 자료에 따르면, 중국진출 기업들의 지난 10여년간 투자철수 건수는 1995년 7건, 1997년 20건, 1999년 20건, 2001년 29건, 2003년 48건, 2004년 상반기(1~6월) 19건 등이다.

이를 투자철수 비율로 보자면, 중국진출 한국 기업의 철수 비율은 매년 높아지고 있는 추세

이다. 투자 초기인 1995년까지만 해도 누계 비중으로 투자건수 대비 철수건수 비율이 0.71%에 불과했으나, 1999년에는 2.24%로, 2003년도에는 2.40%로 증가했다.

중소기업 진흥공단 국제협력처 김상우 과장은 "중국 정부는 처음 외자유치에 나설 때는 적극적이었다가, 투자가 이루어진 후에는 사후관리를 제대로 해주지 않아 현지에 진출한 한국 기업이 낭패를 보는 경우가 많다. 중국 투자의 위험 환경을 철저히 살펴보아야 한다"고 강조했다.

회수액 규모는 2000년 3억 1,470만 달러에서 2001년 8억 2,280만 달러로 급증한 후 2002년 1억 600만 달러, 2003년 1억 930만 달러로 감소하는 추세를 보이고 있다. 수출입은행은 철수 비율이 높은 업종이 운수·창고, 건설분야라고 설명했다.

사 례

■ **중국 진출 한국 기업들의 투자 철수 사례와 이유－세원전자, 텔슨전자, KTC 텔레콤社**[69]

중국에 진출한 한국 기업들이 투자 철수를 하는 이유를 몇 가지 정리하면 다음과 같다.

첫째, 중국측 파트너와의 갈등이다. 통신 장비회사인 D사는 중국 현지 파트너인 E사와 50대 50 지분으로 합자회사를 설립하는 계약서에 서명했다. 처음 6개월 동안은 회사 설립과정이 순조롭게 진행되었다. D사는 E사를 완전히 신뢰하여, 협상이 완료되기도 전에 장비까지 들여왔으나, E사가 이사회 구성을 놓고 당초 입장을 번복하면서 갈등이 생겼다. 특히 E사는 장비를 수입할 때 통관 수속을 비정상적으로 했던 D사의 약점을 이용해서 협박하기도 했다. 결국 D사는 큰 손해를 보고 투자를 철수하기로 결정했다.

둘째, 중국의 국산품 사용하기 캠페인으로 인한 매출 감소이다. 화학회사인 G사는 최근 중국 내에서 "중국 국산품을 사용하자"는 캠페인이 벌어지면서 매출액이 크게 감소하자, 회사를 중국에서 아예 철수하기로 결정했다. 이 회사 관계자는 "중국 업체들은 품질에 상관없이 중국제를 구입하는 경우가 많다. 또 가격경쟁도 상상 이상으로 치열하다"고 전했다.

셋째, 중국에 대해 지나치게 의존했기 때문에 후유증을 앓는 경우이다. 그동안 중국 수출비용이 높았던 세원텔레콤, 텔슨전자 등은 수익성이 악화되면서 각각 법정관리와 화의(和議 : 파산방지를 위하여 채권자와 채무자 간에 체결하는 강제 계약)에 들어갔다.

이들 중견 휴대전화 단말기제조업체 관계자들은 "중국측 바이어들이 처음에는 무리하게 많은 주문을 한 뒤에 '제품에 하자(결함)가 있다'는 식으로 갑자기 주문량을 줄이고 가격인하를 요구한다. 우리는 재고 부담을 줄이고 투자금을 회수하기 위해 어쩔 수 없이 가격을 낮추어 공급할 수밖에 없었다"고 말했다.

중견 휴대전화 단말기 업체인 KTC텔레콤은 2004년 상반기부터 한때 전체 매출의 70%를 차지하던 중국 수출 비중을 40%로 낮추고 중동, 동남아시아 등 신흥시장 개척에 나서고 있다. 카메라 폰 등 첨단제품을 제외하고는 중국 기업과 가격 경쟁력이 어렵다고 판단했기 때문이다.

넷째, 중국 진출기업이 당면한 기타 각종 애로사항이 감당하기 어려운 수준에 이르렀기 때문에 철수하는 경우이다. 전국경제인연합회가 (2004년 5월) 발표한 자료에 따르면, 중국 진출기업이 겪고 있는 어려움은 증치세(부가가치세) 등 세금문제(22.2%), 판로 개척(19.8%), 대금 회수(9.5%), 원자재 조달(9.1%), 법제도 미비(5.8%), 그리고 우수인력 확보(5.3%) 등의 순으로 나타났다.

■ 한국 병원 중국 투자, 성과 저조[70] – 베이징 · 선양 · 상하이 · 따리엔 진출 병원들

중국에 진출한 한국 병원들이 중국 관련사업을 중단하거나, 중단 위기에 처해 있는 등 성과가 극히 저조한 것으로 조사되었다.

중국으로의 병원진출 중개기업인 '휴메인 홀딩스'는 (2004년 10월 25일) "2003년에 베이징, 선양, 상하이, 따리엔(大連) 등 4개 지역에 진출했거나 준비 중인 한국 병원 17개의 운영 현황을 조사한 결과 8개만이 제대로 운영되고 있었다"고 밝혔다.

휴메인 홀딩스의 자료에 따르면, 2003년 현재 중국에 진출해 있는 국내 병원의 현황은 다음과 같다.

① 베이징(北京)에는 4개 병원이 진출해 있으며, 그 중 1개는 중단, 1개는 중단 위기에 처해 있다.

② 선양(瀋陽)에도 4개 병원이 진출해 있는데, 그 중 1개가 중단 위기에 처해있다.

③ 상하이에는 6개 병원이 진출해 있지만, 그 중 4개 병원이 일정(日程) 차질을 빚고 있고, 일부는 중단 위기에 놓여 있다.

④ 따리엔에는 3개 병원이 진출해 있으며, 그 중 1개는 자본 잠식, 1개는 일정 차질로 중단 위기에 놓여 있다.

이처럼 중국에 진출한 한국의 병원들이 실패하는 이유로 다음과 같은 것을 들 수 있다.

첫째, 중국에 대한 정확한 이해와 치밀한 준비가 없기 때문에 실패하는 경우이다. 국내 최대 척추전문 병원으로 손꼽히는 A병원은 지난 해 베이징에 천만 달러(약 백억 원)를 투자해 병원을 설립한다는 계획을 발표했지만, 그로부터 1년 후 이 사업을 잠정 중단했다. 이 병원 관계자는 "막상 중국에 가보니 한국에서 본 것과 다르고 제약이 너무 많아 사실상 전면 중단했다"고 말했다.

둘째, 고객과 시장 분석(환자에 대한 분석)이 철저하지 못한 경우이다. 선양에 진출했던 B병원은 병원 건립은 어렵지 않았지만 환자가 오지 않았다. 1년이 지난 현재 이 병원은 운영비조차 회수하기 힘든 실정이며, 지금까지 손해액만 3억 원에 이른다.

셋째, 중국 파트너와의 갈등으로 곤란에 당면하는 경우이다. 따리엔에 진출한 C병원은 개원 준비가 한창일 때, 중국 측 파트너가 10억원을 가지고 잠적했다. 또 베이징에 진출한 D병원은 중국 파트너의 갑작스러운 합작 철회로 1억원의 계약금을 잃었다. 새 파트너를 구했지만 비용은 두 배 이상 소요되었다. 국내에서 유명한 E치과는 상하이 진출에 상당히 고전했다. 중국 파트너의 무리한 요구로 병원 문을 열기로 했던 일정을 1년 이상 연기해야만 했다.

넷째, 사업에 필요한 필요 자금액 산정이 정확하지 못한 경우이다. F병원의 원장은 컨소시엄을 구성하며 5억원을 출자했다. 그러나 사업을 추진하면서 훨씬 더 많은 돈을 투입하지 않으면 안 된다는 것을 깨닫고 사업을 포기했다. 결국 5억원만 손해보고 말았다. G피부과 역시 처음 투자했던 자본금이 소진되어 고전하고 있다.

다섯째, 중국에 진출하려는 병원들이 단기적인 성과를 바라는 것도 실패 이유이다. 장기적으로 중국에서 확고하게 뿌리를 내리려는 생각을 하지 않고 1, 2년 내에 성공을 바라기 때문에 장기적인 전략이 없고, 모든 준비가 소홀해지고, 무리가 따르게 된다.

여섯째, 병원 마케팅이 제약이 많아 예상보다 환자를 유치하기 힘들다.

결론적으로 휴메인 홀딩스 안종남 대표는 "중국이 황금의 땅이라는 생각을 버리고 철저히 사업 타당성을 검토한 뒤 느긋하게 진출하려는 마음을 가져야 한다"고 충고했다.

■ **중국 진출 외국 기업들의 경영 애로사항과 투자 철수 사례 – 템즈워터, SONY, Canon 社**[71]

'중국에 진출한 외자기업 중 55%가 적자'라는 말이 있을 정도로 외국 기업들은 중국에서 고전하고 있다고 외신들이 보도하고 있다.

유럽의 하수 처리업체인 '템즈워터'는 (2004년 6월) 상하이에서 운영하던 오수처리 공장을 철수하기로 결정했다. 상하이시 측과 연간 15%의 고정 수익을 보장하는 내용의 계약을 체결했는데, 중앙 정부가 이를 불법으로 규정했기 때문이다.

한 외국계 트럭업체는 중국 파트너 회사가 지나치게 낙관했기 때문에 공장을 너무 크게 짓는 등 과잉 투자를 했다. 그런데 경영상황이 어려워지자 구조조정을 하려고 했으나 중국 정부의 규제 때문에 이 또한 쉽지 않게 되어, 결국 철수를 하기로 결정했다.

회사에서 필요한 기술과 지식을 갖춘 인력을 중국 내에서 구하기도 어렵다. 또한 중국 현지에서 생산한 부품의 품질이 떨어져 수입관세와 물류비용 등을 감수하고서라도 외국에서 부품을 수입하는 사례도 매우 많으며, 이것도 큰 애로요인으로 작용한다.

이러한 애로 요인들이 복합적으로 작용한 끝에 아예 본국으로 U-Turn하는 기업들도 많이 생겨나고 있다. 일본의 캐논은 2003년 2월 중국에서 생산해 오던 일부 제품을 앞으로 일본에서 생산한다고 발표했다. 소니 역시 최근 중국의 비디오 카메라 공장을 일본으로 옮겼다.

일본의 제조업체 413개사 중 16개사가 최근 1년간 생산 거점을 해외에서 일본으로 옮겼는데, 이중 50% 이상이 중국에서 철수해 온 기업이다.

11-5 외자기업 구축

이 절에서는 앞의 11-2에서 살펴본 성장전략을 중국에서 실행하기 위한 구체적 방법으로서 외자기업의 구축 차원에서 살펴보기로 한다. 즉, 중국에서 외국투자자나 외국자본이 설립하거나 취득하여 운영할 수 있는 외자(外資) 기업형태는 중국 국내기업 형태와 구별된다. 이들의 종류, 신규설립이나 기업취득 시 고려요소, 현지사무소 설비 및 기타 제도 등에 대해 살펴보기로 한다.

1. 외자기업 종류

우선, 중국에서 외자기업은 대표적으로 합자기업(合資企業, 정식명칭 : 中外合資經營企業), 합작기업(合作企業, 정식명칭 : 中外合作經營企業), 독자기업(獨資企業, 정식명칭 : 外商獨資企業)으로 분류되며 이 세 유형을 합쳐 일반적으로 '3자(三資)기업'이라 부른다.[72]

이들 3자기업은 법제도적으로는 각각 별도의 법규에 따라 설립 및 규율된다. 즉, 합자기업은 중외합자경영기업법 및 실시세칙, 합작기업은 중외합작경영기업법 및 실시세칙, 독자기업은 중외기업법 및 실시세칙이 그것들이다. 이러한 법률적 측면에서의 외자기업에 대한 설명은 제 4장(법률 환경)을 참조하기 바란다.

(1) 합자기업과 합작기업

중국에서는 일반적 개념의 합작투자(joint venture)로 신설된 기업 유형이 다시 합자기업(equity joint venture)과 합작기업(contractual or cooperative joint venture)으로 나뉜다.

우선, 양자 모두 외자측 파트너가 중국측 파트너와 공동으로 출자하여 기업을 설립 및 운영하는 형태이다. 그리고 기업 설립에서 외국인 투자자의 출자지분이 최소 25% 이상이 되어야 외국인 투자기업으로 분류되어 세제상 혜택 등을 받을 수 있다. 이렇게 투자조건, 손익배분, 기업통제 등에 대해 양측 간 합자계약 또는 합작계약을 작성하고 중국당국의 승인을 받아야 하는 등 절차 면에서는 두 기업형태 간에 별 차이가 없다. 합자기업과 합작기업 간 두드러진 차이로는 두 가지를 들 수 있다.

첫째, 기업의 손익과 통제권 등의 배분이 합자기업에서는 동업자 간 상대적 투자지분에 따라 이루어지는 반면에, 합작기업에서는 상대적 투자지분과 상관없이 협상한 계약조건에 따라 이루어진다.

둘째, 기업의 조직형태 면에서 합자기업은 법인(法人)인 유한회사로 설립되는 데 비해, 합작기업은 법인(法人) 형태로는 물론 비법인(非法人) 형태로도 설립이 가능하다. 비법인 형태가 되면 앞에서 살펴본 전략적 제휴의 한 형태가 되는 셈이며, 비용이 상대적으로 절감되는 장점이 있는 반면에, 법인 형태로는 동업 양측 모두에게 유한책임만 주어지는 장점이 있다.[73)]

사 례

■ 합작회사 – 맥도날드社와 중국 축산업 협동조합[74)]

1990년 중국에 진출한 맥도날드는 중국 시장을 분석한 결과 중국 국영기업과 합작하는 것이 유리하다고 판단했다.

기존의 중국 국영기업이 운영하던 배타적이며 폐쇄적인 유통망을 외국의 단독기업이 뚫고 들어가기는 어렵고, 또 각종 허가를 취득하는 것도 어려운 상황이었다. 하지만 국영기업과 합작을 한다면 이러한 어려움은 훨씬 줄어들 것으로 판단되었다.

그래서 맥도날드는 북경 농업국, 중국 축산업 협동조합 등과 합작회사를 설립함으로써 재료의 품질보장 및 정부 관할 유통업체 알선 등의 혜택을 누리게 되었다.

한편 중국 국영기업과 정부 입장에서는, 좋은 종자와 품종을 개발하고 보급할 수 있었다.

또한 맥도날드가 가지고 있는 재료 선발 과정이나 관리, 위생관리, 유통 시스템을 학습할 수 있게 됨으로써 농축산물 산업의 세계화와 경쟁력을 확보하는 기반을 마련할 수 있었다.

---

1) 단독투자 대비 합자 · 합작투자의 공통적 장점

단독투자(독자투자)와 대비해 볼 때, 합자투자나 합작투자가 가지는 주요 장점을 정리하면 다음과 같다.

① 동업자 간에 자본을 포함하여 경영자원 조달과 사업위험의 분담으로 투자부담 및 위험을 줄일 수 있다.
② 내수시장 진입 시 중국 동업자가 기존에 보유하고 있는 유통망, 마케팅, 현지 인력, 아프터서비스망, 충성된 고객집단 등을 활용할 수 있기 때문에 시간, 비용 등 여러 면에서 유리하다.
③ 중국의 특수성을 고려하여 중요한 중국내 네트웍 구성에 있어서 중국 동업자의 도움을 받을 수 있다.
④ 중국 측 동업자가 기업 활동에 유리한 부지(공장, 사무소 등) 또는 활용 가능한 하부구조를 제공할 수 있다.

사 례

■ 합자 · 합작투자의 장점 – KFC와 중국의 BCAP, BTB 社 [75)]

KFC는 외식업으로 중국에 진출하면서 법규상 현지 동업자 없이 독자적 사업이 가능하였지만, 여러 편의를 위하여 수차에 걸쳐 일부러 합자 기업을 설립하였다. 먼저, 최초 매장을 북경에 두기로 하면서, 관련 편의를 위하여 북경시 정부의 산하 기업이면서 제품 생산에 필요한 허가 품종의 닭을 기르는 양계업체인 Beijing Corporation of Animal Production(BCAP)와 합작계약을 맺었다. 그 이후 BCAP는 허가품종을 공급해줄 수 있는 두번째 양계업체를 찾는데 도움을 주었다. 또한 KFC는 사업 착수를 위해서는 정부기관과의 긴밀한 관계가 필요하였는데, 이에 도움을 줄 수 있는 기관으로 북경의 모든 호텔과 식당의 건설과 운영 감독기관인 Beijing Tourist Bureau(BTB)를 또다른 동업자로 끌어들였다. 이 동업자들의 설득을 위하여 KFC는 당시, 현지 투자수익률보다 높은 자기자본수익률 5%를 보장하였다. 지분 배분은 KFC 60%, BTB 27%, BCAP 13%로 하였다.

---

2) 단독투자 대비 합자 · 합작투자의 공통적 단점

우선, 합자 · 합작투자는 동업자 간 의견일치가 어렵거나 이해관계가 다를 수 있기 때문에, 기업이 중요한 의사결정을 해야 할 때(예 : 사업 확장), 합의가 지연되거나 불가능해질 수도 있다. 이는 특히, 중국측 지분이 소수인 경우에도, 지분 이상의 권한이 법적으로 주어져 있어서 경영 통제권에 대한 소수 지분의 거부권으로도 작용한다. 예를 들어 중요한 의사결정 대다수에 대해서는 이사회 구성원 전원 합의가 필요하다.

또한 외자측이 우월하게 가지고 있는 정보(지식)와 기술의 유출 위험이 큰 편이다. 중국의 동업자는 외국 기업과의 합작을 통하여 생산이나 경영 면에서 선진 기술, 노하우, 지식, 정보 등을 이전 받거나 확보하려고 하기 때문이다. 이를 통하여 중국 동업자는 독자적으로 모방 상품을 만들어 중국 국내 시장 또는 나아가 전세계 시장에 쉽게 진출하여 경쟁자로 변신함으로써, 외국 합작 기업의 경쟁우위에 잠재적으로 심각한 위협이 될 수 있다.

사 례

■ 합자 · 합작투자의 기술유출 위험 – 일본의 야마하(Yamaha) 社[76)]

1990년대 중반에 일본의 '야마하'사는 중국에 합작 진출을 하면서, 9,300만 달러를 들여 오토바이와 엔진 제조공장을 건설하였다. 당시, 대다수의 외국업체들과 마찬가지로 야마하사도 중국 정부로부터 합작사업에 신기술을 도입할 것을 합작 승인조건으로 받아들였다. 그러나 신기술을 적용한 신 모델을 출시한 지 넉달도 못되어 모방 제품들이 시장에 나왔다. 야마하사의 중국 합작측이 야마하사의 신기술을 중국 국내 업체에 몰래 팔아버린 때문이었다. 더욱이 그러한 모방 제품들이 1998년에 11만대나 미국, 유럽 등 해외로 수출까지 되었으며 그 이듬해에는 그 수가 배가 될 정도였다.

■ 합자 · 합작투자의 단점 – Pepsi 社[77)]

1994년에 미국의 '펩시'사는 중국의 사천(四川) 라디오 · TV 산업개발사와 합작으로 사천 지역에 음료제조공장을 세워 음료제조시장에 진출하였다. 중국측은 사천 지방정부의 자회사였다. 펩시측의 지분은 27%이었다. 펩시측은 본사로부터 음료원액을 공급받기로 하였다. 시장에 진입하여 시장점유율이 높아졌지만 동시에 수익성은 떨어지기 시작하였다. 이 주요 원인으로는 코카콜라라는 강력한 경쟁자의 등장과 마케팅비용의 증가를 들 수 있다. 이에 중국측은 펩시 본사가 음료원액 공급에서 폭리를 취한다면서 기존 계약조건이 불평등하여 배당률을 높여줄 것을 요구하였다. 또한 중국측은 수익원 다변화를 위하여 추가로 지역색의 브랜드를 개발하자고 제한하였지만 펩시측에 의해 기각되었다. 이러한 과정에서 양측간에 불만과 불신이 쌓였고 의사소통도 단절되면서 합작 청산으로 종결되기에 이르렀다.

위 문제의 주요 원인으로는 첫째, 합작 양측간에 사업 목적이 차이가 났다는 점, 둘째, 경영구조 면에서 중국측이 대주주인 점을 이용하여 대표이사부터 주요 기능의 경영자를 자기 사람들로 임명한 점이다.

3) 합자투자 대비 합작투자의 장점

외자 측 입장에서 합자투자와 대비하여 볼 때, 합작투자 형태가 가지는 장점은 합자기업 형태에 비해 설립부터 운영까지 쌍방간 권리와 의무를 융통성 있게 조정할 수 있다는 점이고, 이 때문에 투자위험이 비교적 높은 사업(광산 개발, 도로 개설, 대형 호텔 등)에 많이 활용된다.

실제로 중국 정부는 부족한 사회간접자본인 도로 건설에 외자를 유치하기 위하여 유료도로 투자안(project)들을 외국투자자들에게 제시해오고 있는데, 이러한 투자사업을 담당할 기업형태로는 대개 합작기업 형태가 선호된다. 다른 투자 형태로는 대규모 자본 투자자의 사업위험에 대해 효과적으로 보상할 수 없기 때문이다. 합작기업의 경우, 이익의 배분방식과 회수시기에 대해 실제 투자지분과 무관하게 협상할 수 있으므로, 외자 투자자는 다른 형태의 기업에서보다 조기에 투하자본을 회수할 수 있다.[78] 합작투자의 구체적인 주요 장점은 다음과 같다.

① 최저투자지분에 제한이 없다.
② 가치평가가 어려운 자산(부동산, 설비, 지적재산권 등)에 대해 투자할 때 유리하다.
③ 중국 동업자가 보유한 자산이나 사업권(licence)이 외자측에게는 법규상 취득이 금지되었거나, 양도세, 고비용, 복잡한 취득절차 등의 이유로 외자측이 취득을 꺼리는 경우(예 : 토지)에, 합작기업은 그러한 자산이나 사업권을 이용하는 것이 가능하다.
④ 법규상 외자에 의한 소유가 금지된 부문 또는 중국측이 충분한 자본제공 능력이 없는 경우, 외자측이 고가의 기술이나 설비를 합작기업에 임대하는 형태로 합작이 가능하다.
⑤ 일방(예 : 중국측)이 계약을 위반했을 경우, 상대방(예 : 외자측)이 중재, 소송 등을 비교적 유리하게 진행할 수 있다.
⑥ 합작계약 기간내 합작의 청산이나 계약의 수정이 비교적 용이하다.
⑦ 세제면에서 합자기업과 합작기업 모두 우대를 받지만, 합자기업은 추가적 혜택을 받을 수 있다(예를 들어 경우에 따라 양도세를 면제받을 수 있다).
⑧ 일방(예 : 외자측)이 기업의 통제권이나 손익배분에서 자신의 투자지분보다 크거나 유리한 권리를 얻을 수 있다.

4) 합자투자 대비 합작투자의 단점

외자측 입장에서 볼 때, 합작기업 형태의 핵심 단점은 합작계약이 투자 지분과 무관하게 작성될 수 있다는 점에서 투자, 경영 등 사업 전반에 대해 세부적 내용까지 계약 내용에 들어가야 하기 때문에, 협상이 이루어지기까지 상당한 시간과 노력, 즉 비용이 들며, 이는 종종 협상 실패로 이어지기도 한다는 점이다.

5) 합작투자 대비 합자투자의 장 · 단점

한편, 합작투자와 대비해 볼 때, 합자투자 형태는 관련 규정이 잘 정비되어 있어 설립 및 운영절차가 비교적 합리적이라는 장점이 있는 반면에, 최저투자지분에 제한이 있다는 단점이 있다.

사 례

■ 합작투자 – 도로 개설 투자[79)]

유료도로 투자 사업의 경우, 본문에서 설명한 이유로 대개 합작기업이 선호된다. 일반적 유료도로 사업의 경우, 건설 후 일정 기간 운영 후에는 정부에 기부하게 되기 때문에, 외자투자자는 운영 기간 전체에 대한 투자수익률 외에 투자 원금의 회수기간도 중시한다. 현금흐름의 가치는 시간에 따라 하락하므로 투자수익률 산정은 내부수익률(internal rate of return, IRR)을 기준으로 하는 것이 보통이다.

외자 투자자는 운영 초기에 이익 배당 시 투자 원금 지분 이상의 배당 지분을 요구하는 편이다. 예를 들어 운영 초기(약 5년에서 15년 정도)에는 발생 이익의 전액 배당을 요구하고, 중기(그후 약 5년에서 15년 정도)에는 투자 지분만큼의 배당, 그리고 말기(그후 약 5년에서 10년 정도)에는 투자 지분 이하의 배당에 합의할 수 있다. 물론, 관련 모든 합의사항과 권리에 대한 개념 정의들은 합작 계약서에 자세하고 정확하게 명시되도록 한다.

실제 사례를 보면, 합작측으로는 대개 두 종류의 주체가 있다. 한 측은 외자 투자가 또는 현지 투자가이며, 이들은 사업에 필요한 자금을 대부분 제공한다. 상대측은 지방정부 측 소속 자회사인 경우가 전형적이며, 사업 허가권(licence)과 건설, 노동력 등 물적 자본을 제공하며, 자금도 일부 제공하는 경우가 있다.

한 사례를 제시하자면, 그 프로젝트는 고속도로 하나의 건설과 기존 연계 도로의 보수 및 개선을 사업으로 하였다. 여기서 외자측은 합작기업의 지분 60%를 확보하고 이사회에서도 60%의 이사를 선임하였다. 이어 회사 집행임원 중 총무와 재무 부분 임원 선임권도 획득하였다. 합작기업은 법적으로 유한책임회사로 설립하였으며, 공사기간은 4년, 운영기간은 30년으로 하였다.

이익 배당은 위에서 예시한 형태로 하였으며 모든 합의 사항들이 합작 계약서에 기재되었다.

이상의 합작기업 형태에서는 합작측의 철수(exit) 전략도 허용하여야 하는 것도 중요하다.

두 가지 적극적 철수 전략의 예를 보자. 하나는 기존 도로 사업 외에 다른 도로 사업을 추가하는 방법이고, 또 하나는 사업별 합작기업들을 묶어 하나의 지주회사를 설립하여 이를 증권거래소에 상장한 후 지분을 회수하는 것이다.

■ 합작투자 : 광산 개발 투자 – Victor Mining 社와 하남성 정부 자회사[80)]

2004년, 캐나다의 광산 기업인 'Victor Mining'사는 하남성 정부의 한 자회사와 금광 개발을 위한 합작기업을 설립하였다. 합작계약서에 Victor사는 탐사 및 개발에 필요한 자금을 초기 4년간 제공하기로 하고(첫해에는 75만 달러 이상 제공 의무), 중국측은 광산 채굴권을 제공하기로 하였다. 협상 결과, 배당 지분으로 Victor사는 애초에 70%를 확보하였다. 그러나 계약 후 탐사 결과에 따라 계약을 수정하여 Victor사의 배당 지분을 77.5%로 높이고, 이후 소요 자금은 지분에 따르기로 하였으며, 중국측도 자금을 제공하기로 하되, 만일 중국측이 자금 제공을 못하게 되는 경우가 발생하면, 중국측 지분은 최소 10% 수준까지 축소될 수 있게 하였다.

---

(2) 독자기업

독자기업(wholly foreign-owned enterprise)은 외국 투자자가 단독으로 자본 전액을 투자한 기업을 가리킨다.

1) 합자 · 합작투자 대비 단독투자의 장점

독자기업은 합자투자나 합작투자와 대비해 볼 때, 다음과 같은 주요 장점을 가진다.

① 동업자와의 계약협상 과정이 없으므로, 기업설립 및 사업개시를 신속히 할 수 있다.
② 동업자와의 사업상 이해관계 갈등 우려가 없이 기업의 완전한 통제가 가능하고 경영이 단순하다. 여기에는 경영전략 변경 등 중요한 의사결정을 필요로 할 때, 동업자 간 합의를 거칠 필요가 없어 신속한 결정이 가능한 점도 포함된다.
③ 외자 측의 민감한 기술, 산업재산권, 노하우 등에 대한 현지 동업자로부터의 이전 요구 압력이나 유출 위험이 없다.

2) 합자 · 합작투자 대비 단독투자의 단점

반면에, 독자기업은 합자투자나 합작투자와 대비해 볼 때, 다음과 같은 단점도 지닌다.

① 동업자가 없어서 자본을 포함하여 경영자원 조달과 사업위험을 분담하지 못하고, 모두 부담하여야 한다.
② 내수시장 진입 시 중요한 유통망을 도움 없이 스스로 확보하여야 하므로 시간, 비용 등에서 불리하며, 중국 당국도 독자기업보다는 합자 · 합작기업을 장려하는 정책을 펴고 있다. 그러므로 진입하려는 내수시장에 강력한 현지 경쟁기업이 있을 경우 경쟁력 확보가 쉽지 않을 수 있다.
③ 중국의 특수성을 고려하여 중요한 중국내 네트웍을 도움없이 스스로 구성하여야 한다.

현장 정보

■ 합자투자 대비 독자투자 선호비율[81)]

과거에는 중국에 처음 진출하려는 한국 기업들이 '중국 기업과 합자투자를 할 것인가, 자신만의 독자투자(獨自投資)를 할 것인가'하는 문제로 많은 고민을 했으나, 요즈음은, 중국이 외국인 독자투자의 허용범위를 확대하면서, 독자투자를 선호하는 비율이 단연 높게 나타나고 있다. KOTRA 중국지역본부가 중국에 투자한 한국기업 529개사를 대상으로 실시한 설문조사에 따르면, 전체 기업 중 60% 이상이 '독자투자' 형태를 취하고 있었다. 이들은 독자투자의 주요 이유로 중국측 파트너와의 마찰을 피하기 위해서라고 응답했다.

사 례

■ 합자·합작투자와 단독투자들 간의 전환－A社, B社[82)]

요령성 안산시의 A사는 당초 다른 지역에 합자로 봉제공장을 세웠다가 중국측 동업자의 무성의한 태도에 실망하여 과감히 정리하고 안산으로 들어가서 독자적으로 스웨터공장을 세웠다. 강소성 상숙시의 방직업체 B사는 독자투자로 들어갈 경우, 수출허가권을 받을 수가 없어 명목상으로는 합자로 계약서를 작성하였고, B사가 원할 때에는 언제라도 중국측 동업자가 자신의 지분(명목상의 지분)을 B사에 이전한다는 내용의 각서를 시정부 보증하에 받아두었다가 추후에 독자적으로 경영하는 방식으로 바꾸었다.

통신기기와 TV용 수정진동자를 생산하는 C사는 당초 독자투자로 들어왔으나, 앞으로 예상되는 중국내 증시 상장을 염두에 두고 증자하면서 합자방식으로 전환하였다.

---

2. 기업취득 대비 신규설립

외국자본이 중국시장에서 기업 성장을 위하여 기업 취득을 고려한다면 크게 다음 몇 가지 의사결정이 필수적이다.

기업취득에서 고려해야 할 첫 번째 의사결정 사항은 기업취득이 신규설립보다 유리할지 파악하는 길이다. 기본적 여건은 앞에서 전사적 전략의 성장전략 실행 부문에서 살펴보았다. 중국시장에서 자체 개발과 대비해 볼 때, 기업 취득이 유리하게 될 추가적 조건들은 다음과 같다.

① 취득대상 사업이 외자기업에 낯설지 않은 성격을 띠고 있으며, 기존의 현지 경쟁기업들이 존재하는 경우

② 현지 경쟁기업들이 해외 주요시장에 수출하기 시작한 경우
③ 기술과 지적재산권은 중요한 고려사항이 아닌 경우
④ 현지 경쟁기업 중 중견 규모로서 유망한 취득 대상이 존재하는 경우

사 례

■ 현지 경쟁기업 취득전략 – Thomson 社[83)]

중국에 진출한 프랑스의 가전회사인 '톰슨(Thomson Corp.)'사는 브라운관 제조업에서 현지의 선두업체인 'Fudi Technology'로부터 동관지역에 소재한 브라운관 제조라인 및 관련 설비를 인수하였다. 인수 배경으로 가장 중요했던 점은, Fudi사가 이미 브라운관 사업에서 4,800만 달러 상당액의 손실을 입고 있었던 것이다. 한편, 톰슨사로서는 중국에 이미 5개의 전자제품 제조공장(4개는 광동성의 선전 · 광주 · 포산 · 동관, 1개는 북경시에 소재)이 있었는데, Fudi사의 브라운관 사업 인수로 기존 포산에 있던 브라운관 생산능력을 확장시키는 동시에, 현지의 유력한 경쟁자를 제거하는 효과를 얻었다.

기업 취득에서 고려해야 할 두 번째 의사결정사항은, 취득방식에 있어서 지분(주식) 취득방식과 자산취득방식 중 어느 방식을 선택할 것인가 하는 일이다. 지분취득방식은 목표기업의 자산과 부채에 대한 소유권을 취득하는 것이고, 자산취득방식은 목표기업의 핵심자산만 취득하고, 기타 자산과 부채는 기존 소유자의 처분에 맡기는 것이다.

얼핏 보아서는 자산취득방식이 원하지 않는 자산과 부채는 떠안지 않아도 되는 장점이 큰 것 같지만, 절차상 지분취득방식보다 더 복잡하며 소요기간이 더 길다는 큰 단점이 있다. 실제로 대규모 취득 사례들의 대다수는 지분취득 방식이었으며, 중소규모 취득 사례들의 대다수는 자산취득 방식으로 나타났다.

지분(주식) 취득이 자산취득 방식에 비해서 상대적으로 유리하게 될 주요 조건들은 다음과 같다.

① 취득대상 기업이 상장회사인 경우
② 취득대상 기업의 지분중 소수 지분을 확보하려는 경우
③ 중국정부가 자국기업에 대한 외자의 취득 지분율에 한도를 정한 경우
④ 지방 당국과 취득대상 기업의 기존 경영진이 자산 취득 방식을 거부하는 경우
⑤ 중국정부와 지방 당국이 취득대상 기업의 해체를 불허하는 경우
⑥ 취득 주체가 사모(私募)펀드, 투자은행 등 금융투자자인 경우

사 례

■ 소수지분 취득 – HSBC 社[84)]

영국계 다국적은행인 'HSBC(홍콩상하이은행)'은 중국의 여러 은행에 투자하면서 규제로 인하여 아래와 같이 순차적으로 소수 지분투자를 하였다. 이러한 취득은 당행이 장차 중국에서 시도할 확장전략에 대한 준비조치로써, 중국내에 광범위한 거점망을 설치하는 효과를 노린 것이었다.

① 2001년 12월 : 상하이 은행 지분 8%, 6,260만 달러에 증자참여 형태로 취득
② 2003년 : Fujian Asia 은행(이후 Ping An 은행으로 개명) 지분 50%, 2천만 달러에 취득
③ 2003년 12월 : Xingye 은행 지분 15.98%, 2억 870만 달러에 증자참여 형태로 취득
④ 2004년 8월 : 교통은행 지분 19.9%, 17억 달러에 증자참여 형태로 취득

기업 취득에서 고려해야 할 세 번째 의사결정 사항은, 취득 자본을 자체적으로 조달할지 아니면 외부의 투자파트너를 찾을지 선택하는 일이다. 다음은 외부의 투자 파트너를 선택하는 것이 더 바람직한 주요 조건들이다.

① 자체 자본이 부족한 경우
② 외부 투자파트너가 취득 대상 기업의 선정, 협상, 구조조정 등 기업 취득 면에서 전문성을 보유하여 도움을 줄 수 있는 경우
③ 법규제적으로 중국 당국이 중국기업에 대한 외자의 취득 지분율에 한도를 정하고, 외부의 투자파트너로 중국 국적자를 요건으로 하는 경우
④ 취득 주체가 사모펀드, 투자은행 등 금융투자자인 경우

3. 대표처

외국투자자나 기업이 중국에 자본투자를 통해 진출하는 방법 외에 현지에 진출하는 또 다른 길은 현지사무소 격에 해당하는 대표처(代表處, Representative Office)를 설립하는 것이다. 이 방법의 주요 용도로는 크게 다음 두 가지를 들 수 있다.[85)]

첫째, 외국투자자나 기업이 중국에 자본투자 형식으로 본격적 진출을 하기 전에 그 예비 단계로서, 또는 중국 시장의 추가 개방이나 규제 완화에 대비하여 현지 시장에 대해 다음과 같은 활동들을 펼치기 위해서이다.

① 사전 시장조사
② 실제 또는 잠재적 고객, 규제 · 감독 당국 등과 우호적이고 친밀한 관계 형성

③ 잠재적 현지 동업자 모색 및 친교 관계 형성
④ 마케팅(기업이나 브랜드 인식 제고 등) 활동이나 판매 활동

둘째, 외국기업이 중국에서 아웃소싱(부품조달 등)을 하려는 경우에, 이 활동을 현지에서 관리해 줄 기구가 필요하다면 대표처가 그 역할을 할 수 있다.

현장 정보

■ **대표처 활용－소프트웨어 기업, 법률 서비스업, 보험업**[86)]

대표처 제도의 활용 현황을 보면 특히, 서비스업 부문에서 호응이 높다. 실례로 미국의 소프트웨어 기업들 중 중국에서 잠재적 고객과 동업자 모색을 위하여 대표처를 설립한 사례들이 근래에 나타났다. 또한 일부 서비스업에서는 현재까지 규제로 인하여 대표처 제도가 현지 진출의 유일한 수단인 경우(예 : 법률 서비스)와, 자본투자 전에 사전적으로 대표처 제도를 의무적으로 일정 기간 거치도록 하는 경우(예 : 보험업의 경우, 2년간)도 있다.

한편, 대표처 제도는 사업성장 전략의 일환으로 기존 세부시장 이외에 새로운 세부시장으로의 진출을 도모하는 경우에도 효과적 수단으로 채택된다.

1) 외자기업 대비 대표처의 장점

이러한 대표처 방식이 자본투자 방식에 비해서 가지는 주된 장점은 다음과 같다.

① 설립에 필요한 자본요건이 없다. 따라서 창립비용이 1만 달러가 넘지 않는 편이며, 이 규모는 외자기업 설립에 소요되는 금액평균의 1할 정도에 그친다고 할 수 있다.
② 설립에 필요한 시간이 자본투자방법에 비해 빠르다.

2) 외자기업 대비 대표처의 단점

반면에 대표처 방식은 자본투자방식에 비해 다음과 같은 단점도 지닌다.

① 직접적 거래나 영리행위는 할 수 없도록 되어 있다. 그럼에도 많은 대표처가 본사로부터 현지거래 협상권을 위임받아 담당하면서 실질적으로 현지판매 창구 역할을 하는 편이어서, 이러한 제한을 우회할 수 있다. 물론, 이 경우에도 계약의 체결이나 결제는 본사에서 수행하여야 하는 것은 감수하여야 한다.
② 대표처를 설립하려면 사전적으로 관련 사업에 이해관계가 있는 중국 회사 또는 중국 상무부(Ministry of Commerce · MOFCOM)가 인정한 기관 하나로부터 후원을 받아야 한다.
③ 대표처는 그 존속기간으로 1회에 3년간씩 허가 받으며, 존속을 연장하려면 허가를 3년 마다 갱신하여야 한다. 이는 동시에 위 후원계약도 갱신하여야 함을 뜻하며, 계약 갱신은 상당한 노력과 피로를 초래한다.

3) 대표처와 지점간 비교

대표처 제도를 지리적 시장확장 전략의 수단으로 이용할 경우, 이는 지점(branch) 제도와 유사하게 보여진다. 그러나 중국에서 양자는 구별되기 때문에, 주요 항목별로 이들을 비교하면 다음과 같다.

① **조직 형태** : 대표처가 법인격을 가지는 데 반해, 지점은 그렇지 못하다. 이 경우, 지점의 행위에 따른 책임은 모두 본사가 부담하게 된다.

② **관련 규정** : 중국 정부에서의 관련 규정이 대표처에 대해서는 비교적 잘 정비되어 있는 데 반해, 지점에 대해서는 그렇지 못한 편이며 특히, 금융업 외에는 더욱 그러하다.

③ **소득세** : 지점은 실제소득에 대해 과세받는 데 반해, 대표처에 대해서는 본사가 중국에서 버는 이익을 추정하여 인정과세될 수 있다. 이 경우, 대표처의 조세 부담이 훨씬 무거울 수 있다.

4. 기타 형태

중국에 진출한 외국자본들이 많아지면서 기존에 이들을 맞이한 기존 형태들, 즉 독자기업, 합자・합작기업, 대표처 등의 제도로는 다양해지고 복잡해진 외국투자가들의 욕구를 만족시키는 데 한계가 있었다. 이에 더해 중국이 가입한 WTO에서도 중국정부에 대해 관련 제도의 개선을 요구하기에 이르렀다. 이에 중국정부는 전향적으로 대응하여 지주회사, 외자주식회사, 연구개발센터 등의 새로운 형태들을 도입하기에 이르렀다. 이들을 간단히 살펴보기로 한다.[87)]

(1) 지주회사

외국투자자가 다수의 업체나 사업부를 동시에 운영하려는 경우, 이들을 연합시키고 조정해 줄 기능이 절실히 필요할 수 있는데, 이러한 기능을 제공하는 제도가 공고공사(控股公司)라고 하는 지주회사(holding company) 제도이다.[88)]

이 제도가 제공해 주는 핵심 효과는, 유사한 기능이면서 업체나 사업부별로 갖추거나 현지 동업자에 의존하거나 아웃소싱을 하여야 했던 기능들(조달, 수입, 판매와 마케팅, 연구・개발, 교육・훈련, 경영자문, 금융이나 보증, 설비 리스 등)을 지주회사 체제내에 통합하여 설치할 수 있게 함으로써 규모의 경제를 제공해주는 것이다.

1) 지주회사 관련 규제

우선, 지주회사 설립에 몇 가지 요건이 필요하다. 납입자본금이 3천만 달러 이상이어야 하며, 당해 외국투자가가 중국에 보유한 외자기업 수가 10개 이상이어야 한다.

한편, 다음은 지주회사 관련 제도 개선이 아직 이루어지지 않아 불합리한 규제 항목들 중 주요한 것들이다.

① 지주회사 산하 기업 또는 사업부 간 손익 배분은 금지되어 있다.

② 조세와 인사관리 기능은 여전히 개별 기업별로 처리되고 통합되어 있지 않다.

2) 중국 내 현황

중국에서 지주회사 제도가 아직 충분히 합리적 체제를 갖추지 못한 상태임에도 불구하고, 지주회사 제도를 채택하는 외자기업들은 꾸준히 늘어나, 2003년 초에 이미 300개를 넘어섰을 정도이다. 지주회사는 외자기업 종류 상으로는 독자기업이나 합자기업 형태 중 택할 수 있는데, 독자기업 형태가 지배적으로 나타난다.

사 례

■ 지주회사 – 현대자동차 그룹[89)]

현대자동차 그룹은 자본금 3천만 달러 규모의 중국 지주회사를 출범한다고 밝혔다. 베이징현대차를 중심으로 중국에 '제 2의 현대차 그룹'을 만든다는 방침인 것이다.

자동차 생산 및 판매, 철강 등 원자재 관련 회사, 할부 금융사 등을 모두 총괄하는 이 지주회사는 그룹 내 중국 현지법인의 인사·재무, 마케팅·법무 등의 통합지원업무를 맡을 예정이다. 이에 따라 현대모비스와 하이스코, IN 스틸 등 중국의 15개 계열사는 지주회사로 편입된다.

■ 지주회사 – LG화학社[90)]

LG화학은 2008년 중국 내 상위 5위의 화학회사로 발돋움하기 위해 2005년 1월 3일 중국 베이징 챠오양구에 위치한 현지법인에서 지주회사인 'LG화학 중국투자 유한공사'를 출범시켰다. 이번에 설립된 LG화학의 지주회사는 전략수립, 통합 영업 및 마케팅, 현지 8개 생산법인과 2개 판매법인 및 3개 지사의 재무, 인사, 법무 등 경영 전반에 대한 서비스 및 운영체제 구축 등을 담당하게 된다. 또 앞으로 진출할 신규사업의 기반을 조성하는 역할도 담당한다.

김종팔 LG화학 중국지주회사 법인장(부사장)은 "중국지주회사 출범으로 LG화학의 중국사업이 대도약할 수 있는 전기를 마련했다. 전체 임직원이 합심해 차별화된 서비스를 통해 고객으로부터 사랑받는 회사, 정도경영을 바탕으로 일등을 추구하는 회사, ACE(Aspiration 열정, Commitment 주인정신, Execution 실행력) 문화를 정착하도록 하겠다"고 강조했다.

■ 지주회사 – SK(주)社[91)]

SK(주)는 중국 현지투자 및 자원개발을 총괄할 지주회사인 'SK 중국투자 유한공사'를 설립했다. SK 중국투자 유한공사는 자본금 346억원으로 에너지, 석유화학, 생명과학 분야의 현지투자, 투자법인 관리 및 지원업무를 맡게 된다.

SK 관계자는 "중국 내 에너지 자원 개발 및 투자 등에 집중하기 위해 SK(주)의 사업만 관리하는 지주회사를 설립하게 됐다"고 밝혔다.

(2) 외자주식회사

이 형태는 명칭 그대로 주식회사 형태로서 주식시장에서 대규모 공모 자본을 조달할 수 있게 해준다. 그런데 이 형태는 여러 측면에서 합자기업과 비슷한 편이다. 외자주식회사 형태에 대한 주요 사항들을 살펴보면 다음과 같다.

① 발기인이 5인 이상 필요하며, 이들 중 1인은 외국인, 반수 이상은 중국 거주자이어야 한다.

② 법적으로 외자기업이 아니라 중국 국내기업으로 간주되며, 이는 지배지분을 외국인이 보유한 경우에도 적용된다.

③ 경영 통제권에 대한 소수 지분의 거부권이 합자 · 합작기업에 비하여 크게 약화되어 있어서, 주요 의사결정(지분 매각 포함)의 경우, 2/3 이상의 지분으로 가능하며, 이는 다수 지분을 가진 외자측의 의사 관철을 비교적 용이하게 해준다.

(3) 연구·개발센터 (R & D 센터)

중국에서 기업들이 운영하는 연구 · 개발센터(硏究開發中心 · research and development center)는 대표적으로 다음 네 가지 기능 중 일부에 집중하는 모습을 보인다.

① 중국 내수시장용 제품개발 기능이다. 이 기능은 현재, 대다수의 기존 연구 · 개발센터의 활동내용에 해당한다.

② 기초연구 기능이다. 이 기능에 대한 관심은 아직 초기 단계이지만 점증하는 추세를 보이고 있으며, 이 기능의 활성화를 유도하기 위하여 중국정부도 장려정책을 펴고 있는 실정이다. 또한 이 기능은 다국적(多國籍) 기업의 초국적(超國的) 연구 · 개발 기능 차원에서 연계되거나 통합되어 운영될 수도 있다.

③ 해당 외자측이 자신의 중국진출 의사가 진실함을 관계 중국당국에 간접적으로 증명하기 위한 장식이나 과시 수단으로써의 기능이다. 이러한 기능은 중국의 시장개방 초기에 아직 외자의 현지직접투자에 대한 허가가 까다로웠던 상황에서 수행되었던 편이다.

④ 현지 인력 중 유능한 인력의 파악 및 채용을 위한 수단의 하나로서의 기능이다.

사 례

■ 연구 · 개발센터 – Intel 社 [92)]

중국은 이곳에 진입한 많은 미국 기업들에게 연구 · 개발센터 구축의 최적지 중의 하나가 되고 있다. 일례로 미국의 인텔(Intel)이 1998년 북경에 설립한 연구센터의 소장 Yung 박사는 그 중요한 이유의 하나로 양질의 저렴한 이공계 인력이 미국에 비해 풍부하게 공급되는 것을 들었다.

현장 정보

■ 전자업계 R & D시설도 중국으로 이전－LG전자, 삼성전자社[93)]

전자업계가 최근 중국에 첨단 연구소를 잇따라 세우며, 현지에서의 연구 · 개발(R & D) 기능을 대폭 강화하기 시작했다. 생산기지를 중국으로 이전하는 데 이어 R & D시설까지 중국으로 옮겨가기 시작한 것이다.

LG전자는 중국내 14개 생산법인 중 일부 디지털 TV 사업장의 연구기능을 연구 · 개발센터로 육성하고, 앞으로 3년간 디지털 TV R&D 인력을 매년 30%씩 늘리는 등 중국을 '제2의 디지털 TV R&D기지'로 육성할 방침이라고 (2005년 3월 1일) 밝혔다.

LG전자 관계자는 "중국 내 LG브랜드 이미지와 위상을 제고하고, 현지 밀착 연구 · 개발을 촉진하기 위해, 중국내 디지털 TV 생산법인의 R & D 기능을 강화해 중국을 사실상 제2의 디지털 TV 연구기지로 구축하겠다"고 말했다.

삼성전자 역시 (2005년 2월 말) 중국 저지앙(浙江)성 항조우(杭州) 시에서 항조우 시스템 LSI연구소 개소식을 가졌다. 이는 삼성전자가 2004년 말 쑤조우(蘇州)에 설립한 팩키지 연구소에 이어 중국에 세운 제2의 반도체 연구소이다.

전자업계가 중국 내 R & D기능을 강화하려는 것은 생산뿐만 아니라 R&D까지 현지화 하는 것이 시장 공략에 도움이 되기 때문이다.

삼성전자 권오현 사장은 "중국 거래선이 요구하는 시스템 LSI 제품을 현지에서 신속하게 개발할 수 있게 되었다"고 강조했다.

그러나 D램의 뒤를 이을 차세대 반도체인 시스템 LSI나 디지털 TV는 장기적으로 중국과 경쟁이 불가피한 첨단 분야이기 때문에, 중국에 R & D 기능까지 이전하는 것은 기술유출로 이어질 수 있다는 우려도 나오고 있다.

제12장 사업부 전략

이 장에서는 사업부 전략의 구체적 내용으로서 적응전략과 일반 경쟁전략을 고찰하기로 한다.

12-1 서 론

기업의 사업부전략(business unit strategy)은 전사적 전략(全社的 戰略, corporate strategy)에서 참여를 결정한 특정 사업(산업, 시장)에 들어가 경쟁하는 방법에 관한 것이다. 그래서 복수 사업을 영위하는 기업이라면 사업별로 고유의 사업전략이 필요하게 된다. 이때 사업전략을 수립하고 실행하기 위한 핵심적 기반은 사업자(기업)가 개발 및 구축한 사업의 경쟁 우위(competitive advantage)라는 점을 명심하여야 한다.

사업의 경쟁 우위란 경쟁 환경에서 사업자를 다른 경쟁자들보다 우월하게 만드는 특성 즉, 뛰어난 위치에 서게 할 수 있는 특성을 가리킨다. 특히, 동태적 경쟁 환경에서는 지속적 또는 '유지 가능한 경쟁 우위(sustainable competitive advantage)'를 확보하는 것이 사업의 성패, 나아가서는 기업의 존폐 여부에까지 결정적 요인으로 작용한다. 그러므로 경영 전략의 핵심 목적은 경쟁 우위의 확보 및 유지라고 말하여도 과언이 아니다.

기업이 구사할 수 있는 다양한 사업전략들의 분류방법도 다양하다. 여기서는 그중 마일즈(Miles)와 스노우(Snow)가 제시한 적응 전략(adaptive strategies)[1)]과 포터(Porter)가 제시한 일반 경쟁전략(generic competitive strategies)[2)]을 다루기로 한다.

12-2 적응 전략

적응 전략이란 기업이 처한 불확실한 경쟁 환경에 처하여 적절히 적응하기 위하여 채택할 수 있는 여러 가지 전략 유형들의 범주를 가리킨다. 대표적으로 네 가지 전략 유형을 소개하기로 한다.

1. 혁신 전략

이 전략을 구사하는 기업은 끊임없이 새로운 시장 기회를 탐색하면서 이에 적응할만한 신제품을 개발하고 시험하면서 혁신을 거듭하는 모습을 보인다. 바꾸어 말하면, 이 전략은 현실에 안주하지 않고 지속적으로 새로운 방향, 즉 혁신을 추구하는 전략인 것이다.

혁신 전략을 추구하는 기업은 다음 두 가지 중요한 능력이 필요한데, 이 능력이 동시에 채택 기업의 경쟁 우위의 원천이 되기도 한다.

① 급변하는 환경의 여건과 추세를 조사, 분석 및 평가할 수 있는 능력
② 이러한 동태적 환경에 적응할 신제품의 개발 능력

한편, 경쟁업체들 입장에서는 혁신 전략을 추구하는 기업이 미래에 펼칠 전략적 결정 및 행동에 대해 전망하기가 상당히 어려워지는 상황이 나타나게 된다.

사 례

■ 혁신 전략 – 청도고합社, 화양화공社[3)]

1996년 중국 산동성 청도 경제기술개발구에 폴리에스터 수지 및 원사 제조업으로 진출한 기업 '청도고합'은, 노동집약적이며 기술수준이 낮은 제품의 생산설비 이전을 지양하고, 첨단기술의 고부가가치제품 생산을 위한 설비를 중국으로 도입하여 지속적으로 고부가가치 제품을 출시할 예정이다.

또한 1997년 건설업의 바닥재 제조와 건설시공업으로 진출한 '한양화공'은 처음에는 에폭시 제품을 판매하였지만 에폭시는 점차 수요가 감소될 것으로 전망하여, 2000년 말부터 미국의 판코사와 협력하여 고급기술 제품인 폴리우레탄 바닥재를 개발하여 판매하고 있다. 향후 북경 올림픽의 영향으로 우레탄 바닥재의 수요가 급증할 것으로 예상하고 있다.

2. 방어 전략

이 전략을 구사하는 기업은 확고히 영위하고 있는 사업이 있으며, 이 사업에 대해 안정적 시장 및 보호를 추구한다. 따라서 동 사업에 대한 경쟁자의 진입은 공격적으로 방어하며, 장기적으로는 경쟁자의 진입이 어려운 고유의 '틈새시장(niche)' 확보를 추구한다. 전형적 방어 전략을 채택하는 기업은 전체 잠재적 시장 중에서 하나 또는 소수의 소형 세분시장을 표적으로 하여 소품종의 제품들을 생산한다.

3. 신중 전략

이 전략을 구사하는 기업은 새로운 착상, 사업 등 새로운 방향을 택하는 경우에, 사전적으로 이러한 움직임에 대한 철저한 타당성 분석을 한다. 분석 대상에는 혁신 전략형 기업의 성공한 아이디어나 사업도 포함되며 이 경우에는 모방 (benchmark) 전략을 추구한다.

사 례

■ 모방 전략 - Yong He King 社, HiPi 社[4)]

중국에 진출한 최초의 서양식 외식업체들에 대항하여 중국 업체들은 서양식 업체들의 영업방식을 상당부분 모방하는 전략을 구사하였다. 예를 들어 상해를 본점으로 한 80개 매장을 둔 Yong He King이란 업체는 KFC의 상징인 Sanders 대령 인형상과 유사한 로고와 적색과 백색을 사용하였다. 또한 HiPi란 업체는 매장 배치와 메뉴 형식을 McDonald나 KFC와 비슷하게 만들었다.

4. 반동 전략

이 전략을 구사하는 기업은 체계적인 전략 및 이를 뒷받침할 효과적 경쟁 수단이 부족하다. 경쟁 수단이 부족한 원인 중 중요한 점 하나는, 동 기업이 환경 변화시 대응하기 위하여 내부적으로 필요한 자원과 역량을 가지고 있지 못하거나, 보유하더라도 활용 능력이 떨어진다는 점이다.

그 결과, 이 기업은 환경 변화에 처하는 경우에 소극적으로 대응하며, 그것도 적시에 대응하지 못하고 환경상 압력에 몰리는 상황에까지 가서야 뒤늦은 전략적 조치를 취하는 모습을 보인다. 한 마디로 반동전략은 역설적이지만, 실질적 의미의 '전략'이 없는 전략에 해당하며, 지속적 경쟁 우위를 확보할 능력이 없기 때문에 권고나 선호할만한 성격의 전략은 아니다. 표 12-1은 지금까지 고찰한 적응전략을 유형별로 주요 특성을 보여주고 있다.

표 12-1 적응 전략의 주요 특성[5)]

전략 명	주요 특성
혁신 전략	• 혁신 추구 • 동태적 환경의 조사, 분석 및 평가 능력과 동태적 환경에 적응할 신제품 개발 능력 • 신제품의 빈번하고 지속적인 개발, 시험 • 경쟁기업들은 혁신 기업의 장래 전략적 결정 및 행동에 대한 예측에 어려움을 겪음
방어 전략	• 시장 안정성 추구 • 전체 잠재시장 중 하나 또는 소수의 소형 세분시장 대상으로 소품종 생산 • 기존의 안정된 사업 방어 또는 보호 추구 • 위 사업에 대한 경쟁자의 진입에 대해서는 공격적 방어 • 고유 산업 내에 경쟁자들의 침투가 어려운 틈새시장(niche) 확보
신중 전략	• 분석 및 모방 전략 • 신규 사업 진출 이전에 신규 사업 아이디어를 철저 분석함 • 혁신 기업의 유망하고 성공적 아이디어의 주시 및 모방
반동 전략	• 정연한 전략의 부재 • 환경 변화에 소극적 반응 • 뒤늦은 전략적 조정 • 내부 자원과 역량 부족으로 환경 변화에 신속한 반응 불가능

12-3 일반 경쟁 전략

포터(Porter)의 일반 경쟁 전략은 두 가지 측면, 즉 표적 시장이나 제품의 차별화(differentiation)란 측면과 표적 시장의 범위(scope)라는 측면에 따라 구축되고 분류된다.

먼저, 차별화는 기업의 경쟁우위의 핵심적 원천이 되며, 대표적으로 두 가지로 나누어 진다. 하나는 산업 내에서 최저 원가를 확보하는 능력이고, 다른 하나는 경쟁기업들에 비해 가격외 다른 측면에서 우월한 제품 공급능력이다.

양자의 차별화 중 전자에 기초한 전략을 저원가 전략(low-cost strategy) 또는 원가우위, 원가선도 전략(cost-leadership strategy)이라 하고, 후자에 기초한 경쟁전략을 단순히 차별화 전략(differentiation strategy)이라 부른다.

또한 사업이나 표적 시장의 범위 면에서는, 전략을 세분된 시장에서 하나 또는 소수의 세분시장을 대상으로 하는 경우와 시장 전체를 대상으로 하는 경우로 분류한다. 전자를 초점 전략(focus strategy), 후자를 광역 전략(broad strategy)이라 한다. 이 결과, 일반 경쟁 전략은 그림 12-1과 같이 네 가지 유형으로 구분될 수 있다.

		차별화 기준	
		저(低)원가	비(非)원가 차별
사업이나 표적 시장의 범위	광역	원가우위 전략	차별화 전략
	협역	초점전략(원가)	초점전략(차별화)

그림 12-1 일반경쟁 전략의 분류[6]

1. 원가 우위 전략

이것은 기업이 제품을 경쟁기업들보다 낮은 원가에 출시함으로써 경쟁 우위를 확보하는 전략이다. 물론, 그렇다고 해서 질적 차별화 등 다른 측면을 무시한다는 의미는 아니고, 다만 저원가를 경쟁력의 핵심 차원으로 삼아 경쟁기업들에 비해 저원가를 이루는 데 중점을 기울인다는 의미이다.

(1) 효 과

원가우위전략은 기업에게 수익성 측면과 산업환경 측면에서 경쟁력을 제공해 줄 수 있다. 먼저, 수익성 측면에서 저원가의 기업은 경쟁제품들과 동일한 가격으로 판매하는 경우에 경쟁기업들에 비하여 높은 매출액 이익률을 거둘 수 있으며, 출혈 경쟁을 하더라도 이익을 내거나 매출액 손실률을 상대적으로 낮출 수 있다.

산업 환경 측면에서는 저원가 기업은 다음과 같은 유리한 점이 있다.

첫째, 경쟁 위협에 대응하여 경쟁 기업보다 가격을 낮출 여력이 많기 때문에 저가격 전략으로 시장점유율을 높일 수 있다.

둘째, 진입 위협에 대응하여 비용 기반 진입장벽(entry barrier)을 쌓은 셈이 된다. 시장 진입 희망 기업은 진입 이전에 원가감축을 위하여 상당한 투자를 해야 할 것이며, 이것이 여의치 않을 경우에는 질적 차별화 같이 다른 차원의 경쟁력을 찾아야 할 것이다.

셋째, 고객의 위협에 대응할 수 있다. 강력한 고객이라도 저원가 기업의 제품 가격을 더 이상 낮추기는 어려울 것이기 때문이다.

넷째, 공급자의 위협에 대응할 수 있다.

(2) 요 건

원가우위 전략을 구축하기 위한 핵심 요건은 제품의 단위 평균생산비를 최소화시키는 것이다. 이를 위해 구체적으로 중요한 요건들로는 다음과 같은 것을 들을 수 있다.

첫째, 생산량이 증가하면서 제품의 단위당 평균비용이 줄어드는 현상인 '규모의 경제(economies of scale)'가 필요하다. 이를 위해서는 제품 구색이 소품종 대량생산 형태를 띠어야 한다.

둘째, 생산 경험이 축적되면서 제품의 단위당 평균 부가가치 비용이 줄어드는 현상인 '경험 곡선(experience curve)' 효과가 필요하다.

셋째, 표적 시장(고객)으로는 평균적 성격, 즉 가격외 측면의 차별화에 둔감한 성격의 시장(고객)이 채택된다.

넷째, 제품의 비가격 차별화는 이를 경시하는 것은 아니지만 표적 시장이 요구하는 최소 수준으로 유지한다.

다섯째, 기업의 경영자원, 능력, 핵심역량 등이 과업 기능 중 상대적으로 제조와 자재관리 부문에 치중되어 나타난다.

여섯째, 전사적(全社的)으로 생산성과 원가 절감이 지속적으로 강조되고 추진된다.

일곱째, 유통 비용이 높지 않아야 한다.

여덟째, 이 전략에서 표적 시장 접근시 마케팅 부문은 비차별화 마케팅(undiffer entiated marketing) 전략을 구사한다.

(3) 사업 위험

원가우위전략의 사업 위험으로는 경쟁자로부터의 위협과 고객으로부터의 위협이 대표적이다. 먼저, 경쟁자로부터의 위협은 주로 두 가지를 들 수 있다. 하나는 경쟁자가 기업의 원가보다 낮은 수준으로의 원가절감에 성공하는 경우이고, 또 하나는 경쟁자가 이 기업의 전략 모방이 쉽거나 비용 부담이 적은 경우, 이 기업의 원가우위에 따른 경쟁력을 약화시킬 수 있다는 점이다.

고객으로부터의 위협은 기존 고객의 성향이 욕구변화 등으로 인하여 비가격 차별화를 원하는 성향으로 변화하는 경우이다.

(4) 중국시장에의 적용

중국 시장에서 원가우위 전략의 주(主) 시장이 되는 중저가 시장은 대개 중국 기업들이 시장을 장악하고 있는 편이며, 이 경우에 외국 기업으로서 이를 파고들어 경쟁우위를 확보하기는 상당히 어려운 것으로 경험적으로도 나타나고 있다.

특히, 노동집약적 제품의 경우, 중국 기업에 비해 외국 기업은 상대적으로 인건비가 높고 중국인 종업원들을 다루는 관리 능력도 떨어지는 등 여러모로 원가우위를 얻기는 거의 불가능하다고 할 수 있다.

그나마 가격경쟁을 하려면 완제품이든 부품조립이든 수입 형태를 거치는 것은 수입관세 등 세금, 높은 인건비 등으로 원가부담이 크다. 그러므로 가능하면 중국현지 제조의 비중을 최대로 높이는 것이 유리하다. 더구나 일부 업종이나 제품의 경우, 수입 완제품에 대해서는 중국 내수시장 판매가 불가능하기도 하다.

사 례

■ 가격 차별화 전략 : 가격 파괴 피자 전략－피콜로 푸드社[7)]

프랑스인 '안토니 르 코레'는 1997년 중국 남서부 도시 쿤밍에서 피자가게를 열었다. 그는 여기서 한 판에 2.5～5달러짜리 피자를 팔았지만 실패했다. 2년 뒤 충칭에 다시 피자점을 냈고, 가격은 역시 2.5～5달러로 책정했지만 1년 뒤 가게 문을 닫았다.

르 코레는 2년 후 2001년 중국에서 가장 비싼 도시라는 상하이에 또 다시 피자가게를 열었는데, 이번에는 9인치짜리 피자 한 판에 1.2 달러를 받았다. 결과는 대성공이었다. 그는 지금 피자점 3곳과 피자 배달센터 3곳, 제과점 1곳과 뷔페 서비스업체 1곳을 소유하고 있다. 회사 이름도 '피콜로 푸드'로 통일하였다.

그는 "상하이 피자점을 개점한 지 3년이 지났지만 손님이 날마다 늘고 있다. 경쟁 피자 가게가 따라 오지 못할 정도로 가격을 대폭 낮춘 전략이 적중했다"고 말했다. 값비싼 서양음식으로 여겨지던 피자를 저렴한 간식거리로 만들었던 것이 중국 소비자들을 유인했다.

중국 소비자들은 가격에만 민감한 것이 아니다. 그들은 선택의 폭도 중시하고 있다. 르코레 사장은 "중국인 입맛에 맞는 20개의 메뉴를 개발해 한판에 1.2～4.2 달러에 팔았더니 좋아했다. 한 가지 메뉴에 대해 쉽게 싫증을 내는 상하이 시민들을 위하여 오래된 메뉴는 과감히 없애는 용기도 필요하다"고 설명했다.

■ 가격 차별화 전략 : 코카콜라[8)]

코카콜라는 가격 전략에서 현지 상황에 따른 전략을 채택하고 있다. 중국 도시인들은 코카콜라의 주요 음료들을 별 부담 없이 구매할 수 있었다. 2001년 기준으로 베이징에서는 콜라 가격이 1.90 위엔 (0.23달러), 상하이에서는 2.30 위엔 (0.28달러)이었는데, 2000년 도시인의 1인당 연간 소득은 757 달러인 반면에, 시골 지역 사람들의 1인당 연간소득은 272달러에 불과했다.

이 회사가 남서부 시골지역인 윈난 (雲南) 지역에서 시행한 조사에 의하면, 아이스크림이나 음료수 등의 소비재 상품은 0.06～0.36 달러 사이에서 가격이 매겨져 있었는데, 이는 콜라 한 캔의 가격이 다른 제품들에 비해서 너무 비싸다는 것을 뜻했다. 코카콜라사는 빈병회수 제도를 촉진시킴으로써 이 문제를 해결했다. 즉, 소비자는 콜라 한 병을 마신 후 그 병이 재사용되도록 반납하는 것이다. 이 모델은 코카콜라의 음료수 제공가격을 1위엔 (0.12 달러)으로 내리게 했으며, 따라서 판매가 증대되었다.

■ 가격 차별화 전략 : 아코르 그룹[9)]

프랑스 '아코르 그룹(Accor Group)'은 전세계 137개국에 2,200여개의 호텔 체인을 거느리고 있으며, 중국에서도 30여 곳의 호텔을 운영하고 있다. 아코르는 중국에 진출할 때 호텔 경영에 '항공기 좌석개념'을 도입하여 고객의 소득수준에 맞춰 가격을 차별화하는 전략을 채택하였다.

아코르의 아태지역 본부 관계자는 "1등석 12좌석, 비즈니스 클래스 40좌석, 이코노미 클래스 400좌석이 있는 비행기를 생각해 보라. 1등석이 모두 차더라도 이코노미 클래스 이용객이 많지 않다면 항공사는 돈을 벌 수 없다. 그렇다고 모든 좌석을 1등석으로 바꿀 수는 없다. 항공기 좌석 등급에 균형을 두듯이 호텔도 고급형과 일반형으로 양분할 필요가 있어 노보텔, 소피텔 등의 딜럭스급 호텔과 함께 이코노미급 호텔 경영에도 나서겠다"고 말했다.

아코르 그룹은 2019년경에는 "세계 여객기 대수의 약 10%인 2만 2천대가 중국을 중심으로 운항할 것이며, 중국 내 관광객 수가 대단히 많을 것으로 예상하고 있다. 중국을 찾는 관광객들이 모두 특급호텔에 묵지는 않을 것이므로 이코노미 호텔의 수요가 급증할 것으로 보고 있다. 실제 예를 들자면, 아코르 그룹이 티엔진에서 운영하고 있는 '이비스(Ibis)'는 하루 숙박료가 150위엔 (약 18,000원)인 중국 내 첫 이코노미 클래스 호텔로서 시험영업 중에도 투숙률이 75%를 넘어서기도 했다.

■ 가격 차별화 : 중국, 초저가(初低價) 여객기 출범[10)]

중국의 두 번째 민간 항공사인 춘치우항공(춘추항공)이 운영하는 초저가 여객기가 상하이 홍치아오 공항을 이륙해 산동(산동)성 이옌타이(煙臺)로 떠났다.

정원 180명을 가득 태운 에어버스 320 여객기에는 정상가격 (790위엔, 약 10만 2천원)으로 구입한 165명 이외에, 정상가격의 4분의 1수준인 199위엔(약 2만 5천원) 짜리 초저가 비행기표를 구입한 승객 15명 타고 있었다. 이들 초저가 항공권을 구입한 승객들은 기내식을 제공받지 못하고, 30mL 생수 1병만을 무료로 받았다. 이들이 음료수나 기내식을 제공 받으려면 추가로 돈을 지불해야 한다.

무료 화물수송 한도 역시 정상가격을 낸 승객은 20kg 이하인 반면, 초저가 항공권을 구입한 승객은 15kg을 넘지 못하도록 했다.

상하이에 본사를 둔 춘치우항공의 상하이～꾸이린 노선은 정상가격은 1,300 위엔이지만, 초저가 상품은 299 위엔에 판매하고 있다. 또 상하이～난창(南昌) 노선은 초저가 상품이 199 위엔, 상하이～미엔양(綿陽) 노선은 299 위엔에 각각 팔고 있다.

---

2. 차별화 전략

이 전략은 기업이 고객에 호소하는 제품이나 관련 서비스의 강점을 가격외 다른 측면에 두어 경쟁자들과 차별화함으로써 경쟁 우위를 확보하는 것이다.

(1) 비가격(非價格) 차별화 차원

제품이나 관련 서비스를 가격 외 차원에서 차별화할 수 있는 주요 차원은 다음과 같다.[11)]

① **제품 특화** : 제품의 품질 또는 설계의 특성화
② **기능간 연결** : 기업내 상이한 기능들의 상호 연결
③ **적시성(timing)** : 경쟁자들보다 먼저 제품을 출시하여 시장선점
④ **입지** : 고객 접근성 등 기업의 물리적 입지
⑤ **제품 믹스** : 제품간, 서비스간, 또는 제품과 서비스간 연계
⑥ **타기업과의 연계** : 타 기업의 제품이나 서비스와의 연계
⑦ **명성**

이상의 주요 차별화 차원들 중 대표적인 것으로는 제품 자체, 관련 서비스, 종업원, 이미지 등 네 가지 차원을 들 수 있다. 이들에 대한 세부적 차원들을 살펴보면 다음과 같다.

1) 제품 차별화

제품 차별화는 다음과 같은 차원에서 이루어질 수 있다.[12)]

① **외형** : 제품의 높이, 모양, 물리적 구조이다.
② **특징** : 제품의 기본적 기능을 보완하는 특징을 말한다. 유망한 새로운 특징을 부여한 제품의 선발 출시는 경쟁 우위 확보에 효과적 방안의 하나가 될 수 있다. 적절한 특징을 개발하는 방법의 하나는 최근에 제품을 구입한 고객들에게 설문 조사를 통하여 특징의 대안들을 파악한 후 대안 별로 고객이 평가하는 가치(고객 가치, customer value)와, 그 특징을 구현하는 데 소요될 비용(기업 비용, company cost)을 산출하여 서로 비교하여 전자가 후자보다 클수록 그 특징을 택하면 된다.

③ **품질(성능)** : 품질 분류는 대개 하, 중, 상, 특급의 서너 가지 수준으로 한다. 생산자는 기본적으로는 경쟁 제품의 품질을 고려하여 표적 시장에 적절한 수준으로 설정하는 것이 중요하다. 또한 생산자는 품질 수준을 시간상으로 조정하는 전략을 펼 수 있다. 첫째는 품질을 지속적으로 개선하여 수익률과 시장점유율 제고를 도모하는 전략이다. 둘째는 품질을 유지하는 전략이며 다수의 기업들이 채택하는 전략이다. 셋째는 품질을 하락시켜 상승하는 비용 부담을 상쇄시키거나 현재 이익을 증대시키려 한다.

④ **균질성** : 한 품목으로 생산된 제품들 간에 차이가 없거나 최소화되며, 모두 일정한 품목 요건을 만족시켜야 할 것이다.

⑤ **내구성** : 제품의 기대 사용수명을 가리킨다.

⑥ **신뢰성** : 제품이 일정기간 내에 오작동 되거나 망가질 확률로 측정할 수 있다.

⑦ **수리 가능성** : 제품이 오작동 되거나 망가질 경우, 쉽게 수리를 할 수 있는 정도를 뜻한다.

⑧ **스타일** : 스타일은 제품의 겉모습과 구매자에게 주는 느낌을 말하며, 포장이 중요한 역할을 한다. 여기서는 특히 미적인 면이 중요한 경우가 많다. 특기할 것은 중국에서는 제품의 포장 · 광고 등에 산 · 강 · 용 · 불사조 등 자연물이 등장하는 경우가 많다는 점이다.

⑨ **디자인** : 디자인은 제품의 겉모습은 물론 구매자의 요구 기능에 영향을 미치는 특징들이며, 앞에서 살펴 본 제품 관련 모든 차원들의 종합이라고 할 수 있다. 그래서 제품 디자이너는 이러한 모든 측면을 고려한 디자인을 고안하여야 한다. 경쟁이 치열해지는 환경에서 제품 디자인은 제품의 경쟁 우위의 결정적 요소 중의 하나로까지 작용한다.

사 례

■ **품질 우위 차별화 전략 : 중국 자금성 보수 단장, '노루표 페인트로 칠한다' – DPI 社** [13)]

'노루표 페인트' 브랜드로 유명한 '(주)DPI' 양정모 사장은 "중국 최대의 황궁이자 관광명소이며 자존심의 상징인 '쯔진청(紫禁城, 자금성)'의 성문성벽 보수도장용 도료 공급계약을 체결하였다"고 밝혔다.

그는 "이번에 노루표 페인트가 선정된 배경은 지난 1995년 고궁박물원을 개원하면서 중국측이 품질 · 기술적인 이유로 외국산 페인트를 쓰기로 결정하고 각국의 제품을 테스트한 결과, 노루표가 선정되어 인연을 맺었기 때문이다"고 말했다. 당시 영국, 미국 등 세계 유수의 페인트 회사 10개사가 자금성 수주를 위해 각축을 벌였었다.

중국을 제 2의 내수시장으로 선정하고 1990년부터 중국에 적극 진출했던 DPI는 2003년에 상하이에 현지법인인 'DPI 드어차이(得彩)'를 설립하여 현재 기술연구소와 생산공장을 운영하고 있다.

■ 맛의 차별화 전략 : 농심 신(辛)라면[14)]

'농심'이 1995년 중국에 진출했을 때, 중국의 라면은 일반적으로 한국 라면에 비해 맵지 않고 다소 느끼하다고 할 수 있으며, 끓이는 라면보다 용기 라면이 시장의 대부분을 차지하고 있었다.

농신 '신라면'은 맛과 포장에 있어서 전통적인 소비자의 관념과 거리가 멀어 시장에 진입하기가 어려워 보였다. 더구나 일본, 대만 및 중국계 라면 업체가 이미 시장의 대부분을 점유하고 있는 가운데 이들과 차별화하지 않고는 시장개척이 쉽지 않은 상태였다.

농심은 이러한 시장 상황 하에서 다음과 같이 차별화 전략을 구사했다.

첫째, 농심 신라면을 중국 현지인이 전통적으로 익숙해 있는 입맛에 맞추어 맛을 바꾸지 않고, 한국의 신라면과 동일한 매운 맛을 출시했다. 즉 오히려 소비자가 입맛을 맞출 수 있도록 관념의 변화를 일으키도록 마케팅전략을 구사했다.

매운 맛을 선호하지 않는 중국 소비자들을 대상으로 "매운 것을 먹지 못하면 멋진 사나이가 아니다"는 내용으로 TV광고를 하여 소비자의 감성을 자극하였고, 결과적으로 중국 및 대만 경쟁업체들의 아성을 무너뜨리고 새로운 강자로 등장했다.

이 광고 문안의 원전(原典)은 "不到長城非好漢(불도장성비호한, 부따오 창청 페이 하오 한)"으로서 마오쩌동(모택동)이 한 말이다. 이 말은 "만리장성에 가지 않으면 멋진 사나이(사내대장부)가 아니다"라는 뜻이다. 이 말은 너무도 유명한 말로 중국 인민들 대부분이 알고 있고, 만리장성에 관련된 기념품에서도 많이 등장하고 있다.

그런데 중국인들은 일반적으로 매운 맛을 좋아하지 않으며, 오히려 싫어하는 편이다. 그래서 매운 맛의 고장인 쓰추안(사천)성 출신의 덩시아오핑(등소평)은 주변 사람들이 매운 것을 못 먹는 것을 보고 마오쩌동의 말을 흉내내어 "屹不了辣未非好漢(흘불료랄미비호한 · 츠 부 리아오 라 웨이 페이 하오 한)" 즉, "매운 것을 먹지 못하면 멋진 사나이가 아니다"라고 했다. 이 말이 농심의 광고 문구로 사용된 것이다.

둘째, 대도시 중산층 이상을 주요 소비대상으로 표적 시장을 정하고, 가격도 경쟁자보다 높은 최고 수준으로 정했다. 중국 시장에서 팔리는 라면의 평균 가격이 1~2 위엔인 데 비해, 신라면(봉지면)은 2.8 위엔으로 정했다.

셋째, 중국식 용기라면이 아닌 끓여 먹는 라면을 고수하는 전략으로 소비자에게 파고들었다. 이러한 고급화 정책으로, 현재 농심 신라면은 중국 시장에서 일본, 대만 제품을 누르고 가장 비싼 고급 라면으로 자리 잡았으며, 상하이 까르푸의 한 매장에서는 단일 품목 매출 1위를 차지하기도 했다.

농심은 앞으로 이러한 대도시 중산층 이상을 집중 공략하는 고급화 정책 이외에도, 현지인 입맛에 맞추는 대중화정책도 적절히 구사한다는 방침을 세우고, 신라면 이외에도 김치라면과 상하이 탕면 등 새로운 제품 개발과 마케팅에 상당한 노력을 기울이고 있다.

상하이에서는 시민 90% 이상이 농심 신라면을 인지하고 있고, 60% 이상이 "한번 이상 먹어 본 적이 있다"고 대답할 정도이다.

농심 신라면은 구베이 까루프 라면 코너에서 최고 위치를 차지하고 있다. 다른 라면들은 채 한 칸도 채워져 있지 않지만, 신라면은 7~8m 이어지는 공간을 가득 채우고 있다.

2) 서비스 차별화

서비스 차별화는 다음과 같은 차원에서 이루어 질 수 있다.[15)]

① **주문 편의성** : 고객이 기업에 얼마나 편리하게 제품 주문을 할 수 있는가 하는 정도를 말한다.
② **배달** : 배달에 있어서는 속도, 정확성, 과정상의 주의(care) 등의 측면들이 포함된다.
③ **설치** : 설치 서비스는 특히 제품이 무겁거나 복잡하거나 고객이 기술면에서 초심자인 경우에 중요하다.
④ **고객 자문** : 고객이 필요로 하는 자료, 정보 시스템, 자문 서비스 등을 제공한다.
⑤ **고객 교육** : 고객에게 제품의 올바른 이용법을 교육시키는 서비스를 제공한다.
⑥ **유지와 수리** : 고객에게 제품의 유지와 수리에 필요한 서비스를 제공한다.

사 례

■ 고객 자문을 통한 서비스 차별화－IBM과 HP 社[16)]

중국의 IT분야에서 미국의 IBM과 HP는 고객들에게 기술 자문과 장기적 시스템 자문을 제공하는 서비스 망을 운영하는 반면에, 경쟁사인 Dell은 그러한 제도를 갖추지 못하였다. 그 결과, IBM과 HP는 대규모 판매(예 : 중국정부가 발주한 국가적 프로젝트)에서 우위를 확보한데 비하여 Dell은 기술 지식을 갖춘 고객들에 초점을 두었다.

■ 유통망 차별화 전략[17)]－코카콜라 社[18)]

코카콜라사는 중국에 첫 음료수 공장을 세운 뒤, 국내 공급망(domestic network of supplies)을 만드는 작업에 몰두하였다. 여기에는 음료수의 내용물, 병생산 장비 등의 필수적인 물품을 공급하는 일과 서비스와 사업 및 금융서비스 등을 구축하는 일이 포함되었다.

처음에 코카콜라사는 유리, 알루미늄, 플라스틱 수지 등을 수입하였다. 그후 회사는 국내 공급업체들이 장비를 제조하고 품질기준을 향상시키는 것을 돕기 위해 그들에게 금융지원과 기술조언을 해주었다. 그 결과, 많은 국내 공급업체들이 세계적 수준으로 생산하는 법을 배우게 되었다. 이러한 공급업체 개발 및 노력 끝에 2001년경 코카콜라는 중국 현지시장에서 필요한 모든 물품의 약 98%(금액으로는 연간 6억 달러)를 중국내에서 구입할 수 있었다.

코카콜라사의 제품들은 대부분 도매업자들을 통해 판매되었고, 어떤 도매업자들은 오랜 역사를 가지고 있는 설탕, 담배, 술을 판매하는 대규모 공기업인 경우도 있었으며, 다른 도매업자들은 민영화된 공기업 혹은 새로 창업된 사영(私營) 기업들이었다. 또한 회사는 소매업자들에게 배송하기 위해서, 백만명 이상의 인구를 가진 대부분의 중국 도시에서 적어도 한개 이상의 판매센터(sales center)를 운영하였다. 이들 대부분의 판매센터는 창고(warehouses) 역할도 겸했다. 또 인구규모가 더 큰 도시에서는, 각 판매센터마다 20대의 운반트럭을 갖도록 했다. 지방근무 직원들은 배달자들과 협조하여 상품을 지역시장에 판매하고, 소매업자들을 정기적으로 방문하여 주문을 받고 또 지역책임자에게 재무보고를 하였다.

코카콜라사는 또 비(非)전통적인 유통망도 이용했다. 예를 들어, 1996년에는 코카콜라사는 직장에서 은퇴한 사람들을 관리하는 상하이 지역위원회의 간부들(이들 역시 나이 들어 은퇴한 사람들이었음)을 판매수수료를 지불하며 판매사업에 참여시켰다. 이들을 통한 매출액이 그렇게 많은 편은 아니었지만, 이것은 브랜드 인지도를 구축하는 데 있어서는 중요하다고 회사는 생각하였다.

또한 1999년에는 코카콜라사와 '헤이 롱 지앙(黑龍江)'성 지방정부는 협조하여 퇴직한 근로자들에게 약 1천대의 음료판매용 수레를 제공하는 프로그램을 실행하였다. 코카콜라사는 이들 상인들에게 하루 동안 교육을 시켰고, 필요한 모든 장비를 제공하였다. 곧 그들은 매일 두 상자씩의 음료수를 팔았으며, 그들 대부분은 공장 근로자들보다 더 많은 돈을 벌 수 있었다.

회사는 이 프로그램이 판매를 확장시킬 수 있을 뿐만 아니라 실업자를 줄이는 수단으로 보았다. 그러나 2001년, 지방정부가 노점판매(street vendering)를 금지하게 되자 이 프로그램도 막을 내렸다.

3) 종업원 차별화

기업의 인적 자원인 종업원을 차별화할 수 있는 대표적 차원들은 다음과 같다.

① **능력** : 필요한 기술과 지식을 종업원이 보유하도록 시킨다.

② **예절** : 고객에게 대하여 친절하고 존중하는 태도를 갖추게 한다.

③ **응답성** : 고객의 요청이나 문제에 신속히 대응한다.

④ **대화 역량** : 고객을 이해하려 노력하고 고객과 명확한 의사소통을 추구한다.

⑤ **신용성과 신뢰성** : 고객에게 믿음직스러워야 하며 서비스가 일관적이고 정확하도록 한다.

중국의 전통적 판매방식에서는 서비스 개념이 희박하다. 진열된 상품을 고객이 선택하여 사는 방식이며, 중국인 판매원들의 태도는 불친절한 것이 일반적이다. 이에 더해, 예를 들어 백화점 매장에서는 상품을 분실하면 담당 판매원이 배상하도록 하여 상품 진열이 고객들의 구매의욕 자극보다는 도난 방지용 구조로 되어 있다. 판매원들은 파는 것도 좋지만 분실하면 안 된다는 강박관념을 가질 수밖에 없다. 그러므로 기업은 판매원들에게 고객접대 방식, 상품진열 방식, 판매요령 등을 중국인의 의식에 맞게 교육 훈련시켜야 할 것이다.[19)]

사 례

■ 종업원 차별화－KFC 社[20)]

중국에 진출한 최초의 서양식 외식업체인 KFC는 종업원들의 서비스 수준에서 기존 중국음식점들이의 저급한 서비스와 차별화하였다. 그리고 이를 위해서는 고용한 중국인 종업원들에 대한 서비스 교육을 강조하여 실시하였고, 이에 더해 인센티브 보상제도를 실시하였다.

4) 이미지 차별화

기업은 대중이 자사 또는 자사 제품에 대해 인식하는 이미지(image)가 자사가 원하는 정체성(政體性, identity)을 반영하도록 노력해야 한다. 이 차별화된 이미지를 형성시킬 수 있는 주요 대표적 차원들은 다음과 같다.[21)]

① 상징물 : 로고(logo), 인식용 색깔이나 소리 또는 음악, 연예인 등 유명 인사, 슬로건(slogan) 등.

② 건물 분위기 : 기업의 사옥 같은 물리적 공간도 강력한 이미지를 만들어낼 수 있다. 여기에는 건물 외형, 내부 장식, 배열, 색깔, 가구 등 특징적 분위기를 자아내도록 할 수 있는 것들이 포함된다.

③ 미디어 : 인쇄 매체와 시청각 매체.

④ 이벤트 : 후원이나 협찬 등.

사 례

■ 이미지 차별화－KFC 社[22)]

앞 사례에서 본 KFC는 기존 중국 음식점들이 점포의 장식과 청결도 면에서 저급하고 조명이 어두운 사실과 차별화하여, 자사 점포들에 대해 고객들이 이국적이고 청결하며 밝다는 이미지를 느끼도록 신경을 썼는데, 이는 성공적이었다. 그 결과, KFC 점포를 결혼 피로연 장소로 쓰는 중국인들도 등장하였다.

(2) 효 과

이러한 비차별화 전략은 기업에게 역시 수익성 측면과 산업환경 측면에서 경쟁력을 높여줄 수 있다. 먼저, 수익성 측면을 보면, 비가격 차별화된 제품이나 서비스를 원하는 고객에게 가격은 우선적 고려 요소가 아니기 때문에, 기업은 매출에서 상대적으로 높은 수익률을 올릴 수 있게 된다.

산업환경 측면에서 볼 때 비차별화 전략은 다음과 같은 유리한 점이 있다.

첫째, 경쟁자들과 표적시장이 차별화 되어 경쟁자 위협이 줄어든다.

둘째, 잠재적 진입자는 사업의 기본적 비용 외에도 기존 기업의 제품 차별화에 의한 경쟁 우위 극복을 위하여 추가적 비용을 부담하여야 하는 점 때문에 잠재적 진입 위협이 줄어든다.

셋째, 강력한 공급자 요구로 기업에 증가된 비용을 기업은 가격 인상으로 고객에게 이전시킬 수 있기 때문에 공급자 위협도 줄어든다.

넷째, 강력한 고객이라도 차별화된 제품이나 서비스를 구매할 수밖에 없기 때문에 고객 위협도 줄어든다.

다섯째, 좋은 대체재라도 차별화된 제품이나 서비스에 비해서는 대체성이 줄어들기 때문에 대체재 위협도 줄어든다.[23)]

(3) 요 건

비가격 차별화 전략을 구사하기 위한 핵심 요건은 회사의 제품이나 관련 서비스가 표적 시장(고객) 입장에서 고유하게 차별적이라고 느껴지도록 하는 것이다. 이를 위한 주요 구체적 요건으로는 다음 네 가지를 들 수 있다.

① 가격 외 측면에서 세분 시장들의 특성을 파악하여 적절한 차별화 제품이나 관련 서비스를 개발한다.
② 제품 구색을 비교적 다양하게 갖추어야 한다.
③ 비가격 차별화는 고비용이 요구되므로 원가 통제도 필요한데, 다만 차별화에 손상이 가지 않는 한도 내에서 실시한다.
④ 기업의 경영자원, 능력, 핵심 역량 등이 과업 기능 중 상대적으로 마케팅과 연구·개발 부문에 치중된다.
⑤ 전략에서 표적 시장 접근시 마케팅 부문은 차별화 마케팅(differentiated marketing) 전략을 쓴다.

(4) 사업 위험

비가격 차별화 전략의 사업 위험도 경쟁자로부터의 위협과 고객으로부터의 위협으로 나누어 볼 수 있다.

경쟁자로부터의 위협은 경쟁자가 이 제품이나 관련 서비스를 성공적으로 모방하거나 추월하는 경우이다.

고객으로부터의 위협은 기존 고객의 성향이 변하여 기존 차별화를 중시하지 않거나 다른 측면의 차별화를 선호하게 되는 경우이며, 여기에는 고객이 경기 불황 등의 여파로 가격 요소에 민감하게 변하는 경우도 포함된다.

3. 초점 전략

초점 전략은 소수의 세분 시장이나 틈새 시장을 표적으로 하여 원가우위 전략이나 차별화 전략을 구사하는 전략이다. 여기서 세분 시장은 다양하게 분류할 수 있는데, 초점 전략에서 흔히 쓰이는 분류 기준들은 지리적 기준, 고객 유형 기준, 제품 유형 기준 등이다.

(1) 효 과

광역 전략과 비교한 초점 전략의 효과는 표적 시장에 대해 밀착형 근접 관리, 즉 시장의 세부적 욕구나 특성에 긴밀, 신속, 신축적으로 접근할 수 있기 때문에 고객으로부터 강한 상표 충성도(brand loyalty)를 얻어 경쟁 우위를 확보할 수 있다는 것이다. 예를 들어 광역 전략사업에서는 응하기 어려운 소량 주문과 맞춤형 주문에 초점전략은 쉽게 응할 수 있다.

사 례

■ 지리적 차별화전략 – 대한내복社[24)]

대한내복은 대련에 진출하기로 결정하였는데, 그 배경으로는 대련이 홍콩이나 상해 등 중남부 도시와 달리 한국 이북에 위치하여 내복에 대한 수요가 크다는 점을 들 수 있다. 특히, 대련이 그 관문에 해당하는 동북 3성 지역은 동계 기온이 영하 10~0℃ 정도여서 내복사업에는 이상적 지역이다. 더구나 자연조건 외에 풍습도 한국과 비슷하여 한국에서 축적된 판매전략을 응용할 수 있는 이점도 있다.

■ 시장 차별화 전략 – 코닥社[25)]

1884년 조지 이스트맨이 설립한, 미국에 본사를 둔 Eastman Kodak은 오랜 기간 동안 세계일류의 사진필름 제조업체이다. 2000년대 초, 이 회사의 130억 달러에 달하는 전세계 매출액 중 70%는 전통적인 사진 필름에서 나오고 있었다. 그러나 이 회사는 또한 디지털 제품에 초점을 맞추어 전환하고 있었다. 코닥은 그 무렵 디지털카메라 영상기술(imaging technology)에 막대한 자금을 투자했으며, 또 잉크젯 프린터와 평면 디스플레이를 판매하려는 장기계획을 가지고 있었다. 이러한 개혁 작업의 일환으로, 회사는 2002년 전세계에서 1,700명의 직원을 해고했으며, 2004년에서 2006년 사이에는 20%의 인력 즉 1,400명 정도의 종업원을 더 감축할 예정이다.

2001년 9월, 이 회사는 전략적인 목적으로 중국을 두 개의 판매지역으로 나누었다. 보다 발달한 대도시에서는 디지털 판매 제품의 판매촉진에 초점을 맞추었다. 이 회사는 베이징, 상하이, 구앙쪼우 같은 도시의 소비자들은 일본 고객들의 기호와 비슷해서 새로운 디지털카메라를 더 선호한다는 사실을 알았기 때문이다.

한편 위의 도시들보다는 덜 발달한 도시나 시골에서는, 코닥은 전통적인 카메라 필름(인화지 필름)과 스틸 카메라(still camera)에 초점을 맞추어 판매촉진 노력을 기울였다. 이러한 두 번째 판매지역은 인구가 10억이 넘는다. 회사측 자료에 따르면, 이 회사는 4백만 대의 전통적 카메라를 판매했는데, 이것은 2003년도 판매량의 2배였다.

코닥의 CEO인 'Daniel Carp'는 "중국에서의 코닥의 전략은 전통적 카메라 고객을 개발하고, 이들을 훗날 우리의 디지털 제품을 사용하는 미래 고객으로 양성하는 것"이라고 말했다.

"만약 중국인들이 절반이라도 일 년에 36판 필름 한 통을 사진으로 찍는다면, 이것은 비록 다른 국가에서의 사용률에 비하면 극히 일부에 불과하지만, 그것은 전세계에서 사진 찍는 숫자의 25%를 증가시키는 것이다. 1초마다 500장의 사진이 찍힌다. 그것은 세계시장의 사진촬영 시장에서 또 다른 일본 혹은 미국 시장을 추가시켜 주는 셈이다(1998년 Eastman Kodak의 회장 겸 CEO인 George Fisher 어록에서)."

(2) 사업 위험

본 전략의 사업 위험으로 세 가지를 지적해 보자.

첫째, 생산 규모가 상대적으로 소규모이므로 규모의 경제를 얻기가 쉽지 않다. 그렇지만 이 점은 근래에 정보 통신 기술을 포함하여 여러 가지 관련 기술의 발전 덕택에 상당 부분 해소되고 있다.

둘째, 기존 세분 시장의 성격이 변하는 경우에, 초점 전략 사업자는 다른 세분 시장으로의 이동이 쉽거나 빠르지 않은 경우가 보통이다.

셋째, 초점 전략 사업자가 확보한 세분 시장에 대해 광역 전략 사업자가 눈독을 들여 진입하려는 경우가 발생할 수 있는데, 이는 특히 초점 전략 사업이 성공하였거나 유망하게 보이는 경우에 흔하다.

표 12-2는 지금까지 고찰한 원가위원 전략과 차별화 전략을 성공적으로 수행하기 위한 요건들을 정리하여 보여주고 있다.

표 12-2 일반 경쟁 전략들의 주요 요건[26)]

전략 명	기술과 자원 요건	조직 요건
원가 우위 전략	• 지속적 자본투자와 접근 • 공정 공학(process engineering) 기술 • 노동에 대한 집중 감독 • 제조 편의용 제품 • 저비용 유통시스템	• 철저한 원가 통제 • 빈번하고 상세한 통제 보고 • 구조화된 조직과 책임 • 엄격한 양적 목표달성에 기준을 둔 상여금
차별화 전략	• 강한 마케팅 능력 • 제품 공학 • 창의적 재능 • 우수한 기초 연구 능력 • 질적 또는 기술상의 선도 기업 명성 • 동 산업에서의 오랜 전통 또는 타 사업들에서 얻은 기술들의 독특한 결합 • 유통 경로로부터의 강한 협동	• 연구 · 개발, 제품 개발, 마케팅 기능 간 강한 조정 • 양적 측정 대신 주관적 측정과 상여 • 고급 기술자, 과학자, 창의적 인재의 유인 분위기

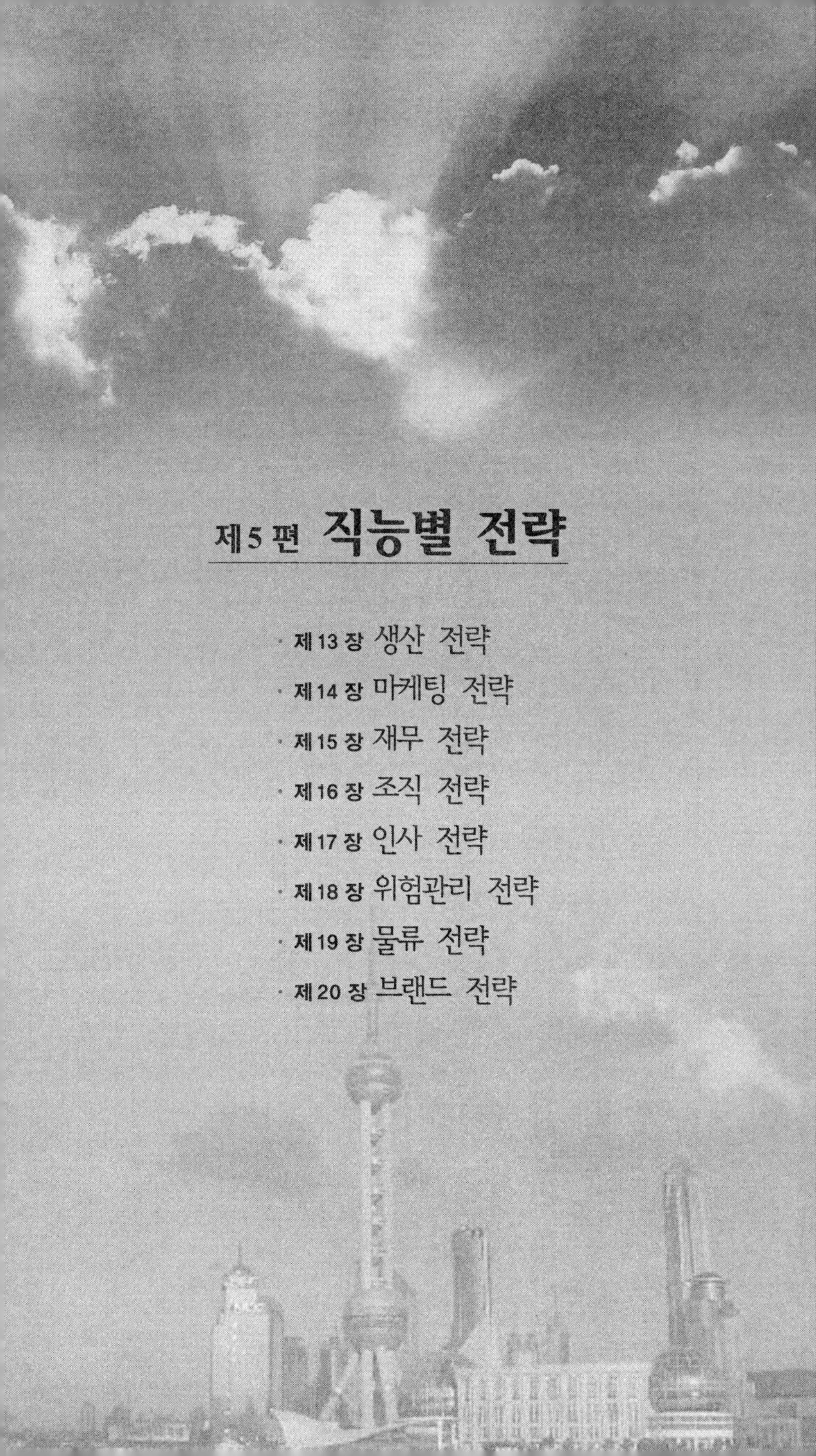

제5편 직능별 전략

BUSINESS STRATEGY OF CHINA

제13장 생산 전략

이 장에서는 생산전략의 기본적 개념을 살펴본 후, 구체적 분야로서 신제품 개발 전략, 공정전략, 생산능력 전략, 설비입지 전략, 설비배치 전략, 품질 전략, 원가 전략, 그리고 현지화 생산전략 등을 고찰하기로 한다.

13-1 생산전략의 기초

1. 생산전략의 개념

생산이란 여러 자원을 투입(input)하여 사회가 필요로 하는 효용이 증가된 재화나 서비스(service)를 산출(output)하는 전환과정 또는 공정(process)이며, 기업의 가장 중요한 본원적 기능이다. 그리고 생산관리는 이러한 생산을 수요의 필요한 시기(time)에 필요한 수량(quantity)을 적절한 품질(quality)과 적절한 비용(cost)으로 공급할 수 있도록 관리하는 것이라고 정의할 수 있다.[1)]

생산전략은 사회가 기업에 시장을 통해 요구하는 생산관리, 즉 수요의 네 차원(시간, 수량, 품질, 비용)에 대해 장기적 차원에서 경영자원들(resources)의 속성과 잠재력이 부응할 수 있도록 기업의 생산기능의 장기적 역량을 구체화하는 전략이라고 정의할 수 있다.[2)]

2. 생산전략의 특성

생산전략의 대표적 특성을 지적하면 다음과 같다.[3)]

① 생산전략은 생산에 대한 시장의 요구사항들과 생산을 위해 필요한 자원들의 속성을 융화시키는 것이 중요하다.

② 장기적 성격을 띤다.

③ 기업의 상위전략에 대해 기여할 수 있어야 한다.

사 례

■ 기술과 감성이 조화된 제품－생산 삼성 애니콜 휴대전화, 아우디, BMW 社[4)]

생산과 기술면에서 경쟁하는 것이 2차원적 경쟁이라면, 이에 더해 '감성(感性)'을 둘러싸고 경쟁하는 것이 3차원적 경쟁이다. 즉, 기술혁신에 성공하더라도 감성이 들어있는 상품을 제조해내지 못한다면 중국 내수시장 공략에서 성공하기 어렵다.

중국 내수시장에서 기술과 감성을 잘 조화시켜 성공한 대표적인 상품으로는 휴대전화와 자동차를 들 수 있다.

휴대전화는 과거에는 휴대전화의 무게, 배터리의 지속시간, 수신 효율성, 통화품질 등과 같은 기술적 요인들이 주로 경쟁요소였다. 그러나 요즈음 다중화음 벨소리, 컬러 디스플레이, 카메라 기능 등의 멀티미디어 기능과 그래픽 인터페이스 사용, 고객의 취향에 맞는 다양한 파스텔 색조와 디자인 등을 통한 감성적 요인들이 주요 경쟁요소가 되고 있다.

'삼성 애니콜' 휴대전화는 일찍이 디지털 미디어(카메라 기능)에서 경쟁력을 확보하면서 다기능화, 복합화에 나섰다. 또한 경쟁사 제품과 차별화되는 새로운 기능과 고가정책으로 고급 브랜드 이미지를 구축하였으며, 성능에 중점을 두면서도 간결하지만 싫증나지 않는 디자인, 휴대하기 편리한 인체공학적 디자인 등을 고려하여 감성적 측면을 강조함으로써 성공한 사례이다.

한편, 중국에서 고급승용차 시장을 주도하고 있는 독일의 '아우디' 와 'BMW'는 자동차 냄새까지 고려하는 인지공학적 요소를 가미하였다.

2002년 초 취임한 아우디의 빈터곤 회장은 "자동차는 느낌이다" 라고 주장하며 '감성' 을 슬로건으로 선정했다. 아우디는 '인간감성센터' 에서 후각, 촉각, 소음 등을 분석하여 신차개발에 적용하고 있다. BMW는 독일 뮌헨에 있는 '화학환경연구소' 에서 냄새를 중화시키는 연구를 수행하고 있는데, 그 연구결과를 부품소재를 선택할 때 적용하고 있다.

---

3. 생산전략의 종류와 요건

생산전략에서의 주요한 의사결정 종류는 생산에 대한 시장과 경영자원들의 속성을 융화시키는 주제들이다. 대표적으로 다음 주제들을 들 수 있다.[5)]

① 공정기술 결정　　② 생산능력 결정
③ 생산설비 입지 결정　　④ 생산설비 배치 결정

그리고 이들 생산전략이 효과적 성과를 거두려면 대체로 다음과 같은 기준들을 추구하여야 할 것이다.[6)]

① 속도 : 생산전략에서 속도(speed)는 고객이 제품을 요청한 시점부터 그것을 수령한 시점까지의 시간에 관한 것이다. 이 시간에는 기업이 직접 통제할 수 있는 시간부

분(제조공정 시간 등)과 직접 통제가 어려운 시간부분이 합쳐져 있다.

② **품질** : 품질은 생산되는 제품이 설계규격에 적합한 정도라고 정의할 수 있다.[7)]

③ **신뢰성** : 신뢰성(dependability)은 구매 제품에 대해 약속한 배달시간을 준수하는 것과 관련되어 있다.

④ **유연성** : 생산관리에서 유연성은 여러 가지 의미가 있다. 대표적으로 두 가지를 들면, 생산에 적용할 수 있는 변화의 다양성과 변화의 속도이다.

⑤ **원가(비용)** : 여기에서 원가나 비용은 생산에 소요되는 재무(財務)자원을 가리키며, 모든 경제활동에서 처럼 생산에서도 중요한 고려 원인이다.

그림 13-1은 생산전략의 종류와 성과기준을 나타내준다.

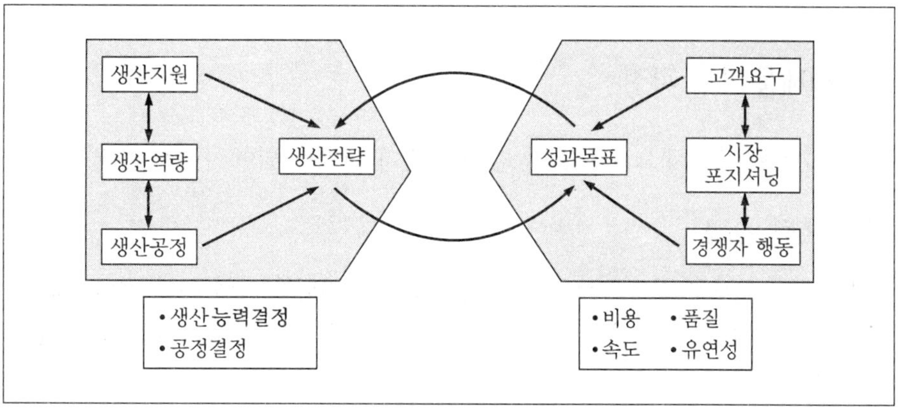

그림 13-1 생산전략의 종류와 성과기준[8)]

13-2 신제품 개발 전략

신제품의 개발은 기업이 장기적으로 존속하고 발전하기 위한 주요한 요건의 하나이다. 왜냐하면 신제품 개발을 소홀히 하는 기업은 소비자 욕구 변화, 신기술 대두, 제품 주기(product life cycle) 축소, 국내외 경쟁 심화 등의 위험에 취약하게 노출되기 때문이다.[9)]

1. 신제품의 개념

신제품의 개념에는 여러 유형이 있다. 소비자와 기업의 시각 중 최소한 어느 한 시각에서 새롭다고 인식되는 제품은 신제품이라고 할 수 있을 것이다. 신제품의 개념은 그림 13-2에 제시되어 있다.

구분	소비자에게 새로운 제품		
		예	아니오
기업에 새로운 제품	예	혁신제품	모방 신제품
	아니오	제품 확장 기존 제품 수정 제품의 추가 제품의 재포지셔닝	신제품 아님

그림 13-2 신제품의 개념[10)]

2. 신제품 개발 과정

신제품 개발은 일반적으로 다음과 같은 일련의 단계를 밟아 이루어진다.[11)]

(1) 관련 전략 수립

고위 경영진 주도로 다음 항목들을 확정한다. 즉, 진입할 사업 분야 정의, 표적 시장 선정, 포지셔닝 계획 수립, 제품 범주의 정의, 제품 개발 시한 규정, 잠재 수요 전망, 목표 수익률 설정 등이 그것들이다.

(2) 아이디어 창안

여기서는 좋은 아이디어라면 최대로 많이 확보하는 것이 중요하며, 이를 위해 가능한 한 여러 다양한 원천을 활용하는 것이 좋다. 신제품에 대한 아이디어 원천으로는 크게 다음 두 범주가 있다.[12)]

① **이해관계자들** : 경영자, 종업원, 고객, 유통업자, 공급업자, 경쟁자, 외부전문가 등

② **창안 기법** : 개인이나 집단을 대상으로 인위적으로 창의력을 자극하는 기법들. 참고로 중국에서 어떤 기업은 대학생들을 대상으로 상품화가 가능한 아이디어 모집을 위해 현상 공모하기도 하였다.

(3) 아이디어 선별

이 단계에서는 앞에서 창안된 많은 아이디어를 심사하여 소수의 유망한 아이디어를 가려낸다. 이때 최소화시켜야 할 오류가 두 가지 있다. 하나는 유망한 아이디어를 부실 아이디어로 오판하여 기각할 오류(drop error)이고, 또 하나는 반대로 부실한 아이디어를 유망한 아이디어로 오판하여 채택할 오류(go-error)이다.[13)]

(4) 제품 개념의 개발과 시험

① **제품 개념 개발** : 선별된 제품 아이디어는 구매자가 실제로 구입할 수 있는 물리적 제품 개념으로 전환시켜야 한다. 하나의 제품 개념은 다음과 같은 여러 가지 차원의 개념들로 구성된다.

- 제품의 이용 주체 – 제품이 제공할 편익 – 제품의 이용 시점

② **제품 개념 시험** : 개발된 제품 개념은 표적 고객들에 제시되어 이들의 반응을 파악한다. 이에 따라 제품 개념을 수정하거나 더욱 세련되게 만들 수 있다.[14)]

(5) 사업성 분석

신제품을 출시하는 일이 사업성이 있는지를 검토한다. 이를 위해서는 예상 매출액, 비용, 이익을 추정하여 기업 목표에 부응하는지를 판단한다. 부응한다는 판단이 내려진다면 제품개발 단계로 넘어간다.[15)]

(6) 제품 개발

제품개발은 앞 단계까지 살펴 본 제품개념이 기술적 그리고 상업적으로 제품화가 가능한 지를 판단하는 것이다. 이를 위해서 먼저, 시장조사를 통해 파악한 잠재 고객의 주요 특성들을 제품공학적 특성들로 전환시킨다. 둘째, 이를 토대로 연구·개발부에서 실제 제품의 모형을 개발한다. 셋째, 제품에 대한 상표와 포장을 개발한다. 넷째, 개발된 모형 제품에 대해 기능시험과 소비자시험을 한다. 다섯째, 앞의 시험에서 문제점을 발견하면, 이를 반영하여 모형제품을 개선한다.[16)]

(7) 시장 시험

이 단계에서는 제품의 공식적 출시 이전에 최종적으로 잠재적 시장의 일부 소비자들을 대상으로 실제 시장 환경에서 제품의 가능성을 타진한다. 구체적 목표는 시장규모를 파악하고, 소비자와 판매상들이 제품을 취급하고 이용하고 반복구매하면서 보이는 반응을 파악하는 것이다.[17)]

(8) 제품의 정식 생산 착수

최종 단계는 제품을 정식(正式)으로 생산할 수 있는 준비에 착수하는 것이다. 이때 중요한 결정사항들은 제조공정, 생산능력, 설비배치, 설비입지 등이다.[18)]

사 례

■ 고객의 욕구에 적절히 대응하는 제품개발 : Frito-Lay 社[19)]

Frito-Lay사(社)는 Pepsi Cola, KFC, Pizza Hut 등과 더불어 Pepsi-Co사(社)의 계열사이다. 이 회사는 미국 연간 감자생산량의 1%, 옥수수의 4%를 사용하는 최대 스낵식품 전문회

사로서, 도리토스(DORITOS), 라플즈(RAFFLES), 레이(RAY) 등의 상표로 널리 알려져 있다.

모회사인 Pepsi-Co는 1981년에 청량음료를 판매하기 위해서 중국시장에 진출했으며, 그 이후 10억 달러 이상을 투자했다. 1994년에 Frito-Lay는 인기있는 '치토스(Cheetos)' 브랜드로 중국시장에 진입했다. 감자칩은 1997년까지는 중국이 감자 수입을 금지했기 때문에 진입하지 못했다. 이 회사는 회사기준에 알맞는 감자를 생산하기 위해 중국 내에 자신의 농장을 구축했다.

처음에 선보인 '치토스'는 참담하게 실패했다. 치즈를 좋아하지 않는 중국인들은 콘칩에 치즈를 잔뜩 입힌 치토스를 즐기지 않았기 때문에 고전을 면치 못한 것이다. 그래서 Frito-Lay는 이렇게 치즈맛을 싫어하는 중국인들의 입맛에 맞추기 위해서 '치토스'에 치즈를 넣지 않고, 대신에 바비큐맛이나 해산물맛이 나게 만들었다. 그리고 포장크기를 줄여서 제조하여 가격을 낮춤으로써 중국인들이 부담 없이 살 수 있도록 했다.

또한 Frito-Lay는 중국시장이 하나의 시장이 아니라는 것을 발견했다. 각 지역별로 맛과 기호가 달랐기 때문에, 여기에 맞춰 제품을 개발했다. 예를 들어, 상하이 시민들은 달콤한 맛을 좋아했고, 남부지역 사람들은 짠 맛, 서부지역 주민들은 매콤한 맛, 그리고 북부지방에 사는 중국인들은 고기 맛이 나는 상품을 좋아했던 것이다.

나아가서 Frito-Lay는 중국에서는 음식에도 음양(陰陽)의 원리가 적용된다고 하는 중국인 특유의 문화를 이해하고, 이에 맞추어 제품을 개발했다. 음과 양은 우주 안에서 서로 대응하고 있는 힘이며 서로 균형을 추구한다. 즉, 중국인들은 음식에서도 음과 양의 균형을 중시하고 있었다. 중국인들은 튀긴 음식을 뜨거운 것(陽)으로 생각하고 있었기 때문에, 여름에는 뜨거운 것과 더운 날씨가 조화를 이루지 않는다고 생각해서 대개 이를 기피한다. 즉, 여름에는 중국인들은 차가운 음식을 선호하기 마련이었다. 그래서 Frito-Lay는 중국에 진출한 이후, 가장 창조적인 상품을 개발해 내었는데, 그것이 바로 '쿨 레몬(cool lemon) 포테이토 칩'이었다. 이 상품은 레몬향이 감도는 노란 포테이토 칩에 신 맛이 나는 푸른 라임(lime) 알갱이와 박하(mint)가 박혀 있다. 그리고 포장에는 산들바람이 불고 있는 푸른 하늘과 초록빛 초원을 그려 넣음으로써, 시원한 느낌이 들도록 하였다.

현재 Frito-Lay는 모회사인 Pepsi-Co 전체 매출액의 3분의 1을 차지하고 있다.

13-3 공정 전략

공정(process)이란 제품을 생산하기 위해 필요한 원료의 투입부터 제품의 산출에 이르는 일련의 작업들의 집합을 가리킨다.[20]

1. 공정전략의 기초 - 공정설계

공정설계는 고객만족의 경쟁요인이 되는 품질, 원가, 납기, 유연성 등과 직접 관련이 있으므로, 생산공정을 설계할 때에는 다음과 같은 여러 가지 주요 의사결정이 필요하다.[21]

① 공정선정 ② 수직적 통합
③ 자원유연성 ④ 고객참여
⑤ 자본집약도

2. 공정선정 전략

공정선정 전략을 제품의 흐름, 수요형태, 품종과 생산량, 공정의 선정 등의 측면에서 살펴보면 다음과 같다.

(1) 제품의 흐름별 분류

제품의 흐름에 기초하여 공정을 분류하면 라인공정, 단속공정, 프로젝트 공정 등이 있다.

1) 라인 공정

라인공정(line process)에서는 제품을 생산하는 순서가 고정되어 있고, 생산흐름이 끊어지지 않고 연속적으로 이루어진다. 공정을 구성하는 개별작업들은 서로 긴밀히 연결되어 있어서, 한 작업의 지연은 여타 작업들의 순차적 지연을 초래하기 때문에 개별작업 간 균형이 중요하다.[22)]

라인공정의 대표적 장점은 높은 효율성과 낮은 유연성이다. 라인 공정은 높은 효율성을 위해 노동을 가능한 한 자본으로 대체하며, 작업방식이 고도로 표준화와 분업화된다. 이는 반면에 생산품목이나 수량의 변경을 어렵게 하여 공정의 유연성을 낮추는 단점을 보인다. 그래서 일반적으로 라인공정은 표준화된 제품의 대량생산(mass production)에 적합하다.

라인공정은 다시 반복공정과 연속공정으로 나누어 볼 수 있다.[23)]

① **반복 공정** : 반복 공정(repetitive process)을 구성하는 개별 작업들은 각각 맡은 작업들을 반복한다. 일반적으로 반복공정은 조립라인 형태이어서 조립공정이라고도 하며, 생산속도의 균일성을 위해 연속적으로 이동하는 이동 컨베이어(moving conveyer)를 흔히 사용한다.

② **연속 공정** : 연속 공정(continuous process)에서 주된 물자(primary material)는 공정흐름에서 도중 멈춤 없이 연속성을 띠며, 이 때문에 도중에 재공품 저장처는 없다. 이 공정은 반복공정에 비해 자본집약도, 소요자본 규모, 고정비용 수준, 표준화 등이 훨씬 높은 편이다. 높은 고정비용 때문에 이 공정은 한 번 가동하면 상당기간 동안 생산을 계속하여야 한다. 연속공정을 주공정으로 하는 산업을 장치산업(process industry)이라고 부른다.[24)]

2) 단속 공정

단속 공정(斷續工程, intermittent process)에서는 한 제품을 연속적으로 생산하지 않고 단속적으로 소규모의 배치(batch)나 로트(lot) 수준으로 생산한다.

이 공정에서는 품목 간에 다른 작업경로가 취해지기 때문에 공정의 중단이 빈번하여 제품흐름이 불규적이고 원활하지 못하다.[25)]

3) 프로젝트 공정

프로젝트 공정(project process)은 단일 품목의 제품을 하나 또는 소량만 생산하는 공정이다. 프로젝트 별로 고유한 공정경로를 형성하며 독창성이 중요하다. 이 공정은 대개 복잡하고 소요시간도 긴 편이다. 이 공정의 생산은 주로 고객 주문에 의존하며, 원칙적으로는 재고가 없는 편이다.[26)]

표 13-1은 라인 공정, 단속 공정 및 프로젝트 공정들간의 특성을 비교하여 준다.

표 13-1 제품의 흐름별 공정들간 특성 비교[27)]

특 성	라인 공정	단속 공정	프로젝트 공정
주문 형태	대량	소량	단일
제품 흐름	순서적	혼합	특별
단가	저	고	최고
제품 다양성	저	고	최고
시장 형태	대량	주문	특별
생산량	다	중간	단일(소량)
공장 규모	대규모	소규모	특별
규모의 경제	중요	경미	경미
애로 작업장	소	다	다
기계작동 횟수	소	다	다
기술 수준	저	고	고
과업 형태	반복적	비반복적	비반복적
교육 훈련	소	다	다
임금 수준	저	고	고
투자	저	중간	저
완제품 재고	다	소	소
재공품 재고	소	다	중간
원자재 재고	다	소	소
기계	특수기계	상용기계	상용기계
탄력성	저	중간	고
품질	일정	변동	변동
납품	고	중간	저
생산 통제	용이	곤란	곤란

(2) 수요 형태별 분류

공정을 선정할 때는 제품에 대한 수요형태를 고려해야 하는데, 이러한 수요형태 별로 수집하는 생산공정 계획에는 주문생산 및 계획생산이 있다.

1) 주문 생산

주문생산(production to order)은 고객별로 주문을 받아 그 고유한 주문내용에 따라 생산하는 형태이며, 수주생산(受注生産)이라고도 하고 다음과 같은 특성을 띤다.[28)]

① **제품 특성** : 고객별로 설계를 하여 결정되며, 제품 종류가 다양하고 대개 고가품이다
② **생산 설비** : 다양한 제품생산을 처리하기 위한 범용(汎用) 설비를 사용한다.
③ **운영상 주안점** : 절차, 일정, 납기 관리(납기의 준수와 통제)를 주문별로 실시하며, 생산능력 관리를 한다.
④ **장점** : 완제품 재고는 없으므로 재고관리가 용이하다.

사 례

■ **주문 생산-간도전선社, 청도고합社**[29)]

1990년 중국 요령성 심양시에 전선 제조업종으로 진출한 '간도전선'은 현재 각종 전선(케이블)을 생산하고 있으며, 전량 내수판매한다. 주로 각 지역 내 전력국을 대상으로 영업한다. 경쟁업체들은 국영 대기업들이기 때문에, 주문 중에는 주로 생산량이 적고 납기가 짧은 주문을 표적으로 한다.

또한 1996년 중국 산동성 청도경제기술 개발구에 폴리에스터 수지 및 원사 제조업으로 진출한 '청도고합' 역시 모든 제품은 주문생산을 통하여 주문량만을 생산함으로써 재고를 최소화하고 있으며, 포리에스테르 제품은 고정고객에 한하여 연간 장기 주문계획서를 받아서 생산계획을 미리 수립한다.

■ **주문자 맞춤 생산-Dell社**[30)]

Michael Dell은 1984년, 중간단계의 소매상과 유통업자들을 생략함으로써 미국 텍사스주에서 고객들에게 PC를 직접 판매하는 것을 시작하였다. 세계에서 가장 큰 컴퓨터 판매기업인 Dell사는 기업고객을 위해 네트워크 서버, 워크스테이션, 기억장치 시스템, 그리고 ethnet switch를 공급하고, 이에 더해 개인고객을 위해 데스크톱과 노트북 PC를 공급하고 있다. 이 회사는 또한 손바닥에 올려놓을 수 있는 크기의 컴퓨터와 third-party 소프트웨어 및 주변장치 등을 판매한다.

Dell은 1995년에 중국에 진입했으며, 1998년에 회사는 중국에서 생산 및 고객설비 구축활동을 시작했다. 이 회사의 'just-in-time'모델(입하된 재료를 곧바로 제품생산에 투입함으로써 재고비용을 최소화시키는 모델)은 중국의 PC 선두주자 Legend(리엔 시앙, 聯想)그룹의 40일과 비교할 때 약 6일이라는 재고수준을 유지할 수 있도록 해주었다.

Dell의 'built-to-order 방식(주문자 맞춤형 생산방식)'은 낮은 재고수준, 낮은 원가, 그리고 높은 수익률을 올리도록 해주었다. 이러한 시스템 덕택에 Dell은 다른 컴퓨터회사들이 창

고에 소비하는 시간과 자금을 절약할 수 있었다.

이러한 '주문자 맞춤형 생산방식'은 기업이나 고객 모두에게 많은 이익을 가져다주었다.

첫째, 창고업자, 도매상, 또는 소매상 등의 모든 중간업자들의 개입을 제거함으로써, 기업은 재고비용, 중간업자 수수료 등을 절약하고, 소비자는 이에 따라 저렴한 가격으로 PC를 구매할 수 있다.

둘째, 다른 컴퓨터 제조업자들은 고객의 주문을 받기 전에 컴퓨터를 생산하기 때문에 고객이 원하는 컴퓨터가 무엇인가를 추정할 수밖에 없지만, Dell은 고객의 주문에 따라 고객이 원하는 것만을 정확히 생산하므로 고객의 요구와 시장의 변화를 실시간 단위로 정확히 파악할 수 있고, 이것을 앞으로의 생산계획과 경영전략 수립에 활용할 수 있다.

이는 회사 입장에서는 고객이 원하지도 않는 컴퓨터를 만들어 창고에 저장해야 하는 재고비용을 줄일 수 있고, 고객의 입장에서는 자기가 원하는 부품과 기능, 스타일에 따라 만들어진 컴퓨터를 구입할 수 있으므로, 그만큼 고객만족도가 높아진다. 위와 같은 요소들에 기인하여, Dell 제품의 가격경쟁력은 우수했다. Dell은 주문을 다시 한 번 최종 확인한 후에야 비로소 제품을 조립한다. PC는 6시간 내에 조립 · 포장되고 운반차량에 적재된다. 서버(server)와 같은 더 복잡한 제품도 하루반나절 이상은 소요되지 않는다. Dell은 신규 사용자들에게 '설치서비스 옵션(installation service option)'을 제공해 주었다.

---

2) 계획 생산

계획생산은 특정 주문 없이 시장의 장래 수요를 예측하여 계획적으로 생산하는 형태이며, 재고생산(production to stock) 또는 예측생산이라고도 한다. 계획 생산의 특징은 다음과 같다.[31)]

① **제품 특성** : 생산자가 설계를 하여 결정하며 제품 종류가 제한되고 대개 저가품이다.

② **생산 설비** : 특정 제품생산에 맞추어진 전용(專用) 설비를 사용한다.

③ **운영상 주안점** : 수요예측, 생산계획, 재고관리가 중요하며 생산능력의 극대화를 추구한다.

④ **장점** : 생산공정의 통제가 상대적으로 쉬운 편이다.

표 13-2는 계획공정과 주문공정의 특성을 비교하여 준다.

표 13-2 수요형태별 공정간 특성 비교[32)]

특 성	계획공정	주문공정
제품 속성	생산자가 규정	고객이 규정
제품 다양성	저	고
단가	저	고
운영	수요예측	고객주문
주안점	재고관리	납기관리
주요 운영문제	수요예측, 생산계획, 재고통제	납기통제, 주문흐름 통제

(3) 품종과 생산량별 분류

공정을 선정할 때는 제품의 품종의 다소(多少)와 생산량의 대소(大小)를 고려해야 하는데, 이러한 것들을 고려하여 수집하는 생산공정 계획에는 다품종 소량생산과 소품종 다량생산이 있다.

1) 다품종 소량생산

이것은 다양한 제품을 각각 소량씩 생산하는 형태이다. 생산 설비는 다양한 제품생산을 처리하기 위한 범용기계들로 구성되어 있으며, 작업자도 다양한 제품생산에 대한 기술과 경험을 보유하여야 한다. 다품종 소량생산에서는 생산공정의 통제가 복잡하다. 이 형태는 주문생산인 경우가 많으며, 조선, 건축, 토목, 맞춤 제품 등에 적용된다.[33)]

2) 소품종 대량생산

이것은 소수 품목의 제품을 반복하여 대량으로 생산하는 형태이다. 소품종 대량생산에서는 전용 설비를 갖추고 있으며, 작업자는 전문화된 단순 업무에 종사한다. 여기에서는 생산공정의 통제가 용이한 편이다. 이 형태는 대개 계획 생산인 경우이며, 자동차조립 또는 부품, 가전제품, 대중 음료 등에 적용된다.[34)]

현장 정보

■ 소품종 대량생산 대비 다품종 소량생산[35)]

삼성전자 주재원으로 중국에서 10여 년간 근무한 배승환 네트워크사업부 상무는 '중국 인터넷사업 진출을 위한 비즈니스 컨퍼런스'에서 소품종 다량생산과 다품종 소량생산 중 어느 것이 적합한지에 대해 다음과 같이 말했다. "일반적으로 중국은 인구가 많고 큰 시장이기 때문에 소품종 다량생산이 유리하다고 생각하지만 이것은 큰 오해이다.

중국은 북쪽과 남쪽이 다르고, 해안지방과 내륙지방이 다르다. 도시와 농촌, 가진 자와 못가진 자의 세계가 천양지차인 나라이다. 하나의 국가, 하나의 시장으로 생각하면 절대 안 된다. 소비트렌드가 고급화되고 있고 중국인들은 개성이 매우 강하기 때문에 제품의 색상과 디자인이 다양해야 한다. 따라서 요즈음은 소품종 다량생산보다 다품종 소량생산이 오히려 더 필요하다.

일본기업들은 자신들이 갖고 있는 상품 가운데 몇 가지만 들고와 중국에서 사업하려다 실패한 경우가 많다. 일본기업들은 기술이전을 잘 하려 하지 않기 때문에 중국인들이 싫어한다."

반면에 '후지 제록스'의 경우는 노동자 한명이 제품생산의 모든 공정(工程)을 담당하는 'cell 생산시스템'을 도입해 다품종 소량생산을 성공적으로 운영하고 있다.

(4) 공정의 선정

여기에서는 공정선정의 기준과 모형에 대해서 살펴보자.

1) 공정선정 기준

공정선정을 위한 주요 기준으로는 다음 여섯 가지를 들 수 있다.[36)]

① 시장여건 ② 소요자본
③ 노동력 ④ 관리기술
⑤ 원자재 ⑥ 기술

2) 공정선정 모형

공정선정을 위한 구체적 모형들 중 생산규모를 공통변수로 하는 두 가지 모형을 소개하면 다음과 같다.

① **생산규모와 고객화기준 모형**[37)] : 이 모형은 공정선정의 중요한 기준으로 고객화(customization) 수준을 필요 생산규모와 연합하여 고려하는 것이며, 그림 13-3에 나타나 있다. 이에 따르면 라인공정은 생산규모가 높고 고객화 수준은 낮은 경우에 적합하며, 프로젝트 공정은 그 반대 경우이며, 단속공정은 그 중간 경우에 적합하다는 처방이다.

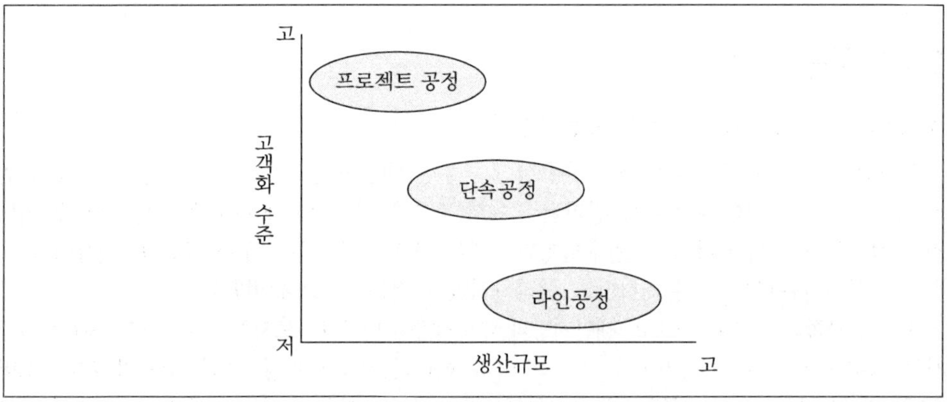

그림 13-3 공정별 생산 규모와 고객화 수준

② **생산규모와 생산비기준 모형**[38)] : 이 모형은 경제성 기준에 따른 것으로서 생산비용에서 고정비와 변동비를 합한 총비용 관점에서 생산규모와 결합하여 공정간에 우열을 가르는 것이며, 그림 13-4와 같다. 이에 따르면 생산이 대규모이면 라인공정, 소규모이면 프로젝트공정, 중규모이면 단속공정이 총비용에서 상대적으로 낮아 적절한 것으로 나타난다.

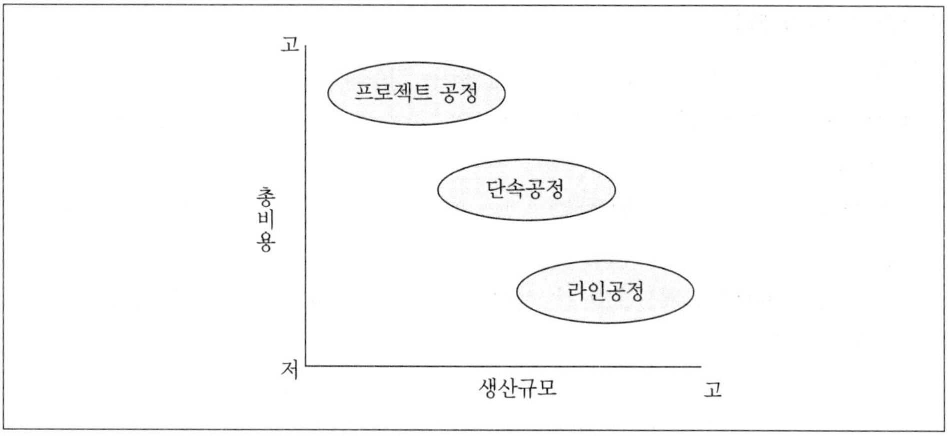

그림 13-4 공정별 생산규모와 총 비용 수준[39)]

13-4 생산능력 전략

기업의 생산능력(capacity) 전략은 미래 수요에 대해 효과적으로 부응할 수 있는 공급능력을 제공하는 것을 목표로 한다.[40)] 여기에서는 생산능력 전략수립 시 고려해야 할 생산능력 전략의 기초, 기본적 생산능력 결정, 생산능력 조정 결정, 완충생산능력 결정, 생산능력 확장결정 등에 대하여 살펴본다.

1. 생산능력 전략의 기초

생산능력 전략을 수립할 때는 먼저 생산능력의 성격과 종류를 고려할 필요가 있다.

(1) 생산능력의 성격

기업의 생산능력(capacity)에 대해서는 여러 가지로 정의할 수 있지만, 일반적으로 두 가지 대조적 개념이 있다. 하나는 산출량(output) 기준의 개념으로서, 생산 시스템이 일정기간 동안 특정 제품(서비스)을 생산할 수 있는 최대 산출량을 가리킨다. 다른 하나는 투입량(input) 기준의 개념이며, 생산 활동에 투입할 수 있는 가용 자원의 양을 뜻한다.

특기할 것은 후자의 개념을 실용적으로 표현할 때에는, 일정기간 동안 생산 시설이나 기계의 사용가능 시간으로 정의하는 것이 일반적이다. 양자 중 전자는 상대적으로 대량생산 공정에, 후자는 상대적으로 소량생산 공정에서 흔히 사용되는 편이다.[41)]

(2) 생산능력의 종류

기업의 생산능력을 구체적으로 표현함에 있어서는 다음과 같은 몇 가지 구분이 유용하다.[42)]

① **최대(peak) 생산능력** : 임시적 수단(잔업 등)을 동원하여 단기간 동안만 유지되는 생산능력

② **유지가능(sustainable) 생산능력** : 정상적 방식으로 장기간 지속될 수 있는 평균적 생산능력

③ **생산능력 이용률** : 생산능력 중 현재 실제로 이용되고 있는 평균비율을 가리키며 다음 식으로 표현된다.

$$\text{생산능력 이용률} = \frac{\text{평균생산능력(평균산출량)}}{\text{최대생산능력(최대산출량)}} \times 100\%$$

2. 기본적 생산능력 결정

생산능력에 대한 기본적 결정 두 가지는 생산능력의 수준과 조정시점에 대한 결정이다.

(1) 생산능력 수준 결정

기업에서 생산능력에 대한 첫 번째 결정은 기본적 생산능력 수준, 즉 얼마나 생산할 것인가를 정하는 것이다. 여기에는 여러 가지 요인들이 작용하는데, 이들은 크게는 시장관련 요인들과 생산자원관련 요인들로 구분할 수 있다. 이들을 요약하면 그림 13-5와 같다.[43)]

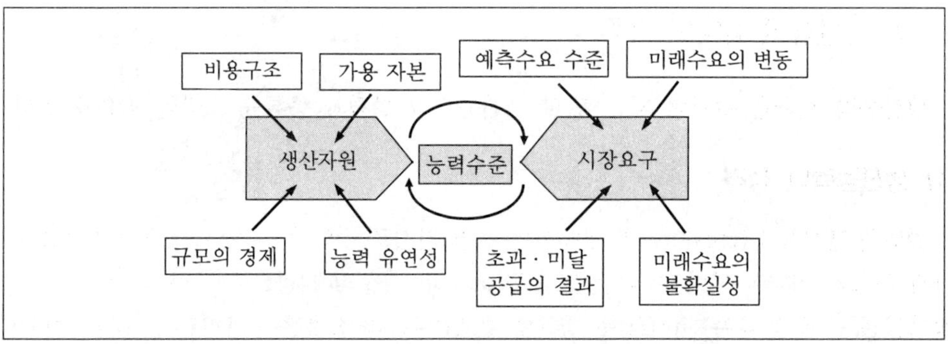

그림 13-5 생산능력 수준 결정요인[44)]

시장관련 요인들은 다음과 같이 주로 제품의 수요에 관한 사항들이다.

① 예측수요 및 그 변동성

② 생산능력 과부족의 결과 : 이는 '미래에 실현된 수요'가 '구축된 실제 생산능력'

에 비해 과도하거나 부족하여 기업이 받는 잠재적 손익을 고려하는 것이다. 이 문제 관련 결정은 다음에 볼 여유생산능력 결정을 참조한다.

다음은 생산자원에 관련된 주요 요인들이다.[45)]

① 생산자원의 가용도(availability) ② 손익분기점
③ 규모의 경제 ④ 생산능력의 유연성 수준

(2) 생산능력 조정시점 결정

생산능력에 대한 두 번째 결정은 생산능력을 조정할 시점을 정하는 것이다. 여기에도 여러 요인들이 영향을 가하며, 이들 역시 시장관련 요인들과 생산자원관련 요인들로 대별할 수 있다.[46)] 이들을 요약하면 아래 그림 13-6과 같다.

1) 생산능력 조정시점 관련 요인

생산능력을 조정할 시점을 결정할 때 관련된 요인들로서는 시장 관련요인과 생산자원 관련요인을 들 수 있다.

다음은 시장관련 주요 요인들이다.

① 예측수요 및 그 변동성 ② 고객서비스 수준
③ 경쟁도

다음은 생산자원 관련 주요 요인들이다.

① 규모의 경제 ② 생산능력
③ 조정 소요시간 ④ 기업의 변화대처 능력

2) 생산능력 조정시점 결정 전략

생산능력 조정시점 결정방향에 대해서는 기본적으로 다음 세 가지 전략이 있다.[47)]

① **생산능력 선행전략** : 생산능력 조정이 수요를 선행하는 전략(capacity-leading strategy), 즉 생산능력이 언제나 예측된 수요변화를 충분히 감당할 수 있도록 조정시점을 정하는 전략이다.

② **생산능력 후행전략** : 생산능력 조정이 수요를 후행하는 전략(capacity-lagging strategy), 즉 생산능력이 언제나 예측된 수요변화에 뒤이어 조정되도록 조정시점을 정하는 전략이다.

③ **절충전략** : 위 두 전략은 모두 현실적으로는 극단적 형태를 띠기 때문에 실제로는 양 전략을 절충한 전략이 실용적이다. 이 전략은 생산능력이 예측된 수요변화를 어느 기간가지는 감당하지만 또 다른 어느 기간에는 생산능력이 부족한 상황에 처할

수 있음을 가정한다. 수요의 증가추세를 예로 들면, 생산능력 초과기간 중 수요초과 생산을 하여 재고로 저장한 후 생산능력 부족에 대처한다.

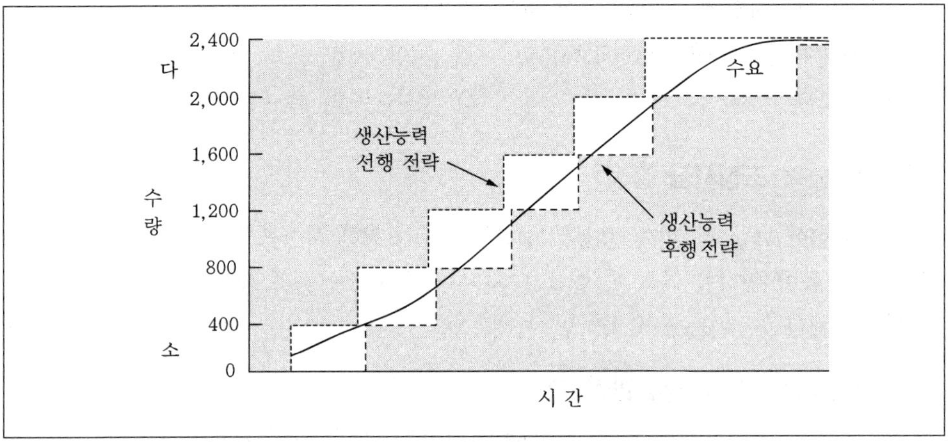

그림 13-6 생산능력 조정시점 전략[48)]

3. 생산능력 조정 결정

생산능력 전략에서 중요한 사항의 하나는 수요 예측을 통하여 미래에 필요한 생산 능력(소요 능력)을 판단하고 이에 따라 가용 능력을 조정하는 것이다. 이러한 생산 능력의 조정은 시간적으로 장기조정과 단기조정으로 구분한다.[49)]

이 전략은 생산능력 계획(capacity plan)을 기본 대상으로 한다. 이 계획은 시간적으로 두 종류가 있다. 즉, 장기적 계획과 단기적 계획이다.

① **장기적 생산능력 계획** : 신규설비에 대한 투자를 다루며, 시간적으로 최소한 2~3년 이상의 미래 차원이다.

② **단기적 생산능력 계획** : 노동력 규모, 잔업예산, 재고자산 등을 주로 다룬다.

(1) 생산능력의 장기조정

예측된 장기간의 수요가 생산 규모와 차이가 나면 생산 규모의 조정이 필요하다. 수요가 초과하는 경우, 시설 확장이나 다른 시설의 전환을 통하여 생산 규모를 늘리고, 수요가 미달하는 경우, 시설 감축이나 다른 용도로의 전환으로 생산 규모를 줄인다.

조정 시 고려할 사항으로는 조정시기, 투자효과, 규모의 경제(economies of scale) 등이 있다.[50)]

(2) 생산능력의 단기조정

단기간 수요에 따른 생산능력의 조정은 시설조정 없이 한다는 점이 장기조정과의 주된 차이이다.

다음은 단기 조정의 대표적 수단들이다.[51)]

① **고용 수준의 조정** : 종업원을 신규채용 하거나 정리 해고 한다.

② **고용 수준의 가동률 조정** : 기존인력을 유지하면서 노동시간을 조정한다. 주된 수단으로는 잔업, 조업단축 내지 유휴, 작업교대조의 증감이 있다.[52)]

③ **하청** : 기존 인력을 유지하면서 타기업에 의뢰하여 능력을 증대시킨다.

④ **생산성 향상** : 종업원 훈련, 공정연구, 방법 개선, 제품설계변경 등으로, 기존 인력을 유지하면서 노동생산성 제고를 통하여 능력 증대를 도모한다.

⑤ **재고수준 조정** : 생산여력이 있을 때 미리 초과 생산하여 재고를 비축한 후, 수요증가 시 대처한다.

⑥ **미납 주문 또는 납기 연장** : 고객과의 합의하에 수요 초과시에는 주문만 받은 후, 추후에 납품하거나 납기를 연장한다.

⑦ **정비계획의 조정** : 설비, 기계 등의 정비를 원래의 계획보다 앞당기거나 늦추어 실시한다.

⑧ **가격 조정** : 초과 수요 시에는 가격 인상으로 수요를 줄이고, 수요 미달 시에는 가격 하락으로 수요증가를 유도한다.

사 례

■ 고용수준 조정 – 국제패션 社[53)]

1993년 중국 요령성 대련시에 의류 제조업으로 진출한 기업 국제패션은 기존 종업원이 750명인데, 업무량이 많은 시기에는 500명 가량의 임시공을 추가로 채용해 쓴다. 임시공에게는 임금을 정규직 종업원보다 조금 더 주되, 일감이 줄어들면 휴직시킨다. 임시공 채용 이유는 인건비 절감과 유휴인력 관리의 부담도 줄일 수 있는 장점 때문이다.

4. 여유 생산능력 결정

여유생산능력(capacity cushion)은 수요의 예기치 못한 급증 또는 생산능력의 일시적 부족 등과 같은 비상상황에 대처하기 위한 예비적 생산능력을 말하며, 보통은 다음과 같이 백분율로 표시한다.[54)]

$$\text{여유생산능력} = 100\% - \text{생산능력 이용률}$$

여유생산능력 결정은 크게 이 능력규모를 상대적으로 높이는 전략과 낮추는 전략으로 대별할 수 있다. 그리고 이 문제는 대표적으로 비용적 측면에서 접근할 수 있다. 이 비용은 규모에 정비례하는 비용인 기회비용(opportunity cost)과, 반비례하는 비용인 부족비용(shortage cost)으로 대별할 수 있다. 기회비용은 생산능력의 유휴부분에 기인하는 비용이고, 부족비용은 여유생산능력의 부족 시 기업이 입을 수 있는 잠재적 손실부분을 나타낸다. 이들 두 비용은 상호대조적이므로, 기업은 이 비용들을 종합한 총비용이 최소화되는 최적 수준의 여유생산능력을 찾을 수 있다.

다음은 여유생산능력의 규모 결정에 영향을 주는 주요 요인들이다.

① 자본집약적(capital-intensive) 기업의 경우, 상대적으로 기회비용의 비중이 크기 때문에 비교적 낮은 여유 생산능력이 적절하다. 이는 여러 실증연구에서도 증명되었다.[55)]

② 낮은 여유생산능력 전략은 높은 여유생산능력 환경에서 가려졌을 문제점들(예를 들어 결근, 신뢰도 낮은 공급자 등)에 따른 비효율성 측면들을 노출시켜 시정 기회를 제공할 수 있다.

③ 수요의 변동성, 미래수요의 불확실성, 공급부문의 불확실성 등이 클수록 높은 여유생산능력이 필요하다.[56)]

④ 경영자원의 유연성(resource flexibility)이 낮을수록 높은 여유생산능력이 필요하다.

5. 생산능력 확장 결정

이 결정은 수요증가 추세에 대처하여 생산능력을 확장해 나갈 때 그 시기와 확장규모에 대한 것이다. 대표적 전략으로 점진적 확장전략(wait-and-see strategy)과 대규모 확장전략(expansionist strategy) 있다.[57)]

(1) 점진적 확장전략

이 전략은 확장을 할 때 소규모로 자주 하는 전략이다. 이 전략은 일반적으로 수요증가를 뒤따라가며 실행된다. 즉, 이 전략에서는 증가하는 수요를 모두 생산능력 확장으로 대처하지 않고, 일부는 기존 생산능력의 활용도를 극대화하여 앞서 본 단기조정 전략을 적용한다. 그러므로 이 전략은 유휴 생산능력을 최소화하여 관련 기회비용을 최소화하는 이점을 주지만, 반면에 잠재적 부족비용은 높아지는 위험도 내포한다.

(2) 대규모 확장전략

이 전략은 확장을 할 때 대규모로 하되 그 빈도는 낮게 하는 전략이다. 이 전략은 원칙적으로 수요증가에 앞서 실행되어 비교적 높은 여유생산능력을 갖추게 함으로써 잠재적 부족비용을 최소화하는 강점을 지닌다. 물론, 그 반대급부로 높은 유휴생산능력 때문에 높은 기회비용을 초래한다. 또한 이 전략은 규모의 경제를 가져다주고 학습효과가 나타나 비용면의 절감을 가져오기 때문에, 원가우위 전략을 구사하는 기업에 유리하다.

6. 생산능력 결정에 대한 영향요인

생산능력에 대한 결정은 기업 내 다른 부분에서의 여러 결정들과 관련되어 있는 경우가 적지 않다. 다음은 그 주요 영향요인들이다.[58)]

① 경쟁전략의 우선순위 ② 품질관리
③ 자본집약성 ④ 자원의 유연성
⑤ 재고자산 ⑥ 일정계획(scheduling)

13-5 설비입지 전략

입지전략(立地戰略, location strategy)은 기업이 제품의 물리적 생산 지역인 입지를 선정할 때 필요한 의사결정이다. 기업의 입지는 기업의 비용과 수익에 상당한 영향을 장기적으로 미치고, 한번 선정되면 막대한 시설 투자가 소요되기 때문에 쉽게 변경하지 못하는 장기적 의사결정 대상이라는 점에서, 기업에 대해 중요한 전략적 결정에 해당한다.

또한 입지는 그 자체의 의미를 넘어 생산, 수송, 저장으로 연결되는 시스템의 요소가 된다는 점에서, 입지 선정도 자체만의 독립적 결정보다는 생산과 유통의 연결 시스템적 관점에서 유기적으로 하여야 할 것이다. 그래서 입지 전략은 특정 지역을 생산지로 정함으로써, 연결 시스템 면에서 발생할 수익은 최대화, 비용은 최소화 하는 것을 목표로 한다.[59)] 입지 선정은 여러 평가 기준을 가지고 입지 후보지들을 선정 및 평가하여 이루어진다.

아래에서는 입지선정 기준 및 입지 선정 방법 등에 대하여 살펴보자.

1. 입지선정 기준

입지선정을 위한 평가기준은 여러 가지가 있는데, 크게는 양적(量的) 기준과 질적(質的) 기준으로 나누어 볼 수 있다.[60)]

(1) 양적 입지선정 기준

이 기준은 두 가지 구성요소로 이루어진 비용 개념인데, 그 하나는 공장이나 창고의 입지에 관한 명시적 비용과 내재적 비용(implicit cost), 또 하나는 생산-유통연결 시스템에서의 재고유지비, 수송비, 저장비 등을 합한 시스템 비용이 포함된다.

(2) 질적 입지선정 기준

이 기준은 다시 경제적 기준, 자연적 기준, 사회적 기준의 세 범주로 나누어 볼 수 있다.[61)]

1) **경제적 기준** : 경제적 기준에는 다음과 같은 것이 있다.

① 원재료와 공급자의 확보 가능성 및 근접성
② 시장(消費地)의 근접성
③ 부지비용 및 부지확보의 난이도
④ 확보가능 노동력의 수량, 숙련도, 인건비
⑤ 수송 여건
⑥ 기타 사회간접자본의 질과 양
⑦ 공업단지의 존재 여부와 전망
⑧ 조세

2) **자연적 기준** : 자연적 기준에는 다음과 같은 것이 있다.

① 부지의 지형 및 지질
② 급수의 편의성 및 수질
③ 배수, 매연
④ 기후(강우, 강설, 온도, 습도, 기류)와 풍토

3) **사회적 기준** : 사회적 기준에는 다음과 같은 것이 있다.

① 관련 정부(예 : 해당 지방정부)의 정책 및 규제(국토 계획, 도시 계획, 지방개발 계획 등)
② 당 사업에 대한 지역사회의 수용 태도
③ 지역사회에 있어서의 환경 규제
④ 지역사회에 있어서의 삶의 질
⑤ 노사관계
⑥ 복지시설(학교, 병원) 등
⑦ 법규

2. 입지선정 방법

입지 후보지들에 대하여 위에서 살펴 본 입지 기준들을 적용하여 평가하는 방법으로는, 입지 기준의 계량화 여부에 따라 양적(量的) 입지 분석법과 질적(質的) 입지 분석법으로 나누어 볼 수 있다. 각 범주별로 주요한 방법들을 살펴보자.[62)]

(1) 양적 입지 분석법

여기에는 총 비용 비교법, 입지분석 도표법, 수송법 등이 있다.[63)]

1) 총비용 비교법

이 방법은 복수의 입지후보지 별로 입지선정에 수반되는 총비용을 비교한 후, 이것이 최소가 되는 곳을 선정한다. 여기에서는 일정한 생산량을 가정하여 예상되는 총비용을 산출하는데, 이 방법은 조업도 변화에 따른 변동비 변화를 반영하기 어렵다는 단점을 지닌다.

2) 입지 분석도표법

이 방법은 입지 선정에 수반되는 비용을 고정비와 변동비로 구분한 후, 이들 비용이 조업도 변화에 따라 변화하는 관계를 입지분석 도표로 작성하여 분석한다.

3) 수송법

이 방법은 기존에 생산지와 시장을 가진 기업이 추가되는 생산지와 시장에 대해 복수의 생산지로부터 복수의 시장으로 제품을 수송하는 체제에서 총수송비를 최소화하는 생산 입지를 선정한다.

(2) 질적 입지 분석법

여기에는 단순 서열법 및 점수법이 있다.

1) 단순 서열법

이 방법은 금액으로 환산하기 어려운 여러 주요한 질적 입지기준들을 파악하여 표로 작성하고, 이들 기준들에 대하여 중요도에 따라 서열을 매겨 평가한다.

2) 점수법

이 방법은 여러 주요 질적 입지기준들을 만족도에 따라 점수를 매겨 평가한다.

사 례

■ 입지 선정－KFC 社[64)]

세계적인 즉석 외식업체인 미국의 KFC가 중국에 진출하면서 넓은 중국에서 매장의 입지선정이 중요한 것은 두말할 나위 없었다. 1986년 당시 이 회사의 동남 지역 부사장이었던 Wang은 입지 선정 결과가 자사의 수익성분만 아니라 미래의 전망에도 상당한 영향을 줄 것으로 판단하였다. 그는 일단 첫 매장의 입지 후보지로 네 도시, 즉 북경, 천진, 상해, 광주를 다음과 같은 이유로 택하였다. 먼저, 북경은 장점으로 중국의 정치·문화의 중심지이자 두 번째 대도시이며, 주민들의 민도와 소득 수준이 높고 볼거리가 많아 관광객이 많으며, 근교에 양계장들이 풍부하다는 장점을 지녔다.

한편, 천진은 역시 직할시로서 중앙정부의 통제가 약한 편이며, Wang이 지역에서 유력한 유대관계를 확보하고 있었다는 장점을 보였다. 그러나 신선한 닭고기의 공급이 부족하였으며 유명한 관광지역도 아니었다. 상해는 중국 최대도시이며, 번영을 구가하는 경제 중심지로서 서양식 호텔과 사업 편의시설들이 풍부하다는 장점을 가졌고, 중국 최대의 양계 공급지였다. 그러나 공해와 소음으로 관광객이 많지 않았다. 끝으로 광주는 외자에 대한 적극적 유치와 이를 위한 세제 등 여러 면의 특혜로 유명하였고, 홍콩과 가까워 관광객이 많았으며, 사업을 홍콩에 있는 KFC 지사에서 직접 관리할 수 있는 장점도 있었다.

1987년 2월에 이르러 Wang은 북경을 최초 매장의 입지로 선정하였다. 중요한 선정 기준으로 고려된 점 두 가지는 관광객의 풍부한 유입과 직할시로서의 독자성이었다.

■ 입지 선정－오리온식품[65)]

초코파이로 유명한 오리온식품은 중국에 진출하기로 하면서 입지 선정에서 장기적으로 중국 전역에 대한 자사상품 판매를 위해 수도로서 북경이 갖는 의미를 고려하고, 중국 전역으로의 브랜드 확산이 용이할 것으로 판단하여, 북경에 판매본부를 두고, 생산공장은 북경에서 1시간 거리의 하북성 랑방(廊坊)에 두기로 하였다. 랑방의 경제기술 개발구는 토지가격이 북경의 1/3 수준으로 저렴하며, 북경시와 천진시가 인접한데다가, 국영 천연가스 회사가 입주하여 파이류 생산의 중요한 원료인 천연가스 공급이 안정적으로 확보된다는 장점을 중시하여 투자지역으로 결정하였다.

13-6 설비배치 전략

설비배치(facility layout)는 시설 내에서 생산용 장치, 인력 등을 공간적으로 적절히 배치하여 생산활동의 최적 흐름을 실현하려는 기능을 가리킨다.[66)] 여기에서는 설비 배치전략의 목표 및 설비배치 선정 등에 대하여 살펴보자.

1. 설비배치 전략의 목표

설비배치 전략(layout strategy)의 목적은 경영자원의 효율적 처리를 위하여 생산공정을 구성하는 작업장과 설비의 장소적 배열을 최적화하는 것을 목표로 한다. 이를 위한 주요 목표는 다음과 같다.[67)]

① 설비투자의 최소화　　② 생산소요시간의 최소화
③ 기존면적의 효과적 이용　　④ 작업장의 안전, 편의 제공

⑤ 작업 및 배치의 신축성 유지 ⑥ 작업물 운반비용 최소화
⑦ 운반설비의 단순화 ⑧ 생산공정의 균형적 촉진
⑨ 조직구조의 효율적 유지

2. 설비배치 선정

(1) 설비배치 종류

설비배치 방식으로는 작업흐름에 따라 다음과 같이 네 유형으로 분류할 수 있다.[68)]

1) 공정별 배치

공정별 배치(process layout)는 기능이 비슷한 설비들별로 모아 편성하고, 주어진 제품 생산은 필요한 기능별로 해당 부서에 가서 작업하여 이루어진다. 기능별(functional) 생산이라고도 부르는 이 형태에서는 복수품목의 동시 생산이 가능하기 때문에 대개 다품종 소량 생산에 적용된다.[69)]

공정별 배치가 갖는 상대적 장점을 요약하면 다음과 같다.[70)]

① 설비와 인력의 범용성과 이에 따른 낮은 자본 소요액
② 제품의 다양성에 대한 설비배치의 높은 유연성
③ 설비의 높은 이용률
④ 종업원에 대한 전문적 감독 가능

한편, 공정별 배치는 다음과 같은 단점도 있다.[71)]

① 낮은 생산율
② 대기시간의 낭비와 단위당 긴 생산시간
③ 많은 재공품재고에 따른 공간과 자본 소요
④ 많은 자재취급비용
⑤ 생산계획과 통제의 곤란

2) 제품별 배치

제품별 배치(product layout)는 주어진 제품 생산을 위해 가공 순서에 따라 기계 설비나 필요 작업이 고정적으로 배치되는 형태이며, 앞에서 살펴 본 라인형 생산이 이에 해당한다. 이 형태는 자동차 조립 같이 주로 소품종 대량 생산에 적용된다.[72)]

제품별 배치의 상대적 장점과 단점은 위의 공정별 배치의 경우와 대조적이라고 할 수 있다. 다음은 그중 주요 장점이며, 핵심 단점은 낮은 유연성이다.[73)]

① 높은 생산율
② 낮은 재공품재고 수준
③ 대기시간의 최소화와 단위당 짧은 생산시간

3) 고정위치 배치

고정위치 배치(fixed－position layout)는 제품을 한 장소에 고정시킨 상태에서 필요한 작업자, 자재, 장비 등을 제품 위치 장소로 이동하여 생산작업을 수행하는 방식이다.[74) 이 배치방식은 제품의 이동이 곤란한 경우에 사용되며, 대표적으로 프로젝트 공정에 적절한 배치라고 할 수 있다.

고정위치 배치가 갖는 장점은 다음과 같다.[75)]

① 제품 이동에 따른 비용이나 손상위험의 제거
② 할당된 노동인력의 계속성으로 신규작업 시 인력의 교육 필요성 제거

한편, 고정위치 배치는 다음과 같은 단점도 있다.[76)]

① 숙련된 다기능 작업자의 필요성
② 장비의 저 이용률

4) 혼합형 배치

혼합형 배치(hybrid layout)는 앞에서 살펴 본 설비배치 방식들의 장단점을 고려하여, 전체 공정에 대해 이들 방식들을 혼합하여 배치하는 방식이다.[77)]

(2) 설비배치 평가기준 선정

설비배치의 선정은 다양한 요인들에 의해 영향을 받는다. 그 중 핵심 요인은 공정의 유형이다. 그 밖에 주요 요인들은 다음과 같다.[78)]

① 생산 제품과 서비스의 유형
② 제품과 서비스의 품질수준
③ 생산량
④ 자재취급계획
⑤ 기계와 설비의 수량과 크기
⑥ 종업원의 직무
⑦ 건물의 규모와 형태
⑧ 공장부지의 규모와 형태
⑨ 자동화의 정도
⑩ 고객과의 접촉 정도
⑪ 투입물의 양과 크기
⑫ 바닥표면 높이
⑬ 조직의 목표
⑭ 대규모 기중기의 위치
⑮ 각 층의 최대작업량

13-7 품질 전략

품질이란 제품의 사용가치를 나타내는 기본적인 평가척도를 말한다. 이와 같은 제품의 품질에는 그 품질을 규정하는 요소들이 있는데, 이것을 '품질 특성(quality characteristic)'이라 한다. 그리고 이 품질특성은 보통은 수치로 표시되는데, 이 수치를 '품질특성치(quality characteristic value)'라고 한다.[79)]

고객이 요구하는 품질조건을 갖춘 제품이 되기 위해서는 개별제품의 각종 품질특성치가 우수해야 할 뿐만 아니라 제품의 집단에 있어서는 품질특성치의 분산(dispersion)이 작아야 한다.

오늘날과 같은 개방적 시스템 하에서는 기업이 생산하는 제품의 품질은 그 중요성이 더욱 커지고 있다. 그 이유는 제품의 품질은 곧 기업의 품질을 뜻하게 되었기 때문이다. 따라서 제품의 품질을 유지하지 못하는 기업은 대내적으로는 불량품에 의한 원가요인을 추가적으로 부담하게 되고, 대외적으로는 고객의 신뢰를 잃게 됨으로써 비능률적 시스템으로 전락하고 말 것이다.[80)]

현장 정보

■ **중국산 제품의 품질－독일 기업인들, '중국산 제품이 동구권 제품보다 우수하다' 평가**[81)]

독일 기업인들은 중국산 제품의 품질이 독일 혹은 동구권 국가에서 생산하는 제품에 비해 그다지 떨어지지 않는다고 생각하고 있다.

뮌헨에 소재한 경영컨설팅업체인 '롤랜드 베르거'가 독일내 제조업체 70개사를 대상으로 설문조사한 결과, 중국산 제품의 품질이 독일에서 직접 생산되는 동일한 종류의 제품에 비해 떨어진다는 응답은 17%에 불과했다.

그러나 동구권 국가에서 제조된 제품과 독일에서 제조된 동종제품의 품질에 대한 비교에서는 40%가 동구권 제품에서 결함을 발견했다고 응답하여, 독일 기업인들은 중국산이 동구권 제품보다 대체로 우수하다고 평가하는 것으로 분석했다.

이 조사를 주관한 '라인하르트 가이스 바우어' 연구원은 "체코슬로바키아, 헝가리, 폴란드 등 동구권 국가 제품이 중국산 제품보다 나을 것이라는 막연한 생각은 현실과는 거리가 있다. 중국산 제품의 품질이 좋아지고 있는 것은 노동력의 질이 개선되고 중국공장 경영인들이 제품결함을 줄이는 데 역점을 두고 있기 때문이다"라고 해석했다.

그러나 중국산 전자, 기계류, 엔지니어링, 자동차산업관련제품과 부품의 품질은 상대적으로 열등하다는 인식 때문에 중국산 제품가격이 낮게 매겨져 있는 것으로 나타났다.

13-8 원가 전략

기업 간의 경쟁이 세계적 수준에서 진행되고, 이제는 각 사업분야에서 세계 1등이 되지 않으면 생존할 수 없는 기업환경이 되었다. 이러한 상황 하에서는 경영의 모든 측면에서 경쟁력을 확보해야만 하는데, 그 중에서도 가장 중요한 분야는 품질 경쟁력과 가격 경쟁력이라고 할 수 있다. 그런데 대부분의 회사에서는 품질 목표와 가격 목표를 동시에 달성하는 것이 거의 불가능하다고 생각되어 왔다. 즉, 고품질제품을 제조하려면 제조원가가 상승하여 판매가격도 높아진다. 반대로 판매가격을 낮추려면 제조원가를 낮추어야 하는데, 그렇게 되면 품질 수준을 높게 유지할 수 없는 것이 일반적이다.

그러나 가장 바람직한 상황은 높은 품질제품을 낮은 가격, 즉 낮은 제조원가로 생산 · 공급하는 것이다. 물론 이것은 달성하기 매우 어려운 전략목표이지만, 생산전략을 효과적 · 효율적으로 수행하여 이러한 목표－고품질 제품을 저가격(저원가)으로 제조 · 공급－를 달성한 회사가 있다. '도요타 자동차'가 바로 그 회사이다. 아래 사례는 도요타 자동차의 원가절감형 생산 시스템을 고찰함으로써, 이 회사가 어떻게 원가를 절감하면서도 높은 품질의 자동차를 생산하여 세계 최고의 경쟁력을 유지 · 달성하고 있는가를 설명해 준다.

사 례

■ 원가경쟁력 · 품질경쟁력 프로그램－Toyota Motor Corporation(도요타 자동차)[82)]

세계에서 가장 큰 자동차 회사인 Toyota는 "도요타 생산방식(Toyota Production System : TPS)"이라고 불리는, 원가절감을 위한 제조철학을 가지고 있다. 이것은 기본적으로, 자사의 부품공급업체들까지도 모두 포함한, 생산과정의 모든 면에서 낭비를 제거하고, 납기(納期, lead-time)를 단축하며, 그 결과로서 원가를 절감하여 세계에서 최저원가로 최고품질의 자동차를 만들겠다는 원리를 말한다. TPS에서 '낭비(waste)'란 "제품에 가치를 추가시키기 위하여 절대적으로 필요한 최소량의 장비 · 공간 · 작업시간 이외의 다른 모든 것"으로 정의된다.

Toyota는 6가지 종류의 낭비, 즉 ① 과잉생산으로부터의 낭비 ② 대기시간으로부터의 낭비 ③ 운반상의 낭비 ④ 공정(工程, processing)상의 낭비 ⑤ 재고의 낭비 ⑥ 제품결함으로부터의 낭비를 식별했다. 이러한 TPS는 두 가지 원리로 구성되어 있는데, 하나는 'Just in Time'이고, 다른 하나는 'Kaizen(かいぜん, 카이젠 ; 改善, 개선)이다.

Just in Time은 올바른 재료를 올바른 시간에 올바른 수량으로 운반할 것을 요구하는 일종의 정보카드(information card)인 Kanban(かんばん, 칸반 ; 看板, 간판), 디스플레이 보드(display board)인 andon, 그리고 오류방지(error prevention)인 poka yoke 등과 같은 일련의 도구들을 의미한다.

Toyota에서 채택한 또다른 철학은 "Kaizen", 즉 지속적인 개선이다. Kaizen은 "아무리 사소하더라도 조금씩 개선(incremental improvement)을 이루어 가는 과정, 그리고 가치를 추가시킴이 없이 원가를 추가시키는 모든 낭비를 제거하는 작은 목표를 달성하는 것" 으로 정의된다.

Toyota는 원가를 감소시키고, 품질을 향상시키고, 또 새로운 공정과 제품을 경쟁업체보다 더 빨리 개발하기 위해서는 자사가 부품공급업체들에게 점점 더 의존하고 있다고 보고, 자사의 전통적인 부품공급업체들과의 장기적인 관계를 구축하는 기초를 마련하였다. Toyota는 이들 부품공급업체들을 제품개발의 디자인 단계에서부터 참여하도록 장려하고, 이들에게 품질관리에 대해 교육하기 시작했다.

Toyota는 규정된 성과 수준에 실패한 부품공급업체들로부터는 주문을 종결하기 시작했다. 주문 종결과 부품공급업체들 간의 경쟁의 두려움 때문에, 그들은 Toyota에 최고품질의 자동차 부품을 최저 가격으로 공급할 수밖에 없었다.

1990년대, Toyota는 원가를 줄이기 위해 자동차 부품의 수를 줄이는 데 초점을 맞추었다. Toyota는 자사 자동차에 장착되어 있던 불필요한 전선(電線)과 플라스틱 부착물 등과 같은 꼭 필수적이지 않은 부속물들을 없애기 시작했으며, 또 자사가 생산하는 여러 종류의 자동차에 대해서 동일한 바람막이 유리와 문틀을 사용하기 시작했다.

1990년대말, Toyota는 그동안의 '전세계에서 가장 값싼 부품의 추구 전략, 부품의 수를 가능한 한 줄이려는 전략'에서 더욱 나아가 '전세계에서 가장 표준화된 부품을 개발하고 그 부품들을 제조활동에 최적(最適)으로 이용하려는 전략'으로 목표 수준을 더욱 높였다.

2000년, Toyota는 CCC 21(Construction of Cost Competitiveness for the 21st century)로 명명된 새로운 원가절감 프로그램을 실행하였는데, 이것은 3년 동안 제품개발에 있어서 지속적인 개선을 통해 170개에 달하는 자동차 부품 조달원가의 30%(약 100억 달러)를 줄이려는 것이었다. 이 금액은 Toyota 총 구매원가의 90%를 구성했다.

CCC 21 프로그램 아래에서, Toyota는 자사의 부품공급업체들이 전세계 시장의 적어도 20% 점유율을 확보하기를 장려했다. 이렇게 된다면 각 공급업체는 생산증가로 인하여 규모의 경제가 달성되는 데 따른 이익을 얻게 될 것이고, Toyota는 간접적으로 그에 따른 원가절감 혜택을 얻는 것이기 때문이었다.

2001년, Toyota는 원가를 절감하기 위해(자동차 원가의 70%를 구성하는) 재료와 부품들에 대한 '최적의 범세계적 구매 개념(Concept of Optimal Global Purchasing)'을 도입했다. 이 개념 하에서, Toyota는 전세계에 걸쳐 새로운 자동차를 동시에 개발하고, 생산 준비하고, 생산하고, 출시하는데 드는 납기(lead time : 발주에서 배달까지의 시간, 기획에서 출시까지의 시간)를 감소시킨다는 목표를 특히 강조하였다.

원가를 절감하려는 Toyota는 자사의 부품들을 전 세계에서 가장 저렴하게 생산할 수 있는 생산입지로서 중국을 선정하고 그곳으로 진입하였다. 이곳에서 Toyota는 대단히 저렴하게 자동차 부품을 생산할 수 있었다.

앞으로 추가적인 원가절감을 위해서 Toyota는 철강으로 만든 자동차 부품 수를 610개에서 500개로 줄이려는 계획을 세우고 있다. 이 전략은 또한 철강 가격의 급격한 상승에 대응하는 방어막이 될 것이다. Toyota는 또한 이를 확고히 하기 위해서 철강을 사용하는 대신에 알루미늄과 플라스틱을 사용하는 것도 계획하고 있다. 이렇게 되면 자동차는 더 가벼워질 것이고, 또 녹슬지 않으며, 연료 효율을 높이는데 기여할 것이다.

13-9 현지화 생산 전략

지금까지는 생산 전략수립에 관련된 주요한 전략을 다양한 영역 별로 고찰하였다. 이러한 내용을 중국에 진출한 기업의 입장에서 보자면, 중국 현실을 반영한 이른바 '생산의 현지화 전략'이 필수적일 것으로 생각된다. 이러한 현지화 생산전략을 도외시함으로서 실패한 사례와 이를 고려하여 성공한 사례에 대해서는 아래의 예를 참조하기 바란다.

사 례

■ 제품과 기술의 현지화 생산전략 에릭슨 대비 모토로라, 노키아社[83)]

「에릭슨」은 130년의 역사를 가진 기업이다. 기술로 세운 회사인 만큼 기술 우위가 핵심 경쟁력이었고, 기술 숭배 의식이 가득차 있는 기업 문화를 가지고 있다. 이러한 에릭슨은 중국시장에서 제품의 현지화에 실패한 사례로 지적된다.

중국은 면적이 넓고 인구가 많으며 독특한 경제 시스템을 갖고 있기 때문에, 다국적 기업이 시장에 진입할 때는, 표적 시장 소비계층의 생활습관 및 소비방식, 소비시장의 개성화 등 중국시장이 갖고 있는 문화적인 차이를 충분히 감안해서 제품의 현지화 전략을 수립해야 한다.

그런데 에릭슨이 그동안 시장에 내놓은 휴대전화 디자인은 유럽인들의 보수적 성향과 고집을 상징하듯이 딱딱한 느낌을 주었다. 패션과 유행을 중시하며, 더 작고, 더 얇고, 더 가벼운 것을 선호하는 중국 소비자들의 취향과 동떨어져 있었다. 더구나 영문(英文) 모드(mode)를 먼저 내놓은 후 중문(中文)모드를 출시했고, 그나마 중국인들의 조작습관을 충분히 고려하지 않았다.

나아가서, 에릭슨의 휴대전화는 「모토로라」나 「노키아」와 달리 단지 통신기기의 기능만을 수행했고, 소비자들을 위한 정보제공에도 뒤떨어졌다.

반면에 모토로라는 V730 모델을 출시하고, 시장 특성별로 휴대전화의 서로 다른 기능을 집중적으로 선전하는 차별화된 광고전략을 채택했다.

또한 모토로라와 노키아는 자사 홈페이지를 통해 벨소리, 음악, 게임, 사진 등을 다운로드(download)할 수 있는 서비스를 초기단계부터 시작했지만, 에릭슨은 홈페이지에 제품 및 기술소개, 보도자료, 사회활동, 취업기회 등을 알리는데 중점을 두었다.

앞으로 기업들 간의 생산 기술의 격차가 더욱 축소되는 반면, 소비자들의 개성과 취향의 변화는 더욱 가속화될 것이기 때문에, 중국시장에 친화적인 제품을 생산하는 제품의 현지화 전략은 더욱 중요시된다.

제14장 마케팅 전략

이 장에서는 마케팅 전략의 구체적 영역으로서 사장세분화 전략, 표적시장 선정 전략, 포지셔닝 전략, 제품 전략, 가격 전략, 촉진 전략, 그리고 특수 마케팅전략 등에 대해서 살펴보기로 한다.

14-1 서 론

마케팅의 개념에 대해서는 그 범위와 차원 등에 따라 경영의 한 부분기능으로 보는 협의의 개념(경영 마케팅), 사회적 역할의 관점에서 보는 광의의 개념(사회적 마케팅) 등 여러 가지가 있다. 그러나 여기에서는 기업경영의 관점에서, 마케팅을 경제주체의 욕구를 평가하고 이의 충족을 위해 가치 있는 제품을 생산하여 제공하는 기업활동이라고 정의하기로 한다.

마케팅에서 가장 중요한 대상이 되는 존재는 고객과 경쟁자이며, 흔히 영어 약자로 2C(customers and competitors)라고도 한다. 그래서 기업의 마케팅 전략도 이들 두 범주를 어떻게 효과적이고 효율적으로 관리할 것인가 하는 것이 주된 내용이다.

14-2 시장 세분화

여기에서는 시장 세분화 전략을 수립하는데 근거가 되는 시장 세분화의 기초 및 시장 세분화의 분류에 대하여 고찰한다.

1. 시장 세분화의 기초

(1) 시장 세분화의 개념

마케팅 측면에서 시장은 욕구, 구매력, 구매의사라고 하는 세 요소를 갖춘 잠재적 고객들의 집단을 가리킨다.[1] 그런데 이 고객들은 여러 가지 측면에서 상이할 수 있으며, 이에 따라 한 시장을 나누어볼 수 있다. 이렇게 한 시장을 나눌 때에 나눠진 각 부분, 즉 내부적으로 구별될 수 있는 고객들의 세부적 집단 수가 복수일 때, 그 각 세부 집단을 '세분시장(market segment)'이라 한다. 이 세분시장은 비교적 동질적 소비자들로 구성되어 있어서 기업의 마케팅 변수와 활동에 대해 비슷하게 반응할 것으로 기대되어야 한다.[2)]

'시장 세분화(market segmentation)' 전략을 펴기 위해서는 사전에 기업이 원래의 시장을 나누어볼 지 아니면 그냥 단일 시장으로 간주할 지에 대한 선택을 하여야 한다. 이 선택은 기업의 목표, 시장에 대한 접근가능성과 정보수집 가능성, 기업의 자원 및 능력 등을 고려하여 결정한다.[3)]

시장 세분화를 하지 않고 세분화 이전의 전체 시장을 그냥 동질적 단일 시장으로 간주하는 '대량 마케팅(mass marketing)'은 각 제품이 가지고 있는 대규모 시장 덕택에 대량생산, 대량 유통, 대량 촉진을 가능하게 해준다. 이 전략에서 기대되는 대표적 장점은 '규모의 경제(economies of scale)'로 인한 원가 감축 및 이에 따른 가격 인하, 매매차익 확대 등이다.[4)]

반면에, 시장 세분화는 다음과 같은 장점을 지닌다. 하나는 세분시장 별로 맞춤형 성격이 보다 강한 제품과 가격을 제시하고 유통구조를 구성함으로써 고객 만족 수준을 제고할 수 있게 해 준다. 또 하나는 세분된 시장별로 경쟁자에 대해 보다 구체적으로 파악할 수 있게 해 준다.

참고로, 시장 세분화 전략은 시장 세분화의 정도에 따라 틈새(니치) 마케팅(niche marke-ting) 전략과 개별 마케팅(individual marketing) 전략으로 나누어진다.[5)]

1) 틈새(니치) 마케팅 전략

하나의 세분시장을 더욱 세분화하여 복수의 하위시장으로 나눠진 부분들을 틈새(니치, niche)라 하며, 이 정도로 시장을 세분화하는 마케팅을 니치 마케팅이라 한다.

2) 개별 마케팅 전략

세분화를 최대로 하는 경우에 개개인을 대상으로 하는 수준까지 도달하면, 이러한 마케팅을 '개별 마케팅' 또는 '일대일 마케팅(one-to-one marketing)' 또는 '주문형 마케팅(customized marketing)'이라 한다.

엄밀히 말하면 개개의 소비자는 모두 상이하다. 그렇지만 개인별로 미세한 이질성(異質性)을 모두 만족시킬만한 상이한 마케팅 전략을 구사해야 할 만큼 욕구의 차이가 크지 않은 경우가 많다. 이 경우, 이러한 유사한 소비자들을 집단으로 묶어 시장의 이질성을 감소시키는 것이 '일반적 세분화'이다. 그런데 '개별 마케팅'은 작은 개인차까지 고려하여 고객만족을 달성하려는 목적으로 시행된다.

물론, 개별 마케팅은 일반적 세분화 전략에 비해 비용이 대폭 늘어나는 현상을 줄일 수 있어야 실용적이다. 그런데 근래에 정보통신 기술, 인터넷, 데이터베이스 등의 발달로 그 현실성이 높아지고 있다.

중국은 앞에서 살펴보았듯이 지리, 인구통계, 사회, 문화적으로 무척 다양한 나라이고 특히, 지역간 차이와 장벽이 심하게 나타난다. 그래서 중국을 단일 시장으로 접근하기는 경영자원과 능력이 뛰어난 다국적 기업들에게도 쉬운 일이 아니다. 그러므로 대다수의 기업들에게는 대량 마케팅 전략 보다는 시장 세분화를 중심으로 하는 틈새 마케팅 전략 또는 개별 마케팅 전략을 수행하는 것이 보다 효과적일 것이다.[6)]

사 례

■ 직접 판매－Dell 社[7)]

Michael Dell은 1984년 미국 텍사스주에서 회사를 설립하면서 '직접 주문 판매 마케팅(direct marketing)'이란 슬로건을 내걸고 고객들에게 PC를 직접 판매하기 시작했다. 이는 컴퓨터를 중간업자(도매상, 소매상 등)를 통하지 않고 소비자들이 부품을 따로따로 직접 구입해서 조립하면 훨씬 저렴한 가격에 구입할 수 있었던 자신의 경험에서 채택한 전략이었다. 즉, 직접 주문·판매 마케팅 전략은 컴퓨터의 모든 유통과정을 생략하고 회사가 소비자로부터 직접 주문을 받아 조립한 '맞춤형 PC'를 보다 싸게 공급하겠다는 전략이다.

즉, Dell의 시장진출 전략은 유통경로를 통한 기존의 규격화된 판매방식이 아니라 온라인망을 통해 구매자가 원하는 설계와 그 밖의 요구를 직접 주문받아 만들고 주문해 주겠다는 것이다.

이러한 Dell의 전략의 장점은 직접 주문·판매 모델을 통해 소비자들이 전통적인 상점 대신에 온라인과 전화로 컴퓨터를 주문할 수 있다는 것이다.

Dell은 중국어와 영어로 된 중국전용 웹 사이트인 'www.dell.com.cn'을 만들었다. 또 이 웹 사이트와는 별개로 Dell의 'Dell.com' 웹 페이지는 정부와 고객을 위한 맞춤형 웹 페이지와 B2B서비스를 제공하고 있다. 이들 '맞춤형 웹 페이지(customized web pages)'는 정부 및 기업 고객들이 그들 자신의 '구내 통신망(intranet)'을 통해 주문을 내고 Dell 회사와 직접 상호작용 할 수 있도록 해주었다. 고객들은 전화뿐만 아니라 인터넷을 통해서도 자신들이 원하는 특정한 설계의 PC를 주문할 수 있다.

전화주문을 받기 위해 Dell은 258개 도시에 530여개의 무료 전화번호 망을 구축했다. 고객은 만약 어떤 기술적인 문제에 직면하게 되면 Dell사에 전화를 걸 수 있다. 조사에 의하면 Dell은 전화로 고객들이 당면한 기술적인 문제의 약 80%를 해결할 수 있었다. 이것은 Dell이 각 시스템에 고유한 제품 번호를 부여하고, 이러한 고유제품 번호는 상세한 기술 설계(사양)와 연계되어 있었기 때문에 가능했다. 이로써 Dell은 중국에서 최초로 전자상거래(e-commerce) 및 전자서비스(e-service)를 제공하는 회사가 되었다.

이러한 직접 판매방식의 일환으로 Dell은 중국에서 수신자 요금 부담 전화를 설치하고, 중국 각 지방의 언어를 자유로이 구사하는 상담원을 배치함으로써 고객에 대한 지원을 아끼지 않고 있다.

또한 Dell은 Dell의 가상 인터넷 컴퓨터 매장을 개장하고 이를 통해 중국 고객들에게 PC를 직접 판매함으로써, 중국에서 전자상거래를 실시하는 첫 PC 공급회사들 중의 하나가 되었다고 밝혔다. 고객들은 'www.dell.com/ap/'에서 "By a Dell"을 클릭함으로써 하루 24시간 내내 Dell의 가상 컴퓨터 매장에 접속할 수 있다. Dell의 인터넷 컴퓨터 매장은 중국어와 영어로 안내되고 있으며, 광범위한 제품 설계를 제공하고, 견적을 받거나 제품을 주문하는 과정이 간단하기 때문에, 매우 쉽게 PC를 주문하고 판매하는 수단들 중의 하나가 되고 있다.

이렇게 Dell은 중국의 베이징, 샹하이, 구앙쪼우, 시아먼 등 9개의 대도시권에서 직접 판매와 기술지원을 하고 있다. 또한 중국 고객이 꾸안시(關係, 개인관계)를 매우 중요시 한다는 것을 인식하고, 그 외의 100여개 소도시와 지방자치구에서 Dell은 소매상과 판매대리점을 구축하여 제품을 판매하고 서비스를 제공하고 있다.

Dell의 직접판매 방식은 앞으로 중국시장의 인터넷 사용인구가 증가함에 따라 더욱 확장될 것으로 보인다.

---

(2) 시장 세분화의 요건

대량마케팅 대신, 시장 세분화 전략이 효과적이려면 다음과 같은 몇 가지 중요한 조건이 필요하다.[8)]

① **차별성** : 각 세분시장 들은 개념적으로 구별되어야 하고, 기업의 마케팅 활동에 대하여 다른 반응을 보여야 한다.

② **측정성** : 세분 시장의 규모, 특성, 구매력 등이 측정될 수 있어야 한다.

③ **규모성** : 세분시장은 세분시장 별로 맞춤형 마케팅 활동을 제공하면서도 충분한 이익을 낼 수 있을 만큼 규모가 커야 한다.

④ **접근성** : 세분시장 내의 소비자들에게 효과적으로 접근할 수 있어야 한다.

⑤ **적용성** : 세분시장에 효과적으로 적용되는 마케팅 기획이 가능하여야 한다.

2. 시장 세분화의 분류

시장 세분화 전략을 택하기로 하였다면 우선, 분할 기준이 필요하다. 그 기준에는 여러 가지가 있지만, 여기에서는 대상 고객이 소비자인 소비자 시장(consumer market)의 경우와, 사업가인 사업시장(business market)의 경우로 나누어 고찰하고자 한다.

먼저, 소비자 시장의 경우에 주요한 기준들에 따른 시장 세분화는 다음과 같다.[9)]

(1) 소비자 시장의 시장 세분화

소비자시장 세분화기준들은 크게 두 부류로 나눌 수 있다. 하나는 소비자들의 정태적 특성에 관한 것으로서 인구통계적 기준, 지리적 기준, 심리적 기준 등이 있다. 또 하나는 소비자들의 행태적 특성에 관한 것이다.[10)]

1) 인구통계적(demographic) 분류

인구통계적 요소들은 사람들을 구별하는 가장 기본적 요소들이며, 고객들의 제품에 대한 욕구, 선호, 이용도 등과 밀접한 관련을 맺는다는 점, 그리고 객관적이고 측정이 간편하다는 장점이 있다. 여기에는 연령, 성, 가족규모, 소득수준, 직업, 학력, 세대, 생활단계, 사회적 계급, 종교, 인종, 국적 등이 포함된다.[11)]

① 성(gender) : 남녀간에는 서로 태도나 행동 등의 면에서 적지 않은 차이를 보인다. 성별 세분화는 흔히 의복, 미용, 화장품, 잡지 시장 등에 기본적으로 적용된다.[12)]

다음은 중국 여성의 일반적 생활양식(life style)의 주요 특성이다.[13)]

- 도시 여성인구가 2억 5천만명에 달한다.
- 연령이 20~4세까지의 도시 여성들 중 3/4 정도가 직장인이다.
- 중국 여성은 남성에 비해 4배 이상 더 자주 쇼핑을 즐긴다.
- 소비재에 대한 핵심적 의사결정자이며, 전통적 제품 외에 남성용 제품인 맥주나 자동차 시장에도 영향을 미치기 시작하였다.
- 처분소득의 지출 항목을 보면, 여행 28.2%, 건강 27.5%, 문화 교육 20.8%, 미용 12.9%, 오락 5.7% 순이다.
- 평균 결혼연령의 고령화 현상으로 인해 독신여성의 비중이 증가하고 있다.
- 미혼여성은 남성과 동등한 소득을 올리지만 소비수준은 상대적으로 높은 경향이 있는데, 이중 월평균 소득이 8천 위엔 이상으로 상위 1% 내에 속하는 '고소득 화이트컬러 여성'이 중국 소비시장의 핵심으로 부상하고 있다. 도시 여성인구 중 1%인 250만 명에 속하는 이들의 구매성향은 상당히 소비지향적인 것으로 알려져 있다.

현장 정보

■ 중국 여성소비자 시장 세분화[14)]

세분화 사례 하나를 소개하자면, 중국 여성소비자들은 이성적인 소비를 하는가에 따라서 크게 '이성적 소비집단'과 '비이성적 소비집단'으로 나눌 수 있다. 이성적 소비집단은 다시 가격에 대한 민감도에 따라 '개성형(가격에 덜 민감)'과 '실용형(가격에 더 민감)'으로 나눌 수 있으며, 또한 비이성적 소비집단은 다시 '실속형'과 '충동형'으로 나눌 수 있다. 실속형과 충동형 모두 필요에 의한 구매보다는 욕구에 의한 구매성향을 보이나 실속형의 경우에는 자신이 이성적인 구매를 한다고 인식하는 점이 충동형과 다르다. 여성의 경우 개성형의 비중이 남성에 비해 6% 더 많은 반면, 실용형은 남성에 비해 12% 더 적은 특성을 보이고 있다.

---

② **소득 수준** : 소득수준별 세분화는 흔히 자동차, 의복, 화장품, 여행 시장 등에 기본적으로 적용된다.[15)]

사 례

■ 지출제약형 소비자 공략 – Dell 社[16)]

PC 제조업체인 다국적 기업 델의 경우, 중국의 도시 인구 중 85%가 아직 저소득으로 인하여 PC를 보유하지 못하고 있다는 점에 착안하여, PC 가격을 낮추기 위하여 Smart PC라는 기종을 출시하였다. 이 기종은 고급 기능을 생략하여 가격이 575달러밖에 되지 않았지만 일반 소비자들이 원하는 수준의 소프트웨어 활용에 충분한 기억량을 갖추었다.

---

③ **세대** : 각 세대는 성장 시대에서 겪은 고유의 경험을 많이 공유한다. 이로 인해 같은 세대인들은 가치관, 인생관 등에서 비교적 동질적이다.[17)]

현장 정보

■ 세대별 시장 세분화[18)]

중국 소비자 대상의 한 조사에서 이른바 '개방세대(2000년 기준, 18~34세 연령대)'는 성취나 사랑 같은 가치를 강조하고, 여가를 위해 소득을 포기할 줄 알며, 오락이나 패션 등에서 서구의 이른바 'X세대(2000년 기준, 24~34세 연령대)'와 유사한 취향을 보인다. 그런데 그 상위 세대에서는 서구의 이른바 'baby boom 세대'가 X세대와 많은 부분에서 가치를 공유하는 데 반해, 중국의 이른바 'elder 세대'는 공산혁명, 문화혁명 등 격동의 시대를 겪어 근면, 애국심 등을 강조하면서, 정치 사회적으로 비교적 안정기인 1970년대 후반 이래 성장한 개방세대와 큰 세대차를 보이고 있다.

---

④ **생활단계(life stage)** : 생활단계는 사람이 삶에서 겪거나 선택하는 단계로서, 예를 들어 관혼상제, 육아, 주택구입 등의 단계가 있다. 이러한 단계별로 사람은 구별되는 욕구가 생기며, 이는 기업에게 중요한 기회가 될 수 있다.[19)]

⑤ **사회적 계급** : 사회적 계급별로 자동차, 의복, 가구, 여가활동, 소매상 등에 대한 선호도에 상당한 차이를 보이곤 한다.[20)]

2) 지리적 분류

지리적 기준 역시 객관적이어서 세분화를 용이하게 해준다. 여기에는 지역, 도시 규모, 인구밀도, 기후 등이 포함된다. 중국은 나라가 광대하고 지역간 차이가 다양성을 띠고 있어서 지리적 세분화는 상당히 효과적인 전략이 될 수 있다.[21)]

① **지역** : 지방, 수도, 특구 등

② **인구밀도** : 고밀도권(도시권), 저밀도권(시골), 중밀도권(도시근교) 등

③ **기후** : 온대, 열대, 아열대 등

3) 심리적(psychographic) 분류

심리적 요인들은 상대적으로 주관적, 추상적이다. 여기에는 생활양식, 개성, 가치 등이 포함된다. 인구통계적으로 같은 집단의 소비자들이라도 심리적으로는 상당히 다른 특성을 보이는 경우가 흔하다. 심리적 분석은 소비자들의 활동(activities), 관심사(interest), 의견(opinion)에 중점을 두기 때문에 AIO 분석이라고도 한다.[22)]

이들 여러 요인 중 대표적으로 생활양식에 대해 살펴보면 다음과 같다. 소비자들의 생활양식은 여러 면으로 나눠볼 수 있는데, 그중 두 가지만 살펴보면, 하나는 '시간 제약형(time-constrained)' 대비 '지출 제약형(money-constrained)'이고, 다른 하나는 '문화 지향형(culture-oriented)' 대비 '스포츠 지향형(sports-oriented)'이라고 할 수 있다. 시간 제약형 소비자의 경우, 다중활동(multi-tasking)을 선호하기 때문에 이들에게는 편의성 제공에 초점을 둔 상품으로 접근하는 것이 좋다. 반면에 지출 제약형 소비자들에 대해서는 저가형 상품으로 접근하는 것이 유리할 것이다. 생활양식별 세분화는 흔히 화장품, 주류, 가구 시장 등에 기본적으로 적용된다.

표 14-1은 중국 소비자들을 생활양식에 따라 5대 범주로 분류한 연구 결과를 보여주고 있다.

표 14-1 생활양식에 따른 중국소비자 세분화[23)]

구 분	부 류	특 성
온포(溫飽)족	국영기업 노동자, 정년퇴직자 등	도시생활, 유행에 둔감, 가정적
소강(小康)족	행정기관 직원, 관리직 공무원 등	근면, 안정적 생활 유지
지식인족	교수, 연구직, 문화예술인 등	문화적 소비 중시, 보수적 성향
신세대족	개인사업자, 외자기업 종사자 등	서구문화 추구, 다양한 삶 추구, 비(非)전통적, 소비지향적
YUPI족	사업가, 전문직, 연예인, 운동선수 등	낭만적 생활과 고급 오락 추구, 상대적으로 부유한 선도구매 계층

4) 행태적 분류

여기에는 소비자들의 제품사용 용도, 편익, 사용자 지위, 사정도, 제품 인식도, 충성도, 태도 등이 포함된다.[24)]

① **용도** : 소비자들이 제품을 사용하는 용도는 우선, 일상적 사용과 이례적(異例的) 사용으로 나눠볼 수 있다. 기업은 이를 상품 사용 확대에 이용할 수 있다. 예를 들어 '발렌타인 데이' 때 초콜릿 판매를 확대시킨 것을 들 수 있다.[25)]

② **편익** : 소비자들 간에는 동일한 제품에서도 추구하는 편익이 크게 다를 수 있다.[26)]

③ 이용자 지위 : 소비자들은 제품의 사용경험 유무에 따라서 정기 이용자, 1회 이용자, 과거 이용자, 잠재 이용자, 비이용자 등으로 구분될 수 있다. 여기서 선도 기업의 경우에는 상대적으로 잠재 이용자에 초점을 두는 편인 데 비해, 다른 기업들의 경우에는, 선도 기업의 기존 이용자를 유인하는 데 초점을 두는 편이다.[27)]

④ 이용도(usage rate) : 소비자들은 제품의 이용 빈도나 양에 따라 대량 소비자, 소량 소비자, 중간 소비자 등으로 구분할 수 있다. 여기서 경험상 80 대 20 법칙처럼 대량 소비자는 그 수는 작지만 소비 비중은 상당히 높게 나타나는 경우가 흔하다.[28)]

⑤ 충성도(loyalty status) : 소비자들 간에는 특정 상표(brand), 상점, 기업에 대해 다양한 수준의 충성도, 즉 선호도를 보인다. 즉, 충성 소비자와 비충성 소비자를 양 극단으로 하여 중간 수준의 충성도를 가진 소비자 등으로 분류할 수 있다.[29)]

⑥ 태도 : 소비자가 보이는 태도에 따라 소비자들을 열정적, 긍정적, 무관심, 부정적, 적대적 태도의 다섯 범주로 분류할 수 있다.[30)]

(2) 사업 시장의 시장 세분화

사업 시장의 경우에는 인구통계, 지리, 사업, 구매, 상황 그리고 인성 기준에 따라 시장을 세분화할 수 있다.[31)]

1) 인구통계적 기준 분류 : 인구통계의 기준은 객관적이며 가장 기본적 분류에 해당한다. 여기에는 산업 유형, 기업 규모 등이 포함된다.

2) 지리적 기준 분류 : 지리적 기준 역시 객관적이며 지역 등이 포함된다.

3) 사업 기준 분류 : 사업 기준은 기술, 이용도, 이용자 지위, 요구 서비스 수량 등의 기준으로 구분한다. 특히, 요구 서비스 수량을 기준으로 하면 고객들은 요구 서비스가 상대적으로 많은 유형과 적은 유형으로 나눌 수 있다.

4) 구매 기준 분류

구매기준은 구매부서 조직, 권력구조, 기존 관계의 성격, 선호 기준 등에 따라 사업시장을 세분화할 수 있다.[32)]

① 구매부서 조직 : 고객의 조직이 집권화 구조인 경우와 분권화 구조인 경우를 구분한다.

② 권력구조 : 고객들을 내부적으로 기술 부문이 지배적인 경우와 재무 부문이 지배적인 경우 등으로 분류한다.

③ 기존 관계의 성격 : 고객들을 단골 고객인 경우와 가장 유익한 고객인 경우 등으로 나눈다.

④ 선호 기준 : 고객들을 그들의 선호 기준이 품질인 경우, 가격인 경우, 서비스인 경우 등으로 구분한다.

5) 상황 기준 분류

상황 기준은 긴급성, 용도, 주문 규모 등에 따라 사업시장을 세분화한다.

① **긴급성** : 고객이 비상시 신속한 서비스(배달, 수리 등)를 필요로 하는 지 여부로 분류한다.

② **용도** : 제품의 모든 용도를 다루는 경우와 특정 용도에 초점을 두는 경우 등을 구분한다.

③ **주문 규모** : 주문 규모가 대량인 경우와 소량인 경우 등으로 구분한다.

6) 인성 기준 분류

인성 기준에서는 사업시장을 매매자간 친밀도, 위험에 대한 태도, 충성도 등에 따라 분류한다.[33)]

① **매매자간 친밀도** : 고객측 직원 및 가치관과의 친밀도 면에서 구분한다.

② **위험에 대한 태도** : 위험에 대해 감수하려는 고객과 회피하려는 고객 등을 나눈다.

③ **충성도** : 충성도가 높은 고객과 낮은 고객 등을 구분한다.

14-3 표적시장 선적 전략

위 기준들을 통하여 가능한 세분시장들을 파악하고 나면, 이제는 이들을 평가하여 이중에서 가장 매력적인 목표가 될 수 있는 세분시장, 즉 표적시장(target market)을 선택하여야 한다.

1. 세분시장 평가와 표적시장 선정

(1) 세분시장의 기본적 평가

파악된 세분시장 평가에서는 우선, 다음 두 가지 기준을 기본적으로 고려한다.[34)]

① **세분시장의 전반적 매력** : 세분시장의 규모, 성장성, 수익성, 규모의 경제, 위험 등의 관점에서 평가

② **기업의 목표, 역량 및 자원** : 세분시장에 대한 투자와 공략이 타당한지를 기업의 목표, 역량 및 자원 등의 관점에서 평가

(2) 표적시장 범위 선정

위 평가를 바탕으로 표적시장 선정을 하는데, 이 전략은 크게 다음 5가지 전략 중 하나가 될 수 있다.

1) 단일구획 집중화

단일구획 집중화(single-segment concentration)는 여러 세분시장 중 단 한개만 택하는 가장 단순한 전략이다. 이 전략의 채택 배경으로는 기업의 자원이나 능력이 한정적인 경우, 해당 세분시장에 경쟁자가 거의 없는 경우, 해당 세분시장을 다른 세분시장 개척을 위한 교두보로 삼으려는 경우, 해당 세분시장에서의 전문성 등으로 경쟁우위 확보가 용이하리라 판단되는 경우 등을 들 수 있다.[35)]

이 전략의 장점으로는 해당 세분시장에 대한 풍부한 지식과 경험 축적으로 강한 시장지위 확보가 가능하다는 점, 해당 세분시장에 대한 제조, 유통, 촉진 활동의 전문화로 소요비용 절감이 가능하다는 점, 해당 세분시장에 대한 선도적 지위에 올라서는 경우, 높은 투자수익률 확보가 가능하다는 점 등이 있다.

이 전략의 위험으로는 취향 변화 등으로 표적시장을 상실하는 경우, 해당 세분시장에 다른 경쟁자가 진입하는 경우 등이 있다.[36)]

2) 선별적 전문화

선별적 전문화(seclective specialization)는 세분시장을 둘 이상 택하는 것이며 이때 선택된 세분시장 간에는 공통점이 없거나 적도록 한다.[37)]

3) 제품 전문화

제품 전문화(product specialization)는 한 제품에 초점을 맞추어 이 제품이 복수 세분시장에서 판매될 경우, 해당하는 모든 세분시장을 목표시장으로 하는 것이다.[38)]

4) 시장 전문화

시장 전문화(market specialization)는 특정한 고객 집단에 맞추어 이 집단의 다양한 욕구(needs) 만족을 목표로 하는 것이다.[39)]

5) 시장전체 담당

시장전체 담당(full market coverage)은 고객 집단들 모두의 만족을 목표로 하여 이들이 필요로 하는 제품들 모두를 제공하려 하는 것이다.[40)]

(3) 표적시장 접근 방법

표적시장에 구체적으로 접근하는 방법에는 비차별화 마케팅과 차별화 마케팅이 있다.

1) 비차별화 마케팅

비차별화 마케팅(undifferentiated marketing)은 세분시장간 이질성(異質性)이 크지 않은 경우, 세분시장간 차이를 무시하고 전체시장을 공략하는 전략이다. 이 전략은 표준화된 제품의 대량 마케팅(mass marketing), 즉 대량 생산, 대량 광고, 대량 유통 등으로 마케팅 비용을 포함하여 연구개발, 제조, 저장, 수송 등에서 비용절감을 이루어준다.[41]

이 전략은 제품 수명주기상, 도입기에는 시장이 완전히 개발되지 않고 소비자 욕구가 세분화되어 있지 않은 상태에 있기에 많이 사용된다.[42]

2) 차별화 마케팅

차별화 마케팅(differentiated marketing)은 세분시장 별로 차별화된 제품과 마케팅 프로그램을 적용하는 것이다. 이 전략은 비차별화 마케팅에 비하여 세분시장 별로 '맞춤식' 공략을 함으로써 매출을 증대시킬 수 있는 장점을 지니는 반면에, 관련 비용이 증대되는 단점도 동시에 지닌다.[43]

사 례

■ 차별화 마케팅－Legend 社[44]

중국의 IT 서비스 시장은 규모가 2001년에 12억 달러였는데, 연평균 53%의 급성장을 이룰 것으로 기대되어 2006년에는 104억 달러로 추정된다. 이에 부응하기 위하여 Legend사는 판매망을 개인 고객과 사업자 고객간에 차별화 하였다. 즉, 개인 고객을 대상으로 Special Shop이란 연쇄점 수를 기존의 두 배인 500개 점포 이상으로 늘렸고, 사업자 고객을 대상으로 새로이 Commercial IT Specialty Shop이란 연쇄점 망을 설립하여 400개 점포를 설립하였다.

2. 세분시장 평가 후 표적시장 최종 선정을 위한 추가적 고려요인

이상에서 살펴본 바와 같이 기본적으로 세분시장 평가 및 1차적인 표적시장 선정 이후, 표적시장을 최종 선정하기 전에 추가적으로 다음 몇 가지 기준을 고려할 수 있다.

(1) 표적시장 선정시의 윤리적 고려

윤리 마케팅은 기업의 이익뿐만 아니라 표적 집단의 이익까지 고려하여야 한다. 표적시장 선정시 취약한 집단(아동, 노약자, 서민 등)을 대상으로 선정하여 부당한 이익을 노리거나, 불량 제품을 판매 대상으로 하는 행태 등은 사회의 공분을 살 우려가 있다. 그 대표적 사례가 패스트푸드 업계에서 판단력이 낮은 아동들을 주 표적으로 삼는 판촉행위들이 여론의 비판을 받는 현상이 그 대표적 사례이다.[45]

사 례

■ 표적시장 선정과 윤리성 – 중국의 제약시장[46)]

중국에서 약품 구입은 예전의 한국에서와 같이 처방전 없이 구입할 수 있다. 일반 중국인들은 전통 한방의 느린 약효와 달리 서양의 항생제나 진통제 같은 약품들은 즉효적이기 때문에 그 부작용을 인식하지 못하고 남용하는 편이다. 이는 상당한 폐해를 가져왔으며 당국은 오용 유발 광고 등을 규제하였지만 여전히 많은 불법적 거래가 횡행하는 실정이다.

---

(2) 세분시장간 관련성과 집단화 세분시장

이들은 복수의 세분시장들을 표적시장으로 선정하는 경우에 고려할 요인들이다.

1) 세분시장간 관련성(segment interrelationships)

비용, 성과, 기술 등의 면에서, 선정되는 세분시장들 간의 관련성에 주목할 필요가 있다. 이의 대표적 장점은 이른바 '범위의 경제(economies of scope)'이다. 즉, 기업의 고정비용(영업 직원, 판매점 등)을 세분시장 간에 공동 부담하도록 하는 조치 등이다.[47)]

2) 집단화 세분시장(supersegment)

분시장 간에 기업 입장에서 활용성이 있는 유사성을 보이는 경우, 세분시장 별로 다루지 않고 해당 세분시장들을 묶어 하나의 시장처럼 공략할 수 있다.[48)]

3) 세분시장간 협동(intersegment cooperation)

복수 세분시장을 선정하는 경우, 세분시장별로 담당 관리자를 두되, 시장별 관리에서 시장간 상충되는 상황 발생이 최소화되도록 상호 조정과 협조가 필요하다.[49)]

(3) 중국시장 적용

중국은 단일 시장으로 파악하기에는 지리적, 문화적, 인구통계적 등 여러 면에서 다양성이 강한 나라이다.

지방 보호주의(localism)가 심하고 지역간 유통장벽도 높은 편이다. 그러므로 기업은 세분시장을 하나씩 순차적으로 개척하거나 공략하는 것이 현명할 것이다.[50)]

14-4 차별화 전략

경쟁 환경에서 활동하는 기업은 마케팅 활동도 자사 제품을 경쟁 기업들의 제품들과 차별화(differentiation)하는 데 초점을 두기 마련이다.[51] 이 절에서는 차별화 기준과 차별화 과정에 대해서 고찰한다.

1. 차별화 기준

어떤 제품이든 차별화는 가능하다. 그러나 그 차별화가 기업에 효과가 있으려면 다음과 같은 몇 가지 기준을 만족하여야 한다.[52]

① **중요성** : 차별화가 충분한 수의 구매자에게 상당한 가치의 편익을 제공하여야 한다.

② **구별성** : 차별화가 독특한 방식으로 제공되어야 한다.

③ **우월성** : 차별화가 편익을 얻는 다른 방식보다 우월하여야 한다.

④ **비모방성** : 차별화를 경쟁자가 모방하기 어려워야 한다.

⑤ **수익성** : 차별화가 기업에게 수익성을 높여주어야 한다.

2. 차별화 과정

차별화를 효과적으로 추진하려면 다음과 같은 세 단계의 과정을 거쳐야 한다.[53]

(1) 1단계 : 고객 가치 모형 정의

기업은 표적 고객의 가치 인식(value perception)에 영향을 줄만한 모든 요인들을 제품과 서비스 측면에서 파악한다.

(2) 2단계 : 고객 가치의 위계 구축

위 요인들을 고객 가치의 위계(hierarchy)를 다음과 같은 네 수준(기본, 기대, 바람, 놀람) 중에 배정한다.

① **기본(basic) 수준** : 경쟁사와 대동소이하여 차별성이 없다.

② **기대(expected) 수준** : 차별성이 있지만 뛰어나지는 않다.

③ **희망(desired) 수준** : 차별성이 뛰어난 편이다.

④ **특유(unanticipated) 수준** : 유일무이한 특유의 차별성을 보인다.

(3) 3단계 : 고객가치 제공요인 집합 결정

원하는 수준의 차별화된 고객 가치를 제공하기 위해서 필요한 영향 요인들을 선정하여 집합으로 구성한다.

14-5 포지셔닝 전략

위에서 살펴본 바와 같이 차별화 전략의 중요한 차원을 찾은 후에는, 기업은 이 차별점들을 부각시켜 표적 시장에서 잠재 고객들의 지각 속에 고유의 구별되는 입지를 구축하는 것이 필요한데, 이것이 포지셔닝(positioning), 즉 '자리잡기' 전략이다.

특히, 한번 사람들의 마음속에 자리잡은 기업 이미지는 쉽게 변하지 않고, 이를 개선하거나 바꾸려면 기업 측에 엄청난 노력(시간, 비용 등)이 들 수 있다는 점에서, 초기의 포지셔닝이 극히 중요하다.[54] 여기에서는 포지셔닝의 차원, 모형전략 및 포지셔닝 오류 등에 대해 고찰한다.

1. 포지셔닝의 차원

시장에서 포지셔닝을 할 때 가능한 차원으로 다음 7가지 중에서 포지셔닝을 선택할 수 있다.[55]

① **속성(attribute) 포지셔닝** : 제품이나 기업의 속성에 초점을 두는 포지셔닝이다.

② **편익(benefit) 포지셔닝** : 제품이 구매자에게 제공하는 주요 편익에 초점을 두는 포지셔닝이다.

③ **용도** : 제품의 여러 용도 중 제한된 특정 용도에 초점을 두는 포지셔닝이다.

④ **이용자 포지셔닝** : 제품의 여러 고객 집단 중 제한된 특정 집단에 초점을 두는 포지셔닝이다.

⑤ **경쟁자** : 경쟁자나 경쟁 제품과 비교한 우월성에 초점을 두는 포지셔닝이다.

⑥ **제품 범주** : 제품이 속하는 특정 범주에 초점을 두는 포지셔닝이다.

⑦ **품질·가격 포지셔닝** : 제품의 품질 또는 가격에 초점을 두는 포지셔닝이다.

2. 포지셔닝 실행 전략

포지셔닝 실행전략은 기존 포지셔닝에 대비하여 분류하는 방식과, 포지셔닝 부각 요소수에 따라 분류하는 방식이 있다.

(1) 기존 포지셔닝 대비 분류

기존 포지셔닝에 대비하는 포지셔닝 실행전략은 다음과 같이 세분된다.[56]

① **포지셔닝 강화** : 기존 포지션닝을 유지 및 강화하는 전략이다.[57]

② **포지셔닝 개척** : 새로운 포지셔닝을 만들거나 점유되지 않은 포지셔닝을 포착하는 전략이다.

③ **재(再) 포지셔닝** : 기존 포지셔닝에 문제가 있거나 경쟁력이 약한 경우에 포지셔닝을 바꾸는 전략이다.[58)]

④ **지위상승 포지셔닝** : 1위 포지셔닝이 아닌 회사의 경우(예 : 3위), 상위에 속한 기업들을 묶은 포지셔닝 집단을 고안·명명한 후(예 : 'big three'), 자사(自社)가 그 포지셔닝 집단에 속함을 강조함으로써, 소비자들의 심리 속에 이 회사의 위치를 상승시키는 전략이다.

(2) 포지셔닝 부각 요소 수 별 분류

포지셔닝 시 부각시키고 싶은 요소의 개수에 따라 단일요소 포지셔닝과 복수요소 포지셔닝으로 분류할 수 있다.[59)]

① **단일 요소 포지셔닝** : 단일 요소는 해당 분야에서 1등(최고, 최대 등) 수준에 있어야 효과가 좋다. 이 전략의 장점은 명확성이다. 표적 시장 측면에서는 기업이나 제품에 대해 뚜렷한 이미지를 형성하기가 쉬우며, 기업 내 종업원들과 조직 측면에서는 단일 요소에 초점을 맞추어 일사불란한 조직 활동이 유도될 수 있다. 단점으로는 소비자들의 여건이 변화했거나 또는 같은 요소를 제공하는 경쟁자들의 등장으로 기존 포지셔닝이 약화될 위험이다.

② **복수 요소 포지셔닝** : 이 전략의 장단점은 위 단일 요소 포지셔닝의 장단점과 대조적으로 보면 된다. 또한 이 전략은 복수 세분시장을 표적 시장으로 삼을 수 있다.

3. 포지셔닝 오류

포지셔닝 오류에서는 포지셔닝 부족, 포지셔닝 과도, 포지셔닝 혼란 및 불신 등의 오류가 포함된다.[60)]

① **포지셔닝 부족** : 이것은 표적 고객들이 기업이나 상표에 대해 뚜렷한 인식을 가지고 있지 못한 경우를 말한다.

② **포지셔닝 과도** : 이것은 표적 고객들이 기업이나 상표에 대해 기업이 의도한 것보다 편협한 인식을 가진 경우를 뜻한다.

③ **포지셔닝 혼란** : 이것은 표적 고객들이 기업이나 상표에 대해 혼란된 인식을 가지고 있는 경우를 가리킨다. 이는 기업이 포지셔닝을 과다하게 하였거나 자주 바꾼데 기인하는 편이다.

④ **포지셔닝 불신** : 이것은 표적 고객들이 기업이 주장하는 포지셔닝에 대하여 신뢰하지 못하는 경우에 해당한다. 이는 해당 포지셔닝이 기업이나 제품의 특성, 가격 등에 비추어 볼 때 조화를 이루지 못하기 때문이다.

14-6 제품 전략

마케팅 믹스(marketing mix)는 기업이 표적시장에서 마케팅 목표를 이루기 위하여 사용하는 주요 수단들의 집합이며, 이 수단들은 크게 제품(product), 가격(price), 촉진(promotion), 유통(place)라는 네 가지이며 4P라고도 부른다.[61)]

기업의 마케팅 믹스(marketing mix)에서 제품 관련 전략이 다루는 주요 주제는 신제품 개발, 제품믹스 및 제품계열, 상표, 포장과 레이블, 제품수명주기 등이다. 이중에서 상표 전략은 보다 전문적으로 '브랜드 전략(제20장)'에서 다루기로 한다.

1. 제품 믹스 및 제품 계열 전략

제품 관련 개념 중 제품 믹스(product mix)는 한 기업이 판매하는 모든 제품들의 집합을 말하고, 제품 계열(product line)은 제품 믹스 중 용도가 비슷하거나 동일 소비자 집단에 판매되는 관련성 깊은 제품들의 집합을 가리킨다. 그러므로 한 제품 믹스 안에는 복수의 제품 계열이 있을 수 있다.[62)]

제품 믹스 및 제품 계열에 대한 중요한 의사결정 주제는 이들의 규모와 성격에 관련된 차원(dimension)이며, 대표적으로 폭, 길이, 심도(깊이), 일관성의 네 가지 차원이 있다.[63)]

① 폭(width) : 제품 믹스의 폭은 제품 믹스를 구성하는 제품 계열의 개수를 뜻한다.

② 길이(length) : 제품 믹스(제품 계열)의 길이는 제품 믹스(제품 계열)를 구성하는 제품 품목수를 나타낸다.

③ 심도(depth) : 제품 믹스(제품 계열)의 심도는 제품 별로 복수의 사양(예 : 사이즈나 색깔별 등)이 제공되는 경우, 그 사양의 개수를 말한다.

④ 일관성(consistency) : 제품 믹스의 일관성은 제품 믹스를 구성하는 복수의 제품 계열 간에 용도, 생산 요건, 유통망 등에서 어느 정도로 밀접한 관련성을 가지는가 하는 점을 뜻한다.

사 례

■ **제품 계열 길이 확장－Cathay Pacific社**[64)]

유명한 국제선 항공사인 Cathay Pacific사는 중국 지역에 관심을 두고 아시아 지역 내 단거리 운항 전문 항공사로 설립한 자회사인 Dragonair를 홍콩과 중국내 지역 도시간 운항에 나서도록 하였다. 당사는 주된 경쟁자들인 중국 국내선 항공사들의 취약한 안전성 기록에 주목하여, 상대적으로 모회사인 Cathay Pacific사의 높은 안전성을 강점으로 부각시키는 전략을 구사하였다.

2. 포장과 레이블 전략

(1) 포장의 기능

'포장'이란 제품을 담는 용기(package) 및 이를 설계하고 생산하는 활동(packaging)을 가리킨다. 포장의 기능은 다음 두 가지가 대표적이다.[65]

① 편의 기능이다. 포장은 제품이 생산자로부터 소비자에게 이르기까지 또는 이것을 넘어 사용하는 기간 중에도 당 제품을 보호한다.

② 마케팅 기능이다. 포장은 기본적으로 그것을 보는 고객에게 제품의 상표나 기업을 즉시 알리는 기능을 하여야 한다. 더욱이 셀프 서비스 형식의 판매 방식이 확산되면서 제품 포장은 고객의 주의를 끌고, 제품의 특징을 알리고, 제품에 대한 고객의 호감을 조성하고, 신뢰를 조성하는 기능을 추구한다.

(2) 레이블의 기능

'레이블(label)'이란 제품이나 기업에 관한 정보가 기록되어 제품에 부착되는 표찰을 말한다. 레이블의 기능은 다음 네 가지를 대표적으로 들 수 있다.[66]

① 인식 기능이다. 레이블은 부착된 제품 자체 또는 그 상표를 인식하고 구별하게 해 준다.

② 등급 기능이다. 레이블은 제품의 등급 즉, 품질을 표시할 수 있다.

③ 서술 기능이다. 레이블은 제품의 용도, 구성, 주의사항, 성능 등의 내용에 관한 서술을 할 수 있다.

④ 촉진 기능이다. 레이블은 자체의 외형적 특징으로 촉진(promotion) 기능을 할 수 있다.[67]

(3) 포장과 레이블 관련 결정

포장과 레이블 전략은 포장과 레이블에 기대하는 기능을 효과적으로 발휘하도록 하기 위한 사항들에 관한 것이다.[68]

1) 신 포장 · 레이블 개발

신제품 개발 시 이에 따라 포장과 레이블도 개발하여야 하는데, 이는 신제품을 소비자에게 알리고 인식시키는데 있어서 중요한 작용을 한다.

2) 포장 · 레이블 변경

기존 포장이 소비자들의 생활양식이나 취향 변화, 경쟁 제품의 혁신적 포장이 등장하는 등으로 매출 감소 등 경쟁력이 약화되면, 이를 타개하는 방안의 하나로 기존 포장 · 레이블의 변경을 시도할 필요가 있다.

3) 제품계열 포장 · 레이블

상표명 결정에서와 마찬가지로 포장 · 레이블에서도 개별 포장 · 레이블, 공동 포장 · 레이블 등의 여러 방법이 있다.

유명 제품에 대해서 특히, 중국을 포함하여 아시아의 개발도상 국가들에서 포장이나 레이블을 도용 내지는 모방하는 경우가 지속적으로 상당히 많이 발생한다. 이 경우, 원칙적으로는 원래의 제품이 보호 받아야 하겠지만, 현실적으로는 관련 실정법규 및 제도의 현황이 나라마다 다를 수 있으며 특히, 중국은 소송 요건이 까다롭고 기간도 오래 걸리는 등 관련 법규 및 제도가 크게 미흡한 실정이어서 현실적으로 사전 보호나 사후 보상이 쉽지 않은 상황이다.

3. 중국시장 제품전략

(1) 제품전략의 종류

해외시장에서 구사할 수 있는 제품전략으로 크게 다음 세 가지가 있다.

① **표준화** : 자국시장의 기존제품에 대해 별다른 수정 없이 그대로 해외시장에 출시하는 전략이다. 이 전략의 장점은 추가적 연구 · 개발비용이나 설비보강이 필요 없다는 점이다.

② **현지화** : 해외시장의 여건, 선호 등을 고려하여 자국시장의 기존제품에 대해 적절히 수정하여 적응시키는 전략이다.

③ **신제품 개발** : 해외시장에서의 신제품 개발 전략은 현지화보다도 비용부담이 훨씬 크다는 단점을 감수하여야 한다.

(2) 고려사항

해외시장에 대한 제품전략을 수립할 때 고려할만한 주요 사항은 제품 속성, 상표, 포장 등의 차원에서 각각 다음과 같이 지적할 수 있다.[69)]

① **제품 속성** : 고객 요구, 이용법, 국가제정 기술표준의 동일성

② **상표** : 원산지(country of origin) 국가의 인지도, 상표명 의미의 중요성, 발음의 용이성

③ **포장** : 전달해야 할 정보량, 유통조건의 유사성, 현지 경쟁자와의 차별화 필요성 여부, 사용패턴과 도량형의 유사성, 복수언어 레이블의 수용 가능성

14-7 가격 전략

1. 가격 개요

(1) 가격결정의 특징

가격 결정은 다음과 같은 특징을 지니고 있다.[70]

① 가격은 매출, 총수익, 순이익 등에 직접적이고 뚜렷한 효과를 준다.

② 가격은 마케팅의 기타 전략들(포지셔닝, 세분화, 포장, 광고)에 영향을 준다.

③ 가격결정에 대한 영향요인들 중에는 기업이 통제할 수 없는 외부요인들이 존재한다.

④ 경쟁수단으로서의 가격 변경(price changes)은 다른 마케팅 수단들에 비해 시행은 간편하지만 그만큼 경쟁자들의 대응도 쉽기 때문에, 그 효과는 상대적으로 단기적인 편이다.

(2) 가격결정의 영향요인

가격결정에 영향을 주는 요인들은 크게 기업 내부요인들과 외부요인들로 나눌 수 있다. 내부요인들에 대해서는 기업이 통제력을 가지는 데 반해, 외부요인들에 대해서는 통제력이 거의 없는 편이다. 다음은 주요한 내·외부요인들이다.[71]

1) 내부요인(internal factors)

① **가격결정 목표** : 기업이 가지는 가격결정 관련 목표는 가장 기본적으로 고려해야 할 사항이며, 이에 대해서는 아래에서 자세히 살펴본다.

② **마케팅 정책** : 마케팅 관점에서 가격은 상호 영향을 주는 여러 중요한 수단중 하나에 해당하므로, 가격결정시 다른 마케팅정책 부문에 대한 고려가 필수적이다.

③ **제품 차별화** : 기업은 제품이 차별화될수록 그 가격결정에서 신축적일 수 있는 편이다.

④ **원가** : 제품의 원가는 제품 가격의 하한선(lower limit)을 결정한다고 할 수 있다.

2) 외부요인(external factors)

① **정부** : 사회주의 시장경제체제인 중국의 가격제도 특성상, 정부가 가격을 통제하는 품목들은 가격결정이 기업 외부의 정부에 의해 결정되거나 지도된다.

② **구매 수요** : 제품에 대한 구매자의 예상 수요를 가격대별로 파악해야 한다.

③ **경쟁 제품과의 관계** : 제품에 대한 경쟁 제품(대체품 포함)의 기존 가격과 예상되는 반응을 예측해야 한다.

④ **기타** : 가격결정 시 유통업자, 공급자, 정부기관, 지역사회 등 이해관계자들의 예상되는 반응을 고려하고 그밖에 경제상황, 윤리적 측면 등도 참작해야 할 필요가 있다.

2. 가격결정 목표

기업의 장기적 최종 목표는 이윤 극대화이지만, 이를 달성하기 위한 수단으로 가격결정에서 다른 여러 가지 목표도 추가될 수 있다.

(1) 이윤 중심 목표

이윤 중심의 목표에는 다음과 같은 세 가지가 있다.[72)]

① 이윤 극대화(profit maximization)

② 목표 투자수익률 달성(target rate of return on investment)

③ 만족 이윤(satisfactory profit) 달성 : 이것은 만족스러운 수준의 이윤이나 투자수익률을 달성한다는 것이며, 양적으로는 기업의 비용을 보상하고 미래 투자비를 감당할 수 있는 수준의 달성을 가리킨다.

(2) 수량 중심 목표 (Volume-oriented objectives)

수량중심의 목표에는 다음과 같은 두 가지다 있다.[73)]

① 매출액 극대화 (maximization of sales revenue)

② 시장점유율 극대화 (maximization of market share)

사 례

■ 시장점유율 극대화 – 중국의 컴퓨터 제조회사[74)]

중국의 어느 컴퓨터 제조기업은 기존 유명 상표 PC들의 평균 시가가 $800 수준이었을 때 $600 가격대의 저렴한 PC를 출시하여 시장 점유율의 1/3을 확보하였다. 그러자 다른 업체들 중에서도 구형 PC와 교환판매로 신형 PC(모니터 제외)를 $ 480에 판매하는 사례, 학생들 대상으로 여름방학 선물용으로 $580 가격대로 판매하는 사례 등이 나타났다.

---

③ 시장점유율 유지(maintaining market share) : 이것은 기업의 기존 시장점유율을 유지하려는 것이다. 이러한 목표는 기존 시장점유율이 높은 편인 기업이 정부의 반독점 규제조치 등을 꺼리는 경우나, 시장점유율이 높지 않더라도 경쟁 심화로 시장점유율 확대 노력이 수익성을 높이지 못하는 경우에 설정된다.[75)]

(3) 기타 목표

1) 가격 안정화 또는 현상 유지(maintaining the status quo)

이것은 기존 시장상황이 만족스러운 상황인 경우에, 가격 변화에 따른 가격전쟁(price war) 등을 피하면서 현재의 지위를 유지하려는 것이다.[76)]

2) 경쟁에의 순응(meeting competition)

이것은 가격 외(外) 마케팅 전력에 치중하는 기업의 경우에, 가격전쟁의 피해를 피하기 위하여 경쟁기업 중 가격선도자의 가격을 추종하는 것이다.[77]

3) 이미지 유지(maintaining an image)

이것은 고급의 고가격 제품을 공급하는 기업이나 대중용의 염가 제품을 공급하는 기업처럼 기업의 평판에 제품 가격이 포함되는 경우에는, 기존 가격과 동떨어지는 가격 수준의 제품을 시판하는 것은 기존 고객층에 불신이나 이탈을 초래할 위험이 상당하다.[78]

4) 초기 고가(高價, skimming pricing) 전략

이것은 대규모 자본이 투입되어 개발된 신제품의 경우, 출시 초기에는 수요 탄력성이 낮은 상류 소비자층을 목표로 하여 높은 가격을 적용함으로써, 소비자에게 고급품의 이미지도 주면서 개발자본을 조기에 회수하려는 전략이다.[79]

3. 기본적 가격결정 방법

앞에서 살펴 본 가격결정 참조 요인들을 고려하여 가격을 결정할 때, 기본적으로 세 가지 수준을 고려하게 된다. 그것은 가격의 하한선, 상한선, 중간선인데, 이들 수준은 각각 원가, 수요, 경쟁제품 가격, 그리고 심리적 가격을 통하여 파악하게 된다.

(1) 원가 중심 가격결정

원가 중심 가격결정(cost-oriented pricing)은 제품의 생산비를 기준으로 판매가격을 결정하는 방법이다. 특기할 점 하나는 이 방법을 적용할 때에 역(逆)으로 실행할 수도 있다는 점이다. 즉, 목표가격을 먼저 정해 놓고 이에 맞추어 원가를 조정하는 식이다.[80] 이 방법은 구체적으로 다시 몇 가지 방법으로 나누어 볼 수 있다.[81]

1) 원가가산 가격결정

원가가산 가격결정(cost-plus pricing)은 생산비와 마케팅비에 일정한 고정비율을 가산(加算)하여 판매가격을 구축하는 방법이다.[82]

2) 목표수익률 가격결정

목표수익률 가격결정(target rate of return pricing)은 목표수익률을 사전에 결정해 놓고 이를 달성할 수 있도록 판매가격을 결정하는 것이다.[83]

(2) 수요 중심 가격결정

수요 중심 가격결정(demand-oriented pricing)은 제품 가격을 원가가 아니라 제품에 대해 소비자가 지각하는 가치(인식가치, perceived value) 또는 수요의 강도에 기초하여 설정하는 것이다.[84] 이 방법 중 특별한 방법 하나는 시장 세분화 가격결정법이다.

이 방법은 동일하거나 유사한 제품을 수요의 강도 차이에 따라 세분시장 간에 상이한 가격으로 판매하는 것, 즉 가격차별화이다. 시장 세분화의 주요 기준으로는 고객, 제품, 장소, 시간 등이 있다.

(3) 경쟁 중심 가격결정

경쟁 중심 가격결정(competitive pricing)은 제품가격을 경쟁제품 가격을 고려하여 결정하는 것이다.[85]

1) 모방 가격결정

모방 가격결정(going-rate pricing)은 경쟁제품의 기존가격을 토대로 한 가격결정법이다.[86]

2) 경매형 가격결정

경매형 가격결정(auction-type pricing)은 경매 방식에 따라 가격결정을 하는 방법이다. 경매 유형으로는 영국식 경매(English auction), 화란식 경매(Dutch auction), 봉함입찰 경매(sealed-bid auction) 등이 있다. 이들 중 봉함입찰 경매에 따른 가격결정을 보면, 이것은 사전에 경쟁사 제품에 대한 가격결정 정보 없이 경쟁사와 동시에 가격결정을 할 때에, 경쟁사의 가격결정을 예측하여 매기는 가격결정법이다.

이 경우, 입찰가격을 낮출수록 낙찰확률은 높아지지만 이익은 감소되며, 입찰가격을 높일수록 그 반대가 된다.[87]

사 례

■ 경매형 가격결정-상해 지방정부[88]

상해 지방정부는 중고차 판매 촉진을 위해 여러 가지 유인책을 마련하였는데, 그중의 하나가 개인이나 사기업으로 하여금 중고차의 번호판을 매월 봉함입찰 방식으로 판매하는 것이었다. 이 결과, 중고차 번호판의 판매가가 이전의 대당 204달러에서 1,452달러로 급등하였다.

(4) 심리적 가격결정

소비자의 심리적 측면을 고려하여 결정하는 가격에는 권위가격, 관습가격, 선도가격, 그리고 단수가격 등이 있다.

1) 권위 가격

권위 가격(prestige price)은 품질의 우수성이나 높은 지위를 상징하도록 하기 위해 가격 수준을 높게 설정하는 것이며, '이미지 가격(image price)'이라고도 한다. 이는 자아민감도가 높거나 품질의 객관적 평가가 곤란한 상품에 적용할 때 효과적이다. 예로서 향수, 보석, 고급 외제 승용차, 밍크코트 등이 있다.[89] 이러한 제품들의 경우, 만일 해당 가격을 크게 낮추면, 소비자들은 아예 품질을 의심하여 구매를 중단하는 경향이 있다.

한 예로 중국의 한 사립학교는 엘리트 교육기관이라는 이미지를 확보하기 위하여, 수업료를 중국의 도시민 연소득 평균액의 75배 수준으로 책정하였다.[90]

2) 관습 가격

관습 가격은 라면, 과자류, 껌 등과 같이 장기간 동일한 가격을 유지하는 경우이다. 이러한 가격은 관습에 의해 결정되는 편이어서, 원가 등 다른 요인에 변동이 있다 하더라도, 가능하면 가격 자체는 그대로 두고 제품의 수량이나 품질 등을 조정하는 편이다.[91]

3) 선도 가격

선도 가격(leader price)은 소매점 등에서 몇 개 상품을 대폭 할인하여 고객들을 상점으로 유인하는 가격 전략이다. 이를 통하여 선도 제품의 대량 판매 외에 여타 상품의 구매를 자극하려는 목적도 포함된다. 선도가격은 유인가격, 또는 촉진가격(promotional price)이라고도 한다.[92]

4) 단수 가격

단수(端數) 가격은 가격을 100위엔, 150위엔으로 설정하기 보다는 99위엔, 149위엔 같이 판매가의 끝부분을 단수로 하는 가격 설정이다. 이는 가격을 가능한 최저 수준으로 결정하였다는 인상을 줌으로써, 할인효과를 주어 수요를 증대시키려는 것을 목적으로 한다.[93]

사 례

■ **'현지 맞춤 마케팅' : 고가 전략, 고급품 이미지 전략－청풍社**[94]

'중국에서는 최고가 브랜드 이미지 제품, 일본에서는 틈새 상품.'

공기청정기 전문업체인 청풍이 각 나라 시장 여건에 맞는 차별화된 마케팅 전략으로 시장진출에 성공해 관심을 끌고 있다. 차별화된 마케팅 전략의 초점은 중국과 일본 시장에서 한국

제품이 차지하는 위치를 100% 활용하는 것이었다.

중국 시장 진출에 활용한 전략은 고가품 이미지 굳히기였다. 현재 중국의 수도 베이징을 중심으로 한 흐어베이(하북)성 지역의 주요 백화점에서 청풍의 공기청정기(모델명 청풍무구 3012)가 대당 150만원에 이를 정도로 최고가에 팔리고 있다. 이 제품의 한국 시판 가격은 89만원선이다. 중국 시판값이 한국 판매가의 거의 2배에 이른다.

흐어베이성 지역에는 반일 감정 등의 이유로 샤프전자 등 일본 제품이 거의 팔리지 않고 있고, 한국 제품이 고급이라는 이미지가 심어져 있어 이렇게 비싸게 팔리고 있다는 것이다. 중국 현지업체들이 만든 공기청정기도 시판되고 있지만, 청풍 제품 가격의 3분의 1 정도에 불과하다고 청풍 쪽은 전했다.

청풍의 정완균 상무는 "지난 1999년에 중국에 처음 진출할 당시부터 고가격 정책을 고수한 결과 이렇게 최고급 브랜드 이미지를 굳히게 됐다"며 "청풍의 공기청정기는 고소득층을 중심으로 최고의 '집들이' 선물로 꼽히고 있다"고 말했다.

반면에 청풍은 공기청정기 시장이 이미 포화상태에 이른 일본 시장에서는 파친코장 등 철저한 틈새시장 파고들기 전략으로 나갔다. 청풍은 지난달 파친코장용 공기청정기 3천대를 일본에 처음 수출했다. 청풍이 만든 청정기는 파친코 기계 상단에 올려놓는 소형으로, 파친코 게임을 하면서 담배를 피우는 이들이 많다는 점에 착안해 담배 연기를 없애는 기능에 특화시켰다.

청풍 관계자는 "일본 업체들은 실내 전체의 공기를 깨끗이 하는 대형 청정기에 주력하고만 있었을 뿐 이런 틈새제품은 생각하지 못하고 있었다"며 "일본 현지에서 생각보다 뜨거운 반응을 보이고 있다"고 말했다. 청풍은 현재 일본업체와 10만대 규모의 수출 계약을 진행 중이며, 조만간 계약이 이뤄질 것으로 기대하고 있다.

청풍은 중국과 일본시장을 본격적으로 공략하기 위해 얼마 전 중국 지사를 설립했고, 일본 지사는 이달 중에 설립할 예정이다. 한편 청풍은 공기청정기 시장이 이제 막 본격 형성되고 있는 유럽 시장에 대해서도 초기부터 고급제품 전략으로 공략해 나갈 계획이다.

---

4. 중국시장 가격전략

(1) 가격전략 종류

중국시장에 대한 가격결정방법으로는 대표적으로 다음 세 가지가 있다.

1) 원가중심 가격결정

이 방식은 중국에서 자사의 제조원가를 기준으로 하여 가격을 책정하는 것이다. 이 방식이 갖는 단점은, 가격에서 차지하는 제조원가의 비중이 높아서 그 가격이 표적고객들의 지출능력이나 의사에 비추어 과도하게 높은 경우에는 적용하기가 어렵다는 것이다. 이에 대처하는 방안의 하나로 적절한 현지가격 수준을 미리 정해 놓고 그에 맞추어 원가를 조정하는 것이다.

사 례

■ 원가중심 가격결정 - Danone 社[95)]

프랑스의 다국적 식품업체인 Danone(다농)은 유가공품을 판매하면서 원유함량 100%인 기존 유가공품의 중국 도입을 고려하다가, 원가중심 가격결정을 할 경우, 대다수의 소비자들 수준에서 과도한 고가품이 됨을 시장조사에서 파악하였다. 그래서 다농은 원가를 낮추기로 하고 제품의 원유함량 비중을 대폭 낮추어 시가를 낮춘 제품을 출시하였다.

2) 수요중심 가격결정

이 방식은 중국에서 중국인들의 소득수준을 고려하여 자국에서와 다른 차별가격을 책정하는 것이다. 중국에서 대중시장(mass market)을 표적으로 삼는 경우, 상대적으로 크게 낮은 소득수준 및 구매력을 감안하여 자국에 비해 저가격을 책정하는 것이다.

그러나 이 방법은 가격에서 원가, 특히 경직성 원가 비중이 높아 가격감축에 한계가 있을 경우에는 적용이 힘들다.

3) 신제품 촉진 가격결정

이 방식은 신제품 개발 시 제품 수요를 촉진하기 위해 매우 낮은 가격을 책정하는 방식이다.

(2) 고려사항

그밖에도 해외시장에 대해 가격전략을 수립할 때 고려할만한 주요 사항으로는 이전가격(transfer price) 문제와 덤핑 같은 약탈적 가격(predatory price) 문제 등이 있다.

14-8 촉진 전략

1. 촉진전략 개요

(1) 촉진의 개념

마케팅에서 고객에게 제품에 대한 정보를 제공하여 구매를 설득하고 유도하는 활동을 촉진(promotion)이라 한다. 이때 구매를 효과적으로 설득하고 유도하기 위해서는 기업이 고객으로부터의 정보(욕구, 의견 등)도 받아 마케팅 등에 반영하여야 한다.[96)]

(2) 촉진 수단

촉진의 대표적 수단으로는 광고, 홍보, 인적판매, 그리고 판매촉진의 네 종류가 있다.[97)]

1) **광고** : 광고(advertising)는 촉진 기업의 비용으로 비인적(非人的) 채널을 통하여 제품을 알리는 행위이다.[98)]

2) **홍보** : 홍보(public relations and publicity)는 촉진 기업의 비용부담 없이 역시 비인적(非人的) 채널을 통하여 기업이나 제품 등에 관한 내용을 기사화(記事化)시켜, 당 기업이나 제품에 대해 대중의 호의적 반응을 유발시키는 행위이다.[99)]

3) **인적판매** : 인적판매(personal selling)는 판매원이 잠재 고객과 접촉하여 제품의 구매를 유발하는 행위이다.[100)]

4) **판매촉진** : 판매촉진(sales promotion)은 앞의 다른 촉진 수단 외에 제품에 대한 수요를 단기적으로 촉발시키기 위하여 행하는 모든 촉진 행위를 가리킨다.[101)]

(3) 촉진 전략의 수립과정

촉진 전략(promotion strategy)은 다음과 같은 여러 단계를 거쳐 수립된다.[102)]

① 제품 및 시장상황 분석
② 표적 청중(target audience) 선정
③ 촉진 목표 수립
④ 메시지 설계
⑤ 의사소통 경로 선정
⑥ 촉진 예산 수립
⑦ 촉진 믹스(promotion mix) 결정

아래에서는 이들 중 몇 몇 주요 단계에 초점을 맞추어 살펴보자.

(4) 촉진 목표 수립

촉진행위의 궁극적 목표는 잠재적 고객들의 구매행동을 유도하는 것이다. 그런데 잠재 고객이 구매행동을 나타내기까지는 계층적 단계로 이루어진 일련의 심리적 과정을 거친다. 이 과정은 외부로부터의 의사소통(communication · 정보전달)의 자극을 받아 반응을 일으킨다. 그래서 촉진 행위의 일반적 목표는 이러한 반응이 구매행동으로 이어질 수 있도록 긍정적 반응을 유발하는 것이다. 계층적 반응의 유형으로는, 첫 단계가 인식적 반응(cognitive response), 둘째 단계가 감성적 반응(affective response), 마지막 단계가 행동적 반응(behavioral response)이다.

대개 저개발 지역의 고객 또는 경쟁이 심하지 않은 경우에는 상대적으로 인식적 반응이 중요한 반면에, 고개발 지역의 고객 또는 경쟁이 치열한 경우에는 상대적으로 감성적 반응이 중요한 편이다.[103)]

중국의 경우, 개방 초기에는 상대적으로 인식적 반응이 중요하였다. 그러나 2000년대 들어와 획기적 경제 발전이 이루어지면서 특히, 도시 지역인들은 소득 수준이 크게 향상되고, 외국 기업간 격심한 경쟁이 이루어지면서, 상대적으로 감성적 반응까지도 중시하는 추세를 보이고 있다. 다만, 아직 낙후된 농촌 지역에서는 인식적 반응이 중요한 채로 남아있다.

사 례

■ 촉진 목표 중 인식적 반응 유도 – 백화유 社[104)]

중국에서 백화유(白花油)라는 약용 기름 제조사는 제품 및 동 레이블을 소비자들에게 알리기 위해 광고 화면을 둘로 나누어 한 쪽에는 제품의 정품 사진, 다른 쪽에는 정품 레이블의 글자와 그림의 일부가 달라진 사진을 실어 대조시킨 후, 틀린 부분들 목록을 보내주는 응모자들에게 경품을 주는 행사를 실시하였다. 이 결과, 제품 및 상표에 대한 소비자들의 인지도가 높아졌다.

■ 촉진 목표 중 인식적 반응 유도 – Reeb 社[105)]

Reeb이란 상표의 맥주업체는 상하이를 대상으로 한 광고에서 상하이의 일상적 풍경을 강조하는 영상을 담았다. 이는 상하이인들이 상하이에 대해 가지는 자부심이 대단하다는 정서를 이용하여 이들의 감성을 자극하려는 의도에서 나온 것이다.

(5) 메시지 설계

메시지 설계는 메지시의 내용, 구조, 형식, 원천의 네 가지 사항을 다루어 달성하는 것이 일반적이다.[106)]

1) 메시지 내용

메시지 내용은 호소하려는 주안점을 어디에 두느냐에 따라 합리적 호소, 감성적 호소, 도덕적 호소로 구분할 수 있다.[107)]

① **합리적 호소** : 합리적 호소는 표적 고객의 이성에 호소하며 제품의 경우, 제품의 성능, 이점, 품질 등을 강조한다.

② **감성적 호소** : 감성적 호소는 표적 고객의 감성에 호소하며 해학, 사랑, 기쁨, 자부심 같은 긍정적 감성 또는 공포, 수치, 범죄 같은 부정적 감성을 자극한다.

2) 메시지 구조

메시지 구조란 메시지의 전달 방식에 있어서 논리적인 측면을 뜻한다.[108)]

3) 메시지 형식

메시지 형식이란 메시지의 전달 방식에서 고려해야 할 상징적인 측면을 뜻한다.[109]

4) 메시지 원천(source)

메시지 원천이란 메시지를 전달하는 주체를 누구로 할 것인가 하는 사항이다. 대개는 대중적으로 인기 있는 연예인, 운동선수, 명망가들이 동원되는 편이다.[110]

사 례

■ **스포츠 선수(NBA선수 야오밍) 활용 마케팅 – 코닥, 펩시콜라, 맥도날드, 리복社**[111]

다국적 기업들이 미국 '프로농구(NBA)'에서 활약 중인 국민적 우상으로 떠오른 '야오밍'을 중국시장 공략에 활용하고 있다. 야오밍과 광고계약을 맺은 회사에는 '코닥,' '맥도날드,' '펩시,' '리복' 등이 있다.

리복의 '돌 파이어맨' 회장은 "조만간 세계 최대 스포츠용품 시장으로 성장할 중국에서 리복은 야오밍 효과에 힘입어 화려하게 복귀하여 2008년까지 중국 운동화 시장 점유율을 25%까지 끌어 올릴 것"이라고 말했다.

콜롬비아 대학의 마케팅학과 교수인 '도널드 새턴'은 보통 기업들이 신규 브랜드를 정착 시키는데 5~6년이 걸리지만, 야오밍을 활용하면 새 브랜드가 자리잡는 시간이 엄청나게 단축되는 효과를 볼 수 있다"고 설명했다.

야오밍의 마케팅 효과 때문에 다국적 기업들간에 그를 둘러싼 경쟁도 치열하다. 펩시콜라와 장기 계약을 맺은 야오밍의 사진이 경쟁사인 코카콜라의 병에 사용되자, 야오밍 측이 법원에 소송을 제기해 승소하기도 했다.

야오밍이 2003년 펩시콜라 · 맥도날드 · 리복 등 다국적기업과의 광고 계약으로 벌어들인 수입은 1,450만 달러에 달한다.

한편, 관영 신화통신은 미국 프로농구 '휴스턴 로키츠' 소속인 야오밍이 논란 끝에 중국 정부가 선정하는 '모범노동자'에 포함되었다고 보도했다.

야오밍은 이미 2차례나 상하이 시 모범노동자로 선정되었지만, 5년 마다 표창하는 '전국 모범노동자'로 선정된 것은 처음이다.

국무원이 지방정부 '총공회'의 추천을 받아 확정한 2,900여 명의 전국 모범노동자 가운데는, 사영기업인 30여명과 농촌 출신 노동자 3명이 포함되어 있어서 주목을 받았다.

(6) 의사소통 경로 선정

의사소통 경로는 크게 인적(人的, personal) 의사소통 경로와 비인적(nonpersonal) 의사소통 경로로 나누어진다.[112]

1) 인적 의사소통 경로

이것은 기업에서 동원된 인력이 표적 청중과 개인적 또는 집단적으로 대면, 전화, 전자우편 등의 수단으로 직접 의사소통하는 형태를 가리킨다. 여기에는 세 종류가 있다.[113)]

① 옹호 경로(advocate channel) : 기업의 소속 판매원이 동원되는 형태

② 전문가 경로(expert channel) : 기업에서 의뢰한 외부 전문가가 동원되는 형태

③ 사회적 경로(social channel) : 표적 청중과 유대관계가 있는 인력 (친지, 동료, 이웃 등)이 동원되는 형태

2) 비인적 의사소통 경로

비인적(非人的) 의사소통 경로의 종류로는 매체(media), 행사(event), 분위기 등이 있다. 비인적 의사소통의 매체로는 인쇄매체(신문, 잡지), 방송매체(TV, 라디오), 네트워크매체(전화, 케이블통신, 위성통신, 무선통신), 전자매체(음성테잎, 영상테잎, CD-ROM, 웹사이트), 전시(展示)매체(포스터, 간판, 전광판) 등을 들 수 있다.[114)]

중국의 경우, 이미 많은 대중 매체들이 존재한다. TV 채널이 약 3,200개, 라디오방송국이 약 1,200개, 신문이 약 2,100개가 된다. 참고로 이중에서 TV의 경우, 방송국은 중앙 방송국과 지방 방송국으로 구분된다. 중앙 방송국의 경우에는 12개의 채널을 통해 약 300개의 프로그램을 방영하고 있는데, 기본적으로 중국전역에서 시청이 가능하므로, 중국의 통합성을 추구하는 중앙정부의 정책 실현을 위한 중요한 수단의 하나로 활용되고 있다. 지방 방송국의 경우에는 각 지방자치단체들이 보유하며 각각 한두 개 정도의 채널을 운영하는데, 이 방송들도 간단한 위성수신기만 설치하면 중국 대부분의 지역에서 시청이 가능하다.[115)]

(7) 촉진 믹스 결정

촉진 믹스는 다양한 촉진 수단 간에 효과성 면에서 우선순위를 정하고 촉진 예산을 적절히 배정한다. 촉진 수단들 중에서 선정 기준으로는 제품 시장의 유형, 구매 준비 단계, 제품 수명주기 단계가 대표적이다.[116)]

2. 광 고

(1) 광고 목표 설정

광고의 목표는 기본적으로 앞에서 살펴본 촉진 목표에 토대를 두고 있다. 따라서 광고가 잠재 소비자들의 구매행동을 자극하는 과정에서 어느 단계에 초점을 두느냐에 따라 다음과 같은 것들 중에서 목표를 선택한다.[117)]

1) 정보 광고

정보 광고(informative advertising)는 신제품 또는 기존 제품의 새로운 특성에 대한 정보 제공을 목표로 하는 광고이다.[118)]

사 례

■ 정보 광고－De Beers 社[119)]

약혼이나 결혼식 때 여성들은 중국에서도 전통적으로는 금반지를 주로 받았다. 그런데 다이아몬드 업체인 De Beers는 중국의 젊은 여성들을 표적으로 삼은 광고에서 다이아몬드가 밝고 공유된 미래에 대한 변함없는 상징이 된다는 점을 강조하였다.

2) 설득 광고

설득 광고(persuasive advertising)는 이미 어느 정도 알려진 제품에 대해서 이 회사의 제품에 대한 호감, 선호, 확신 같은 감성을 유발하고 구매행위까지도 유발하려는 광고이다.[120)]

사 례

■ 설득 광고－Nippon Paint 社[121)]

일본의 Nippon Paint는 페인트 업체로서 중국에 진출한 최초의 외국 기업이었다. 동 사는 중국의 현지 기업 제품들과 차별화하기 위하여 일련의 TV 광고를 내보냈다. 그 1차 광고에서는 Nippon Paint가 사람들의 일상에서 보이는 물건들(장난감, 차량, 건물 등)에 페인트 칠을 하는 영상이 흘렀다. 2차 광고에서는 Nippon Paint가 국제적 문화유산인 만리장성, 타지마할 등을 보호하는 영상이 보였다. 그리고 3차 광고는 중국에서도 변방의 낙후된 지역의 삶의 질을 개선하는 데 Nippon Paint가 기여하는 모습을 보여줌으로써 중국인들의 정서에 호소하였다. 이를 위해 내몽고의 한 마을을 택하여 마을 전체의 보수와 페인트 단장을 후원하는 모습을 비추었고, 배경음악으로도 몽고의 정서 깊은 가락(Tal Nutag)이 삽입되었다. 이 광고는 성공적이었고 배경음악은 순식간에 동남아시아권에까지 퍼져 인기를 끌었다.

3) 상기 광고

상기(想起) 광고(reminder advertising)는 기존 소비자들을 대상으로 제품의 재구매시 같은 제품을 상기하도록 자극하려는 광고이다.[122)]

4) 강화 광고

강화 광고(reinforcement advertising)는 제품의 기존 소비자들을 대상으로 이들이 현명한 선택을 하였음을 확신시켜 주려는 광고이다.[123)]

5) 차별화 광고

차별화 광고는 표적시장을 지역별, 소득수준별 등으로 차별화하여 구매자들에게 호소하는 광고유형이다.

사 례

■ **지역별 · 소득별 차별화 광고전략－P & G社**[124)]

생활용품업체 'P & G'는 광고시장을 상하이 등 연안의 첨단 도시와 내륙의 가난한 도시 등 둘로 나누어 광고전략을 수립했다. 비싼 상품을 좋아하는 상하이의 부유층을 상대로는 고가(高價)의 피부 보호제를 집중적으로 소개했고, 내륙의 여성들에게는 저가(低價)의 비누를 광고해 큰 호응을 일으키며 중국 시장에서 매출 1위를 달리는 성공을 거두었다. 이 광고를 작성한 '왈터 톰슨' 사의 광고 카피는 "(피부보호제가) 반항이 없고 순응 한다"는 내용이었다.

---

(2) 광고 메시지 개발

광고 메시지의 개발은 크게 다음 네 단계의 과정을 거쳐 이루어지는 것이 일반적이다.

1) 메시지 창안

광고 메시지의 창안 방법으로는 귀납적 방법과 연역적 방법이 있다. 전자는 고객, 유통업체, 전문가, 경쟁사 등으로부터 기존 상표의 장단점에 대한 착상을 얻어 이를 기반으로 메시지를 창안하는 것이다, 반면에 후자는 소비자가 제품으로부터 기대하는 효용들을 나열하여 이로부터 착상하여 메시지를 창안하는 방법이다. 대표적 효용으로는 합리적 효용, 감각적 효용, 사회적 효용, 자아만족적 효용이 있다.[125)]

2) 메시지 평가 및 선정

창안된 여러 메시지 대안 중에서 의사소통 효과를 평가할 기준을 적용하여 최적 메시지 안(案)을 선정한다. 주요 평가기준으로는 바람직성(desirability), 배타성, 신뢰성의 세 가지가 있다.[126)]

3) 메시지 실행

광고 메시지의 효과 및 비용은 메시지의 내용은 물론이고 전달 방식에 의해서도 큰 영향을 받는다. 메시지 전달 방식의 주요 측면으로는 메시지의 스타일, 어조, 형식, 용어 등이 있다.

먼저, 메시지의 스타일 면에는 생활의 단편, 생활양식(life style), 분위기나 이미지, 음악, 개성의 상징, 기술적 전문성, 과학적 근거 등 여러 차원이 있다. 메시지의 어조는 진지성, 해학성 등 표현상의 문제를 가리킨다. 메시지의 형식에는 크기, 색, 일러스트레이션 등이 포함된다. 메시지에 쓰이는 용어는 메시지에 대한 주목성, 기억가능성과 관련된 차원을 말한다.[127)]

사 례

■ 생활양식 고려 메시지 – Getorade 社[128)]

게토레이드 사는 생활양식 면에서 미국인들이 개성과 경쟁을 강조하고, 중국은 통합을 강조한다는 사실에 착안하여 광고 메시지를 포지셔닝하였다. 즉, 이 음료를 미국에서는 격렬한 운동 후 체액 보충용 스포츠 음료로 포지셔닝을 함으로써 광고도 농구 스타 마이클 조던이 격렬한 농구시합을 하는 모습을 보인 데 비해, 중국과 홍콩에서는 소집단의 친구들끼리 가볍게 운동하는 모습을 보였다.

---

4) 사회적 책임 고려

광고 메시지가 효과적이려면 대상 소비자 집단의 역사적, 사회적, 문화적, 또는 법적 규범과도 상충하지 말아야 할 것이다.[129)]

사 례

■ 중국인 자존심 건드린 광고 중단 – 맥도날드 社[130)]

홍콩 대공보(大公報, 따꽁빠오)는 국제적 패스트푸드 체인점인 맥도날드의 TV 광고가 중국인들의 자존심을 심하게 건드려 광고 1주일도 안돼 방영이 중단되는 사태가 발생했다고 보도하였다.

문제의 광고는 중국인 남자 고객 1명이 땅에 꿇어앉아 맥도날드 체인점 사장의 바지를 잡고 가격할인을 조르는 모습을 담고 있는 것이었는데, 이 광고가 고객들의 분노를 불러일으켜 19일부터 방영이 중단됐다고 이 신문은 덧붙였다. 이 광고는 30초 분량으로 중국 현지 TV, 버스 및 체인점들에서 1주일 전부터 판촉을 위해 사용되어왔다.

현지 중국인들을 대상으로 여론조사를 실시한 결과, 이 광고가 소비자들을 모욕 했다는 응답이 약 80%에 달했다. 맥도날드 상품 구매시 5위엔(한화 약 600원)을 할인해준다는 내용의 이 광고는, 한 남자가 할인기간이 지났다는 말에 무릎을 꿇고 체인점 사장의 바지를 잡은 채 가격할인을 애걸하는 모습을 담고 있다. 광고에서 이 고객은 "운 좋게도 맥도날드는 내가 좋은 기회를 잃은 마음의 아픔을 헤아려 나에게 365일간 우대 혜택을 주었다"고 말하고 있다.

그러나 표현 수법이 아주 과장된 이 광고는 맥도날드의 할인판매가 소비자들에게 시혜를 베푸는 듯한 인상을 줘 별 효과도 못 본채, 소비자들의 민감한 신경만 건드렸다고 대공보는 전했다. 중국 당국은 맥도날드를 문책하겠다고 나섰으며, 맥도날드측은 소비자들의 감정을 고려해 문제의 광고를 중단했다고 밝혔다.

■ 중국의 국가 존엄성을 훼손한 광고 중단－나이키社

중국은 지난해 12월 미 프로농구(NBA) 스타 '르브론 제임스'가 출연한 나이키의 농구화 광고를 방영 금지했다. '두려움과 싸우는 방(恐懼鬪室)'이란 제목의 문제의 이 광고는 비디오 게임 형식으로 되어 있는데, 제임스가 5층 건물 속에서 애니메이션 처리된 중국 여성 쿵푸 고수 2명과 두 마리의 용(龍)을 차례로 무찌르고 승리한다는 내용이다. 당시 중국 당국은 "중국 내 광고는 국가 존엄과 이익을 지키고 문화를 존중해야 하며 국가 관습과 문화를 모욕하지 말아야 한다는 규정을 위반했다"고 방영금지 조치 이유를 밝혔다. 쿵푸는 지난 1970년대에 중국을 세계에 알리는 문화의 상징이었고, 용은 중국인들이 가장 신성시하는 영물(靈物)이었기 때문이다.

결국 나이키는 광고 방영금지 처분을 받은 나흘 만에 중국 주요 일간지를 통해 "이번 광고는 70년대 홍콩 쿵푸 영화에 대한 존경을 표현하기 위한 것이었다. 이 광고로 야기된 불화에 대해 안타깝게 생각한다"고 공개 사과했다.

■ 중국의 민족감정 자극한 광고 퇴출－일본 도요타 자동차社

도요타 자동차는 (2003년 12월) 중국 자동차 전문지에 도요타의 SUV 차량인 '바다오'(영문 이름은 프라도) 광고를 게재하면서, 중국인들이 영물(靈物)로 여기는 '돌사자상'이 자동차를 향해 고개를 숙이는 장면을 넣어 중국인들을 격앙시켰다.

'바다오'가 두 마리의 돌사자상 앞에 멈춰서면, 한 마리는 오른쪽 앞발을 들어 머리에 갖다 대면서 경례를 하고, 다른 한 마리는 고개를 숙이며 절을 하는 내용이었다.

광고 속의 돌사자상이 일본이 중·일 전쟁을 촉발시켰던 장소인 '루거우차오'의 돌사자상과 비슷하다는 소문이 퍼지면서 파문은 확산되었고, 중국인들의 반발이 거세지자 도요타 측은 공식사과문까지 발표했다.

중국 황실을 보호해온 돌사자상(사자 석상)은 중국 권위의 상징으로 여겨지고 있다.

(3) 중국내 광고에 대한 구매자들의 평가[131)]

중국에서 일반 구매자가 구매용 정보를 얻을 수 있는 대중 매체로는 아직은 광고 외에는 드문 편이다.

중국의 개방 이후, 도시 소비자들을 중심으로 한 광고에 대한 일반적 태도는 대체로 서방 소비자들보다 더 호의적이고, 그중에서도 젊은 층일수록 보다 호의적인 것으로 조사되곤 하였다. 근래에 실시한 조사에서도 이 소비자들은 광고에 대한 태도에서 미국인 등과 같은 서방 소비자들과 전반적으로 큰 차이를 보이지 않으면서 긍정적인 편으로 조사되었다.

중국 구매자들을 대상으로 광고효과를 조사하여 발표한 자료에 대해서는 아래의 '현장 정보'를 참조하기 바란다.

현장 정보

■ **광고에 대한 중국인들의 태도 조사결과**[132)]

중국에서, 광고에 대하여 중국 구매자들이 보여주는 주요 조사결과를 요약하여 제시하면 다음과 같다(괄호 속 %는 전체 대비 비중).

(1) **일반적 평가** : 이것은 구매자 일반의 입장에서 광고에 대하여 나타낸 긍정적 평가와 부정적 평가 내용이다.

① 긍정적 평가
- 광고를 좋아하는 편이다. (49%)
- 광고를 신뢰한다. (30%)
- 광고가 정보 제공원이라고 생각한다. (69%)
- 광고된 상표일수록 품질이 좋을 것으로 추정한다. (40%)

② 부정적 평가
- 광고를 싫어하는 편이다. (20%)
- 광고를 불신한다. (70%)
- 광고가 지적으로 모욕적이다. (24%)
- 광고가 과다하다. (45%)

(2) **성별 평가** : 남녀 간에 광고에 대한 일반적 태도에서는 별다른 차이가 없었다. 그러나 여성들일수록 광고를 정보 제공원으로 판단하였고, 구매시 광고 정보를 자주 참조하는 편으로 나타났다.

(3) **연령별 평가** : 연령대 별로는 젊은 층일수록 광고를 정보 제공원으로 느끼며 광고를 즐기는 편으로 나타났다. 반대로 고연령대 층일수록 광고가 지적으로 모욕적이라고 받아들이는 비중이 높아졌으며, 광고된 국산품(중국산)에 대한 신뢰도는 점차 개선되고 있었다.

(4) **소득수준별 평가** : 소득계층 간에 광고에 대한 일반적 태도에서는 별다른 차이가 없었다. 그러나 고소득층일수록 광고를 즐기는 편인 데 비해, 저소득층일수록 광고가 과다하다고 느끼며 국산품에 대한 신뢰도는 개선되고 있었다.

(5) **교육수준별 평가** : 고학력 층일수록 젊은 층과 마찬가지로 광고를 정보 제공원으로 느끼며, 광고를 즐기고, 광고된 제품이 광고되지 않은 제품보다 가치가 높다고 추정하는 편이었다.

3. 인적 판매

여기에서는 인적판매의 개념, 장단점, 필요성 및 과정 등에 대하여 고찰한다.

(1) 인적 판매의 개념

인적(人的) 판매는 판매원(영업사원)이 직접 잠재 고객을 접촉하여 제품에 대해 정보를 제공하고, 구매를 촉구하여 주문을 얻어내는 활동 및 관련 활동을 말한다. 여기서 관련 활동이란 판매 외에 대(對)고객 서비스(기존 고객이 지니고 있는 호의를 유지하기 위한 고객의 문제해결 등)를 제공하고, 제품과 관련하여 고객(시장)의 평가나 요구사항 등을 포함한 고객(시장) 정보를 수집하여 기업에 전달하고 반영시키도록 하고, 잠재적 고객을 탐색하는 등 역시 중요한 활동을 가리킨다.

결국, 이 판매원은 고객에게 대해 기업을 대표하는 동시에, 기업에 대해서는 고객을 대표하는 이중적 역할을 하는 셈이다.[133)]

(2) 인적 판매의 장 · 단점

인적 판매가 가지는 장점과 단점을 정리하면 다음과 같다.[134)]

1) 인적판매의 장점

첫째는 신축성이다. 즉, 광고, 판매촉진 등 다른 촉진수단들이 비인적(非人的)이고 일방적인 대중적 의사소통(mass communication)으로 이루어지는 반면에, 인적 판매는 개인적, 개별적이고 쌍방향의 의사소통으로 이루어짐으로써, 판매원은 개별 고객들의 욕구, 동기, 행동과 부합되는 판매 제시(sales presentation)를 할 수 있다.

둘째는 비용 절약이다. 그 예로 광고비의 상당 부분은 메시지가 다수의 비(非)잠재고객들에게까지 도달하는 데 사용되는 데 반해, 인적 판매는 소수의 유망한 표적 고객들에 집중됨으로서 전체 촉진비용은 상대적으로 절약된다.

셋째는 실효성이다. 다른 촉진수단들이 고객들의 주의나 관심을 자극하는 정도에 그치는 데 반해, 인적 판매는 이를 넘어 충분히 구매행동까지 이끌어낼 수 있다.

넷째는 풍부성이다. 판매원이 고객을 직접 접촉하여 의사소통이 이루어지기 때문에, 전달할 수 있는 정보의 양과 질 면에서 다른 촉진수단들을 압도한다.

다섯째는 대(對)고객 서비스 개선이다. 판매원은 순수한 판매업무 외에도 기업에 대한 고객의 신용, 태도, 불만 등에 관한 정보를 기업에 제공하여 기업의 대고객 서비스 개선에 기여한다.

특히, 중국 소비자들은 비인적(非人的) 의사소통 수단보다는 개인적 접촉에 의한 의사소통을 선호하며, 이는 촉진수단 중 인적 판매의 효과성을 높이는 환경으로 작용한다.

사 례

■ 인적 판매 전략 – Amway 社[135)]

미국의 국제적 직판업체인 'Amway'사는 중국에 1995년 현지 공장을 설립하며 진출하였다. 진출 후 당사는 빠른 성장을 거듭하여, 2003년 기준으로 중국에 설립한 직판점이 100개를 초과하였고 종업원 수도 7만 명에 이르렀다.

이러한 성장의 핵심요인은 판매방식을 동료, 친지 등 인적 유대관계에 초점을 둔 것이 중국 사회에서 선호하는 의사소통 방식, 즉 중국인들이 광고 같은 매체의 메시지보다는 개인적 관계에서 나온 권고를 중시하는 문화와 맞아 떨어졌다는 점이었다.

2) 인적판매의 단점

인적 판매는 판매원 조직을 운영하고 고객들을 개인별로 접촉하기 때문에, 고객당(當) 비용 수준은 높게 나타난다.

(3) 인적 판매의 필요성

인적 판매가 다른 촉진수단들에 비해 선호되는 경우들의 예를 구체적으로 들면 다음과 같다.[136)]

① 광고에 의존할 충분한 자금이 부족한 경우
② 고객들이 지리적으로 집중되어 있는 경우
③ 제품에 대한 고객의 구매의욕이나 자신감을 부여하기 위해 판매원의 개입이 필요한 경우
④ 제품의 단가가 높은 경우
⑤ 제품에 관한 인적(人的) 설명이 필요한 경우
⑥ 상품을 고객별로 차별적 욕구에 적합시킬 필요가 있는 경우
⑦ 교환판매가 필요한 경우

(4) 인적 판매의 과정

인적 판매의 전형적 진행과정은 다음과 같은 여러 단계로 구성된다.[137)]

첫째는 물색 및 분류 단계이다. 우선, 잠재적 고객을 물색하여야 한다. 그 후, 파악된 잠재고객들을 관심도와 구매력 등을 기준으로, 유망성 측면에서 몇 가지 범주로 분류한다.

둘째는 예비접근 단계이다. 목표 잠재고객이 정해지면 그에 대해 필요한 정보를 수집하고, 접근방식과 접근시간을 결정하고, 전반적 판매전략을 수립한다.

셋째는 접근 단계이다. 목표 잠재고객을 직접 접촉한다. 이때, 격식, 태도, 인사법, 표현 방식 등에 유의한다.

넷째는 판매 제시(sales presentation) 단계이다. 목표 잠재고객에게 직접 접촉하여 판매를 유도하기 위하여 판매를 권유하는 설명을 한다. 이 단계는 AIDA(attention → interest → desire → action)의 네 세부 단계로 구성되는 것이 전형적이다. 즉, 판매원은 먼저 고객의 주의(attention)를 환기시키고, 관심(interest)을 끌어야 하며, 그 다음에는 제품에 대한 고객의 욕망(desire)을 불러일으키도록 하고, 마지막으로 고객의 구매 행동(action)을 유도하여야 한다.

다섯째는 저항 극복 단계이다. 앞 단계에서 고객이 반박 등 저항하는 의견이나 태도를 나타낼 수 있는데, 이를 판매원은 적절히 처리할 줄 알아야 한다. 이때, 고객과 논쟁을 벌이거나 감정적 대응을 하는 것은 절대 피해야 한다.

여섯째는 종료 단계이다. 판매제시와 저항극복이 이루어지면, 상담을 마무리하면서 구매주문을 이끌어내어야 한다.

일곱째는 후속조치 및 유지 단계이다. 주문을 받은 후 고객에게 제품의 배달 및 설치가 제대로 이루어지고 정상적 사용이 되고 있는지를 확인하고, 지속적 접촉을 통하여 관계를 유지하는 것이 필요하다.

사 례

■ 효과적 판매 제시 전략－Electrolux 社[138)]

진공청소기 제조업체인 Electrolux는 인적 판매의 제시 단계에서 고객이 선호하는 욕구에 초점을 두었다. 예를 들어 거실 바닥에 양탄자를 깔고 아끼는 회교도나 인도인들에 대해서는 자사 진공청소기의 장점으로 양탄자 청소 능력을 강조하는 한편, 석재 바닥의 주택에 사는 중국인들에 대해서는 바닥에 윤을 내는 기능을 장점으로 부각시켰다.

4. 중국시장에서의 촉진전략

여기에서는 중국시장에서 선택할 수 있는 표준화, 현지화, 신제품 촉진 등과 같은 촉진전략의 종류와, 이들 촉진전략을 수립할 때 고려해야 할 요소들을 살펴보자.[139)]

(1) 촉진전략의 종류

중국시장에 대한 촉진전략으로는 표준화, 현지화, 그리고 신제품 촉진의 세 가지가 있다.

1) 표준화

표준화 전략을 수행하는 방식을 메시지 경우를 예로 들면, 기본적으로 자국에서와 같은 내용의 메시지를 사용하는 방식이다. 물론, 언어, 명칭, 색 등의 부대적 측면에서는 다소의 현지화가 불가피하다.

2) 현지화

현지화 전략을 수행함에 있어서는 다음과 같이 여러 가지 방식이 가능하다.

① 메시지 예를 들면 자국에서와 같은 주제의 메시지를 쓰되 구체적 문안이나 형식 등에서는 현지에 맞게 적응시킬 수 있다.
② 광고의 예를 들면 미리 여러 유형의 광고를 제작해 놓고 이중에서 적절한 것을 선택할 수 있다.
③ 일정한 사전지침이나 틀 안에서 독창적으로 현지에 맞는 광고를 만들 수 있다.

3) 신제품 촉진

신제품 촉진 전략은 신제품 개발 시 소비자들이 이를 신속히 받아들이도록 하기 위해서 적용된다.

(2) 촉진전략 수립 시 고려사항

중국시장에 대하여 촉진전략을 수립할 때 고려할만한 주요 사항으로는 광고전략, 광고제작, 광고매체, 판매촉진, 판매방법, 판매요원 등의 측면에서 각각 다음과 같다.[140)]

① **광고 전략** : 기업의 경쟁적 위치와 시장목표, 제품수명주기 단계, 구매동기의 유사성
② **광고 제작** : 이미지, 상황, 인물의 보편성, 광고 등장인물의 전세계적 인지도, 지역 경쟁자에 대한 차별화 필요성
③ **광고 매체** : 선택 매체의 이용가능성, 이용의 제한 여부
④ **판매 촉진** : 법적 · 관행적 제한의 유무, 유인효과의 유사성
⑤ **판매 방법** : 유통구조, 고객의 구매방법과 구매행태의 유사성
⑥ **판매 요원** : 기술적 전문지식의 중요성, 외국인에 대한 태도

14-9 최신 마케팅 전략

이 절에서는 근래에 크게 각광받고 있는 여러 가지 마케팅 기법들 중, 중국시장에서도 적용되며 그 효과가 기대되는 몇 가지 기법을 살펴보고자 한다.

이 기법들은 이른바 '귀족 마케팅', '문화마케팅', '네트워크 마케팅', '스포츠 마케팅', 그리고 '현지화 마케팅'이다

1. 귀족 마케팅

여기에서는 귀족 마케팅의 개념과 중요성을 살펴보기로 한다.

(1) 귀족 마케팅의 개념

귀족 마케팅(prestige marketing)이란 제품·서비스 판매의 주된 대상 계층을 고소득층으로 하는 마케팅을 말한다. 즉, 시장 세분화에서 소득수준 별 세분화를 한 후, 세분시장 중 부유층을 표적시장으로 삼아 전개하는 마케팅을 가리킨다.

(2) 귀족 마케팅의 중요성

귀족 마케팅은 파레토(Pareto)의 법칙인 전체의 20%가 나머지 80%의 몫을 한다는 이른바 20 : 80 법칙에 기초한다. 즉, 소득수준 차원에서는 20%의 상류층 구매자들의 구매액이 총매출의 80% 가량을 차지한다는 이론이다. 이 경우, 20%의 상류층 고객을 공략하는 것은 전체 매출의 80%를 공략하는 셈이 된다.[141)]

중국의 경우, 우리나라에서와 마찬가지로 이른바 '소비의 양극화' 현상이 나타나면서 신흥 상류층이 형성되고 있고, 중국의 거대인구로 인하여 소득수준 상위 1%의 소비자 수만 해도 1천만명, 연소득 100만 위엔(1억 5천만원) 이상의 최상류층('진링'·金領·골든 계층)는 350만명, 연소득 55만 위엔(8,500만원) 이상의 부유층('신꾸이주'·新貴族)은 3천만명에 달하여, 절대규모로도 충분한 잠재시장을 형성한다는 점에서 매력적이다.[142)]

(3) 특 성

귀족 마케팅의 장점과 주요 특성을 제시하면 다음과 같다.[143)]

① 고소득층은 이른바 명품 같은 고급 제품·서비스의 주 구매계층이다.

② 고소득층이 구매 시 중시하는 기준은 제품의 품질, 명성, 고급 부대서비스 등 비가격 차원들이다.

③ 고소득층의 구매는 경기변동의 영향을 상대적으로 적게 받기 때문에 안정적이다.

④ 고소득층의 구매는 낮은 가격탄력성을 띤다.

⑤ 고소득층의 구매행태는 장기적으로 하위 소득계층에 의해 모방되어 확산된다.

⑥ 고소득층 대상 제품들의 판매는 상대적으로 높은 매출액 순이익률을 가져다주는 편이다.

사 례

■ 귀족 마케팅 – 삼성전자社[144)]

중국 주요 도시 인구의 15%인 6,500만명을 차지하는 '신꾸이주(新貴族)'는 중국에서 최대 구매력을 가진 계층으로서, 신제품 수용이 빠르고 월수입 7,500위엔(元) 이상인 중국 경제의 핵심계층이자 시장변화를 주도하는 소비계층이다.

삼성전자는 이들 신꾸이주를 대상으로 베이징, 샹하이, 구앙쪼우 등 19개 주요 도시에서 다양한 마케팅을 펼치고 있다.

삼성전자는 '삼성과 함께 웰비잉(wellbeing) 라이프'란 판촉행사를 통해 PDP(플라즈마 디스플레이 패널) TV를 사면 스포츠센터 이용권, 디지털 캠코더를 사면 산소발생기, 드럼세탁기를 사면 요가 강습권을 선물하고 있다.

또 '삼성 스노우 페스티벌'과 '삼성 소비자 행사'를 개최하여 스키장과 각종 연회장에서 가족 장기자랑, 스키장 무료이용권 배부를 통해 다양한 행사를 벌이고 있다.

그리고 '삼성전자와 함께 세계일주를'이란 행사를 통해, 제품을 구입할 때 유럽, 동남아, 호주 등 해외여행 응모권을 주고 있다. 삼성전자 중국전자 총괄 박근희 사장은 "올해 중국사업을 신흥 소비계층인 '신꾸이주' 마케팅을 중심으로 이끌어가면서 중국 시장의 변화에 순발력 있게 대응할 것"이라고 말했다.

또한 삼성전자는 '신꾸이주' 공략을 더욱 강화하기 위해, 중국에 진출한 외국기업 중 처음으로 신용카드를 이용한 전자제품 할부구매 제도를 도입했다. 이를 위해 삼성전자는(2005년 3월 28일) 중국의 첫 주식회사형 상업은행인 '쟈오샹 은행(招商銀行)'과 '삼성 올림픽 비자(VISA) 신용카드' 제휴계약을 맺었다.

이번 제휴로 중국 고객들은 쟈오샹 은행에서 발행하는 삼성 올림픽 비자카드를 통해 삼성전자의 제품을 구입할 수 있고, 경품 제공 및 포인트 적립 등의 혜택도 받을 수 있게 되었다. 이 카드로 할부구입이 가능한 지역은 베이징, 샹하이, 구앙쪼우, 션쩐, 청뚜, 선양, 충칭 등 7개 도시이며, 앞으로 대상지역을 더욱 늘려갈 계획이다.

2. 문화 마케팅

여기에서는 문화 마케팅의 개념과 중요성 및 문화마케팅 전략에 대해 살펴본다.

(1) 문화 마케팅의 개념

문화 마케팅이란 기업이 문화예술을 기업의 이미지 제고와 브랜드자산을 구축하는 데 중요한 마케팅 도구로 적극적으로 활용하는 접근을 가리킨다.[145)]

문화 마케팅은 특히, 한국기업들이 근래에 성공적으로 영위하고 있는 마케팅 활동으로서, 중국에서도 교양 프로그램을 활용하여 자사 이미지를 홍보한다거나 중국에 수입된 한국영화나 드라마를 활용하여 전개하는 마케팅 기법이다.

(2) 문화 마케팅의 중요성

문화 마케팅은 표면적으로는 기업의 사회적 책임의 일환으로 문화예술 활동에 대한 자선적 지원이라는 방식을 취함으로써, 잠재적 고객들에게 우호적 인상을 주어 상당한 홍보적 효과를 얻을 수 있다.[146)]

(3) 문화 마케팅 전략

오늘날 문화예술의 발달은 소비자들의 기호에서 감성적 차원이 크게 중시되는 변화를 가져왔다. 이에 문화예술적 요소들을 이용한 마케팅은 그러한 고객의 감성적 차원으로 접근함으로써, 고객에게 기업의 이미지나 브랜드자산을 크게 제고시킬 수 있게 해준다. 문화 마케팅에서 활용하는 주요 전략으로 다음과 같은 방안들을 고려할 수 있을 것이다.[147)]

① 문화예술의 감성적 자극을 활용한 홍보 등 촉진전략에 적용하는 방식
② 기업의 상품이나 기술에 문화를 접목하거나 체화시키는 방식
③ 문화마케팅을 고객의 생활양식을 고려한 표적시장 전략에 적용하는 방식
④ 문화마케팅은 외부 고객들뿐만 아니라 내부고객에 대해서도 효과적으로 적용할 수 있다. 즉, 기업의 종업원과 투자자 및 그 가족들에게 문화예술 프로그램 등의 혜택을 줌으로써, 직접적으로는 종업원들의 경우, 복리후생적 수단으로 활용할 수 있다.

기업이 문화 마케팅을 실행할 때는 문화예술에 대한 일회성 이용보다는, 장기적 지원관계를 토대로 하여야 효과적이다.[148)]

사 례

■ 문화 마케팅 – SK 社[149)]

SK는 중국시장에서 'SK 장위엔방(壯元榜)'을 활용하여 문화마케팅을 성공적으로 수행하고 있다. SK 장위엔방은 과거 한국에서 30년간 후원해 왔던 '장학퀴즈'를 중국에 도입한 것으로서, 베이징 · 샹하이 · 따리엔 · 장쑤 · 후난 · 쓰추안 · 흐어베이 지역 등 중국 주요도시에서 방송하고 있다. 특히, 베이징 TV에서는 황금시간 대라고 할 수 있는 일요일 저녁에 50분간 방송하고 두 차례에 걸쳐 재방송까지 한다.

이 프로그램은 중국내 교양프로그램 중 1위 시청률을 기록하고 있으며, 이 프로그램을 진행하는 여성 MC는 불과 수년 만에 가장 인기있는 MC 중의 한명으로 자리 잡았다. 또 지난 2001년 11월 중국 갤럽이 베이징 중· 고생 1,900명을 대상으로 조사한 바에 따르면, 응답자의 94%가 SK 장위엔방에 대해 알고 있었고, 이들 가운데 87%가 월1회 이상 이 프로그램을 시청

하고 있었다. 또 대학생의 78%, 오피니언 리더들의 25.5%도 시청경험이 있다고 응답하였다.

자동차나 가전제품, 휴대전화 등 최종 소비재를 직접 판매하지 않는 SK가 삼성·LG 등에 견줄만한 소비자 인지도를 유지하고 있는 것은 중국의 교육열·과거(科擧)제도의 추억 등 중국적 특성에 그동안 한국에서 축적된 장학퀴즈 노하우의 재미 등이 결합된 'SK 장위엔방'의 문화마케팅 효과라고 볼 수 있다.

특히, 한국 기업들이 문화마케팅을 수행하는 것이 유리한 환경이라는 것은 중국 TV 영화·드라마 네편 중 한편은 '한국산'이라는 것만 보더라도 이해할 수 있다.

한국관광공사는 지난 2003년과 2004년 2년 동안 중국 TV에서 공식방영된 한국 영화와 드라마는 총 359부에 달했다고 보도하면서, 이는 중국 전체에서 방영된 외국영화·드라마의 25.4%를 차지하여, 중국에서 드라마·영화가 한류를 선도하고 있음을 반영한다고 평가하였다.

한국관광공사에 따르면, 중국 TV에서 방영된 한국 영화는 '클래식', '먼길', '화성으로 간 사나이' 등 15편이었고, 드라마는 '인어아가씨', '명성왕후', '다모', '유리구두' 등 17 작품(한 작품당 15~20부로 구성)이 방영되었다.

---

3. 스포츠 마케팅

여기에서는 스포츠 마케팅의 개념, 중요성, 그리고 활동 종류를 살펴보기로 한다.

(1) 스포츠 마케팅의 개념

스포츠 마케팅이란 스포츠를 이용한 마케팅으로서 일차적으로는 촉진(promotion) 효과를 추구하고 궁극적으로는 기업의 매출 증대와 이익 확대를 추구하는 활동이다.[150] 스포츠 마케팅의 메카니즘을 보면, 관련 행사(event)에 금전 등의 후원을 하고 그 대가로 기업은 운동선수나 행사를 광고 등 촉진활동에 수단으로 활용할 수 있는 권리를 받고 이를 행사한다.[151]

(2) 스포츠 마케팅의 중요성

스포츠 마케팅이 효과를 내는 주된 배경은 스포츠가 경제적 서비스 관점에서 주는 다음과 같은 몇 가지 강점에 기인한다.[152]

첫째, 스포츠 소비자들은 특정 운동 스타나 특정 단체(team)를 자신들과 정서적으로 연결시켜 동일시하는 경향이 강하다는 점이다.

둘째, 스포츠는 오락성을 띠면서도 일반 오락과 달리, 연출되지 않고 예측이 어려운 데서 오는 스릴, 감동, 사실적 체험을 준다.

셋째, 선의의 경쟁(fair play)에서 오는 정신적 만족감을 준다.

넷째, 문화, 언어, 인종, 종교 등 인간적 구분을 초월한다.

(3) 스포츠 마케팅 활동의 종류

스포츠 마케팅을 구사하기 위해 기업이 할 수 있는 주요 활동의 종류는 다음과 같다.[153)]

① **운동 경기 · 행사의 후원** : 경기나 행사의 비용을 부담하며 그 대가로 후원사, 공식 파트너 등의 명칭을 공개적으로 얻고 이를 사용한다.

② **운동선수 또는 운동단체의 후원** : 선수나 단체를 지원하며, 그 대가로 자사 제품을 경기에 노출시키거나 후원자란 사실을 공개적으로 활용한다.

③ **보증** : 기업의 스포츠 마케팅에 등장해서 이 회사를 홍보해 주는 선수, 즉 보증(endorsement)선수나 단체의 이름, 사진, 동영상, 서명, 로고, 심벌 등을 자사의 촉진 활동(광고 등) 또는 제품에 사용한다.

사 례

■ 스포츠 마케팅 – 코카콜라社[154)]

중국에 진출한 '코카콜라'사는 중국인들의 중국에 대한 사랑을 인식하고, 월드컵과 관련된 몇 가지 마케팅과 판매촉진 활동을 수행했다.

2001년 1월, 회사는 중국 국가대표팀의 메인 스폰서(main sponsor) 및 공식 음료로 지정되었다. 또한 회사는 8명의 유명 중국 가수들이 부른 특별한 노래를 중국 팀의 첫 번째 경기 TV 생중계동안 내내 들려 줄 수 있는 권한을 갖게 되었다. 그 노래는 '중국팀 축가(Team China Anthem)'로서, 매우 대중적인 곡이 되었다. 중국 팀이 예선전을 치르기 시작하면서부터, 회사는 다른 TV 광고를 내보냈으며, 월드컵에 기반을 둔 여러 가지 판매 촉진 활동을 기획했다. 2001년 8월 월드컵 아시아 예선 기간 동안 회사는 "꿈은 결코 죽지 않는다(The Dream Never Dies)"는 광고를 선보였는데, 이것은 중국 축구팬들이 열정적으로 국가 축구팀을 응원하는 모습을 보여준다.

그리고 2001년 10월, 중국 팀의 최종 예선 진출을 맞이하여, 회사는 '월드컵으로 가는 길(The Road to the World Cup)'이란 비디오디스크와 기념 캔을 출시하였다. 2002년도 초기에는, 코카콜라사는 중국 전역에 있는 축구팬들이 국가 대표팀 선수들과 만날 수 있도록 하는 '영웅여행(Hero Tours)'이라 불리는 '길거리 쇼우(road show)'를 개최하였다. 그 행사에서는 특별한 용기(packaging), 월드컵스타 카드, 무료 상품권, 국기 가진 사람 찾기, 어린이들을 위한 'Finger Soccer' 토너먼트 등을 이용하여 지역별 소비자 특성에 맞는 판매촉진 활동 등을 행하였다.

코카콜라사는 또한 판매촉진 활동을 수행하고 회사와 소비자들 사이의 상호작용을 증진시키기 위하여 'SMS(휴대전화 문자서비스)'를 사용했다. 런던에 있는 시장조사기관인 '텔레코노미(Teleconomy)'에 따르면, 중국에는 2002년도에 1억 7,600만 명의 휴대전화 사용자들이 있었기 때문에, SMS는 중국에서 사용할 수 있는 매우 효과적인 방법이었다. 2002년 여름, 회사는 SMS대회를 35일 동안 개최했다. 'Coke Cool Summer'라 불리우는 그 대회는 TV광고를 통해서 홍보되었다. 베이징의 연중 최고 기온을 추측해서, 문자메시지를 통해 답을 통해 맞춘 사람들 모두에게는 1년 동안 Coke을 제공해 주거나 '지멘스(Simens)'사의 휴대전화를 선물로 주었다. 코카콜라 사에 따르면, 이 행사기간 동안 400만 통 이상의 메시지를 받았다.

"우리는 솔직히 기대 이상의 결과에 너무나 가슴이 설레었다. 소비자들은 좀 더 많은 탄산이 가미된 Coke을 기대하고 있었고, 그것이 바로 우리 고객들의 라이프 사이클에 중요한 부분임이 명백해졌다"라고 중국의 브랜드관리자인 '수만타 두타'가 말했다.

■ 스포츠 마케팅 : 중국 리우샹 선수의 금메달로 홍보 – 기아자동차社 [155]

기아차는 2008년 베이징 올림픽을 앞두고 중국 내에서 올림픽 열기가 높아지자 2004년 2월 중국 육상의 유망 선수인 '리우샹'을 중국 합작법인 '동팡위에따 기아(東方悅達起亞)'의 베스트셀러 카(car) '천리마'의 광고모델 및 홍보대사로 기용했었다.

그런데 그 후, 리우샹 선수가 아테네 올림픽 '남자 110 m 허들' 종목에서 금메달을 획득해 일약 13억 중국인의 영웅으로 떠올랐다.

기아차 관계자는 "중국에서 리우샹이 기대주이긴 했지만 올림픽 금메달을 딸 것으로 예상한 사람은 거의 없었다. 그런데 리우샹이 기대 이상으로 잘 싸워 금메달을 따냄으로써 천리마는 물론 회사도 엄청난 홍보 효과를 보고 있다"고 전했다.

리우샹이 모델로 나오는 TV광고도 마치 금메달을 예상한 듯한 내용으로 구성돼 중국인들은 더 기뻐하고 있다. 이 광고는 "사람들이 말하기를 중국인은 속도에서 안 된다고 한다. 하지만 나는 동력이 있으면 된다고 말하겠다. 오늘은 2등이지만 내일은 1등이다. 천리마! 포부가 크면 미래도 크다!"라는 리우샹의 독백이 깔리면서 허들을 넘는 리우샹과 질주하는 천리마가 클로즈업 되는 내용으로 되어 있다.

이 광고에서 호언한 대로 미국이 독주해 온 올림픽 육상에서 리우샹이 중국 최초로 금메달을 획득해 중국인들의 자부심을 높였다는 것이다.

이 회사 관계자는 "리우샹의 금메달 효과로 천리마뿐만 아니라 카니발 등 다른 차도 힘을 받고 있다"고 말했다.

한편, 이렇게 중국인의 영웅으로 떠오르는 리우샹 선수는 중국 역사상 처음으로 운동선수로서 동상이 세워진다. 더욱 흥미로운 사실은 이것을 제안하고 만드는 사람이 한국인 조각가라고 '동팡 자오 빠오(東方早報)'가 전했다. 한국인 조각가 '김선구' 씨는 상하이 시가 조각전을 개최한다는 소식을 듣고, '황색 탄환'으로 불리는 리우샹 선수의 형상을 작품으로 만들고 싶다는 뜻을 전해왔다고 전시회 조직위원회가 밝혔다.

리우샹의 동상은 상하이 중심가 '쉬지아후이'의 공원에 '상하이 국제도시 조각전'이 열리는 4개월간 전시되게 되었다.

---

4. 네트워크 마케팅

네트워크 마케팅이란 일반적인 중간 유통단계를 두지 않고 소비자에게 직접 제품을 공급하는 직판 방식(직접판매 방식)의 하나이다. 이 방식에서는 유통비 절감으로 기업은 상대적으로 저렴한 가격을 제시할 수 있게 된다. 그리고 네트워크 마케팅의 판매원은 직업적 판매원이 아니라 일반인이 담당한다는 점이 특징이다.[156]

그런데 얼핏 네트워크 마케팅은 보통 '피라미드 판매(pyramid selling)'와 혼동되어 부정적으로 인식되는 측면이 있다. 중국에서도 네트워크 마케팅은 많은 문제를 일으켜서 중국 정부는 여러 가지 법적 규제를 가하였다. 그래서 해당 업체들은 법규정의 테두리 안에서 원래의 형태와는 다른 형태의 네트워크 마케팅을 하고 있다. 다음 사례는 그 구체적 내용을 알려준다.

사 례

■ **네트워크 마케팅 : 중국 직접판매, 황금시장으로 등장－암웨이, 메리케이, 앨트웰社**[157)]

그동안 중국 정부는 시장질서 문란과 소비자 피해를 이유로 또 '피라미드 판매'와 구별이 어렵다는 이유로 '직접판매' 시장을 봉쇄해 왔다. 즉, 피라미드 판매 등 불법행위를 막기 위해 1998년 4월부터 내·외자 기업의 무점포 네트워크 마케팅 판매활동(직접판매사업)을 전면 금지했다.

이처럼 중국 정부가 네트워크 마케팅에 적대적인 이유는 그동안 대학생, 주부는 물론 심지어 미성년자들 까지도 연루된 대형 네트워크 마케팅 사기 피해가 빈번했기 때문이다. 그러나 이런 상황에서도 '에이본 프러덕트,' '암웨이,' '메리케이' 같은 글로벌 네트워크 마케팅 회사들은 중국 정부로부터 유통매장과 대표 매장을 통한 판매를 허용 받아 현지에서 영업을 계속해왔다. 즉, 이들 다국적 직판업체들은 직접 판매 협회 회원으로 등록한 후 소매시장 등을 통해 중국에서 영업해 왔다.

중국의 네트워크 마케팅 시장은 2003년 350억 위엔(5조 2,500억원) 규모인데, 이 중 120억 위엔(1조 8,000억원)이 암웨이의 매출액이다.

KOTRA는 그런 중국이 지난, 2001년 12월 세계 무역기구(WTO) 가입 당시 무점포 도소매업에 대한 시장진입 제한을 풀고 입법장치를 마련하겠다고 약속한 3년 시한이 다가와 네트워크 마케팅 시장을 개방하지 않을 수 없게 되었다고 밝혔다.

중국 정부는 11월 17일 직접 판매업체의 무분별한 시장진입과 난립을 막기 위해 직접판매 관련 규정을 앞서 발표된 초안보다 대폭 강화하여 2004년 12월 11일부터 시행한다고 발표했다. 이 규정에 의하면, 앞으로 직접판매 사업을 하려는 유통업체들은 등록자본금이 최소 8천만 위엔, 사업개시 전 1년간 매출액이 최소 5억 위엔을 초과해야 하며, 또 고객분쟁에 따른 피해복구 및 보상금으로 최소 2,000만 위엔의 예비금을 준비해야 한다. 또 외국 네트워크 마케팅 업체들도 협회의 회원자격을 의무적으로 확보하도록 규정하고 있다.

중국 정부는 이 같은 규정을 시작으로 합법적인 직판(直販)은 장려하되, 사기, 세금포탈, 소비자 피해 등과 가끔 연루되는 피라미드 사업은 철저히 차단할 계획이다.

이렇게 본격 개방된 무점포 도·소매업 시장에 진출하기 위해 관련업계는 빠른 행보를 보이고 있다.

'위베스트 인터내셔널'은 중국시장 진출을 본격 표명하고 사업설명회를 개최했다. 또 1997년부터 미국, 일본, 대만 시장에 진출한 '앨트웰'은 2003년 8월초 '앨트웰 홍콩'을 설립하고 중국시장 공략을 위한 교두보를 마련한 바 있다. '제이유 네트워크' 역시 중국시장 진출을 목표로 계열사인 '제이유 프러덕션'을 통해 현지 시장조사를 하고 있다.

KOTRA 관계자는 "한국이 중국시장에서 후발 주자인데다가 경쟁이 치열하고 규제가 강력한 점 등을 감안해, 법 규정의 테두리 내에서 영업하는 철저한 합법경영이 중요하다. 단기간에 네트워크를 구축하고 한 번 구입한 소비자가 다시 구입하는 중복 소비를 이끌어 내기 위해서는, 저가 개인소비용품에 주목해야 한다"고 강조했다.

---

5. 현지화 마케팅

현지화 마케팅은 현지인들에 맞는 새로운 제품을 개발하고 촉진 방식, 내용, 유통 등을 현지에 맞게 고안하고 적용하는 마케팅 유형이다. 다음 사례는 현지화 마케팅을 효과적으로 수행하고 있는 Coca-Cola사(社)의 예를 소개하고 있다.

사 례

■ 현지화 마케팅 전략-코카콜라社[158)]

1970년대 후반, 중국의 음료시장은 차(茶)와 뜨거운 물이 음료수로서 선호되고 있었으며, 고객들은 미리 만들어서 미리 포장해 놓은 음료수를 구입하는데 습관이 되어 있지 않았다.

코카콜라 사는 중국에 있는 현지 관리자들에게 현지인들의 입맛에 맞는 새로운 음료수를 개발하고, 광고 방식과 내용도 현지에 맞게 하고, 또 현지에 맞는 유통 아이디어를 내놓게 함으로써 "현지에 맞게 생각하고, 현지에 맞게 행동(think local, act local)"하도록 격려했다. 마케팅과 광고는 특히 중요했다.

코카콜라는 광고 전략의 첫 단계로서, 중국인들에게는 생소한 맛인 '검은 액체'를 받아들이도록 하는데 초점을 두었다. 나중에 회사는 또한 현지에서 '아이스 티'와 생수 맛이 나는 '티엔위띠(Tianyudi, Heaven and Earth) 주스' 브랜드와 탄산수 맛이 나는 '싱무(Xingmu, Smart)' 브랜드를 개발했다.

코카콜라가 '티엔위띠'와 '싱무' 브랜드를 출시한 것은 이 회사의 전략을 보여 준다. 1990년 후반 회사가 이들 두 제품에 수백만 달러를 들여 광고 캠페인을 시작했을 때, 회사는 병에 담긴 Tianyudi와 Xingmu를 생산하는 11개 도시만을 목표로 했다. 그 이유는 지방 TV방송의 광고비가 저렴했던 이유에서만이 아니라 시청자들이 각 방송국별로 구분되어 있었기 때문이다. 그 후 이들 음료수 생산 지역이 늘어나게 되자, 방송 광고가 닿는 범위도 넓혀 나갔다.

또 즉석에서 끓인 차를 즐겨 마시는 중국인들이 미리 만들어진 차가운 차에 관심을 갖도록 하기 위해서, 회사는 중국인들이 땀을 흘려 운동을 한 직후나, 사업상 회의를 하는 때 등과 같이 청량음료가 소비될 가능성이 있는 상황을 탐색하였고, 이런 상황에 초점을 맞추어 광고하였다. 또 회사는 코카콜라 음료와 Tianyudi가 연관되어 있다는 것을 강조함으로써, 유통업자와 소매상들이 코카콜라 브랜드로부터 신뢰를 얻게 하려고 노력했다.

제15장 재무 전략

기업의 재무전략(財務戰略, financial strategy)이란 재무관리(財務管理, financial management) 과정에서 필요한 중요한 의사결정을 하고 계획을 수립하는 것을 뜻한다. 이 장에서는 재무전략의 기초를 살펴 본 후, 자본예산 결정, 재무구조 결정, 운전자본 전략, 재무분석 전략 등을 고찰하기로 한다.

15-1 재무전략의 기초

이 절에서는 재무관리의 개념 및 영역, 재무전략의 영역과 목표를 살펴본다.

1. 재무관리의 개념

재무관리는 재무 부문에 대한 직능별 관리(functional management)로서, 경영에 필요한 자산(資産, asset)의 취득, 그 자금의 조달(調達, financing) 그리고 취득자산의 운영을 관리 대상으로 삼는다. 다시 말하면 재무관리는 사업자가 경영목표를 달성을 위하여 자산취득, 자금조달, 자산운영을 효과적이고 효율적으로 기획, 조직화, 지휘 · 집행, 통제하는 일련의 과정이라고 정의할 수 있다.[1)]

이러한 재무관리 개념에 따라 재무관리 영역은 크게 다음과 같이 투자 관리, 자본조달 관리, 그리고 자산 관리의 세 부문으로 나눌 수 있다.[2)]

(1) 투자관리

이는 기업에서 사업수단인 자산의 취득에 대한 관리를 말한다. 사업수단인 자산은 고정자산과 유동자산으로 나누어 투자관리를 하는 것이 기본적 원칙이다. 고정자산은 재화나 서비스의 장기적 생산수단이다. 유동자산은 생산에 투입되는 원재료와 산출되는 제품, 거래 관련 매출채권, 보유 현금성 자산 등을 포함한다.[3)]

(2) 자본조달 관리

이는 위 자산취득에 필요한 자본 조달에 대한 관리이다. 여기서 자본은 장기자본과 단기자본으로 나누어 조달을 하는 것이 기본적 원칙이다.[4)]

(3) 자산관리

이는 자본조달로 취득한 자산에 대한 관리를 가리킨다. 여기서 자산은 위 투자관리에서와 같이 고정자산과 유동자산으로 나누어 별도 관리를 하는 것이 기본적 원칙이다.[5)]

2. 재무전략의 영역

이러한 재무관리의 주요 영역과 과정에 따라, 재무전략의 주요 영역은 자본예산 편성, 자본구조 결정, 그리고 운전자본 결정으로 나눌 수 있다.

(1) 자본예산 편성

자본예산 편성(capital budgeting)이란 원칙적으로 기업의 투자결정 중 효과나 영향이 장기적으로 나타나는 항목에 대한 투자결정을 가리킨다. 이를 협의로 보면 앞의 투자관리에서 고정자산의 취득에 대한 의사결정을 가리키며, 광의로 보면 고정자산 외에 연구개발, 촉진(promotion)활동, 종업원 훈련 등에 대한 투자결정도 포함한다.[6)]

(2) 자본구조 결정

자본구조(capital structure)란 기업의 장기자본이 원천별로 구성된 모습을 뜻하고, 자본구조 결정이란 장기성 자산 취득에 필요한 장기자본의 원천에 관한 구성배합 결정이다.[7)]

(3) 운전자본 결정

운전자본이란 유동자산 규모에서 유동부채 규모를 차감한 규모를 가리키며, 운전자본 결정은 유동자산과 유동부채에 대한 주요 의사결정을 말한다.[8)]

3. 재무전략의 목표

재무관리와 재무전략의 목표는 전사적(全社的) 목표에 따른다. 기본적 목표는 기업의 자기자본(owners' equity) 가치의 극대화라는 것이 일반적이다.[9)] 이는 주식회사의 경우, 주가(stock price)의 극대화에 해당한다.

그러나 단기적 또는 상황에 따라서는 위 기본적 목표 외의 다른 목표를 추구해야 하는 경우도 발생한다. 이들 상황적 목표들은 아래와 같이 크게 수익성(profitability) 목표와 안정성(stability) 목표의 두 범주로 나눌 수 있다. 그런데 문제는 이들 양 범주 목표들은 상충적 성격을 띠는 경우가 흔하다는 한계를 지닌다는 점이다.[10)]

① **수익성 목표** : 이윤 극대화, 시장점유율 극대화, 매출 극대화, 비용 극소화, 성장성 유지, 경쟁력 강화 등
② **안정성 목표** : 생존, 재무적 위기 회피·극복 등

15-2 자본예산 결정

자본예산 결정은 기업에 장기적 영향을 주는 투자안들에 대하여 그 기대수익, 비용, 위험 등을 종합적으로 반영하여 합리적으로 투자결정을 내리는 것이다.[11] 여기에서는 자본예산 결정의 중요성과 투자안(投資案)의 종류에 대해 알아본다.

1. 자본예산 결정의 중요성[12]

① **사업성격의 결정** : 생산설비 등에 대한 투자이므로 사업성격을 결정한다.
② **사업의 수익성과 성장성 결정** : 자본예산 결정은 사업의 핵심 생산수단에 대한 투자결정이므로, 사업의 수익성과 성장성에 대한 주요인의 하나가 된다.
③ **투자의 대규모성** : 고정자산 등에 대한 투자이므로 대규모 자본이 소요되는 편이며, 이는 상당한 자본비용도 유발한다.
④ **투자의 비번복성** : 고정자산 등에 대한 대규모 투자는 일단 집행되면 번복이 쉽지 않거나 상당한 비용손실을 초래하는 편이다.
⑤ **투자의 장기성** : 투자효과나 영향이 장기적으로 나타나는 투자결정이어서 기업활동에 장기적으로 제약을 가할 수 있다.

2. 투자안의 종류

투자안(investment proposal)들은 그 성격에 따라 평가방법의 적용방식이 다를 수 있기 때문에 체계적 분류를 해 둘 필요가 있다. 투자안은 그 목적과 관계에 따라 구분된다.

(1) 투자안의 목적별 종류

투자안들은 투자목적에 따라 다음 네 가지로 분류할 수 있다.[13]

① **대체 투자** : 대체(replacement) 투자는 기존 설비의 교체를 위한 투자이며, 이는 다시 동종(like-for-like) 대체투자와 진부화(obsolescence) 대체투자로 나눌 수 있다. 전자가 기존 설비의 물리적 노화로 인해 같은 설비로 교체하는 투자인 데 반해, 후자는 기존 설비의 기술적 진부화로 인해 기술적으로 개량된 설비로 교체하는 투자를 말한다.
② **확장 투자** : 확장(expansion) 투자는 제품에 대한 수요 증가에 대처하여 생산설비를 확장하는 데 필요한 투자이다.

③ **제품 투자 :** 제품(product) 투자는 신제품 개발 또는 기존 제품의 개량용 투자를 뜻한다.

④ **전략적 투자 :** 전략적(strategic) 투자는 다시 위험경감(risk-reducing) 투자와 복지(welfare) 투자로 구분된다. 전자는 기업의 위험을 줄이기 위한 투자로 기업의 수직적 결합(vertical integration)이나 연구개발 투자 등이 해당한다. 후자는 종업원이나 지역사회의 복지를 위한 투자를 가리킨다.

(2) 투자안의 상호관계별 종류

투자안들은 서로간의 영향 관계에서 독립적 투자와 종속적 투자로 대별할 수 있다.[14)]

① **독립적 투자 :** 독립적(independent) 투자는 한 투자안의 선택이 그 밖의 투자안의 선택과 무관하게 독립적으로 결정되는 투자를 가리킨다.

② **종속적 투자 :** 종속적(dependent) 투자는 한 투자안의 선택이 그 밖의 투자안의 선택에 영향을 미치는 투자를 뜻한다. 이때 그 영향이 현금흐름(cash flow) 면에서 나타나는 경우, 종속적 투자는 다시 대체적(substitutive) 투자와 보완적(complementary) 투자로 나눌 수 있다. 그리고 이 영향이 투자안의 선택 여부에 나타나는 경우, 종속적 투자는 다시 상호배타적(mutually exclusive) 투자와 상호인과적(contingent) 투자로 구분할 수 있다.

- 대체적 투자는 한 투자안의 선택이 그 밖의 투자안의 현금흐름을 감소시키는 투자인 반면에, 보완적 투자는 한 투자안의 선택이 그 밖의 투자안의 현금흐름을 증대시키는 투자를 말한다.
- 상호배타적 투자는 한 투자안의 선택이 그 밖의 투자안을 기각시키는 투자인 반면에, 상호인과적 투자는 한 투자안의 선택이 그 밖의 투자안을 동반하여 채택하게 하는 투자를 말한다.

15-3 재무구조 전략

이 절에서는 재무구조 전략의 성격, 장기자본조달 전략, 단기자본조달 전략, 그리고 배당정책을 살펴본다.

1. 재무구조 전략의 성격

기업의 자본조달(資本調達, financing)은 앞에서 살펴 본 투자를 뒷받침하는 기능을 한다는 점에서 기업의 핵심기능의 하나이며, 따라서 자본조달 결정은 전략적 접근이 필요하다.

기업의 자본은 여러 가지 원천에서 올 수가 있는데, 기업의 자본이 원천별로 구성된 모습을 재무구조(financial structure)라고 한다.[15] 이 재무구조 결정은 기업의 자본조달 결정의 골자를 이룬다. 재무구조 결정은 다시 몇 가지로 나눌 수 있는데, 다음은 그 주요한 결정들이다.

① **소유구조 결정** : 기업자본은 소유권 면에서 자기자본(equity)과 타인자본(debt)으로 나누어진다.[16] 소유구조 결정은 이들 두 자본들간 구성비중에 대한 결정이다.
② **만기구조 결정** : 기업자본은 사용기간 면에서 장기자본(고정자본)과 단기자본(유동자본)으로 구분할 수 있다. 만기구조 결정은 이들 두 자본들간 구성비중에 대한 결정이다.
③ **위치구조 결정** : 기업자본은 조달원천의 위치에 따라 기업 내부에서 조달하는 내부자본(internal capital)과 기업 외부에서 조달하는 외부자본(external capital)으로 나눌 수 있다.
④ **경로 결정** : 기업자본은 직접금융과 간접금융으로 나눌 수 있다.

2. 장기자본조달 전략

먼저, 기업이 장기자본을 조달할 수 있는 주요 조달원천으로는 증권시장과 금융기관이 있다.

(1) 증권시장

증권시장(securities market)은 주식, 채권 등 자본유가증권이 발행되어 유통되는 시장이며, 발행시장과 유통시장으로 구분할 수 있다. 기업은 발행시장(primary market)에서 투자자를 대상으로 유가증권을 발행 및 판매함으로써 장기자본을 조달한다. 유가증권 보유투자자는 유통시장(secondary market)에서 다른 투자자에게 이를 팔아 환금성을 확보할 수 있다.[17]

현장 정보

■ 중국의 주식시장(증권시장)[18]

중국의 증권거래소는 '샹하이'와 '션쩐' 두 곳에 하나씩 개설되어 있고, 각 거래소는 다시 A주시장과 B주식시장이라고 하는 두 개의 시장으로 나누어진다.

A주시장과 B주시장을 합하여 주판시장(主板市場 : main-board market)이라고 한다.

A주는 중국 현지 내국인만이 거래할 수 있는 주식이고, B주는 외국인이 외화로 거래하는 주식이다. 다만, 2001년부터는 B주시장에서도 중국인이 거래할 수 있게 되었다.

즉, 중국의 주식시장은 샹하이 거래소 A시장, 샹하이 거래소 B시장, 션쩐 거래소 A시장, 션쩐 거래소 B시장 등 모두 네 개의 시장이 있다. 이들 각 시장은 상장종목 수나 시세표 등이 각각 독립되어 있다.

A주시장은 전체 중국 주식시장의 97%를 차지한다.

2005년 2월을 기준으로 시가총액을 비교해보면, A주시장은 4,110억 달러인 반면, B주시장은 91억 달러에 불과하며, A주시장의 시가총액이 B주시장보다 4,500배 이상을 차지하고 있다.

상장종목 수는 샹하이가 881개이고, 션쩐이 536개이다.

A주시장은 앞에서 설명한 바와 같이 내국인만 투자할 수 있으며, 위엔화로 거래되는 것이 가장 기본적인 특징으로 되어있다. 그러나 2002년 12월에 중국정부는 '투자적격 외국인 기관투자가(QFII : Qualified Foreign Institutional Investor)'를 선정해서 이에 해당하는 외국인 기관투자가들에게는 A주시장이 부분적으로 개방되어 있는 상태이다.

그리고 B주시장은 앞에서 설명한 바와 같이 일반 외국인 투자자들이 주식을 매매할 수 있는 시장이다. 샹하이 시장에서는 미국달러로, 홍콩과 인접해 있는 션쩐 시장에서는 홍콩달러로 거래가 이루어진다. 그런데 B주시장은 중국내 기관투자가들이 참여할 수 없을 뿐만 아니라 수급 악화, 유동성 부족, 불투명한 회계관행 등으로 외국인 투자자들은 B주시장을 선호하지 않는다.

한편, 홍콩 주식시장에 상장된 주식도 역시 중국 주식이다. 여기에는 H주와 레드칩(Red Chip)이 대표적이다. H주는 기업 본사와 현주소가 모두 중국내에 있지만 주식은 홍콩 거래소에 상장되어 있다. 액면가는 중국 위엔화로 표시되지만, 거래는 홍콩달러로 이루어진다. H중에 상장되어 있는 주요 기업은 중국석유, 대당발전, 중국남방항공, 베이징수도공항 등 대부분이 국유기업들이다.

레드칩은 본사는 중국내에 있고 현주소는 홍콩에 있다. 여기에서는 지분의 35% 이상을 중국국유자본(국영기관, 시정부 등)이 소유하고 있다. 레드칩은 전자, 통신, 금융, 부동산 등 첨단산업 위주로 구성되어 있으며, 중국이동통신, 중국연통, 샹하이실업 등이 대표적인 기업들이다.

■ 중국 정부, 외국인 전용주식 'B주' 폐지 추진[19)]

중국 증권감독관리 위원회는 중국 증시에 상장된 외국인 전용주식인 'B주'를 폐쇄할 예정이라고 파이낸셜 타임즈(FT)가 보도했다.

중국은 1991년 중국내 주식시장에 외국인 투자를 유도하기 위해 외국인들만이 사고팔 수 있는 'B주'라는 주식을 도입했다. 현재 샹하이와 션쩐 두 곳에 B증시가 있다. 중국인들은 'A주'만 거래할 수 있다.

중국 정부가 B주를 도입한 효용성이 상실했다고 보고 B증시를 폐지하려는 것은 다음과 같은 요인 때문이다.

- 외국인에게도 A증시 투자가 부분적으로 허용되면서 투자자들이 시장을 이탈하고 있다.
- 증시의 규모가 작고 개별주식의 유동성이 떨어지고 있다.
- B증시에 상장된 기업은 대부분 A증시에서도 거래되고 있어 B증시의 투자매력이 희석되고 있다
- 외국인 투자자들이 B증시 대신 홍콩 등 해외 증시에 상장된 중국 기업 주식을 더 선호한다.

외국인이 B주에 대한 흥미를 잃어감에 따라 같은 회사 주식이라 해도 A주에 비해 B주가 상대적으로 싸다. 이에 대한 대책으로 중국 정부는 지난 2001년 중국 개인투자자가 B주를

살 수 있도록 했으나, 중국 개인투자자도 수익이 높은 A주를 더 선호했기 때문에 B주는 사실상 외국인 전용주식으로 남아 있다.

B주는 상하이 증권거래소 상장기업 793개 중 54개(6.8%), 선쩐 증권거래소 상장기업 507개 중 57개 업체(11.2%)가 발행하고 있다.

■ 중국, 제2 중소기업 거래소(일명 CHASDAQ) 개장[20]

중국의 시사주간지 '베이징 리뷰'는 "현재 중국에는 약 8백만 개의 중소기업이 있으나, 은행들을 통한 자본조달이 어려워 성장의 걸림돌이 되고 있다"고 보도했다. 최근 조사에 따르면 중소기업이 은행이 제출한 대출요청 중 60%는 거부당하는 것으로 나타났다. 중소기업들은 중국 연간 경제성장률의 50%를 차지하고 있다.

이러한 상황에서 이들 중소기업의 자본조달을 돕기 위하여 중국 중소기업과 첨단 정보기술 등 하이테크 벤처업체들만을 상장시켜 거래하게 되는 구앙동(廣東)성 선쩐 증시의 중소기업 거래소(선쩐 제2 중소기업거래소, 일명 차스닥)가 2004년 6월 25일 개장하여 첫 거래를 시작했다.

이달 거래를 시작한 기업은 위성발사 등 신종기업 또는 생명공학기업들인 기업 8개사로서, 모두 2억 8백만 주를 발행했다. 차스닥의 첫 번째 상장기업은 저지앙성의 제약업체인 신허청(비타민 A 등을 수출하는 기업)으로 종목번호는 002002이다. 이밖에 X선 전문업체인 따주지광, 칭궁과기, 웨이싱, 화란생물공정, 장화 등 7개 업체도 함께 상장되었다.

선쩐 증시 당국은 시장상황을 보아가며 상장업체를 늘려갈 계획인데, 이미 21개 중소기업이 당국의 승인을 얻어 상장(上場)을 기다리고 있다.

'상푸린' 증권감독관리 위원회 주석은 "제2시장 개장으로 중소기업들이 직접 시장에서 자금을 조달할 수 있는 기회를 갖게 됐다"고 환영했다.

또 '청스웨이' 전국인민대표회의 상임위원회 부위원장은 "중국판 나스닥(NASDAQ) 육성을 위한 일보를 내딛었다"고 평가했다.

'현대증권' 상하이 사무소 '최정희' 대표는 "3천여 개 기업들이 중소기업 전용증시 상장을 추진 중인 것으로 파악되고 있다"고 전했다. 중국 증권당국은 2000년 선쩐 증시에 나스닥을 모델로 한 차스닥시장 개설을 추진했으나 이듬해 정보기술(IT) 관련 주식들의 버블 붕괴에 따라 추진계획을 중단한 바 있다.

■ 중국의 주식과 채권발행 규모, 상장기업 수[21]

중국 증권감독관리 위원회에 따르면, 2004년 중 주식과 채권 발행을 통해 중국 기업이 조달한 자금 총액은 866억 위엔(105억 달러 : 약 10조 5천억 원)으로, 전년도보다 5.28% 증가했다.

그리고 '베이징 리뷰'에 따르면, 2004년 중 중국 본토의 주식시장에 신규 상장된 기업은 총 97개로 집계되어, 전체 상장기업 수가 1,377개로 늘어났다. 또 주식투자자 수는 약 7천만 명이다.

한편, 중국의 주식시장은 국영기업이 상장기업의 90% 이상을 차지한다. 또 외환의 폐쇄성으로 인해서 외국인들이 매우 제한적으로만 투자할 수 있다.

중국의 국영 상장기업의 주식은 유통주식과 비유통주식으로 구분되어 있다.

대부분의 상장기업은 기존 국영기업의 틀을 그대로 유지하고 있으면서 증시 상장을 통해 일부 지분에 대해서만 제한적인 유통을 허용하는 구조이다.

중국 주식시장의 또 한 가지 특징은 아직 인민폐 자유태환(환전)이 이루어지지 않고 있다는 점이다.

---

(2) 금융기관 대출

기업은 은행 등과 같은 금융기관에서 장기자금을 차입하여 조달할 수 있다. 이러한 대출은 가장 일반적으로 이용되고 있으며, 증권시장 이용에 비해 만기, 적용금리, 상환 등 여러 측면에서 협상에 의해 맞춤식의 다양한 계약이 가능하다는 유연성을 장점으로 지닌다.

중국진출 기업이 은행에서 자금차입을 하는 경우 먼저, 차입할 은행을 결정하여야 한다. 대표적으로 중국계 은행과 현지진출 한국계 은행간 조달조건을 비교해 보자.[22)]

1) 금융기관 선택[23)]

① **금리비용** : 금리 상황을 보면 현재로서는 중국계 은행이 훨씬 유리하다.

② **담보설정 조건** : 보통은 중국계 은행이 유리하다. 중국계 은행에 대해서는 현지 부동산 담보가 가능하지만, 한국계 은행들은 주로 모기업의 보증을 요구하기 때문이다.

③ **금융관련 부대비용** : 모기업과의 자금이체, 제반 수수료, 대출관련 비용 등이 있는데, 여기에서는 한국계 은행이 유리한 편이다.

2) 중국계 은행 대출[24)]

① **대출 종류와 정책** : 은행대출은 크게 투자자금 대출과 운전자금 대출로 나뉜다. 투자자금은 토지, 건물, 설비 등과 같은 고정자산 투자용 자금이며 통제된다. 즉, 매년 국가계획위원회가 중국인민은행을 포함한 국무원 주요 정부부처와 협의하여 그 규모를 결정하고 이를 지역별로 할당한다. 반면에 운전자금은 원부자재 구입, 재고관리 등 기업운영에 필요한 단기성 자금으로 투자자금과 달리, 행정적 통제를 받지 않고 은행 별로 예대율(총대출잔액／총예금잔액)의 75% 이내에서 자율적으로 대출을 결정한다. 또한 일반적으로 정부의 산업정책에 따라 서비스업보다는 제조업에 대한 대출이 우선시되는 편이다.

② **금리 비용** : 금리는 중앙은행이 고시한 법정금리를 기준으로 하는 경우가 일반적이기 때문에 은행별 금리차는 거의 없는 편이다.

③ **담보 설정** : 담보 종류로는 부동산, 예금 등이 있는데, 예금 담보가 선호되는 편이다. 부동산담보 대출의 경우, 신용도 평가에 따라 엄격하게 적용된다. 한편, 대기업이나 신용도가 우량한 중소기업에 대해서는 신용대출도 가능하다.

④ **대출 제한** : 기업의 부채율이 70%를 넘는 경우, 대출이 제한된다. 담보대출의 경우, 토지사용권, 건물, 기계설비 담보 평가금액의 각각 100%, 70%, 40% 수준에서 대출된다.

⑤ **대출 기간** : 대개 1년이나 5년까지도 가능하다.

⑥ **대출 현황** : 2003년 기준으로 외국인 투자기업에 대한 대출은 대부분이 단기대출이며, 전체 대출의 1.6%에 불과하다. 최근에 경기과열 억제정책의 영향으로 차입여건이 악화되고 있어 담보대출도 용이하지 않은 편이다. 이러한 대출현황의 추세는 표 15-1에 나타나 있다.

표 15-1 중국계 은행의 대출 추이 (단위 : 억 위엔, %)[25]

구분	2001년	2002년	2003년
단기 대출	67,327 (2.9)	74,248 (2.1)	83,661 (1.6)
중장기 대출	39,328	48,642	63,401
기 타	5,660	8,404	11,934
합 계	112,315	131,294	158,996

괄호 안은 외국인 투자기업에 대한 대출비중

3) 외자은행과 외자기업에 대한 외화대출 규제[26]

최근에 중국 국가외환관리국은 투기성 자금(hot money)의 유입을 억제하기 위하여 외자은행과 외자기업에 대한 외환관리를 강화하고 있는데, 이는 외화차입에 대해서도 규제 강화로 나타났다.

규제 내용의 핵심은 모든 외자기업이 외화자금을 차입하는 경우, 중국의 외환관리국에 등록하도록 하며, 등록되지 않은 외화차입에 대해서는 역외로 원리금 상환이 불가능하게 된다는 것이다. 그리고 외화 차입금액 규모는 기업의 총투자금액과 등록자본(注册資本)과의 차액을 한도로 제한받는다.

이 규제는 중국 역외기관의 담보를 통한 중국계 은행과 외자 은행의 외화 대출을 억제하려는 목적을 지니며, 외화 대출은 물론 외화 담보의 위엔화 대출도 외환관리국에 외채로 등록하여야 한다.

① **역외 외화담보 범위** : 역외기관의 신용보증, 역외 질권, 저당 등

② **외화 담보의 위엔화 대출 범위** : 현금 대출, 은행이 외자기업에 제공하는 보증과 무역금융의 위엔화 여신한도 포함.

3. 단기자본조달 전략

여기에서는 단기자본조달의 특성과 단기자본조달원천을 살펴본다.

(1) 단기자본조달의 특성

단기자본조달의 주요 특성은 다음과 같다.[27)]

① 조달과 상환의 높은 유연성과 속도
② 일반적으로 낮은 조달비용
③ 높은 지불불능위험

(2) 단기자본 조달원천

기업이 단기자본을 조달할 수 있는 주요 조달원천으로는 금융기관 대출, 자산담보부금융, 기업어음, 리스금융 등이 있다.[28)]

1) 금융기관 대출

은행을 대표로 하는 금융기관 대출은 장기자본에서와 마찬가지로 가장 흔하게 이용할 수 있다. 주요 대출방식은 다음과 같다.[29)]

① **일반자금대출** : 가장 보편적 방식이며 비중도 가장 크다.
② **당좌차월** : 당좌잔액을 초과해 발행된 수표 혹은 약속어음에 대해 사전에 약정한 일정한도까지는 은행이 지급에 응하는 방식으로 대출이 이루어진다.
③ **어음할인** : 상거래에 수반하여 발행된 어음을 은행이 할인해 줌으로써 자금을 융통해주는 방식이다.

2) 매입채무

매입채무는 기업이 물품구입시 그 대금결제를 채무로 함으로써 결과적으로 판매자로부터 신용대출을 받는 방식이며, 거래신용(trade credit)이라고도 한다. 매입채무의 종류에는 외상매입금과 지급어음이 있다. 매입채무의 장점은 특히 신용이 낮은 중소기업의 경우, 은행대출보다도 쉽게 이용할 수 있다는 점이다.[30)]

3) 외상매출금 금융

외상매출금 금융이란 기업이 외상매출금을 금융기관에 매각하거나 담보로 하여 자금을 조달하는 방식을 가리킨다. 대표적으로 다음 두 가지가 있다.[31)]

① **팩토링**(factoring) : 기업이 외상매출금을 금융기관에 매각하여 자금을 조달하는 방식

② **플레징**(pledging) : 기업이 외상매출금을 금융기관에 담보로 하여 자금을 차입하는 방식

4) 재고자산 금융

재고자산 금융이란 기업이 재고자산을 금융기관에 담보로 하여 자금을 조달하는 방식을 말한다. 대표적으로 다음 세 가지를 들 수 있다.[32)]

① **신탁금융** : 재고자산 보관증서를 담보로 자금을 차입하는 방식

② **창고금융** : 창고에 보관된 재고자산을 담보로 자금을 차입하는 방식이며, 창고 유형에 따라 다음과 같이 구분할 수 있다.

- 공설창고 금융 : 재고자산이 금융기관의 통제하에 있는 공설창고에 예치되며, 차입기업은 차입금이자 외에 창고사용료, 운송비 등도 부담한다.
- 현지창고 금융 : 재고자산이 차입기업 책임하의 창고에 보관된다.

③ **총괄적 담보** : 재고자산 일체를 담보로 자금을 차입하는 방식이다. 이 경우, 차입기업은 재고자산의 사용이나 판매에 제약을 받지 않는 장점을 얻는다.

5) 기업어음

기업어음(commercial paper, CP)은 기업이 상거래와 관계없이 단기자금 조달수단으로 발행하는 약속어음으로서 융통어음에 해당한다. 기업어음의 종류로는 담보 여부에 따라 다음과 같이 구분한다.[33)]

① **무보증 기업어음** : 대기업 같이 발행기업의 신용으로 발행되는 방식이다.

② **보증부 기업어음** : 중개기관에 의한 만기 지급보증을 조건으로 하여 발행되는 방식이며 할인율이 상대적으로 높다.

6) 리스금융

리스금융은 특정자산을 구매취득하지 않고 임차료를 지급하여 일정기간 동안 임차하여 사용하는 방식이다.

리스의 종류에는 운용리스와 금융리가 있다. 운용리스는 계약기간이 단기이고, 금융리스는 계약기간이 리스자산의 경제적 내용연수에 가깝게 약정되는 경우가 일반적이기 때문에 장기인 편이다.[34)]

4. 배당정책

배당정책이란 기업이 당기순이익을 기업주를 위한 배당금과 미래의 재투자를 위한 유보이익(retained earnings)으로 나누는 결정을 가리킨다. 배당금은 기업주의 투자자본에

대한 보상이며, 유보이익은 기업 성장을 위한 내부자금원이라는 점에서, 배당정책은 기업 가치에 영향을 미치는 중요한 요인이 된다. 그러므로 배당정책의 목표는 기업가치를 극대화하도록 적절한 배분을 하는 것이다.[35)]

배당의 종류로는 형식적으로는 현금배당(cash dividend), 주식배당(stock dividend), 주식분할(stock split)이 있다. 그러나 실질적으로는 이들 중에서 주식배당과 주식분할은 기업이익의 배분에 해당하지 않는다.[36)]

① 현금배당
② 주식배당 : 배당을 현금이 아닌 회사의 주식으로 지급하는 방식
③ 주식분할 : 기존 주식 1주를 복수로 나누는 방식

15-4 운전자본 전략

1. 운전자본 전략의 기초

(1) 운전자본의 성격

기업에서 운전자본(working capital)은 유동자산(current assets) 금액에서 유동부채(current liabilities) 금액을 차감한 금액을 가리킨다.[37)] 운전자본은 논리적으로 고정부채(fixed liabilities) 같은 장기성 자본으로 조달되기 마련이다. 이러한 사실은 운전자본이란 기업이 유동자산 규모 중 유동성(liquidity), 즉 단기성 상환의무 없이 장기적 여유를 가지고 쓸 수 있는 규모를 뜻한다. 운전자본 개념에 따라 운전자본 관리란 유동자산과 유동부채에 대한 통합적 관리를 뜻한다.[38)]

운전자본 전략이란 운전자본 관리에서 필요한 전략적 의사결정과 계획을 말한다. 운전자본 전략의 목표는 기업의 유동성, 즉 단기적 안정성을 확보하여 부도같은 지급불능 위험(default risk)을 최소화시키고 수익성을 추구하는 것이다. 기본적인 운전자본 전략으로는 역시 운전자본 개념에 따라 유동자산 투자규모의 결정과 이에 대한 자본조달 결정이라는 두 가지가 있다.

(2) 운전자본 전략의 중요성

운전자본은 다음과 같은 이유로 그 전략이 중요하다.[39)]

① 자산 중 고정자산에 비해 유동자산에 대한 의사결정은 빈번히 필요하다.
② 총자산 중 유동자산의 비중이 상당하며 변동이 심한 편이다.

③ 기업운영과 관련된 중요활동들인 판매, 현금관리, 원자재 구입과 재고관리 등이 모두 운전자본 문제에 포함된다.
④ 적시 자금조달이 쉽지 않은 편인 중소기업 같은 경우, 유동성관리를 위해 효율적 운전자본 전략이 필수적이다.

2. 운전자본 기본전략

운전자본 기본전략은 유동자산 투자규모와 그 자본조달 결정에 대한 것이다.

(1) 유동자산 투자규모 결정

기업의 유동자산 투자규모에 대한 전략적 결정으로는 최적(optimal) 투자규모를 정하는 것과, 이 규모를 매출액에 대비하여 수준을 정하는 것이다. 후자는 유동자산 투자전략의 선정 문제이다.[40)]

1) 유동자산 최적 투자규모 결정

이 문제는 유동자산 규모에 따른 비용의 최저화 관점에서 결정한다. 유동자산 규모에 따른 비용은 크게 규모에 정비례하는 비용인 보유비용(carrying costs)과 반비례하는 비용인 부족비용(shortage costs)으로 대별할 수 있다.[41)]

① **보유비용** : 유동자산 투자는 수익성이 없거나, 시장성 유가증권(marketable securities) 등에 대한 단기투자도 장기투자에 비해 수익성이 낮은 편이다. 그러므로 유동자산에 대한 투자는 수익성 면에서 장기투자에 비해 기회비용(opportunity costs)을 발생시킨다. 이 비용을 유동자산의 보유비용이라 한다.

② **부족비용** : 이 부족비용은 다시 거래비용(trading costs)과 안전재고(safetyreserves) 부족비용으로 나눌 수 있다.[42)]

- 거래비용 : 이것은 유동자산이 부족하여 필요한 유동자산을 새로 확보하는 데 들어가는 비용이며, 주문비용(order costs)이라고도 한다. 예를 들어 현금 부족시 투자를 회수하거나 환금하는 데 수반되는 수수료 등 비용, 재고자산 부족시 생산 재개에 들어가는 비용 등을 말한다.
- 안전재고 부족비용 : 이것은 예를 들어 재고자산이 부족하여 매출기회를 상실하거나 고객의 신뢰를 잃고, 원재료 부족으로 생산에 차질이 일어나는 등의 비용을 말한다.

③ **유동자산 비용 최소화** : 유동자산에 따르는 비용은 위 보유비용과 부족비용의 합계가 된다. 그러므로 유동자산 투자의 최적 규모는 이 합계액이 최소가 되는 규모이다.[43)]

2) 유동자산 투자전략 선정

두 번째 결정은 앞에서 정한 유동자산 최적 투자규모에 대해 기업의 매출액에 대비한 수준의 고저를 정하는 것이다. 이 결정은 보수적 (conservative) 전략과 공격적(aggressive) 전략으로 대별할 수 있다. 전자가 매출액 대비 유동자산 비율을 비교적 높게 책정하는 전략인 반면에, 후자는 이 비율을 비교적 낮게 책정하는 전략이다. 이를 자산항목 별로 구체적으로 보면 다음과 같다.[44)]

① 현금자산과 시장성 유가증권 그리고 재고자산에 대해서는, 보수적 전략이 이를 비교적 높은 수준을 유지하는 반면에, 공격적 전략은 그 반대로 한다.

② 매출채권에 대해서는 보수적 전략은 판매시 신용부여 요건을 비교적 느슨하게 하여 비교적 높은 수준의 매출채권을 초래하는 반면에, 공격적 전략은 신용부여 요건을 비교적 엄격하게 하거나 현금판매 전략을 채택하여 매출채권수준을 최소화한다.

(2) 유동자산 자본조달 결정

기업의 사용자산을 시간성에 따라 나누면 영구자산 (permanent assets)과 변동자산 (variable assets)으로 구분할 수 있다. 이 경우에 영구자산에는 기존 회계적 구분인 '고정자산'과 '유동자산 중 영구성 부분 (즉, 영구성 유동자산)'이 포함된다.

기업의 유동자산에 대한 자본조달 결정은 조달자본의 만기구조, 즉 단기자본과 장기자본 간의 배합비율을 정하는 것이다. 이 결정은 기본적으로 보수적 전략과 공격적 전략으로 구별될 수 있다.[45)]

1) 보수적 전략

이 전략은 기업의 유동성을 우선순위로 하여, 예상되는 모든 소요자금을 장기자본으로 조달한다. 이 경우, 수시로 발생하는 유휴자금은 현금이나 유동성 높은 단기투자처 (시장성 유가증권 등)에 예치해 두며, 필요시 신속히 현금화하여 유동자산에 투자한다.

이 전략은 단기채무 지급불능위험을 최소화시키는 강점을 지닌다. 그러나 이 전략은 유휴자금에 대한 기회비용이 높다는 점과, 장기자본은 상대적으로 자본비용이 높기 때문에 수익성을 낮추는 단점도 지닌다.[46)]

2) 공격적 전략

이 전략은 기업의 유동성과 수익성의 균형적 추구를 목표로 하여 예상되는 소요자금 중 영구자산 부분(즉, 고정자산+ 영구성 유동자산)만 장기자본으로 조달하고, 변동자산 부분 (즉, 변동성 유동자산)은 단기자본, 즉 단기부채로 조달한다.

이 전략은 기업 내 유휴자금을 최소화시켜 기회비용을 최소화시키는 장점을 지닌다.

반면에 이 전략은 미래에 실제 재무상황이 예상과 어긋날 경우, 상당한 유동성위험, 즉 기채무 지급불능위험에 노출되는 약점도 내포한다.[47)]

3) 절충 전략

위의 두 전략은 전자는 수익성 측면, 후자는 유동성 측면에서 현실적으로 상당한 약점을 가지고 있으며, 현실적 적용에 있어서 극단적 성격을 다분히 가지고 있다고 지적할 수 있다. 그러므로 기업이 실질적으로 채택할만한 전략은 두 전략의 장단점을 절충하는 전략(compromise strategy)이 바람직할 것이다.[48)]

3. 현금전환주기 결정

운전자본 전략에서 핵심요소는 현금흐름(cash flow)이라고 할 수 있다. 단기적 영업활동과 재무활동은 현금흐름 차원에서 보면, 다양한 현금유입(cash inflow)과 현금유출(cash outflow)을 동반한다. 그런데 문제는 이 현금흐름들이 상호 간에 시차가 나고 불확실하다는 점이다. 이러한 문제를 다루기 위한 대표적 수단이 현금순환주기(cash cycle) 모형이다.[49)]

먼저, 기업에서 제품의 생산에서 판매에 이르는 영업활동과정을 보자. 여기에서 현금전환주기는 원재료 구입에 대한 현금지출시점과 제품 판매액의 회수시점 간의 시차를 가리킨다. 현금전환주기와 관련된 다른 개념들로 재고자산 전환기간(inventory period), 매출채권 전환기간(receivables period), 영업주기(operating cycle), 매입채무미지급기간(payables period)이 있다.[50)]

재고자산 전환기간은 원재료 구매시점부터 원재료가 완제품으로 전환되어 판매될 때까지의 기간을 말한다. 매출채권 전환기간은 제품의 매출시점부터 그 대금의 결제시점까지의 기간을 뜻하며, 현금매출인 경우에는 0이 된다. 영업주기는 원재료 구매시점부터 판매대금의 결제시점까지의 기간을 가리키며, 재고자산 전환기간과 매출채권 전환기간을 합한 기간에 해당한다. 매입채무 미지급기간은 원재료 구매시점부터 그 대금의 결제시점까지의 기간을 말한다.

이 결과, 현금전환주기는 영업주기에서 매입채무 미지급기간을 차감한 기간에 해당한다. 현금전환주기와 다른 기간들과의 동적 관계를 보면, 현금전환주기는 영업주기의 변동에 정비례하며, 매입채무기간의 변동에는 반비례한다.[51)]

결국, 현금전환주기는 기업이 영업활동에서 현금을 유출시켜놓고 있는 기간을 말하며, 그만큼 기업의 유동성이 낮아져 있는 기간에 해당한다. 그러므로 이 차원에서 기업의 운전자본전략은 영업활동에 대한 장애를 최소화하면서 현금전환주기를 줄이는 것을 목표로 한다.

현금전환주기의 단축은 유동성 개선효과 외에도 재고자산과 매출채권에 대한 투자축소를 의미하므로, 총자산 수익률(ROA)과 총자산 회전률(asset turnover)도 제고시켜 준다.

4. 매출채권 전략

매출채권 전략은 신용기관, 신용기준, 현금할인, 그리고 회수관련 전략으로 구분된다.

(1) 매출채권 전략의 기초

1) 매출채권의 성격

매출채권(accounts receivable)은 외상판매에 의해 발생하며, 매출액 중에서 미회수된 부분을 가리킨다.[52)]

2) 매출채권 전략의 정책변수

다음은 매출채권 전략의 정책적 변수들이다.[53)]

① 신용기간 ② 신용기준
③ 현금할인정책 ④ 회수정책

(2) 신용기간 전략

신용기간(credit period)은 외상매입 고객에게 허용한 물품구입 대금의 상환기간을 말한다.[54)]

1) 신용기간 영향요인

다음은 신용기간을 결정하는 데 고려해야 할 주요 요인들이다.[55)]

① 기업의 자금사정 ② 제품의 매출이익
③ 고객의 성격 ④ 제품의 특성
⑤ 경쟁상태

2) 신용기간 변경결정

기업이 신용기간을 변경하면 긍정적 효익과 부정적 비용의 변화가 동반되기 때문에 양측면을 비교하여 적절한 결정을 내려야 한다.[56)]

① **신용기간 연장의 효익** : 매출액 증대로 수익이 증대된다.
② **신용기간 연장의 비용** : 추가가금 소요 및 그 기회비용, 회수비용 증가, 대손(貸損)의 증가 등

(3) 신용기준 전략

신용기준(credit standard)은 신용판매를 허용할 고객을 선별할 기준을 가리킨다.[57)]

1) 신용기준 변경결정

신용기준의 변경결정은 위의 신용기간 변경과 마찬가지 장단점이 예상되므로 같은 방식으로 결정하면 된다.

2) 신용평가 영향요인

고객에 대한 신용평가를 할 때 고려해야 할 중요 요인은 다음 다섯 가지(5C)이다.[58)]

① 고객의 성격(character) ② 고객의 능력(capacity)
③ 고객의 재무상태(capital) ④ 고객의 담보능력(collateral)
⑤ 기업외적 조건(condition)

(4) 현금할인 정책

현금할인정책(discount policy)은 고객이 현금결제를 하면 일정한 할인을 해주는 제도를 말한다.

이 제도의 목적은 매출채권의 회수촉진과 회수기간 단축 및 수반하는 비용 절감, 신규고객 확보 등의 장점 추구이지만, 동시에 매출이익률의 감소라는 비용도 감수하여야 한다.[59)]

(5) 회수정책

매출채권의 회수정책을 강화하면 긍정적 효익과 부정적 비용의 변화가 동반되기 때문에 양 측면을 비교하여 적절한 결정을 내려야 한다.[60)]

① **회수정책 강화의 효익** : 회수촉진, 매출채권 감소, 대손감소 등으로 수익 증대
② **회수정책 강화의 비용** : 기업 이미지에 대한 손상 우려, 회수비용 증가

15-5 재무분석 전략

재무분석 전략은 재무자료 분석을 중심으로 하는데, 이와 관련된 주요 분석법 몇 가지를 살펴본다.

1. 재무분석 전략의 기초

재무분석은 기업분석의 일부로써, 기업에 대한 이해관계자들(stakeholders)에게 의사결정에 필요한 정보제공을 위하여 기업의 성과와 상태를 재무적 차원을 중심으로 분석하여 유용한 정보를 파악하는 것을 가리킨다. 재무분석의 주된 분석자료는 기업이 정기적으로 작성 발표하는 재무제표이다. 재무제표란 기업의 활동을 측정·기록하여 작성되는 회계보고서이다. 대표적으로 대차대조표, 손익계산서, 현금흐름표, 이익잉여금처분계산서 등이 있다.[61)]

현장 정보

■ 중국의 재무제표

중국에서 외상투자기업의 회계제도의 경우, 기본적으로는 자본주의 국가들의 제도를 따르고 있다. 회계년도는 1월 1일부터 12월 31일까지로 하며 참고로 다음 표는 중국의 재무제표의 종류이다.[62)]

중국의 재무제표 종류[63)]

종류		보고 시기
범주	세부 종류	
기본재무 제표	•대차대조표 •손익계산서 •재정상태변동표	월차, 4반기, 연차보고 월차, 4반기, 연차보고 연차보고
대차대조표 부속명세표	•설치자산명세표 •고정자산 및 감가상각누계액 명세표 •건설가감정명세표 •무형자산 및 기타자산명세표 •외화자금상환표	연차보고 연차보고 연차보고 연차보고 연차보고
손익계산서 부속명세표	•이익분배표 •제품제조원가 및 매상원가명세표 •주요제품 제조원가 및 매상원가명세표 •제조비용명세표 •판매비용명세표 •관리비용명세표 •영업의 수지명세표	연차보고 연차보고 4반기, 연차보고 4반기보고 4반기보고 4반기보고 4반기보고

■ 대차대조표

중국어로 '자산부채표(資産負債表)'라고 하는 대차대조표는 주어진 시점에서 기업의 재무상태를 나타낸다. 다음은 중국의 외상투자기업 재무제표 기준으로 주요 자산과 부채, 자본 항목들에 대한 간단한 설명이다.[64)]

① 대차대조표의 작성 : 중국에서 대차대조표를 작성할 때 특기할 사항으로 중요한 두 가지를 지적하면 다음과 같다.

첫째, 대차대조표의 작성방식은 보고식이 아닌 계정식으로 하여야 한다.

둘째, 대차대조표 각 항목별로 기재할 금액은 기간 말 시점의 단일금액이 아니라 기초금액(연초금액인 경우, '연초수(年初數)'라 부름)과 기말금액(연초금액인 경우, '기말수(期末數)'라 부름)을 동시에 기재하도록 하여, 기간 중 변동 정보를 파악할 수 있게 해 준다.

■ 손익계산서

중국어로 '이윤표(利潤表)'라고 하는 손익계산서는 한 회계연도 등 일정기간 동안 기업이 달성한 경영성과를 나타낸다. 손익의 인식기준은 발생주의로 수익비용대응 원칙에 따라 인식 및 기장한다.

합자기업의 단기순이익은 크게 영업이익과 영업외 수지의 합계로 구성된다. 이중 영업이익은 주 영업이익과 기타 업무이익으로 구성된다. 주 영업이익은 주 영업수익에서 영업세, 영업원가, 판매비, 관리비, 재무비용을 차감하여 산출한다. 기타 업무이익은 기타 업무수익에서 기타 업무비용을 차감한 금액이다. 한편, 영업외 손익은 영업외 수익에서 영업외 비용을 차감한 금액이다.[65]

---

2. 재무분석법 선정

주요 재무분석법으로는 공통형 재무제표 분석과 레버리지 분석이 있다.

(1) 공통형 재무제표 분석

공통형 재무제표는 각 재무표에서 특정 재무항목이나 부분이 전체에 대해 차지하는 비중을 파악하기 위하여 전체값(총자산 또는 매출액)을 100%로 하고 각 하부항목이나 부분을 백분율로 나타낸 재무제표를 말한다. 이러한 재무제표는 재무제표 간에 구성수치들의 절대값 차이를 제거한 것이므로 공통형 재무제표 분석은 기업간 분석 또는 같은 기업의 경우, 같은 재무표의 시간상 추세를 파악할 수 있는 장점을 준다.[66]

(2) 레버리지 분석 전략

재무관리에서 레버리지(leverage)는 고정비용을 부담함으로써 투입물의 변동성에 비해 산출물인 손익이 확대되어 나타나는 현상이나 효과를 가리킨다. 레버리지에는 영업활동에서 나타나는 영업레버리지와 재무활동에서 나타나는 재무레버리지가 구분된다.[67]

1) 영업 레버리지 전략

영업 레버리지(operating leverage)는 기업이 영업활동에서 고정영업비를 부담하는 경우에 영업활동의 투입물인 판매액이 변동하는 경우, 영업활동의 산출물인 영업이익의 변동성이 훨씬 확대되어 나타나는 현상을 말한다.[68]

영업 레버리지의 정도는 영업 레버리지도(degree of operating leverage)란 수치로 나타내는데, 이 수치는 고정비용의 크기는 물론, 평균변동비, 단가에도 정비례한다. 그런데 기업에서 이러한 항목들의 변동은 중요한 장기적 의사결정의 결과이다. 그러므로 영업 레버리지전략은, 기업의 장래 매출액을 전망하여 흑자추세가 중장기적으로 예상되는 경우에는, 영업 레버리지도(度)를 높이는 것이다. 반면에 흑자전망이 단기적이거나 불투명한 경우에는 영업 레버리지도를 현상유지하거나 낮추는 전략이 적절할 것이다.[69]

2) 재무레버리지 전략

재무레버리지(financial leverage)는 기업이 재무활동에서 고정금융비를 부담하는 경우에 재무활동의 투입물인 영업이익이 변동하는 경우, 재무활동의 산출물인 단기순익의 변동성이 훨씬 확대되어 나타나는 현상을 말한다.[70)]

재무레버리지의 정도는 재무레버리지도(degree of financial leverage)란 수치로 나타내는데, 이 수치는 고정금융비의 크기는 물론, 고정영업비, 평균변동영업비, 단가에도 정비례한다. 재무레버리지 전략 역시 영업레버리지 전략에서와 마찬가지 방식을 취하는 것이 적절할 것이다.[71)]

15-6 파생금융상품의 활용

근래에 경제 및 기업 활동에서 선물·옵션 등 파생금융상품의 활용도가 높아지는 경향을 보이고 있다. 이는 파생금융상품이, 가격변동의 불확실성이 점증하는 경제·금융환경에서 가격변동에 대한 위험관리 또는 투자 등 다양한 용도로 활용될 수 있기 때문이다.

중국의 경제 및 기업 활동에서도 파생금융상품에 관련된 제도가 발전하고 있고 관련 시장의 규모도 커지고 있다. 예를 들어, 중국 당국은 자금중개회사 설립 및 옵션·금융선물 등을 허용하기 시작했으며, 선물시장도 급속히 확대되고 있다.

현장 정보

■ **중국, 자금중개 회사 설립과 옵션 및 금융선물 허용**[72)]

중국 언론에 따르면, 중국 은행감독관리 위원회는 외환시장 거래를 서둘러 활성화시키기 위해 국내외 업체들이 대해 '자금중개 회사' 설립을 허용함으로서 국내외 시장에서 금융상품을 거래할 수 있도록 할 방침이라고 밝혔다. 또 은행감독관리 위원회는 자금중개 회사를 설립하려면 등록 자본금이 최소 2천만 위엔(약 25억원) 이상이어야 하며, 은행들의 투자는 허용되지 않는다고 설명했다.

중국 정부는 이번 조치에 앞서 '외환딜러제도'를 도입하고, 연간 20억 달러 이상을 수출입하는 기업들이 외환시장에서 직접 거래할 수 있도록 조치를 취한 바 있다.

이와 함께 자본시장 거래 활성화와 기업 및 투자자들이 자금·주식·채권시장에서의 위험분산 등을 돕기 위해 상품과 금융선물, 상품과 연계한 옵션상품을 허용하는 방안도 추진하고 있다.

양마이쥔 중국 증권감독관리 위원회 선물부 주임은 "구리와 밀, 콩 등 상품옵션 상품과 원유선물 상품을 상장시킬 계획"이라고 밝혔다.

■ **중국, 선물(先物)시장 급속히 팽창**[73)]

중국의 선물시장이 급속히 팽창하고 있는 것으로 밝혀졌다. 중국 증권감독관리 위원회에 따르면, 2004년 중국내 선물거래 규모는 14조 6,300억 위엔(약 1조 7,700억 달러)로서, 1년 사이에 35% 늘어났다. 지난 2001년의 선물거래 규모 3조 위엔 수준에 비하면 3년 사이에 4배 이상 팽창한 것이다.

선물거래가 이렇게 증가한 것은 중국내 석탄과 철 등 원자재에 대한 수요가 증가하면서 관련 상품의 선물거래가 활기를 띠었고, 대두·옥수수·면화 등 농작물 관련 시장도 성장했기 때문으로 분석되고 있다.

'블룸버그 통신'은 중국 선물거래소들이 설탕, 캐놀라 등과 같은 상품을 거래품목에 추가하는 방안을 추진 중이어서 선물시장 규모는 더 확대될 것이라고 전했다.

제16장 조직 전략

이 장에서는 조직전략을 수립할 때 기본적으로 고려해야 하는 조직설계의 기본적 차원, 조직설계의 상황적 차원, 조직문화와 기업문화, 그리고 커뮤니케이션 등에 대하여 고찰해 보기로 한다.

16-1 서 론

기업의 조직전략(組織戰略, organizing strategy)이란 조직화(組織化, organizing) 과정에서 필요한 중요한 의사결정들과 계획 수립을 뜻한다.

조직구조를 설계하기 위해서는 조직구조를 형성하는 주요 차원 또는 변수를 파악하여야 한다. 이 차원들은 크게 구조적 차원(structural dimension)과 상황적 차원(contextual dimension)의 범주로 대별할 수 있다. 구조적 차원은 상대적으로 기본적 · 내적 · 정적(static) 차원을 가리키며 상황적 차원은 구조적 차원에 영향을 미치는 차원을 가리킨다.[1)]

16-2 조직설계의 기본적 차원

조직구조설계의 기본적 차원으로는 여러 가지가 있지만, 여기서는 그 중 중요한 종류로 복잡성, 공식화, 집권화 및 분권화를 다루고자 한다. 이들 차원별로 그 정도에 따라 조직구조가 다양해진다.[2)]

1. 복잡성

조직의 복잡성(complexity)이란 조직의 분화 정도(degree of differentiation)를 말하고 분화란 조직이 하위단위로 세분화되는 것을 뜻한다. 이 복잡성은 다시 수평적 분화(horizontal differentiation), 수직적 분화(vertical differentiation), 공간적 분산(spatial dispersion)으로 나눌 수 있다.[3)] 이때 주의할 점 하나는 수평적 분화와 수직적 분화는 동시에 진행되는 것이 일반적이라는 점이다.[4)]

조직의 복잡성은 조직의 구성원들, 조직의 다른 여건, 조직내 과정, 조직과 환경과의 관계 등에 상당한 영향을 미칠 수 있다는 점에서 중요하다.

(1) 수평적 분화

수평적 분화는 조직이 수행하는 업무를 구성원들 간에 횡적으로 분할하여 수행하는 것을 가리킨다. 수평적 분화방식으로는 다음과 같은 두 가지가 기본적이다.[5)]

① 고도로 훈련된 전문가에게 포괄적 활동의 수행을 맡기는 것
② 업무를 세분하여 비전문가들이 분담할 수 있게 하는 것

수평적 분화에서 대표적으로 나타나는 현상으로는 직무전문화(job specialization) 또는 분업(division of labor)과 부문화(departmentation)가 있다.[6)]

1) 직무전문화(분업)

여기에서는 분업의 필요성, 장점, 그리고 요건에 대해 알아본다.

① **분업의 필요성** : 인간은 신체적, 지적, 보유기술, 보유지식 등에서 제한된 능력을 지니고 있고 또 이것은 개인간에 서로 다르기 때문에, 조직의 업무를 한 사람이 다 감당할 수는 없고 분업을 하여야 한다.

② **분업의 장점** : 분업의 일반적 장점은 조직원의 효율성이 증대된다는 점이며 세부적인 장점은 다음과 같다.[7)]
- 업무습득 기간이 단축되어 훈련비용이 절약된다.
- 과업 수행에 대한 숙련도가 높아진다.
- 사용 설비의 창안이나 개선방안 제안을 고무시킨다.

③ **분업의 요건** : 분업의 주요 요건은 다음과 같다.[8)]
- 업무량이 분업을 할 수 있을 정도로 충분하여야 한다.
- 업무가 여러 개의 직무로 세분화될 수 있어야 한다.
- 분업 관련 요소들(업무량, 원료의 공급량과 질, 업무와 제품의 표준과 기술 등)이 안정적이어야 한다.
- 분업체계 전체의 효율성은 부분요소들간의 상호의존성과 그 효율성에 달렸다는 점을 인식하고, 분화된 업무들을 상호간에 통합하고 조정하는 장치가 필요하다.[9)]

2) 부문화

부문화(departmentalization)는 한 조직내에서 분업으로 나타난 여러 전문가들을 유사한 직무별로 집단화(grouping)하는 것을 말한다.[10)] 부문화의 필요성으로는 직무 전문화의 이점을 부문화에서도 얻을 수 있다는 점, '통제폭'을 초과하는 조직원을 효과적으로 관리하기 위해서라는 점 등을 들 수 있다.[11)]

부문화는 기준에 따라 여러 가지 방식으로 구축할 수 있는데, 여기서는 네 가지 방식을 살펴보기로 한다. 그런데 실제에 있어서 조직은 복수방식을 혼합하는 경우가 흔하다.[12)]

① 직능별 부문화

직능별(functional) 부문화는 전통적이고 일반적인 방식으로서, 주요 전문직능별로 집단화하여 직무할당을 하는 방식이다. 직능별 부문화의 방식으로는 다음 두 가지를 들 수 있다.[13)]

- 관리기능별 부문화 : 생산 · 판매 · 재무 · 인사 · 회계 등 병렬적 관리기능별 또는 기획 · 조직 · 통제 등 직렬적 관리기능별로 분할하는 방식
- 기술별 부문화 : 생산에 여러 기술이 사용되는 경우에 개별기술 또는 주요기술 범주별로 분할하는 방식

직능별 부문화 방식은 전문화된 인력을 통합하여야 하는 조직에 적절하다. 또한 이 직능별 부문화는 조직성장의 초기 단계에서 나타나며, 이후 다른 유형의 부문화가 이어지는 것이 일반적이다.

직능별 부문화의 주요 장점은 다음과 같다.[14)]

- 전문화 원칙을 따르므로 인적자원을 효율적으로 활용할 수 있다.
- 부문별로 전문화를 촉진시켜 능률을 높일 수 있다.
- 부문별 관리자가 해당 분야의 전문가이기 때문에 부서 자체적 감독 및 조정이 용이하다.
- 최고경영진 입장에서는 조직 전체에 대한 강한 통제력을 지닌다.
- 교육 · 훈련이 단순화된다.

그러나 직능별 부문화는 다음과 같은 단점도 있다.[15)]

- 전사적 결과에 대한 부문별 책임이 모호해진다.
- 조직이 경직되어 환경변화에 대처하는 유연성이 낮아진다.
- 부문간 정보교환과 의사소통이 부실하여 조정이나 협조가 쉽지 않다.
- 부문간 이기주의로 전사적 의사결정이나 목표 추구에 어려움을 줄 수 있다.
- 전사적 조정 · 통제 · 의사결정 기능과 이윤, 업적 등 결과의 책임이 모두 최고경영진에 부여되어 이들의 부담이 상당하다.
- 부문관리자는 특정 분야의 부문전문가 역할에 그치기 때문에 전반관리자로의 양성이 제한된다.
- 지역별, 제품별 또는 고객별 관심이 낮아진다.

② 지역별 부문화

지역별(territorial) 부문화는 조직의 활동대상 지역별로 부문화를 하는 방식이다. 이 방식에서 지역별 모든 활동은 지역별 최고관리자에게 집중되어 보고된다. 이 부문화는, 특히 마케팅 활동이라든지 다국적 기업들이 선호한다.[16)]

지역별 부문화의 주요 장점은 다음과 같다.[17)]

- 각 지역별로 전문적 직원들에 의하여 지역별 고유의 상황을 고려한 의사결정이 이루어진다.[18)]
- 지역별 전문직원들의 의사결정 폭을 넓혀줌으로써, 분권화 차원에서의 관리활동 기회를 넓혀주어 전반관리자 양성을 조장한다.
- 지역 이해관계자와의 의사소통이 개선될 수 있다.

그러나 지역별 부문화는 다음과 같은 단점도 있다.[19)]

- 최고경영자가 지역적으로 분산된 부문들의 활동을 전체적으로 통제하기 어렵다.
- 서비스부문(구매 · 인사 · 회계 등)을 중앙이 제공함에도 불구하고, 지역별로 동일한 서비스부문을 중복하여 구축하려는 경향이 강하여 비용과 자원의 낭비를 가져온다.
- 지역별로 지역사정에 정통한 전반관리자의 확보가 쉽지 않다.

③ 제품별 부문화

제품별(product) 부문화는 생산하는 제품 또는 제품군이 복수인 경우에 제품 또는 제품군별로 사업부를 두는 부문화 방식이다.[20)] 이 방식은 제품 자체, 그 생산 · 시장 · 이익에 대한 일반적 책임을 각 사업부에 둠으로서 분권화가 된다. 그래서 이 부문화는 생산, 수요 등에서 제품 간에 다양성이 클 경우, 또는 특정 제품의 중요성이 클 경우에 적합하다.[21)]

제품별 부문화의 장점은 다음과 같다.[22)]

- 각 사업부가 자체 성과에 대해 책임을 갖는, 제한적이지만 독자적 특성을 띠어 전반관리자 양성이 용이하다.
- 각 사업부가 자체 내의 전문적 경영자원을 효율적으로 활용할 수 있다.
- 분권화가 이루어져 최고경영자는 일상적 업무에서 벗어나 전사적 문제에 몰두할 수 있는 여유를 제공한다.
- 전사적 성과에 대한 사업부별 기여도가 쉽게 파악되며, 동시에 이것은 사업부들의 업적 향상노력을 촉진시킨다.
- 특정 사업부의 부진이 다른 사업부에 거의 영향을 주지 않는다.
- 제품 관련 수요나 요청 사항들에 민감하게 대응할 수 있다.
- 제품과 서비스의 증대와 다각화를 도모한다.

제품별 부문화의 단점은 다음과 같다.[23)]

- 주요 직능별 기능을 모든 사업부가 독자적으로 유지함으로써 조직기구가 중복되어 자원낭비가 크다.
- 전반관리자를 포함하여 더 많은 인력이 필요하다.
- 사업부간에 협조가 어려운 편이다.
- 최고경영자에 의한 전사적 조정과 통제가 어렵다.

④ 고객별 부문화

고객별(customer) 부문화는 고객의 유형별 요구에 부응하여 조직을 고객지향적으로 부문화하는 방식이다. 그 전형적인 방식은 전체고객을 고객의 욕구, 필요 등에 따라 복수의 구별되는 집단으로 분류하여 사업부를 배분하는 것이다. 고객별 부문화는 종종 제품별 부문화와 유사하여 혼동되기도 한다.[24)]

사 례

■ 조직구조－Danfoss 社[25)]

Danfoss는 덴마크의 가장 큰 회사 중의 하나이다. 이 회사는 2003년 기준으로 전 세계에서 20억 유로의 매출액과 17,500명의 종업원들을 고용하고 있다. 이 회사는 (난방 및 불 제어용) 발광 자동 온도 조절장치, (냉각 및 공기조절용) 확장 밸브, 그리고 (장치제어용) 동력제어 장치 등과 같은, 산업용 제어 활동에 필수적인 광범위한 분야에서 장비를 생산하고 있다. 모든 제품은 3개의 사업부 조직(business segment)에서 관리되고 있다. 공장 네트워크는 21개국에 펼쳐져 있으며, 판매 네트워크는 서부 유럽, 동부 유럽, 북 아메리카와 멕시코, 아시아 태평양 등 100개가 넘는다. 그림 16-1은 이러한 Danfoss의 세계적 조직도를 보여준다.

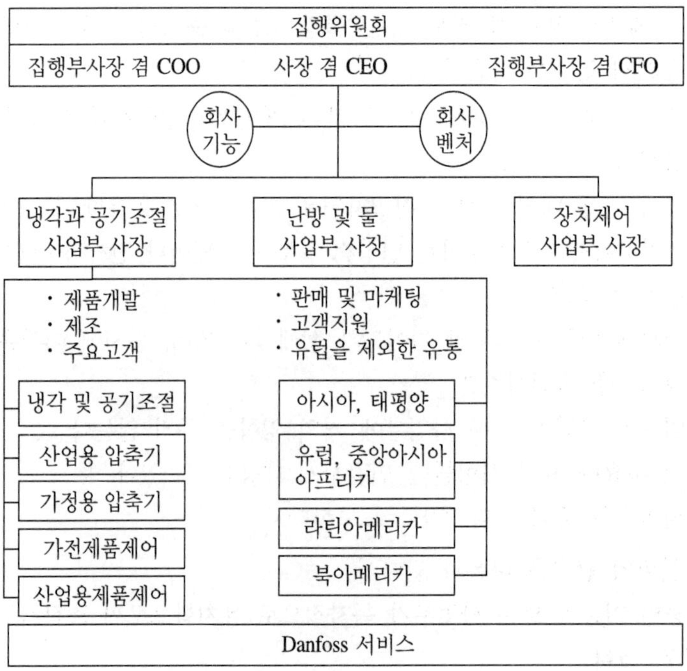

그림 16-1 Danfoss의 세계 조직도(organizational chart)[26)]
(특히 냉각기와 공기조절용 제품을 강조해서 자세히 표시하였음)

Danfoss는 1995년도 이전에는 홍콩에 있는 대리인을 통해서 중국 시장에서 소규모로 활동했다. 중국 정부는 외국 기업들이 중국 본토에서 제품을 생산하지 않는 한 본토에서 판매사무소를 설립하지 못하도록 규제했으므로, 홍콩 대리인을 통해 중국에 수출하는 것이 좋은 해결 방안이었다. 1996년도 Clausen이 최고경영자(CEO)로 취임하자, 그는 중국 본토에 본격적으로 진출하기로 결정하였다.

Danfoss는 지역 수요가 예상되는 두 가지 제품을 가지고 중국에서 사업을 시작하였다. 하나는 발광자동 온도조절장치를 새롭게 생산하는 것이고, 둘째는 냉각 및 공기조절용 확장 밸브 생산을 덴마크에서 이전해 오는 것이었다.

으뜸가는 매력은 중국이 거대한 잠재시장임과 동시에 노무비가 저렴하다는 것이었다. 중국 사무직원들의 임금은 덴마크에 비해서 1/5 내지 1/6 수준이었고, 육체노동자들의 임금은 1/10 수준이었다.

1996년, Danfoss는 베이징에서 남동쪽으로 90km 떨어져 있는 우칭 개발구에서 5,500m^2의 공장을 임대하여 생산을 시작했다.

50만 명의 인구를 가진 우칭지역은 다음과 같은 이유로 인해 선정되었다.

① 추운 북중국에서 발광자동온도조절장치에 대한 시장 수요에 대한 근접성

② 수출에 편리한 해안지역

③ 낮은 비용수준

④ 지방 정부의 협조적 태도

Danfoss는 중국에서 안정된 조직을 구축하는데 3년의 기간이 소요되었다. 중국 Danfoss사(China Company, CNCO)의 회사조직도를 표시하면 그림 16-2와 같다.

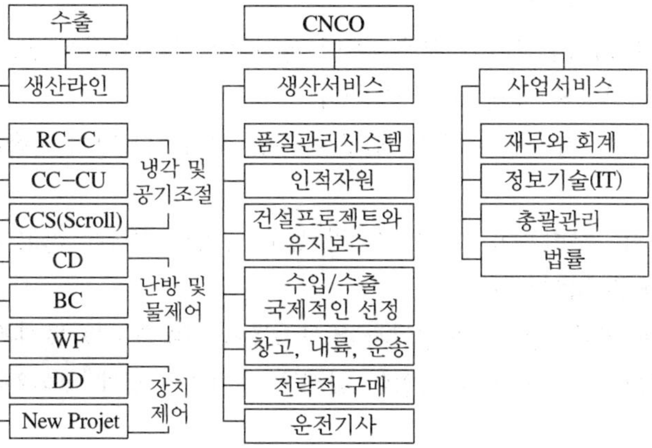

그림 16-2 CNCO 조직도[27)]

(2) 수직적 분화

수직적 분화는 조직구조의 깊이(depth)에 해당하며, 조직내 계층(layer)의 수로 파악된다. 수직적 분화는 수평적 분화에 비례하는데, 이는 조정의 필요성이 커지기 때문이다.

조직구조는 계층의 수에 따라, 계층이 많은 고층(tall) 구조와, 계층이 적은 평면(flat) 구조로 구분할 수 있다. 이 계층 수는 조직원 수보다는 통제폭(span of control)에 따라 결정된다.[28)]

1) 통제폭

통제폭은 한 관리자에게 직접 보고하는 부하의 수, 즉 한 관리자가 직접 통솔할 수 있는 부하의 수를 말하며, 관리폭(span of management)이라고도 부른다.

통제폭을 좁히면 계층수가 많아져 고층구조가 나타나고 또 관리자수가 많아지며, 통제폭을 넓히면 계층수가 적어져 평면구조가 나타나며 또 관리자수도 상대적으로 적어진다.[29)]

통제폭을 정할 때는 다음과 같은 몇 가지 영향요인을 고려해야 하는데, 다음은 그 주요 요인들이다.[30)]

① **경영층 위치 :** 일반적으로 고위경영층일수록 통제폭이 좁아지고, 하위경영층일수록 통제폭이 넓어진다.

② **방침의 명확성 :** 조직의 계획과 방침이 명확하여 부하가 과업을 분명히 알고 있을수록 통제폭은 넓어진다.

③ **부하의 직무성격 :** 부하의 직무성격이 유사하고 표준화되어 있고 일상적, 반복적, 비(非)전문적일수록 통제폭은 넓어진다.

④ **지원 :** 스탭 등 지원부서로부터 업무상 지원 서비스를 많이 받을수록 통제폭은 넓어진다.

⑤ **부하의 능력 :** 부하들이 동기부여도가 높고 능력과 경험이 많고 잘 훈련되어 있을수록 통제폭은 넓어진다.

⑥ **정보전달과 의사소통 :** 정보전달과 의사소통이 원활할수록 통제폭은 넓어진다. 근래에 정보통신 기술 발전에 힘입어 실제로 통제폭이 크게 넓어지는 경향이 나타나고 있다.[31)]

⑦ **평가기준 :** 부하의 직무수행 평가기준이 명확할수록, 감독 필요성이 적어져 통제폭은 넓어진다.

⑧ **공간적 분산 :** 부하들이 공간적으로 분산될수록, 의사소통문제 때문에 통제폭은 좁아진다.

⑨ **경영철학 :** 경영철학이 종업원의 참여를 권장하고 지원적이면 통제폭은 넓어진다.

⑩ **환경의 안정성 :** 환경이 불안정할수록, 수시로 긴밀한 조정이 요구되므로 통제폭은 좁아진다.

2) 고층구조와 평면구조

이들 두 구조간 선택은 서로 장단점이 있으므로 조직의 목표달성에 비추어 일반적 우열은 가리기 힘들며, 다만 주어진 조직의 특성과 상황을 고려하여 적합한 조직구조를 선택하여야 할 것이다. 고층구조 조직과 평면구조 조직간 주요 특성을 비교하면 다음과 같다.[32)]

① 고층구조의 특성

일반적으로 고층구조 조직은 위계질서의 확연한 구분과 철저한 통제, 엄격한 규율의 특징을 보이고, X이론의 인간관에 바탕을 두며, 관료제 구조나 군대조직이 전형적이다.

다음은 고층구조 조직이 갖는 상대적 장점이다.[33)]

- 관리자의 직속부하수가 적어 부하에 대한 긴밀한 감독과 유대관계를 구축할 수 있다.
- 정보흐름이 여러 계층을 거치므로 오류나 미비점들을 발견하여 보완하기 쉽다.
- 관리자는 통제부담이 적기 때문에 특히, 상위 관리자들은 전략적 · 장기적 문제에 대한 숙고 여유를 갖을 수 있다.

반면에 고층구조 조직은 다음과 같은 단점도 가지고 있다.[34)]

- 긴 의사소통 경로는 정보의 지연이나 부정확, 왜곡을 초래할 수 있다.
- 인접 계층간에는 직능차이가 적어서 직능의 구분이 모호해지기 쉬워 혼란을 줄 수 있다.
- 엄격한 위계적 통제로 부하들의 자율성이나 창의성이 억제되고 직무동기를 낮춘다.
- 관리계층의 기구와 인원이 증가된다.

② 평면구조의 특성

일반적으로 평면구조 조직은 Y이론의 인간관에 바탕을 두며, 다음과 같은 장점을 지니고 있다.[35)]

- 의사전달이 신속하고 정확해진다.
- 분권화를 촉진시킴으로써 부하들에게 자율성과 창의성을 발휘할 것을 조장한다.
- 계층간 직능차이가 명확화되어 권한과 책임의 구분이 확연해진다.
- 관리계층의 기구와 인원을 감축할 수 있다.

반면에 평면구조 조직은 다음과 같은 단점도 지닌다.[36)]

- 직속부하에 대한 광범위한 감독이나 접촉이 힘들어진다.
- 관리자에게는 광범위한 감독능력을, 부하들에게는 자율적이고 창의적 능력이 요구된다.

사 례

■ 신축적 계층구조－하이얼 그룹[37)]

'하이얼' 그룹은 본사가 '칭따오(靑島)'에 있다. 하이얼은 중국의 가전제품 시장에서 30%의 시장점유율을 가지고 있다. 1984년에 창립되었으며, 현재 약 3만여명의 종업원을 보유하고 있다. 전 세계의 가전제품제조업자들 중 5위를 차지하고 있으며, 냉장고 부문에서는 '월풀(Whirlpool)' 사에 이어 세계 2위를 차지하고 있다.

1980년대 중반 이후, 이 회사는 제품 계열을 냉장고에서부터 에어컨디셔너, 전자오븐, 진공청소기 같은 백색가전제품 뿐만 아니라 휴대전화 및 텔레비전에 이르기까지 확장하고 있다.

하이얼은 150여국에 제품을 수출하고 있으며, 중국의 외부에도 22개의 생산 설비와 18개의 디자인센터를 가지고 있다.

하이얼이 채택하고 있는 조직구조는 '신축적' 계층구조이다. 신축적 계층구조란 최고 경영층이 전략 목표, 생산기술, 제품 품질, 생산 공정의 효율성 등에 대하여 '상의하달(上意下達)'식으로 조직 전체의 우선순위를 설정해 주고, 중간 관리자 및 종업원들은 자신들이 달성해야 할 목적을 설정함에 있어서 상당한 재량권을 가지고 협상할 수 있으며, 또 그렇게 해서 결정된 목적을 실행하는데 있어서 자율권을 주는 구조를 말한다.

최고 경영자는 적극적으로 또 거의 독재적으로 우선순위를 결정한다. 이 점에서 하이얼은 전통적 구조를 닮았다. 반면에 경영자 및 종업원들은 자신들의 특정한 목표를 결정함에 있어서 참여하며 또 그 목적을 달성하는 방법에 대해서는 광범위한 재량권을 가진다. 즉 하이얼은 전략적 우선순위 결정은 상의하달식 구조이지만, 그 집행에 있어서는 신축적인 구조인 것이다.

---

2. 공식화

조직의 공식화(formalization)란 조직 내에 직무에 대한 규칙설정 또는 표준화의 정도라고 할 수 있다. 즉, 공식화란 조직구성원 및 관련자들이 누가・언제・무엇을・어떻게 해야 하는가를 어느 정도로 명시적으로 규정할 것인가 하는 문제이다.[38)] 조직은 목표달성의 한 수단으로 공식화를 통해서 조직원의 행동을 규제하고 표준화된 절차에 따라 목표를 지향하게 한다.

(1) 공식화의 필요성

다음은 공식화가 필요한 주된 이유이다.[39)]

• 직무의 합리적이고 효율적 수행을 도모한다.

• 조직원의 행동을 정형화하여 그 가변성을 줄이고 예측과 통제를 용이하게 한다.

• 직무의 모호성이 줄어들어 수행상의 중복, 혼란, 비능률이 최소화된다.

• 고객들에 대한 공평성이 제고된다.

(2) 공식화의 특성 및 문제점

조직의 공식화에는 몇 가지 특징 및 이로부터 파생되는 문제점들이 나타나는데, 다음은 그 주요한 것들이다.[40)]

- 공식화에는 규칙과 절차에 기초하는 관료제 특성이 포함된다. 이는 공식화가 비인간화 등 관료제의 역기능도 내포함을 의미한다.
- 공식화 조직에서는 조직원이 사전에 정형화된 규정에 따라 직무를 수행한다. 여기서 조직원에게 재량권(discretion), 자율성, 대안행동(alternative behavior)의 발휘 여지는 매우 적어진다.
- 현상유지적이고 보수적 성격을 지니므로 혁신, 도전 등 변화에는 소극적이며, 이는 조직원에게 창의성보다는 수동적 태도를 요구한다.

(3) 공식화의 도입전략

조직이 공식화를 도입하는 전략으로 크게는 조직 내부에서 공식화를 새로이 구축하는 방안과, 조직 외부에서 조직이 원하는 공식화를 훈련 등으로 체득한 인력을 채용하는 방안을 구별할 수 있다. 전자를 직무상(on-the-job) 공식화, 후자를 직무외(off-the-job) 공식화라고 부른다.

직무상 공식화은 주로 미숙련 인력을 대상으로 하는 데 비해, 직무외 공식화는 전문인력을 대상으로 한다.[41)]

3. 집권화 및 분권화

조직의 집권화(centralization)란 분권화(decentralization)와 함께 조직 내에서 권한(authority)이 어느 계층에 치우쳐 위치하는가에 대한 상태를 말한다. 집권화는 권한이 상위층에 집중된 상태를 가리키며, 분권화는 권한이 하위층으로 분산된 상태를 뜻한다.

여기에서는 집권화의 요인과 장단점, 그리고 분권화의 요인과 장단점 및 그 종류에 대해 살펴본다.

(1) 집권화의 요인

집권화의 정도를 높이는 요인들에는 다음과 같은 것이 있다.[42)]

① **결정사항의 중요성 :** 결정할 사항이 기업의 경영상 중요한 것일수록 이를 하위계층에 위임하기는 어려워지며, 따라서 권한은 상위계층으로 가게 된다.

② **통일성 :** 조직활동에서 통일성이 특히 요구될수록 집권화된다.

③ **관리자의 부족 :** 분권화를 하기 위해서는 경영관리를 자율적으로 수행할 수 있는

경험, 능력을 갖춘 관리자가 필요하다. 이러한 관리자가 부족하면 분권화가 지장을 받는다.

④ **정보화 :** 정보통신의 발달로 경영관련 정보가 신속히 중앙집중적으로 처리되고, 정보전달이 원활할수록 분권화의 필요성은 줄어든다.

(2) 집권화의 장 · 단점

집권화의 주요 장점은 다음과 같다.[43)]

① 정책, 기획, 결정 등 관리활동이 통일되어 표준화의 혜택을 볼 수 있다. 이는 고객에 대해서는 표준적 제품과 서비스를 제공할 수 있게 해준다. 또 회계절차, 보고서 등이 통일되어 부문간 성과비교도 쉬워진다.

② 최고경영진이 경영에서 많은 경험과 높은 능력을 지닌 경우에는 이를 전사적으로 활용할 수 있게 된다.

그러나 집권화는 다음과 같은 단점도 가지고 있다.

① 집권적 조직일수록 최고관리층이 독재적으로 지배하려는 경향이 강하므로, 각 부문 관리자의 창의성 발휘가 억제되고 사기가 떨어진다.

② 집권적 조직일수록 관리계층의 단계가 증가하여 명령 · 지시가 신속 · 정확성을 잃게 되고, 경영정보의 보고가 늦어질 우려가 있다.

(3) 분권화의 요인

분권화의 정도를 높이는 요인들에는 다음과 같은 것이 있다.[44)]

① **경영규모 :** 경영규모가 커질수록 경영관리는 복잡해진다. 이 경우에는 권한을 분산하여 각 부문에서 전문화의 원칙에 다른 결정과 집행이 가능하도록 분권화를 하는 것이 합리적이다.

② **환경변화 :** 기술변화를 포함하여 경영환경의 급변은 기업의 적응을 요구하며 이러한 분위기는 분권화를 촉진한다.

(4) 분권화의 장 · 단점

분권화의 주요 장점은 다음과 같다.[45)]

① 권한이 위양되므로, 각 부문관리자는 자주적 · 창의적으로 관리활동을 할 수 있다. 따라서 이들의 사기가 높아지고 책임감도 강해진다.

② 권한의 위양으로 인하여 관리계층의 단계가 감소되므로, 의사소통이 신속하고 정확하게 이루어진다.

③ 최고관리층이 일상적 업무에 대한 부담을 덜어 보다 중요한 업무에 전념할 수 있다.

④ 제품의 다양화와 경영의 다각화를 기할 수 있으므로, 시장에 있어서의 위험을 분산하고 경영의 합리화를 지향할 수 있다.

⑤ 관리자들은 평소에 자주적으로 의사결정을 행하게 되므로 유능한 경영자를 양성할 수 있다.

그러나 분권화는 다음과 같은 단점도 지니고 있다.[46)]

① 독자적으로 연구개발, 구매, 판매, 회계 등의 업무를 수행하게 되는데, 이들 업무는 부문간에 중복되므로 비용과 자원의 낭비가 초래된다.

② 같은 고객을 상대로 부문간에 경쟁을 하는 경우에는 부문간에 이익이 대립되고 불화를 초래할 수 있다.

사 례

■ **권한 위양－LG 전자社**[47)]

'LG전자'는 상하이 지점(分公司)을 분리하여 난징(南京)과 항조우(杭州)에 각각 지점을 설치하면서, 그 두 지점 책임자를 중국인으로 임명하여 해당 지역 유통관리권을 위양하였다.

LG전자 상하이 지역 유통을 책임지고 있는 '전창수' 상무는 "중국인에게 1년에 수십억 원에 달하는 유통을 맡긴다는 것 자체가 모험이라는 생각이 들었지만, 중국 비즈니스를 한 단계 높이기 위해서는 현지화가 필수라는 생각에서 이렇게 결정했다. 그런데 중국직원들은 '나도 지점의 장(長)이 될 수 있다'는 목표의식을 갖게 되면서 회사에 대한 충성도가 높아졌으며, 실적이 좋아지고 시장침투력도 더 높아졌다"고 말했다.

(5) 분권화의 종류

분권화는 몇 가지 기준에 의하여 분류할 수 있다.

① **연방적 분권화와 직능적 분권화**[48)] **:** 연방적(federal) 분권화는 조직구조가 단위적 분화에 따라 형성되는 방식이며, 사업부제라고도 한다. 즉, 기업은 여러 활동을 각각 독자적 제품·지역·고객 등을 가지는 독립채산단위로 조직화하고, 그것이 독립적 관리단위로 운영되도록 한다. 직능적(functional) 분권화는 조직구조가 직능적 분화로 이루어진다. 즉, 관리과정의 주요 직능별로 단위(unit)를 설정하고, 여기에 최대한의 권한과 책임을 위양하여 구축한다.

② **수직적 분권화와 수평적 분권화 :** 수직적(vertical) 분권화는 권한을 계층별로 하향시켜 분산시키는 방식을 가리키며, 수평적(horizontal) 분권화는 권한을 기능별로 횡적으로 분산시키는 방식이다.[49)]

16-3 조직설계의 상황 차원

조직구조는 여러 가지 상황변수의 영향을 받는다. 주요한 상황변수로는 조직의 규모, 기술, 환경, 전략, 권력통제 정도 등을 들 수 있다.[50] 이들 중 조직의 규모, 기술, 환경은 외생적 또는 객관적 상황변수, 권력통제 정도는 내생적 또는 주관적 상황변수라고 구분할 수 있다. 아래에서는 이들이 조직구조에 미치는 영향에 대해 알아보기로 하자.

1. 조직규모의 영향

여기에서는 조직규모의 개념을 살펴본 후, 규모 증가가 조직구조에 미치는 영향을 알아보기로 한다.

(1) 조직규모의 개념

조직규모(organizational size)를 파악하려면 그 차원을 정하여야 한다. 이 차원으로는 우선, 킴벌리(J. Kimberly)에 따르면 조직의 종업원 수, 투입물이나 산출물(매출 등), 보유한 부(富) 또는 순자산(純資產, net asset) 등 활용가능한 모든 자원(resources), 물리적 능력이라는 네 가지를 들 수 있다. 그런데 이중에서 일반적으로는 종업원 수가 대다수의 연구에서 채택되었다.[51]

(2) 조직규모와 조직구조 간 관계

여기에서는 조직규모 증가가 조직구조의 복잡성, 공식화, 집권화에 미치는 영향을 알아보기로 한다. 여러 연구결과를 종합하면, 규모가 조직구조에 상당한 영향을 미친다는 주장과, 별다른 영향이 없다는 쪽으로 양분되어 있다. 그럼에도 대체로 말하자면 어느 정도는 영향을 미친다고 할 수 있다.[52]

① **규모와 복잡성 :** 조직규모의 증가는 조직의 복잡성을 증가시키지만, 그 증가율은 점감하는 현상을 나타내는 편인 것으로 연구되어 있다. 한편, 규모를 역으로 구조의 종속변수로 보기도 한다. 즉, 구조의 분화에 의해 규모가 증가될 수도 있다는 것이다.

② **규모와 공식화 :** 조직규모확대는 조직의 공식화 수준을 높이는 경향을 보인다. 즉, 조직규모가 커지면 경영자가 종업원을 통제하는 방법 중 직접적 감독보다는 규정·규칙 등 비인적 수단이 보다 효율적이기 때문이다. 단, 조직의 하위단위가 클 경우에는 역으로 공식화는 낮아지는 편이다.

③ **규모와 집권화 :** 조직규모의 증가는 조직의 분권화를 증대시키고, 집권화는 약화시키는 편이다. 특히, 분권화는 공식화 증가와 동반하는 경향이 강하다.

2. 기술의 영향

여기에서는 기술의 공통적 차원인 일상성(日常性) 면을 중심으로 기술이 조직구조의 복잡성, 공식화, 집권화에 미치는 영향을 살펴보기로 한다.[53)]

(1) 기술과 복잡성

기술을 일상적 기술과 비일상적 기술로 분류하면, 전자는 복잡성이 낮고 후자는 복잡성이 높다. 복잡성이 낮은 기술은 조직구조의 복잡성도 낮추는 반면에, 복잡성이 높은 기술은 복잡성도 높이는 것으로 나타나는 편이다.

(2) 기술과 공식화

기술의 일상성 수준이 높을수록 작업규칙의 명시화 등 공식화가 두드러진다. 또한 기술의 불확실성이 클수록 공식화 수준이 낮게 나타나는 편이다.

(3) 기술과 집권화

기술의 일상성 면에서는, 기술과 집권화의 절대적 관계보다는, 그 중간에 조직구조의 공식화 수준을 매개변수로 개입시켜야만 상대적 관계로 나타난다. 즉, 조직구조의 공식화 수준이 낮으면 일상적 기술일수록 구조의 집권화 양상이 나타나지만, 공식화 수준이 높으면 일상적 기술은 도리어 분권화를 보인다. 또한 기술의 불확실성이 클수록 조직구조의 집권화 수준은 낮아진다.

3. 환경의 영향

여기에서는 환경의 불확실성과 복잡성 차원을 중심으로 환경이 조직구조의 복잡성, 공식화, 집권화에 미치는 영향을 살펴보기로 한다.[54)]

(1) 환경과 복잡성

일반적으로 환경의 불확실성이 클수록 조직구조의 복잡성도 증가하는 편이다.

(2) 환경과 공식화

환경의 불확실성과 조직구조의 공식화는 일반적으로 반비례 관계를 보인다.

(3) 환경과 집권화

환경이 단순할수록 조직구조는 집권화 경향이 높아지는 반면에, 환경이 복잡하면 조직구조는 분권화 경향을 보인다. 또한 환경의 불확실성이 클수록 조직구조는 분권화 경향이 높아진다.

4. 권력작용의 영향

여기에서는 권력의 개념을 보고 권력작용이 조직구조에 주는 영향을 알아보기로 한다.

(1) 권력의 개념

권력(power)을 간단히 정의하면, 한 주체(개인 또는 집단)가 어떠한 결과를 얻기 위하여 다른 주체의 행태에 영향력을 발휘할 수 있는 능력이라고 할 수 있다.[55] 권력은 다음과 같은 몇 가지 특성을 보인다.[56]

① **자원의 지원** : 권력이 실효적으로 행사되려면 행사자는 이에 필요한 자원을 보유하고 있어야 한다.

② **의존적 관계** : 권력 행사에 필요한 위 자원의 가치는 이 자원에 대한 권력 피(被)행사자의 의존도가 높을수록 커진다.

③ **행동지향적 능력** : 권력 자체는 능력의 일종이지만, 상대방에 대해 행사될 때 실효적이 되므로, 정태적이기보다는 동태적 특성을 띤다.

(2) 권력과 조직구조 간 관계

권력 행사자는 일반적으로 자신의 통제력을 극대화시키려고 하기 때문에, 가능하다면 조직의 복잡성은 최소화되고 공식화와 집권화는 최대화되는 조직구조를 선호한다.[57]

16-4 조직문화 및 기업문화

이 절에서는 기업문화의 개념과 특성, 그리고 그 중요성에 대해 살펴보기로 한다.

(1) 조직문화와 기업문화의 개념과 특성

문화(culture)는 사회의 구성원들이 공유하는 가치관과 신념, 이념과 습관, 규범과 전통, 지식과 기술 등을 포함한 거시적이고 종합적 개념으로서, 사회구성원의 행동에 중요한 영향을 주고, 사회 구성원들의 행동과 사회체계를 형성하며, 이들을 연결 및 조정하는 총합요소라고 정의할 수 있다.[58]

조직문화는 위 거시적 개념인 문화를 미시적 조직체 수준에 적용한 것이다. 즉, 조직문화란 한 조직체의 구성원들이 공유하는 문화로서, 구성원들과 조직체의 행태에 중요한 영향을 주는 요소라고 정의할 수 있다. 기업문화는 이 조직문화 개념을 기업체에 적용한 것이다.[59] 기업문화의 주요 특성을 정리하면 다음과 같다.[60]

① 기업문화는 기업체가 주어진 환경여건 속에서 자체 목적을 달성해 나가는 과정에서 형성된다. 따라서 기업문화는 오랜 기간을 통하여 형성되어 나간다.
② 사회문화와 개성처럼 기업문화도 일단 형성되면 쉽사리 변하지 않고 계속 유지된다.

(2) 조직문화와 기업문화의 중요성

조직문화와 기업문화는 구성원과 조직체의 행태에서 기준과 방향의 설정에 영향을 미칠 수 있다는 기능 면에서 중요하다. 그 밖에도 이러한 문화가 중요성을 띠는 근거가 되는 주요 기능들은 다음과 같다.[61)]

① 구성원들에게 정체성(正體性, identity)의식을 심어주며 이것을 통해서 그들을 결합시킨다.
② 구성원으로 하여금 대아(大我, great ego)의식을 갖게 하고, 자기보다 큰 어떤 것에 몰입하도록 만들어준다.
③ 사회적 체계로서의 안정성을 높여준다.
④ 조직의 유효성을 높일 수 있는 바탕을 제공한다.
⑤ 조직의 철학을 성립하게 하고 직무와 함께 인간이 중요하다는 신념을 심어준다.
⑥ 조직 구성원의 가치체계의 형성 및 변화에 영향을 준다.

사 례

■ 조직 문화 – 구어메이 전기(國美電器)社[62)]

구어메이전기는 중국 전역에 천개 이상의 체인점을 보유하고 있는, 중국에서 선두적인 생활가전업체이다.

조직문화(organizational culture)는 구어메이사의 원활한 발전을 위한 추진력이 되고 있다. 구어메이의 문화는 다음과 같은 다섯 가지의 상호 관련된 요소를 내포하고 있다.

① 혁신(innovation) : 혁신은 구어메이 역사상 가장 중요하다. 예를 들어, 회사의 목표인 "작은 이익, 그러나 빠른 회전율; 더 나은 서비스를 위한 투쟁"을 달성하기 위하여 체인점을 개설하였고, 베이징 석간신문 '여백' 에 광고를 하였고, 중간상인을 배제하고 직접 제조업자와 거래하였다. 구어메이는 신문을 통해 광고한 첫 번째 생활가전업체였다. 이 광고에서 구어메이는 상품과 가격정보를 포함하고 있었으며, 이것은 회사, 소비자, 공공 매스컴 사이에 좋은 광고를 구축하며, 소비자의 구매에 있어서 편리함을 제공하였다.
② 성실(integrity) : 성실은 구어메이 브랜드의 기초이다. 구어메이는 항상 제조업자들에 대하여 성실성을 유지했고 그들과 위험을 공유했다. 더 중요한 것은, 구어메이가 자신의 고객들과의 약속을 결코 어기지 않는다는 것이다. '불만에 대한 보상'과 '최저가격보장'은 고객들에 대한 성실성을 보여주는 좋은 예이다. 구어메이는 제조업체들과 고객들에

대한 성실성이 종업원들에 대하여 회사가 성실할 때에만 달성될 수 있다는 것을 믿고 있다. 따라서 회사는 모든 계층의 종업원들 사이에서 성실성을 매우 높게 평가한다.

③ 사기(morale) : 구어메이는 언제나 종업원들의 사기와 전문성을 강조하고 있으며, 필요한 훈련을 제공한다. 회사는 종업원들이 구어메이에 대하여 강렬한 소속감과 자부심을 느끼도록 많은 노력을 하고 있다.

④ 능력과 현지화(competence & localization) : 구어메이는 직원 채용시 공정성과 개방성의 원칙을 지키고 있다. 구어메이는 사내(社內)훈련을 위해 종업원들을 '난카이 구어메이 경영학교'에 보낸다. 이 학교는 구어메이가 직원들을 훈련시키기 위해 구어메이와 티엔진 난카이 대학에 2002년 5월 세운 훈련센터이다.

인적자원 관리에 있어서, 회사는 오직 '능력'에 의해서만 종업원들을 관리한다. 구어메이는 점포관리자와 종업원들의 성과를 측정·관리함에 있어서 'Last Out' 방식을 적용한다. 이 방식 하에서는, 두 달 연속 최악의 성과를 보인 종업원들은 자동적으로 해고된다. 구어메이는 종업원 현지화(employee localization)의 중요성을 믿고 있다. 따라서 총괄관리자부터 판매사원에 이르기까지 새로 채용된 모든 사람들은 구어메이의 문화와 운영시스템 속으로 통합될 수 있도록 본사로 보내져 두달간의 교육을 받는다.

⑤ 브랜드(brand) : 브랜드 구축과 유지 역시 강조되고 있다. 광고용 예산만 하더라도 매년 수천만 위엔에 달한다. 구어메이는 사세(社勢)를 확장하는 동안, 상품배열, 전단지(post) 및 종업원 복장 등을 포함한 체인점의 외관이 통일성을 유지하도록 큰 노력을 기울였다. 또 회사에서 발행하는 "구어메이 사보(社報)"는 회사의 결속력을 증진시키는 데 도움을 주고 있다.

■ 조직문화－Michelin Tire 社 [63)]

[미셰린 개관]

미셰린(Michelin)사는 세계를 주도하는 프랑스 타이어 업체로서, 전세계에 80개의 생산설비를 운영하고 있고, 세계 타이어 시장의 약 20%를 점유하고 있다.

2001년 3월부터 18개월간의 협상 끝에 미셰린은 당시 중국 최대의 타이어 생산업체와 합작주식회사 'Shanghai Michelin Warrior Tire Co. Ltd(SMW)'를 설립하였다. 미셰린은 SMW의 70% 지분을 소유하게 되었다.

이렇게 설립된 회사의 통합과정을 수월하게 하기 위해 미셰린은 원래의 경영진을 그대로 유지했다. 문화갈등 최소화를 위해 미셰린은 현지 경영능력의 양성이 중요하다고 강조했다. 마케팅, 판매 및 생산의 통합과 비교해 볼 때, '사람들의 통합'은 미셰린의 최대 과제였다. 미셰린의 비전은 모든 중국인 근로자들을 '하나의 큰 가족(one big Michelin family)'으로 통합하는 것이었다.

[미셰린의 조직문화]

미셰린의 조직문화는 다음과 같은 5가지 기본적인 가치에 근거를 두고 있다.

① 고객에 대한 존경 ② 사람에 대한 존경 ③ 주주에 대한 존경 ④ 사실(정직, 객관성, 현

실과 진실에 대한 공유된 비전)에 대한 존경 ⑤ 환경에 대한 존경이다.

미셰린은 '성과 및 책임헌장(Performance and Responsibility Charter)'을 만들어냈다. 그 헌장의 목적은 그룹의 5가지 가치들(values)과 그것들에 대한 실천 간의 격차를 측정하고 감소시키려는 것이다.

미셰린 그룹의 경영 파트너 겸 CEO인 'Edouard Michelin'은 다음과 같이 말했다. "회사의 성과는 단지 경제적 성과에 의해서만 측정되지 않는다. 그것은 또한 종업원들을 개발시킨 능력 또 회사를 둘러싸고 있는 지역사회 및 사회전체와 조화를 이루었는가에 의해 평가된다."

경영자들과 종업원들 간의 동등성(equality)을 강조하기 위해서, 미셰린은 다음과 같은 슬로건을 돌에 새겨 놓았다. "누구도 타고난 재능은 없다(Nobody owns the talents)!"

■ 문화적 갈등 – Guangzhou Peugeot Automobile社[64)]

[Peugeot 개관]

중국이 개혁·개방한지 일곱 번째 해가 되던 1985년, Peugeot Citroen은 중국시장의 거대한 잠재력을 믿고 중국에 진입하였다. Peugeot는 구앙동(廣東)지역에 있는 국영기업과 합작하여 'Guangzhou Peugeot Automobile Company, Ltd.(GPA)'를 설립하였다.

GPA의 실적은 실망스러웠다. 1985~1996년 기간 동안에, 이 회사는 겨우 10만대의 자동차를 생산했으며, 누적 손실액은 29억 위엔에 달했다. 1996년경에 GPA는 생산을 거의 중단했다.

[문화적 갈등]

GPA가 어려움에 봉착한 데는 많은 원인이 있겠지만, 그 중 하나는 '문화적 갈등'에서 찾을 수 있을 것이다. GPA의 전(前) 직원이었던 '이에 홍'은 GPA 근무할 때 느꼈던 자신의 감정을 다음과 같이 생생하게 기술하고 있다.

"대부분의 중국인 직원들은 프랑스어를 배우려고 열심히 공부하지만, 외국인들은 중국어를 배우지 않는다. 외국인들의 자부심은 언어에서뿐만 아니라 경영상의 모든 면에 존재하고 있다. 프랑스인 경영자들은 중국인 경영자들을 무시하는 경향이 있다. 왜냐하면 그들은 중국인 경영자들은 현대적인 경영기술과 경험이 결여되어 있다고 생각하기 때문이다.

그러다보니 중국인 경영자들은 프랑스 경영자들의 태도에 화가 났다. 어쩔 수 없이 그들은 비밀리에 회사에 무엇인가 좋지 않은 일을 할 것이다. 회사는 또한 고객들로부터도 아무 것도 배우지 않았다. Peugeot 모델 504와 505에 관해서 택시 회사들은 그 차종이 너무 많은 석유를 소비한다고 불평하지만, GPA는 이러한 불평들에 대해 귀를 닫고 있었다."

중간단계 경영자들과의 면담 및 설문지를 통하여 조사한 결과에 따르면, GPA의 경영자들과 종업원들 간에는 뿌리 깊은 문화적 분열이 존재하고 있었다.

"프랑스인들은 일에는 엄격하며 어떤 의견이든지간에 용감하게 표현한다. 중국인 종업원들은 상대적으로 함축적이며 또 좀처럼 직설적으로 말하지 않는다. 이로 인해 프랑스인이 지배하는 상황이 초래 되었으며 공동 경영(joint-management)을 한다는 것은 거의 불가능했다.

GPA는 Peugeot의 기능별 라인 구조를 이식시켰으며, 지휘 계층과 분업화를 강조했다.

Peugeot 시스템은 2세기 이상에 걸쳐 20개국 이상에서의 광범위한 경험에 바탕을 두고 있었으며, 종업원들에게 어떠한 참작도 할 필요 없이 규칙과 표준의 준수를 요구했다. 그러나 사실 대부분의 중국인 종업원들은 경쟁 없는 환경에서 일해 왔으며, 대다수는 게으르고 때때로 규칙을 무시해 왔다. 그래서 어떤 업무는 Peugeot 기준에 도달하지 못했다. 한 예를 들면, 어떤 자동차 부품들은 현지의 요구를 충족시킬 수 없었고, 따라서 몇몇 운영상의 오류가 발생하고 품질이 떨어지게 되었다.

중국인 종업원들이 이를 설명하는 데 어려움을 겪는 동안, 프랑스인 종업원들은 이에 대해 화를 냈다.

GPA의 시스템은 근본적으로 Peugeot의 시스템이었으며, 중국의 상황에 잘 맞지 않았다. 게다가 그들은 규칙과 표준의 실시 이전에 중국인 종업원들과 토의하지 않았으며, 중국인 종업원들은 그러한 규칙이나 표준에 저항했다. 프랑스 경영자들이 강제적으로 실시할수록 중국인 종업원들의 더 많은 저항만 초래했다. 그 결과 중국인 종업원들은 가능한 한 언제나 중국적 방식을 사용하려고 애썼으며, 프랑스인 경영자들이 회사의 시스템을 완벽하게 하려는 것을 도우려 하지 않았다. 프랑스 경영진 측의 거친 방법은 결국 파업을 초래하고 말았는데, 왜냐하면 중국인 종업원들은 프랑스 경영자들로부터 더 이상 모욕을 참을 수 없었기 때문이다."

이 조사에서 알 수 있듯이, 설문지의 3분의 2와 모든 피면담자들은 중국과 프랑스 파트너들이 투자 목적의 조절에 실패했다고 생각하고 있었다.

16-5 커뮤니케이션

여기에서는 기업조직에서의 커뮤니케이션(의사소통)에 대해 그 성격, 종류, 그리고 장애요인 및 그 개선방안에 대해 살펴보기로 한다.

1. 커뮤니케이션의 성격

여기서는 커뮤니케이션의 개념과 기능, 그리고 중요성에 대해서 살펴보자.

(1) 커뮤니케이션의 개념과 기능

집단에서 커뮤니케이션(communication)은 일반적으로 사람들 간에 의사, 정보, 정서를 전달하고 반응을 받는 과정이라고 정의할 수 있다.[65]

조직에서 커뮤니케이션의 목적 중 주된 것으로는 다음 세 가지를 들 수 있다.

① **행동 조정** : 조직원간의 적절한 커뮤니케이션은 구성원들 간의 개별적 행동들을 조정하여 조직목표를 지향하도록 한다.[66]

② **정보 공유** : 커뮤니케이션은 의사결정을 포함하여 조직활동에 유용한 정보를 구성

원간에 공유하게 해준다. 주요 정보로는 조직 목표, 개별 직무에 대한 방향, 수행 결과(성과 평가 등), 의사결정 내용 등이 있다.

③ **정서 표현** : 커뮤니케이션은 조직원들이 자신의 감정 등 정서적 표현을 하는 수단으로 쓰인다.[67)]

(2) 커뮤니케이션의 중요성

오늘날 기업조직에서 커뮤니케이션은 중시되며, 그 주요 이유로는 다음 세 가지를 들 수 있다.[68)]

① 경영규모가 확대되고 관리가 복잡화되면서 경영계층과 스탭(staff)이 증가하게 되었고, 이에 따라 계층 간 그리고 라인(line)과 스탭 간의 원활환 커뮤니케이션이 중요해졌다.

② 노조가 일반화되면서 노동자들의 입장은 노조를 통해 강화되었다. 그 결과, 경영진과 노조와의 커뮤니케이션이 중요하게 되었다.

③ 경영에서 인간관계가 중시되면서 종업원의 사기 증진에 커뮤니케이션의 역할이 커졌다.

2. 커뮤니케이션의 매체와 종류

여기서는 커뮤니케이션의 매체와 분류에 대해 알아보기로 한다.

(1) 커뮤니케이션의 매체

커뮤니케이션의 매체, 즉 전달수단으로는 다음 세 가지가 일반적이다.[69)]

① **문자** : 보고, 메모, 서신 등

② **구두** : 대면, 회합, 전화

③ **비구두** : 색상, 시간, 음량, 몸짓 등

(2) 커뮤니케이션의 종류

커뮤니케이션의 종류는 공식성과 비공식성, 또 의사결정 성립방향을 기준으로 하여 분류할 수 있다.[70)]

1) 공식성과 비공식성 기준 분류

공식성과 비공식성을 기준으로 하면, 공식적 커뮤니케이션과 비공식적 커뮤니케이션으로 구분된다. 전자는 공식적 조직 내에서 공식적 경로와 수단을 통해 이루어지는 커뮤니케이션을 가리키며, 후자는 비공식적 조직 내에서 비공식적 방식으로 이루어지는 커뮤니케이션을 뜻한다.

2) 커뮤니케이션 방향 기준 분류

커뮤니케이션을 그 방향으로 분류하면, 수직적 커뮤니케이션, 수평적 커뮤니케이션, 그리고 대각적 커뮤니케이션으로 구분할 수 있다.[71)]

① 수직적 커뮤니케이션은 상하 계층간 커뮤니케이션을 가리킨다.
② 수평적 커뮤니케이션은 동일 계층간 커뮤니케이션을 뜻한다.
③ 대각적 커뮤니케이션은 조직구조상 지위는 다르지만 동일한 명령계통에 속하지 않는 사람들 간의 커뮤니케이션이다.

3. 커뮤니케이션의 장애요인과 개선방안

여기서는 사람들간에 커뮤니케이션을 할 때 나타날 수 있는 장애요인과 그 개선방안에 대해 살펴보기로 한다.

(1) 커뮤니케이션의 장애요인

사람들간에 커뮤니케이션 과정에서 다양한 소음(noise)이 개입하여 전달자의 본의가 수신자에게 정확히 전달되지 않는 경우가 발생할 수 있다. 이 원인으로는 정보 자체의 문제, 매체(media)의 문제, 어의(語義)상의 문제, 지각(知覺) 및 동기요소, 언어상의 장애, 전문가의 고집에 의한 편견, 전달내용에 대한 오해, 왜곡된 의사소통 내용, 내용의 누락, 전달된 내용의 과도한 보류 등을 제시할 수 있다.[72)]

(2) 커뮤니케이션의 개선방안

커뮤니케이션을 개선하기 위해서는 위에서 제시한 장애요인들을 줄여야 한다. 이를 위한 몇 가지 유력한 방안들을 정리하면 다음과 같다.[73)]

① 전달자는 수신자 입장을 고려하여 그의 특성에 맞는 언어, 메시지 내용, 전달방식 등을 선택하고 구성해야 한다.
② 수신자는 메시지를 경청하고, 전달자 입장에서 그의 의도를 파악하려 한다.
③ 시간적 불일치나 여유 없음을 극복하기 위하여 구성원 간의 커뮤니케이션 시간을 설정해 둘 수 있다.
④ 비공식 커뮤니케이션은 공식 커뮤니케이션을 보완하는 기능이 있으므로 이를 적극 활용하도록 한다.
⑤ 동일한 내용을 반복하여 전달함으로써 전달의 정도를 제고할 수 있다.

현장 정보

■ 커뮤니케이션 : 중국인과 '差不多' 및 기타 애매한 표현[74)]

중국 사람들의 특징이 행동 면에서 '慢慢地(만만디),' 즉 '천천히, 느릿느릿'이라고 한다면, 사고(思考) 면에서는 '差不多(차불다, '차 부 뚜오')'이다. 이 표현은 "(정도 · 시간 · 거리 따위에서) 큰 차이가 없다. 거의 비슷하다. 대강 같다. 대충되다. 그럭저럭 되다"란 뜻인데, 무엇을 평가하거나 어떤 상태 또는 기분을 나타낼 때 흔히 쓰는 말이다.

예를 들면 "오늘 식사 어땠습니까?", "비싸지 않던가요?", "힘들었죠?", "영화가 재미있었나요?", "그 사람 마음에 드나요?", "지금 배가 고픈가요?" "요즈음 사업이 잘 되어가나요?" 등을 물었을 때, 중국인들은 거의가 '差不多'라고 대답한다. 이러다 보니 '差不多'는 듣는 사람에게는 여간 고역이 아니다. 특히, 자기의사 표시가 분명하고 따라서 상대방에게도 분명한 대답을 원하는 서양인들에게는 더욱 그렇다.

중국인들이 이렇게 '差不多'를 워낙 즐겨 흔히 사용하는 것을 보고 '후쿠오' 선생은 단편소설 ''差不多' 先生(차불다 선생 · '차 부 뚜오 시엔셩')을 써서 이를 비판하기도 하였다. 소설의 마지막에 差不多 先生은 병에 걸려 목숨이 경각에 달리게 되었을 때 가쁜 숨을 몰아쉬면서 "하기야 죽는 것도 '差不多' 아닌가" 라고 말한다.

'差不多' 외에도 중국인들은 주저하거나 완곡한 거절을 할 때, 흔히 다음과 같은 표현을 많이 쓴다.[75)]

- 고려고려(考慮, 考慮, '카오뤼 카오뤼') : 생각 좀 해보자.
- 연구연구재설(研究 研究 再說 · '이엔지우 이엔지우 짜이슈오') : 연구 좀 해보고 다시 얘기하자.
- 이후재설(以後 再說, '이호우 짜이슈오') : 나중에 다시 얘기하자.

제 17 장 인사 전략

이 장에서는 인사 전력의 구체적 내용으로 충원 전략, 인사고과 전략, 교육 · 훈련 전략, 복리후생 전략, 이직관리 전략, 그리고 노사관계 전략 등에 대하여 고찰하기로 한다.

17-1 서 론

인사 전략은 인적자원이 기업의 핵심적 자원이라는 점에서, 그리고 기업의 경쟁우위 확보의 중요한 원천의 하나라는 점에서 기본적 중요성을 가지며, 이에 더해 기업의 성과에 대해서도 영향을 미칠 수 있다는 점에서도 중시된다.

중국이 그동안 많은 해외 직접투자를 끌어들인 배경을 보면 거대한 내수시장 외에도 저렴하고도 풍부한 노동력의 존재가 결정적 이점의 하나로 작용하였다. 그런데 중국의 노동력과 인사제도 등은 문화적 차이, 과거 사회주의 체제로부터 시장경제 체제로 이전되는 과도기적 상황 등의 원인으로 서방의 노동력과 인사제도와는 상당한 차이를 보이고 있다. 그래서 서방의 합리적 인사관리 시스템을 일반적으로 적용하기가 쉽지 않은 경우가 흔하게 나타나며, 이러한 점들이 사업 실패로까지 연결되는 사례도 적지 않게 일어났다.[1]

그러므로 중국에 진출하는 외국인투자 기업은 중국의 인력자원과 인사제도의 특성을 고려하는 인사관리 전략을 구사해야 할 것이다. 그리고 인사관리 전략을 구사함에 있어서, 인사전략 관리자는 무엇보다도 먼저 인사관리 부서가 전략적으로 나아가야 할 방향(方向)인, 비전과 사명(미션)을 수립할 필요가 있다.

사 례

■ 인사관리부서의 비전과 미션 – Philips China 社[2]

Royal Philips Electronics는 1891년 네덜란드의 Eindhoven에서 설립되었다. 그 설립자인 Anton과 Gerard Philips의 목표는 "기술에 의하여 사람들의 삶을 증진시킨다"는 것이었다.

필립스(Philips)는 2002년 말 기준으로, 전세계에서 17만 여명의 종업원을 고용하고 있고 150여개 국가에서 판매와 서비스를 수행하고 있다. 필립스는 5개의 사업부문(lighting, consumer electronics, domestic appliances and personal care, semiconductors, 그리고 medical system)에서 대략 60여종의 제품을 생산하고 있다.

Philips Electronics(China) Group은 1985년 베이징에 첫 공장을 설립하였으며, 2002년에는 20개가 넘는 제조공장과 총 20,244명의 종업원을 거느리고 있다. Philips Electronics China 그룹의 인적자원관리 부서는 다음과 같은 비전(vision)과 미션(mission, 사명)을 가지고 있다.

① 비전 : "세계적 수준의 인적자원관리: Philips를 굉장한 일터로 만든다."

② 미션 : PEOPLE

- P : Partner in Business (사업상의 동반자)
- E : Enhance competencies (역량의 행상)
- O : Optimize Talent Managemen t(능력관리의 최적화)
- P : Promote Learning & Innovation (학습과 혁신의 촉진)
- L : Lead & Facilitate Change Management (변화관리의 선도와 촉진)
- E : Engage Employees (종업원의 마음을 끌어들임)

17-2 충원 전략

인적 자원의 충원(充員, staffing)은 기업이 필요로 하는 인력을 모집하고 선발하는 제반 활동이다. 충원 과정은 크게 모집, 선발, 배치의 세 단계로 이루어진다.[3] 이들 세 단계를 구체적으로 설명하기 전에, 중국에 진출한 기업이 활용할 수 있는 인적자원의 구성에 대해 먼저 간단히 살펴보자.

1. 인적자원의 구성

중국에 진출하는 외자기업이 활용할 수 있는 인적자원은 교육수준, 경력, 출신지역, 민족 등에 따라 다양하다. 그러므로 외자기업은 직무의 성격 등 필요요건과 인적자원의 상대적 특성을 고려하여 적절한 인적자원 구성을 하도록 해야 한다. 여기에서는 주요 인적자원의 종류에 대해 살펴보기로 한다.

(1) 당지인과 외지인

여기에서 당지인(當地人)은 기업 소재 지역의 인력을 말하고, 외지인(外地人)은 중국내 인력중 기업 소재지 밖의 인력을 말한다. 중국에서 외자기업의 경우, 채용시 원칙적으로 당지인을 우선적으로 채용하여야 하며, 소재지에 인력이 부족한 경우에 한하여 외지인을 고용할 수 있게 되어 있다.[4]

기업에서 당지인을 고용하는 경우와 외지인을 고용하는 경우에 각각 장단점이 있기 때문에, 외자기업 입장에서는 이 점들을 고려할 필요가 있다. 아래에서는 외지인 고용의 장

단점을 살펴본다. 당지인 고용의 장단점은 이와 대조적이라고 보면 될 것이다.

먼저, 외지인 고용의 장점을 보자. 일반적으로 외지인은 대개 농촌지역 사람들이므로, 상대적으로 인력이 풍부한 편이고 임금 수준도 낮으며, 근면성, 인내성 그리고 복종성이 비교적 좋은 편이어서 상대적으로 관리하기 쉬운 편이다.[5)]

반면에 외지인 고용의 단점도 적지 않다. 외지인 채용시 관련 당국에 외지인 관리비용 지불해야 하고, 외지인 노동자들의 기숙사 등 숙박문제를 해결해 주어야 하며, 교육수준이 낮고 문맹률이 높은 편이어서 생산성이 낮으며, 교육·훈련 비용이 많이 소요된다. 또한 외지인 사용은 호구제도나 치안유지와 관련하여 외지인의 유입에 대하여 신경을 쓰는 공안당국의 간섭이나 주목을 받게 된다.[6)]

(2) 본사(본국) 파견 직원과 현지채용 중국인

인적 자원 구성에서 본사파견 직원과 현지채용 중국인 양자 간의 배분은 본국파견 인력과 현지인간 장단점, 사업과 업무의 성격 등을 종합적으로 고려하여 하도록 한다. 양자 간 장단점을 비교하면 다음과 같다.

먼저, 파견 직원은 본사와의 관계에서 상대적 장점을 지닌다. 이에 비해 중국 현지인들은 회사에 대한 애사심과 근면성이 낮고 이직률이 높다. 그러나 현지 인력은 현지사정과 문화에 밝고, 비교적 인력이 풍부하며, 인건비가 저렴하다는 강점도 지닌다.[7)] 특히, 노무비 면에서는 파견 직원의 임금수준이 상대적으로 훨씬 높은 편이기 때문에, 이는 외자기업 입장에서 현지인 직원에 비해 높은 부담으로 작용하고 있다.[8)]

(3) 조선족

중국에 진출한 많은 한국 기업들은 조선족 인력을 통역 등 의사소통의 필요성 , 현지 사정에 밝은 점, 민족감정 등을 고려하여 많이 고용하는 편이다. 그러나 조선족 인력에 대한 지나친 의존이나 한족(漢族) 노동자에 비해 과도한 우대 등은 문제를 일으킬 소지가 다분하다는 점에서 주의하여야 한다.[9)]

조선족 인력은 학력, 능력, 품성 등이 다양하고, 이들의 통역이 불완전한 경우가 흔하며, 사고방식과 행태는 일반 중국인과 비슷하여 애사심이 높지 않아 이직율도 높다. 더욱이 이들은 중국 내에서는 소수민족으로서 이른바 주류계층에 속하지 않아, 사업상 인맥의 활용면에서도 실질적 도움이 못된다.

2. 모집 전략

기업이 필요로 하는 인력의 모집은 그 원천과 방식에서 여러 가지가 있으며, 각각 장단점이 다르기 때문에 기업의 전략적 선택이 필요하다.[10)]

(1) 모집 원천

기업이 필요로 하는 인력의 공급원(公給源)을 어디에서 찾느냐에 따라, 기업 내부에서 찾는 사내 모집(내부모집)과 외부에서 찾는 사외 모집(외부모집)으로 구분한다.[11)]

1) 사내 모집

사내 모집은 내부인력에 대해 승진, 전직, 직무 공고, 직무 응찰, 교육과 훈련, 재고용 등의 방안을 통하여 필요 인력을 조달한다.[12)]

사내모집은 외부모집과 장단점이 대조적인데, 먼저 사내 모집의 장점을 보면 다음과 같다.[13)]

① 모집 절차가 간편하다.
② 종업원에게 승진 기회를 제공하는 등으로 종업원의 사기를 높이고 동기를 유발시킬 수 있다.
③ 모집이나 신입직원의 훈련비용과 시간을 절약할 수 있다.
④ 외부인력 채용의 위험을 제거할 수 있다.

그러나 사내모집은 다음과 같은 단점도 있다.[14)]

① 내부인력은 행동이 관습화되어 있거나 타성에 젖어 있어서, 창의력과 변화에 대한 적응력이 부족하기 쉽다.
② 직원간 지나친 경쟁이나 파벌이 조성되기 쉽다.
③ 필요한 인력이 없거나 부족할 수 있다는 한계가 있다. 이 경우에는 인력을 외부에서 찾을 수밖에 없을 것이다.

2) 외부모집

외부 모집의 장점은 다음과 같다.[15)]

① 새로운 정보, 지식, 착상, 시각 등을 새롭게 공급받을 수 있다
② 외부인력의 잠재적 능력이 내부인력보다 큰 편이다.
③ 조직분위기 쇄신이 가능하다.
④ 인재 선택폭이 넓어진다.

반면에 외부모집의 단점은 다음과 같다.[16)]

① 충원비용이 더 든다.
② 신규인력의 조직 적응에 상당한 시간과 노력이 소요된다.
③ 내부인력의 사기와 동기 부여에 부정적 영향을 준다.
④ 신규인력과 내부인력간에 갈등이 생길 가능성이 있다.

사 례

■ 다국적 기업이 중국에서 우수 인력 채용에 시달리는 사례－로레알, 셸社[17)]

다국적 기업들이 중국 현지에서 우수한 인력을 채용하는 데 어려움을 겪고 있다.

화장품 회사 '로레알'은 중국 현지 채용인원이 3,000명에 이르고 있지만, 지난 2년간 매출액이 연평균 60%씩 늘어 업무량이 늘고 있어 추가 채용에 나섰다. 하지만 자격요건을 갖춘 지원자가 적어, 2004년도에는 22명의 대졸신입사원을 채용하는 데 그쳤다.

'셸(Shell)' 중국법인도 2004년도 채용공고를 낸 후 6,000여명의 지원자가 응모했으나, 면접 등의 과정을 거치며 최종선발 인원은 9명의 대졸 신입사원을 채용하는 데 머물렀다.

2004년도 3년제 전문대학 및 4년제 대학 졸업자, 석사학위 취득자는 모두 280만 명으로 2년 전에 비해 두 배로 늘어났지만, 대학교육의 질은 기계적 학습 등으로 인해 떨어지는 것으로 평가되고 있다.

■ 직원채용 계약 시 위약금 규정 조항 삽입[18)]

중국에 진출한 다국적 기업들은 기업이 원하는 우수 인력의 부족으로 심각한 인력난에 시달리고 있다.

인력난이 가중됨에 따라 경력직원의 이직을 방지하기 위해, 채용계약을 체결할 때 회사를 떠나 경쟁업체로 취업하면 '위약금'을 배상해야 한다는 조항을 삽입하는 회사들도 생겨나고 있다. 예를 들면 스위스의 ABB, 일본의 '샤프,' 독일의 '티센그룹' 등은 엔지니어를 채용할 때 이러한 위약금 규정을 계약서에 담고 있다.

현장 정보

■ 중국, 공무원 공채 시 외모 참고[19)]

중국 정부가 2005년에 공무원 전형요강을 발표하면서 일부를 여성에게 할당하겠다고 발표했는데, '외모를 참고한다'는 사실이 드러나면서 네티즌들이 들고 일어났다. 국영방송 CCTV가 관계당국의 말을 인용, '여성 응시자들은 미모가 받쳐주지 않는 한 합격할 가능성이 아주 낮다'고 보도한 것이 화근이었다.

요즈음 너나없이 외모를 따지게 되자 '용모(容貌) 자본'이라는 이상한 이론까지 등장했다. 미국 미시간 대학 '제프 비들' 교수가 주도한 연구팀이 네덜란드의 300개 광고회사 간부들에게 이른바 용모자본 개념을 도입하여 평가했더니, 잘 생긴 간부들이 많은 회사일수록 경영실적이 우수하더라고 발표했다. 회사 경영실적과 간부들 외모의 상관관계를 어떤 기준과 방법으로 조사했는지 몰라도, '못 생겨서 죄송한' 사람들로선 참을 수 없는 일이다.

한편, 외모 지상주의 풍조가 확산되자 말레이시아에서는 '미녀는 공직에 진출하지 못하도록 하자'는 엉뚱한 주장이 나오기도 했다. 1999년 말레이시아 이슬람교단 지도자가 "못 생긴 여성에게 공평한 기회를 주기 위해서 앞으로 미녀의 공직 진출을 금지해야 한다"고 주장한 것이다. 그의 주장에 따르면 아름다운 여성은 부자에게 시집갈 확률이 높기 때문에 굳이 공직에 진출하지 않아도 된다는 것이었다.

앞으로 자칫 외모에 대한 역차별로 잘생긴 사람이 '왕따'를 당해 "잘 생겨서 죄송합니다"를 외치는 날이 올지도 모를 일이다.

---

(2) 모집 방식

인력의 모집 방식에도 여러 가지가 있으며 그 장단점이 다르기 때문에 기업의 전략적 선택이 필요하다. 전통적 모집방식 이외에 사원추천 방식과 인터넷 모집 방식에 대해 살펴보기로 한다.

1) 사원추천 모집

이 방식은 직장 내 공석이 발생한 경우, 기존 종업원들에게 적임자를 추천하도록 하여 신규직원을 채용하는 방식이다. 이 방식의 주요 장점은 다음과 같다.[20)]

① 모집 비용의 절감　② 모집 원천의 신뢰성 제고
③ 우수 인력 확보 가능　④ 모집 시간 단축
⑤ 조직 적응력 높은 인력 확보 가능

이 방식은 다음과 같은 단점도 가지고 있다.[21)]

① 회사 내 인맥, 파벌 조성의 위험성　② 채용의 불공정성 위험

2) 인터넷 모집

이 방식은 인터넷을 통하여 모집하는 방식으로 전통적 방식에 비하여 여러 가지 혁신적 변화를 가져왔으며 '전자 모집(electronic recruiting)'이라고도 한다.[22)] 인터넷을 기반으로 한 이 방식이 전통적 방식에 비해 가지는 주요한 장점은 다음과 같다.[23)]

① 실시간 모집으로 모집기간을 단축시킬 수 있다.
② 모집 비용을 절감할 수 있다.
③ 외부의 전문적 자료나 경험을 활용할 수 있다.
④ 잠재적 응모자에 대한 자료를 데이터베이스를 통해 얻을 수 있다.
⑤ 기업의 홍보 전략으로도 활용할 수 있다.

사 례

■ 중국 온라인 채용시장 진출－커리어 다음社[24)]

채용정보업체인 '커리어 다음(www.career.co.kr)'은 업계 처음으로 중국 상하이에 '커리어 다음 차이나'를 설립하고 중국 현지인을 대상으로 사업에 나섰다. '커리어 다음 차이나'는 조선족을 포함한 현지인 14명으로 구성되어 있으며, 중국에 채용 정보 사이트인 '잡왕

(www.Jobwang.com)'을 개설하여 중국 내 구직자들과 기업을 상대로 채용 및 취업 정보 서비스를 시작했다.

회사 측은 중국 채용시장 규모가 현재 약 6천억 원 수준으로 급팽창하고 있지만, 아직 일간신문 등 오프라인 매체와 취업박람회가 주축을 이루고 있어 온라인 시장의 성장 전망은 밝다고 설명했다.

임준우 대표는 "현재 중국 채용시장은 오프라인이 주축이지만, 1억 명에 이르는 인터넷 인구나 중국 대학생층의 인터넷 활용도 등을 감안할 때, 3년 이내에 온라인 시장이 활성화될 것으로 보인다. 앞선 기술력과 서비스로 중국 온라인 리크루팅(채용) 시장을 선점할 계획이다"라고 밝혔다.

---

(3) 모집 원천과 방식의 선정

인력의 모집 원천과 방식들을 조합하여 구체적인 모집방식을 결정하기 위해서는 이들의 효과와 효율성에 대해 평가가 필요하다. 대표적 평가 기준으로는 비용, 시간, 산출률 등을 적용할 수 있다.[25]

3. 기타 의사결정

그밖에 충원 관련 의사결정 사항으로는 첫째, 고용 형태에서 채용결정 주체를 인사 부서로 할지 담당 상사로 할지를 결정하여야 한다. 둘째, 채용기준 및 기준별 가중치를 정하는 것이 중요하다. 예를 들어 조직문화와의 적합성을 중시할지 아니면 지원자의 기술이나 전문능력을 중시할지 등을 정하는 것이다. 셋째, 채용을 공식적 방식으로 할지 비공식적 방식으로 할지도 결정할 필요가 있다.[26]

현장 정보

■ 중국의 인력난[27]

세계 최대 인구대국인 중국의 인력난이 점차 심각해지고 있다고 각국에서 보도가 나오고 있다.

「뉴욕타임즈」는 (2005년 4월 3일) 중국 경제가 노동력 부족이라는 예기치 못한 문제에 직면했으며 이에 따라 노동자들의 협상력이 강화되고 있다고 보도했다. 이 신문은 "중국의 수출산업의 심장부라 할 수 있는 구앙동성과 푸젠성 지역에서는 현재 총 200만 명의 인력이 부족한 상태이며, 이 같은 노동력 부족은 지난 20여 년간 시행된 엄격한 산아제한 정책의 영향으로 풀이된다"고 설명했다.

전문가들은 중국의 노동력 부족 현상은 이제 시작일 뿐이며, 이는 임금인상 압력으로 작용해 저임금 생산기지로서 중국의 위치를 위태롭게 하는 것으로 분석하고 있다.

시카고 대학의 달리 양 교수는 "중국의 노동인구는 향후 15년간 감소세를 이어갈 것이며, 이에 따라 중국 노동자의 임금수준 및 노동환경이 계속 개선될 것"이라고 예측했다. UBS의 조나단 앤더슨 이코노미스트는 "더 이상 중국이 값싼 노동력을 바탕으로 외국 투자자본을 끌어들이기는 어려울 것이며, 앞으로는 베트남, 인도, 캄보디아 등이 중국의 자리를 대신할 것으로 예상된다"고 설명했다.

실제로 기업들의 인력난이 가중되면서 임금을 더 많이 주는 곳으로 직장을 옮기는 노동자들도 늘고 있고, 특히 공장에서 선호하는 농촌 출신 젊은 이주노동자들의 경우, 예전과 달리 임금이나 근로조건에 대한 발언권이 한층 높아지고 있다. 또 각 지방정부들은 이를 반영해 경쟁적으로 최저임금을 인상하고 있다.

17-3 인사고과 전략

이 절에서는 인사고과 전략의 기초와 고과방식의 선정을 고찰한다.

1. 인사고과 전략의 기초

여기에서는 인사고과(人事考課)의 성격과 차원에 대해 살펴보자.

(1) 인사고과의 성격

인사고과란 인적 자원의 유용성을 체계적으로 평가하는 것이다. 인사고과의 주목적은 종업원의 업적을 개선시키고 종업원을 개발시키는 것이며, 부차적 목적으로는 급여 수준의 결정, 차기(次期) 성과 목표의 설정 등이 있다.[28)]

(2) 인사고과의 차원

인사고과를 할 때 기본적으로 다음의 세 가지 차원에 대한 의사결정이 필요하다.[29)]

1) 고과의 주체

이것은 인사고과의 담당자를 누구로 할 것인가 하는 것이다. 전통적으로는 상급자가 하급자를 평가하는 하향식 평가가 일반적이었으나, 요즈음에는 고과주체가 다양화되어 동료에 의한 평가, 하급자에 의한 평가, 자신에 의한 평가 등과 같은 다양한 평가 방식들이 나타났다.[30)]

2) 고과의 내용

이것은 인사고과에서 무엇을 대상으로 평가할 것인가이다. 고과 내용은 크게 산출(output)요소인 '성과', 투입(input)요소인 '행동', 인성적 요소인 '개성'으로 구분된다.

먼저, '성과'는 다시 양적 성과와 질적 성과로 나눌 수 있다. '개성'으로는 예의, 도덕성, 창의성 등을 평가한다. '행동'은 다음과 같이 자격 요소, 의지적 요소, 사회적 행동의 세 범주로 세분할 수 있다.[31)]

① **자격 요소** : 업무관련 전문지식 · 기술 등

② **의지적 요소** : 근무태도, 업무추진력 등

③ **사회적 행동** : 협동, 고객 · 거래처와의 접촉행동, 도덕성 및 창의성 등

3) 고과의 용도

이것은 인사고과 결과를 주로 어느 용도로 쓸 것인가에 관한 것이다. 인사고과의 목적은 앞서 보았듯이 여러 가지가 있지만, 그 중에서도 어느 특정 목적에 치중해서 하는가에 따라 고과의 내용, 방식, 효과 등이 크게 영향받을 수 있다.[32)]

2. 인사고과 방식의 선정

인사고과 방식에는 다음과 같이 여러 가지 분류가 가능하며, 여기에는 전략적 결정이 필요하다.[33)] 이들 중 상대평가와 절대평가, 그리고 다면평가에 대해 살펴보기로 한다.

① 상대평가 대 절대평가 ② 일방평가 대 참여평가
③ 단면평가 대 다면평가 ④ 감점주의 대 가점주의
⑤ 비밀주의 대 공개주의

(1) 상대평가와 절대평가

상대평가는 종업원들을 상호간에 비교하여 상대적으로 평가하는 방식이고, 절대평가는 종업원들에 일정한 기준을 적용하여 절대적으로 평가하는 방식이다.

양 방식간의 장단점은 대조적인 편이며, 상대평가 방식은 평가목적이 종업원 보상이나 승진처럼 종업원들 간 우열을 나누는 것일 때, 절대평가 방식은 평가목적이 종업원 능력개발일 때 보다 효율적이다.[34)] 절대평가 방식의 단점은 관대화 경향, 고득점자 양산, 주관성, 편견개입 등의 문제이다.

상대평가 방식은 다시 순위법과 강제할당법으로 나누어진다.[35)]

① **순위법** : 이 방식은 피(被)평가자들 간에 순위를 매겨 평가한다.

② **강제할당법** : 이 방식은 사전에 평가등급 범위와 등급별 할당인원 수를 결정해 놓고 피평가자를 이에 강제로 할당한다.

절대평가 방식은 다시 도식척도법, 자유기술법 등으로 구분된다.[36)]

① **도식척도법** : 이 방식은 피평가자의 능력과 성과 등을 일련의 연속척도나 비연속척도로 평가한다.

② **자유기술법** : 이 방식은 일정한 형식 없이 피평가자에 대한 평가를 에세이 스타일 즉, 서술식으로 기록한다.

(2) 다면평가

다면평가는 전통적 방식인 상급자가 하급자를 평가하는 하향식 단면평가의 약점을 보완하기 위한 방식이다. 이 방식은 하향식 평가 외에 동료, 하급자, 고객 등에 의한 평가도 동시에 하여 종합적으로 평가하는 방식이다.

이 방식의 주목적은 피평가자에게 피드백을 줌으로서 그를 개발시키려는 것으로 적극적 성격을 띤다.

다면평가가 효과적이기 위해서는 다음과 같은 몇 가지 조건이 필요하다.[37)]

① 공정성 ② 정확성
③ 협조성 ④ 신뢰성
⑤ 익명성 ⑥ 수용성

17-4 교육 · 훈련 전략

이 절에서는 교육 · 훈련 전력의 기초와 주요 전략을 고찰한다.

1. 교육 · 훈련 전략의 기초

여기에서는 교육 · 훈련 전략의 성격과 종류를 알아본다.

(1) 교육 · 훈련의 성격

기업이 끊임없이 변하는 환경에 대응하면서 경영성과를 높이기 위해서는, 지속적으로 인력을 육성하고 개발하지 않으면 안 된다.

중국에서 외국인 투자기업으로서 중요한 것은 현지인 종업원들에 대한 교육 · 훈련이다. 이들은 아직 자본주의 경제체제에 충분히 익숙하지 않은 편이어서 직업의식을 고취시킬 필요가 크고, 또 아직은 학력이나 능력이 상당히 낮은 편이기 때문이다.[38)]

(2) 교육 · 훈련 전략의 종류

인력의 교육 · 훈련 측면에서 전략적 결정이 필요한 주요 사항들은 다음과 같다.[39)]

① 기업이 필요한 수준의 능력을 갖춘 인력 확보를 위하여 숙련된 기성 인력을 비교적 고임금으로 채용할지, 비교적 저임금으로 확보된 미숙련 인력을 훈련 · 개발할 것인가의 결정

② 훈련 · 개발을 종업원 개인별로 진행할 것인가, 집단적으로 진행할 것인가의 결정

③ 훈련내용 면으로는 직무별 전문 내용을 다룰지 것인가(기능교육), 일반적 내용을 다룰 것인가(교양교육)의 결정

④ 훈련장소 면으로는 직장 내에서 할 것인가(직장 내 훈련), 직장 외에서 할 것인가(직장 외 훈련)의 결정

2. 주요 교육 · 훈련 전략

주요 교육 · 훈련 전략으로는 교육 · 훈련 장소의 결정, 개별 또는 집단 교육 · 훈련 여부의 결정이 중요하다.

(1) 교육 · 훈련 장소 결정

1) 직장 내 훈련

직장 내 훈련(on-the-job training, OJT)은 감독자가 직접 일하는 과정에서 부하들을 개별적으로 대하면서 실무나 기능에 관하여 훈련시키는 것이다. 직장 내 훈련의 세부적 방식으로는 도제식 훈련, 직무 오리엔테이션, 인턴십, 멘토링 등의 방식이 있다.[40)]

이 방식의 장점으로는 현실성이 있다는 점, 훈련과 생산이 직결되어 훈련비용을 절감할 수 있어 경제적인 점, 별도의 훈련장소가 불필요하다는 점 등이 있다.

이 방식의 단점으로는 지도자나 환경이 반드시 훈련에 적합하다고 할 수는 없다는 점, 작업수행에 지장을 준다는 점, 재료의 낭비를 가져온다는 점 등이 있다.[41)]

사 례

■ 교육 · 훈련－Motorola 社[42)]

'Fortune'지는 1999년 Motorola사가 자동차 제조업체 Volkswagen사의 뒤를 이어 중국에서 두 번째로 인기 있는 외국기업이라고 보도했다. 분석가들은 중국의 어려운 사회 · 정치적 환경에서 Motorola의 성공이 놀랄만한 일이라고 느끼고 있다. Motorola가 중국시장에 진출한 것은 성공적이었으며, 2000년대 초에는 중국 휴대전화 시장에서 약 20%의 시장점유율을 가진 선두주자였다.

Motorola는 중국에서 제조공장만 설립한 것이 아니라 경영의 현지화도 이룩하였다. 처음에

는, Motorola는 100여명이 넘는 중간관리자급의 종업원들을 미국에서 데려왔다. 그러나 회사는 그들이 요구하는 급료가 너무 높고 또 너무 으시댄다는 것을 알게 되었다. 또한 그들은 지방 현지의 시장상황에 정통해 있지 않았으므로, 현지화 전략을 수행하는 데도 별로 도움을 주지 못했다. Motorola는 시장점유율을 높이기 위해서는 더 많은 중국인 종업원들을 고용해야 한다는 것을 깨달았다. 그러나 Motorola는 중국인 경영자들이 서구식 경영개념을 잘 모르고 있었고, 또 중국이란 나라가 경영개념에 익숙하지 못하다는 것을 역시 깨달았다.

중국인들은 비록 기초적인 것에는 능숙했지만, 이론을 실무에 적용시키는 응용능력이 부족했다. 그래서 Motorola는 젊은 중국인 종업원들을 훈련시켜 세계적 수준의 경영자로 양성하기 위하여 'Motorola University'를 설립했다. 이 대학교의 사명(使命)은 "Motorola를 위하여 세계적 수준의 직원을 훈련시키고 발전시킨다"이다. 이 대학교는 베이징 공항 근처에 자리잡고 있으며, 서구식 식당과 회의실, 테니스장 및 당구대 등을 보유하고 있다.

Motorola 대학교에는 CAMP(China Accelerated Management Program)라고 불리는 엄격한 훈련프로그램이 있다. CAMP는 6주간의 교실학습과 14주간의 직무훈련(on-the-job training)으로 구성되어 있는데, 직무훈련에는 행동학습, 프로젝트 관리, 코칭 등이 포함되어 있으며, 종업원들을 여러 나라에 있는 Motorola의 범세계적 시설에 보내어 교육시키게 된다.

그 훈련은 1년에 세 번으로 나누어 실시되는데, 한 번에 약 15명의 직원들을 훈련시킨다. CAMP의 강의계획표에는 시장경제, 가치창조, 사업과정설계 및 벤치마킹 등이 포함되어 있다. 이에 더하여 직원들은 팀 구축, 상황에 따른 리더십, 발표방식(presentation style) 등의 훈련을 받는다.

CAMP에 참가하고 싶은 지원자들은 엄격한 선발과정을 거쳐 자신의 상관으로부터 지명을 받아야만, 이 프로그램에 참가할 자격을 얻을 수 있다. 이 선발과정에서, 지원자들은 개별적인 면접을 거쳐야 하고 또 영어시험을 치루어야 한다. 이러한 시험이 끝나면, 그들은 32개항으로 구성되어 있는 질문에 응답해야 한다.

예를 들면, "당신은 의사결정을 신속히 내릴 수 있는가?", "만약 당신의 동료가 개인적인 문제로 당신과 상의하고 싶다면 당신은 어떻게 하겠는가?" 등이다. 이러한 심사과정은 인지기술과 관리기술, 동기부여, 감정이입, 자아조직화(self-organization)를 위한 재능 등을 파악하는 수단이다.

Motorola에 따르면, 이러한 모든 프로그램은 중국인 종업원들의 사고방식과 마음가짐을 변화시키는 것을 목표로 하고 있다. CAMP의 강의계획표는 전반적인 경영교육과 더불어 피훈련자들에게 Motorola 문화를 가르치고, 또 종업원들로 하여금 자신들이 회사와 동일시하는 것을 도와준다.

CAMP에 추가하여, Motorola는 또한 자사의 종업원들이 외국에 소재한 Motorola 사무실에서 훈련을 받을 수 있게 도와주고 있다. 갓 채용된 엔지니어링 기술자는 미국이나 싱가포르 등과 같은 나라의 제조공장으로 파견되어, 직무훈련을 통해 디자인 및 기타 고급기술 제조과정 등을 습득하게 된다.

Motorola는 또한 'Cadres 2000'이라 불리는 '경력개발 프로그램'을 운영하고 있다. 이 프로그램 하에서는, 20여명의 고위층 종업원들을 선발하여 리더십 훈련을 시키고 또 그들을 전세계의 Motorola 제조공정에 배치시키고 있다.

2) 직장외 훈련

직장외 훈련(off-the-job training, OJT)은 직장에서의 실무작업을 떠나서 외부에서 전문적으로 실시하는 훈련이다. 직장외 훈련의 세부적 방식으로는 연수원 교육, 외부위탁 교육, 세미나, 학회 등의 방식이 있다.[43)]

이 방식의 장점은 직장내 교육의 단점들을 보완할 수 있다는 점이다. 즉, 많은 종업원에게 통일적인 훈련을 할 수 있다는 점, 전문적 지도자 밑에서 종업원이 훈련에 전념할 수 있다는 점, 피훈련자는 직무부담에서 벗어나 새로운 학습에 전념할 수 있어서 훈련효과가 높다는 점 등이다.

이 방식의 단점은 작업시간 감소와, 훈련시설 설치나 임대 등으로 경제적 부담이 커진다는 점 등이다.[44)]

사 례

■ **교육 : 중국관리자 육성 - 에스 아이 플렉스 社**[45)]

중국 '위해' 시에서 인쇄회로기판(PCB)를 만드는 '에스 아이 플렉스' 중국 공장은 850여명의 직원을 두고 있다. 4～5명의 한국 관리자 외에는 모두 중국 현지인이다.

중국 법인 유성하 책임자는 "핸드폰, 디지털카메라 등 전자제품에 들어가는 PCB를 중국에서 임가공 형태로 생산해서 위해 항을 통해 경기도 안산 본사로 옮기고, 한국에서는 포장 공정을 통해 대부분의 제품을 일본에 수출하는 시스템으로 운영되고 있다"고 설명하였다.

업종 특성상 단순작업과 조립공정이 많아 중국의 값싼 노동력을 충분히 활용하면서도 포장작업은 한국에서 담당해, 브랜드가치를 살리는 전략을 구사하고 있는 것이다. 에스 아이 플렉스 중국 법인이 가장 신경을 쓰고 있는 것은 중간관리자의 육성이다. 유 책임자는 "단순작업자는 한국 노동자와 별로 차이가 없을 정도로 일을 잘 한다. 경쟁력이 충분하다. 하지만 숙련된 중간 관리자가 부족한 것이 약점이다. 중국 현지화에 성공하기 위한 필요조건은 중간 관리자를 어떻게 육성하는가에 달려 있다"고 강조하였다.

이 회사는 정기적으로 46명의 중국 현지인을 경기도 안산 본사로 불러들여 생산 및 관리업무를 파악하도록 하고 있다.

■ **교육 - LG전자社, 중국 현지 채용인을 예비 경영자로 육성**[46)]

LG전자는 중국 사업을 보다 성공적으로 수행하기 위한 일환으로 현지 채용인을 대상으로 '중국 경영 인재(Chinese Business Leader: CBL) 육성 프로그램'을 실시한다고 (2004년 8월 29일) 밝혔다.

이 프로그램은 중국 현지 채용 근로자들 중에서 개발·생산·마케팅 등 각 분야에서 탁월한 능력을 발휘하고 있는 핵심인재를 매년 10명씩 2008년까지 총 50명을 선발해서 예비경영자로 양성하는 제도이다.

중국지역 각 분야에서 선발된 10여명의 핵심인력들은 LG전자 평택 러닝센터 및 각 사업장에서 혁신학교 참가와 특강 등을 통해, LG의 비전과 사업전략 등을 경험하는 현장업무 해결 역량을 증진시키게 된다.

LG전자는 CBL 과정을 수료한 이들 핵심인력들을 앞으로 중국 각 지역의 분·공사장(分·公司長)이나 법인장(法人長) 등의 중추인력으로 육성해 나갈 계획이다. 김영기 LG전자 부사장은 "글로벌 톱3 달성을 위해서는 해외사업 역량 강화가 필수적이므로, 전세계에서 현지 핵심인재를 육성해서 예비경영자로 키워나가겠다"고 설명하였다.

---

(2) 개별 또는 집단 교육·훈련의 결정

교육·훈련을 종업원 개인별로 진행할 것인가 또는 집단적으로 진행할 것인가의 결정은 기본적으로 교육·훈련에 대한 수요조사를 통해서 접근할 수 있다. 이 수요조사는 기업 내에서 조직 수준에서와 개인 수준에서 각각 파악할 수 있다.

조직 수준에서의 수요조사는 조직전체의 성과를 제고하기 위한 교육·훈련에 대한 수요를 파악하는 것이다. 한편, 종업원 개인 수준에서의 수요조사는 인사고과에서 개별적으로 직무수행에 부적합한 사항이 지적되는 경우와 개인이 일방적으로 희망하는 수요를 파악하는 것이다.[47)]

사 례

■ 교육·훈련－Wal-Mart 社[48)]

Wal-Mart는 2002년과 2003년, 베이징 대학의 '기업경영사례연구센터'에 의해 가장 존경받는 기업 중의 하나로 선정되었으며, 2004년에는 'Fortune'지의 중국판에서 '중국에서 가장 선망 받는 기업'들 중에서 8위로 선정되었다.

중국에서 Wal-Mart는 19개 도시에서 39개의 쇼핑몰을 운영하고 있으며, 2만명 이상의 직원을 고용하고 있다. Wal-Mart는 질 좋은 상품을 낮은 가격으로 또 친절한 고객서비스로 제공하고 있다.

중국에 진입한 후, Wal-Mart는 국영기업에 근무하는 데 익숙해져 있는 종업원들에게 회사의 가치와 기대를 통합시키는 문제에 당면하였다. 당시 국영기업에서는 종업원들의 종신고용이 보장되어 있었고 책임은 제한되어 있었다. 또 국영기업에서는 별로 훈련기회를 제공하지 않았으며, 또 일을 잘하는 종업원들에게 보상을 주는 일도 거의 없었다.

Wal-Mart의 한 종업원은 이렇게 말했다. "Wal-Mart에는 인간적 터치(human touch) 이상의 것이 있다. 회사에는 개방정책과 지도과정(coaching process)이 있다."[49)]

국영기업체로부터 온 종업원들은 자신들이 Wal-Mart의 업무를 이해하고 또 회사의 문화를 흡수하도록 하는 것을 도와주기 위해 배정된 훈련량에 놀랐다. 그들은 또한, 심술궂고 툭하면 싸우려드는 고객들과 어떻게 하면 싸움을 피할 수 있을 것 인가에 관하여, 또 쓰레기를 줍는 것, 고객에게 미소짓는 것, 그리고 바닥을 깨끗이 하는 것 등에 관하여 서구식 기준에 따라 훈련을 받았다. Wal-Mart는 또한 중국인 종업원들에게 고객서비스의 중요성을 가슴깊이 명심하도록 했다. 중국인 종업원들과 고객들은 계산대 앞에서 때때로 주먹다짐을 하곤 했다. Wal-Mart는 고객과의 싸움이나 소동에 휘말린 종업원은 무조건 즉시 해고당한다는 것을 분명하게 교육시켰다.

종업원들은 이전의 직장에서는 수행해야 할 업무가 하나밖에 없었으며, 그 업무를 익히고 나면 더 이상 배울 것이 없었다. 그러나 Wal-Mart에서는, 종업원들은 어떤 주어진 날에 처리해야 하는 업무가 무엇이든지 간에 그것을 완벽하게 수행할 것이 기대되었다.

Wal-Mart는 신규 종업원들을 위해 외모를 손질하는 법을 가르치는 학급을 운영하였다. 그들은 머리를 감고 또 자신들의 외모를 인식하도록 훈련받았다. 그들에게는 회사 유니폼과 회사 내에서 신어야 하는 편안한 신발 한 켤레가 제공되었다.

17-5 보상전략

기업이 인적 자원에 제공하는 보상(copmpensation)체제 면에서 어떠한 선택을 하는가는 유능한 인력의 유인, 확보, 동기유발 등에 직접적 영향을 주는 동시에, 인건비를 통해 기업의 재무적 성과에도 상당한 영향을 준다. 그러므로 보상체제에 대한 전략적 접근이 필요하고, 이때에 이들 두 측면을 동시에 고려하면서 상대적 가중치를 판단하여야 할 것이다. 기업의 보상체제 면에서 전략적 결정이 필요한 주요 사항은 임금의 수준, 체계, 형태의 세 가지이다.[50)]

1. 임금수준의 결정

임금수준이란 임금의 크기로서 기업 내 모든 종업원에게 지급되는 임금의 평균이라고 할 수 있다. 임금수준의 결정에 필요한 기본 원칙은 적정성이며, 결정요인으로는 크게 종업원의 생계비, 기업의 지불능력, 사회의 일반적 임금수준을 들 수 있다.[51)]

위 결정요인들을 고려하여 임금수준을 결정하기 위한 기본적 방법은 먼저, 종업원의 생계비 수준을 임금수준의 하한선으로 하고, 기업의 지불능력 또는 생산성을 임금수준의 상한선으로 둔 다음에, 다른 기업의 임금수준, 노동력의 수급상태, 노사교섭력 등을 구체적 수준의 결정요인으로 삼는 것이다.[52)]

그런데 중국의 경우, 각 지방정부가 임금의 기본적 수준 및 연간 인상률(대개 약 8~12%) 등을 지침(가이드라인) 형태로 결정하여 제시하는데, 기업은 이를 원칙적으로 준수하여야 한다. 여기서 외자기업에 대해서는 중국 국내기업에 비해 20~50% 정도 높은 수준이 제시된다. 임금은 종업원들에게 직접 지불되는 직접임금과, 복지비용으로 나가는 간접임금으로 구분할 수 있다. 이중 간접임금은 연금, 보험 등 복리후생 관련비용으로써 직접임금의 약 55% 정도를 차지한다.[53)]

현장 정보

■ **임금결정과 공회(工會), 지방정부의 가이드라인**[54)]

강소성 상숙시에서 1995년 2,900만 달러를 투자하여 섬유염가공 공장을 세워 운영하고 있는 'K 섬유'사의 전체직원은 397명이다. 이들 중, 중국 직원은 384명(남자 247명, 여자 137명)이고 한국 직원은 13명이다.

중국의 노동조합(工會)은 한국의 노조에 비하면 매우 온건한 편이고, 임금협상보다 복리후생에 중점을 두며, 근로자들의 교육, 경조사 등을 담당한다. 임금은 지방정부가 가이드라인으로 결정하기 때문에 노조가 관여할 여지가 없다.

임금은 근로자들에게 직접 지불되는 '직접 임금'과, 국민연금 · 양로보험 · 실업보험 등 복리후생 관련 비용으로 지불되는 '간접 임금'으로 구별된다. 간접 임금은 직접 임금의 약 55% 정도를 차지하고 있다.

지방정부는 매년 임금인상 가이드라인을 결정하여 통보하는데, 매년 약 8~12% 정도씩 인상되고 있다. 정부의 가이드라인은 반드시 준수해야 하며, 외자기업은 중국 국내기업에 비해 20~50% 정도를 더 지급하도록 규정되어 있다.

■ **중국, 최저임금 규정 시행**[55)]

KOTRA 중국지역본부에 따르면, 중국 노동사회보장부는 '최저임금규정'을 공포해서 시행에 들어갔다.

이 규정은 최저임금 산정방식을 전국적으로 통일했으며, 최저임금을 지키지 않는 고용주는 부족한 임금의 1~5배를 근로자에게 배상하도록 하고 있다. 또 이 규정은 월급제 근로자뿐만 아니라 시간제 근로자의 최저임금도 규정에 따라 산출하도록 하고 있다.

한편, 이 규정은 지역 주민의 생활비 지출, 직공 개인이 납부하는 사회보장비, 직원 평균임금, 주택공동적립금, 실업률, 경제발전 수준 등을 감안해 각 지역별로 최저임금을 산정하도록 했다. 또 현급 이상의 지방정부는 행정구역내 기업이 최저임금제를 시행하는 지 여부를 감독 · 조사해야 하며, 각급 공회(노조)도 이를 감독하고, 규정위반 사업자가 있을 경우에는 행정기관에 통보하도록 규정하고 있다.

현재 중국은 각 지역별로 최저임금(양로보험 등 복리비용 제외)을 고시(告示)하고 있는데, 2003년말 기준으로 샹하이 570 위엔, 베이징 495 위엔, 텐진 480 위엔, 쑤저우 460 위엔 등이다.

2. 임금체계의 결정

임금체계란 임금의 구성내용을 말한다.[56)] 임금체계의 결정에 필요한 기본 원칙은 공정성이며, 그 실천을 위하여 다시 두 가지 원칙, 즉 생계보장의 원칙과 노동대응의 원칙이 있다. 전자에서 고려하는 주 요소는 종업원의 연령, 근속 · 연공이며 후자에서 고려하는 주 요소는 종업원의 능력, 담당 업무이다. 이에 따라 임금체계의 대표적 종류로 연공급, 직무급, 직능급이 있다.[57)]

연공급(年功給)이란 임금이 종업원의 근속기간을 중심으로 증가하도록 하는 것이며, 생계보장의 원칙에 기초한 제도이다. 장기간의 훈련이 필요한 직종에서는 연공급이 능력과 업적에 상당 수준 일치한다고 볼 수 있다.[58)]

직무급(職務給)이란 노동대응의 원칙에 기초하여 임금을 종업원의 담당 직무에 따라 산정하는 것이다. 즉, 직무의 중요성, 곤란도 등에 따라 각 직무의 상대적 가치(질과 양 양면)를 평가하여 임금액을 산정한다. 이 경우, 동일한 직무에 대하여는 담당 종업원 간 차이와 무관하게 동일한 임금이 지급된다.[59)]

직능급(職能給)이란 노동대응의 원칙에 기초하되 임금을 종업원의 직무 수행능력에 따라 산정하는 것이다. 여기에서도 직무평가가 이루어지지만, 동일한 직무에 대하여서도 담당 종업원 간 수행능력 차이에 따라 임금 수준 차이가 나타난다.[60)]

3. 임금형태의 결정

임금형태란 임금을 종업원에게 지급하는 방식을 가리킨다. 임금형태의 결정에 필요한 기본 원칙은 합리성이며 임금형태의 대표적 종류로 시간급(고정급이라고 함)과 성과급이 있다.[61)] 시간급은 수행한 작업의 양과 질과는 무관하게 노동시간을 기준으로 하여 임금을 산정하는 것이다. 월급, 연봉, 일당 등이 그 예이다.

이 제도는 임금산정이 간편하며 제품 생산에 시간적 제약을 받지 않으므로 품질의 조악을 방지할 수 있다는 점과, 종업원 입장에서는 임금액이 기간적으로 사전에 확정된다는 점이 장점이다. 그러나 임금이 작업수행의 양과 질에 무관하게 지급되므로, 종업원을 자극할 수 없어 작업능률이 오르지 않는다는 점과, 단위시간당 임금계산이 쉽지 않다는 점 등이 단점이다.

성과급은 작업시간을 고려하지 않고 생산량(작업량)을 측정하여 그 성과에 비례하여 임금을 산정하는 것이다. 이 제도의 장점으로는 종업원에게 합리성과 공평감을 주는 점, 작업능률을 자극하여 생산성 제고, 원가절감, 종업원의 소득증대 등에 효과가 있는 점, 직접노무비가 일정하여 고정급제보다 원가계산이 용이한 점 등을 들 수 있다. 반면에 이 제도의 단점으로는 표준단가 산정과 정확한 작업량 측정이 어려운 점, 종업원 입장에서 임금수입을 올리고자 무리한 노동으로 심신의 과로를 초래하기 쉬운 점, 미숙련자에게는 불리한 점, 작업량에만 치중하여 제품의 품질이 조악할 우려가 큰 점, 기계설비의 소모가 심한 점 등이 있다.

그러므로 고정급과 성과급 간 선택은 다음 여러 기준에 의하여 판단하도록 해야 한다. 우선, 다음은 상대적으로 시간급(고정급)이 유리한 경우들이다.[62)]

① 생산단위가 명확하지 않거나 측정될 수 없는 경우
② 작업자가 생산량을 통제할 수 없는 경우, 즉 작업자의 노력과 생산량과는 관계가 없으며 기계에 의해 작업속도가 결정되는 경우
③ 작업지연이 빈번하고 작업자가 그것을 통제할 수 없는 경우
④ 작업의 질이 특히 중요한 경우
⑤ 감독이 철저하고 감독자가 공정한 과업량을 잘 아는 경우
⑥ 생산단위당 원가 중 노무비의 통제가 필요하지 않은 경우

한편, 상대적으로 성과급이 유리한 경우로서는 다음과 같은 것을 들 수 있다.[63]

① 생산단위의 측정이 가능한 경우
② 작업자의 노력과 생산량과의 관계가 명확할 경우
③ 직무가 표준화되어 있고 작업흐름이 정규적인 경우
④ 생산의 질보다는 생산량이 더 중요하거나 그 질이 일정한 경우
⑤ 각 작업자에 대한 감독을 철저히 할 수 있는 경우
⑥ 경쟁적이어서 사전에 단위생산비 중 노무비가 결정되어 있는 경우

4. 중국에서의 적용

흔히 중국을 사회주의적 관점에서 평등사회라고 생각하기 쉽다. 그러나 중국은 원래 차등사회였으며, 이것이 사회주의 체제하에서 다소 완화되었다가 개혁·개방 이후 다시 능력중심사회로 되어 가고 있다. 즉, 중국에서 평등의 의미는 능력에 따른 평등이다. 즉, 동일한 업무와 동일한 성과에 대해 동일한 보상을 받는 평등인 것이다. 그래서 업무가 다르거나, 같은 업무에도 성과가 다르면 보상이 달라야 한다는 것이 중국식의 평등이다.[64]

또한 중국인들은 대외적 인상과 달리 집단주의적 이라보다는 오히려 철저히 개인의 실리와 이해를 중시하며, 특히 금전적 계산에 밝아 조금이라도 급여가 많은 직장이라면 쉽게 이직을 한다. 그리고 개인별로 차등화된 고용계약제도가 다른 여느 아시아 국가보다도 빠른 속도로 확산, 정착되고 있다.

이러한 중국의 환경특성을 기초로, 중국에 진출한 외자기업이 추구해 나갈 인사관리의 전략적 방향은 능력과 성과주의 인사관리라고 할 수 있다. 즉, 중국의 차등주의적, 개인주의적 문화 특성에 근거해 볼 때, 보상관리의 기본 방향은 능력과 성과에 따라 차등폭을 확대하는 것이 바람직한 편이다. 예컨대 성과급의 비중을 높게 하여, 성과와 보상의 연계성을 더욱 강화할 필요가 있다. 또한 회사가 필요로 하는 핵심 인력을 확보하기 위해서는, 정규급여 이외의 특별 보너스(Signing Bonus) 제도, 탁월한 인재에 대한 과감한 발탁승진제도(Fast Track)의 도입을 적극 검토할 필요가 있다.

사 례

■ 성과주의 임금 – 하이얼 그룹[65)]

능력과 성과중심의 인사관리 사례들은 중국의 기업들에서도 쉽게 발견할 수 있다. 중국의 하이얼(海爾) 그룹은 "많이 일한 사람은 많이 받고, 적게 일한 사람은 적게 받으며, 일하지 않은 사람은 받지 못한다(多勞多得, 少勞少得, 不勞不得)"는 보상원칙을 세우고 있다. 이 회사의 임금 구조를 보면, 고정급 성격의 기본급이 30%의 비중을 차지하고, 업적 평가에 따라서 달라지는 변동급의 비중이 70%에 달하고 있으며, 목표 달성률이 80%에 미달할 경우에는 최저 생계비 수준만 지급하고 있다.

또한 중국 전자업체인 리엔시앙(聯想)의 양원경(楊元慶) 총재 겸 CEO는 만 38세에 불과하며, 창홍(長虹)의 왕봉조(王鳳朝) 집행총재도 만 37세에 불과한 나이에 벌써 그룹 제2인자의 자리에 오르는 등 연령보다는 능력과 업적 중심의 인사관리가 보편화 되어 있다.

17-6 복리후생 전략

1. 복리후생의 성격

(1) 복리후생의 개념

복리후생(福利厚生) 또는 복지후생이란 기업이 종업원이나 그 가족에게 임금 외의 형태로 혜택을 주는 간접적 보상을 가리킨다.[66)] 오늘날 복리후생의 주요 기능으로는 종업원 및 가족의 생활 안정, 좋은 직장환경의 형성, 명랑한 인간관계조성 등을 들 수 있으며, 사회보장제도 측면에서도 중요한 기능을 발휘한다.

(2) 복리후생의 중요성

복리후생은 간접적 보상이라는 측면을 넘어서서 다음과 같이 기업전략 측면에서도 중요한 요소가 되고 있다.[67)]

첫째, 복리후생 비용은 기업 입장에서는 노무비용의 일부로 상당한 비중을 차지하고 있어서 결국은 제품의 원가 구성요인에 포함된다. 그러므로 이에 대한 적극적 통제는 제품의 각격경쟁력 측면에서 중요하다.

둘째, 복리후생은 오늘날 종업원들의 가치관 변화에 대응하기 위해서 중요성이 커지고 있다. 종업원들의 가치관이 직장생활과 사생활의 균형을 지향하는 경향을 보이면서 가정생활, 취미·여가생활 등을 중시하게 되었기 때문이다.

셋째, 복리후생은 양질의 인재를 확보하고 유지하는 수단으로서 중요하다. 종업원 입장에서 성장 기회, 쾌적한 직무환경 등은 오늘날 금전적 보상 외에도 중요한 고려사항이 되기 때문이다.

2. 복리후생의 유형

일반적으로 복리후생은 법적으로 강요되는 지 여부에 따라 법정 복리후생과 자발적(법정 외) 복지후생으로 구분한다.[68)]

(1) 법정 복리후생

법정 복리후생은 국가가 사회보장 차원의 일환으로 법률에 의하여 기업에 실시를 의무화한 복리후생을 의미한다. 그 기본 목적은 사회생활에서 여러 위험들에 노출되는 종업원들을 보호하여, 이들의 최소한도의 사회·문화적 생활수준을 보장하고 그 향상을 도모하게 하려는 것이다.[69)]

중국에서 복리후생을 실현하는 주요 제도로는 사회보험 제도로서의 퇴직연금보험과 실업보험, 의료보험과 유급휴가 제도가 있다.[70)]

먼저, 사회보험 제도로서의 퇴직연금보험은 종업원이 정년퇴직연령에 도달한 후, 이들에 대한 퇴직금, 의료비, 장례비, 조의금 등의 용도로 사용된다. 이 보험료는 지역간에 차이가 나지만 대개 실제 급여의 20% 내외이며, 기업측이 대부분 이를 부담하고 종업원도 일부 부담한다. 또한 실업보험은 보험료로 종업원 임금총액의 1% 또는 실제 급여액의 1%로 한다.

한편, 중국의 의료보험은 일반적인 의료보험과 산재보험을 합한 개념이다. 이 의료보험 제도는 아직 중국에서 지역별로 시행되고 있지 않는 지역도 있으며, 보험료율도 차이가 난다.[71)]

(2) 자발적 복리후생

자발적(법정 외) 복지후생은 법적 강제 없이 기업이 자발적으로 종업원들에게 제공하는 복리후생을 말한다.

자발적 복지후생의 종류로는 복지후생의 성격에 따라 경제적 지원, 보건생활과 문화활동 지원, 종업원 자녀 지원, 거주생활 지원 등으로 나눌 수 있다.[72)]

사 례

■ 임금과 복지－S 상사[73)]

리아오닝성 따이렌(大連)시에 1993년 진출하여 수제품(手製品) 의류를 생산하고 있는 S 상사의 정식직원은 750명이며, 업무량이 많은 시기에는 500명가량의 임시공을 추가로 채용해 활용하고 있다.

정식 직원에게 지불되는 임금은 ‘기본급’ 이외에, 36%의 ‘수당’과 9～14%의 ‘복지비용’을 합해 기본급의 45~50%의 임금을 추가로 지급한다.

임시공을 채용하는 이유는 과다인력을 관리할 경우의 부담을 줄이기 위해서인데, 이들의 채용시에는 정식 직원보다 임금을 조금 비싸게 주고, 일감이 없을 때는 쉬게 한다. 또 이 회사는 지방도시와 자매결연을 맺어 지방의 봉제학교로부터 직원들을 공급받고 있다.

이 회사는 직원 복지수준을 향상시키기 위해 샤워장, 온수, 기숙사, 위생관리 등에도 중점을 두고 있다. 즉, 숙식을 완벽하게 해주고, 또 보너스, 퇴직금에서도 좋은 대우를 해주기 때문에 월급이 적어도 이직률이 매우 낮다. 1년간 결근하지 않은 직원에게는 한국산 시계를 선물한다. 2년간 결근하지 않는 직원에게는 금을 1돈씩 주는데, 해마다 1돈씩 올라간다. 전체직원 750명 중에서 400명 이상이 무결근자이다. 3일 지각하면 하루 결근으로 계산하는 엄격한 출근조건임을 감안하면 매우 높은 출근율이다.

또한 공장 주변의 탁아소, 소학교 등에 많은 지원을 해주고 있다. 그 이유는 많은 소학교 학생들이 직원들의 자녀이기 때문인데, 한국에서 양말, 베개, 이불, 학용품을 사다가 지원해주고, 운동회 경비 등도 전액 지원해 준다. 또 재고로 남게 되는 옷은 양로원 등에 기증하기도 한다.

이러한 노력 덕분에 주변 주민들로부터 환영받고 있으며, 공장에 어떤 피해가 생기면 주민들이 적극적으로 나서서 도와주고 보호해 주기도 한다.

---

3. 복리후생 전략

여기에서는 기업이 복리후생 제도를 설정하면서 고려해야 할 사항들에 대해 살펴보기로 한다. 기업이 복리후생 제도를 구축하면서 전략적으로 고려해야 할 주요 사항들은 다음 세 가지이다.[74)]

첫째, 창출적 효과를 얻을 수 있도록 하여야 한다. 복리후생제도는 단순히 종업원에게 소득을 향상시켜주는 효과에 그치지 않고, 기업의 전사적 전략과 사회정책과의 유기적 관련 속에서 종업원들의 성취동기를 유도하는 창출적 효과를 얻을 수 있도록 설계 및 운영되어야 한다.

둘째, 질적(質的) 측면도 강조하여야 한다. 대부분의 복리후생 제도는 금전 등 물질적 급여를 중시함으로써 복리후생의 양적 측면만을 강조하여왔다. 그러나 효율적 복리후생 제도를 위해서는 종업원을 위한 서비스나 그들의 정신적 만족감을 충족시킬 수 있는 질적인 측면도 강조해야 한다. 예를 들어 교육훈련 강화, 직무상 자기책임의 강화, 직무상 공동의사결정의 강화 등이 있다.

셋째, 종업원이 참여하는 운영조직을 마련하도록 한다. 복리후생 제도의 수익도(受益度)를 공평하게 하기 위해서는, 운영상 자기반성을 하고 종업원의 의견을 들을 수 있도록 그들에게 참가의 기회를 주어야 하기 때문이다.

17-7 이직관리 전략

이 절에서는 이직관리 전략의 기초와 주요 이직관리 전략을 고찰한다.

1. 이직관리 전략의 기초

여기에서는 이직(離職)의 성격과 종류에 대해 살펴보기로 한다.

(1) 이직의 성격

이직이란 고용주와 피고용주간의 고용관계가 종결되어 피고용자가 조직을 떠나는 것을 말한다.[75)]

(2) 이직의 종류

종업원의 이직은 이직결정의 주체가 피고용인인지 고용주인지에 따라 자발적 이직과 비자발적 이직으로 구분할 수 있다.[76)]

자발적 이직은 일반적으로 사직(辭職)이라고 부르는데, 다시 전직(轉職)과 협의의 사직으로 나눌 수 있다. 전직은 다른 회사로 옮기기 위한 이직을 말하며, 협의(俠義)의 사직은 개인적 이유로 회사를 떠나는 것을 가리킨다. 비자발적 이직은 보통 면직(免職)이라고 부른다. 여기에는 다시 인력감축 등 고용조정에 의한 정리해고, 종업원 자신의 귀책사유로 인한 해고, 정년퇴직 등이 있다. 참고로 명예퇴직은 형식적으로는 자발적 이직이지만 상당부분 비자발적 요소도 포함되는 경우가 흔하다는 점에서 복합적인 유형이다.

한편, 이직을 회피가능 이직과 회피불가능 이직으로 나눌 수도 있다. 회피가능 이직은 고용주가 통제할 수 있는 요인들에 대하여 종업원이 느끼는 불만족 때문에 이직하는 경우를 뜻하며, 고용주의 노력에 따라 그 발생을 최소화할 수 있다. 회피불가능 이직은 불가피한 원인에 의해 발생하는 이직의 경우를 말한다. 앞의 분류와 비교하면 전직은 회피가능 이직에 해당하며, 나머지 이직들은 회피불가능 이직에 해당한다.[77)]

2. 주요 이직관리 전략

주요 이직관리 전략으로는 자발적 이직관리전략과 비자발적 이직관리전략이 있다.

(1) 자발적 이직관리 전략

기업에서 자발적 이직을 관리하는 경우에는, 자발적 이직 중에서도 회피 가능한 이직을 관리하는 데 초점을 둔다.[78)]

1) 적정 이직률 관리 전략

기업에서 이직은 부정적 측면과 긍정적 측면이 공존한다. 이직률에 따라 기업이 부담하는 이직관련비용은 정비례하는 반면에, 인력유지비용은 반비례한다. 결국, 양 비용의 합을 최소화하는 적정 이직률이 존재할 수 있다. 이러한 적정 이직률을 파악하고 그에 따라 이직률을 관리하는 것이 중요하다.[79)]

2) 이직 원인분석과 이직 방지대책

회사가 종업원의 자발적 이직에 대한 방지대책을 세우려면 이직의 원인을 분석할 필요가 있다. 이직의 주요 원인들은 다음과 같이 네 가지 범주가 대표적이다.[80)]

① 조직전체 요인 : 기업의 임금 및 승진정책, 복리후생 내용, 경력계획 등
② 작업환경 요인 : 감독자의 감독방식, 동료작업집단의 상호작용의 성격, 작업단위의 규모 등
③ 직무내용 요인 : 직무의 단순반복성, 역할모호성, 업무과중
④ 개인적 요인 : 기타 종업원 개개인의 특수한 상황

(2) 비자발적 이직관리 전략

여기서는 고용조정과 퇴직자 전직지원 전략에 대해 알아본다.

1) 고용조정 결정

기업이 활용할 수 있는 고용조정 유형은 상당히 다양하며 서로 간에 장단점이 다르다. 크게는 양적 조정방식과 질적 조정방식으로 대별한다. 다시 양적 조정방식은 종업원 수를 조정하는 방식과 노동시간을 조정하는 방식으로 구분되며, 질적 조정방식은 노동력을 조정하는 방식과 임금을 조정하는 방식으로 구분된다.[81)]

고용조정 방식 중 주목할 방식이 정리해고이다. 정리해고는 경영상 이유로 집단적으로 시행되며, 사업자 입장에서는 단기간에 시행이 가능하고 인건비 절감효과도 단기간에 나타나는 장점을 가진다. 그러나 종업원 입장에서는, 실업으로 몰리는 치명적 방식이다. 기업도 사회적 책임을 고려하면 정리해고는 부작용이 적지 않다. 그러므로 정리해고는 여러 고용조정 방식 중 최후의 대안으로 쓰는 것이 바람직할 것이다.[82)]

2) 전직지원 전략

이 전략은 퇴직자 전직지원제도를 운영하는 데 적용할 수 있다. 이 제도는 정리해고 예정 종업원이나 이미 해고된 퇴직자들이 해고에 적응할 수 있도록 도와주고, 창업이나 전직을 지원해주는 체계적인 제도이다.[83)]

전직지원 제도의 장점으로는 기업에 주는 장점과 종업원에 주는 장점을 구분할 수 있다. 먼저, 기업에 주는 장점은 다음과 같다.[84)]

① 적절하고 원활한 구조조정 가능
② 노사협의 시 협상력 증대
③ 인사담당자와 경영자를 위한 효과적 퇴직사실 통보절차 및 전략수립 가능
④ 퇴직에 대한 잔류종업원의 심리적 불안감 최소화 및 사기(士氣) 유지
⑤ 조직변화에 대한 생산성 및 경쟁력 저하 방지
⑥ 사회적 책임 이행 및 기업 이미지 제고

전직지원 제도가 종업원에 주는 장점은 다음과 같다.[85)]

① 해고·퇴직으로 인한 심리적 불안감 감소
② 새로운 직업 및 환경 적응기간 최소화
③ 회사에 대한 불만 방지 및 우호적 감정 유지
④ 잔류 종업원들의 충격 완화

17-8 노사관계 전략

노사관계가 자본주의 사회에서는 기본적으로 노사간의 대립적 관계에 있지만, 사회주의 사회에서는 전제적 또는 온정적 관계에 있다. 중국의 노사관계는 기본적으로는 사회주의 체제하에서의 온정적 관계라고 할 수 있다. 즉, 고용주가 종업원에 대해 가부장적 온정주의에 근거하여 복리후생에 대해서 일방적으로 상당한 배려를 함으로써 종업원으로부터 자발적 충성을 기대하는 관계를 말한다.[86)]

중국의 노동조합인 공회(工會)는 서방의 노조와 달리, 기본적으로는 사용자에 대응하는 기능보다 사용자에 협조나 지원을 하는 성격을 띠고 있으며, 종업원들간 의견 협의, 교류, 교육, 경조사 등을 담당한다. 단체교섭의 주 대상도 임금보다는 복리후생 측면이다. 임금은 지방 정부가 지침형태로 결정하기 때문에 공회가 관여할 여지가 적다.[87)]

제도적으로도 공회에는 노동 3권 중 단결권과 단체교섭권만이 보장되어 있고, 단체행동권은 극히 제한되어 있다. 또한 공회는 중국 노동당의 직·간접적 통제를 받고 있기도 하다. 따라서 중국에서 노사관계는 아직 핵심 주제로 대두되지는 않고 있지만 경제개방 이후 자본주의식 노사관계관이 확산되고 있으며, 특히 외자기업에 대한 과도한 기대감이 대립적 노사관계관을 확산시키는 계기가 되고 있다.

또한 중국 정부의 노동정책 변화도 노사관계에 직접적인 영향을 미칠 것으로 예상된다. 최근 중국 정부의 노동정책은 대립적 노사관계 확산에 대응하여 노동계약제의 개선

및 실시 확대, 단체교섭 및 단체협약 제도의 확립, 근로기준 개선작업 강화, 노동쟁의 처리절차 보완, 관련 법규 개정 등을 추진 중에 있다.

그러므로 근래에 중국 정부의 움직임이나 노동자 의식구조의 변화를 근거해 볼 때, 장기적 관점에서 노사관계에 대한 대비책을 마련해야 할 필요가 있다.

사 례

■ 중국 내 노사갈등 심화 – 차이나 리스 엔터프라이즈 社[88)]

최근 상하이와 주지앙(珠江) 삼각주 등 주요 산업지역의 인력난과 맞물리면서 중국 기업내 노조의 목소리가 갈수록 커져 내외 기업들이 큰 어려움을 겪고 있다. 예컨대 홍콩 재벌인 '차이나 리스 엔터프라이즈(CLE)'가 인수한 중국 공장은 회사측이 임금을 인하시키려고 하자, 6,800명의 근로자들은 회사의 일방적인 근로계약 변경이라고 주장하며 파업을 벌였다.

안후이 지역에서도 1만 여명의 노동자들이 연금 확대 등을 요구하며 파업을 하였다. 중국 노동보(勞動報)의 '로빈 먼로'는 "최근 중국 전역에서 노사 불안이 고조되고 있다. 앞으로 파업활동은 계속 늘어날 것으로 보인다"고 예상하였다.

한편, 중국에서 2003년 노동관련 소송이 2만 2,600 건으로 전년보다 50%나 증가했다고 관영 신화통신이 보도했다. 신화통신은 "점점 더 많은 노동자들이 불법 해고와 임금 체불, 위험한 작업환경 등을 문제 삼아 기업주를 상대로 소송을 제기하고 있다"고 전하였다.

■ 중국 내 외국기업, 노사갈등으로 홍역 – 머크 社, PwC 회계법인[89)]

경제성장과 함께 임금 인상 및 근로조건 개선을 요구하는 목소리가 높아져, 지금까지는 제조업체 및 국영기업에 국한되었던 노사갈등이 이제는 다국적 기업 현지법인들로까지 번져 홍역을 치르고 있다고 '아시안 월스트리트 저널(AWSJ)'이 보도하였다.

예를 들면, 미국의 제약업체 '머크'와 중국 회사들이 합작 설립한 'MSD 차이나'는 해고 근로자들의 해고취소 소송 등으로 고민하고 있다. MSD는 1년 전 사규 위반을 이유로 일부 직원을 해고하였다. 그러나 해고된 직원들은 MSD가 전세계적인 구조조정을 추진하면서 명예퇴직금 등 관련 비용을 줄이기 위해 누명을 씌워 일반적인 해고를 강행했다며 소송을 제기하였다.

다국적 회계회사인 PwC의 베이징법인의 중국인 회계사들은 과중한 업무부담을 줄여주는 동시에 초과근무 수당을 지급할 것을 요구하였다. 이 회계사들은 매일 새벽 1~2시까지 또는 주말에 근무하더라도 대체휴일을 이용할 수 있을 뿐, 초과근무 수당은 받지 못하였다. 중국 회계사들의 이직이 늘어나자 PwC 베이징법인은 초과근무 수당과 상여금을 조기 지급하는 내용의 타협안을 마련해 노사갈등을 해결할 수 있었다.

'데이브 맥칸' PwC 베이징법인의 인사 담당사 파트너는 "직원들과의 커뮤니케이션을 활성화 해 노사갈등 요인을 조기에 발견해 이를 해결하려는 노력을 벌이고 있다"고 말했다.

이처럼 다국적 기업에서도 노사갈등이 늘어나는 것은 전반적인 소득수준이 올라가자 근로환경 개선, 근로조건 개선, 동일 업무에 대한 동일 수준의 임금, 나아가서 다국적 기업 본사 직원과의 임금격차 해소 등에 대한 목소리가 높아지고 있기 때문이다.

17-9 인사 전략의 종합사례

위에서는 인사 전략에 포함되어 있는 여러 가지 분야들을 개별적으로 고찰하였다. 여기에서는 미셰린 사(社)의 경우를 예로 들어 이 회사의 종합적인 인사 전략을 소개하고자 한다.

사 례

■ 인사관리 전략의 종합사례－Michelin China 社[90)]

[인사관리 부서의 사명]

Michelin의 인사관리 부서의 사명(임무)은 다음과 같다.

첫째, 개인적 열망과 증명된 기술 및 성과와 더불어 개인의 전문적 발전을 구축한다.

둘째, 단기간 및 장기간에 걸쳐 개인적 요구사항을 만족시킨다.

이러한 사명을 달성하기 위해서, 인사관리 부서의 기능은 다음과 같은 5가지 활동에 초점을 맞추고 있다.

① 개인적 경력관리 ② 훈련과 개발

③ 현재와 미래의 직원들의 충원수준(staffing level)과 능력개발

④ 노사관계 관리 ⑤ 인사관리 지원 수단의 개발

[채 용]

Michelin에서의 면접절차는 지원자와 회사가 서로를 더 잘 알 수 있도록 해주는 '쌍방향 과정(two-way process)'이다. Michelin은 지원자들의 능력, 배경과 교육수준뿐만 아니라 성격 특성을 중시한다.

예비 면접 후, 지원자들은 지원분야 관련부서의 경영자 및 인사관리부서의 경영자들과 심도 깊은 1 : 1 면접시간을 가진다. 면접은 기술적 및 행동적 측면을 망라하며, 이 과정에서 의사소통, 리더십, 팀웍, 비전, 계획수립 기술, 민감성, 동기부여, 적응성 등을 평가한다.

[통 합]

신입사원들은 프랑스에 있는 본사에서 적어도 3개월간의 견습기간, 즉 '통합기간'을 보내게 된다. 이 기간 동안, 신입사원들은 회사의 어떠한 경영진과도 면담 약속을 할 수 있고 간단한 연구과제가 주어진다. 또 '경력관리 코치(즉, Michelin에서 장기 근무한 상급 경영자들)'는 신입직원들의 질문에 대답해주고 지도해준다. 통합기간 종료시 신입직원들에 대해 회사 필요의 관점에서 야망과 재능을 평가한 후, 최초 직무 배정에 관하여 추천해 준다.

[성과평가와 개발과정]

Michelin의 평가과정은 '연차 성과 검토(Annual Performance Review : APR)'와 '정기적 개발 검토(Periodic Development Review : PDR)의 두 부분으로 구성된다.

APR에서는 개인적 목적은 일관성을 유지하기 위해 회사, 부서의 목적에 기반을 둔다. 개인들은 경영자들에게 피드백을 해주어야 하는데, 이들 경영자는 사후조치(following up), 코칭, 자원(資源)의 제공, 장애의 제거, 또 필요하다면 목표를 수정하는 일도 해준다.

각 년도 말에는, 경영자와 종업원들은 서로 만나서 평가면담(appraisal interview)을 하며, 완성된 APR 서류양식을 인사관리부서에 송부한다.

PDR(정기적 개발 검토)은 경력관리의 중요한 부분이다. 이것은 APR과 연계되어 있지 않으며, 적어도 2년에 한 번은 수행된다. PDR 면담때는, 경영자와 종업원이 '경영자가 보는 방향', '강점', '개선 영역', 및 '추가적인 훈련 · 경험을 위한 제안' 등에 관하여 합의를 이루려고 노력한다.

Michelin의 종업원들에 의한 보상은 Michelin그룹 내에서의 문화적 동질성을 증진시키기 위하여 회사의 성과와 연계되어 있다.

[경력관리]

Michelin에서 경력관리는 경영철학의 중요 부분으로서, 종업원에 대한 경력개발은 상급경영자와 경력관리경영자 간에 공유되고 있는 책임이다.

이 경력관리는 장기적 관점에서 수행되며, 종업원들에게 경력개발 기회가 끊임없이 주어지면서 대개 20여년 정도의 기간에 걸쳐 이루어진다. 또한 Michelin의 경영자는 3~4년 마다 직무를 변경한다. 참고로 Michelin의 경력관리 절차를 도시하면 다음과 같다.

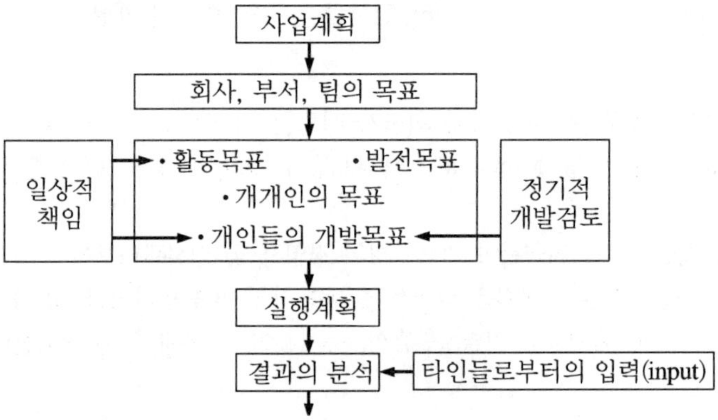

Michelin의 경력관리 절차(Career Management Procedure)

제 18 장 위험관리 전략

이 장에서는 먼저 위험관리 전략의 기초에 대해 살펴보고 이를 토대로 위험관리 전략에 대해 살펴보기로 한다.

18-1 위험관리전략의 기초

이 절에서는 위험의 성격과 종류, 그리고 위험관리의 성격에 대해 고찰한다.

1. 위험의 성격

여기에서는 위험의 개념, 위험관련 개념, 그리고 위험의 경제적 비용에 대해 알아본다.

(1) 위험의 개념

위험(risk)의 개념에 대해서는 합의가 되지 않은 다양한 정의가 내려져 왔다.[1] 여기서는 위험을 일단 '미래의 불확실성에 따라 초래될 수 있는 불이익의 불확실한 가능성'이라고 정의하기로 한다.

(2) 위험관련 개념

위험과 관련된 용어 중에 손인(損因, peril)과 위태(危殆, hazard)가 있는데, 이들을 구별할 필요가 있다.

1) 손인[2]

손인은 손실의 원인을 뜻한다. 즉, 손실을 일으킨 사건 · 사고가 해당한다. 손인은 크게 다음 세 가지로 구분할 수 있다.

① **자연적 손인** : 자연활동으로 인한 손인으로서 자연재해, 질병 등이 포함된다.

② **인적 손인** : 사람의 행위나 무책임으로 인한 손인을 말한다.

③ **경제적 손인** : 경제 · 사회적 환경에서의 여러 움직임으로 인한 손인을 뜻한다.

2) 위태[3)]

위태는 주어진 손인으로부터 손실을 실현시키거나 그 확률을 높이는 조건을 가리킨다. 위태도 크게 다음 세 가지로 나눌 수 있다.

① 물리적(physical) 위태 : 위태 중 물리적·자연적 조건을 가리킨다.

② 도덕적(moral) 위태 : 위태 중 부정직한 개인이 고의로 만들어 내는 위태를 의미하며, 도덕적 해이라고로 부른다.

③ 정신적(morale) 위태 : 위태 중 개인이 부정직하지는 않지만 무관심이나 부주의로 일으키는 위태를 뜻한다.

(3) 위험의 경제적 비용

위험이나 불확실성이 경제주체에게 주는 경제적 비용은 대표적으로 다음 두 가지가 있다.[4)]

1) 예기치 못한 손실비용

이것은 위험이 실현되어 경제주체에게 직접적으로 피해를 끼쳤을 때, 그 손실비용을 가리킨다.

2) 불확실성 자체의 비용

불확실성 자체가 주는 비용에는 다음 두 가지가 중요하다.

① **물리적(신체적) 또는 정신적 고통** : 이것은 위험에 대해 노출된 주체가 느끼는 염려나 공포 등으로 인한 고통을 가리키며, 이는 주체의 후생(well-being)을 감소시킨다.

② **자원배분의 왜곡** : 이것은 위험에 노출된 주체가 자원을 위험도에서 차이가 나는 여러 용도 간에 배분할 때 위험회피나 감소를 추구한다면, 상대적으로 무위험처 또는 저위험처로 과도한 자원배분을 하는 경향을 보이는 것을 가리킨다. 이는 자원의 배분효율성을 약화시켜 자원의 용도간 편중, 가격왜곡 등 부정적 현상을 초래한다.

2. 위험의 종류

사업 환경에서 위험은 다양한 기준에 의하여 분류할 수 있다. 다음은 그 주요한 구분들이다.

(1) 위험요소별 종류

위험요소별 종류로는 외부환경 위험, 과정위험, 그리고 의사결정 위험이 구분된다.

1) 외부환경 위험

외부환경(external environment) 위험은 기업의 외부환경 변수들의 변화로 인해 발생하는 위험들을 가리킨다. 외부환경에는 자연, 정치, 경제, 기술, 법, 사회·문화 등의 거시환경, 특정 산업의 경쟁자, 고객, 규제 등 산업환경이 있다. 다음은 외부환경별 주요 위험 및 그 요인들이다.[5)]

① **자연재해 위험** : 풍수해, 기상, 재해 등 자연력에 의한 재해로 인한 위험이다.
② **정치적 위험** : 규제적 법안 통과, 행정지도, 국가의 정책변화, 국제정치의 변화 등으로 인한 위험이다.
③ **경제적 위험** : 생산, 유통, 금융 등의 변화, 국제 경제동향의 변화 등으로 인한 위험이다.
④ **법적 위험** : 법원의 판결, 새로운 법규의 시행 등으로 인한 위험이다.
⑤ **사회·문화적 위험** : 생활양식, 가치관, 소비습관 등의 변화로 인한 위험이다.
⑥ **기술적 환경위험** : 기술의 혁신, 개발, 도입 등으로 인한 위험이다.
⑦ **산업 환경위험** : 산업 내 과잉중복투자, 소비수요 위축에 따른 사업부진 등으로 인한 위험이다.[6)]

현장 정보

■ 자연재해 위험

중국에서 2004년에 자연재해로 목숨을 잃은 사람이 21만 명이고, 부상자는 175만 명에 달했다. 재산 피해액은 455억 위엔(약 57조원)이나 되었다.[7)] 자연재해의 몇 가지 사례를 들어보자.

[지진 : 지앙시성 지진][8)]

중국 동부 지앙시(江西)성 지우지앙(九江)현과 루이창(瑞昌)시에서 리히터 규모 5.7 지진이 발생해 19명이 숨지고 8천여명이 부상했다고 현지 언론들이 전했다. 지앙시성과 인근 흐어베이(河北)성에서는 가옥 8천여채가 무너지고, 진앙지인 지우이앙에서만 42만명이 긴급대피하였다.

[홍수 : 7천8백만 명 피해 대비 가뭄][9)]

중국은 지역별로 쏟아진 집중호우로 2004년 1월부터 7월까지 모두 439명이 숨지고 21만여명이 부상했으며, 7천 8백여만명이 직·간접 피해를 입었다고 중국 정부가 밝혔다. 침수된 농지는 516만 헥타르(ha)이며, 130만채의 주택이 파괴되는 등 경제적 손실은 220억 위엔에 이르렀다. 반면, 지린과 리아오닝, 헤이룽장성 등은 봄부터 거의 비가 오지 않아 심한 가뭄에 시달리고 있다.

[산사태]

중국 충칭(重慶)시 완성(萬盛)구에서 산사태가 일어나 5명이 숨지고 16명이 실종되었다. 완성구에서는 지난 며칠간 폭우가 쏟아지면서 20만 m^3의 진흙과 탄광 쓰레기가 마을을 덮쳐 14가구 주민 24명이 매몰되었다고 '신화통신'이 보도했다.[10)]

[태풍]
태풍 '라나님'이 중국 저지앙(浙江)성 남서부를 강타하여 최소 29명이 죽고 1,500명이 다쳤다고 신화통신이 보도했다.[11)]

■ 원자재가격 상승 위험 대비 경착륙 위험[12)]

그동안 중국의 건설 붐과 왕성한 기업투자는 원자재가격 상승의 주원인이었다. 특히, 지방정부는 경제성장률을 끌어올리기 위해 무분별하게 개발에 나서면서 투자를 과열시키고 있다.
철강 가격이 급등하면 곧 제철소를 짓고(현재 중국 전역에는 200여개의 철강공장이 설립되고 있다), 시멘트 가격이 오르면 시멘트 공장을 세우고, 농지를 없애고 개발지역으로 만들고 있는데, 이는 또다시 원자재와 에너지가격 인상으로 이어지고 있다.

2003년 중국은 낮은 인건비를 바탕으로 본격적인 산업화에 나서면서 철강·석탄·시멘트·구리·알루미늄 등 전세계 주요 원자재 생산량의 30～50%를 독식했다. 중국이 긴축정책을 취하여 철강·시멘트·석유화학 산업에 대한 투자가 감소하면 국제 원자재가격이 안정될 것이다.

그러나 중국의 원자바오 총리가 2004년 4월 28일 과열경기를 억제하기 위한 대출수단 및 신규대출 제한 등의 초긴축 방침을 밝힌 직후, 세계 증시가 직격탄을 맞은 듯 일제히 급락한 데서도 볼 수 있듯이, 연간 9% 대의 고성장을 하고 있는 중국 경제가 위축될 경우, 세계 전체 경제의 성장속도에 큰 영향을 미칠 것으로 경제전문가들은 우려하고 있다.

즉, 9%대의 고도성장세를 유지해온 중국 경제가 긴축정책으로 8% 내외로 성장률이 약간 떨어지는 연착륙(soft landing)을 하면 큰 문제가 없겠지만, 만일 7% 이하로 급락하는 경착륙(hard landing)을 하게 되면, 중국의 내수위축으로 세계 각국의 대(對)중국 수출과 투자 감소는 불가피해진다. 그렇게 되면 미국이나 일본처럼 경제가 성장중인 나라는 성장이 둔화될 것이고 한국처럼 경제가 침체중인 나라는 경기회복이 더욱 어려워질 것이다.

이처럼 중국에는 원자재가격 상승위험과 경착륙 위험이라는 상반된 효과가 존재하고 있는 것이다.

---

2) 과정 위험

과정(process)위험은 기업의 업무과정 내에 존재하는 것으로서, 영업위험과 재무위험이 대표적이다.[13)]

① 영업위험(operation risk) : 이것은 기업의 영업활동의 불확실성에 따라 영업성과가 예상보다 악화될 가능성을 가리키며 구체적으로는 영업이익의 변동성으로 측정한다.[14)]

② 재무위험(financial risk) : 이것은 기업이 고정적 재무비용을 유발하는 타인자본 조달비중이 높아지면서 부담이 커지는 위험이며 다음 두 가지가 대표적이다.

- 기업의 고정재무비용 부담은 영업이익 악화 시 순이익의 감소 폭은 훨씬 확대되어 나타난다.
- 기업이 타인자본에 대해 부담하는 원금상환 및 이자지급 의무는 영업성과 악화 시 기업의 유동성 악화를 초래하여 기업의 부도위험성을 높일 수 있다.

3) 의사결정 위험

의사결정 위험은 기업의 의사결정 시 제공되는 각종 자료와 정보들의 정확성, 적절성 등의 정도에 따라 나타나는 위험을 말한다. 예를 들어 위 자료와 정보들이 오류나 왜곡되어 있을 경우 혹은 시의적절성이 부족할 경우에는 의사결정의 효과나 효율성에 상당한 영향을 미칠 수 있다.[15)]

(2) 손익 대칭성 별 분류

이 분류는 위험실현 시 위험에서 손실과 이익 모두 발생하는 지 여부에 따른 분류이며, 순수 위험과 투기 위험으로 구분된다.[16)]

1) 순수 위험

순수위험(pure risk)은 손실의 발생 가능성은 있으나 이익발생 가능성은 전혀 없는 위험을 뜻한다. 이 위험은 인위적이지 않은 상태에서 이미 존재하는 위험이며, 보험 대상이 될 수 있고, 일반적으로는 대수의 법칙(law of large numbers)을 적용할 수 있어서 손실 정도의 예측이 비교적 용이한 편이다.[17)]

순수위험에는 다양한 사고위험도 포함되며 다음은 이에 대한 사례이다.

현장 정보

■ 사고 위험[18)]

중국 국무원 안전생산 감독관리국은 2004년 전국에서 일어난 사건 · 사고는 모두 80만 3천건이며, 이로 인해 13만 6천여명이 숨졌다고 밝혔다. 이러한 각종 사고의 몇 가지 예를 들어 보자.

[탄광 사고]

중국 정부는 2004년 탄광사고로 광부 6천여명이 숨졌다고 밝혔으나, 현지에서는 탄광사고에 따른 사망자 수가 2만명에 달할 것이라는 주장도 나오고 있다.[19)]

2004년 11월 28일 중국 중부 산시성 소재 천자산 석탄 탄광에서 가스폭발 사고가 발생,

광부 166명이 매몰되었다.[20)]

중국 흐어난(河南)성 허비시의 광산그룹 '허메이그룹' 산하의 광산에서 2005년 10월 3일 가스가 폭발해 최소한 34명의 광부가 숨졌다고 관영 신화통신이 보도했다.[21)]

[강물오염 사고]

지린(吉林)성 지린시의 석유화학공장 폭발사고로 100t 정도의 벤젠이 쑹후아(松花)강에 흘러들어가 강을 크게 오염시키고, 하바로프스크 등 러시아 영토를 포함한 하류지역도 오염시켰다.[22)]

[교통 사고]

중국의 차량대수는 전세계의 1.9%에 불과하지만, 교통사망사고는 무려 15%를 점하는 것으로 조사되었다.

지난해 중국 전역에서 발생한 도로교통사고는 약 56만 8천여건으로, 사망자는 9만 9,200여명, 부상자는 45만 1,800여명이었으며, 이로 인한 직접적인 재산피해액은 27억 7천만 위엔(약 3,600억원)에 달했다.[23)]

중국의 교통사고는 대부분 운전자들의 법규위반으로 인한 차량충돌이며, 충돌사고 사망자는 전체의 86%, 부상자는 77%에 달했다. 도로포장 부실과 조치나 예방 부족으로 인한 사고도 전체의 39%나 되었다.

[화재]

베이징시 올림픽 성화 봉송로 노변에 위치한 '진민(京民)호텔'에서 수영장 수리공사 도중 화재가 발생해 9명이 숨지고 39명이 다쳤다.[24)]

---

2) 투기 위험

투기위험(speculative risk)은 손실의 발생 가능성과 함께 이익발생 가능성도 존재하는 위험을 가리킨다. 이 위험은 인위적으로 만들어지는 위험이며, 원칙적으로 보험대상이 되지 못하고, 대수의 법칙도 적용되기 어려운 편이다.[25)]

(3) 위험대상별 분류

이 분류는 주로 순수위험을 대상으로 하며 재산 위험, 인적 위험, 그리고 배상책임 위험이 있다.[26)]

1) 재산 위험

재산위험(property risk)은 보유재산에 대한 피해 가능성으로 나타나는 위험이며, 이때 실현되는 손실은 직접손실(direct loss)과 간접손실(indirect loss)로 나눌 수 있다.[27)]

① **직접 손실** : 손실의 원인과 직접적으로 관련되어 나타난 손실을 가리킨다.

② **간접 손실** : 직접 손실에 의하여 파생되어 간접적으로 입게 되는 손실을 말한다.

사 례

■ 산업스파이 : 핵심기술 유출 건수, 규모 크게 증가 – TFT-LCD 업체, 반도체 업체[28)]

국가정보원, 산업기술보호센터와 산업자원부에 따르면, 2003년 5건에 불과했던 핵심기술 유출 건수가 2004년에는 전기 · 전자분야 12건, 정보통신 6건, 정밀기계 3건, 생명공학 2건, 정밀화학 2건, 금속 5건 등 총 26건 발생했다.

해당 기술들이 유출되었을 경우, 추정되는 피해액도 2003년 13조 9천억원에서 2004년에는 32조 9천억원에 달해 약 2.4배 증가한 것으로 나타났다.

유출자 신분별로 보면, 전직직원이 17명, 현직직원 8명, 해외유치 과학자가 1명이다.

유출수법으로 '매수(買收)'가 23건으로 대부분을 차지했다.

주요 사례를 보면, 초박막 트랜지스터 액정표시장치(6세대 TFT-LCD) 컬러필터 제조기술을 빼낸 뒤, 대만회사에 입사하려던 류모 씨(36세) 등 국내 A사 전직 핵심연구원 2명이 검찰에 구속되었다. 이들은 대만에 있는 회사로부터 고액연봉을 받고 옮기는 조건으로 제조기술을 빼내려다 붙잡혔다.

반도체 장비회사 B사의 신모 씨(32세)는 회사의 제품검사 핵심기술을 유출하려다 적발되었다. 국내 의료기기 제조업체인 K사에 근무하던 임모 씨(36세) 등 세명이 독일에 본사를 둔 S사의 자회사로 옮겨가면서 초음파 진단기 제조 · 판매에 관한 핵심자료를 빼내 넘기려다 적발되었다. 반도체업체인 M사의 선임연구원 김모 씨(37세)가 미국 동종업계로 전직하기 위해 메모리반도체 핵심기술 유출을 기도했다. 바이오 벤처업체 A사의 정모 이사(47세) 등 두명은 음식물쓰레기 처리장비 기술을 중국으로 넘기려다 적발되었다.

이밖에도 반도체설계 회사인 P사의 임원이 반도체 측정기계 관련 설계도를 통째로 유출하려다 적발되었다.

한편, 지난 1998년 이후 2004년까지의 누적 해외기술 유출 건수는 총66건(238명 적발)으로, 피해액은 58조 2천억원에 달한다. 분야별로는 전기 · 전자 25건, 정보통신 23건, 정밀기계 9건, 생명공학 5건, 정밀화학 3건, 금속 1건 등으로 나타났다.

산업자원부 관계자는 "첨단기술 확보가 사업성패의 열쇠가 되면서 최근 산업스파이 사건이 부쩍 늘고 있다. 적발된 기술유출은 빙산의 일각으로 실제 국내피해액은 집계가 불가능하다"고 말했다.

---

2) 인적 위험

인적 위험(personal)은 사람에게 발생하는 위험으로서 건강, 생명, 실직 등에 관련되어 나타난다.[29)]

3) 배상책임(liability) 위험

배상책임 위험은 책임에 대해 부과되는 위험으로서 계약위반, 과실 등으로 제 3자에게 손해를 입게 할 경우에 부담하여야 할 경제적 손실 가능성을 가리킨다. 대표적으로 제조물책임 위험이 있다. 제조물책임(product liability, PL)은 제품의 결함 때문에 제품의 이용자나 제3자의 생명, 신체, 재산에 손해를 입은 경우, 그 제품의 제조 및 판매에 관한 일련의 과정에 관여한 자가 배상하도록 하는 손해배상책임을 말한다. 특기할 것은 이 배상책임은 제조업자뿐만 아니라 원료공급자, 부품제조자, 유통업자까지 그 책임을 광범위하게 포함한다는 점이며, 이 때문에 공급자책임(suppliers liability)이라고도 한다.[30] 한국의 경우, '제조물책임법'이란 법률로 규제하며, 중국은 '상품품질법'이란 법률로 규제하고 있다.[31]

(4) 기타 분류

위험의 기타 분류로서는, 관념상 분류, 가변성별 분류, 영향범위별 분류, 그리고 지적 재산권 침해 위험으로 구분할 수 있다.

1) 관념상 분류

관념상 분류로는 주관적 위험과 객관적 위험이 있다.

① **주관적(subjective) 위험** : 개인이 정신적 태도나 심리 상태에서 주관적으로 인식하는 위험이며, 다음의 객관적 위험에 대한 주관적 추정을 가리킨다.[32]

② **객관적(objective) 위험** : 개인의 주관적 인식과 상관없이 실재하는 위험이며 기대손실과 실제손실과의 편차로 측정한다.[33]

2) 가변성별 분류

가변성별 분류로는 동태적 위험과 정태적 위험이 구분된다.[34]

① **동태적(dynamic) 위험** : 이 위험은 시간상 환경변화에 따라 특성, 실현빈도가 변할 수 있는 위험유형을 가리킨다. 이 위험은 장기적으로는 사회에 편익을 주는 경향이 강하다. 또한 이 위험은 상대적으로 예측이 어려운 편이어서 위험에 대한 대응이 쉽지 않다.

② **정태적(static) 위험** : 이 위험은 시간상 환경변화에도 특성, 실현빈도가 별다른 변화를 보이지 않는 위험유형을 뜻한다. 이 위험은 상대적으로 예측성이 높은 편이어서 보험 등의 수단으로 대응이 용이한 편이다.

3) 영향범위별 분류

영향범위별 분류로는 근본적 위험과 개별적 위험이 구분된다.[35]

① **근본적(fundamental) 위험** : 이 위험은 실현 시 그 영향의 범위가 다수 또는 거시

적으로 경제, 사회에 걸친다. 그래서 이 위험은 성격상 일반적으로는 사고 피해자의 대응력을 크게 넘어서기 때문에, 대응수단은 대개 사회나 국가에서 공적으로 제공하는 편이다.

② 개별적(particular) 위험 : 이 위험은 실현 시 그 영향의 범위가 사고 당사자나 그 주변에 한하며, 일반적으로 개인이나 기업이 대응하는 위험유형이다.

4) 지적재산권 침해 위험

이 위험은 엄밀히는 앞서 본 재산위험에 해당한다. 다만, 현대에 그 중요성이 점증하고 있어 별도로 살펴보고자 한다. 특히, 중국에 진출하는 외국기업들이 첨단기술, 노하우, 브랜드 등에 대한 침해를 받는 사례가 급증하고 있는 실정이다.

아래에서는 실제 자료와 사례 등을 가지고 지적재산권 침해 통계와 구체적인 침해 사례들을 살펴보고자 한다.

현장 정보

■ 한국기업의 지적재산권 피해사례 : 중국에서의 침해가 가장 많다[36)]

특허청 발표에 따르면, 지금까지 파악된 해외 지적재산권 침해사례는 총 253건으로 2000년 16건, 2001년 18건, 2002년 33건, 2003년 47건 등 해마다 큰 폭으로 늘고 있다.

지역별로는 아시아가 138건(55%)으로 가장 많았고, 유럽 43건(17%), 중남미 28건(11%), 북미 21건(8%), 아프리카 17건(6%) 등이 그 뒤를 이었다.

국가별로는 중국이 60건(24%)으로 가장 많았고, 미국 21건(8%), 일본 14건, 대만 · 이집트가 각각 10건, 홍콩 8건, 독일 7건, 인도네시아 · 스페인 · 러시아가 각각 6건으로 집계되었다.

정인식 특허청 국제협력과 사무관은 "국내기업들의 해외진출이 활발해지면서 지적재산권 침해도 늘고 있지만 적발되는 사례는 일부에 불과한 실정이다. 해외에 진출하려는 기업은 먼저, 보유한 상표 등 지적재산권을 현지에 출원 · 등록하는 것이 최선의 예방책이 된다"고 강조했다.

■ 중국, '짝퉁' 적어도 20조원 이상 유통[37)]

베이징에서 열린 '제1회 중국 가짜상품 퇴치와 우수상품 장려를 위한 논단'에서 '국무원 발전연구중심 지역전략연구소의 펑제 연구원은 "2001년 4월부터 2004년 10월말까지 '국가 품질검사총국'에서 압수한 가짜상품은 모두 111억 위엔(약 1조6,650억원)에 이른다. 보수적으로 잡더라도 현재 시장에서 팔리고 있는 가짜상품의 총액은 1,370억 위엔(약 20조5,500억원)어치를 넘어설 것이다"라고 밝혔다.

이날 논단에서 '국가 품질검사총국'의 푸창칭 부국장은 "주로 식품 · 음료 · 건자재 · 화장품 · 세척용품 등의 가짜가 비교적 많으며, 가짜상품을 만드는 주체는 과거에는 대체로 개인업자나 중소기업이었으나, 최근에는 법인기업이 대량으로 만들어내는 경우도 증가추세를 보이고 있다. 또 최근의 가짜상품 제조행위는 더욱 은폐되고 조직화되는 경향을 보이고 있으며, 지금까지는 주로 경제가 발달한 동부연안에 가짜상품이 집중돼 있었으나 최근에는 서쪽으로 확산해 가는 추세이다"라고 전했다.

펑제 연구원은 "가짜상품이 박멸되지 않은 주 원인은 지방정부의 '자기지방 기업 보호주의' 때문이다. 각 지방정부가 역내의 세금수입 증가와 투자환경 보호 등의 명분을 내세워 가짜상품 제조업자까지 보호하고 있으며, 중앙정부의 조사를 허락하지 않은 경우가 적지 않기 때문이다"라고 지적했다.

사 례

■ **중국에서의 짝퉁**－모조품, 표절제품, 불법 복제품, 가짜제품, 불량제품

중국에서 제조된 짝퉁 사례를 인조달걀, 가짜 골프채, MP3 플레이어, 게임, 건축자재, 미니홈피, 게임포털, 가짜분유, 첨단 IT제품, 위조지폐, 한류 모조품, 자동차 모델, 플레이스테이션, 가짜 술, 가짜 영국 도자기 등을 예로 들어 정리하면 아래와 같다.

① 인조달걀[38)]

'가짜 천국' 중국에서 최근 '인조달걀'까지 등장했다. 이 가짜 달걀은 중국 일부 도시에 화학물질로 제조된 인조달걀로서 시장 등지에서 공공연하게 판매되고 있으며, 제조방법까지 은밀히 확산되고 있다.

② 가짜 골프채[39)]

중국산 '가짜 골프채'가 인터넷을 타고 전 세계로 퍼져나가고 있다. 샹하이나 구앙동성 등에서 생산되는 저급 골프채 들은 대부분 유명 브랜드 제품들의 생산시설에서 빼낸 기술이나 주물틀 등으로 외관만 정품과 똑같이 제작한 것들이다. 따라서 디자인이나 도장 등은 구별이 되지 않을 정도이다. 미국 브랜드 아이언 한 개의 가격이 70～90달러에 달하지만, 중국내 생산비는 3～5달러에 불과한 것으로 알려졌다.

③ MP3 플레이어[40)]

아이리버 등 한국 제품을 그대로 베낀 중국산 '짝퉁' MP3 플레이어가 중국은 물론 중남미 시장까지 휘젓고 있다. 브라질에서 (2005년 8월 16일부터 19일까지) 개최된 정보통신 IT 전시회 'IT 브라질'에 참가한 중국 MP3 업체 6개 회사들이 레인콤, 삼성전자 등 국내업체의 유명제품을 그대로 모방한 짝퉁 제품을 전시회에 출품했다. 이들 중국 업체는 레인콤의 'N10'과 'iFP-900'을 비롯해 삼성전자의 'YP-F1'과 'YP-T6' 등을 그대로 베낀 제품을 전시했으며, 소니의 'NW-E500'과 애플의 '아이팟 미니' 등을 모방한 제품도 진열했다.

④ 게임[41)]

게임분야에서도 중국산 짝퉁 게임이 봇물처럼 쏟아지고 있다. 2004년 까지만 해도 중국시장에서 서비스되는 온라인게임 2개 가운데 1개는 한국게임이었다. 그러나 2005년 들어 한국게임의 시장 점유율은 30%로 추락하였다. 한국산 게임이 중국이 진입하기 무섭게 현지업체

들의 '짝퉁' 게임이 등장하기 때문이다.

중국 짝퉁 게임의 대표적 사례는 '미르의 전설(중국명 '전기')을 표절한 「셩따」의 '전기세계'이다. 셩따는 중국 현지에서 「위메이드 엔터테인먼트」가 제작한 '미르의 전설'을 서비스하는 업체인데, 중국업체의 윤리의식이 어느정도 수준인지를 잘 알 수 있는 표절사례이다.

넥슨의 BNB(중국명 '포포탕')를 표절한 'QQ탕', 메이플스토리를 그대로 베낀 '쾌락서유', 카트라이더를 그대로 옮겨 놓은 '카트레이서' 등 한국 게임을 표절하는 사례는 셀 수 없을 정도이다.

⑤ 건축자재[42)]

건축자재업계도 중국산 짝퉁건자재 때문에 피해를 입고 있다. 대표적인 피해사례는 인조대리석과 창호이다. 박명절 LG화학 하이막스 영업팀 과장은 "중국산 대리석은 LG화학의 LG 하이막스 등에 비해 제품가격은 절반에 불과하지만, 제품명은 물론 칼라까지 도용하고 있어 전문가가 아니고선 구분할 수 없다"고 말했다.

또 LG화학의 창호 대표 브랜드인 'LG 하이샤시'의 경우 '하이샷시', '하이새시' 등 각종 '짝퉁' 브랜드들이 LG화학제품으로 둔갑해 시공되고 있다.

⑥ 미니홈피, 게임포털[43)]

미니홈피 · 게임포털 등 인터넷 서비스에서도 중국산 '짝퉁'이 판치고 있다. NHN과 네이트 닷컴 등 인터넷 업체에 따르면, 예컨대, '센스카이 닷컴(sensky.com)'이라는 중국 사이트는 네이트 닷컴의 싸이월드(cyworld.com)을 첫 화면부터 똑같이 베껴 놓아 한자(漢字)가 아니면 싸이월드로 혼동할 정도이다. 메뉴구성과 전체화면 배치는 물론 홈피의 외형과 내용까지 완전히 동일하며, 홈피의 명칭마저 미니홈피와 거의 같은 '나의 작은집(我的小屋)'이다. '에탕닷컴(etang.com)'의 홈피도 싸이월드 미니홈피의 메뉴와 화면 배치 등을 따라하고 있으며, '하와(hawa.cn)' 등의 홈피도 아바타의 모양 등 국내업체들의 홈피와 흡사하다. 게임포털에서도 중국 사이트 들은 심각하게 표절하고 있는데, 중국 사이트 '게임시티(gamecity.cc)'는 NHN의 '쿠야', '토이' 캐릭터 게임 등 게임 10개를 똑같이 해 놓았다.

⑦ 가짜 분유[44)]

중국의 악덕 상인들이 거의 아무 영양도 없는 가짜 분유를 대량제조해 중국 동부에서 최소한 어린이 50~60명이 사망했으며 약 200명의 아기들은 머리가 비정상적으로 커지고 그 밖의 다른 신체는 이와 반대로 점점 작아져 가는 질병인 '대두증(大豆症)'에 걸린 대사건이 발생했다고 중국의 신문과 방송들이 보도했다. 가짜 분유로 인한 사망자는 2003년 4월부터 발생하기 시작했으며, 안후이 성의 가난한 도시 푸양시에서 주로 팔렸다. 안후이 성은 후진타오 국가 주석의 고향이다. 푸양시 식품감독국은 기초적인 조사 결과, 일부 가짜 분유는 100g 당 기준치의 18분의 1인 불과 1g의 단백질만 들어있었으며, 아기들에게 중요한 광물질인 철분과 아연은 전무했다고 밝혔다.

⑧ 첨단 IT제품[45)]

다국적 네트워크 장비업체인 「한국쓰리콤」에 따르면, 이 회사의 네트워크 스위치 장비인

'베이스라인 10/100 스위치 24 포트 (3 Com Baseline 10/100 Switch 24-port, 3C 16471)'를 복제한 중국산 불법제도 600여개가 국내에 유통되고 있는 것으로 파악되었다.

⑨ 위조지폐[46)]

중국 공안당국은 2004년 상반기중 1,000여건의 위조지폐 사건을 수사해 4억 위엔(약 560억원)의 위조지폐를 적발, 압수했다. 이 수치는 2003년 1년 동안 적발된 위조지폐보다 많은 액수이다.

⑩ 한류 모조품[47)]

한국의 드라마, DVD 등 한류 문화제품의 짝퉁(불법복제품)이 중국 등 아시아에서 심각하게 유통되고 있다.

아시아 문화산업교류재단과 전국경제인 연합회, 한국무역협회 등이 공동으로 개최한 '한류 컨텐츠 피해사례 및 대책 마련을 위한 세미나'에 따르면, 중국의 경우 DVD 판권(복제 배포권) 가격은 지난 2003년 123만 3000달러이던 것이, 2004년에는 81만 5,000달러, 2005년에는 23만 6000달러로 급감했다.

이러한 현상은 중국을 비롯한 아시아 거의 모든 국가에서 나타나고 있다. 심지어 캄보디아의 지상파 TV에서는 '의가형제'를 불법 방송하는 사례까지 있었다.

MBC는 드라마 '내 이름은 김삼순'의 DVD판권을 사기로 했던 필리핀의 한 에이전트로부터 계약 파기 의사를 통보받았다. 계약서에 서명한지 한 달도 채 지나지 않아 현지에서 불법 DVD가 유통돼 수익을 낼 수 없다는 이유였다.

중국에서도 CD나 DVD를 한국의 4분의 1 값으로 복사본을 구할 수 있다.

⑪ 자동차 모델[48)]

치루이 자동차의 대표 모델인 QQ는 디자인뿐만 아니라 일부 부품까지 GM 대우의 「마티즈」와 호환이 가능할 정도로 정교하게 복제된 '짝퉁'으로 의심받고 있다. 그렇지만 QQ는 2005년 1분기에 2만 5,959대가 팔려 중국내 판매 순위에서 당당히 5위를 기록했다.

마티즈는 중국시장에서 「스파크」란 이름으로 수출되지만 절반가격에 판매되는 QQ 때문에 거의 팔리지 않는 형편이다. 어느 자동차 잡지는 QQ 소개에 4개 면을 할애하며, 이 토종자동차 회사에 깊은 애정을 보여주고 있다.

중국시장에서 현대 엘란트라, 도요타의 샤리, 폴크스바겐 제타 및 산타나에 이어 다섯 번째로 잘 팔리는 모델이 QQ이다. 현재 GM대우차는 QQ를 상대로 마티즈를 베낀 혐의로 지적재산권 분쟁을 진행하고 있다.

⑫ 플레이 스테이션[49)]

소니(SONY)는 자사의 인기 게임기인 플레이스테이션 2(PS 2)가 중국에서 하루 5만대나 제작되고 있다고 밝혔다.

⑬ 가짜 술[50)]

구앙쪼우(廣州) 에서는 공업용 알코올로 만든 50도 짜리 가짜 맥주를 마시고 8명이 사망했다.

1976년 중국 건국의 아버지 마오쩌둥(毛澤東)이 사망했을 때 그의 생가(生家)에 중국의 유명한 명주인 마오타이지우(茅台酒, 모태주 : 중국 귀주성(貴州省)의 모대진(茅臺鎭)에서 나는 술)가 소장되어 있었는데, 감정결과 그것도 가짜였다고 한다.

⑭ 가짜 영국 도자기[51)]

영국도자기 협회(BCC)는 영국 정부에 "값싼 중국 모조품 때문에 영국 근로자들의 일자리가 줄어드는 등 엄청난 피해를 입고 있다"며 짝퉁 단속 강화를 요청했다.

세계적인 도자기 업체「로열덜튼」은 자사제품 디자인을 그대로 본따 만든 중국산 짝퉁이 버젓이 유통되는 바람에 매출에 심각한 타격을 받고 있는 것으로 나타났다.

⑮ 기타[52)]

그 밖에도 머리카락에서 뽑아낸 아미노산으로 만든 가짜 간장, 가짜 신용카드와 가짜 휴대전화 사건 등이 끊이지 않는다.

사 례

■ 중국에서 유통되는 짝퉁－사진[53)]

위에서 살펴본 짝퉁들의 몇 가지 예를 사진을 통해 제시하면 아래와 같다.

[진짜 : 태양초쌈장/고추장]

[가짜분유]

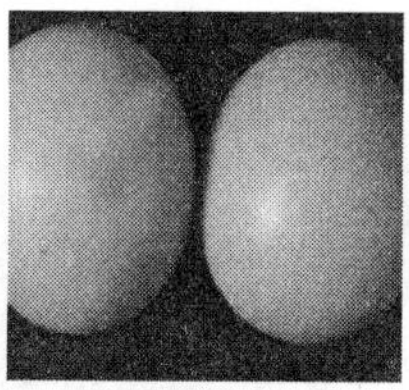

[가짜계란(왼쪽)]

[진짜 : 코카콜라]

[진짜 : 너구리]

[진짜 : 신라면, 너구리, 비빔면, 진라면, 생생우동(시계방향)]

[진짜 : 쇠고기라면으로 추측]

[진짜 : 양파링, 새우깡]

[중국산 '코코피아' 오리온 초코파이와 모양과 이름이 비슷하다.]

[진짜 : 오리온 초코파이]

[진짜 : 게보린]

[진짜 : 정로환]

[진짜 : 설레임 (아이스크림)]

[진짜: 호두마루, 메로나, 비비빅, 옥동자(위에서부터)]

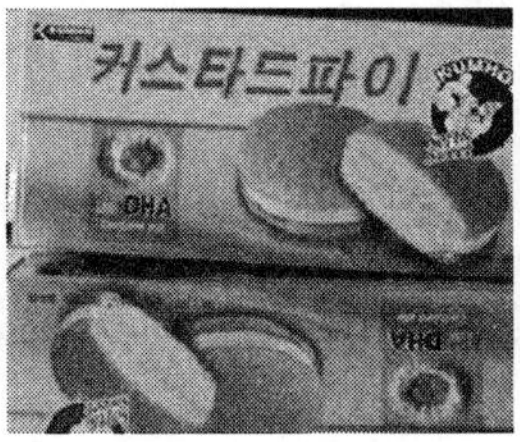

[진짜 : 카스타드]

[진짜 : 양파링, 제크, 포카칩, 에이스, 짱구, 죠리퐁, 아이비(시계방향)]

[진짜 : 참이슬]

[진짜 : 맥심]

[진짜 : 화이바 미니]

[진짜 : 바카스]

[진짜 : 홈런볼, 카라멜콘과 땅콩, 새우깡, 아미노업, 빼빼로, 칼로리바란스, 칸쵸(시계방향)]

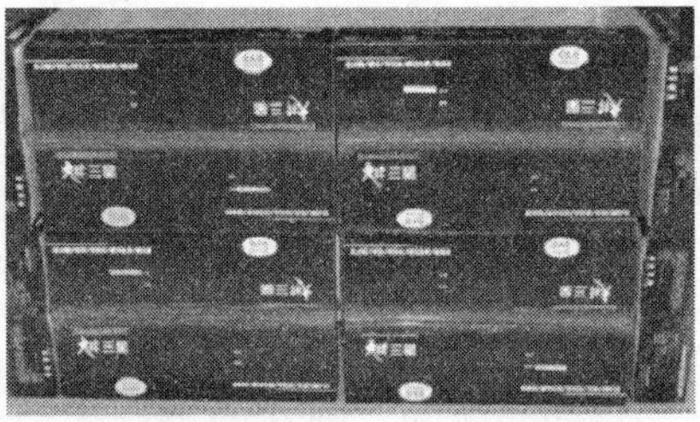

[진짜 : 삼성전사 DVD 플레이어]

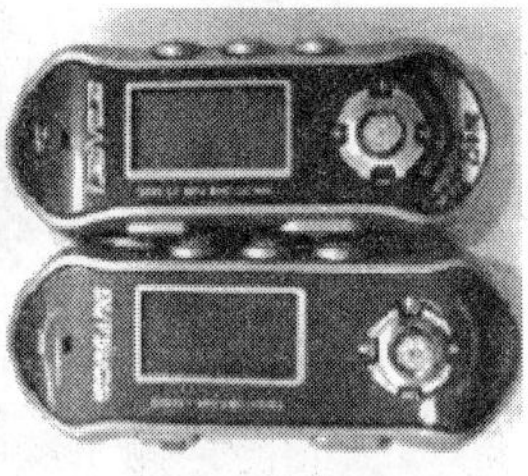

[레인콤 MP3플레이어(사진 위)의 디자인을 베낀 중국제품]

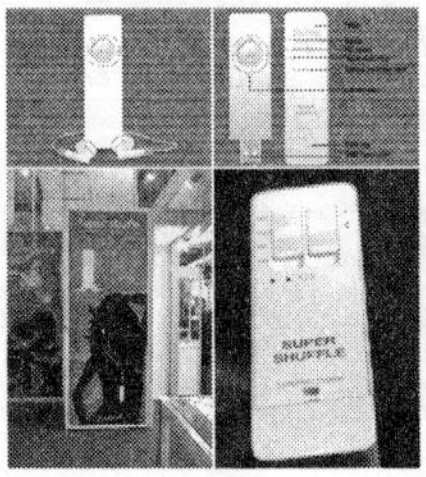

[진짜 : Microsoft IPod 셔플]

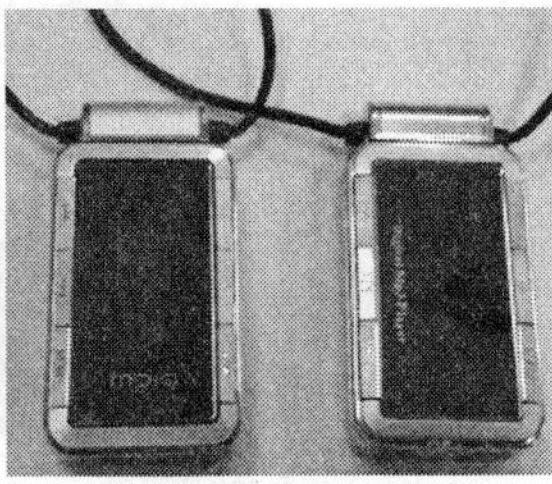

[MPIO(엠피오) – 좌측(진짜), 우측(가짜)]

[진짜 : Microsoft IPod]

[진짜 : 삼성 yepp]

[중국 베어아이스닷컴에 올라온 레인콤 'N10'짝퉁제품]

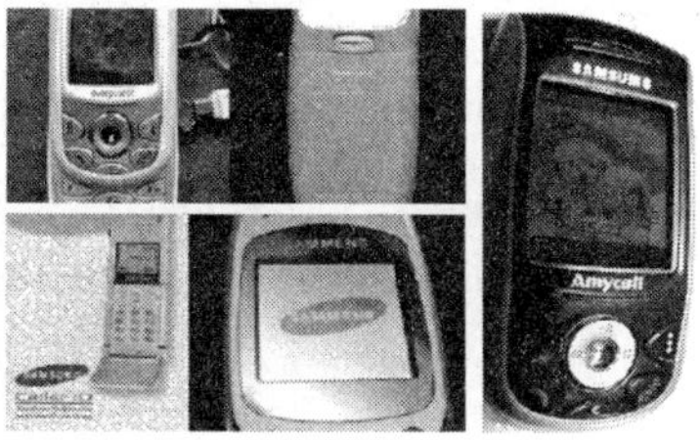

[진짜 : 삼성전자 휴대폰 Anycall]

[레인콤 'N10'짝퉁제품]

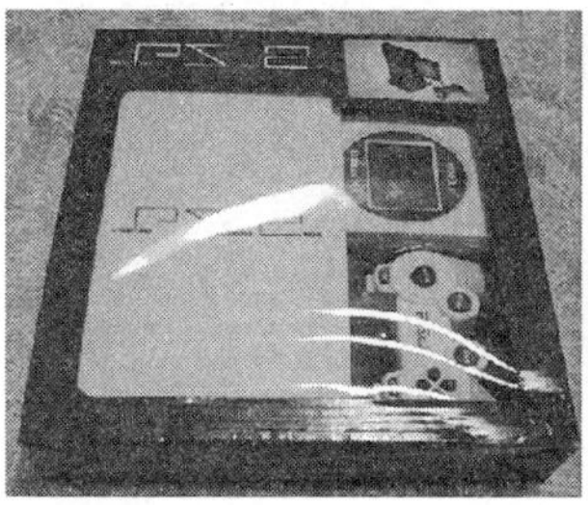

[진짜 : sony Playstation2(PS2)]

[진짜 : sony Playstation2(PS2)]

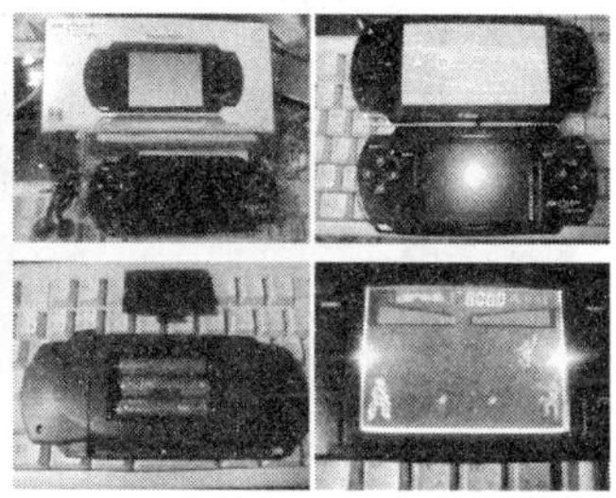

[진짜 : SONY PDP]

[진짜 : SONY PDP]

[진짜 : LG전자 에어콘]

[진짜 : 현대자동차 스타렉스]

[진짜 : 쌍용자동차 렉스톤]

[진짜 : 현대자동차 아반떼]

[진짜 : GM대우 마티즈]

[진짜 : BMW6(상표모양까지 도용)]

[진짜 : 포르쉐]

[진짜 : 한국 Hangame.co.kr(한게임)]

[진짜 : 한국 블루웹]

[진짜 : 한국 Cyworld.com(싸이월드)]

[진짜 : 한국 Naver.com(네이버)]

[진짜 : 한국 Bugs.co.kr(벅스)]

[진짜: 넥슨사의 카트라이더]

[진짜 : 엔씨소프트사의 리니지]

[진짜 : 위메이드엔터테인먼트의 미르의 전설]

[한국영화 실미도 불법 DVD]

[MBC드라마 변호사들 불법 DVD]

[한류열풍에 의한 불법 DVD와 CD들]

[만화 씨티헌터 불법 비디오]

[진짜 : J.K Rowling의 소설 Harry Potter]

[중국에서 판매되고 있는 불법 CD의 철자틀린 속지내용]

[진짜 : 아디다스(Adidas)]

[진짜 : 아식스(asics)]

[각종 상표들을 도용하고 오용하여 판매하는 티셔츠]

[각종 브랜드의 로고 도용]

[진짜 : 미국 McDonald]

[진짜 : 미국 KFC]

사 례

■ 중국, 짝퉁 유통을 막기 위해 '전자 인증 시스템 도입' – China Credit 社[54)]

「중국 국가 검사 정보유출 유한회사(China Credit)」는 중국내에 만연한 불법복제품 유통을 막기위해 16자리 바코드를 이용한 '전자인증시스템'을 도입한다고 발표했다.

차이나 크레딧은 한국의 품질검사와 같은 기능을 하는 '중국 국가 질량 감독 검역 총국'과 '차이나 텔레콤 중신그룹'이 공동으로 설립한 회사이다.

차이나 크레딧의 최고 경영자(CEO)인 리우 이엔 총재는 "중국 정부가 인정하는 우량기업 3만 3000개사가 우선 대상이 되며, 이들 회사는 앞으로 의무적으로 차이나 크레딧의 전자인증 시스템을 도입해야 한다. 중국내의 모조품 직접 피해액이 연간 1300억 달러에 이른다. 한국 등 중국에 각종 제품을 수출하는 기업들도 이 시스템을 도입하면, 불법 복제품 피해에서 벗어날 수 있게 된다"고 말했다.

차이나 크레딧의 전자인증시스템은 소비자가 할인점 등 유통매장에 비치된 전용 검색시스템이나 개인 휴대전화 등으로 바코드를 읽어, 구입한 제품이 복제품인지 아닌지를 점검할 수 있는 방식을 채택하고 있다.

리우 총재는 "기술수준과 가격조건 등이 뒷받침되면, 바코드 대신 초소형 칩을 이용한 전파식별 (RFID · Radio Frequency Indentification) 기술로 만든 인증시스템으로 수준을 높일 것 이라고 밝혔다.

3. 위험관리 성격

여기에서는 위험관리의 개념과 중요성을 살펴본다.

(1) 위험관리의 개념

위험관리란 회사에 갑작스런 손실(사고)이 발생할 경우 이에 동반하여 나타날 수 있는 각종 부정적인 영향을 최소화하기 위하여 미리 의사 결정 단계를 거쳐 이를 수행하는 활동을 말한다.[55)]

(2) 위험관리의 중요성

기업은 통제에 한계가 있는 불확실한 환경에서 사업을 영위하기 때문에 활동과정에서 자산 손실 같은 직접적 피해, 시장점유율 하락이나 기업신뢰도 실추 같은 간접적 피해 등 예기치 못한 장애나 큰 손실을 입을 위험에 항상 노출되어 있다. 그러므로 이러한 위험요인들을 사전에 파악하여 피해 확률과 규모를 최소화하는 방향으로 관리할 수 있다면 사업활동의 안정성을 높여줄 것이다. 이러한 점에서 기업의 위험관리 기능의 상시적 작동은 필수적으로 중요하다.

18-2 위험관리 전략의 과정

위험관리는 기업의 관리부문의 하나란 점에서 체계적으로 여러 단계를 거치는 과정으로 이루어진다. 위험관리 과정은 그림 18-2와 같이 여섯 단계로 표현할 수 있다.[56)]

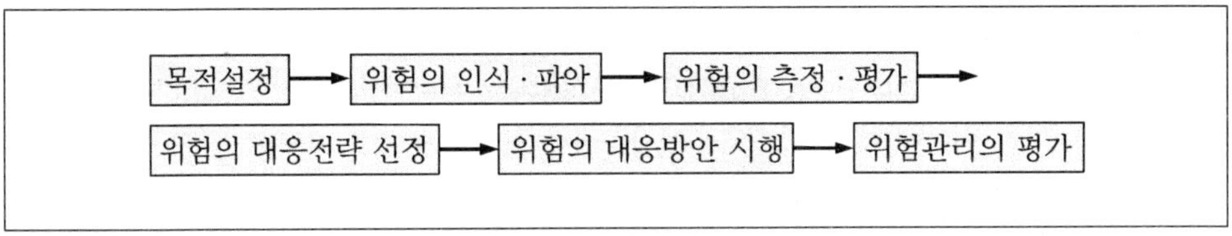

그림 18-1 위험관리 과정

1. 위험관리 목적 설정

위험관리의 첫 단계는 위험관리의 목적을 정립하는 것이다. 여기에서는 위험관리 목적의 종류와 위험관리목적설정 전략에 대해서 살펴보자.

(1) 위험관리의 목적

위험관리의 목적으로는 손실 발생시점을 기준으로 했을 때, 사전적 목적(pre-loss)과 사후적 목적(post-loss)을 구분할 수 있다.[57)]

1) 사전적 목적

이 목적은 손실이 발생하기 이전에 적용하는 위험관리 목적이며, 다음은 그 주요한 것들이다.

① **경제적 목적** : 이 목적은 위험관리 비용을 최소화하는 것이다.

② **불안감 최소화** : 이 목적은 손실발생 가능성에 대한 걱정이나 근심을 최소화하는 것이다.

2) 사후적 목적

이 목적은 손실발생 이후에 적용하는 위험관리 목적이며, 다음은 그 주요한 것들이다.

① **생존** : 이 목적은 기업이나 사업에 심각한 수준의 손실발생 시에도 기업(사업)이 존속할 수 있을 정도로 피해규모가 일정 수준을 넘지 못하도록 하는 것이다.

② **안정적 이익** : 손실 발생 후에도 기업(사업)의 안정화를 위하여 순이익이나 현금흐름의 감소규모를 일정 수준 이내로 제한하는 것이 바람직하다.

③ **영업활동의 유지** : 피해발생 시 초래될 수 있는 영업활동의 중단이나 지연기간을 최소화하는 것이 중요하다.

④ **성장의 지속** : 손실발생에도 불구하고 기업(사업)이 성장단계에 있는 경우, 그 성장은 지속되도록 조치하는 것이 적절하다.

사 례

■ 브랜드(상표) 선점 위험－현대자동차, 데이콤, 농심, 오리온 초코파이社[58)]

'현대자동차'의 중국합작사인 '베이징 현대자동차'는 '시엔따이 치처(現代汽車 · 현대기차, 현대자동차'의 중국어 표현)'라는 상표가 중국에 이미 등록되어 있는 사실을 뒤늦게 알고 이를 확보하기 위해 상당한 금액을 지불한 것으로 알려졌다.

'베이징 현대차' 관계자는 "중국 현지에서 소나타를 생산하면서 저지앙성의 항조우에 있는 '저지앙 시엔따이그룹'에 항조우의 딜러권을 주고 '시엔따이 치처' 상표독점권을 매입했다"고 밝혔으나 매입금액은 공개하지 않았다.

'저지앙 시엔따이 그룹'은 가구도매, 식품, 부동산 개발 등 다양한 사업을 벌리고 있는 회사인데, '시엔따이 치처'를 비롯해 43개의 상표권을 미리 등록하고, 상표권 매각으로 적지 않은 수입을 올리고 있는 것으로 알려졌다.

'데이콤'도 자사 브랜드인 '데이콤(DACOM)', '매직콜(MAgicall)'이라는 상표가 이미 등록되어 있어서 곤란을 겪고 있다. 데이콤은 자사상표를 되찾기 위해 상표취소 청구소송을 진행중이며, 최종판결은 2006년 이후에나 나올 예정이다. 중국에서 인기를 끌고 있는 농심도 중국업체가 스낵류에 대해서 '농심'이라는 상표를 미리 상표등록을 해놓아 사업계획에 차질을 빚고 있다.

또 '오리온 초코파이'가 중국시장에 1994년 처음 진출했을 때, 중국에는 이미 중국회사가 '초코파이'를 상표로 등록해 놓고 있었다. 그래서 고육지책(苦肉之策)으로 만든 새로운 상표명이 '하오리 요우(好麗友 · '좋은 친구'라는 뜻)'였는데, 전화위복으로 이 브랜드가 결국은 대성공으로 나타났다.

■ 인터넷 사이트 선점위험[59)]

'중국경제시보'는 "중국명 인터넷 주소를 현지 중국인에게 선점당한 다국적 기업은 '포춘'지가 선정한 500대 기업의 상위 100대 기업 중 23개사에 달한다"고 보도했다.

최근 홍콩에 디즈니랜드를 개장한 미국 '월트디즈니'의 중국명 사이트 주소(www.迪士尼.cn)는 중국의 한 자동차 대리상이 소유하고 있다. '迪士尼(적사니)'의 중국어 발음은 '디쓰니'이다.

白雪公主(백설공주), 唐老鴨(도널드덕) 등 디즈니의 여러 캐릭터의 중국 이름으로 된 인터넷 사이트 주소 역시 이미 선점당했다. '唐老鴨(당로압)'의 중국어 발음은 '탕라오야'이다.

미국 생활용품 업체 P&G의 주요 화장품 브랜드 중국명인 '올레이(玉蘭油)'의 인터넷 주소는 푸젠성의 공예품 업체가 먼저 등록했다.

중국에서 중국명 인터넷 사이트 주소는 2003년 5월부터 등록을 받기 시작했다. 전문가들은 "중국의 인터넷 인구가 1억명을 넘어 세계 2위 수준임을 감안할 때, 중국 진출기업들은 기업명은 물론 유명 브랜드의 중국명 인터넷 사이트 주소를 사전에 등록할 필요가 있다"고 지적했다.

이상에서 본 목적 외에도 위험관리 목적을 두 가지 더 제시할 수 있는데, 이들은 경우에 따라 사전적 목적 또는 사후적 목적에 해당될 수 있다.

① **사회적 책임** : 이 목적은 기업의 다양한 이해관계자들(소유주, 채권자, 종업원, 소비자, 공급자, 정부, 지역사회 등)에 돌아갈 피해발생 확률을 낮추거나 발생피해를 최소화하는 것이다. 이 목적은 기업의 명성이나 이미지 제고 관점에서 볼 수도 있다.

② **손실방지 규정 준수** : 이 목적은 외부로부터 기업에 부과되는 위험관련 각종 규제·규정을 준수하여 피해발생 확률을 줄이거나, 피해발생 후에는 그 재발확률을 낮추려는 것이다.

(2) 위험관리 목적설정 전략

위험관리 목적을 설정할 때, 목적들 간에 우선순위를 정하고 전사적·사업부 전략들과 조화를 이루도록 해야 한다.

1) 위험관리 목적들간 우선순위 설정

위험관리 목적 설정시 고려할 점으로 세 가지가 있다. 첫째, 앞에서 살펴 본 여러 가지 목적들을 기업이 동시에 모두 추진할 수는 없으며 둘째, 이 목적들이 모두 동일한 비중을 가진다고 할 수 없고 셋째, 이 목적들 간에 상충관계가 있을 수 있다.

2) 전사적·사업부 목적과의 조화

위험관리 목적들은 기업의 전사적·사업부 목적들과 조화를 이루도록 설정되어야 한다. 이 경우에 고려할 상황요인으로는 크게 외부환경 요인들과 기업고유의 특성요인들이 있다. 후자의 주요 요인들로는 기업의 업력(業力)과 위치, 경영진의 성격과 경험, 기업 보유자산의 성격과 규모, 기업운영의 성격 등을 들 수 있다.

2. 위험의 확인

위험관리 목적이 설정되면, 다음 단계는 기업(사업)이 노출되어 있는 다양한 손실 가능성들을 파악하는 일이다. 이 일은 체계적이고 지속적으로 수행되어야 한다.[60)]

이 단계는 위험관리 과정에서 가정 중요하다고 할 수 있다. 확인되지 못한 위험은 기업의 관리대상에서 제외되어 그 피해 가능성이 고스란히 노출되기 때문이다.

기업이 노출되어 있는 의미 있는 모든 위험들을 파악하기 위하여 위험관리자가 사용하는 대표적 방법은, 일반적으로 사업에서 발생 가능한 온갖 위험을 망라한 체크리스트(checklist)인 위험목록을 작성하는 것으로 시작한다. 위험목록이 작성되면, 그 위험중 대상 기업이 실제로 노출되는 위험들을 파악하여야 한다. 이 파악은 대상 기업이 단순할 경우에는 역시 간단하게 이루어지지만, 대상 기업이 복잡할 경우에는 보다 체계적 파악을 위하여 여러 개의 도구를 사용한다. 다음은 이 도구들이다.

① 위험분석 설문서

② 재무제표 분석

③ 업무흐름도(flow chart)

④ 현장조사

⑤ 과거 사례

⑥ 전문가 의뢰

사 례

■ 합작파트너와의 분쟁발생 위험 – 기계부품회사 A社[61)]

기계부품 회사인 A사는 저렴한 인건비와 외국인 투자자에게 각종혜택이 주어진다는 중국업체의 설명을 믿고 2년전 그 중국업체와 합작공장을 설립했다. 중국측 파트너는 제조에 필요한 상당한 노하우를 요청했으며, A사는 리포트 형식으로 그 노하우를 제출했다.

약 1년에 걸쳐 공장을 설립하고, 시제품(試製品) 시험생산을 거쳐 본격생산에 착수했다. 그러나 매입가격을 둘러싸고 분쟁이 생겼고, 중국측 파트너는 싸늘하게 등을 돌리고 철저하게 외면했다. 결국 A사는 큰 손해를 보고 뒤늦게 다른 파트너를 구하고 있지만 역시 어려움을 겪고 있다.

A사는 사전에 철저히 합작파트너와의 계약조건을 검토하고 계약을 체결하지 않았던 것을 후회하고 있다.

3. 위험의 측정

기업(사업)이 노출된 위험들이 파악되면, 다음 단계는 이 노출위험들을 측정하는 일이다. 위험의 측정(risk measurement)은 위험의 잠재적 손실이 기업에 미칠 잠재적 영향을 측정하여 평가하는 것이다. 위험측정의 목적은 여러 위험들 간에 기업에 대한 상대적 중요성을 파악하고, 적절한 대응방안을 마련하는데 필요한 정보를 파악하는 것이다.[62)]

(1) 위험측정시의 고려사항

위험측정의 차원(dimension)으로는 잠재적 손실의 실현 빈도(frequency), 즉 사고 확률이나 횟수, 잠재적 손실의 실현 심도(severity), 즉 사고 규모나 강도(强度)라는 두 가지 차원이 있다. 그리고 구체적으로 이들 두가지 차원에 대해 최소한 기간별 기대값(expected value)과 표준편차(standard deviation)를 측정하는 것이 바람직하다.[63)]

또한 위험들은 측정된 잠재적 손실의 중요성에서 차이가 나기 마련이므로, 여러 대상위험들 간에 중요성 면에서 우선순위를 정할 필요가 있다. 사고의 빈도와 심도 모두가 잠재적 손실의 중요성 판단기준으로 작용하지만, 이들 두가지 차원 중에서는 후자의 비중이 압도적이다. 즉, 상대적으로 발생빈도가 높지만 손실규모는 작은 사고에 비해, 발생빈도는 낮지만 손실규모가 큰 사고의 타격이 더 크다는 의미이다.

여러 위험들을 사고의 심도 기준으로 우선순위를 정하는 경우의 예를 들자면 다음과 같다.[64)]

① 특정한 손실금액 기준(양적 기준)으로 하는 방법
② 위급(critical) 위험, 중요(important) 위험, 경미(unimportant) 위험 등과 같은 질적 기준으로 하는 방법[65)]

(2) 위험측정 척도(measure)

위험측정 척도(measure)에는 손실빈도의 척도와 손실심도의 척도로 구분된다.

1) 손실빈도의 척도

사고 빈도의 척도서 다음과 같은 여러 가지가 있다.

① 단일 손인(peril)에 의한 단일 유형의 손실
② 복수 손인에 의한 단일 유형의 손실
③ 단일 손인에 의한 복수 유형의 손실

하나의 척도로 사고 빈도를 측정할 때, 그 정도를 몇가지 수준으로 구분하게 된다. 그

방법으로는 수치를 사용하는 '계량적 방법'과 특징적 개념을 사용하는 '질적 방법'이 있다. 후자의 한 예를 들면, 위험관리자 입장에서 다음과 같이 크게 네 수준의 손실빈도를 구분할 수 있다.[66)]

① 거의 전무(almost nil) : 사건이 일어나지 않으리라는 의견
② 약소(slight) : 사건이 발생가능은 하지만 발생사례가 아직 없고 장래에도 발생할 것 같지 않다는 의견
③ 중간(moderate) : 사건이 발생사례가 있고 장래에도 발생 가능성이 상당히 있다고 보는 의견
④ 확정(definite) : 사건이 주기적으로 발생하였으며 장래에도 주기적으로 발생할 것으로 보는 의견

2) 손실심도의 척도

사고 심도(深度)의 척도 중에는 중요한 두 척도가 있는데, 이는 최대가능 손실(maximum possible loss)과 최대개연손실(maximum probable loss)이다.[67)]

① 최대가능 손실 : 발생빈도와 상관없이 이론적으로 가능한 최대의 손실규모
② 최대개연 손실 : 발생빈도가 높은 상황에서 가능한 최대의 손실규모

4. 위험의 대응전략 선정

위험이 측정·평가되면 다음 단계는 이러한 위험에 대응하는 일이다. 구체적으로는 여러 대안들을 마련하여 고려하고, 이들 중 적절한 전략을 선정하는 것이다.

위험에 대응할 수 있는 전략들은 크게 위험통제(risk control) 전략과 위험금융(risk financing) 전략으로 양분할 수 있다. 위험통제 전략은 사고발생의 축소를 추구하는 전략이다. 이에 비해 위험금융 전략은 위험통제 전략의 적용 이후에도 남는 잠재적 손실에 대한 복구 자금조달 전략이다.[68)]

사 례

■ **위험대응전략 : 중국진출회사, 연구개발의 중국현지화 대비 기술유출 문제로 고민 – 마스시타 전기社**[69)]

많은 회사들은 중국이 전세계 제조공장에서 점차 거대한 소비시장으로 떠오르면서 이러한 내수시장 공략을 위해 중국인 고객들이 원하는 제품을 제공하려고 전략을 바꾸고 있다. 이러한 전략의 예로서는 외국투자기업들이 중국내 제품생산과 디자인 관련 시설을 강화하고 현지 직원 채용을 확장하고, 중국인의 취향에 부합하는 맞춤형 제품을 생산하는 것을 들 수 있다.

일본 '마스시타(松下) 전기'의 중국내 인력관리 책임자인 '나카무라 다카시'는 "이제 제품의 디자인과 연구 · 개발(R & D)을 현지화하는 것이 우리의 큰 정책이 되었다"고 말했다.

그러나 이렇게 중국의 소비시장에 적합한 제품에 너무 초점을 맞추고 중국으로 디자인 및 기술개발, 제품생산시설을 이전하는 것은 기업의 민감한 정보가 중국내 현지 경쟁업체들로 흘러나갈 수 있는 위험이 있다고(2004년 11월 23일) '월스트리트저널'이 지적했다.

즉, 기술유출이 염려되어 현지에서 특별한 연구 · 개발 없이 기존의 자사 외국제품을 그대로 가져다 생산하려 하면 판매부진이 우려되고, 도 중국내에서 중국인들의 기호에 맞는 제품을 개발하려 하면 기술유출이 유려되는 갈등상황이 등장한 것이다.

이로 인해 각 기업들은 기술유출을 방지하기 위한 다양한 대책을 강구하고 있다.

마쓰시타의 경우를 보자면, 핵심 기술개발에 중요한 부품생산은 일본에서 수행하고, 나머지 기술 또는 디자인 개발 등은 중국에서 수행하는 방법을 취하고 있다.

또 제품을 모방하거나 분석할 수 없도록 하기 위해 '블랙박스 기술'을 이용하는 한편, 중국인 종업원들이 전체 생산공정 가운데 특정 부분만 알 수 있도록 하고 있다.

---

(1) 위험통제 전략

위험통제 전략으로는 위험회피(risk avoidance) 전략, 손실통제(loss control) 전략 등이 있다.[70]

1) 위험회피 전략

위험회피는 위험에 노출되는 객체(재산, 인간, 활동)를 회피하여 위험을 원천적으로 제거하는 전략이다.[71] 실행전략으로는 노출되는 객체를 맡지 않는 전략(avoidance by refusal)과 기존에 맡아온 노출된 객체를 제거하는 전략(avoidance by abandonment)이 있다. 현실적으로는 이들 두 가지 전략 중 전자가 다수를 차지한다. 위험회피 전략은 그러나 다음과 같은 몇 가지 단점도 지닌다.

① 사업상 위험회피가 현실적으로 가능하지 않은 상황도 있다.

② 한 종류의 위험회피는 다른 종류의 위험을 초래하기도 한다.

③ 위험에 노출된 객체에서 기대되는 잠재적 이익이 잠재적 손실보다 큰 경우도 있다.

2) 손실통제 전략

손실통제는 잠재적 손실 실현의 빈도, 심도(深度), 불확실성을 가능한 한 줄이는 방안이다.[72] 손실통제 전략은 앞의 위험회피 전략의 단점을 회피하기 위한 전략이다. 즉, 위험회피 전략에서는 객체 보유나 활동을 거부하거나 중단하여야 하지만, 손실통제 전략에서는 반대로 객체 보유나 활동을 하여 위험을 인수하면서 위험 축소를 도모한다. 손실통제 전략은 다시 여러 가지로 분류할 수 있다.

① 손실예방 전략과 손실경감 전략

손실예방(loss prevention) 전략이 잠재손실 실현의 빈도를 줄이거나 제거하려는 전략인 데 비해, 손실경감(loss reduction) 전략은 잠재손실 실현의 심도를 줄이려는 전략이다. 구체적 방안 중에는 손실예방 및 경감을 동시에 도모하는 방안도 가능하다.[73)]

그런데 손실경감 전략은 다시 최소화(minimization) 전략과 구조(救助, salvage) 전략으로 구분할 수 있다. 전자는 잠재적 손실의 실현 이전 또는 실현 중에 취하는 전략인데 반해, 후자는 손실 실현 이후에 취하는 전략이다.

② 기간별 전략

손실통제 전략은 기간별로도 구분할 수 있다. 여기에도 다시 두 가지 분류가 대표적이다. 하나는 잠재적 손실의 실현 이전, 실현 중, 실현 이후에 적용하는 전략 구분이며, 이는 앞서 본 손실감소 전략 구분에서도 이미 보았다. 이 구분에 다르면 손실예방 전략은 손실 이전 전략에 해당하는 셈이다. 다른 분류는 위험노출 객체를 맡을 때 기획 단계에서 손실통제를 적용하는 경우(기획단계 전략), 이미 맡은 상태에서 정상적 상황에 손실통제를 적용하는 경우(유지단계 전략)와 비상상황에 적용하는 경우(비상단계 전략)를 구분하는 것이다.

3) 위험전가 전략

위험전가(risk transfer)는 위험을 타인(양수인, transferee)에게 넘기는 것이며, 잠재적 손실실현의 빈도와 심도에는 영향을 주지 않는다.[74)] 주된 세부전략으로는 다음 두 가지가 대표적이다.

① 위험에 노출된 객체의 전가

② 객체를 맡은 채로 그 위험만 전가(리스계약이 그 예이다)

(2) 위험금융 전략

위험금융 전략으로는 위험보유(risk retention) 전략과 위험전가(risk transfer) 전략이 있다.

1) 위험보유 전략

위험보유는 손실발생 시 그 복구비용을 자체적으로 부담하는 전략이다. 이 전략은 위험보유가 의도적인 것인지 여부, 즉 능동적(active) 보유인지 수동적(passive) 보유인지에 따라 양분할 수 있다.[75)]

① 능동적 전략과 수동적 전략

능동적 전략은 기업이 위험노출을 확인하고도 합리적 이유로 그 잠재적 손실을 전가하지 않기로 결정하는 방안이다.

반면에 수동적 전략은 기업이 위험노출의 존재를 인식하지 못하여 이에 대한 대처를 하지 못한 상황에서 불가피하게 이러한 위험을 감수하는 전략이다. 기업이 실제로 노출되는 위험의 종류는 많은데, 이들을 모두 확인하기는 쉽지 않기 때문에 이 전략은 바람직하다고 할 수는 없어도 현실성을 가진다.

② 위험보유 결정조건[76)]

위험보유 전략의 결정여부는 다음과 같은 조건에 따라 결정된다.

- 다른 대안의 부재 : 노출위험 중 보유 외에 다른 효과적 대응방안이 없을 수 있는데, 이 경우에 위험보유는 불가피한 전략이 된다.
- 잠재손실의 심도와 빈도: 잠재손실에 대해 기업이 추정한 기대값이 전가비용(예 : 보험료)에 비해 낮을수록 기업은 위험보유 전략을 선호하게 된다.
- 손실실현에 대한 예측력이 높을수록 위험이 줄어들어 위험보유 전략이 선호된다.
- 최대가능손실 또는 최대개연손실 규모가 작을수록 위험보유 전략이 선호된다.
- 최대가능손실 또는 최대개연손실을 단기에 재무적으로 부담할 능력이 많을수록 위험보유 전략이 선호된다.
- 손실실현 시 비용지출이 비교적 장기간에 걸쳐 분할될수록 시간가치에 따라 기회비용이 많아져 위험보유 전략이 선호된다.
- 고수익 고위험 투자기회가 많을수록 위험보유 전략이 선호된다.
- 위험대응 서비스의 질 면에서 자체조직이 비교우위에 있을 경우, 위험보유 전략이 선호된다.

③ 위험보유수준 결정

위험보유 결정이 이루어지면 다음에는 보유수준의 결정이 필요하다. 이때 고려할 중요한 요인으로는 기업의 재무상태, 과거의 손실경험 등이다. 재무상태가 양호할수록 보유수준을 높일 수 있다.

④ 손실부담방법 결정

위험보유 결정이 이루어지면 또한 잠재적 손실실현 시 손실부담 방법을 결정하여야 한다. 여기에는 다음과 같이 여러 가지 방안이 있다.[77)]

- **기업의 순이익 사용** : 이 방안은 손실을 기업의 당기순이익으로 충당하여 당기비용으로 처리하는 방안이다.
- 외부(금융기관 등) 자금 차입
- **적립금으로 처리** : 이 방안은 손실부담을 대비해 일정 기금을 적립금으로 마련하여 사용하는 방안이다.

• **자가보험(self-insurance) 이용** : 자가보험은 위험을 보험회사가 인수하듯이, 기업이 자체적으로 인수하는 형태이다. 이때 손실부담을 위한 재무적 사전준비가 필요한데, 구체적으로는 기금 적립, 유가증권 등 시장성 자산 처분, 보험 자회사(captive insurer) 활용 등의 방안이 있다.[78]

⑤ 위험보유전략의 장점

위험보유전략의 주된 장점으로는 비용 절약, 손실방지노력 장려, 자금운용 이점 등을 들 수 있다.

⑥ 위험보유전략의 단점

위험보유전략의 단점으로는 예상외 큰 손실을 입을 수 있는 점과 세금 등 기타 비용이 증가하는 점이 중요하다.

2) 위험전가 전략

위험금융 전략에서 위험전가는 위험실현 시 손실액을 대신 지불해줄 외부자금원(양수인)을 찾아 위험을 전가하는 전략이다.[79] 대표적인 방식이 보험(insurance)이지만, 보험 외 방식도 있다. 양자의 결정적 차이는 후자의 경우에서 양수인은 법적으로 보험사업자가 아니라는 점과, 양수인은 일반 보험업자처럼 대수의 법칙을 위해 많은 위험을 떠맡지는 않는다는 점이다.

(3) 위험대응 전략 선정

주어진 위험에 대해 앞서 본 다양한 위험대응 전략 중 효과적 전략을 찾기 위해서는 대표적으로 두 가지 범주의 기준을 적용할 수 있다. 하나는 위험자체의 특성이고 다른 하나는 위험관리에 대한 일반적 법칙이다.[80]

1) 위험자체특성 기준별 선정

위험을 사고발생의 빈도와 심도 차원에서 측정한다는 점에서 이것을 특성화 기준으로 삼으면, 위험은 그림 15-2와 같이 네 가지 유형으로 크게 나눌 수 있다.

먼저, 손실심도가 높은 경우에 위험보유 전략은 부정적이다. 한편, 손실빈도가 높은 경우에는 보험전략이 고비용이 들어 부정적이다. 결국, 네 유형의 위험에 대해 대체적으로 다음과 같은 대응이 도출된다.

① **고심도 · 고빈도 위험 상황** : 이 경우에 가장 효과적 전략은 위험회피이다. 그리고 조건부로 위험경감 전략을 쓸 수 있다. 조건은 심도나 빈도를 감수가능 수준으로 경감시킬 수 있을 때이다.

② **저심도 · 고빈도 위험 상황** : 이 경우에 효과적 전략은 위험보유와 위험경감이다.

③ **고심도 · 저빈도 위험 상황** : 이 경우에 가장 효과적 전략은 보험이다.

④ **저심도 · 저빈도 위험 상황** : 이 경우에 가장 효과적 전략은 위험보유이다.

		잠재적 손실의 실현빈도	
		고 빈도	저 빈도
잠재적 손실의 실현심도	고 심도	①	③
	저 심도	②	④

그림 18-2 위험대응 전략 분류

2) 위험관리의 일반원칙

위험관리의 일반적 원칙으로 다음의 세 가지를 들 수 있다.

① 부담가능 수준 초과 위험의 회피

② 언제나 손실의 확률을 생각할 것

③ 작은 손실이 아까워 커다란 위험을 무릅쓰지 말 것

제 19 장 물류 전략

이 장에서는 물류전략의 기초를 알아보고 이를 토대로 물류비, 운송, 보관 · 창고, 하역, 포장, 그리고 유통망 측면에서의 물류전략들을 고찰하기로 한다.

19-1 물류 전략의 기초

이 절에서는 물류 및 물류관리의 개념, 내용, 그리고 물류의 중요성을 살펴보자.

1. 물류 및 물류관리의 개념

물류 (logistics 또는 physical distribution), 즉 물적유통(物的流通) 또는 물자유통(物資流通)의 개념은 대표적으로 물류의 범위 측면에서 협의와 광의로 나누어 볼 수 있다. 협의는 물류의 범위를 제품의 생산과 소비를 연결하는 과정으로 보는 개념이고, 광의는 이에 더해 원자재의 조달과 생산, 제품의 폐기까지 포함하는 개념이다. 이에 따라 물류관리에 대한 구체적인 개념 정의 두 가지를 보면 다음과 같다.[1]

① 생산단계로부터 소비 · 이용단계에 이르기까지의 재화· 서비스· 정보의 이동 및 공급의 관리

② 고객 욕구에 부합할 목적으로 원천에서 소비점까지의 재고, 서비스, 관련 정보의 이동 및 저장의 관리 [2]

사 례

■ 중국에서의 물류는 블랙 홀－베이징 현대자동차社 [3]

"중국에서의 물류는 한마디로 '블랙 홀'이다. 보이지 않는 비용이 많이 들어간다는 뜻이다. 보통은 하역용 기계에 트럭을 바로 붙여 운송시간을 줄인다. 그런데 중국에서는 트럭 생산회사별로 지면부터 적재함까지의 높이가 제각각이어서 물건을 싣고 내리는 시간이 예상보다 많이 걸린다. 이 같은 사실은 나중에 알았다. 2002년 12월말 생산을 시작한 이래 가장 신경

을 쓰고 있는 부분이 바로 물류이다."

현대자동차 중국 법인인 '베이징 현대자동차 유한공사'의 박한규 생산관리부장의 말이다. 즉, 서둘러 생산시설을 확충해서 중국 시장을 공략해야 하는데, 물류 시스템이 받쳐주지 않는 다는 것이다.

박 부장은 "부품업체들도 물류비용으로 애먹기는 마찬가지이다. 부품 수송거리가 멀어 거점마다 별도의 창고가 필요했고 그만큼 물류비용도 늘어났다"고 말했다.

이 회사는 부품 현지화율을 75%까지 높여 물류 라인을 줄이고 과감한 아웃 소싱 등으로 물류비를 줄이는데 애쓰고 있지만, 제품 단가 대비 물류비용은 6.3%(2004년 기준)에 달한다. 이는 한국(4.1%)보다 2% 포인트 이상 높은 수치이다.

이렇게 어려움이 많은 중국내 물류 문제를 해결하기 위해서 베이징 현대자동차나 삼성 등은 물류 전문업체를 활용한 물류부문 아웃소싱, 제품수송 루트의 다양화, 물류 거점에 공동 물류 창고 설립 등의 전략을 활용하고 있다.

베이징 현대자동차의 박 부장은 "생산 일정을 부품업체들에게 2~3일 전에 알려 생산에 필요한 공정에 딱 맞게 부품을 생산하도록 하고, 가급적 연관부품을 결합한 '모듈'을 배송의 기본단위로 하고 있다"고 말했다.

삼성전자 관계자는 "다양한 수송로를 확보하고 있어야 차질이 없다. 중국에서 유럽으로 나가는 상품의 경우 TSR(러시아 횡단철도), 바닷길, TCR(중국 횡단철도)-TSR 환승 노선 등 다양한 방법으로 배송한다"고 말했다.

---

2. 물류의 내용

물류의 내용은 위의 물류의 개념 정의가 대표적으로 협의의 개념과 광의의 개념이 있는 것에 대응하여, 협의의 내용과 광의의 내용으로 구분할 수 있다.

먼저, 협의의 내용을 보면 물류는 운송, 보관, 하역, 포장, 유통가공, 정보활동의 여섯 가지 활동으로 구성된다. 이들 중 앞의 네 가지를 기본활동이라 할 수 있고, 뒤의 두 가지는 기본활동을할 수 있고, 지원하는 지원활동이라고 할 수 있다.[4]

광의의 물류의 내용에는 다음 주제들이 포함된다. 고객 서비스, 수요 예측, 유통 커뮤니케이션, 재고관리, 자재관리, 주문처리, 부품 및 서비스 지원, 공장 및 창고 입지결정, 조달, 포장, 회수상품 처리, 처분 및 폐기, 교통 및 운송, 창고관리 및 저장 등이 그것이다.[5]

사 례

■ 중국 물류시장의 개척-한진해운社[6]

'한진해운'은 중국 물류시장을 개척함에 있어서 국내 선두주자로 불리고 있다. 한진해운은 1992년 한국과 중국이 국교를 수립하기 이전인 1989년부터 중국 지역에 대리점을 지정해 '피

더 서비스(feeder service · 연계수송)'를 개시하면서 중국 물류 시장에 진출했다.

이 회사는 이후 1995년에 외국 선사로는 처음으로 시노트랜스 사와 공동 운항으로 중국－유럽 직항로를 개설했고, 1996년에는 국내 선사(船社)로는 처음으로 중국－북미 직항로를 개설 운영하는 등 중국 시장을 주도적으로 개척해 왔다. 한진해운은 중국 '코스콘' · 일본 'K라인' · 대만 '양밍선사' 등과 함께 세계 최대 전략적 제휴인 'CKYHS'그룹을 결성하는 데 주도적인 역할을 하였다.

또 이 회사는 중국이 세계 최대 시장으로 급속히 떠오른 2003년부터 5,500 TEU급으로 중국－유럽 서비스 선대를 대형화하고, CKYHS와 중국을 중심으로 한 아시아－미국 동해안 3개 항로를 직항 체제로 개편했다.

한진해운은 해운산업에 정보기술(IT)을 접목시켜 2005년 5월 정보통신 자회사인 '싸이버로지텍'을 설립하여 e-service를 시행하고 있다. e-service는 수송일정과 운임 확인부터, 예약 · 선적서류 제출 · B/L서류 확인 및 발급 · 화물위치 추적 · 전자 세금계산서 발급에 이르기까지, 수출에 관한 전체적 서비스와 도착통지서 확인, 배정신청 등의 서비스를 제공하고 있다.

또 한진해운은 2005년 중국 상하이에 종합 물류사업을 전담할 현지법인을 설립하고, 국내 업계 처음으로 중국 종합물류시장에 본격 진출한다. 이 상하이 법인은 중국과 미국 간을 오가는 물류를 대상으로 종합물류사업을 수행하게 된다.

회사 관계자는 "그동안 국내에서는 해운운송만을 사업 영역으로 해왔으나, 이번에 중국에 설립한 법인은 그밖에 창고와 보관, 항공운송 등 종합적인 물류사업을 지향한다. 상하이를 시작으로 해서 '티엔진(天津),' '따리엔(大連),' '칭다오(靑島)' 등 다른 중국 도시에도 종합물류사업을 담당하는 현지법인을 설립할 계획"이라고 밝혔다.

3. 물류의 중요성

물류는 기업에 전통적 개념의 생산기능에 더해, 비용을 유발하는 동시에 대(對)고객 서비스를 구성하는 기능이다. 그러므로 이러한 물류기능의 효율성과 비용 수준 여하는 기업의 수익성 차원과 대고객 경쟁력 차원에서 중요한 결정요소의 하나가 되므로, 전략적 차원에서 물류관리에 접근해야 할 것이다.[7]

현장 정보

■ 중국 사업에서 물류(유통)의 중요성[8]

중국 사업은 유통에서 시작해서 유통으로 끝난다. 즉, 유통을 장악한 기업이 결국 성공하게 되어 있다. 완벽한 유통망이 없는 상태에서 공장을 먼저 가동하면, '재고 함정'에 빠지고 만다. 즉 쌓여가는 재고 상품 부담을 견디지 못해서 공장을 중국 측에게 그대로 양도해야 하는 경우가 가끔 일어나고 있다. 따라서 공장을 건설하기에 앞서서 중국 내수용 혹은 해외 수출용 판로를 확보해 두어야 한다.

만일 중국 내수 시장을 공략하려는 기업이라면 대리점을 활용할 것인가, 직판을 할 것인가, 아니면 중국측 파트너의 유통망을 활용할 것인가를 사전에 종합적으로 검토해야 한다.

"내 상품은 내가 판매하겠다"는 각오가 필요하다. 이를 위해서는 직판이 가장 바람직 하지만, 유통망 구축에 많은 비용이 든다는 단점이 있다.

중소기업들은 초기에는 어쩔 수 없이 대리점에서 시작하더라도 결국은 직판 체제로 갈 수 있도록 꾸준히 노력해야 한다.

중국 측 파트너의 유통망을 이용할 경우에는 파트너에게 주도권을 잃고 끌려 다니지 않도록 하고, 최악의 경우에는 파트너가 배신할 경우에도 대비해야 한다.

19-2 물류비 전략

기업이 물류활동으로 부담하는 비용에는 여러 가지가 있다. 이렇게 여러 항목으로 구성된 물류비 관리전략은 총비용 관점에서 접근하여야 한다.[9)]

1. 물류비 종류

물류비를 구성하는 주요 항목은 기본적으로 운송비용, 보관비용, 주문처리 및 정보비용, 로트(lot)량 변화비용, 재고유지비용, 고객서비스 유지비용의 여섯 가지를 들 수 있다.

이들 중 전자 다섯 가지는 명시적(explicit) 비용에 해당하는 데 비해, 고객서비스 유지비용은 암묵적(implicit) 비용에 해당한다.[10)]

① 운송비용 ② 보관비용
③ 주문처리 및 정보비용 ④ 로트량 변화비용
⑤ 재고유지비용 ⑥ 고객서비스 유지비용

2. 총비용 접근법

물류비용에 대한 접근은 물류의 개별부문별 비용의 감축 방향보다는, 물류의 총비용의 감축 방향으로 접근하는 것이 합리적이다. 그 이유는 개별부문별 비용들 간에는 상충관계가 흔하게 나타나기 때문이다.[11)]

19-3 운송 전략

이 절에서는 운송의 기능과 중요성, 종류, 운송비용 영향요인, 운송수단별 특성, 운송의 합리화, 그리고 운송서비스의 선정전략을 고찰한다.

1. 운송의 기능과 중요성

운송(transportation)의 기능은 여러 가지가 있는데, 이들을 크게 기본적 기능과 부가적 기능으로 나누어볼 수 있다.

먼저, 운송의 기본적 기능은 화물의 이동과 저장이다. 이들 중에서 화물의 이동은 운송의 핵심기능이다. 그런데 이를 수행하기 위해서는 시간자원, 재무자원, 에너지자원을 소모하므로 이를 고려하면, 운송의 핵심목표는 화물을 출발지에서 목적지까지 이동시키면서 운송비용을 최소화하고 손실이나 피해도 최소화하며 고객의 요구에 부응하는 것이라고 정의할 수 있다.[12)]

화물의 이동기능을 보조하는 기능이 화물의 임시적 저장(temporary storage)이다. 운송중의 화물 저장은 그 자체로는 전형적 저장설비에 의한 저장에 비해 비싼 기능이지만 화물의 이동기능과 연계할 때에는 충분히 경쟁력 있는 기능일 수 있다.[13)]

운송은 기본적 기능 외에 효율적이고 저렴한 체계를 갖춘다면, 대표적으로 다음 세 가지 기능 즉 경쟁력 강화, 규모의 경제, 제품가격 인하에 기여하는 기능을 한다.[14)]

운송은 대다수 기업들에 있어서 물류비용 중 차지하는 비중이 가장 큰 편이며, 경우에 따라 판매가격의 상당한 비중을 차지하기 까지도 한다. 이는 특히, 단위 중량이나 부피에 비해 가치가 낮은 상품일수록 더욱 그러하다.

2. 운송의 종류

운송의 분류 및 그 주요 특성의 파악은 운송방식의 선정을 위해 중요하다. 운송은 여러 가지 기준으로 분류할 수 있다.[15)]

(1) 지리상 종류

지리적 측면에서 운송은 국내운송과 국제운송 또는 해외운송으로 나눌 수 있다.

(2) 운송수단별 종류

운송수단별로 운송은 육상 운송(자동차운송, 철도운송), 해상 운송(선박운송), 항공 운송, 파이프라인 운송, 전자 운송을 구분할 수 있다. 참고로 전자 운송은 음악, 동영상 등의 상품을 인터넷을 통해 전자적으로 운송하는 최근의 방식이다.

(3) 운송주체별 종류

운송주체별로 자사(自社)운송과 외주(外注)운송을 구분할 수 있다. 자사운송은 화주가 자체적으로 운송수단을 운영하는 운송방식이고, 외주운송은 화주가 외부의 전문 운송업자를 이용하는 방식을 가리킨다. 표 19-1은 자사운송과 외주운송의 주요 장단점을 나타내 준다.

표 19-1 자사운송과 외주운송의 장 · 단점[16)]

구 분	자사운송	외주운송
장 점	① 안정적 운송능력 확보 ② 고객서비스 제고 • 오지·격지에도 배송 가능 • 화물 파손·도난 감소 ③ 유통비 절감 ④ 운임의 장기적 안정 도모	① 갑작스런 운송수요 증가에 대한 탄력적 대응력 제고 ② 자사운송 대비 높은 운송효율 ③ 고정비 절감
단 점	① 급격한 운송량 변화에 신속 대응 곤란 ② 관련 설비 및 인력투자로 고정비 추가부담 ③ 외주운송에 비해 운송효율 저하	① 운임인상 시 대응 곤란 ② 일괄운송체제 구축 곤란 ③ 낮은 기동성 ④ 화물 파손 · 도난 발생 시 클레임 처리 곤란

(4) 기타 종류[17)]

그 밖에 다음과 같이 다른 여러 가지 기준으로도 운송을 분류할 수 있다.

① **거리별 분류 :** 장거리운송, 중거리운송, 단거리운송

② **수준별 분류 :** 간선운송, 준(準)간선운송, 단말운송

③ **재화별 분류 :** 원자재운송, 중간재운송, 소비재운송

④ **화물량별 분류 :** 대량 정형운송, 대량 비정형운송, 소량운송

⑤ **지역별 분류 :** 역 간 운송, 역 내 운송

3. 운송비용 영향요인

운송비용에 영향을 미치는 요인들이 많이 있는데, 이들은 크게 제품관련 요인들과 시장관련 요인들로 대별할 수 있다.[18)]

(1) 제품관련 요인

제품의 특성과 관련하여 운송비용에 영향을 미치는 주요 요인들은 다음과 같다.

① 밀도 ② 저장성

③ 취급 용이성 ④ 책임성

(2) 시장관련 요인

시장과 관련되어 운송비용에 영향을 미치는 주요 요인들은 다음과 같다.

① 동일한 운송방식(intramode) 대비 상이한 운송방식(intermode) 간의 경쟁의 정도
② 제품이 운송되어야 하는 거리를 결정해주는 시장의 위치
③ 운송업체에 대한 정부규제의 성격과 한계
④ 제품이동의 계절변화
⑤ 제품의 국내 또는 해외운송 여부

4. 운송수단별 특징과 장·단점

주요 운송수단별 주요 특징과 장단점을 살펴보기로 한다. 표 19-2에서는 이를 요약하여 보여주고 있다.

표 19-2 주요 운송수단별 기능 비교[19)]

구 분	자동차	철 도	선 박	항공기
화물량	소·중량	대량	대·중량	소·경량
운송거리	근·중거리	원거리	원거리	원거리
운송비용	단거리운송 시 유리	중거리운송 시 유리	원거리운송 시 유리	최고 운임
기후 영향	조금 받음	별로 없음	많이 받음	크게 받음
안정성	조금 낮음	높음	낮음	낮음
일관운송 체제	용이	미흡	어려움	어려움
중량 제한	있음	없음	없음	있음
화물수취의 용이성	편리	불편	불편	불편
운송시간	장기	장기	최장기	단기
하역 및 포장 비용	보통	보통	비쌈	쌈

(1) 도로운송

도로운송에서 화물운송의 주된 수단은 트럭이다. 중국에서 트럭운송 중 자사운송 비중도 아직 상당하여, 자사트럭 대수는 전체의 약 4할에 해당한다.[20)] 도로운송은 차량운송, 자동차운송이라고도 부른다.

1) **도로운송의 장점** : 도로운송의 장점으로는 기본적으로 다음 몇 가지를 들 수 있다.[21]

① 근거리 운송에서 신속하고 높은 신뢰성으로 비교우위를 지닌다.
② 다양한 크기와 무게의 제품을 운송할 수 있는 융통성이 높다.
③ 운송의 완결성이 높아 지점 간(point-to-point) 서비스를 제공할 수 있다. 즉, 제품을 발송지부터 최종도착지까지 단일 운송수단만으로도 운송할 수 있다.
④ 포장이 비교적 간단하다.
⑤ 시기적절한 배차와 배차빈도를 쉽게 높일 수 있다.

2) **도로운송의 단점** : 도로운송은 다음과 같은 단점도 지닌다.[22]

① 대량운송에는 비효율적이다.
② 원거리운송 시 운임이 높다.
③ 비교적 높은 화물중량과 악천후에는 취약하여 안전성이 떨어진다.

3) 중국 도로운송의 종류

중국에서 트럭운송을 법적으로 구분할 수 있는데, '자동차화물운송규칙' 제7조~제14조까지 여덟 종류로 구분하고 있다.[23] 이들 여덟 가지는 대절 운송, 혼재 운송, 대형특수화물 운송, 컨테이너자동차 운송, 쾌속화물 운송, 위험물자동차 운송, 용차화물 운송, 이사화물 운송이다. 이들 중에서 대절 운송은 화물무게가 한 회에 3톤 이상이거나 물리적으로 한 대의 트럭이 필요한 경우에 해당하며, 반대로 혼재 운송은 화물무게가 한 회에 3톤 이하인 경우를 가리킨다.

현장 정보

■ **중국의 고속도로 : 총연장 3만 4천km로 세계 2위**[24]

중국 국영 CCTV(중앙전시대)는 (2005년 1월 3일) 중국 고속도로 총 연장이 3만 4천km에 달해 미국에 이어 세계 2위를 기록했다고 보도했다. 이는 한국의 10배 정도이다.

중국 교통부는 앞으로 1년 동안에도 5천억 위엔(70조원)의 예산을 투입해 4,400 km의 고속도로를 추가로 건설한다고 밝혔다.

일반 도로 총길이는 185만여 km에 달했고, 이로써 중국 전역을 거미줄처럼 연결하는 5종 7횡 도로망 계획은 86%의 완성률을 보였다.

베이징과 마카오에 인접한 구앙동(광동)성 주하이(주해)간 2천여 km 남북도로는 고속화 되었고, 짱쑤(강소)성 롄윈강(연운강)에서 신짱(신강) 위구르 자치구 훠얼궈스에 이르는 4천km 짜리 동서도로도 관통되었다.

4) **중국 도로운송의 문제점** : 중국의 도로운송은 다음과 같이 아직 몇 가지 상당한 문제점을 보이고 있는 실정이다.[25)]

① 도로의 전국적 정비가 아직 미흡하여, 도로운송 증가율이 다른 운송수단에 비해 낮은 형편이다. 이러한 현상은 특히, 장거리운송에서 현저한 편이다.
② 도로화물운송의 영업면허는 중앙정부의 교통부가 아니라 지방정부의 교통청에서 교부하는데, 이 면허가 일정한 영업구역 내로 제한되어 장거리운송시 불편이 크다.
③ 유료도로의 노선과 이용요금이 중앙의 교통부에 의해 규정되어 있지만, 지방정부가 이를 회피하고 임의로 책정하는 사례가 종종 있어서 혼란을 준다.
④ 신규 운송사업자의 참여가 급증하면서 운임덤핑 등 경쟁이 심해지고 있다.

(2) 철도운송

여기에서는 철도운송의 장점과 단점을 알아보자.

1) **철도운송의 장점** : 철도운송의 장점으로는 기본적으로 다음 몇 가지가 있다.[26)]

① 대량화물의 장거리 운송에서 효율적이다.
② 중・장거리 운송의 비용이 저렴하다.
③ 고중량 화물에 대한 운송력이 높다.
④ 비교적 전천후적이다.
⑤ 사고율이 비교적 낮다.

2) **철도운송의 단점** : 철도운송은 다음과 같은 단점도 지닌다.[27)]

① 근거리 운송시 운임이 높다.
② 시기적절한 배차가 쉽지 않으며 배차 빈도도 낮다.
③ 화물수취가 비교적 불편하다.

3) 중국 철도운송의 종류[28)]

중국에서 철도운송은 먼저, 화물을 '계획 화물'과 '비(非)계획 화물'로 구분한다. 이들 중에서 계획 화물은 석탄, 석유, 광산물, 곡물 등 국가 전략적 기초자원(국책 물자)이 이에 해당하며, 비계획 화물에 비해 운송에서 우선권을 가진다.

또한 화물을 운송하는 열차 종류로는 '일반화물열차,' '컨테이너 전용열차,' '여객열차'가 있다. 일반화물열차는 국책 물자의 우선적 운송수단이다. 이 열차는 발착시간, 운송노선 등의 변동이 크다는 단점을 보인다. 컨테이너 전용열차는 국내운송뿐만 아니라 '중국횡단철도(TCR, Trans China Railway)'를 이용한 국제운송 서비스도 제공한다. 여객열차는 소규모 택배화물이 주 대상이 된다. 이 열차는 비교적 발착시간이 정확하고 빠른 편이지만 그만큼 운임은 일반화물열차의 열 배나 된다.

끝으로 철도는 운영주체에 따라 중앙정부 철도부의 국유철도, 지방철도국의 지방철도, 합자기업의 합자철도로 구분된다. 이중에서 국유철도가 철도화물운송의 대부분을 담당하고 있다.

현장 정보

■ 중국-독일 화물열차 첫 운행[29)]

중국과 독일을 잇는 화물열차가 첫 운행을 시작했다.

100개의 컨테이너를 싣고 총 9,814km를 18일 동안 달리는 이 열차는 중국의 북부 에이밍구 자치구 후허타오터에서 출발하여 몽고, 러시아, 벨라루스, 폴란드, 독일 프랑크푸르트까지 총 6개 나라를 거치게 되며, 한 달에 두 번 운행된다.

독일로 가는 열차에는 전자제품, 가전기기, 섬유, 희귀 광물 등이 실리고, 중국으로 돌아오는 열차에는 전자기기용 원자재 등이 주요 화물이 될 전망이다. 연간 화물 수송능력을 5만톤으로 추정된다.

---

4) 중국 철도운송의 문제점

중국의 철도운송은 다음과 같이 아직 몇 가지 상당한 문제점을 보이고 있는 실정이다.[30)]

① 수요가 공급을 초과하는데다 계획화물이 우선 처리되기 때문에, 비계획 화물은 운송공간 확보에 어려움을 겪는다.

② 일반화물열차의 경우, 정책적으로 열차시간표를 공개하지 않는 등으로 화물의 발착시간이 불확실하다. 또한 환적 화물의 경우, 종종 문제가 생겨 화물의 소재파악이 어려워지는 경우도 발생한다. 이러한 문제점에 대처하여 컨테이너 전용열차 중 '오정(五定)열차'란 제도를 두고 있다. '오정(五定)'은 발착역, 발착시간, 운임, 운송노선, 운행번호가 고정되어 있다는 뜻이다. 오정열차 이용시 예정 도착시간을 초과할 경우, 운임의 환불(부분 또는 전액)이 규정되어 있다. 그러나 오정열차는 아직까지 공급이 부족한 편이다.

③ 무개와 차를 이용하는 경우, 화물 도난사고도 일어나곤 한다.

현장 정보

■ 철도운송 현대화 노력[31)]

중국 당국은 2006년 중에 기차 운행속도를 높일 예정이며, 예를 들어 북경-상해간 (1,453km) T109호 열차의 경우 현재 13시간 32분이 소요되고 있으나, 앞으로는 7시간대에

도착할 수 있을 전망이다.

그리고 2008년 6월 올림픽 개최 전 개통을 목표로 2005. 7. 4일 북경－천진간 고속철도 건설이 착공되었다 (목표속도 최고 350 km/h). 이는 '중장기 철도 네트워크 계획'의 주요 부분으로 환발해권 철도 네트워크 건설사업의 일부이다.

또한 환발해권 지역, 장강삼각주 지역, 주강삼각주 지역의 3대 경제권에 대한 '근교철도 교통망 계획(2005～2020년)' 및 동 건설프로젝트 계획이 수립되어 추진중이다. 이 근교철도 교통이란 지역별로 주요 대도시 간에 신속하고 운송능력이 큰 효율적 철도교통을 말한다.

지역별 포함 지역은 다음과 같다. 환발해권 지역은 북경, 천진, 하북성으로 구성되고, 장강삼각주 지역에는 상해, 남경, 항주, 소주, 상주, 무석 등 15개 도시가 포함되며, 주강삼각주 지역에는 광주, 주해, 심천, 혜주, 주산, 불산 등 9개 도시가 포함된다. 3대 지역 근교철도 교통의 총영업길이는 2010년에 약 1,000km, 2020년에 약 2,120km를 목표로 한다.

---

(3) 해상운송

여기에서는 해상운송의 장·단점에 대해 알아보자.

1) 해상운송의 장점 : 해상운송의 장점으로는 기본적으로 다음 몇 가지가 있다.[32]

① **대량운송의 용이** : 단위수송량이 운송수단 중 최대이다.

② 원거리 운송에 적합하다.

③ **상대적 최저 운송비** : 화물단위당 운송비는 운송수단 중 최저이다

④ **자유로운 운송로** : 해양자유의 원칙(freedom of sea)에 따라 공해(公海)의 자유로운 항행이 보장된다.

⑤ **높은 국제성** : 앞의 장점들로 인하여 무역거래의 주된 운송수단으로 쓰인다.

2) 해상운송의 단점 : 해상운송은 다음과 같은 단점도 지닌다.[33]

① **상대적 최저 운송속도** : 신속성 면에서 운송수단 중 가장 뒤떨어진다.

② 하역기계가 필요하다.

③ 악천후의 제한을 받는다.

3) 중국 해상운송의 종류

해상운송(해운) 또는 수상운송(수운)은 먼저, 내항수운과 국제해운(외항수운)으로 구분하며, 이중 내항수운은 다시 연안(연해·沿海) 수운과 하천(내하·內河) 수운으로 나누어진다. 중국에서 하천수운은 장강(長江, 양자강)과 주강(珠江) 유역에 집중되어 있는 편이다.[34]

4) 중국 해상운송의 문제점

중국의 해상운송 역시 몇 가지 문제점을 가지고 있다. 이들을 내항수운과 국제해운

분야를 구분하여 살펴보기로 하자.[35)] 먼저, 내항수운의 주요 문제점은 장강유역에서 주로 나타난다.

① 장강유역은 여러 지역으로 세분되어 수운업체들은 지역별 운송면허가 필요한데, 전 유역에 대한 면허를 갖춘 업체 수는 소수이고, 대다수는 영세업체들이어서 경쟁이 치열하다.

② 장강유역의 운항조건이 악조건인 경우가 종종 발생하여 운송비용이나 효율성 측면에서 불리할 가능성이 높다.

③ 화물 중 잡화의 경우, 높은 정시성(定時性)이 요구되나 담당 운수업자들의 영세성과 위 두 번째 이유로 그러한 요구에 제대로 부응하지 못하고 있는 형편이다.

한편, 국제해운은 중국 내 현지 외항선사를 대상으로 살펴볼 때, 주요 문제점은 다음과 같다.

① 현지 외항선사 대다수가 영세업체이다.

② 선박과 항해기술이 낙후된 편이다.

(4) 항공운송

여기에서는 항공운송의 장·단점에 대해 알아본다.

1) 항공운송의 장점

항공운송의 장점으로는 기본적으로 다음과 같다.[36)]

① **신속성과 정시성**: 운송수단 중 최고 속도이며 정시운항률이 높다.

② **안전성**: 단기운송으로 인하여 화물의 운송 중 피해가 최소화된다.

2) 항공운송의 단점

항공운송은 다음과 같은 단점도 지닌다.[37)]

① 대량·중량 화물 운송에는 부적합하다.

② 상대적으로 화물단위당 운송비는 상대적으로 최고수준이다.

③ 악천후의 제한을 받는다.

3) 중국 항공운송의 문제점

중국의 항공운송도 다음과 같은 몇 가지 문제점을 가지고 있다.[38)]

① 항공사 간 그리고 항공사와 공항 간에 연계나 협조 체제가 미흡하다.

② 화물전용기 운행이 부족하고 여객 이용 위주이어서 공급이 부족하다.

③ 택배사업이 미미하다.

5. 운송의 합리화

운송의 합리화로 나타난 대표적 운송방식은 단위적재운송과 복합운송이며, 이와 관련된 팔레트화와 컨테이너화가 포함된다.[39)]

(1) 단위적재 운송

단위적재(unit load)운송은 화물을 일정한 표준의 중량이나 부피로 단일화하여 기계적 힘을 통해 일괄적으로 수송·하역하는 운송시스템을 가리키며, 하역혁신을 통하여 운송 합리화를 목표로 한다.

단위적재운송의 구체적 방식으로는 컨테이너라는 용기를 이용하는 방식과 팔레트(pallet)라는 깔판을 이용하는 방식이 있다.[40)]

1) 단위적재 운송의 장점

단위적재 운송은 다음과 같은 여러 가지 장점을 가진다.[41)]

① 운송방식의 운용효율성 제고
② 하역시 파손·오손·분실 등의 방지로 품질보증 확실
③ 하역의 기계화로 인한 작업생산성 증대
④ 포장이 간단하여 포장비 절감
⑤ 적재 고도를 높여 적재공간 효율성 제고
⑥ 시스템화의 용이성

2) 단위적재 운송의 단점

단위적재 운송은 다음과 같은 여러 가지 단점도 내포한다.[42)]

① 컨테이너 또는 팔레트 확보에 추가경비 소요
② 하역기계 등의 고정시설 투자 필요
③ 자재관리의 시간과 비용 추가
④ 넓은 공간 확보 필요
⑤ 적재효율성의 저하

3) 컨테이너화와 팔레트화의 장점

컨테이너화(containerization) 및 팔레트화(palletization)의 장점은 크게 경제성, 신속성, 안정성이다.[43)]

① **경제성** : 이들은 다음 이유로 총물류비를 절감시켜 준다.
- 운송비·포장비·하역 및 보관비·보험료·인건비 등의 절감
- 자금의 원활한 회전

② **신속성** : 이들은 다음 이유로 고객서비스를 향상시켜 준다.
- 운송시간과 하역시간 단축
- 선적서류 간소화

③ **안전성** : 이들은 다음 측면들에서 안정성을 제고해 준다.
- 하역작업, 운송과정의 화물, 기후
- 도난 · 변질 등의 위험

(2) 복합운송

복합운송(combined, intermodal, or multimodal transport)은 단일 운송인이 화물 인수(引受)에서부터 인도(引渡)까지 복수의 상이한 운송수단을 이용하여 운송을 담당하며, 화주(貨主)에게 일관된 운송책임을 지고 단일 운임을 청구하는 운송형태로서, 일관운송시스템이라고도 한다.

복합운송은 특히, 컨테이너 사용과 국제무역의 증가에 힘입어 크게 성장하였으며 현재 컨테이너운송의 지배적 형태로 자리잡고 있다. 컨테이너는 운송수단 간 운반이 용이하기 때문이다.[44)]

1) 복합운송의 장점

복합운송은 신속성, 안전성, 경제성 면에서 강점을 지닌다. 보다 구체적 주요 장점은 다음과 같다.[45)]

① **운송절차의 간편화와 효율화** : 복합운송에서는 단일 복합운송인이 운송수단별 특성을 고려하여 복합운송경로와 복합운송방식 선정을 최적화할 수 있다. 또한 복합운송은 운송에 수반되는 포장, 검사, 관리, 보관, 통관 등의 서비스를 부가하는 편리성을 제공한다.

② **운송책임의 단일화** : 복합운송에서는 운송 전반에 걸친 책임이 복합운송인 한 사람에게 집중되어 손해배상 청구가 비교적 간편하다.

③ **저렴한 운임과 운임률의 단일화** : 복합운송에서는 운임이 비교적 저렴하고, 운송 전구간에 대해 단일화된 운임률이 제공되어 계산이 간단하다.

2) 중국 복합운송의 종류

중국에서 '연운운수(聯運運輸)'라고 하는 복합운송은 대상 지역에 따라 ① 출발지와 목적지 모두 중국에 있는 복합운송, ② 출발지와 목적지 중 한 곳은 중국이고 다른 곳은 외국에 있는 국제복합운송, 그리고 ③ 출발지와 목적지 모두 외국이면서 중국을 경유하는 국제복합운송으로 구분할 수 있다.[46)]

3) 중국 복합운송의 특성

먼저, 중국 국내지역간 복합운송의 경우, 대다수의 복합운송 업체(중국에서는 '聯運企業 · 연운기업')들은 광역 연결망을 아직 확보하지 못한 상태에 있다. 그래서 이들은 아직 제한된 지역을 대상으로 운송을 함으로써 복합운송의 효율성을 충분히 살리지 못하고 있다.

한편, 중국을 경유하는 복합운송의 경우, 유럽 · 중동 · 동아시아 지역을 향하는 복합운송은 'CLB(China Land Bridge)'라는 경로를 따르고 있는데, 이 경로는 러시아 시베리아를 경유하는 SLB(Siberian Land Bridge)에 비해 거리가 짧아 운송시간과 운송비가 절감되는 효과를 제공한다.[47)]

6. 운송서비스의 선정

적절한 운송서비스를 선정하는 데는 몇 가지 기준이 필요하다. 주요 기준으로는 운송비용, 납기에 따른 운송시간 및 그 변동성(variability), 운송의 안정성(운송화물의 멸실 또는 손상 등)을 들 수 있다.[48)]

(1) 운송비용

운송서비스의 실제비용은 운송방식, 운송화물, 운송거리와 방향, 특별한 취급의 필요성 등이 복합적으로 고려되어 결정된다. 표 19-3 운송수단별로 운임을 고려한 경제적 운송구간을 보여 준다.

표 19-3 운송수단별 경제적 운송구간[49)]

운송수단	자동차	철도	선박
경제적 운송구간	약 300 km 이하	300～500 km	500 km이상

(2) 운송시간 및 그 변동성

운송시간(transit time)은 일반적으로 화물이 출발지에서 목적지까지 이르는 데 걸리는 평균시간을 가리킨다. 운송서비스를 비교 평가하려면, 운송이 단일방식이 아닌 복합방식에 의해 이루어지더라도 운송시간은 문전운송시간(door-to-door transit time)을 측정하는 것이 합리적이다.

운송시간의 변동성은 일반적으로 동일 운송거리에 대한 평균 운송시간의 변동성을 가리키며, 이는 운송방식의 차이 외에도 기후, 교통체증, 경유지 수, 화물적재 소요시간 등의 차이에 기인한다.

운송시간 및 그 변동성은 물류의 효율성을 결정하는 주요 요인의 하나이며, 또한 운송의 지연 같은 사태 발생은 기업의 고객서비스에까지 중대한 피해를 줄 가능성이 크다.

(3) 운송의 안전성

화물은 운송 중에 멸실(loss)이나 손상(damage)을 입을 가능성이 있는데, 이는 운송방식이나 운송업자 간에 다르기 마련이어서 이에 대한 고려도 중요하다.

원칙적으로 운송인은 운송의 안전성 유지의무가 있으며 피해발생시 화주에게 보상책임을 지지만, 화주는 천재지변, 화주의 결함, 운송업자의 통제불가능 요인 등 면책조항을 확인해야 한다. 그러나 화물의 운송 중 피해가 화주에게 주는 가장 치명적인 잠재적 손실은 고객서비스에 대한 타격 가능성이다. 클레임(claims)을 제기한다 해도 관련 시간과 비용이 상당하다. 또한 운송의 안전성이 낮으면, 화주는 포장을 강화하게 되어 추가적 비용을 야기한다.

참고로 운송의 수준별 분류와 연계하여 운송시 고려사항을 반영하였을 때, 적절한 운송수단 선정을 요약하면 표 19-4와 같다.

표 19-4 운송수준별 적절 운송수단[50)]

운송수준	고려사항	적절 운송수단
공장 → 물류거점 간 간선운송	① 충분한 납기 여유 ② 차량단위 규모 ③ 계획 운송	① 대형 트럭 ② 컨테이너 ③ 선박 (원거리, 대량 경우)
공장 → 대규모 소비자 직송	① 불충분한 납기 여유 ② 정확성 유지	① 중형 트럭 ② 소형 트레이너 ③ 카페리 (원거리 경우)
물류거점 → 소규모 소비자 배송	① 납기 임박 ② 정확성 유지 ③ 소량, 다품종	① 중·소형 트럭 ② 승용 화물차량 ③ 항공 (소량, 납기임박 경우)

19-4 보관 · 창고 전략

이 절에서는 보관과 창고의 기능, 창고의 종류, 그리고 보관방식의 선정에 대해 고찰하기로 한다.

1. 보관과 창고의 기능

(1) 보관의 기능

보관(storage)은 물품을 물리적으로 저장하면서 물품의 가치를 유지하도록 관리하는 활동이다. 보관은 물류를 구성하는 한 단계로서, 핵심적 기능은 물품의 생산시점과 소비시점 간에 발생하는 시간적 불일치를 조정하여 시간적 효용을 창출하는 것이다.[51)]

보관의 경제적 기능들은 대표적으로 다음 네 가지를 들 수 있다.[52)]

① 운송비와 생산비 절감
② 수급 조절
③ 생산측면에서의 이점
④ 마케팅 측면에서의 이점

(2) 창고의 기능

창고는 위의 보관기능이 이루어지는 핵심시설에 해당한다. 창고의 기본적 기능을 물리적 측면에서 보면, 화물의 저장과 이동 그리고 정보전달이다.[53)]

1) 화물 저장

화물의 저장에서는 임시 저장(temporary storage)과 반영구 저장(semipermanent storage)을 구분할 수 있다.

임시 저장은 창고의 이동기능을 강조하여, 기본적 재고 보충을 위해 필수적 상품만을 저장하는 기능이다. 반면에 반영구 저장은 재고 저장이 통상적 보충에 필요한 요구수준을 초과하는 경우를 가리킨다. 이러한 장기적 재고를 완충재고 도는 안전재고라고 부른다.[54)]

2) 화물 이동

화물 이동을 구성하는 주요 활동들은 다음과 같다.[55)]

① **입하**(receiving) : 운송수단으로부터 화물을 내려놓기, 창고 재고기록 갱신, 화물의 결함 조사, 주문과 선적기록과 실제 상품의 수를 비교하는 활동
② **운반 또는 창고내 배치** : 화물을 저장하기 위해 창고로 옮기는 물적 이동
③ **고객주문 피킹**(picking) · **선별** : 고객의 요구에 맞게 화물을 재편성하는 활동
④ **크로스 도킹**(cross-docking) : 화물을 저장과정 없이 입하 도크에서 선적 도크로 바로 이동시키는 활동. 이 활동은 시간과 비용절감과 고객만족도를 높이기 때문에 창고관리에서 활성화되어 있다.[56)]
⑤ **선적**(shipping) : 화물을 운송수단에 싣는 활동

3) 정보 전달

정보전달은 화물의 이동과 저장과 동시에 이루어진다. 창고의 효율적 관리를 위해서는 적시에 관련 정보들인 재고수준, 처리수준, 재고보관 위치, 유출입 선적, 고객정보, 창고공간 활용 등의 정보가 필요하다.[57)]

2. 창고의 종류

창고의 분류는 기업에서 사용할 창고의 유형을 선정하기 위해 중요하다.

(1) 운영주체별 종류

창고를 운영하는 주체에 따라 일반적으로 다음과 같이 분류할 수 있다.[58)]

① **자사(private) 창고** : 기업이 소유한 창고

② **영업창고** : 외부의 전문 창고업자로부터 유료로 이용하는 창고

③ **조합창고** : 조합원들이 생산품 보관의 편의를 위하여 공동으로 출자·설립·운영하는 비영리성 창고

④ **공영창고** : 공익적 필요(세관업무 등)로 국가나 공공기관이 운영하는 창고

중국에서 영업창고로는 국유창고와 사유창고가 있는데, 창고의 9할 정도가 아직은 국유창고에 해당한다. 그런데 국유창고는 자체적 운영능력이 부족하므로, 이용방식으로 위탁방식이 아니라 임대차 방식을 취한다. 즉, 창고의 운영과 화물관리를 화주가 책임지는 것이다.[59)]

(2) 소재지 · 유통경로상 종류

소재지 또는 유통경로 상으로 생산지창고, 집산지창고, 그리고 소비지창고가 구분된다.[60)]

① **생산지창고** : 농 · 수산물 등 생산지에 설치되어 집화(集貨)된 상품을 보관하는 창고이며, 농업창고(곡물, 과실류), 냉장창고(생선류), 정온창고, 소금창고 등이 있다.[61)]

② **집산지창고** : 화물의 집산지에 설치되어 생산에서 매집된 중계화물이 소비지로 출화될 때까지 보관되는 창고이며, 항만창고, 보세창고, 부두 · 철도역 · 터미널창고 등이 있다.

③ **소비지창고** : 주로 대도시 소비지에 설치되는 창고이며, 도시창고, 냉장창고, 정온창고 등이 있다.

(3) 화물종류별 종류

화물종류별로는 일반 창고와 특별 창고가 구분된다.[62)]

① **일반창고** : 모든 종류의 화물을 보관하는 창고
② **특별창고** : 특별한 종류의 화물만을 전문적으로 보관하는 창고이며, 전문창고라고 도 한다.

(4) 입지별 종류

입지별로는 다음과 같은 6가지 창고를 구분할 수 있다.[63)]

① 항만창고 ② 터미널창고
③ 집단화 창고 ④ 도시창고
⑤ 역전창고 ⑥ 해외창고

(5) 기능별 종류

기능별로는 다음과 같은 3가지 창고를 구분할 수 있다.[64)]

① 저장 창고 ② 유통 창고
③ 보세 창고

3. 보관방식의 선정

보관방식 선정은 물품보관에서 중요한 의사결정 중의 하나이며, 이는 자사창고 이용, 영업창고 이용, 리스창고 이용, 운송중 보관의 네 가지 중에서 선정하는 문제이다. 다수의 기업들은 상황에 따라 위 네 가지 방식을 다양한 조합으로 이용한다.[65)]

(1) 자사창고의 장점

자사창고의 사용은 다음과 같은 장점들을 지닌다.

① 시설이용도가 높으면 영업창고나 리스창고에 비해 창고비용이 절감된다.
② 창고관리의 자체적 수행으로, 보관활동의 효율과 서비스 수준을 개선할 수 있다.
제품에 전문인력이나 장비가 요구되는 경우에는 자사보유 창고가 필수적이다.
④ 부동산 소유로 인한 잠재적 이윤이 가능하다.
⑤ 창고 이용공간은 장래에 제조시설 등 타 용도로 변경이 가능하다.
⑥ 창고 공간을 판매사무소, 트럭주차장, 운송부서나 구매부서의 공간으로 겸용할 수 있다.

(2) 영업창고의 장점

영업창고의 사용은 다음과 같은 장점을 지닌다.

① 고정투자비의 불필요
② 비용의 절감
③ 위치 면의 유연성

(3) 리스창고의 장단점

보관공간의 리스는, 단기적으로는 영업창고의 이용, 그리고 장기적으로는 자사창고의 건설이라고 하는 두 가지 방식의 중간적 선택에 해당한다. 리스대상 창고로는 영업창고나 타기업의 자사창고도 될 수 있다.[66)]

1) 리스창고의 장점

리스창고의 장점으로는 다음 두 가지가 대표적이다.

① 낮은 임대요율로 보관공간의 확보 가능
② 임대기간에 따라 사용자가 보관공간이나 관련된 제반 운영에 대한 직접 통제 가능

2) 리스창고의 단점

리스창고의 단점은 영업창고 이용 시처럼, 시장환경 변화에 따른 보관장소의 신축적 이동이 불가능하다는 점이다.

(4) 운송중 보관의 장점

운송중 보관(storage in transit)은 물품이 운송되는 동안 운송수단에 보유되어 있는 시간을 뜻한다. 화주나 물류관리자는 물품의 보관특성과 운송수단 간 운송시간 및 특성 등을 고려하여 운송중 보관기능을 활용하면, 운송 후의 창고보관 부담을 줄일 수 있다.

19-5 하역 전략

하역 전략을 자재취급시 고려해야 할 사항을 중심으로 살펴보면 다음과 같다.

자재취급의 고려는 보관공간 결정의 일부이다. 그래서 영업창고를 고려할 때에는 영업창고의 자재취급시스템과 이용자의 자재취급시스템 간의 호환성이 중요하며, 자사창고의 경우, 자재취급작업의 효율성이 주관심사가 될 것이다.[67)]

자재취급의 목적은 취급비용(handling cost)을 줄이고 공간활용(space utilization)을 늘이는 것이다. 자재취급의 효율성은 적재화물의 단위화(load utilization), 공간배치(space layout), 보관장비(storage equipment) 선정, 이송장비(movement equipment) 선정의 네 차원에서 이루어진다.[68)]

1. 적재화물의 단위화

자재취급에서 기본적 원칙 하나는 자재취급의 경제성이 취급화물의 크기와 일반적으로 비례한다는 것이다. 즉, 취급제품의 크기가 증가하면 주어진 양의 화물을 보관하기 위해 장비를 사용하는 횟수와 사용시간이 줄어들어 비용이 절감된다.

여러 개의 작은 포장제품을 한 개의 적재단위로 통합해서 취급함으로써 작업효율성을 높일 수 있다. 이것이 적재화물의 단위화인데, 일반적으로 팔레트화와 컨테이너화 방식에 의해 수행된다.[69)]

2. 공간 배치

창고내에서의 물품 배치방식은 총 자재취급비용에 영향을 준다. 창고 내부 설계 시에는 특히 보관공간(srorage space)과 주문처리(order picking)에 대해 다음 사항들을 고려해야 한다.[70)]

(1) 보관배치

재고회전율이 낮은 창고에서 배치계획이나 내부설계는 보관기능에 중점을 두고 이루어져야 한다. 보관장소(storage bay)를 통로나 여유공간에 비해 넓게 잡고 최대보관 높이는 최대로 높인다. 통로공간은 상대적으로 좁아도 된다. 이러한 내부배치에서는 제품의 입출고에 걸리는 시간이 길어질 수 있지만, 이것은 높은 공간이용률에 의해 상쇄될 수 있다.

재고회전률이 증가하면, 통로공간이 넓어지고 적재높이는 낮아지며 제품의 보관이나 인출 소요 시간은 감소한다.

(2) 주문인출 배치

창고내부에서 이루어지는 일상적 제품 흐름 상태는 제품이 대량으로 들어와서 소량으로 반출되는 것이다. 이것은 제품의 반입 및 보관보다는 주문에 따른 제품 인출에 더 많은 시간이 걸리는 결과를 초래한다. 그러므로 창고의 내부배치 결정시 인출이 중요한 고려사항이 된다.

(3) 보관장비 선정

적합한 보관장비를 사용하면 공간이용률을 높이고 자재취급의 효율성을 개선할 수 있다.

(4) 이송장비 선정

이송(移送)장비는 장비의 사용목적이나 장비 작동에 필요한 인력의 정도에 따라 수동장비, 동력장비, 자동장비 등으로 구분할 수 있다.

① **수동장비** : 유연성, 저렴한 구입비 및 유지비용 등으로 제품종류가 다양하고 처리량이 많지 않은 경우에 적합하다.

② **동력장비** : 동력장비는 수동장비에 비해 작업속도를 향상시키고, 시간당 작업량을 증가시킬 수 있다.

③ **자동장비** : 기술발달로 자재취급시스템은 거의 완전자동화 단계에까지 이르렀으며, 최근에 등장한 시스템이 자동보관인출시스템이다. 첨단기술을 이용한 자재취급시스템은 재래시스템에 비해 성능이 월등하며, 특히 완전자동화된 창고는 가장 경제적이며 신속한 작업을 가능하게 한다. 그러나 이것은 모든 창고운영에 있어서 최적방안은 아니다. 자동시스템 설치에는 막대한 비용이 소요되므로 화물량이 상당하지 않으면 오히려 비효율적이다.

운영면에서 자동시스템은 다음과 같은 단점도 지닌다. 첫째, 장래에 화물의 형태, 종류, 화물량, 창고위치 등에 변화가 생길 때 새로운 환경에 적응하는 데 있어서 유연성이 떨어진다. 둘째, 일부 기계에 고장이 발생하면 전체 시스템이 영향을 받는다.

현장 정보

■ 물류 시스템 : 양산항 프로젝트[71)]

샹하이 항은 해양 항구가 아니라 양쯔(양자)강 하구에 위치한 내륙항이다. 수심이 8.5 m밖에 되지 않으므로 2,500 TEU (1TEU는 20피트짜리 컨테이너 1개)급(級) 선박 외에는 정박하지 못하며, 이보다 큰 선박은 밀물과 썰물에 맞춰 드나든다.

이러한 한계를 극복하기 위해 착수된 것이 '양샨(洋山)항 프로젝트'이다. 샹하이 시내에서 동쪽으로 자동차로 한 시간 정도 떨어져 있는 양샨 섬에 8000 TEU급 이상의 컨테이너선(船)이 자유롭게 드나들 수 있는 수심 15m의 항구를 건설하는 프로젝트이다.

이 프로젝트의 한 축으로 '바다의 만리장성'이라고 불리는 동하이(東海)대교가 건설되어 있다. 이 다리는 샹하이와 양산항을 연결하는 연륙교로서, 31 km(서울에서 인천까지의 거리 정도)에 왕복 6차선으로 되어 있다.

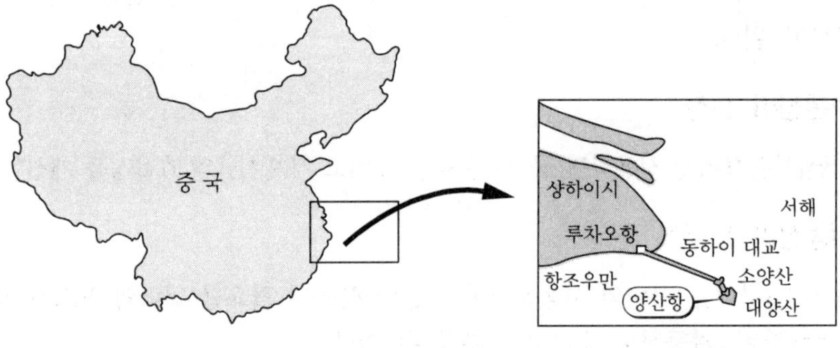

양샨항 프로젝트는 총 60억 달러가 투입되는데, 2005년도에 동하이 대교 건설이 끝나 5개의 컨테이너 선석(船席)이 가동되고 있다. 2006년까지 2단계 공사가 끝나면 4개의 선석이 추가되며, 2020년 까지는 연차적으로 총 52개 선석이 들어선다. 이때가 되면 양샨항은 2,500만 TEU급을 자랑하는 세계 최대의 컨테이너 항으로 등장하는데, 이는 현재 부산항의 3배에 달하는 규모이다.

19-6 포장 전략

이 절에서는 포장의 개념, 포장 분류, 포장재료 선정, 포장 적정화, 그리고 포장 합리화에 대해 고찰하기로 한다.

1. 포장의 개념 및 기능

포장(packaging)은 물품을 유통(운송 · 보관 · 취급)과 사용 면에서 그 가치 및 상태를 보존하기 위해 적절한 재료나 용기 등을 물품에 가하는 기술 및 그 기술을 가한 상태를 뜻한다.[72)]

포장의 기능은 크게 물류적 측면과 마케팅적 측면을 구별하여 살펴볼 수 있다. 물류적 측면에서의 대표적 기능은 ① 자재성 ② 자재취급 효율성 ③ 정보전달이다.[73)]

2. 포장의 분류

(1) 기능별 분류

포장은 기능별로 공업포장과 상업포장으로 분류된다.[74)]

① 공업포장(industrial packaging) : 이것은 포장의 기능 중 상대적으로 운송을 중심으로 하는 기능의 효율성에 초점을 둔 포장이며, 수송포장(transportation packaging)이라고도 한다.

② 상업포장(commercial packaging) : 이것은 상대적으로 판매를 중심으로 하는 마케팅 기능의 효율성에 치중한 포장이며, 소비자 포장(consumer packaging) 또는 소매포장이라고도 부른다.

(2) 형태별 분류

포장은 형태별로 단위포장, 내부포장, 그리고 외부포장으로 구분된다.[75)]

① 단위포장(item packaging) : 이것은 물품 개개의 포장을 가리키며, 개별포장 또는 개장이라고도 한다.

② **내부포장(intermediate packaging)** : 이것은 포장된 화물 내부의 포장을 뜻하며, 내장이라고도 부른다.

③ **외부포장(outer packaging)** : 이것은 화물의 겉포장을 말하며 외장이라고도 한다.

(3) 기타 분류

포장은 그 밖에도 다음과 같은 7가지 기준에 따라 분류할 수 있다.[76)]

① **포장재료별 분류** : 골판지포장, 나무상자포장, 플라스틱포장, 유리포장
② **포장방식별 분류** : 방수포장, 방습포장, 완충포장, 진공포장, 집합포장
③ **상품별 분류** : 식품포장, 의약품포장, 청과물포장, 기계포장, 위험물포장
④ **내용물 상태별 분류** : 액체포장, 분말포장, 입체포장
⑤ **발송목적지별 분류** : 수출용포장, 내수용포장
⑥ **납품처별 분류** : 할인매장용 포장, 특판용 포장, 군수용 포장
⑦ **운송수단별 분류** : 차량용 포장, 철도용 포장, 항운용 포장, 해운용 포장

3. 포장재료의 선정

포장재료를 선정할 때 고려할 주요 조건으로는 물리적 조건, 안정성, 경제성, 그리고 제조방식을 들 수 있다.[77)]

(1) 물리적 조건

① 견고성·내구성
② 내용물과의 상호작용 배제
③ 가스 및 습기·용매 등에 대한 차단효과
④ 고온·저온에 대한 내성

(2) 안정성 : 특정 용도에 사용할 각 재료는 합법적이며 안전성 요건 등에 적합하여야 한다. 즉, 화학제품 등에 대한 안전성, 위생상 문제 등도 포함된다.

(3) 경제성 : 재료사용시 재료 자체만의 비용 차원보다는 포장이 물류비용 전체에 주는 영향 차원을 고려해야 한다.

(4) 제조방식 : 재료별로 적합한 제조방식이 다르다.

4. 포장의 적정화

포장은 총물류비용의 최소화를 목표로 이루어져야 하며, 이러한 적정포장을 위해 검토되어야 할 측면으로는 보호성, 하역성, 편리성, 운송성, 경제성 등이 있다.[78)]

(1) 생산자측 요건

적정포장을 위해 생산자측에서 갖추어야 할 사항들은 다음과 같다.

① 제품의 적절한 보호
② 포장비 절감을 통한 원가 절감
③ 기업 및 제품광고의 효율성 제고
④ 작업의 라인화 및 자동화를 위한 포장설계
⑤ 재생 활용성 제고

(2) 물류업자측 요건

적정포장을 위해 물류업자측에서 갖추어야 할 사항들은 다음과 같다.

① 하역 용이성과 위험성을 고려한 중량과 용적단위 포장
② 단위적재의 적합성 고려
③ 포장강도의 표준화
④ 표시마크, 물품의 구분, 선행지, 취급방법 등의 명확한 표시
⑤ 운송수단과 하역수단의 적합성 고려
⑥ 유통과정에서의 도난방지

(3) 판매자측 요건

적정포장을 위해 판매자측에서 갖추어야 할 사항들은 다음과 같다.

① 판매시점에서의 효과 여부
② 간단명료한 내용 표시
③ 만족감의 제공
④ 소비자 감각에 부합하는 디자인

5. 포장의 합리화 (규격화 · 표준화)

포장의 합리화란 각종 포장용기의 규격을 검토 · 분석하여 표준화함으로써 유통의 합리화를 도모하는 것을 목적으로 하는 원칙을 말한다.[79)]

포장의 합리화가 포장비에 미치는 효과와 표준화 분류기준을 살펴보면 다음과 같다.

(1) 포장비에 주는 효과

포장의 합리화가 포장비에 주는 주요 효과들은 다음과 같다.

① 포장설계의 간소화 ② 과잉포장 배제로 포장비 절감
③ 포장재료비 절담 ④ 용기제작비 절감
⑤ 포장작업비 절감 ⑥ 포장재료의 보관장소 및 재고의 감소

(2) 포장의 표준화 분류

포장의 표준화를 분류하는 주요 기준은 다음과 같다.

① 강도의 표준화 ② 재료의 표준화
③ 규격의 표준화 ④ 기법의 표준화

19-7 유통경로 전략(유통망 전략)

1. 서 론

유통경로(유통망)는 물류관리의 광의의 개념에 포함되는 중요한 부분이 된다. 즉, 유통경로에 대한 적절한 관리는 전체물류의 비용과 경쟁력에 결정적인 영향을 미친다.

여기에서는 먼저 유통경로 설계시 전략적으로 고려해야 할 요소들을 살펴본 후, 유통경로 전략을 수립 · 실행한 몇몇 사례들을 제시하고자 한다.

2. 유통 경로 설계

유통 경로(distribution channel)란 제품 (혹은 서비스)이 생산자로부터 소비자에게 이르기까지 거치는 경로를 가리키며, 마케팅 경로(marketing channel) 또는 거래 경로(trade channel) 또는 유통망(distribution network)이라고도 한다. 그리고 제품이 유통경로에서 거치는 생산자, 중간상인, 소비자의 각 단계를 경로 단계(channel level)라 부를 수 있다.[80)]

유통 경로를 설계할 때에는, 사전에 주요 차원인 유통경로의 길이, 중개자, 중간상 단계의 폭 등의 개념들을 파악할 필요가 있다.

(1) 유통 경로의 길이

유통 경로의 길이(length)란 하나의 유통 경로를 구성하는 중간상인의 수에 비례하는

개념이다. 이러한 중간상인의 수에 따라 다음과 같이 유통 경로의 유형을 구분할 수 있다.[81]

1) 0단계 경로(zero-level channel) : 이것은 생산자가 중간상 없이 최종 고객에게 직접 판매하는 방식이며, 직접 마케팅 경로(direct marketing channel)라고도 부른다. 구체적 유형으로는 방문 판매, 직영점 판매, 인터넷 홈쇼핑 등이 있다.

2) 1단계 경로(one-level channel) : 이것은 생산자가 소매상을 통하여 최종 고객에게 판매하는 방식이다.

3) 2단계 경로(two-level channel) : 이것은 생산자가 도매상과 소매상을 거쳐서 최종 고객에게 판매하는 방식이다.

4) 3단계 경로(three-level channel) : 이것은 도매상과 소매상 사이에 다시 중간도매상이 개입하는 방식이다.

(2) 중개자

유통 경로에 투입할 수 있는 중개인에는 다양한 유형이 있다. 이들은 법적 분류와 중개방식별 분류로 크게 나누어 볼 수 있다.[82]

1) 법적 분류

이것은 생산자에 소속한 중개인과 법적으로 독립한 중개인을 구별하는 것이다. 편의상 이것을 위에서 살펴 본 유통 경로의 길이별 분류에 적용하면, 생산자 소속 중개인은 0단계 경로에서 생산자에 내재된 존재이며, 법적 독립 중개인은 나머지 유형의 경로들에서 보이는 소매상, 도매상, 중간도매상에 해당한다.

2) 중개방식 별 분류

이것은 매매 중개인(dealer)과 단순 중개인(broker, agent)으로 구별하는 것이다. 매매 중개인은 자본을 들여 공급자로부터 제품을 구매하여 고객에게 판매하면서 매매 차익을 수입원으로 하는 중개 방식을 택한다. 한편, 단순 중개인은 공급자를 대행하여 고객을 찾아 판매를 대행하면서 판매 수수료를 수입원으로 하는 중개 방식을 택한다.

(3) 중간상 단계의 폭

중간상 단계의 폭이란 각 중간상인 단계에서 중간상인의 수를 가리킨다.[83] 이 폭을 정할 때에는 다음 세 가지 유형 중 하나를 전략적으로 선택한다.[84]

1) 전속적 유통

전속적 유통(exclusive distribution)은 극히 소수의 중간상을 두는 방식이다. 대개 지역 별로 한 중간상에게 자사 제품의 독점적 취급권을 부여한다. 주요 대상 제품으로는 내구재, 고가품 등이다.

이 방식은 중간상인에게는 독점적 판매에 의한 이익을 증대시켜 주고, 생산자에게는 상대적으로 중간상에 대해 강한 통제력, 편익 증대, 상표 명성 제고, 낮은 경로비용 등을 제공해 준다.

사 례

■ **전속적 유통 – 가야공구社**[85)]

2001년 중국 강소성 소주시에 전동공구 제조업으로 진출한 기업 가야공구는 유통경로로 주요 성시에 20개의 대리점을 두고 있다. 대리점을 많이 늘리면 가격에 혼란이 오는 등 부작용이 있기 때문에, 1개 지역에 1개 대리점을 두는 것을 원칙으로 한다. 앞으로도 현 대리점 수를 유지하면서 중점 운영할 계획이다.

2) 집중적 유통

집중적 유통(intensive distribution)은 가능한 많은 수의 중간상을 확보하는 방식이다. 중국에서 편의점, 슈퍼마켓 같은 점포들은 대부분 주거지로부터 걸어서 10분 이내 거리에 위치한다. 대상 제품으로는 일용재, 편의재, 저가품, 경쟁이 치열한 제품 등이다.

이 방식의 주요 장점으로는 매출의 극대화이며, 주요 단점으로는 경로 비용이 높고 소규모 소매상들의 신용 위험이 높다는 점을 들 수 있다.

3) 선별적 유통

선별적 유통(selective distribution)은 전속적 유통과 집중적 유통의 중간 방식으로서, 그다지 많지 않은 복수의 중간상인을 두는 방식이다.

(4) 유통 경로 설계 결정

유통 경로의 설계 단계에서는 다음과 같은 몇 가지 범주의 사항들을 고려해야 할 필요가 있다.[86)]

1) 고객의 경로 서비스 욕구 분석

이것은 표적 고객들이 제품의 유통 경로에서 바라는 서비스 수준을 파악하는 일이다. 이 서비스에는 기본적으로 다음 다섯 가지가 있다.

① **구매 단위** : 고객이 한 번의 구매에서 살 수 있는 구매 단위

② **대기 시간** : 고객의 구매 활동에 소요되는 평균 시간

③ **공간 편의** : 고객의 구매 활동 시 공간 움직임에서 편리한 정도
④ **제품 다양성** : 제품의 구색, 다양한 품목의 구비 정도
⑤ **부대 서비스** : 신용 판매, 배달, 설치, 수리 등의 서비스

여기서 경로 설계자는, 경로 서비스 수준의 제고가 경로 비용 증가와 그에 따른 제품 가격 인상이나 수익률 감소로 연결될 수 있다는 점을 인식하여야 한다.

2) 경로 목표의 설정

경로 목표는 위의 경로 서비스 수준에 맞추어 설정하도록 하며, 원하는 수준의 경로 서비스에 대한 총 경로 비용의 최소화를 추구하도록 한다. 이때 세분 시장들 간에 기대하는 경로 서비스 수준이 차이가 나는 경우도 파악하여 고려한다.

3) 경로 설계의 제약 요인들

경로설계를 할 때에는 제약요인으로서 시장 · 제품 · 중개자 · 경쟁 · 기업 · 환경의 특성들을 고려하여야 한다.[87)]

① **시장 특성** : 표적 시장의 규모가 크거나 시장이 지리적으로 집중되어 있을수록 짧은 유통 경로가 유리하다.
② **제품 특성** : 제품의 신선도가 중요하거나 부피가 큰 경우에는 짧은 유통 경로가 유리하다. 특히, 제품이 비표준화되거나 기술적 지원(설치, 유지 등)이 필요하거나 단가가 높은 경우에는 0단계 경로가 유리하다. 한편, 부패성이 없는 계절성 제품의 경우에는 중개상인을 두고 있는 경로가 유리하다.
③ **중간상인 특성** : 중간상인들의 유형 간에는 제품에 대한 촉진, 보관, 표적 고객, 고객 접촉, 재무, 반품 등의 여러 면에서 능력과 정책이 차이가 난다.
④ **경쟁 특성** : 경쟁자가 채택한 경로 전략을 고려한다.

사 례

■ 경쟁 특성을 고려한 경로 설계－Legend 社[88)]

중국의 현지 PC 업체인 'Legend'사는 경쟁업체, 특히 Dell을 필두로 한 외국업체들에 대항하는 경쟁전략의 한 방안으로, 중국내 더 많은 중소도시에 판매 및 서비스망을 자체적으로 갖추기로 하였다, 이는 외국 경쟁사들이 서비스 기능을 아웃소싱(outsourcing)으로 해결하는 전략과 차별화하기 위한 것이었다.

---

⑤ **기업 특성** : 자사의 규모가 클수록, 재무 능력과 마케팅 수행 능력이 높을수록, 제품 믹스가 넓을수록, 유통 과정에 대한 통제 욕구가 클수록, 짧은 유통 경로를 선호한다.

⑥ **환경 특성** : 경로 설계에 영향을 미칠 수 있는 환경 요인으로는 다시 다음과 같은 여러 가지를 고려해야 할 필요가 있다.

- **경제적 환경** : 예를 들어 경기가 불황국면에 들어갈 때 이것이 유통 경로에 미칠 수 있는 몇 가지 영향을 보면 첫째, 생산자는 경로 비용을 줄이기 위해 경로 길이를 줄이거나 상대적으로 저렴한 경로를 택하게 된다. 둘째, 재무적 곤경에 빠진 유통업체를 인수하여 경로 통제력을 높인다. 셋째, 유통업체의 몰락이나 재무적 곤경으로 고객에 대한 경로 서비스가 부실해져서, 고객 충성심을 잃거나 생산자 또는 제품 이미지가 타격을 받는다.
- **기술 환경** : 예를 들어 정보·통신 기술의 발전으로 전자상거래가 등장하여 직거래가 활성화된 경우를 들 수 있다.
- **규제 환경** : 중국은 유통업에 대해 외국인의 참여를 상당히 규제하고 있다.
- **사회간접자본 수준** : 중국은 수송망 같은 사회간접자본이 낙후되어 물류비 부담이 상당한 장애로 작용한다. 또한 재래시장, 노점 같은 비공식적 경로의 비중이 높아, 유통에 관련된 객관적 통계자료가 부족하기 때문에 합리적 유통 전략을 수립하기 어렵다.

4) 경로 대안들에 대한 평가

이상과 같은 각종 경로에 대한 평가 기준으로는 경제성, 통제성, 적응성을 들 수 있다.[89]

① **경제성** : 경로 대안 간에 수반되는 매출액과 비용의 예상액을 파악하여 비교한다.

② **통제성** : 경로를 통제하려는 주체 (생산자, 중간상인 등) 입장에서 경로 간에 통제력의 차이를 파악하여 비교한다.

③ **적응성** : 경로는 일단 설정되면 변경하기가 쉽지 않다. 따라서 빠른 환경 변화에 부응하려면, 변경이나 수정이 상대적으로 덜 힘든 경로를 택한다.

3. 유통망 전략 비교

여기에서는 경쟁회사들인 코카콜라(社)와 펩시콜라(社)를 대상으로 이들이 회사가 당면해 있는 상황에 맞추어 어떻게 대조적인 유통망 전략을 수행하고 있는 지를 살펴보기로 한다.

사 례

■ **유통망 전략의 비교 : 코카콜라社 대비 펩시콜라社**[90]

[코카콜라]

코카콜라는 음료 시장의 경쟁 격화로 인하여 해마다 시장 점유율이 줄어들고 있다. 또 선진국 소비자들 사이에서는 비만을 우려해 코카콜라 기피 현상까지 나타나고 있다.

독일 지역에서는 음료 용기에 대한 독일정부의 적립금 변경으로 3억 7,500만~4억 5,000만 달러의 자산손실을 입게 되었다. 독일정부는 2003년 1월 '용기법(容器法)'을 제정해 사업자들이 알루미늄과 소형 병을 사용할 경우 1개당 0.50 유로를 적립하도록 하고 있다.

또 유럽에서 먹는 샘물 '다사니' 브랜드를 출시하면서 난관에 봉착했다. 다사니 판매개시 후 두 달 만에 발암 물질이 발견 돼 50만병에 대한 리콜 조치를 취하지 않으면 안 되었다. 소비자가 먹는 샘물 페트병에 정기적으로 노출되면 암에 걸릴 가능성이 높다는 발표가 나오면서 코카콜라의 이미지는 크게 실추되었다.

이러한 상황에 이르자, 코카콜라는 아시아 도시지역 음료시장은 이미 포화상태에 도달했다는 보고, 인구가 많은 중국 (및 인도)의 시골지역을 새롭게 발굴하여 집중 공략하고 있다.

즉, 중국 (및 인도) 전국 각지에 대규모 공장과 유통망(배급망)을 확보하여 초저가에 콜라를 판매함으로써 소비자들을 유인하겠다는 전략이다. 이들 시골지역 소비자들이 한번이라도 콜라를 맛본다면 시장을 쉽게 확대해 나갈 수 있다고 생각하고 있다. 즉, 중국의 경우 인구가 5만 명에 불과한 소도시라도 촘촘하게 코카콜라 점포를 설립하여 신규고객을 확보하겠다는 것이다.

또 코카콜라 딜러(dealer)를 양성하여 중국의 전국 각지로 파견하여 소매점과 찻집은 물론이고, 노점상 가판대에서도 코카콜라를 구입할 수 있도록 한다는 계획이다. 또 시골의 소매점에는 소비자들이 찬 콜라를 마실 수 있게 냉장고를 반드시 구비하도록 재정 지원을 하고 있다. 또 생산비용을 낮춰서 저소득의 시골사람들이 부담 없이 구매할 수 있도록 기존의 전통적인 콜라병보다 용량이 작은 200mL 짜리 병을 사용하기로 했다.

[펩시콜라]

펩시콜라는 코카콜라와는 대조적으로 유통망을 도시지역으로 한정하고, 도시지역 마케팅에만 총력을 기울이고 있다. 즉 TV나 신문 광고를 통해 상하이 등 대도시의 젊은이들에게 "펩시는 높은 사회적 지위를 추구하는 사람들만 마신다"는 메시지를 꾸준히 심어가고 있다.

중국 내 인구 100만명 이상 165개 도시 지역에서 콜라를 판매한다면, 중국의 가처분 소득의 75%를 보유한 소비층과 만난다는 결론을 내린 후 이런 전략을 실행하고 있다.

펩시콜라의 '론 맥이천' 아시아 담당 사장은 "가난한 소비층을 공략하는 코카콜라의 마케팅은 별로 효과를 내지 못할 것이다. 펩시콜라가 459억 달러로 추산되는 중국의 탄산음료 시장을 장악할 날도 멀지 않았다"고 말했다.

마케팅 전략에서도 상하이 출신으로 'NBA 휴스턴 로키츠'에서 센터로 활약하고 있는 농구선수 '야오밍'을 활용하여 대도시 지역을 상대로 TV나 신문광고를 하고 있다. 펩시콜라 상하이 지사의 '리처드 리' 부사장은 "야오밍과 스폰서 쉽 계약을 맺은 이후로 매출이 30% 이상 급증했다"고 말했다.

제20장 브랜드 전략

이 장에서는 브랜드 전략의 기초를 파악하고 이를 토대로 기술전략, 브랜드 자산 구축, 브랜드 활동, 브랜드 재활성화, 그리고 중국의 브랜드 전략 및 상표권 제도에 대해 고찰하기로 한다.

20-1 브랜드 전략의 기초

이 절에서는 브랜드의 성격, 브랜드 자산의 성격, 그리고 브랜드 전략의 종류를 살펴보고자 한다.

1. 브랜드의 성격

여기에서는 브랜드의 개념과 기능에 대해 알아보기로 한다.

(1) 브랜드의 개념

상표인 브랜드(brand)의 일반적 개념은 제품(재화 또는 서비스)을 확인하게 하고 경쟁자의 제품과 차별화시키기 위해 제품에 부여된 명칭, 용어, 상징물(로고, 디자인, 등록상표 등) 또는 그 조합이라고 정의할 수 있다.[1]

(2) 브랜드의 기능

브랜드의 기능 또는 필요성은 대표적으로 고객의 관점과 기업(판매 또는 제조)의 관점에서 구별하여 볼 수 있다.[2]

1) 고객에 대한 기능

브랜드가 제품의 고객에게 제공할 수 있는 주요한 기능들은 다음과 같다.

① 제품 출처의 확인
② 제조업자에 책임 부여
③ 제품 선택의 위험 감소
④ 탐색비용 절감
⑤ 제조업자와의 약속, 보증, 계약
⑥ 상징적 도구
⑦ 품질표시

위 기능 중에서 특별히 세 번째 즉, 제품선택의 위험감소에서 고객이 제품을 구매하고 소비할 때 인식할 수 있는 위험은 다음과 같이 여러 가지가 있다.

① 기능적 위험 : 제품이 기대만큼 성능이 좋지 않을 위험
② 물리적 위험 : 제품이 사용자 등의 건강이나 물리적 안녕에 위협을 가할 위험
③ 재무적 위험 : 제품이 지불된 가격만큼의 가치가 없을 위험
④ 사회적 위험 : 제품이 타인들에 당혹감을 줄 수 있는 위험
⑤ 심리적 위험 : 제품이 사용자의 정신적 안녕에 영향을 줄 위험
⑥ 시간적 위험 : 제품에 대한 실망으로 인하여 다른 만족스러운 제품을 찾는 데 드는 기회비용을 유발할 위험

2) 기업에 대한 기능

브랜드가 제품을 제조하거나 판매하는 기업에 제공할 수 있는 주요한 기능들은 다음과 같다.
① 제품의 취급이나 추적을 단순화하는 확인 수단
② 제품 고유의 특징을 법적으로 보호하는 수단
③ 소비자를 만족시키는 품질 수준 표시
④ 제품에 고유의 연상을 부여하는 수단
⑤ 경쟁우위의 원천
⑥ 재무적 이익의 원천

사 례

■ 브랜드 구축 : "브랜드 지배해야만 세상 지배할 수 있다"- LENOVO, 유니레버社 [3)]

2004년 12월, 설립된지 20여년에 불과한 중국 제조업체인 리엔샹(LENOVO)이 정보기술 산업의 원조격인 미국 IBM의 PC사업부를 인수했을 때, 리엔샹의 최고 경영자(CEO) 양위엔칭(楊元慶)은 "꿈이 이루어졌다"고 말했다. IBM의 PC브랜드 'THINK'를 통해 'Made in China'의 브랜드를 떼고 글로벌 브랜드로 도약할 수 있는 계기를 마련했기 때문이다.

닛산(Nissan)의 부활을 이끈 CEO '카를로스 곤'은 "닛산 자동차는 브랜드 파워가 약해서 미국에서 1,000달러 정도 싸게 판매된다. 브랜드 파워가 약하면 수익 기회도 놓치게 된다"고 말했다.

그러나 한국생산성본부가 2004년 국내 기업 453곳을 대상으로 브랜드경영 실태를 조사한 결과, 브랜드경영 전담조직이 있는 곳은 전체의 15.7%, 브랜드 가치를 위해 투자한 경험이 있는 기업은 전체의 42.5%로 조사되었다.

브랜드의 가치는 전사적(全社的) 차원의 혁신적인 노력을 통해 창출된다.

다국적 기업 유니레버는 1999년 1,600개에 이르는 브랜드를 현재는 400여개로 대폭 줄였다. 선택과 집중을 통해 '야무진' 브랜드를 집중 육성하고자 한 것이다. 브랜드 수는 크게 줄었지

만 수익은 이전의 92% 수준을 유지하고 있다.

글로벌 브랜드는 제품 및 서비스의 표준화에 드는 비용을 줄여준다. 브랜드 파워를 바탕으로 시장에 쉽게 진입할 수도 있다.

영국 경제전문지 파이낸셜 타임즈(FT)는 (2005년 6월) "세계적인 명품 브랜드들이 생산기지를 중국으로 옮기고 있다"고 보도하면서 "앞으로 '메이드 인 이탈리아(Made in Italy)'에서 '메이드 바이 프라다(Made by Prada)'로 바뀔 것이다"라는 이탈리아 패션 브랜드 프라다의 CEO 파트리치오 베르텔리의 말을 소개했다.

그는 이탈리아 현지 생산을 고집하던 프라다가 곧 중국으로 생산기지를 옮겨 수익을 극대화하겠다는 계획을 밝혔다. '중국산(中國産)'이라는 부정적인 이미지를 누를 수 있는 확고한 브랜드 파워가 있기 때문에 가능한 일이었다.

찰스 윌런 경제학자는 "미국의 스포츠용품업체 나이키가 베트남에서 싸게 만들어 미국에서 비싸게 팔 수 있는 것이 브랜드의 힘이다"라고 강조했다.

브랜드 전문가 데이비드 아커는 "오래가는 브랜드를 구축하기 위해서는 강력한 브랜드 이미지를 소비자의 머릿속에 심어야 한다. 이를 위해서는 마케팅의 보조수단이 아닌, 기업 경영 활동의 핵심 부분으로서의 독자적인 브랜드 경영 전략이 필요하다"고 말했다.

LG경제연구원 박천규 연구원은 "고객 관점에서 브랜드를 보는 시각과 브랜드에 대한 투자를 장기적인 이익의 일원으로 보는 사고의 전환이 필요하다"고 말했다.

스포츠 웨어 브랜드인 '리닝(Li-Ning),' 중국 내의 소규모 맥주 회사들을 잇달아 인수·합병하면서 브랜드 인지도를 높여가고 있는 맥주 브랜드인 '칭따오' 등은 중국 브랜드에 대한 이미지를 변화시키는 주역들이다. 중국의 경제전문가들은 자국기업이 머지않아 글로벌 수준의 슈퍼브랜드를 키워낼 것으로 기대하고 있다. 브랜드 힘이 받쳐주지 않으면 '싸구려 제품'이라는 이미지를 영원히 벗어날 수 없다는 것을 중국 기업들이 깨닫기 시작했다는 점, 2008년 베이징 올림픽을 중국 브랜드의 홍보 무대로 활용할 수 있다는 점, 그리고 중국 정부가 브랜드 기업 육성노력을 지원하고 있다는 점 등이 이런 기대감을 더욱 높여주고 있다.

2. 브랜드 자산의 성격

브랜드는 무형의 자산적 가치를 창출해줄 수 있다는 점에서 브랜드에 대한 자산적 관점의 접근이 중요하다.

(1) 브랜드 자산의 개념

브랜드 자산(brand equity)의 일반적 개념으로서 다음 두 가지를 들 수 있다.

① 브랜드에 대한 마케팅 투자의 결과로서 제품에 부여된 부가가치[4)]

② 브랜드와 관련하여 형성된 순자산, 즉 자산에서 부채를 차감한 잔액[5)]

(2) 브랜드 자산의 편익

브랜드 자산은 크게 고객과 기업 모두에게 가치를 제공한다.[6)]

1) 고객에 대한 편익[7)]

① **정보 처리·해석** : 브랜드 자산은 소비자가 제품과 브랜드에 대한 막대한 양의 정보를 해석하고 처리하고 저장하는 데 도움이 된다.

② **구매결정에 대한 확신** : 소비자의 구매결정에 대한 소신에 영향을 미칠 수 있다(이는 과거 사용경험이나 브랜드 및 브랜드 특성에 대한 친숙도를 통해서 가능하다).

③ **사용 만족감** : 소비자가 인식한 제품의 질이나 브랜드 연상 이미지는 소비자의 사용 경험에 대한 만족도를 높여줄 수 있다.

2) 기업에 대한 편익[8)]

① **마케팅 프로그램의 효율성과 효과** : 브랜드 자산은 새로운 고객을 끌어 모으거나 혹은 이전 고객을 다시 끌어오는 노력에 도움이 된다.

② **브랜드 충성도(loyalty) 증대** : 브랜드 충성도는 브랜드자산의 구축요인 중 하나인 동시에 브랜드자산의 효과 중 하나라는 점이 독특하다.

현장 정보

■ 중국 회사들의 브랜드 가치[9)]

중후아 꽁샹스빠오(中華工商時報)는 '베이징 유명 브랜드 자산평가 유한공사'에서 발표한 〈2005년도 중국 최고 브랜드〉 자료를 이용하여, 중국의 백색가전 업체인 '하이얼'이 브랜드 가치 702억 위엔(약 9조 1260억원)으로 최고 브랜드 자리를 4년 연속 차지했다고 보도했다.

하이얼에 이어 세계 최대 컴퓨터 업체인 미국 'IBM' PC사업부문을 인수한 '리엔샹(聯想)'이 브랜드 가치 470억 위엔(약 6조 1,100억원)으로 2위를 차지했다.

3위는 담배업체인 '홍타샨(紅塔山)'의 브랜드 가치 469억 위엔, 4위는 주류(酒類)와 식품회사인 '우리앙이예(五粮液)'의 브랜드 가치 338억 위엔, 5위는 자동차 회사인 '띠이치처(第一汽車)'의 337억 위엔, 6위는 가전 회사인 'TCL'의 336억 위엔이 차지했다.

■ 중국에서의 브랜드 가치 : 삼성 1위[10)]

베이징대(北京大) 부설 관리사례센터는 경영학술지인 '베이징대 산업논평'에서 중국내 주요 도시 5만명의 소비자를 대상으로 설문조사하여 '브랜드 프리미엄 도(度)'를 산출한 후, 각 회사의 중국 현지법인의 매출을 곱해 브랜드 가치를 산정해 '중국 100대 최대가치 소비재 브랜드'를 발표했다.

이 발표에 따르면, 삼성이 중국내 최대 가전·통신기업인 '하이얼'과 '노키아'를 제치고 중국내 최고 브랜드 가치기업으로 올라섰다.

주요 기업들의 브랜드 가치를 제시하면 다음과 같다.

순위	회사명	브랜드가치
1위	삼성	447억 위엔(약 5조 6,769억원)
2위	하이얼	338억 위엔(약 5조 700억원)
3위	노키아	318억 위엔(약 4조 7,700억원)
•		
•	샹하이 폴크스바겐	291억 위엔(약 4조 3,600억원)
•	모토로라	258억 위엔(약 3조 8,700억원)
•	TCL	240억 위엔(약 3조 6,000억원)
•		
•		
48위	LG전자	39억 위엔(약 5,850억원)

■ '하이얼', 세계 100대 브랜드 진입[11)]

중국 내에서 중국 기업들 중 가장 높은 브랜드 가치를 가지고 있는 백색가전업체 '하이얼'이 '세계 브랜드 실험실(WBL)'이 선정한 '세계에서 가장 영향력 있는 100대 브랜드'에 중국업체로는 유일하게 95위로 선정되었다고 신화사 통신이 보도했다.

이 조사에서 코카콜라가 1위, 맥도날드가 2위, 노키아가 3위를 차지했다.

선정 작업에 참여한 '세계 경리인자문 유한공사의 CEO인 딩하이 썬은 "세계적인 기업은 결국 세계적인 브랜드를 갖고 있느냐에 따라 결정된다. 세계적인 기업은 글로벌 시장점유율이 10% 이상은 되어야 하며, 세계적인 브랜드는 인지도가 10% 이상이어야 한다. 중국산 라이터나 전자레인지 등은 전 세계 시장의 50% 이상을 장악하고 있으나, 세계적인 브랜드는 없는 실정이다. 하이얼이 세계 100대 브랜드에 진입한 것은 글로벌 기업으로서의 기초를 다졌다는 것을 의미한다"고 설명했다.

---

3. 브랜드 전략의 종류

브랜드와 관련하여 일련의 체계적 의사결정이 필요한데, 이것은 크게 기초 전략과 관리 전략의 범주로 구분할 수 있다.

(1) 브랜드 기초 전략

브랜드의 기초 전략으로는 순차적으로 다음 세 가지 결정에 관한 전략이다.[12)]

① **유·무표화(有·無標化)결정**: 첫 번째 결정은 과연 제품에 상표를 붙일지 여부를 정하는 것이다.

② **상표 스폰서(sponsor) 결정**: 전 단계에서 유표화를 결정하였다면, 다음 단계는 유표화의 주체, 즉 누가 상표를 붙인 것인가를 결정하는 일이다.

③ **브랜드명 결정**: 브랜드명을 결정하는 방법에는 여러 가지가 있는데, 이들을 크게는 기본적 방법과 응용적 방법의 두 범주로 나누어 볼 수 있다.

(2) 브랜드 관리 전략

기업의 브랜드 관리전략은 정기적으로 보유 브랜드에 대한 상황분석(situational analysis)부터 출발한다. 분석결과를 브랜드의 가치나 힘 측면에서 보면 다음 네 가지 상황이 대표적이다

1) 신규 또는 유치 브랜드
2) 강력 브랜드
3) 노후 브랜드
4) 전락 브랜드

위 네 상황별로 다음과 같이 다른 전략적 처방이 필요하다.[13)]

① **신규 · 유치 브랜드 대상 전략 :** 브랜드를 신규로 도입하거나 도입한지 얼마 되지 않은 유치 단계에 있는 브랜드의 경우, 강력한 브랜드자산의 구축을 목표로 하는 전략이 기본적으로 필요하다.

② **강력 브랜드 대상 전략 :** 기존 브랜드가 강력한 상태에 있는 경우, 적절한 기본적 전략은 브랜드를 활용하는 브랜드 활용(brand leverage) 전략 또는 기존 브랜드를 강화시키는 전략이다.

③ **노후 브랜드 대상 전략 :** 노후 브랜드란 브랜드의 자산가치가 약화되었지만 표적시장에서 경쟁 브랜드와의 차별성 등 고객가치(customer value)가 상당 수준 남아 있는 경우를 말한다. 이 경우에 적절한 기본적 전략은 브랜드에 활력을 불어 넣는 브랜드 재활성화 전략이다.

④ **전락 브랜드 대상 전략 :** 전락 브랜드란 브랜드의 자산가치가 회복하기 어려울 정도로 약화되었거나 회복에 필요한 비용이 회복시 기대되는 회복가치에 비해 클 경우를 가리키며, 이 경우에 적절한 기본적 전략은 브랜드 철수전략이다.

20-2 브랜드 기초 전략

브랜드에 관한 기초 전략으로는 상표화 결정, 브랜드 스폰서 결정, 그리고 브랜드명 결정이 중요하다.

1. 유 · 무상표화 결정

첫 번째 결정은 과연 제품에 상표를 붙일지 여부를 정하는 것이다. 상표를 붙이지 않는 '무상표화', 즉 무상표 전략을 택하면 그에 따른 '무상표품(generic)'에 대해서는 아무 표시를 하지 않거나 단지 제품의 내용만을 표시하면 된다.[14)]

과거에는 무상표품이 많았으나 오늘날에는 대다수의 제품들이 상표를 가지고 있는 편이다. 그렇지만 실제로는 의외로 식품류, 의류, 잡화 등의 부류에서는 무상표품들이 흔히

보이며, 상표가 붙어 있더라도 거의 알려지지 않은 것들이 많은데, 이 경우도 실질적으로는 무상표품으로 볼 수 있다.

무상표화는 상표를 붙이는 '유상표화'에 비하여 제품광고가 필요없고 포장도 최소화하거나 평범해도 되기 때문에, 비용이 절감되는 장점을 준다. 그래서 소비자가 동종제품간에 품질이 비슷하다고 인식하고 제품의 가격측면에 민감한 경우에는, 상대적으로 무상표화가 유리하다.[15]

반면에 유상표화는 상표를 붙인 사업자에 대해 다음의 장점들을 제공한다.[16]

① 제품 주문의 처리와 문제점들의 발견이 용이해진다.
② 상표명과 등록상표(trademark)는 제품의 특질을 법적으로 보호한다.
③ 충성되고 수익성 있는 고객 집단을 유인할 기회를 제공한다.
④ 시장 세분화가 용이해진다.
⑤ 강력한 상표는 기업 이미지 조성을 도와 신제품의 성공적 출시가 용이해진다.

이에 더해 유통업자도 다음 효과들 때문에 유포화를 선호한다.

① 제품 취급이 용이해진다.
② 제조업자로 하여금 일정한 품질 표준을 유지하게 만든다.
③ 소비자의 선호도를 강화한다.
④ 공급자를 확인하고 구별하여 준다.

덧붙여 소비자도 유표화는 제품간 질적 차이를 구별하게 하고, 구매활동을 효율적으로 만들어 주기 때문에 선호한다.

사 례

■ **유상표화－중국의 농산품**[17]

과거에 중국의 농산물들은 거의 무상표품들이었다. 그러나 경쟁이 심화되면서 농부들도 유표화를 시작하였다. 그 결과, 1998년 기준으로 이미 거의 천 개나 되는 농산물 품종에 상표가 붙여졌다. 유표화된 품종들은 무상표 품종들에 비해 높은 값을 받을 수 있었다. 한 예로 안휘성의 Dangyuan 배는 동종의 무상표품에 비해 3할 정도 더 높은 값에 팔렸다. 이에 힘입어 유표화 농부들은 법적 수단을 동원해서 상표 보호에도 나섰다.

2. 브랜드 스폰서 결정

전 단계에서 유상표화를 결정하였다면, 다음 단계는 유상표화의 주체(sponsor), 즉 누가 브랜드를 붙인 것인가를 결정하는 일이다. 여기에는 다음 네 가지 대안이 있다.

첫째는 제조업자가 주체인 제조업자 상표(manufacturer brand), 둘째는 유통업자가 주체인 유통업자 상표(distributor or private brand), 셋째는 하청이나 라이센스(license) 생산의 경우에 주문자나 라이센스권자가 주체인 라이센스 상표(licensed brand), 끝으로 이상의 주체중 한 제품에 동시에 복수 주체가 별도로 상표를 붙이는 경우이다.[18]

이들 중 일반적으로 제조업자 상표가 가장 흔한 편이지만 대형 유통업체 같은 경우, 자체 상표를 개발하는 사례들이 늘어나고 있다. 유통업자 입장에서 유통업자 상표의 장점은 다음 두 가지가 대표적이다.[19]

① **수익성 개선** : 유통업자는 고객이 가격에 민감한 제품에 대해서는 생산 여력이 있는 제조업체를 찾아 상대적으로 저가에 납품 받을 수 있고, 연구 · 개발비, 촉진비, 물류비 등도 줄일 수 있어서, 경쟁 제조업자 상표 제품들보다 저가로 가격경쟁 우위를 점하면서 수익률도 높일 수 있다.

② **차별화** : 유통업자는 자체 유통과정에서 자체 상표 제품을 경쟁 제조업자 상표 제품보다 차별화시켜 경쟁우위를 도모할 수 있다.

3. 브랜드명 결정

브랜드명 곧, 상표명(brand name)을 결정하는 방식에는 여러 가지가 있는데, 이들을 크게는 기본적 방식들과 응용적 방식들의 두 범주로 나누어 볼 수 있다.[20]

(1) 기본적 브랜드명

기본적 브랜드명으로는 개별 브랜드와 공동 브랜드가 있으며, 공동 브랜드는 다시 일괄 공동 브랜드와 분리 공동 브랜드로 구분된다.

1) 개별 브랜드

개별 브랜드(individual brand)는 제품별로 독자적 상표를 부여하는 방법이다. 이 방법의 특징은 개별 제품의 명성을 소속 기업의 명성과 분리시키는 점이어서, 개별 제품의 성패가 소속 기업의 명성에 미치는 여파가 최소화된다.

사 례

■ 브랜드 작명과 광고 전략 : 오리온 쵸코파이 – 동양제과社[21]

동양제과는 중국 하북성 '랑팡' 경제기술개발구에 현지법인인 '오리온식품 유한공사(Orion Food Company, Ltd.)'를 통해 연간 6천만 달러가 넘는 대규모 쵸코파이 및 카스타드, 껌 공장을 운영하고 있다.

오리온 쵸코파이는 중국 시장에서 1년에 1억개 이상이 판매되고 있다. 중국 과자류 시장에서 점유율 15%로 부동의 1위를 지키고 있으며, 중국 CCTV와 인민일보가 공동으로 조사한 자료에서 4년 연속 인지도 1위의 위치를 차지하고 있다.

전문가들은 이러한 오리온 쵸코파이의 성공 요인으로 중국인에 맞는 효과적인 작명(作名) 즉, 브랜드명을 개발한 것과 광고를 꼽고 있다.

오리온의 중국어 이름은 '하오리 요우(好麗友, 호려우)'인데, 이것은 '아름다운 친구' 또는 '좋은 친구'라는 의미이다. 또 '하오리 요우 하오 펑 요우(好麗友 好朋友, 호려우 호붕우)' 즉, '오리온은 내 친구'라는 캠페인까지 벌였다.

이러한 '오리온은 내 친구'라고 하는 연상 이미지는 광고를 통해 더욱 강하게 부각되었다. 제품 겉면에 표시된 '칭(情, 정)'이라는 친숙함을 통해 더욱 가까운 이미지를 연출했다.

현재 오리온 쵸코파이는 중국에서 결혼답례품으로 또는 친구 집을 방문할 때도 최고의 선물 꾸러미가 되고 있다.

■ 글로벌 브랜드 : 쵸코파이 지수로 세계 물가수준을 가늠하다－동양제과 社[22)]

'오리온(Orion)'은 쵸코파이가 수출되는 11개 나라의 쵸코파이 가격(12개 들이 한 상자)을 미국 달러로 환산한 '쵸코파이 지수'를 발표했다. 이 회사 관계자는 "지난 1974년 출시된 이래 전 세계 60여 국에서 판매되는 쵸코파이가 '맥도날드'사의 '빅맥'처럼 품질과 크기, 재료 등이 표준화 되어 있어 이 지수로 각국의 물가 수준을 비교해 볼 수 있다"고 설명했다.

백운하 오리온 홍보팀 부장은 "쵸코파이 지수에는 해당 국가의 물가 외에도 쵸코파이의 시장 점유율이나 관세 등의 상황이 반영되어 있다. 앞으로 빅맥 지수 못지않게 각국의 통화 가치를 산정하는 제품이 될 수 있도록 글로벌 브랜드로 육성해 나갈 것"이라고 포부를 밝혔다.

참고로 쵸코파이 지수가 가장 높은 나라는 뉴질랜드(3.34달러)였고, 사우디아라비아(2.66달러), 인도네시아(2.62달러), 대만(2.39달러), 한국(1.99달러), 미국(1.99달러), 쿠웨이트(1.94달러), 홍콩(1.89달러), 러시아(1.77달러), 베트남(1.64달러)이었고, 가장 낮은 국가는 중국(1.39달러)이었다.

오리온 쵸코파이가 전세계의 주목을 받게 되면, 이 회사와 제품의 국제적인 브랜드 이미지와 가치는 더욱 증진될 것으로 보인다.

한편 영국의 경제 전문지 '이코노미스트'는 맥도날드사의 빅맥 햄버거 가격을 기준으로 빅맥 지수를 내놓고 있다.

---

2) 일괄 공동 브랜드

일괄 공동 브랜드(blanket family brand)란 한 기업의 모든 제품에 대해 같은 상표를 붙이는 방법이다. 이 방법은 대표적으로 다음 두 가지 장점을 지닌다.

① 제품별로는 브랜드명 결정 및 인지도 제고 노력이 필요 없으므로, 그에 따른 마케팅 비용이 절감된다.

② 기업이나 소속 기존 제품들이 좋은 명성이나 이미지를 누리고 있는 경우, 신제품을 출시하면 기존의 좋은 명성이나 이미지가 신제품에 쉽게 전이된다. 특히, 중국인을

포함하여 다수의 아시아인들은 구매 시 상표의 주체를 중시하기 때문에 기업들도 개별 상표보다는 공동상표 부여를 선호하며, 특히 공동 상표명으로 상표의 주체가 되는 기업 상호를 채택하는 경우가 많다.[23) 그러나 이 방법에는 다음의 단점들도 있다.

- 서로 관련성이 적은 제품 간에 같은 상표를 쓸 경우, 소비자에게 혼란을 초래하고 신뢰성을 상실할 위험이 있다.
- 한 제품이 실패하는 경우, 공동상표를 단 나머지 제품들에까지 부정적 영향을 끼칠 수 있다.

3) 분리 공동 브랜드

분리 공동 브랜드(separate family brand)란 일괄 공동 상표를 적용하기에는 제품 간에 비교적 이질성이 적은 제품들끼리 묶어 복수의 제품군(製品群)을 구성하고 제품군 별로 별도의 공동 상표를 부여하는 방법이다.

(2) 응용 브랜드

응용 브랜드에는 복수 브랜드, 다중 브랜드화, 그리고 상표결합 개별 상표가 있다.

① **복수 브랜드** : 복수 브랜드(multi-brand)는 동일한 제품군의 제품들 간에 복수의 상표를 사용하는 방법이다.

② **다중 브랜드화** : 다중 브랜드화(co-branding)는 복수의 유명 상표들을 연계시켜 복합적 제품화하는 방식이며 두 개의 상표를 연계시킬 경우, '이중 브랜드화(dual branding)'라고도 한다.

③ **상호결합(商号結合)개별 상표** : 이것은 개별 상표 앞에 기업의 상호(회사명)를 결합시키는 방법이다.

20-3 브랜드 자산 구축

고객에 기초한 브랜드자산을 구축하기 위한 핵심요인 중 하나는 브랜드에 대한 고객의 지식이다. 이 브랜드지식(brand knowledge)은 다시 브랜드에 대한 인지(認知 · awareness)와 이미지(image)를 주된 요소로 하여 형성된다. 그러므로 강력한 브랜드자산을 구축하기 위해서는 브랜드 인지도를 구축하고 브랜드 이미지를 제고시켜야 한다.[24)]

1. 브랜드 인지 구축

브랜드 인지를 구축하기 위해서는 브랜드 인지의 성격과 종류 그리고 그 구축전략을 살펴볼 필요가 있다.

(1) 브랜드 인지의 성격

여기에서는 브랜드 인지의 개념과 기능, 그리고 브랜드 인지의 차원에 대해 알아본다.

1) 브랜드 인지의 개념과 기능

브랜드 인지(brand awareness)란 잠재적 구매자가 일정 제품부류에 속한 특정 브랜드를 재인식하거나 상기할 수 있는 능력을 뜻한다.[25)]

브랜드 인지는 대표적으로 다음 네 가지 측면에서 제품 가치를 높이는 기능을 한다.

① 제품이미지를 연결해 주는 연상 매체
② 제품에 대한 친근감·호감 제공
③ 제품과 제조업체에 대한 신뢰감 부여
④ 구매 고려 대상 브랜드군에 포함시켜줌

2) 브랜드 인지의 차원

브랜드 인지는 깊이(depth)와 폭(breadth)이라는 두 가지 차원이 중요하다.[26)]

① **브랜드 인지의 깊이** : 이것은 주어진 브랜드가 구매자의 지각(知覺) 속에 얼마나 쉽게 떠오르는가 하는 정도를 가리킨다. 즉, 그 브랜드에 대해 알고 있는 정도라고 할 수 있다.

② **브랜드 인지의 폭** : 이것은 주어진 브랜드가 구매자의 지각 속에 떠오르는 구매와 사용상황의 범위를 뜻한다. 즉, 그 브랜드를 기억하는 상황이 얼마나 많은가라고 할 수 있다.

(2) 브랜드 인지의 종류

브랜드 인지는 그 깊이 면에서 여러 수준으로 형성될 수 있는데, 대표적으로 브랜드 재인(再認, brand recognition : '재인식'의 준말)과 브랜드 상기(想起, brand recall)를 들 수 있다.[27)]

먼저, 브랜드 재인은 잠재적 고객에게 특정 브랜드가 포함된 복수 브랜드들이 최소한 부분적으로라도 노출된 상태에서 특정 브랜드를 과거에 경험한 것으로 구별할 수 있는 능력을 가리킨다.

한편, 브랜드 상기는 잠재적 고객에게 특정 브랜드 자체는 노출되지 않은 상태에서 관련된 실마리만 주어졌을 때, 특정 브랜드를 기억에서 찾아낼 수 있는 능력을 뜻하며, 브랜드 재인의 상위 인지수준이다.

(3) 브랜드 인지 구축전략

브랜드 인지의 기본적 구축전략은 브랜드의 반복적 노출이다. 이를 위해서는 다양한 촉진전략을 동원할 수 있다. 그러나 세부적으로는 브랜드 재인과 브랜드 상기에 대한 구축전략은 다소 구별된다.

1) 브랜드 재인 구축전략

다음은 브랜드 재인을 구축하기 위한 주요 전략들이다.[28)]

① 촉진활동 속에서 제품범주에 대한 구매욕구가 언급이나 묘사되어야 한다.

② 신규브랜드의 경우, 도입초기에는 빈번히 노출시킨 후 빈도를 점감시킨다.

2) 브랜드 상기 구축전략

브랜드 상기를 위한 구축전략은 고객의 기억 속에서 특정 브랜드를 소속 제품부류와 연결시켜 주도록 하는 것을 기본목표로 한다. 이를 위한 주요 전략은 다음과 같다.[29)]

① 광고 카피내용 중에 제품범주에 대한 욕구와 브랜드명 간의 관계를 언급한다.

② 광고 속에서 단순히 브랜드명을 언급하는 것보다는, 브랜드명과 제품범주 욕구 간의 연상관계에 대해 반복적으로 언급한다.

③ 브랜드의 개인적 관련성을 높이는 촉진활동을 한다.

④ 특별한 메시지원천(연예인, 운동선수 등)을 촉진활동에 사용한다.

⑤ 기억 증대기법이나 징글(jingle)을 사용한다.

사 례

■ **브랜드 인지도 구축 : 중국의 스포츠 선수 활용 – 야오밍, 궈징진, 티안리앙, 양첸**[30)]

세계적 다국적 기업들이 중국출신 각종 유명 스포츠선수들을 광고모델로 활용하여 단기간 내에 브랜드를 구축하며 중국 내 마케팅을 수행하고 있다.

월스트리트 저널은 나이키, 월트 디즈니, 질레트 등이 중국 스포츠 선수들에 대한 후원 활동을 대폭 강화하고 있다"고 보도했다. 그 대표적 선수가 상하이 출신으로 NBA(미국 프로농구) 휴스턴 로키즈에서 센터로 활약하고 있는 농구선수 '야오밍'이다.

야오밍은 230cm의 신장과 140kg의 거구이지만, 수줍은 미소, 깨끗하고 모범적인 이미지 때문에 기업들은 중국 소비자들에게 제품을 알리기 위한 모델로 야오밍을 적극 활용하고 있다. 현재, 맥도날드, 리복, 펩시콜라 등 6개 기업이 야오밍과 계약을 하고 있다.

예컨대 맥도날드사는 야오밍에게 '맥도날드 브랜드 대사(大使)'라는 명칭을 붙여서 제품 홍보를 하고 있다. 리복사는 야오밍과 운동화 및 스폰서쉽 계약을 맺고 중국 시장매출을 증대해 가고 있다. 펩시콜라 상하이 지사의 '리커드 리' 부사장은 "야오밍을 광고 모델로 내세우면서 매출이 급증하고 있다. 다른 제품을 중국 시장에 들여올 때도 반드시 핵심 브랜드로 내세우겠다"고 말했다.

미국 경제주간지 '비즈니스 위크' 아시아판은(2004년 10월 25일자 신문에서) 야오밍을 커버스토리로 다루면서 "야오밍은 이제 중국 시장을 노리는 다국적 기업에게는 브랜드를 알리는 '보증수표'로 통한다"고 보도했다. "야오밍은 특이하다. 그는 5~6년 걸리는 브랜드 인지도 구축을 단기간에 해냈다. 게다가 그는 중국 부흥의 화신이고 중국의 자존심이기도 하다. (다국적 기업들이 광고 모델로) 야오밍을 잡는다는 것은 곧 13억 시장에 다리를 놓는 셈이다"라고 비즈니스 위크는 결론 내렸다.

홍콩에서 발행되는 일간지 '아시안 월스트리트 저널'에 따르면, 미국 전체인구의 약 70%에 해당하는 약 2억 명의 중국인들이 야오밍의 경기 때마다 TV 앞에 앉아 그를 응원한다.

이밖에 아테네 올림픽 여자 다이빙 금메달리스트 '궈징진'은 맥도날드, 포드자동차, 버드와이저 맥주 등과 파트너십을 맺었다. 남자 다이빙선수인 '티안리앙'은 리복과 암웨이사의 후원을 받고 있고, 남자 축구선수인 '양 첸'은 질레트사로부터 후원을 받고 있다.

---

2. 브랜드 이미지 구축

브랜드 이미지 구축을 위해서는 브랜드 이미지의 성격, 브랜드연상의 종류와 그 성공 여건을 파악하여야 한다.

(1) 브랜드 이미지의 성격

여기서는 브랜드 이미지의 개념과 특성을 알아본다.

1) 개념

브랜드 이미지(brand image)는 브랜드에 대하여 고객의 기억 속에 새겨진 인식(perception)이며, 이는 브랜드에 관련된 연상(聯想, association)들로 형성된다.[31)]

2) 특성

브랜드 이미지는 기업의 브랜드 마케팅에 대해 고객이 보이는 반응에 영향을 미친다는 점에서 중요하다. 그런데 브랜드에 대해 고객이 느끼는 이미지는 당해 기업이 의도한 바와 충분히 어긋날 수 있다. 그러므로 기업은 긍정적 이미지를 형성시키기 위해 체계적 관리를 하여야 한다.

브랜드 이미지가 긍정적이 되어 브랜드자산을 형성하려면, 브랜드관련 연상이 강력하고 호의적이며 독창적이어야 한다.[32)]

사 례

■ **브랜드 이미지 – 일본의 마쯔다 자동차의 브랜드 작명 에피소드**[33)]

일본의 마쯔다 자동차가 중국에 진입할 때 자사의 브랜드를 중국식으로 어떻게 지을 것인가를 놓고 고민했던 다음과 같은 에피소드가 있다.

일본 마쯔다 자동차의 원래 일본어 이름은 '송전(松田)'인데, 이것의 중국 발음은 '쑹티엔' 이다. 그런데 이 발음은 '송천(送天)'의 중국 발음 '쑹티엔'과 거의 비슷하다. '送天'은 '하늘로 보내다' 즉, 사람을 죽게 해서 저승에 보낸다'는 뜻을 가지고 있어 '죽음'을 연상하게 한다. 이것은 자동차 회사 이름으로서는 그야말로 치명적인 것이다.

그래서 '마쯔다' 자동차는 중국 시장에서는 일본어의 발음을 그대로 표기하면서 자동차에 어울리는 이름으로 '馬自達(마자달)'로 정했다. 발음은 '마즈다'이고 뜻은 '말이 스스로 달린다'이다.

■ 브랜드 이미지 - Coca-Cola의 브랜드 작명 에피소드[34)]

'코카콜라'가 중국에 처음 진출했던 1927년, 회사는 중국인들과 커뮤니케이션하는데 있어서 큰 모험에 직면했다. 수백만 명의 중국인 소비자들에게 다가갈 수 있으려면 회사는 코카콜라를 중국어로 번역할 필요가 있었다. 그러나 'Coca-Cola'와 비슷한 발음을 찾는 것은 상당히 어려운 일이었다. 코카콜라와 비슷한 소리가 날 뿐만 아니라 의미도 적절한 단어가 필요했기 때문이다. 몇몇 점포의 상인들은 코카콜라의 음성에만 신경을 써서 스스로 번역을 해 상점에 맞는 팻말을 붙여 놓고 있었는데, 만일 회사 측에서 중국어 글자의 뜻을 고려하지 않았다면 큰 재앙이 될 뻔했다.

그들 몇몇은 '크어크어컨다'(蝌蝌齦蠟, 과과간랍)로 발음하고 있었는데, 이것은 발음은 코카콜라와 약간 비슷하였지만, 그 말은 "밀랍을 바른 올챙이를 깨물어 먹다"라는 뜻을 가지고 있었던 것이다. 중국어는 약 2만여개의 글자로 이루어져 있고, 코카콜라와 비슷한 소리를 가진 것은 200개 정도나 있다. 결국 최종 선정된 것은 '可口可樂(가구가락)'으로서 발음은 '크어코우 크어르어'이고 뜻은 '입에 댈만하고 즐거울 수 있다', '입이 기뻐하는 것을 허락한다' 또는 '즐거움을 느낄 수 있는 맛있는 것' 등이다.

여기서 '可'는 '옳을 가'로서 '허락하다, 허가하다, 가능하다'이고, '口'는 '입 구'로서 '입', '樂'은 '즐거운 락'으로서 '즐겁다, 기쁘다'의 뜻을 갖는다.

---

(2) 브랜드 연상의 종류

브랜드 연상은 속성별, 그리고 이점별로 분류할 수 있다.

1) 속성별 종류

브랜드 연상은 속성별로 제품관련 속성과 제품 비관련 속성으로 구분된다.[35)]

① **제품관련 속성** : 이것은 한 제품의 물리적 구성요소나 서비스가 갖추고 있는 필수 조건들을 말하며, 제품 성능의 특징과 수준을 결정짓는 것이다.

② **제품 비(非)관련 속성** : 이것은 제품의 성능과는 관련이 없으며, 제품의 구매나 소비 과정에 영향을 미친다. 이 속성들은 마케팅믹스와 제품의 판매방식에서 발생한다. 대표적인 속성으로는 가격, 사용자 이미지, 사용 이미지, 경험과 느낌, 브랜드 개성(personality) 등을 들 수 있다.

2) 이점별 종류

브랜드 연상은 이점별로 기능적 이점, 상징적 이점, 그리고 경험적 이점으로 구분된다.[36)]

① **기능적 이점** : 이것은 제품의 소비로 얻을 수 있는 본질적 이점이며, 대개 제품관련 속성과 일치한다.

② **상징적 이점** : 이것은 제품의 소비를 통해 얻을 수 있는 부가적 이점이며, 대개 제품 비관련 속성들, 특히 사용자 이미지와 일치한다.

③ **경험적 이점** : 이것은 제품의 사용시 소비자가 받는 느낌상(上)의 이점이다. 이 이점은 제품관련 속성은 물론 비관련 속성과도 일치하는 편이다.

(3) 브랜드 연상의 성공요건

브랜드연상의 주요 성공요건으로는 그 강도(强度), 호감, 그리고 독특성을 들 수 있다.

1) 브랜드 연상의 강도

브랜드정보 상기의 성공률은 여러 요인의 영향을 받는데, 대표적으로 다음 네 가지를 들 수 있다.[37)]

① 해당 정보에 대한 초기 연상의 강도(强度)에 비례한다.

② 기억 속에 다른 제품에 대한 정보가 존재하는 경우, 기억 억제, 혼동, 접근성 감소 등의 현상이 생길 수 있다.

③ 정보를 접한 이후 경과시간이 길수록 연상력은 약해진다.

④ 외부의 유출단서(retrieval cue), 즉 기억상기를 위한 신호나 수단의 수 또는 그 유형의 유출력에 비례한다.

2) 브랜드 연상의 호감

호의적 브랜드 연상을 이끌어내기 위해서는 기업이 바람직한 연상을 전달할 수 있어야 한다. 이러한 전달 가능성에 영향을 미치는 요인으로 다음 세 가지를 대표적으로 지적할 수 있다.[38)]

① 정해진 단계에서 그 제품이 기능을 수행할 수 있는 실질적 또는 잠재적 능력과 관련이 있다.

② 바람직한 연상을 창출하거나 강화시키기 위하여 정보를 전달할 수 있는 현재 또는 미래의 가능성이다.

③ 시간 경과에도 불구하고 실제로 전달된 기능수행 성과를 유지할 수 있는가 하는 능력이다.

3) 브랜드 연상의 독특성

브랜드 연상이 독특성을 갖도록 하기 위해서는, 당해 브랜드가 경쟁 브랜드에 비해 지속적 비교우위 또는 독특한 판매계획을 지녀야 할 것이다.[39]

현장 정보

■ 베이징 올림픽 : 중국의 국가 이미지 및 브랜드 도약의 기회[40]

중국 정부는 2008년 개최되는 베이징 올림픽을 중국이라는 국가 이미지를 선진국 수준으로 높이고 전 세계에 중국을 널리 알림으로써, 선진국들의 중국에 대한 투자를 더욱 끌어들임과 동시에 중국 기업들의 브랜드를 크게 도약시키는 기회로 삼겠다는 포부를 가지고 있다.

이러한 중국 정부의 기대에 부응하여, 파이낸셜 타임즈(FT)는 "2008년 베이징 올림픽의 후원액이 10억 달러를 넘어 사상 최대를 기록할 것이다. 이는 전세계 기업들이 생각하는 대(對) 중국 투자 매력이 그만큼 높다는 것을 반영하는 것이다"라고 보도했다.

FT에 따르면, 이미 '폴크스바겐,' 'UPS' 등 6개 업체들이 6억 달러에 달하는 베이징 올림픽의 스폰서 계약을 체결했다.

또 전세계 기업들 역시 13억의 인구를 보유하며 대단한 구매력을 지닌 중국 내수시장에서 베이징 올림픽을 이용해 자사 브랜드 이미지를 강화하기 위해 스폰서 계약에 적극적으로 나서고 있다고 FT는 전했다.

게르하르트 하이버그 IOC 마케팅위원회 위원장은 "베이징 올림픽에 대한 기업 스폰서가 10억 달러에 이를 것이 확실시 된다. 중국이 이전의 모든 기록을 깰 것이다"라고 말했다.

한편 스창 빠오(市場報)에 따르면, 베이징 올림픽 조직위원회의 장시아오위(張效遇) 부주석은 "베이징 올림픽 개최에 따른 수입은 23억 6,400만 달러, 지출은 23억 4,700만 달러로 순이익이 1600만 달러에 이를 것이다. 올림픽과 연관이 있는 투자와 소비 촉진 외에도 중국 문화, 여행, 음식 열기가 고조됨으로써 얻는 경제적 효과도 상당할 것이다. 중국은 최대한 경비를 절약하되 올림픽으로 얻는 부가적인 효과에 힘을 집중하겠다"고 밝혔다.

■ 베이징 올림픽 마스코트 결정[41]

중국 베이징 올림픽 조직위원회는 2008년 8월 8일 개막 1,000일 카운트다운 행사를 열어 중국의 자연과 도시, 전통문화와 역사를 상징하는 5개의 마스코트를 확정 발표했다.

이 마스코트는 아래 그림과 같이 오륜기의 5가지 색을 이용하고, 물고기 · 팬더 · 성화(聖火) · 티벳의 영양(羚羊) · 제비 등의 5개를 주인공으로 하여 만들어졌다.

이들의 이름은 왼쪽에서부터 베이베이(貝貝, 패패), 징징(晶晶, 정정), 후안후안(歡歡, 환환), 잉잉(迎迎, 영영), 그리고 니니(妮妮, 니니)인데 같은 글자를 중첩시켜서 귀여운 어감을 나타낸다. 이들 마스코트는 각각 번영과 기쁨, 격정, 건강, 행운을 상징한다.

특히, 이들 5개 마스코트의 이름을 첫 글자만 따서 연이어 읽으면, '베이징 후안 잉 니'가 된다. 즉, '北京歡迎你(북경환영니)'와 동일한 발음이 되어 "북경은 당신을 환영합니다"라는 뜻으로 되는 것이다.

그림에 나타나 있는 '吉祥物(길상물 · 지시앙우)'는 '마스코트'라는 뜻이며, '福娃(복왜, 푸와)'는 '복 있는 예쁜 아이' 즉 '복동이'라는 뜻이다.

[The Official Mascots of the Beijing 2008 Olympic Games]

■ 베이징 올림픽 마스코트 '푸와'

중국 당국은 마스코트 결정을 계기로 중국 내외 시장에서 올림픽 마스코트 캐릭터 특허 상품에 대한 판매활동을 본격적으로 실행할 것으로 보인다. 마스코트 캐릭터 상품에는 의류, 완구, 공예품, 가방, 문방구, 귀금속 등 6개 분야 300여개 용품이 포함된다.

이러한 베이징 올림픽 로고 관련 품목들은 홀로그램, 바코드, 시리얼 넘버 등의 장치를 붙여 모조품으로부터 보호 받는다. 게다가 이들 상품들은 24개의 지정된 장소에서만 팔 수 있다.

그러나 베이징 올림픽 마스코트 관련 제품이 나오자마자 베이징 짝퉁 시장인 '슈수이지에(秀水街)'에는 벌써부터 모조품이 나돌고 있다고 '징빠오(競報)'가 전했다.

---

3. 브랜드 아이덴티티 구축

강력한 브랜드자산을 구축하기 위해서는 브랜드 아이덴티티(brand identity : 정체성, 政體性, 이하 '브랜드 ID'로 약칭함)의 구축이 필수적이다. 이를 위해서는 브랜드 신분을 구성하는 요소의 선정이 중요하다.[42)]

(1) 브랜드 ID의 기초

여기에서는 브랜드 ID의 기능과 구조를 알아본다.

1) 브랜드 ID의 기능

브랜드 ID는 기본적으로 브랜드를 규정하고 구별하게 해 주는 기능을 한다. 또한 이에 더해 브랜드 ID는 고객에게 브랜드 지식을 강화시켜 높은 브랜드자산을 구축하는 데 기여할 수 있어야 한다.

2) 브랜드 ID의 구조

브랜드 ID는 크게 핵심 ID(core identity)와 확장 ID(extended identity)로 나눌 수 있다. 핵심 ID는 브랜드 ID중 말 그대로 핵심적 내용 부분을 가리키며, 비교적 추상적 개념이다. 확장 ID는 핵심 ID를 고객이 쉽게 인식할 수 있도록 구체화한 개념 부분을 포함한다.

(2) 브랜드 요소의 선정

브랜드 요소를 선정하기 위해서는 브랜드 요소의 선정기준과 종류 및 주요 브랜드 요소를 파악하여야 한다.

1) 브랜드 요소의 선정기준

브랜드 지식을 강화시켜 브랜드자산을 높일 수 있도록 브랜드 요소(brand element)를 선정하는 기준으로는 일반적으로 다음 여섯 가지를 들 수 있다.[43]

① 기억 용이성(memorability) : 브랜드 요소가 높은 브랜드 인지도를 얻으려면 기억하기 쉬워야 한다.

② 유의미성(meaningfulness) : 브랜드 요소는 제품이 속한 제품군(product class)에 대한 일반적 정보를 제공하고 제품 고유의 특성과 편익을 설득력 있게 알릴 수 있어야 한다.

③ 호감성(likability) : 브랜드 요소는 제품 외적 차원에서도 시각적 · 언어적으로 아름답거나 이미지가 풍부하고, 재미나 흥미를 유발함으로써 고객에 호감을 주는 것이 필요하다.

④ 전이성(transferability) : 브랜드 요소는 브랜드를 동일 또는 다른 제품군으로 확장하거나 지리·문화적으로 다른 시장에도 확장하기 쉬워야 효과적일 것이다.

⑤ 적용 가능성(adaptability) : 브랜드 요소는 시장환경이 변화할 때 쉽게 수정이나 변경을 하여 유연하게 적응할 수 있는 것이 바람직하다.

⑥ 보호 가능성(protectability) : 브랜드 요소는 경쟁기업들의 침해에 대항하여 법적 보호와 경쟁 차원의 보호를 받기 쉬워야 좋을 것이다. 먼저, 법적으로는 상표등록 등의 방식으로 보호받기가 쉬워야 한다. 한편, 경쟁차원에서는 경쟁자에 의한 브랜드의 모방, 파생 등으로 브랜드 가치가 손상을 입을 가능성을 최소화하도록 브랜드 요소를 선정하여야 할 것이다.

사 례

■ **브랜드 마케팅 : 작명(作名)에서부터 승부 판가름 난다 – 롯데마트, 까르푸, 레고社**[44)]

중국에 진출하는 기업들이 중국식으로 회사 이름을 짓는 것을 마케팅의 중요한 일로 보고 있다.

기업들이 작명에 신경 쓰는 이유는 중국 소비자들이 자국의 발음으로 되어 있는 이름으로 기억하기 쉬운 이름을 선호하기 때문이다. 또 기업들은 자국에서 쓰던 원래 브랜드를 연상시키면서도 회사 이미지를 좋게 할 수 있는 이름을 지으려고 노력한다.

할인점 '롯데마트'는 중국에서 사용할 이름으로 '르어 티엔 만 이 드어(樂天滿意得, 락천만의득 : 롯데에서 만족을 얻으세요)'로 정했다. 할인점 '이마트'는 중국 현지 점포명을 '이 마이 드어(易買得, 이매득 : 쉽게 사서 이득을 본다)'이다. 이 이름을 결정하기 전 또다른 유력한 후보는 '리 마이 드어(利買得, 이매득)'이었다. 치킨 체인점 'BBQ'의 중국 이름은 '비 비 크어(比比客, 비비객 : 점점 더 손님이 늘어간다)'이다.

프랑스계 할인점 '까르푸'의 중국 이름은 '지아 르어 푸(家樂福, 가락복 : 가정이 즐겁고 부유해진다)'이다. 이 회사는 '지아 르어 푸'가 가족 단위 쇼핑객에 맞는 이름이라고 생각하고 있다. 이름 덕인지 까르푸는 중국내 매장 수 50여개로 할인업체 중 1위를 차지하고 있다.

또 완구업계 '레고'는 '르어 까오(樂高, 락고 : 즐거움이 최고)'라는 브랜드로 정했다. 자동차업체 '메르세데스 벤츠'는 '번츠(奔馳, 분치 : 신나게 질주한다)'라는 브랜드를 갖고 있다.

한편, '코카콜라'는 '크어 코우 크어 르어(可口可樂, 가구가락 : 입에 맞고 즐겁다),' '펩시콜라'는 '바이쓰 크어르어(百事可樂, 백사가락 : 100가지 일이 즐겁다)'로 브랜드를 정했다.

그밖에 '월마트'는 '워 얼 마 트어(沃你馬特, 옥니마특),' '피자헛'은 '삐 셩 크어(必勝客, 필승객),' '켄터키 프라이드 치킨(KFC)'은 '컨 드어 지(肯德基, 긍덕기)' 또 '롯데리아'는 '라오 디 리 야(勞迪利亞,로적이아)'로 자사 브랜드를 정했다.

---

2) 브랜드 요소의 종류

브랜드 ID을 구성하는 요소는 여러 가지가 있는데, 크게는 다음 네 범주로 구분할 수 있다.[45)]

① 제품관련 요소　　② 기업관련 요소
③ 제품 외적 연상　　④ 상징관련 요소

3) 주요 브랜드 요소

브랜드 요소의 종류 중 중요한 것으로 브랜드명, 로고, 심벌, 캐릭터, 슬로건, 징글 등이 있다. 아래에서는 이들을 간단히 살펴보기로 한다.

① **브랜드명** : 브랜드명(brabd name)은 브랜드의 중심요소가 되므로, 이 결정은 브랜드 요소결정의 핵심이 된다. 그래서 브랜드명의 결정은 체계적 과정을 거치는 것이 적절하다. 브랜드명의 선정에도 기준이 필요한데, 유력한 기준으로는 다음을 수 있다.[46)]

- 기억이나 발음하기 쉬운 명칭
- 차별성을 띠는 명칭
- 제품의 기능·편익의 전달력이 높은 명칭
- 브랜드가 추구하는 연상을 쉽게 유발하는 명칭. 이는 동시에 부정적 연상을 유발하는 명칭은 피해야 함을 의미한다.

사 례

■ 상표의 영문 표기 – 기아자동차, 상하이 자동차 그룹[47)]

국내를 대표하는 자동차업체들이 해외에서 좋지 않은 이미지를 불러 일으킬 수 있는 영문 상호로 고민하고 있다.

기아자동차는 영문 표기를 교체할 것을 검토하고 있다. 기아자동차의 영문 표기는 'KIA'이다. 그런데 KIA와 영문표기가 비슷한 'K.I.A.'는 월남전에서 전사한 유족들의 피해를 보상하기 위한 미국 국회의 상임위원회 약칭이자 전쟁터에서 사망한 전사자를 뜻한다.

기아자동차는 1999년부터 타원형 안에 'KIA'라고 쓰여 있던 로고를 영문 대문자 'K'자를 변형한 모델로 바꾸고 수출하고 있다. 기아 차의 경영진은 "로고를 변경한 후 해외 소비자들로부터 기아 차가 전사자로 오인 받는 경우는 크게 줄었다. 현재 회사의 공식 명칭을 KIA와 다른 영문 표기로 변경할지 검토 중"이라고 말했다.

한편 쌍용자동차를 인수한 중국의 '상하이 자동차 그룹'의 영문 약자인 SAG가 "처지다, 축 늘어지다, 내려 앉다, 기운이 빠지다," 심지어 경제 용어로는 '시세나 물가가 떨어지다,' 더 나아가서 해양용어로는 '(배가 바람에 밀려) 흘러가다, 표류하다'는 등의 뜻을 담고 있어 쌍용차의 영문 표기에 고심하고 있다. 상하이 자동차 그룹은 일단 공식 회사명을 '상하이 자동차 집단고분 유한공사'로 정했지만, 영문 표기에 고심하고 있다.

---

② **로고와 심벌** : 로고(logo)와 심벌(symbol)은 제품이나 기업의 특징을 시각적으로 구별하도록 하는 중요한 수단이 된다. 로고와 심벌의 주요 장점은 다음과 같다.[48)]

- 시각적이라 브랜드명보다 기억하기 쉬운 편이다.
- 심벌은 문자의 한계를 초월하므로 브랜드에 대한 강력한 연상을 유발시키기 쉽다.
- 비언어적이므로 문화권과 시대를 초월하는 전달력이 있다.

③ **캐릭터** : 캐릭터(character)는 사람이나 생활환경의 특성에서 취할 수 있는 특별한 유형의 심벌에 해당한다. 캐릭터가 주는 주된 장점은 다음과 같다.[49)]

- 시각적이고 풍부한 이미지를 가져 브랜드 인지도 제고에 효과적이다.

• 제품의 핵심 편익을 전달하기가 쉽다.
• 문화권과 시대를 초월하는 확장력, 즉 전이성이 높다.

④ **슬로건** : 슬로건(slogan)은 브랜드를 설득력 있게 설명하는 정보가 포함된 짧은 문구이다. 슬로건이 주는 주된 장점은 다음과 같다.[50)]

• 상대적으로 브랜드의 차별화 및 포지셔닝 강화기능이 뛰어나다.
• 광고에 포함되어 서술적이고 설득적 정보를 요약하는 기능을 발휘한다.

⑤ **징글** : 징글(jingle)은 브랜드에 대하여 표현된 음악적 메시지이다. 징글이 주는 주된 장점은 다음과 같다.[51)]

• 구매자들이 자발적으로 반복하게 함으로써 기억 용이성을 높여 브랜드 인지도를 높이기 쉽다.
• 구매자에게 호감과 친근감을 주기 쉽다.

그러나 징글은 음악적 성격 때문에 전이성 면에서는 제한을 받을 수밖에 없다.

20-4 브랜드 활용

브랜드 활용(brand leverage)은 가치구축에 성공한 브랜드의 경우, 이 가치를 토대로 브랜드를 다른 차원에서 활용하는 것을 말한다. 브랜드 활용의 대표적 전략으로 브랜드 확장, 공동 브랜드, 라이센싱, 브랜드 재포지셔닝을 들 수 있다.[52)]

1. 브랜드 확장

여기에서는 브랜드 확장의 성격, 종류, 장·단점, 평가기준, 그리고 성공전략 등에 대하여 고찰하기로 한다.

(1) 브랜드 확장의 성격

'브랜드 확장(brand extension)'은 신제품을 출시하는 경우, 새로운 브랜드를 개발하지 않고 기존에 구축된 브랜드를 확장하여 사용하는 것을 가리킨다. 구체적으로는 기존 브랜드를 적용하는 방식과, 기존 브랜드와 신규 브랜드를 조합하는 방식이 있다.[53)] 이때 후자의 방식에서 조합된 브랜드를 '하위브랜드(sub-brand)'라 하고 그 원천인 기존 브랜드를 '모(母)브랜드(parent brand)'라 한다.

(2) 브랜드 확장의 종류

브랜드 확장은 크게 '계열 확장'과 '제품군 확장'으로 대별할 수 있다. 이중 실제에서

는 계열 확장 사례가 압도적 비중을 차지한다.[54)]

1) **계열 확장** : 계열 확장(系列擴張, line extension)은 모(母)브랜드의 기존 제품군 내에서 새로운 세분시장을 표적으로 개발된 신제품에 모 브랜드를 적용하는 것을 가리킨다.
   계열 확장은 등급・가격 등의 측면에서 하는 '수직적 확장'과 용도・성분 등의 측면에서 하는 '수평적 확장'으로 분류할 수 있다. 다시 수직적 확장은 상위 수준으로 확장되는 '상향 확장,' 하위 수준으로 확장되는 '하향 확장'을 구분할 수 있다.

2) **제품군 확장** : 제품군 확장(製品群擴張, category extension)은 모(母)브랜드 소속 제품군 외의 새로운 제품군 소속 신제품에 모 브랜드를 적용하는 것을 말한다. 제품군 확장은 관련 제품군으로 확장하는 관련 확장과 비관련 제품군으로 확장하는 비관련 확장으로 분류할 수 있다.

(3) 브랜드 확장의 장점

브랜드 확장의 잠재적 장점은 크게 신제품의 수용을 용이하게 해주는 효과와, 모 브랜드나 기업에 파생시켜주는 효과로 나눌 수 있다.[55)]

1) 신제품 수용 용이

브랜드 확장을 적용한 신제품이 잠재적 고객에게 잘 수용되어지는 효과는 구체적으로 보면 다음과 같이 나타날 수 있다.

① 신제품의 브랜드 이미지를 높일 수 있다.
② 고객이 신제품에 대해 인식하는 위험을 경감시킬 수 있다.
③ 유통경로의 확보 가능성을 증가시킬 수 있다.
④ 촉진비용의 효율성을 제고시킬 수 있다.
⑤ 신제품 관련 출시비용과 마케팅 비용을 절감시킬 수 있다.
⑥ 신규브랜드 개발비용을 절감시킬 수 있다.
⑦ 포장과 레이블(label)의 효율성을 증가시킬 수 있다.
⑧ 소비자의 다양한 욕구를 충족시킬 수 있다.

2) 모 브랜드와 기업에 대한 파생 효과

브랜드 확장은 모 브랜드와 기업에 다음과 같은 유용한 효과들을 파생시켜줄 수 있다.

① 브랜드의 의미를 명료하게 만들어줄 수 있다.
② 모 브랜드의 이미지를 강화시킬 수 있다.
③ 신규 고객을 창출시켜 주고 시장지배력을 증대시킬 수 있다.

④ 브랜드를 재활성화시킬 수 있다.
⑤ 후속적인 브랜드확장의 기초를 제공할 수 있다.

(4) 브랜드 확장의 단점

브랜드 확장은 다음과 같은 잠재적 단점이나 위험도 내포한다.[56)]

① 고객에게 혼란을 줄 수 있다.
② 소매상이 저항할 수 있다.
③ 모(母) 브랜드의 시장을 잠식할 수 있다.
④ 원(元) 제품군에서의 정체성(identity)이 희석되면서 브랜드 자체의 인지도를 낮출 수 있다.
⑤ 브랜드 의미를 희석시킬 위험이 있다.
⑥ 모 브랜드의 이미지에 손상을 줄 수 있다.
⑦ 신규 브랜드를 개발하여 성공을 거둘 수 있는 기회를 상실위험도 있다.

(5) 브랜드 확장의 평가기준

브랜드 확장 전략의 성공 여부는 확장 브랜드가 적용된 신제품 자체에 브랜드자산이 형성된 정도와 모 브랜드자산에 대한 기여도라는 두 가지 대표적 기준으로 평가할 수 있다.[57)]

(6) 브랜드 확장의 성공전략

브랜드 확장 전략이 성공하기 위한 주요 여건과 전략에 대해 여러 연구들의 결과를 종합하면 다음과 같다.[58)]

1) 브랜드의 확장범위

① 고품질의 브랜드는 평균 품질의 브랜드에 비해 확장범위가 넓은 편이다.
② 한 제품군의 대표적 브랜드는 확장범위가 좁으며, 당 제품군 외부 제품군으로의 확장은 어려운 편이다.

2) 수직적 브랜드 확장

① 브랜드의 수직적 확장은 어려우며, 하위브랜드 전략이 필요한 경향을 보인다.
② 수직적 확장에서는 하향 확장이 보통이며, 상향 확장은 훨씬 어려워 이례적인 편이다.

3) 확장제품 광고전략

① 모 브랜드보다는 상대적으로 확장제품에 초점을 둔 광고가 보다 효과적이다.

2. 브랜드 라이센싱

여기에서는 브랜드 라이센싱의 성격과 장·단점을 살펴본다.

(1) 브랜드 라이센싱의 성격

'브랜드 라이센싱(brand licensing)'은 상표법·저작권 등 법적으로 보호를 받는 브랜드의 사용권을 일정 사용료('로열티')를 받고 타기업에 임대하여 자사제품의 브랜드자산에 기여할 수 있도록 하는 브랜드 활용방안이다.[59]

브랜드 라이센싱은 브랜드의 임대기업과 임차기업 모두 이익을 보려는 이른바 '윈윈(win-win)' 게임의 추구전략에 해당한다.[60]

(2) 브랜드 라이센싱의 장점

브랜드 라이센싱의 장점은 브랜드 임대기업 입장과 임차기업 입장을 구별하여 살펴볼 수 있다.[61]

1) 브랜드 임대기업의 장점

① 잉여 이익의 창출
② 브랜드 임차기업에 의하여 잠재고객 확보
③ 브랜드 임차기업의 시장활동 실패위험의 직접적 영향력 최소화
④ 브랜드 확장의 증대

2) 브랜드 임차기업의 장점

① 신시장 진입시 필요한 마케팅비용 절감
② 라이센스 제품에 대한 브랜드인지도의 강화 및 유지와, 브랜드 이미지 제고 그리고 이로 인한 매출 확대
③ 잘 알려진 브랜드와의 연상관계를 통한 즉각적인 반사이익 창출

(3) 브랜드 라이센싱의 단점

브랜드 라이센싱의 주요 단점으로는 다음 두 가지를 들 수 있다.[62]

① 유행성을 띤 브랜드 라이센싱은 단기매출만 증가시키는 경향 있음.
② 브랜드 라이센싱에 의해 과다노출된 브랜드의 마모 효과 발생 위험

20-5 브랜드 재활성화

브랜드 재(再)활성화를 위해서는 그 성격과 주요전략에 대해 파악할 필요가 있다.

(1) 브랜드 재활성화의 성격

여기에서는 브랜드 재활성화의 개념과 장점을 알아본다.

1) 브랜드 재활성화의 개념

'브랜드 재활성화(brand revitalization)'는 브랜드자산이 약화된 브랜드에 대해 활력을 불어넣어 브랜드를 재강화하는 것을 가리킨다.

브랜드자산의 약화라는 개념은 브랜드 이미지 노후화, 부정적 브랜드 연상, 브랜드 인지도 약화, 브랜드 충성도 약화 등으로 시장점유율 감소 현상이 나타나는 상황을 가리킨다.[63)]

2) 브랜드 재활성화의 장점

브랜드 재활성화는 브랜드를 새롭게 출시하는 것에 비하면 비용과 위험성 면에서 훨씬 유리하다는 장점을 지닌다.

(2) 브랜드 재활성화 전략

브랜드 재활성화를 위한 전략에는 여러 가지가 있는데, 크게는 브랜드 인지도 개선전략과 브랜드 이미지 개선전략의 범주로 나눌 수 있다.[64)] 그러나 이들 개별 전략이 상호 배타적이지는 않음을 주의하자.

1) 브랜드 인지도 개선

인지도 면에서 약화된 브랜드에 대해서는, 이를 개선하기 위해 대상 제품의 수요를 증가시키는 방향으로 다음과 같이 여러 가지 전략들을 활용할 수 있다.

① **제품 사용도 증대** : 대상 제품의 사용도를 증가시키려면 제품의 재구매주기를 단축시키는 방안, 소비빈도와 관련된 구매자들의 습관을 정기적 사용 또는 보다 빈번한 사용습관으로 유도하는 방안 등이 있다.

② **제품의 신규수요 개발** : 제품의 새로운 수요개발 전략으로는 다음 세 가지 방안이 유력하다.

- 제품 사용상황의 확대
- 제품의 신규용도 개발
- 제품의 신규시장 진입

2) 브랜드 이미지 개선

이미지 면에서 약화된 브랜드에 대해서는 이를 개선하기 위해 다음 전략들을 활용할 수 있다.[65)]

① **브랜드 요소 변화** : 이 전략은 기존 브랜드의 구성요소 (브랜드명, 로고, 캐릭터 등) 중 일부에 변화를 가함으로써 브랜드의 기본은 유지하면서 참신한 이미지를 주는 동시에, 기존의 부정적 이미지는 희석시키려는 방안이다.

② **브랜드 재포지셔닝** : 브랜드 재포지셔닝(repositioning)은 브랜드의 기존 포지셔닝을 바꾸어 새로운 포지셔닝을 구축하는 전략이다. 이 전략이 필요한 경우로 다음 세 가지가 대표적이다.[66]

- 경쟁 브랜드나 환경변화에 따라 경쟁력을 상실한 경우
- 기존 세분시장의 규모나 수익성이 낮아 신시장으로 이동하는 경우
- 브랜드 포트폴리오에서 내부의 다른 브랜드와 자기잠식효과 발생이 우려되는 경우

브랜드 재포지셔닝의 구현방식은 다음 세 가지가 유력하다.[67]

- 하위브랜드에 의한 간접 재포지셔닝
- 브랜드 의미 진화에 의한 재포지셔닝
- 신규 세분시장 표적 재포지셔닝

그런데 브랜드 재포지셔닝은 구매자가 인식하고 있는 기존 이미지 전환의 어려움 때문에 브랜드 재활성화를 위한 다른 전략들에 비해 다음과 같이 비용과 위험부담이 상당히 크다는 약점도 지닌다.

- 이미지 전환과 경쟁 브랜드와의 경쟁으로 대규모 광고 등 상당한 마케팅비용의 소요
- 재포지셔닝이 실패한다면 기존 고객들까지 상실할 위험

20-6 중국의 브랜드 전략 및 상표권 제도

1. 중국의 브랜드 전략

중국에서 브랜드, 즉 상표에 대한 법적 보호환경으로 대표적인 것이 상표권 제도이다.

(1) 'Made in China'에서 'Made by China'로

중국정부는 "이제는 브랜드이다"를 주장하며, 앞으로는 '중국에서의 제조(made in China)' 로부터 '중국에 의한 창조(made by China)' 로 방향을 전환하겠다고 선언하며 제품의 독자 개발과 브랜드 구축을 강화할 것임을 천명하였다. 이에 대한 구체적 사례는 아래를 참조할 수 있다.

현장 정보

■ 중국, 앞으로는 "Made By China" : 독자개발 제품과 브랜드[68)]

중국은 '중국제조(made in China)'에서 '중국창조(made by China)'로 방향을 바꾸기로 했다. 단순히 '세계의 공장' 또는 '제조업 왕국'이라는 이름의 단순생산 위주에서 벗어나, 앞으로는 독자적인 기술로 개발한 제품과 브랜드로 세계시장에 진출하겠다는 뜻이다.

2005년 8월 15일, 중국 IT(정보기술) 산업의 중심지인 베이징 '쫑꾸안춘(中關村) 과학기술 무역광장'에서 '레노버(리엔 시앙, 聯想),' '팡쩡(方正),' '신랑(新郎),' '바이두(百度),' '징동팡(京東方),' '쫑싱(中星),' 같은 100여개 중국 일류기업의 최고 경영자들이 모여 결의 대회를 열었다.

이들이 낭독한 결의문의 제목은 '쯔주 츄앙신 찬이에 빠오꾸어(自主革新産業報國, 자주혁신 산업보국)' 즉, 자주적으로 혁신하여 산업발전을 통해 국가에 충성 한다'는 뜻이다.

이날 결의대회에 참여한 기업들은 앞으로 독자적인 연구개발로 산업화에 성공한 제품에는 'V 815'라는 브랜드를 공동으로 사용하기로 했다. 승리를 뜻하는 'V(victory)'와 항일 전쟁에서 승리한 '8월 15일'을 합쳐서 만든 것이다.

■ 중국, '브랜드 차이나' 전략 가동하다[69)]

중국 정부가 "이제는 브랜드이다"를 외치며, 국내외에서 '브랜드 차이나'의 전략의 기치를 쳐 들었다.

중국 상무부는 웹 사이트를 통해 앞으로 2년간 집중 육성할 수출 브랜드로 '하이얼,' '칭다오' 맥주, '통런탕' 등 191개 토종 브랜드를 선정하여 발표했다. 이들 중에는 전기・전자가 71개로 가장 많고, 의류・경공업・화공・의료 등 모두 6개 부문에 걸쳐있다.

상무부는 이와 별도로 토종 브랜드 자동차 수출을 지원하기 위하여 독자 브랜드를 보유한 완성차 및 부품업체 가운데 100개사를 곧 선정할 예정이다.

이러한 움직임은 2004년 세계 3위 교역대국으로 떠오른 중국이 앞으로는 세계의 하청 생산기지에 머물지 않고 고부가가치 위주로 자국의 교역구조를 재편하겠다는 전략적 의지를 담고 있다.

상무부는 "이전에 선정된 중국 브랜드까지 합하여 앞으로 2년간 각종 지원정책의 효과를 누릴 것"이라고 밝혔다.

최근 건설은행 당서기로 선임된 '궈수칭' 국가외환관리국장은 '차이나 데일리'와의 인터뷰에서 "수출은 급증했지만 중국이 독자적인 지식 재산권을 가진 제품의 수출이 여전히 낮아 부가가치가 낮다. 대외교역 정책을 개선하기 위한 강력한 조치들이 필요하다"고 강조했다.

실제로 중국 수출의 절반 이상은 현지에 진출한 외자기업이 차지하고 있으며, 특히 휴대전화의 경우, 중국은 세계 최대의 휴대전화 수출국이지만, 외국 브랜드가 90%를 차지하고 있다. 중국 정부가 자동차 수출을 지원하기로 하면서 독자 브랜드와 독자 기술을 보유한 업체로 대상을 한정한 것도 같은 맥락이다.

'웨이젠궈' 상무부 부부장(차관)은 "중국의 자동차 및 부품 수출은 세계 자동차 교역액의 0.7%에 불과하다. 이를 10년 내 10% 수준으로 끌어올리는 목표를 가지고 있다"고 강조했다.

이 목표가 이루어지면, 중국의 연간 자동차 및 부품 수출액은 2004년 81억 6천만 달러에서

1,200억 달러로 급신장하게 된다. 중국 정부는 이를 위해 수출지원 외에 특화된 자동차 산업단지를 2~3개 조성하기로 했다.

한편, 중국 내수시장에서는 이미 토종 브랜드의 약진이 시작된 것으로 보인다. 국가 통계국이(2005년 3월 19일) 도시 주민을 상대로 80여종의 소비재 소비성향을 조사한 결과, 토종 제품이 상위 10개 브랜드에서 차지하는 비중이 평균 72%에 달해 1년 전보다 1%포인트 올랐다. 중국 토종 브랜드가 강세를 보인 소비재는 의류 섬유였으며, 그 뒤를 이어 가전과 식품 분야에서도 토종이 위세를 떨치고 있는 것으로 나타났다.

특히 전체 응답자의 64%가 유명회사 제품을 선호한다고 대답하여, 중국에서도 브랜드 위주의 소비가 자리잡고 있는 것으로 분석되고 있다.

이에 따라 상위 브랜드의 시장 장악력이 갈수록 커지고 있다. 가전의 경우 외국산을 포함한 상위 10개 브랜드의 시장 점유율은 77.3%로 조사되었다. 이 가운데 TV, 냉장고, 세탁기 등 대형 가전은 80%를 초과했다. 프린터의 경우는 시장점유율이 1년 전보다 6.7% 포인트나 상승해 90%를 넘었다.

중국 정부가 앞으로 집중 육성하려는 브랜드를 예시하면 다음과 같다.

① **은행** : 꾸어지아카이파(國家開發), 농이예(農業), 샹하이푸둥카이파(上海浦東開發), 민셩(民生), 지엔써(建設), 자오샹(招)商), 중꾸어(中國), 지아오통(交通), 꽁샹(工商)

② **보험** : 중꾸어런바오(中國人保), 신후아런쇼우(新華人壽), 타이핑양(太平洋), 핑안(平安), 중꾸어런쇼우(中國人壽), 타이핑런쇼우(太平人壽)

③ **전자 · 전기** : 하이얼(海爾), 하이신(海信), 끄어리(格力), 창홍(長虹), TCL, 크어롱(科龍), 시아오티엔므어(小天鵝) 등

④ **휴대전화** : 시아신(夏新), 보다오(波導), TCL, 시옹마오(熊猫), 캉자(康佳)

⑤ **항공** : 중꾸어(中國), 난팡(南方), 둥팡(東方), 꾸어타이(國泰), 깡롱(港龍), 중화(中華), 마카오(澳門), 하이난(海南), 샹하이(上海)

⑥ **통신** : 마카오띠엔(澳門電信), 중꾸어이동(中國移動), 중꾸어리엔통(中國聯通), 중꾸어왕통(中國網通), 중꾸오띠(中國電信)

⑦ **IT** : 리엔시앙(聯想), 후아웨이(華爲), 중싱(中興)

⑧ **담배** : 중후아(中華), 홍타샨(紅塔山), 바이샤(白沙)

⑨ **바이주**(白酒) : 우리앙이에(五糧液), 홍싱(紅星), 마오타이

⑩ **맥주** : 칭다오(青島), 옌징(燕京), 하얼빈(哈爾濱), 쉬에후아(雪花)

⑪ **포도주** : 창청(長城), 왕차오(王朝), 장위(張裕)

⑫ **철강** : 바오깡(寶鋼), 안깡(鞍鋼), 번깡(本鋼), 우깡(武鋼)

⑬ **자동차** : 창안(長安), 동난(東南), 홍치(紅旗), 치루이(奇瑞), 중후아(中華), 후아천진베이

이들 회사 브랜드의 몇 가지 예를 사진을 통해 제시하면 다음과 같다.[70)]

[은행]

中国农业银行 AGRICULTURAL BANK OF CHINA 中國農業銀行 中国银行 BANK OF CHINA

中国建设银行 China Construction Bank 交通銀行 BANK OF COMMUNICATIONS

中国工商银行 INDUSTRIAL AND COMMERCIAL BANK OF CHINA | 招商银行 CHINA MERCHANTS BANK | 中国民生银行 CHINA MINSHENG BANKING CORP., LTD.

[보 험]

新华人寿保险公司 NEW CHINA LIFE INSURANCE CO., LTD. | PICC 中国人保财险 | 中国平安 PING AN OF CHINA

太平人寿保险有限公司 TAIPING LIFE INSURANCE CO.,LTD. | NCL 新华人寿 | 中國太平洋保險公司

[전자 · 전기]

长虹 CHANGHONG | GREE 格力集团 | KELON KELON 科龙

Haier | TCL王牌 | Hisense 海信

[휴대전화]

KONKA 康佳 | 熊猫 PANDA | AMOi 夏新

[항 공]

中國東方航空 CHINA EASTERN | 國泰航空公司 | 中国南方航空 CHINA SOUTHERN

上海航空股份有限公司 SHANGHAI AIRLINES CO.,LTD. | CHINA AIRLINES | 海南航空 China Hainan Airline

[IT]

华为技术 | ZTE中兴 | 联想 LEGEND lenovo联想

[담 배]

红塔集团 HONGTA GROUP | 白沙集团 Baisha WWW.BAISHA.COM |

[바이주]

北京红星 www.redstarwine.com | 五粮液 WULIANGYE | 贵州茅台酒股份有限公司 KWEICHOW MOUTAI CO., LTD.

[맥 주]

HARBIN CHINA | 燕京啤酒 | TSINGTAO

[포도주]

DYNASTY | 烟台明珠长城葡萄酒有限公司 YANTAI MINGZHU CHANGCHENG PUTAOJIU COMPANY | 中法合营王朝葡萄酿酒有限公司 SINO-FRENCH JOINT-VENTURE DYNASTY WINERY LTD.

[철 강]

WISCO | | 宝钢

[자동차]

[부동산]

[통 신]

(2) 중국 기업들의 브랜드 전략

중국 기업들은 자산 브랜드 구축 전략뿐만 아니라 외국 유명기업 브랜드를 인수 · 합병을 통하여 취득하는 전략을 구사하기도 한다.

사 례

■ 브랜드 전략과 M & A : 중국 회사들의 외국 기업 인수합병－레노보, 하이얼, TCL 社[71]

중국 회사들의 외국기업 인수 · 합병(M & A)이 확대되고 있다. 고유 브랜드를 살리기보다는 외국의 고급 브랜드를 사들여 '외국산 중국제품'이라는 이미지를 부각시켜 '저가제품'이라는 인식을 떨쳐 버리려는 전략적 계산이 배경을 이루고 있다

'레노보(리엔샹)그룹'은 IBM PC사업을 인수해 미국 PC산업의 자존심을 무너뜨렸다. "우리 회사는 중국에서의 1등에 만족하지 않을 것이다. 조만간 세계 제1위의 PC메이커로 변신할 것이다." 2004년 12월 7일 류츄안즈(柳傳志) 레노보그룹 회장이 미국 최대 컴퓨터업체인 IBM의 PC사업부문 인수계약을 체결하면서 강조한 말이다. IBM 브랜드의 인지도와 신뢰도를 적극 활용해 세계 1위의 시장점유율을 확보하는 PC 제조업체로 도약하겠다는 의도이다. 중국 주요 언론들은 레노보의 IBM 인수를 대서특필하며, "중국 제품이 글로벌 브랜드로 가는 길은 그리 멀지 않을 것"이라고 의미를 강조했다. 현재 레노보 그룹은 본사를 아예 미국으로 이전하는 방안을 추진하고 있다.

또 중국 최대이자 세계 5위의 가전회사인 '하이얼'은 'LG전자'를 따라잡고 세계 최대 에어컨 업체가 되겠다는 계획을 발표했다. 하이얼은 글로벌 경영체계를 더욱 확대하고, 자체 상표 비중을 높여 명실상부한 글로벌 가전업체로 나아가겠다는 의지를 밝혔다. 하이얼은 이미 세계 11개국에 13개 공장을 현지 가동하고 있는데, 하이얼의 고위 경영자는 "해외 생산 라인과 자

체 브랜드를 늘리는 것이 글로벌 기업으로 가는 지름길이다. 해외진출 확대와 기술개발 등을 통해서 세계적인 브랜드로 성장할 것"이라고 강조했다. 현재 하이얼은 미국 '사우스 캐롤라이나'에 가전 공장을 세운 데 이어 곧 판매센터도 건립할 계획이다.

2002년 독일의 TV업체인 '슈나이더 일렉트로닉스'를 인수하고, 프랑스 최대 가전업체인 '톰슨'과 합작해 연간 1,800만 대를 생산하는 세계 최대 TV생산 공장을 만든 'TCL'의 고위 경영자는 "우리가 원하는 것은 단순히 해외 생산기지를 확보하는 것이 아니라 첨단 전자기술을 확보하고 고급 브랜드 이미지를 형성하는 것"이라고 말했다.

---

2. 중국의 상표권 제도

중국에서 브랜드, 즉 상표에 대한 법적 보호환경으로 대표적인 것이 상표권 제도이다. 이 제도를 구축하는 기본법령은 "상표법" 및 "상표법 실시조례"이다. 특히, 이 법령은 중국이 WTO 가입환경 조성을 위해 국제적 기준에 부합하는 내용으로 각각 2001년과 2002년에 개정되었다. 이 상표법은 특허법, 저작권법과 함께 중국의 지적재산권 제도의 토대를 형성하고 있다.[72]

현장 정보

■ 중국의 브랜드(상표) 등록[73]

경제가 급속히 성장함에 따라 중국 내에서의 상표 등록 건수도 크게 증가하고 있다.

중국 공상총국은 2004년 중 중국의 상표등록건수가 전년보다 47% 증가한 58만 7926건이라고 발표했다. 이러한 등록 상표가운데 외국 상표등록은 전체의 20%로, 등록상표 5개 가운데 1개는 외국상표였다. 이로써 중국에서의 상표등록건수는 2003년 40만 2095건에 비해 30.4% 증가하면서 3년 연속 세계 1위를 기록했다.

중국에 등록된 외국 상표는 1979년에는 20개국에 130건에 불과했으나, 1993년 이후 매년 2만 여건 정도로 유지해 오다가, 중국이 '세계무역기구(WTO)'에 가입한 2002년에는 전년에 비해 25.2% 증가한 5만 902건에 달했었다.

상표법 전담 당국은 중국의 중앙정부인 국무원의 공상행정관리국 상표국으로서 중국에서 상표등록 및 관리업무를 주관한다. 상표법상 주목할만한 주의사항 몇 가지는 다음과 같다.

(1) 등록상표

상표의 법적 보호를 받으려면 상표국에 등록하여야 하며, 이렇게 등록된 상표를 등록상표라 한다. 등록상표의 종류로는 상품상표, 서비스상표, 단체(집체)상표, 증명상표가 포함된다(상표법 제3조).

(2) 사용금지 표장

상표에는 다음과 같은 표장(標章)의 사용이 금지된다(상표법 제10조).

① 중화인민공화국의 국가명칭, 국기, 국가휘장, 군기, 훈장과 동일하거나 유사한 것, 또 중국 국가기관 소재지의 특정 지명 또는 표장성을 지닌 건축물의 명칭 또는 도형과 동일한 것.

② 외국의 국명, 국기, 군기와 동일하거나 유사한 것. 단, 해당국 정부의 승낙을 얻은 경우에는 제외됨.

③ 국제기구의 명칭, 기, 휘장과 동일하거나 유사한 것 단, 국제조직의 허가를 받거나 대중들이 오해를 할 소지가 없는 경우는 제외됨.

④ 관리실시를 표명하고 보증을 약속한 정부의 표장 또는 검사 인장과 동일하거나 유사한 것. 단, 권리를 수권한 경우는 제외됨.

⑤ 적십자, 적신월(회교도의 구호기관)의 명칭 및 표장과 동일하거나 유사한 것.

⑥ 민족차별적 성격을 띠는 것.

⑦ 과대 선전 및 기만성을 띠는 것.

⑧ 사회주의 도덕과 풍습을 해치고 미풍양속에 영향을 미치는 것.

⑨ 현급 이상의 행정구역 지명 또는 잘 알려진 외국지명. 단, 그 지명이 별도의 의미를 지니거나 단체 상표와 증명상표(상표법 제3조 참조)의 일부가 된 경우는 제외됨. 이미 지명을 사용해 등록한 상표는 계속 유효함.

(3) 등록상표 사용금지 표장

상표등록 시 다음과 같은 표장(標章)은 등록될 수 없다(상표법 제 11조).

① 해당 상품에만 통용되는 명칭, 도형, 기호

② 단순히 상품의 품질·주요 원자재·효능·용도·중량·수량 및 기타 특징을 표시한 것에 지나지 않은 경우

③ 뚜렷한 특징이 없는 경우

(4) 등록상표의 존속기간과 갱신수속

등록상표는 1회 등록 시 유효기간이 10년이며, 연장하려면 기간만료 6개월 이내에 갱신등록 출원을 하여야 한다. 갱신등록 후 유효기간도 마찬가지로 10년이다(상표법 제37조, 제38조).

현장 정보

■ 회사명(기업이름)

중국은 모든 기업을 '국가공상행정관리국(國家工商行政管理局)' 및 각 지역 공상행정관리국에 등록하도록 규정하고 있다. 이를 규율하는 규정이 '기업명칭 등기관리 규정'과 '기업명칭 등기관리 시행방법'이다. 따라서 기업은 이러한 규정에 부합하도록 기업 이름(기업 상호, 회사명)을 지어 이를 공상행정관리국에 신청해야 하며, 이곳에서 심사, 비준을 해야만 사용할 수 있다. 기업 이름을 정하는 원칙은 '지역명(성, 시, 자치구, 현) + 업종 + 기업 특징/조직 형태'로 구성된다.[74]

'기업명칭 등기 관리규정'에 있는 주요한 규정을 살펴보자.[75]

(1) 제9조 : 기업 상호는 아래의 내용과 문자를 포함해서는 안 된다.
  ① 국가, 사회 공공이익을 침해하는 것
  ② 사회 일반을 기만 또는 오해를 일으키는 것
  ③ 외국국가(지역) 명칭, 국제조직 명칭
  ④ 정당 명칭, 당정군 기관 명칭, 대중조직 명칭, 사회단체 명칭 및 군부대 번호
  ⑤ 한어병음자모(외국문 명칭에서 사용하는 것은 제외), 숫자
  ⑥ 기타 법률, 행정 법규에 의하여 금지된 것

(2) 제10조 : 기업은 상호를 선택할 수 있다. 상호는 두 개 이상의 문자로 구성되어야 한다. 기업은 정당한 이유가 있을 때 동지역 또는 타지역의 명칭을 상호로 사용할 수 있으나 현급 이상 행정지역 명칭을 사용해서는 안된다. 사영기업은 투자자의 성명을 상호로 사용할 수 있다.

(3) 제11조 : 기업은 그가 주로 영업하는 업무와 관련하여 국가업종 분류표준에 따른 유별에 따라 기업 상호에 소속업종 또는 경영 특징을 표명할 수 있다.

(4) 제12조 : 기업은 그 조직구조 또는 책임 형식에 근거하여 기업 상호에 기업 형식을 표시해야 한다.

(5) 제13조 : 아래의 기업은 기업 상호에 '중국', '중화' 또는 '국제'라는 문자를 사용할 것을 신청할 수 있다.
  ① 전국적 기업
  ② 국무원 또는 그가 권한을 부여한 부서가 비준한 대형 수출입 기업
  ③ 국무원 또는 그가 권한을 부여한 부서가 비준한 대형 기업집단
  ④ 국가 공상행정관리국이 규정한 기타 기업

[예 : 중국, 중화 등의 문자를 사용한 기업][76]

• 중국중화집단공사(中國中華集團公司)
• 중국은행(中國銀行)
• 중국전신집단공사(中國電信集團公司)
• 중국이동통신집단공사(中國集團公司)

한편, '기업명칭 등기관리 시행방법'에 규정되어 있는 주요한 내용을 살펴보자.[77)]

(1) 제8조 : 기업 상호는 국가가 규정한 한자를 사용해야 하며, 외국 문자, 중문병음자모, 아라비아숫자를 사용해서는 안 된다.

(2) 제9조 : 기업 상호는 행정지역, 상호, 업종조직 형식의 순서대로 구성되며 법률, 행정 법규와 동 방법에서 별도로 규정한 것은 예외로 한다.

(3) 제10조 : 국무원에서 설립을 결정한 기업 이외에 '중국', '중화', '전국', '국가', '국제' 등의 문자를 사용하지 못한다. 기업 상호 가운데 '중국', '중화,' '전국,' '국가,' '국제' 등의 문자를 사용할 경우 동 문자는 업종의 제한 영역이다. 외국(지역) 출자 기업의 상호를 사용하는 외상 독자기업은 상호 중간에 '(중국)'이라는 문자를 사용할 수 있다.

(4) 제11조 : 기업 상호 중의 행정구별은 동 기업 소재지 현급 이상 행정지역의 명칭 또는 지명이다. 시 관할 지역의 명칭은 단독으로 기업 상호중의 행정구별로 사용될 수 없다. 시 관할구의 명칭과 시 행정구별을 연이어 사용한 기업 상호는 시 공상행정관리국에서 비준한다. 성, 시, 현 행정구별을 연이어 사용한 기업 상호는 최고급별 행정지역의 공상행정관리국에서 비준한다.

사 례

■ 세계 유명기업의 중국어 명칭[78)]

몇 몇 세계 유명기업들이 자사(自社) 이름을 어떻게 중국어로 표기하고 있는 지를 정리하면 다음과 같다.

원래 회사명	중국어 명칭	발음
LG전자	LG電子	LG띠엔즈
파나소닉(Panasonic)	松下	송시아
소니(Sony)	素尼	수오니
General Electric	通用電氣	통용디엔치
미국 씨티뱅크	美國花旗銀行	메이꾸어 후아치 인항
DELL 컴퓨터	戴你電腦	따이얼 띠엔 나오
마이크로소프트(MS)	微軟	웨이루안
HP.휴렛팩커드	惠普	후이 푸
이케아가구	宣家家居	이지아지아쥐
다국적컨설팅업체맥킨지	麥肯錫恣詢	마이 크언 쉬즈 쉰
미국AIA보험	友邦保險	요우 빵 빠오시엔
미쉐린타이어	米其林	미치린
현대자동차	現代汽車	시엔 따이 치처
포드자동차	福特汽車	푸트어 치처
폴크스바겐자동차	大衆汽車	따쫑 치처

■ 중국 : 일본회사 상표 무작위 도용

일본 경제산업성 조사에 따르면, 일본 가전(家電)회사 6개사와 비슷한 회사명이 100건 이상 중국에 등기되어 있다.

법적으로 등기까지 마친 불법 모조(짝퉁)회사들이 버젓이 '산요(三洋)'나, '도시바(東芝)' '마쓰시타(松下)' 로고가 붙은 TV, 냉장고, 세탁기를 생산하고 있다는 것이다.

이와 같이 '짝퉁' 회사의 등기가 가능한 것은 홍콩의 취약한 법률체계 때문이다. 중국 본토와는 달리, 홍콩에서는 원래 이름과 조금만 달라도 등기가 가능하다. 예를 들어 산요 뒤에 '홍콩공사'를 붙인 '산요 홍콩공사'는 등기가 가능하다는 것이다. 마찬가지로 '홍콩 도시바전기' 또는 '일본 마쓰시타 홍콩' 등 일본회사와 이름만 비슷한 짝퉁 회사가 등기되어 중국에 넘쳐나고 있다.

사 례

■ 중국, 유사(모조) 브랜드 극성

중국산 가짜 한국제품이 넘쳐 나 한국 기업들을 위협하고 있다. 자동차 부품, 화장품, 게임, 휴대전화, 한류문화 컨텐츠까지 짝퉁 제품이 급속히 번지고 있다.

'삼성전자'에 따르면 중국에는 '애미콜'(Amycall)' 휴대전화도 등장했다. 삼성의 제품 '애니콜(Anycall)'과 비슷한 브랜드를 내놓은 것이다. 이 제품을 만든 회사는 이름을 '삼성(SAMSUNG)'과 비슷하게 하려고 도무지 발음조차 할 수 없는 'SAMSUMG'으로 정했다. 'Anycall'과 'SAMSUNG'에서 'N'을 모두 'M'으로 바꾼 것이다.

또 중국 선쩐에는 '삼멍'(SAMMENG)'이라는 휴대전화 단말기 회사도 있다. '오리온 '쵸코파이'와 유사한 '코코파이'라는 제품도 나돌고 있다.

제6편 결 론

- 제21장 중국이 안고 있는 제반 문제
- 제22장 중국진출 한국기업의 경영현황과 애로사항
- 제23장 한국기업들의 중국사업 성공 필수요소

BUSINESS STRATEGY OF CHINA

제 21 장 중국이 안고 있는 제반문제

이 장에서는 지금까지 고찰한 내용을 토대로 중국이 어떤 문제에 당면해 있는가를 정리해 보고자 한다. 먼저 주요 기관들이 어떤 문제를 제시하고 있는가를 소개한 후, 이들을 요약하고, 이들 각 문제를 상세히 고찰하기로 한다.

21-1 서 론

1. 중국국가 발전위원회

중국의 국가발전 위원회는 국내외의 각계 전문가 98명을 대상으로 조사한 결과 중국이 다음과 같은 10대 문제를 제대로 해결하지 못하면 지속적인 발전을 위협할 것이며 이러한 상황이 심각하게 진행될 경우에는 2010년 이전에라도 정치, 경제, 사회 등의 각 분야에서 큰 위기를 맞을 수 있다고 경고했다고 중국의 시사 격주간지 「반위에틘(半月談)」이 보도했다.[1]

「반위에틘」이 경고한 중국의 10대 문제는 다음과 같다.

① 취업문제
② 농업위기
③ 금융위기
④ 빈부격차
⑤ 생태
⑥ 자원
⑦ 국제화
⑧ 국내정치
⑨ 신뢰회복
⑩ 에이즈(AIDS) 등 공중보건

2. 중국사회과학원

중국의 대표적인 학술기관인 중국사회과학원은 〈2004~2005년의 사회형세 분석과 예측 보고서〉에서 중국은 7대 사회문제를 안고 있다고 지적했다. 신화통신의 자매 주간지 「요망」은 중국사회과학원이 제시한 7가지 문제들이 앞으로 중국을 크게 괴롭힐 것이라고 예측했다.[2]

중국사회과학원이 지적한 7대 사회문제는 다음과 같다.

① 농민들의 농토상실문제	② 계층간의 수입격차 확대 문제
③ 장기적인 실업문제	④ 잡히지 않는 빈곤문제
⑤ 부정부패 문제	⑥ 자원·에너지 부족과 환경문제
⑦ 경제 고속발전의 그늘 속에서 민심이반 문제	

3. 신화망, 경제참고보

「신화망」과 「경제참고보」는 전국인민대표대회(全人大)와 그 자문기구인 중국인민정치협상회(政協·정협)가 가져야 할 중국의 최대관심사에 대해 전국의 네티즌을 대상으로 인터넷 설문조사를 하였다.

이 설문조사에서는 모두 20개항에서 10개항씩을 선택하도록 했는데, 이들 네티즌들이 가장 관심을 기울이고 있는 중국의 사회문제를 순위별로 제시하면 다음과 같다.[3)]

① 부정부패(84%)	② 지역경제 발전의 불균형과 소득격차(57.5%)
③ 농가소득증가(57.2%)	④ 통신, 철도 등 독점 업종의 타파
⑤ 취업과 해고자의 재취업	⑥ 학교의 기부금, 잡부금 문제
⑦ 사회치안문제	⑧ 사회보장체제의 개선 문제
⑨ 대만의 국민투표	⑩ 헌법개정문제

4. 중국의 당면문제 요약

아래에서는 이상과 같은 중국 국가발전위원회의 지적사항, 중국사회과학원의 예측보고서, 네티즌들의 여론조사 결과들을 종합하고, 그 밖의 몇 가지 문제를 추가하여 다음과 같은 문제에 초점을 맞추어 살펴본다.

① 빈부격차 문제	② 도시와 농촌 간의 소득격차 문제
③ 부정부패 문제	④ 금융 및 부실채권 문제
⑤ 실업문제	⑥ 노동력 감소 문제
⑦ 사회치안 문제	⑧ 공중보건위생문제
⑨ 지방보호주의(제후경제)문제	⑩ 자원·에너지 부족문제
⑪ 환경오염 문제	

21-2 빈부격차 문제

국가발전위원회는 "국제기준으로 볼 때 중국의 빈부격차는 이미 위험 수준을 넘어섰으며, 이러한 극심한 빈부격차는 사회불안을 야기할 것"이라고 경고하였다.[4)]

중국사회과학 연구원도 2004년 전국 5만 가구를 대상으로 조사한 결과 "상위 10% 계층의 상반기 평균 소득이 1만 3,322 위엔으로 전국 평균의 2.8배에 달한 반면, 하위 10% 계층은 1,397 위엔으로 전국 평균치의 29%에 불과했다"고 밝혔다. 이들 계층간 소득 격차도 전년도 9.1 대 1에서 9.5 대 1로 갈수록 확대되어 가고 있다.[5)]

빈부격차는 흔히 '지니(Gini)계수'를 통해 측정된다. 지니계수가 높을수록, 즉 이 계수가 1에 가까울수록 부(富)의 불평등 정도가 커져서 분배의 불균형이 심한 것을 나타낸다. 일반적으로 0.4를 넘으면 소득불균형이 심각한 상황으로 여겨지며, 0.45를 넘어서면 극심한 빈부격차에 불만을 품은 세력이 폭동이나 혁명을 일으킬 수 있는 수준이다.

2000년을 기준으로 '세전(稅前) 소득기준 지니계수'를 보면, 선진국 평균은 0.33이었고, 스웨덴 0.25, 한국 0.32, 미국 0.41, 브라질 0.59이었다.[6)] 이러한 자료를 기초로 중국의 빈부격차 상황을 분석해 보기로 하자.

1949년 중화인민공화국이 성립되고 사회주의 개조가 성공적으로 진행된 시기의 중국은 공동노동·공동분배의 '따 꾸어 판(大鍋飯 : '큰 밥솥'이라는 뜻으로 공동집체생활을 의미함)' 시대였다. 이 시기의 '지니계수'는 0.2 이하였다.

1978년 개혁·개방 이후 1980년대에 들어오면서 지니계수가 0.28이 되었고, 1995년에는 0.38, 2005년에는 0.454로 확대되어 불균형이 점점 심화되고 있다. 현재 중국은 프랑스 혁명 당시의 지니계수를 이미 넘어서 있는 상태이다.

세계은행이 발표한 중국경제보고서에 따르면, 2020년에는 지니계수가 0.474로 오를 것이라고 예상된다.[7)]

중국 노동사회보장부 산하 소득연구소는 중국의 소득불균형 상태를 청(靑), 녹(綠), 황(黃), 홍(紅)의 네 가지 단계로 분류하고 있다. 황색단계는 정부가 정신을 바짝 차리지 않으면 안되는 경고상황, 홍색단계는 사회안정이 붕괴되어 참을 수 없는 상황을 의미한다.[8)]

소득연구소 쑤하이란 소장은 "중국의 빈부차이는 지난 2003년 이후 계속 벌어져 황색 경보 상태이다. 또 앞으로 수년 내에 빈곤층의 소득증대방안을 내놓지 못하면, 오는 2020년 이후에는 수습이 거의 불가능한 홍색 경보상태의 불안정한 상태가 될 것이다"라고 경고했다. 또 유엔개발계획의 최근 자료를 보면, 중국은 최부유층 20%가 GDP의 절반을 차지하는 반면, 최빈층 20%의 GDP 점유율은 4.7%에 불과한 실정이다.[9)]

한편, 초점을 절대빈곤문제에 맞추어 보면, 중국사회과학원은 "개혁개방 이래 지난 25년 동안 빈곤인구가 2억 5,000만 명에서 2,900만 명으로 크게 줄어들었지만, 최근에는 빈곤인구 감소추세가 주춤하고 있으며, 특히 농촌의 절대빈곤계층 문제가 해결되지 않고 있다. 이들의 평균소득은 625 위엔 이하로서 UN이 정한 기준(900 위엔)에도 못 미친다"고 보고하였다.[10)]

아시아 개발은행(ADB)이 (2005년 8월 18일) 발표한 〈흐어베이성 경제발전전략 연구 보고서〉에 따르면 베이징과 티엔진(天津) 주변에서만 272만 명이 빈곤상태에 방치되어 있다. 한 달 수입이 2만원 내외의 극빈층이다. 보고서는 "이들 빈민과 대도시 주민들 간의 생활격차는 50년이 넘는다. 이러한 빈부격차는 앞으로 중국사회를 요동시킬 최대 불안요인이 되고 있다"고 보도했다.[11)]

현장 정보

■ 한 끼 식사대 1,100만 원 대비 1년 분 식사대 1,100원[12)]

상상할 수 없는 정도의 빈부격차, 즉 양극화된 소득구조의 단면을 보여주는 기사제목이 중국 신문에 등장했다.

'8.8만 위엔 대(對) 8.35 위엔'

8.8만 위엔(약 1,100만원)은 구앙동(廣東)성의 티엔흐어(天河) 호텔 식당이 2004년 말 선보인 세트메뉴의 한 끼 식사 가격이다. 이 음식에는 상어 지느러미, 대하, 청(淸)나라 시대 때 제조된 고급 술 등 호화음식이 포함되어 있다. 이 신문은 상당히 많은 사람들이 한 끼에 1,100만원이 넘는 이 세트메뉴 음식을 즐겼다고 보도했다.

반면 8.35 위엔(약 1,040원)은 우한(武漢)의 쫑난(中南) 재경대학 학생의 1년치 식사비용이다. 이 대학의 한 농촌출신 여학생은 8.35 위엔짜리 1년분 식당카드를 구입해서 주로 만두로 하루 세 끼 식사를 해결하고 있다.

이는 중국의 빈부격차가 어느 정도인지를 단적으로 보여주는 사례이다. 한 끼 1,100만 원짜리 식사를 하는 초부유층이 있는가 하면, 단돈 1,000원으로 1년간 식사를 해결해야 하는 초빈곤층이 공존하고 있는 곳이 바로 중국이다. 중국 전문가들은 "점점 더 양극화되고 있는 소득구조를 개선하지 않는다면 중국의 미래는 없다"고 경고하고 있다.

21-3 도시와 농촌 간의 소득격차 문제

현재 중국의 도시 농촌 간 소득격차는 사상 최고수준에 도달했다.[13)] 중국국가통계국에 따르면, 2004년 중국인 1인당 연평균 소득의 경우, 도시지역인 상하이(上海)는 8,513 위엔, 베이징(北京)은 7,771 위엔 등이지만, 농촌지역인 서부의 신장(新疆)위구르 자치구는 493 위엔, 칭하이(靑海)는 476 위엔, 간쑤(甘肅)는 449 위엔에 그치고 있다. 한 나라 안에 무려 20배가 넘는 소득격차가 존재하고 있는 것이다.[14)]

이러한 도시·농촌 간 소득격차는 그동안 계속 악화되어 왔다. 통계국에 따르면, 1998년부터 2003년까지 농민 1인당 순소득은 매년 92 위엔(약 1만 1,600원)씩 증가했지만, 같은 기간 도시민은 1인당 609 위엔(약 7만 6,800원)씩 증가하고 있다.[15)]

중국사회노동부 산하 소득연구소 쑤하이난 소장은 "도시민의 소득은 연평균 8~9%로 증가하고 있는 반면, 농촌소득의 증가는 연 4~5%에 그쳐 도농 간 소득격차가 확대되고 있다. 그리고 이런 비율로 도시와 농촌의 소득이 각각 성장한다면, 2010년에는 도농간 소득격차가 4 대 1 이상으로 벌어질 것이다"라고 예측했다.[16)]

한편, 베이징에서 발행되는 신경보(新京報)는 중국대학의 4년간 학비가 2만 8,000 위엔(약 360만원)으로 농민이 35년 동안 일해야 벌 수 있는 돈이라고 보도했다. 이 비용에는 숙식비, 옷값, 의료비, 보험료가 포함되지 않아 가난한 농민이 자녀를 대학에 진학시키는 것은 거의 불가능하다. 그러나 중국 대학생 중에는 이처럼 빈곤한 가정의 자녀가 240만명이나 있다.

이러한 도시·농촌 간 소득격차를 중국사회과학원의 분석자료를 토대로 시대의 흐름을 따라서 살펴보자.[17)]

개혁개방 초기였던 1984년경에는 도시민(都市民)과 농민의 소득격차는 1.17 대 1이었다. 그런데 경제가 성장하면서 1995년 조사 때는, 도시민 1인당 연간 평균소득이 4,410만 위엔(약 66만원)으로 농민 1인당 평균소득 1,564 위엔(약 23만원) 대비 2.8로 증가하였다.

2002년에는 도시 1인당 평균소득은 8,038 위엔(120만원)인데 비해 농촌소득은 2,588 위엔(38만원)으로 소득격차가 3.1배로 벌어졌다. 이 수치가 2003년에는 3.23 대 1로 더욱 확대되었다. 또 2004년에는 중국국가통계국에 따르면, 중국 도시민의 연평균소득은 9,422 위엔이었던 반면, 농촌은 2,936 위엔이었다.

중국사회과학원은 "도시주민이 의료, 교육, 양로, 실업, 최저생계비 등에서 정부보조금을 받고 있음을 감안하면, 실제 도농 간 격차는 4~6배까지 벌어지는 세계최고수준"이라고 밝혔다. 사회과학원은 "화폐가치로 나타나는 명목 소득 차이는 아프리카 '짐바브웨'가 중국보다 다소 높은 격차를 보이지만, 비화폐요소까지 감안하면 중국이 세계 최고수준"이라는 것이다.

한편, 지니계수(1에 가까울수록 불균형 정도가 심각)를 기준으로 도시와 농촌 각각에 있어서의 소득분배 불균형 정도를 살펴보면, 농촌지역 지니계수는 0.381에서 0.366으로 축소되어 하향평준화를 이룬 반면, 도시지역 지니계수는 0.280에서 0.319로 대폭 확대되어 도시지역 내 소득불균형도 확대되고 있는 추세이다.

덩시아오핑(鄧小平)은 개혁개방을 추진하면서 선부론(先富論)을 제창하였다. 즉 일부 사람들이 부자가 된 후 그 부(富)가 확산되어 나머지 모든 사람들도 부자가 될 수 있다는 이론이었다. 그러나 현실은 오히려 그 반대로 나타나고 있는 셈이다.[18)]

한편 도시·농촌의 불균형 성장은 도시내 빈부격차로 이어지고 있다. 가난한 농촌을 떠난 수많은 민공(民工 : 농촌출신 도시노동자)들이 도시에서 식당 종업원, 건설공사현장 인부, 청소부, 가정부 등 3D 업종에 종사하면서 도시의 저소득층을 형성하고 있는 것이다.[19)]

그들은 600~800 위엔(1 위엔=약 125원)의 월급을 받으면서 일하고 있다. 샹하이, 베이징, 광조우 등 중국의 주요 연안도시는 본지인(本地人)과 외지 민공들이 마치 지배층과 피지배층으로 나뉘어져 있는 도시처럼 느껴진다.[20)]

현장 정보

■ 민공(民工)들의 삶과 애환[21)]

티엔펑은 쓰추안성 출신의 노동자로서 샹하이 교외에 살고 있다. 32세인 그는 6년 전 샹하이에 진출하여 한 중소기업에서 일하고 있다. 그의 말을 통해 민공의 삶의 일부를 들여다 보자.

"최근 고향에 다녀왔다. 2년만의 귀향길이었다. 가난에 찌들어 있는 고향은 아무것도 변한 게 없었다. 아직도 흑백 TV를 보고 있었고, 수돗물도 제대로 나오지 않았다. 젊은이들은 별달리 할 일이 없어서 빈둥거리고 있었다. 고향은 나에게 너무나 서먹서먹했다. 결국 일정을 단축하고 3일 만에 돌아왔다. 이제는 샹하이 생활에 젖은 나에게 고향이 너무 불편했기 때문이다.

그렇다고 샹하이 생활이 편한 것만은 아니다. 내가 받는 월급은 2,000 위엔(약 25만원)인데 이중 800 위엔을 고향에 부치고, 나머지 1,200 위엔으로 생활한다. 의식주에 드는 비용을 제외하면 아무리 아껴 써도 내가 쓸 수 있는 돈은 500 위엔(6만 2,500원)에 불과하다. 혹시 감기라도 걸리면 약을 사기도 겁난다."

티엔펑처럼 농촌을 떠나 도시에서 사는 노동자를 '민공'이라고 부른다. 약 1억 명의 민공들이 도시 3D 업종이나 공장 등에서 힘겨운 노동을 하고 있다. 그들은 한 달에 10만원이 채 안 되는 임금에도 기꺼이 몸을 던져 일한다. 그러나 그들의 생활은 나아지지 않고 있다. 중국경제는 매년 9% 정도 성장했지만 그들의 월급은 거의 오르지 않았다. 중국 전역에는 언제든지 대체가능한 이런 민공들이 얼마든지 있기 때문이다.

낮은 임금에도 불구하고 도시로 오고자 하는 예비 민공들이 농촌에 수두룩하다. 시골에서 뼈빠지게 일하는 것보다 도시에서 품팔이 하는 것이 더 낫기 때문이다. 이렇게 중국 전역에는 언제든지 대체 가능한 민공들이 널려 있기 때문에 민공들의 월급이 오르지 않는 것이다. 민공들은 고생을 두려워하지 않는다. 민공들은 여름철 푹푹 찌는 실내 공장에서도 묵묵히 재봉틀을 돌린다. 추운 겨울철 삽을 들고 고속도로 건설현장에서 일하는 사람들도 민공들이다. 4,000m가 넘는 험준한 산악고원지대에서 산소마스크를 쓰고 철로부설작업을 하는 것도 민공들이다.

■ 서부대개발의 명암 : 가난한 노동자 · 농민들[22)]

중국 산시(陝西)성 이옌안(延安)시는 1936년 마오쩌동(毛澤東)이 이끈 홍군(紅軍)이 살기 위해 1만 2,000km의 대장정을 한 끝에 자리잡은 중원의 오지로서 공산당의 성지 중 한 곳이다. 이런 궁벽한 중국 서부에까지 개방 · 개발 바람이 불었다.

시안~이옌안 고속도로 공사가 완공을 목표로 한창 건설 중인데, 이 도로가 완공되면 산시성 성도인 시안에서 자동차로 4시간 정도 달리면 이옌안에 닿을 수 있다.

그러나 이옌안에는 개발과 고도성장의 그림자 역시 짙게 드리워져 있다. 도로건설 작업을 하고 있는 노동자들은 이렇게 말했다.

"우리 노동자들의 하루 일당은 30~40 위엔(4,500원~6,000원)이다. 우리들은 하루 12시간씩 토요일, 일요일도 쉬지 않고 일한다. 잠은 토굴 같은 곳에서 남자 9명이 한 방을 쓰고 산다. 그래도 농사짓는 것보다 건설현장수입이 훨씬 낫다."

하루 30~40 위엔도 못 버는 농민 및 그 가족들이 중국에는 8억 명이 넘는 것으로 추산되고 있다. 이와 대조적으로 시안에서는 벤츠 등 고급 승용차가 넘쳐나고, 한 끼 식사비가 농민들의 반년 수입과 맞먹는 식당들이 성업 중이다.

21-4 부정부패 문제

중국 사회과학원은 "중국 당국이 부패를 타개하기 위해 지속적으로 노력하고 있으나 관리들의 부패행위는 여전히 끊이지 않고 발생하고 있다. 부패문제를 해결하지 않으면 중국정부는 커다란 사회문제에 봉착할 것이다. 따라서 정치체제개혁, 사회주의 제도개선, 간부 임명의 공개화, 공무원 재산신고제 도입 등을 통해 이를 해결해야 한다"고 제안하였다.[23] 또 중국국가발전위원회는 "관리들의 부패는 정치위기와 관련되어 있고 이것은 법치주의 사회건설 및 정치개혁 등과도 맞물려 있다.

이 문제를 해결하기 위해서는 정부는 정부관리들의 부패와 건전한 사회풍토 훼손행위를 일소해야 하며, 또 부정부패가 개입할 여지가 없도록 시장경제질서 확립 등 제도적인 정비도 뒤따라야 한다"고 강조하였다.[24]

중국에서 반부패 개혁이 쉽지 않은 것은 부패고리 사슬이 최고위층 부근까지 연결되어 있는 뿌리 깊은 구조를 형성하고 있어, 송두리째 근절하기가 어렵다는 데 있다. 특히 부패사슬의 고위층 제1인자를 적발해 처벌하지 않는 이상 부패방지 대책이 효과를 거둘 수 없다는 사실이다. 이것은 일부 지도자의 권력에 대한 인식이 부족한데서도 확인할 수 있다. 관리들에게 "권력은 어떻게 얻게 되었느냐?"는 설문조사에서, 고위지도층이 부여했다는 응답이 64%, 개인이 노력을 통해 얻었다는 응답이 5%였고, 단 1%만이 권력은 국민들이 준 것이라고 응답했다는 데서 부패고리가 연결될 수 있다는 것을 알 수 있다.[25]

특히 중국이 급속한 경제성장정책을 추진하면서 정부-기업-금융 사이에 부정부패의 고리가 정착되어 왔다. 이로 인해 기업 경영진이 국유재산을 빼돌리고 있고, 기업 공금 유출, 주식시장에서의 내부자 거래 등이 성행하고 있다. 2004년 중 션지슈(審計署, 심계서, 한국의 감사원에 해당)의 적발로 사법처리된 고위인사만 754명에 달했다.[26]

중국 검찰인 최고인민검찰원의 보고에 따르면, 중국에서는 2003년에 총 1만 8,500건의 공직자횡령, 뇌물수수, 공금유용 사례가 적발되었고, 그 결과 2,728명의 현(縣) 또는 처(處)급 이상의 간부가 구속되었다. 2004년에는 수사가 더욱 강화되어 4만 3,757건이 직무상 저지른 범죄로 적발되었으며, 그 중 3만 5,031명이 뇌물을 받은 혐의였다. 이들 중 2,960명이 처벌을 받았다. 현은 성(省) 아래 행정단위인 현의 공산당 대표를, 처는 정부조직상 처장을 일컫는 것으로 모두 한국의 1급 공무원에 해당한다. 즉 18만 명의 현·처급 간부들 중에서 2%가 부정부패 공직자로 적발된 것이다.[27]

중국은 1978년에 개혁·개방을 통해 많은 발전을 이루었다. 국민생활은 크게 개선되었으며, 의식수준도 상당히 높아졌다. 이러한 상황에서 중국 국민들은 현 시점에서 부패한 지도자들이 권력을 이용해 사리사욕을 채우거나 직권을 남용한다고 증오하고 있다. 이들의 부정부패를 바로잡지 않고는 민심을 얻을 수 없고 더 이상 중국의 발전은 기대할 수 없다는 것을 중국 지도부는 잘 알고 있다. '인간 중심', '국민을 위해 권력을 행사하는 정부' 이미지를 추구하고 있는 중국정부가 반부패의 칼을 높이 치켜든 이유를 여기서 찾을 수 있을 것이다.[28]

현장 정보

■ 「리진후아」 션지수(審計署) 지장 : "21세기 포청천"[29]

리진화(李金華) 션지슈 지장(計長)은 한국의 감사원장에 해당하는 인물인데, 그는 부정부패와의 전쟁을 주도하면서 요즘 중국인들의 사랑과 존경을 받고 있다.

그는 부정부패자를 끝까지 추적해서, 국가재산을 환수하고 관련자를 감옥에 보낸다. 리진화 지장이 2005년 6월 전인대(全人大)에 보고한 감사보고서에는 총 74억 위엔에 달하는 후아구앙(華光) 그룹 사기사건, 흐어난(河南)성 공상은행 지점이 민간업체와 짜고 일으킨 216만 위엔의 어음사기사건, 베이징 체육총국의 올림픽 기금 1억 3,000만 위엔 불법 전용사건, 211억 위엔 규모의 중국전력공사 경영진 부정부패사건 등 수십 건의 대형 부패사례가 보고서에 제시되어 있다.

리진화 지장은 2004년 중 부정부패에 연루된 754명의 고위 공직자, 기업간부, 금융계 인사 등을 감옥에 보냈으며, 그가 회수한 국가예산만 하더라도 208억 위엔(약 270억원)에 달한다. 그는 2004년 말, 관영 CCTV가 주관한 '2004년 최고의 인물'로 선정되기도 했으며, 중국언론은 그를 '21세기 포청천'이라고 표현하고 있다.

■ 부패공무원 신고자에게 최고 1,500만원 보상금[30]

베이징시는 공무원의 부정부패를 고발한 사람에게는 최고 10만 위엔(약 1,500만원)의 보상금을 지급한다고 발표했다.

대졸 초임자가 받는 월급이 대략 2,000 위엔(약 30만원)임을 생각하면, 중국 정부가 공무원의 부정부패를 얼마나 심각하게 고민하고 있는가를 알 수 있게 해 준다. 죄수가 뇌물을 주고 형기(刑期)를 줄였다가 적발된 경우만 1만 4,000건이 넘는다.

■ 중국 법원, 수뢰 지방간부에 사형선고 및 집행유예[31]

중국인민법원은 전(前) 칭따오(青島)시 시장조리 겸 라오산구 당서기 왕옌(50세)에 대해 사형을 선고하고, 2년간 집행유예하도록 했다 (중국 관영인민일보 보도).

법원은 또 그의 모든 정치적 권리를 박탈하고 전 재산을 몰수하라고 판결했다. 왕옌은 라오산구(區)에서 간부로 재직하던 1999년 5월부터 2003년 9월 사이 24차례에 걸쳐 토지사용권 임대와 취락개선의 대가로 496만 위엔(약 7억원)의 뇌물을 받은 혐의로 기소되었다.

21-5 금융 및 부실 채권문제

중국 국가발전위원회는 "저축률이 높고 자본형성은 순조로운 반면, 자본시장과 금융시스템은 많은 허점을 안고 있다. 특히 금융 시스템은 기업의 자금조달 창구로서의 역할을 제대로 해내지 못하고 있어 기업환경을 악화시키는 요인으로 작용하고 있다. 국영기업의 불량대출은 금융 개혁의 걸림돌로 작용하고 있다"고 지적하며, 특히 부실채권 문제는 중국경제의 폭탄으로 작용할 수 있다고 경고하였다.[32)]

현장 정보

■ 중국은행의 부실채권

2004년 말 현대 중국 4대 국영은행의 부실채권 비율은 전체의 15%, 금액으로 환산하면 2조 4,000억 위엔(2,892억 달러, 한화 약 290조원)으로 국내총생산(GDP)의 20%를 넘는다. 진동수 재정경제부 국제업무 정책관은 "일부에서는 최소 25%까지 전망한다"고 말한다. 또 스탠드 앤드 푸어스(S&P)는 이 비율이 40~50%에 달한다고 분석하기도 했다.[33)]

중국정부는 이를 해결하기 위해 은행들에게 수백억 달러의 공적 자금을 쏟아부었다. 박해식 금융연구원 연구위원은 "공적자금을 투입해 부실채권을 솎아내고 있지만 신규대출이 계속 늘어 부실규모는 오히려 더 커졌을 것"이라고 우려했다.[34)]

만일 앞으로 위엔화 절상이 단행될 경우 부실채권은 중국경제에 폭탄으로 작용할 것이다. 기업들에게 퍼주기 대출을 일삼아온 중국 시중은행들은 '파산'이라는 사형선고가 내려질 수도 있다. 준비없는 위엔화 환율인상은 곧 성장률 둔화를 가져와 중국경제를 경착륙시킬 것이다.[35)]

금융부실은 8,000억 달러가 넘는 외환보유고를 통해 어느 정도 해결할 수 있을 것이다. 그러나 중국정부가 가장 두려워하는 것은 위엔화 절상이 몰고 올 부실채권으로 인한 성장률 둔화와 이로 인한 사회적 소요(騷擾)사태이다. 국제금융센터 김종만 박사는 "중국은 1년에 700만 명의 대학 졸업생과 일반인 1,300만 명이 농촌에서 도시로 이동한다. 따라서 연간 2,000만 명의 일자리가 필요한데, 만일 성장률이 최소한 연간 7%가 되지 않을 경우에는 폭동이 일어날 것"이라며 금융부실이 가져올 성장률 둔화를 어떻게 막느냐가 최대 현안이라고 강조했다.[36)]

고용수 한국은행 아주경제팀 팀장은 "경제적인 불확실성은 정치문제로 연결된다. 중국 정부는 최소 8% 중반대의 성장을 원한다"고 설명했다.[37)]

부실한 금융시장과 경제 시스템만큼 헤지펀드들에게 좋은 사냥감은 없다. 남종현 고려대 경제학과 교수는 "중국의 외환보유액 중 절반 이상이 위엔화 절상을 노린 헤지펀드라는 말도 있다"고 말했다. 최희남 재경부 외화자금과장은 "위엔화 절상은 차익을 얻은 외국 자본들이 썰물처럼 빠져나갈 도화선이다. 그럼에도 불구하고 중국정부는 위엔화 절상에 따른 갑작스러운 환위험을 회피할 방법이 없다"고 설명했다.[38] 결국, 금융부실은 위엔화 절상이 가져올 파급효과를 더욱 증폭시키고 있으며, 위엔화의 급격한 절상은 상상을 불허하는 불확실성을 우리에게 던져주고 있는 실정이다.[39]

21-6 실업문제

중국사회과학원은 "만성적인 실업문제가 해소되지 않고 있다. 구직자는 매년 2,400만 명씩 늘어나고 있지만 일자리는 900만개 정도 증가하는데 그치고 있다. 특히 대학생 취업 문제도 심각해서 지난해 74만명 가량이 직장을 구하지 못해 고학력 청년실업문제가 새로운 사회문제로 대두되고 있다"고 지적했다.[40]

중국은 고급 인력자원의 육성과 고등교육의 대중화를 목표로 1999년부터 소위 '고등교육의 대약진 정책'을 추진해왔다. 이때부터 대학정원이 획기적으로 확대되었다. 1998년에 100여만 명이던 대학졸업생 정원은 2004년에는 330여만 명으로 증가했다. 그 결과 대학졸업자 채용시장에서 심각한 공급초과현상이 나타났다.[41]

또한 고등교육기관을 구조조정하면서 많은 대학들이 합병되었는데, 일부 인기학과 정원이 늘어나면서 오히려 취업난이 가중되는 현상이 나타나게 된 것이다. 보도에 따르면, 최근 2년 동안 대졸자의 구직률은 약 70% 수준으로, 졸업과 동시에 실업자가 되는 사람도 수십만 명에 육박하고 있다.[42]

한편 인력시장 분석 전문가들에 따르면, 이처럼 고학력 실업자 수가 매우 많아 취업 희망자들은 취업난에 시달리고 있음과 동시에, 중국 교육시스템의 취약 등으로 인하여 기업들은 자사가 원하는 높은 지식, 기술 수준의 대학생 졸업자를 구할 수 없다는 구인난에 시달리고 있는 취업시장의 2중 구조가 중국당국의 문제를 더욱 복잡하게 만들고 있다.[43]

현장 정보

■ 중국, 대졸자 절반 이상이 실업자[44]

월스트리트 저널은 "중국은 대졸 구직자들은 최악의 취업난에, 기업은 최악의 구인난에 처해 있는 심각한 인력시장 불균형 현상에 직면해 있다"고 보도했다. 해마다 중국 대학 졸업 시즌인 7월에는 약 280만 명의 대졸자(3년제 전문대와 석사학위자 포함)가 채용시장에 몰려

들어오지만 상당수는 직장을 구하지 못하고 있다. 반면 중국에 진출한 기업들은 고급인력을 구하려고 해도 마땅한 사람을 구하기 어렵다.

중국정부는 1999년부터 고등교육 대중화를 위해서 대학 정원을 늘려왔다. 그 결과 22세 인구 중 대학 재학생의 비율은 18%로, 5년 전보다 8% 포인트 늘었다.

그러나 2003년 대졸자 약 212만 중 졸업과 동시에 취업이 결정된 사람은 약 50%에 불과했다. 월스트리트 저널 자료에 따르면, 2004년에는 더 심각해져 4년제 대졸자 초임연봉이 전년도 평균 6,360달러에서 현재는 4,600달러 수준으로 떨어졌고, 3년제 대학졸업자는 4,440달러에서 3,120달러로, 대학원졸업자(석사)는 7,930달러에서 5,090달러로 떨어졌다.

한편 다국적 기업들은 중국 영업을 확장하면서 본사 파견직원 외에 중국 현지인력도 많이 필요로 하고 있다. 그러나 마이크로소프트는 연초에 "1만 명의 지원자 중에 쓸 만한 사람은 하나도 없었다"고 말했고, 셸(shell)도 최근 6,000명의 지원자 중 겨우 9명의 직원을 선발하는 데 그쳤다. 셸의 베이징 인사담당자는 "중국은 인구가 많은 만큼 인재도 많겠지만, 문제는 이들을 어떻게 찾아내느냐는 것"이라고 말했다.

과거에는 각 대학에 '직업분배소'를 설치하고 대졸자들의 직업을 정부가 일일이 지정해 주었다. 지금은 폐지되었으나 이를 대체할 인력시장 시스템은 아직 마련되지 않았다. 직업소개소와 헤드헌터도 마땅치 않고, 대졸자들은 취업박람회를 떠돌고, 기업들은 수 천 통의 이력서에 파묻혀 있다. 대졸자들이 곧 고급인력이 아닌 것도 기업측에서는 고민거리이다. 대학 교과과정이 기업에서 필요로 하는 내용과는 동떨어져 있다.

21-7 노동력 감소문제

중국사회과학원은 "중국의 노동력은 2010년까지 상승폭이 둔화되다가 2011년에는 제로 성장을 하고, 2012년부터는 노동력이 줄어들기 시작하여 2021년까지 계속 감소할 것"으로 예측했다. 1978년 개혁 개방 이후 값싸고 풍부한 노동력에 의존해 왔던 중국경제가 노동력 부족에 대비하지 않으면 위기에 빠질 수도 있다는 경고이다.[45] 실제로 중국은 그동안 노동력 증가세가 둔화되면서, 2004년도에는 전년대비 11% 올랐던 임금이 2005년에는 15% 이상이나 상승했다.[46]

중국의 노동력 감소는 1949년 중국 공산당 정권수립 이후 급증했던 인구가 1970년대 1가구 1자녀 정책을 시행하면서 인구증가가 급격히 감소하면서 나타난 현상이다. 1970년 이전에 태어난 인구는 현재 중국 전체의 70%인 9억 1,000만 명에 달하는데, 이들은 2015년을 전후해 대부분 퇴직할 것으로 보인다.[47]

사회과학원의 차이팡 노동경제연구소장은 "중국 농촌지역에 산재한 1억 8,000만 명의 잉여노동력도 급속한 경제성장으로 동부 연안공업지역으로 대거 이주하면서, 수 년내 고

갈될 것"이라고 분석했다.[48] 주오쉬에진 상하이 사회과학원 부원장은 "중국이 이 위기를 넘기려면 노동집약적 산업은 인도나 파키스탄으로 넘기고, 기술집약적 고도 산업구조로 업그레이드시켜야 한다"고 강조했다.[49]

중국 경제발전의 70%는 저렴한 노동력 덕택으로 분석되고 있다. 외국인 직접 투자(FDI)는 중국경제발전에 28%를 기여했고, 기술발전은 별다른 기여를 하지 못한 것으로 보고되었다.[50]

현장 정보

■ 중국의 인력난[51]

2003년도에 나타난 노동자 부족현상이 2004년도에는 더욱 심화되었다. 구앙동(廣東)지역에서만 약 200만 명의 인력이 모자라고, 푸지엔(福健), 저지앙(珠江), 샨동(山東) 지역도 심각한 상황이다. 특히 중국 신세대 젊은이들이 3D 업종을 기피하면서 산업현장은 인력공급에 고민하고 있다.

이렇게 노동자가 부족하게 된 가장 큰 원인은 인구구조와 관련되어 있다. 중국정부가 추진한 '한가족 한자녀 갖기 운동'에 따라 취업연령 젊은이들의 수가 급격히 줄고 있는 것이다.

중국의 연령별 인구구조를 보면 30~40대 연령 인구는 약 2억 7,400만 명에 달하고 있다. 이에 비해 일자리를 찾기 시작하는 연령대인 20~30대 인구는 2억 1,800만 명에 그치는 실정이다. 약 5,000만 명이 감소한 것이다. 이러다보니 구앙동, 푸지엔, 저지앙 등지에 진출한 한국기업들도 노동력 확보에 비상이 걸려 있다. 가장 심각한 곳은 동관(東莞), 선쩐 등 주지앙(珠江) 삼각주 지역으로, 현재 이 지역에 진출한 임가공 분야 한국기업의 직공은 적정인력의 15~30% 정도가 부족한 실정이다.

21-8 사회 치안(治安)문제

중국은 여러 분야에서 구성원들의 불만이 심각한 수준으로 누적되어 가고 있는 반면, 이를 대처할 적절한 시스템이나 정부 관리들의 의식 구조 등이 뒤따르지 못해 쌓인 불만이 언제 폭발할지 모르는 위기상황에 놓여 있다.

그동안 국가 권력에 온순하게 순응한다고 해서 스스로를 '순민(順民)'이라 불러왔던 중국인들이 민권(民權)을 자각하면서 무리한 공권력 집행에 집단 반발하고, 경우에 따라서는 시위현장에서 이를 진압하는 공무원들의 행태를 주민이 동영상을 촬영하여 해외 언론에 제보하는 일까지 등장해서 순민이 '항민(抗民)'으로 변하고 있다는 말까지 나오고 있다.[52]

중국에서 민원성 시위 및 권리주장형 시위나 소요사태가 집단화되어 급증하고 있는 것은 개방과 경제발전에 따라 주민들의 민권의식이 성장한데다가, 고속성장에 따른 빈부격차와 도농(都農) 격차 등 사회적 불평등 현상이 심화되고, 집권층의 실정(失政)과 공직자들의 부정부패가 겹쳐 주민들의 반감이 폭발하고 있기 때문으로 해석된다.[53] 이렇게 민권의식은 신장되고 있는데도 공권력 집행기관들의 권위적·위압적 자세는 전혀 개선되지 않고 있어, 그에 대한 반감이 집단 과격시위로 표출되는 경우가 많아지고 있다.[54]

그밖에도 중국의 사회과학원은 농민들의 농토상실문제를 지적하며, "급격한 도시화에 따라 농민들의 농토상실문제가 심각한 사회문제가 되고 있다. 특히 지방정부가 농지를 수용하면서 정당한 보상을 하지 않아 농민들이 생활근거를 상실하게 되고, 이에 따른 사회불안이 심각하다. 이들이 언제 어떻게 불만을 표출할지 모른다. 전국적으로 농지를 잃은 농민이 4,000여만 명에 달하고, 이들의 진정과 시위가 크게 늘어났다. 실지(失地) 농민들에 대한 적절한 보상책이 시급하다"고 경고하였다.[55]

중국 사회과학원은 또 경제고속발전의 그늘 속에 잠재하고 있는 민심이반(民心離反) 문제를 언급하면서 "중국 경제가 고속성장을 하는 이면에는 빈부격차 확대 등으로 사회구성원의 의식도 빠르게 변화하고 있으며, 저소득계층의 불만이 커지고 있다. 저소득층의 소득이 높아지고는 있지만 상대적 박탈감은 커지고 있다. 생필품 가격이 치솟음에 따라 소비지출이 확대되어, 전체 소득에서 식료품 가격이 차지하는 비중이 50~60%로 늘어나면서 저소득층의 불만이 커지고 있다. 이는 정부에 대한 불신으로 이어지고 있다"고 경고하면서 이들이 소요사태를 언제든지 일으킬 수도 있음을 우려하였다.[56]

현장 정보

홍콩 사우스 차이나 모닝포스트에 따르면, 중국 정부의 공안최고 책임자인 조우용캉(周永康) 중국 공안부장은 전국정치협상회의 상임위원회에서 "1994년 1만 건이던 한 해 집단시위가 2004년에는 7만 4,000건으로 연 17%씩 증가하고 있다"고 밝혔다.[57]

그는 "집단시위는 대부분 경제적 요인 혹은 일선 현장에서 정의(正義)의 결핍, 관리들의 행태 등에서 촉발된 것이며, 정치적 목적에서 반란적이거나 충돌적인 것은 없었다"고 말했다.[58]

이에 앞서 중국정부 내 농민정책 최고책임자인 천시원(陳錫文) 중앙재경영도소조판공실 부주임(차관보)도 "최근 농민시위는 사회경제적 변화과정에서 불가피한 일이며, 농민들이 그들의 권리와 이익을 보호하는 방법을 알게 되었음을 보여 준다"고 말한 바 있다.[59]

홍콩에서 발행되는 사우스차이나 모닝 포스트는 딩위엔주(丁元竹) 베이징대 교수 등 사회문제전문가 3인이 작성한 보고서를 인용하여 "현재의 삶에 불만을 품고있는 사람이 2억 명에 달하며, 이들 중 3,200만~3,600만 명은 언제 터질지 모르는 '극도의 불만계층'으로 분류"되었다고 보도했다.[60] 이러한 여러 가지 요인들이 복합되면서 특히 2004년도부터는 중국에서 다양한 대규모 시위가 일어나고 있다.[61]

소수민족시위, 부정부패에 시달리다 폭발한 농민, 파산한 공장의 실직 노동자, 강제 퇴거된 주민 등이 철도나 도로 점거, 정부청사 등을 포위하여 1년 내내 시위를 벌였다.[62] 2004년 10월 후난성 중머우에서 일어난 한족과 회족 간의 유혈충돌은 가난에 지치고 찌들은 '소수민족의 반란'이라는 성격을 띠고 있어 앞으로 중국사회통합에 큰 장애가 될 것으로 보인다.[63] 최근 중국의 대규모 시위·폭동 몇 가지를 정리하면 다음과 같다.[64]

① 2004년 10월 4일, 산시성 위린시 샨차완 주민, 농지몰수 항의 시위
② 2004년 10월 18일, 충칭시 완조우 주민 1만 여명, 공무원 사칭 폭행사건에 항의 시위
③ 2004년 10월 38일, 쓰추안성 한위안현 주민 10만 여명, 건설토지수용 보상액에 항의 폭동
④ 2004년 12월 25일, 구앙동성 동관시 주민 5만 여명, 경찰의 주민 구타에 항의 시위
⑤ 2005년 4월 10일, 저지앙성 동양시 화시진 주민 3만 여명, 당국의 화학공장입주계획에 반대하며 경찰과 충돌 (수십 명이 사망하고, 1,000명 이상이 부상, 경찰과 공무원은 모두 달아나고, 주민들이 큰길로 몰려나와 격앙된 모습으로 환호성을 질렀다고 사우스차이나 모닝 포스트가 보도)
⑥ 2005년 6월 11일, 후베이성 딩조우시에서 발전소 건설부지 보상을 요구하며 농성 하던 중, 농성장에 폭력배 습격 (농성 중이던 주민들이 엽총, 쇠창, 곡괭이 등을 소지한 폭력배들의 폭력 행사로 주민 6명이 숨지자, 이를 촬영한 주민이 영국 스카이 TV에 제보해 해외에서 방송됨)
⑦ 2005년 6월 13일, 구앙동성 동관시 택시기사 700여명, 교통경찰 부당단속에 집단시위
⑧ 2005년 8월 10일, 후베이성 주민 1만 여명이 행정조치에 반발하는 과정 중 경찰의 고압적인 태도에 반발하여 시정부 청사에 난입하고 경찰서까지 공격

■ 토지수용 문제로 중국 주민·경찰 충돌[65]

중국 구앙동성에서 토지수용을 둘러싸고 주민과 경찰이 충돌하여 주민 20여 명이 다치고 여러 명이 연행되었다고 「홍콩명보」가 보도했다.

이 신문은 중국 구앙동성 포산시 닌하이구에서 주민 2,000여 명이 강제 수용당하는 과정에서 경찰과 충돌했다고 전했다. 주민들은 정부가 토지를 수용하는 과정에서 주민들과 전혀 상의하지도 않았으며 보상금도 너무 적었다고 주장했다.

■ 중국 후베이성 주민 1만 명 폭동[66]

중국 후베이(湖北)성 주민 1만여 명이 경찰의 고압적 태도에 반발하여 시정부 청사에 난입해 기물을 부수고 경찰서까지 공격했다고 홍콩 사우스차이나 모닝 포스트가 보도했다.

이 날 폭동은 현(顯)급 도시인 다예시 주민 100명이 다예시(市)를 구(區)로 강등시켜 황쓰시로 편입하려는 계획을 철회해 달라고 시정부를 찾아갔다가, 시당국이 무장경찰과 경찰견까지 동원해서 강제해산하는 과정에 주민 4명이 경찰견에 물리고 여러 명이 부상하자 발단된 것이다.

■ 중국 시위와 경찰 발포[67]

중국 구앙동(廣東)성 샨웨이(汕尾)시 동조우(東州) 마을 주민 3,000여 명이 발전소 건설에 따른 충분한 보상을 요구하는 시위를 벌였다.

이에 앞서 중국 정부는 구앙동성 내 전력 부족 문제를 해결하기 위해 동조우 마을 부근에 풍력 발전소 건설 공사를 시작했다. 중국정부는 현지 주민들에게 발전소 부지 확보 보상 비용

으로 매년 7만 4,000달러를 지급하겠다고 제의했으나 주민들은 이를 거부했다.

이날 시위에서 중무장한 경찰 500여 명이 마을 주민들에게 최루탄과 실탄을 발포해 4명이 숨지고 최소한 수십 명이 부상했다고 AFP통신과 자유아시아방송(RFA)이 보도했다. 중국에서는 경찰이 주민들의 시위를 진압하기 위해 최루탄과 곤봉 등을 사용하지만 '발포'까지 한 경우는 극히 이례적이다.

한편 이 사건이 발생한 일주일 후 중국 정부는 경찰이 시위를 진압하는 과정에서 과잉대응한 점이 인정돼 발포명령을 내린 경찰 지휘책임자를 긴급체포했다고 「구앙동 일보」가 보도했다. 중국정부가 시위진압과정에서 사상자가 발생했다는 이유로 현장의 경찰 최고 책임자를 체포한 것은 이례적이다.

■ 중국 댐 건설 반대시위[68]

중국에서는 해마다 5만 건 이상의 '주요한 분쟁'이 벌어진다. 전국 각지에 만연한 부정부패가 원인이다. 노동자들은 평생 동안 모은 저축을 떼어먹혔다고 항의하고, 시민들은 불법 토지 압류와 생계불평등에 맞서 싸운다. 그런데 1년 반 전쯤부터는 중국의 환경관련 비정부기구(NGO)들이 정부의 실정(失政)을 직접 겨냥한 전국 단위의 항의운동을 벌이기 시작했다. 중국 서부지역에서 진행되고 있는 수백 개의 댐 건설이 반정부 항의 기폭제가 되었다. 이전까지 댐 건설이 공공(公共)의 논쟁거리가 된 적이 없었다.

댐 반대시위는 폭력사태로 번지기도 하였다. 지난 2004년 10월에는 부적절한 재(再)정착 보상금에 항의하는 수만 명의 주민들이 지역공무원을 수 시간동안 감금해 경찰 1만 명이 출동하여 구출하는 사태가 벌어지기도 했다.

21-9 공중보건 위생문제

국가발전위원회는 "유엔 전문가들은 중국정부가 적절한 대책을 세우지 않을 경우 중국의 에이즈 감염자가 최대 3,000만 명에 이를 수도 있다고 보고 있다. 특단의 방역 대책을 강구하지 않는다면 에이즈와 사스(SARS : 중증 급성 호흡기 증후군), 조류독감 등 전염성 질병이 중국경제의 발목을 잡게 될 것이다"라고 경고했다.[69]

중국에서는 에이즈 감염자가 해마다 40% 이상 증가하고 있다. 중국의 에이즈 감염자 수는 최소 84만 명으로 추정되지만 등록된 수는 10%에 불과하다. 이들 가운데 이미 16만 명 정도가 숨진 것으로 보인다. 더욱이 최근에는 2차 감염이 늘면서 에이즈 감염자의 남녀 비율이 5대 5에 육박하고 있다.[70]

중국 성병 · 에이즈 예방치료협회 다이즈청 회장은 "중국정부가 획기적인 에이즈(후천성 면역 결핍증) 확산방지조치를 취하지 않으면, 5년 후 감염자가 1,000만 이상으로 급증할 수도 있다. 그러나 만일 적절한 조치가 이루어진다면, 오는 2010년까지 감염자를 150만 명 이내로 통제할 수 있을 것"이라고 경고했다.[71)]

한편 중국 신화통신은 네이멍구 자치구의 한 조류 사육장에서 최근 가금류 2,600여 마리가 조류독감에 걸려 폐사했다고 보도했다. 네이멍구 자치구 수도 후흐어하오트이(呼和浩特)시 근처의 한 마을에서 발생한 이번 조류독감은 인체에 치명적인 H5N1형인 것으로 밝혀졌다. 그밖에도 중국 칭하이(青海)성에서는 몇 달전 조류독감으로 5,000여 마리의 철새가 폐사했으며, 시짱(西藏)자치구(티베트)와 신짱 위구르 자치구에서도 조류독감이 발생한 바 있다.[72)]

현장 정보

■ 중국 도시·농촌 간 위생 격차 매우 크다[73)]

중국 농촌의 위생상황이 도시에 비해 현저하게 뒤떨어진 것으로 지적되었다. 중국 사회과학원 경제연구소는 조사결과 농촌 인구가 전체의 70%를 차지하는데 반해, 농촌의 공공위생자원 이용률은 30%에도 못 미치는 등 도농간 격차가 매우 큰 것으로 나타났다고 밝혔다.

농민 1천 명당 평균 병상 수는 1개가 채 못 되지만, 도시의 경우는 3.5개였다. 농촌 인구 1천 명당 위생기술 관련 인원이 1명인데 반해, 도시에서는 5명 이상이었으며, 농촌 인구의 의료보험 보급률은 9.6%이지만 도시는 42.1%로 조사되었다. 또 농촌인구 중 4억 명이 아직 수돗물을 공급받지 못하고 있고, 8%의 농촌 영아나 유아가 면역접종도 받지 못하고 있는 것으로 나타났다.

21-10 지방보호주의(제후경제) 문제

24개 성(省)으로 이루어져 있는 중국은 각 지역별로 진입장벽을 쌓아 놓고 다른 지역 기업이나 상품이 진입하는 것을 막고 있다. 그래서 중국은 '한 개의 시장이 아닌 24개의 시장, 더 나아가서는 수백 개의 단위시장으로 이루어져 있는 국가'라는 표현도 나오고 있다. 13억 인구를 가진 시장은 환상에 불과하다는 것이다.[74)]

즉 '중국은 한 개의 시장이 아니다'라는 게 불문율일 만큼 시장이 쪼개져 있는데, 이는 지방의 특성이 다양한 이유도 있지만 지방끼리 담을 쌓은 이기주의, 또는 제후경제(諸侯經濟)라고도 불리는 지방보호주의 탓이 크다는 지적이다.[75)]

지방보호주의에 의하여 시장진입을 방해한 사례로서는 주지앙(珠江) 삼각주 경제권에 속한 A성(省)이 수년 전 C성(省)에 전기를 판매하려다 실패한 사례가 대표적이다. 송전을 하려면 B성(省)을 거쳐야 하는데 소형발전소만 운영하는 B성(省)이 A성(省)의 저렴한 전기가 들어오면 경쟁력이 떨어지는 자기지역 발전소가 도산될 것을 우려해 통과를 거부한 것이다. 당시 B성의 지도자는 A성의 관리자에게 "비행기로 전기를 싣고 가라"고 말을 해 큰 화제가 되었다.[76] 전력뿐만 아니라, 담배 · 통신 · 제약 · 운수 · 농업 등도 지방보호주의가 강한 업종으로 꼽힌다.[77]

중국 각 지방의 지방보호주의 수단은 아래에서 설명하는 바와 같이 더욱 교묘해지고 있다.[78] 과거의 지방보호주의는 타 지역의 상품이 자기 지방에 들어오는 것을 막는 '시장진입규제'라든가, 자기지방의 자원이 외부시장으로 유출되는 것을 막는 '자원유출차단' 등과 같은 직접적인 수단을 주로 활용했다. 그러나 요즈음은 기술표준, 인증제도, 위생검사 등의 간접적인 수단을 활용해 외지(外地)기업의 진입을 막고 있다.

특히 해당지역 정부는 정부구매조달에서 자기지역 공산품과 농산물을 우선 구매해 주고 있다. 또 많은 도시들은 자기 도시에서 생산되는 맥주를 보호하기 위해 타 지역에서 들어오는 맥주에 고율의 세금을 붙인다. 어떤 지방에서는 화물운송권을 자기 지방회사에만 부여함으로써 수 천리 밖에서 화물을 싣고 온 트럭을 빈 차로 돌려보낸다. 결국 원활한 물류(物流)가 차단되어 있다.

이러한 지방보호주의로 인하여 중국에 진출한 외국기업들은 시장규모를 확대하기가 어렵고, 규모의 경제도 달성하기 어려우며, 당연히 전국적인 브랜드를 창출하기도 어려운 실정이다.

가짜상품 (불법 모조상품, 짝퉁)을 근절하기 어려운 것도 제후경제 (지방보호주의)의 부작용이다.[79] 가짜상품 때문에 피해를 입은 회사 경영자가 지방정부에 가짜상품 생산공장을 적발해 신고하더라도 자기 지방에 있는 해당 공장 처벌에 늑장을 부리고 강도높은 처벌도 하지 않는 게 다반사이기 때문이다.[80] 지방정부가 가짜상품 생산공장도 자기 지방의 고용창출과 세수증대에 공헌하는 중요한 경제주체로 보고 있기 때문이다.[81]

제후경제는 중국이 개혁 개방에 나선 이래 지방들 간에 실적 올리기 경쟁이 과열되고 지방분권주의가 확대되면서 더욱 힘을 받았다.[82] 상황이 이렇다 보니, 세계적 기업들과 세계 무대에서 어깨를 겨룰 규모 큰 토종기업을 육성하려는 중국 중앙정부로서는 제후경제의 폐해를 더 이상 그대로 방치할 수 없다는 판단을 내리고, 제후경제, 즉 지방보호주의를 척결하려는 노력을 시작하였다.

중국 상무부는 최근 22개 성(省)을 대상으로 〈지방보호주의 실태조사〉를 실시한 결과, 20개 성이 '아주 심각한 지방보호조치를 취하고 있다'고 결론지었다. 4,000개 기업을 대상으로 한 〈기업별 지방보호주의 피해조사〉에서도 응답기업의 3분의 2 이상이 지방보호주의 때문에 생산 및 유통에 큰 차질이 있다고 대답했다. 이러한 조사결과에 기초하여 국무원은 '국무원 지시 303호' 및 〈지방봉쇄금지규정〉을 공표한 후 계속적으로 지방보호주의 근절 대책을 내놓고 있다.[83]

중국 상무부 후앙하이(黃海) 부부장은 "상품의 자유로운 유통을 막는 지방정부의 각종 규제로 전국적인 통일시장 형성이 어려워지고 있으며, 이는 중국기업의 생산비용이 증가하는 결정적인 원인"이라고 지적했다. 그러나 중앙정부의 감독이나 대책이 발표되면 지방정부는 곧 이를 피하기 위한 더욱 교묘하고 치밀한 대책을 만들어 내고 있는 실정이다.[84)]

한편 각 지방들 간에도 제후경제를 타개하고자 협력체계를 구축하려는 노력을 하고 있다. 남부지역 경제권을 통합함으로써 개별 지방단위의 이기주의를 없애는 것을 목적으로 결성된 '주지앙 삼각주 지역협력발전 포럼'이 그 대표적 사례이다.

여기에서는 구앙동, 구앙시, 후난, 하이난, 푸젠, 장시, 윈난, 구이조우, 쓰추안 등 중국 남부의 9개 성(省)과 홍콩 및 마카오의 정부들이 참여해서 지역간 상품유통을 가로막는 지방보호제도와 규정을 폐지하기로 의견을 모으고, 이미 지난 1년 간 세수(稅收), 물가, 인재, 노동, 세관 등 10여 개 영역에서 지방들 간의 장벽을 제거하기 위한 20여 건의 협약을 체결했다. 이를 통해 남중국(南中國)이라는 거대한 시장을 창설하자는 것이다.[85)]

사 례

■ 지방보호주의 사례 - 슈왕후이그룹, 이치그룹[86)]

중국 흐어난(河南)성의 슈왕후이그룹은 중국 육류가공 시장의 42%를 점유하고 있는 중견업체인데, 이 회사는 최근 중국의 중부지역 시장을 공략하기 위한 포석으로 흐어베이(河北)성 이창(宜昌)에 식품가공센터 건립을 추진했다. 공장을 짓고 본격적인 활동을 하기 직전에 이창시 정부로부터 '시정부의 육류가공 감독규정을 위반했기 때문에 영업을 허가할 수 없다'는 통지를 받았다. 회사측에서 개선하겠다고 약속해도 소용없었으며, 시정부의 감독 당국은 육류냉동창고를 일방적으로 폐쇄했다. 결국 슈왕후이그룹은 이창으로의 진출 계획을 포기해야 했다. 슈왕후이의 이창 진출을 막은 것은 시정부가 자기 시(市) 기업들을 보호하기 위해서 취한 지방보호주의 때문이다.

중국의 최대 자동차 메이커인 이치(一汽)그룹은 28개 지역에서 지방보호주의의 문턱에 막혀 총대리점 설립을 포기했으며, 월마트, 까르푸 등 세계적인 유통업체 또한 영업 매장을 확대해 설립하는데 어려움을 겪고 있다.

21-11 자원 · 에너지 부족문제

1. 문제의 제기

땅이 넓고 자원이 풍부한 나라로 일컬어지던 중국이 자원빈국(資源貧國)으로 전락할 우려가 제기되고 있다. 고속경제개발과 성장에 따른 거대한 자원소비로 인하여 원자재

와 에너지 자원을 블랙홀처럼 빨아들이며 중요 광산물, 토지 등이 고갈되고 있는 것이다.[87)]

중국 연구기관의 분석에 따르면, 중국의 45종 주요광산의 현존 매장량으로 2010년까지 수요를 충족시킬 수 있는 자원은 24종, 2020년까지 사용이 보장되는 자원은 6종에 불과한 것으로 나타났다.[88)]

중국이 지난해 소모한 국내외 자원은 약 50억 톤이다. 또 세계 자원소비량에서 차지하는 비중은 시멘트(40%), 석탄(31%), 철광석(30%), 철강재(27%), 산화 알루미늄(25%), 원유(7.4%) 등이다.[89)]

즉, 중국경제성장의 후유증으로 등장하고 있는 것이 에너지, 물, 토지와 식량 등이 부족하게 되는 '4황(四荒) 현상'이다. 중국 경제가 4황의 늪에 빠져서 헤어 나오지 못한다면 성장의 한계에 부딪힐 것은 당연하며, 이것은 또한 중국의 경제, 사회, 정치 등의 모든 측면에 걸쳐 거대한 파급효과를 초래할 것이다.[90)]

중국사회과학원은 이 문제와 관련하여 "중국에서는 에너지 부족이 지속가능한 발전의 최대 장애요인으로 대두되었다. 중국인 1인당 자원점유율이 낮은 수준이며, 에너지 효율성이 낮은 방식으로 낭비가 심하다"고 지적하였다.[91)] 국가발전위원회도 "수자원 고갈은 국민건강을 위협하고 경제발전에도 장애요인이 되고 있다"고 경고하였다.[92)]

아래에서는 에너지, 물, 토지 및 식량에 초점을 맞추어 이 문제를 정리해 보자.

2. 에너지

중국이 1달러의 제품을 생산하는데 사용하는 에너지양은 미국에 비해서는 4.5배, 독일이나 프랑스보다는 7.7배, 일본보다는 11.5배가 높다. 이와 같은 에너지 다(多) 소비형 산업은 중국의 에너지난을 심화시켰다.[93)] 여기에서는 에너지 문제를 전력, 석유, 석탄에 국한시켜 살펴보기로 한다.

(1) 전 력

2004년 중국의 전력부족량은 약 3천만kw로 전년도 부족액의 3배에 달하고 있다. 전력부족은 이미 전국적 현상으로 확산되고 있으며, 대부분의 도시에서 이미 제한 송전을 실시하고 있다. 특히 동부연안 지역의 기업들은 전력부족으로 생산에 차질을 빚고 있다.[94)]

사 례

■ 전력부족으로 인한 공장 가동 차질 사례 – 한해기계, 성파피혁, 알파과학社[95)]

닝뽀(寧波)에 진출한 '한해기계(대표 이기용)'의 경우에는 2003년 12월부터 화, 수, 금 3일

동안 전기가 끊겨 공장가동에 어려움을 겪고 있다. 이기용 사장은 "납기를 맞추기 위해 야간과 주말, 휴일에 공장을 가동하고 있는데, 야간 및 휴일 초과근무수당으로 인해 원가가 30% 상승하고 있다"고 말했다. 또한 이 회사는 생산품의 60%를 중국 내수시장에 판매하고 있는데, 최근에 납기를 맞추지 못해 베이징, 구앙조우(廣州) 등의 판매량을 잃게 되었다.

장쑤성 지앙인(江陰)시에 투자한 '성파피혁'의 홍민수 사장은 "납기를 맞추기 위해 발전기를 이용해 공장을 가동하고 있는데, 발전기를 사용할 경우, 에너지 비용이 40% 높아진다"고 걱정하고 있다.

장쑤성 쩐지앙(鎭江)의 안경코팅업체인 '알파광학'의 경우에는 예고없는 단전(斷電)으로 인하여 공정 중에 있던 재료를 모두 폐기처분해야 하는 손실을 입었다.

---

(2) 석 유[96]

석유자원 역시 부족에 직면하고 있다. 지난 10여년 사이에 중국의 1년 석유소비량은 100% 이상 증가했으나 생산량은 정체되어 있다. 2003년 전체 수요량의 약 36%에 해당하는 석유를 수입해왔다. 2010년에는 중국은 예상되는 3억 2,000만 톤의 수요량 중 50% 이상을 수입에 의존해야 할 것으로 예측된다. 현재 중국의 석유 매장량은 전 세계 매장량의 1.8%, 천연가스는 0.75%에 불과하다.

(3) 석 탄[97]

석탄보유량은 600억 톤으로 비교적 풍부한 편이나, 이들 중 경제성 있는 광산은 10분의 1에 불과한 것으로 조사되고 있다.

3. 물(水資源)

중국 국토자원부 통계에 의하면, 중국의 수자원 총량은 2조 8,000억 m^3로 브라질, 러시아, 캐나다 등에 이어 세계 4위이지만, 1인당 수자원 점유량은 2,076 m^3로 세계 평균의 4분의 1에 불과한 실정이다.[98] 전국 상위 600개 도시 가운데 400개 도시가 물부족 현상을 보이고 있고, 이들 중 110개 도시는 이미 심각한 용수난에 시달리고 있다.[99] 강우량 부족현상을 보이고 있는 북부, 서부 지역은 물부족 현상이 특히 심각하지만, 이제는 저지앙성 등의 동부와 구앙동성 등의 남부지역으로까지 물부족 사태가 확산되고 있다.[100]

중국의 수자원 부족은 기후 때문이기도 하지만, 한편으로는 무리한 개발에 따른 오수·폐수 방출과 다른 한편으로는 공장 및 생활오수·폐수 처리시설의 낙후로 인하여 정제능력이 한계에 달한 것이 더 큰 원인으로 지적되고 있다.[101]

4. 토지

중국은 전국 토지 30% 이상이 사막인데, 여기에 더하여 매년 1만 km^2의 토지가 사막으로 변하고 있다. 중국 국토자원부에 따르면 지난 1997년 19억 5,100만 무(1무는 약 200평)에 달했던 경작지가 2004년도에는 18억 5,100만 무로 줄었다. 지난 7년 간 약 1억 무, 즉 약 200억 평의 토지가 사막화되어 유실된 것이다.[102)]

중국의 경작지가 감소되고 있는 것은 기후탓 뿐만 아니라 지방정부가 세수(稅收)를 확보하기 위해 농지를 갈아엎어 공업단지로 바꾸고 있는 것도 큰 요인이다. 지난 2003년에는 약 22만 9ha(1 헥타르(hectare) = 100아르 = 1만 m^2), 즉 약 7억 평의 농지가 공업단지로 변한 것이다.

5. 식 량[103)]

위에서 살펴본 바와 같이 경제개발로 인하여 경작지가 감소하고 있기 때문에 식량 부족난도 심화되고 있다. 2005년 곡물수확량은 지난해 4조 3,047억 톤보다 5% 감소하여 식량자급률도 80%에 그칠 전망이다. 곡물 수출국에서 수입국으로 전락하고 만 것이다.

6. 대 책

중국 국무원은 "중국은 인구가 많고 경제가 빠르게 발전하고 있어, 지속가능한 에너지 자원 공급이 최대 현안이기 때문에 앞으로 수요를 충족시킬 수 있는 자원을 확보하는데 온 힘을 기울이겠다"고 밝혔다.[104)] 그 대책의 하나로 중국 정부는 오는 2020년까지 모두 30여 개의 원자력 발전소를 추가 건설하는 계획을 세우고 있다.

현재의 약 870만 kw 수준인 원자력 발전용량을 2020년에는 약 3,600 kw로 4배 이상 늘린다는 구상인데, 이렇게 되면 현재 원자력발전 의존도(전체 전력공급에서 원자력 발전이 차지하는 비율)이 현재의 2.2%에서 4%대로 높아지게 된다.[105)]

21-12 환경오염 문제

중국 사회과학원은 "현재 중국에는 환경오염이 심화되고 있다. 오염물질 배출량은 자체정화능력의 한계를 초과한 채 줄어들 줄 모르고 높아만 가고 있다. 환경오염 문제는 생활의 질적 수준을 크게 저하시킬 뿐만 아니라 지속가능한 발전의 최대 장애요인으로 등장하였다"고 경고하였다.[106)]

중국 환경보호총국이 밝힌 2004년 말 현재의 중국 환경오염실태를 보면 다음과 같다.[107)]

① 환경오염피해액 : GDP의 8~15% (2004년 GDP는 1조 6,000억 달러)

② 환경난민 : 1억 5,000만 명 (전체 인구의 11%)

③ 하천오염 : 양쯔강 등 7대 하천 27.9%가 5급수 (물고기가 살 수 없는 수질)로 판정

④ 바다오염 : 중국 대륙 인근의 해수 중 35%가 4급수

⑤ 가전폐기물 : 111만 톤 (세계 최대)

⑥ 산성비 피해 : 전 국토의 33% (대도시는 50%)

⑦ 이산화황 (SO_2) 배출량 : 2,200만 톤 (세계 최대)

⑧ 비위생적인 식수를 공급받은 주민 : 3억 2,000만 명 (전체 인구의 25%)

현장 정보

■ 중국 환경오염 난민 1억 5천만 명[108)]

중국 국가환경보호총국 판웨 부국장은 "중국이 그동안 경제성장에만 몰두한 결과 환경문제로 인한 이주자 또는 이른바 환경난민으로 부를 수 있는 인구가 1억 5천만 명 이상에 달했다"고 말했다(독일 시사주간지 「슈피겔」 보도).

판웨 부국장은 "13억 인구 가운데 4분의 1이 위생적 식수를 공급받지 못하고 있고, 도시의 3분의 1은 대기가 심각하게 오염된 상태"라며 환경오염 위기 실상을 설명했다.

■ 중국의 심각한 환경오염 : 대기오염, 수질오염[109)]

중국의 환경오염이 갈수록 심화되고 있는 것으로 나타났다. 중국 국가환경보호총국(환경부)는 〈2004년 중국환경 실태 보고서〉에서 중국 내 주요 도시의 50% 이상이 공기품질 기준 2급(하루평균 아황산가스의 배출량이 m^3당 0.15mg)에 못 미치는 것으로 나타났다고 밝혔다. 이 보고서에 따르면 1년 전 중국환경관측소가 대기오염실태를 측정한 결과 공기품질 기준 2급도시는 38.6%로 2000년보다 3.1%가 줄었다.

베이징을 비롯한 난징, 상하이 등 주요 대도시는 공기품질기준 3급(하루 평균 아황산가스의 배출량이 m^3당 0.25mg)에 머물렀다.

수질오염 역시 심각해 중국의 7대 강과 25개 호수가 심각한 수질오염에 시달리고 있는 것으로 나타났다. 한국의 서해와 이어져 있는 보하이(渤海)만과 동중국해의 해양오염실태는 수질상태가 좋은 1, 2급 해수(海水)가 2003년보다 각각 9.6%, 13.2%가 줄어든 것으로 나타났다.

중국 500여개 도시의 생활하수처리비율은 32.2%에 불과하고, 193개 도시는 아예 생활하수처리시설이 전혀 없다. 생활 쓰레기도 43%가 별도의 정화처리없이 하천과 호수로 흘러들어가고 있다.

■ 환경오염 : 강물오염, 바다오염[110)]

중국에서는 '썩은 하천'이 늘고 있다. 중국 정부가 2004년 412개 지점에서 7대 하천의 수질을 조사한 결과, 27.9%가 물고기가 살 수 없는 5급수인 것으로 확인되었다.

오염이 가장 심한 하천은 하이흐허(海河)였다. 흐어베이(河北)성과 티엔진(天津)을 가로질러 발해만으로 흘러드는 이 강은 56.7%가 5급수였다. 리아오닝성(遼寧省)의 선양(瀋陽)을 지나 발해만으로 흘러드는 리아오 흐어(遼河)도 37.9%가 열악한 5급수였다. 후앙흐어(黃河)는 29.5%가 5급수였다.

'썩은 물'이 바다로 흘러들면서 바다오염도 심해지고 있다. 중국 연안 246개 지점에서 해양오염 실태를 조사한 결과, 1, 2급 해수(海水)는 49.6%에 그쳤고, '4급 해수'와 '열악한 4급 상태의 해수'는 35%로 2003년보다 5% 포인트 증가했다.

21-13 결 론

이상에서 살펴본 바와 같은 제반 문제점들로 인하여 중국은 해외 선진국에서 정부, 법률, 경제, 환율, 노동권 문제 등의 여러 분야에서 비선진적이고 비효율적인 시스템을 갖고 있는 것으로 평가되고 있다. 그 예로서 중국정부는 선진국만이 획득할 수 있는 시장경제국 지위를 얻고자 EU, 미국 등에 요구하고 있으나 이들 국가들은 거절하고 있다.

따라서 중국 정부는 이들 국가들로부터 시장경제국 지위를 얻기 위해서는 그들의 요구에 맞출 수 있도록 정치, 경제, 사회, 문화, 법률, 노동, 환경 등의 제반 부문에서 끊임없이 노력해야 할 것이다.

현장 정보

■ 중국, 각국에 시장경제국 지위 요구[111)]

중국은 시장 경제국(MES ; Market Economy Country) 지위를 인정받으려고 EU(유럽연합), 미국, 호주, 브라질 등을 대상으로 노력하고 있으나 그동안 번번이 실패하고 있다.

중국이 무역관련 덤핑제도를 피하려면 이러한 시장경제국 지위를 받는 것이 반드시 필요하다. 교역 대상국으로부터 시장경제국 지위를 인정받지 못하면, 반덤핑판정시 패소율(敗訴率)이 높아진다. 반덤핑제소를 당하면 제조원가를 근거로 수출가격이 적절했는가를 판단하게 되는데, '비(非)시장경제국'으로 분류되어 있으면, 경제성장수준이 비슷한 시장경제국(인도, 싱가포르 등)의 원가를 기준으로 덤핑여부와 덤핑마진율을 판정하게 된다. 중국은 원가가 저렴해서 싸게 수출했더라도 '비시장경제국'으로 되어 있어서 덤핑제소를 당하면 승소하는 경우가 드물었다.

특히 지난 2년 간 EU와 미국은 중국의 이러한 약점을 이용해 중국을 상대로 모두 96건의 덤핑제소를 하기도 했다. WTO 반덤핑 관행위원회에 의하면 2004년 말 현재 누적 반덤핑피소(被訴) 건수는 중국이 350건, 한국 182건, 미국 135건, 대만 132건, 일본 106건, 인도네시아

99건, 인도 98건, 태국 91건 순으로 나타나고 있다.

EU 집행위원회는 현재 중국시장이 시장경제국 지위를 획득하는데 필요한 5가지 요건, 즉 "민영화된 기업운영에 정부 주도의 왜곡이 없을 것, 정부 간섭이 없을 것, 기업지배구조가 합리적이고 투명할 것, 국제 수준의 회계제도와 지적재산권법 및 파산법 등과 같은 합리적인 법제도를 갖출 것, 금융개혁을 이룰 것" 중에서 첫 번째 요건만이 충족되어 있을 뿐 나머지 네 개 요건은 여전히 미흡하다고 보고 중국의 시장경제 지위요청을 거부하였다.

미국 역시 환율시스템의 미흡, 기업에 대한 정부 지원 폐지 미흡, 노동권 보장 미흡, 지적재산권 보호 미흡 등을 이유로 중국에 시장경제국 지위를 부여하는 것을 거부하였다. 현재 WTO(세계무역기구) 대부분의 회원국들은 시장경제지위를 인정받고 있다.

2005년 말 기준으로 중국에 시장경제국 지위를 인정한 나라는 싱가포르, 말레이시아, 한국(2005년 11월 인정) 등 아시아 4개국과 베냉, 토고, 남아프리카 공화국 등 아프리카 3개 외에 뉴질랜드까지 모두 8개국이다.

"특히 중국과의 교역규모가 1,000억 달러가 넘는 나라 가운데 중국에 시장경제지위를 부여한 것은 한국이 첫 번째이다. 시장경제지위를 인정받으면 관세상의 혜택을 누릴 수 있기 때문에, 중국은 앞으로 대(對) 한국 수출에 상당한 혜택을 누릴 것으로 보인다"[112)]

제22장 중국진출 한국기업의 경영현황과 애로사항

이 장에서는 중국에 진출해서 사업을 경영하고 있는 한국기업들에 초점을 맞추어 그들의 경영현황과 애로사항을 살펴보고자 한다. 제1절에서는 중국진출기업들을 대상으로 한 각종 설문 조사 결과를 소개하고, 제2절에서는 설문 조사 결과 제시된 중요 항목들을 중심으로 보다 자세하게 그 내용을 분석하기로 한다.

22-1 경영현황 (설문조사결과 정리)

여기에서는 중소기업협동조합 중앙회, 기업은행, 대외경제정책연구원, 대한상공회의소, 한국정보통신수출진흥센터, 그리고 KOTRA 등에서 실시한 각종 설문 조사 결과를 요약하여 제시하고자 한다.

1. 중소기업협동조합 중앙회 : 63개 중소제조업체 조사

중소기업 협동조합 중앙회는 중국에 진출한 63개 중소제조업체에 대해 〈중국진출기업의 경영환경 및 투자 만족도〉를 조사한 결과를 다음과 같이 발표했다.[1]

① 중국에 진출한 형식은? 단독출자형식이 대부분

② 투자금액은? 평균 13억 원

③ 진출 후 손익분기점에 도달하는데 걸리는 시간은? 평균 3년

④ 업체당 고용인원은? 평균 한국인 5명, 중국인 186명

⑤ 중국과 한국 중 어느 곳의 기업환경이 좋은가?
- 중국의 기업환경이 한국보다 더 좋다(49.2%)
- 비슷하다(41.3%)
- 한국이 더 좋다(9.5%)

⑥ 중국의 기업환경이 한국보다 더 좋은 이유는?
- 저렴한 인건비(50.9%)
- 공장입지 지원(20.9%)
- 안정적 노무관계(14.6%)

⑦ 중국투자에 만족하는가?
- 만족한다(58.8%)
- 불만족한다(20.7%)
- 보통이다(20.5%)

⑧ 현지에서의 기업경영의 어려움은?
- 언어 및 문화의 장벽(25.8%)
- 과중한 세금 및 각종 부담금(17.5%)
- 비합리적 상거래 관행 및 낮은 생산성(13.3%)
- 물류 인프라시설 미비(12.5%)

⑨ 중국 진출 후 한국 내 고용을 줄였는가?
- 줄였다(60.3%)
- 그대로이다(39.7%)

⑩ 중국 진출 후 한국 내 생산을 줄였는가?
- 줄였다(63.9%)
- 그렇지 않았다(26.1%)

⑪ 한국 내 공장을 축소하거나 폐쇄할 계획인가?
- 축소하겠다(44.3%)
- 5년 내 폐쇄하겠다(19.0%)
- 기타(26.7%)

⑫ 한국 내 제조업 공동화(空洞化)가 도래할 것으로 보는가?
- 4~5년 안에 제조업 공동체가 도래할 것이다(81.0%)
- 기타(19.0%)

2. 중소기업 협동조합 중앙회 : 102개 중소기업 조사

중소기업 협동조합 중앙회가 중국진출 중소기업 102개사를 조사한 결과 다음과 같이 밝혀졌다고 보도했다.[2)]

① 중국진출에 만족하는가?
- 만족한다(57.4%)
- 불만족한다(13.8%)
- 기타(28.8%)

② 중국진출의 주요동기는?
- 인건비 등 비용절감(51.9%)
- 중국시장 개척(27.5%)
- 노동력 확보용이(15.7%)

③ 중국 현지 고용인수는? 평균 242명

④ 중국 현지 고용인 임금은?

월 평균임금은 15만원 내외이고, 각종 보조금 및 보험료 등 기업부담금을 포함할 경우는 약 22만 5천원

⑤ 현지법인 손익 상태는?
- 흑자이다(38%)
- 손익분기점에 근접했다(31%)
- 적자이다(31%)

⑥ 손익분기점에 도달하는데 걸리는 소요시간은? 평균 3.1년

⑦ 현지경영 애로사항은?

- 언어, 문화장벽 (19.5%)
- 복잡한 통관절차 (12.2%)
- 우수인력 확보의 어려움 (10.5%)
- 낮은 생산성 (8.5%)
- 중국내수개척 애로 (7.5%)
- 증치세 환급지연 등 세제문제 (8.0%)

⑧ 실제 중국근로자 임금수준이 중국 진출 초기에 예상했던 것과 비교하면?

- 높다 (50%)
- 비슷하거나 낮다 40%)

⑨ 임금관리에 대한 애로사항은? (중복응답)

- 과도한 사회성 보험료 (56%)
- 높은 임금 상승률 (52%)
- 예상임금의 과소평가 (24%)
- 업체 간 임금인상 경쟁 (24%)

3. 기업은행 : 1,850개 기업 조사

기업은행이 중국에 진출한 기업은행의 거래기업 1,850개에 대해 실태 조사하여 발표한 〈중소기업의 해외진출 실태와 지원방안〉이라는 보고서는 다음과 같은 내용을 분석, 비교하고 있다.[3)]

① 진출지역은?

샨동성, 동북 3성, 티엔진 등 지리적으로 가까운 동북지역에 진출한 기업이 전체의 49.1%에 달했다. 이들 가운데 샨동성에 진출한 기업이 전체의 20.1%로 가장 높았고, 동북 3성이 15.4%, 티엔진 13.6%였다.

② 현지에서의 주요 경쟁상대는?

- 현지 국가 기업 (43.8%)
- 현지에 진출한 한국기업 (30.4%)
- 기타 (25.8%)

③ 손익 상태는?

- 흑자를 내고 있다 (34.3%)
- 손익분기점에 근접해 있다 (34.2%)
- 적자를 내고 있다 (31.5%)

④ 중국 진출 후 이익을 내기까지 걸리는 시간은?

- 3년 이내이다 (70.9%)
- 4년 이상 걸린다 (29.1%)

보고서를 작성한 김수용 기업은행 조사역은 “한국과 지리적으로 가깝고 조선족 채용이 쉬워 인건비가 싼 중국 동북지역에 편중된 진출현상이 두드러지고 있다.

중국 및 외국기업과의 경쟁이 갈수록 치열해지는 상황에 더해, 국내 중소기업끼리의 과당 경쟁을 벌이면서 현지 경영여건이 크게 악화되고 있다”고 말했다.

4. 대한상공회의소 : 200개 현지법인 조사

대한 상공회의소는 중국 진출 한국기업들의 200개 현지법인을 조사해 2005년 5월 22일 〈중국진출 기업의 경영환경 현지실태〉를 발표했다. 조사결과를 요약하면 다음과 같다.[4)]

① 중국 현지법인들이 손익분기점에 도달하는 기간은? 평균 40개월 이상 걸린다.

② 손익 상태는?
- 흑자기업 (31.6%)
- 손익분기점 수준에 머물러 있다 (39.3%)
- 적자기업 (29.1%)

③ 현지고용 생산직 근로자에 대한 월평균 임금지급 규모는 (원화 기준)?
- 6만 5,000원~13만원 (64.9%)
- 13만원~19만 5,000원 (25.6%)
- 19만 5,000원 이상 (6.8%)

④ 현재 중국진출에 만족하는가?
- 만족하고 있다(53.7%)
- 기타(42.3%)

⑤ 1~2년 내에 추가 투자하겠는가?
- 추가투자하겠다 (48.2%)
- 기타 (41.8%)

⑥ 애로사항으로는? (복수응답)
- 잦은 단전 및 단수 (81.5%)
- 원자재 조달 애로 (53.1%)
- 관세 및 세제 상 애로 (46.9%)
- 중국 정부의 긴축 재정 (31.7%)

5. 한국정보통신 수출진흥센터 : 111개 중소 IT 기업 조사

한국정보통신 수출진흥센터(ICA)는 중국에 진출한 111개 중소 IT 기업을 대상으로 현지방문과 온라인을 통해 조사하였는데, 그 결과를 요약하면 다음과 같다.[5)]

① 중국진출을 위한 정보를 획득하는 방법은?
- 자체적으로 획득한다 (31%)
- 아는 사람 (知人, 지인)을 통한다 (32%)
- 기존 진출기업을 활용한다 (25%)
- 국가지원 기관을 이용한다 (7%)

② 중국거래선 확보 방법은 ?
- 아는 사람을 활용한다 (41%)
- 자체 발굴한다 (21%)
- 한국 정부기구를 이용한다 (16%)
- 중국 정부기구를 이용한다 (11%)
- 인터넷을 활용한다 (11%)

③ 중국진출 준비과정에 가장 어려운 점은?
- 현지 협력사 선정(37%)
- 산업 정보수집(29%)
- 중국의 복잡한 행정절차(20%)
- 희망 거래선과의 마찰(12%)

④ 현지 인력수급에서 가장 어려운 점은?
- 전문기술직을 구하는 것(52%)
- 기타(48%)

⑤ 현지에서 자금조달 시 가장 어려운 점은 ?
- 복잡한 융자절차(50%)
- 융자 커미션 요구(20%)
- 담보물 가치인정(20%)

⑥ 현지자금 조달방법은?
- 국내 모기업에서 조달한다(52%)
- 운영이익 잉여금으로 충당한다(24%)
- 개인 조달(12%)
- 중국 금융기관으로부터 융자받는다(6%)
- 국내 금융기관으로부터 융자받는다(6%)

⑦ 중국 내 생산 및 판매는?
- 대기업에 주문자상표부착 생산방식(OEN)으로 납품한다(50%)
- 자체 브랜드(17%)

⑧ 현지에서 사용하는 상표는 등록했는가?
- 등록(40%)
- 미등록(60%)

⑨ 자사제품의 품질은?
- 고급(70%)
- 보통(23%)
- 저급(7%)

⑩ 중국 내 유통채널은?
- 현지 유통업체를 통한다(47%)
- 총판체제(40%)
- 직판 체제(7%)
- 현지 브로커 이용(7%)

6. 대외경제 정책연구원 : 92개 기업 조사[6)]

대외경제 정책연구원(KIEP)이 중국 베이징, 티엔진, 산동성 등 3개 지역에 진출한 한국기업 92개 사를 대상으로 설문조사한 결과를 요약하면 다음과 같다.

첫째, 중국 내수시장진출의 가장 큰 애로사항은 판매대금 회수(46%), 유통업체 물색(20%), 가격조건 불리(20%), 비싼 물류비(10%) 순으로 나타났다.

둘째, 중국 내수판매에 있어서 판매대금 결제방식은 현금결제가 39%, 현금결제와 외상거래를 병행하는 경우가 61%였다.

셋째, 한국과 비교한 중국 내 임금상승 속도가 '빠르다'고 응답한 업체는 62%였다.

7. KOTRA : 529개 기업 조사

KOTRA 중국 지역 본부가 중국에 진출한 529개 한국기업을 대상으로 설문조사한 결과에 따르면, 중국진출 한국기업들이 꼽은 '중국에서 가장 어려운 점'으로는 현지 상관습, 통관 및 세무, 법적·제도적 환경 미비, 언어 장벽, 대금 회수 등의 순으로 나타났다.[7]

한편 KOTRA는 〈중국 FDI 확대와 드러나고 있는 비즈니스 리스크〉보고서에서 "중국은 저렴한 지가(地價)와 노동력, 방대한 자원, 우대정책 등으로 외자를 유치해 왔으나, 이제는 이러한 유리한 환경이 변하고 있다. 특히 전력난, 개발구 정리에 따른 토지사용권 확보문제, 불투명한 세제(稅制)정착 등 다방면에서 잠재된 리스크가 돌출하고 있다"고 지적했다.[8] 그리고 이 보고서는 구체적으로, 중국 정부가 대대적인 전력설비 확대에 나서고 있으나 전력수급난이 지난해보다 더 심각할 것으로 예측했다. 또 지방정부가 외자유치를 위해 각종 우대정책을 시행하여 개발구가 난립한 데 대해 중앙정부가 제동을 걸기 시작한 것은 외국투자자의 토지사용권을 불안하게 만들고 있다고 지적했다.[9]

이 보고서는 그 밖에도 세제(稅制)의 빈번한 변화, 당국의 미숙한 법률운용과 법규의 통일성 부족, 대금회수지연 등도 투자위험의 요인이 되고 있다고 강조했다.[10]

이동철 KOTRA 동북아 팀장은 "2002년 이후 3년 연속 한국의 제1투자국으로 자리잡고 있는 중국에서 투자성과를 거두기 위해서는 전력난, 개발구정리, 세제, 관련 법규와 제도 등에 대한 정확한 조사와 파악이 필요하다. 중국은 세계무역기구(WTO)에 가입한 이후 투자환경을 국제규범에 맞게 맞춰가고 있으나, 정책통일성이 부족하거나 자의적으로 규정을 적용한 사례가 많다"고 지적했다.[11]

8. 대한상공회의소 베이징 사무소

김종택 대한상공회의소 베이징사무소장은 "중국은 한국기업 3만여개사가 진출하여 250억 달러(중국 기준, 현지 재투자분 포함)를 투자하는 한국 제1의 투자대상국이다. 회원사 기업들은 임금상승과 정보부족, 전력난, 지적 재산권 침해 등의 각종 악재로 고전하고 있다"고 전했다.[12]

9. 수출입 은행

수출입 은행은 "한국기업이 중국에 투자했다가 경영 애로사항을 견디지 못하고 한국으로 다시 돌아오고 있다. 중국에 투자한 기업들이 국내로 회귀하는 원인으로는 중국시장에 대한 사전정보 부족, 무분별한 투자, 낮은 브랜드 지명도에 따른 중국 내수시장 공략 실패, 그리고 현지 상관습과 시장에 대한 이해 부족 등이었다."고 밝혔다.[13]

22-2 중요 애로사항들

여기에서는 앞의 22－1에서 살펴 본 경영 현황에서 밝혀진 각종 경영 애로사항들 중에서 몇 가지 중요사항, 즉 전력난, 판매대금 회수, 인력난, 인건비 증가, 노사문제, 지적재산권 침해, 그리고 세무관리 등에 초점을 맞추어 사례를 중심으로 살펴보고자 한다.

1. 전력난(電力亂)[14)]

휴대전화 부품업체인 A사는 최근 1억 원을 주고 구입한 경유 발전기를 중국 구앙동(廣東)성 동구안(東莞)의 현지공장에 긴급 공수했다. 현지의 전력난이 심각해 매주 이틀씩 전력 공급이 중단되는 바람에 생산라인을 제대로 가동할 수 없기 때문이다.

이 회사 관계자는 "중국 전력난으로 공장 가동률이 80%로 떨어졌다. 생산량 감소와 납기지연문제를 해결하기 위해 자체 발전기로 현지 공장을 가동할 계획이다"라고 말했다.

저지앙 성 지역의 전력난은 특히 전력사용이 늘어나는 여름철이면 더욱 심각해서 하루건너 한 번 꼴로 정전이 되고 있다. 따라서 자체 발전기가 없는 영세한 공장은 공장 가동을 중단하고 휴무하지 않으면 안 될 상황이다.

송창의 한국무역협회 샹하이 지부장은 "전력부족현상은 갈수록 심해질 것으로 보인다. 중국에 투자할 때는 자체 발전기 구매비용을 원가에 포함시켜야 한다"고 강조했다.

사 례

■ 전력난을 겪고 있는 사례 : D 전자社[15)]

칭따오에 진출한 D 전자는 주중(週中)에 전력이 중단되기 때문에 아예 토, 일요일에 주로 공장을 가동하고 있다. 하지만 다른 행정기관은 주말에 모두 쉬기 때문에 이만저만 불편한게 아니다. 더구나 전력 공급이 중단될 때도 충분한 사전통보없이 일방적으로 결정되기 때문에 생산라인을 제대로 관리하기 어렵다"고 하소연했다.

2. 상품대금 회수[16)]

제조업체가 중국 내수시장에 진출하는 데 있어서 가장 큰 고민은 '수금(收金)문제'이다. 대리점을 개설하는데도 한국과 달리 대리점주(代理店主)로부터 보증금을 받는 대신 사무실 운영비 등을 지원해 주어야 한다.

물건을 판매한 후에도 대리점주나 수금사원이 돈을 받아 도망가 버린 사례가 적지 않으며, 사업이 잘 된 것을 확인한 후에는 동일업종으로 독립해 버리는 대리점도 상당히 있다.

칭따오의 YBS 총경리는 "중국기업에 상품을 납품한 후 수금하러 찾아가면 '담당자가 바뀌었다', '납기가 지났다', '불량품이 있었다'는 온갖 변명을 하거나 생트집을 잡아 돈을 안 주기가 일쑤이다. 중국 내수시장에 진출한 한국 기업들의 최대고민은 수금문제이다"라고 지적했다.

현장 정보

■ 상품대금 회수와 외상거래[17)]

한중미래협회 권경률 사무처장은 "중국에서 '외상거래'는 실패의 지름길이다. 사실 내수시장 개척 초기에는 외상판매 유혹을 떨치기가 어려웠다. 그런데 최근 들어 중국 유통업체들이 대금지급을 고의로 지연하는 사례가 빈번하다. 참고로 중국에는 불량채무를 찾아주는 사설 탐정업소만 해도 2만 여개를 넘는다. 줄 돈을 안 주고 받을 돈만 찾으려는 관행 탓이다"라고 경고하고 있다.

3. 인력난(人力亂)

1999년부터 고급인력자원의 육성과 고등교육의 대중화를 목표로 추진한 '고등교육 대약진 정책'으로 인하여 15여 년간 약 3.3배 이상 증가한 대학 졸업생들이 쏟아져 나오면서, 대졸자 공급 초과 현상이 상시적(常時的) 현상이 되고 있다. 이러다 보니 대졸자의 평균급여수준이 지속적으로 하락하고 있다.[18)]

예를 들어, 중국의 한 지방도시에서 소프트웨어 엔지니어를 채용하려고 광고를 내었는데, 그 내용은 '대졸자는 매월 600 위엔(약 7만 8,000원), 유경험자는 매월 800 위엔'이었다. 이 정도 액수의 급여는 일부 사영(私營)기업의 인턴사원 급여보다도 낮으며, 심지어는 베이징, 상하이 등 대도시에 신규직업으로 등장한 보모(保姆 : 가정부)의 임금보다도 낮은 수준이다.[19)]

반면에 중국에서 기능공(技能工)의 수급(需給)사정은 정반대이다. 특히 '고급 블루칼러'라고 불리는 고급 기능공은 심각하게 부족한 실정이다. 그 결과 상하이, 션쩐 등 일부 연안지역에서 생산현장을 관리, 감독할 수 있는 고급 기능공의 급여는 한 달에 5,000~6,000 위엔 수준으로 대졸자는 물론 석사, 박사 학위 소지자보다 높다.[20)]

그 뿐만 아니라 상하이 지역 같은 대도시 지역에서는 주변에 공장이 늘어나면서 만성적인 단순 노동자들까지도 인력 유출이 심각한 상황이다.[21)]

중소도시의 근로자들은 대도시로 이동하고, 대도시 근로자는 도심의 서비스 업종으로 옮겨가고 있어, 노동집약형 중소기업은 직원 구하기가 갈수록 어려워지고 있다.[22)]

인력난의 원인으로는 다음과 같은 요인이 작용하고 있다.[23)]

① 농촌지역 소득환경 개선에 따른 도시근로자 공급 감소
② 과거 공장에 많이 취업했던 젊은 여성(18~25세)의 감소
③ 경제 및 교육 수준 향상에 따른 3D 업종 기피현상
④ 생활비 증가속도에 못 미치는 임금 상승률

사 례

■ 인력난 사례－베스트웨이, 신태양실크, 영백산업 社[24)]

동관에 진출한 완구업체인 베스트웨이는 약 1, 200명의 직원을 고용하고 있으나 20% 정도가 모자라는 형편이다. 이 회사의 최병완 대표는 "구앙동 지역으로 유입되는 외지(外地)직공들의 수가 크게 줄어들면서 업체 간에 '직원모시기'경쟁이 벌어지고 있다. 주지앙(珠江) 삼각주 지역 기업들은 전력난과 함께 인력난이라고 하는 이중고를 겪고 있다"고 말했다.

또 저장성 청저우에 위치한 섬유업체 신태양실크의 경우 직원모집 광고를 내고 직공을 모집하고 있으나, 여전히 10% 정도의 인원을 충원하지 못해 차질을 빚고 있으며, "직원을 잡아두기 위해 임금을 올릴 수밖에 없어 원가상승 요인이 발생하고 있다"고 회사관계자가 말했다.

특히 도시에서 멀리 떨어진 샨동성 원덩(文登)에 위치한 피혁업체 영백산업의 경우에는 2,000여명인 적정인원의 10%에 달하는 200명의 직공 결원이 발생했다.

이 회사 곽병호 부사장은 "젊은이들이 시골 근무를 기피하면서 직원구하기가 점점 어려워지고 있다. 흐어난(河南), 쓰츄안(四川) 등지의 농지에서 중 · 고 졸업생을 집단적으로 데려오지만 상당수가 고향으로 돌아가거나 옌타이(煙臺), 칭따오(青島) 등 인근 도시로 빠져나가고 있다"고 전했다.

도시에서도 직공구하기가 어려워지고 있는 것은 마찬가지이다. 2,000명의 직공을 고용하고 있는 상하이 인근 쿤샨(昆山)에 소재한 신발업체인 선화제화 소재웅 사장은 "직원들의 이직이 심해지면서 결손인력 채우기에 허덕이고 있다. 구인광고를 내면 줄서서 찾아오던 게 이제는 옛이야기가 되고 있다"고 한숨지었다.

4. 인건비 증가

한국기업들이 중국에 공장을 옮기거나 아예 처음부터 중국에서 회사를 세우는 가장 큰 이유 중의 하나는 '값싼 노동력'이라는 매력 때문이었다.

물론 아직도 중국의 임금 수준이 한국에 비해서 매우 싼 것은 사실이지만, 2002년의 경우 중국의 평균임금상승률이 15%를 기록하고 있어 한국(12%), 미국(3.2%), 일본(-1.14%) 등을 크게 상회하고 있다는 점을 주목해야 한다.[25)]

특히 중국의 중앙정부 및 지방정부들이 최저임금수준을 계속 큰 폭으로 상승시키고 있는 상황 등을 종합적으로 고려할 때, 저렴한 인건비를 이용하려는 목적으로 중국에 진출하려는 회사는 성공하기가 점점 더 어려워지고 있다.

예를 들어 구앙조우 지역의 근로자 임금은 이미 1,000 위엔(약 13만원)을 넘어서 1년 전보다 10% 이상 상승했으며, 중국 전역에 개발구(공단)가 조성되면서 인력이 빠져나가 숙련된 기술자를 구하기는 더욱 어려운 실정이다.[26)]

특히 중소기업들은 부근에 대기업이 공장을 세우는 경우에는 더 나은 조건으로 숙련공을 스카우트 해 가기 때문에, 임금 상승의 악순환에서 벗어나기가 더욱 어렵다.[27)]

현장 정보

■ 인건비 절감을 위해서 중국에 진출한 A회사[28)]

상하이 인근도시 쿤샨(昆山)시 개발구에서 직원 400여명을 채용하여 공장을 운영하고 있는 신발제조업체 A사 사장은 쿤샨시 시정부 관계자들의 시각이 갈수록 차가워짐을 느끼고 있다.

"8년 전 이곳에 투자할 때만 해도 쿤샨시는 한 푼의 외자유치가 절실할 때였으므로 나를 영웅으로 대접해 주었다. 그러나 지금은 정반대이다. 첨단 기술집약형 업종이 대거 들어오면서 신발, 피혁, 의류 등과 같은 저부가가치산업은 거들떠보지도 않는다. 또 전통산업에 대해서는 각종 우대조치가 사라지고 있다. 오히려 쿤샨시 관계자들은 내가 공장을 개발구 이외의 지역으로 옮겨 줬으면 하는 눈치이다"라고 하소연했다.

쿤샨시 뿐만 아니라 쑤조우, 항조우 등과 같은 외국인 투자가 많은 지역도시에서는 '저임금을 목표로 한 투자'에 대해서는 냉담한 반응을 보이며 거절하고 있다. 기술력이 없는 업체는 이제 중국에서 설 자리가 없게 된 시대가 도래한 것이다.

5. 노사문제

중국에 진출했던 한국기업들은 그동안 노사문제로 인하여 노동조합(공회, 工會) 문제로 고민하는 경우는 많지 않았다. 회사 내에 공회가 없는 경우가 대부분이었기 때문이다.

그러나 최근 중국노총(ACFTU)은 한국기업을 포함한 중국내 외국인 투자기업의 노조설립 방해에 대한 조사에 착수한다고 밝혔다. 중국 노총이 외국인 투자기업들의 노조설립을 강제할 수는 없지만, 현재 중국의 노동법상 모든 기업은 노조를 설립하게 되어 있어, 이번 조사에서 노조설립방해가 적발될 경우 해당 기업들은 노조를 인정해야 할 것으로 예상된다. ACFTU의 지앙난은 "중국 내 외국인 투자기업과 중국 민영기업에 대해 노조설립 방해행위를 조사하겠다. 미국 월마트가 우선 조사대상이다. 또 한국기업도 노조를 설립하도록 하고 있는 현행 노동법을 따르지 않는 경우가 있다"고 강조했다.[29)]

이러한 중국노총의 압력과 중앙정부의 압력 등을 못이겨 그동안 공회, 즉 노동조합을 허용하지 않던 월마트가 결국 "중국 현지 종업원들이 원한다면, 공회설립을 반대하지 않겠다"고 백기를 들고 말았다.[30)]

이러한 모든 분위기가 작용하여 지역마다 차이가 있지만 현재 상하이, 난징(南京), 티엔진 지역은 거의 100% 공회 설립을 의무화하고 있다. 따라서 이 지역으로 진출하려는 한국기업들, 혹은 이미 진출했지만 공회를 설립하지 않은 기업들은 공회를 설립해야 한다.[31)]

물론 중국의 공회는 한국의 노동조합 개념과는 많이 다르다고 하지만, 그동안 노사관계 무풍지대(無風地帶)에서 경영해 온 한국기업의 경영자들이 공화와의 관계를 어떻게 원활하게 잘 유지할 것인가가 새로운 문제로 등장한 것은 사실이다.

공회문제 뿐만 아니라 중국에 진출해 있던 한국기업들의 중국인 직원들에 대한 노무관리가 점점 더 어려워지고 있다. 중국 정부가 외국기업에 대해서는 그동안 묵인해 왔던 사회보험가입 등 근로자 복지 규정을 계속 강화하고, 노무관리와 관련된 회사 측의 불법행위를 엄중히 다스리고 있는데다, 현지 근로자들이 잔업수당 인상 등을 요구하며 다방면에 걸쳐 근로조건을 개선해 줄 것을 요구하며 소송까지 제기하고 있다.[32)]

남부 구앙동성의 섬유업체 J사는 최근 인건비 상승에 구인난까지 겹쳐, 가동 중이던 공장을 폐쇄하고 인건비가 저렴하고 인력을 구하기 쉬운 산동(山東)성 내륙으로 옮길 계획이다. 하지만 근로자들이 법에 규정된 위로금(중국 표현으로는 경제보상금)외에 별도로 3개월분 월급을 더 지급해 달라고 요구해 노사갈등을 겪고 있다. J사 관계자는 "법정 위로금은 줄 수 있지만 추가 요구는 받아들이기 곤란하다"고 주장하고 있다.[33)]

티엔진(天津)의 전자부품제조업체 K사는 판매실적 부진을 이유로 근로자 300명 가운데 100명을 정리해고 하기로 했지만 해고대상 근로자들이 "해고기준이 불투명한 만큼 받아들이기가 어렵다"고 반발하고 있어 어려움을 겪고 있다.[34)]

중국 법률에 따르면, 근로자를 정리해고 하려면 근무 연수에 따라 1년 당 1개월분의 월급을 위로금으로 주어야 하며, 이는 최대 12개월분 월급을 넘길 수 없도록 규정하고 있다.[35)]

또 임금을 체불할 경우 법적 제재를 받고, 법정근로시간(하루 8시간, 주 40시간)외에 하루 3시간, 월 36시간을 넘기면 초과근무수당 지급외에 벌금을 물어야 한다.[36)]

사 례

■ 크게 어려워진 노무관리와 한국기업의 회사포기

산동성 '지난'에서 비단을 생산하고 있는 C사는 퇴직 근로자들이 양로보험에 가입하지 않았다며 집단적으로 노동당국에 소송을 했는데, 회사가 최근 패소했다고 중소기업진흥공단 베이징 사무소가 전했다. C사는 회사부지를 팔고 사업을 정리할 예정인 것으로 알려졌다.[37)]

상하이 칭푸(靑浦)에 자리잡은 A봉제공장의 사장은 한 때 700여명의 직원을 거느리고 있던 한국인이었다. 그런데 수출판로가 끊기면서 운영자금이 부족하게 됐고, 직원들의 임금을 3개월 동안 체불하게 되었다. 그러자 노동자들이 해당 지방정부에 이 업체 사장을 고발하였고 사장은 공장을 포기해야만 했다. 즉 그는 모든 설비를 남기고 야반도주하고 말았으며, 해당 지방정부가 설비를 팔아 체불임금을 정리하였다.[38)]

---

6. 지적재산권의 침해

중국에서 상표, 디자인, 모조상품 등의 지적재산권(知的財産權) 침해 사례가 얼마나 심각한가는 이미 제18장 「위험관리」 부분에서 설명한 바 있다.

특허청에 따르면 해외에 진출한 한국기업들이 2000년부터 2004년까지 5년간 외국기업으로부터 지적재산권 침해를 당해 신고한 132건 가운데 중국기업이 27.2%인 36건으로 가장 많았다.[39)]

사 례

■ 자동차 디자인 모방사례[40)] –GM 대우자동차社

GM대우차는 마티즈(현지 판매명 '시보레 스파크') 디자인을 모방한 「체리 자동차」 사를 상대로 2004년 12월 상하이 법원에 제소하였다.

자동차업계 관계자는 "중국에서는 아직 자동차 디자인 등의 지적 소유권을 경시하는 분위기가 강하다. 중국 법원에 호소해도 시원한 해결을 기대할 수 없어 향후 상황이 더 나빠질 것"이라고 우려했다.

---

7. 세무관리

세무관리 분야에서도 중국 세무 당국은 한국을 비롯한 외국투자기업들에 대한 감시를 강화하고 있다.

중국 국가세무총국은 부동산, 철강 등 대표적인 경기과열업종에 대한 긴축을 유도함과 동시에 세금 탈루가 심각한 것으로 파악되고 있는 소득세 등을 철저히 조사해 세수(稅收)를 늘리기 위해 내·외자 기업에 대한 세무관리를 강화한다고 발표했다.[41)]

국가세무총국은 이를 위해 9개 세무대상업종과 4개 중점조사업종 선정을 골자로 한 '2005년 중점 세무조사계획'을 산하기관에 통보했다. 국가세무총국이 올해 중점적으로 추진할 9개 세무대상업종은 개인소득세, 부동산, 철강, 콘크리트 생산, 석탄생산 및 운송판매, 농산물 생산 가공, 수출화물 기업 등이다.[42)]

중국정부는 외자기업들의 주요 탈세 수단으로 해외 모기업으로부터의 원·부자재 반입가격을 과다 계산한 뒤, 이를 통해 제조한 제품을 다시 저가(低價)로 공급해 이윤을 전이(轉移)시키는 방식을 사용하고 있다고 분석했다. 또한 외자기업들이 파견 근로자들의 임금, 기술서비스 사용료, 특허권·로열티 비용 등의 명목으로 허위 지출을 만들어 내거나, 법인 재투자시 40%에 달하는 세금환급을 노리고 타 지역에 출자회사를 계속 설립해 이윤을 이전시키는 방법 등을 이용하고 있는 것으로 중국 당국은 추측하고 있다.[43)]

현장 정보

■ 세무관리에 대한 중국 세무당국의 인식[44)]

베이징에 진출해 10년째 제조업을 경영하고 있는 M회사 관계자는 "중국 국가세무총국은 유럽, 미국, 일본 기업들은 중국에서 비교적 세법을 잘 준수하고 있는 편이지만, 한국과 홍콩, 대만 기업들은 세법을 잘 지키지 않는다는 일반적인 인식을 갖고 있다"고 지적했다.

최양섭 주중(駐中) 대사관 국세관은 "일부 한국기업이 세 부담을 감소시키려고 허위 영수증을 사용하기도 하는데, 이는 회사를 망하게 하는 지름길이라는 것을 명심해야 한다"고 강조했다.

제23장 한국기업들의 중국사업성공 필수요소

이 장에서는 미래 기업의 생존열쇠(도전요소), 각종 연구기관 등에서 제시한 중국사업 성공요소, 그리고 이들을 요약한 중요한 핵심적 성공요소들에 관하여 고찰하기로 한다.

23-1 서 론

이 책을 통하여 우리는 중국시장에 진출한 경영자가 당면해 있는 경영환경, 전사적 전략 및 사업부 전략, 직능별 전략 등을 살펴보았다.

이 장에서는 지금까지 살펴 본 중국시장의 여러 환경 요소, 문제점 그리고 한국기업들의 경영현황과 애로사항 등을 참고하여, 한국기업들이 중국에 진출하여 성공하기 위한 핵심요소들을 정리해 보고자 한다.

먼저, 미래 기업의 생존요소에 대하여 「이코노미스트」 경제전문지가 조사한 기본적 내용을 살펴본 후, 각종 연구기관 등이 구체적으로 제시한 중국사업 성공핵심요소 등을 몇 가지 제시하겠다. 그리고 이러한 연구 결과에서 제시한 요소들 중 주요한 요소들에 초점을 맞추어 사례를 중심으로 제안하고자 한다.

23-2 미래 기업의 생존열쇠(도전요소)

영국 경제주간지 「이코노미스트」는 세계 23개국 4,000여개 기업을 대상으로 앞으로 5~6년 후 기업이 당면하게 될 도전 요소, 즉 기업생존을 가능하게 될 열쇠를 조사해 발표했다. 이 보고서를 요약하면 다음과 같다.[1]

① 향후 가장 중요한 경쟁적 위협 요소는?

- 기업인수합병 (50%)
- 신흥시장의 신규진출업체 (40%)

② 장기적 가치를 만들어 내기 위한 가장 중요한 경영 과제는?

- 변화에 기민하게 적응하는 능력 (33%)
- 혁신의 속도 (18%)
- 비용조절 (10%)
- 신규시장에서의 성장기회 극대화 (9%)

③ 이와 같은 과제를 해결하기 위해서는 무엇이 필요한가?
- 새로운 경영방식을 신속히 구현할 수 있는 유연성 (54%)
- 새로운 제품이나 서비스 (46%)

(즉, 이 보고서는 "조직이 '무엇'을 하느냐보다 조직이 운영되는 '방식,' 즉 비즈니스 모델의 적응성이 향후에 더 중요한 요소로 부각될 것임을 의미한다"고 설명했다.)

④ 기술혁신에서 기업들이 직면하는 가장 큰 어려움은?
- 고객의 행태와 요구의 변화를 파악하는 것 (45%)
- 기타 (55%)

⑤ 지적재산권에 대한 위협으로서 가장 큰 요소는?
- 인력유출(44%)
- 기타 (56%)

⑥ 향후 기업을 운영하기 가장 좋은 환경을 갖춘 국가는?
- 중국 (50%)
- 미국 (11%)
- 인도 (9%)
- 러시아 (4%)

23-3 각종 연구기관 등에서 제시한 중국사업 성공요소

1. 주중국(駐中國) 한국대사관, 「안전한 중국투자를 위한 10 계명」

주중 한국대사관과 한국 투자기업지원센터는 중국 베이징에 있는 케리 센터에서 "한국투자기업 지원의 날" 행사를 열고 그동안 한국기업들의 중국투자 실패경험을 요약해 "안전한 중국투자를 위한 10계명"을 발표했다.

그 내용을 요약하면 다음과 같다.[2)]

① 계약서를 반드시 작성하고, 이를 철저히 검토할 것
② 자본출자문제를 철저히 확인할 것
③ 상대방을 최대한 확인할 것
④ 전문가를 충분히 활용할 것
⑤ 토지 · 부동산 거래 때 확인하고 또 확인할 것
⑥ 세무 · 회계 · 통관 관리를 철저히 할 것
⑦ 노무관리를 충실히 할 것
⑧ 준법 경영에 힘쓸 것
⑨ 분쟁가능성에 항상 대비할 것
⑩ 먼저 진출한 투자기업의 체험적 노하우를 최대한 활용하고 널리 전파할 것

2. KOTRA, 「중국투자 때 유의해야 할 10계명」[3)]

KORTA는 중국 투자의 성공 및 실패요인을 분석한 뒤, 중국에 투자할 때 유의해야 할 '중국 투자 10계명'을 발표했다.

KORTA는 "한국 기업은 월(月) 6억 달러에 달하는 막대한 금액을 중국에 투자하고 있으나 중국 투자 성공확률은 그다지 높지 않다. 특히 중소기업은 절반 이상이 4년 이내에 철수하거나 청산하고 있어 중국 투자시 주의가 요망된다"고 강조했다.

KORTA가 선정한 10계명을 요약하면 다음과 같다.

① **충분한 타당성 조사와 준비** : 중국사업 협력자나 지방정부의 말을 맹신하지 말고, 투자하기 전에 현지를 직접 방문해 투자의 타당성을 조사해야 한다.

② 품목과 판매 형태에 따른 투자의 형태, 규모 및 지역을 선정해야 한다.

③ **투자관련법 숙지 및 개정 여부 주시** : 중국은 법규가 복잡하고 자주 개정될 뿐만 아니라 중앙과 정부의 정책이 혼선을 야기시킬 때가 많으므로, 투자관련법을 숙지하고 개정여부에 관심을 기울여야 한다.

④ **협력기업 선정 주의** : 협력업자를 잘못 선정하면 그 업자의 배신, 추가 비용 발생 등 갖가지 문제가 발생하므로, 협력업자를 선정할 때 오류를 범하지 않도록 해야 한다.

⑤ **계약시(時) 주의** : 계약서는 중국어와 한글로 이중(二重)작성하고, 분쟁에 대비해서 세부세항도 명기(明記)해야 한다.

⑥ 현금 결제 유도

⑦ 준법정신

⑧ **우수한 현지인력 확보** : 기업 현지화를 통해 영업, 개발, 유통, 재무 분야에서 우수한 현지인력을 선발하는 것이 중요하다.

⑨ 다양한 마케팅

⑩ 동종업체의 노하우 활용

3. 삼성경제연구소, 「중국내수시장 공략의 7가지 성공요건」[4)]

삼성경제연구소는 〈중국 내수시장 공략의 성공조건〉이라는 보고서를 발표했다.

이 보고서는 그 동안 해외생산기지 확보 필요성에서 진행되어 온 한국기업들의 중국 투자가 이제는 중국 내수시장 공략으로 그 목적이 바뀌고 있어, 중국시장에서 경쟁력을 확보하기 위해서는 과거와는 다른 전략이 필요하다고 지적했다.

이 보고서는 연 평균 9%대에 달하는 중국의 높은 경제 성장률과 시장 잠재력 등으로 중국 내수시장의 매력이 커진 데 반해, 가파른 인건비 상승, 수출 기업에 대한 중국 정부의 우대조치 감소 등으로 생산기지로서의 장점은 없어져 중국 투자 목적이 중국 내수 시장을 직접 공략하기 위한 것으로 변화되고 있다고 설명했다.

이 보고서는 따라서 중국 진출을 희망하는 기업들이 특별히 유의해야 할 사항으로서 다음과 같은 7가지를 제시하고, 각 사항마다 한국기업의 성공사례를 들어 설명했다.

(1) 고급 브랜드와 다양한 마케팅 (브랜드 마케팅)

이 조건에서 성공한 사례로는 '태평양'을 들었다. 태평양은 동북 3성에서는 '미로', '마몽드' 등 중가(中價) 브랜드를, 상하이에서는 '라네즈'등 고가브랜드로 공략한 것이 주효했다.

(2) 중국 기업과의 차별화 (로컬 기업과의 차별화)

이 조건에서는 '이랜드'를 성공사례로 제시했다. 이랜드는 베이징, 상하이 등 백화점에 '이랜드,' '스코필드' 등 캐주얼 브랜드 매장을 개설하여 고급브랜드로 자리매김했다. 특히, 이랜드는 20대 부유층 여성을 표적으로 중고가(中高價) 정책을 구사하고 있는 다른 회사들의 로컬 브랜드와 차별성을 둔 것이 적중했다.

(3) 외상거래 주의 (현금거래 중시)

이 조건에서는 '삼성전자'를 성공사례로 꼽았다. 외상채권을 회수하는데 위험성이 높은 중국에서 삼성전자는 품질에 자신이 있었기 때문에 모니터를 판매할 때 현금 거래 원칙을 고수해, 삼성과 거래할 때는 현금이 필수적이라는 인식을 심어주는데 성공했다.

(4) 중국 내에 완결된 연구개발 조직 구축

이 조건에서는 '삼성전자'를 성공사례로 지적했다. 삼성전자는 기술 유출 등이 우려되는 중국 투자에 있어서 가장 민감한 부분인 R&D 센터 건립은 물론 기획, 디자인, 구매 등을 망라하는 사업 구조를 갖추어 현지화에 성공했다. 즉 중국 현지에 R&D 센터를 구축해, 실시간 사업 전략 수립에서부터 지역별 시장 조사 및 신제품 개발까지 완결적인 사업 구조를 가짐으로써, 변화 속도와 지역 특성을 고려하여 접근할 수 있게 된 것이다.

(5) 진출지역 다변화

이 조건에서 성공한 기업으로는 '대우종합기계'가 소개되었다. 대우종합기계는 1994년 샨동성 옌타이에 제조공장을 설립해 중국 굴삭기 시장 점유율 1위를 기록하고 있다. 또한 모기업 부도라는 어려움 속에서도 중국 서부의 내륙 오지에도 판매거점을 설치해 신장 위구르 자치구의 경우 풍부한 자원개발에 따른 수요가 클 것으로 예상된다.

(6) 이익을 중국에 환원함으로써 기업의 중국화 (중국 현지기업화)

이 조건에서는 'LG'가 소개되었다. LG는 '사스(SARS)'가 창궐했을 때도 현지를 떠나지 않고 방독면을 배포하고 'I Love China'캠페인을 전개했다. 「쩡페이옌」 국무원 부총리는 "LG전자는 외국기업 가운데 가장 친근감이 가는 기업"이라고 말하기도 했다.

(7) 중국 정부와의 우호적인 관계 구축

중국정부와 우호적인 관계를 구축한 모범 사례로는 「현대자동차」가 소개되었다. 현대자동차는 베이징시와 손잡고 외국산 자동차 제조회사로는 처음으로 베이징에서 '소나타'를 생산했다. 이에 힘입어 현대차는 중국 자동차 시장점유율 2003년 13위에서 2004년에는 4위로 급속히 상승시켰다.

23-4 중요한 핵심적 성공요소

제2절에서 고찰한 각 정부기관 혹은 연구소 등의 제안을 기초로 한국기업들이 중국에 진출해서 성공하기 위한 핵심요소들, 즉 현지화 전략, 공회(工會)의 성공적 활용, 중국인에 대한 인사관리, 그리고 그 밖의 주요 요소들을 국내외 사례를 중심으로 정리하여 보기로 한다.

1. 현지화(現地化) 전략

기업이 해외에 진출해 성공하려면 철저한 현지화 전략이 필요한 것으로 조사되었다. 즉, 회사의 고유한 강점을 기반으로 한 현지 침투와 진출국에 대한 사회공헌, 철저한 수익성 위주의 경영을 바탕으로 한 '현지 생존력'을 갖추는 것이 해외투자에서 성공하기 위한 핵심조건이라고 '삼성경제연구소'가 「기업의 해외진출 성공조건」에서 제안하였다.[5]

현지화 전략을 성공적으로 수행한 대표적 사례로서, '코카콜라'의 현지화 전략, 'LG'의 현지화 전략, 그리고 '베이징 현대자동차'와 '상하이 폭스바겐' 등의 사례를 아래에서 소개하고자 한다.

사 례

■ 현지화 전략 - 코카콜라社[6]

코카콜라는 청량음료산업에 공헌하기 위해서 중국의 중앙정부의 협조를 얻어 '티엔진 청량음료 교육센터'를 세웠다. 이 센터에서는 2000년대 초반까지 수천 명의 음료공장 매니저와 공무원들을 대상으로 전문적 기술과 비즈니스 교육을 시키고 있다.

코카콜라는 또한 지역사회 일에도 참여했다. 회사는 「중국 청소년 개발협회」와 더불어 도시 주변까지 다가오고 있는 사막화를 막기 위해 베이징에 100만 그루의 나무를 심었다. 또 회사는 시골지역 청소년들의 교육을 지원하는 '희망학교 프로그램' 과정에 300만 달러를 투자함으로써 그 프로그램의 파트너가 되었다.

회사는 또 컴퓨터 교육을 지원하기 위하여 몇 개의 e-교육센터를 설립했다. 코카콜라 회사의 CEO는 샹하이 시장(市場)의 「국제자문위원회」 위원이기도 하다.

사스(SARS) 파동 때에 코카콜라 회사는 최전선에서 진료하는 의사들에게 수천 통의 청량음료와 광천수를 제공하였고, 의료장비를 제공하기 위한 기금 조성 노력에도 기부하였다. 또한 코카콜라는 지역 축구시합을 후원하였으며, 2001년부터는 중국 국가축구대표팀 후원자가 됨으로써 이 회사가 중국의 발전에 헌신하고 있다는 것을 다시 한번 보여 주었다.

코카콜라의 동남아시아 지역 사장인 패트릭 시와트에 따르면, 코카콜라의 전략은 지역사회에 대한 헌신, 중국 미래에 대한 낙관주의 등 전적으로 다음과 같은 '현지사업접근법(local business approach)'에 의존하고 있다.

① 소비자와의 관계를 구축하는 데 초점을 맞추고 현지인의 입맛에 맞는 신제품을 개발하고, 현지에 맞게 의사결정을 내리고, 현지에서 생산하고 구매하며, 회사의 브랜드에 대하여 지원하는 등의 방식이다.
② 중국의 시골학교 건설 프로그램에 참여하고, 대학생에게 장학금을 지급하며, 중국학교에 e-학습망을 제공하고, 지역사회에 후원금을 내거나 봉사를 한다.
③ 회사는 음료수 생산 및 관련 기업체들의 경영실무를 개선시켰으며, 중국에서의 기업개혁을 도와주었고, 근로자를 훈련시킴으로써 음료수 산업의 기술 수준을 크게 향상시켰고, 국내 중국 상표의 진보를 주도했다.

■ 현지화 전략-LG 社 [7]

현지화 전략을 가장 잘 실행한 기업으로는 또한 LG가 꼽힌다. LG는 '한국의 LG'를 넘어 중국 인민들의 가슴에 정겹고 믿음이 가는 '중국의 LG'로 뿌리내리기 위해 각종 공익활동을 펴고 있다. LG가 이를 위해 수행한 전략의 예를 몇 가지 들어보면 다음과 같다.

① 빈곤지역의 농촌학교를 지원하는 '희망학교'를 세우는데 적극적으로 지원
② 2003년 4월 사스(SARS)가 발병하자 베이징 시 정부에 방독면을 지원하고 '아이 러브 차이나(I Love China)' 캠페인을 전개
③ '2008년 베이징 올림픽 대장정'이란 이름으로 전국 2,008 km를 순회하며 축구묘기를 벌이는 스포츠 이벤트 행사 개최
④ 중국에 파견된 한국 주재원은 중국 사업의 전략과 재무를 담당하고, 중국 현지의 우수한 인재들을 과감히 등용하여 생산, 마케팅, 인사, R & D 등 네 가지 기능을 담당하게 하는 4대 현지화 중화전략을 추진

■ 현지 융화 마케팅 전략-베이징 현대자동차와 샹하이 폭스바겐 社 [8]

베이징 현대자동차는 베이징의 국안 축구팀을 장기 임대 형식으로 빌려 「베이징 시엔따이(北京現代)」라는 이름으로 전국을 누비고 있다. 축구라는 스포츠를 통해 축구팬, 중국인과 융

화하려는 전략을 활용하고 있는 것이다. 베이징 시엔따이는 2004년 중국 프로축구에서 우승하여 그 인기가 베이징 현대자동차의 마케팅 전략에 상당한 영향력을 미치고 있다. 베이징에서 2008년 베이징 올림픽에 맞춰 베이징을 대표하는 택시로 베이징 현대자동차의 쏘나타와 엘란트라를 지정하여 차종을 교체하고 있다.

한편 '샹하이 폭스바겐'은 스포츠, 문화, 예술 공연 등 대중이 자주 접할 수 있는 분야를 후원하여 중국사회의 일원임을 암시하며 중국사회와 융화하려고 노력하고 있다.

2. 공회(工會)의 성공적 활용

중국의 공회는 우리에게 알려진 일반적인 노동조합의 개념과는 다르다. 중국의 공회조직은 정부의 영향력이 강한 준(準)정부기관으로서 '중국 총공회' 산하에 조직되어 있으며, 최근에는 중국정부를 대신해 복지조직 성격의 역할을 하고 있다. 중국정부 역시 공회를 '노동조합'이라기보다는, 빈부격차가 심해지고 사회보장기능이 부족한 현 시점에서 예전의 '딴웨이(單位, 단위)'기능을 대신하는 임시기능으로서 공회를 바라보고 있다.[9)]

우리가 알아야 할 점은 공회에는 노동 3권 중 '단결권'과 '단체교섭권'이 보장되어 있으며, '단체행동권'은 극히 제한되어 있다는 점이다. 즉 공회는 중국정부의 직접·간접적인 통제를 받고 있으며, 사용자에 대결하는 기능보다는 사용자를 지원하는 성격을 갖고 있다.[10)]

그렇다고 해서 안심할 상황은 아니다. 현재 중국에서는 경제성장과 국민의식 성장으로 인하여 서구 자본주의적인 노사관계 인식이 확산되고 있으며, 근로조건, 근무환경, 복지수준 등에 대한 기본적인 요구사항이 높아졌다. 특히 외자기업에 대해서는 일반인들의 기대 수준이 높고, 또 외국기업이라는 색안경을 끼고 있기 때문에, 조그만 문제가 심각한 사회문제로 돌변하는 경우도 많다.[11)]

이러한 상황에서 중국에 진출한 한국기업들 중 성공적으로 공회를 활용함으로써 중국정부로부터 인정받고 호감을 받고 있는 기업들, 예컨대 LG전자, 한국타이어, 현대자동차, LG화학 등은 다음과 같은 공통점을 가지고 있다.[12)]

① 최고 경영진의·전향적인 인적자원(HR, Human Resource)관리 마인드를 들 수 있다. 이들은 공회를 '같이 가야할 동반자'라는 인식으로 인사노무관리에 신경을 쓰고 적극적으로 대응했다. 예를 들면, LG전자는 인사노무전문가인 한만진 상무가 중국지주법인 HR팀을 이끌었으며, 한국타이어는 중국 노동법 전문가인 조승래 상무가 계속해서 현지에 근무하고 있다.

② 공회를 적극적이고 능동적으로 활용하고 있다. 예를 들면 이들 기업은 공회조직을 종업원에 대한 교육조직으로 최대한 활용했다. 생산 현장 종업원들이 많이 배우지

못하고 기술 수준이 낮은 점을 감안해, 이들에게 기술교육과 의식교육을 시키는 공회를 적극 활용했다(원래 공회는 공산당의 정치교육조직이었다).

③ 공회조직을 커뮤니케이션(의사소통)의 통로로 활용했다. 개혁개방으로 중국인의 의식수준이 향상됨에 따라, 현지 직원들은 불합리한 일을 당했을 때 예전처럼 참지 않고 직접 표출하는 경우가 늘어났다. 그런데 현지 한국인 주재원이 중국인 문화에 무지해서 감정적으로 대응하는 경우가 많았기 때문에 가끔 마찰이 발생했다. 이렇게 해서 현지 종업원들의 불만이 합리적으로 해결되지 않으면 큰 분쟁이 발생할 수가 있다. 따라서 이들 성공기업들은 이런 경우를 사전에 방지하기 위해 공회를 기업과 종업원의 커뮤니케이션 경로, 즉 언로(言路)로 활용했다.

④ 성공기업들은 지역사회에 큰 일이 생겼을 때, 회사 내 공회조직을 통해서 지역사회에 적극적으로 대응하게 함으로써, 현지 사회에 '정감 넘치는 회사', '지역사회에 봉사하는 회사'라는 이미지를 뚜렷하게 심었다. 예를 들면 사스(SARS)로 중국 전역이 공포에 떨었을 때, 다른 외국계 다국적 기업들은 일시 철수했지만 이들 기업들은 공회가 직접 나서서 방역이나 예방활동을 펼침으로써 중국인에게 '중국을 사랑하는 기업'이라는 브랜드로 각인할 수 있었다.

사 례

■ 성공적인 공회(工會)를 활용한 노무관계 – 대우종합기계社 [13)]

샨동성 옌타이에 진출한 대우종합기계는 중국 굴삭기 분야에서 최대 시장점유율을 지키고 있다. 이 회사가 IMF 외환위기 영향으로 본사가 흔들렸던 데다 내수 판매량이 크게 줄어들어 극도의 어려움에 봉착했을 때, 이 어려움을 극복할 수 있게 해 준 힘은 바로 공회(노조)였다.

채규전 대우종합기계 옌타이 공장 법인장은 "공회에 회사의 어려움을 설명하고, 같이 고통을 분담하기로 했다. 상여금 반납, 종업원의 순차적 재택근무 등에 합의했다. 이후 회사가 정상화됐을 때 직원 전원을 복직시켰다. 그동안 매년 실시하는 임금협상에서 상호신뢰를 쌓았던 덕분이다"라고 설명했다.

그는 "공회를 우리나라 노조로 인식하기보다는 노동자들의 협력을 이끌어내는 창구로 봐야 한다. 공회설립을 피하거나 꺼려하기보다는 어떻게 활용해야 할지를 고민해야 한다"고 말했다.

대우종합기계 옌타이 법인의 공회는 현재 상근 주석 1명을 포함하여 모두 11명으로 구성되어 있다. 또 공회 산하에 근무여건 개선 및 직원들의 복지향상을 위해 20여개 팀을 운영하고 있으며 어지간한 일은 공회가 나서서 처리한다.

채규전 법인장은 "성공적인 공회 운영 비결은 노무자들에게 '대우는 중국기업'이라는 인식을 심어주는 것이다. 즉 이윤의 일부를 사회에 환원하거나, 직원의 어려움에 회사가 적극 나서서 해결해 주는 등의 활동이 필요하다"고 강조한다.

3. 중국인에 대한 인사관리

(1) 중국인 직원 선발

상하이 총영사관은 최근 펴낸 중국 투자 가이드 '메갈로 폴리스 상하이'에서 중국인 직원선발에 관한 다음과 같은 내용을 소개하고 있다.[14)]

- 중국의 기존 타성에 젖은 경력자는 뽑지 말라 (삼성전자 쑤조우 반도체 방정호 법인장).
- 현지인에게 경영책임을 맡기면 위험하므로, 법인을 설립하고 나면 반드시 본사에서 통제 가능한 한국 직원을 현지 책임자로 파견해야 한다. 조선족 등에게 현지경영을 맡겼다가 자금을 횡령당하는 등의 사고가 발생해 파산한 한국기업이 수없이 많기 때문이다.

(2) 중국인 직원관리

일본 무역진흥공사(JETRO)는 '중국진출 트러블 회피 핸드북'에서 "중국인은 남을 믿지 않고 같은 핏줄을 선호하므로, 인사권을 맡기면 일가친척을 대거 등용하는 경향이 있다. 족벌주의에 따른 부정부패 가능성이 있으므로, 현지업체와 합작할 때는 기업정관에 이사급 고위경영진에 대한 파면권과 취업규칙을 명기해야 한다"고 지적했다.[15)]

반면에 "중국에서의 사업에서 성공하려면 중국직원들이 가지고 있는 부가가치를 최대한 활용할 수 있도록 인사관리를 해야 한다. 즉 현지 중국직원들이 가지고 있는 중국적 시각을 경영에 접목시킬 수 있도록 그들의 아이디어를 적극 모색해야 하고, 그들이 의사결정과정에서 소외감을 갖지 않도록 해야 하고, 또 그들이 직장생활을 함에 있어서 가져야 하는 미래에 대한 비전(Vision)을 구체적으로 명확하게 제시해야 한다"는 주장도 있다.[16)]

베이징의 시장조사 전문기관인 링디엔(零点)이 최근 중국진출 외국기업들을 대상으로 현지화 정도를 조사한 후 '국가별(國家別) 외국기업에 대한 인식도' 보고서를 공개하였다.[17)]

조사대상기업은 베이징, 상하이, 구앙조우, 우한(武漢) 등의 지역에서 활동하고 있는 한국, 미국, 유럽, 일본, 홍콩, 대만 등 6개 지역기업이었다. 기업문화, 시장기여도, 호감도, 발전 가능성, 근무환경, 급여수준, 비전 등에 관해서 해당 기업 및 외부 소비자에게 질문했다.

그 결과로 나타난 통합점수는 미국기업이 17.44로 가장 높았고, 유럽(16.11), 일본(9.03), 홍콩(6.27), 한국(3.21), 대만(3.00) 순으로 나타나, 한국기업은 최하위 수준에 머물렀다.

한국기업이 이렇게 낮은 점수를 받은 데 대해 링디엔은 다음과 같은 점을 지적했다.

① 한국기업은 중국직원들에게 적절한 일을 찾아주고 업무자율권을 부여하는데 소극적이다.

② 회사의 주요업무를 한국직원들끼리만 상의하고 중국직원들은 배제한다.

③ 한국인 상사가 중국인 부하직원을 얕본다.

④ 중국직원들은 제품기술, 경영 노하우 등에 대해 체계적인 교육을 받고 싶어 하는데, 한국기업은 현지직원에 대한 교육에 소극적이다.

⑤ 한국투자기업의 최고책임자는 대부분 한국에서 파견되어 오기 때문에 현지중국직원들이 승진해 올라갈 수 있는 범위가 한정되어 있다. 즉 그들에게 비전을 제시하지 못한다.

이에 비해 미국이나 유럽 기업들은 발전가능성과 근무환경, 업무 선택에서 높은 점수를 받았다. 중국직원에게 자율권을 충분히 부여하고, 교육기회를 많이 제공해 준다는 뜻이다. 급료가 전부가 아니라는 것은 급여수준이 높은 일본기업에 대한 선호도가 미국, 유럽 기업에 대한 선호도보다 크게 떨어진다는 것을 보더라도 알 수 있다.

사 례

■ **노무관리 : 중국인 근로자를 인격적으로 대하라 – 강동섬유社**[18)]

강동섬유 양승구 사장은 서울 강동구에서 스웨터 제조업을 하던 중소기업경영자였는데, 1992년 푸순에 공장을 세웠고 여기서 만든 스웨터를 그 후 전량 수출하고 있다.

강동섬유는 근로자 800명을 인격적으로 대우하는 것을 노무관리의 핵심 전략으로 삼고 있다. 사우회(社友會)를 조직하여, 회사가 제공하는 근로자 월급의 1.5%를 이용해 1년에 한 번씩 신체검사를 해 주고 생일 때는 선물도 주고 있다.

회사 측은 또 근로자들에게 경·조사가 생길 때마다 부조금도 챙겨준다. 목돈이 필요한 직원에게는 동료 직원의 보증을 받아 3,000 위엔(약 50만원) 한도 내에서 무상대출을 허가해 주기도 한다.

양사장은 "직원을 인격적으로 대우해 주는 만큼 근로자도 수출물량 납기에 어려움을 겪을 때 자진해서 야근이나 철야 작업을 하고 있다"고 말했다.

한편 강동섬유는 지역사회에도 공헌하고 있는데, 양사장은 1997년 푸순시로부터 받은 수출장려기금 10만 위엔(약 1,300만원)을 시당국에 기부했고, 외국인의 정성과 애정에 감동한 시장이 시 예산 30만 위엔을 들여 소학교(小學校, 초등학교)에 기부하였으며, 학교 이름을 강동희망소학(小學)이라고 바꿔 관리하고 있다. 리아오닝 성에서는 한국인으로는 두 번째로 '그린카드'성격의 영구 체류증을 받기도 했다.

4. 표적시장과 표적고객의 선정

일본 경제지 '다이아몬드'는 35개 일본 기업의 중국상륙 성공기를 소개했는데, 그 성공비결 중의 하나는 "표적시장(target market)"을 최대한 좁히고 집중한다는 것이었다.[19)]

가격 경쟁력이 약한 외국기업이 중국전체의 대규모 시장(mass market)에서 중국산 제품과 싸워 이긴다는 것을 무리다. 이럴 때 필요한 것이 표적고객(target customer)을 집중공략하는 방법이다.

사 례

■ 표적시장 · 표적고객 선정－월드, 나카다니, 파리바게뜨 社

의류회사 '월드'가 현지 개발한 브랜드 '파쥐'는 치마 한 벌에 500 위엔(약 7만 5천원)이하가 없을 만큼 비싼 편이지만, 다국적 기업에서 일하는 외국인과 고소득 직장여성 사이에서 인기를 누리고 있다. 이들을 표적고객으로 한정해 마케팅을 집중했기 때문이다. 이 회사의 매출은 2년 전보다 200%가량 늘어난 40억엔으로 추정되고 있다.

'청주'를 만드는 '나카다니'주조(酒造)의 경우에는 티엔진에 생산공장을 설립했지만 토종 '바이주(白酒)'에 겁먹고 내수시장을 넘보지 못하고 있다가, 중국 내에 있는 일본요리집을 표적으로 시장을 발굴해 성공했다. 이 회사는 '일본에서 맛보던 고품질 그대로!'라는 모토를 내걸고 일식집을 찾아 집중적으로 마케팅 노력을 벌인 끝에, 매출액이 매년 30%씩 늘어나고 있다.

중국은 영토가 넓고 인구가 많기 때문에 중국에서는 표적을 좁혀도 시장은 여전히 넓다. KOTRA 본사에서 열린 '차이나 위크(China Week)'에서 전문가들은 "중국시장에서 성공하려면 시장을 쪼개고 또 쪼개라"로 건의하며 파리바게뜨를 성공사례로 제시했다.

'파리바게뜨'는 2004년 상하이에 진출하면서 3 : 3 : 3 전략을 채택했다. 3 : 3 : 3 전략은 상하이를 3개 권역으로 나누고, 이 권역을 다시 3개로 세분화하고, 그 세분화된 부분을 다시 3개로 나누는 전략을 말한다. 조사직원 3명이 서울시 면적의 10배인 상하이 전 지역을 100일간 걸어 다니면서 유동인구를 직접 점검했다. 결과는 대성공으로 나타났으며, 현재 4호점을 개설했다.

KOTRA 이효수 중국본부장은 "중국은 단일 시장이 아니다"라고 말했다.

■ 표적 소비계층의 세분화－삼성전자 社[21)]

삼성전자는 중국시장을 13억 인구 전체를 표적으로 하지 않고, 1차적으로는 구매력을 가지고 있는 것으로 파악된 4억 명, 2차적으로는 그 중에서도 한국 소비자보다 높은 구매력을 가진 것으로 평가되는 5천만명을 목표 소비계층으로 한정했다. 3차적으로는 연간 소득 3,500달러 이상, 22～35세 사이의 직장인 층을 목표소비층으로 해서 판매의 초점을 맞추었다.

이러한 전략은 판매실적과 곧바로 연결되었으며, 듀얼 디스플레이 형 A288 모델은 7,000위엔이라는 높은 가격에도 불구하고 30만대 이상이 판매되었고, 이 추세는 그 후 출시된 컬러 디스플레이 모델에서도 계속되었다.

■ 시장 선택과 집중－오리온 쵸코파이 社[22)]

1995년 12월 중국에 진출한 동양제과는 중국이 성(省) · 시(市)로 구성된 워낙 방대한 시장이기 때문에 단기간 내에 전체시장을 공략하기란 사실상 불가능하여 선택과 집중이 중요하다고 보았다. 그래서 단계적으로 중국시장을 공략하는 거점시장 전략(據點市長戰略)을 구사하였다.

즉, 1997년 설립된 베이징 근교 랑방 공장을 통해 북부 시장을 공략한 뒤, 1998년 여름에는 상해를 둘러싸고 있는 화동 및 화중 지역으로 시장을 확대해 나갔다. 그리고 한국과 문화가 비슷한 북경, 천진, 심양, 대련, 청도 등 대도시 중심에서 하얼빈, 장춘, 서안, 린주 등 중국 전체 시장으로 확대해 나갔으며, 이러한 순차적 확산전략을 통하여 다른 지역에서도 성공을 거둘 수 있었다.

---

5. 상품차별화[23)]

일본 경제지 '다이아몬드'는 35개 일본기업의 중국상륙성공기를 소개했는데, 그 성공 비결 중의 하나는 "상품차별화"이다. 즉 먼저 진출해 있는 경쟁회사의 장벽이 너무 높아 보일 때는 상품을 어떻게 차별화하느냐가 관건이었다.

사 례

■ 상품차별화 – 오키전기, 산토리 社

「오키」전기는 같은 고향출신 기업 「야마하」가 100% 독점하고 있던 휴대전화용 멜로디칩 시장에 뒤늦게 진출했지만, 2년 만에 시장점유율 40%를 빼앗아 오는데 성공했다.

비파와 양금 등과 같은 중국 전통 현악기를 사용하고, 또 중국인들이 고음(高音)과 큰 음량을 좋아한다는 사실에 착안해 중국 현지에서 멜로디를 개발한 것이 적중했다.

음료업체 '산토리'는 콜라가 독주하는 청량음료시장에 '우롱차'를 출시해 "건강을 위한 프리미엄 음료"라는 점을 부각시켜 차별화를 시도했다. 가격이 콜라보다 비싸지만, 현재 청량음료업계 4위, 차음료 시장 점유율 40%를 차지하고 있다.

---

6. 지적재산권 보호

지적재산권은 특허권, 상표권, 저작권 등을 포괄하는 개념이다. 중국의 지적재산권 보호제도를 요약하면 다음과 같다.[24)]

① 「특허권」은 한국의 특허, 의장, 실용신안(實用新案)을 일컬으며, 중국 국가지식산권국(國家知識産權局)에서 관리한다.

② 「상표권」은 국가 공상(工商)행정관리총국이 관리하고 있으나, 상표권의 신청은 총국의 아래에 있는 상표국(商標局)이, 침해사범단속은 각 지방의 공상행정관리국이 담당한다.

③ 「저작권」은 문학작품, 영화, 음악, 회화, 소프트웨어 등이 해당되며, 신문출총서 산하의 판권국(板權局)이 관리하고 있다.

중국에서 만연하고 있는 모조품, 상표권, 디자인 등의 침해사례를 방지하려면 자사 내에 지적재산권 전문보호조직을 구축하여 상시(常時) 감시체제를 가동시키고, 침해행위가 적발되면 소송을 제기하는 등 적극적으로 대처할 필요가 있다.

또 일본 무역진흥공사(JETRO)는 '중국진출 트러블 회피 핸드북'에서 "현지 기업이 이미 상표를 등록해 놓아, 분규가 생기면 지적재산권이 자사 소유라도 보상금을 물어줘야 하는 경우가 많다"고 지적했다. 따라서 중국에 진출하려는 계획을 가지고 있는 기업이라면 중국에 자사의 상표부터 미리 등록해 놓을 필요가 있다.[25)]

현장 정보

■ 중국 법원에 수리된 지적재산권 침해사건 : 영업비밀 침해사건[26)]

특허청 정덕배 사무관은 '중국의 영업비밀 보호제도 및 현황'에 대해서 다음과 같이 발표했다.

"1998년부터 2002년까지 중국 법원에 수리된 지식재산권 침해사건은 모두 1,273건이며, 이중 영업비밀 침해사건의 비중이 계속 확대되고 있다.

중국 법원은 영업 비밀 관련 소송에서 권리자의 정보가 영업비밀에 속하는지 여부를 제일 먼저 판단하는데, 이 여부를 판단하는데 가장 중요하게 여기는 것이 '신규성(新規性)'이라는 개념이다.

신규성은 발행된 출판물이 공개 발표되었는지 여부, 공·상업적 목적이나 연구 등에 공개 사용되었는지 여부, 구두(口頭)·보고서·시청각 자료 등으로 공개적으로 알려졌는지를 중요한 요소로 본다. 따라서 한국에서 특허받은 기술이라도 중국에서 출원을 하지 않고는 영업비밀로 보호받을 수 없다.

종업원과 업무관련 회사와의 영업 비밀 침해 소송에서는 원고(권리자)에게 입증 책임이 있다. 따라서 고용계약서 등 각종 계약서에 비밀유지의무를 명확히 기록하고, 기업체 내부관리 규정으로 별도의 규정을 마련해 두는 등 사전에 증거확보를 해 놓아야 안전하다.

또 종업원과의 노동계약서에 영업비밀 요구 등의 규정을 명기하고, 특히 종업원들이 이직 후 수년 동안 관련제품에 관한 업무에 종사할 수 없도록 하는 경업금지(競業禁止)조항을 포함시켜야 한다.

경업금지에 관한 노동계약 조항은 고급관리직, 기술직 또는 영업비밀을 알고 있는 직원과 체결해야 하고, 경업금지 기간은 2~3년 정도로 하는 것이 합리적이며, 경업금지에 대해 적정한 보상금을 지급하는 것이 나중에 관련 소송에서 유리하게 작용한다.

직무상 발명의 경우에는, 기술의 사용권·양도권은 사용자(회사)가 소유하지만, 해당 기술을 사용하거나 타인에게 양도하여 얻은 이익에 대해서는 그 중 일정 비율을 종업원에게 장려금이나 보수로서 지급해야 한다. 또 양도할 경우에는 종업원이 우선 양도 받을 권리가 있다.

또한 기술이전 계약시, 중국계약법은 계약과정 중 신의성실 원칙에 위반하여 상대방에게 손해를 끼쳤을 경우에 대해서 규정하고 있다. 즉, 당사자가 계약과정 중 알게 된 영업비밀을 계약의 성립여부와 관계없이 일방 당사자가 누설하거나 부정하게 사용했을 경우에는 배상하도록 하고 있다."

7. 계약 시 주의

한국 내에서도 사업경영에 있어서 계약(契約)의 중요성을 더 설명할 필요가 없는데 하물며 경제제도, 사회제도, 법률제도, 언어 등의 모든 것이 생소한 중국에서의 사업에서 '계약'이 갖는 중요성은 아무리 강조해도 부족하다.

사업에는 언제나 불확실성이 존재하며 예기치 않았던 사태가 발생하는 것이 당연한 일이다. 이럴 경우를 대비해서 사전에 반드시 철저히 검토하고 점검해서 조금도 허점없는 계약서를 작성하는 노력을 하지 않으면 안 된다.

일본 무역진흥공사(JETRO)는 '중국 진출 트러블 회피 핸드북'에서 "공장 건설을 현지 기업에 발주했다가 완공 후에 살펴보면 건축자재가 계약서와 다른 경우가 많다. 법적 대응책을 미리 마련하고, 공사를 발주할 때는 전문기관에 관리감독을 요청해야 한다"고 지적했다.[27]

사 례

■ 계약서 작성의 중요성－A 무역회사[28]

A무역회사는 중국에 진출하기 전에 쌀 가공과정에 사용되는 색채 선별기(Color Sorter)를 이미 태국, 인도 등에 수출하고 있었는데 쌀의 최대생산국이며 소비국인 중국으로 시장확대를 하려고 계획하였다.

중국 내에서 자사 제품을 취급한 바이어(buyer, agent)들을 철저히 조사한 후 3개사를 선정하였다. 그 중 가장 유력한 X사와 협상에 착수했다. 초기에는 쌍방이 모두 이 회사제품이 일본제품보다 우월한 품질과 가격 우위를 갖고 있어서 시장 전망이 좋을 것이라고 예측하는 등 낙관적이었으나, 협상이 진행될수록 예상치 못했던 장애물에 부딪혔다. 판매수수료(commisson) 비율 조정, A/S기간, 대리 지역, 마케팅 지원 요구 등 A사로서는 쉽게 수락할 수 없는 각종 문제들이 하나씩 제기된 것이다.

한동안의 교착상태를 거친 후, 여러 차례의 협상 끝에 X사와 에이전트 협약을 1주일 이내에 체결할 수 있을 것이라고 A사 사장은 자신했다. 하지만 기대했던 X사가 작성하여 보내온 계약서 문안에는 협상 시 논의되었던 내용과는 다른 내용들이 상당히 있었고, 심지어는 전혀 언급하지 않았던 것을 임의로 삽입한 독소 조항도 있었다.

예컨대, 에이전트의 판매능력과 신뢰도를 확신할 수 없었기 때문에 독점권을 준다는 말을 꺼낸 적도 없었는데, 계약서에는 'X사를 해당지역의 유일한 에이전트로 지정한다'는 내용이 들어있었던 것이다. 이 조항에 대해 이의를 제기했더니 '그렇다면 독점 조항을 제거하는 대신, 다른 에이전트의 판매실적이나 A사가 직접 판매한 실적에 대해서도 커미션을 달라'는 무리한 주장을 제기하고, 커미션의 비율 또한 당초 합의했던 7%가 아닌 9%를 달라고 요구했다. 그 밖에도 '7일 이내에 선적을 하지 않을 경우에는 A사가 모든 경제적 손실에 대해서 부담한다'는 내용 등 독소 조항을 찾아내어 일일이 대응하느라 무려 4주 간의 시간이 소모되었다. A사는 이렇게 불합리한 조건을 끝까지 굽히지 않던 X사와는 결국 계약체결을 포기했다.

그 후 이러한 경험을 토대로 Y사 및 Z사와 중문·영문 에이전트 계약서를 작성하여 제공하고 십여 차례의 전화 및 팩스를 교신하며 계약 내용을 설득하고 조정한 결과, A사는 중국 동북 3성, 화동, 화남 지역을 포괄하는 영업망을 갖추게 되었다.

---

8. 기 타

(1) 중국 강제 인증제도(CCC)에 대비

KOTRA 칭다오 무역관에 따르면, 중국은 2003년부터 시행해온 CCC(강제인증제도, China Compulsory Certification)제도가 준비부족 등으로 큰 효과를 거두지 못하고 있다고 보고 추가 품목을 지정하는 등 이를 대폭 강화하기로 했다.[29)]

CCC제도는 과거에 중국 내 생산품에 대해 CCEE 마크를, 수입상품에 대해서는 CCIB 마크를 각각 부여해 2원화해 운영하던 기존의 인증제도를 통합한 것으로, 2003년 8월 1일부터 전면시행되었다.[30)]

이렇게 통합된 CCC제도는 중국 내에서 제조, 판매 도는 수입될 수 있으려면 반드시 중국 당국의 품질보증 인증을 받아야 하는 것을 골자로 하며, CCC인증을 받지 못할 경우에는 생산, 판매가 완전히 중단되고, 또 수입금지는 물론 관련 제품이 포함된 다른 형태의 제품 또한 수입을 할 수 없게 된다.[31)]

2003년 8월 1차 시행 당시에는 전기, 기계 계통 제품, 타이어 계통 제품, 유리 계통 제품 등 19개 종류의 132종의 제품에 대해 적용했으나, 앞으로는 인테리어 장식재료, 수리제품 등이 추가된다.[32)]

한편 중국기업들은 중국에 진출하려는 한국기업들을 대상으로 CCC를 대행해 준다는 핑계로 한국기업의 기술, 제품 정보를 획득한 뒤 불법 복제한 제품을 대량 생산해 중소기업들이 큰 곤란을 겪고 있다.[33)]

(2) 환경장벽에 대비[34)]

대한 상공회의소는 〈중국의 환경관련 무역규제와 대응〉이라는 보고서에서 중국의 환경규제 경계령을 재계에 발동했다.

이 보고서는 2004년 한국기업이 중국에 수출한 497억 달러 중 62%인 309억 달러에 해당하는 품목이 중국이 시행한 환경 규제 적용 대상인 것으로 조사되었다고 밝혔다. 가장 대표적인 규제 법안은 폐가전 및 전자제품의 회수 처리 관리 규정이다. 2007년부터 시행되는 이 법안은 EU의 '폐가전처리지침(WEEE)'과 비슷한 것으로, 폐전기 전자제품의 회수와 재활용에 소요되는 비용을 제조자와 소매업자가 부담하도록 하고 있다.

(3) 고품질 서비스

일본 경제지 「다이아몬드」는 35개 일본기업의 중국상륙성공기를 소개했는데, 그 성공비결 중의 하나는 "좋은 서비스"였다. 소득수준이 높아지면서 비싸더라도 고품질의 좋은 서비스를 찾는 중국인이 급증하는 추세이다.

사 례

■ 높은 품질의 서비스－시세이도社[35)]

화장품 회사 「시세이도」는 서비스 개념이 낯설었던 10년 전부터 중국에서 일본 수준의 서비스를 고집했다. 백화점 판매원들에게 시종일관 미소를 유지하도록 하고, 정전이 발생해도 매장을 뜨지 못하게 했다. 그 결과 좋은 서비스로 정평이 나면서, 현지개발 브랜드인 '오프레'가 300여개 백화점 매장에서 화장품 매출 순위 1위에 올라 있다.

---

(4) 정보수집

일본무역진흥공사(JETRO)는 '중국진출 트러블 회피 핸드북'에서 "중국에 진출한 기업들은 각각의 정부기관과 관계를 구축해야 한다. 환경, 실업 규제가 강화되고 있으므로, 사업부마다 정부가 주최하는 설명회와 상공인 모임에 참석해 정보를 실시간으로 업데이트하고, 정보교환도 부지런히 해야 한다"고 지적했다.[36)]

(5) 유통경로 확보 : 독자적인 판로개척

일본무역진흥공사(JETRO)는 '중국진출 트러블 회피 핸드북'에서 "부품회사가 같은 계열 회사만 믿고 따라 들어가면 낭패를 볼 수 있으므로 독자적인 판로를 개척해 진출해야 한다"고 지적했다.[37)]

사 례

■ 독자적 유통망 구축－LG전자社[38)]

LG전자는 중국 전역을 포괄하는 독자적 유통망을 구축하고 중국 시장에 깊숙하게 파고 들고 있다. 주요 도시에 유통거점센터 역할을 하는 지점(分公司, 분공사)을 두고, 그 지점 아래에 대리점을 두고 있는 것이 LG전자의 유통 시스템이다.

최근에는 상하이 지점을 3개로 분할했다. 상하이 지점이 맡고 있는 '지앙쑤(江蘇)'와 '저지앙(浙江)' 지역을 분리하여 '난징(南京)'과 '항조우(杭州)'에 각각 지점을 새로 설치했다.

■ 유통망 전략, "유력한 딜러망 구축" : 삼성전자社[39]

KOTRA 구앙쪼우 무역관에 따르면, 삼성전자의 최초 유통 전략은 제품의 가격 경쟁력이 다소 떨어지더라도 제대로 된 현지 달러를 확보하는 것이었다.

대리점에 대해서는 적절한 이익률(margin)을 보장해 줌과 동시에 제품 가격을 1년여 동안 고정시킴으로, 딜러들이 안정적으로 판매 전략을 수립하도록 해주어, 딜러들이 삼성 휴대전화 모델을 제일 선호하는 모델이 되도록 했다.

또한 시장가격을 안정시키기 위해 유럽 등 외국으로 판매한 제품이 중국으로 밀수되는 것을 방지하는 데 주력함으로써 유통질서가 교란 되는 것을 막았다.

이러한 전략으로 인하여 초기 중국시장에서 무명에 가깝던 삼성전자 휴대전화 브랜드가 일시에 급상승했다.

■ 유통망 전략, "효율적인 대리점 관리" – 경동보일러社[40]

'경동보일러'는 1995년 중국에 독자투자 방식으로 500만 달러를 들여 '북경 경동보일러 유한공사'를 설립하였다.

KOTRA 북경 무역관에 따르면, 북경 경동보일러 유한공사는 1993년 연길에서 생산을 시작하였으나, 1995년 북경 공장을 설립하였고, 현재는 연길의 경우 대리점만 운영하고 있다. 현재 종업원 수는 130명이다.

생산품목은 연료를 기준으로 가스전용 및 기름전용 두 가지이며, 용도를 기준으로 난방용과 온수용 및 이 둘의 겸용 3가지를 생산하고 있다. 용량은 대형과 소형 모두 생산하고 있으나, 가스전용 소형 가정용 보일러가 주요 품목이다.

이 회사는 유통망 확보가 중국 시장에서 성공하는 핵심 요소라고 인식하고, 대리점 확보와 대리점의 기술수준 유지에 전략의 초점을 두었다. 회사는 현재 150여개의 대리점망을 구축하고, 이들을 통해 수준 높은 A/S를 제공함으로써 지역시장을 공략하고 있다. 대리점에게는 매년 5회 A/S 기술인력 연수를 실시하고, 미흡한 경우에는 직접 A/S 직원을 파견하여 지원한다.

시장은 동북에서 시작하여 점차 명성을 확보하면서 화북, 화동으로 확대되어 가고 있다. 대리점 관리에서 가장 어려운 점은 판매 활성화와 채권 관리이다.

■ 유통망(위탁 영업소)에 투자 집중 – 크린 랩社[41]

'크린 랩'은 1996년 중국 상하이 '청포' 지구에 임가공공장을 건설하며 중국 시장에 진출했다. 2004년 중국 시장 내 매출액은 33억원 이었다.

현지 기업인들은 크린 랩이 "현지에서 완전히 자리 잡았다"고 보고 있으며, 크린 랩의 오늘보다는 내일을 높이 평가하고 있다. 크린 랩은 그동안 외형 확대보다는 유통망 확보를 위한 투자에 집중했기 때문에, 앞으로는 매출이 더욱 증대하고 흑자로 전환될 것으로 예상되고 있는 것이다. 크린 랩은 경제 발전 속도가 빠른 동부 해안 지역뿐만 아니라 서부 내륙 지방에 이르기까지 중국 전역에 걸쳐 30여개 유통거점(위탁 영업소)을 마련하였다.

'승병근' 크린 랩 중국 현지법인의 총경리는 "그동안 중국의 랩 시장 성장세를 염두에 두고 유통망 확보에 집중 투자했다"고 설명한다.

과거에 음식 보관 문화가 발달하지 못한 중국에서는 '랩'은 아직 생소한 제품이었으며, 기껏해야 수박과 같은 과일을 보관할 때 사용하는 정도였다. 그러나 냉장고가 보급되고 생활수준이 향상되면서 점차 신선도 높은 음식에 대한 관심과 수요가 높아지고 있고, 랩 소비 역시 큰 폭으로 증가하고 있다. '황경하' 부총경리는 "매년 25% 이상의 성장이 가능할 것"이라고 추산했다.

크린 랩은 유통망을 통해 사업 영역을 적극적으로 확대해 가고 있다. 예를 들면, 위탁 영업소를 통해 수세미, 고무장갑, 밀폐형 용기 등 주방 생활용품을 함께 공급해가며 할인점 공략에 나서고 있다. 여기에 중국내 위탁영업소를 통해 구매한 중국산 제품을 한국 내에 판매하는 방식을 겸함으로써, 여기에서도 매출이 발생해 시너지 효과가 나타나기 시작했다.

승병근 총경리는 "중소기업도 품질과 효율적인 유통망 관리를 통해 중국 소비시장에서 충분히 성공할 수 있다는 모델을 만들겠다"고 포부를 밝혔다.

---

(6) 진출지역(입지) 선정

일본무역진흥공사(JETRO)는 '중국진출 트러블 회피 핸드북'에서 "중국에서 진출지역을 선정할 때, 도심 외곽 개발구역에 진출할 경우 도심보다 비용은 싸지만 지방정부의 재개발에 따라 갑자기 이전 명령이 떨어지는 경우가 있고, 특히 전기 공급이 원활하지 않은 경우가 많으니 유의해야 한다. 초기 진출 비용을 아끼려다 잦은 정전 때문에 손해를 보는 경우가 생긴다"고 지적했다.[42)]

(7) 재료, 설계도 유출에 대비

일본무역진흥공사(JETRO)는 '중국진출 트러블 회피 핸드북'에서 "중국업체에 맡겨 위탁생산을 시작한 후 중국시장에서 유사제품이 유통되는 사례가 발견됐다. 원자재와 설계도를 빼돌리는 경우가 종종 발생하기 때문이다"라고 지적했다.[43)]

(8) 판매대금 회수 대책[44)]

중국 사업에서는 '현금 거래'를 하는 것이 최선이다. 그러나 모든 거래를 특히 사업 초기에는 현금으로 처리한다는 것은 불가능할 것이다. 따라서 부득이 외상거래를 해야 할 경우에는 판매대금을 반드시 회수할 확실한 안전조치를 해 두어야 한다.

예를 들어, 은행을 개입시킨 거래, 보험회사를 활용한 거래, 담보설정과 같은 각종 방법을 모색해야만 한다. 이를 위한 방법 중의 하나로 중소기업들은 베이징, 상하이에 진출해 있는 무역협회 혹은 대사관(총영사관)이 제공해 주는 현지변호사의 법률서비스 등을 사전에 충분히 활용할 필요가 있다.

(9) 꾸안시(關係 · 인간관계)보다 준법경영이 우선[45)]

KOTRA 본사에서 열린 '차이나 위크(China Week)'에서 전문가들은 "중국시장에서 성공하려면 꾸안시보다 준법 경영이 우선"이라고 강조했다. 후난성(湖南省)정부와 합작 투자하여 진출한 모 대기업은 관세를 포탈했다가 세관 당국에 적발되었다. 이 회사는 중국지방정부 당국에 부탁해 세관 측에 로비를 했다가 벌금 약 400만 달러를 부과받았고, 현지법인 대표는 3개월간 징역을 살았다.

(10) 시장진입장벽 구축

기업은 특히 중국에서 사업을 할 때는 경쟁기업들이 시장에 진입해 들어와 자사와 치열한 경쟁상태가 되는 것을 원하지 않고 언제나 독점적 지위를 유지하고자 노력할 것이다.

다국적 기업들은 중국에 진출할 때, 기술우위를 이용하여 중국시장을 선점(先占)하고, 진입한 후에도 또 다양한 수단을 활용하여 중국업체들의 시장 진입장벽을 높여가고 있다.

사 례

■ 시장진입 장벽구축－테트라펙, 코닥社

스위스의 무균 포장지 설비업체인 '테트라펙'사는 현재 중국 무균 포장지 설비 시장의 약 85%를 점유하고 있는데, 최근 중국 측 거래업체에게 "만일 다른 회사제품을 구입한다면 기존 설비에 대해 유지보수를 하지 않겠다"고 통보했다. 중국 측 거래업체들이 자사 이외의 다른 제품을 쓸 수 없도록 한 것이다.

'테트라펙'은 이와 동시에 무균 포장지 설비에 유통업체 동맹을 결성하여, 중국토착기업들이 이 산업에 진입하는 것을 철저히 막고 있다.

필름제조업체인 '코닥'사는 중국 필름 감광재료시장의 50% 이상을 점유하고 있는데 이 회사는 경쟁회사가 등장하면 이를 인수하는 방식으로 시장을 확대하고 시장을 독점해 감으로써 시장진입장벽을 높여가고 있다. 예를 들어 '코닥'사는 감광재료 분야의 새로운 경쟁자로 나타난 '르어카이(樂凱)'사를 인수했다.

---

(11) 철수대책[46)]

중국에서 사업을 할 때에는 최악의 경우 손실을 최소화하면서 철수할 수 있는 탈출구를 처음부터 마련해 놓아야 한다. 철수할 수 있는 탈출구가 없다면 이것이 항상 약점으로 작용하여 중국 측과의 협상에서 항상 주도권을 잃고, 상황이 더욱 불리해질 수 있다.

참고문헌 Reference

제1편 [제1장]

1) Barney, J., "전략경영과 경쟁우위" 역서, 시그마프레스, 2000, 10～11쪽.
2) Coulter, M., Strategic Mangement, Prentice Hall, 3rd ed., 2005, p.5. 3) Coulter, Ibid., p.5.
4) Barney, 전게서, 11쪽. 5) Barney, 전게서, 12～20쪽. 6) Barney, 전게서, 12～15쪽 7) Barney, 전게서, 13쪽.
8) Barney, 전게서, 15～18쪽. 9) Barney, 전게서, 25쪽.
10) David, F., Strategic Management, 7th ed., Prentice Hall, 1999, pp.4～18. 11) David, op. cit., p.14.
12) Barney, 전게서, 26～27쪽. 13) Barney, 전게서, 20～25쪽 14) Barney, 전게서, 21～23쪽
15) Barney, 전게서, 23～24쪽 16) Coulter, op. cit. 17) Coulter, op. cit., pp.6～9. 18) Coulter, op. cit., p.7.
19) Coulter, op. cit., p.6. 20) SWOT는 strength(강점), weakness(약점), opportunity(기회), threat(위협)의 약자.
21) Coulter, op. cit., p.66. 22) Coulter, op. cit., p.66.
23) Kotler, P., Marketing Management, Prentice Hall, 3rd ed., 2003, pp.97～99.
24) Shalini, Intel in China, 2005, pp.6～7. 25) Coulter, op. cit., p.68. 26) Coulter, op. cit., p.68.
27) Coulter, op. cit., p.68. 28) Coulter, op. cit., pp.106～113.
29) 남명수 · 김태호, "신경영분석," 삼영사, 2002, 248～255쪽. 30) 남명수 · 김태호, 상게서, 251쪽.
31) Coulter, op. cit., p.7.
32) Coulter, op .cit., p.8; Johnson, G. & scholes, K., Exploring Corporate Strategy, 2nd ed., Prentice Hall, 1988, pp.15.
33) Coulter, op. cit., p.8.

[제2장]

1) 정상은 외, "기회와 위협이 공존하는 중국시장" "CEO Information" 제506호, 삼성경제연구소, 2005. 6. 22, 1～2쪽.
2) 중국 국가통계국, "중국통계연감." 3) 김익수, "중국투자론" 박영사, 1999, 7～9쪽.
4) 이재용(기자), 일간 서울경제, 2005. 4. 20. 5) 한국경제TV, 2005. 10. 6.
6) 데이비드 파워스, "이렇게 생각한다 – 한국 외자유치 들쭉날쭉한 이유" 일간 매일경제, 2005. 10. 21; 중국 국가통계국, "중국통계연감."
7) 人民日報, 2005. 7. 14.
8) 참고로 2005년 상반기 대중국 투자액 1～10위 국가와 지역은 홍콩, 영국령 버진군도, 일본, 한국, 미국, 대만, 케이먼 군도, 싱가포르, 사모아, 독일 순이다. 1～10위 투자국을 통한 실제외자이용액은 중국전체 외자실제이용액의 86.01%에 달한다(자료 : 경제참고보, 2005. 7. 14).
9) Oxford Analytica, 2005. 7. 14. 10) 김용기(기자), 동아일보, 2004. 6. 10.
11) 한우덕(상하이 특파원), 한경비즈니스, 2004. 11. 15. 12) 손희동(기자), 일간 이데일리, 2005. 10. 10.
13) 최홍섭(기자), 조선일보, 2005. 10. 1. 14) 박일근(기자), 한국일보, 2005. 4. 14.
15) 김현수(기자), 일간 서울경제, 2005. 8. 9. 16) 고진갑(베이징 특파원), 일간 서울경제, 2005. 10. 9.
17) 고진갑 · 문성진 · 김현수 · 한영일 · 현상경 · 이연선 · 김병기(기자), 일간 서울경제, 2005. 8. 17.
18) 고진갑(베이징 특파원), 일간 서울경제, 2005. 2. 13; 고진갑, 일간 서울경제, 2004. 10. 13
19) 고진갑(베이징 특파원), 일간 서울경제, 2004. 9. 6; 송병규(기자), 일간 서울경제, 2005. 3. 2; 염지현(기자), 일간 매일경제, 2005. 4. 26.
20) 이재혁(기자), 일간 서울경제, 연합뉴스, 2004. 1. 26,
21) 정지영(한국경제 국제부 기자), 한경 비지니스, 2005. 5. 16, 84쪽.
22) 고진갑(베이징 특파원), 일간 서울경제, 2005. 2. 25; 장세영(기자), 중앙일보, 2005. 12. 13; 이재용(기자), 일간 서울경제, 2004. 6. 20.

23) 김태현(기자), YTN, 2004. 6. 7; 고진갑(베이징 특파원), 일간 서울경제, 2005. 10. 12.
24) 박기성(베이징 특파원), 한국일보, 2005. 10. 12, 25) 조중식(베이징 특파원), 조선일보, 2005. 10. 10.
26) 윤형석(베이징 특파원), 일간 매일경제, 2004.11.17; YTN, 2005. 8. 30.
27) 이우탁(상하이 특파원), 일간 매일경제, 2005. 2. 27. 28) 일간 서울경제, 2005. 6. 19. 29) 김익수, 전게서, 183쪽.
30) 장세진, "글로벌경영" 박영사, 3판, 2003, 209~211쪽.
31) 일간 매일경제, 2005. 8. 25. 32) 장세진, 전게서, 223쪽.
33) 이장로 · 신만수, "국제경영" 홍문사, 2003, 127쪽.
34) 이장로 · 신만수, 상게서, 133쪽; Daniels, J. & Radebaugh, L., Internationsal Business, 6th ed., Addison Wesley, 1992, pp.545~546.
35) 안길수(기자), 일간 서울경제, 2005. 3. 27. 36) 이장로 · 신만수, 상게서, 133쪽; 장세진, 전게서, 223~224쪽.
37) Daniels & Radebaugh, op. cit., p.544. 38) 이장로 · 신만수, 전게서, 134쪽; 장세진, 전게서, 226쪽.
39) Coulter, M., Strategic Mangement, Prentice Hall, 3rd ed., 2005, p.229. 40) 김익수, 전게서, 160~161쪽.
41) Kerin, R. et al., "First-mover advantage: A synthesis," Journal of Marketing, Vol.56, No.4, p.34.
42) Kerin, et al., Ibid., pp.34~35; 김익수, 전게서, 163쪽.
43) Tritt, C., The Awakening Giant : Volkswagen in China, 2005. 44) Kerin, et al,, op. cit., pp.42~43.
45) Kerin, et al., Ibid., pp.35~42. 46) Kerin, et al., Ibid., pp.35~42.
47) Kerin, et al., Ibid., pp.43~46; 김익수, 전게서, 163쪽. 48) 김익수, 전게서, 165쪽. 49) 이데일리, 2005. 10. 14.
50) Kerin, et al., Ibid., p.47.

제 2 편 [제 3 장]

1) Coulter, M., Strategic Mangement, Prentice Hall, 3rd ed., 2005, p.85.
2) 김익수, "중국투자론" 박영사, 1999, 72~73쪽. 3) DasGupta, J., Unilever's Strategies in China, 2004, p.5.
4) EBS, "初級中國語會話" 2002. 10, 23쪽. 5) EBS, 상게서, 23쪽. 6) 최헌규(베이징 특파원), 일간 헤랄드경제, 2005. 11. 15.
7) EBS, "初級漢語會話" (주)채널커뮤니케이션, 2005. 3, 66쪽; EBS,"初級中國語會話," 태성바인택주식회사 태성미디어, 2002. 7, 79쪽.
8) Daniels, J. and Radebaugh, L., International Business, 9th ed., Prentice Hall, 1998, p.87.
9) 최월화, "중국의 중앙정부조직" 한국행정연구원, 2000. 10, 8쪽.
10) 김익도 · 이대우, "현대 중국의 정치" 부산대출판부, 2003, 머리말. 11) 중앙일보, 2005. 2. 20.
11) 중앙일보, 2005. 2. 20. 12) 서진영, "현대중국정치론" 나남출판, 1997. 13) 서진영, 상게서.
14) 강준영 외, "한권으로 이해하는 중국" 지영사, 1997, 93쪽. 15) 서진영, 상게서.
16) 동아일보, (연합뉴스), 2005. 11. 7; 이상택(기자), 일간 헤럴드경제, 2005. 11. 3.
17) 송봉규 외, "중국학 개론," 동양문고, 1998, 89~90쪽.
18) 강준영 외. 전게서, 93~94쪽. 19) 박한진, "10년후 중국" 해냄, 2005, 19쪽.
20) EBS, "初級中國語會話," 2002. 11, 15쪽. 21) 소작기, "중국경제의 야망," 매일경제신문사, 1996, 48~51쪽.
22) 서진영, 상게서; 송봉규 외, 전게서, 121쪽.
23) 심지어 외자 기업의 내부에도 공산당 위원회가 설치되며 중국측 파트너에게 부여되는 지위인 부사장이 당서기를 맡는 경우도 있다(자료 : 垣淸, "圖解 中國のしくみ," 2000, 역서, 국일증권경제연구소, 2002, 29쪽).
24) 송봉규 외, 전게서, 122쪽.
25) 이상수(한겨레 북경특파원), "중국정치 읽기-중난하이의 현인정치" China 21, 한겨레 웹사이트, 2004. 12.1 9.
26) 垣淸, "圖解 中國のしくみ," 中經出版, 2000, 24~26쪽. 27) 垣淸, 상게서, 25쪽. 28) 垣淸, 상게서, 24~26쪽.
29) 垣淸, 전게서, 27쪽. 30) 최월화, "중국의 중앙정부조직" 한국행정연구원, 2000. 10.
31) 김학관, "현대중국학입문" 청목출판사, 2002, 100~103쪽; 송봉규 외, 전게서, 130~131쪽.
32) 그래서 최근에는 국무원이 제안하는 의제를 채택하지 않거나 의제에 대한 기권이나 반대표도 나오기 시작하였다 (垣淸, 전게서).
33) 최환 외, "현대중국의 이해" 영남대출판부, 2003, 161~162쪽. 34) 최월화, 전게서, 11쪽.
35) 최월화, 전게서, 11쪽. 36) 송봉규 외, 전게서, 127쪽. 37) 강준영 외, 전게서, 118쪽; 김학관, 전게서, 100쪽.
38) 강준영 외, 전게서, 93~94쪽; 김학관, 전게서, 100쪽; 송봉규 외, 126~127쪽. 39) 최월화, 전게서, 11쪽.
40) 정지영(기자), 한국경제신문, 2005. 10. 17. 41) 서진영, 전게서.
42) 1982년 당헌은 개혁개방시대의 중국공산당의 기능과 역할 및 조직에 대한 기본방향을 제시하고 있는 중요한 문건

이며, 오늘에 이르기까지 부분적 자구 수정이외에 별다른 변화가 없이 거의 그대로 유지되고 있다. 이에 대해서는 서진영 교수의 홈페이지, '徐鎭英教授의 中國政治硏究室'의 '연구와 쟁점'란에 게재된 '개혁개방시대 중국 공산당 당장과 당조직개요'를 참조(www.eastasianstudies.org/technote/read.cgi?board = STUDIES_ISSUES & y_number = 5 & nnew = 2).

43) 서진영, 전게서.

44) 3개 대표론은 2000년 2월 당시 당 총서기였던 강택민이 새로운 시대에 중국공산당은 ① 가장 선진적인 사회생산력, ② 가장 선진적 문화를 대표해야 하고, 무엇보다도 ③ 가장 광범위한 인민들의 근본적 이익을 대표해야 한다는 주장이며 중국 공산당이 계급정당의 한계를 넘어서 전 인민의 정당임을 재확인하고, 동시에 과학기술의 진보와 경제발전을 주도하면서 중국의 현대화에 기여하고 있는 새로운 사회 계층들도 당에 흡수할 필요가 있다고 주장하였다.

45) 권영석(홍콩 특파원), 일간 매일경제, 2005. 2. 13. 46) 오광진(베이징 특파원), 한국경제신문, 2005. 2. 26.

47) 김병기(기자), 일간 서울경제, 2004. 8. 3. 48) 상게서. 49) 오광진, 상게서. 50) "등소평문선," 제2권, 168～169쪽.

51) 이평식 · 웬량즈, "현대 중국학 개론" 학고방, 2001, 107～109쪽. 52) 이평식 · 웬량즈, 상게서, 134쪽.

53) 이평식 · 웬량즈, 상게서, 137쪽. 54) "建國以來毛澤東文稿" 제6권, 中央文獻出版社, 1992, 제94, 350쪽.

55) 최월화, 전게서, 24쪽. 56) 송봉규 외, 전게서, 151～154쪽; 이평식 · 웬량즈, 전게서, 161～162쪽.

57) 이평식 · 웬량즈, 전게서, 156～157쪽. 58) 이평식 · 웬량즈, 전게서, 167～168쪽.

59) 이평식 · 웬량즈, 전게서, 171～173쪽. 60) 이평식 · 웬량즈, 전게서.

61) 해외농업투자정보센터, "중국 개황" 사이트(www.karico.co.kr/oai/200),

62) 송봉규 외, 전게서, 147쪽; 이평식 · 웬량즈, 전게서, 168쪽.

63) 중국정부는 정치적 의도로 대만을 중국의 23번째 성(省)으로 간주하며, 이를 포함하면 현재 중국의 성수는 23개가 된다; 한창수 · 김영구, "중국문화개관" 한국방통대출판부, 2003, 16쪽.

64) 송봉규 외, 전게서, 147쪽. 65) 한창수 · 김영구, 상게서, 16～17쪽. 66) 한창수 · 김영구, 전게서, 18쪽.

67) 한창수 · 김영구, 전게서, 20～21쪽. 68) 중국 국가통계국 "중국통계연감" 69) 송봉규 외, 전게서, 148쪽.

70) 중국 국가통계국, 상게서. 71) 송봉규 외, 전게서, 148쪽. 72) 중국 국가통계국, 상게서.

73) 홍인표(베이징 특파원), 경향신문, 2004. 3. 2.

74) 신승하, "중국사" 대한교과서, 1998, 23, 27쪽.

75) 신승하, 전게서. 76) 심규호, "연표와 사진으로 보는 중국사" 일빛, 2002, 406～407쪽.

77) 조관희, "이야기 중국사" 청아출판사, 1998, 460쪽. 78) 강준영 외, "한권으로 이해하는 중국" 1997, 81쪽.

79) 심규호, 상게서, 416쪽. 80) 강준영 외, 상게서, 81쪽 ; 조관희. 상게서, 463쪽.

81) 강준영 외, 상게서, 81～82쪽; 심규호. 전게서, 418쪽. 82) 심규호, 전게서, 425～426쪽.

83) 강준영 외, 전게서, 84쪽; 심규호. 전게서, 425～426쪽. 84) 심규호, 전게서, 429쪽.

85) 심규호, 전게서, 430～432쪽; 강준영 외, 전게서, 84쪽. 86) 강준영 외, 전게서, 85쪽.

87) 陳舜臣, 手塚治虫 감수, 新しい中國の夜明 : 毛澤東の長征, 中國の歷史(12), 中央公論社, 127쪽.

88) 중국통신사 제공. 89) 상게서, 81쪽. 90) 상게서, 81쪽. 91) 최환 외, 전게서, 118쪽.

92) 조관희 편, "이야기 중국사" 청아출판사, 2003, 473～475쪽. 93) 조관희. 전게서, 471～472쪽.

94) 네이버. "문화대혁명" 「백과사전」, www.naver.com. 95) 조관희. 전게서, 472～473쪽; 최환 외, 전게서, 123～125쪽.

96) 조관희, 전게서, 473～475쪽; 최환 외, 전게서, 127～128쪽. 97) 신승하, 전게서, 534～538쪽.

98) 이상수(한겨레 베이징 특파원), "중국정치 읽기 2－중난하이의 현인정치 2" China 21, 한겨레 웹사이트, 2004. 12. 19.

99) 서진영, 전게서. 100) 정지영(기자), 한국경제신문, 2005. 10. 17.

101) 정치적 위험에 대해서는 그밖에도 여러 가지 정의가 제시되었다. 두 가지만 예를 들면 다음과 같다. ① 다국적 기업이 현지국(host country)에서의 정치적 사건(political event) 또는 현지국과 다른 나라와의 정치적 관계 변화로 상당한 영향을 받을 가능성(자료 : Demirbag, M., et al. "Political risk management: a case study," Global Competitive Strategies in the New World Economy, Edward Elgar, 1998, p.283) ② 정치적 요인들로 인해 다국적 기업의 이윤이 악화되거나 사업상 중요한 목표 달성에 차질을 줄 가능성(자료 : Rugman, A., and Hodgetts, R., International Business, 2nd ed., Prentice Hall, 2000, p.362).

102) 원종근, "글로벌시대의 국제경영" 박영사, 1999, 184～203쪽. 103) 정열(기자), 연합뉴스, 2005. 11. 11.

104) 이장로 · 신만수, "국제경영" 2003, 161쪽.

105) 주간 내일신문, 337호, 2000. 6. 21; 최수묵 · 이명재(기자), 동아일보, 2000. 6. 8.

106) 이장로 · 신만수, 전게서, 162쪽.

[제 4 장]

1) 姜孝佰, “중국법 통론” 경희대학교 출판부, 2005, 50쪽. 2) 상게서. 3) 강효백, 전게서, 57쪽.
4) 서진영, “중화인민공화국 헌법과 헌법 개정안의 내용과 성격－1982년 헌법과 4차례의 헌법 개정안을 중심으로－,” “동아시아 연구” 제8호, 2004. 6, 9～40쪽.
5) 周成新, “愉中國對外國投資的 法律保護,” “法學通論” 제152호(1990), 11쪽(강효백, 전게서, 273쪽에서 재인용).
6) 이 체계는 강효백, 전게서, 59～72쪽의 분류체계를 따르되 각 헌법 조문은 원문을 대조하여 필요한 경우 보충하거나 수정하였음.
7) 강효백, 전게서, 59쪽. 8) 于明盛,“法律基礎” 天津南開大學出版社, 2004, 85쪽(강효백, 전게서, 74쪽에서 재인용).
9) 강효백, 전게서, 55쪽. 10) 韓大元 외 13人, 現代中國法入門, 博英社, 1995, 129쪽. 11) 상게서. 12) 상게서, 13쪽.
13) 상게서. 14) 강효백, 전게서, 76쪽. 15) 상게서, 78쪽. 16) 강효백, 전게서, 78쪽, 韓大元 外, 전게서, 137쪽.
17) 강효백, 전게서, 78～79쪽. 18) 韓大元 外, 전게서, 140쪽. 19) 강효백, 전게서, 79～80쪽.
20) 韓大元 外, 전게서, 141쪽. 21) 강효백, 전게서, 8쪽. 22) 韓大元 外, 전게서, 144쪽의 그림을 재구성한 것임.
23) 韓大元 外, 전게서, 147쪽.
24) 이 그림은 최재선, “중국을 품어라” 청림출판, 125쪽(국무원 조직표), 韓大元 外, 전게서, 147쪽(중국 국가기구의 조직체계), 강효백, 전게서, 84쪽(중국 정권구조 권력조직도)을 통합하여 재구성한 것임.
25) 송대수(베이징 특파원), 한국일보, 2004. 3. 15. 26) 고진갑(베이징 특파원), 서울경제, 2004. 3. 14.
27) 김동원(기자), 동아일보, 2004. 9. 1. 28) 김병기(기자), 서울경제, 2004. 9. 1.
29) 송의달(홍콩 특파원), 조선일보, 2005. 9. 27. 30) 장규호(기자), 한국경제신문, 2005. 10. 4.
31) 금동근(파리 특파원), 동아일보, 2004. 8. 26. 32) 한겨레, 2004. 12. 24.
33) 민법통칙은 주석령(主席令) 제37호로 공포되어 1987년 1월 1일부터 시행되고 있다.
34) 아래 부분은 “중화인민공화국 민법통칙”의 법조문 원문이다. 이에 대한 번역서인 石守吉*, “중화인민공화국 민법」, 시간의 물레, 2005, 11～45쪽을 대조 · 참조하여 제시하였으며 조문에 따라서는 위 번역서의 내용을 법조문 원문에 맞추어 수정 · 번역하였다.
35) 담보법은 주석령 제50호로 공포되어 1995년 12월 1일부터 시행되고 있다.
36) 오광진(베이징 특파원), 한국경제신문, 2004. 10. 25.
37) 계약법은 주석령 제15호로 공포되어 1999년 10월 1일부터 시행되고 있다.
38) 아래부분은 「중화인민공화국 계약법(合同法)」의 법조문 및 이에 대한 번역서인 石守吉譯, 상게서, 111～197쪽과 조대원 역, “계약법”불이문학, 2004를 대조 · 참조하여 제시하였으며 조문에 따라서는 위 번역서들의 내용을 법조문에 맞추어 수정 · 번역하였음.
39) 當事人就遲延履行約定金的, 違約方志付違約金後, 還應當履行債務. 40) 작업을 맡는 사람.
41) 작업을 맡기는 사람, 발주자(發注者).
42) 혼인법은 1980년 9월 1일 제5기 전국인민대표대회 제3차 회의를 통과하고 2001년 4월 28일 제9기 전국인민대표대회 상무위원회 제21차 회의에서 수정되었다.
43) YTN, 2005. 3. 3. 44) 김태현(기자), YTN, 2005. 6. 16. 45) 남경욱(기자), 한국일보, 2004. 10. 5.
46) 동아일보, 2004. 10. 14(연합뉴스). 47) 박기성(베이징 특파원), 한국일보, 2004. 11. 23.
48) 입양법은 1998년 11월 4일 제9기 전국인민대표대회 상무위원회를 통과하여 1999년 4월 1일부터 시행되고 있다.
49) 상속법은 1985년 4월 10일 제6기 전국인민대표대회 제3차 회의를 통과하고 1985년 4월 10일 중화인민공화국 주석령 제24호로 공포되어, 1985년 10월 1일부터 시행되고 있다.
50) 형법은 1979년 7월 1일 제5기 전국인민대표대회 제2차 회의를 통과하고 1997년 3월 14일 전국인민대표대회 제5차 회의에서 수정되었다.
51) 강효백, 전게서, 177쪽. 52) 韓大元 外, 전게서, 353쪽. 53) 상게서, 354쪽. 54) 상게서, 354쪽. 55) 상게서, 354쪽.
56) 상게서, 354쪽. 57) 상게사, 357쪽. 58) 상게서, 358쪽. 59) 강효백, 전게서, 203쪽. 60) 韓大元 外, 전게서, 204쪽.
61) 상게서, 372쪽. 62) 조중식(기자), YTN, 2005. 3. 9; 조선일보, 2005. 3. 14.
63) 박기성(특파원), 서울경제, 2004. 12. 2. 64) 김태현(특파원), YTN, 2005. 6. 30. 65) YTN, 2005. 5. 20.
66) 동아일보, 2004. 7. 9(연합뉴스). 67) 박세영(기자), 헤랄드 경제, 2005. 11. 22. 68) 서울경제, 2004. 8. 25.
69) 황유성(베이징 특파원), 동아일보, 2004. 8. 3; 고진갑(베이징 특파원), 서울경제, 2004. 8. 3.
70) 부형권(기자), 동아일보, 2004. 5. 24. 71) 강효백, 전게서, 240쪽. 72) 강효백, 전게서, 240쪽.
73) 상게서, 254쪽. 74) 법무법인 한결－허운학, 전게서, 29쪽. 75) 허운학, 상게서, 12쪽 및 강효백, 전게서, 24쪽.

76) 허운학, 전게서, 30~40쪽 및 강효백, 전게서, 267~272쪽. 77) 강효백, 전게서, 240~241쪽.
78) 상게서, 244쪽. 79) 상게서, 254쪽. 80) 상게서, 248쪽.
81) 합화(合伙, 합할 합, 세간 화)는 '동료가 되가, 동업하다'는 뜻이다. 또한 伙(세간 화)는 '무리, 떼, 공동으로 하다, 협력하다, 제휴하다'는 뜻을 갖는다. 강효백 교수는 合伙기업을 '합영기업'이라 번역하고 있다.
82) 강효백, 전게서, 251쪽. 83) 상게서, 255쪽.
84) 법무법인 한결-허운학, "중국 투자에 필요한 중국법 해설" 매일경제신문사, 2002, 29~30쪽.
85) 허운학, "중국진출 한국기업을 위한 중국법 실무해석" 로앤비, 2004, 12쪽. 86) 강효백, 전게서, 269쪽.
87) 1979년 7월 1일 제5기 전국인민대표대회 제2차 회의에서 통과되고 1990년 4월 4일 개정되었으며, 2001년 3월 15일 2차 개정되었다.
88) 1983년 9월 20일 국무원에서 공포하였고, 1986년 1월 15일 제1차 개정되고, 1987년 12월 21일 제2차 개정되었으며 2001년 7월 22일에 제3차 개정되었다.
89) 허운학, 전게서, 12쪽.
90) 1988년 4월 13일 제7기 전국인민대표대회 제1차 회의에서 통과되고 200년 10월 31일 제1차 개정되었음.
91) 1995년 8월 7일 국무원의 비준을 거쳐 대외무역경제 합작부에서 1995년 9월 4일자로 공포되었음.
92) 허운학, 전게서, 12쪽; 강효백, 전게서 270쪽.
93) 1986년 4월 12일 제6기 전국인민대표대회 제4차 회의에서 통과되고, 2000년 10월 31일 제1차 개정되었음.
94) 1990년 12월 12일 국무원의 비준을 거쳐 대외경제 합작부에서 1990년 12월 12일 공포하였으며 2001년 4월 12일 개정되었음.
95) 강효백, 전게서, 271쪽. 96) 1995년 1월 10일 대외무역 경제합작부에서 공포하였음. 97) 1997년에 공포되었음.
98) 허운학, 전게서, 12쪽. 99) 법무법인 한결-허운학, 전게서, 32쪽. 100) 강효백, 전게서, 272쪽.
101) 〈회사법〉 제199조 제1항 참조(법무법인 한결-허운학, 전게서, 381쪽에서 재인용).
102) 〈회사법〉 제199조 제2항(상게서에서 재인용). 103) 〈회사법〉 제200조(상게서, 39쪽에서 재인용).
104) 1992년 8월 15일, 국가 공상 행정 관리국에서 공포하였음. 105) 법무법인 한결-허운학, 전게서, 40쪽.
106) 강효백, 272쪽.
107) 이 그림은 강효백, 전게서, 239~303쪽과 239쪽의 〈그림 7-1〉, 법무법인 한결-허운학, 전게서, 29~40쪽, 그리고 허운학, 전게서, 120쪽의 〈도표-1〉을 참조하여 본 저자가 작성한 것임.
108) 법무법인 한결-허운학, 전게서, 36쪽 109) 강효백, 전게서, 257쪽. 110) 법무법인 한결-허운학, 전게서, 36쪽.
111) 外商投資的 有限責任公司 適用本法, 有關 中外合資經營企業, 中外合作經營企業, 外資企業的 法律另 有有規定的, 適用其規定.
112) 법무법인 한결-허운학, 전게서, 36쪽. 113) 상게서, 36쪽. 114) 상게서, 37쪽. 115) 상게서, 37쪽.
116) 상게서, 37~38쪽.
117) 中國社會科學院法學硏究所, "法律辭典", 北京, 法律出版社, 2003, p.1788(강효백, 전게서, 259쪽에서 재인용).
118) 강효백, 전게서, 261~265쪽. 119) 中國社會科學院法學硏究所, 전게서, 513쪽(강효백, 전게서, 259쪽에서 재인용).
120) 강효백, 전게서, 259~265쪽. 121) 김병기(기자), 2004. 8. 3.
122) 황유성(베이징 특파원), 동아일보, 2004. 6. 22. 123) 고진갑(베이징 특파원), 서울경제, 2004. 6. 22.
124) 이 부분에서 제시하고 있는 분류체계 및 각종 법령 그리고 관련 조항은 전경련 동북아 허브 TFT · 고려대 통상법 연구센터 편역, "중국 주요 경제법령집" TKI 미디어, 2003에서 참조 · 인용한 것임.
125) 상품 품질법은 1993년 2월 22일 제7기 전국인민대표대회 상무위원회 제30차 회의에서 통과되었고, 2000년 7월 8일 제9기 전국인민대표대회 상무위원회 제16차 회의에서 수정되었으며 1993년 9월 1일부터 시행되고 있다.
126) 소비자 보호법은 1993년 10월 31일 제8기 전국인민대표대회 상무위원회 제4차 회의를 통과하고, 1994년 1월 1일부터 시행되고 있다.
127) 부정경쟁 방지법은 1993년 9월 2일 제8기 전국인민대표대회 상무위원회 제3차 회의를 통과하고 1993년 12월 1일부터 시행되고 있다.
128) 회계법은 1985년 1월 21일 제6기 전국인민대표대회 상무위원회 제9차 회의를 통과하고 1999년 10월 31일 제9기 전국인민대표대회 상무위원회에서 수정되어, 2000년 7월 1일부터 시행되고 있다.
129) 외상투자기업 및 외국기업 소득세법은 1991년 4월 9일 제7기 전국인민대표대회 제4차 회의에서 통과되었으며, 1991년 7월 1일부터 시행되고 있다.
130) 개인소득세법은 1980년 9월 10일 제5기 전국인민대표대회 제2차 회의를 통과하고, 1999년 8월 30일 제9기 전국인민대표대회 상무위원회 제11차 회의에서 제2차 수정되어 1999년 8월 30일 중화인민공화국 주석령 제22호로 공포되어 시행되고 있다.

131) 증권법은 1999년 7월 1일부터 시행되고 있다. 132) 보험법은 1995년 10월 1일부터 시행되고 있다.
133) 고진갑(베이징 특파원), 서울경제, 2004. 11. 8. 134) 김창규(기자), 중앙일보, 2005. 6. 23.
135) 어음법은 1996년 1월 1일부터 시행되고 있다. 136) 경매법은 1997년 1월 1일부터 시행되고 있다.
137) 노동법은 1995년 1월 1일부터 시행되고 있다. 138) 허운학, 전게서, 114쪽.
139) 한우덕, 한경비지니스, 2004. 12. 13; 서울경제, 2004. 11. 14.
140) 노동조합법은 1992년 4월 5일 공포, 시행되었으며 2001년 10월 27일 개정되어 동일부터 시행되었다.
141) 김호정(기자), 서울경제, 2004. 11. 18. 142) 박기성(베이징 특파원), 한국일보, 2004. 11. 1.
143) 최원정(기자), 서울경제, 2004. 11. 24.
144) 저작권법은 1990년 9월 7일 제7기 전국인민대표대회 상무위원회 제15차 회의를 통과하고, 2001년 10월 27일 제9기 전국인민대표대회 상무위원회 제24차 회의에서 수정되어 시행되고 있다.
145) 특허법은 1984년 3월 12일 제6기 전국인민대표대회 상무위원회 제4차 회의에서 통과되고, 2000년 8월 25일 전국인민대표대회 상무위원회 제17차 회의에서 수정되어 시행되고 있다.
146) 명순영(기자), 매일경제, 2004. 12. 22.
147) 상표법은 1983년 3월 1일부터 시행되었는데, 2001년 10월 27일 제9기 전국인민대표대회 상무위원회 제24차 회의에서 제2차 수정되어 시행되고 있음.
148) 온종훈(기자), 서울경제, 2004. 3. 25. 149) 최병국(특파원), 서울경제, 11. 11(베를린=연합뉴스).
150) 박기성(베이징 특파원), 한국일보, 2005. 5. 9. 151) YTN, 2004. 12. 4. 152) 이재용(기자), 서울경제, 2004. 9. 20.
153) 김병기(기자), 서울경제, 2004. 12. 26. 154) 최원정(기자), 서울경제, 2004. 12. 22.
155) 김병기(기자), 서울경제, 2004. 12. 26. 156) 서울경제, 2005. 9. 11.
157) 대외무역법은 1994년 5월 12일 제8기 전국인민대표대회 상무위원회 제7차 회의에서 통과되고, 1994년 7월 1일부터 시행되고 있다.
158) 세관법은 1987년 1월 22일 제6기 전국인민대표대회 상무위원회 제19차 회의에서 통과되고, 2000년 7월 8일 제9기 전국인민대표대회 상무위원회 제16차 회의에서 개정되었다.
159) 토지관리법은 1986년 6월 25일 통과하고, 1988년 8월 29일 제4차 개정되어, 1999년 1월 1일부터 시행되고 있다.
160) 도시부동산 관리법은 1995년 1월 1일부터 시행되고 있다.
161) 환경보호법은 1989년 12월 26일 공포되어 시행되고 있다. 162) 명순영(기자), 매일경제, 2004. 11. 3.
163) 수질오염 방지법은 1984년 5월 11일 제6기 전국인민대표대회 상무위원회 제5차 회의에서 통과되고, 1996년 5월 15일 제8기 전국인민대표대회 상무위원회 제19차 회의에서 수정되어 시행되고 있다.
164) 이진(기자), 동아일보, 2004. 8. 10.
165) 대기오염 방지법은 1987년 9월 5일 제6차 전국인민대표대회 상무위원회 제22차 회의에서 통과되고, 1987년 9월 5일 중화인민공화국 주석령 제57호로 공포되어, 1988년 6월 1일부터 시행되고 있다.
166) 이진(기자), 동아일보, 2004. 8. 10.
167) 해양환경보호법은 1982년 제5기 전국인민대표대회 상무위원회 제24차 회의를 통과하고, 1999년 12월 25일 제9기 전국인민대표대회 제13차 회의에서 수정되어, 2000년 4월 1일부터 시행되고 있다.
168) 중재법은 1995년 9월 1일부터 시행되고 있다.
169) 민사소송법은 1991년 4월 9일 전국인민대표대회에서 공표하여 시행되고 있다.
170) 민법통칙, 제13조(허운학, 전게서, 394쪽). 171) 계약법, 제129조. 172) 민법통칙, 제136조.
173) 행정소송법은 1990년 10월 1일부터 시행되고 있다.

[제5장]

1) 정상은 외, "중국경제 연착륙할 것인가?" CEO Information, 제522호, 삼성경제연구소, 2005. 10. 12, 1~2쪽.
2) 허민(기자), 문화일보, "中 경제규모 세계 4위권 '우뚝'," 2005. 12. 22. 3) 중국 국가통계국,"중국통계연감".
4) 최병헌, "2005년 중국경제현황 분석" "월간한중", 제06-02-1호, 2006. 2. 2, 1쪽, 재인용 자료.
5) 한국수출입은행 상해사무소, "중국 물류시장의 현황, 전망 및 시사점" 2005. 4. 20, 3쪽.
6) 김종수(기자), 연합뉴스, "韓 1인당 소득, 2050년 美 제외 G7 능가" 2005. 12. 12; 박영서 · 윤희진(기자), 헤럴드경제, "中, 브레이크 없는 성장세" 2005. 12. 22.
7) 윤혜경(기자), 일간 서울경제, 2004. 5. 25 ; World Bank. 8) 중국 국가통계국, "중국통계연감" 9) 중국 국가통계국, 상게서.
10) 한국수출입은행, "중국의 금융" 2005. 4. 19, 3쪽. 11) 中國人民銀行. 12) 中國人民銀行,"中國人民銀行統計季報"등.
13) 중국 人民日報, 2005. 8. 11. 14) 일간 한국경제, 2005. 8. 1. 15) 일간 한겨레, 2005. 7. 26.

16) 윤희진(기자), "위엔화 지속 상승, 한때 달러당 7.9997위엔," 헤럴드생생뉴스, 2005. 11. 27; 로이터, "中, 위엔화 환율 개혁 가속화," 2005. 11. 20.
17) 중국 人民日報, 2005. 8. 11. 18) 일간 한국경제, 2005. 8. 1. 19) 일간 한겨레, 2005. 7. 26.
20) 중국 "해관통계," 2004, 제12기.
21) Ramonet, I., "Renaissance," Maniere de voir 85, Fevrier-Mars 2006.
22) 중국 "중국통계적요." 2005. 23) 한국수출입은행 상해사무소, 2005. 4. 20, 3쪽. 24) 중국 국가통계국, 전게서.
25) 중국 "해관통계" 각년 제12기; KOTRA, 보도자료, 2005. 3. 24
26) 1차 상품에는 광물 등 원자재, 식재료, 동식물, 음료, 담배 등이 포함된다. 27) 중국 "해관통계," 각년 제12기.
28) 조선일보(사설), "기초과학에 비료 줘야 1위 상품 열린다." 2005. 12. 27. 29) 중앙일보, 2005. 6. 13.
30) 중국 국가통계국, 전게서. 31) 중국 국가통계국, 전게서. 32) 중국 국가통계국, 전게서. 33) 중국 국가통계국, 전게서.
34) 중국총연, "중국정보 핸드북 2005～2006," 전경련 국제협력실 역, FKI미디어, 2005, 324쪽; 최병헌, "중국의 인구 증가와 경제활동인구 전망," "월간한중," 제06-02-2호, 2006. 2. 16, 6쪽.
35) 한국수출입은행 상해사무소, 2005. 4. 20, 1～2쪽.
36) 송영규(기자), 일간 서울경제, 2005. 7. 14.
37) 일간 한겨레, 2005. 7. 13; 한국수출입은행 상해사무소, "중국의 석유와 가스 수급과 동향," 2004. 4. 8, 1～2쪽; 김주영, "중국 에너지산업과 진출방향," 한국수출입은행, 2005. 3. 25.
38) 중국 국가통계국, 전게서 39) 일간 파이낸셜 뉴스, 2004. 12. 20. 40) 중국 新華社통신, 2005. 8. 1
41) 2003년 기준으로 중국은 에너지소비와 석유소비 양면에서 미국에 이어 세계 2위를 차지할 만큼 에너지 다소비국이 되었다(자료 : 한국 산업자원부, "우리나라 에너지부문의 국제위상," 산업자원통계, 2005. 3. 28)
42) 한국수출입은행 해외경제연구소, "중국의 석유와 가스 수급과 전망," 2004. 4. 8.
43) 중국 新華社 통신, 2005. 7. 25; 국제원자력기구(IEA).
44) 2005년에 2,500만톤의 해외석유자원 확보가 예상되는데, 이는 중국내 생산량의 14.7%에 해당하는 규모이다.
45) 2003년 기준으로 중국은 에너지소비와 석유소비 양면에서 미국에 이어 세계 2위를 차지할 만큼 에너지 다소비국이 되었다(자료 : 한국 산업자원부, "우리나라 에너지부문의 국제위상," 산업자원통계, 2005. 3. 28); 중국 新華社통신, 2005. 8. 1.
46) 강성웅, YTN, 2004. 3. 4. 47) 강성웅, YTN, 2004. 3. 2. 48) 홍석우(기자), 한국일보, 2005. 8. 24.
49) 한경 비즈니스, 2005. 5. 23. 50) 한국 산업자원부 보도자료와 참고자료 각호.
51) 한국 산업자원부 자원정책과 참고자료, 2005. 8. 4.
52) 김용운, "경쟁이 심화되는 중국 자동차 시장," "수은해외경제," 한국수출입은행, 2005. 6, 57쪽.
53) 중국 국가통계국, "중국통계연감." 54) 이진(기자), 동아일보, 2004. 8. 9. 55) 중국 국가통계국, 전게서.
56) 최병헌, 전게서, 1～2쪽. 57) 중국 국가통계국, 전게서.
58) 참고로 3차 산업의 비중이 2001년에 브라질에서는 55%, 인도네시아에서는 39%에 달하였다(자료 : Lemoine, F., L'economie chinoise, La Decouverte, 2003, p.45).
59) 중국 국가통계국, 전게서. 60) 중국 국가통계국, 전게서. 61) 고진갑(베이징 특파원), 일간 서울경제, 2004. 9. 29.
62) 중국 국가통계국, 전게서.
63) 교통편은 예를 들어 장기노선의 경우, 육해공을 가릴 것 없이 1～2시간 연착이 기본이다. 오히려 제시간에 출발하거나 도착하면 "웬일이냐"고 할 정도이다. 대외적 체면 때문인지 그나마 국제선 비행시간은 지켜지고 있으나 국내선은 그야말로 엿장수 맘인 듯하다(자료 : 이준애(전문여행인),"오토타임즈," 2005. 9. 18).
64) 차이나인코리아, "중국의 이해," www.chinainkorea.co.kr.
65) 중국 인민일보 해외판, 2005. 7. 8; 중국 경제일보, 2005. 7. 5; 전경련 중국산업연구센터,"중국산업정보", 제36호, 2005. 7. 28, 3～7쪽.
66) 이건호(기자), 조선일보, 2005. 9. 13; 윤희진(기자), 일간 헤랄드경제, 2005. 10. 19.
67) 조중식(베이징 특파원), 조선일보, 연합뉴스, 2005. 10. 16; 황유성(베이징 특파원), 동아일보, 2005. 10. 17
68) 최연혜, "다시 그리는 중국의 철도지도," "월간 위드차이나(with China)".
69) 네이버(포털 사이트), "중국횡단철도," 「백과사전」. 70) 네이버(포털 사이트), 상게서.
71) 이호영, YTN, 2005. 1. 26; 일간 서울경제, 2004. 7. 30. 72) 중국 국가통계국, 전게서.
73) 중국 국가통계국, 전게서. 74) 중국 국가통계국, 전게서. 75) 시공사, "Just go 중국," 2005, 54쪽.
76) 특히, 2005년 1년 중 중국의 휴대전화 신규 가입자 수가 5,800만 명 가량 늘어날 것으로 중국 정부 신식사업부는 추정하였다. 이렇게 휴대전화 확산 속도가 빠른 것은 땅이 넓기 때문으로 풀이된다(자료 : 고진갑(베이징 특파원), 일간 서울경제, 2005. 3. 27).

77) 중국 국가통계국, 전게서. 78) 중국 일간 China Daily, 2005. 6. 29.
79) "中國互聯網絡信息中心," www.cnnic.net.cn
80) 한국일보, 2005. 6. 28. 81) YTN, 2005. 6. 28. 82) 일간 매일경제, 2005. 4. 10.
83) 고진갑(베이징 특파원), 일간 서울경제, 2004. 9. 19.

[제 6 장]

1) 중국 국가통계국, "중국통계연감," 다만 2000년 이후 자료는 2000년 1월 1일 기준으로 시행한 총인구조사 자료를 기준으로 매년 시행한 전국 표본조사를 토대로 추정한 수치임; UN Statistics Division, Demographic Yearbook 2002.
2) '중국인구 및 계획생육위원회'에서 발표.
3) 최병헌, "중국의 인구증가와 경제활동인구 전망," "월간한중", 제06-02-2호, 2006. 2. 16, 3쪽.
4) 지순한, YTN, 2005. 1. 6. 5) 홍인표(베이징 특파원), 경향신문, 2005. 1. 6. 6) 일간 서울경제, 2005. 1. 26.
7) 윤형식(베이징 특파원), 일간 매일경제, 2004. 2. 26. 8) 김태현(베이징 특파원), YTN, 2004. 5. 17.
9) 미국의 비영리 인구통계연구소인 Population Reference Bureau(인구조회국)에서 2005년 8월 발표한 보고서인 2005 World Population Data Sheet (인터넷사이트 www.prb.org) 참조; 또한 이 보고서에 의하면 통상적으로 경제적 풍요를 유지하기 위한 출생률은 2명인 것으로 추정되는데, 미국의 출생률은 주요 경제대국중 유일하게 현재 약 2명을 유지하고 있음. 그래서 경쟁심화에도 불구하고 미국이 앞으로도 경제대국 지위를 유지할 것이라는 전망이 나옴; 참고로 한국도 출산율이 1.2명이라는 극히 낮은 수준으로 떨어진 상태임.
10) 박기성(베이징 특파원), 일간 매일경제, 2005. 1. 6. 11) 이인숙(기자), 경향신문, 2004. 4. 19..
12) Population Reference Bureau, 전게서; 헤럴드생생뉴스, 2005. 9. 1
13) 위에서 언급한 장이(張翼) 연구원에 의하면 중국의 인구증가가 오는 2020년까지 이어지면서 현재 15~64세 노동력인구가 전체 인구에서 점하는 70% 비율도 동 기간 동안 유지될 것"으로 전망되었다(출처: 상동); 중국 국가통계국, "중국통계연감"-재인용 : 최병헌, "중국의 인구증가와 경제활동인구 전망," "월간한중", 제06-02-2호, 2006. 2. 16, 2쪽.
14) 최병헌, "중국의 인구증가와 경제활동인구 전망," "월간한중," 제06-02-2호, 2006. 2. 16, 6쪽.
15) 국제적 기준으로 고령화 사회는 65세 이상 인구 비중이 7% 이상인 경우로 정의된다(자료 : 21세기 중국총연, "중국정보 핸드북 2005~2006," 전경련 국제협력실 역, FKI미디어, 2005, 202쪽).
16) 중국의 도시화 비율(36%)이 개발도상국 평균(40%)에는 아직 미치지 못하였으나 아시아의 다른 주요 개발도상국들 가운데서는 중간 수준에 있음(태국 20%, 인도 28%, 인도네시아 37%, 말레이시아 50%)(자료 : UN Statistics Division, Demographic Yearbook 2002).
17) 21세기 중국총연, 전게서, 201쪽.
18) Attane, I., "La Chine au seuil du XXe siecle," Les Cahiers de l'INED, 2002. 19) 최병헌, 전게서, 4쪽.
20) 2000년 자료는 동년 실시한 '제5차 전국인구조사' 결과에 기초하며 2002년 자료는 동년 실시한 '전국인구 표본조사' 결과에 기초한다; 심각한 예로 구이저우(貴州)성 구이양(貴陽)시는 최근 출생 성비(性比)가 여아 100명당 남아가 129명에 이르는 심각한 불균형을 보이면서 최근(2005년 1월)에 임신 14주 이후의 태아에 대해 낙태를 금지하는 법안을 제정하여 중국에서 첫 시행에 들어갔을 정도이다(자료 : 조선일보 2005. 2. 18).
21) 남아선호사상은 한국의 경우에도 존재하지만 과거에 비해서는 퇴색하는 추세여서 2004년 통계에서 출생성비는 108.2명으로 10년 전의 115.2명보다 크게 개선됨(자료 : 대전일보, 2005. 8. 25).
22) 이상민 기자, 연합뉴스, "中, 인신매매아기 29만원~192만원에 거래," 2005. 11. 23.
23) 강호원(북경특파원), 세계일보, "중국, 여아 낙태 의료진 최고 징역 3년형." 2005. 12. 27.
24) 인터넷신문 오마이뉴스, 2003. 1. 16. 25) 최명철(자유기고가), 일간 매일경제, 2005. 4. 12.
26) 최명철, 매경 이코노미, 2004. 7. 29. 27) 중국 人民日報, 2005. 1. 20, KIEP 사이트에서 재인용.
28) 정주호(베이징특파원), 한국일보, 2005. 9. 4. 29) 머니투데이, 2005. 10. 13.
30) 차이나인코리아, www.chinaninkorea.co.kr. 31) 중국 국가통계국,"중국통계연감".
32) 중국 국가통계국, 상계서-재인용 : 최병헌, 전게서, 2쪽.
33) KIEP, "중국경제현안브리핑(2005-01호)"; 차이나인코리아, www.chinaninkorea.co.kr.
34) 한창수 · 김영구, "중국문화 개관," 한국방송통신대 출판부, 2003, 24쪽.
35) 이병한 외, "초급중국어 I" 한국방송통신대 출판부, 2005, 5~6쪽.
36) 참고로 보통화란 명칭은 1956년부터 시작되었으며 이를 청나라 때는 관화(官話 : 관에서 쓰는 언어), 서구인들은 만다린(mandarin)이라 불렀다. 대만에서는 국어라 부르며 화교들은 화어라고 한다.

37) 중국 국가통계국, 전게서. 38) 강준영 외, "한권으로 이해하는 중국," 지영사, 1997, 196～198쪽.
39) 최환 외, "현대중국의 이해," 영남대출판부, 2000, 52쪽.
40) 이상오, "중국내 민족간 갈등, 요리는 다르다(1)," 인터넷한겨레, 차이나21, http://ichina21.hani.co.kr, 2004. 11. 2.
41) 중앙일보, 2005. 10. 3. 42) 동아일보, AP 연합, 2004. 8. 14.
43) 이평식・웬량즈, "현대 중국학 개론," 학고방, 2001, 163～166쪽.
44) 2003년말 기준으로 자치주 30개, 자치현(기) 120개가 설치되어 있다. 45) 중국정부 백서.
46) 최문선(기자), 한국일보, 2004. 11. 2. 47) 최환 외, 전게서, 47～48쪽. 48) 한창수・김영구, 전게서, 24～27쪽.
49) 延邊조선족자치주 : 주도 延吉시, 인구 219만 명 중 조선족 비중 41%, 면적 42,000km^2; 長白조선족자치현 : 인구 8만 5천명 중 조선족 비중 16%(자료 : 중국정부 백서, 2003년 말 기준).
50) 박만원(기자), 일간 매일경제, 2005. 9. 5. 51) 최환 외, 전게서, 32～33쪽.
52) 차이나인코리아, www.chinaninkorea.co.kr; 야후 코리아－사전; 주잉제(주한 중국문화원장), 월간 신동아, 2004년 12월호(통권 543호).
53) YTN, 2005. 5. 23. 54) 경향신문, 2005. 5. 29.

[제7장]

1) 후자오량, "중국의 문화지리를 읽는다", 역서, humanist, 2005, 46～49쪽. 2) 권재현 기자, 동아일보, 2005. 9. 21.
3) 상게서. 4) 중국(中國), 중화(中華)라는 명칭은 약 3천 년 전 서주(西周)에서부터 사용되기 시작된 오래된 사상이다.
5) 한창수・김영구, "중국문화개관," 한국방통대출판부, 2003, 122～123쪽.
6) 최환 외, "현대중국의 이해," 영남대출판부, 2003, 53～54쪽.
7) 오마이뉴스, "베이징에 가면 알아서 몸조심하시라," 2005. 10. 28; 김기태, "중국 진출 기업의 인사전략," "LG주간경제," LG경제연구원, 2002. 5. 15, 39쪽.
8) 최환 외, 상게서, 57～58쪽. 9) 오마이뉴스, 전게서. 10) 김기태, 전게서, 39쪽.
11) 垣淸, "圖解 中國のしくみ", 中經出版, 2000, 219쪽. 12) 최환 외, 전게서, 65쪽. 13) 상게서, 217～218쪽.
14) EBS, 初級中國語會話, 2002. 10, 55쪽.
15) 강준영 외, "한권으로 이해하는 중국" 지영사, 1997, 54쪽; 최환 외, 전게서, 56쪽. 16) 최환 외, 전게서, 63～64쪽.
17) 한창수・김영구, "중국문화개관," 한국방통대출판부, 2003, 133～134쪽; 동아일보사, "중국백과," 1993, 34～35쪽.
18) 연합뉴스, 2005. 7. 20. 19) 최명철(자유기고가), 매경이코노미, 2004. 1. 16.
20) 주잉제, 월간"신동아", 2004. 12, 543호; 한창수・김영구, 전게서, 126～132쪽.
21) 장유유서 또는 위계의식을 중국 용어로는 '등급(等級)관념'이라 한다(한창수・김영구, 전게서, 128쪽).
22) 중국에서 흔히 보는 풍경 중의 하나가 남녀 간에 말다툼을 할 때 여자 쪽 목소리가 훨씬 높다는 것이며 얼핏 여자의 발언권이 상당하다는 느낌을 준다.
23) 주잉제, 전게서. 24) 주잉제, 전게서. 25) 주잉제, 전게서; 최환 외, 전게서, 59～61쪽.
26) 조중식(베이징특파원), 조선일보, 2005. 10. 11. 27) 주잉제, 전게서. 28) 주잉제, 전게서. 29) 주잉제, 전게서.
30) 주잉제, 전게서; 한창수・김영구, 전게서, 134～135쪽. 31) 박용범(기자), 일간 매일경제, 2005. 2. 18.
32) EBS, 初級中國語會話, 2005. 6, 117쪽; 박용범(기자), 일간 매일경제, 2005. 2. 18; 김시래(기자), 중앙일보, 2005. 5. 3; 고진갑(베이징 특파원), 일간 서울경제, 2004. 8. 2.
33) 김시래, 상게서. 34) 후자오량, 전게서, 200쪽. 35) 후자오량, 전게서, 201쪽 36) 후자오량, 전게서, 201쪽
37) 후자오량, 전게서, 202쪽
38) 이치구(전문기자), 한국경제신문, 2004. 2. 18; 온종훈(기자), 일간 서울경제, 2004. 2. 17; 이철재(기자), 중앙일보, 2005. 2. 28.
39) 수미여행사 "중국여행 기초정보" 웹사이트 40) 강준영 외, 전게서, 189～190쪽. 41) YTN, 2005. 3. 3.
42) 垣淸, 전게서, 214～215쪽, 43) 이상오, 전게서, 2004. 11. 4.
44) 垣淸, 전게서, 216쪽; www.china.org.cn, 2002. 10. 11
45) 로이터 연합, 2005. 6. 29. 46) 垣淸, 전게서, 216쪽, 47) 출처분실로 미게재. 48) 주잉제, 전게서.
49) 이상오, "중국인들의 주식과 곡물생산량," China 21, 한겨레 웹사이트, 2005. 6. 30.
50) 주영하, "중국, 중국인, 중국음식," 책세상, 2000, 42쪽.
51) 이상오, "중국 연회문화의 고민－홍이냐 위생이냐," 상동, 2005. 7. 15.
52) 유영철, "중국인의 체면 문화," China 21, 한겨레 웹사이트, 2005. 3. 25.
53) 유영철, 상게서. 54) 이상오, 상게서 55) 유영철, 전게서.
56) 주잉제, 전게서; 이상오, "중국 4대요리 프레임," China 21, 한겨레 웹사이트, 2005. 3. 3; 이상오, "쓰촨요리 VS

광둥요리," 상동, 2005. 5. 2.
57) 주영하, 전게서, 45~46쪽. 58) 이인호, "이것이 중국이다" 아이필드, 2000, 352쪽. 59) 최환 외, 전게서, 79~81쪽.
60) 주석, "중국 4대 지방요리" China 21, 한겨레 웹사이트, 2004. 8. 21.
61) 일간 마이데일리, 2005. 7. 30; 우수근, "한중일의 포장마차-중국편" China 21, 한겨레 웹사이트, 2004. 12. 19.
62) 이상오, "중국내 민족간 갈등, 요리는 다르다(2)" 차이나21, 인터넷한겨레, 2004. 11. 4.
63) 온기홍(기자), "코끼리 코로 만드는 3천만원짜리 中 황실 요리" 미디어다음, 2005. 8. 16.
64) 이상오, "서태후는 만한전석을 먹어 봤을까?" China 21, 한겨레 웹사이트, 2005. 10. 21.
65) 우수근, "말랑말랑한 중국인-음주매너편" China 21, 한겨레 웹사이트, 2005. 6. 26; 주잉제, 전게서.
66) 주영하, 전게서, 50쪽. 67) 동아일보사, 전게서, 40쪽.
68) 우수근, "말랑말랑한 중국인-흡연매너편" China 21, 한겨레 웹사이트, 2005. 7. 4.
69) 그리고 가능하다면 한 대를 빨아들여 한두 번 뻐끔대는 모습을 보여주고는 비흡연자임을 밝히면 자신을 위해 피워준 그 배려와 성의에 감탄하며 고마워하게 된다(자료 : 상게서).
70) 우수근, 전게서. 71) 한국일보, 2004. 6. 1. 72) 주잉제, 전게서.
73) 주잉제, 전게서; 한창수 · 김영구, 전게서, 140~141쪽. 74) 최환 외, "현대중국의 이해" 영남대출판부, 2003, 84쪽.
75) 한창수 · 김영구, 전게서, 140쪽.
76) 배영준, "중국 소비문화의 5가지 신드롬" "LG주간경제" LG경제연구원, 2005. 10. 19, 3~7쪽.
77) 정지영(기자), 한국경제신문, 2005. 10. 29. 78) 주성하(기자), 동아일보, 2005. 11. 24.
79) 김경석(기자), "동아시아 4개국 휴대전화 구입시 최우선 고려사항 달라" 연합뉴스, 2005. 10. 25. 80) 상게서.
81) 최헌규(특파원), 일간 헤랄드경제, 2005. 11. 22. 82) 최환 외, 전게서, 67~70쪽.
83) http://blog.daum.net/freedom6, "중국의 설날 풍속도" 2006. 1. 30.
84) 수미여행사, 전게서. 85) 수미여행사, 전게서. 86) 진세근(베이징 특파원), 중앙일보, 2006. 1. 28.
87) 최환 외, 전게서, 70쪽. 88) 최환 외, 전게서, 72쪽. 89) 최환 외, 전게서, 73쪽.
90) 이동혁(상하이 특파원), 조선일보, 2005. 9. 14. 91) 황유성(베이징 특파원), 동아일보, 2004. 9. 24.
92) 이동혁, 상게서. 93) 이규태(기자), 조선일보, 2005. 9. 16. 94) 강준영 외, 전게서, 177쪽. 95) 수미여행사, 전게서.
96) 垣淸, 전게서, 202~205쪽. 97) 일간 서울경제, 2005. 2. 17. 98) 동아일보, 2005. 10. 29.
99) 이창섭(런던 특파원), 연합뉴스/매일경제, 2005. 1. 24. 100) 윤형식(베이징 특파원), 일간 매일경제, 2005. 7. 19.
101) 황유성(베이징 특파원), 동아일보, 2004. 3. 3. 102) 주잉제, 전게서. 103) 후자오량, 전게서, 107쪽.
104) 주잉제, 전게서. 105) 주잉제, 전게서.
106) Min Chen, "Common culture, Different styles" China Business Review, V.31, N.5, Sep./Oct. 2004, p쪽53~58.
107) 우수근, 상게서.
108) 참고로 북경인에 대한 부정적 평판의 표현으로는 "속은 텅 빈 채 거만하고 우쭐대며 거들먹거리기만 한다."를 들 수 있음(자료 : 우수근, "중국의 천차만별 지방색" China 21, 한겨레 웹사이트, 2005. 6. 18)
109) Min Chen, op. cit. 110) 우수근, 전게서. 111) 우수근, 전게서. 112) Min Chen, op. cit.
113) 참고로 상해인에 대한 부정적 평판의 표현으로는 "오로지 돈에 목숨 건듯 이기적이며 경박하고 인색하다."를 들 수 있음(자료 : 우수근, 전게서).
114) 우수근, 전게서. 115) 헤럴드경제, 2005. 10. 13.
116) 동북인은 용맹한 기질을 지녀 '동북호랑이(東北虎)'라는 별칭도 갖고 있다. 117) 우수근, 전게서. 118) 우수근, 전게서.
119) Min Chen, op. cit 120) 우수근, "중국의 천차만별 지방색" China 21, 한겨레 웹사이트, 2005. 6. 12.
121) 우수근, 전게서, 2005. 6. 18. 122) Min Chen, op. cit 123) 우수근, 전게서. 124) 후자오량, 전게서, 459~464쪽.
125) 후자오량, 전게서, 434~438쪽. 126) 우수근, 전게서, 2005. 6. 18. 127) 후자오량, 전게서, 403~411쪽.
128) 네이버, "기술" 「백과사전」, www.naver.com. 129) 陸旗武彦 外,"經營學小辭典", 1981, 67쪽
130) Steiner, G., Business and Society, 2nd ed., 1975, 쪽321 131) 村上陽一郎,"西歐近代科學", 1971, 152쪽.
132) 김원수, "기업환경론" 다산출판사, 1991, 317쪽. 133) 김원수, 상게서, 317~322쪽.
134) 오종석 · 조영복, "현대경영학" 삼영사, 2001, 324쪽. 135) 김원수, 전게서, 322쪽. 136) 김원수, 전게서, 325쪽.

[제 8 장]

1) 송봉규 외, "중국학 개론" 동양문고, 1998, 13쪽.
2) 동으로는 조선, 북으로는 몽골, 동북으로는 러시아, 서북으로는 카자크스탄, 키르키즈스탄, 타지키스탄, 서와 서남으로는 아프카니스탄, 파키스탄, 인디아, 네팔, 시킴, 부탄, 남으로는 미얀마, 라오스, 베트남과 인접한다.

3) 동과 동남으로 한국, 일본, 필리핀, 부루네이, 말레이시아, 인도네시아와 바다를 사이에 두고 마주한다.
4) 다음은 현재 미해결된 분쟁 지역이다.
－조어도(釣漁島, 다오위다오, 일본명 센가쿠 열도) : 일본과 분쟁;
－남사군도 : 베트남, 필리핀, 인도네시아, 말레이시아, 보르네오 등과 분쟁;
－카슈미르와 부탄 접경지역 : 인도와 분쟁; 일간 한겨레, 2005. 7. 12).
5) 청장고원의 면적은 약 230만 km^2로 중국 대륙의 거의 1/4에 해당할 정도로 광활하다(자료 : 중국국무원교무판공실 · 중국해외교류협회, "중국상식－지리" 김민호 역, 다락원, 2003, 40쪽.
6) 오대영(기자), 중앙일보, 2005. 12. 13. 7) 중국국무원교무판공실 · 중국해외교류협회, 상게서, 41～46쪽.
8) 조회환, "중국의 실체와 정책" 한국외국어대 출판부, 1994, 27쪽.
9) 장범성 · 고연걸, "중국학개론" 한림대 출판부, 2000, 17쪽.
10) 김소중, "중국을 정복하자" 개정판, 백산서당, 2003, 51쪽. 11) 송봉규 외, 전게서, 16쪽.
12) 중국국무원교무판공실 · 중국해외교류협회, 전게서, 48～49쪽. 13) 중국 국가통계국, "중국통계연감" 2003.
14) 중국 국가통계국, 상게서. 15) 중국 국가통계국, 전게서.
16) 중국백과, 신동아 별책부록, 1993년 1월호, 39～41쪽; 해외농업투자정보센터, "중국 개황," 사이트 www.karico.co.kr/oai/200; 중국의 어제와 오늘, "국토 현황" 사이트 www.chinabang.co.kr.
17) 네이버(포털 사이트), "중국의 수운" 「백과사전」. 18) 강준영 외, "한권으로 이해하는 중국" 지영사, 1997, 24～25쪽.
19) 참고로 흑룡강을 러시아에서는 아무르강이라 부른다. 20) 중국 국가통계국, "중국통계연감" 1998.
21) 강준영 외, 전게서, 17쪽. 22) 중국 국가통계국, "중국통계연감" 2003.
23) 동아일보사, "중국백과" 신동아 별책부록, 1993년 1월호, 40쪽. 24) 조회환, 전게서, 30쪽. 25) 강준영, 전게서, 25쪽.
26) 중국의 어제와 오늘, 전게서. 27) 정용환(기자), 중앙일보, 2005. 1. 3; 박기성(베이징 특파원), 일간 매일경제, 2005. 1. 3.
28) 중국의 어제와 오늘, 전게서. 29) 조성대(베이징 특파원), 한국일보, 2004. 2. 23. 30) 강준영, 전게서, 25쪽.
31) 박창호 · 여기태, "중국 항만의 물류시스템 분석에 관한 연구" 2004 경제학공동학술대회, 2쪽.
32) 해외농업투자정보센터, "중국 개황" 사이트 www.karico.co.kr/oai/200.
33) FAO, 2000, 인터넷 자료, 원자료 : Institute of soil science, CAS, 1986, The soil atlas of China, Cartographic Publishing Houses, Beijing, pp.6～7.
34) 중국 국가통계국, "중국통계연감" 2003. 35) 중국 국가통계국, 전게서. 36) 중국 국가통계국, 전게서.
37) 송봉규 외, 전게서, 30쪽. 38) 중국 국가통계국, 전게서. 39) 중국 국가통계국, 전게서.
40) 한창수 · 김영구, "중국문화개관" 한국방통대출판부, 2003, 14～15쪽; 중국의 어제와 오늘, 전게서.
41) 중국 국가통계국, 전게서. 42) 어미지향은 쌀밥에 생선국을 많이 먹는다는 뜻.

제 3 편 [제 9 장]

1) 우춘식 외, "경영분석" 2판, 삼영사, 2002, 169쪽.
2) Coulter, M., Strategic Management, 3rd ed., Pearson Prentice Hall, 2005, pp.183～184.
3) Viljoen, J., Strategic Management, Longman, 1994, p.217. 4) Coulter, op. cit., p.185.
5) 우춘식 외, 전게서, 169쪽. 6) Coulter, op. cit., pp.72～74.
7) Aaker, D., Strategic Market Management, Wiley, 1992, p.72. 8) Coulter, op. cit., p.73.
9) 김용운, "경쟁이 심화되는 중국 자동차 시장" 수은해외경제, 한국수출입은행, 2005. 6, 56～58쪽.
10) Johnson, G. & Scholes, K., Exploring Corporate Strategy, Prentice Hall, 1988, p.62.
11) Coulter, op. cit., pp.74～76.
12) 여기서 활동 수준을 높이는 분야는 기업의 제조외의 기능도 포함됨. 예를 들면 제조에서는 생산량의 증대, 마케팅에서는 매출량의 증대, 연구개발에서는 혁신의 증대 등이다.
13) 오종석 · 조영복, "현대경영학" 삼영사, 2001, 155～156쪽. 14) Coulter, op. cit., p.77.
15) 한국수출입은행 해외경제연구소, "오리온식품유한공사의 하북성 투자사례," 2002.12.27, 4쪽.
16) 운송신문, 2002. 1. 3. 17) 오종석 · 조영복, 전게서, 157쪽. 18) Coulter, op. cit., p.78.
19) 오종석 · 조영복, 전게서, 157쪽. 20) 우춘식 외, 전게서, 171쪽. 21) Coulter, M., op. cit., pp.79～80.
22) Aaker, D., op. cit., p.26. 23) Aaker, D., op. cit., pp.87～91. 24) Shalini, Intel in China, 2005, pp.4～7.
25) Umashankar, Kodak in China, 2005, pp.2～3. 26) 우춘식 외, 전게서, 173～175쪽.
27) Bagchi, R. & Chattopadhyay, A., Beer war in China, 2005.

[제10 장]

1) Coulter, M., Strategic Management, Pearson Prentice Hall, 2005
2) Coulter, op. cit., p.106; Slack N., & Lewis, M., Operations Strategy, Prentice Hall, 2003, pp.21～22.
3) 조동성, "21세기를 위한 전략경영" 서울경제경영, 2002, 221～222쪽; Barney, J., "전략경영과 경쟁우위" 시그마프레스, 2000, 161쪽.
4) Coulter, op. cit., pp.107～109. 5) Viljoen, J., Strategic Management, Longman, 1994, pp.287～288.
6) Coulter, op. cit., p.113.
7) 조동성, 전게서, 279～283쪽; Johnson, G. & Scholes, K., Exploring Corporate Strategy, Prentice Hall, 1988, pp.86～88.
8) Johnson & Scholes, op. cit., p.87. 9) Johnson & Scholes, op. cit., pp.86～87.
10) Johnson & Scholes, op. cit., p.88. 11) Coulter, op. cit., p.115. 12) Coulter, op. cit., p.116.
13) Coulter, op. cit., pp.117～118. 14) Coulter, M., op. cit., pp.119～120.

제 4 편 [제11 장]

1) Coulter, M., Strategic Management, Pearson Prentice Hall, 2005, pp.216～218.
2) 조동성, "21세기를 위한 전략경영" 3판, 서울경제경영, 2002, 309쪽; Coulter, Ibid., p.219. 3) Coulter, op. cit., p.219.
4) Coulter, op. cit., p.220. 5) 조동성, 전게서, 310쪽; Coulter, op. cit., p.219.
6) 조동성, 전게서, 310쪽; Coulter, op. cit., p.219.
7) 한국수출입은행 해외경제연구소,"오리온식품유한공사의 하북성 투자사례", 2002. 12. 27, 4쪽.
8) Coulter, op. cit., p.219. 9) Coulter, op. cit., p.219. 10) Shalini, Intel in China, 2005, pp.5～6.
11) 조동성, 전게서, 337쪽; Coulter, op. cit., p.222. 12) Coulter, op. cit., p.222. 13) Coulter, op. cit., pp.222～223.
14) 박찬웅(기자), 파이낸셜뉴스, 2005. 10. 26. 15) Coulter, op. cit., p.223. 16) Coulter, op. cit., p.224.
17) Coulter, op. cit., pp.224～225. 18) KOTRA, 2001, 222쪽. 19) 송대수(베이징 특파원), 한국일보, 2005. 5. 7.
20) Coulter, op. cit., pp.225～226. 21) Viljoen, J., Strategic Management, Longman, 1994, pp.356～357.
22) 우춘식 외, "경영분석" 2판, 삼영사, 2002, 364쪽. 23) 박정식, "현대재무관리" 5판, 다산출판사, 1996, 772～773쪽.
24) 박정식, 상게서, 772쪽. 25) 우춘식 외, 상게서, 367쪽. 26) 박정식, 전게서, 772～773쪽.
27) Barney, J., "전략경영과 경쟁우위" 역서, 시그마프레스, 2000, 498쪽. 28) Coulter, op. cit., p.231.
29) Woodard, K. & Wang, A., "Acquisitions in China," China Business Review, Vol.32, No.1, Jan./Feb. 2005, p.14.
30) 제일경제신문, 2005. 9. 28.
31) 고진갑(베이징 특파원), 일간 서울경제, 2005. 2. 24; 최원정(기자), 일간 서울경제, 2005. 2. 17/2004. 6. 4; 최윤석(기자), 일간 서울경제, 2005. 2. 4.
32) Coulter, op. cit., p.231. 33) Bagchi, R. & Chattopadhyay, A., Beer war in China, 2005, p.4.
34) Coulter, op. cit., p.232. 35) Coulter, op. cit., p.232. 36) Shalini, op. cit., pp.5～6. 37) Coulter, op. cit., p.232.
38) Shalini, op. cit., p.6. 39) 오광진(베이징 특파원), 한국경제신문, 2005. 3. 3
40) 박한진,"10년후 중국", 해냄, 2005, 64쪽. 41) 정지영(한국경제 기자), 한경비지니스, 2005. 9. 5,
42) Coulter, op. cit., p.232. 43) Coulter, op. cit., p.232. 44) Umashankar, Kodak in China, 2005.
45) Coulter, op. cit., p.234. 46) Coulter, op. cit., pp.234～235. 47) Coulter, op. cit., p.235.
48) Coulter, op. cit., pp.235～236. 49) Coulter, op. cit., pp.235～236. 50) KOTRA, 전게서, 222쪽.
51) Coulter, op. cit., p.237. 52) Coulter, op. cit., p.237. 53) Coulter, op. cit., p.237. 54) Coulter, op. cit., p.237.
55) Coulter, op. cit., p.238. 56) Coulter, op. cit., p.238. 57) KOTRA, 전게서, 222쪽. 58) Coulter, op. cit., p.239.
59) Coulter, op. cit., p.239. 60) Coulter, op. cit., p.240. 61) Coulter, op. cit., p.240. 62) Coulter, op. cit., p.239.
63) Coulter, op. cit., p.239. 64) Coulter, op. cit., p.240. 65) Coulter, op. cit., p.240.
66) DasGupta, J., Unilever's Strategies in China, 2004. 67) 출처분실로 미게재.
68) 공종식 · 박용 · 배극인(기자), 동아일보, 2004. 8. 23; 최인철(기자), 일간 서울경제, 2004. 10. 17.
69) 공종식 · 박용 · 배극인(기자), 동아일보, 2004. 8. 23. 70) 김상훈(기자), 동아일보, 2004. 10. 25.
71) 김승진(기자), 동아일보, 2004. 8. 23. 72) 출처분실로 미게재.
73) Mechem, M., "Strategies for Investing in China," 'China Business Review, Vol.31, No.5, Sep./Oct. 2004; Folta, P., "Cooperative Joint Ventures," China Business Review, Vol.32, No.1, Jan./Feb. 2005, pp.18～23.
74) 출처분실로 미게재. 75) Chandrasekar, K., KFC in China, p.5.

76) Deng, P., WFOEs : The Most Popular entry mode into China, www.eou.edu; 재인용 : Dutta, P., Business Environment in China, p.6.
77) Dutta, Ibid., p.3. 78) Folta, op. cit., p.20. 79) Folta, op. cit., p.20. 80) Folta, op. cit., p.20～21.
81) 출처분실로 미게재. 82) KOTRA, 전게서, 45쪽. 83) Woodard & Wang, op. cit., p.15.
84) Woodard & Wang, op. cit., p.14. 85) Dodge, 2004; Mechem, op. cit. 86) Dodge, 2004; Mechem, op. cit.
87) Mechem, op. cit.,
88) 공고(控股)란 '일정한 주식을 소유함으로써 기업을 지배한다'는 것을 뜻하며, 따라서 공고공사(控股公司)는 지주회사를 뜻한다.
89) 출처분실로 미게재. 90) 출처분실로 미게재. 91) 출처분실로 미게재. 92) Shalini, op. cit., p.4.
93) 박천호(기자), 한국일보, 2005. 3. 2.

[제12 장]

1) Miles, R. & Snow, C., Organizational Strategy , McGraw-Hill, 1978.
2) Porter, M., Competitive Strategy, Free Press, 1980.
3) 한국수출입은행 해외경제연구소, "청도고합유한공사의 산동성 투자사례," 5쪽; KOTRA, 2001, 222쪽.
4) Chandrasekar, "KFC in China," 2004, pp.8～9.
5) Coulter, M., Strategic Management, Pearson Prentice Hall, 3rd ed., 2005, p.190.
6) Coulter, op. cit., p.192. 7) 한국경제신문, 2004. 2. 28. 8) Enright, M., op. cit..
9) 박한진, "10년후 중국", 해냄, 2005, 203쪽. 10) 홍인표(베이징 특파원), 경향신문, 2005. 7. 18.
11) Barney, J., "전략경영과 경쟁우위" 역서, 시그마프레스, 2000, 247～252쪽.
12) 최병용, "기초마케팅", 인하대출판부, 1998, 118～119쪽.
13) 윤형식(베이징 특파원), 일간 매일경제, 2005. 7. 21; 고진갑(베이징 특파원), 일간 서울경제, 2005. 7. 21.
14) KOTRA, 해외마케팅 성공 · 실패 사례집, 학림사, 2003, 544～555쪽; EBS, 초급한어회화, 2005. 8, 125쪽; 김대오(베이징 특파원), 경향신문, 2005. 3. 8; 정광재(기자), 일간 매일경제, 2005. 3. 8.
15) 최병용, 전게서, 119쪽.
16) Kotler, P. et al., Marketing Management-An Asian Perspective, 3rd ed., Prentice Hall, 2003, p.311
17) Kotler, P. et al., Marketing Management-An Asian Perspective, 3rd ed., Prentice Hall, 2003, p.311
18) Enright, M., Successful Multinationals in China, Asia Research Center, Univ. of Hong Kong.
19) KOTRA, 전게서, 62～63쪽. 20) Chandrasekar, "KFC in China," p.6. 21) 최병용, 전게서, 119쪽,
22) Chandrasekar, op. cit., p.2～8. 23) Barney, op. cit, 263～265쪽. 24) KOTRA, 전게서, 2001, 64쪽.
25) Enright, M., op. cit., 26) Coulter, M., op. cit., p.201.

제 5 편 [제13 장]

1) 김기영, "생산관리" 법문사, 1982, 31, 349～350쪽.
2) Slack, N. & Lewis, M., Operations Strategy, Prentice Hall, 2001, p.15. 3) Slack & Lewis, op. cit., pp.4～5.
4) 최재선,"중국을 품어라", 청림출판, 2005, 101～102쪽. 5) Slack & Lewis, op. cit., p.28.
6) Slack, N. & Lewis, op. cit., pp.38～41. 7) 김기영, 전게서, 710쪽. 8) Slack & Lewis, op. cit., p.30.
9) Kotter, P. et al, Marketing, Management, Pearson-Prentice Hall, 2003. p.339.
10) 김성령 · 정동희, "마케팅론" 한국방통대출판부, 2005, 123쪽. 11) 최병용, 전게서. 12) 최병용, 전게서, 214쪽.
13) 최병용, 전게서, 215쪽. 14) 최병용, 전게서, 215～216쪽. 15) 최병용, 전게서, 216쪽. 16) 최병용, 전게서, 216쪽.
17) 최병용, 전게서, 216～217쪽. 18) 최병용, 전게서, 217쪽.
19) Rotrick, C., Frito-Lay Adapts to the Chinese Market, Barry Univ., 2004. 20) 김기영, 전게서, 108쪽.
21) Krajewski, L. & Ritzman, L., Operations Management, 6th ed., Prentice Hall, 2002, p.97.
22) 양종택, "생산 · 운영관리" 법문사, 2001, 112쪽. 23) Krajewski, & Ritzman, op. cit., p.97.
24) 양종택, 전게서, 112쪽. 25) Krajewski, & Ritzman, op. cit., p.97. 26) 양종택, 전게서, 111쪽.
27) 안영진 · 유영목, "생산 · 운영관리" 박영사, 1999, 181쪽. 28) 김기영, 전게서, 79쪽.
29) Kotra, 2001, 115～116쪽; 한국수출입은행 해외경제연구소, "청도고합유한공사의 산동성 투자사례" 2002. 12. 27, 4쪽.
30) Dell in China, The Strategic Rethinking; Dell Spells Success in China; 최승호(기자), 조선일보

31) 김기영, 전게서, 79쪽; 안영진 · 유영목, 191쪽. 32) 이상범,"현대 생산 · 운영관리", 명경사, 2000, 89쪽.
33) 김기영, 전게서, 77쪽. 34) 김기영, 전게서, 77쪽. 35) 아이뉴스, 2004. 12. 23. 36) 이상범, 전게서, 90~91쪽.
37) Krajewski & Ritzman, L., Operations Management, 6th ed., Prentice Hall, 2002, p.97.
38) 이상범, 전게서, 91~92쪽. 39) 출처분실로 미게재. 40) Slack & Lewis, op. cit., p.133.
41) 김기영, 전게서, 438~439쪽. 42) 이순룡, "제품 · 서비스 생산관리론" 법문사, 1998, 305쪽.
43) Slack & Lewis, op. cit. 44) Slack & Lewis, op. cit., p.110. 45) Slack & Lewis, op. cit.
46) Slack & Lewis, op. cit., p.135~136. 47) Slack & Lewis, op. cit., p.135~139. 48) Slack & Lewis, op. cit., p.136.
49) 양종택, 전게서, 171쪽. 50) 김기영, 전게서, 445쪽; 양종택, 전게서, 173쪽.
51) 김기영, 전게서, 442~444쪽; 양종택, 172~173쪽. 52) 안영진 · 유영목, 전게서, 269쪽. 53) KOTRA, 2001, 72쪽.
54) 이순룡, 전게서, 310쪽. 55) Krajewski, L. & Ritzman, L., op. cit., p.335. 56) 이순룡, 전게서, 310쪽.
57) 안영진 · 유영목, 전게서, 267~268쪽. 58) 김기영, 전게서, 438쪽. 59) 이순룡, 전게서, 344쪽.
60) 김기영, 전게서, 236쪽. 61) 김기영, 전게서, 238쪽; 이순룡, 전게서, 341쪽.
62) 임익순 · 소영일, "현대경영학연습" 4판, 1994, 365~366쪽. 63) 이순룡, 전게서, 344쪽.
64) Chandrasekar, K., KFC in Korea, ICFAI, 2004, p.2.
65) 한국수출입은행 해외경제연구소, "오리온식품유한공사의 하북성 투자사례," 2002. 12. 27, 4쪽.
66) 이순룡, 전게서, 365쪽. 67) 김기영, 전게서, 266~267쪽; 이순룡, 전게서, 366쪽. 68) 이상범, 전게서, 152~165쪽.
69) 김기영, 전게서, 269쪽; 이순룡, 전게서, 368쪽. 70) 이순룡, 전게서, 369쪽.
71) 안영진 · 유영목, 전게서, 318쪽; 이순룡, 전게서, 369쪽. 72) 김기영, 전게서, 269~270쪽; 이순룡, 전게서, 367쪽.
73) 안영진 · 유영목, 전게서, 321쪽; 이순룡, 전게서, 368쪽. 74) 안영진 · 유영목, 전게서, 322쪽.
75) 이순룡, 전게서, 369쪽. 76) 이순룡, 전게서, 369쪽. 77) 김기영, 전게서, 270쪽. 78) 안영진 · 유영목, 전게서, 313쪽.
79) 김기영, 전게서. 80) 김기영, 전게서. 81) 최원정(기자), 서울경제, 2004. 8. 23.
82) Toyota in China : selling at "China Price" 83) 박한진,"10년후 중국", 해냄, 2005, 213~214쪽.

[제14 장]

1) 최병용, "기초 마케팅" 인하대출판부, 1998, 103~104쪽. 2) 김성령 · 김동희, "마케팅론" 한국방통대출판부, 2005, 76쪽.
3) 최병용, 상게서, 104쪽. 4) Kotler, P. et al., Marketing Management, 3rd ed., Pearson-Prentice Hall, 2003, p.269.
5) Kotler, op. cit., pp.270~272. 6) 대한상공회의소, "중국소비시장 개척을 위한 마케팅전략" 1996, 295쪽.
7) Dell in china. 8) Kotler, op. cit., p.275. 9) Kotler, op. cit., p.275. 10) 최병용, 상게서, 106쪽.
11) 최병용, 전게서, 107~108쪽. 12) Kotler, op. cit., p.278.
13) 배영준, "중국 소비자의 女心을 잡아라" 「LG주간경제」, 758호, LG경제연구원, 2003. 12. 17; Kotler, p.278.
14) 배영준, "중국 소비자의 女心을 잡아라" 「LG주간경제」, 758호, LG경제연구원, 2003. 12. 17.
15) Kotler, op. cit., p.280. 16) Kotler, op. cit., p.279. 17) Kotler, op. cit., pp.279~280. 18) Kotler, op. cit.,
19) Kotler, op. cit., 20) 김성령 · 정동희, 전게서, 79쪽. 21) 최병용, 전게서, 108쪽.
22) 한국 산업자원부, "21세기 중국시장 부상과 새로운 수출확대 방안 연구"
23) 최병용, 전게서, 107~108쪽. 24) 김성령 · 정동희, 전게서, 84쪽 25) 김성령 · 정동희, 전게서, 83쪽
26) Kotler, op. cit., pp.282~283. 27) 김성령 · 정동희, 전게서, 83쪽 28) 김성령 · 정동희, 전게서, 84쪽.
29) Kotler, op. cit., p.283~284. 30) Kotler, op. cit., pp.284~288. 31) Kotler, op. cit., p.285.
32) Kotler, op. cit., p.285. 33) 김성영 · 정동희, 전게서, 85~86쪽; 최병용, 전게서, 110~111쪽.
34) 김성영 · 정동희, 전게서, 87쪽. 35) 최병용, 전게서, 112쪽. 36) Kotler, op. cit., p.289. 37) 최병용, 전게서, 112쪽.
38) Kotler, op. cit., p.289. 39) 최병용, 전게서, 113쪽. 40) 최병용, 전게서, 113~114쪽.
41) 김성영 · 정동희, 전게서, 86쪽. 42) 최병용, 전게서, 113쪽. 43) Kotler, op. cit., p.289. 44) Kotler, op. cit.
45) Kotler, op. cit., p.290. 46) Kotler, op. cit., p.302. 47) Kotler, op. cit., p.303. 48) Kotler, op. cit., p.292.
49) 자료출처 분실로 미게재. 50) 최병용, 전게서, 118쪽. 51) Kotler, op. cit., p.302. 52) Kotler, op. cit., p.303.
53) 고경순, "통합마케팅" 대명, 2004년, 178쪽. 54) 김성영 · 정동희, 전게서, 88~89쪽; 최병용, 전게서, 117쪽.
55) Kotler, op. cit., p.298. 56) 최병용, 전게서, 118쪽. 57) 김성영 · 정동희, 전게서, 88쪽; 고경순, 전게서, 180쪽.
58) Kotler, op. cit., p.298. 59) Kotler, op. cit., p.299. 60) 최병용, 전게서.
61) 김성영 · 정동희, 전게서, 101~102쪽; 최병용, 전게서, 187~188쪽. 62) 최병용, 전게서, 188~189쪽.
63) Kotler, op. cit., p.417. 64) 고경순, 전게서, 214쪽. 65) 고경순, 전게서, 216쪽. 66) Kotler, op. cit., p.446.
67) 최병용, 전게서, 201쪽.

68) Yip, Total Global Strategy, Prentice-Hall, 1992, 국제경영연구회 역, 김영사-재인용 : 장세진, 글로벌경영" 박영사, 2005, 403쪽.
69) 최병용, 전게서, 243쪽. 70) 김성영 · 정동희, 전게서, 130쪽; 최병용, 전게서, 244~253쪽. 71) 고경순, 전게서, 221쪽.
72) 고경순, 전게서, 221쪽. 73) Kotler, op. cit., p.489. 74) 최병용, 전게서, 245~246쪽. 75) 최병용, 전게서, 245쪽.
76) 최병용, 전게서, 245쪽. 77) 최병용, 전게서, 267쪽. 78) 고경순, 전게서, 225쪽. 79) 고경순, 전게서, 229쪽.
80) 최병용, 전게서, 254쪽. 81) 고경순, 전게서, 229쪽. 83) 최병용, 전게서, 255쪽. 84) 고경순, 전게서, 233쪽.
85) 고경순, 전게서, 136쪽. 86) 최병용, 전게서, 257쪽. 87) 최병용, 전게서, 258쪽. 88) Kotler, op. cit., p.501.
89) 고경순, 전게서, 235쪽. 90) Kotler, op. cit., pp.502. 91) 고경순, 전게서, 237쪽. 92) 최병용, 전게서, 268쪽.
93) 고경순, 전게서, 234쪽. 94) 한겨레신문, 2005.3.16. 95) Kotler, op. cit., p.397. 96) 최병용, 전게서, 345~348쪽.
97) 최병용, 전게서, 345쪽. 98) 최병용, 전게서, 354~355쪽. 99) Kotler, op. cit., p.614. 100) 최병용, 전게서, 356쪽.
104) Kotler, op. cit., p.601. 101) 최병용, 전게서, 357쪽. 102) Kotler, op. cit., 전게서. 103) 최병용, 전게서, 350~352쪽.
104) 최병용, 전게서, 357~358쪽. 105) Kotler, op. cit., 106) 최병용, 전게서, 352쪽. 107) 최병용, 전게서.
108) 최병용, 전게서, 352쪽. 109) Kotler, op. cit., p.606. 110) 최병용, 전게서, 353쪽.
111) 이재용(기자), 서울경제, 2004. 10. 15; YTN, 2005. 4. 27. 112) 최병용, 전게서, 352쪽. 113) 최병용, 전게서, 352쪽.
114) 최병용, 전게서, 352~353쪽. 115) 우수근, 2005. 2. 13. 116) 최병용, 전게서, 358~359쪽
117) 최병용, 전게서, 374~375쪽. 118) 최병용, 전게서, 375쪽. 119) Kotler, op. cit., p.630.
120) 최병용, 전게서, 375~376쪽. 121) Kotler, op. cit., pp.630. 122) 최병용, 전게서, 376쪽. 123) 최병용, 전게서, 376쪽.
124) 박상준(기자), 한국일보, 2005. 4. 26. 125) Kotler, op. cit., p.633. 126) 신지용, 전게서, 381쪽.
127) 신지용, 전게서, 381쪽; Kotler, op. cit., p.634. 128) Kotler, op. cit., p.635. 129) Kotler, op. cit., p.640.
130) 헤럴드경제, 헤럴드생생뉴스, 2005. 6. 22.
131) Zhou, D. et al., "Advertising Trends in Urban China," Journal of Advertising Research, Vol.42, No.3, pp.73~83.
132) Zhou, D. et al., op. cit. 133) 최병용, 전게서, 392~395쪽. 134) 최병용, 전게서, 392~395쪽.
135) Dutta, P., Business Environment in China, 2004, p.4. 136) 최병용, 전게서, 393쪽.
137) 김성영 외, 전게서, 159쪽; Kotler, op. cit., p.698~701. 138) Kotler, op. cit., p.700.
139) Cateora, op. cit., pp.459~492.
140) Yip, Total Global Strategy, Prentice-Hall, 1992, 국제경영연구회 역, 김영사-재인용 : 장세진,"글로벌경영", 박영사, 2005, 403쪽.
141) 네이버, 「백과사전」; 김상헌 · 오진미,"귀족마케팅", 청년정신."
142) 박찬홍(기자), 파이낸셜뉴스. 2005. 12. 11.
143) 박정현, "1%를 위한 전쟁-귀족 마케팅" 「LG주간경제」,703호, 2002. 11. 27, 32쪽.
144) 이진우(기자), 서울경제, 2005. 2. 10/2005. 3. 29.
145) 김우정, "끝없는 부메랑 효과의 상생전략, 문화마케팅," "문화예술", 제293호, 2003. 12, 9쪽. 146) 김우정, 전게서. 8쪽.
147) 김우정, 전게서, 11~12쪽. 148) 김우정, 전게서, 12쪽. 149) 김대호, 서울경제, 2004. 8. 13; 서울경제, 2005. 3. 1.
150) 네이버, 「백과사전」. 151) 박찬혁, "스포츠마케팅의 개념,", www.sportspark.pe.kr.
152) 박찬혁, "스포츠마케팅의 특성,", 전게서. 153) 박찬혁, "스포츠마케팅 시장의 특성,", 전게서.
154) Coca-cola's Re-entry and growth strategies in China. 155) 서울경제, 2004. 9. 5. 156) 네이버, 「백과사전」.
157) 서울경제, 2004. 9. 22; 고진갑(특파원), 서울경제, 2004. 11. 17.

[제15 장]

1) 박정식,"현대재무관리", 5판, 다산출판사, 1992, 29쪽.
2) Ross, S., et al., Fundamentals of Corporate Finance, 6th ed., McGraw Hill, 2003, pp.4~6.
3) Ross, op. cit., p.5. 4) 박정식, 상게서, 31쪽. 5) 박정식, 전게서, 30~31쪽.
6) 박정식,"현대재무관리", 5판, 다산출판사, 1992, 97~98쪽; Bodie, Z. & Merton, R., Finance, Prentice-Hall, p.165.
7) Ross, op. cit., p.6. 8) Ross, S., op. cit., p.6.
9) 이는 기업의 지배구조(corporate governance) 이론에서 주주중심주의에 따르는 것이기도 하다.
10) Ross, S., et al., Fundamentals of Corporate Finance, 6th ed., McGraw Hill, 2003, pp.10~11.
11) 장세진, "글로벌경영" 박영사, 2003, 452쪽. 12) 지청 · 장하성, "재무학원론" 학현사, 2001, 118쪽.
13) Dean, J., Capital Budgeting, Columbia University Press, 1951, 재인용 : 지청 · 장하성, "재무학원론" 학현사, 2001, 119~120쪽.
14) Bierman, H. & Smidt, S., The Capital Budgeting Decision, 6th ed., Mcmillan Co., 1984, pp.10~11, 재인용 :

지청 · 장하성, 상게서, 120～121쪽; 박정식, 전게서, 100～101쪽.
15) 박정식, 전게서, 389～390쪽.
16) 참고로 회계에서는 자기자본은 단순히 '자본'으로, 타인자본은 '부채'란 용어를 사용한다.
17) 김석진 외, "한국증권시장론" 삼영사, 2004, 52～54쪽
18) 일간 매일경제, 2005. 3. 8; 고권석, "중국의 중소기업판(板)" 공인회계사, 2004. 10.
19) 정구영(기자), 일간 서울경제, 2004. 3. 22; 조선일보, 2004. 3. 22.
20) 김승진(기자), 동아일보, 2004. 6. 29; 장학만(기자), 한국일보, 2004. 6. 28; 한우덕(상하이 특파원), 한국경제신문, 2004 .6. 26; 오광진(베이징 특파원), 한국경제신문, 2004. 5. 29.
21) 김남국(기자), 한국경제신문, 2005. 1. 12; 김승진(기자), 동아일보, 2004. 6. 29; 조대권(대진대 중국학과 교수), 한국일보, 2005. 4. 22.
22) 한국수출입은행, "중국의 금융," 2005. 4. 19, 4～5쪽. 23) 한국수출입은행,"중국투자환경과 투자사례", 2002.6, 97쪽.
24) 한국수출입은행, 전게서. 25) 중국 국가통계국,"중국통계연감".
26) 중국 국가외환관리국이 2005. 4. 15 발표한 '외화담보의 위안화대출 관련문제에 관한 보충통지' 참조. 동 규정은 2004. 6. 26 발표한 '외자은행 외채관리 규정'의 보충 규정임 (자료 : 한국수출입은행 해외경제연구소, "중국, 외자은행과 외자기업에 대한 외화대출 관리 강화," 2005. 7. 14).
27) 박정식, 전게서, 598쪽. 28) 박정식, 전게서, 597～598쪽. 29) 은하출판사, "핵심 재무관리" 1997, 172쪽.
30) 지청 · 장하성, 전게서, 580～583쪽. 31) 은하출판사, 상게서, 173쪽. 32) 은하출판사, 전게서, 173～174쪽.
33) 박정식, 전게서, 609～610쪽. 34) 박정식, 전게서, 462～467쪽. 35) 지청 · 장하성, 전게서, 530～531쪽.
36) 박정식, 전게서, 440쪽.
37) 운전자본이 두 항목간 차액을 가리킨다는 점에서 순운전자본(net working capital)이라고도 부른다.
38) 박정식, 전게서, 527～528쪽. 39) 은하출판사, 전게서, 149쪽.
40) Ross, S., et al., Fundamentals of Corporate Finance, 6th ed., McGraw-Hill, 2003, p.648.
41) Ross, op. cit., p.649. 42) Ross, op. cit., p.649. 43) Ross, op. cit., p.651. 44) Ross, op. cit., p.650.
45) Ross, op. cit., p.652. 46) Ross, op. cit., p.652. 47) Ross, op. cit., p.652. 48) Ross, op. cit., p.654.
49) Ross, op. cit., pp.641～642. 50) Ross, op. cit., pp.642～.643 51) Ross, op. cit., pp.642～643
52) 박정식, 전게서, 579쪽. 53) 지청 · 장하성, 전게서, 764～765쪽. 54) 박정식, 전게서, 582쪽.
55) 박정식, 전게서, 582쪽. 56) 박정식, 전게서, 583쪽. 57) 지청 · 장하성, 전게서, 764쪽.
58) 지청 · 장하성, 전게서, 773쪽. 59) 박정식, 전게서, 588쪽. 60) 박정식, 전게서, 589쪽.
61) 우춘식 외, "경영분석" 삼영사, 2001, 18～20쪽. 62) 이규철, "대중국투자전략과 법률" 두남, 2001년, 356쪽.
63) 이규철, 상게서, 358쪽. 64) 이종선, "중국진출기업을 위한 중국투자와 세무" 한국재정경제연구소, 1997, 51～64쪽.
65) 고권석, "중국회계해설" 안진회계법인, 2004, 264～266쪽. 66) 우춘식 외, 전게서, 121쪽.
67) 우춘식 외, 전게서, 217～218쪽. 68) 정기웅 외,"경영분석과 시장환경 분석", 명경사, 2004, 110쪽.
69) 우춘식 외, 전게서, 222～225쪽. 70) 우춘식 외, 전게서, 228쪽. 71) 우춘식 외, 전게서, 228～229쪽.
72) 고진갑(베이징 특파원), 일간 서울경제, 2005. 8. 12. 73) 김남국(기자), 한국경제신문, 2005. 1. 12.

[제16 장]

1) Daft, R., Organization Theory and Design, West Publishing Co., 1983, p.14.
2) 양창삼, "조직이론" 박영사, 1990, 171쪽.
3) Hall, R., Organizations, 5th ed., Prentice-Hall, 1991, pp.52～63; 양창삼, 상게서, 171쪽.
4) 정수영, "신경영조직론" 박영사, 1993, 104쪽. 5) Hall, R., pp.52～63. 6) 양창삼, 전게서, 172쪽.
7) 오석홍, 조직이론" 제5판, 박영사, 2005, 382쪽. 8) 양창삼, 전게서, 174쪽.
9) Litterer, J., The Analysis of Organizations, Wiley, 1973, pp.360～367쪽, 재인용 : 양창삼, "조직이론" 제2증보판, 박영사, 1994, 174쪽.
10) 양창삼, "조직이론" 박영사, 1990, 174쪽.
11) Jackson, J & Morgan, C., 재인용 : 이한검,"경영조직론", 형설출판사, 1987, 419쪽.
12) DuBrin, A., Essentials of Management, 6e ed., Thomson, p.224; 양창삼, 전게서, 174～175쪽.
13) 양창삼, 전게서, 175～176쪽; 이한검, 전게서, 428쪽. 14) 양창삼, 전게서, 176쪽; 이한검, 전게서, 428～429쪽.
15) 양창삼, 전게서; 이한검, 전게서. 16) DuBrin, A., op. cit., p.226.
17) 양창삼, 전게서, 177쪽; Koontz, H., et al., 재인용 : 이한검, 전게서, 432쪽. 18) DuBrin, A., op. cit..

19) 양창삼, 전게서, 177~178쪽. 20) DuBrin, A., op. cit., p.227; 정수영, 전게서, 226쪽.
21) DuBrin, A., op. cit.; 양창삼, 전게서, 178쪽. 22) 양창삼, 전게서, 178~179쪽; 이한검, 전게서, 430~431쪽.
23) 양창삼, 전게서, 179쪽; Koontz, H. et al., 재인용 : 이한검, 전게서.
24) DuBrin, A., op. cit., p.227; 양창삼, 전게서, 181쪽. 25) Daufoss, Insead. 26) Daufoss Company Website.
27) Daufoss Company China Website. 28) 양창삼, 전게서, 193~194쪽. 29) 오석홍, 전게서, 406쪽.
30) Kohn, M, & Schwartz, D., Johnson, T. & Stinson, J., 재인용 : 이한검, 전게서, 410~412쪽; 양창삼, 전게서, 197~199쪽.
31) Wikipedia, http://en.wikimedia.org/wiki/Span_of_control.
32) 양창삼, 전게서, 202쪽. 33) 오석홍, 전게서, 406~407쪽. 34) 오석홍, 전게서, 407~408쪽. 35) 오석홍, 전게서, 408쪽.
36) 오석홍, 전게서. 37) Sull, D., Made in China, Harvard Business School Press, 2005, p.11.
38) 오석홍, 전게서, 343~344쪽. 39) 양창삼, 전게서, 209~210쪽; 이한검, 전게서, 273~278쪽.
40) 양창삼, 전게서, 212~214쪽. 41) 임익순 · 소영일, "현대경영학연습" 박영사, 1994, 271쪽; 오석홍, 전게서, 355~356쪽.
42) 임익순 · 소영일, 전게서, 271~272쪽. 43) 임익순 · 소영일, 전게서, 271쪽; 오석홍, 전게서, 356쪽.
44) 임익순 · 소영일, 전게서, 272쪽. 45) 임익순 · 소영일, 전게서, 272~273쪽. 46) 임익순 · 소영일, 전게서, 273쪽.
47) 한우덕, 한경비지니스, 2004. 7. 19. 48) 임익순 · 소영일, 전게서, 273쪽. 49) 임익순 · 소영일, 전게서, 273쪽.
50) 이한검, 전게서, 265쪽. 51) 이한검, 전게서, 320쪽.
52) 양창삼, 전게서, 317~319쪽; 오석홍, 전게서, 334쪽; 이한검, 전게서, 322~323쪽.
53) 양창삼, 전게서, 354쪽; 오석홍, 전게서, 348쪽; 이한검, 전게서, 334쪽. 54) 양창삼, 전게서, 424~427쪽.
55) Daft, R., op. cit., p.382; 오석홍, 전게서, 312쪽. 56) 오석홍, 전게서, 312~314쪽. 57) 양창삼, 전게서, 556쪽.
58) Light, D. & Keller, S., Sociology, Knopf, A., 1975, p.82; Parsons, T., "Culture and Social System Revised," The Idea of Culture in the Social Science, ed. Schneider, L., Cambridge Univ. Press, 1973, pp.33~46.
59) 이학종,"기업문화론", 법문사, 1989, 23~25쪽. 60) 대한상공회의소,"한국적 기업문화 개발 · 육성 전략".
61) 양창삼, 전게서, 827쪽.
62) Kevin, L., Gome Home appliance Co., LTD., CEIBS, China Europe International Business School, July 20, 2004.
63) Shengjun, L., & Francis, I., Michelin China. 64) Shengjun, L., Guangzhou Peugeot Automobile Co.
65) Sigband, N., Communication for Management, Scott, Foresman and Co., 1969, p.10.
66) Baskin, O. & Aronoff, C., Interpersonal Communication in Organizations, Goodyear, 1980, p.2.
67) Griffin, R. & Moorhead, G., Organizational Behavior, Houghton Mifflin Co., 1986, p511.
68) 임익순 · 소영일, "현대경영학연습" 박영사, 1994, 202쪽. 69) 임익순 · 소영일, 상게서, 205쪽.
70) 임익순 · 소영일, 상게서. 71) 유기현, "조직행동론" 무역경영사, 1992, 379쪽; 임익순 · 소영일, 전게서, 205쪽.
72) 이학종,"조직행동론", 제3판, 세경사, 1991, 221~222쪽; 조희영 외, "경영학원론" 삼영사, 2004, 352쪽.
73) 이학종, 상게서, 222쪽; 조희영 외, 상게서, 357~358쪽; 임익순 · 소영일, 전게서, 206쪽.
74) EBS, 初級中國語會話, 2002. 12, 119쪽. 75) EBS, 初級漢語會話, 2004. 12, 148쪽.

[제17장]

1) 김기태, "중국 진출 기업의 인사전략" 「LG주간경제」, LG경제연구원, 2002. 5. 15, 37~43쪽.
2) Mobley, W. and Fernandez, J., Philips China, toward One Philips Program.
3) 이진규, "전략적 · 윤리적 인사관리" 박영사, 2001, 165쪽.
4) 조현준, "중국내 외자기업의 노무관리 실태와 개선방안", 대외경제정책연구원, 1997. 12, 30쪽.
5) 조현준, 전게서, 31쪽; 김익수, "중국투자론" 박영사, 1999, 385쪽. 6) 조현준, 전게서, 109쪽; 김익수, 상게서, 387쪽.
7) 김기태, 전게서, 41쪽.
8) 주재원 1명 고용할 인건비로 중국 우수인력 4~5명 고용이 가능하다고 할 정도로 임금격차가 꽤 큰 편임(자료 : 경향신문, 2005. 5. 10).
9) 조현준, 전게서, 44쪽. 10) Coulter, M., Strategic Management in Action, Prentice Hall, p.175.
11) Coulter, M., op. cit., p.179. 12) 오종석 · 조영복, "현대경영학" 삼영사, 2001, 348~349쪽.
13) 이진규, 전게서, 176쪽. 14) 김영재 외, "인적자원관리", 삼영사, 2005, 148쪽. 15) 김영재 외, 전게서, 148쪽
16) 김영재 외, 전게서, 148쪽 17) 정문재(기자), 일간 서울경제, 2004. 6. 21. 18) 정문재(기자), 일간 서울경제, 2004. 6. 21.
19) 일간 경향신문, 2005. 3. 25. 20) 김영재 외, 전게서, 151쪽 21) 이진규, 전게서, 178쪽. 22) 이진규, 전게서, 177쪽.
23) 김영재 외, "인적자원관리" 삼영사, 2005, 149쪽; 정재훈, "인적자원관리" 학현사, 2005, 340쪽.

24) 김혜수(기자), 한국경제신문, 2004. 10. 28. 25) 김영재 외, 전게서, 157~159쪽
26) Coulter, M., op. cit., 2005, p.154. 27) 이재용(기자), 일간 서울경제, 2005. 4. 4. 28) 이진규, 전게서, 360쪽.
29) 김영재 외, 전게서, 262쪽. 30) 김영재 외, 전게서. 31) 김영재 외, 전게서. 32) 김영재 외, 전게서.
33) Coulter, M., op. cit., p.179. 34) 오종석 · 조영복, 전게서, 363쪽. 35) 김영재 외, 전게서, 270~271쪽.
36) 김영재 외, 전게서, 271~272쪽. 37) 김영재 외, 전게서, 283~284쪽. 38) 조현준, 전게서, 61쪽.
39) 김영재 외, "인적자원관리" 삼영사, 2005, 262쪽. 40) 김영재 외, 전게서, 312쪽. 41) 오종석 · 조영복, 전게서, 360쪽.
42) Motorola in China. 43) 김영재 외, 전게서, 312쪽. 44) 오종석 · 조영복, 전게서, 360쪽.
45) 서정명(기자), 서울경제, 2004. 1. 26. 46) 손철(기자), 서울경제, 2004. 8. 30. 47) 김영재 외, 전게서, 308~310쪽.
48) Wall-Mart in China. 49) Slater Robert, "The Wall-Mart Decade," Penguin Group(USA), 2003, p.155.
50) 김식현 · 백삼균, 전게서, 189쪽. 51) 김영재 외, 전게서, 406쪽. 52) 김영재 외, 전게서, 408~409쪽.
53) KOTRA, "중국투자 현장점검" 학림사, 2001, 50~51쪽. 54) KOTRA, 전게서, 49~51쪽.
55) 고진갑(베이징 특파원), 일간 서울경제, 2004. 2. 17. 56) 김식현 · 백삼균, 전게서, 196쪽.
57) 김영재 외, 전게서, 396~397쪽. 58) 김식현 · 백삼균, 전게서, 197~198쪽. 59) 이진규, 전게서, 419쪽.
60) 이진규, 전게서, 423쪽. 61) 김영재 외, 전게서, 445쪽. 62) 김영재 외, 전게서, 446~447쪽. 63) 김영재 외, 전게서.
64) 2500여년 이상 중국의 사상을 지배해 온 유교는 철저한 차등주의와 불평등 관계를 가정하고 있다. 즉 임금과 신하, 아버지와 아들, 연장자와 젊은 사람, 부부 간에도 위계와 역할의 구분이 분명했다. 이러한 유교적 사상에 입각해 볼 때, 계층간 차등화는 당연한 결과이며, 중국인들은 이러한 차등 현상을 당연하게 받아들인다. 이러한 계층간 차등화는 계급간의 평등을 주장하던 사회주의 체제 하에서도 완전하게 극복되지 못했다.
65) 자료출처 분실로 미게재. 66) 이진규, "전략적 · 윤리적 인사관리" 박영사, 2001, 460쪽.
67) 김영재 외, 전게서, 493쪽; 정재훈, 전게서, 523쪽. 68) 김영재 외, 전게서, 496~508쪽; 이진규, 전게서, 469~472쪽.
69) 이진규, 전게서. 70) 조현준, 전게서, 57쪽. 71) 조현준, 전게서. 72) 김영재 외, 전게서.
73) KOTRA, "중국투자 현장점검" 학림사, 2001, 72쪽. 74) 임익순 · 소영일, "현대경영학연습" 788쪽.
75) 김영재 외, 전게서, 572쪽. 76) 김영재 외, 전게서. 77) 김영재 외, 전게서. 78) 김영재 외, 전게서.
79) 김영재 외, 전게서, 574~575쪽. 80) 김영재 외, 전게서, 577~578쪽. 81) 김영재 외, 전게서, 583쪽.
82) 김영재 외, 전게서, 584쪽. 83) 이진규, 전게서, 600쪽. 84) 김영재 외, 전게서, 589~590쪽.
85) 김영재 외, 전게서, 589쪽. 86) 한국국제노동재단, "중국 · 러시아 해외진출기업 노무관리 안내서"2001, 109쪽.
87) 조현준, 전게서, 109쪽. 88) 고진갑(베이징 특파원), 일간 서울경제, 2004. 10. 27.
89) 정문재(기자), 일간 서울경제, 2004. 9. 15. 90) Shengjun, L. & Francis, I., Michelin China.

[제18 장]

1) 위험에 대한 몇 가지 주요 정의를 보면 다음과 같다. Knight는 "측정가능한 불확실성"; Willett는 "불의의 사건의 발생에 관한 객관화된 불확실성"; Williams · Heims는 "주어진 상황에서 일정 기간에 일어날 수 있는 결과의 변동성"이라고 정의하였다.(Knight, F., Risk, Uncertainty, and Profit, Harper&Row, 1921; Willett, A., The Economic Theory of Risk and Insurance, University of Pensylvania Press, 1951; Williams, C., & Heims, R., Risk Management and Insurance, 1989, p.8 참조).
2) 김두철 外, "보험과 위험관리" 문영사, 1999, 5~6쪽.
3) Vaughan, E. and Vaughan, T., Fundamentals of Risk and Insurance, Wiley, p.5.
4) Williams, C., & Heims, R., op. cit., pp.15~17.
5) 윤태환, "기업의 위험관리와 보험" 경북대 무역학과 석사논문, 1984, 12쪽.
6) 서정락, "기업위험과 경영전략변수" 단석연구원, 2004. 12, 13쪽. 7) 진세근(기자), 중앙일보, 2005. 9. 24.
8) 동아일보, 2005. 11. 27; 박세영(기자), 헤랄드경제, 2005. 11. 29. 9) YTN, 2004 .7. 28.
10) 권영석(특파원), 한국일보, 2004. 6. 7. 11) 한국일보, 2004. 8. 13.
12) 이정훈(한국경제 전문기자), 한경비지니스, 2004. 5 .17; 한우덕(기자), 상동, 2004. 4. 19; 이창희(기자), 상동, 2004. 5. 10; 한우덕(기자), 2005. 3. 7
13) 서정락, 상게서, 13쪽. 14) 우춘식 외, "경영분석" 제2판, 삼영사, 2001, 219쪽. 15) 서정락, 전게서, 13쪽.
16) Williams, C., & Heims, R., op. cit., p.13. 17) 보험경영연구회, "보험과 리스크 관리" 문영사, 2006, 12쪽
18) YTN, 2005. 1. 21. 19) 박세영(기자), 일간 헤럴드경제, 2005. 11. 29. 20) 한국일보, (산시성 AP-연합), 2004. 11. 29.
21) 중앙일보, 2005. 10. 4 22) 박세영(기자), 일간 헤럴드경제, 2005. 11. 29. 23) 생생뉴스팀, 일간 헤럴드경제, 2005. 10. 16.
24) 권영석(특파원), 한국일보, 2004. 6. 10. 25) 김동훈, "보험론" 2판, 학현사, 1996, 6쪽. 26) 김동훈, 상게서, 6~7쪽.

27) 보험경영연구회, 전계서, 18쪽. 28) 김창원(기자), 동아일보, 2005. 1. 10. 29) 보험경영연구회, 전계서, 20쪽.
30) 동부화재 웹사이트(idongbu.com/b2b/main).
31) 상품품질법은 1993년에 제정 및 시행되었다. 동법의 전문과 요약은 '중국 주요 경제법령집' 3-76~84쪽 참조.
32) Williams, C., & Heims, R., op. cit., p.10 참조. 33) 보험경영연구회, 전계서, 11쪽.
34) 보험경영연구회, 전계서, 12쪽. 35) 보험경영연구회, 전계서, 13쪽. 36) 박희윤(기자), 일간 서울경제, 2004. 5. 26.
37) 일간 한겨레, 2004. 12. 20. 38) 서울경제, 2005. 5. 17. 39) 박인영(기자), 서울경제, 2005. 5. 18.
40) 최광(기자), 서울경제, 2005. 8. 30. 41) 최광(기자), 서울경제, 2005. 8. 19. 42) 김현수(기자), 서울경제, 2005. 7. 28.
43) 서울경제, 2005. 5. 17; 최공(기자), 서울경제, 2005. 8. 19; 김현수(기자), 서울경제, 2005. 7. 28.
44) 서울경제, 2004. 4. 21. 45) 정두환(기자), 서울경제, 2004. 6. 28. 46) 고진갑(베이징 특파원), 서울경제, 2004. 12. 28.
47) 홍성원(기자), 헤랄드경제, 2005. 10. 26; 매일경제, 2005. 3. 27.
48) 뉴스메이커, 2005. 6. 14, 63쪽; 정지영(기자), 한경 비즈니스, 2005. 6. 20. 49) 김병기(기자), 서울경제, 2004. 12. 26.
50) 뉴스메이커, 2004. 7. 8, 50쪽. 51) 최기영(런던 특파원), 매일경제, 2004. 4. 14. 52) 뉴스메이커, 2004. 7. 8, 50쪽.
53) 이하 '짝퉁'사진들은 연세대학교 경영학과 임상욱 · 서효정 · 이승수 · 강우영 · 백종인 학생들이 제공한 것임.
54) 최준호(기자), 중앙일보, 2005. 5. 12.
55) Essentials of Risk Management 56) Vaughan, E. and Vaughan, T., op. cit. , Wiley, p.27.
57) Williams, C., & Heims, R., op. cit., p.22; 김동훈, 전계서, 16~17쪽.
58) 일간 매일경제, 2004. 2. 22; KOTRA, "해외마케팅 성공 · 실패사례집" 학림사,, 2003, 547쪽; 오광진(베이징 특파원), 한국경제신문, 2004. 2. 23.
59) 오광진(베이징 특파원), 한국경제신문, 2005. 9. 23.
60) Williams, C., & Heims, R., op. cit., p.53. 61) 김상현(기자), 한경비지니스, 2004. 1. 5.
62) Williams, C., & Heims, R., op. cit., p.62. 63) Williams, & Heims, op. cit., p.62.
64) Williams, & Heims, op. cit., p.62. 65) Vaughan, E. & Vaughan, R., op. cit., p.30.
66) Williams, C., & Heims, R., op. cit., p.64. 67) 김두철 外, 전계서, 24쪽.
68) Vaughan, E. & Vaughan, R., op. cit., p.30~31. 69) 황재훈(기자), 일간 서울경제, (서울- 연합뉴스), 2004. 11. 23.
70) 보험경영연구회, 전계서, 37쪽. 71) 보험경영연구회, 전계서, 37쪽. 72) Vaughan, E. & Vaughan, R., op. cit., p.31.
73) Williams, C., & Heims, R., op. cit., p.201. 74) 김두철 外, 전계서, 27쪽.
75) Williams, C., & Heims, R., op. cit., p.226. 76) 김동훈, 전계서, 21쪽; Williams, C., & Heims, R., op. cit., p.232.
77) 김두철 外, 전계서, 31쪽. 78) 보험자회사 활용 방안에 대해서는 김동훈(전계서, 23쪽) 참조
79) 보험경영연구회, 전계서, 43쪽. 80) Vaughan, E. & Vaughan, R., op. cit., p.35.

[제19 장]

1) 서현진 외, "물류관리" 율곡출판사, 1999, 32쪽.
2) Lambert, M., et al., Fundamentals of Logistics Management, 김선민 외 역, 한올출판사, 2002, 6쪽.
3) 송형석(기자), 한국경제신문, 2005. 10. 31. 4) 서현진 외, 전계서, 47쪽. 5) Lambert, et al., op. cit., 7쪽.
6) 일간 서울경제, 2005. 3. 13; 김홍길(기자), 일간 서울경제, 2005. 8. 5.
7) 김홍대, "신물적유통론" 형설출판사, 1999, 53~54쪽, 노부호 외, "물류관리의 종합적 이해" 형설출판사, 1998, 10~11쪽.
8) 한우덕(특파원), 한경비지니스, 2004. 6. 28. 9) 박명섭, "운송물류론" 법문사, 1998, 71~72쪽.
10) 김홍대, 전계서, 392~396쪽. 11) 김홍대, 전계서.
12) Bowersox, D. & Closs, D., Logistical Management, McGrawhill Co., 1996, pp.312~313.
13) Bowersox & Closs, op. cit., pp.312~313.
14) Ballou, R., Business Logistics Management, Prentice-Hall Inc., 1992, 15) 서현진 외, 전계서.
16) "물류관리사" 현대고시사, 1999, 163~165쪽.
17) 中田信哉, 현대の物流の機能と戰略, 1983, pp.72~73; 재인용 : 김홍대, 전계서, 58쪽.
18) Lambert, et al., op. cit., 240~241쪽. 19) 김홍대, 전계서, 55쪽.
20) 日通綜合硏究所,"중국물류의 기초지식", 역서, 범한, 2005, 72쪽. 21) Lambert, et al., op. cit., 241~242쪽.
22) 서현진 외, 전계서, 355쪽. 23) 日通綜合硏究所, 전계서, 73~74쪽.
24) 조성대(베이징 특파원), 메일경제, 2005. 1. 3; 이호영, 서울경제, 2004. 7. 30.
25) 日通綜合硏究所, 전계서, 78~79쪽. 26) 박명섭, 전계서, 17쪽; 서현진 외, 전계서, 356쪽.
27) 서현진 외, 전계서, 356쪽. 28) 日通綜合硏究所, 전계서, 80~84쪽. 29) 서울경제, 2005. 3. 3.

30) 日通総合研究所, 전게서, 87～89쪽. 31) 전경련 중국산업연구센터, "중국산업정보" 제36호, 2005. 7. 28, 3～7쪽.
32) 방희석, "현대 해운론" 박영사, 1989, 5～6쪽. 33) 서현진 외, 전게서, 356쪽. 34) 日通総合研究所, 전게서, 90쪽.
35) 日通総合研究所, 전게서, 97～98쪽. 36) 서현진 외, 전게서, 404쪽. 37) 박명섭, 전게서, 18쪽.
38) 日通総合研究所, 전게서, 105쪽. 39) 김홍대, 전게서, 31～32쪽. 40) 현명인 외, "신물류관리" 율곡출판사, 2003, 413쪽.
41) 박명섭, 전게서, 32쪽. 42) 박명섭, 전게서. 43) "물류관리사" 현대고시사, 1999, 203쪽. 44) 노부호 외, 전게서, 237쪽.
45) 진형인 · 정홍주, "국제물류의 이해" 박영사, 2003, 232쪽. 46) 日通総合研究所, 전게서, 105～108쪽.
47) 日通総合研究所, 전게서, 106～108쪽. 48) Ballou, R., op. cit., pp.176～180. 49) 김홍대, 전게서, 57쪽
50) "물류관리사" 전게서, 157쪽. 51) 김홍대, 전게서, 87쪽.
52) Ballou, op. cit., pp.237～239. 53) Lambert, et al., op. cit., 304～309쪽. 54) Lambert, et al., op. cit.
55) 서현진 외, 전게서; 김홍대, 전게서.
56) 크로스도킹을 고려할만한 주요 상황은 Lambert, M., et al., op. cit., 307쪽 참조.
57) 서현진 외, 전게서; 김홍대, 전게서. 58) 김홍대, 전게서, 91～93쪽. 59) 日通総合研究所, 전게서, 216쪽.
60) 김홍대, 전게서, 89～90, 94쪽. 61) 박명섭, 전게서, 28쪽. 62) 김홍대, 전게서, 91쪽. 63) 박명섭, 전게서, 29쪽
64) 박명섭, 전게서. 65) Ballou, op. cit., pp.245～252. 66) 박명섭, 전게서. 67) Ballou, op. cit., pp.253～260.
68) 김홍대, 전게서, 101～102쪽. 69) 박명섭, 전게서, 31쪽. 70) 박명섭, 전게서. 71) 박명섭, 전게서.
72) 김창원 외, "현대 물류관리" 학문사, 1999, 80쪽. 73) 김홍대, 전게서, 112쪽.
74) Bowersox, & Closs, op. cit., p.436. 75) 김창원 외, 전게서, 80～81쪽. 76) 현명인 외, 전게서, 573～574쪽.
77) 김창원 외, 전게서, 85～90쪽. 78) 김홍대, 전게서, 114～115쪽. 79) 서현진 외, 전게서; 김홍대, 전게서.
80) 신지용, 전게서, 290쪽. 81) Kotler, P., et al., Marketing Management, p.526. 82) 신지용, 전게서, 290쪽.
83) 여기서 '폭'이란 용어는 저자가 편의상 사용함. 84) 신지용, 전게서. 299～301쪽. 85) KOTRA, 전게서, 129쪽.
86) 최병용, 전게서, 296쪽. 87) 최병용, 전게서, 297～298쪽. 88) Kotler, op, cit., p.531. 89) 최병용, 전게서, 300～302쪽.
90) 한경비지니스, 2004. 10. 11.

[제20장]

1) Keller, K., Strategic Brand Management, 2nd ed., Prentice Hall, 2003, p.2; 안광호 외,"전략적 브랜드 관리", 2판, 학현사, 2003, 11쪽.
2) Keller, op. cit., pp.9～12. 3) 박용(기자), 동아일보, 2005. 10. 6; 이정은(기자), 동아일보, 2004. 4. 26.
4) Keller, op. cit., p.44. 5) Aaker, D., "브랜드자산의 전략적 관리" 마케팅커뮤니케이션 연구회 역, 나남, 1992, 36쪽.
6) Aaker, 상게서, 37쪽. 7) Aaker, 전게서, 38쪽. 8) Aaker, 전게서, 38～39쪽; Keller, op. cit., pp.53～68.
9) 일간 서울경제, 2005. 8. 30 ; 윤희진(기자), 일간 헤랄드경제, 2005. 12. 8
10) 윤형식(베이징 특파원), 일간 매일경제, 2004. 12. 16. 11) 윤형식(베이징 특파원), 일간 매일경제, 2004.2.24.
12) Kotler, P. et al., Marketing Management, 3rd ed., Pearson-Prentice Hall, 2003, p.427.
13) 차태훈, "브랜드자산 관리와 레버리지 전략" "브랜드자산" 서울경제경영, 2005, 260～262쪽.
14) 신지용, "현대 마케팅" 삼영사, 2005, 223쪽. 15) 김성영 · 정동희, "마케팅론" 한국방통대출판부, 2005, 107쪽.
16) Kotler, P. et al., Marketing Management, 3rd ed., Pearson-Prentice Hall, 2003, p.428.
17) Kotler et al., op. cit., p.412. 18) 최병용, "기초 마케팅" 인하대출판부, 1998, 198쪽; Kotler et al., op. cit., p.428.
19) Kotler et al., op. cit., p.428; 신지용, 전게서, 224쪽.
20) 신지용, 전게서, 224～225쪽; 최병용, 전게서, 198쪽; Kotler et al., op. cit., p.431.
21) Chief Executive, Vol.32, July, 2005, p.39.
22) 김희원(기자), 서울경제, 2005. 5. 3; 이철재(기자), 중앙일보, 2005. 5. 4.
23) Kotlerr et al., op. cit., p.431. 24) Keller, op. cit., p.87. 25) Aaker, D., 전게서, 91쪽.
26) 전성률, "브랜드자산 구축과 유지" "브랜드자산" 서울경제경영, 2005, 103쪽. 27) 안광호 외, 전게서, 196쪽.
28) 안광호 외, 전게서, 201～204쪽. 29) 안광호 외, 전게서, 207～211쪽.
30) 한경비지니스, 2004. 11. 15; 박형준(기자), 동아일보, 2004. 10. 22.
31) 나운봉, "브랜드자산의 이해" "브랜드자산" 서울경제경영, 2005, 30쪽. 32) Keller, op. cit., p.91.
33) EBS, 초급한어회화, 2005. 12, 27쪽. 34) Coca-cola's Re-entry and growth strategies in China.
35) 안광호 외, 전게서, 254～255쪽. 36) 안광호 외, 전게서, 224～233쪽. 37) 나운봉, 전게서, 38쪽.
38) 나운봉, 전게서, 38쪽. 39) 나운봉, 전게서, 38쪽.
40) 서울경제, 2005. 1. 17; 한희라·윤희진(기자), 헤랄드경제, 2005. 11. 17.

41) 최현규(베이징 특파원), 헤랄드경제, 2005. 11. 14; EBS, 초급한어회화, 2005. 12; 박영서(기자), 헤랄드경제, 2005. 11. 4; 이상택(기자), 헤랄드경제, 2005. 11. 15.
42) Keller, op. cit., 43) 안광호 외, 전게서, 22～23쪽; Keller, K., op. cit., pp.175～180. 44) 중앙일보, 2005. 5. 17.
45) 안광호 외, 전게서, 127～128쪽. 46) 나운봉, "브랜드자산의 이해" "브랜드자산", 서울경제경영, 2005, 82쪽.
47) 한동수(기자), 서울경제, 2005. 1. 28. 48) 안광호 외, 전게서, 27쪽; 나운봉, 전게서, 87쪽.
49) Keller, op. cit., pp.197～200. 50) 나운봉, 전게서, 89쪽. 51) Keller, op. cit., pp.210.
52) 차태훈, 전게서, 258쪽. 53) 안광호 외, 전게서, 301～302쪽. 54) Keller, op. cit., pp.301～302.
55) Keller, op. cit., pp.581～590. 56) Keller, op. cit., pp.590～598. 57) Keller, op. cit., pp.474～475.
58) 안광호 외, 전게서, 313쪽. 59) Keller, op. cit., p.371. 60) 차태훈, 전게서, 321쪽.
61) 차태훈, 전게서, 321～322쪽. 62) 차태훈, 전게서, 321쪽. 63) 차태훈, 전게서, 329쪽.
64) 안광호 외, "전략적 브랜드관리" 2판, 학현사, 2003, 364～365쪽. 65) 안광호, 전게서, 370～372쪽
66) 차태훈, 전게서, 335쪽. 67) 차태훈, 전게서, 329, 336쪽. 68) 조중식(베이징 특파원), 조선일보, 2005. 9. 2.
69) 오광진(베이징 특파원), 한국경제신문, 2005. 3. 21. 70) 출처분실로 미게재. 71) 출처분실로 미게재.
72) KOTRA, "중국 지적재산권 침해대응 매뉴얼" 2003, 12쪽.
73) 일간 서울경제, 2005. 1. 31; 민석기(기자), 일간 매일경제, 2005. 7. 5.
74) 김준봉,"다시 중국이다", 지상사, 2005, 89～90쪽.
75) "기업명칭등기관리규정" "중국주요경제법령집", FKI 미디어, 2003, 3～127쪽. 76) 김준봉, 전게서.
77) "기업명칭등기관리시행방법" "중국주요경제법령집" 전게서, 3～132쪽. 78) 박민선(기자), 조선일보, 2005. 10. 6.
★ 중국상표 및 회사 로고는 중국인 유학생 왕포성 양이 중국 현지에서 수집해서 제공한 것임.

제 6 편 [제 21 장]

1) 고진갑(베이징 특파원), 서울경제, 2004. 9. 1. 2) 박기성 · 윤형식(베이징 특파원), 매일경제, 2005. 1. 19.
3) 윤형식(베이징 특파원), 매일경제, 2004. 2. 20. 4) 고진갑(베이징 특파원), 서울경제, 2004. 9. 1.
5) 박기성 · 윤형식(베이징 특파원), 서울경제, 2005. 1. 19.
6) 홍현종, 서울경제, 2005. 9. 20 ; 홍인표(특파원), 뉴스메이커 2004. 2. 12, 13쪽.
7) 홍인표(특파원), 뉴스메이커, 2004. 2. 12, 13쪽. 8) YTN, 2005. 8. 22. 9) YTN, 2005. 8. 22.
10) 윤형식(베이징 특파원), 매일경제, 2004. 2. 26. 11) 중앙일보, 2005. 8. 22.
12) 한우덕(한국경제 상하이 특파원), 한경비지니스, 2005. 2. 28, 79쪽.
13) 고진갑, 문성진, 김현수, 한영일, 현상경, 이연선, 김병기(기자), 서울경제, 2005. 8. 15.
14) 상게서. 15) 상게서. 16) YTN, 2005. 8. 22; 중앙일보, 2005. 8. 23.
17) 한경비지니스, 2005. 2. 28; 윤형식(베이징 특파원), 매일경제, 2004. 2. 26; YTN, 2005. 8. 22.
18) 한경비지니스, 2005. 2. 28. 19) 상게서. 20) 상게서.
21) 한경비지니스, 2005. 7. 18; 한우덕(상하이 특파원), 한국경제신문, 2004. 1. 26.
22) 김용석(문화팀 기자), 경향신문, 2004. 6. 28. 23) 박기성 · 윤형식(베이징 특파원), 매일경제, 2005. 1. 19.
24) 고진갑(베이징 특파원), 서울경제, 2004. 9. 1. 25) 노용악(LG전자 부회장), 매일경제, 2004. 3. 7.
26) 한우덕(한국경제 상하이 특파원), 한경비지니스, 2005. 1 24.
27) 정지영(한국경제 기자), 한경비지니스, 2005. 4. 4, 84～85쪽; 조중식(기자), 조선일보, 2005. 3. 14.
28) 노용악(LG전자 부회장), 매일경제, 2004. 3. 7.
29) 한우덕(한국경제 상하이 특파원), 한경비지니스, 2005. 1. 24; 한우덕(한국경제 상하이 특파원), 한경비지니스, 2005. 1. 31.
30) 정선욱(자유기고가), 매일경제, 2005. 1. 5. 31) 동아일보, 2005. 1. 12(베이징=연합뉴스).
32) 고진갑(베이징 특파원), 서울경제, 2004. 9. 1. 33) 김영기 · 이종배 · 김민열 · 현상경(기자), 서울경제, 2005. 4. 26.
34) 상게서. 35) 상게서. 36) 상게서. 37) 상게서. 38) 상게서. 39) 상게서.
40) 박기성 · 윤형식(베이징 특파원), 매일경제, 2005. 1. 19.
41) 이장규(대외정책연구원 북경 사무소장), 조선일보, 2005. 5. 11. 42) 상게서.
43) 박기성 · 윤형식(베이징 특파원), 매일경제, 2005. 1. 19. 44) 김승진(기자), 동아일보, 2004. 6. 2.
45) 최형규(홍콩 특파원), 중앙일보, 2005. 10. 10. 46) 상게서. 47) 상게서. 48) 상게서.
49) 상게서. 50) 상게서. 51) 한우덕(한국경제 상하이 특파원), 한경비지니스, 2004. 8. 23.
52) 조중식(베이징 특파원), 조선일보, 2005. 4. 12, 2005. 4. 13, 2005. 4. 14, 2005. 6. 18. 53) 상게서. 54) 상게서.
55) 박기성 · 윤형식(베이징 특파원), 매일경제, 2005. 1. 19. 56) 상게서.

57) 송의달(홍콩 특파원), 조선일보, 2005. 7. 8; 중앙일보, 2005. 8. 22. 58) 상게서. 59) 상게서.
60) 중앙일보, 2005. 8. 22. 61) 정선욱(자유기고가), 매일경제, 2005. 1. 5. 62) 상게서. 63) 상게서.
64) 조중식(베이징 특파원), 조선일보, 2005. 4. 12, 2005. 4. 13, 2005. 4. 14, 2005. 6. 18.
65) YTN, 2005. 7. 4. 66) 조중식(베이징 특파원), 조선일보, 2005. 8. 11. 67) 중앙일보, 2005. 12. 8.
68) 엘리자베스 이코노미(미국 외교관계 협의회 아시아 국장), 차준철(기자) 정리, 경향신문, 2004. 12. 31.
69) 고진갑(베이징 특파원), 서울경제, 2004. 9. 1.
70) 김태현(기자), YTN, 2004. 12. 1; 박영서(기자), 헤랄드 경제, 2005. 10. 25.
71) 박영서(기자), 헤랄드 경제, 2005. 10. 25. 72) 고지희(기자), 헤랄드 경제, 2005. 10. 20.
73) 김태현(기자), YTN, 2004. 6. 17. 74) 한우덕, 한경비지니스, 2005. 3. 17.
75) 오광진(베이징 특파원), 서울경제, 2005. 8. 3.
76) 상게서. 77) 상게서. 78) 한우덕, 한경비지니스. 2005. 3. 7. 79) 오광진(특파원), 한국경제신문, 2005. 8. 3.
80) 상게서. 81) 상게서. 82) 상게서. 83) 상게서. 84) 한우덕(기자), 한경비지니스, 2005. 3. 7.
85) 오광진(특파원), 한국경제신문, 2005. 8. 3. 86) 한우덕(기자), 한경비지니스, 2005. 3. 7.
87) 고진갑(베이징 특파원), 서울경제, 2004. 6. 8. 88) 상게서. 89) 상게서. 90) 한우덕(기자), 한경비지니스 2004. 5. 17.
91) 박기성 · 윤형식(베이징 특파원), 매일경제, 2005. 1. 19. 92) 고진갑 베이징(특파원), 서울경제, 2004. 9. 1.
93) 한우덕(기자), 한경비지니스, 2004. 5. 31. 94) 상게서. 95) 상게서.
96) 한우덕, 한경비지니스, 2004. 5. 31; 한우덕(기자), 한경비지니스, 2004. 5. 17; 한우덕(기자), 한경비지니스, 2005. 4. 11.
97) 한우덕, 한경비지니스, 2004. 5. 17. 98) 고진갑(베이징 특파원), 서울경제, 2004. 6. 8.
99) 한우덕(기자), 한경비지니스, 2004. 5. 31. 100) 상게서. 101) 상게서.
102) 고진갑(베이징 특파원), 서울경제, 2004. 6. 8; 한경비지니스, 2004. 5. 17.
103) 고진갑(특파원), 서울경제, 2004. 6. 8. 104) 상게서. 105) 한우덕(기자), 한경비지니스, 2004. 5. 31.
106) 박기성 · 윤형식(베이징 특파원), 매일경제, 2005. 1. 19. 107) 유종광(베이징 특파원), 중앙일보, 2005. 11. 26.
108) YTN, 2005. 3. 7. 109) 경향신문, 2005. 6. 3. 110) 조중식(기자), 조선일보, 2005. 6. 9.
111) 유영석(기자), 한경비지니스, 2004. 7. 19. 112) 김형근(기자), YTN, 2005. 11. 16.

[제 22 장]

1) 정유미(기자), 경향신문, 2004. 1. 15; 서울경제, 정민정(기자), 2004. 1. 15. 2) 서울경제, 2004. 9. 5(서울= 연합뉴스).
3) 노효동(기자), 서울경제, 2004. 1. 16(서울= 연합뉴스); 김홍길(기자), 서울경제, 2004. 1. 16.
4) 박일근(기자), 한국일보, 2005. 5. 22 5) 디지털 타임스, 2004. 12. 23. 6) 이정호(기자), 한국경제신문, 2004. 6. 23.
7) 이우탁(특파원), 서울경제, 2004. 9. 1. 8) 현경숙(기자), 연합뉴스/매일경제, 2005. 2. 24. 9) 상게서.
10) 상게서. 11) 상게서. 12) 경향신문, 2005. 3. 25. 13) 최인철(기자), 서울경제, 2004. 10. 17.
14) 박용 · 배극인 · 공종식(기자), 동아일보, 2004. 8. 23. 15) 매일경제, 2005. 4. 6.
16) 윤형식(베이징 특파원), 매일경제, 2004. 2. 3. 17) 권경률(한중미래협회 사무회장), 매일경제, 2005. 5. 3.
18) 이장규(대외정책연구원 북경사무소장), 조선일보, 2005. 5. 11. 19) 상게서. 20) 상게서.
21) 한우덕(기자), 한경 비즈니스, 2004. 12. 13. 22) 상게서. 23) 상게서.
24) 한우덕 (한국경제 상하이 특파원), 한경 비즈니스, 2004. 8. 23, 86～87쪽.
25) 김상현(기자), 한경 비즈니스, 2004. 1. 15. 26) 매일경제, 2005. 4. 6. 27) 상게서.
28) 한우덕(기자), 한경 비즈니스, 2004. 6. 14. 29) 고진갑(베이징 특파원), 서울경제, 2004. 9. 1.
30) 정선욱(자유기고가), CHIEF EXECUTIVE, Volume 32, July 2005, pp.54～56. 31) 상게서.
32) 한우덕 기자, 한경 비즈니스, 2004. 12. 13; 오광진(베이징 특파원), 한국경제신문, 2005. 7. 13.
33) 경향신문, 2005. 8. 30. 34) 상게서. 35) 상게서. 36) 상게서.
37) 오광진(베이징 특파원), 한국경제신문, 2005. 7. 13. 38) 한우덕, 한경비즈니스, 2004. 12. 13.
39) 임도원(기자), 한국경제신문, 2005. 9. 21. 40) 한동수(기자), 서울경제, 2005. 2. 13.
41) 고진갑(베이징 특파원), 서울경제, 2005. 3. 1. 42) 상게서. 43) 민병권(기자), 서울경제, 2005. 8. 11.
44) 매일경제, 2005. 4. 6.

[제 23 장]

1) 경향신문, 2005. 3. 16. 2) 고진갑(특파원), 서울경제, 2004. 12. 13. 3) 현경숙(기자), 매일경제, 2005. 1. 19.
4) 이상원(기자), 서울경제, 2004. 11. 24; 스탁 데일리, 2004. 11. 24. 5) 배병훈(기자), 경향신문, 2004. 7. 7.

6) Michael J. Enright, Successful Multinationals in China, The Asia Corce Research Center, The University a Hong Kong.
7) 최재선, "중국을 품어라" 청림출판, 2005, 86～87쪽. 8) 최재선, 전게서, 221～222쪽.
9) 정선욱(자유기고가), CHIEF Executive, Volume 32, July 2005, pp.54～56. 10) 상게서. 11) 상게서.
12) 정선욱(자유기고가), CHIEF Executive, Volume 32, July 2005, pp.55～56.
13) 한우덕, 한경비지니스, 2004. 12. 13. 14) 이동혁(상하이 특파원), 조선일보, 2005. 9. 24.
15) 정지영(기자), 한국경제신문, 2004. 5. 31. 16) 한우덕(기자), 한경비지니스, 2004. 6. 28.
17) 한우덕(기자), 한경비지니스, 2004. 7. 19. 18) 홍인표(특파원), 뉴스메이커, 2004. 1. 1.
19) 정지영(기자), 한국경제신문, 2004. 4. 23. 20) 박영철(기자), 조선일보, 2005. 5. 2.
21) KOTRA, "해외마케팅 성공 · 실패 사례집" 학림사, 2003, 536쪽. 22) KORTA, 전게서, 546～548쪽.
23) 정지영(기자), 한국경제신문, 2004. 4. 23. 24) KOTRA, 중국 투자 신전략, KOTRA, 2004. 103쪽.
25) 정지영(기자), 한국경제신문, 2004. 5. 31. 26) 온종훈(기자), 서울경제, 2004. 3. 25.
27) 정지영(기자), 한국경제신문, 2004. 5. 31. 28) KOTRA, "해외마케팅 성공 · 실패 사례집" 학림사, 2003, 542～543쪽.
29) 고진갑(베이징 특파원), 서울경제, 2004. 4. 11. 30) 한명숙(기자), 서울경제, 2004. 11. 12.
31) 고진갑(베이징 특파원), 서울경제, 2004. 4. 11. 32) 상게서. 33) 온종훈(기자), 서울경제, 2004. 3. 25.
34) 유창재(기자), 한국경제신문, 2005. 7. 7. 35) 정지영(기자), 한국경제신문, 2004. 4. 23.
36) 정지영(기자), 한국경제신문, 2004. 5. 31. 37) 정지영(기자), 한국경제신문, 2004. 5. 31.
38) 한우덕(특파원), 한경 비즈니스, 2004. 7. 19. 39) KORTA, "해외마케팅 성공 · 실패사례집" 학림사, 2003, 536쪽.
40) KORTA, 전게서, 580～581쪽. 41) 매일경제, 2005. 3. 8 42) 정지영(기자), 한국경제신문, 2004. 5. 31.
43) 정지영(기자), 한국경제신문, 2004. 5. 31. 44) 한경비지니스, 2004. 6. 28, 97쪽
45) 박영철(기자), 조선일보, 2005. 5. 2. 46) 한우덕, 한경비지니스, 2004. 6. 28.

글쓴이

- 연세대학교 경영학과(경영학사)
- 서울대학교 대학원 경영학과(경영학석사)
- 연세대학교 대학원 경영학과(경영학박사)
- Abraham Lincoln University(in USA) School of Law(Juris Doctor : 법학박사)
- University of New England(in Australia) School of Law 修學
- 제11회 공인회계사 시험 합격
- 산경회계법인 근무
- 제23회 행정고등고시 합격
- 국무총리실 근무(행정사무관)
- 행정고등고시, 외무고등고시, 기술고등고시 위원
- 정부 투자기관 경영평가위원
- 공인회계사
- 연세대학교 정경대학 경영학부 교수

[주요 저서]

- 현대 경영학원론
- 경영관리
- 현대 경영학연습
- 경영정보시스템(上)
- 경영정보시스템(下)
- MIS 원론
- 컴퓨터 원론
- 경영관리자를 위한 컴퓨터 원론
- 대학 컴퓨터
- 현대 컴퓨터시스템
- 전산학개론
- 정보체계론
- 정보시스템의 분석과 설계
- 재무회계
- 연구조사 방법론
- SPSSx를 이용한 현대통계
- SPSSx를 이용한 비모수 통계학
- SPSSx를 이용한 중급 통계학
- BMDF · MINTTAB · SAS · SPSSx를 이용한 회귀분석
- SPSS 사용방법
- SPSSx 사용방법
- 중국경영전략론
- 금융옵션
- 벤처창업 & 경영론 外 9권

[주요 역서]

- 컴퓨터개론(Sanders : Computers Today)
- 경영정보시스템(Hicks : Mangement Information Systems)
- Lotus 1-2-3를 이용한 경영의사결정
  (Albion and Hoff : Business Decision Making with 1-2-3)
- 원가회계(Horngren : Cost Accounting)
- 21세기 세계 500대 기업에의 도전(Hickman and Silva : Future 500) 外 10권

이론과 현장정보 및 사례를 중심으로 한

중국경영전략

2006년 3월 15일 초판 발행
2014년 3월 15일 재판 발행

지은이 소 영 일
펴낸이 주 병 오
발행처 지구문화사(倫)

경기도 파주시 회동길 209
파주출판문화정보산업단지
영업부 (031) 955-7566 · 7577
편집부 (031) 955-7731~3
FAX (031) 955-7730

정가 29,000원

ISBN 89-7006-382-X